华严经

于阗国三藏实叉难陀奉制译

竹和松出版社

©2025 竹和松出版社（Zhu & Song Press）

出版：竹和松出版社（Zhu & Song Press）

Zhu & Song Press, LLC

责任编辑：朱晓红

责编信箱：editor@zhuandsongpress.com

zhuandsongpress@gmail.com

封面设计：竹和松传媒

出版社网址：www.zhuandsongpress.com

印刷地：美国

发行：全球

ISBN-13:978-1-950797-74-5

电子书 ISBN-1 3 :978-1-950797-75-2

版权所有，侵权必究

内容简介

《华严经》是释迦牟尼成佛后,首先讲的第一部经,最适合的也是大根器的人。释迦牟尼初成佛时,犹如太阳刚升出来,光芒照耀高山。所讲的《华严经》,下面中小根器的人尚听不见,或者听见了,也等于没听见。

到了最后讲《妙法莲华经》的时候,又似太阳快落山了,照的又是山顶上的人。相对而言,《楞严经》、《金刚经》、《心经》等则是如日当空,可照遍全人。《华严经》很长,比《妙法莲华经》、《楞严经》都长,可看其中有名的几品,比如普贤菩萨行愿品、普贤菩萨净行品等。

目录

大方广佛华严经 11
    大方广佛华严经卷第一 11
    大方广佛华严经卷第二 17
    大方广佛华严经卷第三 24
    大方广佛华严经卷第四 31
    大方广佛华严经卷第五 39
    大方广佛华严经卷第六 45
    大方广佛华严经卷第七 54
    大方广佛华严经卷第八 62
    大方广佛华严经卷第九 69
    大方广佛华严经卷第十 76
    大方广佛华严经卷第十一 83
    大方广佛华严经卷第十二 88
    大方广佛华严经卷第十三 96
    大方广佛华严经卷第十四 105
    大方广佛华严经卷第十五 112
    大方广佛华严经卷第十六 118
    大方广佛华严经卷第十七 128

大方广佛华严经卷第十八 138

大方广佛华严经卷第十九 144

大方广佛华严经卷第二十 153

大方广佛华严经卷第二十一 160

大方广佛华严经卷第二十二 166

大方广佛华严经卷第二十三 175

大方广佛华严经卷第二十四 183

大方广佛华严经卷第二十五 191

大方广佛华严经卷第二十六 199

大方广佛华严经卷第二十七 206

大方广佛华严经卷第二十八 215

大方广佛华严经卷第二十九 225

大方广佛华严经卷第三十 231

大方广佛华严经卷第三十一 237

大方广佛华严经卷第三十二 245

大方广佛华严经卷第三十三 250

大方广佛华严经卷第三十四 256

大方广佛华严经卷第三十五 265

大方广佛华严经卷第三十六 271

大方广佛华严经卷第三十七 277

大方广佛华严经卷第三十八 ... 285
大方广佛华严经卷第三十九 ... 294
大方广佛华严经卷第四十 ... 303
大方广佛华严经卷第四十一 ... 309
大方广佛华严经卷第四十二 ... 315
大方广佛华严经卷第四十三 ... 322
大方广佛华严经卷第四十四 ... 331
大方广佛华严经卷第四十五 ... 341
大方广佛华严经卷第四十六 ... 347
大方广佛华严经卷第四十七 ... 354
大方广佛华严经卷第四十八 ... 361
大方广佛华严经卷第四十九 ... 371
大方广佛华严经卷第五十 ... 376
大方广佛华严经卷第五十一 ... 385
大方广佛华严经卷第五十二 ... 393
大方广佛华严经卷第五十三 ... 401
大方广佛华严经卷第五十四 ... 409
大方广佛华严经卷第五十五 ... 416
大方广佛华严经卷第五十六 ... 423
大方广佛华严经卷第五十七 ... 432

大方广佛华严经卷第五十八 441

大方广佛华严经卷第五十九 450

大方广佛华严经卷第六十 459

大方广佛华严经卷第六十一 470

大方广佛华严经卷第六十二 477

大方广佛华严经卷第六十三 485

大方广佛华严经卷第六十四 494

大方广佛华严经卷第六十五 503

大方广佛华严经卷第六十六 511

大方广佛华严经卷第六十七 522

大方广佛华严经卷第六十八 530

大方广佛华严经卷第六十九 541

大方广佛华严经卷第七十 549

大方广佛华严经卷第七十一 558

大方广佛华严经卷第七十二 568

大方广佛华严经卷第七十三 576

大方广佛华严经卷第七十四 584

大方广佛华严经卷第七十五 590

大方广佛华严经卷第七十六 601

大方广佛华严经卷第七十七 611

大方广佛华严经卷第七十八.....................622

大方广佛华严经卷第七十九.....................633

大方广佛华严经卷第八十.......................640

大方广佛华严经入不思议解脱境界普贤行愿品...648

大方广佛华严经

于阗国三藏实叉难陀奉制译

大方广佛华严经卷第一

世主妙严品第一之一

如是我闻:

一时,佛在摩竭提国阿兰若法菩提场中,始成正觉。其地坚固,金刚所成;上妙宝轮,及众宝华、清净摩尼,以为严饰;诸色相海,无边显现;摩尼为幢,常放光明,恒出妙音,众宝罗网,妙香华缨,周匝垂布;摩尼宝王,变现自在,雨无尽宝及众妙华分散于地;宝树行列,枝叶光茂。佛神力故,令此道场一切庄严于中影现。其菩提树高显殊特:金刚为身,琉璃为干;众杂妙宝以为枝条;宝叶扶疏,垂荫如云;宝华杂色,分枝布影,复以摩尼而为其果,含辉发焰,与华间列。其树周圆咸放光明,于光明中雨摩尼宝,摩尼宝内,有诸菩萨,其众如云,俱时出现。又以如来威神力故,其菩提树恒出妙音,说种种法,无有尽极。如来所处宫殿楼阁,广博严丽充遍十方,众色摩尼之所集成,种种宝华以为庄校;诸庄严具流光如云,从宫殿间萃影成幢。无边菩萨道场众会咸集其所,以能出现诸佛光明不思议音。摩尼宝王而为其网,如来自在神通之力所有境界皆从中出;一切众生居处屋宅,皆于此中现其影像。又以诸佛神力所加,一念之间,悉包法界。其师子座,高广妙好:摩尼为台,莲华为网,清净妙宝以为其轮,众色杂华而作璎珞。堂榭、楼阁、阶砌、户牖,凡诸物像,备体庄严;宝树枝果,周回间列。摩尼光云,互相照耀;十方诸佛,化现珠玉;一切菩萨髻中妙宝,悉放光明而来莹烛。复以诸佛威神所持,演说如来广大境界,妙音遐畅,无处不及。

尔时,世尊处于此座,于一切法成最正觉,智入三世悉皆平等,其身充满一切世间,其音普顺十方国土。譬如虚空具含众像,于诸境界无所分别;又如虚空普遍一切,于诸国土平等随入。身恒遍坐一切道场,菩萨众中威光赫奕,如日轮出,照明世界。三世所行,众福大海，悉已清净，而恒示生诸佛国土。无边色相，圆满光明，遍周法界，等无差别；演一切法，如布大云。一一毛端，悉能容受一切世界而无障碍，各现无量神通之力，教化调伏一切众生；身遍十方而无来往，智入诸相，了法空寂。三世诸佛所有神变，于光明中靡不咸睹；一切佛土不思议劫所有庄严，悉令显现。

有十佛世界微尘数菩萨摩诃萨所共围绕，其名曰：普贤菩萨摩诃萨、普德最胜灯光照菩萨摩诃萨、普光师子幢菩萨摩诃萨、普宝焰妙光菩萨摩诃萨、普音功德海幢菩萨摩诃萨、普智光照如来境菩萨摩诃萨、普宝髻华幢菩萨摩诃萨、普觉悦意声菩萨摩诃萨、普清净无尽福光菩萨摩诃萨、普光明相菩萨摩诃萨、海月光大明菩萨摩诃萨、云音海光无垢藏菩萨摩诃萨、功德宝髻智生菩萨摩诃萨、功德自在王大光菩萨摩诃萨、善勇猛莲华髻菩萨摩诃萨、普智云日幢菩萨摩诃萨、大精进金刚脐菩萨摩诃萨、香焰光幢菩萨摩诃萨、大明德深美音菩萨摩诃萨、大福光智生菩萨摩诃萨……。如是等而为上首，有十佛世界微尘数。此诸菩萨，往昔皆与毗卢遮那如来共集善根，修菩萨行；皆从如来善根海生，诸波罗蜜悉已圆满；慧眼明彻，等观三世；于诸三昧，具足清净；辩才如海，广大无尽；具佛功德，尊严可敬；知众生根，如应化伏；入法界藏，智无差别；证佛解脱，甚深广大；能随方便，入于一地，而以一切愿海所持，恒与智俱尽未来际；了达诸佛希有广大秘密之境，善知一切佛平等法，已践如来普光明地，入于无量三昧海门；于一切处，皆随现身；世法所行，悉同其事；总持广大，集众法海；辩才善巧，转不退轮；一切如来功德大海，咸入其身；一切诸佛所在国土，皆随愿往；已曾供养一切诸佛，无边际劫，欢喜无倦；一切如来得菩提处，常在其中，亲近不舍；恒以所得普贤愿海，令一切众生智身具足。成就如是无量功德。

复有佛世界微尘数执金刚神，所谓：妙色那罗延执金刚神、日轮速疾幢执金刚神、须弥华光执金刚神、清净云音执金刚神、诸根美妙执金刚神、可爱乐光明执金刚神、大树雷音执金刚神、师子王光明执金刚神、密焰胜目执金刚神、莲华光摩尼髻执金刚神……。如是等而为上首，有佛世界微尘数，皆于往昔无量劫中恒发大愿，愿常亲近供养诸佛；随愿所行，已得圆满，到于彼岸；积集无边清净福业，于诸三昧所行之境悉已明达；获神通力，随如来住，入不思议解脱境界；处于众会，威光特达，随诸众生所应现身而示调伏；一切诸佛化形所在，皆随化往；一切如来所住之处，常勤守护。

复有佛世界微尘数身众神，所谓：华髻庄严身众神、光照十方身众神、海音调伏身众神、净华严髻身众神、无量威仪身众神、最上光严身众神、净光香云身众神、守护摄持身众神、普现摄取身众神、不动光明身众神……。如是等而为上首，有佛世界微尘数，皆于往昔成就大愿，供养承事一切诸佛。

复有佛世界微尘数足行神，所谓：宝印手足行神、莲华光足行神、清净华髻足行神、摄诸善见足行神、妙宝星幢足行神、乐吐妙音足行神、栴檀树光足行神、莲华光明足行神、微妙光明足行神、积集妙华足行神……。如是等而为上首，有佛世界微尘数，皆于过去无量劫中，亲近如来，随逐不舍。

复有佛世界微尘数道场神，所谓：净庄严幢道场神、须弥宝光道场神、雷音幢相道场神、雨华妙眼道场神、华缨光髻道场神、雨宝庄严道场神、勇猛香眼道场神、金刚彩云道场神、莲华光明道场神、妙光照耀道场神……。如是等而为上首，有佛世界微尘数，皆于过去值无量佛，成就愿力，广兴供养。

复有佛世界微尘数主城神，所谓：宝峰光耀主城神、妙严宫殿主城神、清净喜宝主城神、离忧清净主城神、华灯焰眼主城神、焰幢明现主城神、盛福光明主城神、清净光明主城神、香髻庄严主城神、妙宝光明主城神……。如是等而为上首，有佛世界微尘数，皆于无量不思议劫，严净如来所居宫殿。

复有佛世界微尘数主地神，所谓：普德净华主地神、坚福庄严主地神、妙华严树主地神、普散众宝主地神、净目观时主地神、妙色胜眼主地神、香毛发光主地神、悦意音声主地神、妙华旋髻主地神、金刚严体主地神……。如是等而为上首，有佛世界微尘数，皆于往昔发深重愿，愿常亲近诸佛如来，同修福业。

复有无量主山神，所谓：宝峰开华主山神、华林妙髻主山神、高幢普照主山神、离尘净髻主山神、光照十方主山神、大力光明主山神、威光普胜主山神、微密光轮主山神、普眼现见主山神、金刚密眼主山神……。如是等而为上首，其数无量，皆于诸法得清净眼。

复有不可思议数主林神，所谓：布华如云主林神、擢干舒光主林神、生芽发曜主林神、吉祥净叶主林神、垂布焰藏主林神、清净光明主林神、可意雷音主林神、光香普遍主林神、妙光回曜主林神、华果光味主林神……。如是等而为上首，不思议数，皆有无量可爱光明。

复有无量主药神，所谓：吉祥主药神、栴檀林主药神、清净光明主药神、名称普闻主药神、毛孔光明主药神、普治清净主药神、大发吼声主药神、蔽日光幢主药神、明见十方主药神、益气明目主药神……。如是等而为上首，其数无量，性皆离垢，仁慈佑物。

复有无量主稼神，所谓：柔软胜味主稼神、时华净光主稼神、色力勇健主稼神、增长精气主稼神、普生根果主稼神、妙严环髻主稼神、润泽净华主稼神、成就妙香主稼神、见者爱乐主稼神、离垢净光主稼神……。如是等而为上首，其数无量，莫不皆得大喜成就。

复有无量主河神，所谓：普发迅流主河神、普洁泉涧主河神、离尘净眼主河神、十方遍吼主河神、救护众生主河神、无热净光主河神、普生欢喜主河神、广德胜幢主河神、光照普世主河神、海德光明主河神……。如是等而为上首，有无量数，皆勤作意利益众生。

复有无量主海神，所谓：出现宝光主海神、成金刚幢主海神、远尘离垢主海神、普水宫殿主海神、吉祥宝月主海神、妙华龙髻主海神、普持光味主海神、宝焰华光主海神、金刚妙髻主海神、海潮雷声主海神……。如是等而为上首，其数无量，悉以如来功德大海充满其身。

复有无量主水神，所谓：普兴云幢主水神、海潮云音主水神、妙色轮髻主水神、善巧漩澓主水神、离垢香积主水神、福桥光音主水神、知足自在主水神、净喜善音主水神、普现威光主水神、吼音遍海主水神……。如是等而为上首，其数无量，常勤救护一切众生而为利益。

复有无数主火神，所谓：普光焰藏主火神、普集光幢主火神、大光普照主火神、众妙宫殿主火神、无尽光髻主火神、种种焰眼主火神、十方宫殿如须弥山主火神、威光自在主火神、光明破暗主火神、雷音电光主火神……。如是等而为上首，不可称数，皆能示现种种光明，令诸众生热恼除灭。

复有无量主风神，所谓：无碍光明主风神、普现勇业主风神、飘击云幢主风神、净光庄严主风神、力能竭水主风神、大声遍吼主风神、树杪垂髻主风神、所行无碍主风神、种种宫殿主风神、大光普照主风神……。如是等而为上首，其数无量，皆勤散灭我慢之心。

复有无量主空神，所谓：净光普照主空神、普游深广主空神、生吉祥风主空神、离障安住主空神、广步妙髻主空神、无碍光焰主空神、无碍胜力主空神、离垢光明主空神、深远妙音主空神、光遍十方主空神……。如是等而为上首，其数无量，心皆离垢，广大明洁。

复有无量主方神，所谓：遍住一切主方神、普现光明主方神、光行庄严主方神、周行不碍主方神、永断迷惑主方神、普游净空主方神、大云幢音主方神、髻目无乱主方神、普观世业主方神、周遍游览主方神……。如是等而为上首，其数无量，能以方便，普放光明，恒照十方，相续不绝。

复有无量主夜神，所谓：普德净光主夜神、喜眼观世主夜神、护世精气主夜神、寂静海音主夜神、普现吉祥主夜神、普发树华主夜神、平等护育主夜神、游戏快乐主夜神、诸根常喜主夜神、出生净福主夜神……。如是等而为上首，其数无量，皆勤修习，以法为乐。

复有无量主昼神，所谓：示现宫殿主昼神、发起慧香主昼神、乐胜庄严主昼神、香华妙光主昼神、普集妙药主昼神、乐作喜目主昼神、普现诸方主昼神、大悲光明主昼神、善根光照主昼神、妙华璎珞主昼神……。如是等而为上首，其数无量，皆于妙法能生信解，恒共精勤严饰宫殿。

复有无量阿修罗王，所谓：罗睺阿修罗王、毗摩质多罗阿修罗王、巧幻术阿修罗王、大眷属阿修罗王、大力阿修罗王、遍照阿修罗王、坚固行妙庄严阿修罗王、广大因慧阿修罗王、出现胜德阿修罗王、妙好音声阿修罗王……。如是等而为上首，其数无量，悉已精勤摧伏我慢及诸烦恼。

复有不可思议数迦楼罗王，所谓：大速疾力迦楼罗王、无能坏宝髻迦楼罗王、清净速疾迦楼罗王、心不退转迦楼罗王、大海处摄持力迦楼罗王、坚固净光迦楼罗王、巧严冠髻迦楼罗王、普捷示现迦楼罗王、普观海迦楼罗王、普音广目迦楼罗王……。如是等而为上首，不思议数，悉已成就大方便力，普能救摄一切众生。

复有无量紧那罗王，所谓：善慧光明天紧那罗王、妙华幢紧那罗王、种种庄严紧那罗王、悦意吼声紧那罗王、宝树光明紧那罗王、见者欣乐紧那罗王、最胜光庄严紧那罗王、微妙华幢紧那罗王、动地力紧那罗王、摄伏恶众紧那罗王……。如是等而为上首，其数无量，皆勤精进，观一切法，心恒快乐，自在游戏。

复有无量摩睺罗伽王，所谓：善慧摩睺罗伽王、清净威音摩睺罗伽王、胜慧庄严髻摩睺罗伽王、妙目主摩睺罗伽王、如灯幢为众所归摩睺罗伽王、最胜光明幢摩睺罗伽王、师子臆摩睺罗伽王、众妙庄严音摩睺罗伽王、须弥坚固摩睺罗伽王、可爱乐光明摩睺罗伽王……。如是等而为上首，其数无量，皆勤修习广大方便，令诸众生永割痴网。

复有无量夜叉王，所谓：毗沙门夜叉王、自在音夜叉王、严持器仗夜叉王、大智慧夜叉王、焰眼主夜叉王、金刚眼夜叉王、勇健臂夜叉王、勇敌大军夜叉王、富资财夜叉王、力坏高山夜叉王……。如是等而为上首，其数无量，皆勤守护一切众生。

复有无量诸大龙王，所谓：毗楼博叉龙王、娑竭罗龙王、云音妙幢龙王、焰口海光龙王、普高云幢龙王、德叉迦龙王、无边步龙王、清净色龙王、普运大声龙王、无热恼龙王……。如是等而为上首，其数无量，莫不勤力兴云布雨，令诸众生热恼消灭。

复有无量鸠槃茶王，所谓：增长鸠槃茶王、龙主鸠槃茶王、善庄严幢鸠槃茶王、普饶益行鸠槃茶王、甚可怖畏鸠槃茶王、美目端严鸠槃茶王、高峰慧鸠槃茶王、勇健臂鸠槃茶王、无边净华眼鸠槃茶王、广大天面阿修罗眼鸠槃茶王……。如是等而为上首，其数无量，皆勤修学无碍法门，放大光明。

复有无量乾闼婆王，所谓：持国乾闼婆王、树光乾闼婆王、净目乾闼婆王、华冠乾闼婆王、普音乾闼婆王、乐摇动妙目乾闼婆王、妙音师子幢乾闼婆王、普放宝光明乾闼婆王、金刚树华幢乾闼婆王、乐普现庄严乾闼婆王……。如是等而为上首，其数无量，皆于大法深生信解，欢喜爱重，勤修不倦。

复有无量月天子，所谓月天子：华王髻光明天子、众妙净光明天子、安乐世间心天子、树王眼光明天子、示现清净光天子、普游不动光天子、星宿王自在天子、净觉月天子、大威德光明天子……。如是等而为上首，其数无量，皆勤显发众生心宝。

复有无量日天子，所谓日天子：光焰眼天子、须弥光可畏敬幢天子、离垢宝庄严天子、勇猛不退转天子、妙华缨光明天子、最胜幢光明天子、宝髻普光明天子、光明眼天子、持胜德天子、普光明天子……。如是等而为上首，其数无量，皆勤修习，利益众生，增其善根。

复有无量三十三天王，所谓：释迦因陀罗天王、普称满音天王、慈目宝髻天王、宝光幢名称天王、发生喜乐髻天王、可爱乐正念天王、须弥胜音天王、成就念天王、可爱乐净华光天王、智日眼天王、自在光明能觉悟天王……。如是等而为上首，其数无量，皆勤发起一切世间广大之业。

复有无量须夜摩天王，所谓：善时分天王、可爱乐光明天王、无尽慧功德幢天王、善变化端严天王、总持大光明天王、不思议智慧天王、轮脐天王、光焰天王、光照天王、普观察大名称天王……。如是等而为上首，其数无量，皆勤修习广大善根，心常喜足。

复有不可思议数兜率陀天王，所谓：知足天王、喜乐海髻天王、最胜功德幢天王、寂静光天王、可爱乐妙目天王、宝峰净月天王、最胜勇健力天王、金刚妙光明天王、星宿庄严幢天王、可爱乐庄严天王……。如是等而为上首，不思议数，皆勤念持一切诸佛所有名号。

复有无量化乐天王，所谓：善变化天王、寂静音光明天王、变化力光明天王、庄严主天王、念光天王、最上云音天王、众妙最胜光天王、妙髻光明天王、成就喜慧天王、华光髻天王、普见十方天王……。如是等而为上首，其数无量，皆勤调伏一切众生，令得解脱。

复有无数他化自在天王，所谓：得自在天王、妙目主天王、妙冠幢天王、勇猛慧天王、妙音句天王、妙光幢天王、寂静境界门天王、妙轮庄严幢天王、华蕊慧自在天王、因陀罗力妙庄严光明天王……。如是等而为上首，其数无量，皆勤修习自在方便广大法门。

复有不可数大梵天王，所谓：尸弃天王、慧光天王、善慧光明天王、普云音天王、观世言音自在天王、寂静光明眼天王、光遍十方天王、变化音天王、光明照耀眼天王、悦意海音天王……。如是等而为上首，不可称数，皆具大慈，怜愍众生，舒光普照，令其快乐。

复有无量光音天王，所谓：可爱乐光明天王、清净妙光天王、能自在音天王、最胜念智天王、可爱乐清净妙音天王、善思惟音天王、普音遍照天王、甚深光音天王、无垢称光明天王、最胜净光天王……。如是等而为上首，其数无量，皆住广大寂静喜乐无碍法门。

复有无量遍净天王，所谓：清净名称天王、最胜见天王、寂静德天王、须弥音天王、净念眼天王、可爱乐最胜光照天王、世间自在主天王、光焰自在天王、乐思惟法变化天王、变化幢天王、星宿音妙庄严天王……。如是等而为上首，其数无量，悉已安住广大法门，于诸世间勤作利益。

复有无量广果天王，所谓：爱乐法光明幢天王、清净庄严海天王、最胜慧光明天王、自在智慧幢天王、乐寂静天王、普智眼天王、乐旋慧天王、善种慧光明天王、无垢寂静光天王、广大清净光天王……。如是等而为上首，其数无量，莫不皆以寂静之法而为宫殿安住其中。

复有无数大自在天王，所谓：妙焰海天王、自在名称光天王、清净功德眼天王、可爱乐大慧天王、不动光自在天王、妙庄严眼天王、善思惟光明天王、可爱乐大智天王、普音庄严幢天王、极精进名称光天王……。如是等而为上首，不可称数，皆勤观察无相之法，所行平等。

大方广佛华严经卷第二

世主妙严品第一之二

尔时，如来道场众海，悉已云集；无边品类，周匝遍满；形色部从，各各差别；随所来方，亲近世尊，一心瞻仰。此诸众会，已离一切烦恼心垢及其余习，摧重障山，见佛无碍。如是皆以毗卢遮那如来往昔之时，于劫海中修菩萨行，以四摄事而曾摄受；一一佛所种善根时，皆已善摄种种方便，教化成熟，令其安立一切智道；种无量善，获众大福，悉已入于方便愿海；所行之行，具足清净；于出离道，已能善出；常见于佛，分明照了；以胜解力入于如来功德大海，得于诸佛解脱之门游戏神通。所谓：

妙焰海大自在天王，得法界、虚空界寂静方便力解脱门；自在名称光天王，得普观一切法悉自在解脱门；清净功德眼天王，得知一切法不生、不灭、不来、不去、无功用行解脱门；可爱乐大慧天王，得现见一切法真实相智慧海解脱门；不动光自在天王，得与众生无边安乐大方便定解脱门；妙庄严眼天王，得令观寂静法灭诸痴暗怖解脱门；善思惟光明天王，得善入无边境界不起一切诸有思惟业解脱门；可爱乐大智天王，得普往十方说法而不动无所依解脱门；普音庄严幢天王，得入佛寂静境界普现光明解脱门；名称光善精进天王，得住自所悟处而以无边广大境界为所缘解脱门。

尔时，妙焰海天王，承佛威力，普观一切自在天众而说颂言：

佛身普遍诸大会，充满法界无穷尽，寂灭无性不可取，为救世间而出现。如来法王出世间，能然照世妙法灯，境界无边亦无尽，此自在名之所证。佛不思议离分别，了相十方无所有，为世广开清净道，如是净眼能观见。如来智慧无边际，一切世间莫能测，永灭众生痴暗心，大慧入此深安住。如来功德不思议，众生见者烦恼灭，普使世间获安乐，不动自在天能见。众生痴暗常迷覆，如来为说寂静法，是则照世智慧灯，妙眼能知此方便。如来清净妙色身，普现十方无有比，此身无性无依处，善思惟天所观察。如来音声无限碍，堪受化者靡不闻，而佛寂然恒不动，此乐智天之解脱。寂静解脱天人主，十方无处不现前，光明照耀满世间，此无碍法严幢见。佛于无边大劫海，为众生故求菩提，种种神通化一切，名称光天悟斯法。

复次，可爱乐法光明幢天王，得普观一切众生根为说法断疑解脱门；净庄严海天王，得随忆念令见佛解脱门；最胜慧光明天王，得法性平等无所依庄严身解脱门；自在智慧幢天王，得了知一切世间法一念中安立不思议庄严海解脱门；乐寂静天王，得于一毛孔现不思议佛刹无障碍解脱门；普智眼天王，得入普门观察法界解脱门；乐旋慧天王，得为一切众生种种出现无边劫常现前解脱门；善种慧光明天王，得观一切世间境界入不思议法解脱门；无垢寂静光天王，得示一切众生出要法解脱门；广大清净光天王，得观察一切应化众生令入佛法解脱门。

尔时，可爱乐法光明幢天王，承佛威力，普观一切少广天、无量广天、广果天众而说颂言：

诸佛境界不思议，一切众生莫能测，普令其心生信解，广大意乐无穷尽。若有众生堪受法，佛威神力开导彼，令其恒睹佛现前，严海天王如是见。一切法性无所依，佛现世间亦如是，普于诸有无依处，此义胜智能观察。随诸众生心所欲，佛神通力皆能现，各各差别不思议，此智幢王解脱海。过去所有诸国土，一毛孔中皆示现，此是诸佛大神通，爱乐寂静能宣说。一切法门无尽海，同会一法道场中，如是法性佛所说，智眼能明此方便。十方所有诸国土，悉在其中而说法，佛身无去亦无来，爱乐慧旋之境界。佛观世法如光影，入彼甚深幽奥处，说诸法性常寂然，善种思惟能见此。佛善了知诸境界，随众生根雨法雨，为启难思出要门，此寂静天能悟入。世尊恒以大慈悲，利益众生而出现，等雨法雨充其器，清净光天能演说。

复次，清净慧名称天王，得了达一切众生解脱道方便解脱门；最胜见天王，得随一切诸天众所乐如光影普示现解脱门；寂静德天王，得普严净一切佛境界大方便解脱门；须弥音天王，得随诸众生永流转生死海解脱门；净念眼天王，得忆念如来调伏众生行解脱门；可爱乐普照天王，得普门陀罗尼海所流出解脱门；世间自在主天王，得能令众生值佛生信藏解脱门；光焰自在天王，得能令一切众生闻法信喜而出离解脱门；乐思惟法变化天王，得入一切菩萨调伏行如虚空无边无尽解脱门；变化幢天王，得观众生无量烦恼普悲智解脱门；星宿音妙庄严天王，得放光现佛三轮摄化解脱门。

尔时，清净慧名称天王，承佛威力，普观一切少净天、无量净天、遍净天众而说颂言：

了知法性无碍者，普现十方无量刹，说佛境界不思议，令众同归解脱海。如来处世无所依，譬如光影现众国，法性究竟无生起，此胜见王所入门。无量劫海修方便，普净十方诸国土，法界如如常不动，寂静德天之所悟。众生愚痴所覆障，盲暗恒居生死中，如来示以清净道，此须弥音之解脱。诸佛所行无上道，一切众生莫能测，示以种种方便门，净眼谛观能悉了。如来恒以总持门，譬如刹海微尘数，示教众生遍一切，普照天王此能入。如来出世甚难值，无量劫海时一遇，能令众生生信解，此自在天之所得。佛说法性皆无性，甚深广大不思议，普使众生生净信，光焰天王能善了。三世如来功德满，化众生界不思议，于彼思惟生庆悦，如是乐法能开演。众生没在烦恼海，愚痴见浊甚可怖，大师哀愍令永离，此化幢王所观境。如来恒放大光明，一一光中无量佛，各各现化众生事，此妙音天所入门。

复次，可爱乐光明天王，得恒受寂静乐而能降现消灭世间苦解脱门；清净妙光天王，得大悲心相应海一切众生喜乐藏解脱门；自在音天王，得一念中普现无边劫一切众生福德力解脱门；最胜念智天王，得普使成住坏一切世间皆悉如虚空清净解脱门；可爱乐净妙音天王，得爱乐信受一切圣人法解脱门；善思惟音天王，得能经劫住演说一切地义及方便解脱门；演庄严音天王，得一切菩萨从兜率天宫没下生时大供养方便解脱门；甚深光音天王，得观察无尽神通智慧海解脱门；广大名称天王，得一切佛功德海满足出现世间方便力解脱门；最胜净光天王，得如来往昔誓愿力发生深信爱乐藏解脱门。

尔时，可爱乐光明天王，承佛威力，普观一切少光天、无量光天、极光天众而说颂言：

我念如来昔所行，承事供养无边佛，如本信心清净业，以佛威神今悉见。佛身无相离众垢，恒住慈悲哀愍地，世间忧患悉使除，此是妙光之解脱。佛法广大无涯际，一切刹海于中现，如其成坏各不同，自在音天解脱力。佛神通力无与等，普现十方广大刹，悉令严净常现前，胜念解脱之方便。如诸刹海微尘数，所有如来咸敬奉，闻法离染不唐捐，此妙音天法门用。佛于无量大劫海，说地方便无伦匹，所说无边无有穷，善思音天知此义。如来神变无量门，一念现于一切处，降神成道大方便，此庄严音之解脱。威力所持能演说，及现诸佛神通事，随其根欲悉令净，此光音天解脱门。如来智慧无边际，世中无等无所著，慈心应物普现前，广大名天悟斯道。佛昔修习菩提行，供养十方一切佛，一一佛所发誓心，最胜光闻大欢喜。

复次，尸弃梵王，得普住十方道场中说法而所行清净无染著解脱门；慧光梵王，得使一切众生入禅三昧住解脱门；善思慧光明梵王，得普入一切不思议法解脱门；普云音梵王，得入诸佛一切音声海解脱门；观世言音自在梵王，得能忆念菩萨教化一切众生方便解脱门；寂静光明眼梵王，得现一切世间业报相各差别解脱门；普光明梵王，得随一切众生品类差别皆现前调伏解脱门；变化音梵王，得住一切法清净相寂灭行境界解脱门；光耀眼梵王，得于一切有无所著、无边际、无依止、常勤出现解脱门；悦意海音梵王，得常思惟观察无尽法解脱门。

尔时，尸弃大梵王，承佛威力，普观一切梵身天、梵辅天、梵众天、大梵天众而说颂言：

佛身清净常寂灭，光明照耀遍世间，无相无行无影像，譬如空云如是见。佛身如是定境界，一切众生莫能测，示彼难思方便门，此慧光王之所悟。佛刹微尘法门海，一言演说尽无余，如是劫海演不穷，善思慧光之解脱。诸佛圆音等世间，众生随类各得解，而于音声不分别，普音梵天如是悟。三世所有诸如来，趣入菩提方便行，一切皆于佛身现，自在音天之解脱。一切众生业差别，随其因感种种殊，世间如是佛皆现，寂静光天能悟入。无量法门皆自在，调伏众生遍十方，亦不于中起分别，此是普光之境界。佛身如空不可尽，无相无碍遍十方，所有应现皆如化，变化音王悟斯道。如来身相无有边，智慧音声亦如是，处世现形无所著，光耀天王入此门。法王安处妙法宫，法身光明无不照，法性无比无诸相，此海音王之解脱。

复次，自在天王，得现前成熟无量众生自在藏解脱门；善目主天王，得观察一切众生乐令入圣境界乐解脱门；妙宝幢冠天王，得随诸众生种种欲解令起行解脱门；勇猛慧天王，得普摄为一切众生所说义解脱门；妙音句天王，得忆念如来广大慈增进自所行解脱门；妙光幢天王，得示现大悲门摧灭一切憍慢幢解脱门；寂静境天王，得调伏一切世间瞋害心解脱门；妙轮庄严幢天王，得十方无边佛随忆念悉来赴解脱门；华光慧天王，得随众生心念普现成正觉解脱门；因陀罗妙光天王，得普入一切世间大威力自在法解脱门。

尔时，自在天王，承佛威神，遍观一切自在天众而说颂言：

佛身周遍等法界，普应众生悉现前，种种教门常化诱，于法自在能开悟。世间所有种种乐，圣寂灭乐为最胜，住于广大法性中，妙眼天王观见此。如来出现遍十方，普应群心而说法，一切疑念皆除断，此妙幢冠解脱门。诸佛遍世演妙音，无量劫中所说法，能以一言咸说尽，勇猛慧天之解脱。世间所有广大慈，不及如来一毫分，佛慈如空不可尽，此妙音天之所得。一切众生慢高山，十力摧殄悉无余，此是如来大悲用，妙光幢王所行道。慧光清净满世间，若有见者除痴暗，令其远离诸恶道，寂静天王悟斯法。毛孔光明能演说，等众生数诸佛名，随其所乐悉得闻，此妙轮幢之解脱。如来自在不可量，法界虚空悉充满，一切众会皆明睹，此解脱门华慧入。无量无边大劫海，普现十方而说法，未曾见佛有去来，此妙光天之所悟。

复次，善化天王，得开示一切业变化力解脱门；寂静音光明天王，得舍离一切攀缘解脱门；变化力光明天王，得普灭一切众生痴暗心令智慧圆满解脱门；庄严主天王，得示现无边悦意声解脱门；念光天王，得了知一切佛无尽福德相解脱门；最上云音天王，得普知过去一切劫成坏次第解脱门；胜光天王，得开悟一切众生智解脱门；妙髻天王，得舒光疾满十方虚空界解脱门；喜慧天王，得一切所作无能坏精进力解脱门；华光髻天王，得知一切众生业所受报解脱门；普见十方天王，得示现不思议众生形类差别解脱门。

尔时，善化天王，承佛威力，普观一切善化天众而说颂言：

世间业性不思议，佛为群迷悉开示，巧说因缘真实理，一切众生差别业。种种观佛无所有，十方求觅不可得，法身示现无真实，此法寂音之所见。佛于劫海修诸行，为灭世间痴暗惑，是故清净最照明，此是力光心所悟。世间所有妙音声，无有能比如来音，佛以一音遍十方，入此解脱庄严主。世间所有众福力，不与如来一相等，如来福德同虚空，此念光天所观见。三世所有无量劫，如其成败种种相，佛一毛孔皆能现，最上云音所了知。十方虚空可知量，佛毛孔量不可得，如是无碍不思议，妙髻天王已能悟。佛于曩世无量劫，具修广大波罗蜜，勤行精进无厌怠，喜慧能知此法门。业性因缘不可思，佛为世间皆演说，法性本净无诸垢，此是华光之入处。汝应观佛一毛孔，一切众生悉在中，彼亦不来亦不去，此普见王之所了。

复次，知足天王，得一切佛出兴世圆满教轮解脱门；喜乐海髻天王，得尽虚空界清净光明身解脱门；最胜功德幢天王，得消灭世间苦净愿海解脱门；寂静光天王，得普现身说法解脱门；善目天王，得普净一切众生界解脱门；宝峰月天王，得普化世间常现前无尽藏解脱门；勇健力天王，得开示一切佛正觉境界解脱门；金刚妙光天王，得坚固一切众生菩提心令不可坏解脱门；星宿幢天王，得一切佛出兴咸亲近观察调伏众生方便解脱门；妙庄严天王，得一念悉知众生心随机应现解脱门。

尔时，知足天王，承佛威力，普观一切知足天众而说颂言：

如来广大遍法界，于诸众生悉平等，普应群情阐妙门，令入难思清净法。佛身普现于十方，无著无碍不可取，种种色像世咸见，此喜髻天之所入。如来往昔修诸行，清净大愿深如海，一切佛法皆令满，胜德能知此方便。如来法身不思议，如影分形等法界，处处阐明一切法，寂静光天解脱门。众生业惑所缠覆，憍慢放逸心驰荡，如来为说寂静法，善目照知心喜庆。一切世间真导师，为救为归而出现，普示众生安乐处，峰月于此能深入。诸佛境界不思议，一切法界皆周遍，入于诸法到彼岸，勇慧见此生欢喜。若有众生堪受化，闻佛功德趣菩提，令住福海常清净，妙光于此能观察。十方刹海微尘数，一切佛所皆往集，恭敬供养听闻法，此庄严幢之所见。众生心海不思议，无住无动无依处，佛于一念皆明见，妙庄严天斯善了。

复次，时分天王，得发起一切众生善根令永离忧恼解脱门；妙光天王，得普入一切境界解脱门；无尽慧功德幢天王，得灭除一切患大悲轮解脱门；善化端严天王，得了知三世一切众生心解脱门；总持大光明天王，得陀罗尼门光明忆持一切法无忘失解脱门；不思议慧天王，得善入一切业自性不思议方便解脱门；轮脐天王，得转法轮成熟众生方便解脱门；光焰天王，得广大眼普观众生而往调伏解脱门；光照天王，得超出一切业障不随魔所作解脱门；普观察大名称天王，得善诱诲一切诸天众令受行心清净解脱门。

尔时，时分天王，承佛威力，普观一切时分天众而说颂言：

佛于无量久远劫，已竭世间忧恼海，广辟离尘清净道，永耀众生智慧灯。如来法身甚广大，十方边际不可得，一切方便无限量，妙光明天智能入。生老病死忧悲苦，逼迫世间无暂歇，大师哀愍誓悉除，无尽慧光能觉了。佛如幻智无所碍，于三世法悉明达，普入众生心行中，此善化天之境界。总持边际不可得，辩才大海亦无尽，能转清净妙法轮，此是大光之解脱。业性广大无穷尽，智慧觉了善开示，一切方便不思议，如是慧天之所入。转不思议妙法轮，显示修习菩提道，永灭一切众生苦，此是轮脐方便地。如来真身本无二，应物随形满世间，众生各见在其前，此是焰天之境界。若有众生一见佛，必使净除诸业障，离诸魔业永无余，光照天王所行道。一切众会广如海，佛在其中最威耀，普雨法雨润众生，此解脱门名称入。

复次，释迦因陀罗天王，得忆念三世佛出兴乃至刹成坏皆明见大欢喜解脱门；普称满音天王，得能令佛色身最清净广大世无能比解脱门；慈目宝髻天王，得慈云普覆解脱门；宝光幢名称天王，得恒见佛于一切世主前现种种形相威德身解脱门；发生喜乐髻天王，得知一切众生城邑宫殿从何福业生解脱门；端正念天王，得开示诸佛成熟众生事解脱门；高胜音天王，得知一切世间成坏劫转变相解脱门；成就念天王，得忆念当来菩萨调伏众生行解脱门；净华光天王，得了知一切诸天快乐因解脱门；智日眼天王，得开示一切诸天子受生善根俾无痴惑解脱门；自在光明天王，得开悟一切诸天众令永断种种疑解脱门。

尔时，释迦因陀罗天王，承佛威力，普观一切三十三天众而说颂言：

我念三世一切佛，所有境界悉平等，如其国土坏与成，以佛威神皆得见。佛身广大遍十方，妙色无比利群生，光明照耀靡不及，此道普称能观见。如来方便大慈海，往劫修行极清净，化导众生无有边，宝髻天王斯悟了。我念法王功德海，世中最上无与等，发生广大欢喜心，此宝光天之解脱。佛知众生善业海，种种胜因生大福，皆令显现无有余，此喜髻天之所见。诸佛出现于十方，普遍一切世间中，观众生心示调伏,正念天王悟斯道。如来智身广大眼,世界微尘无不见,如是普遍于十方,此云音天之解脱。一切佛子菩提行,如来悉现毛孔中,如其无量皆具足,此念天王所明见。世间所有安乐事,一切皆由佛出生,如来功德胜无等,此解脱处华王入。若念如来少功德,乃至一念心专仰,诸恶道怖悉永除,智眼于此能深悟。寂灭法中大神通,普应群心靡不周,所有疑惑皆令断,此光明王之所得。

复次,日天子,得净光普照十方众生尽未来劫常为利益解脱门;光焰眼天子,得以一切随类身开悟众生令入智慧海解脱门;须弥光欢喜幢天子,得为一切众生主令勤修无边净功德解脱门;净宝月天子,得修一切苦行深心欢喜解脱门;勇猛不退转天子,得无碍光普照令一切众生益其精爽解脱门;妙华缨光明天子,得净光普照众生身令生欢喜信解海解脱门;最胜幢光明天子,得光明普照一切世间令成办种种妙功德解脱门;宝髻普光明天子,得大悲海现无边境界种种色相宝解脱门;光明眼天子,得净治一切众生眼令见法界藏解脱门;持德天子,得发生清净相续心令不失坏解脱门;普运行光明天子,得普运日宫殿照十方一切众生令成就所作业解脱门。

尔时,日天子,承佛威力,遍观一切日天子众而说颂言:

如来广大智慧光,普照十方诸国土,一切众生咸见佛,种种调伏多方便。如来色相无有边,随其所乐悉现身,普为世间开智海,焰眼如是观于佛。佛身无等无有比,光明照耀遍十方,超过一切最无上,如是法门欢喜得。为利世间修苦行,往来诸有无量劫,光明遍净如虚空,宝月能知此方便。佛演妙音无障碍,普遍十方诸国土,以法滋味益群生,勇猛能知此方便。放光明网不思议,普净一切诸含识,悉使发生深信解,此华缨天所入门。世间所有诸光明,不及佛一毛孔光,佛光如是不思议,此胜幢光之解脱。一切诸佛法如是,悉坐菩提树王下,令非道者住于道,宝髻光明如是见。众生盲闇愚痴苦,佛欲令其生净眼,是故为然智慧灯,善目于此深观察。解脱方便自在尊,若有曾见一供养,悉使修行至于果,此是德天方便力。一法门中无量门,无量千劫如是说,所演法门广大义,普运光天之所了。

复次,月天子,得净光普照法界摄化众生解脱门;华王髻光明天子,得观察一切众生界令普入无边法解脱门;众妙净光天子,得了知一切众生心海种种攀缘转解脱门;安乐世间心天子,得与一切众生不可思议乐令踊跃大欢喜解脱门;树王眼光明天子,得如田家作业种芽茎等随时守护令成就解脱门;出现净光天子,得慈悲救护一切众生令现见受苦受乐事解脱门;普游不动光天子,得能持清净月普现十方解脱门;星宿王自在天子,得开示一切法如幻如虚空无相无自性解脱门;净觉月天子,得普为一切众生起大业用解脱门;大威德光明天子,得普断一切疑惑解脱门。

尔时,月天子,承佛神力,普观一切月宫殿中诸天众会而说颂曰：

佛放光明遍世间，照耀十方诸国土，演不思议广大法，永破众生痴惑暗。境界无边无有尽，于无量劫常开导，种种自在化群生，华髻如是观于佛。众生心海念念殊，佛智宽广悉了知，普为说法令欢喜，此妙光明之解脱。众生无有圣安乐，沈迷恶道受诸苦，如来示彼法性门，安乐思惟如是见。如来希有大慈悲，为利众生入诸有，说法劝善令成就，此目光天所了知。世尊开阐法光明，分别世间诸业性，善恶所行无失坏，净光见此生欢喜。佛为一切福所依，譬如大地持宫室，巧示离忧安隐道，不动能知此方便。智火大明周法界，现形无数等众生，普为一切开真实，星宿王天悟斯道。佛如虚空无自性，为利众生现世间，相好庄严如影像，净觉天王如是见。佛身毛孔普演音，法云覆世悉无余，听闻莫不生欢喜，如是解脱光天悟。

大方广佛华严经卷第三

世主妙严品第一之三

复次，持国乾闼婆王，得自在方便摄一切众生解脱门；树光乾闼婆王，得普见一切功德庄严解脱门；净目乾闼婆王，得永断一切众生忧苦出生欢喜藏解脱门；华冠乾闼婆王，得永断一切众生邪见惑解脱门；喜步普音乾闼婆王，得如云广布普荫泽一切众生解脱门，乐摇动美目乾闼婆王，得现广大妙好身令一切获安乐解脱门；妙音师子幢乾闼婆王，得普散十方一切大名称宝解脱门；普放宝光明乾闼婆王，得现一切大欢喜光明清净身解脱门；金刚树华幢乾闼婆王，得普滋荣一切树令见者欢喜解脱门；普现庄严乾闼婆王，得善入一切佛境界与众生安乐解脱门。

尔时，持国乾闼婆王，承佛威力，普观一切乾闼婆众而说颂言：诸佛境界无量门，一切众生莫能入，善逝如空性清净，普为世间开正道。如来一一毛孔中，功德大海皆充满，一切世间咸利乐，此树光王所能见。世间广大忧苦海，佛能消竭悉无余，如来慈愍多方便，净目于此能深解。十方刹海无有边，佛以智光咸照耀，普使涤除邪恶见，此树华王所入门。佛于往昔无量劫，修习大慈方便行，一切世间咸慰安，此道普音能悟入。佛身清净皆乐见，能生世间无尽乐，解脱因果次第成，美目于斯善开示。众生迷惑常流转，愚痴障盖极坚密，如来为说广大法，师子幢王能演畅。如来普现妙色身，无量差别等众生，种种方便照世间，普放宝光如是见。大智方便无量门，佛为群生普开阐，入胜菩提真实行，此金刚幢善观察。一刹那中百千劫，佛力能现无所动，等以安乐施群生，此乐庄严之解脱。

复次，增长鸠槃荼王，得灭一切怨害力解脱门；龙主鸠槃荼王，得修习无边行门海解脱门；庄严幢鸠槃荼王，得知一切众生心所乐解脱门；饶益行鸠槃荼王，得普成就清净大光明所作业解脱门；可怖畏鸠槃荼王，得开示一切众生安隐无畏道解脱门；妙庄严鸠槃荼王，得消竭一切众生爱欲海解脱门；高峰慧鸠槃荼王，得普现诸趣光明云解脱门；勇健臂鸠槃荼王，得普放光明灭如山重障解脱门；无边净华眼鸠槃荼王，得开示不退转大悲藏解脱门；广大面鸠槃荼王，得普现诸趣流转身解脱门。

尔时，增长鸠槃荼王，承佛威力，普观一切鸠槃荼众而说颂言：

成就忍力世导师，为物修行无量劫，永离世间憍慢惑，是故其身最严净。佛昔普修诸行海，教化十方无量众，种种方便利群生，此解脱门龙主得。佛以大智救众生，莫不明了知其心，种种自在而调伏，严幢见此生欢喜。神通应现如光影，法轮真实同虚空，如是处世无央劫，此饶益王之所证。众生痴翳常蒙惑，佛光照现安隐道，为作救护令除苦，可畏能观此法门。欲海漂沦具众苦，智光普照灭无余，既除苦已为说法，此妙庄严之所悟。佛身普应无不见，种种方便化群生，音如雷震雨法雨，如是法门高慧入。清净光明不唐发，若遇必令消重障，演佛功德无有边，勇臂能明此深理。为欲安乐诸众生，修习大悲无量劫，种种方便除众苦，如是净华之所见。神通自在不思议，其身普现遍十方，而于一切无来去，此广面王心所了。

复次，毗楼博叉龙王，得消灭一切诸龙趣炽然苦解脱门；娑竭罗龙王，得一念中转自龙形示现无量众生身解脱门；云音幢龙王，得于一切诸有趣中以清净音说佛无边名号海解脱门；焰口龙王，得普现无边佛世界建立差别解脱门；焰龙王，得一切众生瞋痴盖缠如来慈愍令除灭解脱门；云幢龙王，得开示一切众生大喜乐福德海解脱门；德叉迦龙王，得以清净救护音灭除一切怖畏解脱门；无边步龙王，得示现一切佛色身及住劫次第解脱门；清净色速疾龙王，得出生一切众生大爱乐欢喜海解脱门；普行大音龙王，得示现一切平等悦意无碍音解脱门；无热恼龙王，得以大悲普覆云灭一切世间苦解脱门。

尔时，毗楼博叉龙王，承佛威力，普观一切诸龙众已，即说颂言：

汝观如来法常尔，一切众生咸利益，能以大慈哀愍力，拔彼畏涂沦坠者。一切众生种种别，于一毛端皆示现，神通变化满世间，娑竭如是观于佛。佛以神通无限力，广演名号等众生，随其所乐普使闻，如是云音能悟解。无量无边国土众，佛能令入一毛孔，如来安坐彼会中，此焰口龙之所见。一切众生瞋恚心，缠盖愚痴深若海，如来慈愍皆灭除，焰龙观此能明见。一切众生福德力，佛毛孔中皆显现，现已令归大福海，此高云幢之所观。佛身毛孔发智光，其光处处演妙音，众生闻者除忧畏，德叉迦龙悟斯道。三世一切诸如来，国土庄严劫次第，如是皆于佛身现，广步见此神通力。我观如来往昔行，供养一切诸佛海，于彼咸增喜乐心，此速疾龙之所入。佛以方便随类音，为众说法令欢喜，其音清雅众所悦，普行闻此心欣悟。众生逼迫诸有中，业惑漂转无人救，佛以大悲令解脱，无热大龙能悟此。

复次，毗沙门夜叉王，得以无边方便救护恶众生解脱门；自在音夜叉王，得普观察众生方便救护解脱门；严持器仗夜叉王，得能资益一切甚羸恶众生解脱门；大智慧夜叉王，得称扬一切圣功德海解脱门；焰眼主夜叉王，得普观察一切众生大悲智解脱门；金刚眼夜叉王，得种种方便利益安乐一切众生解脱门；勇健臂夜叉王，得普入一切诸法义解脱门；勇敌大军夜叉王，得守护一切众生令住于道无空过者解脱门；富财夜叉王，得增长一切众生福德聚令恒受快乐解脱门；力坏高山夜叉王，得随顺忆念出生佛力智光明解脱门。

尔时，多闻大夜叉王，承佛威力，普观一切夜叉众会而说颂言：

众生罪恶深可怖，于百千劫不见佛，漂流生死受众苦，为救是等佛兴世。如来救护诸世间，悉现一切众生前，息彼畏涂轮转苦，如是法门音王入。众生恶业为重障，佛示妙理令开解，譬以明灯照世间，此法严仗能观见。佛昔劫海修诸行，称赞十方一切佛，故有高远大名闻，此智慧王之所了。智慧如空无有边，法身广大不思议，是故十方皆出现，焰目于此能观察。一切趣中演妙音，说法利益诸群生，其声所暨众苦灭，入此方便金刚眼。一切甚深广大义，如来一句能演说，如是教理等世间，勇健慧王之所悟。一切众生住邪道，佛示正道不思议，普使世间成法器，此勇敌军能悟解。世间所有众福业，一切皆由佛光照，佛智慧海难测量，如是富财之解脱。忆念往劫无央数，佛于是中修十力，能令诸力皆圆满，此高幢王所了知。

复次，善慧摩睺罗伽王，得以一切神通方便令众生集功德解脱门；净威音摩睺罗伽王，得使一切众生除烦恼得清凉悦乐解脱门；胜慧庄严髻摩睺罗伽王，得普使一切善不善思觉众生入清净法解脱门；妙目主摩睺罗伽王，得了达一切无所著福德自在平等相解脱门；灯幢摩睺罗伽王，得开示一切众生令离黑闇怖畏道解脱门；最胜光明幢摩睺罗伽王，得了知一切佛功德生欢喜解脱门；师子臆摩睺罗伽王，得勇猛力为一切众生救护主解脱门；众妙庄严音摩睺罗伽王，得令一切众生随忆念生无边喜乐解脱门；须弥臆摩睺罗伽王，得于一切所缘决定不动到彼岸满足解脱门；可爱乐光明摩睺罗伽王，得为一切不平等众生开示平等道解脱门。

尔时，善慧威光摩睺罗伽王，承佛威力，普观一切摩睺罗伽众而说颂言：

汝观如来性清净，普现威光利群品，示甘露道使清凉，众苦永灭无所依。一切众生居有海，诸恶业惑自缠覆，示彼所行寂静法，离尘威音能善了。佛智无等叵思议，知众生心无不尽，为彼阐明清净法，如是严髻心能悟。无量诸佛现世间，普为众生作福田，福海广大深难测,妙目大王能悉见。一切众生忧畏苦,佛普现前而救护,法界虚空靡不周,此是灯幢所行境。佛一毛孔诸功德,世间共度不能了,无边无尽同虚空,如是广大光幢见。如来通达一切法,于彼法性皆明照,如须弥山不倾动,入此法门师子臆。佛于往昔广大劫,集欢喜海深无尽,是故见者靡不欣,此法严音之所入。了知法界无形相,波罗蜜海悉圆满,大光普救诸众生,山臆能知此方便。汝观如来自在力,十方降现罔不均,一切众生咸照悟,此妙光明能善入。

复次,善慧光明天紧那罗王,得普生一切喜乐业解脱门;妙华幢紧那罗王,得能生无上法喜令一切受安乐解脱门;种种庄严紧那罗王,得一切功德满足广大清净信解藏解脱门;悦意吼声紧那罗王,得恒出一切悦意声令闻者离忧怖解脱门;宝树光明紧那罗王,得大悲安立一切众生令觉悟所缘解脱门;普乐见紧那罗王,得示现一切妙色身解脱门;最胜光庄严紧那罗王,得了知一切殊胜庄严果所从生业解脱门;微妙华幢紧那罗王,得善观察一切世间业所生报解脱门;动地力紧那罗王,得恒起一切利益众生事解脱门;威猛主紧那罗王,得善知一切紧那罗心巧摄御解脱门。

尔时,善慧光明天紧那罗王,承佛威力,普观一切紧那罗众而说颂言:

世间所有安乐事,一切皆由见佛兴,导师利益诸众生,普作救护归依处。出生一切诸喜乐,世间咸得无有尽,能令见者不唐捐,此是华幢之所悟。佛功德海无有尽,求其边际不可得,光明普照于十方,此庄严王之解脱。如来大音常演畅,开示离忧真实法,众生闻者咸欣悦,如是吼声能信受。我观如来自在力,皆由往昔所修行,大悲救物令清净,此宝树王能悟入。如来难可得见闻,众生亿劫时乃遇,众相为严悉具足,此乐见王之所睹。汝观如来大智慧,普应群生心所欲,一切智道靡不宣,最胜庄严此能了。业海广大不思议,众生苦乐皆从起,如是一切能开示,此华幢王所了知。诸佛神通无间歇,十方大地恒震动,一切众生莫能知,此广大力恒明见。处于众会现神通,放大光明令觉悟,显示一切如来境,此威猛主能观察。

复次,大速疾力迦楼罗王,得无著无碍眼普观察众生界解脱门;不可坏宝髻迦楼罗王,得普安住法界教化众生解脱门;清净速疾迦楼罗王,得普成就波罗蜜精进力解脱门;不退心庄严迦楼罗王,得勇猛力入如来境界解脱门;大海处摄持力迦楼罗王,得入佛行广大智慧海解脱门;坚法净光迦楼罗王,得成就无边众生差别智解脱门;妙严冠髻迦楼罗王,得庄严佛法城解脱门;普捷示现迦楼罗王,得成就不可坏平等力解脱门;普观海迦楼罗王,得了知一切众生身而为现形解脱门;龙音大目精迦楼罗王,得普入一切众生殁生行智解脱门。

尔时,大速疾力迦楼罗王,承佛威力,普观一切迦楼罗众而说颂言:

佛眼广大无边际，普见十方诸国土，其中众生不可量，现大神通悉调伏。佛神通力无所碍，遍坐十方觉树下，演法如云悉充满，宝髻听闻心不逆。佛于往昔修诸行，普净广大波罗蜜，供养一切诸如来，此速疾王深信解。如来一一毛孔中，一念普现无边行，如是难思佛境界，不退庄严悉明睹。佛行广大不思议，一切众生莫能测，导师功德智慧海，此执持王所行处。如来无量智慧光，能灭众生痴惑网，一切世间咸救护，此是坚法所持说。法城广大不可穷，其门种种无数量，如来处世大开阐，此妙冠髻能明入。一切诸佛一法身，真如平等无分别，佛以此力常安住，普捷现王斯具演。佛昔诸有摄众生，普放光明遍世间，种种方便示调伏，此胜法门观海悟。佛观一切诸国土，悉依业海而安住，普雨法雨于其中，龙音解脱能如是。

复次，罗睺阿修罗王，得现为大会尊胜主解脱门；毗摩质多罗阿修罗王，得示现无量劫解脱门；巧幻术阿修罗王，得消灭一切众生苦令清净解脱门；大眷属阿修罗王，得修一切苦行自庄严解脱门；婆稚阿修罗王，得震动十方无边境界解脱门；遍照阿修罗王，得种种方便安立一切众生解脱门；坚固行妙庄严阿修罗王，得普集不可坏善根净诸染著解脱门；广大因慧阿修罗王，得大悲力无疑惑主解脱门；现胜德阿修罗王，得普令见佛承事供养修诸善根解脱门；善音阿修罗王，得普入一切趣决定平等行解脱门。

尔时，罗睺阿修罗王，承佛威力，普观一切阿修罗众而说颂言：

十方所有广大众，佛在其中最殊特，光明遍照等虚空，普现一切众生前。百千万劫诸佛土，一刹那中悉明现，舒光化物靡不周，如是毗摩深赞喜。如来境界无与等，种种法门常利益，众生有苦皆令灭，苦末罗王此能见。无量劫中修苦行，利益众生净世间，由是牟尼智普成，大眷属王斯见佛。无碍无等大神通，遍动十方一切刹，不使众生有惊怖，大力于此能明了。佛出于世救众生，一切智道咸开示，悉令舍苦得安乐，此义遍照所弘阐。世间所有众福海，佛力能生普令净，佛能开示解脱处，坚行庄严入此门。佛大悲身无与等，周行无碍悉令见，犹如影像现世间，因慧能宣此功德。希有无等大神通，处处现身充法界，各在菩提树下坐，此义胜德能宣说。如来往修三世行，诸趣轮回靡不经，脱众生苦无有余，此妙音王所称赞。

复次，示现宫殿主昼神，得普入一切世间解脱门；发起慧香主昼神，得普观察一切众生皆利益令欢喜满足解脱门；乐胜庄严主昼神，得能放无边可爱乐法光明解脱门；华香妙光主昼神，得开发无边众生清净信解心解脱门；普集妙药主昼神，得积集庄严普光明力解脱门；乐作喜目主昼神，得普开悟一切苦乐众生皆令得法乐解脱门；观方普现主昼神，得十方法界差别身解脱门；大悲威力主昼神，得救护一切众生令安乐解脱门；善根光照主昼神，得普生喜足功德力解脱门；妙华璎珞主昼神，得声称普闻众生见者皆获益解脱门。

尔时，示现宫殿主昼神，承佛威力，普观一切主昼神众而说颂言：

佛智如空无有尽，光明照曜遍十方，众生心行悉了知，一切世间无不入。知诸众生心所乐，如应为说众法海，句义广大各不同，具足慧神能悉见。佛放光明照世间，见闻欢喜不唐捐，示其深广寂灭处，此乐庄严心悟解。佛雨法雨无边量，能令见者大欢喜，最胜善根从此生，如是妙光心所悟。普入法门开悟力，旷劫修治悉清净，如是皆为摄众生，此妙药神之所了。种种方便化群生，若见若闻咸受益，皆令踊跃大欢喜，妙眼昼神如是见。十力应现遍世间，十方法界悉无余，体性非无亦非有，此观方神之所入。众生流转险难中，如来哀愍出世间，悉令除灭一切苦，此解脱门悲力住。众生闇覆沦永夕，佛为说法大开晓，皆使得乐除众苦，大善光神入此门。如来福量同虚空，世间众福悉从生，凡有所作无空过，如是解脱华璎得。

复次，普德净光主夜神，得寂静禅定乐大勇健解脱门；喜眼观世主夜神，得广大清净可爱乐功德相解脱门；护世精气主夜神，得普现世间调伏众生解脱门；寂静海音主夜神，得积集广大欢喜心解脱门；普现吉祥主夜神，得甚深自在悦意言音解脱门；普发树华主夜神，得光明满足广大欢喜藏解脱门；平等护育主夜神，得开悟众生令成熟善根解脱门；游戏快乐主夜神，得救护众生无边慈解脱门；诸根常喜主夜神，得普现庄严大悲门解脱门；示现净福主夜神，得普使一切众生所乐满足解脱门。

尔时，普德净光主夜神，承佛威力，遍观一切主夜神众而说颂言：

汝等应观佛所行，广大寂静虚空相，欲海无涯悉治净，离垢端严照十方。一切世间咸乐见，无量劫海时一遇，大悲念物靡不周，此解脱门观世睹。导师救护诸世间，众生悉见在其前，能令诸趣皆清净，如是护世能观察。佛昔修治欢喜海，广大无边不可测，是故见者咸欣乐，此是寂音之所了。如来境界不可量，寂而能演遍十方，普使众生意清净，尸利夜神闻踊悦。佛于无福众生中，大福庄严甚威曜，示彼离尘寂灭法，普发华神悟斯道。十方普现大神通，一切众生悉调伏，种种色相皆令见，此护育神之所观。如来往昔念念中，悉净方便慈悲海，救护世间无不遍，此福乐神之解脱。众生愚痴常乱浊，其心坚毒甚可畏，如来慈愍为出兴，此灭怨神能悟喜。佛昔修行为众生，一切愿欲皆令满，由是具成功德相，此现福神之所入。

复次，遍住一切主方神，得普救护力解脱门；普现光明主方神，得成办化一切众生神通业解脱门；光行庄严主方神，得破一切闇障生喜乐大光明解脱门；周行不碍主方神，得普现一切处不唐劳解脱门；永断迷惑主方神，得示现等一切众生数名号发生功德解脱门；遍游净空主方神，得恒发妙音令听者皆欢喜解脱门；云幢大音主方神，得如龙普雨令众生欢喜解脱门；髻目无乱主方神，得示现一切众生业无差别自在力解脱门；普观世业主方神，得观察一切趣生中种种业解脱门；周遍游览主方神，得所作事皆究竟生一切众生欢喜解脱门。

尔时，遍住一切主方神，承佛威力，普观一切主方神众而说颂言：

如来自在出世间，教化一切诸群生，普示法门令悟入，悉使当成无上智。神通无量等众生，随其所乐示诸相，见者皆蒙出离苦，此现光神解脱力。佛于阇障众生海，为现法炬大光明，其光普照无不见，此行庄严之解脱。具足世间种种音，普转法轮无不解，众生听者烦恼灭，此遍往神之所悟。一切世间所有名，佛名等彼而出生，悉使众生离痴惑，此断迷神所行处。若有众生至佛前，得闻如来美妙音，莫不心生大欢喜，遍游虚空悟斯法。佛于一一刹那中，普雨无边大法雨，悉使众生烦恼灭，此云幢神所了知。一切世间诸业海，佛悉开示等无异，普使众生除业惑，此髻目神之所了。一切智地无有边，一切众生种种心，如来照见悉明了，此广大门观世入。佛于往昔修诸行，无量诸度悉圆满，大慈哀愍利众生，此遍游神之解脱。

复次，净光普照主空神，得普知诸趣一切众生心解脱门；普游深广主空神，得普入法界解脱门；生吉祥风主空神，得了达无边境界身相解脱门；离障安住主空神，得能除一切众生业惑障解脱门；广步妙髻主空神，得普观察思惟广大行海解脱门；无碍光焰主空神，得大悲光普救护一切众生厄难解脱门；无碍胜力主空神，得普入一切无所著福德力解脱门；离垢光明主空神，得能令一切众生心离诸盖清净解脱门；深远妙音主空神，得普见十方智光明解脱门；光遍十方主空神，得不动本处而普现世间解脱门。

尔时，净光普照主空神，承佛威力，普观一切主空神众而说颂言：

如来广大目，清净如虚空，普见诸众生，一切悉明了。佛身大光明，遍照于十方，处处现前住，普游观此道。佛身如虚空，无生无所取，无得无自性，吉祥风所见。如来无量劫，广说诸圣道，普灭众生障，圆光悟此门。我观佛往昔，所集菩提行，悉为安世间，妙髻行斯境。一切众生界，流转生死海，佛放灭苦光，无碍神能见。清净功德藏，能为世福田，随以智开觉，力神于此悟。众生痴所覆，流转于险道，佛为放光明，离垢神能证。智慧无边际，悉现诸国土，光明照世间，妙音斯见佛。佛为度众生，修行遍十方，如是大愿心，普现能观察。

复次，无碍光明主风神，得普入佛法及一切世间解脱门；普现勇业主风神，得无量国土佛出现咸广大供养解脱门；飘击云幢主风神，得以香风普灭一切众生病解脱门；净光庄严主风神，得普生一切众生善根令摧灭重障山解脱门；力能竭水主风神，得能破无边恶魔众解脱门；大声遍吼主风神，得永灭一切众生怖解脱门；树杪垂髻主风神，得入一切诸法实相辩才海解脱门；普行无碍主风神，得调伏一切众生方便藏解脱门；种种宫殿主风神，得入寂静禅定门灭极重愚痴闇解脱门；大光普照主风神，得随顺一切众生行无碍力解脱门。

尔时，无碍光明主风神，承佛威力，普观一切主风神众而说颂言：

一切诸佛法甚深，无碍方便普能入，所有世间常出现，无相无形无影像。汝观如来于往昔，一念供养无边佛，如是勇猛菩提行，此普现神能悟了。如来救世不思议，所有方便无空过，悉使众生离诸苦，此云幢神之解脱。众生无福受众苦，重盖密障常迷覆，一切皆令得解脱，此净光神所了知。如来广大神通力，克殄一切魔军众，所有调伏诸方便，勇健威力能观察。佛于毛孔演妙音，其音普遍于世间，一切苦畏皆令息，此遍吼神之所了。佛于一切众刹海，不思议劫常演说，此如来地妙辩才，树杪髻神能悟解。佛于一切方便门，智入其中悉无碍，境界无边无与等，此普行神之解脱。如来境界无有边，处处方便皆令见，而身寂静无诸相，种种宫神解脱门。如来劫海修诸行，一切诸力皆成满，能随世法应众生，此普照神之所见。

大方广佛华严经卷第四

世主妙严品第一之四

复次，普光焰藏主火神，得悉除一切世间闇解脱门；普集光幢主火神，得能息一切众生诸惑漂流热恼苦解脱门，大光遍照主火神，得无动福力大悲藏解脱门；众妙宫殿主火神，得观如来神通力示现无边际解脱门；无尽光髻主火神，得光明照耀无边虚空界解脱门；种种焰眼主火神，得种种福庄严寂静光解脱门；十方宫殿如须弥山主火神，得能灭一切世间诸趣炽然苦解脱门；威光自在主火神，得自在开悟一切世间解脱门；光照十方主火神，得永破一切愚痴执著见解脱门；雷音电光主火神，得成就一切愿力大震吼解脱门。

尔时，普光焰藏主火神，承佛威力，遍观一切主火神众而说颂言：

汝观如来精进力，广大亿劫不思议，为利众生现世间，所有暗障皆令灭。众生愚痴起诸见，烦恼如流及火然，导师方便悉灭除，普集光幢于此悟。福德如空无有尽，求其边际不可得，此佛大悲无动力，光照悟入心生喜。我观如来之所行，经于劫海无边际，如是示现神通力，众妙宫神所了知。亿劫修成不可思，求其边际莫能知，演法实相令欢喜，无尽光神所观见。十方所有广大众，一切现前瞻仰佛，寂静光明照世间，此妙焰神所能了。牟尼出现诸世间，坐于一切宫殿中，普雨无边广大法，此十方神之境界。诸佛智慧最甚深，于法自在现世间，能悉阐明真实理，威光悟此心欣庆。诸见愚痴为暗盖，众生迷惑常流转，佛为开阐妙法门，此照方神能悟入。愿门广大不思议，力度修治已清净，如昔愿心皆出现，此震音神之所了。

复次，普兴云幢主水神，得平等利益一切众生慈解脱门；海潮云音主水神，得无边法庄严解脱门；妙色轮髻主水神，得观所应化方便普摄解脱门；善巧漩澓主水神，得普演诸佛甚深境界解脱门；离垢香积主水神，得普现清净大光明解脱门；福桥光音主水神，得清净法界无相无性解脱门；知足自在主水神，得无尽大悲海解脱门；净喜善音主水神，得于菩萨众会道场中为大欢喜藏解脱门；普现威光主水神，得以无碍广大福德力普出现解脱门；吼声遍海主水神，得观察一切众生发起如虚空调伏方便解脱门。

尔时，普兴云幢主水神，承佛威力，遍观一切主水神众而说颂言：

清净慈门刹尘数，共生如来一妙相，一一诸相莫不然，是故见者无厌足。世尊往昔修行时，普诣一切如来所，种种修治无懈倦，如是方便云音入。佛于一切十方中，寂然不动无来去，应化众生悉令见，此是髻轮之所知。如来境界无边量，一切众生不能了，妙音演说遍十方，此善漩神所行处。世尊光明无有尽，充遍法界不思议，说法教化度众生，此净香神所观见。如来清净等虚空，无相无形遍十方，而令众会靡不见，此福光神善观察。佛昔修习大悲门，其心广遍等众生，是故如云现于世，此解脱门知足了。十方所有诸国土，悉见如来坐于座，朗然开悟大菩提，如是喜音之所入。如来所行无罣碍，遍往十方一切刹，处处示现大神通，普现威光已能悟。修习无边方便行，等众生界悉充满，神通妙用靡暂停，吼声遍海斯能入。

复次，出现宝光主海神，得以等心施一切众生福德海众宝庄严身解脱门；不可坏金刚幢主海神，得巧方便守护一切众生善根解脱门；不杂尘垢主海神，得能竭一切众生烦恼海解脱门；恒住波浪主海神，得令一切众生离恶道解脱门；吉祥宝月主海神，得普灭大痴暗解脱门；妙华龙髻主海神，得灭一切诸趣苦与安乐解脱门；普持光味主海神，得净治一切众生诸见愚痴性解脱门；宝焰华光主海神，得出生一切宝种性菩提心解脱门；金刚妙髻主海神，得不动心功德海解脱门；海潮雷音主海神，得普入法界三昧门解脱门。

尔时，出现宝光主海神，承佛威力，普观一切主海神众而说颂言：

不可思议大劫海，供养一切诸如来，普以功德施群生，是故端严最无比。一切世间皆出现，众生根欲靡不知，普为弘宣大法海，此是坚幢所欣悟。一切世间众导师，法云大雨不可测，消竭无穷诸苦海，此离垢尘入法门。一切众生烦恼覆，流转诸趣受众苦，为其开示如来境，普水宫神入此门。佛于难思劫海中，修行诸行无有尽，永截众生痴惑网，宝月于此能明入。佛见众生常恐怖，流转生死大海中，示彼如来无上道，龙髻悟解生欣悦。诸佛境界不思议，法界虚空平等相，能净众生痴惑网，如是持味能宣说。佛眼清净不思议，一切境界悉该览，普示众生诸妙道，此是华光心所悟。魔军广大无央数，一刹那中悉摧灭，心无倾动难测量，金刚妙髻之方便。普于十方演妙音，其音法界靡不周，此是如来三昧境，海潮音神所行处。

复次，普发迅流主河神，得普雨无边法雨解脱门；普洁泉涧主河神，得普现一切众生前令永离烦恼解脱门；离尘净眼主河神，得以大悲方便普涤一切众生诸惑尘垢解脱门；十方遍吼主河神，得恒出饶益众生音解脱门；普救护众生主河神，得于一切含识中恒起无恼害慈解脱门；无热净光主河神，得普示一切清凉善根解脱门；普生欢喜主河神，得修行具足施令一切众生永离悭著解脱门；广德胜幢主河神，得作一切欢喜福田解脱门；光照普世主河神，得能令一切众生杂染者清净瞋毒者欢喜解脱门；海德光明主河神，得能令一切众生入解脱海恒受具足乐解脱门。

尔时，普发迅流主河神，承佛威力，普观一切主河神众而说颂言：

如来往昔为众生，修治法海无边行，譬如霈泽清炎暑，普灭众生烦恼热。佛昔难宣无量劫，以愿光明净世间，诸根熟者令悟道，此普洁神心所悟。大悲方便等众生，悉现其前常化诱，普使修治烦恼垢，净眼见此深欢悦。佛演妙音普使闻，众生爱乐心欢喜，悉使涤除无量苦，此遍吼神之解脱。佛昔修习菩提行，为利众生无量劫，是故光明遍世间，护神忆念生欢喜。佛昔修行为众生，种种方便令成熟，普净福海除众苦，无热见此心欣庆。施门广大无穷尽，一切众生咸利益，能令见者无悭著，此普喜神之所悟。佛昔修行实方便，成就无边功德海，能令见者靡不欣，此胜幢神心悟悦。众生有垢咸净治，一切怨害等生慈，故得光照满虚空，普世河神见欢喜。佛是福田功德海，能令一切离诸恶，乃至成就大菩提，此海光神之解脱。

复次，柔软胜味主稼神，得与一切众生法滋味令成就佛身解脱门；时华净光主稼神，得能令一切众生受广大喜乐解脱门；色力勇健主稼神，得以一切圆满法门净诸境界解脱门；增益精气主稼神，得见佛大悲无量神通变化力解脱门；普生根果主稼神，得普现佛福田令下种无失坏解脱门；妙严环髻主稼神，得普发众生净信华解脱门；润泽净华主稼神，得大慈愍济诸众生令增长福德海解脱门；成就妙香主稼神，得广开示一切行法解脱门；见者爱乐主稼神，得能令法界一切众生舍离懈怠忧恼等诸恶普清净解脱门；离垢光明主稼神，得观察一切众生善根随应说法令众会欢喜满足解脱门。

尔时，柔软胜味主稼神，承佛威力，普观一切主稼神众而说颂言：

如来无上功德海，普现明灯照世间，一切众生咸救护，悉与安乐无遗者。世尊功德无有边，众生闻者不唐捐，悉使离苦常欢喜，此是时华之所入。善逝诸力皆圆满，功德庄严现世间，一切众生悉调伏，此法勇力能明证。佛昔修治大悲海，其心念念等世间，是故神通无有边，增益精气能观见。佛遍世间常现前，一切方便无空过，悉净众生诸惑恼，此普生神之解脱。佛是世间大智海，放净光明无不遍，广大信解悉从生，如是严髻能明入。如来观世起慈心，为利众生而出现，示彼恬怡最胜道，此净华神之解脱。善逝所修清净行，菩提树下具宣说，如是教化满十方，此妙香神能听受。佛于一切诸世间，悉使离忧生大喜，所有根欲皆治净，可爱乐神斯悟入。如来出现于世间，普观众生心所乐，种种方便而成熟，此净光神解脱门。

复次，吉祥主药神，得普观一切众生心而勤摄取解脱门；栴檀林主药神，得以光明摄众生俾见者无空过解脱门；离尘光明主药神，得能以净方便灭一切众生烦恼解脱门；名称普闻主药神，得能以大名称增长无边善根海解脱门；毛孔现光主药神，得大悲幢速赴一切病境界解脱门；破暗清净主药神，得疗治一切盲冥众生令智眼清净解脱门；普发吼声主药神，得能演佛音说诸法差别义解脱门；蔽日光幢主药神，得能作一切众生善知识令见者咸生善根解脱门；明见十方主药神，得清净大悲藏能以方便令生信解解脱门；普发威光主药神，得方便令念佛灭一切众生病解脱门。

尔时，吉祥主药神，承佛威力，普观一切主药神众而说颂言：

如来智慧不思议，悉知一切众生心，能以种种方便力，灭彼群迷无量苦。大雄善巧难测量，凡有所作无空过，必使众生诸苦灭，栴檀林神能悟此。汝观诸佛法如是，往昔勤修无量劫，而于诸有无所著，此离尘光所入门。佛百千劫难可遇，若有得见及闻名，必令获益无空过，此普称神之所了。如来一一毛孔中，悉放光明灭众患，世间烦恼皆令尽，此现光神所入门。一切众生痴所盲，惑业众苦无量别，佛悉蠲除开智照，如是破暗能观见。如来一音无限量，能开一切法门海，众生听者悉了知，此是大音之解脱。汝观佛智难思议，普现诸趣救群生，能令见者皆从化，此蔽日幢深悟了。如来大悲方便海，为利世间而出现，广开正道示众生，此见方神能了达。如来普放大光明，一切十方无不照，令随念佛生功德，此发威光解脱门。

复次，布华如云主林神，得广大无边智海藏解脱门；擢干舒光主林神，得广大修治普清净解脱门；生芽发耀主林神，得增长种种净信芽解脱门；吉祥净叶主林神，得一切清净功德庄严聚解脱门；垂布焰藏主林神，得普门清净慧恒周览法界解脱门；妙庄严光主林神，得普知一切众生行海而兴布法云解脱门；可意雷声主林神，得忍受一切不可意声演清净音解脱门；香光普遍主林神，得十方普现昔所修治广大

34

行境界解脱门；妙光回曜主林神，得以一切功德法饶益世间解脱门；华果光味主林神，得能令一切见佛出兴常敬念不忘庄严功德藏解脱门。

尔时，布华如云主林神，承佛威力，普观一切主林神众而说颂言：

佛昔修习菩提行，福德智慧悉成满，一切诸力皆具足，放大光明出世间。悲门无量等众生，如来往昔普净治，是故于世能为益，此擢干神之所了。若有众生一见佛，必使入于深信海，普示一切如来道，此妙芽神之解脱。一毛所集诸功德，劫海宣扬不可尽，诸佛方便难思议，净叶能明此深义。我念如来于往昔，供养刹尘无量佛，一一佛所智渐明，此焰藏神之所了。一切众生诸行海，世尊一念悉了知，如是广大无碍智，妙庄严神能悟入。恒演如来寂妙音，普生无等大欢喜，随其解欲皆令悟，此是雷音所行法。如来示现大神通，十方国土皆周遍，佛昔修行悉令见，此普香光所入门。众生谄诳不修德，迷惑沉流生死中，为彼阐明众智道，此妙光神之所见。佛为业障诸众生，经于亿劫时乃现，其余念念常令见，此味光神所观察。

复次，宝峰开华主山神，得入大寂定光明解脱门；华林妙髻主山神，得修集慈善根成熟不可思议数众生解脱门；高幢普照主山神，得观察一切众生心所乐严净诸根解脱门；离尘宝髻主山神，得无边劫海勤精进无厌怠解脱门；光照十方主山神，得以无边功德光普觉悟解脱门；大力光明主山神，得能自成熟复令众生舍离愚迷行解脱门；威光普胜主山神，得拔一切苦使无有余解脱门；微密光轮主山神，得演教法光明显示一切如来功德解脱门；普眼现见主山神，得令一切众生乃至于梦中增长善根解脱门；金刚坚固眼主山神，得出现无边大义海解脱门。

尔时，开华匝地主山神，承佛威力，普观一切主山神众而说颂言：

往修胜行无有边，今获神通亦无量，法门广辟如尘数，悉使众生深悟喜。众相严身遍世间，毛孔光明悉清净，大慈方便示一切，华林妙髻悟此门。佛身普现无有边，十方世界皆充满，诸根严净见者喜，此法高幢能悟入。历劫勤修无懈倦，不染世法如虚空，种种方便化群生，悟此法门名宝髻。众生盲暗入险道，佛哀愍彼舒光照，普使世间从睡觉，威光悟此心生喜。昔在诸有广修行，供养刹尘无数佛，令众生见发大愿，此地大力能明入。见诸众生流转苦，一切业障恒缠覆，以智慧光悉灭除，此普胜神之解脱。一一毛孔出妙音，随众生心赞诸佛，悉遍十方无量劫，此是光轮所入门。佛遍十方普现前，种种方便说妙法，广益众生诸行海，此现见神之所悟。法门如海无边量，一音为说悉令解，一切劫中演不穷，入此方便金刚目。

复次，普德净华主地神，得以慈悲心念念普观一切众生解脱门；

坚福庄严主地神，得普现一切众生福德力解脱门；妙华严树主地神，得普入诸法出生一切佛刹庄严解脱门；普散众宝主地神，得修习种种诸三昧令众生除障垢解脱门；净目观时主地神，得令一切众生常游戏快乐解脱门；金色妙眼主地神，得示现一切清净身调伏众生解脱门；香毛发光主地神，得了知一切佛功德海大威力解脱门；寂音悦意主地神，得普摄持一切众生言音海解脱门；妙华旋髻主地神，得充满佛刹离垢性解脱门；金刚普持主地神，得一切佛法轮所摄持普出现解脱门。

尔时，普德净华主地神，承佛威力，普观一切主地神众而说颂言：如来往昔念念中，大慈悲门不可说，如是修行无有已，故得坚牢不坏身。三世众生及菩萨，所有一切众福聚，悉现如来毛孔中，福严见已生欢喜。广大寂静三摩地，不生不灭无来去，严净国土示众生，此树华神之解脱。佛于往昔修诸行，为令众生消重障，普散众宝主地神，见此解脱生欢喜。如来境界无边际，念念普现于世间，净目观时主地神，见佛所行心庆悦。妙音无限不思议，普为众生灭烦恼，金色眼神能了悟，见佛无边胜功德。一切色形皆化现，十方法界悉充满，香毛发光常见佛，如是普化诸众生。妙音普遍于十方，无量劫中为众说，悦意地神心了达，从佛得闻深敬喜。佛毛孔出香焰云，随众生心遍世间，一切见者皆成熟，此是华旋所观处。坚固难坏如金刚，不可倾动逾须弥，佛身如是处世间，普持得见生欢喜。

复次，宝峰光曜主城神，得方便利益众生解脱门；妙严宫殿主城神，得知众生根教化成熟解脱门；清净喜宝主城神，得常欢喜令一切众生受诸福德解脱门；离忧清净主城神，得救诸怖畏大悲藏解脱门；华灯焰眼主城神，得普明了大智慧解脱门；焰幢明现主城神，得普方便示现解脱门；盛福威光主城神，得普观察一切众生令修广大福德海解脱门；净光明身主城神，得开悟一切愚暗众生解脱门；香幢庄严主城神，得观如来自在力普遍世间调伏众生解脱门；宝峰光目主城神，得能以大光明破一切众生障碍山解脱门。

尔时，宝峰光曜主城神，承佛威力，普观一切主城神众而说颂言：

导师如是不思议，光明遍照于十方，众生现前悉见佛，教化成熟无央数。诸众生根各差别，佛悉了知无有余，妙严宫殿主城神，入此法门心庆悦。如来无量劫修行，护持往昔诸佛法，意常承奉生欢喜，妙宝城神悟此门。如来昔已能除遣，一切众生诸恐怖，而恒于彼起慈悲，此离忧神心悟喜。佛智广大无有边，譬如虚空不可量，华目城神斯悟悦，能学如来之妙慧。如来色相等众生，随其乐欲皆令见，焰幢明现心能悟，习此方便生欢喜。如来往修众福海，清净广大无边际，福德幢光于此门，观察了悟心欣庆。众生愚迷诸有中，如世生盲卒无睹，佛为利益兴于世，清净光神入此门。如来自在无有边，如云普遍于世间,乃至现梦令调伏,此是香幢所观见。众生痴暗如盲瞽,种种障盖所缠覆,佛光照彻普令开,如是宝峰之所入。

复次,净庄严幢道场神,得出现供养佛广大庄严具誓愿力解脱门;须弥宝光道场神,得现一切众生前成就广大菩提行解脱门;雷音幢相道场神,得随一切众生心所乐令见佛于梦中为说法解脱门;雨华妙眼道场神,得能雨一切难舍众宝庄严具解脱门;清净焰形道场神,得能现妙庄严道场广化众生令成熟解脱门;华缨垂髻道场神,得随根说法令生正念解脱门;雨宝庄严道场神,得能以辩才普雨无边欢喜法解脱门;勇猛香眼道场神,得广称赞诸佛功德解脱门;金刚彩云道场神,得示现无边色相树庄严道场解脱门;莲华光明道场神,得菩提树下寂然不动而充遍十方解脱门;妙光照曜道场神,得显示如来种种力解脱门。

尔时,净庄严幢道场神,承佛威力,普观一切道场神众而说颂言:

我念如来往昔时,于无量劫所修行,诸佛出兴咸供养,故获如空大功德。佛昔修行无尽施,无量刹土微尘等,须弥光照菩提神,忆念善逝心欣庆。如来色相无有穷,变化周流一切刹,乃至梦中常示现,雷幢见此生欢喜。昔行舍行无量劫,能舍难舍眼如海,如是舍行为众生,此妙眼神能悟悦。无边色相宝焰云,现菩提场遍世间,焰形清净道场神,见佛自在生欢喜。众生行海无有边,佛普弥纶雨法雨,随其根解除疑惑,华缨悟此心欢喜。无量法门差别义,辩才大海皆能入,雨宝严具道场神,于心念念恒如是。于不可说一切土,尽世言辞称赞佛,故获名誉大功德,此勇眼神能忆念。种种色相无边树,普现菩提树王下,金刚彩云悟此门,恒观道树生欢喜。十方边际不可得,佛坐道场智亦然,莲华步光净信心,入此解脱深生喜。道场一切出妙音,赞佛难思清净力,及以成就诸因行,此妙光神能听受。

复次,宝印手足行神,得普雨众宝生广大欢喜解脱门;莲华光足行神,得示现佛身坐一切光色莲华座令见者欢喜解脱门;最胜华髻足行神,得一一心念中建立一切如来众会道场解脱门;摄诸善见足行神,得举足发步悉调伏无边众生解脱门;妙宝星幢足行神,得念念中化现种种莲华网光明普雨众宝出妙音声解脱门;乐吐妙音足行神,得出生无边欢喜海解脱门;栴檀树光足行神,得以香风普觉一切道场众会解脱门;莲华光明足行神,得一切毛孔放光明演微妙法音解脱门;微妙光明足行神,得其身遍出种种光明网普照曜解脱门;积集妙华足行神,得开悟一切众生令生善根海解脱门。

尔时,宝印手足行神,承佛神力,普观一切足行神众而说颂言:

佛昔修行无量劫,供养一切诸如来,心恒庆悦不疲厌,喜门深大犹如海。念念神通不可量,化现莲华种种香,佛坐其上普游往,红色光神皆睹见。诸佛如来法如是,广大众会遍十方,普现神通不可议,最胜华神悉明瞩。十方国土一切处，于中举足若下足，悉能成就诸群生，此善见神心悟喜。如众生数普现身，此一一身充法界，悉放净光雨众宝，如是解脱星幢入。如来境界无边际，普雨法雨皆充满，众会睹佛生欢喜，此妙音声之所见。佛音声量等虚空，一切音声悉在中，调伏众生靡不遍，如是栴檀能听受。一切毛孔出化音，阐扬三世诸佛名，闻此音者皆欢喜，莲华光神如是见。佛身变现不思议，步步色相犹如海，随众生心悉令见，此妙光明之所得。十方普现大神通，一切众生悉开悟，众妙华神于此法，见已心生大欢喜。

复次，净喜境界身众神，得忆佛往昔誓愿海解脱门；光照十方身众神，得光明普照无边世界解脱门；海音调伏身众神，得大音普觉一切众生令欢喜调伏解脱门；净华严髻身众神，得身如虚空周遍住解脱门；无量威仪身众神，得示一切众生诸佛境界解脱门；最胜光严身众神，得令一切饥乏众生色力满足解脱门；净光香云身众神，得除一切众生烦恼垢解脱门；守护摄持身众神，得转一切众生愚痴魔业解脱门；普现摄化身众神，得普于一切世主宫殿中显示庄严相解脱门；不动光明身众神，得普摄一切众生皆令生清净善根解脱门。

尔时，净喜境界身众神，承佛威力，普观一切身众神众而说颂言：

我忆须弥尘劫前，有佛妙光出兴世，世尊于彼如来所，发心供养一切佛。如来身放大光明，其光法界靡不充，众生遇者心调伏，此照方神之所见。如来声震十方国，一切言音悉圆满，普觉群生无有余，调伏闻此心欢庆。佛身清净恒寂灭，普现众色无诸相，如是遍住于世间，此净华神之所入。导师如是不思议，随众生心悉令见，或坐或行或时住，无量威仪所悟门。佛百千劫难逢遇，出兴利益能自在，令世悉离贫穷苦，最胜光严入斯处。如来一一齿相间，普放香灯光焰云，灭除一切众生惑，离垢云神如是见。众生染惑为重障，随逐魔径常流转，如来开示解脱道，守护执持能悟入。我观如来自在力，光布法界悉充满，处王宫殿化众生，此普现神之境界。众生迷妄具众苦，佛在其中常救摄，皆令灭惑生喜心，不动光神所观见。

复次，妙色那罗延执金刚神，得见如来示现无边色相身解脱门；日轮速疾幢执金刚神，得佛身一一毛如日轮现种种光明云解脱门；须弥华光执金刚神，得化现无量身大神变解脱门；清净云音执金刚神，得无边随类音解脱门；妙臂天主执金刚神，得现为一切世间主开悟众生解脱门；可爱乐光明执金刚神，得普开示一切佛法差别门咸尽无遗解脱门；大树雷音执金刚神，得以可爱乐庄严具摄一切树神解脱门；师子王光明执金刚神，得如来广大福庄严聚皆具足明了解脱门；密焰吉祥目执金刚神，得普观察险恶众生心为现威严身解脱门；莲华摩尼髻执金刚神，得普雨一切菩萨庄严具摩尼髻解脱门。

尔时，妙色那罗延执金刚神，承佛威力，普观一切执金刚神众而说颂言：

汝应观法王，法王法如是，色相无有边，普现于世间。佛身一一毛，光网不思议，譬如净日轮，普照十方国。如来神通力，法界悉周遍，一切众生前，示现无尽身。如来说法音，十方莫不闻，随诸众生类，悉令心满足。众见牟尼尊，处世宫殿中，普为诸群生，阐扬于大法。法海漩澓处，一切差别义，种种方便门，演说无穷尽。无边大方便，普应十方国，遇佛净光明，悉见如来身。供养于诸佛，亿刹微尘数，功德如虚空，一切所瞻仰。神通力平等，一切刹皆现，安坐妙道场，普现众生前。焰云普照世，种种光圆满，法界无不及，示佛所行处。

大方广佛华严经卷第五

世主妙严品第一之五

复次，普贤菩萨摩诃萨，入不思议解脱门方便海，入如来功德海。所谓：有解脱门，名：严净一切佛国土调伏众生令究竟出离。有解脱门，名：普诣一切如来所修具足功德境界。有解脱门，名：安立一切菩萨地诸大愿海。有解脱门，名：普现法界微尘数无量身。有解脱门，名：演说遍一切国土不可思议数差别名。有解脱门，名：一切微尘中悉现无边诸菩萨神通境界。有解脱门，名：一念中现三世劫成坏事。有解脱门，名：示现一切菩萨诸根海各入自境界。有解脱门，名：能以神通力化现种种身遍无边法界。有解脱门，名：显示一切菩萨修行法次第门入一切智广大方便。

尔时，普贤菩萨摩诃萨，以自功德，复承如来威神之力，普观一切众会海已，即说颂言：

佛所庄严广大刹，等于一切微尘数，清净佛子悉满中，雨不思议最妙法。如于此会见佛坐，一切尘中悉如是，佛身无去亦无来，所有国土皆明现。显示菩萨所修行，无量趣地诸方便，及说难思真实理，令诸佛子入法界。出生化佛如尘数，普应群生心所欲，入深法界方便门，广大无边悉开演。如来名号等世间，十方国土悉充遍，一切方便无空过，调伏众生皆离垢。佛于一切微尘中，示现无边大神力，悉坐道场能演说，如佛往昔菩提行。三世所有广大劫，佛念念中皆示现，彼诸成坏一切事，不思议智无不了。佛子众会广无限，欲共测量诸佛地，诸佛法门无有边，能悉了知甚为难。佛如虚空无分别，等真法界无所依，化现周行靡不至，悉坐道场成正觉。佛以妙音广宣畅，一切诸地皆明了，普现一一众生前，尽与如来平等法。

复次，净德妙光菩萨摩诃萨，得遍往十方菩萨众会庄严道场解脱门；普德最胜灯光照菩萨摩诃萨，得一念中现无尽成正觉门教化成熟不思议众生界解脱门；普光师子幢菩萨摩诃萨，得修习菩萨福德庄严出生一切佛国土解脱门；普宝焰妙光菩萨摩诃萨，得观察佛神通境界无迷惑解脱门；普音功德海幢菩萨摩诃萨，得于一众会道场中示现一切佛土庄严解脱门；普智光照如来境菩萨摩诃萨，得随逐如来观察甚深广大法界藏解脱门；普觉悦意声菩萨摩诃萨，得亲近承事一切诸佛供养藏解脱门；普清净无尽福威光菩萨摩诃萨，得出生一切神变广大加持解脱门；普宝髻华幢菩萨摩诃萨，得普入一切世间行出生菩萨无边行门解脱门；普相最胜光菩萨摩诃萨，得能于无相法界中出现一切诸佛境界解脱门。

尔时，净德妙光菩萨摩诃萨，承佛威力，普观一切菩萨解脱门海已，即说颂言：

十方所有诸国土，一刹那中悉严净，以妙音声转法轮，普遍世间无与等。如来境界无边际，一念法界悉充满，一一尘中建道场，悉证菩提起神变。世尊往昔修诸行，经于百千无量劫，一切佛刹皆庄严，出现无碍如虚空。佛神通力无限量，充满无边一切劫，假使经于无量劫，念念观察无疲厌。汝应观佛神通境，十方国土皆严净，一切于此悉现前，念念不同无量种。观佛百千无量劫，不得一毛之分限，如来无碍方便门，此光普照难思刹。如来往劫在世间，承事无边诸佛海，是故一切如川骛，咸来供养世所尊。如来出现遍十方，一一尘中无量土，其中境界皆无量，悉住无边无尽劫。佛于曩劫为众生，修习无边大悲海，随诸众生入生死，普化众会令清净。佛住真如法界藏，无相无形离诸垢，众生观见种种身，一切苦难皆消灭。

复次，海月光大明菩萨摩诃萨，得出生菩萨诸地诸波罗蜜教化众生及严净一切佛国土方便解脱门；云音海光离垢藏菩萨摩诃萨，得念念中普入法界种种差别处解脱门；智生宝髻菩萨摩诃萨，得不可思议劫于一切众生前现清净大功德解脱门；功德自在王净光菩萨摩诃萨，得普见十方一切菩萨初诣道场时种种庄严解脱门；善勇猛莲华髻菩萨摩诃萨，得随诸众生根解海普为显示一切佛法解脱门；普智云日幢菩萨摩诃萨，得成就如来智永住无量劫解脱门；大精进金刚脐菩萨摩诃萨，得普入一切无边法印力解脱门；香焰光幢菩萨摩诃萨，得显示现在一切佛始修菩萨行乃至成就智慧聚解脱门；大明德深美音菩萨摩诃萨，得安住毗卢遮那一切大愿海解脱门；大福光智生菩萨摩诃萨，得显示如来遍法界甚深境界解脱门。

尔时，海月光大明菩萨摩诃萨，承佛威力，普观一切菩萨众庄严海已，即说颂言：

诸波罗蜜及诸地，广大难思悉圆满，无量众生尽调伏，一切佛土皆严净。如佛教化众生界，十方国土皆充满，一念心中转法轮，普应群情无不遍。佛于无量广大劫，普现一切众生前，如其往昔广修治，示彼所行清净处。我睹十方无有余，亦见诸佛现神通，悉坐道场成正觉，众会闻法共围绕。广大光明佛法身，能以方便现世间，普随众生心所乐，悉称其根而雨法。真如平等无相身，离垢光明净法身，智慧寂静身无量，普应十方而演法。法王诸力皆清净，智慧如空无有边，悉为开示无遗隐，普使众生同悟入。如佛往昔所修治，乃至成于一切智，今放光明遍法界，于中显现悉明了。佛以本愿现神通，一切十方无不照，如佛往昔修治行，光明网中皆演说。十方境界无有尽，无等无边各差别，佛无碍力发大光，一切国土皆明显。

尔时，如来师子之座，众宝、妙华、轮台、基陛，及诸户牖，如是一切庄严具中，一一各出佛刹微尘数菩萨摩诃萨，其名曰：海慧自在神通王菩萨摩诃萨、雷音普震菩萨摩诃萨、众宝光明髻菩萨摩诃萨、大智日勇猛慧菩萨摩诃萨、不思议功德宝智印菩萨摩诃萨、百目莲华髻菩萨摩诃萨、金焰圆满光菩萨摩诃萨、法界普音菩萨摩诃萨、云音净月菩萨摩诃萨、善勇猛光明幢菩萨摩诃萨……。如是等而为上首，有众多佛刹微尘数同时出现。此诸菩萨，各兴种种供养云，所谓：一切摩尼宝华云、一切莲华妙香云、一切宝圆满光云、无边境界香焰云、日藏摩尼轮光明云、一切悦意乐音云、无边色相一切宝灯光焰云、众宝树枝华果云、无尽宝清净光明摩尼王云、一切庄严具摩尼王云……。如是等诸供养云，有佛世界微尘数。彼诸菩萨，一一皆兴如是供养云，雨于一切道场众海，相续不绝。现是云已，右绕世尊，经无量百千匝，随其方面，去佛不远，化作无量种种宝莲华师子之座；各于其上，结跏趺坐。是诸菩萨所行清净广大如海，得智慧光照普门法，随顺诸佛，所行无碍；能入一切辩才法海，得不思议解脱法门，住于如来普门之地；已得一切陀罗尼门，悉能容受一切法海，善住三世平等智地；已得深信，广大喜乐，无边福聚，极善清净；虚空法界靡不观察，十方世界一切国土，所有佛兴，咸勤供养。

尔时，海慧自在神通王菩萨摩诃萨，承佛威力，普观一切道场众海，即说颂言：

诸佛所悟悉已知，如空无碍皆明照，光遍十方无量土，处于众会普严洁。如来功德不可量，十方法界悉充满，普坐一切树王下，诸大自在共云集。佛有如是神通力，一念现于无尽相，如来境界无有边，各随解脱能观见。如来往昔经劫海，在于诸有勤修行，种种方便化众生，令彼受行诸佛法。毗卢遮那具严好，坐莲华藏师子座，一切众会皆清净，寂然而住同瞻仰。摩尼宝藏放光明，普发无边香焰云，无量华缨共垂布，如是座上如来坐。种种严饰吉祥门，恒放灯光宝焰云，广大炽然无不照，牟尼处上增严好。种种摩尼绮丽窗，妙宝莲华所垂饰，恒出妙音闻者悦，佛坐其上特明显。宝轮承座半月形，金刚为台色焰明，持髻菩萨常围绕，佛在其中最光耀。种种变化满十方，演说如来广大愿，一切影像于中现，如是座上佛安坐。

尔时，雷音普震菩萨摩诃萨，承佛威力，普观一切道场众海，即说颂言：

　　世尊往集菩提行，供养十方无量佛，善逝威力所加持，如来座中无不睹。香焰摩尼如意王，填饰妙华师子座，种种庄严皆影现，一切众会悉明瞩。佛座普现庄严相，念念色类各差别，随诸众生解不同，各见佛坐于其上。宝枝垂布莲华网，华开踊现诸菩萨，各出微妙悦意声，称赞如来坐于座。佛功德量如虚空，一切庄严从此生，一一地中严饰事，一切众生不能了。金刚为地无能坏，广博清净极夷坦，摩尼为网垂布空，菩提树下皆周遍。其地无边色相殊，真金为末布其中，普散名华及众宝，悉以光莹如来座。地神欢喜而踊跃，刹那示现无有尽，普兴一切庄严云，恒在佛前瞻仰住。宝灯广大极炽然，香焰流光无断绝，随时示现各差别，地神以此为供养。十方一切刹土中，彼地所有诸庄严，今此道场无不现，以佛威神故能尔。

　　尔时，众宝光明髻菩萨摩诃萨，承佛威力，普观一切道场众海，即说颂言：

　　世尊往昔修行时，见诸佛土皆圆满，如是所见地无尽，此道场中皆显现。世尊广大神通力，舒光普雨摩尼宝，如是宝藏散道场，其地周回悉严丽。如来福德神通力，摩尼妙宝普庄严，其地及以菩提树，递发光音而演说。宝灯无量从空雨，宝王间错为严饰，悉吐微妙演法音，如是地神之所现。宝地普现妙光云，宝炬焰明如电发，宝网遐张覆其上，宝枝杂布为严好。汝等普观于此地，种种妙宝所庄严，显示众生诸业海，令彼了知真法性。普遍十方一切佛，所有圆满菩提树，莫不皆现道场中，演说如来清净法。随诸众生心所乐，其地普出妙音声，如佛座上所应演，一一法门咸具说。其地恒出妙香光，光中普演清净音，若有众生堪受法，悉使得闻烦恼灭。一一庄严悉圆满，假使亿劫无能说，如来神力靡不周，是故其地皆严净。

　　尔时，大智日勇猛慧菩萨摩诃萨，承佛威力，普观一切道场众海，即说颂言：

　　世尊凝睟处法堂，炳然照耀宫殿中，随诸众生心所乐，其身普现十方土。如来宫殿不思议，摩尼宝藏为严饰，诸庄严具咸光耀，佛坐其中特明显。摩尼为柱种种色，真金铃铎如云布，宝阶四面列成行，门闼随方咸洞启。妙华缯绮庄严帐，宝树枝条共严饰，摩尼璎珞四面垂，智海于中湛然坐。摩尼为网妙香幢，光焰灯明若云布，覆以种种庄严具，超世正知于此坐。十方普现变化云，其云演说遍世间，一切众生悉调伏，如是皆从佛宫现。摩尼为树发妙华，十方所有无能匹，三世国土庄严事，莫不于中现其影。处处皆有摩尼聚，光焰炽然无量种，门牖随方相间开，栋宇庄严极殊丽。如来宫殿不思议，清净光明具众相，一切宫殿于中现，一一皆有如来坐。如来宫殿无有边，自然觉者处其中，十方一切诸众会，莫不向佛而来集。

　　尔时，不思议功德宝智印菩萨摩诃萨，承佛威力，普观一切道场众海，即说颂言：

佛昔修治众福海，一切刹土微尘数，神通愿力所出生，道场严净无诸垢。如意珠王作树根，金刚摩尼以为身，宝网遐施覆其上，妙香氛氲共旋绕。树枝严饰备众宝，摩尼为干争耸擢，枝条密布如重云，佛于其下坐道场。道场广大不思议，其树周回尽弥覆，密叶繁华相庇映，华中悉结摩尼果。一切枝间发妙光，其光遍照道场中，清净炽然无有尽，以佛愿力如斯现。摩尼宝藏以为华，布影腾辉若绮云，匝树垂芳无不遍，于道场中普严饰。汝观善逝道场中，莲华宝网俱清净，光焰成轮从此现，铃音铎响云间发。十方一切国土中，所有妙色庄严树，菩提树中无不现，佛于其下离众垢。道场广大福所成，树枝雨宝恒无尽，宝中出现诸菩萨，悉往十方供事佛。诸佛境界不思议，普令其树出乐音，如昔所集菩提道，众会闻音咸得见。

尔时，百目莲华髻菩萨摩诃萨，承佛威力，普观一切道场众海，即说颂言：

一切摩尼出妙音，称扬三世诸佛名，彼佛无量神通事，此道场中皆现睹。众华竞发如缨布，光云流演遍十方，菩提树神持向佛，一心瞻仰为供养。摩尼光焰悉成幢，幢中炽然发妙香，其香普熏一切众，是故其处皆严洁。莲华垂布金色光，其光演佛妙声云，普荫十方诸刹土，永息众生烦恼热。菩提树王自在力，常放光明极清净，十方众会无有边，莫不影现道场中。宝枝光焰若明灯，其光演音宣大愿，如佛往昔于诸有，本所修行皆具说。树下诸神刹尘数，悉共依于此道场，各各如来道树前，念念宣扬解脱门。世尊往昔修诸行，供养一切诸如来，本所修行及名闻，摩尼宝中皆悉现。道场一切出妙音，其音广大遍十方，若有众生堪受法，莫不调伏令清净。如来往昔普修治，一切无量庄严事，十方一切菩提树，一一庄严无量种。

尔时，金焰圆满光菩萨摩诃萨，承佛威力，普观一切道场众海，即说颂言：

佛昔修习菩提行，于诸境界解明了，处与非处净无疑，此是如来初智力。如昔等观诸法性，一切业海皆明彻，如是今于光网中，普遍十方能具演。往劫修治大方便，随众生根而化诱，普使众会心清净，故佛能成根智力。如诸众生解不同，欲乐诸行各差别，随其所应为说法，佛以智力能如是。普尽十方诸刹海，所有一切众生界，佛智平等如虚空，悉能显现毛孔中。一切处行佛尽知，一念三世毕无余，十方刹劫众生时，悉能开示令现了。禅定解脱力无边，三昧方便亦复然，佛为示现令欢喜，普使涤除烦恼闇。佛智无碍包三世，刹那悉现毛孔中，佛法国土及众生，所现皆由随念力。佛眼广大如虚空，普见法界尽无余，无碍地中无等用，彼眼无量佛能演。一切众生具诸结，所有随眠与习气，如来出现遍世间，悉以方便令除灭。尔时，法界普音菩萨摩诃萨，承佛威力，普观一切道场众会海已，即说颂言：佛威神力遍十方，广大示现无分别，大菩提行波罗蜜，昔所满足皆令见。昔于众生起大悲，修行布施波罗蜜，以是其身最殊妙，能令见者生欢喜。昔在无边大劫海，修治净戒波罗蜜，故获净身遍十方，普灭世间诸重苦。往昔修行忍清净，信解真实无分别，是故色相皆圆满，普放光明照十方。往昔勤修多劫海，能转众生深重障，故能分身遍十方，悉现菩提树王下。佛久修行无量劫，禅定大海普清净，故令见者深欢喜，烦恼障垢悉除灭。如来往修诸行海，具足般若波罗蜜，是故舒光普照明，克殄一切愚痴暗。种种方便化众生，令所修治悉成就，一切十方皆遍往，无边际劫不休息。佛昔修行大劫海，净治诸愿波罗蜜，是故出现遍世间，尽未来际救众生。佛无量劫广修治，一切法力波罗蜜，由是能成自然力，普现十方诸国土。佛昔修治普门智，一切智性如虚空，是故得成无碍力，舒光普照十方刹。

尔时，云音净月菩萨摩诃萨，承佛威力，普观一切道场众海已，即说颂言：

神通境界等虚空，十方众生靡不见，如昔修行所成地，摩尼果中咸具说。清净勤修无量劫，入于初地极欢喜，出生法界广大智，普见十方无量佛。一切法中离垢地，等众生数持净戒，已于多劫广修行，供养无边诸佛海。积集福德发光地，奢摩他藏坚固忍，法云广大悉已闻，摩尼果中如是说。焰海慧明无等地，善了境界起慈悲，一切国土平等身，如佛所治皆演畅。普藏等门难胜地，动寂相顺无违反，佛法境界悉平等，如佛所净皆能说。广大修行慧海地，一切法门咸遍了，普现国土如虚空，树中演畅此法音。周遍法界虚空身，普照众生智慧灯，一切方便皆清净，昔所远行今具演。一切愿行所庄严，无量刹海皆清净，所有分别无能动，此无等地咸宣说。无量境界神通力，善入教法光明力，此是清净善慧地，劫海所行皆备阐。法云广大第十地，含藏一切遍虚空，诸佛境界声中演，此声是佛威神力。

尔时，善勇猛光幢菩萨摩诃萨，承佛威神，观察十方，即说颂言：

无量众生处会中，种种信解心清净，悉能悟入如来智，了达一切庄严境。各起净愿修诸行，悉曾供养无量佛，能见如来真实体，及以一切诸神变。或有能见佛法身，无等无碍普周遍，所有无边诸法性，悉入其身无不尽。或有见佛妙色身，无边色相光炽然，随诸众生解不同，种种变现十方中。或见无碍智慧身，三世平等如虚空，普随众生心乐转，种种差别皆令见。或有能了佛音声，普遍十方诸国土，随诸众生所应解，为出言音无障碍。或见如来种种光，种种照耀遍世间，或有于佛光明中，复见诸佛现神通。或有见佛海云光，从毛孔出色炽然，示现往昔修行道，令生深信入佛智。或见佛相福庄严，及见此福所从生，往昔修行诸度海，皆佛相中明了见。如来功德不可量，充满法界无边际，及以神通诸境界，以佛力故能宣说。

尔时，华藏庄严世界海，以佛神力，其地一切六种、十八相震动。所谓：动、遍动、普遍动；起、遍起、普遍起；踊、遍踊、普遍踊；震、遍震、普遍震；吼、遍吼、普遍吼；击、遍击、普遍击。此诸世主，一一皆现不思议诸供养云，雨于如来道场众海。所谓：一切香华庄严云、一切摩尼妙饰云、一切宝焰华网云、无边种类摩尼宝圆光云、一切众色宝真珠藏云、一切宝栴檀香云、一切宝盖云、清净妙声摩尼王云、日光摩尼璎珞轮云、一切宝光明藏云、一切各别庄严具云……。如是等诸供养云，其数无量不可思议。此诸世主，一一皆现如是供养云，雨于如来道场众海，靡不周遍。如此世界中，一一世主，心生欢喜，如是供养；其华藏庄严世界海中，一切世界所有世主，悉亦如是而为供养。其一切世界中，悉有如来坐于道场；一一世主，各各信解，各各所缘，各各三昧方便门，各各修习助道法，各各成就，各各欢喜，各各趣入，各各悟解诸法门，各各入如来神通境界，各各入如来力境界，各各入如来解脱门。如于此华藏世界海，十方尽法界、虚空界、一切世界海中，悉亦如是。

大方广佛华严经卷第六

如来现相品第二

尔时，诸菩萨及一切世间主，作是思惟：云何是诸佛地？云何是诸佛境界？云何是诸佛加持？云何是诸佛所行？云何是诸佛力？云何是诸佛无所畏？云何是诸佛三昧？云何是诸佛神通？云何是诸佛自在？云何是诸佛无能摄取？云何是诸佛眼？云何是诸佛耳？云何是诸佛鼻？云何是诸佛舌？云何是诸佛身？云何是诸佛意？云何是诸佛身光？云何是诸佛光明？云何是诸佛声？云何是诸佛智？唯愿世尊，哀愍我等，开示演说！又，十方世界海一切诸佛，皆为诸菩萨说世界海、众生海、法界安立海、佛海、佛波罗蜜海、佛解脱海、佛变化海、佛演说海、佛名号海、佛寿量海，及一切菩萨誓愿海、一切菩萨发趣海、一切菩萨助道海、一切菩萨乘海、一切菩萨行海、一切菩萨出离海、一切菩萨神通海、一切菩萨波罗蜜海、一切菩萨地海、一切菩萨智海。愿佛世尊，亦为我等，如是而说！

尔时，诸菩萨威神力故，于一切供养具云中，自然出音而说颂言：

无量劫中修行满，菩提树下成正觉，为度众生普现身，如云充遍尽未来。众生有疑皆使断，广大信解悉令发，无边际苦普使除，诸佛安乐咸令证。菩萨无数等刹尘，俱来此会同瞻仰，愿随其意所应受，演说妙法除疑惑。云何了知诸佛地？云何观察如来境？佛所加持无有边，愿示此法令清净！云何是佛所行处，而以智慧能明入？佛力清净广无边，为诸菩萨应开示！云何广大诸三昧？云何净治无畏法？神通力用不可量，愿随众生心乐说！诸佛法王如世主，所行自在无能制，及余一切广大法，为利益故当开演！佛眼云何无有量？耳鼻舌身亦复然？意无有量复云何？愿示能知此方便！如诸刹海众生海，法界所有安立海，及诸佛海亦无边，愿为佛子咸开畅！永出思议众度海，普入解脱方便海，所有一切法门海，此道场中愿宣说！

尔时，世尊知诸菩萨心之所念，即于面门众齿之间，放佛刹微尘数光明，所谓：众宝华遍照光明、出种种音庄严法界光明、垂布微妙云光明、十方佛坐道场现神变光明、一切宝焰云盖光明、充满法界无碍光明、遍庄严一切佛刹光明、迥建立清净金刚宝幢光明、普庄严菩萨众会道场光明、妙音称扬一切佛名号光明……。如是等佛刹微尘数，一一复有佛刹微尘数光明以为眷属，其光悉具众妙宝色，普照十方各一亿佛刹微尘数世界海。彼世界海诸菩萨众，于光明中，各得见此华藏庄严世界海。以佛神力，其光于彼一切菩萨众会之前而说颂言：

无量劫中修行海，供养十方诸佛海，化度一切众生海，今成妙觉遍照尊。毛孔之中出化云，光明普照于十方，应受化者咸开觉，令趣菩提净无碍。佛昔往来诸趣中，教化成熟诸群生，神通自在无边量，一念皆令得解脱。摩尼妙宝菩提树，种种庄严悉殊特，佛于其下成正觉，放大光明普威耀。大音震吼遍十方，普为弘宣寂灭法，随诸众生心所乐，种种方便令开晓。往修诸度皆圆满，等于千刹微尘数，一切诸力悉已成，汝等应往同瞻礼。十方佛子等刹尘，悉共欢喜而来集，已雨诸云为供养，今在佛前专觐仰。如来一音无有量，能演契经深大海，普雨妙法应群心，彼两足尊宜往见。三世诸佛所有愿，菩提树下皆宣说，一刹那中悉现前，汝可速诣如来所。毗卢遮那大智海，面门舒光无不见，今待众集将演音，汝可往观闻所说。

尔时，十方世界海一切众会，蒙佛光明所开觉已，各共来诣毗卢遮那如来所，亲近供养。所谓——

此华藏庄严世界海东，次有世界海，名：清净光莲华庄严。彼世界种中，有国土，名：摩尼璎珞金刚藏，佛号：法水觉虚空无边王。于彼如来大众海中，有菩萨摩诃萨，名：观察胜法莲华幢，与世界海微尘数诸菩萨俱，来诣佛所，各现十种菩萨身相云，遍满虚空而不散灭；复现十种雨一切宝莲华光明云，复现十种须弥宝峰云，复现十种日轮光云，复现十种宝华璎珞云，复现十种一切音乐云，复现十种末香树云，复现十种涂香烧香众色相云，复现十种一切香树云……如是等世界海微尘数诸供养云，悉遍虚空而不散灭。现是云已，向佛作礼，以为供养。即于东方，各化作种种华光明藏师子之座，于其座上，结跏趺坐。

此华藏世界海南，次有世界海，名：一切宝月光明庄严藏。彼世界种中，有国土，名：无边光圆满庄严，佛号：普智光明德须弥王。于彼如来大众海中，有菩萨摩诃萨，名：普照法海慧，与世界海微尘数诸菩萨俱，来诣佛所，各现十种一切庄严光明藏摩尼王云，遍满虚空而不散灭；复现十种雨一切宝庄严具普照耀摩尼王云，复现十种宝焰炽然称扬佛名号摩尼王云，复现十种说一切佛法摩尼王云，复现十种众妙树庄严道场摩尼王云，复现十种宝光普照现众化佛摩尼王云，复现十种普现一切道场庄严像摩尼王云，复现十种密焰灯说诸佛境界摩尼王云，复现十种不思议佛刹宫殿像摩尼王云，复现十种普现三世佛身像摩尼王云……如是等世界海微尘数摩尼王云，悉遍虚空而不散灭。现是云已，向佛作礼，以为供养。即于南方，各化作帝青宝阁浮檀金莲华藏师子之座，于其座上，结跏趺坐。

此华藏世界海西，次有世界海，名：可爱乐宝光明。彼世界种中，有国土，名：出生上妙资身具，佛号：香焰功德宝庄严。于彼如来大众海中，有菩萨摩诃萨，名：月光香焰普庄严，与世界海微尘数诸菩萨俱，来诣佛所，各现十种一切宝香众妙华楼阁云，遍满虚空而不散灭；复现十种无边色相众宝王楼阁云，复现十种宝灯香焰楼阁云，复现十种一切真珠楼阁云，复现十种一切宝华楼阁云，复现十种宝璎珞庄严楼阁云，复现十种普现十方一切庄严光明藏楼阁云，复现十种众宝末间错庄严楼阁云，复现十种周遍十方一切庄严楼阁云，复现十种华门铎网楼阁云……如是等世界海微尘数楼阁云，悉遍虚空而不散灭。现是云已，向佛作礼，以为供养。即于西方，各化作真金叶大宝藏师子之座，于其座上，结跏趺坐。

此华藏世界海北，次有世界海，名：毗琉璃莲华光圆满藏。彼世界种中，有国土，名：优钵罗华庄严，佛号：普智幢音王。于彼如来大众海中，有菩萨摩诃萨，名：师子奋迅光明，与世界海微尘数诸菩萨俱，来诣佛所，各现十种一切香摩尼众妙树云，遍满虚空而不散灭；复现十种密叶妙香庄严树云，复现十种化现一切无边色相树庄严树云，复现十种一切华周布庄严树云，复现十种一切宝焰圆满光庄严树云，复现十种现一切栴檀香菩萨身庄严树云，复现十种现往昔道场处不思议庄严树云，复现十种众宝衣服藏如日光明树云，复现十种普发一切悦意音声树云……如是等世界海微尘数树云，悉遍虚空而不散灭。现是云已，向佛作礼，以为供养。即于北方，各化作摩尼灯莲华藏师子之座，于其座上，结跏趺坐。

此华藏世界海东北方，次有世界海，名：阎浮檀金玻璃色幢。彼世界种中，有国土，名：众宝庄严，佛号：一切法无畏灯。于彼如来大众海中，有菩萨摩诃萨，名：最胜光明灯无尽功德藏，与世界海微尘数诸菩萨俱，来诣佛所，各现十种无边色相宝莲华藏师子座云，遍满虚空而不散灭；复现十种摩尼王光明藏师子座云，复现十种一切庄严具种种校饰师子座云，复现十种众宝鬘灯焰藏师子座云，复现十种普雨宝璎珞师子座云，复现十种一切香华宝璎珞藏师子座云，复现十种示现一切佛座庄严摩尼王藏师子座云，复现十种户牖阶砌及诸璎珞一切庄严师子座云，复现十种一切摩尼树宝枝茎藏师子座云，复现十种宝香间饰日光明藏师子座云……如是等世界海微尘数师子座云，悉遍虚空而不散灭。现是云已，向佛作礼，以为供养。即于东北方，各化作宝莲华摩尼光幢师子之座，于其座上，结跏趺坐。

此华藏世界海东南方，次有世界海，名：金庄严琉璃光普照。彼世界种中，有国土，名：清净香光明，佛号：普喜深信王。于彼如来大众海中，有菩萨摩诃萨，名：慧灯普明，与世界海微尘数诸菩萨俱，来诣佛所，各现十种一切如意王摩尼帐云，遍满虚空而不散灭；复现十种帝青宝一切华庄严帐云，复现十种一切香摩尼帐云，复现十种宝焰灯帐云，复现十种示现佛神通说法摩尼王帐云，复现十种现一切衣服庄严色像摩尼帐云，复现十种一切宝华丛光明帐云，复现十种宝网铃铎音帐云，复现十种摩尼为台莲华为网帐云，复现十种现一切不思议庄严具色像帐云……如是等世界海微尘数众宝帐云，悉遍虚空而不散灭。现是云已，向佛作礼，以为供养。即于东南方，各化作宝莲华藏师子之座，于其座上，结跏趺坐。

此华藏世界海西南方，次有世界海，名：日光遍照。彼世界种中，有国土，名：师子日光明，佛号：普智光明音。于彼如来大众海中，有菩萨摩诃萨，名：普华光焰髻，与世界海微尘数诸菩萨俱，来诣佛所，各现十种众妙庄严宝盖云，遍满虚空而不散灭；复现十种光明庄严华盖云，复现十种无边色真珠藏盖云，复现十种出一切菩萨悲愍音摩尼王盖云，复现十种众妙宝焰鬘盖云，复现十种妙宝严饰垂网铎盖云，复现十种摩尼树枝庄严盖云，复现十种日光普照摩尼王盖云，复现十种一切涂香烧香盖云，复现十种栴檀藏盖云，复现十种广大佛境界普光明庄严盖云……如是等世界海微尘数众宝盖云，悉遍虚空而不散灭。现是云已，向佛作礼，以为供养。即于西南方，各化作帝青宝光焰庄严藏师子之座，于其座上，结跏趺坐。

此华藏世界海西北方，次有世界海，名：宝光照耀。彼世界种中，有国土，名：众香庄严，佛号：无量功德海光明。于彼如来大众海中，有菩萨摩诃萨，名：无尽光摩尼王，与世界海微尘数诸菩萨俱，来诣佛所，各现十种一切宝圆满光云，遍满虚空而不散灭；复现十种一切宝焰圆满光云，复现十种一切妙华圆满光云，复现十种一切化佛圆满光云，复现十种十方佛土圆满光云，复现十种佛境界雷声宝树圆满光云，复现十种一切琉璃宝摩尼王圆满光云，复现十种一念中现无边众生相圆满光云，复现十种演一切如来大愿音圆满光云，复现十种演化一切众生音摩尼王圆满光云……如是等世界海微尘数圆满光云，悉遍虚空而不散灭。现是云已，向佛作礼，以为供养。即于西北方，各化作无尽光明威德藏师子之座，于其座上，结跏趺坐。

此华藏世界海下方，次有世界海，名：莲华香妙德藏。彼世界种中，有国土，名：宝师子光明照耀，佛号：法界光明。于彼如来大众海中，有菩萨摩诃萨，名：法界光焰慧，与世界海微尘数诸菩萨俱，来诣佛所，各现十种一切摩尼藏光明云，遍满虚空而不散灭；复现十种一切香光明云，复现十种一切宝焰光明云，复现十种出一切佛说法音光明云，复现十种现一切佛土庄严光明云，复现十种一切妙华楼阁光明云，复现十种现一切劫中诸佛教化众生事光明云，复现十种一切无尽宝华蕊光明云，复现十种一切庄严座光明云……如是等世界海微尘数光明云，悉遍虚空而不散灭。现是云已，向佛作礼，以为供养。即于下方，各化作宝焰灯莲华藏师子之座，于其座上，结跏趺座。

此华藏世界海上方，次有世界海，名：摩尼宝照耀庄严。彼世界种中，有国土，名：无相妙光明，佛号：无碍功德光明王。于彼如来大众海中，有菩萨摩诃萨，名：无碍力精进慧，与世界海微尘数诸菩萨俱，来诣佛所，各现十种无边色相宝光焰云，遍满虚空而不散灭；复现十种摩尼宝网光焰云，复现十种一切广大佛土庄严光焰云，复现十种一切妙香光焰云，复现十种一切庄严光焰云，复现十种诸佛变化光焰云，复现十种众妙树华光焰云，复现十种一切金刚光焰云，复现十种说无边菩萨行摩尼光焰云，复现十种一切真珠灯光焰云……如是等世界海微尘数光焰云，悉遍虚空而不散灭。现是云已，向佛作礼，以为供养。即于上方，各化作演佛音声光明莲华藏师子之座，于其座上，结跏趺坐。

如是等十亿佛刹微尘数世界海中，有十亿佛刹微尘数菩萨摩诃萨，一一各有世界海微尘数诸菩萨众前后围绕而来集会。是诸菩萨，一一各现世界海微尘数种种庄严诸供养云，悉遍虚空而不散灭。现是云已，向佛作礼，以为供养。随所来方，各化作种种宝庄严师子之座，于其座上，结跏趺坐。如是坐已，其诸菩萨身毛孔中，一一各现十世界海微尘数一切宝种种色光明；一一光中，悉现十世界海微尘数诸菩萨，皆坐莲华藏师子之座。此诸菩萨，悉能遍入一切法界诸安立海所有微尘；彼一一尘中，皆有十佛世界微尘数诸广大刹；一一刹中，皆有三世诸佛世尊。此诸菩萨，悉能遍往亲近供养；于念念中，以梦自在，示现法门，开悟世界海微尘数众生；念念中，以示现一切诸天殁生法门，开悟世界海微尘数众生；念念中，以说一切菩萨行法门，开悟世界海微尘数众生；念念中，以普震动一切刹叹佛功德神变法门，开悟世界海微尘数众生；念念中，以严净一切佛国土显示一切大愿海法门，开悟世界海微尘数众生；念念中，以普摄一切众生言词佛音声法门，开悟世界海微尘数众生；念念中，以能雨一切佛法云法门，开悟世界海微尘数众生；念念中，以光明普照十方国土周遍法界示现神变法门，开悟世界海微尘数众生；念念中，以普现佛身充遍法界一切如来解脱力法门，开悟世界海微尘数众生；念念中，以普贤菩萨建立一切众会道场海法门，开悟世界海微尘数众生。如是普遍一切法界，随众生心，悉令开悟。念念中，一一国土，各令如须弥山微尘数众生堕恶道者，永离其苦；各令如须弥山微尘数众生住邪定者，入正定聚；各令如须弥山微尘数众生，随其所乐生于天上；各令如须弥山微尘数众生，安住声闻、辟支佛地；各令如须弥山微尘数众生，事善知识具众福行；各令如须弥山微尘数众生，发于无上菩提之心；各令如须弥山微尘数众生，趣于菩萨不退转地；各令如须弥山微尘数众生，得净智眼，见于如来所见一切诸平等法；各令如须弥山微尘数众生，安住诸力诸愿海中，以无尽智而为方便净诸佛国；各令如须弥山微尘数众生，皆得安住毗卢遮那广大愿海，生如来家。

尔时，诸菩萨光明中同时发声，说此颂言：

诸光明中出妙音，普遍十方一切国，演说佛子诸功德，能入菩提之妙道。劫海修行无厌倦，令苦众生得解脱，心无下劣及劳疲，佛子善入斯方便。尽诸劫海修方便，无量无边无有余，一切法门无不入，而恒说彼性寂灭。三世诸佛所有愿，一切修治悉令尽，即以利益诸众生，而为自行清净业。一切诸佛众会中，普遍十方无不往，皆以甚深智慧海，入彼如来寂灭法。一一光明无有边，悉入难思诸国土，清净智眼普能见，是诸菩萨所行境。菩萨能住一毛端，遍动十方诸国土，不令众生有怖想，是其清净方便地。一一尘中无量身，复现种种庄严刹，一念没生普令见，获无碍意庄严者。三世所有一切劫，一刹那中悉能现，知身如幻无体相，证明法性无碍者。普贤胜行皆能入，一切众生悉乐见，佛子能住此法门，诸光明中大音吼。

尔时，世尊欲令一切菩萨大众得于如来无边境界神通力故，放眉间光，此光名：一切菩萨智光明，普照耀十方藏。其状犹如宝色灯云，遍照十方一切佛刹，其中国土及以众生悉令显现。又普震动诸世界网，一一尘中现无数佛。随诸众生性欲不同，普雨三世一切诸佛妙法轮云，显示如来波罗蜜海；又雨无量诸出离云，令诸众生永度生死；复雨诸佛大愿之云，显示十方诸世界中。普贤菩萨道场众会，作是事已，右绕于佛，从足下入。

尔时，佛前有大莲华，忽然出现。其华具有十种庄严，一切莲华所不能及。所谓：众宝间错以为其茎；摩尼宝王以为其藏；法界众宝普作其叶；诸香摩尼而作其须；阎浮檀金庄莹其台；妙网覆上，光色清净；于一念中，示现无边诸佛神变；普能发起一切音声；摩尼宝王影现佛身；于音声中，普能演说一切菩萨所修行愿。此华生已，一念之间，于如来白毫相中，有菩萨摩诃萨，名：一切法胜音，与世界海微尘数诸菩萨众，俱时而出，右绕如来，经无量匝，礼佛足已。

时，胜音菩萨坐莲华台，诸菩萨众坐莲华须，各于其上，次第而住。其一切法胜音菩萨，了深法界，生大欢喜；入佛所行，智无凝滞；入不可测佛法身海，往一切刹诸如来所；身诸毛孔悉现神通，念念普观一切法界；十方诸佛，共与其力，令普安住一切三昧，尽未来劫，常见诸佛无边法界功德海身，乃至一切三昧解脱、神通变化。即于众中，承佛威神，观察十方而说颂曰：

佛身充满于法界，普现一切众生前，随缘赴感靡不周，而恒处此菩提座。如来一一毛孔中，一切刹尘诸佛坐，菩萨众会共围绕，演说普贤之胜行。如来安处菩提座，一毛示现多刹海，一一毛现悉亦然，如是普周于法界。一一刹中悉安立，一切刹土皆周遍，十方菩萨如云集，莫不咸来诣道场。一切刹土微尘数，功德光明菩萨海，普在如来众会中，乃至法界咸充遍。法界微尘诸刹土，一切众中皆出现，如是分身智境界，普贤行中能建立。一切诸佛众会中，胜智菩萨佥然坐，各各听法生欢喜，处处修行无量劫。已入普贤广大愿，各各出生众佛法，毗卢遮那法海中，修行克证如来地。普贤菩萨所开觉，一切如来同赞喜，已获诸佛大神通，法界周流无不遍。一切刹土微尘数，常现身云悉充满，普为众生放大光，各雨法雨称其心。

尔时，众中复有菩萨摩诃萨，名：观察一切胜法莲华光慧王，承佛威神，观察十方而说颂曰：

如来甚深智，普入于法界，能随三世转，与世为明导。诸佛同法身，无依无差别，随诸众生意，令见佛色形。具足一切智，遍知一切法，一切国土中，一切无不现。佛身及光明，色相不思议，众生信乐者，随应悉令见。于一佛身上，化为无量佛，雷音遍众刹，演法深如海。一一毛孔中，光网遍十方，演佛妙音声，调彼难调者。如来光明中，常出深妙音，赞佛功德海，及菩萨所行。佛转正法轮，无量无有边，所说法无等，浅智不能测。一切世界中，现身成正觉，各各起神变，法界悉充满。如来一一身，现佛等众生，一切微尘刹，普现神通力。

尔时，众中复有菩萨摩诃萨，名：法喜慧光明，承佛威神，观察十方而说颂曰：

佛身常显现，法界悉充满，恒演广大音，普震十方国。如来普现身，遍入于世间，随众生乐欲，显示神通力。佛随众生心，普现于其前，众生所见者，皆是佛神力。光明无有边，说法亦无量，佛子随其智，能入能观察。佛身无有生，而能示出生，法性如虚空，诸佛于中住。无住亦无去，处处皆见佛，光明靡不周，名称悉远闻。无体无住处，亦无生可得，无相亦无形，所现皆如影。佛随众生心，为兴大法云，种种方便门，示悟而调伏。一切世界中，见佛坐道场，大众所围绕，照耀十方国。一切诸佛身，皆有无尽相，示现虽无量，色相终不尽。

尔时，众中复有菩萨摩诃萨，名：香焰光普明慧，承佛威神，观察十方而说颂曰：

此会诸菩萨，入佛难思地，一一皆能见，一切佛神力。智身能遍入,一切刹微尘,见身在彼中,普见于诸佛。如影现众刹,一切如来所,于彼一切中,悉现神通事。普贤诸行愿,修治已明洁,能于一切刹,普见佛神变。身住一切处,一切皆平等,智能如是行,入佛之境界。已证如来智,等照于法界,普入佛毛孔,一切诸刹海。一切佛国土,皆现神通力,示现种种身,及种种名号。能于一念顷,普现诸神变,道场成正觉,及转妙法轮。一切广大刹,亿劫不思议,菩萨三昧中,一念皆能现。一切诸佛土,一一诸菩萨,普入于佛身,无边亦无尽。

尔时,众中复有菩萨摩诃萨,名:师子奋迅慧光明,承佛威神,遍观十方而说颂曰:

毗卢遮那佛,能转正法轮,法界诸国土,如云悉周遍。十方中所有,诸大世界海,佛神通愿力,处处转法轮。一切诸刹土,广大众会中,名号各不同,随应演妙法。如来大威力,普贤愿所成,一切国土中,妙音无不至。佛身等刹尘,普雨于法雨,无生无差别,现一切世间。无数诸亿劫,一切尘刹中,往昔所行事,妙音咸具演。十方尘国土,光网悉周遍,光中悉有佛,普化诸群生。佛身无差别,充满于法界,能令见色身,随机善调伏。三世一切刹,所有众导师,种种名号殊,为说皆令见。过未及现在,一切诸如来,所转妙法轮,此会皆得闻。

尔时,众中复有菩萨摩诃萨,名:法海慧功德藏,承佛威神,观察十方而说颂曰:

此会诸佛子,善修众智慧,斯人已能入,如是方便门。一一国土中,普演广大音,说佛所行处,周闻十方刹。一一心念中,普观一切法,安住真如地,了达诸法海。一一佛身中,亿劫不思议,修习波罗蜜,及严净国土。一一微尘中,能证一切法,如是无所碍,周行十方国。一一佛刹中,往诣悉无余,见佛神通力,入佛所行处。诸佛广大音,法界靡不闻,菩萨能了知,善入音声海。劫海演妙音,其音等无别,智周三世者,入彼音声地。众生所有音,及佛自在声,获得音声智,一切皆能了。从地而得地,住于力地中,亿劫勤修行,所获法如是。尔时,众中复有菩萨摩诃萨,名:慧灯普明,承佛威神,观察十方而说颂曰:

一切诸如来,远离于众相,若能知是法,乃见世导师。菩萨三昧中,慧光普明了,能知一切佛,自在之体性。见佛真实体,则悟甚深法,普观于法界,随愿而受身。从于福海生,安住于智地,观察一切法,修行最胜道。一切佛刹中,一切如来所,如是遍法界,悉见真实体。十方广大刹,亿劫勤修行,能游正遍知,一切诸法海。唯一坚密身,一切尘中见,无生亦无相,普现于诸国。随诸众生心,普现于其前,种种示调伏,速令向佛道。以佛威神故,出现诸菩萨,佛力所加持,普见诸如来。一切众导师,无量威神力,开悟诸菩萨,法界悉周遍。

尔时,众中复有菩萨摩诃萨,名:华焰髻普明智,承佛威神,观察十方而说颂曰:

一切国土中,普演微妙音,称扬佛功德,法界悉充满。佛以法为身,清净如虚空,所现众色形,令入此法中。若有深信喜,及为佛摄受,当知如是人,能生了佛智。诸有少智者,不能知此法,慧眼清净人,于此乃能见。以佛威神力,观察一切法,入住及出时,所见皆明了。一切诸法中,法门无有边,成就一切智,入于深法海。安住佛国土,出兴一切处,无去亦无来,诸佛法如是。一切众生海,佛身如影现,随其解差别,如是见导师。一切毛孔中,各各现神通,修行普贤愿,清净者能见。佛以一一身,处处转法轮,法界悉周遍,思议莫能及。

尔时,众中复有菩萨摩诃萨,名:威德慧无尽光,承佛威神,观察十方而说颂曰:

一一佛刹中,处处坐道场,众会共围绕,魔军悉摧伏。佛身放光明,遍满于十方,随应而示现,色相非一种。一一微尘内,光明悉充满,普见十方土,种种各差别。十方诸刹海,种种无量刹,悉平坦清净,帝青宝所成。或覆或傍住,或似莲华合,或圆或四方,种种众形相。法界诸刹土,周行无所碍,一切众会中,常转妙法轮。佛身不思议,国土悉在中,于其一切处,导世演真法。所转妙法轮,法性无差别,依于一实理,演说诸法相。佛以圆满音,阐明真实理,随其解差别,现无尽法门。一切刹土中,见佛坐道场,佛身如影现,生灭不可得。

尔时,众中复有菩萨摩诃萨,名:法界普明慧,承佛威神,观察十方而说颂曰:

如来微妙身,色相不思议,见者生欢喜,恭敬信乐法。佛身一切相,悉现无量佛,普入十方界,一一微尘中。十方国土海,无量无边佛,咸于念念中,各各现神通。大智诸菩萨,深入于法海,佛力所加持,能知此方便。若有已安住,普贤诸行愿,见彼众国土,一切佛神力。若人有信解,及以诸大愿,具足深智慧,通达一切法。能于诸佛身,一一而观察,色声无所碍,了达于诸境。能于诸佛身,安住智所行,速入如来地,普摄于法界。佛刹微尘数,如是诸国土,能令一念中,一一尘中现。一切诸国土,及以神通事,悉现一刹中,菩萨力如是。

尔时,众中复有菩萨摩诃萨,名:精进力无碍慧,承佛威神,观察十方而说颂曰:

佛演一妙音,周闻十方刹,众音悉具足,法雨皆充遍。一切言词海,一切随类音,一切佛刹中,转于净法轮。一切诸国土,悉见佛神变,听佛说法音,闻已趣菩提。法界诸国土,一一微尘中,如来解脱力，于彼普现身。法身同虚空，无碍无差别，色形如影像，种种众相现。影像无方所，如空无体性，智慧广大人，了达其平等。佛身不可取，无生无起作，应物普现前，平等如虚空。十方所有佛，尽入一毛孔，各各现神通，智眼能观见。毗卢遮那佛，愿力周法界，一切国土中，恒转无上轮。一毛现神变，一切佛同说，经于无量劫，不得其边际。

如此四天下道场中，以佛神力，十方各有一亿世界海微尘数诸菩萨众而来集会；应知一切世界海、一一四天下诸道场中，悉亦如是。

大方广佛华严经卷第七

普贤三昧品第三

尔时，普贤菩萨摩诃萨于如来前，坐莲华藏师子之座，承佛神力，入于三昧。此三昧名：一切诸佛毗卢遮那如来藏身，普入一切佛平等性，能于法界示众影像；广大无碍，同于虚空；法界海漩，靡不随入；出生一切诸三昧法，普能包纳十方法界；三世诸佛智光明海皆从此生，十方所有诸安立海悉能示现；含藏一切佛力解脱诸菩萨智，能令一切国土微尘普能容受无边法界；成就一切佛功德海，显示如来诸大愿海；一切诸佛所有法轮，流通护持，使无断绝。如此世界中，普贤菩萨于世尊前，入此三昧；如是，尽法界、虚空界，十方三世，微细无碍，广大光明，佛眼所见、佛力能到、佛身所现一切国土，及此国土所有微尘，一一尘中有世界海微尘数佛刹，一一刹中有世界海微尘数诸佛，一一佛前有世界海微尘数普贤菩萨，皆亦入此一切诸佛毗卢遮那如来藏身三昧。

尔时，一一普贤菩萨，皆有十方一切诸佛而现其前。彼诸如来同声赞言：善哉！善哉！善男子！汝能入此一切诸佛毗卢遮那如来藏身菩萨三昧。佛子！此是十方一切诸佛共加于汝，以毗卢遮那如来本愿力故，亦以汝修一切诸佛行愿力故。所谓：能转一切佛法轮故；开显一切如来智慧海故；普照十方诸安立海，悉无余故；令一切众生净治杂染，得清净故；普摄一切诸大国土，无所著故；深入一切诸佛境界，无障碍故；普示一切佛功德故；能入一切诸法实相，增智慧故；观察一切诸法门故；了知一切众生根故；能持一切诸佛如来教文海故。

尔时，十方一切诸佛，即与普贤菩萨摩诃萨能入一切智性力智，与入法界无边量智，与成就一切佛境界智，与知一切世界海成坏智，与知一切众生界广大智，与住诸佛甚深解脱无差别诸三昧智，与入一切菩萨诸根海智，与知一切众生语言海转法轮辞辩智，与普入法界一切世界海身智，与得一切佛音声智。如此世界中，如来前，普贤菩萨蒙诸佛与如是智；如是，一切世界海，及彼世界海一一尘中，所有普贤，悉亦如是。何以故？证彼三昧法如是故。是时，十方诸佛，各舒右手，摩普贤菩萨顶。其手皆以相好庄严，妙网光舒，香流焰发。复出诸佛种种妙音，及以自在神通之事；过、现、未来一切菩萨普贤愿海，一切如来清净法轮，及三世佛所有影像，皆于中现。如此世界中，普贤菩萨为十方佛所共摩顶；如是，一切世界海，及彼世界海一一尘中，所有普贤，悉亦如是，为十方佛之所摩顶。

尔时，普贤菩萨即从是三昧而起。从此三昧起时，即从一切世界海微尘数三昧海门起。所谓：从知三世念念无差别善巧智三昧门起，从知三世一切法界所有微尘三昧门起，从现三世一切佛刹三昧门起，从现一切众生舍宅三昧门起，从知一切众生心海三昧门起，从知一切众生各别名字三昧门起，从知十方法界处所各差别三昧门起，从知一切微尘中各有无边广大佛身云三昧门起，从演说一切法理趣海三昧门起。普贤菩萨从如是等三昧门起时，其诸菩萨一一各得世界海微尘数三昧海云、世界海微尘数陀罗尼海云、世界海微尘数诸法方便海云、世界海微尘数辩才门海云、世界海微尘数修行海云、世界海微尘数普照法界一切如来功德藏智光明海云、世界海微尘数一切如来诸力智慧无差别方便海云、世界海微尘数一切如来一一毛孔中各现众刹海云、世界海微尘数一一菩萨示现从兜率天宫殁下生成佛转正法轮般涅槃等海云。如此世界中，普贤菩萨从三昧起，诸菩萨众获如是益；如是，一切世界海，及彼世界海所有微尘，一一尘中，悉亦如是。

尔时，十方一切世界海以诸佛威神力，及普贤菩萨三昧力故，悉皆微动。一一世界众宝庄严，及出妙音演说诸法。复于一切如来众会道场海中，普雨十种大摩尼王云。何等为十？所谓：妙金星幢摩尼王云、光明照耀摩尼王云、宝轮垂下摩尼王云、众宝藏现菩萨像摩尼王云、称扬佛名摩尼王云、光明炽盛普照一切佛刹道场摩尼王云、光照十方种种变化摩尼王云、称赞一切菩萨功德摩尼王云、如日光炽盛摩尼王云、悦意乐音周闻十方摩尼王云。普雨如是十种大摩尼王云已，一切如来诸毛孔中咸放光明，于光明中而说颂言：

普贤遍住于诸刹，坐宝莲华众所观，一切神通靡不现，无量三昧皆能入。普贤恒以种种身，法界周流悉充满，三昧神通方便力，圆音广说皆无碍。一切刹中诸佛所，种种三昧现神通，一一神通悉周遍，十方国土无遗者。如一切刹如来所，彼刹尘中悉亦然，所现三昧神通事，毗卢遮那之愿力。普贤身相如虚空，依真而住非国土，随诸众生心所欲，示现普身等一切。普贤安住诸大愿，获此无量神通力，一切佛身所有刹，悉现其形而诣彼。一切众海无有边，分身住彼亦无量，所现国土皆严净，一刹那中见多劫。普贤安住一切刹，所现神通胜无比，震动十方靡不周，令其观者悉得见。一切佛智功德力，种种大法皆成满，以诸三昧方便门，示己往昔菩提行。如是自在不思议，十方国土皆示现，为显普入诸三昧，佛光云中赞功德。

尔时，一切菩萨众皆向普贤合掌瞻仰，承佛神力，同声赞言：

从诸佛法而出生，亦因如来愿力起，真如平等虚空藏，汝已严净此法身。一切佛刹众会中，普贤遍住于其所，功德智海光明者，等照十方无不见。普贤广大功德海，遍往十方亲近佛，一切尘中所有刹，悉能诣彼而明现。佛子我曹常见汝，诸如来所悉亲近，住于三昧实境中，一切国土微尘劫。佛子能以普遍身，悉诣十方诸国土，众生大海咸济度，法界微尘无不入。入于法界一切尘，其身无尽无差别，譬如虚空悉周遍，演说如来广大法。一切功德光明者，如云广大力殊胜，众生海中皆往诣，说佛所行无等法。为度众生于劫海，普贤胜行皆修习，演一切法如大云，其音广大靡不闻。国土云何得成立？诸佛云何而出现？及以一切众生海？愿随其义如实说。此中无量大众海，悉在尊前恭敬住，为转清净妙法轮，一切诸佛皆随喜。

世界成就品第四

尔时，普贤菩萨摩诃萨以佛神力，遍观察一切世界海、一切众生海、一切诸佛海、一切法界海、一切众生业海、一切众生根欲海、一切诸佛法轮海、一切三世海、一切如来愿力海、一切如来神变海；如是观察已，普告一切道场众海诸菩萨言：佛子！诸佛世尊知一切世界海成坏清净智不可思议，知一切众生业海智不可思议，知一切法界安立海智不可思议，说一切无边佛海智不可思议，入一切欲解根海智不可思议，一念普知一切三世智不可思议，显示一切如来无量愿海智不可思议，示现一切佛神变海智不可思议，转法轮智不可思议，建立演说海不可思议，清净佛身不可思议，无边色相海普照明不可思议，相及随好皆清净不可思议，无边色相光明轮海具足清净不可思议，种种色相光明云海不可思议，殊胜宝焰海不可思议，成就言音海不可思议，示现三种自在海调伏成熟一切众生不可思议，勇猛调伏诸众生海无空过者不可思议，安住佛地不可思议，入如来境界不可思议，威力护持不可思议，观察一切佛智所行不可思议，诸力圆满无能摧伏不可思议，无畏功德无能过者不可思议，住无差别三昧不可思议，神通变化不可思议，清净自在智不可思议，一切佛法无能毁坏不可思议。如是等一切法，我当承佛神力，及一切如来威神力故，具足宣说。为令众生，入佛智慧海故；为令一切菩萨，于佛功德海中得安住故；为令一切世界海，一切佛自在所庄严故；为令一切劫海中，如来种性恒不断故；为令于一切世界海中，显示诸法真实性故；为令随一切众生无量解海，而演说故；为令随一切众生诸根海，方便令生诸佛法故；为令随一切众生乐欲海，摧破一切障碍山故；为令随一切众生心行海，令净修治出要道故；为令一切菩萨，安住普贤愿海中故。

是时，普贤菩萨复欲令无量道场众海生欢喜故，令于一切法增长爱乐故，令生广大真实信解海故，令净治普门法界藏身故，令安立普贤愿海故，令净治入三世平等智眼故，令增长普照一切世间藏大慧海故，令生陀罗尼力持一切法轮故，令于一切道场中尽佛境界悉开示故，令开阐一切如来法门故，令增长法界广大甚深一切智性故，即说颂言：

智慧甚深功德海，普现十方无量国，随诸众生所应见，光明遍照转法轮。十方刹海叵思议，佛无量劫皆严净，为化众生使成熟，出兴一切诸国土。佛境甚深难可思，普示众生令得入，其心乐小著诸有，不能通达佛所悟。若有净信坚固心，常得亲近善知识，一切诸佛与其力，此乃能入如来智。离诸谄诳心清净，常乐慈悲性欢喜，志欲广大深信人，彼闻此法生欣悦。安住普贤诸愿地，修行菩萨清净道，观察法界如虚空，此乃能知佛行处。此诸菩萨获善利，见佛一切神通力，修余道者莫能知，普贤行人方得悟。众生广大无有边，如来一切皆护念，转正法轮靡不至，毗卢遮那境界力。一切刹土入我身，所住诸佛亦复然，汝应观我诸毛孔，我今示汝佛境界。普贤行愿无边际，我已修行得具足，普眼境界广大身，是佛所行应谛听。

尔时，普贤菩萨摩诃萨告诸大众言：

诸佛子！世界海有十种事，过去、现在、未来诸佛，已说、现说、当说。何者为十？所谓：世界海起具因缘，世界海所依住，世界海形状，世界海体性，世界海庄严，世界海清净，世界海佛出兴，世界海劫住，世界海劫转变差别，世界海无差别门。诸佛子！略说世界海，有此十事；若广说者，与世界海微尘数等，过去、现在、未来诸佛，已说、现说、当说。

诸佛子！略说以十种因缘故，一切世界海已成、现成、当成。何者为十？所谓：如来神力故，法应如是故，一切众生行业故，一切菩萨成一切智所得故，一切众生及诸菩萨同集善根故，一切菩萨严净国土愿力故，一切菩萨成就不退行愿故，一切菩萨清净胜解自在故，一切如来善根所流及一切诸佛成道时自在势力故，普贤菩萨自在愿力故。诸佛子！是为略说十种因缘；若广说者，有世界海微尘数。

尔时，普贤菩萨欲重宣其义，承佛威力，观察十方而说颂言：

所说无边众刹海，毗卢遮那悉严净，世尊境界不思议，智慧神通力如是。菩萨修行诸愿海，普随众生心所欲，众生心行广无边，菩萨国土遍十方。菩萨趣于一切智，勤修种种自在力，无量愿海普出生，广大刹土皆成就。修诸行海无有边，入佛境界亦无量，为净十方诸国土，一一土经无量劫。众生烦恼所扰浊，分别欲乐非一相，随心造业不思议，一切刹海斯成立。佛子刹海庄严藏，离垢光明宝所成，斯由广大信解心，十方所住咸如是。菩萨能修普贤行，游行法界微尘道，尘中悉现无量刹，清净广大如虚空。等虚空界现神通，悉诣道场诸佛所，莲华座上示众相，一一身包一切刹。一念普现于三世，一切刹海皆成立，佛以方便悉入中，此是毗卢所严净。

尔时，普贤菩萨复告大众言：诸佛子！一一世界海有世界海微尘数所依住。所谓：或依一切庄严住，或依虚空住，或依一切宝光明住，或依一切佛光明住，或依一切宝色光明住，或依一切佛音声住，或依如幻业生大力阿修罗形金刚手住，或依一切世主身住，或依一切菩萨身住，或依普贤菩萨愿所生一切差别庄严海住。诸佛子！世界海有如是等世界海微尘数所依住。

尔时，普贤菩萨欲重宣其义，承佛威力，观察十方而说颂言：

遍满十方虚空界，所有一切诸国土，如来神力之所加，处处现前皆可见。或有种种诸国土，无非离垢宝所成，清净摩尼最殊妙，炽然普现光明海。或有清净光明刹，依止虚空界而住，或在摩尼宝海中，复有安住光明藏。如来处此众会海，演说法轮皆巧妙，诸佛境界广无边，众生见者心欢喜。有以摩尼作严饰，状如华灯广分布，香焰光云色炽然，覆以妙宝光明网。或有刹土无边际，安住莲华深大海，广博清净与世殊，诸佛妙善庄严故。或有刹海随轮转，以佛威神得安住，诸菩萨众遍在中，常见无央广大宝。或有住于金刚手，或复有住天主身，毗卢遮那无上尊，常于此处转法轮。或依宝树平均住，香焰云中亦复然；或有依诸大水中，有住坚固金刚海。或有依止金刚幢，或有住于华海中，广大神通无不周，毗卢遮那此能现。或修或短无量种，其相旋环亦非一，妙庄严藏与世殊，清净修治乃能见。如是种种各差别，一切皆依愿海住；或有国土常在空，诸佛如云悉充遍。或有在空悬覆住，或时而有或无有；或有国土极清净，住于菩萨宝冠中。十方诸佛大神通，一切皆于此中见，诸佛音声咸遍满，斯由业力之所化。或有国土周法界，清净离垢从心起，如影如幻广无边，如因陀网各差别。或现种种庄严藏，依止虚空而建立，诸业境界不思议，佛力显示皆令见。一一国土微尘内，念念示现诸佛刹，数皆无量等众生，普贤所作恒如是。为欲成熟众生故，是中修行经劫海，广大神变靡不兴，法界之中悉周遍。法界国土一一尘，诸大刹海住其中，佛云平等悉弥覆，于一切处咸充满。如一尘中自在用，一切尘内亦复然，诸佛菩萨大神通，毗卢遮那悉能现。一切广大诸刹土，如影如幻亦如焰，十方不见所从生，亦复无来无去处。灭坏生成互循复，于虚空中无暂已，莫不皆由清净愿，广大业力之所持。

尔时，普贤菩萨复告大众言：诸佛子！世界海有种种差别形相。所谓：或圆，或方，或非圆方，无量差别；或如水漩形，或如山焰形，或如树形，或如华形，或如宫殿形，或如众生形，或如佛形……。如是等，有世界海微尘数。

尔时，普贤菩萨欲重宣其义，承佛威力，观察十方而说颂言：

诸国土海种种别，种种庄严种种住，殊形共美遍十方，汝等咸应共观察。其状或圆或有方，或复三维及八隅，摩尼轮状莲华等，一切皆由业令异。或有清净焰庄严，真金间错多殊好，门闼竞开无壅滞，斯由业广意无杂。刹海无边差别藏，譬如云布在虚空，宝轮布地妙庄严，诸佛光明照耀中。一切国土心分别，种种光明而照现，佛于如是刹海中，各各示现神通力。或有杂染或清净，受苦受乐各差别，斯由业海不思议，诸流转法恒如是。一毛孔内难思刹，等微尘数种种住，一一皆有遍照尊，在众会中宣妙法。于一尘中大小刹，种种差别如尘数，平坦高下各不同，佛悉往诣转法轮。一切尘中所现刹，皆是本愿神通力，随其心乐种种殊，于虚空中悉能作。一切国土所有尘，一一尘中佛皆入，普为众生起神变，毗卢遮那法如是。

尔时，普贤菩萨复告大众言：诸佛子！应知世界海有种种体。所谓：或以一切宝庄严为体，或以一宝种种庄严为体，或以一切宝光明为体，或以种种色光明为体，或以一切庄严光明为体，或以不可坏金刚为体，或以佛力持为体，或以妙宝相为体，或以佛变化为体，或以日摩尼轮为体，或以极微细宝为体，或以一切宝焰为体，或以种种香为体，或以一切宝华冠为体，或以一切宝影像为体，或以一切庄严所示现为体，或以一念心普示现境界为体，或以菩萨形宝为体，或宝华蕊为体，或以佛言音为体。

尔时，普贤菩萨欲重宣其义，承佛威力，观察十方而说颂言：

或有诸刹海，妙宝所合成，坚固不可坏，安住宝莲华。或是净光明，出生不可知，一切光庄严，依止虚空住。或净光为体，复依光明住，光云作严饰，菩萨共游处。或有诸刹海，从于愿力生，犹如影像住，取说不可得。或以摩尼成，普放日藏光，珠轮以严地，菩萨悉充满。有刹宝焰成，焰云覆其上，众宝光殊妙，皆由业所得。或从妙相生，众相庄严地，如冠共持戴，斯由佛化起。或从心海生，随心所解住，如幻无处所，一切是分别。或以佛光明，摩尼光为体，诸佛于中现，各起神通力。或普贤菩萨，化现诸刹海，愿力所庄严，一切皆殊妙。

尔时，普贤菩萨复告大众言：诸佛子！应知世界海有种种庄严。所谓：或以一切庄严具中出上妙云庄严，或以说一切菩萨功德庄严，或以说一切众生业报庄严，或以示现一切菩萨愿海庄严，或以表示一切三世佛影像庄严，或以一念顷示现无边劫神通境界庄严，或以出现一切佛身庄严，或以出现一切宝香云庄严，或以示现一切道场中诸珍妙物光明照耀庄严，或以示现一切普贤行愿庄严……。如是等，有世界海微尘数。

尔时，普贤菩萨欲重宣其义，承佛威力，观察十方而说颂言：

广大刹海无有边，皆由清净业所成，种种庄严种种住，一切十方皆遍满。无边色相宝焰云，广大庄严非一种，十方刹海常出现，普演妙音而说法。菩萨无边功德海，种种大愿所庄严，此土俱时出妙音，普震十方诸刹网。众生业海广无量，随其感报各不同，于一切处庄严中，皆由诸佛能演说。三世所有诸如来，神通普现诸刹海，一一事中一切佛，如是严净汝应观。过去未来现在劫，十方一切诸国土，于彼所有大庄严，一一皆于刹中见。一切事中无量佛，数等众生遍世间，为令调伏起神通，以此庄严国土海。一切庄严吐妙云，种种华云香焰云，摩尼宝云常出现，刹海以此为严饰。十方所有成道处，种种庄严皆具足，流光布迥若彩云，于此刹海咸令见。普贤愿行诸佛子，等众生劫勤修习，无边国土悉庄严，一切处中皆显现。

尔时，普贤菩萨复告大众言：诸佛子！应知世界海有世界海微尘数清净方便海。所谓：诸菩萨亲近一切善知识同善根故，增长广大功德云遍法界故，净修广大诸胜解故，观察一切菩萨境界而安住故，修治一切诸波罗蜜悉圆满故，观察一切菩萨诸地而入住故，出生一切净愿海故，修习一切出要行故，入于一切庄严海故，成就清净方便力故……。如是等，有世界海微尘数。

尔时，普贤菩萨欲重宣其义，承佛威力，观察十方而说颂言：

一切刹海诸庄严，无数方便愿力生，一切刹海常光耀，无量清净业力起。久远亲近善知识，同修善业皆清净，慈悲广大遍众生，以此庄严诸刹海。一切法门三昧等，禅定解脱方便地，于诸佛所悉净治，以此出生诸刹海。发生无量决定解，能解如来等无异，忍海方便已修治，故能严净无边刹。为利众生修胜行，福德广大常增长，譬如云布等虚空，一切刹海皆成就。诸度无量等刹尘，悉已修行令具足，愿波罗蜜无有尽，清净刹海从此生。净修无等一切法，生起无边出要行，种种方便化群生，如是庄严国土海。修习庄严方便地，入佛功德法门海，普使众生竭苦源，广大净刹皆成就。力海广大无与等，普使众生种善根，供养一切诸如来，国土无边悉清净。

尔时，普贤菩萨复告大众言：诸佛子！应知一一世界海有世界海微尘数佛出现差别。所谓：或现小身，或现大身，或现短寿，或现长寿，或唯严净一佛国土，或有严净无量佛土，或唯显示一乘法轮，或有显示不可思议诸乘法轮，或现调伏少分众生，或示调伏无边众生……。如是等，有世界海微尘数。

尔时，普贤菩萨欲重宣其义，承佛威力，观察十方而说颂言：

诸佛种种方便门，出兴一切诸刹海，皆随众生心所乐，此是如来善权力。诸佛法身不思议，无色无形无影像，能为众生现众相，随其心乐悉令见。或为众生现短寿，或现住寿无量劫，法身十方普现前，随宜出现于世间。或有严净不思议，十方所有诸刹海；或唯严净一国土，于一示现悉无余。或随众生心所乐，示现难思种种乘；或有唯宣一乘法，一中方便现无量。或有自然成正觉，令少众生住于道；或有能于一念中，开悟群迷无有数。或于毛孔出化云，示现无量无边佛，一切世间皆现睹，种种方便度群生。或有言音普周遍，随其心乐而说法，不可思议大劫中，调伏无量众生海。或有无量庄严国，众会清净俨然坐，佛如云布在其中，十方刹海靡不充。诸佛方便不思议，随众生心悉现前，普住种种庄严刹，一切国土皆周遍。

尔时，普贤菩萨复告大众言：诸佛子！应知世界海有世界海微尘数劫住。所谓：或有阿僧祇劫住，或有无量劫住，或有无边劫住，或有无等劫住，或有不可数劫住，或有不可称劫住，或有不可思劫住，或有不可量劫住，或有不可说劫住……。如是等，有世界海微尘数。

尔时，普贤菩萨欲重宣其义，承佛威力，观察十方而说颂言：

世界海中种种劫，广大方便所庄严，十方国土咸观见，数量差别悉明了。我见十方世界海，劫数无量等众生，或长或短或无边，以佛音声今演说。我见十方诸刹海，或住国土微尘劫，或有一劫或无数，以愿种种各不同。或有纯净或纯染，或复染净二俱杂，愿海安立种种殊，住于众生心想中。往昔修行刹尘劫，获大清净世界海，诸佛境界具庄严，永住无边广大劫。有名种种宝光明，或名等音焰眼藏，离尘光明及贤劫，此清净劫摄一切。有清净劫一佛兴，或一劫中无量现，无尽方便大愿力，入于一切种种劫。或无量劫入一劫，或复一劫入多劫，一切劫海种种门，十方国土皆明现。或一切劫庄严事，于一劫中皆现睹，或一劫内所庄严，普入一切无边劫。始从一念终成劫，悉依众生心想生，一切刹海劫无边，以一方便皆清净。

尔时，普贤菩萨复告大众言：诸佛子！应知世界海有世界海微尘数劫转变差别。所谓：法如是故，世界海无量成坏劫转变；染污众生住故，世界海成染污劫转变；修广大福众生住故，世界海成染净劫转变；信解菩萨住故，世界海成染净劫转变；无量众生发菩提心故，世界海纯清净劫转变；诸菩萨各各游诸世界故，世界海无边庄严劫转变；十方一切世界海诸菩萨云集故，世界海无量大庄严劫转变；诸佛世尊入涅槃故，世界海庄严灭劫转变；诸佛出现于世故，一切世界海广博严净劫转变；如来神通变化故，世界海普清净劫转变……。如是等，有世界海微尘数。

尔时，普贤菩萨欲重宣其义，承佛威力，观察十方而说颂言：

一切诸国土，皆随业力生，汝等应观察，转变相如是。染污诸众生，业惑缠可怖，彼心令刹海，一切成染污。若有清净心，修诸福德行，彼心令刹海，杂染及清净。信解诸菩萨，于彼劫中生，随其心所有，杂染清净者。无量诸众生，悉发菩提心，彼心令刹海，住劫恒清净。无量亿菩萨，往诣于十方，庄严无有殊，劫中差别见。一一微尘内，佛刹如尘数，菩萨共云集，国土皆清净。世尊入涅槃，彼土庄严灭，众生无法器，世界成杂染。若有佛兴世，一切悉珍好，随其心清净，庄严皆具足。诸佛神通力，示现不思议，是时诸刹海，一切普清净。

尔时，普贤菩萨复告大众言：诸佛子！应知世界海有世界海微尘数无差别。所谓：一一世界海中，有世界海微尘数世界无差别；一一世界海中，诸佛出现所有威力无差别；一一世界海中，一切道场遍十方法界无差别；一一世界海中，一切如来道场众会无差别；一一世界海中，一切佛光明遍法界无差别；一一世界海中，一切佛变化名号无差别；一一世界海中，一切佛音声普遍世界海无边劫住无差别；一一世界海中，法轮方便无差别；一一世界海中，一切世界海普入一尘无差别；一一世界海中，一一微尘，一切三世诸佛世尊广大境界皆于中现无差别。诸佛子！世界海无差别，略说如是；若广说者，有世界海微尘数无差别。

尔时，普贤菩萨欲重宣其义，承佛威力，观察十方而说颂言：

一微尘中多刹海，处所各别悉严净，如是无量入一中，一一区分无杂越。一一尘内难思佛，随众生心普现前，一切刹海靡不周，如是方便无差别。一一尘中诸树王，种种庄严悉垂布，十方国土皆同现，如是一切无差别。一一尘内微尘众，悉共围绕人中主，出过一切遍世间，亦不迫隘相杂乱。一一尘中无量光，普遍十方诸国土，悉现诸佛菩提行，一切刹海无差别。一一尘中无量身，变化如云普周遍，以佛神通导群品，十方国土亦无别。一一尘中说众法，其法清净如轮转，种种方便自在门，一切皆演无差别。一尘普演诸佛音，充满法器诸众生，遍住刹海无央劫，如是音声亦无异。刹海无量妙庄严，于一尘中无不入，如是诸佛神通力，一切皆由业性起。一一尘中三世佛，随其所乐悉令见，体性无来亦无去，以愿力故遍世间。

大方广佛华严经卷第八

华藏世界品第五之一

尔时，普贤菩萨复告大众言：诸佛子！此华藏庄严世界海，是毗卢遮那如来往昔于世界海微尘数劫修菩萨行时，一一劫中亲近世界海微尘数佛，一一佛所净修世界海微尘数大愿之所严净。诸佛子！此华藏庄严世界海，有须弥山微尘数风轮所持。其最下风轮，名：平等住，能持其上一切宝焰炽然庄严。次上风轮，名：出生种种宝庄严，能持其上净光照耀摩尼王幢。次上风轮，名：宝威德，能持其上一切宝铃。次上风轮，名：平等焰，能持其上日光明相摩尼王轮。次上风轮，名：种种普庄严，能持其上光明轮华。次上风轮，名：普清净，能持其上一切华焰师子座。次上风轮，名：声遍十方，能持其上一切珠王幢。次上风轮，名：一切宝光明，能持其上一切摩尼王树华。次上风轮，名：速疾普持，能持其上一切香摩尼须弥云。次上风轮，名：种种宫殿游行，能持其上一切宝色香台云。诸佛子！彼须弥山微尘数风轮，最在上者，名：殊胜威光藏，能持普光摩尼庄严香水海；此香水海有大莲华，名：种种光明蕊香幢。华藏庄严世界海，住在其中，四方均平，清净坚固；金刚轮山，周匝围绕；地海众树，各有区别。

是时，普贤菩萨欲重宣其义，承佛神力，观察十方而说颂言：

世尊往昔于诸有，微尘佛所修净业，故获种种宝光明，华藏庄严世界海。广大悲云遍一切，舍身无量等刹尘，以昔劫海修行力，今此世界无诸垢。放大光明遍住空，风力所持无动摇，佛藏摩尼普严饰，如来愿力令清净。普散摩尼妙藏华，以昔愿力空中住，种种坚固庄严海，光云垂布满十方。诸摩尼中菩萨云，普诣十方光炽然，光焰成轮妙华饰，法界周流靡不遍。一切宝中放净光，其光普照众生海，十方国土皆周遍，咸令出苦向菩提。宝中佛数等众生，从其毛孔出化形，梵主帝释轮王等，一切众生及诸佛。化现光明等法界，光中演说诸佛名，种种方便示调伏，普应群心无不尽。华藏世界所有尘，一一尘中见法界，宝光现佛如云集，此是如来刹自在。广大愿云周法界，于一切劫化群生，普贤智地行悉成，所有庄严从此出。

尔时，普贤菩萨复告大众言：诸佛子！此华藏庄严世界海大轮围山，住日珠王莲华之上，栴檀摩尼以为其身，威德宝王以为其峰，妙香摩尼而作其轮，焰藏金刚所共成立，一切香水流注其间；众宝为林，妙华开敷，香草布地，明珠间饰，种种香华处处盈满；摩尼为网，周匝垂覆……。如是等，有世界海微尘数众妙庄严。

尔时，普贤菩萨欲重宣其义，承佛神力，观察十方而说颂言：

世界大海无有边，宝轮清净种种色，所有庄严尽奇妙，此由如来神力起。摩尼宝轮妙香轮，及以真珠灯焰轮，种种妙宝为严饰，清净轮围所安住。坚固摩尼以为藏，阎浮檀金作严饰，舒光发焰遍十方，内外映彻皆清净。金刚摩尼所集成，复雨摩尼诸妙宝，其宝精奇非一种，放净光明普严丽。香水分流无量色，散诸华宝及栴檀，众莲竞发如衣布，珍草罗生悉芬馥。无量宝树普庄严，开华发蕊色炽然，种种名衣在其内，光云四照常圆满。无量无边大菩萨，执盖焚香充法界，悉发一切妙音声，普转如来正法轮。诸摩尼树宝末成，一一宝末现光明，毗卢遮那清净身，悉入其中普令见。诸庄严中现佛身，无边色相无央数，悉往十方无不遍，所化众生亦无限。一切庄严出妙音，演说如来本愿轮，十方所有净刹海，佛自在力咸令遍。

尔时，普贤菩萨复告大众言：诸佛子！此世界海大轮围山内所有大地，一切皆以金刚所成，坚固庄严，不可沮坏；清净平坦，无有高下；摩尼为轮，众宝为藏；一切众生，种种形状；诸摩尼宝，以为间错；散众宝末，布以莲华；香藏摩尼，分置其间；诸庄严具，充遍如云，三世一切诸佛国土所有庄严而为校饰；摩尼妙宝以为其网，普现如来所有境界，如天帝网于中布列。诸佛子！此世界海地，有如是等世界海微尘数庄严。

尔时，普贤菩萨欲重宣其义，承佛神力，观察十方而说颂言：

其地平坦极清净，安住坚固无能坏，摩尼处处以为严，众宝于中相间错。金刚为地甚可悦，宝轮宝网具庄严，莲华布上皆圆满，妙衣弥覆悉周遍。菩萨天冠宝璎珞，悉布其地为严好，栴檀摩尼普散中，咸舒离垢妙光明。宝华发焰出妙光，光焰如云照一切，散此妙华及众宝，普覆于地为严饰。密云兴布满十方，广大光明无有尽，普至十方一切土，演说如来甘露法。一切佛愿摩尼内，普现无边广大劫，最胜智者昔所行，于此宝中无不见。其地所有摩尼宝，一切佛刹咸来入，彼诸佛刹一一尘，一切国土亦入中。妙宝庄严华藏界，菩萨游行遍十方，演说大士诸弘愿，此是道场自在力。摩尼妙宝庄严地，放净光明备众饰，充满法界等虚空，佛力自然如是现。诸有修治普贤愿，入佛境界大智人，能知于此刹海中，如是一切诸神变。

尔时，普贤菩萨复告大众言：诸佛子！此世界海大地中，有不可说佛刹微尘数香水海，一切妙宝庄严其底，妙香摩尼庄严其岸，毗卢遮那摩尼宝王以为其网；香水映彻，具众宝色，充满其中；种种宝华，旋布其上；栴檀细末，澄垽其下；演佛言音，放宝光明；无边菩萨，持种种盖，现神通力。一切世界所有庄严，悉于中现。十宝阶陛，行列分布；十宝栏楯，周匝围绕；四天下微尘数一切宝庄严芬陀利华，敷荣水中；不可说百千亿那由他数十宝尸罗幢，恒河沙数一切宝衣铃网幢，恒河沙数无边色相宝华楼阁，百千亿那由他数十宝莲华城，四天下微尘数众宝树林——宝焰摩尼以为其网，恒河沙数栴檀香，诸佛言音光焰摩尼，不可说百千亿那由他数众宝垣墙，悉共围绕，周遍严饰。

尔时，普贤菩萨欲重宣其义，承佛神力，观察十方而说颂言：

此世界中大地上，有香水海摩尼严，清净妙宝布其底，安住金刚不可坏。香藏摩尼积成岸，日焰珠轮布若云，莲华妙宝为璎珞，处处庄严净无垢。香水澄渟具众色，宝华旋布放光明，普震音声闻远近，以佛威神演妙法。阶陛庄严具众宝，复以摩尼为间饰，周回栏楯悉宝成，莲华珠网如云布。摩尼宝树列成行，华蕊敷荣光赫奕，种种乐音恒竞奏，佛神通力令如是。种种妙宝芬陀利，敷布庄严香水海，香焰光明无暂停，广大圆满皆充遍。明珠宝幢恒炽盛，妙衣垂布为严饰，摩尼铃网演法音，令其闻者趣佛智。妙宝莲华作城廓，众彩摩尼所严莹，真珠云影布四隅，如是庄严香水海。垣墙缭绕皆周匝，楼阁相望布其上，无量光明恒炽然，种种庄严清净海。毗卢遮那于往昔，种种刹海皆严净，如是广大无有边，悉是如来自在力。

尔时，普贤菩萨复告大众言：诸佛子！一一香水海，各有四天下微尘数香水河，右旋围绕，一切皆以金刚为岸，净光摩尼以为严饰，常现诸佛宝色光云，及诸众生所有言音；其河所有漩澓之处，一切诸佛所修因行种种形相皆从中出；摩尼为网，众宝铃铎，诸世界海所有庄严悉于中现；摩尼宝云以覆其上，其云普现华藏世界毗卢遮那十方化佛，及一切佛神通之事；复出妙音，称扬三世佛菩萨名；其香水中，常出一切宝焰光云，相续不绝。若广说者，一一河各有世界海微尘数庄严。

尔时，普贤菩萨欲重宣其义，承佛神力，观察十方而说颂言：

清净香流满大河，金刚妙宝为其岸，宝末为轮布其地，种种严饰皆珍好。宝阶行列妙庄严，栏楯周回悉殊丽，真珠为藏众华饰，种种缨鬘共垂下。香水宝光清净色，恒吐摩尼竞疾流，众华随浪皆摇动，悉奏乐音宣妙法。细末栴檀作泥垽，一切妙宝同洄澓，香藏氛氲布在中，发焰流芬普周遍。河中出生诸妙宝，悉放光明色炽然，其光布影成台座，华盖珠璎皆具足。摩尼王中现佛身，光明普照十方刹，以此为轮严饰地，香水映彻常盈满。摩尼为网金为铎，遍覆香河演佛音，克宣一切菩提道，及以普贤之妙行。宝岸摩尼极清净，恒出如来本愿音，一切诸佛曩所行，其音普演皆令见。其河所有漩流处，菩萨如云常踊出，悉往广大刹土中，乃至法界咸充满。清净珠王布若云，一切香河悉弥覆，其珠等佛眉间相，炳然显现诸佛影。

尔时，普贤菩萨复告大众言：诸佛子！此诸香水河，两间之地，悉以妙宝种种庄严，一一各有四天下微尘数众宝庄严；芬陀利华周匝遍满，各有四天下微尘数；众宝树林次第行列，一一树中恒出一切诸庄严云，摩尼宝王照耀其间，种种华香处处盈满；其树复出微妙音声，说诸如来一切劫中所修大愿；复散种种摩尼宝王，充遍其地，所谓：莲华轮摩尼宝王、香焰光云摩尼宝王、种种严饰摩尼宝王、现不可思议庄严色摩尼宝王、日光明衣藏摩尼宝王、周遍十方普垂布光网云摩尼宝王、现一切诸佛神变摩尼宝王、现一切众生业报海摩尼宝王……如是等，有世界海微尘数。其香水河，两间之地，一切悉具如是庄严。

尔时，普贤菩萨欲重宣其义，承神力，观察十方而说颂言：

其地平坦极清净，真金摩尼共严饰，诸树行列荫其中，耸干垂条华若云。枝条妙宝所庄严，华焰成轮光四照，摩尼为果如云布，普使十方常现睹。摩尼布地皆充满，众华宝末共庄严，复以摩尼作宫殿，悉现众生诸影像。诸佛影像摩尼王，普散其地靡不周，如是赫奕遍十方，一一尘中咸见佛。妙宝庄严善分布，真珠灯网相间错，处处悉有摩尼轮，一一皆现佛神通。众宝庄严放大光，光中普现诸化佛，一一周行靡不遍，悉以十力广开演。摩尼妙宝芬陀利，一切水中咸遍满，其华种种各不同，悉现光明无尽歇。三世所有诸庄严，摩尼果中皆显现，体性无生不可取，此是如来自在力。此地一切庄严中，悉现如来广大身，彼亦不来亦不去，佛昔愿力皆令见。此地一一微尘中，一切佛子修行道，各见所记当来刹，随其意乐悉清净。

尔时，普贤菩萨复告大众言：诸佛子！诸佛世尊世界海，庄严不可思议。何以故？诸佛子！此华藏庄严世界海一切境界，一一皆以世界海微尘数清净功德之所庄严。

尔时，普贤菩萨欲重宣其义，承佛神力，观察十方而说颂言：

此刹海中一切处，悉以众宝为严饰，发焰腾空布若云，光明洞彻常弥覆。摩尼吐云无有尽，十方佛影于中现，神通变化靡暂停，一切菩萨咸来集。一切摩尼演佛音，其音美妙不思议，毗卢遮那昔所行，于此宝内恒闻见。清净光明遍照尊，庄严具中皆现影，变化分身众围绕，一切刹海咸周遍。所有化佛皆如幻，求其来处不可得，以佛境界威神力，一切刹中如是现。如来自在神通事，悉遍十方诸国土，以此刹海净庄严，一切皆于宝中见。十方所有诸变化，一切皆如镜中像，但由如来昔所行，神通愿力而出生。若有能修普贤行，入于菩萨胜智海，能于一切微尘中，普现其身净众刹。不可思议亿大劫，亲近一切诸如来，如其一切之所行，一刹那中悉能现。诸佛国土如虚空，无等无生无有相，为利众生普严净，本愿力故住其中。

尔时，普贤菩萨复告大众言：

诸佛子！此中有何等世界住？我今当说。诸佛子！此不可说佛刹微尘数香水海中，有不可说佛刹微尘数世界种安住；一一世界种，复有不可说佛刹微尘数世界。诸佛子！彼诸世界种，于世界海中，各各依住，各各形状，各各体性，各各方所，各各趣入，各各庄严，各各分齐，各各行列，各各无差别，各各力加持。

诸佛子！此世界种，或有依大莲华海住，或有依无边色宝华海住，或有依一切真珠藏宝璎珞海住，或有依香水海住，或有依一切华海住，或有依摩尼宝网海住，或有依漩流光海住，或有依菩萨宝庄严冠海住，或有依种种众生身海住，或有依一切佛音声摩尼王海住……。如是等，若广说者，有世界海微尘数。

诸佛子！彼一切世界种，或有作须弥山形，或作江河形，或作回转形，或作漩流形，或作轮辋形，或作坛墠形，或作树林形，或作楼阁形，或作山幢形，或作普方形，或作胎藏形，或作莲华形，或作佉勒迦形，或作众生身形，或作云形，或作诸佛相好形，或作圆满光明形，或作种种珠网形，或作一切门闼形，或作诸庄严具形……。如是等，若广说者，有世界海微尘数。

诸佛子！彼一切世界种，或有以十方摩尼云为体，或有以众色焰为体，或有以诸光明为体，或有以宝香焰为体，或有以一切宝庄严多罗华为体，或有以菩萨影像为体，或有以诸佛光明为体，或有以佛色相为体，或有以一宝光为体，或有以众宝光为体，或有以一切众生福德海音声为体，或有以一切众生诸业海音声为体，或有以一切佛境界清净音声为体，或有以一切菩萨大愿海音声为体，或有以一切佛方便音声为体，或有以一切刹庄严具成坏音声为体，或有以无边佛音声为体，或有以一切佛变化音声为体，或有以一切众生善音声为体，或有以一切佛功德海清净音声为体……。如是等，若广说者，有世界海微尘数。

尔时，普贤菩萨欲重宣其义，承佛神力，观察十方而说颂言：

刹种坚固妙庄严，广大清净光明藏，依止莲华宝海住，或有住于香海等。须弥城树坛墠形，一切刹种遍十方，种种庄严形相别，各各布列而安住。或有体是净光明，或是华藏及宝云，或有刹种焰所成，安住摩尼不坏藏。灯云焰彩光明等，种种无边清净色，或有言音以为体，是佛所演不思议。或是愿力所出音，神变音声为体性，一切众生大福业，佛功德音亦如是。刹种一一差别门，不可思议无有尽，如是十方皆遍满，广大庄严现神力。十方所有广大刹，悉来入此世界种，虽见十方普入中，而实无来无所入。以一刹种入一切，一切入一亦无余，体相如本无差别，无等无量悉周遍。一切国土微尘中，普见如来在其所，愿海言音若雷震，一切众生悉调伏。佛身周遍一切刹，无数菩萨亦充满，如来自在无等伦，普化一切诸含识。

尔时，普贤菩萨复告大众言：

诸佛子！此不可说佛刹微尘数香水海，在华藏庄严世界海中，如天帝网分布而住。诸佛子！此最中央香水海，名：无边妙华光，以现一切菩萨形摩尼王幢为底；出大莲华，名：一切香摩尼王庄严；有世界种而住其上，名：普照十方炽然宝光明，以一切庄严具为体，有不可说佛刹微尘数世界于中布列。其最下方有世界，名：最胜光遍照，以一切金刚庄严光耀轮为际，依众宝摩尼华而住；其状犹如摩尼宝形，一切宝华庄严云弥覆其上，佛刹微尘数世界周匝围绕，种种安住，种种庄严，佛号：净眼离垢灯。此上过佛刹微尘数世界，有世界，名：种种香莲华妙庄严，以一切庄严具为际，依宝莲华网而住；其状犹如师子之座，一切宝色珠帐云弥覆其上，二佛刹微尘数世界周匝围绕，佛号：师子光胜照。此上过佛刹微尘数世界，有世界，名：一切宝庄严普照光，以香风轮为际，依种种宝华璎珞住；其形八隅，妙光摩尼日轮云而覆其上，三佛刹微尘数世界周匝围绕，佛号：净光智胜幢。此上过佛刹微尘数世界，有世界，名：种种光明华庄严，以一切宝王为际，依众色金刚尸罗幢海住；其状犹如摩尼莲华，以金刚摩尼宝光云而覆其上，四佛刹微尘数世界周匝围绕，纯一清净，佛号：金刚光明无量精进力善出现。此上过佛刹微尘数世界，有世界，名：普放妙华光，以一切宝铃庄严网为际，依一切树林庄严宝轮网海住；其形普方而多有隅角，梵音摩尼王云以覆其上，五佛刹微尘数世界周匝围绕，佛号：香光喜力海。此上过佛刹微尘数世界，有世界，名：净妙光明，以宝王庄严幢为际，依金刚宫殿海住；其形四方，摩尼轮髻帐云而覆其上，六佛刹微尘数世界周匝围绕，佛号：普光自在幢。此上过佛刹微尘数世界，有世界，名：众华焰庄严，以种种华庄严为际，依一切宝色焰海住；其状犹如楼阁之形，一切宝色衣真珠栏楯云而覆其上，七佛刹微尘数世界周匝围绕，纯一清净，佛号：欢喜海功德名称自在光。此上过佛刹微尘数世界，有世界，名：出生威力地，以出一切声摩尼王庄严为际，依种种宝色莲华座虚空海住；其状犹如因陀罗网，以无边色华网云而覆其上，八佛刹微尘数世界周匝围绕，佛号：广大名称智海幢。此上过佛刹微尘数世界，有世界，名：出妙音声，以心王摩尼庄严轮为际，依恒出一切妙音声庄严云摩尼王海住；其状犹如梵天身形，无量宝庄严师子座云而覆其上，九佛刹微尘数世界周匝围绕，佛号：清净月光明相无能摧伏。此上过佛刹微尘数世界，有世界，名：金刚幢，以无边庄严真珠藏宝璎珞为际，依一切庄严宝师子座摩尼海住；其状周圆，十须弥山微尘数一切香摩尼华须弥云弥覆其上，十佛刹微尘数世界周匝围绕，纯一清净，佛号：一切法海最胜王。此上过佛刹微尘数世界，有世界，名：恒出现帝青宝光明，以极坚牢不可坏金刚庄严为际，依种种殊异华海住；其状犹如半月之形，诸天宝帐云而覆其上，十一佛刹微尘数世界周匝围绕，佛号：无量功德法。此上过佛刹微尘数世界，有世界，名：光明照耀，以普光庄严为际，依华旋香水海住；状如华旋，种种衣云而覆其上，十二佛刹微尘数世界周匝围绕，佛号：超释梵。此上过佛刹微尘数世界，至此世界，名：娑婆，以金刚庄严为际，依种种色风轮所持莲华网住；状如虚空，以普圆满天宫殿庄严虚空云而覆其上，十三佛刹微尘数世界周匝围绕，其佛即是毗卢遮那如来世尊。此上过佛刹微尘数世界，有世界，名：寂静离尘光，以一切宝庄严为际，依种种宝衣海住；其状犹如执金刚形，无边色金刚云而覆其上，十四佛刹微尘数世界周匝围绕，佛号：遍法界胜音。此上过佛刹微尘数世界，有世界，名：众妙光明灯，以一切庄严帐为际，依净华网海住；其状犹如卍字之形，摩尼树香水海云而覆其上，十五佛刹微尘数世界周匝围绕，纯一清净，佛号：不可摧伏力普照幢。此上过佛刹微尘数世界，有世界，名：清净光遍照，以无尽宝云摩尼王为际，依种种香焰莲华海住；其状犹如龟甲之形，圆光摩尼轮栴檀云而覆其上，十六佛刹微尘数世界周匝围绕，佛号：清净日功德眼。此上过佛刹微尘数世界，有世界，名：宝庄严藏，以一切众生形摩尼王为际，依光明藏摩尼王海住；其形八隅，以一切轮围山宝庄严华树网弥覆其上，十七佛刹微尘数世界周匝围绕，佛号：无碍智光明遍照十方。此上过佛刹微尘数世界，有世界，名：离尘，以一切殊妙相庄严为际，依众妙华师子座海住；状如珠璎，以一切宝香摩尼王圆光云而覆其上，十八佛刹微尘数世界周匝围绕，纯一清净，佛号：无量方便最胜幢。此上过佛刹微尘数世界，有世界，名：清净光普照，以出无尽宝云摩尼王为际，依无量色香焰须弥山海住；其状犹如宝华旋布，以无边色光明摩尼王帝青云而覆其上，十九佛刹微尘数世界周匝围绕，佛号：普照法界虚空光。此上过佛刹微尘数世界，有世界，名：妙宝焰，以普光明日月宝为际，依一切诸天形摩尼王海住；其状犹如宝庄严具，以一切宝衣幢云及摩尼灯藏网而覆其上，二十佛刹微尘数世界周匝围绕，纯一清净，佛号：福德相光明。

诸佛子！此遍照十方炽然宝光明世界种，有如是等不可说佛刹微尘数广大世界，各各所依住，各各形状，各各体性，各各方面，各各趣入，各各庄严，各各分齐，各各行列，各各无差别，各各力加持，周匝围绕。所谓：十佛刹微尘数回转形世界、十佛刹微尘数江河形世界、十佛刹微尘数漩流形世界、十佛刹微尘数轮辋形世界、十佛刹微尘数坛墠形世界、十佛刹微尘数树林形世界、十佛刹微尘数楼观形世界、十佛刹微尘数尸罗幢形世界、十佛刹微尘数普方形世界、十佛刹微尘数胎藏形世界、十佛刹微尘数莲华形世界、十佛刹微尘数佉勒迦形世界、十佛刹微尘数种种众生形世界、十佛刹微尘数佛相形世界、十佛刹微尘数圆光形世界、十佛刹微尘数云形世界、十佛刹微尘数网形世界、十佛刹微尘数门闼形世界……。如是等，有不可说佛刹微尘数。此一一世界，各有十佛刹微尘数广大世界周匝围绕。此诸世界，一一复有如上所说微尘数世界而为眷属。如是所说一切世界，皆在此无边妙华光香水海及围绕此海香水河中。

大方广佛华严经卷第九

华藏世界品第五之二

尔时，普贤菩萨复告大众言：

诸佛子！此无边妙华光香水海东，次有香水海，名：离垢焰藏；出大莲华，名：一切香摩尼王妙庄严；有世界种而住其上，名：遍照刹旋，以菩萨行吼音为体。此中最下方，有世界，名：宫殿庄严幢；其形四方，依一切宝庄严海住，莲华光网云弥覆其上，佛刹微尘数世界围绕，纯一清净，佛号：眉间光遍照。此上过佛刹微尘数世界，有世界，名：德华藏；其形周圆，依一切宝华蕊海住，真珠幢师子座云弥覆其上，二佛刹微尘数世界围绕，佛号：一切无边法海慧。此上过佛刹微尘数世界，有世界，名：善变化妙香轮；形如金刚，依一切宝庄严铃网海住，种种庄严圆光云弥覆其上，三佛刹微尘数世界围绕，佛号：功德相光明普照。此上过佛刹微尘数世界，有世界，名：妙色光明；其状犹如摩尼宝轮，依无边色宝香水海住，普光明真珠楼阁云弥覆其上，四佛刹微尘数世界围绕，纯一清净，佛号：善眷属出兴遍照。此上过佛刹微尘数世界，有世界，名：善盖覆；状如莲华，依金刚香水海住，离尘光明香水云弥覆其上，五佛刹微尘数世界围绕，佛号：法喜无尽慧。此上过佛刹微尘数世界，有世界，名：尸利华光轮；其形三角，依一切坚固宝庄严海住，菩萨摩尼冠光明云弥覆其上，六佛刹微尘数世界围绕，佛号：清净普光明。此上过佛刹微尘数世界，有世界，名：宝莲华庄严；形如半月，依一切莲华庄严海住，一切宝华云弥覆其上，七佛刹微尘数世界围绕，纯一清净，佛号：功德华清净眼。此上过佛刹微尘数世界，有世界，名：无垢焰庄严；其状犹如宝灯行列，依宝焰藏海住，常雨香水种种身云弥覆其上，八佛刹微尘数世界围绕，佛号：慧力无能胜。此上过佛刹微尘数世界，有世界，名：妙梵音；形如卍字，依宝衣幢海住，一切华庄严帐云弥覆其上，九佛刹微尘数世界围绕，佛号：广大目如空中净月。此上过佛刹微尘数世界，有世界，名：微尘数音声；其状犹如因陀罗网，依一切宝水海住，一切乐音宝盖云弥覆其上，十佛刹微尘数世界围绕，纯一清净，佛号：金色须弥灯。此上过佛刹微尘数世界，有世界，名：宝色庄严；形如卍字，依帝释形宝王海住，日光明华云弥覆其上，十一佛刹微尘数世界围绕，佛号：回照法界光明智。此上过佛刹微尘数世界，有世界，名：金色妙光；其状犹如广大城廓，依一切宝庄严海住，道场宝华云弥覆其上，十二佛刹微尘数世界围绕，佛号：宝灯普照幢。此上过佛刹微尘数世界，有世界，名：遍照光明轮；状如华旋，依宝衣旋海住，佛音声宝王楼阁云弥覆其上，十三佛刹微尘数世界围绕，纯一清净，佛号：莲华焰遍照。此上过佛刹微尘数世界，有世界，名：宝藏庄严；状如四洲，依宝璎珞须弥住，宝焰摩尼云弥覆其上，十四佛刹微尘数世界围绕，佛号：无尽福开敷华。此上过佛刹微尘数世界，有世界，名：如镜像普现；其状犹如阿修罗身，依金刚莲华海住，宝冠光影云弥覆其上，十五佛刹微尘数世界围绕，佛号：甘露音。此上过佛刹微尘数世界，有世界，名：栴檀月；其形八隅，依金刚栴檀宝海住，真珠华摩尼云弥覆其上，十六佛刹微尘数世界围绕，纯一清净，佛号：最胜法无等智。此上过佛刹微尘数世界，有世界，名：离垢光明；其状犹如香水漩流，依无边色宝光海住，妙香光明云弥覆其上，十七佛刹微尘数世界围绕，佛号：遍照虚空光明音。此上过佛刹微尘数世界，有世界，名：妙华庄严；其状犹如旋绕之形，依一切华海住，一切乐音摩尼云弥覆其上，十八佛刹微尘数世界围绕，佛号：普现胜光明。此上过佛刹微尘数世界，有世界，名：胜音庄严；其状犹如师子之座，依金师子座海住，众色莲华藏师子座云弥覆其上，十九佛刹微尘数世界围绕，佛号：无边功德称普光明。此上过佛刹微尘数世界，有世界，名：高胜灯；状如佛掌，依宝衣服香幢海住，日轮普照宝王楼阁云弥覆其上，二十佛刹微尘数世界围绕，纯一清净，佛号：普照虚空灯。

诸佛子！此离垢焰藏香水海南，次有香水海，名：无尽光明轮；世界种，名：佛幢庄严；以一切佛功德海音声为体。此中最下方，有世界，名：爱见华；状如宝轮，依摩尼树藏宝王海住，化现菩萨形宝藏云弥覆其上，佛刹微尘数世界围绕，纯一清净，佛号：莲华光欢喜面。此上过佛刹微尘数世界，有世界，名：妙音；佛号：须弥宝灯。

此上过佛刹微尘数世界，有世界，名：众宝庄严光；佛号：法界音声幢。此上过佛刹微尘数世界，有世界，名：香藏金刚；佛号：光明音。此上过佛刹微尘数世界，有世界，名：净妙音；佛号：最胜精进力。此上过佛刹微尘数世界，有世界，名：宝莲华庄严；佛号：法城云雷音。此上过佛刹微尘数世界，有世界，名：与安乐；佛号：大名称智慧灯。此上过佛刹微尘数世界，有世界，名：无垢网；佛号：师子光功德海。此上过佛刹微尘数世界，有世界，名：华林幢遍照；佛号：大智莲华光。此上过佛刹微尘数世界，有世界，名：无量庄严；佛号：普眼法界幢。此上过佛刹微尘数世界，有世界，名：普光宝庄严；佛号：胜智大商主。此上过佛刹微尘数世界，有世界，名：华王；佛号：月光幢。此上过佛刹微尘数世界，有世界，名：离垢藏；佛号：清净觉。此上过佛刹微尘数世界，有世界，名：宝光明；佛号：一切智虚空灯。此上过佛刹微尘数世界，有世界，名：出生宝璎珞；佛号：诸度福海相光明。此上过佛刹微尘数世界，有世界，名：妙轮遍覆；佛号：调伏一切染著心令欢喜。此上过佛刹微尘数世界，有世界，名：宝华幢；佛号：广博功德音大名称。此上过佛刹微尘数世界，有世界，名：无量庄严；佛号：平等智光明功德海。此上过佛刹微尘数世界，有世界，名：无尽光庄严幢；状如莲华，依一切宝网海住，莲华光摩尼网弥覆其上，二十佛刹微尘数世界围绕，纯一清净，佛号：法界净光明。

诸佛子！此无尽光明轮香水海右旋，次有香水海，名：金刚宝焰光；世界种，名：佛光庄严藏，以称说一切如来名音声为体。此中最下方，有世界，名：宝焰莲华；其状犹如摩尼色眉间毫相，依一切宝色水旋海住，一切庄严楼阁云弥覆其上，佛刹微尘数世界围绕，纯一清净，佛号：无垢宝光明。此上过佛刹微尘数世界，有世界，名：光焰藏；佛号：无碍自在智慧光。此上过佛刹微尘数世界，有世界，名：宝轮妙庄严；佛号：一切宝光明。此上过佛刹微尘数世界，有世界，名：栴檀树华幢；佛号：清净智光明。此上过佛刹微尘数世界，有世界，名：佛刹妙庄严；佛号：广大欢喜音。此上过佛刹微尘数世界，有世界，名：妙光庄严；佛号：法界自在智。此上过佛刹微尘数世界，有世界，名：无边相；佛号：无碍智。此上过佛刹微尘数世界，有世界，名：焰云幢；佛号：演说不退轮。此上过佛刹微尘数世界，有世界，名：众宝庄严清净轮；佛号：离垢华光明。此上过佛刹微尘数世界，有世界，名：广大出离；佛号：无碍智日眼。此上过佛刹微尘数世界，有世界，名：妙庄严金刚座；佛号：法界智大光明。此上过佛刹微尘数世界，有世界，名：智慧普庄严；佛号：智炬光明王。此上过佛刹微尘数世界，有世界，名：莲华池深妙音；佛号：一切智普照。此上过佛刹微尘数世界，有世界，名：种种色光明；佛号：普光华王云。此上过佛刹微尘数世界，有世界，名：妙宝幢；佛号：功德光。此上过佛刹微尘数世界，有世界，名：摩尼华毫相光；佛号：普音云。此上过佛刹微尘数世界，有世界，名：甚深海；佛号：十方众生主。此上过佛刹微尘数世界，有世界，名：须弥光；佛号：法界普智音。此上过佛刹微尘数世界，有世界，名：金莲华；佛号：福德藏普光明。此上过佛刹微尘数世界，有世界，名：宝庄严藏；形如卍字，依一切香摩尼庄严树海住，清净光明云弥覆其上，二十佛刹微尘数世界围绕，纯一清净，佛号：大变化光明网。

诸佛子！此金刚宝焰香水海右旋，次有香水海，名：帝青宝庄严；世界种，名：光照十方，依一切妙庄严莲华香云住，无边佛音声为体。于此最下方，有世界，名：十方无尽色藏轮；其状周回，有无量角，依无边色一切宝藏海住，因陀罗网而覆其上，佛刹微尘数世界围绕，纯一清净，佛号：莲华眼光明遍照。此上过佛刹微尘数世界，有世界，名：净妙庄严藏；佛号：无上慧大师子。此上过佛刹微尘数世界，有世界，名：出现莲华座；佛号：遍照法界光明王。此上过佛刹微尘数世界，有世界，名：宝幢音；佛号：大功德普名称。此上过佛刹微尘数世界，有世界，名：金刚宝庄严藏；佛号：莲华日光明。此上过佛刹微尘数世界，有世界，名：因陀罗华月；佛号：法自在智慧幢。此上过佛刹微尘数世界，有世界，名：妙轮藏；佛号：大喜清净音。此上过佛刹微尘数世界，有世界，名：妙音藏；佛号：大力善商主。此上过佛刹微尘数世界，有世界，名：清净月；佛号：须弥光智慧力。此上过佛刹微尘数世界，有世界，名：无边庄严相；佛号：方便愿净月光。此上过佛刹微尘数世界，有世界，名：妙华音；佛号：法海大愿音。此上过佛刹微尘数世界，有世界，名：一切宝庄严；佛号：功德宝光明相。此上过佛刹微尘数世界，有世界，名：坚固地；佛号：美音最胜天。此上过佛刹微尘数世界，有世界，名：普光善化；佛号：大精进寂静慧。此上过佛刹微尘数世界，有世界，名：善守护庄严行；佛号：见者生欢喜。此上过佛刹微尘数世界，有世界，名：栴檀宝华藏；佛号：甚深不可动智慧光遍照。此上过佛刹微尘数世界，有世界，名：现种种色相海；佛号：普放不思议胜义王光明。此上过佛刹微尘数世界，有世界，名：化现十方大光明；佛号：胜功德威光无与等。此上过佛刹微尘数世界，有世界，名：须弥云幢；佛号：极净光明眼。此上过佛刹微尘数世界，有世界，名：莲华遍照；其状周圆，依无边色众妙香摩尼海住，一切乘庄严云而覆其上，二十佛刹微尘数世界围绕，纯一清净，佛号：解脱精进日。

诸佛子！此帝青宝庄严香水海右旋，次有香水海，名：金刚轮庄严底；世界种，名：妙宝间错因陀罗网，普贤智所生音声为体。此中最下方，有世界，名：莲华网；其状犹如须弥山形，依众妙华山幢海住，佛境界摩尼王帝网云而覆其上，佛刹微尘数世界围绕，纯一清净，佛号：法身普觉慧。此上过佛刹微尘数世界，有世界，名：无尽日光明；佛号：最胜大觉慧。此上过佛刹微尘数世界，有世界，名：普放妙光明；佛号：大福云无尽力。此上过佛刹微尘数世界，有世界，名：树华幢；佛号：无边智法界音。此上过佛刹微尘数世界，有世界，名：真珠盖；佛号：波罗蜜师子频申。此上过佛刹微尘数世界，有世界，名：无边音；佛号：一切智妙觉慧。此上过佛刹微尘数世界，有世界，名：普见树峰；佛号：普现众生前。此上过佛刹微尘数世界，有世界，名：师子帝网光；佛号：无垢日金色光焰云。此上过佛刹微尘数世界，有世界，名：众宝间错；佛号：帝幢最胜慧。此上过佛刹微尘数世界，有世界，名：无垢光明地；佛号：一切力清净月。此上过佛刹微尘数世界，有世界，名：恒出叹佛功德音；佛号：如虚空普觉慧。此上过佛刹微尘数世界，有世界，名：高焰藏；佛号：化现十方大云幢。此上过佛刹微尘数世界，有世界，名：光严道场；佛号：无等智遍照。此上过佛刹微尘数世界，有世界，名：出生一切宝庄严；佛号：广度众生神通王。此上过佛刹微尘数世界，有世界，名：光严妙宫殿；佛号：一切义成广大慧。此上过佛刹微尘数世界，有世界，名：离尘寂静；佛号：不唐现。此上过佛刹微尘数世界，有世界，名：摩尼华幢；佛号：悦意吉祥音。此上过佛刹微尘数世界，有世界，名：普云藏；其状犹如楼阁之形，依种种宫殿香水海住，一切宝灯云弥覆其上，二十佛刹微尘数世界围绕，纯一清净，佛号：最胜觉神通王。

诸佛子！此金刚轮庄严底香水海右旋，次有香水海，名：莲华因陀罗网；世界种，名：普现十方影，依一切香摩尼庄严莲华住，一切佛智光音声为体。此中最下方，有世界，名：众生海宝光明；其状犹如真珠之藏，依一切摩尼璎珞海漩住，水光明摩尼云而覆其上，佛刹微尘数世界围绕，纯一清净，佛号：不思议功德遍照月。此上过佛刹微尘数世界，有世界，名：妙香轮；佛号：无量力幢。此上过佛刹微尘数世界，有世界，名：妙光轮；佛号：法界光音觉悟慧。此上过佛刹微尘数世界，有世界，名：吼声摩尼幢；佛号：莲华光恒垂妙臂。此上过佛刹微尘数世界，有世界，名：极坚固轮；佛号：不退转功德海光明。此上过佛刹微尘数世界，有世界，名：众行光庄严；佛号：一切智普胜尊。此上过佛刹微尘数世界，有世界，名：师子座遍照；佛号：师子光无量力觉慧。此上过佛刹微尘数世界，有世界，名：宝焰庄严；佛号：一切法清净智。此上过佛刹微尘数世界，有世界，名：无量灯；佛号：无忧相。此上过佛刹微尘数世界，有世界，名：常闻佛音；佛号：自然胜威光。此上过佛刹微尘数世界，名：清净变化；佛号：金莲华光明。此上过佛刹微尘数世界，有世界，名：普入十方；佛号：观法界频申慧。此上过佛刹微尘数世界，有世界，名：炽然焰；佛号：光焰树紧那罗王。此上过佛刹微尘数世界，有世界，名：香光遍照；佛号：香灯善化王。此上过佛刹微尘数世界，有世界，名：无量华聚轮；佛号：普现佛功德。此上过佛刹微尘数世界，有世界，名：众妙普清净；佛号：一切法平等神通王。此上过佛刹微尘数世界，有世界，名：金光海；佛号：十方自在大变化。此上过佛刹微尘数世界，有世界，名：真珠华藏；佛号：法界宝光明不可思议慧。此上过佛刹微尘数世界，有世界，名：帝释须弥师子座；佛号：胜力光。此上过佛刹微尘数世界，有世界，名：无边宝普照；其形四方，依华林海住，普雨无边色摩尼王帝网而覆其上，二十佛刹微尘数世界围绕，纯一清净，佛号：遍照世间最胜音。

诸佛子！此莲华因陀罗网香水海右旋，次有香水海，名：积集宝香藏；世界种，名：一切威德庄严，以一切佛法轮音声为体。此中最下方，有世界，名：种种出生；形如金刚，依种种金刚山幢住，金刚宝光云而覆其上，佛刹微尘数世界围绕，纯一清净，佛号：莲华眼。此上过佛刹微尘数世界，有世界，名：喜见音；佛号：生喜乐。此上过佛刹微尘数世界，有世界，名：宝庄严幢；佛号：一切智。此上过佛刹微尘数世界，有世界，名：多罗华普照；佛号：无垢寂妙音。此上过佛刹微尘数世界，有世界，名：变化光；佛号：清净空智慧月。此上过佛刹微尘数世界，有世界，名：众妙间错；佛号：开示福德海密云相。此上过佛刹微尘数世界，有世界，名：一切庄严具妙音声；佛号：欢喜云。此上过佛刹微尘数世界，有世界，名：莲华池；佛号：名称幢。此上过佛刹微尘数世界，有世界，名：一切宝庄严；佛号：频申观察眼。此上过佛刹微尘数世界，有世界，名：净妙华；佛号：无尽金刚智。此上过佛刹微尘数世界，有世界，名：莲华庄严城；佛号：日藏眼普光明。此上过佛刹微尘数世界，有世界，名：无量树峰；佛号：一切法雷音。此上过佛刹微尘数世界，有世界，名：日光明；佛号：开示无量智。此上过佛刹微尘数世界，有世界，名：依止莲华叶；佛号：一切福德山。此上过佛刹微尘数世界，有世界，名：风普持；佛号：日曜根。此上过佛刹微尘数世界，有世界，名：光明显现；佛号：身光普照。此上过佛刹微尘数世界，有世界，名：香雷音金刚宝普照；佛号：最胜华开敷相。此上过佛刹微尘数世界，有世界，名：帝网庄严；形如栏楯，依一切庄严海住，光焰楼阁云弥覆其上，二十佛刹微尘数世界围绕，纯一清净，佛号：示现无畏云。

诸佛子！此积集宝香藏香水海右旋，次有香水海，名：宝庄严；世界种，名：普无垢，以一切微尘中佛刹神变声为体。此中最下方，有世界，名：净妙平坦；形如宝身，依一切宝光轮海住，种种栴檀摩尼真珠云弥覆其上，佛刹微尘数世界围绕，纯一清净，佛号：难摧伏无等幢。此上过佛刹微尘数世界，有世界，名：炽然妙庄严；佛号：莲华慧神通王。此上过佛刹微尘数世界，有世界，名：微妙相轮幢；佛号：十方大名称无尽光。此上过佛刹微尘数世界，有世界，名：焰藏摩尼妙庄严；佛号：大智慧见闻皆欢喜。此上过佛刹微尘数世界，有世界，名：妙华庄严；佛号：无量力最胜智。此上过佛刹微尘数世界，有世界，名：出生净微尘；佛号：超胜梵。此上过佛刹微尘数世界，有世界，名：普光明变化香；佛号：香象金刚大力势。此上过佛刹微尘数世界，有世界，名：光明旋；佛号：义成善名称。此上过佛刹微尘数世界，有世界，名：宝璎珞海；佛号：无比光遍照。此上过佛刹微尘数世界，有世界，名：妙华灯幢；佛号：究竟功德无碍慧灯。此上过佛刹微尘数世界，有世界，名：善巧庄严；佛号：慧日波罗蜜。此上过佛刹微尘数世界，有世界，名：栴檀华普光明；佛号：无边慧法界音。此上过佛刹微尘数世界，有世界，名：帝网幢；佛号：灯光迥照。此上过佛刹微尘数世界，有世界，名：净华轮；佛号：法界日光明。此上过佛刹微尘数世界，有世界，名：大威曜；佛号：无边功德海法轮音。此上过佛刹微尘数世界，有世界，名：同安住宝莲华池；佛号：开示入不可思议智。此上过佛刹微尘数世界，有世界，名：平坦地；佛号：功德宝光明王。此上过佛刹微尘数世界，有世界，名：香摩尼聚；佛号：无尽福德海妙庄严。此上过佛刹微尘数世界，有世界，名：微妙光明；佛号：无等力普遍音。此上过佛刹微尘数世界，有世界，名：十方普坚固庄严照耀；其形八隅，依心王摩尼轮海住，一切宝庄严帐云弥覆其上，二十佛刹微尘数世界围绕，纯一清净，佛号：普眼大明灯。

诸佛子！此宝庄严香水海右旋，次有香水海，名：金刚宝聚；世界种，名：法界行，以一切菩萨地方便法音声为体。此中最下方，有世界，名：净光照耀；形如珠贯，依一切宝色珠璎海住，菩萨珠髻光明摩尼云而覆其上，佛刹微尘数世界围绕，纯一清净，佛号：最胜功德光。此上过佛刹微尘数世界，有世界，名：妙盖；佛号：法自在慧。此上过佛刹微尘数世界，有世界，名：宝庄严师子座；佛号：大龙渊。此上过佛刹微尘数世界，有世界，名：出现金刚座；佛号：升师子座莲华台；此上过佛刹微尘数世界，有世界，名：莲华胜音；佛号：智光普开悟。此上过佛刹微尘数世界，有世界，名：善惯习；佛号：持地妙光王。此上过佛刹微尘数世界，有世界，名：喜乐音；佛号：法灯王。此上过佛刹微尘数世界，有世界，名：摩尼藏因陀罗网；佛号：不空见。此上过佛刹微尘数世界，有世界，名：众妙地藏；佛号：焰身幢。此上过佛刹微尘数世界，有世界，名：金光轮；佛号：净治众生行。此上过佛刹微尘数世界，有世界，名：须弥山庄严；佛号：一切功德云普照。此上过佛刹微尘数世界，有世界，名：众树形；佛号：宝华相净月觉。此上过佛刹微尘数世界，有世界，名：无怖畏；佛号：最胜金光炬。此上过佛刹微尘数世界，名：大名称龙王幢；佛号：观等一切法。此上过佛刹微尘数世界，有世界，名：示现摩尼色；佛号：变化日。此上过佛刹微尘数世界，有世界，名：光焰灯庄严；佛号：宝盖光遍照。此上过佛刹微尘数世界,有世界,名:香光云;佛号:思惟慧。此上过佛刹微尘数世界,有世界,名:无怨仇;佛号:精进胜慧海。此上过佛刹微尘数世界,有世界,名:一切庄严具光明幢;佛号:普现悦意莲华自在王。此上过佛刹微尘数世界,有世界,名:毫相庄严;形如半月,依须弥山摩尼华海住,一切庄严炽盛光摩尼王云而覆其上,二十佛刹微尘数世界围绕,纯一清净,佛号:清净眼。

诸佛子!此金刚宝聚香水海右旋,次有香水海,名:天城宝堞;世界种,名:灯焰光明,以普示一切平等法轮音为体。此中最下方,有世界,名:宝月光焰轮;形如一切庄严具,依一切宝庄严华海住,琉璃色师子座云而覆其上。佛刹微尘数世界围绕,纯一清净,佛号:日月自在光。此上过佛刹微尘数世界,有世界,名:须弥宝光;佛号:无尽法宝幢。此上过佛刹微尘数世界,有世界,名:众妙光明幢;佛号:大华聚。此上过佛刹微尘数世界,有世界,名:摩尼光明华;佛号:人中最自在。此上过佛刹微尘数世界,有世界,名:普音;佛号:一切智遍照。此上过佛刹微尘数世界,有世界,名:大树紧那罗音;佛号:无量福德自在龙。此上过佛刹微尘数世界,有世界,名:无边净光明;佛号:功德宝华光。此上过佛刹微尘数世界,有世界,名:最胜音;佛号:一切智庄严。此上过佛刹微尘数世界,有世界,名:众宝间饰;佛号:宝焰须弥山。此上过佛刹微尘数世界,有世界,名:清净须弥音;佛号:出现一切行光明。此上过佛刹微尘数世界,有世界,名:香水盖;佛号:一切波罗蜜无碍海。此上过佛刹微尘数世界,有世界,名:师子华网;佛号:宝焰幢。此上过佛刹微尘数世界,有世界,名:金刚妙华灯;佛号:一切大愿光。此上过佛刹微尘数世界,有世界,名:一切法光明地;佛号:一切法广大真实义。此上过佛刹微尘数世界,有世界,名:真珠末平坦庄严;佛号:胜慧光明网。此上过佛刹微尘数世界,有世界,名:琉璃华;佛号:宝积幢。此上过佛刹微尘数世界,有世界,名:无量妙光轮;佛号:大威力智海藏。此上过佛刹微尘数世界,有世界,名:明见十方;佛号:净修一切功德幢。此上过佛刹微尘数世界,有世界,名:可爱乐梵音;形如佛手,依宝光网海住,菩萨身一切庄严云而覆其上,二十佛刹微尘数世界围绕,纯一清净,佛号:普照法界无碍光。

大方广佛华严经卷第十

华藏世界品第五之三

尔时,普贤菩萨复告大众言:

诸佛子!彼离垢焰藏香水海东,次有香水海,名:变化微妙身;此海中,有世界种,名:善布差别方。次有香水海,名:金刚眼幢;

世界种，名：庄严法界桥。次有香水海，名：种种莲华妙庄严；世界种，名：恒出十方变化。次有香水海，名：无间宝王轮；世界种，名：宝莲华茎密云。次有香水海，名：妙香焰普庄严；世界种，名：毗卢遮那变化行。次有香水海，名：宝末阎浮幢；世界种，名：诸佛护念境界。次有香水海，名：一切色炽然光；世界种，名：最胜光遍照。次有香水海，名：一切庄严具境界；世界种，名：宝焰灯……。如是等不可说佛刹微尘数香水海，其最近轮围山香水海，名：玻璃地；世界种，名：常放光明，以世界海清净劫音声为体。此中最下方，有世界，名：可爱乐净光幢，佛刹微尘数世界围绕，纯一清净，佛号；最胜三昧精进慧。此上过十佛刹微尘数世界，与金刚幢世界齐等，有世界，名：香庄严幢，十佛刹微尘数世界围绕，纯一清净，佛号：无障碍法界灯。此上过三佛刹微尘数世界，与娑婆世界齐等，有世界，名：放光明藏；佛号：遍法界无障碍慧明。此上过七佛刹微尘数世界，至此世界种最上方，有世界，名：最胜身香，二十佛刹微尘数世界围绕，纯一清净，佛号：觉分华。

诸佛子！彼无尽光明轮香水海外，次有香水海，名：具足妙光；世界种，名：遍无垢。次有香水海，名：光耀盖；世界种，名：无边普庄严。次有香水海，名：妙宝庄严；世界种，名：香摩尼轨度形。次有香水海，名：出佛音声；世界种，名：善建立庄严。次有香水海，名：香幢须弥藏；世界种，名：光明遍满。次有香水海，名：栴檀妙光明；世界种，名：华焰轮。次有香水海，名：风力持；世界种，名：宝焰云幢。次有香水海，名：帝释身庄严；世界种，名：真珠藏。次有香水海，名：平坦严净；世界种，名：毗琉璃末种种庄严……。如是等不可说佛刹微尘数香水海，其最近轮围山香水海，名：妙树华；世界种，名：出生诸方广大刹，以一切佛摧伏魔音为体。此中最下方，有世界，名：焰炬幢；佛号：世间功德海。此上过十佛刹微尘数世界，与金刚幢世界齐等，有世界，名：出生宝；佛号：师子力宝云。此上与娑婆世界齐等，有世界，名：衣服幢；佛号：一切智海王。于此世界种最上方，有世界，名：宝璎珞师子光明；佛号：善变化莲华幢。

诸佛子！彼金刚焰光明香水海外，次有香水海，名：一切庄严具莹饰幢；世界种，名：清净行庄严。次有香水海，名：一切宝华光耀海；世界种，名：功德相庄严。次有香水海，名：莲华开敷；世界种，名：菩萨摩尼冠庄严。次有香水海，名：妙宝衣服；世界种，名：净珠轮。次有香水海，名：可爱华遍照；世界种，名：百光云照耀。次有香水海，名：遍虚空大光明；世界种，名：宝光普照。次有香水海，名：妙华庄严幢；世界种，名：金月眼璎珞。次有香水海，名：真珠香海藏；世界种，名：佛光明。次有香水海，名：宝轮光明；世界种，名：善化现佛境界光明……。如是等不可说佛刹微尘数香水海,其最近轮围山香水海,名:无边轮庄严底;世界种,名:无量方差别,以一切国土种种言说音为体。此中最下方,有世界,名:金刚华盖;佛号:无尽相光明普门音。此上过十佛刹微尘数世界,有世界,与金刚幢世界齐等,名:出生宝衣幢;佛号:福德云大威势。此上与娑婆世界齐等,有世界,名:众宝具妙庄严;佛号:胜慧海。于此世界种最上方,有世界,名:日光明衣服幢;佛号:智日莲华云。

诸佛子!彼帝青宝庄严香水海外,次有香水海,名:阿修罗宫殿;世界种,名:香水光所持。次有香水海,名:宝师子庄严;世界种,名:遍示十方一切宝;次有香水海,名:宫殿色光明云;世界种,名:宝轮妙庄严。次有香水海,名:出大莲华;世界种,名:妙庄严遍照法界。次有香水海,名:灯焰妙眼;世界种,名:遍观察十方变化。次有香水海,名:不思议庄严轮;世界种,名:十方光明普名称。次有香水海,名:宝积庄严;世界种,名:灯光照耀。次有香水海,名:清净宝光明;世界种,名:须弥无能为碍风。次有香水海,名:宝衣栏楯;世界种,名:如来身光明……。如是等不可说佛刹微尘数香水海,其最近轮围山香水海,名:树庄严幢;世界种,名:安住帝网,以一切菩萨智地音声为体。此中最下方,有世界,名:妙金色;佛号:香焰胜威光。此上过十佛刹微尘数世界,与金刚幢世界齐等,有世界,名:摩尼树华;佛号:无碍普现。此上与娑婆世界齐等,有世界,名:毗琉璃妙庄严;佛号:法自在坚固慧。于此世界种最上方,有世界,名:梵音妙庄严;佛号:莲华开敷光明王。

诸佛子!彼金刚轮庄严底香水海外,次有香水海,名:化现莲华处;世界种,名:国土平正。次有香水海,名:摩尼光;世界种,名:遍法界无迷惑。次有香水海,名:众妙香日摩尼;世界种,名:普现十方。次有香水海,名:恒纳宝流;世界种,名:普行佛言音。次有香水海,名:无边深妙音;世界种,名:无边方差别。次有香水海,名:坚实积聚;世界种,名:无量处差别。次有香水海,名:清净梵音;世界种,名:普清净庄严。次有香水海,名:栴檀栏楯音声藏;世界种,名:迥出幢。次有香水海,名:妙香宝王光庄严;世界种,名:普现光明力。

诸佛子!彼莲华因陀罗网香水海外,次有香水海,名:银莲华妙庄严;世界种,名:普遍行。次有香水海,名:毗琉璃竹密焰云;世界种,名:普出十方音。次有香水海,名:十方光焰聚;世界种,名:恒出变化分布十方。次有香水海,名:出现真金摩尼幢;世界种,名:金刚幢相。次有香水海,名:平等大庄严;世界种,名:法界勇猛旋。次有香水海,名:宝华丛无尽光;世界种,名:无边净光明。次有香水海,名:妙金幢;世界种,名:演说微密处。次有香水海,名:光影遍照;世界种,名:普庄严。次有香水海,名:寂音;

世界种，名：现前垂布……。如是等不可说佛刹微尘数香水海，其最近轮围山香水海，名：密焰云幢；世界种，名：一切光庄严，以一切如来道场众会音为体。于此最下方，有世界，名：净眼庄严；佛号：金刚月遍照十方。此上过十佛刹微尘数世界，与金刚幢世界齐等，有世界，名：莲华德；佛号：大精进善觉慧。此上与娑婆世界齐等，有世界，名：金刚密庄严；佛号：娑罗王幢。此上过七佛刹微尘数世界，有世界，名：净海庄严；佛号：威德绝伦无能制伏。

诸佛子！彼积集宝香藏香水海外，次有香水海，名：一切宝光明遍照；世界种，名：无垢称庄严。次有香水海，名：众宝华开敷；世界种，名：虚空相。次有香水海，名：吉祥幄遍照；世界种，名：无碍光普庄严。次有香水海，名：栴檀树华；世界种，名：普现十方旋。次有香水海，名：出生妙色宝；世界种，名：胜幢周遍行。次有香水海，名普生金刚华；世界种，名：现不思议庄严。次有香水海，名：心王摩尼轮严饰；世界种，名：示现无碍佛光明。次有香水海，名：积集宝璎珞；世界种，名：净除疑。次有香水海，名：真珠轮普庄严；世界种，名：诸佛愿所流……。如是等不可说佛刹微尘数香水海，其最近轮围山香水海，名：阎浮檀宝藏轮；世界种，名：普音幢，以入一切智门音声为体。此中最下方，有世界，名：华蕊焰；佛号：精进施。此上过十佛刹微尘数世界，与金刚幢世界齐等，有世界，名：莲华光明幢；佛号：一切功德最胜心王。此上过三佛刹微尘数世界，与娑婆世界齐等，有世界，名：十力庄严；佛号：善出现无量功德王。于此世界种最上方，有世界，名：摩尼香山幢；佛号：广大善眼净除疑。

诸佛子！彼宝庄严香水海外，次有香水海，名：持须弥光明藏；世界种，名：出生广大云。次有香水海，名：种种庄严大威力境界；世界种，名：无碍净庄严。次有香水海，名：密布宝莲华；世界种，名：最胜灯庄严。次有香水海，名：依止一切宝庄严；世界种，名：日光明网藏。次有香水海，名：众多严净；世界种，名：宝华依处。次有香水海，名：极聪慧行；世界种，名：最胜形庄严。次有香水海，名：持妙摩尼峰；世界种，名：普净虚空藏。次有香水海，名：大光遍照；世界种，名：帝青炬光明。次有香水海，名：可爱摩尼珠充满遍照；世界种，名：普吼声……。如是等不可说佛刹微尘数香水海，其最近轮围山香水海，名：出帝青宝；世界种，名：周遍无差别，以一切菩萨震吼声为体。此中最下方，有世界，名：妙胜藏；佛号：最胜功德慧。此上过十佛刹微尘数世界，与金刚幢世界齐等，有世界，名：庄严相；佛号：超胜大光明。此上与娑婆世界齐等，有世界，名：琉璃轮普庄严；佛号：须弥灯。于此世界种最上方，有世界，名：华幢海；佛号：无尽变化妙慧云。

诸佛子！彼金刚宝聚香水海外，次有香水海，名：崇饰宝埤堄；

世界种，名：秀出宝幢。次有香水海，名：宝幢庄严；世界种，名：现一切光明。次有香水海，名：妙宝云；世界种，名：一切宝庄严光明遍照。次有香水海，名：宝树华庄严；世界种，名：妙华间饰。次有香水海，名：妙宝衣庄严；世界种，名：光明海。次有香水海，名：宝树峰；世界种，名：宝焰云。次有香水海，名：示现光明；世界种，名：入金刚无所碍。次有香水海，名：莲华普庄严；世界种，名：无边岸海渊。次有香水海，名：妙宝庄严；世界种，名：普示现国土藏……。如是等不可说佛刹微尘数香水海，其最近轮围山香水海，名：不可坏海；世界种，名：妙轮间错莲华场，以一切佛力所出音为体。此中最下方，有世界，名：最妙香；佛号；变化无量尘数光。此上过十佛刹微尘数世界，与金刚幢世界齐等，有世界，名：不思议差别庄严门；佛号：无量智。此上与娑婆世界齐等，有世界，名：十方光明妙华藏；佛号：师子眼光焰云。于此最上方，有世界，名：海音声；佛号：水天光焰门。

诸佛子！彼天城宝堞香水海外，次有香水海，名：焰轮赫奕光；世界种，名：不可说种种庄严。次有香水海，名：宝尘路；世界种，名：普入无量旋。次有香水海，名：具一切庄严；世界种，名：宝光遍照。次有香水海，名：布众宝网；世界种，名：安布深密。次有香水海，名：妙宝庄严幢；世界种，名：世界海明了音。次有香水海，名：日宫清净影；世界种，名：遍入因陀罗网。次有香水海，名：一切鼓乐美妙音；世界种，名，圆满平正。次有香水海，名：种种妙庄严；世界种，名：净密光焰云。次有香水海，名：周遍宝焰灯；世界种，名：随佛本愿种种形……。如是等不可说佛刹微尘数香水海，其最近轮围山香水海，名：积集璎珞衣；世界种，名：化现妙衣，以三世一切佛音声为体。此中最下方，有香水海，名：因陀罗华藏，世界名：发生欢喜，佛刹微尘数世界围绕，纯一清净，佛号：坚悟智。此上过十佛刹微尘数世界，与金刚幢世界齐等，有世界，名：宝网庄严，十佛刹微尘数世界围绕，纯一清净，佛号：无量欢喜光。此上过三佛刹微尘数世界，与娑婆世界齐等，有世界，名：宝莲华师子座，十三佛刹微尘数世界围绕，佛号：最清净不空闻。此上过七佛刹微尘数世界，至此世界种最上方，有世界，名：宝色龙光明，二十佛刹微尘数世界围绕，纯一清净，佛号：遍法界普照明。

诸佛子！如是十不可说佛刹微尘数香水海中，有十不可说佛刹微尘数世界种，皆依现一切菩萨形摩尼王幢庄严莲华住，各各庄严际无有间断，各各放宝色光明，各各光明云而覆其上，各各庄严具，各各劫差别，各各佛出现，各各演法海，各各众生遍充满，各各十方普趣入，各各一切佛神力所加持。此一一世界种中，一切世界依种种庄严住，递相接连，成世界网；于华藏庄严世界海，种种差别，周遍建立。

尔时，普贤菩萨欲重宣其义，承佛威力而说颂言：

华藏世界海，法界等无别，庄严极清净，安住于虚空。此世界海中，刹种难思议，一一皆自在，各各无杂乱。华藏世界海，刹种善安布，殊形异庄严，种种相不同。诸佛变化音，种种为其体，随其业力见，刹种妙严饰。须弥山城网，水旋轮圆形，广大莲华开，彼彼互围绕。山幢楼阁形，旋转金刚形，如是不思议，广大诸刹种。大海真珠焰，光网不思议，如是诸刹种，悉在莲华住。一一诸刹种，光网不可说，光中现众刹，普遍十方海。一切诸刹种，所有庄严具，国土悉入中，普见无有尽。刹种不思议，世界无边际，种种妙严好，皆由大仙力。一切刹种中，世界不思议，或成或有坏，或有已坏灭。譬如林中叶，有生亦有落，如是刹种中，世界有成坏。譬如依树林，种种果差别，如是依刹种，种种众生住。譬如种子别，生果各殊异，业力差别故，众生刹不同。譬如心王宝，随心见众色，众生心净故，得见清净刹。譬如大龙王，兴云遍虚空，如是佛愿力，出生诸国土。如幻师咒术，能现种种事，众生业力故，国土不思议。譬如众绩像，画师之所作，如是一切刹，心画师所成。众生身各异，随心分别起，如是刹种种，莫不皆由业。譬如见导师，种种色差别，随众生心行，见诸刹亦然。一切诸刹际，周布莲华网，种种相不同，庄严悉清净。彼诸莲华网，刹网所安住，种种庄严事，种种众生居。或有刹土中，险恶不平坦，由众生烦恼，于彼如是见。杂染及清净，无量诸刹种，随众生心起，菩萨力所持。或有刹土中，杂染及清净，斯由业力起，菩萨之所化。有刹放光明，离垢宝所成，种种妙严饰，诸佛令清净。一一刹种中，劫烧不思议，所现虽败恶，其处常坚固。由众生业力，出生多刹土，依止于风轮，及以水轮住。世界法如是，种种见不同，而实无有生，亦复无灭坏。一一心念中，出生无量刹，以佛威神力，悉见净无垢。有刹泥土成，其体甚坚硬，黑闇无光照，恶业者所居。有刹金刚成，杂染大忧怖，苦多而乐少，薄福之所处。或有用铁成，或以赤铜作，石山险可畏，罪恶者充满。刹中有地狱，众生苦无救，常在黑闇中，焰海所烧然。或复有畜生，种种丑陋形，由其自恶业，常受诸苦恼。或见阎罗界，饥渴所煎逼，登上大火山，受诸极重苦。或有诸刹土，七宝所合成，种种诸宫殿，斯由净业得。汝应观世间，其中人与天，净业果成就，随时受快乐。一一毛孔中，亿刹不思议，种种相庄严，未曾有迫隘。众生各各业，世界无量种，于中取著生，受苦乐不同。有刹众宝成，常放无边光，金刚妙莲华，庄严净无垢。有刹光为体，依止光轮住，金色栴檀香，焰云普照明。有刹月轮成，香衣悉周布，于一莲华内，菩萨皆充满。有刹众宝成，色相无诸垢，譬如天帝网，光明恒照耀。有刹香为体，或是金刚华，摩尼光影形，观察甚清净。或有难思刹，华旋所成就，化佛皆充满，菩萨普光明。或有清净刹，悉是众华树，妙枝布道场，荫以摩尼云。有刹净光照，金刚华所

成，有是佛化音，无边列成网。有刹如菩萨，摩尼妙宝冠，或有如座，
形，从化光明出。或是栴檀末，或是眉间光，或佛光中音，而成斯妙，
刹。有见清净刹，以一光庄严，或见多庄严，种种皆奇妙。或用十国，
土，妙物作严饰，或以千土中，一切为庄校，或以亿刹物，庄严于一，
土，种种相不同，皆如影像现。不可说土物，庄严于一刹，各各放光，
明，如来愿力起。或有诸国土，愿力所净治，一切庄严中，普见众刹
海。诸修普贤愿，所得清净土，三世刹庄严，一切于中现。佛子汝应
观，刹种威神力，未来诸国土，如梦悉令见。十方诸世界，过去国土，
海，咸于一刹中，现像犹如化。三世一切佛，及以其国土，于一刹种，
中，一切悉观见。一切佛神力，尘中现众土，种种悉明见，如影无真。
实。或有众多刹，其形如大海，或如须弥山，世界不思议。有刹善安，
住，其形如帝网，或如树林形，诸佛满其中。或作宝轮形，或有莲华，
状，八隅备众饰，种种悉清净。或有如座形，或复有三隅，或如佉勒，
迦，城廓梵王身。或如天主髻，或有如半月，或如摩尼山，或如日轮，
形。或有世界形，譬如香海旋，或作光明轮，佛昔所严净。或有轮辋，
形，或有坛墠形，或如佛毫相，肉髻广长眼。或有如佛手，或如金刚，
杵，或如焰山形，菩萨悉周遍。或如师子形，或如海蚌形，无量诸色，
相，体性各差别。于一刹种中，刹形无有尽，皆由佛愿力，护念得安。
住。有刹住一劫，或住于十劫，乃至过百千，国土微尘数。或于一劫，
中，见刹有成坏，或无量无数，乃至不思议。或有刹有佛，或有刹无，
佛，或有唯一佛，或有无量佛。国土若无佛，他方世界中，有佛变化，
来，为现诸能事。殁天与降神，处胎及出生，降魔成正觉，转无上法
轮，随众生心乐，示现种种相，为转妙法轮，悉应其根欲。一一佛刹，
中，一佛出兴世，经于亿千岁，演说无上法。众生非法器，不能见诸，
佛，若有心乐者，一切处皆见。一一刹土中，各有佛兴世，一切刹中，
佛，亿数不思议。此中一一佛，现无量神变，悉遍于法界，调伏众生
海。有刹无光明，黑闇多恐惧，苦触如刀剑，见者自酸毒。或有诸天，
光，或有宫殿光，或日月光明，刹网难思议。有刹自光明，或树放净，
光，未曾有苦恼，众生福力故。或有山光明，或有摩尼光，或以灯光，
照，悉众生业力。或有佛光明，菩萨满其中，有是莲华光，焰色甚严
好。有刹华光照，有以香水照，涂香烧香照，皆由净愿力。有以云光，
照，摩尼蚌光照，佛神力光照，能宣悦意声。或以宝光照，或金刚焰，
照，净音能远震，所至无众苦。或有摩尼光，或是严具光，或道场光，
明，照耀众会中。佛放大光明，化佛满其中，其光普照触，法界悉周
遍。有刹甚可畏，嗥叫大苦声，其声极酸楚，闻者生厌怖。地狱畜生
道，及以阎罗处，是浊恶世界，恒出忧苦声。或有国土中，常出可乐
音，悦意顺其教，斯由净业得。或有国土中，恒闻帝释音，或闻梵天
音，一切世主音。或有诸刹土，云中出妙声，宝海摩尼树，及乐音遍
满。诸佛圆光内，化声无有尽，及菩萨妙音，周闻十方刹。不可思议

国，普转法轮声，愿海所出声，修行妙音声。三世一切佛，出生诸世界，名号皆具足，音声无有尽。或有刹中闻，一切佛力音，地度及无量，如是法皆演。普贤誓愿力，亿刹演妙音，其音若雷震，住劫亦无尽。佛于清净国，示现自在音，十方法界中，一切无不闻。

大方广佛华严经卷第十一

毗卢遮那品第六

尔时，普贤菩萨复告大众言：

诸佛子！乃往古世，过世界微尘数劫，复倍是数，有世界海，名：普门净光明。此世界海中，有世界，名：胜音，依摩尼华网海住，须弥山微尘数世界而为眷属，其形正圆，其地具有无量庄严，三百重众宝树轮围山所共围绕，一切宝云而覆其上，清净无垢，光明照耀，城邑宫殿如须弥山，衣服饮食随念而至，其劫名曰：种种庄严。

诸佛子！彼胜音世界中，有香水海，名：清净光明。其海中，有大华须弥山出现，名：华焰普庄严幢，十宝栏楯周匝围绕。于其山上，有一大林，名：摩尼华枝轮；无量华楼阁，无量宝台观，周回布列；无量妙香幢，无量宝山幢，迥极庄严；无量宝芬陀利华，处处敷荣；无量香摩尼莲华网，周匝垂布；乐音和悦，香云照耀，数各无量，不可纪极；有百万亿那由他城，周匝围绕；种种众生，于中止住。

诸佛子！此林东有一大城，名：焰光明，人王所都，百万亿那由他城周匝围绕；清净妙宝所共成立，纵广各有七千由旬；七宝为廓，楼橹却敌，悉皆崇丽；七重宝堑，香水盈满；优钵罗华、波头摩华、拘物头华、芬陀利华，悉是众宝，处处分布以为严饰；宝多罗树，七重围绕；宫殿楼阁，悉宝庄严；种种妙网，张施其上；涂香散华，芬莹其中；有百万亿那由他门，悉宝庄严；一一门前，各有四十九宝尸罗幢次第行列，复有百万亿园林周匝围绕；其中皆有种种杂香、摩尼树香，周流普熏；众鸟和鸣，听者欢悦。此大城中所有居人，靡不成就业报神足，乘空往来，行同诸天；心有所欲，应念皆至。其城次南，有一天城，名：树华庄严；其次右旋，有大龙城，名曰：究竟；次有夜叉城，名：金刚胜妙幢；次有乾闼婆城，名曰：妙宫；次有阿修罗城，名曰：宝轮；次有迦楼罗城，名：妙宝庄严；次有紧那罗城，名：游戏快乐；次有摩睺罗城，名：金刚幢；次有梵天王城，名：种种妙庄严……。如是等百万亿那由他数。此一一城，各有百万亿那由他楼阁所共围绕，一一皆有无量庄严。

诸佛子！此宝华枝轮大林之中，有一道场，名：宝华遍照，以众大宝分布庄严，摩尼华轮遍满开敷，然以香灯，具众宝色焰云弥覆，光网普照，诸庄严具常出妙宝，一切乐中恒奏雅音，摩尼宝王现菩萨身，种种妙华周遍十方。其道场前，有一大海，名：香摩尼金刚；出大莲华，名：华蕊焰轮，其华广大百亿由旬，茎、叶、须、台皆是妙宝，十不可说百千亿那由他莲华所共围绕，常放光明，恒出妙音，周遍十方。

诸佛子！彼胜音世界，最初劫中，有十须弥山微尘数如来出兴于世。其第一佛，号：一切功德山须弥胜云。诸佛子！应知彼佛将出现时，一百年前，此摩尼华枝轮大林中，一切庄严周遍清净。所谓：出不思议宝焰云，发叹佛功德音，演无数佛音声；舒光布网，弥覆十方；宫殿楼阁，互相照曜；宝华光明，腾聚成云；复出妙音，说一切众生前世所行广大善根，说三世一切诸佛名号，说诸菩萨所修愿行究竟之道，说诸如来转妙法轮种种言辞。现如是等庄严之相，显示如来当出于世。其世界中，一切诸王见此相故，善根成熟，悉欲见佛，而来道场。尔时，一切功德山须弥胜云佛，于其道场大莲华中忽然出现。其身周普等真法界，一切佛刹皆示出生，一切道场悉诣其所；无边妙色，具足清净；一切世间，无能映夺；具众宝相，一一分明，一切宫殿悉现其像；一切众生咸得目见无边化佛从其身出，种种色光充满法界。如于此清净光明香水海，华焰庄严幢须弥顶上，摩尼华枝轮大林中，出现其身，而坐于座；其胜音世界，有六十八千亿须弥山顶，悉亦于彼现身而坐。尔时，彼佛即于眉间放大光明，其光名：发起一切善根音，十佛刹微尘数光明而为眷属，充满一切十方国土。若有众生应可调伏，其光照触，即自开悟，息诸惑热，裂诸盖网，摧诸障山，净诸垢浊，发大信解，生胜善根，永离一切诸难恐怖，灭除一切身心苦恼，起见佛心，趣一切智。时，一切世间主，并其眷属，无量百千，蒙佛光明所开觉故，悉诣佛所，头面礼足。

诸佛子！彼焰光明大城中，有王，名：喜见善慧，统领百万亿那由他城，夫人、采女三万七千人，福吉祥为上首；王子五百人，大威光为上首；大威光太子有十千夫人，妙见为上首。尔时，大威光太子见佛光明已，以昔所修善根力故，即时证得十种法门。何谓为十？所谓：证得一切诸佛功德轮三昧，证得一切佛法普门陀罗尼，证得广大方便藏般若波罗蜜，证得调伏一切众生大庄严大慈，证得普云音大悲，证得生无边功德最胜心大喜，证得如实觉悟一切法大舍，证得广大方便平等藏大神通，证得增长信解力大愿，证得普入一切智光明辩才门。尔时，大威光太子，获得如是法光明已，承佛威力，普观大众而说颂言：

世尊坐道场，清净大光明，譬如千日出，普照虚空界。无量亿千劫，导师时乃现，佛今出世间，一切所瞻奉。汝观佛光明，化佛难思议，一切宫殿中，寂然而正受。汝观佛神通，毛孔出焰云，照耀于世间，光明无有尽。汝应观佛身，光网极清净，现形等一切，遍满于十方。妙音遍世间，闻者皆欣乐，随诸众生语，赞叹佛功德。世尊光所照，众生悉安乐，有苦皆灭除，心生大欢喜。观诸菩萨众，十方来萃止，悉放摩尼云，现前称赞佛。道场出妙音，其音极深远，能灭众生苦，此是佛神力。一切咸恭敬，心生大欢喜，共在世尊前，瞻仰于法王。

诸佛子！彼大威光太子说此颂时，以佛神力，其声普遍胜音世界。时，喜见善慧王闻此颂已，心大欢喜，观诸眷属而说颂言：

汝应速召集，一切诸王众，王子及大臣，城邑宰官等。普告诸城内，疾应击大鼓，共集所有人，俱行往见佛。一切四衢道，悉应鸣宝铎，妻子眷属俱，共往观如来。一切诸城廓，宜令悉清净，普建胜妙幢，摩尼以严饰。宝帐罗众网，妓乐如云布，严备在虚空，处处令充满。道路皆严净，普雨妙衣服，巾驭汝宝乘，与我同观佛。各各随自力，普雨庄严具，一切如云布，遍满虚空中。香焰莲华盖，半月宝璎珞，及无数妙衣，汝等皆应雨。须弥香水海，上妙摩尼轮，及清净栴檀，悉应雨满空。众宝华璎珞，庄严净无垢，及以摩尼灯，皆令在空住。一切持向佛，心生大欢喜，妻子眷属俱，往见世所尊。

尔时，喜见善慧王，与三万七千夫人、采女俱，福吉祥为上首；五百王子俱，大威光为上首；六万大臣俱，慧力为上首……。如是等七十七百千亿那由他众，前后围绕，从焰光明大城出。以王力故，一切大众乘空而往，诸供养具遍满虚空。至于佛所，顶礼佛足，却坐一面。复有妙华城善化幢天王，与十亿那由他眷属俱；复有究竟大城净光龙王，与二十五亿眷属俱；复有金刚胜幢城猛健夜叉王，与七十七亿眷属俱；复有无垢城喜见乾闼婆王，与九十七亿眷属俱；复有妙轮城净色思惟阿修罗王，与五十八亿眷属俱；复有妙庄严城十力行迦楼罗王，与九十九千眷属俱；复有游戏快乐城金刚德紧那罗王，与十八亿眷属俱；复有金刚幢城宝称幢摩睺罗伽王，与三亿百千那由他眷属俱；复有净妙庄严城最胜梵王，与十八亿眷属俱……。如是等百万亿那由他大城中，所有诸王，并其眷属，悉共往诣一切功德须弥胜云如来所，顶礼佛足，却坐一面。

时，彼如来为欲调伏诸众生故，于众会道场海中，说普集一切三世佛自在法修多罗，世界微尘数修多罗而为眷属，随众生心，悉令获益。是时，大威光菩萨闻是法已，即获一切功德须弥胜云佛宿世所集法海光明。所谓：得一切法聚平等三昧智光明，一切法悉入最初菩提心中住智光明，十方法界普光明藏清净眼智光明，观察一切佛法大愿海智光明，入无边功德海清净行智光明，趣向不退转大力速疾藏智光明，法界中无量变化力出离轮智光明，决定入无量功德圆满海智光明，了知一切佛决定解庄严成就海智光明，了知法界无边佛现一切众生前神通海智光明，了知一切佛力、无所畏法智光明。尔时，大威光菩萨，得如是无量智光明已，承佛威力而说颂言：

我闻佛妙法，而得智光明，以是见世尊，往昔所行事。一切所生处，名号身差别，及供养于佛，如是我咸见。往昔诸佛所，一切皆承事，无量劫修行，严净诸刹海。舍施于自身，广大无涯际，修治最胜行，严净诸刹海。耳鼻头手足，及以诸宫殿，舍之无有量，严净诸刹海。能于一一刹，亿劫不思议，修习菩提行，严净诸刹海。普贤大愿力，一切佛海中，修行无量行，严净诸刹海。如因日光照，还见于日轮，我以佛智光，见佛所行道。我观佛刹海，清净大光明，寂静证菩提，法界悉周遍。我当如世尊，广净诸刹海，以佛威神力，修习菩提行。

诸佛子！时，大威光菩萨，以见一切功德山须弥胜云佛，承事供养故，于如来所心得悟了，为一切世间，显示如来往昔行海，显示往昔菩萨行方便，显示一切佛功德海，显示普入一切法界清净智，显示一切道场中成佛自在力，显示佛力无畏、无差别智，显示普示现如来身，显示不可思议佛神变，显示庄严无量清净佛土，显示普贤菩萨所有行愿，令如须弥山微尘数众生发菩提心，佛刹微尘数众生成就如来清净国土；

尔时，一切功德山须弥胜云佛，为大威光菩萨而说颂言：

善哉大威光，福藏广名称，为利众生故，发趣菩提道。汝获智光明，法界悉充遍，福慧咸广大，当得深智海。一刹中修行，经于刹尘劫，如汝见于我，当获如是智。非诸劣行者，能知此方便，获大精进力，乃能净刹海。一一微尘中，无量劫修行，彼人乃能得，庄严诸佛刹。为一一众生，轮回经劫海，其心不疲懈，当成世导师。供养一一佛，悉尽未来际，心无暂疲厌，当成无上道。三世一切佛，当共满汝愿，一切佛会中，汝身安住彼。一切诸如来，誓愿无有边，大智通达者，能知此方便。大光供养我，故获大威力，令尘数众生，成熟向菩提。诸修普贤行，大名称菩萨，庄严佛刹海，法界普周遍。

诸佛子！汝等应知彼大庄严劫中，有恒河沙数小劫，人寿命二小劫。诸佛子！彼一切功德须弥胜云佛，寿命五十亿岁。彼佛灭度后，有佛出世，名：波罗蜜善眼庄严王，亦于彼摩尼华枝轮大林中而成正觉。尔时，大威光童子，见彼如来成等正觉、现神通力，即得念佛三昧，名：无边海藏门；即得陀罗尼，名：大智力法渊；即得大慈，名：普随众生调伏度脱；即得大悲，名：遍覆一切境界云；即得大喜，名：一切佛功德海威力藏；即得大舍，名：法性虚空平等清净；即得般若波罗蜜，名：自性离垢法界清净身；即得神通，名：无碍光普随现；即得辩才，名：善入离垢渊；即得智光，名：一切佛法清净藏。如是等十千法门，皆得通达。尔时，大威光童子，承佛威力，为诸眷属而说颂言：

不可思议亿劫中，导世明师难一遇，此土众生多善利，而今得见第二佛。佛身普放大光明，色相无边极清净，如云充满一切土，处处称扬佛功德。光明所照咸欢喜，众生有苦悉除灭，各令恭敬起慈心，此是如来自在用。出不思议变化云，放无量色光明网，十方国土皆充满，此佛神通之所现。一一毛孔现光云，普遍虚空发大音，所有幽冥靡不照，地狱众苦咸令灭。如来妙音遍十方，一切言音咸具演，随诸众生宿善力，此是大师神变用。无量无边大众海，佛于其中皆出现，普转无尽妙法轮，调伏一切诸众生。佛神通力无有边，一切刹中皆出现，善逝如是智无碍，为利众生成正觉。汝等应生欢喜心，踊跃爱乐极尊重，我当与汝同诣彼，若见如来众苦灭。发心回向趣菩提，慈念一切诸众生，悉住普贤广大愿，当如法王得自在。

诸佛子！大威光童子说此颂时，以佛神力，其声无碍，一切世界皆悉得闻，无量众生发菩提心。时，大威光王子，与其父母，并诸眷属，及无量百千亿那由他众生，前后围绕，宝盖如云遍覆虚空，共诣波罗蜜善眼庄严王如来所。其佛为说法界体性清净庄严修多罗，世界海微尘等修多罗而为眷属。彼诸大众，闻此经已，得清净智，名：入一切净方便；得于地，名：离垢光明；得波罗蜜轮，名：示现一切世间爱乐庄严；得增广行轮，名：普入一切刹土无边光明清净见；得趣向行轮，名：离垢福德云光明幢；得随入证轮，名：一切法海广大光明；得转深发趣行，名：大智庄严；得灌顶智慧海，名：无功用修极妙见；得显了大光明，名：如来功德海相光影遍照；得出生愿力清净智，名：无量愿力信解藏。时，彼佛为大威光菩萨而说颂言：

善哉功德智慧海，发心趣向大菩提，汝当得佛不思议，普为众生作依处。汝已出生大智海，悉能遍了一切法，当以难思妙方便，入佛无尽所行境。已见诸佛功德云，已入无尽智慧地，诸波罗蜜方便海，大名称者当满足。已得方便总持门，及以无尽辩才门，种种行愿皆修习，当成无等大智慧。汝已出生诸愿海，汝已入于三昧海，当具种种大神通，不可思议诸佛法。究竟法界不思议，广大深心已清净，普见十方一切佛，离垢庄严众刹海。汝已入我菩提行，昔时本事方便海，如我修行所净治，如是妙行汝皆悟。我于无量一一刹，种种供养诸佛海，如彼修行所得果，如是庄严汝咸见。广大劫海无有尽，一切刹中修净行，坚固誓愿不可思，当得如来此神力。诸佛供养尽无余，国土庄严悉清净，一切劫中修妙行，汝当成佛大功德。

诸佛子！波罗蜜善眼庄严王如来入涅槃已，喜见善慧王寻亦去世，大威光童子受转轮王位。彼摩尼华枝轮大林中第三如来出现于世，名：最胜功德海。时，大威光转轮圣王，见彼如来成佛之相，与其眷属，及四兵众，城邑、聚落一切人民，并持七宝，俱往佛所，以一切香摩尼庄严大楼阁奉上于佛。时，彼如来于其林中，说菩萨普眼光明行修多罗，世界微尘数修多罗而为眷属。尔时，大威光菩萨，闻此法已，得三昧，名：大福德普光明；得此三昧故，悉能了知一切菩萨、一切众生，过、现、未来，福、非福海。时，彼佛为大威光菩萨而说颂言：

　　善哉福德大威光，汝等今来至我所，愍念一切众生海，发胜菩提大愿心。汝为一切苦众生，起大悲心令解脱，当作群迷所依怙，是名菩萨方便行。若有菩萨能坚固，修诸胜行无厌怠，最胜最上无碍解，如是妙智彼当得。福德光者福幢者，福德处者福海者，普贤菩萨所有愿，是汝大光能趣入。汝能以此广大愿，入不思议诸佛海，诸佛福海无有边，汝以妙解皆能见。汝于十方国土中，悉见无量无边佛，彼佛往昔诸行海，如是一切汝咸见。若有住此方便海，必得入于智地中，此是随顺诸佛学，决定当成一切智。汝于一切刹海中，微尘劫海修诸行，一切如来诸行海，汝皆学已当成佛。如汝所见十方中，一切刹海极严净，汝刹严净亦如是，无边愿者所当得。今此道场众会海，闻汝愿已生欣乐，皆入普贤广大乘，发心回向趣菩提。无边国土一一中，悉入修行经劫海，以诸愿力能圆满，普贤菩萨一切行。

　　诸佛子！彼摩尼华枝轮大林中，复有佛出，号：名称普闻莲华眼幢。是时，大威光于此命终，生须弥山上寂静宝宫天城中，为大天王，名：离垢福德幢，共诸天众俱诣佛所，雨宝华云以为供养。时，彼如来为说广大方便普门遍照修多罗，世界海微尘数修多罗而为眷属。时，天王众闻此经已，得三昧，名：普门欢喜藏。以三昧力，能入一切法实相海。获是益已，从道场出，还归本处。

大方广佛华严经卷第十二

如来名号品第七

　　尔时，世尊在摩竭提国阿兰若法菩提场中，始成正觉，于普光明殿坐莲华藏师子之座，妙悟皆满，二行永绝；达无相法，住于佛住；得佛平等，到无障处；不可转法，所行无碍；立不思议，普见三世。与十佛刹微尘数诸菩萨俱，莫不皆是一生补处，悉从他方而共来集，普善观察诸众生界、法界、世界、涅槃界，诸业果报、心行次第、一切文义，世、出世间，有为、无为，过、现、未来。

　　时，诸菩萨作是思惟：若世尊见愍我等，愿随所乐，开示佛刹、佛住、佛刹庄严、佛法性、佛刹清净、佛所说法、佛刹体性、佛威德、佛刹成就、佛大菩提。如十方一切世界诸佛世尊，为成就一切菩萨故，令如来种性不断故，救护一切众生故，令诸众生永离一切烦恼故，了知一切诸行故，演说一切诸法故，净除一切杂染故，永断一切疑网故，拔除一切希望故，灭坏一切爱著处故，说诸菩萨十住、十行、十回向、十藏、十地、十愿、十定、十通、十顶，及说如来地、如来境界、如来神力、如来所行、如来力、如来无畏、如来三昧、如来神通、如来自在、如来无碍、如来眼、如来耳、如来鼻、如来舌、如来身、如来意、如来辩才、如来智慧、如来最胜。愿佛世尊，亦为我说！

尔时，世尊知诸菩萨心之所念，各随其类，为现神通。现神通已，东方过十佛刹微尘数世界，有世界，名：金色，佛号：不动智。彼世界中，有菩萨，名：文殊师利，与十佛刹微尘数诸菩萨俱，来诣佛所，到已作礼，即于东方化作莲华藏师子之座，结跏趺坐。南方过十佛刹微尘数世界，有世界，名：妙色，佛号：无碍智。彼有菩萨，名曰：觉首，与十佛刹微尘数诸菩萨俱，来诣佛所，到已作礼，即于南方化作莲华藏师子之座，结跏趺坐。西方过十佛刹微尘数世界，有世界，名：莲华色，佛号：灭暗智。彼有菩萨，名曰：财首，与十佛刹微尘数诸菩萨俱，来诣佛所，到已作礼，即于西方化作莲华藏师子之座，结跏趺坐。北方过十佛刹微尘数世界，有世界，名：蒼卜华色，佛号：威仪智。彼有菩萨，名曰：宝首，与十佛刹微尘数诸菩萨俱，来诣佛所，到已作礼，即于北方化作莲华藏师子之座，结跏趺坐。东北方过十佛刹微尘数世界，有世界，名：优钵罗华色，佛号：明相智。彼有菩萨，名：功德首，与十佛刹微尘数诸菩萨俱，来诣佛所，到已作礼，即于东北方化作莲华藏师子之座，结跏趺坐。东南方过十佛刹微尘数世界，有世界，名：金色，佛号：究竟智。彼有菩萨，名：目首，与十佛刹微尘数诸菩萨俱，来诣佛所，到已作礼，即于东南方化作莲华藏师子之座，结跏趺坐。西南方过十佛刹微尘数世界，有世界，名：宝色，佛号：最胜智。彼有菩萨，名：精进首，与十佛刹微尘数诸菩萨俱，来诣佛所，到已作礼，即于西南方化作莲华藏师子之座，结跏趺坐。西北方过十佛刹微尘数世界，有世界，名：金刚色，佛号：自在智。彼有菩萨，名：法首，与十佛刹微尘数诸菩萨俱，来诣佛所，到已作礼，即于西北方化作莲华藏师子之座，结跏趺坐。下方过十佛刹微尘数世界，有世界，名：玻璃色，佛号：梵智。彼有菩萨，名：智首，与十佛刹微尘数诸菩萨俱，来诣佛所，到已作礼，即于下方化作莲华藏师子之座，结跏趺坐。上方过十佛刹微尘数世界，有世界，名：平等色，佛号：观察智。彼有菩萨，名：贤首，与十佛刹微尘数诸菩萨俱，来诣佛所，到已作礼，即于上方化作莲华藏师子之座，结跏趺坐。

尔时，文殊师利菩萨摩诃萨，承佛威力，普观一切菩萨众会而作是言：

此诸菩萨甚为希有！诸佛子！佛国土不可思议，佛住、佛刹庄严、佛法性、佛刹清净、佛说法、佛出现、佛刹成就、佛阿耨多罗三藐三菩提皆不可思议。何以故？诸佛子！十方世界一切诸佛，知诸众生乐欲不同，随其所应，说法调伏，如是乃至等法界、虚空界。

诸佛子！如来于此娑婆世界诸四天下，种种身、种种名、种种色相、种种修短、种种寿量、种种处所、种种诸根、种种生处、种种语业、种种观察，令诸众生各别知见。

诸佛子！如来于此四天下中，或名：一切义成，或名：圆满月，或名：师子吼，或名：释迦牟尼，或名：第七仙，或名：毗卢遮那，或名：瞿昙氏，或名：大沙门，或名：最胜，或名：导师……。如是等，其数十千，令诸众生各别知见。

诸佛子！此四天下东，次有世界，名为：善护。如来于彼，或名：金刚，或名：自在，或名：有智慧，或名：难胜，或名：云王，或名：无净，或名：能为主，或名：心欢喜，或名：无与等，或名：断言论……。如是等，其数十千，令诸众生各别知见。

诸佛子！此四天下南，次有世界，名为：难忍。如来于彼，或名：帝释，或名：宝称，或名：离垢，或名：实语，或名：能调伏，或名：具足喜，或名：大名称，或名：能利益，或名：无边，或名：最胜……。如是等，其数十千，令诸众生各别知见

诸佛子！此四天下西，次有世界，名为：亲慧。如来于彼，或名：水天，或名：喜见，或名：最胜王，或名：调伏天，或名：真实慧，或名：到究竟，或名：欢喜，或名：法慧，或名：所作已办，或名：善住。……如是等，其数十千，令诸众生各别知见。

诸佛子！此四天下北，次有世界，名：有师子。如来于彼，或名：大牟尼，或名：苦行，或名：世所尊，或名：最胜田，或名：一切智，或名：善意，或名：清净，或名：瞖罗跋那，或名：最上施，或名：苦行得……。如是等，其数十千，令诸众生各别知见。

诸佛子！此四天下东北方，次有世界，名：妙观察。如来于彼，或名：调伏魔，或名：成就，或名：息灭，或名：贤天，或名：离贪，或名：胜慧，或名：心平等，或名：无能胜，或名：智慧音，或名：难出现……。如是等，其数十千，令诸众生各别知见。诸佛子！此四天下东南方，次有世界，名为：喜乐。如来于彼，或名：极威严，或名：光焰聚，或名：遍知，或名：秘密，或名：解脱，或名：性安住，或名：如法行，或名：净眼王，或名：大勇健，或名：精进力……。如是等，其数十千，令诸众生各别知见。

诸佛子！此四天下西南方，次有世界，名：甚坚牢。如来于彼，或名：安住，或名：智王，或名：圆满，或名：不动，或名：妙眼，或名：顶王，或名：自在音，或名：一切施，或名：持众仙，或名：胜须弥……。如是等，其数十千，令诸众生各别知见。

诸佛子！此四天下西北方，次有世界，名为：妙地。如来于彼，或名：普遍，或名：光焰，或名：摩尼髻，或名：可忆念，或名：无上义，或名：常喜乐，或名：性清净，或名：圆满光，或名：修臂，或名：住本……。如是等，其数十千，令诸众生各别知见。

诸佛子！此四天下次下方，有世界，名为：焰慧。如来于彼，或名：集善根，或名：师子相，或名：猛利慧，或名：金色焰，或名：

一切知识,或名:究竟音,或名:作利益,或名:到究竟,或名:真实天,或名:普遍胜……。如是等,其数十千,令诸众生各别知见。

诸佛子!此四天下次上方,有世界,名曰:持地。如来于彼,或名:有智慧,或名:清净面,或名:觉慧,或名:上首,或名:行庄严,或名:发欢喜,或名:意成满,或名:如盛火,或名:持戒,或名:一道……。如是等,其数十千,令诸众生各别知见。

诸佛子!此娑婆世界有百亿四天下,如来于中,有百亿万种种名号,令诸众生各别知见。

诸佛子!此娑婆世界东,次有世界,名为:密训。如来于彼,或名:平等,或名:殊胜,或名:安慰,或名:开晓意,或名:闻慧,或名:真实语,或名:得自在,或名:最胜身,或名:大勇猛,或名:无等智……。如是等百亿万种种名号,令诸众生各别知见。

诸佛子!此娑婆世界南,次有世界,名曰:丰溢。如来于彼,或名:本性,或名:勤意,或名:无上尊,或名:大智炬,或名:无所依,或名:光明藏,或名:智慧藏,或名:福德藏,或名:天中天,或名:大自在……。如是等百亿万种种名号,令诸众生各别知见。

诸佛子!此娑婆世界西,次有世界,名为:离垢。如来于彼,或名:意成,或名:知道,或名:安住本,或名:能解缚,或名:通达义,或名:乐分别,或名:最胜见,或名:调伏行,或名:众苦行,或名:具足力……。如是等百亿万种种名号,令诸众生各别知见。

诸佛子!此娑婆世界北,次有世界,名曰:丰乐。如来于彼,或名:蕳卜华色,或名:日藏,或名:善住,或名:现神通,或名:性超迈,或名:慧日,或名:无碍,或名:如月现,或名:迅疾风,或名:清净身……。如是等百亿万种种名号,令诸众生各别知见。

诸佛子!此娑婆世界东北方,次有世界,名为:摄取。如来于彼,或名:永离苦,或名:普解脱,或名:大伏藏,或名:解脱智,或名:过去藏,或名:宝光明,或名:离世间,或名:无碍地,或名:净信藏,或名:心不动……。如是等百亿万种种名号,令诸众生各别知见。

诸佛子!此娑婆世界东南方,次有世界,名为:饶益。如来于彼,或名:现光明,或名:尽智,或名:美音,或名:胜根,或名:庄严盖,或名:精进根,或名:到分别彼岸,或名:胜定,或名:简言辞,或名:智慧海……。如是等百亿万种种名号,令诸众生各别知见。

诸佛子!此娑婆世界西南方,次有世界,名为:鲜少。如来于彼,或名:牟尼主,或名:具众宝,或名:世解脱,或名:遍知根,或名:胜言辞,或名:明了见,或名:根自在,或名:大仙师,或名:开导业,或名:金刚师子……。如是等百亿万种种名号,令诸众生各别知见。

诸佛子！此娑婆世界西北方，次有世界，名为：欢喜。如来于彼，或名：妙华聚，或名：栴檀盖，或名：莲华藏，或名：超越诸法，或名：法宝，或名：复出生，或名：净妙盖，或名：广大眼，或名：有善法，或名：专念法，或名：网藏……。如是等百亿万种种名号，令诸众生各别知见。

诸佛子！此娑婆世界次下方，有世界，名为：关钥。如来于彼，或名：发起焰，或名：调伏毒，或名：帝释弓，或名：无常所，或名：觉悟本，或名：断增长，或名：大速疾，或名：常乐施，或名：分别道，或名：摧伏幢……。如是等百亿万种种名号，令诸众生各别知见。

诸佛子！此娑婆世界次上方，有世界，名曰：振音。如来于彼，或名：勇猛幢，或名：无量宝，或名：乐大施，或名：天光，或名：吉兴，或名：超境界，或名：一切主，或名：不退轮，或名：离众恶，或名：一切智……。如是等百亿万种种名号，令诸众生各别知见。

诸佛子！如娑婆世界，如是东方百千亿无数无量，无边无等，不可数、不可称、不可思、不可量、不可说，尽法界、虚空界、诸世界中，如来名号，种种不同；南、西、北方，四维、上、下，亦复如是。如世尊昔为菩萨时，以种种谈论、种种语言、种种音声、种种业，种种报，种种处，种种方便、种种根，种种信解、种种地位而得成熟，亦令众生如是知见而为说法。

四圣谛品第八

尔时，文殊师利菩萨摩诃萨告诸菩萨言：

诸佛子！苦圣谛，此娑婆世界中，或名：罪，或名：逼迫，或名：变异，或名：攀缘，或名：聚，或名：刺，或名：依根，或名：虚诳，或名：痈疮处，或名：愚夫行。诸佛子！苦集圣谛，此娑婆世界中，或名：系缚，或名：灭坏，或名：爱著义，或名：妄觉念，或名：趣入，或名：决定，或名：网，或名：戏论，或名：随行，或名：颠倒根。诸佛子！苦灭圣谛，此娑婆世界中，或名：无诤，或名：离尘，或名：寂静，或名：无相，或名：无没，或名：无自性，或名：无障碍，或名：灭，或名：体真实，或名：住自性。诸佛子！苦灭道圣谛，此娑婆世界中，或名：一乘，或名：趣寂，或名：导引，或名：究竟无分别，或名：平等，或名：舍担，或名：无所趣，或名：随圣意，或名：仙人行，或名：十藏。诸佛子！此娑婆世界说四圣谛，有如是等四百亿十千名；随众生心，悉令调伏。

诸佛子！此娑婆世界所言苦圣谛者，彼密训世界中，或名：营求根，或名：不出离，或名：系缚本，或名：作所不应作，或名：普斗诤，或名：分析悉无力，或名：作所依，或名：极苦，或名：躁动，或名：形状物。诸佛子！所言苦集圣谛者，彼密训世界中，或名：顺生死，或名：染著，或名：烧然，或名：流转，或名：败坏根，或名：续诸有，或名：恶行，或名：爱著，或名：病源，或名：分数。诸佛子！所言苦灭圣谛者，彼密训世界中，或名：第一义，或名：出离，或名：可赞叹，或名：安隐，或名：善入处，或名：调伏，或名：一分，或名：无罪，或名：离贪，或名：决定。诸佛子！所言苦灭道圣谛者，彼密训世界中，或名：猛将，或名：上行，或名：超出，或名：有方便，或名：平等眼，或名：离边，或名：了悟，或名：摄取，或名：最胜眼，或名：观方。诸佛子！密训世界说四圣谛，有如是等四百亿十千名；随众生心，悉令调伏。

诸佛子！此娑婆世界所言苦圣谛者，彼最胜世界中，或名：恐怖，或名：分段，或名：可厌恶，或名：须承事，或名：变异，或名：招引怨，或名：能欺夺，或名：难共事，或名：妄分别，或名：有势力。诸佛子！所言苦集圣谛者，彼最胜世界中，或名：败坏，或名：痴根，或名：大怨，或名：利刃，或名：灭味，或名：仇对，或名：非己物，或名：恶导引，或名：增黑闇，或名：坏善利。诸佛子！所言苦灭圣谛者，彼最胜世界中，或名：大义，或名：饶益，或名：义中义，或名：无量，或名：所应见，或名：离分别，或名：最上调伏，或名：常平等，或名：可同住，或名：无为。诸佛子！所言苦灭道圣谛者，彼最胜世界中，或名：能烧然，或名：最上品，或名：决定，或名：无能破，或名：深方便，或名：出离，或名：不下劣，或名：通达，或名：解脱性，或名：能度脱。诸佛子！最胜世界说四圣谛，有如是等四百亿十千名；随众生心，悉令调伏。

诸佛子！此娑婆世界所言苦圣谛者，彼离垢世界中，或名：悔恨，或名：资待，或名：展转，或名：住城，或名：一味，或名：非法，或名：居宅，或名：妄著处，或名：虚妄见，或名：无有数。诸佛子！所言苦集圣谛者，彼离垢世界中，或名：无实物，或名：但有语，或名：非洁白，或名：生地，或名：执取，或名：鄙贱，或名：增长，或名：重担，或名：能生，或名：粗犷。诸佛子！所言苦灭圣谛者，彼离垢世界中，或名：无等等，或名：普除尽，或名：离垢，或名：最胜根，或名：称会，或名：无资待，或名：灭惑，或名：最上，或名：毕竟，或名：破印。诸佛子！所言苦灭道圣谛者，彼离垢世界中，或名：坚固物，或名：方便分，或名：解脱本，或名：本性实，或名：不可毁，或名：最清净，或名：诸有边，或名：受寄全，或名：作究竟，或名：净分别。诸佛子！离垢世界说四圣谛，有如是等四百亿十千名；随众生心，悉令调伏。

诸佛子！此娑婆世界所言苦圣谛者，彼丰溢世界中，或名：爱染处，或名：险害根，或名：有海分，或名：积集成，或名：差别根，或名：增长，或名：生灭，或名：障碍，或名：刀剑本，或名：数所成。诸佛子！所言苦集圣谛者，彼丰溢世界中，或名：可恶，或名：名字，或名：无尽，或名：分数，或名：不可爱，或名：能攫噬，或名：粗鄙物，或名：爱著，或名：器，或名：动。诸佛子！所言苦灭圣谛者，彼丰溢世界中，或名：相续断，或名：开显，或名：无文字，或名：无所修，或名：无所见，或名：无所作，或名：寂灭，或名：已烧尽，或名：舍重担，或名：已除坏。诸佛子！所言苦灭道圣谛者，彼丰溢世界中，或名：寂灭行，或名：出离行，或名：勤修证，或名：安隐去，或名：无量寿，或名：善了知，或名：究竟道，或名：难修习，或名：至彼岸，或名：无能胜。诸佛子！丰溢世界说四圣谛，有如是等四百亿十千名；随众生心，悉令调伏。

诸佛子！此娑婆世界所言苦圣谛者，彼摄取世界中，或名：能劫夺，或名：非善友，或名：多恐怖，或名：种种戏论，或名：地狱性，或名：非实义，或名：贪欲担，或名：深重根，或名：随心转，或名：根本空。诸佛子！所言苦集圣谛者，彼摄取世界中，或名：贪著，或名：恶成辨，或名：过恶，或名：速疾，或名：能执取，或名：想，或名：有果，或名：无可说，或名：无可取，或名：流转。诸佛子！所言苦灭圣谛者，彼摄取世界中，或名：不退转，或名：离言说，或名：无相状，或名：可欣乐，或名：坚固，或名：上妙，或名：离痴，或名：灭尽，或名：远恶，或名：出离。诸佛子！所言苦灭道圣谛者，彼摄取世界中，或名：离言，或名：无净，或名：教导，或名：善回向，或名：大善巧，或名：差别方便，或名：如虚空，或名：寂静行，或名：胜智，或名：能了义。诸佛子！摄取世界说四圣谛，有如是等四百亿十千名；随众生心，悉令调伏。

诸佛子！此娑婆世界所言苦圣谛者，彼饶益世界中，或名：重担，或名：不坚，或名：如贼，或名：老死，或名：爱所成，或名：流转，或名：疲劳，或名：恶相状，或名：生长，或名：利刃。诸佛子！所言苦集圣谛者，彼饶益世界中，或名：败坏，或名：浑浊，或名：退失，或名：无力，或名：丧失，或名：乖违，或名：不和合，或名：所作，或名：取，或名：意欲。诸佛子！所言苦灭圣谛者，彼饶益世界中，或名：出狱，或名：真实，或名：离难，或名：覆护，或名：离恶，或名：随顺，或名：根本，或名：舍因，或名：无为，或名：无相续。诸佛子！所言苦灭道圣谛者，彼饶益世界中，或名：达无所有，或名：一切印，或名：三昧藏，或名：得光明，或名：不退法，或名：能尽有，或名：广大路，或名：能调伏，或名：有安隐，或名：不流转根。诸佛子！饶益世界说四圣谛，有如是等四百亿十千名；随众生心，悉令调伏。

诸佛子！此娑婆世界所言苦圣谛者，彼鲜少世界中，或名：险乐欲，或名：系缚处，或名：邪行，或名：随受，或名：无惭耻，或名：贪欲根，或名：恒河流，或名：常破坏，或名：炬火性，或名：

多忧恼。诸佛子！所言苦集圣谛者，彼鲜少世界中，或名：广地，或名：能趣，或名：远慧，或名：留难，或名：恐怖，或名：放逸，或名：摄取，或名：著处，或名：宅主，或名：连缚。诸佛子！所言苦灭圣谛者，彼鲜少世界中，或名：充满，或名：不死，或名：无我，或名：无自性，或名：分别尽，或名：安乐住，或名：无限量，或名：断流转，或名：绝行处，或名：不二。诸佛子！所言苦灭道圣谛者，彼鲜少世界中，或名：大光明，或名：演说海，或名：拣择义，或名：和合法，或名：离取著，或名：断相续，或名：广大路，或名：平等因，或名：净方便，或名：最胜见。诸佛子！鲜少世界说四圣谛，有如是等四百亿十千名；随众生心，悉令调伏。

诸佛子！此娑婆世界所言苦圣谛者，彼欢喜世界中，或名：流转，或名：出生，或名：失利，或名：染著，或名：重担，或名：差别，或名：内险，或名：集会，或名：恶舍宅，或名：苦恼性。诸佛子！所言苦集圣谛者，彼欢喜世界中，或名：地，或名：方便，或名：非时，或名：非实法，或名：无底，或名：摄取，或名：离戒，或名：烦恼法，或名：狭劣见，或名：垢聚。诸佛子！所言苦灭圣谛者，彼欢喜世界中，或名：破依止，或名：不放逸，或名：真实，或名：平等，或名：善净，或名：无病，或名：无曲，或名：无相，或名：自在，或名：无生。诸佛子！所言苦灭道圣谛者，彼欢喜世界中，或名：入胜界，或名：断集，或名：超等类，或名：广大性，或名：分别尽，或名：神力道，或名：众方便，或名：正念行，或名：常寂路，或名：摄解脱。诸佛子！欢喜世界说四圣谛，有如是等四百亿十千名；随众生心，悉令调伏。

诸佛子！此娑婆世界所言苦圣谛者，彼关钥世界中，或名：败坏相，或名：如坏器，或名：我所成，或名：诸趣身，或名：数流转，或名：众恶门，或名：性苦，或名：可弃舍，或名：无味，或名：来去。诸佛子！所言苦集圣谛者，彼关钥世界中，或名：行，或名：愤毒，或名：和合，或名：受支，或名：我心，或名：杂毒，或名：虚称，或名：乖违，或名：热恼，或名：惊骇。诸佛子！所言苦灭圣谛者，彼关钥世界中，或名：无积集，或名：不可得，或名：妙药，或名：不可坏，或名：无著，或名：无量，或名：广大，或名：觉分，或名：离染，或名：无障碍。诸佛子！所言苦灭道圣谛者，彼关钥世界中，或名：安隐行，或名：离欲，或名：究竟实，或名：入义，或名：性究竟，或名：净现，或名：摄念，或名：趣解脱，或名：救济，或名：胜行。诸佛子！关钥世界说四圣谛，有如是等四百亿十千名；随众生心，悉令调伏。

诸佛子；此娑婆世界所言苦圣谛者，彼振音世界中，或名：匿疵，或名：世间，或名：所依，或名：傲慢，或名：染著性，或名：驶流，或名：不可乐，或名：覆藏，或名：速灭，或名：难调。诸佛子!所言苦集圣谛者,彼振音世界中,或名:须制伏,或名:心趣,或名:能缚,或名:随念起,或名:至后边,或名:共和合,或名:分别,或名:门,或名:飘动,或名:隐覆。诸佛子!所言苦灭圣谛者,彼振音世界中,或名:无依处,或名:不可取,或名:转还,或名:离净,或名:小,或名:大,或名:善净,或名:无尽,或名:广博,或名:无等价。诸佛子!所言苦灭道圣谛者,彼振音世界中,或名:观察,或名:能摧敌,或名:了知印,或名:能入性,或名:难敌对,或名:无限义,或名:能入智,或名:和合道,或名:恒不动,或名:殊胜义。诸佛子!振音世界说四圣谛,有如是等四百亿十千名;随众生心,悉令调伏。

诸佛子!如此娑婆世界中,说四圣谛,有四百亿十千名。如是,东方百千亿无数无量、无边无等、不可数、不可称、不可思、不可量、不可说,尽法界、虚空界、所有世界,彼一一世界中,说四圣谛,亦各有四百亿十千名;随众生心,悉令调伏。如东方,南、西、北方、四维、上、下,亦复如是。诸佛子!如娑婆世界,有如上所说;十方世界,彼一切世界亦各有如是。十方世界,一一世界中,说苦圣谛有百亿万种名,说集圣谛、灭圣谛、道圣谛亦各有百亿万种名;皆随众生心之所乐,令其调伏。

大方广佛华严经卷第十三

光明觉品第九

尔时,世尊从两足轮下放百亿光明,照此三千大千世界百亿阎浮提、百亿弗婆提、百亿瞿耶尼、百亿郁单越、百亿大海、百亿轮围山、百亿菩萨受生、百亿菩萨出家、百亿如来成正觉、百亿如来转法轮、百亿如来入涅槃、百亿须弥山王、百亿四天王众天、百亿三十三天、百亿夜摩天、百亿兜率天、百亿化乐天、百亿他化自在天、百亿梵众天、百亿光音天、百亿遍净天、百亿广果天、百亿色究竟天;其中所有,悉皆明现。如此处,见佛世尊坐莲华藏师子之座,十佛刹微尘数菩萨所共围绕;其百亿阎浮提中,百亿如来亦如是坐。悉以佛神力故,十方各有一大菩萨,一一各与十佛刹微尘数诸菩萨俱,来诣佛所。其名曰:文殊师利菩萨、觉首菩萨、财首菩萨、宝首菩萨、功德首菩萨、目首菩萨、精进首菩萨、法首菩萨、智首菩萨、贤首菩萨。是诸菩萨所从来国,所谓:金色世界、妙色世界、莲华色世界、薝卜华色世界、优钵罗华色世界、金色世界、宝色世界、金刚色世界、玻璃色世界、平等色世界。此诸菩萨各于佛所净修梵行,所谓:不动智佛、无碍智佛、解脱智佛、威仪智佛、明相智佛、究竟智佛、最胜智佛、自在智佛、梵智佛、观察智佛。尔时,一切处文殊师利菩萨,各于佛所，同时发声，说此颂言：

若有见正觉，解脱离诸漏，不著一切世，彼非证道眼。若有知如来，体相无所有，修习得明了，此人疾作佛。能见此世界，其心不摇动，于佛身亦然，当成胜智者。若于佛及法，其心了平等，二念不现前，当践难思位。若见佛及身，平等而安住，无住无所入，当成难遇者。色受无有数，想行识亦然，若能如是知，当作大牟尼。世及出世见，一切皆超越，而能善知法，当成大光耀。若于一切智，发生回向心，见心无所生，当获大名称。众生无有生，亦复无有坏，若得如是智，当成无上道。一中解无量，无量中解一，了彼亘生起，当成无所畏。

尔时，光明过此世界，遍照东方十佛国土；南、西、北方，四维、上、下，亦复如是。彼一一世界中，皆有百亿阎浮提，乃至百亿色究竟天；其中所有，悉皆明现。如此处，见佛世尊坐莲华藏师子之座，十佛刹微尘数菩萨所共围绕；彼一一世界中，各有百亿阎浮提、百亿如来，亦如是坐。悉以佛神力故，十方各有一大菩萨，一一各与十佛刹微尘数诸菩萨俱，来诣佛所。其大菩萨，谓：文殊师利等；所从来国，谓：金色世界等；本所事佛，谓：不动智如来等。尔时，一切处文殊师利菩萨，各于佛所，同时发声，说此颂言：

众生无智慧，爱刺所伤毒，为彼求菩提，诸佛法如是。普见于诸法，二边皆舍离，道成永不退，转此无等轮。不可思议劫，精进修诸行，为度诸众生，此是大仙力。导师降众魔，勇健无能胜，光中演妙义，慈悲故如是。以彼智慧心，破诸烦恼障，一念见一切，此是佛神力。击于正法鼓，觉寤十方刹，咸令向菩提，自在力能尔。不坏无边境，而游诸亿刹，于有无所著，彼自在如佛。诸佛如虚空，究竟常清净，忆念生欢喜，彼诸愿具足。一一地狱中，经于无量劫，为度众生故，而能忍是苦。不惜于身命，常护诸佛法，无我心调柔，能得如来道。

尔时，光明过十世界，遍照东方百世界；南、西、北方，四维、上、下，亦复如是。彼诸世界中，皆有百亿阎浮提，乃至百亿色究竟天；其中所有，悉皆明现。彼一一阎浮提中，悉见如来坐莲华藏师子之座，十佛刹微尘数菩萨所共围绕。悉以佛神力故，十方各有一大菩萨，一一各与十佛刹微尘数诸菩萨俱，来诣佛所。其大菩萨，谓：文殊师利等；所从来国，谓：金色世界等；本所事佛，谓：不动智如来等。尔时，一切处文殊师利菩萨，各于佛所，同时发声，说此颂言：

佛了法如幻，通达无障碍，心净离众著，调伏诸群生。或有见初生，妙色如金山，住是最后身，永作人中月。或见经行时，具无量功德，念慧皆善巧，丈夫师子步。或见绀青目，观察于十方，有时现戏笑，为顺众生欲。或见师子吼，殊胜无比身，示现最后生，所说无非实。或有见出家，解脱一切缚，修治诸佛行，常乐观寂灭。或见坐道场，觉知一切法，到功德彼岸；痴暗烦恼尽。或见胜丈夫，具足大悲心，转于妙法轮，度无量众生。或见师子吼，威光最殊特，超一切世间，神通力无等。或见心寂静，如世灯永灭，种种现神通，十力能如是。

尔时，光明过百世界，遍照东方千世界；南、西、北方、四维、上、下，亦复如是。彼一一世界中，皆有百亿阎浮提，乃至百亿色究竟天；其中所有，悉皆明现。彼一一阎浮提中，悉见如来坐莲华藏师子之座，十佛刹微尘数菩萨所共围绕：。悉以佛神力故，十方各有一大菩萨，一一各与十佛刹微尘数诸菩萨俱，来诣佛所。其大菩萨，谓：文殊师利等；所从来国，谓：金色世界等；本所事佛，谓：不动智如来等。尔时，一切处文殊师利菩萨，各于佛所，同时发声，说此颂言：

佛于甚深法，通达无与等，众生不能了，次第为开示。我性未曾有，我所亦空寂，云何诸如来，而得有其身。解脱明行者，无数无等伦，世间诸因量，求过不可得。佛非世间蕴，界处生死法，数法不能成，故号人师子。其性本空寂，内外俱解脱，离一切妄念，无等法如是。体性常不动，无我无来去，而能寤世间，无边悉调伏。常乐观寂灭，一相无有二，其心不增减，现无量神力。不作诸众生，业报因缘行，而能了无碍，善逝法如是。种种诸众生，流转于十方，如来不分别，度脱无边类。诸佛真金色，非有遍诸有，随众生心乐，为说寂灭法。

尔时，光明过千世界，遍照东方十千世界；南、西、北方，四维、上、下，亦复如是。彼一一世界中，皆有百亿阎浮提，乃至百亿色究竟天；其中所有，悉皆明现。彼一一阎浮提中，悉见如来坐莲华藏师子之座，十佛刹微尘数菩萨所共围绕。悉以佛神力故，十方各有一大菩萨，一一各与十佛刹微尘数诸菩萨俱，来诣佛所。其大菩萨，谓：文殊师利等；所从来国，谓：金色世界等；本所事佛，谓：不动智如来等。尔时，一切处文殊师利菩萨，各于佛所，同时发声，说此颂言：

发起大悲心，救护诸众生，永出人天众，如是业应作。意常信乐佛，其心不退转，亲近诸如来，如是业应作。志乐佛功德，其心永不退，住于清凉慧，如是业应作。一切威仪中，常念佛功德，昼夜无暂断，如是业应作。观无边三世，学彼佛功德，常无厌倦心，如是业应作。观身如实相，一切皆寂灭，离我无我著，如是业应作。等观众生心，不起诸分别，入于真实境，如是业应作。悉举无边界，普饮一切海，此神通智力，如是业应作。思惟诸国土，色与非色相，一切悉能知，如是业应作。十方国土尘，一尘为一佛，悉能知其数，如是业应作。

尔时，光明过十千世界，遍照东方百千世界；南、西、北方，四维、上、下，亦复如是。彼一一世界中，皆有百亿阎浮提，乃至百亿色究竟天；其中所有，悉皆明现。彼一一阎浮提中，悉见如来坐莲华藏师子之座，十佛刹微尘数菩萨所共围绕。悉以佛神力故，十方各有一大菩萨，一一各与十佛刹微尘数诸菩萨俱，来诣佛所。其大菩萨，谓：文殊师利等；所从来国，谓：金色世界等；本所事佛，谓：不动智如来等。

尔时，一切处文殊师利菩萨，各于佛所，同时发声，说此颂言：

若以威德色种族，而见人中调御师，是为病眼颠倒见，彼不能知最胜法。如来色形诸相等，一切世间莫能测，亿那由劫共思量，色相威德转无边。如来非以相为体，但是无相寂灭法，身相威仪悉具足，世间随乐皆得见。佛法微妙难可量，一切言说莫能及，非是和合非不合，体性寂灭无诸相。佛身无生超戏论，非是蕴聚差别法，得自在力决定见，所行无畏离言道。身心悉平等，内外皆解脱，永劫住正念，无著无所系。意净光明者，所行无染著，智眼靡不周，广大利众生。一身为无量，无量复为一，了知诸世间，现形遍一切。此身无所从，亦无所积聚，众生分别故，见佛种种身。心分别世间，是心无所有，如来知此法，如是见佛身。

尔时，光明过百千世界，遍照东方百万世界；南、西、北方，四维、上、下，亦复如是。彼一一世界中，皆有百亿阎浮提，乃至百亿色究竟天；其中所有，悉皆明现。彼一一阎浮提中，悉见如来坐莲华藏师子之座，十佛刹微尘数菩萨所共围绕。悉以佛神力故，十方各有一大菩萨，一一各与十佛刹微尘数诸菩萨俱，来诣佛所。其大菩萨，谓：文殊师利等；所从来国，谓：金色世界等；本所事佛，谓：不动智如来等。

尔时，一切处文殊师利菩萨，各于佛所，同时发声，说此颂言：

如来最自在，超世无所依，具一切功德，度脱于诸有。无染无所著，无想无依止，体性不可量，见者咸称叹。光明遍清净，尘累悉蠲涤，不动离二边，此是如来智。若有见如来，身心离分别，则于一切法，永出诸疑滞。一切世间中，处处转法轮，无性无所转，导师方便说。于法无疑惑，永绝诸戏论，不生分别心，是念佛菩提。了知差别法，不著于言说，无有一与多，是名随佛教。多中无一性，一亦无有多，如是二俱舍，普入佛功德。众生及国土，一切皆寂灭，无依无分别，能入佛菩提。众生及国土，一异不可得，如是善观察，名知佛法义。

尔时，光明过百万世界，遍照东方一亿世界；南、西、北方，四维、上、下，亦复如是。彼一一世界中，皆有百亿阎浮提，乃至百亿色究竟天；其中所有，悉皆明现。彼一一阎浮提中，各见如来坐莲华藏师子之座，十佛刹微尘数菩萨所共围绕。悉以佛神力故，十方各有一大菩萨，一一各与十佛刹微尘数诸菩萨俱，来诣佛所。其大菩萨，谓：文殊师利等；所从来国，谓：金色世界等；本所事佛，谓：不动智如来等。

尔时，一切处文殊师利菩萨，各于佛所，同时发声，说此颂言：

智慧无等法无边，超诸有海到彼岸，寿量光明悉无比，此功德者方便力。所有佛法皆明了，常观三世无厌倦，虽缘境界不分别，此难思者方便力。乐观众生无生想，普见诸趣无趣想，恒住禅寂不系心，此无碍慧方便力。善巧通达一切法，正念勤修涅槃道，乐于解脱离不平，此寂灭人方便力。有能劝向佛菩提，趣如法界一切智，善化众生入于谛，此住佛心方便力。佛所说法皆随入，广大智慧无所碍，一切处行悉已臻，此自在修方便力。恒住涅槃如虚空，随心化现靡不周，此依无相而为相，到难到者方便力。昼夜日月及年劫，世界始终成坏相，如是忆念悉了知，此时数智方便力。一切众生有生灭，色与非色想非想，所有名字悉了知，此住难思方便力。过去现在未来世，所有言说皆能了，而知三世悉平等，此无比解方便力。

尔时，光明过一亿世界，遍照东方十亿世界；南、西、北方，四维、上、下，亦复如是。彼一一世界中，皆有百亿阎浮提，乃至百亿色究竟天；其中所有，悉皆明现。彼一一阎浮提中，悉见如来坐莲华藏师子之座，十佛刹微尘数菩萨所共围绕。悉以佛神力故，十方各有一大菩萨，一一各与十佛刹微尘数诸菩萨俱，来诣佛所。其大菩萨，谓：文殊师利等；所从来国，谓：金色世界等；本所事佛，谓：不动智如来等。

尔时，一切处文殊师利菩萨，各于佛所，同时发声，说此颂言：

广大苦行皆修习，日夜精勤无厌怠，已度难度师子吼，普化众生是其行。众生流转爱欲海，无明网覆大忧迫，至仁勇猛悉断除，誓亦当然是其行。世间放逸著五欲，不实分别受众苦，奉行佛教常摄心，誓度于斯是其行。众生著我入生死，求其边际不可得，普事如来获妙法，为彼宣说是其行。众生无怙病所缠，常沦恶趣起三毒，大火猛焰恒烧热，净心度彼是其行。众生迷惑失正道，常行邪径入闇宅，为彼大然正法灯，永作照明是其行。众生漂溺诸有海，忧难无涯不可处，为彼兴造大法船，皆令得度是其行。众生无知不见本，迷惑痴狂险难中，佛哀愍彼建法桥，正念令升是其行。见诸众生在险道，老病死苦常逼迫，修诸方便无限量，誓当悉度是其行。闻法信解无疑惑，了性空寂不惊怖，随形六道遍十方，普教群迷是其行。

尔时，光明过十亿世界，遍照东方百亿世界、千亿世界、百千亿世界、那由他亿世界、百那由他亿世界、千那由他亿世界、百千那由他亿世界，如是无数无量、无边无等、不可数、不可称、不可思、不可量、不可说、尽法界、虚空界、所有世界；南、西、北方，四维、上、下，亦复如是。彼一一世界中，皆有百亿阎浮提，乃至百亿色究竟天；其中所有，悉皆明现。彼一一阎浮提中，悉见如来坐莲华藏师子之座，十佛刹微尘数菩萨所共围绕。悉以佛神力故，十方各有一大菩萨，一一各与十佛刹微尘数诸菩萨俱，来诣佛所。其大菩萨，谓：文殊师利等；所从来国，谓：金色世界等；本所事佛，谓：不动智如来等。尔时，一切处文殊师利菩萨，各于佛所，同时发声，说此颂言：

一念普观无量劫，无去无来亦无住，如是了知三世事，超诸方便成十力。十方无比善名称，永离诸难常欢喜，普诣一切国土中，广为宣扬如是法。为利众生供养佛，如其意获相似果，于一切法悉顺知，遍十方中现神力。从初供佛意柔忍，入深禅定观法性，普劝众生发道心，以此速成无上果。十方求法情无异，为修功德令满足，有无二相悉灭除，此人于佛为真见。普往十方诸国土，广说妙法兴义利，住于实际不动摇，此人功德同于佛。如来所转妙法轮，一切皆是菩提分，若能闻已悟法性，如是之人常见佛。不见十力空如幻，虽见非见如盲睹，分别取相不见佛，毕竟离著乃能见。众生随业种种别，十方内外难尽见，佛身无碍遍十方，不可尽见亦如是。譬如空中无量刹，无来无去遍十方，生成灭坏无所依，佛遍虚空亦如是。

菩萨问明品第十

尔时，文殊师利菩萨问觉首菩萨言：佛子！心性是一。云何见有种种差别？所谓：往善趣、恶趣；诸根满、缺；受生同、异；端正、丑陋；苦、乐不同；业不知心，心不知业；受不知报，报不知受；心不知受，受不知心；因不知缘，缘不知因；智不知境，境不知智。

时，觉首菩萨以颂答曰：

仁今问是义，为晓悟群蒙，我如其性答，惟仁应谛听。诸法无作用，亦无有体性，是故彼一切，各各不相知。譬如河中水，湍流竞奔逝，各各不相知，诸法亦如是。亦如大火聚，猛焰同时发，各各不相知，诸法亦如是。又如长风起，遇物咸鼓扇，各各不相知，诸法亦如是。又如众地界，展转因依住，各各不相知，诸法亦如是。眼耳鼻舌身，心意诸情根，以此常流转，而无能转者。法性本无生，示现而有生，是中无能现，亦无所现物。眼耳鼻舌身，心意诸情根，一切空无性，妄心分别有。如理而观察，一切皆无性，法眼不思议，此见非颠倒。若实若不实，若妄若非妄，世间出世间，但有假言说。

尔时，文殊师利菩萨问财首菩萨言：佛子！一切众生非众生。云何如来随其时、随其命、随其身、随其行、随其解、随其言论、随其心乐、随其方便、随其思惟、随其观察，于如是诸众生中，为现其身，教化调伏？

时，财首菩萨以颂答曰：

此是乐寂灭，多闻者境界，我为仁宣说，仁今应听受。分别观内身，此中谁是我，若能如是解，彼达我有无。此身假安立，住处无方所，谛了是身者，于中无所著。于身善观察，一切皆明见，知法皆虚妄,不起心分别。寿命因谁起,复因谁退灭,犹如旋火轮,初后不可知。智者能观察,一切有无常,诸法空无我,永离一切相。众报随业生,如梦不真实,念念常灭坏,如前后亦尔。世间所见法,但以心为主,随解取众相,颠倒不如实。世间所言论,一切是分别,未曾有一法,得入于法性。能缘所缘力,种种法出生,速灭不暂停,念念悉如是。

尔时,文殊师利菩萨问宝首菩萨言:佛子!一切众生,等有四大,无我、无我所。云何而有受苦、受乐,端正、丑陋,内好、外好,少受、多受,或受现报,或受后报?然法界中,无美、无恶。

时,宝首菩萨以颂答曰:

随其所行业,如是果报生,作者无所有,诸佛之所说。譬如净明镜,随其所对质,现像各不同,业性亦如是。亦如田种子,各各不相知,自然能出生,业性亦如是。又如巧幻师,在彼四衢道,示现众色相,业性亦如是。如机关木人,能出种种声,彼无我非我,业性亦如是。亦如众鸟类,从??而得出,音声各不同,业性亦如是。譬如胎藏中,诸根悉成就,体相无来处,业性亦如是。又如在地狱,种种诸苦事,彼悉无所从,业性亦如是。譬如转轮王,成就胜七宝,来处不可得,业性亦如是。又如诸世界,大火所烧然,此火无来处,业性亦如是。

尔时,文殊师利菩萨问德首菩萨言:佛子!如来所悟,唯是一法。云何乃说无量诸法,现无量刹,化无量众,演无量音,示无量身,知无量心,现无量神通,普能震动无量世界,示现无量殊胜庄严,显示无边种种境界?而法性中,此差别相,皆不可得。

时,德首菩萨以颂答曰:

佛子所问义,甚深难可了,智者能知此,常乐佛功德。譬如地性一,众生各别住,地无一异念,诸佛法如是。亦如火性一,能烧一切物,火焰无分别,诸佛法如是。亦如大海一,波涛千万异,水无种种殊,诸佛法如是。亦如风性一,能吹一切物,风无一异念,诸佛法如是。亦如大云雷,普雨一切地,雨滴无差别,诸佛法如是。亦如地界一,能生种种芽,非地有殊异,诸佛法如是。如日无云曀,普照于十方,光明无异性,诸佛法如是。亦如空中月,世间靡不见,非月往其处,诸佛法如是。譬如大梵王,应现满三千,其身无别异,诸佛法如是。

尔时,文殊师利菩萨问目首菩萨言:佛子!如来福田,等一无异。云何而见众生布施果报不同?所谓:种种色、种种形、种种家、种种根、种种财、种种主、种种眷属、种种官位、种种功德、种种智慧;而佛于彼,其心平等,无异思惟。

时,目首菩萨以颂答曰:

譬如大地一,随种各生芽,于彼无怨亲,佛福田亦然。又如水一味，因器有差别，佛福田亦然，众生心故异。亦如巧幻师，能令众欢喜，佛福田如是，令众生敬悦。如有才智王，能令大众喜，佛福田如是，令众悉安乐。譬如净明镜，随色而现像，佛福田如是，随心获众报。如阿揭陀药，能疗一切毒，佛福田如是，灭诸烦恼患。亦如日出时，照耀于世间，佛福田如是，灭除诸黑暗。亦如净满月，普照于大地，佛福田亦然，一切处平等。譬如毗蓝风，普震于大地，佛福田如是，动三有众生。譬如大火起，能烧一切物，佛福田如是，烧一切有为。

尔时，文殊师利菩萨问勤首菩萨言：佛子！佛教是一，众生得见，云何不即悉断一切诸烦恼缚而得出离？然其色蕴、受蕴、想蕴、行蕴、识蕴，欲界、色界、无色界，无明、贪爱，无有差别，是则佛教。于诸众生，或有利益？或无利益？

时，勤首菩萨以颂答曰：

佛子善谛听，我今如实答，或有速解脱，或有难出离。若欲求除灭，无量诸过恶，当于佛法中，勇猛常精进。譬如微少火，樵湿速令灭，于佛教法中，懈怠者亦然。如钻燧求火，未出而数息，火势随止灭，懈怠者亦然。如人持日珠，不以物承影，火终不可得，懈怠者亦然。譬如赫日照，孩稚闭其目，怪言何不睹，懈怠者亦然。如人无手足，欲以芒草箭，遍射破大地，懈怠者亦然。如以一毛端，而取大海水，欲令尽乾竭，懈怠者亦然。又如劫火起，欲以少水灭，于佛教法中，懈怠者亦然。如有见虚空，端居不摇动，而言普腾蹋，懈怠者亦然。

尔时，文殊师利菩萨问法首菩萨言：佛子！如佛所说：若有众生，受持正法，悉能除断一切烦恼。何故复有受持正法而不断者？随贪、瞋、痴，随慢、随覆、随忿、随恨、随嫉、随悭、随诳、随谄，势力所转，无有离心。能受持法，何故复于心行之内起诸烦恼？

时，法首菩萨以颂答曰：

佛子善谛听，所问如实义，非但以多闻，能入如来法。如人水所漂，惧溺而渴死，于法不修行，多闻亦如是。如人设美膳，自饿而不食，于法不修行，多闻亦如是。如人善方药，自疾不能救，于法不修行，多闻亦如是。如人数他宝，自无半钱分，于法不修行，多闻亦如是。如有生王宫，而受馁与寒，于法不修行，多闻亦如是。如聋奏音乐，悦彼不自闻，于法不修行，多闻亦如是。如盲缋众像，示彼不自见，于法不修行，多闻亦如是。譬如海船师，而于海中死，于法不修行，多闻亦如是。如在四衢道，广说众好事，内自无实德，不行亦如是。

尔时，文殊师利菩萨问智首菩萨言：佛子！于佛法中，智为上首。如来何故，或为众生赞叹布施，或赞持戒，或赞堪忍，或赞精进，或赞禅定，或赞智慧，或复赞叹慈、悲、喜、舍？而终无有唯以一法，而得出离成阿耨多罗三藐三菩提者。

时，智首菩萨以颂答曰：

佛子甚希有，能知众生心，如仁所问义，谛听我今说。过去未来世，现在诸导师，无有说一法，而得于道者。佛知众生心，性分各不同，随其所应度，如是而说法。悭者为赞施，毁禁者赞戒，多瞋为赞忍，好懈赞精进。乱意赞禅定，愚痴赞智慧，不仁赞慈愍，怒害赞大悲。忧戚为赞喜，曲心赞叹舍，如是次第修，渐具诸佛法。如先立基堵，而后造宫室，施戒亦复然，菩萨众行本。譬如建城廓，为护诸人众，忍进亦如是，防护诸菩萨。譬如大力王，率土咸戴仰，定慧亦如是，菩萨所依赖。亦如转轮王，能与一切乐，四等亦如是，与诸菩萨乐。

尔时，文殊师利菩萨问贤首菩萨言：佛子！诸佛世尊，唯以一道，而得出离。云何今见一切佛土，所有众事，种种不同？所谓：世界、众生界、说法调伏、寿量、光明、神通、众会、教仪、法住，各有差别。无有不具一切佛法，而成阿耨多罗三藐三菩提者。

时，贤首菩萨以颂答曰：

文殊法常尔，法王唯一法，一切无碍人，一道出生死。一切诸佛身，唯是一法身，一心一智慧，力无畏亦然。如本趣菩提，所有回向心，得如是刹土，众会及说法。一切诸佛刹，庄严悉圆满，随众生行异，如是见不同。佛刹与佛身，众会及言说，如是诸佛法，众生莫能见。其心已清净，诸愿皆具足，如是明达人，于此乃能睹。随众生心乐，及以业果力，如是见差别，此佛威神故。佛刹无分别，无憎无有爱，但随众生心，如是见有殊。以是于世界，所见各差别，非一切如来，大仙之过咎。一切诸世界，所应受化者，常见人中雄，诸佛法如是。

尔时，诸菩萨谓文殊师利菩萨言：佛子！我等所解，各自说已。唯愿仁者，以妙辩才，演畅如来所有境界！何等是佛境界？何等是佛境界因？何等是佛境界度？何等是佛境界入？何等是佛境界智？何等是佛境界法？何等是佛境界说？何等是佛境界知？何等是佛境界证？何等是佛境界现？何等是佛境界广？

时，文殊师利菩萨以颂答曰：

如来深境界，其量等虚空，一切众生入，而实无所入。如来深境界，所有胜妙因，亿劫常宣说，亦复不能尽。随其心智慧，诱进咸令益，如是度众生，诸佛之境界。世间诸国土，一切皆随入，智身无有色，非彼所能见。诸佛智自在，三世无所碍，如是慧境界，平等如虚空。法界众生界，究竟无差别，一切悉了知，此是如来境。一切世间中，所有诸音声，佛智皆随了，亦无有分别。非识所能识，亦非心境界，其性本清净，开示诸群生。非业非烦恼，无物无住处，无照无所行，平等行世间。一切众生心，普在三世中，如来于一念，一切悉明达。

尔时，此娑婆世界中，一切众生所有法差别、业差别、世间差别、身差别、根差别、受生差别、持戒果差别、犯戒果差别、国土果差别，以佛神力，悉皆明现。如是，东方百千亿那由他无数无量、无边无等、不可数、不可称、不可思、不可量、不可说，尽法界、虚空界、一切世界中，所有众生法差别，乃至国土果差别，悉以佛神力故，分明显现；南、西、北方，四维、上、下，亦复如是。

大方广佛华严经卷第十四

净行品第十一

尔时，智首菩萨问文殊师利菩萨言：佛子！菩萨云何得无过失身、语、意业？云何得不害身、语、意业？云何得不可毁身、语、意业？云何得不可坏身、语、意业？云何得不退转身、语、意业？云何得不可动身、语、意业？云何得殊胜身、语、意业？云何得清净身、语、意业？云何得无染身、语、意业？云何得智为先导身、语、意业？云何得生处具足、种族具足、家具足、色具足、相具足、念具足、慧具足、行具足、无畏具足、觉悟具足？云何得胜慧、第一慧、最上慧、最胜慧、无量慧、无数慧、不思议慧、无与等慧、不可量慧、不可说慧？云何得因力、欲力、方便力、缘力、所缘力、根力、观察力、奢摩他力、毗钵舍那力、思惟力？云何得蕴善巧、界善巧、处善巧、缘起善巧、欲界善巧、色界善巧、无色界善巧、过去善巧、未来善巧、现在善巧？云何善修习念觉分、择法觉分、精进觉分、喜觉分、猗觉分、定觉分、舍觉分、空、无相、无愿？云何得圆满檀波罗蜜、尸波罗蜜、羼提波罗蜜、毗梨耶波罗蜜、禅那波罗蜜、般若波罗蜜，及以圆满慈、悲、喜、舍？云何得处非处智力、过未现在业报智力、根胜劣智力、种种界智力、种种解智力、一切至处道智力、禅解脱三昧染净智力、宿住念智力、无障碍天眼智力、断诸习智力？云何常得天王、龙王、夜叉王、乾闼婆王、阿修罗王、迦楼罗王、紧那罗王、摩睺罗伽王、人王、梵王之所守护，恭敬供养？云何得与一切众生为依、为救、为归、为趣、为炬、为明、为照、为导、为胜导、为普导？云何于一切众生中，为第一、为大、为胜、为最胜、为妙、为极妙、为上、为无上、为无等、为无等等？

尔时，文殊师利菩萨告智首菩萨言：

善哉！佛子！汝今为欲多所饶益、多所安隐，哀愍世间，利乐天人，问如是义。佛子！若诸菩萨善用其心，则获一切胜妙功德；于诸佛法，心无所碍，住去、来、今诸佛之道；随众生住，恒不舍离；如诸法相，悉能通达；断一切恶，具足众善；当如普贤，色像第一，一切行愿皆得具足；于一切法，无不自在，而为众生第二导师。佛子！云何用心能获一切胜妙功德？佛子！

　　菩萨在家，当愿众生：知家性空，免其逼迫。孝事父母，当愿众生：善事于佛，护养一切。妻子集会，当愿众生：怨亲平等，永离贪著。若得五欲，当愿众生：拔除欲箭，究竟安隐。妓乐聚会，当愿众生：以法自娱，了妓非实。若在宫室，当愿众生：入于圣地，永除秽欲。著璎珞时，当愿众生：舍诸伪饰，到真实处。上升楼阁，当愿众生：升正法楼，彻见一切。若有所施，当愿众生：一切能舍，心无爱著。众会聚集，当愿众生：舍众聚法，成一切智。若在厄难，当愿众生：随意自在，所行无碍。舍居家时，当愿众生：出家无碍，心得解脱。入僧伽蓝，当愿众生：演说种种，无乖诤法。诣大小师，当愿众生：巧事师长，习行善法。求请出家，当愿众生：得不退法，心无障碍。脱去俗服，当愿众生：勤修善根，舍诸罪轭。剃除须发，当愿众生：永离烦恼，究竟寂灭。著袈裟衣，当愿众生：心无所染，具大仙道。正出家时，当愿众生：同佛出家，救护一切。自归于佛，当愿众生：绍隆佛种，发无上意。自归于法，当愿众生：深入经藏，智慧如海。自归于僧，当愿众生：统理大众，一切无碍。受学戒时，当愿众生：善学于戒，不作众恶。受阇梨教，当愿众生：具足威仪，所行真实。受和尚教，当愿众生：入无生智，到无依处。受具足戒，当愿众生：具诸方便，得最胜法。若入堂宇，当愿众生：升无上堂，安住不动。若敷床座，当愿众生：开敷善法，见真实相。正身端坐，当愿众生：坐菩提座，心无所著。结跏趺坐，当愿众生：善根坚固，得不动地。修行于定，当愿众生：以定伏心，究竟无余。若修于观，当愿众生：见如实理，永无乖诤。舍跏趺坐，当愿众生：观诸行法，悉归散灭。下足住时，当愿众生：心得解脱，安住不动。若举于足，当愿众生：出生死海，具众善法。著下裙时，当愿众生：服诸善根，具足惭愧。整衣束带，当愿众生：检束善根，不令散失。若著上衣，当愿众生：获胜善根，至法彼岸。著僧伽梨，当愿众生：入第一位，得不动法。手执杨枝，当愿众生：皆得妙法，究竟清净。嚼杨枝时，当愿众生：其心调净，噬诸烦恼。大小便时，当愿众生：弃贪瞋痴，蠲除罪法。事讫就水，当愿众生：出世法中，速疾而往。洗涤形秽，当愿众生：清净调柔，毕竟无垢。以水盥掌，当愿众生：得清净手，受持佛法。以水洗面，当愿众生：得净法门，永无垢染。手执锡杖，当愿众生：设大施会，示如实道。执持应器，当愿众生：成就法器，受天人供。发趾向道，当愿众生：趣佛所行，入无依处。若在于道，当愿众生：能行佛道，向无余法。涉路而去，当愿众生：履净法界，心无障碍。见升高路，当愿众生：永出三界，心无怯弱。见趣下路，当愿众生：其心谦下，长佛善根。见斜曲路，当愿众生：舍不正道，永除恶见。若见直路，当愿众生：其心正直，无谄无诳。见路多尘，当愿众生：远离尘垢，获清净法。见路无尘，当愿众生：常行大悲，其心润泽。若见险道，当愿众生：住正法界，离诸罪难。若见众会，当愿众生：说甚深法，一切和合。若见大柱，当愿众生：离我诤心，无有忿恨。若见丛林，当愿众生：诸天及人，所应敬礼。若见高山，当愿众生：善根超出，无能至顶。见棘刺树，当愿众生：疾得翦除，三毒之刺。见树叶茂，当愿众生：以定解脱，而为荫映。若见华开，当愿众生：神通等法，如华开敷。若见树华，当愿众生：众相如华，具三十二。若见果实，当愿众生：获最胜法，证菩提道。若见大河，当愿众生：得预法流，入佛智海。若见陂泽，当愿众生：疾悟诸佛，一味之法。若见池沼，当愿众生：语业满足，巧能演说。若见汲井，当愿众生：具足辩才，演一切法。若见涌泉，当愿众生：方便增长，善根无尽。若见桥道，当愿众生：广度一切，犹如桥梁。若见流水，当愿众生：得善意欲，洗除惑垢。见修园圃，当愿众生：五欲圃中，耘除爱草。见无忧林，当愿众生：永离贪爱，不生忧怖。见园苑，当愿众生：勤修诸行，趣佛菩提。见严饰人，当愿众生：三十二相，以为严好。见无严饰，当愿众生：舍诸饰好，具头陀行。见乐著人，当愿众生：以法自娱，欢爱不舍。见无乐著，当愿众生：有为事中，心无所乐。见欢乐人，当愿众生：常得安乐，乐供养佛。见苦恼人，当愿众生：获根本智，灭除众苦。见无病人，当愿众生：入真实慧，永无病恼。见疾病人，当愿众生：知身空寂，离乖诤法。见端正人，当愿众生：于佛菩萨，常生净信。见丑陋人，当愿众生：于不善事，不生乐著。见报恩人，当愿众生：于佛菩萨，能知恩德。见背恩人，当愿众生：于有恶人，不加其报。若见沙门，当愿众生：调柔寂静，毕竟第一。见婆罗门，当愿众生：永持梵行，离一切恶。见苦行人，当愿众生：依于苦行，至究竟处。见操行人，当愿众生：坚持志行，不舍佛道。见著甲胄，当愿众生：常服善铠，趣无师法。见无铠仗，当愿众生：永离一切，不善之业。见论议人，当愿众生：于诸异论，悉能摧伏。见正命人，当愿众生：得清净命，不矫威仪。若见于王，当愿众生：得为法王，恒转正法。若见王子，当愿众生：从法化生，而为佛子。若见长者，当愿众生：善能明断，不行恶法。若见大臣，当愿众生：恒守正念，习行众善。若见城廓，当愿众生：得坚固身，心无所屈。若见王都，当愿众生：功德共聚，心恒喜乐。见处林薮，当愿众生：应为天人，之所叹仰。入里乞食，当愿众生：入深法界，心无障碍。到人门户，当愿众生：入于一切，佛法之门。入其家已，当愿众生：得入佛乘，三世平等。见不舍人，当愿众生：常不舍离，胜功德法。见能舍人，当愿众生：永得舍离，三恶道苦。若见空钵，当愿众生：其心清净，空无烦恼。若见满钵，当愿众生：具足成满，一切善法。若得恭敬，当愿众生：恭敬修行，一切佛法。不得恭敬，当愿众生：不行一切，不善之法。见惭耻人，当愿众生：具惭耻行，藏护诸根。见无惭耻,当愿众生:舍离无惭,住大慈道。若得美食,当愿众生:满足其愿,心无羡欲。得不美食,当愿众生:莫不获得,诸三昧味。得柔软食,当愿众生:大悲所熏,心意柔软。得粗涩食,当愿众生:心无染著,绝世贪爱。若饭食时,当愿众生:禅悦为食,法喜充满。若受味时,当愿众生:得佛上味,甘露满足。饭食已讫,当愿众生:所作皆辨,具诸佛法。若说法时,当愿众生:得无尽辩,广宣法要。从舍出时,当愿众生:深入佛智,永出三界。若入水时,当愿众生:入一切智,知三世等。洗浴身体,当愿众生:身心无垢,内外光洁。盛暑炎毒,当愿众生:舍离众恼,一切皆尽。暑退凉初,当愿众生:证无上法,究竟清凉。讽诵经时,当愿众生:顺佛所说,总持不忘。若得见佛,当愿众生:得无碍眼,见一切佛。谛观佛时,当愿众生:皆如普贤,端正严好。见佛塔时,当愿众生:尊重如塔,受天人供。敬心观塔,当愿众生:诸天及人,所共瞻仰。顶礼于塔,当愿众生:一切天人,无能见顶。右绕于塔,当愿众生:所行无逆,成一切智。绕塔三匝,当愿众生:勤求佛道,心无懈歇。赞佛功德,当愿众生:众德悉具,称叹无尽。赞佛相好,当愿众生:成就佛身,证无相法。若洗足时,当愿众生:具神足力,所行无碍。以时寝息,当愿众生:身得安隐,心无动乱。睡眠始寤,当愿众生:一切智觉,周顾十方。

佛子!若诸菩萨如是用心,则获一切胜妙功德;一切世间诸天、魔、梵、沙门、婆罗门、乾闼婆、阿修罗等,及以一切声闻、缘觉,所不能动。

贤首品第十二之一

尔时,文殊师利菩萨说无浊乱清净行大功德已,欲显示菩提心功德故,以偈问贤首菩萨曰:

我今已为诸菩萨,说佛往修清净行,仁亦当于此会中,演畅修行胜功德。

尔时,贤首菩萨以偈答曰:

善哉仁者应谛听,彼诸功德不可量,我今随力说少分,犹如大海一滴水。若有菩萨初发心,誓求当证佛菩提,彼之功德无边际,不可称量无与等。何况无量无边劫,具修地度诸功德,十方一切诸如来,悉共称扬不能尽。如是无边大功德,我今于中说少分,譬如鸟足所履空,亦如大地一微尘。菩萨发意求菩提,非是无因无有缘,于佛法僧生净信,以是而生广大心。不求五欲及王位,富饶自乐大名称,但为永灭众生苦,利益世间而发心。常欲利乐诸众生,庄严国土供养佛,受持正法修诸智,证菩提故而发心。深心信解常清净,恭敬尊重一切佛,于法及僧亦如是,至诚供养而发心。深信于佛及佛法,亦信佛子所行道,及信无上大菩提,菩萨以是初发心。信为道元功德母,长养一切诸善法,断除疑网出爱流,开示涅槃无上道。信无垢浊心清净,灭除憍慢恭敬本,亦为法藏第一财,为清净手受众行。信能惠施心无吝,信能欢喜入佛法,信能增长智功德,信能必到如来地。信令诸根净明利,信力坚固无能坏,信能永灭烦恼本,信能专向佛功德。信于境界无所著,远离诸难得无难,信能超出众魔路,示现无上解脱道。信为功德不坏种,信能生长菩提树,信能增益最胜智,信能示现一切佛。是故依行说次第,信乐最胜甚难得,譬如一切世间中,而有随意妙宝珠。若常信奉于诸佛,则能持戒修学处;若常持戒修学处,则能具足诸功德。戒能开发菩提本,学是勤修功德地;于戒及学常顺行,一切如来所称美。若常信奉于诸佛,则能兴集大供养;若能兴集大供养,彼人信佛不思议。若常信奉于尊法,则闻佛法无厌足;若闻佛法无厌足,彼人信法不思议。若常信奉清净僧,则得信心不退转;若得信心不退转,彼人信力无能动。若得信力无能动,则得诸根净明利;若得诸根净明利,则能远离恶知识。若能远离恶知识,则得亲近善知识;若得亲近善知识,则能修集广大善。若能修集广大善,彼人成就大因力;若人成就大因力,则得殊胜决定解。若得殊胜决定解,则为诸佛所护念;若为诸佛所护念,则能发起菩提心。若能发起菩提心,则能勤修佛功德;若能勤修佛功德,则得生在如来家。若得生在如来家,则善修行巧方便;若善修行巧方便,则得信乐心清净。若得信乐心清净,则得增上最胜心;若得增上最胜心,则常修习波罗蜜。若常修习波罗蜜,则能具足摩诃衍;若能具足摩诃衍,则能如法供养佛。若能如法供养佛,则能念佛心不动;若能念佛心不动,则常睹见无量佛。若常睹见无量佛,则见如来体常住;若见如来体常住,则能知法永不灭。若能知法永不灭,则得辩才无障碍;若得辩才无障碍,则能开演无边法。若能开演无边法,则能慈愍度众生;若能慈愍度众生,则得坚固大悲心。若得坚固大悲心,则能爱乐甚深法;若能爱乐甚深法,则能舍离有为过。若能舍离有为过,则离憍慢及放逸;若离憍慢及放逸,则能兼利一切众。若能兼利一切众,则处生死无疲厌;若处生死无疲厌,则能勇健无能胜。若能勇健无能胜,则能发起大神通;若能发起大神通,则知一切众生行。若知一切众生行,则能成就诸群生;若能成就诸群生,则得善摄众生智。若得善摄众生智,则能成就四摄法;若能成就四摄法,则与众生无限利。若与众生无限利,则具最胜智方便;若具最胜智方便,则住勇猛无上道。若住勇猛无上道,则能摧殄诸魔力;若能摧殄诸魔力,则能超出四魔境。若能超出四魔境,则得至于不退地;若得至于不退地,则得无生深法忍。若得无生深法忍,则为诸佛所授记;若为诸佛所授记,则一切佛现其前。若一切佛现其前,则了神通深密用;若了神通深密用,则为诸佛所忆念。若为诸佛所忆念,则以佛德自庄严;若以佛德自庄严,则获妙福端严身。若获妙福端严身,则身晃耀如金山;若身晃耀如金山,则相庄严三十二。若相庄严三十二,则具随好为严饰;若具随好为严饰,则身光明无限量。若身光明无限量,则不思议光庄严;若不思议光庄严,其光则出诸莲华。其光若出诸莲华,则无量佛坐华上;示现十方靡不遍,悉能调伏诸众生。若能如是调众生,则现无量神通力。若现无量神通力,则住不可思议土,演说不可思议法,令不思议众欢喜。若说不可思议法,令不思议众欢喜,则以智慧辩才力,随众生心而化诱。若以智慧辩才力,随众生心而化诱,则以智慧为先导,身语意业恒无失。若以智慧为先导,身语意业恒无失,则其愿力得自在,普随诸趣而现身。若其愿力得自在,普随诸趣而现身,则能为众说法时,音声随类难思议。若能为众说法时,音声随类难思议,则于一切众生心,一念悉知无有余。若于一切众生心,一念悉知无有余,则知烦恼无所起,永不没溺于生死。若知烦恼无所起,永不没溺于生死,则获功德法性身,以法威力现世间。若获功德法性身,以法威力现世间,则获十地十自在,修行诸度胜解脱。若得十地十自在,修行诸度胜解脱,则获灌顶大神通,住于最胜诸三昧。若获灌顶大神通,住于最胜诸三昧,则于十方诸佛所,应受灌顶而升位。若于十方诸佛所,应受灌顶而升位,则蒙十方一切佛,手以甘露灌其顶。若蒙十方一切佛,手以甘露灌其顶,则身充遍如虚空,安住不动满十方。若身充遍如虚空,安住不动满十方,则彼所行无与等,诸天世人莫能知。菩萨勤修大悲行,愿度一切无不果,见闻听受若供养,靡不皆令获安乐。彼诸大士威神力,法眼常全无缺减,十善妙行等诸道,无上胜宝皆令现。譬如大海金刚聚,以彼威力生众宝,无减无增亦无尽,菩萨功德聚亦然。或有刹土无有佛,于彼示现成正觉,或有国土不知法,于彼为说妙法藏。无有分别无功用,于一念顷遍十方,如月光影靡不周,无量方便化群生。于彼十方世界中,念念示现成佛道,转正法轮入寂灭,乃至舍利广分布。或现声闻独觉道,或现成佛普庄严,如是开阐三乘教,广度众生无量劫。或现童男童女形,天龙及以阿修罗,乃至摩睺罗伽等,随其所乐悉令见。众生形相各不同,行业音声亦无量,如是一切皆能现,海印三昧威神力。严净不可思议刹,供养一切诸如来,放大光明无有边,度脱众生亦无限。智慧自在不思议,说法言辞无有碍,施戒忍进及禅定,智慧方便神通等。如是一切皆自在,以佛华严三昧力,一微尘中入三昧,成就一切微尘定,而彼微尘亦不增,于一普现难思刹。彼一尘内众多刹,或有有佛或无佛,或有杂染或清净,或有广大或狭小,或复有成或有坏,或有正住或傍住,或如旷野热时焰,或如天上因陀网。如一尘中所示现,一切微尘悉亦然。此大名称诸圣人,三昧解脱神通力,若欲供养一切佛,入于三昧起神变,能以一手遍三千,普供一切诸如来。十方所有胜妙华,涂香末香无价宝,如是皆从手中出,供养道树诸最胜。无价宝衣杂妙香,宝幢幡盖皆严好,真金为华宝为帐,莫不皆从掌中雨。十方所有诸妙物,应可奉献无上尊，掌中悉雨无不备，菩提树前持供佛。十方一切诸妓乐，钟鼓琴瑟非一类，悉奏和雅妙音声，靡不从于掌中出。十方所有诸赞颂，称叹如来实功德，如是种种妙言辞，皆从掌内而开演。菩萨右手放净光，光中香水从空雨，普洒十方诸佛土，供养一切照世灯。又放光明妙庄严，出生无量宝莲华，其华色相皆殊妙，以此供养于诸佛。又放光明华庄严，种种妙华集为帐，普散十方诸国土，供养一切大德尊。又放光明香庄严，种种妙香集为帐，普散十方诸国土，供养一切大德尊。又放光明末香严，种种末香聚为帐，普散十方诸国土，供养一切大德尊。又放光明衣庄严，种种名衣集为帐，普散十方诸国土，供养一切大德尊。又放光明宝庄严，种种妙宝集为帐，普散十方诸国土，供养一切大德尊。又放光明莲庄严，种种莲华集为帐，普散十方诸国土，供养一切大德尊。又放光明璎庄严，种种妙璎集为帐，普散十方诸国土，供养一切大德尊。又放光明幢庄严，其幢绚焕备众色，种种无量皆殊好，以此庄严诸佛土。种种杂宝庄严盖，众妙缯幡共垂饰，摩尼宝铎演佛音，执持供养诸如来。手出供具难思议，如是供养一导师，一切佛所皆如是，大士三昧神通力。菩萨住在三昧中，种种自在摄众生，悉以所行功德法，无量方便而开诱。或以供养如来门，或以难思布施门，或以头陀持戒门，或以不动堪忍门。或以苦行精进门，或以寂静禅定门，或以决了智慧门，或以所行方便门。或以梵住神通门，或以四摄利益门，或以福智庄严门，或以因缘解脱门。或以根力正道门，或以声闻解脱门，或以独觉清净门，或以大乘自在门。或以无常众苦门，或以无我寿者门，或以不净离欲门，或以灭尽三昧门。随诸众生病不同，悉以法药而对治；随诸众生心所乐，悉以方便而满足；随诸众生行差别，悉以善巧而成就。如是三昧神通相，一切天人莫能测。有妙三昧名随乐，菩萨住此普观察，随宜示现度众生，悉使欢心从法化。劫中饥馑灾难时，悉与世间诸乐具，随其所欲皆令满，普为众生作饶益。或以饮食上好味，宝衣严具众妙物，乃至王位皆能舍，令好施者悉从化。或以相好庄严身，上妙衣服宝璎珞，华鬘为饰香涂体，威仪具足度众生。一切世间所好尚，色相颜容及衣服，随应普现惬其心，俾乐色者皆从道。迦陵频伽美妙音，俱枳罗等妙音声，种种梵音皆具足，随其心乐为说法。八万四千诸法门，诸佛以此度众生，彼亦如其差别法，随世所宜而化度。众生苦乐利衰等，一切世间所作法，悉能应现同其事，以此普度诸众生。一切世间众苦患，深广无涯如大海，与彼同事悉能忍，令其利益得安乐。若有不识出离法，不求解脱离諠愤，菩萨为现舍国财，常乐出家心寂静。家是贪爱系缚所，欲使众生悉免离，故示出家得解脱，于诸欲乐无所受。菩萨示行十种行，亦行一切大人法，诸仙行等悉无余，为欲利益众生故。若有众生寿无量，烦恼微细乐具足，菩萨于中得自在，示受老病死众患。或有贪欲瞋恚痴，烦恼猛火常炽然，菩萨为现老病死，令彼众生悉调伏。

如来十力无所畏,及以十八不共法,所有无量诸功德,悉以示现度众生。记心教诫及神足,悉是如来自在用,彼издает大士皆示现,能使众生尽调伏。菩萨种种方便门,随顺世法度众生,譬如莲华不著水,如是在世令深信。雅思渊才文中王,歌舞谈说众所欣,一切世间众技术,譬如幻师无不现。或为长者邑中主,或为贾客商人导,或为国王及大臣,或作良医善众论。或于旷野作大树,或为良药众宝藏,或作宝珠随所求,或以正道示众生。若见世界始成立,众生未有资身具,是时菩萨为工匠,为之示现种种业。不作逼恼众生物,但说利益世间事,咒术药草等众论,如是所有皆能说。一切仙人殊胜行,人天等类同信仰,如是难行苦行法,菩萨随应悉能作。或作外道出家人,或在山林自勤苦,或露形体无衣服,而于彼众作师长。或现邪命种种行,习行非法以为胜,或现梵志诸威仪,于彼众中为上首。或受五热随日转,或持牛狗及鹿戒,或著坏衣奉事火,为化是等作导师。或有示谒诸天庙,或复示入恒河水,食根果等悉示行,于彼常思已胜法。或现蹲踞或翘足,或卧草棘及灰上,或复卧杵求出离,而于彼众作师首。如是等类诸外道,观其意解与同事,所示苦行世靡堪,令彼见已皆调伏。众生迷惑禀邪教,住于恶见受众苦,为其方便说妙法,悉令得解真实谛。或边咒语说四谛,或善密语说四谛,或人直语说四谛,或天密语说四谛,分别文字说四谛,决定义理说四谛,善破于他说四谛,非外所动说四谛,或八部语说四谛,或一切语说四谛,随彼所解语言音,为说四谛令解脱。所有一切诸佛法,皆如是说无不尽,知语境界不思议,是名说法三昧力。

大方广佛华严经卷第十五

贤首品第十二之二

有胜三昧名安乐,能普救度诸群生,放大光明不思议,令其见者悉调伏。所放光明名善现,若有众生遇此光,必令获益不唐捐,因是得成无上智。彼光示现于诸佛,示法示僧示正道,亦示佛塔及形像,是故得成此光明。又放光明名照曜,映蔽一切诸天光,所有闇障靡不除,普为众生作饶益。此光觉悟一切众,令执灯明供养佛,以灯供养诸佛故,得成世中无上灯。然诸油灯及酥灯,亦然种种诸明炬,众香妙药上宝烛,以是供佛获此光。又放光明名济度,此光能觉一切众,令其普发大誓心,度脱欲海诸群生。若能普发大誓心,度脱欲海诸群生,则能越度四瀑流,示导无忧解脱城。于诸行路大水处,造立桥梁及船筏,毁呰有为赞寂静,是故得成此光明。又放光明名灭爱,此光能觉一切众,令其舍离于五欲,专思解脱妙法味。若能舍离于五欲,专思解脱妙法味,则能以佛甘露雨,普灭世间诸渴爱。惠施池井及泉流,专求无上菩提道,毁呰五欲赞禅定,是故得成此光明。又放光明名欢喜,此光能觉一切众,令其爱慕佛菩提,发心愿证无师道。造立如来大悲像,众相庄严坐华座,恒叹最胜诸功德,是故得成此光明。又放光明名爱乐,此光能觉一切众,令其心乐于诸佛,及以乐法乐众僧。若常心乐于诸佛,及以乐法乐众僧,则在如来众会中,逮成无上深法忍。开悟众生无有量,普使念佛法僧宝,及示发心功德行,是故得成此光明。又放光明名福聚,此光能觉一切众,令行种种无量施,以此愿求无上道。设大施会无遮限,有来求者皆满足,不令其心有所乏,是故得成此光明。又放光明名具智,此光能觉一切众,令于一法一念中,悉解无量诸法门。为诸众生分别法,及以决了真实义,善说法义无亏减,是故得成此光明。又放光明名慧灯,此光能觉一切众,令知众生性空寂,一切诸法无所有。演说诸法空无主,如幻如焰水中月,乃至犹如梦影像,是故得成此光明。又放光名法自在,此光能觉一切众,令得无尽陀罗尼,悉持一切诸佛法。恭敬供养持法者,给侍守护诸贤圣,以种种法施众生,是故得成此光明。又放光明名能舍,此光觉悟悭众生,令知财宝悉非常,恒乐惠施心无著。悭心难调而能调,解财如梦如浮云,增长惠施清净心,是故得成此光明。又放光明名除热,此光能觉毁禁者,普使受持清净戒,发心愿证无师道。劝引众生受持戒,十善业道悉清净,又令发向菩提心,是故得成此光明。又放光明名忍严,此光觉悟瞋恚者,令彼除瞋离我慢,常乐忍辱柔和法。众生暴恶难可忍,为菩提故心不动,常乐称扬忍功德,是故得成此光明。又放光明名勇猛,此光觉悟懒堕者,令彼常于三宝中,恭敬供养无疲厌。若彼常于三宝中,恭敬供养无疲厌,则能超出四魔境,速成无上佛菩提。劝化众生令进策,常勤供养于三宝,法欲灭时专守护,是故得成此光明。又放光明名寂静,此光能觉乱意者,令其远离贪恚痴,心不动摇而正定。舍离一切恶知识,无义谈说杂染行,赞叹禅定阿兰若,是故得成此光明。又放光明名慧严,此光觉悟愚迷者,令其证谛解缘起,诸根智慧悉通达。若能证谛解缘起,诸根智慧悉通达,则得日灯三昧法,智慧光明成佛果。国财及己皆能舍,为菩提故求正法,闻已专勤为众说,是故得成此光明。又放光明名佛慧,此光觉悟诸含识,令见无量无边佛,各各坐宝莲华上。赞佛威德及解脱,说佛自在无有量,显示佛力及神通,是故得成此光明。又放光明名无畏,此光照触恐怖者,非人所持诸毒害,一切皆令疾除灭。能于众生施无畏,遇有恼害皆劝止,拯济厄难孤穷者,以是得成此光明。又放光明名安隐,此光能照疾病者,令除一切诸苦痛,悉得正定三昧乐。施以良药救众患,妙宝延命香涂体,酥油乳蜜充饮食,以是得成此光明。又放光明名见佛,此光觉悟将殁者,令随忆念见如来,命终得生其净国。见有临终劝念佛,又示尊像令瞻敬,俾于佛所深归仰,是故得成此光明。又放光明名乐法,此光能觉一切众,令于正法常欣乐,听闻演说及书写。法欲尽时能演说,令求法者意充满,于法爱乐勤修行,是故得成此光明。又放光明名妙音,此光开悟诸菩萨,能令三界所有声,闻者皆是如来音。以大音声称赞佛,及施铃铎诸音乐,普使世间闻佛音,是故得成此光明。又放光名施甘露,此光开悟一切众,令舍一切放逸行,具足修习诸功德。说有为法非安隐,无量苦恼悉充遍,恒乐称扬寂灭乐,是故得成此光明。又放光明名最胜,此光开悟一切众,令于佛所普听闻,戒定智慧增上法。常乐称扬一切佛,胜戒胜定殊胜慧,如是为求无上道,是故得成此光明。又放光明名宝严,此光能觉一切众,令得宝藏无穷尽,以此供养诸如来。以诸种种上妙宝,奉施于佛及佛塔,亦以惠施诸贫乏,是故得成此光明。又放光明名香严,此光能觉一切众,令其闻者悦可意,决定当成佛功德。人天妙香以涂地,供养一切最胜王,亦以造塔及佛像,是故得成此光明。又放光名杂庄严,宝幢幡盖无央数,焚香散华奏众乐,城邑内外皆充满。本以微妙妓乐音,众香妙华幢盖等,种种庄严供养佛,是故得成此光明。又放光明名严洁,令地平坦犹如掌,庄严佛塔及其处,是故得成此光明。又放光明名大云,能起香云雨香水,以水洒塔及庭院,是故得成此光明。又放光明名严具,令裸形者得上服,严身妙物而为施,是故得成此光明。又放光明名上味,能令饥者获美食,种种珍馔而为施,是故得成此光明。又放光明名大财,令贫乏者获宝藏,以无尽物施三宝,是故得成此光明。又放光名眼清净,能令盲者见众色,以灯施佛及佛塔,是故得成此光明。又放光名耳清净,能令聋者悉善听,鼓乐娱佛及佛塔,是故得成此光明。又放光名鼻清净,昔未闻香皆得闻,以香施佛及佛塔,是故得成此光明。又放光名舌清净,能以美音称赞佛,永除粗恶不善语,是故得成此光明。又放光名身清净,诸根缺者令具足,以身礼佛及佛塔,是故得成此光明。又放光名意清净,令失心者得正念,修行三昧悉自在,是故得成此光明。又放光名色清净,令见难思诸佛色,以众妙色庄严塔,是故得成此光明。又放光名声清净,令知声性本空寂,观声缘起如谷响,是故得成此光明。又放光名香清净,令诸臭秽悉香洁,香水洗塔菩提树,是故得成此光明。又放光名味清净,能除一切味中毒,恒供佛僧及父母,是故得成此光明。又放光名触清净,能令恶触皆柔软,戈鋋剑戟从空雨,皆令变作妙华鬘。以昔曾于道路中,涂香散华布衣服,迎送如来令蹈上,是故今获光如是。又放光名法清净,能令一切诸毛孔,悉演妙法不思议,众生听者咸欣悟。因缘所生无有生,诸佛法身非是身,法性常住如虚空,以说其义光如是。如是等比光明门,如恒河沙无限数,悉从大仙毛孔出,一一作业各差别。如一毛孔所放光,无量无数如恒沙,一切毛孔悉亦然,此是大仙三昧力。如其本行所得光,随彼宿缘同行者,今放光明故如是,此是大仙智自在。往昔同修于福业,及有爱乐能随喜,见其所作亦复然,彼于此光咸得见。若有自修众福业,供养诸佛无央数，于佛功德常愿求，是此光明所开觉。譬如生盲不见日，非为无日出世间，诸有目者悉明见，各随所务修其业。大士光明亦如是，有智慧者皆悉见，凡夫邪信劣解人，于此光明莫能睹。摩尼宫殿及辇乘，妙宝灵香以涂莹，有福德者自然备，非无德者所能处。大士光明亦如是，有深智者咸照触，邪信劣解凡愚人，无有能见此光明。若有闻此光差别，能生清净深信解，永断一切诸疑网，速成无上功德幢。有胜三昧能出现，眷属庄严皆自在，一切十方诸国土，佛子众会无伦匹。有妙莲华光庄严，量等三千大千界，其身端坐悉充满，是此三昧神通力。复有十刹微尘数，妙好莲华所围绕，诸佛子众于中坐，住此三昧威神力。宿世成就善因缘，具足修行佛功德，此等众生绕菩萨，悉共合掌观无厌。譬如明月在星中，菩萨处众亦复然，大士所行法如是，入此三昧威神力。如于一方所示现，诸佛子众共围绕，一切方中悉如是，住此三昧威神力。有胜三昧名方网，菩萨住此广开示，一切方中普现身，或现入定或从出。或于东方入正定，而于西方从定出；或于西方入正定，而于东方从定出；或于余方入正定，而于余方从定出。如是入出遍十方，是名菩萨三昧力。尽于东方诸国土，所有如来无数量，悉现其前普亲近，住于三昧寂不动。而于西方诸世界，一切诸佛如来所，皆现从于三昧起，广修无量诸供养。尽于西方诸国土，所有如来无数量，悉现其前普亲近，住于三昧寂不动。而于东方诸世界，一切诸佛如来所，皆现从于三昧起，广修无量诸供养。如是十方诸世界，菩萨悉入无有余，或现三昧寂不动，或现恭敬供养佛。于眼根中入正定，于色尘中从定出，示现色性不思议，一切天人莫能知。于色尘中入正定，于眼起定心不乱，说眼无生无有起，性空寂灭无所作。于耳根中入正定，于声尘中从定出，分别一切语言音，诸天世人莫能知。于声尘中入正定，于耳起定心不乱，说耳无生无有起，性空寂灭无所作。于鼻根中入正定，于香尘中从定出，普得一切上妙香，诸天世人莫能知。于香尘中入正定，于鼻起定心不乱，说鼻无生无有起，性空寂灭无所作。于舌根中入正定，于味尘中从定出，普得一切诸上味，诸天世人莫能知。于味尘中入正定，于舌起定心不乱，说舌无生无有起，性空寂灭无所作。于身根中入正定，于触尘中从定出，善能分别一切触，诸天世人莫能知。于触尘中入正定，于身起定心不乱，说身无生无有起，性空寂灭无所作。于意根中入正定，于法尘中从定出，分别一切诸法相，诸天世人莫能知。于法尘中入正定，从意起定心不乱，说意无生无有起，性空寂灭无所作。童子身中入正定，壮年身中从定出，壮年身中入正定，老年身中从定出；老年身中入正定，善女身中从定出；善女身中入正定，善男身中从定出；善男身中入正定，比丘尼身从定出；比丘尼身入正定，比丘身中从定出；比丘身中入正定，学无学身从定出；学无学身入正定，辟支佛身从定出；辟支佛身入正定，现如来身从定出；于如来身入正定，诸天身中从定出；诸天身中入正定，大龙身中从定出；大龙身中入正定，夜叉身中从定出；夜叉身中入正定，鬼神身中从定出；鬼神身中入正定，一毛孔中从定出；一毛孔中入正定，一切毛孔从定出；一切毛孔入正定，一毛端头从定出；一毛端头入正定，一微尘中从定出；一微尘中入正定，一切尘中从定出；一切尘中入正定，金刚地中从定出；金刚地中入正定，摩尼树上从定出；摩尼树上入正定，佛光明中从定出；佛光明中入正定，于河海中从定出；于河海中入正定，于火大中从定出；于火大中入正定，于风起定心不乱；于风大中入正定，于地大中从定出；于地大中入正定，于天宫殿从定出；于天宫殿入正定，于空起定心不乱。是名无量功德者，三昧自在难思议，十方一切诸如来，于无量劫说不尽。一切如来咸共说，众生业报难思议，诸龙变化佛自在，菩萨神力亦难思。欲以譬喻而显示，终无有喻能喻此，然诸智慧聪达人，因于譬故解其义。声闻心住八解脱，所有变现皆自在，能以一身现多身，复以多身为一身。于虚空中入火定，行住坐卧悉在空，身上出水身下火，身上出火身下水。如是皆于一念中，种种自在无边量。彼不具足大慈悲，不为众生求佛道，尚能现此难思事，况大饶益自在力。譬如日月游虚空，影像普遍于十方，泉池陂泽器中水，众宝河海靡不现。菩萨色像亦复然，十方普现不思议，此皆三昧自在法，唯有如来能证了。如净水中四兵像，各各别异无交杂，剑戟弧矢类甚多，铠胄车舆非一种。随其所有相差别，莫不皆于水中现，而水本自无分别，菩萨三昧亦如是。海中有神名善音，其音普顺海众生，所有语言皆辩了，令彼一切悉欢悦。彼神具有贪恚痴，犹能善解一切音，况复总持自在力，而不能令众欢喜！有一妇人名辩才，父母求天而得生，若有离恶乐真实，入彼身中生妙辩。彼有贪欲瞋恚痴，犹能随行与辩才，何况菩萨具智慧，而不能与众生益！譬如幻师知幻法，能现种种无量事，须臾示作日月岁，城邑丰饶大安乐。幻师具有贪恚痴，犹能幻力悦世间，况复禅定解脱力，而不能令众欢喜！天阿修罗斗战时，修罗败衄而退走，兵仗车舆及徒旅，一时窜匿莫得见。彼有贪欲瞋恚痴，尚能变化不思议，况住神通无畏法，云何不能现自在！释提桓因有象王，彼知天主欲行时，自化作头三十二，一一六牙皆具足；一一牙上七池水，清净香洁湛然满；一一清净池水中，各七莲华妙严饰；彼诸严饰莲华上，各各有七天玉女，悉善技艺奏众乐，而与帝释相娱乐。彼象或复舍本形，自化其身同诸天，威仪进止悉齐等，有此变现神通力。彼有贪欲瞋恚痴，尚能现此诸神通，何况具足方便智，而于诸定不自在！如阿修罗变化身，蹈金刚际海中立，海水至深仅其半，首共须弥正齐等。彼有贪欲瞋恚痴，尚能现此大神通，况伏魔怨照世灯，而无自在威神力！天阿修罗共战时，帝释神力难思议，随阿修罗军众数，现身等彼而与敌。诸阿修罗发是念：释提桓因来向我，必取我身五种缚。由是彼众悉忧悴。帝释现身有千眼，手持金刚出火焰，被甲持杖极威严，修罗望见咸退伏。彼以微小福德力，犹能摧破大怨敌，何况救度一切者，具足功德不自在！忉利天中有天鼓，从天业报而生得，知诸天众放逸时，空中自然出此音。一切五欲悉无常，如水聚沫性虚伪，诸有如梦如阳焰，亦如浮云水中月。放逸为怨为苦恼，非甘露道生死径，若有作诸放逸行，入于死灭大鱼口。世间所有众苦本，一切圣人皆厌患，五欲功德灭坏性，汝应爱乐真实法。三十三天闻此音，悉共来升善法堂，帝释为说微妙法，咸令顺寂除贪爱。彼音无形不可见，犹能利益诸天众，况随心乐现色身，而不济度诸群生！天阿修罗共斗时，诸天福德殊胜力，天鼓出音告其众：汝等宜应勿忧怖！诸天闻此所告音，悉除忧畏增益力。时阿修罗心震惧，所将兵众咸退走。甘露妙定如天鼓，恒出降魔寂静音，大悲哀愍救一切，普使众生灭烦恼。帝释普应诸天女，九十有二那由他，令彼各各心自谓：天王独与我娱乐。如天女中身普应，善法堂内亦如是，能于一念现神通，悉至其前为说法。帝释具有贪恚痴，能令眷属悉欢喜，况大方便神通力，而不能令一切悦！他化自在六天王，于欲界中得自在，以业惑苦为罥网，系缚一切诸凡夫。彼有贪欲瞋恚痴，犹于众生得自在，况具十种自在力，而不能令众同行！三千世界大梵王，一切梵天所住处，悉能现身于彼坐，演畅微妙梵音声。彼住世间梵道中，禅定神通尚如意，况出世间无有上，于禅解脱不自在！摩醯首罗智自在，大海龙王降雨时，悉能分别数其滴，于一念中皆辨了。无量亿劫勤修学，得是无上菩提智，云何不于一念中，普知一切众生心！众生业报不思议，为大风力起世间，巨海诸山天宫殿，众宝光明万物种。亦能兴云降大雨，亦能散灭诸云气，亦能成熟一切谷，亦能安乐诸群生。风不能学波罗蜜，亦不学佛诸功德，犹成不可思议事，何况具足诸愿者！男子女人种种声，一切鸟兽诸音声，大海川流雷震声，皆能称悦众生意。况复知声性如响，逮得无碍妙辩才，普应众生而说法，而不能令世间喜！海有希奇殊特法，能为一切平等印，众生宝物及川流，普悉包容无所拒。无尽禅定解脱者，为平等印亦如是，福德智慧诸妙行，一切普修无厌足。大海龙王游戏时，普于诸处得自在，兴云充遍四天下，其云种种庄严色：第六他化自在天，于彼云色如真金，化乐天上赤珠色；兜率陀天霜雪色；夜摩天上琉璃色；三十三天码瑙色；四王天上玻璃色；大海水上金刚色；紧那罗中妙香色；诸龙住处莲华色；夜叉住处白鹅色；阿修罗中山石色；郁单越处金焰色；阎浮提中青宝色；余二天下杂庄严，随众所乐而应之。又复他化自在天，云中电耀如日光；化乐天上如月光；兜率天上阎浮金；夜摩天上珂雪色；三十三天金焰色；四王天上众宝色；大海之中赤珠色；紧那罗界琉璃色；龙王住处宝藏色；夜叉所住玻璃色；阿修罗中码瑙色；郁单越境火珠色；阎浮提中帝青色；余二天下杂庄严，如云色相电亦然。他化雷震如梵音；化乐天中大鼓音；兜率天上歌唱音；夜摩天上天女音；

于彼三十三天上，如紧那罗种种音；护世四王诸天所，如乾闼婆所出音；海中两山相击声；紧那罗中箫笛声；诸龙城中频伽声；夜叉住处龙女声；阿修罗中天鼓声；于人道中海潮声。他化自在雨妙香，种种杂华为庄严；化乐天雨多罗华，曼陀罗华及泽香；兜率天上雨摩尼，具足种种宝庄严，髻中宝珠如月光，上妙衣服真金色；夜摩中雨幢幡盖，华鬘涂香妙严具，赤真珠色上好衣，及以种种众妓乐；三十三天如意珠，坚黑沈水栴檀香，郁金鸡罗多摩等，妙华香水相杂雨；护世城中雨美膳，色香味具增长力，亦雨难思众妙宝，悉是龙王之所作。又复于彼大海中，霪雨不断如车轴，复雨无尽大宝藏，亦雨种种庄严宝。紧那罗界雨璎珞，众色莲华衣及宝，婆利师迦末利香，种种乐音皆具足；诸龙城中雨赤珠；夜叉城内光摩尼；阿修罗中雨兵仗，摧伏一切诸怨敌；郁单越中雨璎珞，亦雨无量上妙华；弗婆瞿耶二天下，悉雨种种庄严具；阎浮提雨清净水，微细悦泽常应时，长养众华及果药，成熟一切诸苗稼。如是无量妙庄严，种种云电及雷雨，龙王自在悉能作，而身不动无分别。彼于世界海中住，尚能现此难思力，况入法海具功德，而不能为大神变！彼诸菩萨解脱门，一切譬喻无能显，我今以此诸譬喻，略说于其自在力。第一智慧广大慧，真实智慧无边慧，胜慧及以殊胜慧，如是法门今已说。此法希有甚奇特，若人闻已能忍可，能信能受能赞说，如是所作甚为难。世间一切诸凡夫，信是法者甚难得，若有勤修清净福，以昔因力乃能信。一切世界诸群生，少有欲求声闻乘，求独觉者转复少，趣大乘者甚难遇。趣大乘者犹为易，能信此法倍更难，况复持诵为人说，如法修行真实解！有以三千大千界，顶戴一劫身不动，彼之所作未为难，信是法者乃为难。有以手擎十佛刹，尽于一劫空中住，彼之所作未为难，能信此法乃为难。十刹尘数众生所，悉施乐具经一劫，彼之福德未为胜，信此法者为最胜。十刹尘数如来所，悉皆承事尽一劫，若于此品能诵持，其福最胜过于彼。

时，贤首菩萨说此偈已，十方世界六返震动，魔宫隐蔽，恶道休息。十方诸佛普现其前，各以右手而摩其顶，同声赞言：善哉！善哉！快说此法！我等一切悉皆随喜。

大方广佛华严经卷第十六

升须弥山顶品第十三

尔时，如来威神力故，十方一切世界，一一四天下阎浮提中，悉见如来坐于树下，各有菩萨承佛神力而演说法，靡不自谓恒对于佛。尔时，世尊不离一切菩提树下，而上升须弥，向帝释殿。

时，天帝释在妙胜殿前遥见佛来，即以神力庄严此殿，置普光明藏师子之座，其座悉以妙宝所成：十千层级迥极庄严，十千金网弥覆其上，十千种帐、十千种盖周回间列，十千缯绮以为垂带，十千珠璎周遍交络，十千衣服敷布座上，十千天子、十千梵王前后围绕，十千光明而为照曜。尔时，帝释奉为如来敷置座已，曲躬合掌，恭敬向佛而作是言：善来世尊！善来善逝！善来如来、应、正等觉！唯愿哀愍，处此宫殿！

尔时，世尊即受其请，入妙胜殿；十方一切诸世界中，悉亦如是。尔时，帝释以佛神力，诸宫殿中所有乐音自然止息，即自忆念过去佛所种诸善根而说颂言：

迦叶如来具大悲，诸吉祥中最无上，彼佛曾来入此殿，是故此处最吉祥。拘那牟尼见无碍，诸吉祥中最无上，彼佛曾来入此殿，是故此处最吉祥。迦罗鸠驮如金山，诸吉祥中最无上，彼佛曾来入此殿，是故此处最吉祥。毗舍浮佛无三垢，诸吉祥中最无上，彼佛曾来入此殿，是故此处最吉祥。尸弃如来离分别，诸吉祥中最无上，彼佛曾来入此殿，是故此处最吉祥。毗婆尸佛如满月，诸吉祥中最无上，彼佛曾来入此殿，是故此处最吉祥。弗沙明达第一义，诸吉祥中最无上，彼佛曾来入此殿，是故此处最吉祥。提舍如来辩无碍，诸吉祥中最无上，彼佛曾来入此殿，是故此处最吉祥。波头摩佛净无垢，诸吉祥中最无上，彼佛曾来入此殿，是故此处最吉祥。然灯如来大光明，诸吉祥中最无上，彼佛曾来入此殿，是故此处最吉祥。

如此世界中，忉利天王以如来神力故，偈赞十佛所有功德；十方世界诸释天王，悉亦如是赞佛功德。尔时，世尊入妙胜殿，结跏趺坐。此殿忽然广博宽容，如其天众诸所住处；十方世界，悉亦如是。

须弥顶上偈赞品第十四

尔时，佛神力故，十方各有一大菩萨，一一各与佛刹微尘数菩萨俱，从百佛刹微尘数国土外诸世界中而来集会，其名曰：法慧菩萨、一切慧菩萨、胜慧菩萨、功德慧菩萨、精进慧菩萨、善慧菩萨、智慧菩萨、真实慧菩萨、无上慧菩萨、坚固慧菩萨。所从来土，所谓：因陀罗华世界、波头摩华世界、宝华世界、优钵罗华世界、金刚华世界、妙香华世界、悦意华世界、阿卢那华世界、那罗陀华世界、虚空华世界。各于佛所净修梵行，所谓：殊特月佛、无尽月佛、不动月佛、风月佛、水月佛、解脱月佛、无上月佛、星宿月佛、清净月佛、明了月佛。是诸菩萨至佛所已，顶礼佛足；随所来方，各化作毗卢遮那藏师子之座，于其座上结跏趺坐。如此世界中，须弥顶上，菩萨来集；一切世界，悉亦如是，彼诸菩萨所有名字、世界、佛号，悉等无别。尔时，世尊从两足指放百千亿妙色光明，普照十方一切世界须弥顶上帝释宫中，佛及大众靡不皆现。

尔时，法慧菩萨承佛威神，普观十方而说颂曰：

佛放净光明，普见世导师，须弥山王顶，妙胜殿中住。一切释天王,请佛入宫殿,悉以十妙颂,称赞诸如来。彼诸大会中,所有菩萨众,皆从十方至,化座而安坐。彼会诸菩萨,皆同我等名,所从诸世界,名字亦如是。本国诸世尊,名号悉亦同,各于其佛所,净修无上行。佛子汝应观,如来自在力,一切阎浮提,皆言佛在中。我等今见佛,住于须弥顶,十方悉亦然,如来自在力。一一世界中,发心求佛道,依于如是愿,修习菩提行。佛以种种身,游行遍世间,法界无所碍,无能测量者。慧光恒普照,世闇悉除灭,一切无等伦,云何可测知!

尔时,一切慧菩萨承佛威力,普观十方而说颂言:

假使百千劫,常见于如来,不依真实义,而观救世者。是人取诸相,增长痴惑网,系缚生死狱,盲冥不见佛。观察于诸法,自性无所有,如其生灭相,但是假名说。一切法无生,一切法无灭,若能如是解,诸佛常现前。法性本空寂,无取亦无见,性空即是佛,不可得思量。若知一切法,体性皆如是,斯人则不为,烦恼所染著。凡夫见诸法,但随于相转,不了法无相,以是不见佛。牟尼离三世,诸相悉具足,住于无所住,普遍而不动。我观一切法,皆悉得明了,今见于如来,决定无有疑。法慧先已说,如来真实性,我从彼了知,菩提难思议。

尔时,胜慧菩萨承佛威力,普观十方而说颂言:

如来大智慧,希有无等伦,一切诸世间,思惟莫能及。凡夫妄观察,取相不如理,佛离一切相,非彼所能见。迷惑无知者,妄取五蕴相,不了彼真性,是人不见佛。了知一切法,自性无所有,如是解法性,则见卢舍那。因前五蕴故,后蕴相续起,于此性了知,见佛难思议。譬如闇中宝,无灯不可见,佛法无人说,虽慧莫能了。亦如目有翳,不见净妙色,如是不净心,不见诸佛法。又如明净日,瞽者莫能见,无有智慧心,终不见诸佛。若能除眼翳,舍离于色想,不见于诸法,则得见如来。一切慧先说,诸佛菩提法,我从于彼闻,得见卢舍那。

尔时,功德慧菩萨承佛威力,普观十方而说颂言:

诸法无真实,妄取真实相,是故诸凡夫,轮回生死狱。言词所说法,小智妄分别,是故生障碍,不了于自心。不能了自心,云何知正道?彼由颠倒慧,增长一切恶。不见诸法空,恒受生死苦,斯人未能有,清净法眼故。我昔受众苦,由我不见佛,故当净法眼,观其所应见。若得见于佛,其心无所取,此人则能见,如佛所知法。若见佛真法,则名大智者,斯人有净眼,能观察世间。无见即是见,能见一切法,于法若有见,此则无所见。一切诸法性,无生亦无灭,奇哉大导师,自觉能觉他。胜慧先已说,如来所悟法,我等从彼闻,能知佛真性。

尔时,精进慧菩萨承佛威力,观察十方而说颂言:

若住于分别，则坏清净眼，愚痴邪见增，永不见诸佛。若能了邪法，如实不颠倒，知妄本自真，见佛则清净。有见则为垢，此则未为见，远离于诸见，如是乃见佛。世间言语法，众生妄分别，知世皆无生，乃是见世间。若见见世间，见则世间相，如实等无异，此名真见者。若见等无异，于物不分别，是见离诸惑，无漏得自在。诸佛所开示，一切分别法，是悉不可得，彼性清净故。法性本清净，如空无有相，一切无能说，智者如是观。远离于法想，不乐一切法，此亦无所修，能见大牟尼。如德慧所说，此名见佛者，所有一切行，体性皆寂灭。

尔时，善慧菩萨承佛威力，普观十方而说颂言：

希有大勇健，无量诸如来，离垢心解脱，自度能度彼。我见世间灯，如实不颠倒，如于无量劫，积智者所见。一切凡夫行，莫不速归尽，其性如虚空，故说无有尽。智者说无尽，此亦无所说，自性无尽故，得有难思尽。所说无尽中，无众生可得，知众生性尔，则见大名称。无见说为见，无生说众生，若见若众生，了知无体性。能见及所见，见者悉除遣，不坏于真法，此人了知佛。若人了知佛，及佛所说法，则能照世间，如佛卢舍那。正觉善开示，一法清净道，精进慧大士，演说无量法。若有若无有，彼想皆除灭，如是能见佛，安住于实际。

尔时，智慧菩萨承佛威力，普观十方而说颂言：

我闻最胜教，即生智慧光，普照十方界，悉见一切佛。此中无少物，但有假名字，若计有我人，则为入险道。诸取著凡夫，计身为实有，如来非所取，彼终不得见。此人无慧眼，不能得见佛，于无量劫中，流转生死海。有诤说生死，无诤即涅槃，生死及涅槃，二俱不可得。若逐假名字，取著此二法，此人不如实，不知圣妙道。若生如是想：此佛此最胜。颠倒非实义，不能见正觉。能知此实体，寂灭真如相，则见正觉尊，超出语言道。言语说诸法，不能显实相，平等乃能见，如法佛亦然。正觉过去世，未来及现在，永断分别根，是故说名佛。

尔时，真实慧菩萨承佛威力，普观十方而说颂言：

宁受地狱苦，得闻诸佛名，不受无量乐，而不闻佛名。所以于往昔，无数劫受苦，流转生死中，不闻佛名故。于法不颠倒，如实而现证，离诸和合相，是名无上觉。现在非和合，去来亦复然，一切法无相，是则佛真体。若能如是观，诸法甚深义，则见一切佛，法身真实相。于实见真实，非实见不实，如是究竟解，是故名为佛。佛法不可觉，了此名觉法，诸佛如是修，一法不可得。知以一故众，知以众故一，诸法无所依，但从和合起。无能作所作，唯从业想生，云何知如是？异此无有故。一切法无住，定处不可得，诸佛住于此，究竟不动摇。

尔时，无上慧菩萨承佛威力，普观十方而说颂言：

无上摩诃萨，远离众生想，无有能过者，故号为无上。诸佛所得处，无作无分别，粗者无所有，微细亦复然。诸佛所行境，于中无有数，正觉远离数，此是佛真法。如来光普照，灭除众暗冥，是光非有照，亦复非无照。于法无所著，无念亦无染，无住无处所，不坏于法性。此中无有二，亦复无有一，大智善见者，如理巧安住。无中无有二，无二亦复无，三界一切空，是则诸佛见。凡夫无觉解，佛令住正法，诸法无所住，悟此见自身。非身而说身，非起而现起，无身亦无见，是佛无上身。如是实慧说，诸佛妙法性，若闻此法者，当得清净眼。

尔时，坚固慧菩萨承佛威力，普观十方而说颂言：

伟哉大光明，勇健无上士，为利群迷故，而兴于世间。佛以大悲心，普观诸众生，见在三有中，轮回受众苦。唯除正等觉，具德尊导师，一切诸天人，无能救护者。若佛菩萨等，不出于世间，无有一众生，而能得安乐。如来等正觉，及诸贤圣众，出现于世间，能与众生乐。若见如来者，为得大善利，闻佛名生信，则是世间塔。我等见世尊，为得大利益，闻如是妙法，悉当成佛道。诸菩萨过去，以佛威神力，得清净慧眼，了诸佛境界。今见卢舍那，重增清净信，佛智无边际，演说不可尽。胜慧等菩萨，及我坚固慧，无数亿劫中，说亦不能尽。

十住品第十五

尔时，法慧菩萨承佛威力，入菩萨无量方便三昧。以三昧力，十方各千佛刹微尘数世界之外，有千佛刹微尘数诸佛，皆同一号，名曰法慧，普现其前，告法慧菩萨言：善哉！善哉！善男子！汝能入是菩萨无量方便三昧。善男子！十方各千佛刹微尘数诸佛，悉以神力共加于汝。又是毗卢遮那如来往昔愿力、威神之力，及汝所修善根力故，入此三昧，令汝说法。为增长佛智故，深入法界故，善了众生界故，所入无碍故，所行无障故，得无等方便故，入一切智性故，觉一切法故，知一切根故，能持说一切法故，所谓：发起诸菩萨十种住。善男子！汝当承佛威神之力而演此法。

是时，诸佛即与法慧菩萨无碍智、无著智、无断智、无痴智、无异智、无失智、无量智、无胜智、无懈智、无夺智。何以故？此三昧力，法如是故。是时，诸佛各伸右手，摩法慧菩萨顶。法慧菩萨即从定起，告诸菩萨言：

佛子！菩萨住处广大，与法界虚空等。佛子！菩萨住三世诸佛家，彼菩萨住，我今当说。诸佛子！菩萨住有十种，过去、未来、现在诸佛，已说、当说、今说。何者为十？所谓：初发心住、治地住、修行住、生贵住、具足方便住、正心住、不退住、童真住、王子住、灌顶住。是名菩萨十住，去、来、现在诸佛所说。

佛子！云何为菩萨发心住？此菩萨见佛世尊形貌端严，色相圆满，人所乐见，难可值遇，有大威力；或见神足；或闻记别；或听教诫；或见众生受诸剧苦；或闻如来广大佛法，发菩提心，求一切智。此菩萨缘十种难得法而发于心。何者为十？所谓：是处非处智、善恶业报智、诸根胜劣智、种种解差别智、种种界差别智、一切至处道智、诸禅解脱三昧智、宿命无碍智、天眼无碍智、三世漏普尽智。是为十。佛子！此菩萨应劝学十法。何者为十？所谓：勤供养佛、乐住生死、主导世间令除恶业、以胜妙法常行教诲、叹无上法、学佛功德、生诸佛前恒蒙摄受、方便演说寂静三昧、赞叹远离生死轮回、为苦众生作归依处。何以故？欲令菩萨于佛法中心转增广；有所闻法，即自开解，不由他教故。

佛子！云何为菩萨治地住？此菩萨于诸众生发十种心。何者为十？所谓：利益心、大悲心、安乐心、安住心、怜愍心、摄受心、守护心、同己心、师心、导师心。是为十。佛子！此菩萨应劝学十法。何者为十？所谓：诵习多闻、虚闲寂静、近善知识、发言和悦、语必知时、心无怯怖、了达于义、如法修行、远离愚迷、安住不动。何以故？欲令菩萨于诸众生增长大悲；有所闻法，即自开解，不由他教故。

佛子！云何为菩萨修行住？此菩萨以十种行观一切法。何等为十？所谓：观一切法无常、一切法苦、一切法空、一切法无我、一切法无作、一切法无味、一切法不如名、一切法无处所、一切法离分别、一切法无坚实。是为十。佛子！此菩萨应劝学十法。何者为十？所谓：观察众生界、法界、世界，观察地界、水界、火界、风界，观察欲界、色界、无色界。何以故？欲令菩萨智慧明了；有所闻法，即自开解，不由他教故。

佛子！云何为菩萨生贵住？此菩萨从圣教中生，成就十法。何者为十？所谓：永不退转于诸佛所，深生净信，善观察法，了知众生、国土、世界、业行、果报、生死、涅槃。是为十。佛子！此菩萨应劝学十法。何者为十？所谓：了知过去、未来、现在一切佛法，修习过去、未来、现在一切佛法，圆满过去、未来、现在一切佛法，了知一切诸佛平等。何以故？欲令增进于三世中，心得平等；有所闻法，即自开解，不由他教故。

佛子！云何为菩萨具足方便住？此菩萨所修善根，皆为救护一切众生，饶益一切众生，安乐一切众生，哀愍一切众生，度脱一切众生，令一切众生离诸灾难，令一切众生出生死苦，令一切众生发生净信，令一切众生悉得调伏，令一切众生咸证涅槃。佛子！此菩萨应劝学十法。何者为十？所谓：知众生无边、知众生无量、知众生无数、知众生不思议、知众生无量色、知众生不可量、知众生空、知众生无所作、知众生无所有、知众生无自性。何以故？欲令其心转复增胜，无所染著；有所闻法，即自开解，不由他教故。

佛子！云何为菩萨正心住？此菩萨闻十种法，心定不动。何者为十？所谓：闻赞佛、毁佛，于佛法中，心定不动；闻赞法、毁法，于佛法中，心定不动；闻赞菩萨、毁菩萨，于佛法中，心定不动；闻赞菩萨、毁菩萨所行法，于佛法中，心定不动；闻说众生有量、无量，于佛法中，心定不动；闻说众生有垢、无垢，于佛法中，心定不动；闻说众生易度、难度，于佛法中，心定不动；闻说法界有量、无量，于佛法中，心定不动；闻说法界有成、有坏，于佛法中，心定不动；闻说法界若有、若无，于佛法中，心定不动。是为十。佛子！此菩萨应劝学十法。何者为十？所谓：一切法无相、一切法无体、一切法不可修、一切法无所有、一切法无真实、一切法空、一切法无性、一切法如幻、一切法如梦、一切法无分别。何以故？欲令其心转复增进，得不退转无生法忍；有所闻法，即自开解，不由他教故。

佛子！云何为菩萨不退住？此菩萨闻十种法，坚固不退。何者为十？所谓：闻有佛、无佛，于佛法中，心不退转；闻有法、无法，于佛法中，心不退转；闻有菩萨、无菩萨，于佛法中，心不退转；闻有菩萨行、无菩萨行，于佛法中，心不退转；闻有菩萨修行出离、修行不出离，于佛法中，心不退转；闻过去有佛、过去无佛，于佛法中，心不退转；闻未来有佛、未来无佛，于佛法中，心不退转；闻现在有佛、现在无佛，于佛法中，心不退转；闻佛智有尽、佛智无尽，于佛法中，心不退转；闻三世一相、三世非一相，于佛法中，心不退转。是为十。佛子！此菩萨应劝学十种广大法。何者为十？所谓：说一即多、说多即一、文随于义、义随于文、非有即有、有即非有、无相即相、相即无相、无性即性、性即无性。何以故？欲令增进，于一切法善能出离；有所闻法，即自开解，不由他教故。

佛子！云何为菩萨童真住？此菩萨住十种业。何者为十？所谓：身行无失，语行无失，意行无失，随意受生，知众生种种欲，知众生种种解，知众生种种界，知众生种种业，知世界成坏，神足自在、所行无碍。是为十。佛子！此菩萨应劝学十种法。何者为十？所谓：知一切佛刹、动一切佛刹、持一切佛刹、观一切佛刹、诣一切佛刹、游行无数世界、领受无数佛法、现变化自在身、出广大遍满音、一刹那中承事供养无数诸佛。何以故？欲令增进，于一切法能得善巧；有所闻法，即自开解，不由他教故。

佛子！云何为菩萨王子住？此菩萨善知十种法。何者为十？所谓：善知诸众生受生、善知诸烦恼现起、善知习气相续、善知所行方便、善知无量法、善解诸威仪、善知世界差别、善知前际后际事、善知演说世谛、善知演说第一义谛。是为十。佛子！此菩萨应劝学十种法。何者为十？所谓：法王处善巧、法王处轨度、法王处宫殿、法王处趣入、法王处观察、法王灌顶、法王力持、法王无畏、法王宴寝、法王赞叹。何以故？欲令增进，心无障碍；有所闻法，即自开解，不由他教故。

佛子！云何为菩萨灌顶住？此菩萨得成就十种智。何者为十？所谓：震动无数世界、照曜无数世界、住持无数世界、往诣无数世界、严净无数世界、开示无数众生、观察无数众生、知无数众生根、令无数众生趣入、令无数众生调伏。是为十。佛子！此菩萨身及身业，神通变现，过去智、未来智、现在智成就佛土，心境界、智境界皆不可知，乃至法王子菩萨亦不能知。佛子！此菩萨应劝学诸佛十种智。何者为十？所谓：三世智、佛法智、法界无碍智、法界无边智、充满一切世界智、普照一切世界智、住持一切世界智、知一切众生智、知一切法智、知无边诸佛智。何以故？欲令增长一切种智；有所闻法，即自开解，不由他教故。

尔时，佛神力故，十方各一万佛刹微尘数世界，六种震动。所谓：动、遍动、等遍动，起、遍起、等遍起，涌、遍涌、等遍涌，震、遍震、等遍震，吼、遍吼、等遍吼，击、遍击、等遍击。雨天妙华、天末香、天华鬘、天杂香、天宝衣、天宝云、天庄严具，天诸音乐不鼓自鸣，放大光明及妙音声。如此四天下须弥山顶帝释殿上，说十住法，现诸神变；十方所有一切世界，悉亦如是。又以佛神力故，十方各过一万佛刹微尘数世界，有十佛刹微尘数菩萨，来诣于此，充满十方，作如是言：善哉！善哉！佛子善说此法！我等诸人，同名：法慧；所从来国，同名：法云；彼土如来，皆名：妙法。我等佛所，亦说十住；众会眷属，文句义理，悉亦如是，无有增减。佛子！我等承佛神力来入此会，为汝作证：如于此会，十方所有一切世界，悉亦如是。

尔时，法慧菩萨承佛威力，观察十方暨于法界而说颂曰：

见最胜智微妙身，相好端严皆具足，如是尊重甚难遇，菩萨勇猛初发心。见无等比大神通，闻说记心及教诫，诸趣众生无量苦，菩萨以此初发心。闻诸如来普胜尊，一切功德皆成就，譬如虚空不分别，菩萨以此初发心。三世因果名为处，我等自性为非处，欲悉了知真实义，菩萨以此初发心。过去未来现在世，所有一切善恶业，欲悉了知无不尽，菩萨以此初发心。诸禅解脱及三昧，杂染清净无量种，欲悉了知入住出，菩萨以此初发心。随诸众生根利钝，如是种种精进力，欲悉了达分别知，菩萨以此初发心。一切众生种种解，心所好乐各差别，如是无量欲悉知，菩萨以此初发心。众生诸界各差别，一切世间无有量，欲悉了知其体性，菩萨以此初发心。一切有为诸行道，一一皆有所至处，悉欲了知其实性，菩萨以此初发心。一切世界诸众生，随业漂流无暂息，欲得天眼皆明见，菩萨以此初发心。过去世中曾所有，如是体性如是相，欲悉了知其宿住，菩萨以此初发心。一切众生诸结惑，相续现起及习气，欲悉了知究竟尽，菩萨以此初发心。随诸众生所安立，种种谈论语言道，如其世谛悉欲知，菩萨以此初发心。一切诸法离言说，性空寂灭无所作，欲悉明达此真义，菩萨以此初发心。欲悉震动十方国，倾覆一切诸大海，具足诸佛大神通，菩萨以此初发心。欲一毛孔放光明，普照十方无量土，一一光中觉一切，菩萨以此初发心。欲以难思诸佛刹，悉置掌中而不动，了知一切如幻化，菩萨以此初发心。欲以无量刹众生，置一毛端不迫隘，悉知无人无有我，菩萨以此初发心。欲以一毛滴海水，一切大海悉令竭，而悉分别知其数，菩萨以此初发心。不可思议诸国土，尽抹为尘无遗者，欲悉分别知其数，菩萨以此初发心。过去未来无量劫，一切世间成坏相，欲悉了达穷其际，菩萨以此初发心。三世所有诸如来，一切独觉及声闻，欲知其法尽无余，菩萨以此初发心。无量无边诸世界，欲以一毛悉称举，如其体相悉了知，菩萨以此初发心。无量无数轮围山，欲令悉入毛孔中，如其大小皆得知，菩萨以此初发心。欲以寂静一妙音，普应十方随类演，如是皆令净明了，菩萨以此初发心。一切众生语言法，一言演说无不尽，悉欲了知其自性，菩萨以此初发心。世间言音靡不作，悉令其解证寂灭，欲得如是妙舌根，菩萨以此初发心。欲使十方诸世界，有成坏相皆得见，而悉知从分别生，菩萨以此初发心。一切十方诸世界，无量如来悉充满，欲悉了知彼佛法，菩萨以此初发心。种种变化无量身，一切世界微尘等，欲悉了达从心起，菩萨以此初发心。过去未来现在世，无量无数诸如来，欲于一念悉了知，菩萨以此初发心。欲具演说一句法，阿僧祇劫无有尽，而令文义各不同，菩萨以此初发心。十方一切诸众生，随其流转生灭相，欲于一念皆明达，菩萨以此初发心。欲以身语及意业，普诣十方无所碍，了知三世皆空寂，菩萨以此初发心。菩萨如是发心已，应令往诣十方国，恭敬供养诸如来，以此使其无退转。菩萨勇猛求佛道，住于生死不疲厌，为彼称叹使顺行，如是令其无退转。十方世界无量刹，悉在其中作尊主，为诸菩萨如是说，以此令其无退转。最胜最上最第一，甚深微妙清净法，劝诸菩萨说与人，如是教令离烦恼。一切世间无与等，不可倾动摧伏处，为彼菩萨常称赞，如是教令不退转。佛是世间大力主，具足一切诸功德，令诸菩萨住是中，以此教为胜丈夫。无量无边诸佛所，悉得往诣而亲近，常为诸佛所摄受，如是教令不退转。所有寂静诸三昧，悉皆演畅无有余，为彼菩萨如是说，以此令其不退转。摧灭诸有生死轮，转于清净妙法轮，一切世间无所著，为诸菩萨如是说。一切众生堕恶道，无量重苦所缠迫，与作救护归依处，为诸菩萨如是说。此是菩萨发心住，一向志求无上道，如我所说教诲法，一切诸佛亦如是。第二治地住菩萨，应当发起如是心，十方一切诸众生，愿使悉顺如来教。利益大悲安乐心，安住怜愍摄受心，守护众生同己心，师心及以导师心。已住如是胜妙心，次令诵习求多闻，常乐寂静正思惟，亲近一切善知识。发言和悦离粗犷，言必知时无所畏，了达于义如法行，远离愚迷心不动。此是初学菩提行，能行此行真佛子，我今说彼所应行，如是佛子应勤学。第三菩萨修行住，当依佛教勤观察，诸法无常苦及空，无有我人无动作。一切诸法不可乐，无如名字无处所，无所分别无真实，如是观者名菩萨。次令观察众生界，及以劝观于法界，世界差别尽无余，于彼咸应劝观察。十方世界及虚空，所有地水与火风，欲界色界无色界，悉劝观察咸令尽。观察彼界各差别，及其体性咸究竟，得如是教勤修行，此则名为真佛子。第四生贵住菩萨，从诸圣教而出生，了达诸有无所有，超过彼法生法界。信佛坚固不可坏，观法寂灭心安住，随诸众生悉了知，体性虚妄无真实。世间刹土业及报，生死涅槃悉如是，佛子于法如是观，从佛亲生名佛子。过去未来现在世，其中所有诸佛法，了知积集及圆满，如是修学令究竟。三世一切诸如来，能随观察悉平等，种种差别不可得，如是观者达三世。如我称扬赞叹者，此是四住诸功德，若能依法勤修行，速成无上佛菩提。从此第五诸菩萨，说名具足方便住，深入无量巧方便，发生究竟功德业。菩萨所修众福德，皆为救护诸群生，专心利益与安乐，一向哀愍令度脱。为一切世除众难，引出诸有令欢喜，一一调伏无所遗，皆令具德向涅槃。一切众生无有边，无量无数不思议，及以不可称量等，听受如来如是法。此第五住真佛子，成就方便度众生，一切功德大智尊，以如是法而开示。第六正心圆满住，于法自性无迷惑，正念思惟离分别，一切天人莫能动。闻赞毁佛与佛法，菩萨及以所行行，众生有量若无量，有垢无垢难易度，法界大小及成坏，若有若无心不动，过去未来今现在，谛念思惟恒决定。一切诸法皆无相，无体无性空无实，如幻如梦离分别，常乐听闻如是义。第七不退转菩萨，于佛及法菩萨行，若有若无出不出，虽闻是说无退转。过去未来现在世，一切诸佛有以无，佛智有尽或无尽，三世一相种种相，一即是多多即一，文随于义义随文，如是一切展转成，此不退人应为说。若法有相及无相，若法有性及无性，种种差别互相属，此人闻已得究竟。第八菩萨童真住，身语意行皆具足，一切清净无诸失，随意受生得自在。知诸众生心所乐，种种意解各差别，及其所有一切法，十方国土成坏相。逮得速疾妙神通，一切处中随念往，于诸佛所听闻法，赞叹修行无懈倦。了知一切诸佛国，震动加持亦观察，超过佛土不可量，游行世界无边数。阿僧祇法悉谘问，所欲受身皆自在，言音善巧靡不充，诸佛无数咸承事。第九菩萨王子住，能见众生受生别，烦恼现习靡不知，所行方便皆善了。诸法各异威仪别，世界不同前后际，如其世俗第一义，悉善了知无有余。法王善巧安立处，随其处所所有法，法王宫殿若趣入，及以于中所观见。法王所有灌顶法，神力加持无怯畏，宴寝宫室及叹誉，以此教诏法王子。如是为说靡不尽，而令其心无所著，于此了知修正念，一切诸佛现其前。第十灌顶真佛子，成满最上第一法，十方无数诸世界，悉能震动光普照。住持往诣亦无余，清净庄严皆具足，开示众生无有数，观察知根悉能尽。发心调伏亦无边，咸令趣向大菩提，一切法界咸观察，十方国土皆往诣。其中身及身所作，神通变现难可测，三世佛土诸境界，乃至王子无能了。一切见者三世智，于诸佛法明了智，法界无碍无边智，充满一切世界智，照曜世界住持智，了知众生诸法智，及知正觉无边智，如来为说咸令尽。如是十住诸菩萨，皆从如来法化生，随其所有功德行，一切天人莫能测。过去未来现在世，发心求佛无有边，十方国土皆充满，莫不当成一切智。一切国土无边际，世界众生法亦然，惑业心乐各差别，依彼而发菩提意。始求佛道一念心，世间众生及二乘，斯等尚亦不能知，何况所余功德行！十方所有诸世界，能以一毛悉称举，彼人能知此佛子，趣向如来智慧行。十方所有诸大海，悉以毛端滴令尽，彼人能知此佛子，一念所修功德行。一切世界抹为尘，悉能分别知其数，如是之人乃能见，此诸菩萨所行道。去来现在十方佛，一切独觉及声闻，悉以种种妙辩才，开示初发菩提心。发心功德不可量，充满一切众生界，众智共说无能尽，何况所余诸妙行！

大方广佛华严经卷第十七

梵行品第十六

尔时，正念天子白法慧菩萨言：佛子！一切世界诸菩萨众，依如来教，染衣出家。云何而得梵行清净，从菩萨位逮于无上菩提之道？

法慧菩萨言：

佛子！菩萨摩诃萨修梵行时，应以十法而为所缘，作意观察。所谓：身、身业、语、语业、意、意业、佛、法、僧、戒。应如是观：为身是梵行耶？乃至戒是梵行耶？若身是梵行者，当知梵行则为非善、则为非法、则为浑浊、则为臭恶、则为不净、则为可厌、则为违逆、则为杂染、则为死尸、则为虫聚。若身业是梵行者，梵行则是行住坐卧、左右顾视、屈伸俯仰。若语是梵行者，梵行则是音声风息、唇舌喉吻、吐纳抑纵、高低清浊。若语业是梵行者，梵行则是起居问讯、略说、广说、喻说、直说、赞说、毁说、安立说、随俗说、显了说。若意是梵行者，梵行则应是觉、是观、是分别、是种种分别、是忆念、是种种忆念、是思惟、是种种思惟、是幻术、是眠梦。若意业是梵行者，当知梵行则是思想、寒热、饥渴、苦乐、忧喜。若佛是梵行者，为色是佛耶？受是佛耶？想是佛耶？行是佛耶？识是佛耶？为相是佛耶？好是佛耶？神通是佛耶？业行是佛耶？果报是佛耶？若法是梵行者，为寂灭是法耶？涅槃是法耶？不生是法耶？不起是法耶？不可说是法耶？无分别是法耶？无所行是法耶？不合集是法耶？不随顺是法耶？无所得是法耶？若僧是梵行者，为预流向是僧耶？预流果是僧耶？一来向是僧耶？一来果是僧耶？不还向是僧耶？不还果是僧耶？阿罗汉向是僧耶？阿罗汉果是僧耶？三明是僧耶？六通是僧耶？若戒是梵行者，为坛场是戒耶？问清净是戒耶？教威仪是戒耶？三说羯磨是戒耶？和尚是戒耶？阿阇梨是戒耶？剃发是戒耶？著袈裟衣是戒耶？乞食是戒耶？正命是戒耶？如是观已，于身无所取，于修无所著，于法无所住；过去已灭，未来未至，现在空寂；无作业者，无受报者；此世不移动，彼世不改变。此中何法名为梵行？梵行从何处来？谁之所有？体为是谁？由谁而作？为是有，为是无？为是色，为非色？为是受，为非受？为是想，为非想？为是行，为非行？为是识，为非识？如是观察，梵行法不可得故，三世法皆空寂故，意无取著故，心无障碍故，所行无二故，方便自在故，受无相法故，观无相法故，知佛法平等故，具一切佛法故，如是名为清净梵行。

复应修习十种法。何者为十？所谓：处非处智、过现未来业报智、诸禅解脱三昧智、诸根胜劣智、种种解智、种种界智、一切至处道智、天眼无碍智、宿命无碍智、永断习气智。于如来十力，一一观察；一一力中，有无量义，悉应谘问。闻已，应起大慈悲心，观察众生而不舍离；思惟诸法，无有休息；行无上业，不求果报；了知境界如幻如梦，如影如响，亦如变化。若诸菩萨能与如是观行相应，于诸法中不生二解，一切佛法疾得现前，初发心时即得阿耨多罗三藐三菩提，知一切法即心自性，成就慧身，不由他悟。

初发心功德品第十七

尔时，天帝释白法慧菩萨言：佛子！菩萨初发菩提之心，所得功德，其量几何？

法慧菩萨言：

此义甚深，难说、难知、难分别、难信解、难证、难行、难通达、难思惟、难度量、难趣入。虽然，我当承佛威神之力而为汝说。

佛子！假使有人以一切乐具，供养东方阿僧祇世界所有众生，经于一劫，然后教令净持五戒；南、西、北方，四维、上、下，亦复如是。佛子！于汝意云何，此人功德宁为多不？

天帝言：佛子！此人功德，唯佛能知，其余一切无能量者。

法慧菩萨言：

佛子！此人功德比菩萨初发心功德，百分不及一，千分不及一，百千分不及一；如是，亿分、百亿分、千亿分、百千亿分、那由他亿分、百那由他亿分、千那由他亿分、百千那由他亿分、数分、歌罗分、算分、喻分、优波尼沙陀分，亦不及一。

佛子！且置此喻。假使有人以一切乐具，供养十方十阿僧祇世界所有众生，经于百劫，然后教令修十善道；如是供养，经于千劫，教住四禅；经于百千劫，教住四无量心；经于亿劫，教住四无色定；经于百亿劫，教住须陀洹果；经于千亿劫，教住斯陀含果；经于百千亿劫，教住阿那含果；经于那由他亿劫，教住阿罗汉果；经于百千那由他亿劫，教住辟支佛道。佛子！于意云何，是人功德宁为多不？

天帝言：佛子！此人功德，唯佛能知。

法慧菩萨言：

佛子！此人功德比菩萨初发心功德，百分不及一，千分不及一，百千分不及一，乃至优波尼沙陀分亦不及一。何以故？佛子！一切诸佛初发心时，不但为以一切乐具，供养十方十阿僧祇世界所有众生，经于百劫，乃至百千那由他亿劫故，发菩提心；不但为教尔所众生，令修五戒、十善业道，教住四禅、四无量心、四无色定，教得须陀洹果、斯陀含果、阿那含果、阿罗汉果、辟支佛道故，发菩提心；为令如来种性不断故，为充遍一切世界故，为度脱一切世界众生故，为悉知一切世界成坏故，为悉知一切世界中众生垢净故，为悉知一切世界自性清净故，为悉知一切众生心乐烦恼习气故，为悉知一切众生死此生彼故，为悉知一切众生诸根方便故，为悉知一切众生心行故，为悉知一切众生三世智故，为悉知一切佛境界平等故，发于无上菩提之心。

佛子！复置此喻。假使有人，于一念顷，能过东方阿僧祇世界；念念如是，尽阿僧祇劫，此诸世界无有能得知其边际。又第二人，于一念顷，能过前人阿僧祇劫所过世界；如是，亦尽阿僧祇劫。次第展转，乃至第十。南、西、北方，四维、上、下，亦复如是。佛子！此十方中，凡有百人，一一如是过诸世界，是诸世界可知边际；菩萨初发阿耨多罗三藐三菩提心所有善根，无有能得知其际者。何以故？佛子！菩萨不齐限，但为往尔所世界得了知故，发菩提心；为了知十方世界故，发菩提心。所谓：欲了知妙世界即是粗世界，粗世界即是妙世界；仰世界即是覆世界，覆世界即是仰世界；小世界即是大世界，大世界即是小世界；广世界即是狭世界，狭世界即是广世界；一世界即是不可说世界，不可说世界即是一世界；不可说世界入一世界，一世界入不可说世界；秽世界即是净世界，净世界即是秽世界。欲知一毛端中，一切世界差别性；一切世界中，一毛端一体性。欲知一世界中出生一切世界，欲知一切世界无体性。欲以一念心尽知一切广大世界而无障碍故，发阿耨多罗三藐三菩提心。

佛子！复置此喻。假使有人，于一念顷，能知东方阿僧祇世界成坏劫数；念念如是，尽阿僧祇劫，此诸劫数无有能得知其边际。有第二人，于一念顷，能知前人阿僧祇劫所知劫数。如是广说，乃至第十。南、西、北方，四维、上、下，亦复如是。佛子！此十方阿僧祇世界成坏劫数，可知边际；菩萨初发阿耨多罗三藐三菩提心功德善根，无有能得知其际者。何以故？菩萨不齐限，但为知尔所世界成坏劫数故，发阿耨多罗三藐三菩提心；为悉知一切世界成坏劫尽无余故，发阿耨多罗三藐三菩提心。所谓：知长劫与短劫平等，短劫与长劫平等；一劫与无数劫平等，无数劫与一劫平等；有佛劫与无佛劫平等，无佛劫与有佛劫平等；一佛劫中有不可说佛，不可说佛劫中有一佛；有量劫与无量劫平等，无量劫与有量劫平等；有尽劫与无尽劫平等，无尽劫与有尽劫平等；不可说劫与一念平等，一念与不可说劫平等；一切劫入非劫，非劫入一切劫。欲于一念中尽知前际、后际，及现在一切世界成坏劫故，发阿耨多罗三藐三菩提心，是名：初发心大誓庄严了知一切劫神通智。

佛子！复置此喻。假使有人，于一念顷，能知东方阿僧祇世界所有众生种种差别解；念念如是，尽阿僧祇劫。有第二人，于一念顷，能知前人阿僧祇劫所知众生诸解差别；如是，亦尽阿僧祇劫。次第展转，乃至第十。南、西、北方，四维、上、下，亦复如是。佛子！此十方众生种种差别解，可知边际；菩萨初发阿耨多罗三藐三菩提心功德善根，无有能得知其际者。何以故？佛子！菩萨不齐限，但为知尔所众生解故，发阿耨多罗三藐三菩提心；为尽知一切世界所有众生种种差别解故，发阿耨多罗三藐三菩提心。所谓：欲知一切差别解无边故，一众生解、无数众生解平等故；欲得不可说差别解方便智光明故；欲悉知众生海各各差别解，尽无余故；欲悉知过、现、未来，善、不善种种无量解故；欲悉知相似解、不相似解故；欲悉知一切解即是一解，一解即是一切解故；欲得如来解力故；欲悉知有上解、无上解、有余解、无余解、等解、不等解差别故；欲悉知有依解、无依解、共解、不共解、有边解、无边解、差别解、无差别解、善、不善解、世间解、出世间解差别故；欲于一切妙解、大解、无量解、正位解中，得如来解脱无障碍智故；欲以无量方便，悉知十方一切众生界，一一众生净解、染解、广解、略解、细解、粗解，尽无余故；欲悉知深密解、方便解、分别解、自然解、随因所起解、随缘所起解，一切解网悉无余故，发阿耨多罗三藐三菩提心。

佛子！复置此喻。假使有人，于一念顷，能知东方无数世界一切众生诸根差别；念念如是，经阿僧祇劫。有第二人，于一念顷，能知前人阿僧祇劫念念所知诸根差别。如是广说，乃至第十。南、西、北方，四维、上、下，亦复如是。佛子！此十方世界所有众生诸根差别，可知边际；菩萨初发阿耨多罗三藐三菩提心功德善根，无有能得知其际者。何以故？菩萨不齐限，但为知尔所世界众生根故，发阿耨多罗三藐三菩提心；为尽知一切世界中一切众生根种种差别，广说乃至，欲尽知一切诸根网故，发阿耨多罗三藐三菩提心。

佛子！复置此喻。假使有人，于一念顷，能知东方无数世界所有众生种种欲乐；念念如是，尽阿僧祇劫。次第广说，乃至第十。南、西、北方，四维、上、下，亦复如是。此十方众生所有欲乐，可知边际;菩萨初发阿耨多罗三藐三菩提心功德善根,无有能得知其际者。何以故?佛子!菩萨不齐限,但为知尔所众生欲乐故,发阿耨多罗三藐三菩提心;为尽知一切世界所有众生种种欲乐,广说乃至,欲尽知一切欲乐网故,发阿耨多罗三藐三菩提心。

佛子!复置此喻。假使有人,于一念顷,能知东方无数世界所有众生种种方便。如是广说,乃至第十。南、西、北方,四维、上、下,亦复如是。此十方众生种种方便,可知边际;菩萨初发阿耨多罗三藐三菩提心功德善根,无有能得知其际者。何以故?佛子!菩萨不齐限,但为知尔所世界众生种种方便故,发阿耨多罗三藐三菩提心;为尽知一切世界所有众生种种方便,广说乃至,欲尽知一切方便网故,发阿耨多罗三藐三菩提心。

佛子!复置此喻。假使有人,于一念顷,能知东方无数世界所有众生种种差别心。广说乃至,此十方世界所有众生种种差别心,可知边际;菩萨初发阿耨多罗三藐三菩提心功德善根,无有能得知其际者。何以故?佛子!菩萨不齐限,但为知尔所众生心故,发阿耨多罗三藐三菩提心;为悉知尽法界、虚空界无边众生种种心,乃至欲尽知一切心网故,发阿耨多罗三藐三菩提心。

佛子!复置此喻。假使有人,于一念顷,能知东方无数世界所有众生种种差别业。广说乃至,此十方众生种种差别业,可知边际;菩萨初发阿耨多罗三藐三菩提心善根边际,不可得知。何以故?佛子!菩萨不齐限,但为知尔所众生业故,发阿耨多罗三藐三菩提心;欲悉知三世一切众生业,乃至欲悉知一切业网故,发阿耨多罗三藐三菩提心。

佛子!复置此喻。假使有人,于一念顷,能知东方无数世界所有众生种种烦恼;念念如是,尽阿僧祇劫,此诸烦恼种种差别,无有能得知其边际。有第二人,于一念顷,能知前人阿僧祇劫所知众生烦恼差别;如是,复尽阿僧祇劫。次第广说,乃至第十。南、西、北方,四维、上、下,亦复如是。佛子!此十方众生烦恼差别,可知边际;菩萨初发阿耨多罗三藐三菩提心善根边际,不可得知。何以故?佛子!菩萨不齐限,但为知尔所世界众生烦恼故,发阿耨多罗三藐三菩提心;为尽知一切世界所有众生烦恼差别故,发阿耨多罗三藐三菩提心。所谓:欲尽知轻烦恼、重烦恼、眠烦恼、起烦恼,一一众生无量烦恼种种差别、种种觉观,净治一切诸杂染故;欲尽知依无明烦恼、爱相应烦恼,断一切诸有趣烦恼结故;欲尽知贪分烦恼、瞋分烦恼、痴分烦恼、等分烦恼,断一切烦恼根本故;欲悉知我烦恼、我所烦恼、我慢烦恼,觉悟一切烦恼尽无余故;欲悉知从颠倒分别生根本烦恼、随烦恼,因身见生六十二见,调伏一切烦恼故;欲悉知盖烦恼、障烦恼,发大悲救护心,断一切烦恼网,令一切智性清净故,发阿耨多罗三藐三菩提心。

佛子！复置此喻。假使有人，于一念顷，以诸种种上味饮食、香华、衣服、幢幡、伞盖，及僧伽蓝、上妙宫殿、宝帐、网幔，种种庄严师子之座及众妙宝，供养东方无数诸佛，及无数世界所有众生，恭敬尊重，礼拜赞叹，曲躬瞻仰，相续不绝，经无数劫。又劝彼众生，悉令如是供养于佛。至佛灭后，各为起塔。其塔高广，无数世界众宝所成种种庄严。一一塔中，各有无数如来形像，光明遍照无数世界，经无数劫。南、西、北方、四维、上、下，亦复如是。佛子！于汝意云何，此人功德宁为多不？

天帝言：是人功德，唯佛乃知，余无能测。

佛子！此人功德比菩萨初发心功德，百分不及一，千分不及一，百千分不及一，乃至优波尼沙陀分亦不及一。

佛子！复置此喻。假使复有第二人，于一念中，能作前人及无数世界所有众生无数劫中供养之事；念念如是，以无量种供养之具，供养无量诸佛如来，及无量世界所有众生，经无量劫。其第三人，乃至第十人，皆亦如是，于一念中能作前人所有供养；念念如是，以无边、无等、不可数、不可称、不可思、不可量、不可说、不可说不可说供养之具，供养无边乃至不可说不可说诸佛，及尔许世界所有众生，经无边乃至不可说不可说劫。至佛灭后，各为起塔，其塔高广。乃至住劫，亦复如是。佛子！此前功德比菩萨初发心功德，百分不及一，千分不及一，百千分不及一，乃至优波尼沙陀分亦不及一。何以故？佛子！菩萨摩诃萨不齐限，但为供养尔所佛故，发阿耨多罗三藐三菩提心；为供养尽法界、虚空界，不可说不可说十方无量去、来、现在所有诸佛故，发阿耨多罗三藐三菩提心。发是心已，能知前际一切诸佛始成正觉及般涅槃，能信后际一切诸佛所有善根，能知现在一切诸佛所有智慧。彼诸佛所有功德，此菩萨能信、能受、能修、能得、能知、能证、能成就，能与诸佛平等一性。何以故？此菩萨为不断一切如来种性故，发心；为充遍一切世界故，发心；为度脱一切世界众生故，发心；为悉知一切世界成坏故，发心；为悉知一切众生垢净故，发心；为悉知一切世界三有清净故，发心；为悉知一切众生心乐烦恼习气故，发心；为悉知一切众生死此生彼故，发心；为悉知一切众生诸根方便故，发心；为悉知一切众生心行故，发心；为悉知一切众生三世智故，发心。以发心故，常为三世一切诸佛之所忆念，当得三世一切诸佛无上菩提；即为三世一切诸佛与其妙法，即与三世一切诸佛体性平等；已修三世一切诸佛助道之法，成就三世一切诸佛力、无所畏；庄严三世一切诸佛不共佛法，悉得法界一切诸佛说法智慧。何以故？以是发心，当得佛故。应知此人即与三世诸佛同等，即与三世诸佛如来境界平等，即与三世诸佛如来功德平等，得如来一身、无量身究竟平等真实智慧。才发心时，即为十方一切诸佛所共称叹，即能说法教化调伏一切世界所有众生，即能震动一切世界，即能光照一切世界，即能息灭一切世界诸恶道苦，即能严净一切国土，即能于一切世界中示现成佛，即能令一切众生皆得欢喜，即能入一切法界性，即能持一切佛种性，即能得一切佛智慧光明。此初发心菩萨，不于三世少有所得。所谓：若诸佛，若诸佛法；若菩萨，若菩萨法；若独觉，若独觉法；若声闻，若声闻法；若世间，若世间法；若出世间，若出世间法；若众生，若众生法。唯求一切智；于诸法界，心无所著。

尔时，佛神力故，十方各一万佛刹微尘数世界六种震动。所谓：动、遍动、等遍动，起、遍起、等遍起，涌、遍涌、等遍涌，震、遍震、等遍震，吼、遍吼、等遍吼，击、遍击、等遍击。雨众天华、天香、天末香、天华鬘、天衣、天宝、天庄严具，作天妓乐，放天光明及天音声。

是时，十方各过十佛刹微尘数世界外，有万佛刹微尘数佛，同名：法慧，各现其身，在法慧菩萨前作如是言：善哉！善哉！法慧！汝于今者，能说此法；我等十方各万佛刹微尘数佛，亦说是法；一切诸佛，悉如是说。汝说此法时，有万佛刹微尘数菩萨发菩提心。我等今者，悉授其记，于当来世过千不可说无边劫，同一劫中而得作佛，出兴于世，皆号：清净心如来，所住世界各各差别。我等悉当护持此法，令未来世一切菩萨，未曾闻者皆悉得闻。如此娑婆世界四天下须弥顶上说如是法，令诸众生闻已受化；如是十方百千亿那由他无数、无量、无边、无等、不可数、不可称、不可思、不可量、不可说，尽法界、虚空界，诸世界中亦说此法教化众生。其说法者，同名：法慧；悉以佛神力故，世尊本愿力故，为欲显示佛法故，为以智光普照故，为欲开阐实义故，为令证得法性故，为令众会悉欢喜故，为欲开示佛法因故，为得一切佛平等故，为了法界无有二故，说如是法。

尔时，法慧菩萨普观尽虚空界十方国土一切众会，欲悉成就诸众生故，欲悉净治诸业果报故，欲悉开显清净法界故，欲悉拔除杂染根本故，欲悉增长广大信解故，欲悉令知无量众生根故，欲悉令知三世法平等故，欲悉令观察涅槃界故，欲增长自清净善根故；承佛威力，即说颂言：

为利世间发大心，其心普遍于十方，众生国土三世法，佛及菩萨最胜海。究竟虚空等法界，所有一切诸世间，如诸佛法皆往诣，如是发心无退转。慈念众生无暂舍，离诸恼害普饶益，光明照世为所归，十力护念难思议。十方国土悉趣入，一切色形皆示现，如佛福智广无边，随顺修因无所著。有刹仰住或傍覆，粗妙广大无量种，菩萨一发最上心，悉能往诣皆无碍。菩萨胜行不可说，皆勤修习无所住，见一切佛常欣乐，普入于其深法海。哀愍五趣诸群生，令除垢秽普清净，绍隆佛种不断绝，摧灭魔宫无有余。已住如来平等性，善修微妙方便道，于佛境界起信心，得佛灌顶心无著。两足尊所念报恩，心如金刚不可沮，于佛所行能照了，自然修习菩提行。诸趣差别想无量，业果及心亦非一，乃至根性种种殊，一发大心悉明见。其心广大等法界，无依无变如虚空，趣向佛智无所取，谛了实际离分别。知众生心无生想，了达诸法无法想，虽普分别无分别，亿那由刹皆往诣。无量诸佛妙法藏，随顺观察悉能入，众生根行靡不知，到如是处如世尊。清净大愿恒相应，乐供如来不退转，人天见者无厌足，常为诸佛所护念。其心清净无所依，虽观深法而不取，如是思惟无量劫，于三世中无所著。其心坚固难制沮，趣佛菩提无障碍，志求妙道除蒙惑，周行法界不告劳。知语言法皆寂灭，但入真如绝异解，诸佛境界悉顺观，达于三世心无碍。菩萨始发广大心，即能遍往十方刹，法门无量不可说，智光普照皆明了。大悲广度最无比，慈心普遍等虚空，而于众生不分别，如是清净游于世。十方众生悉慰安，一切所作皆真实，恒以净心不异语，常为诸佛共加护。过去所有皆忆念，未来一切悉分别，十方世界普入中，为度众生令出离。菩萨具足妙智光，善了因缘无有疑，一切迷惑皆除断，如是而游于法界。魔王宫殿悉摧破，众生翳膜咸除灭，离诸分别心不动，善了如来之境界。三世疑网悉已除，于如来所起净信，以信得成不动智，智清净故解真实。为令众生得出离，尽于后际普饶益，长时勤苦心无厌，乃至地狱亦安受。福智无量皆具足，众生根欲悉了知，及诸业行无不见，如其所乐为说法。了知一切空无我，慈念众生恒不舍，以一大悲微妙音，普入世间而演说。放大光明种种色，普照众生除黑闇，光中菩萨坐莲华，为众阐扬清净法。于一毛端现众刹，诸大菩萨皆充满，众会智慧各不同，悉能明了众生心。十方世界不可说，一念周行无不尽，利益众生供养佛，于诸佛所问深义。于诸如来作父想，为利众生修觉行，智慧善巧通法藏，入深智处无所著。随顺思惟说法界，经无量劫不可尽，智虽善入无处所，无有疲厌无所著。三世诸佛家中生，证得如来妙法身，普为群生现众色，譬如幻师无不作。或现始修殊胜行，或现初生及出家，或现树下成菩提，或为众生示涅槃。菩萨所住希有法，唯佛境界非二乘，身语意想皆已除，种种随宜悉能现。菩萨所得诸佛法，众生思惟发狂乱，智入实际心无碍，普现如来自在力。此于世间无与等，何况复增殊胜行，虽未具足一切智，已获如来自在力。已住究竟一乘道，深入微妙最上法，善知众生时非时，为利益故现神通。分身遍满一切刹，放净光明除世闇，譬如龙王起大云，普雨妙雨悉充洽。观察众生如幻梦，以业力故常流转，大悲哀愍咸救拔，为说无为净法性。佛力无量此亦然，譬如虚空无有边，为令众生得解脱，亿劫勤修而不倦。种种思惟妙功德，善修无上第一业，于诸胜行恒不舍，专念生成一切智。一身示现无量身，一切世界悉周遍，其心清净无分别，一念难思力如是。于诸世间不分别，于一切法无妄想，虽观诸法而不取，恒救众生无所度。一切世间唯是想，于中种种各差别，知想境界险且深，为现神通而救脱。譬如幻师自在力，菩萨神变亦如是，身遍法界及虚空，随众生心靡不见。能所分别二俱离，杂染清净无所取，若缚若解智悉忘，但愿普与众生乐。一切世间唯想力，以智而入心无畏，思惟诸法亦复然，三世推求不可得。能入过去毕前际，能入未来毕后际，能入现在一切处，常勤观察无所有。随顺涅槃寂灭法，住于无诤无所依，心如实际无与等，专向菩萨永不退。修诸胜行无退怯，安住菩萨不动摇，佛及菩萨与世间，尽于法界皆明了。欲得最胜第一道，为一切智解脱王，应当速发菩提心，永尽诸漏利群生。趣向菩提心清净，功德广大不可说，为利众生故称述，汝等诸贤应善听。无量世界尽为尘，一一尘中无量刹，其中诸佛皆无量，悉能明见无所取。善知众生无生想，善知言语无语想，于诸世界心无碍，悉善了知无所著。其心广大如虚空，于三世事悉明达，一切疑惑皆除灭，正观佛法无所取。十方无量诸国土，一念往诣心无著，了达世间众苦法，悉住无生真实际。无量难思诸佛所，悉往彼会而觐谒，常为上首问如来，菩萨所修诸愿行。心常忆念十方佛，而无所依无所取，恒劝众生种善根，庄严国土令清净。一切趣生三有处，以无碍眼咸观察，所有习性诸根解，无量无边悉明见。众生心乐悉了知，如是随宜为说法，于诸染净皆通达，令彼修治入于道。无量无数诸三昧，菩萨一念皆能入，于中想智及所缘，悉善了知得自在。菩萨获此广大智，疾向菩提无所碍，为欲利益诸群生，处处宣扬大人法。善知世间长短劫，一月半月及昼夜，国土各别性平等，常勤观察不放逸。普诣十方诸世界，而于方处无所取，严净国土悉无余，亦不曾生净分别。众生是处若非处，及以诸业感报别，随顺思惟入佛力，于此一切悉了知。一切世间种种性，种种所行住三有，利根及与中下根，如是一切咸观察。净与不净种种解，胜劣及中悉明见，一切众生至处行，三有相续皆能说。禅定解脱诸三昧，染净因起各不同，及以先世苦乐殊，净修佛力咸能见。众生业惑续诸趣，断此诸趣得寂灭，种种漏法永不生，并其习种悉了知。如来烦恼皆除尽，大智光明照于世，菩萨于佛十力中，虽未证得亦无疑。菩萨于一毛孔中，普现十方无量刹，或有杂染或清净，种种业作皆能了。一微尘中无量刹，无量诸佛及佛子，诸刹各别无杂乱，如一一切悉明见。于一毛孔见十方，尽虚空界诸世间，无有一处空无佛，如是佛刹悉清净。于毛孔中见佛刹，复见一切诸众生，三世六趣各不同，昼夜月时有缚解。如是大智诸菩萨，专心趣向法王位，于佛所住顺思惟，而获无边大欢喜。菩萨分身无量亿，供养一切诸如来，神通变现胜无比，佛所行处皆能住。无量佛所皆钻仰，所有法藏悉耽味，见佛闻法勤修行，如饮甘露心欢喜。已获如来胜三昧，善入诸法智增长，信心不动如须弥，普作群生功德藏。慈心广大遍众生，悉愿疾成一切智，而恒无著无依处，离诸烦恼得自在。哀愍众生广大智，普摄一切同于己，知空无相无真实，而行其心不懈退。菩萨发心功德量，亿劫称扬不可尽，以出一切诸如来，独觉声闻安乐故。十方国土诸众生，皆悉施安无量劫，劝持五戒及十善，四禅四等诸定处，复于多劫施安乐，令断诸惑成罗汉；彼诸福聚虽无量，不与发心功德比。又教亿众成缘觉，获无净行微妙道，以彼而校菩提心，算数譬喻无能及。一念能过尘数刹，如是经于无量劫，此诸刹数尚可量，发心功德不可知。过去未来及现在，所有劫数无边量，此诸劫数犹可知，发心功德无能测。以菩提心遍十方，所有分别靡不知，一念三世悉明达，利益无量众生故。十方世界诸众生，欲解方便意所行，及以虚空际可测，发心功德难知量。菩萨志愿等十方，慈心普洽诸群生，悉使修成佛功德，是故其力无边际。众生欲解心所乐，诸根方便行各别，于一念中悉了知，一切智智心同等。一切众生诸惑业，三有相续无暂断，此诸边际尚可知，发心功德难思议。发心能离业烦恼，供养一切诸如来，业惑既离相续断，普于三世得解脱。一念供养无边佛，亦供无数诸众生，悉以香华及妙鬘，宝幢幡盖上衣服，美食珍座经行处，种种宫殿悉严好，毗卢遮那妙宝珠，如意摩尼发光耀。念念如是持供养，经无量劫不可说；其人福聚虽复多，不及发心功德大。所说种种众譬喻，无有能及菩提心，以诸三世人中尊，皆从发心而得生。发心无碍无齐限，欲求其量不可得，一切智智誓必成，所有众生皆永度。发心广大等虚空，生诸功德同法界，所行普遍如无异，永离众著佛平等。一切法门无不入，一切国土悉能往，一切智境咸通达，一切功德皆成就。一切能舍恒相续，净诸戒品无所著，具足无上大功德，常勤精进不退转。入深禅定恒思惟，广大智慧共相应，此是菩萨最胜地，出生一切普贤道。三世一切诸如来，靡不护念初发心，悉以三昧陀罗尼，神通变化共庄严。十方众生无有量，世界虚空亦如是，发心无量过于彼，是故能生一切佛。菩提心是十力本，亦为四辩无畏本，十八不共亦复然，莫不皆从发心得。诸佛色相庄严身，及以平等妙法身，智慧无著所应供，悉以发心而得有。一切独觉声闻乘，色界诸禅三昧乐，及无色界诸三昧，悉以发心作其本。一切人天自在乐，及以诸趣种种乐，进定根力等众乐，靡不皆由初发心。以因发起广大心，则能修行六种度，劝诸众生行正行，于三界中受安乐。住佛无碍实义智，所有妙业咸开阐，能令无量诸众生，悉断惑业向涅槃。智慧光明如净日，众行具足犹满月，功德常盈譬巨海，无垢无碍同虚空。普发无边功德愿，悉与一切众生乐，尽未来际依愿行，常勤修习度众生。无量大愿难思议，愿令众生悉清净，空无相愿无依处，以愿力故皆明显。了法自性如虚空，一切寂灭悉平等，法门无数不可说，为众生说无所著。十方世界诸如来，悉共赞叹初发心，此身无量德所严，能到彼岸同于佛。如众生数尔许劫，说其功德不可尽，以住如来广大家，三界诸法无能喻。欲知一切诸佛法，宜应速发菩提心，此心功德中最胜，必得如来无碍智。众生心行可数知，国土微尘亦复然，虚空边际乍可量，发心功德无能测。出生三世一切佛，成就世间一切乐，增长一切胜功德，永断一切诸疑惑。开示一切妙境界，尽除一切诸障碍，成就一切清净刹，出生一切如来智。欲见十方一切佛，欲施无尽功德藏，欲灭众生诸苦恼，宜应速发菩提心。

大方广佛华严经卷第十八

明法品第十八

尔时，精进慧菩萨白法慧菩萨言：

佛子！菩萨摩诃萨初发求一切智心，成就如是无量功德，具大庄严，升一切智乘，入菩萨正位，舍诸世间法，得佛出世法，去、来、现在诸佛摄受，决定至于无上菩提究竟之处。彼诸菩萨于佛教中云何修习，令诸如来皆生欢喜，入诸菩萨所住之处，一切大行皆得清净，所有大愿悉使满足，获诸菩萨广大之藏，随所应化常为说法，而恒不舍波罗蜜行，所念众生咸令得度，绍三宝种使不断绝，善根方便皆悉不虚？佛子！彼诸菩萨以何方便，能令此法当得圆满？愿垂哀愍，为我宣说；此诸大会，靡不乐闻！

复次，如诸菩萨摩诃萨常勤修习，灭除一切无明黑暗，降伏魔怨，制诸外道，永涤一切烦恼心垢；悉能成就一切善根，永出一切恶趣诸难，净治一切大智境界；成就一切菩萨诸地、诸波罗蜜、总持三昧、六通、三明、四无所畏清净功德，庄严一切诸佛国土，及诸相好身、语、心行成就满足，善知一切诸佛如来力、无所畏、不共佛法、一切智智所行境界；为欲成熟一切众生，随其心乐而取佛土，随根、随时如应说法；种种无量广大佛事，及余无量诸功德法、诸行、诸道及诸境界，皆悉圆满，疾与如来功德平等；于诸如来、应、正等觉百千阿僧祇劫修菩萨行时所集法藏，悉能守护，开示演说，诸魔外道无能沮坏，摄持正法无有穷尽；于一切世界演说法时，天王、龙王、夜叉王、乾闼婆王、阿修罗王、迦楼罗王、紧那罗王、摩睺罗伽王、人王、梵王、如来法王，皆悉守护；一切世间，恭敬供养，同灌其顶；常为诸佛之所护念，一切菩萨亦皆爱敬；得善根力，增长白法，开演如来甚深法藏，摄持正法以自庄严。一切菩萨所行次第，愿皆演说！

尔时，精进慧菩萨欲重宣其义而说颂言：

大名称者善能演，菩萨所成功德法，深入无边广大行，具足清净无师智。若有菩萨初发心，成就福德智慧乘，入离生位超世间，普获正等菩提法。彼复云何佛教中，坚固勤修转增胜，令诸如来悉欢喜，佛所住地速当入？所行清净愿皆满，及得广大智慧藏，常能说法度众生，而心无依无所著。菩萨一切波罗蜜，悉善修行无缺减，所念众生咸救度，常持佛种使不绝。所作坚固不唐捐，一切功成得出离，如诸胜者所修行，彼清净道愿宣说！永破一切无明暗，降伏众魔及外道，所有垢秽悉涤除，得近如来大智慧。永离恶趣诸险难，净治大智殊胜境，获妙道力邻上尊，一切功德皆成就。证得如来最胜智，住于无量诸国土，随众生心而说法，及作广大诸佛事。云何而得诸妙道，开演如来正法藏，常能受持诸佛法，无能超胜无与等？云何无畏如师子，所行清净如满月？云何修习佛功德，犹如莲华不著水？

尔时，法慧菩萨告精进慧菩萨言：

善哉！佛子！汝今为欲多所饶益、多所安乐、多所惠利，哀愍世间诸天及人，问于如是菩萨所修清净之行。佛子！汝住实法，发大精进，增长不退，已得解脱；能作是问，同于如来。谛听！谛听！善思念之！我今承佛威神之力，为汝于中说其少分。

佛子！菩萨摩诃萨已发一切智心，应离痴暗，精勤守护，无令放逸。佛子！菩萨摩诃萨住十种法，名：不放逸。何者为十？一者，护持众戒；二者，远离愚痴，净菩提心；三者，心乐质直，离诸谄诳；四者，勤修善根，无有退转；五者，恒善思惟，自所发心；六者，不乐亲近在家、出家一切凡夫；七者，修诸善业而不愿求世间果报；八者，永离二乘，行菩萨道；九者，乐修众善，令不断绝；十者，恒善观察自相续力。佛子！若诸菩萨行此十法，是则名为住不放逸。

佛子！菩萨摩诃萨住不放逸，得十种清净。何者为十？一者，如说而行；二者，念智成就；三者，住于深定，不沉不举；四者，乐求佛法，无有懈息；五者，随所闻法，如理观察，具足出生巧妙智慧；六者，入深禅定，得佛神通；七者，其心平等，无有高下；八者，于诸众生上、中、下类，心无障碍，犹如大地等作利益；九者，若见众生乃至一发菩提之心，尊重承事犹如和尚；十者，于授戒和尚及阿阇梨、一切菩萨、诸善知识、法师之所，常生尊重，承事供养。佛子！是名菩萨住不放逸十种清净。佛子！菩萨摩诃萨住不放逸，发大精进；起于正念，生胜欲乐，所行不息；于一切法，心无依处；于甚深法，能勤修习；入无净门，增广大心；佛法无边，能顺了知，令诸如来皆悉欢喜。

佛子！菩萨摩诃萨复有十法，能令一切诸佛欢喜。何等为十？一者，精进不退；二者，不惜身命；三者，于诸利养无有希求；四者，知一切法皆如虚空；五者，善能观察，普入法界；六者，知诸法印，心无倚著；七者，常发大愿；八者，成就清净忍智光明；九者，观自善法，心无增减；十者，依无作门，修诸净行。佛子！是为菩萨住十种法，能令一切如来欢喜。

佛子！复有十法，能令一切诸佛欢喜。何者为十？所谓：安住不放逸；安住无生忍；安住大慈；安住大悲；安住满足诸波罗蜜；安住诸行；安住大愿；安住巧方便；安住勇猛力；安住智慧，观一切法皆无所住，犹如虚空。佛子！若诸菩萨住此十法，能令一切诸佛欢喜。

佛子！有十种法，令诸菩萨速入诸地。何等为十？一者，善巧圆满福、智二行；二者，能大庄严波罗蜜道；三者，智慧明达，不随他语；四者，承事善友，恒不舍离；五者，常行精进，无有懈怠；六者，善能安住如来神力；七者，修诸善根，不生疲倦；八者，深心利智，以大乘法而自庄严；九者，于地地法门，心无所住；十者，与三世佛善根方便同一体性。佛子！此十种法，令诸菩萨速入诸地。复次，佛子！诸菩萨初住地时，应善观察：随其所有一切法门，随其所有甚深智慧，随所修因，随所得果，随其境界，随其力用，随其示现，随其分别，随其所得，悉善观察。知一切法，皆是自心，而无所著；如是知已，入菩萨地，能善安住。佛子！彼诸菩萨作是思惟：我等宜应速入诸地。何以故？我等若于地地中住，成就如是广大功德；具功德已，渐入佛地；住佛地已，能作无边广大佛事。是故宜应常勤修习，无有休息，无有疲厌，以大功德而自庄严入菩萨地。

佛子！有十种法，令诸菩萨所行清净。何等为十？一者，悉舍资财，满众生意；二者，持戒清净，无所毁犯；三者，柔和忍辱，无有穷尽；四者，勤修诸行，永不退转；五者，以正念力，心无迷乱；六者，分别了知无量诸法；七者，修一切行而无所著；八者，其心不动，犹如山王；九者，广度众生，犹如桥梁；十者，知一切众生与诸如来同一体性。佛子！是为十法，令诸菩萨所行清净。

菩萨既得行清净已，复获十种增胜法。何等为十？一者，他方诸佛，皆悉护念；二者，善根增胜，超诸等列；三者，善能领受佛加持力；四者，常得善人，为所依怙；五者，安住精进，恒不放逸；六者，知一切法平等无异；七者，心恒安住无上大悲；八者，如实观法，出生妙慧；九者，能善修行巧妙方便；十者，能知如来方便之力。佛子！是为菩萨十种增胜法。

佛子！菩萨有十种清净愿。何等为十？一愿，成熟众生，无有疲倦；二愿，具行众善，净诸世界；三愿，承事如来，常生尊重；四愿，护持正法，不惜躯命；五愿，以智观察，入诸佛土；六愿，与诸菩萨同一体性；七愿，入如来门，了一切法；八愿，见者生信，无不获益；九愿，神力住世，尽未来劫；十愿，具普贤行，净治一切种智之门。佛子！是为菩萨十种清净愿。

佛子！菩萨住十种法，令诸大愿皆得圆满。何等为十？一者，心无疲厌；二者，具大庄严；三者，念诸菩萨殊胜愿力；四者，闻诸佛土，悉愿往生；五者，深心长久，尽未来劫；六者，愿悉成就一切众生；七者，住一切劫，不以为劳；八者，受一切苦，不生厌离；九者，于一切乐，心无贪著；十者，常勤守护无上法门。

佛子！菩萨满足如是愿时，即得十种无尽藏。何等为十？所谓：普见诸佛无尽藏、总持不忘无尽藏、决了诸法无尽藏、大悲救护无尽藏、种种三昧无尽藏、满众生心广大福德无尽藏、演一切法甚深智慧无尽藏、报得神通无尽藏、住无量劫无尽藏、入无边世界无尽藏。佛子！是为菩萨十无尽藏。

菩萨得是十种藏已，福德具足，智慧清净；于诸众生，随其所应而为说法。佛子！菩萨云何于诸众生，随其所应而为说法？所谓：知其所作，知其因缘，知其心行，知其欲乐。贪欲多者，为说不净；瞋恚多者，为说大慈；愚痴多者，教勤观察；三毒等者，为说成就胜智法门；乐生死者，为说三苦；若著处所，说处空寂；心懈怠者，说大精进；怀我慢者，说法平等；多谄诳者，为说菩萨；其心质直、乐寂静者，广为说法，令其成就。菩萨如是随其所应而为说法。为说法时，文相连属，义无舛谬；观法先后，以智分别；是非审定，不违法印；次第建立无边行门，令诸众生断一切疑；善知诸根，入如来教；证真实际，知法平等；断诸法爱，除一切执；常念诸佛，心无暂舍；了知音声，体性平等；于诸言说，心无所著；巧说譬喻，无相违反，悉令得悟一切诸佛随应普现平等智身。

菩萨如是为诸众生而演说法，则自修习，增长义利，不舍诸度，具足庄严波罗蜜道。是时，菩萨为令众生心满足故，内外悉舍而无所著，是则能净檀波罗蜜。具持众戒而无所著，永离我慢，是则能净尸波罗蜜。悉能忍受一切诸恶，于诸众生，其心平等，无有动摇，譬如大地能持一切，是则能净忍波罗蜜。普发众业，常修靡懈，诸有所作恒不退转，勇猛势力无能制伏，于诸功德不取不舍，而能满足一切智门，是则能净精进波罗蜜。于五欲境无所贪著，诸次第定悉能成就，常正思惟，不住不出，而能销灭一切烦恼，出生无量诸三昧门，成就无边大神通力；逆顺次第，入诸三昧，于一三昧门入无边三昧门，悉知一切三昧境界，与一切三昧三摩钵底智印不相违背，能速入于一切智地，是则能净禅波罗蜜。于诸佛所闻法受持，近善知识承事不倦；常乐闻法，心无厌足；随所听受，如理思惟；入真三昧，离诸僻见；善观诸法，得实相印，了知如来无功用道；乘普门慧，入于一切智智之门，永得休息，是则能净般若波罗蜜。示现一切世间作业，教化众生而不厌倦，随其心乐而为现身；一切所行皆无染著，或现凡夫、或现圣人所行之行，或现生死，或现涅槃；善能观察一切所作，示现一切诸庄严事而不贪著，遍入诸趣度脱众生，是则能净方便波罗蜜。尽成就一切众生，尽庄严一切世界，尽供养一切诸佛，尽通达无障碍法，尽修行遍法界行，身恒住尽未来劫智，尽知一切心念，尽觉悟流转还灭，尽示现一切国土，尽证得如来智慧，是则能净愿波罗蜜。具深心力，无有杂染故；具深信力，无能摧伏故；具大悲力，不生疲厌故；具大慈力，所行平等故；具总持力，能以方便持一切义故；具辩才力，令一切众生欢喜满足故；具波罗蜜力，庄严大乘故；具大愿力，永不断绝故；具神通力，出生无量故；具加持力，令信解领受故，是则能净力波罗蜜。知贪欲行者，知瞋恚行者，知愚痴行者，知等分行者，知修学地行者，一念中知无边众生行，知无边众生心，知一切法真实，知一切如来力，普觉悟法界门，是则能净智波罗蜜。

佛子！菩萨如是清净诸波罗蜜时、圆满诸波罗蜜时、不舍诸波罗蜜时，住大庄严菩萨乘中。随其所念，一切众生皆为说法，令增净业而得度脱。堕恶道者，教使发心；在难中者，令勤精进；多贪众生，示无贪法；多瞋众生，令行平等；著见众生，为说缘起；欲界众生，教离欲恚恶不善法；色界众生，为其宣说毗钵舍那；无色界众生，为其宣说微妙智慧；二乘之人，教寂静行；乐大乘者，为说十力广大庄严。如其往昔初发心时，见无量众生堕诸恶道，大师子吼作如是言：我当以种种法门，随其所应而度脱之！菩萨具足如是智慧，广能度脱一切众生。

佛子！菩萨具足如是智慧，令三宝种永不断绝。所以者何？菩萨摩诃萨教诸众生发菩提心，是故能令佛种不断；常为众生开阐法藏，是故能令法种不断；善持教法，无所乖违，是故能令僧种不断。复次，悉能称赞一切大愿，是故能令佛种不断；分别演说因缘之门，是故能令法种不断；常勤修习六和敬法，是故能令僧种不断。复次，于众生田中下佛种子，是故能令佛种不断；护持正法，不惜身命，是故能令法种不断；统理大众，无有疲倦，是故能令僧种不断。复次，于去、来、今佛，所说之法、所制之戒，皆悉奉持，心不舍离，是故能令佛、法、僧种永不断绝。菩萨如是绍隆三宝，一切所行无有过失，随有所作，皆以回向一切智门，是故三业皆无瑕玷。无瑕玷故，所作众善，所行诸行，教化众生，随应说法，乃至一念，无有错谬，皆与方便智慧相应，悉以向于一切智智，无空过者。

菩萨如是修习善法，念念具足十种庄严。何者为十？所谓：身庄严，随诸众生所应调伏而为示现故；语庄严，断一切疑，皆令欢喜故；心庄严，于一念中入诸三昧故；佛刹庄严，一切清净，离诸烦恼故；光明庄严，放无边光普照众生故；众会庄严，普摄众会，皆令欢喜故；神通庄严，随众生心，自在示现故；正教庄严，能摄一切聪慧人故；涅槃地庄严，于一处成道，周遍十方悉无余故；巧说庄严，随处、随时、随其根器为说法故。菩萨成就如是庄严，于念念中，身、语、意业皆无空过，悉以回向一切智门。若有众生见此菩萨，当知亦复无空过者，以必当成阿耨多罗三藐三菩提故。若闻名，若供养，若同住，若忆念，若随出家，若闻说法，若随喜善根，若遥生钦敬，乃至称扬、赞叹名字，皆当得阿耨多罗三藐三菩提。佛子！譬如有药，名为：善见，众生见者，众毒悉除；菩萨如是成就此法，众生若见，诸烦恼毒皆得除灭，善法增长。

佛子！菩萨摩诃萨住此法中，勤加修习，以智慧明，灭诸痴闇；以慈悲力，摧伏魔军；以大智慧及福德力，制诸外道；以金刚定，灭除一切心垢烦恼；以精进力，集诸善根；以净佛土诸善根力，远离一切恶道诸难；以无所著力，净智境界；以方便智慧力，出生一切菩萨诸地、诸波罗蜜，及诸三昧、六通、三明、四无所畏，悉令清净；以一切善法力，成满一切诸佛净土，无边相好身、语及心具足庄严；以智自在观察力，知一切如来力、无所畏、不共佛法，悉皆平等；以广大智慧力，了知一切智智境界；以往昔誓愿力，随所应化，现佛国土，转大法轮，度脱无量无边众生。

佛子！菩萨摩诃萨勤修此法，次第成就诸菩萨行，乃至得与诸佛平等，于无边世界中为大法师，护持正法；一切诸佛之所护念，守护受持广大法藏；获无碍辩，深入法门；于无边世界大众之中，随类不同，普现其身，色相具足，最胜无比，以无碍辩巧说深法；其音圆满善巧分布故，能令闻者入于无尽智慧之门；知诸众生心行烦恼而为说法，所出言音具足清净故，一音演畅，能令一切皆生欢喜；其身端正有大威力故，处于众会，无能过者；善知众心故，能普现身；善巧说法故，音声无碍；得心自在故，巧说大法，无能沮坏；得无所畏故，心无怯弱；于法自在故，无能过者；于智自在故，无能胜者；般若波罗蜜自在故，所说法相，不相违背；辩才自在故，随乐说法，相续不断；陀罗尼自在故，决定开示诸法实相；辩才自在故，随所演说，能开种种譬喻之门；大悲自在故，勤诲众生，心无懈息；大慈自在故，放光明网悦可众心。菩萨如是处于高广师子之座，演说大法。唯除如来及胜愿智诸大菩萨，其余众生无能胜者、无见顶者、无映夺者；欲以难问令其退屈，无有是处。

佛子！菩萨摩诃萨得如是自在力已，假使有不可说世界量广大道场，满中众生，一一众生威德色相皆如三千大千世界主。菩萨于此，才现其身，悉能映蔽如是大众，以大慈悲安其怯弱，以深智慧察其欲乐，以无畏辩为其说法，能令一切皆生欢喜。何以故？佛子！菩萨摩诃萨成就无量智慧轮故，成就无量巧分别故，成就广大正念力故，成就无尽善巧慧故，成就决了诸法实相陀罗尼故，成就无边际菩提心故，成就无错谬妙辩才故，成就得一切佛加持深信解故，成就普入三世诸佛众会道场智慧力故，成就知三世诸佛同一体性清净心故，成就三世一切如来智、一切菩萨大愿智能作大法师开阐诸佛正法藏及护持故。

尔时，法慧菩萨欲重宣其义，承佛神力而说颂言：

心住菩提集众福，常不放逸植坚慧，正念其意恒不忘，十方诸佛皆欢喜。

念欲坚固自勤励，于世无依无退怯，以无诤行入深法，十方诸佛皆欢喜。

佛欢喜已坚精进，修行福智助道法，入于诸地净众行，满足如来所说愿。

如是而修获妙法，既得法已施群生，随其心乐及根性，悉顺其宜为开演。

菩萨为他演说法,不舍自己诸度行,波罗蜜道既已成,常于有海济群生。

昼夜勤修无懈倦,令三宝种不断绝,所行一切白净法,悉以回向如来地。

菩萨所修众善行,普为成就诸群生,令其破闇灭烦恼,降伏魔军成正觉。

如是修行得佛智,深入如来正法藏,为大法师演妙法,譬如甘露悉沾洒。

慈悲哀愍遍一切,众生心行靡不知,如其所乐为开阐,无量无边诸佛法。

进止安徐如象王,勇猛无畏犹师子,不动如山智如海,亦如大雨除众热。

时,法慧菩萨说此颂已,如来欢喜,大众奉行。

大方广佛华严经卷第十九

升夜摩天宫品第十九

尔时,如来威神力故,十方一切世界,一一四天下南阎浮提及须弥顶上,皆见如来处于众会。彼诸菩萨悉以佛神力故而演说法,莫不自谓恒对于佛。尔时,世尊不离一切菩提树下及须弥山顶,而向于彼夜摩天宫宝庄严殿。

时,夜摩天王遥见佛来,即以神力,于其殿内化作宝莲华藏师子之座,百万层级以为庄严,百万金网以为交络,百万华帐、百万鬘帐、百万香帐、百万宝帐弥覆其上,华盖、鬘盖、香盖、宝盖各亦百万周回布列,百万光明而为照耀。百万夜摩天王恭敬顶礼;百万梵王踊跃欢喜;百万菩萨称扬赞叹;百万天乐各奏百万种法音,相续不断;百万种华云,百万种鬘云,百万种庄严具云,百万种衣云,周匝弥覆;百万种摩尼云,光明照曜。从百万种善根所生,百万诸佛之所护持,百万种福德之所增长,百万种深心、百万种誓愿之所严净,百万种行之所生起,百万种法之所建立,百万种神通之所变现,恒出百万种言音显示诸法。

时,彼天王敷置座已,向佛世尊曲躬合掌,恭敬尊重而白佛言:

善来世尊!善来善逝!善来如来、应、正等觉!唯愿哀愍,处此宫殿!

时,佛受请,即升宝殿;一切十方,悉亦如是。尔时,天王即自忆念过去佛所所种善根,承佛威力而说颂言:

名称如来闻十方,诸吉祥中最无上,彼曾入此摩尼殿,是故此处最吉祥。宝王如来世间灯，诸吉祥中最无上，彼曾入此清净殿，是故此处最吉祥。喜目如来见无碍，诸吉祥中最无上，彼曾入此庄严殿，是故此处最吉祥。然灯如来照世间，诸吉祥中最无上，彼曾入此殊胜殿，是故此处最吉祥。饶益如来利世间，诸吉祥中最无上，彼曾入此无垢殿，是故此处最吉祥。善觉如来无有师，诸吉祥中最无上，彼曾入此宝香殿，是故此处最吉祥。胜天如来世中灯，诸吉祥中最无上，彼曾入此妙香殿，是故此处最吉祥。无去如来论中雄，诸吉祥中最无上，彼曾入此普眼殿，是故此处最吉祥。无胜如来具众德，诸吉祥中最无上，彼曾入此善严殿，是故此处最吉祥。苦行如来利世间，诸吉祥中最无上，彼曾入此普严殿，是故此处最吉祥。

如此世界中夜摩天王，承佛神力，忆念往昔诸佛功德，称扬赞叹；十方世界夜摩天王，悉亦如是，叹佛功德。尔时，世尊入摩尼庄严殿，于宝莲华藏师子座上结跏趺坐。此殿忽然广博宽容，如其天众诸所住处；十方世界，悉亦如是。

夜摩宫中偈赞品第二十

尔时，佛神力故，十方各有一大菩萨，一一各与佛刹微尘数菩萨俱，从十万佛刹微尘数国土外诸世界中而来集会，其名曰：功德林菩萨、慧林菩萨、胜林菩萨、无畏林菩萨、惭愧林菩萨、精进林菩萨、力林菩萨、行林菩萨、觉林菩萨、智林菩萨。此诸菩萨所从来国，所谓：亲慧世界、幢慧世界、宝慧世界、胜慧世界、灯慧世界、金刚慧世界、安乐慧世界、日慧世界、净慧世界、梵慧世界。此诸菩萨各于佛所净修梵行，所谓：常住眼佛、无胜眼佛、无住眼佛、不动眼佛、天眼佛、解脱眼佛、审谛眼佛、明相眼佛、最上眼佛、绀青眼佛。是诸菩萨至佛所已，顶礼佛足，随所来方，各化作摩尼藏师子之座，于其座上结跏趺坐。如此世界中，夜摩天上菩萨来集；一切世界，悉亦如是，其诸菩萨、世界、如来，所有名号悉等无别。

尔时，世尊从两足上放百千亿妙色光明，普照十方一切世界；夜摩宫中，佛及大众靡不皆现。

尔时，功德林菩萨承佛威力，普观十方而说颂言：

佛放大光明，普照于十方，悉见天人尊，通达无障碍。佛坐夜摩宫，普遍十方界，此事甚奇特，世间所希有。须夜摩天王，偈赞十如来，如此会所见，一切处咸尔。彼诸菩萨众，皆同我等名，十方一切处，演说无上法。所从诸世界，名号亦无别，各于其佛所，净修于梵行。彼诸如来等，名号悉亦同，国土皆丰乐，神力悉自在。十方一切处，皆谓佛在此，或见在人间，或见住天宫。如来普安住，一切诸国土，我等今见佛，处此天宫殿。昔发菩提愿，普及十方界，是故佛威力，充遍难思议。远离世所贪，具足无边德，故获神通力，众生靡不见。游行十方界，如空无所碍，一身无量身，其相不可得。佛功德无边，云何可测知？无住亦无去，普入于法界。

尔时，慧林菩萨承佛威力，普观十方而说颂言：

世间大导师，离垢无上尊，不可思议劫，难可得值遇。佛放大光明，世间靡不见，为众广开演，饶益诸群生。如来出世间，为世除痴冥，如是世间灯，希有难可见。已修施戒忍，精进及禅定，般若波罗蜜，以此照世间。如来无与等，求比不可得，不了法真实，无有能得见。佛身及神通，自在难思议，无去亦无来，说法度众生。若有得见闻，清净天人师，永出诸恶趣，舍离一切苦。无量无数劫，修习菩提行，不能知此义，不可得成佛。不可思议劫，供养无量佛，若能知此义，功德超于彼。无量刹珍宝，满中施于佛，不能知此义，终不成菩提。

尔时，胜林菩萨承佛威力，普观十方而说颂言：

譬如孟夏月，空净无云曀，赫日扬光晖，十方靡不充。其光无限量，无有能测知，有目斯尚然，何况盲冥者。诸佛亦如是，功德无边际，不可思议劫，莫能分别知。诸法无来处，亦无能作者，无有所从生，不可得分别。一切法无来，是故无有生，以生无有故，灭亦不可得。一切法无生，亦复无有灭，若能如是解，斯人见如来。诸法无生故，自性无所有，如是分别知，此人达深义。以法无性故，无有能了知，如是解于法，究竟无所解。所说有生者，以现诸国土，能知国土性，其心不迷惑。世间国土性，观察悉如实，若能于此知，善说一切义。

尔时，无畏林菩萨承佛威力，普观十方而说颂言：

如来广大身，究竟于法界，不离于此座，而遍一切处。若闻如是法，恭敬信乐者，永离三恶道，一切诸苦难。设往诸世界，无量不可数，专心欲听闻，如来自在力。如是诸佛法，是无上菩提，假使欲暂闻，无有能得者。若有于过去，信如是佛法，已成两足尊，而作世间灯。若有当得闻，如来自在力，闻已能生信，彼亦当成佛。若有于现在，能信此佛法，亦当成正觉，说法无所畏。无量无数劫，此法甚难值，若有得闻者，当知本愿力。若有能受持，如是诸佛法，持已广宣说，此人当成佛。况复勤精进，坚固心不舍，当知如是人，决定成菩提。

尔时，惭愧林菩萨承佛威力，普观十方而说颂言：

若人得闻是，希有自在法，能生欢喜心，疾除疑惑网。一切知见人，自说如是言，如来无不知，是故难思议。无有从无智，而生于智慧，世间常暗冥，是故无能生。如色及非色，此二不为一，智无智亦然，其体各殊异。如相与无相，生死及涅槃，分别各不同，智无智如是。世界始成立，无有败坏相，智无智亦然，二相非一时。如菩萨初心，不与后心俱，智无智亦然，二心不同时。譬如诸识身，各各无和合，智无智如是，究竟无和合。如阿伽陀药，能灭一切毒，有智亦如是，能灭于无智。如来无有上，亦无与等者，一切无能比，是故难值遇。

尔时，精进林菩萨承佛威力，普观十方而说颂言：

诸法无差别，无有能知者，唯佛与佛知，智慧究竟故。如金与金色，其性无差别，法非法亦然，体性无有异。众生非众生，二俱无真实，如是诸法性，实义俱非有。譬如未来世，无有过去相，诸法亦如是，无有一切相。譬如生灭相，种种皆非实，诸法亦复然，自性无所有。涅槃不可取，说时有二种，诸法亦复然，分别有殊异。如依所数物，而有于能数，彼性无所有，如是了知法。譬如算数法，增一至无量，数法无体性，智慧故差别。譬如诸世间，劫烧有终尽，虚空无损败，佛智亦如是。是十方众生，各取虚空相，诸佛亦如是，世间妄分别。

尔时，力林菩萨承佛威力，普观十方而说颂言：

一切众生界，皆在三世中，三世诸众生，悉住五蕴中。诸蕴业为本，诸业心为本，心法犹如幻，世间亦如是。世间非自作，亦复非他作，而其得有成，亦复得有坏。世间虽有成，世间虽有坏，了达世间者，此二不应说。云何为世间？云何非世间？世间非世间，但是名差别。三世五蕴法，说名为世间，彼灭非世间，如是但假名。云何说诸蕴？诸蕴有何性？蕴性不可灭，是故说无生。分别此诸蕴，其性本空寂，空故不可灭，此是无生义。众生既如是，诸佛亦复然，佛及诸佛法，自性无所有。能知此诸法，如实不颠倒，一切知见人，常见在其前。

尔时，行林菩萨承佛威力，普观十方而说颂言：

譬如十方界，一切诸地种，自性无所有，无处不周遍。佛身亦如是，普遍诸世界，种种诸色相，无主无来处。但以诸业故，说名为众生，亦不离众生，而有业可得。业性本空寂，众生所依止，普作众色相，亦复无来处。如是诸色相，业力难思议，了达其根本，于中无所见。佛身亦如是，不可得思议，种种诸色相，普现十方刹。身亦非是佛，佛亦非是身，但以法为身，通达一切法。若能见佛身，清净如法性，此人于佛法，一切无疑惑。若见一切法，本性如涅槃，是则见如来，究竟无所住。若修习正念，明了见正觉，无相无分别，是名法王子。

尔时，觉林菩萨承佛威力，遍观十方而说颂言：

譬如工画师，分布诸彩色，虚妄取异相，大种无差别。大种中无色，色中无大种，亦不离大种，而有色可得。心中无彩画，彩画中无心，然不离于心，有彩画可得。彼心恒不住，无量难思议，示现一切色，各各不相知。譬如工画师，不能知自心，而由心故画，诸法性如是。心如工画师，能画诸世间，五蕴悉从生，无法而不造。如心佛亦尔，如佛众生然，应知佛与心，体性皆无尽。若人知心行，普造诸世间，是人则见佛，了佛真实性。心不住于身，身亦不住心，而能作佛事,自在未曾有。若人欲了知,三世一切佛,应观法界性,一切唯心造。

尔时,智林菩萨承佛威力,普观十方而说颂言:

所取不可取,所见不可见,所闻不可闻,一心不思议。有量及无量,二俱不可取,若有人欲取,毕竟无所得。不应说而说,是为自欺诳,己事不成就,不令众欢喜。有欲赞如来,无边妙色身,尽于无数劫,无能尽称述。譬如随意珠,能现一切色,无色而现色,诸佛亦如是。又如净虚空,非色不可见,虽现一切色,无能见空者,诸佛亦如是,普现无量色,非心所行处,一切莫能睹。虽闻如来声,音声非如来,亦不离于声,能知正等觉。菩提无来去,离一切分别,云何于是中,自言能得见?诸佛无有法,佛于何有说?但随其自心,谓说如是法。

十行品第二十一之一

尔时,功德林菩萨承佛神力,入菩萨善思惟三昧。入是三昧已,十方各过万佛刹微尘数世界外,有万佛刹微尘数诸佛,皆号:功德林,而现其前,告功德林菩萨言:

善哉!佛子!乃能入此善思惟三昧。善男子!此是十方各万佛刹微尘数同名诸佛共加于汝,亦是毗卢遮那如来往昔愿力、威神之力,及诸菩萨众善根力,令汝入是三昧而演说法。为增长佛智故,深入法界故,了知众生界故,所入无碍故,所行无障故,得无量方便故,摄取一切智性故,觉悟一切诸法故,知一切诸根故,能持说一切法故,所谓:发起诸菩萨十种行。善男子!汝当承佛威神之力而演此法。

是时,诸佛即与功德林菩萨无碍智、无著智、无断智、无师智、无痴智、无异智、无失智、无量智、无胜智、无懈智、无夺智。何以故?此三昧力,法如是故。

尔时,诸佛各申右手,摩功德林菩萨顶。时,功德林菩萨即从定起,告诸菩萨言:

佛子!菩萨行不可思议,与法界、虚空界等。何以故?菩萨摩诃萨学三世诸佛而修行故。佛子!何等是菩萨摩诃萨行?佛子!菩萨摩诃萨有十种行,三世诸佛之所宣说。何等为十?一者欢喜行,二者饶益行,三者无违逆行,四者无屈挠行,五者无痴乱行,六者善现行,七者无著行,八者难得行,九者善法行,十者真实行;是为十。

佛子!何等为菩萨摩诃萨欢喜行?佛子!此菩萨为大施主,凡所有物悉能惠施;其心平等,无有悔吝,不望果报,不求名称,不贪利养;但为救护一切众生,摄受一切众生,饶益一切众生;为学习诸佛本所修行,忆念诸佛本所修行,爱乐诸佛本所修行,清净诸佛本所修行,增长诸佛本所修行,住持诸佛本所修行,显现诸佛本所修行,演说诸佛本所修行,令诸众生离苦得乐。佛子!菩萨摩诃萨修此行时,令一切众生欢喜爱乐；随诸方土有贫乏处，以愿力故，往生于彼，豪贵大富，财宝无尽。假使于念念中，有无量无数众生诣菩萨所，白言：仁者！我等贫乏，靡所资赡，饥羸困苦，命将不全。唯愿慈哀，施我身肉，令我得食，以活其命！尔时，菩萨即便施之，令其欢喜，心得满足。如是无量百千众生而来乞求，菩萨于彼，曾无退怯，但更增长慈悲之心。以是众生咸来乞求，菩萨见之，倍复欢喜，作如是念：我得善利！此等众生是我福田、是我善友，不求不请而来教我入佛法中。我今应当如是修学，不违一切众生之心。又作是念：愿我已作、现作、当作所有善根，令我未来于一切世界、一切众生中受广大身，以是身肉，充足一切饥苦众生。乃至若有一小众生未得饱足，愿不舍命，所割身肉，亦无有尽。以此善根，愿得阿耨多罗三藐三菩提，证大涅槃；愿诸众生食我肉者，亦得阿耨多罗三藐三菩提，获平等智，具诸佛法，广作佛事，乃至入于无余涅槃。若一众生心不满足，我终不证阿耨多罗三藐三菩提。菩萨如是利益众生而无我想、众生想、有想、命想、种种想、补伽罗想、人想、摩纳婆想、作者想、受者想。但观法界、众生界，无边际法、空法、无所有法、无相法、无体法、无处法、无依法、无作法。作是观时，不见自身，不见施物，不见受者，不见福田，不见业，不见报，不见果，不见大果，不见小果。尔时，菩萨观去、来、今一切众生所受之身寻即坏灭，便作是念：奇哉！众生愚痴无智，于生死内受无数身，危脆不停，速归坏灭。若已坏灭，若今坏灭，若当坏灭，而不能以不坚固身求坚固身。我当尽学诸佛所学，证一切智，知一切法，为诸众生说三世平等、随顺寂静、不坏法性，令其永得安隐快乐。佛子！是名菩萨摩诃萨第一欢喜行。

佛子！何等为菩萨摩诃萨饶益行？此菩萨护持净戒，于色、声、香、味、触，心无所著，亦为众生如是宣说；不求威势，不求种族，不求富饶，不求色相，不求王位，如是一切皆无所著，但坚持净戒，作如是念：我持净戒，必当舍离一切缠缚、贪求、热恼、诸难、逼迫、毁谤、乱浊，得佛所赞平等正法。佛子！菩萨如是持净戒时，于一日中，假使无数百千亿那由他诸大恶魔诣菩萨所，一一各将无量无数百千亿那由他天女——皆于五欲善行方便，端正姝丽倾惑人心——执持种种珍玩之具，欲来惑乱菩萨道意。尔时，菩萨作如是念：此五欲者，是障道法，乃至障碍无上菩提。是故不生一念欲想，心净如佛。唯除方便教化众生，而不舍于一切智心。佛子！菩萨不以欲因缘故恼一众生，宁舍身命，而终不作恼众生事。菩萨自得见佛已来，未曾心生一念欲想；何况从事，若或从事，无有是处！尔时，菩萨但作是念：一切众生，于长夜中，想念五欲，趣向五欲，贪著五欲；其心决定耽染沉溺，随其流转，不得自在。我今应当令此诸魔及诸天女，一切众生住无上戒；住净戒已，于一切智，心无退转，得阿耨多罗三藐三菩提，乃至入于无余涅槃。何以故？此是我等所应作业，应随诸佛如是修学。作是学已，离诸恶行、计我、无知，以智入于一切佛法，为众生说，令除颠倒。然知不离众生有颠倒，不离颠倒有众生；不于颠倒内有众生，不于众生内有颠倒；亦非颠倒是众生，亦非众生是颠倒；颠倒非内法，颠倒非外法；众生非内法，众生非外法。一切诸法虚妄不实，速起速灭无有坚固，如梦如影，如幻如化，诳惑愚夫。如是解者，即能觉了一切诸行，通达生死及与涅槃，证佛菩提；自得度，令他得度；自解脱，令他解脱；自调伏，令他调伏；自寂静，令他寂静；自安隐，令他安隐；自离垢，令他离垢；自清净，令他清净；自涅槃，令他涅槃；自快乐，令他快乐。佛子！此菩萨复作是念：我当随顺一切如来，离一切世间行，具一切诸佛法，住无上平等处，等观众生，明达境界，离诸过失，断诸分别，舍诸执著，善巧出离，心恒安住无上、无说、无依、无动、无量、无边、无尽、无色甚深智慧。佛子！是名菩萨摩诃萨第二饶益行。

佛子！何等为菩萨摩诃萨无违逆行？此菩萨常修忍法，谦下恭敬；不自害，不他害，不两害；不自取，不他取，不两取；不自著，不他著，不两著；亦不贪求名闻利养，但作是念：我当常为众生说法，令离一切恶，断贪、瞋、痴、憍慢、覆藏、悭嫉、谄诳，令恒安住忍辱柔和。佛子！菩萨成就如是忍法。假使有百千亿那由他阿僧祇众生来至其所，一一众生化作百千亿那由他阿僧祇口，一一口出百千亿那由他阿僧祇语，所谓：不可喜语、非善法语、不悦意语、不可爱语、非仁贤语、非圣智语、非圣相应语、非圣亲近语、深可厌恶语、不堪听闻语，以是言词毁辱菩萨。又此众生一一各有百千亿那由他阿僧祇手，一一手各执百千亿那由他阿僧祇器仗逼害菩萨。如是经于阿僧祇劫，曾无休息。菩萨遭此极大楚毒，身毛皆竖，命将欲断，作是念言：我因是苦，心若动乱，则自不调伏、自不守护、自不明了、自不修习、自不正定、自不寂静、自不爱惜、自生执著，何能令他心得清净？菩萨尔时复作是念：我从无始劫，住于生死，受诸苦恼。如是思惟，重自劝励，令心清净，而得欢喜。善自调摄，自能安住于佛法中，亦令众生同得此法。复更思惟：此身空寂，无我、我所，无有真实，性空无二；若苦若乐，皆无所有，诸法空故。我当解了，广为人说，令诸众生灭除此见。是故，我今虽遭苦毒，应当忍受；为慈念众生故，饶益众生故，安乐众生故，怜愍众生故，摄受众生故，不舍众生故，自得觉悟故，令他觉悟故，心不退转故，趣向佛道故。是名菩萨摩诃萨第三无违逆行。

佛子！何等为菩萨摩诃萨无屈挠行？此菩萨修诸精进，所谓：第一精进、大精进、胜精进、殊胜精进、最胜精进、最妙精进、上精进、无上精进、无等精进、普遍精进。性无三毒、性无憍慢、性不覆藏、性不悭嫉、性无谄诳、性自惭愧，终不为恼一众生故而行精进，但为断一切烦恼故而行精进，但为拔一切惑本故而行精进，但为除一切习气故而行精进，但为知一切众生界故而行精进，但为知一切众生死此生彼故而行精进，但为知一切众生烦恼故而行精进，但为知一切众生心乐故而行精进，但为知一切众生境界故而行精进，但为知一切众生诸根胜劣故而行精进，但为知一切众生心行故而行精进，但为知一切法界故而行精进，但为知一切佛法根本性故而行精进，但为知一切佛法平等性故而行精进，但为知三世平等性故而行精进，但为得一切佛法智光明故而行精进，但为证一切佛法智故而行精进，但为知一切佛法一实相故而行精进，但为知一切佛法无边际故而行精进，但为得一切佛法广大决定善巧智故而行精进，但为得分别演说一切佛法句义智故而行精进。佛子！菩萨摩诃萨成就如是精进行已，设有人言：汝颇能为无数世界所有众生，以一一众生故，于阿鼻地狱，经无数劫，备受众苦。令彼众生一一得值无数诸佛出兴于世，以见佛故，具受众乐，乃至入于无余涅槃，汝乃当成阿耨多罗三藐三菩提。能尔？不耶？答言：我能。设复有人作如是言：有无量阿僧祇大海，汝当以一毛端滴之令尽；有无量阿僧祇世界，尽抹为尘。彼滴及尘，一一数之，悉知其数。为众生故，经尔许劫，于念念中受苦不断。菩萨不以闻此语故而生一念悔恨之心，但更增上欢喜踊跃，深自庆幸得大善利；以我力故，令彼众生永脱诸苦。菩萨以此所行方便，于一切世界中，令一切众生乃至究竟无余涅槃。是名菩萨摩诃萨第四无屈挠行。

　　佛子！何等为菩萨摩诃萨离痴乱行？此菩萨成就正念，心无散乱，坚固不动，最上清净，广大无量，无有迷惑。以是正念故，善解世间一切语言，能持出世诸法言说。所谓：能持色法、非色法言说，能持建立色自性言说，乃至能持建立受、想、行、识自性言说，心无痴乱。于世间中，死此生彼，心无痴乱；入胎出胎，心无痴乱；发菩提意，心无痴乱；事善知识，心无痴乱；勤修佛法，心无痴乱；觉知魔事，心无痴乱；离诸魔业，心无痴乱；于不可说劫，修菩萨行，心无痴乱。此菩萨成就如是无量正念，于无量阿僧祇劫中，从诸佛、菩萨、善知识所，听闻正法。所谓：甚深法、广大法、庄严法、种种庄严法、演说种种名句文身法、菩萨庄严法、佛神力光明无上法、正希望决定解清净法、不著一切世间法、分别一切世间法、甚广大法、离痴翳照了一切众生法、一切世间共法不共法、菩萨智无上法、一切智自在法。菩萨听闻如是法已，经阿僧祇劫，不忘不失，心常忆念，无有间断。何以故？菩萨摩诃萨于无量劫修诸行时，终不恼乱一众生，令失正念；不坏正法，不断善根，心常增长广大智故。复次，此菩萨摩诃萨，种种音声不能惑乱。所谓：高大声、粗浊声、极令人恐怖声、悦意声、不悦意声、諠乱耳识声、沮坏六根声。此菩萨闻如是等无量无数好恶音声，假使充满阿僧祇世界，未曾一念心有散乱。所谓：正念不乱、境界不乱、三昧不乱、入甚深法不乱、行菩提行不乱、发菩提心不乱、忆念诸佛不乱、观真实法不乱、化众生智不乱、净众生智不乱、决了甚深义不乱。不作恶业故，无恶业障；不起烦恼故，无烦恼障；不轻慢法故，无有法障；不诽谤正法故，无有报障。佛子！如上所说如是等声，一一充满阿僧祇世界，于无量无数劫未曾断绝，悉能坏乱众生身心一切诸根，而不能坏此菩萨心。菩萨入三昧中，住于圣法，思惟观察一切音声，善知音声生、住、灭相，善知音声生、住、灭性。如是闻已，不生于贪，不起于瞋，不失于念，善取其相而不染著；知一切声皆无所有，实不可得，无有作者，亦无本际，与法界等，无有差别。菩萨如是成就寂静身、语、意行，至一切智，永不退转；善入一切诸禅定门，知诸三昧同一体性，了一切法无有边际，得一切法真实智慧，得离音声甚深三昧，得阿僧祇诸三昧门，增长无量广大悲心。是时，菩萨于一念中，得无数百千三昧，闻如是声，心不惑乱，令其三昧，渐更增广。作如是念：我当令一切众生安住无上清净念中，于一切智得不退转，究竟成就无余涅槃。是名菩萨摩诃萨第五离痴乱行。

佛子！何等为菩萨摩诃萨善现行？此菩萨身业清净、语业清净、意业清净，住无所得、示无所得身语意业，能知三业皆无所有、无虚妄故，无有系缚；凡所示现，无性无依；住如实心，知无量心自性，知一切法自性，无得无相，甚深难入；住于正位真如法性，方便出生而无业报；不生不灭，住涅槃界，住寂静性；住于真实无性之性，言语道断，超诸世间，无有所依；入离分别无缚著法，入最胜智真实之法，入非诸世间所能了知出世间法。此是菩萨善巧方便，示现生相。佛子！此菩萨作如是念：一切众生，无性为性；一切诸法，无为为性；一切国土，无相为相。一切三世，唯有言说；一切言说，于诸法中，无有依处；一切诸法，于言说中，亦无依处。菩萨如是解一切法皆悉甚深，一切世间皆悉寂静，一切佛法无所增益。佛法不异世间法，世间法不异佛法；佛法、世间法，无有杂乱，亦无差别。了知法界体性平等，普入三世，永不舍离大菩提心，恒不退转化众生心，转更增长大慈悲心，与一切众生作所依处。菩萨尔时复作是念：我不成熟众生，谁当成熟？我不调伏众生，谁当调伏？我不教化众生，谁当教化？我不觉悟众生，谁当觉悟？我不清净众生，谁当清净？此我所宜、我所应作。复作是念：若我自解此甚深法，唯我一人于阿耨多罗三藐三菩提独得解脱；而诸众生盲冥无目，入大险道，为诸烦恼之所缠缚。如重病人恒受苦痛，处贪爱狱不能自出，不离地狱、饿鬼、畜生、阎罗王界，不能灭苦，不舍恶业，常处痴闇，不见真实，轮回生死，无得出离，住于八难，众垢所著，种种烦恼覆障其心，邪见所迷，不行正道。菩萨如是观诸众生，作是念言：若此众生未成熟、未调伏，舍而取证阿耨多罗三藐三菩提，是所不应。我当先化众生，于不可说不可说劫行菩萨行；未成熟者，先令成熟；未调伏者，先令调伏。是菩萨住此行时,诸天、魔、梵、沙门、婆罗门,一切世间乾闼婆、阿修罗等,若有得见,暂同住止,恭敬尊重,承事供养,及暂耳闻,一经心者;如是所作,悉不唐捐,必定当成阿耨多罗三藐三菩提。是名菩萨摩诃萨第六善现行。

大方广佛华严经卷第二十

十行品第二十一之二

佛子!何等为菩萨摩诃萨无著行?佛子!此菩萨以无著心,于念念中,能入阿僧祇世界,严净阿僧祇世界。于诸世界,心无所著,往诣阿僧祇诸如来所,恭敬礼拜,承事供养。以阿僧祇华、阿僧祇香、阿僧祇鬘,阿僧祇涂香、末香、衣服、珍宝、幢幡、妙盖,诸庄严具各阿僧祇以用供养;如是供养,为究竟无作法故,为住不思议法故。于念念中,见无数佛;于诸佛所,心无所著;于诸佛刹,亦无所著;于佛相好,亦无所著;见佛光明,听佛说法,亦无所著;于十方世界,及佛菩萨所有众会,亦无所著;听佛法已,心生欢喜,志力广大,能摄、能行诸菩萨行,然于佛法,亦无所著。此菩萨于不可说劫,见不可说佛出兴于世,一一佛所,承事供养,皆悉尽于不可说劫,心无厌足;见佛闻法,及见菩萨众会庄严,皆无所著;见不净世界,亦无憎恶。何以故?此菩萨如诸佛法而观察故。诸佛法中,无垢、无净、无闇、无明,无异、无一,无实、无妄,无安隐、无险难,无正道、无邪道。菩萨如是深入法界,教化众生,而于众生不生执著;受持诸法,而于诸法不生执著;发菩提心,住于佛住,而于佛住不生执著;虽有言说,而于言说心无所著;入众生趣,于众生趣心无所著;了知三昧,能入能住,而于三昧心无所著;往诣无量诸佛国土,若入、若见、若于中住,而于佛土心无所著,舍去之时亦无顾恋。菩萨摩诃萨以能如是无所著故,于佛法中,心无障碍,了佛菩提,证法毗尼,住佛正教,修菩萨行,住菩萨心,思惟菩萨解脱之法,于菩萨住处心无所染,于菩萨所行亦无所著,净菩萨道,受菩萨记;得受记已,作如是念:凡夫愚痴,无知无见,无信无解,无聪敏行,顽嚚贪著,流转生死;不求见佛,不随明导,不信调御,迷误失错,入于险道;不敬十力王,不知菩萨恩,恋著住处;闻诸法空,心大惊怖;远离正法,住于邪法;舍夷坦道,入险难道;弃背佛意,随逐魔意;于诸有中,坚执不舍。菩萨如是观诸众生,增长大悲,生诸善根而无所著。菩萨尔时复作是念:我当为一众生,于十方世界一一国土,经不可说不可说劫,教化成熟。如为一众生,为一切众生皆亦如是;终不以此而生疲厌,舍而余去。又以毛端遍量法界,于一毛端处,尽不可说不可说劫,教化调伏一切众生;如一毛端处,一一毛端处皆亦如是。乃至不于一弹指顷，执著于我，起我、我所想。于一一毛端处，尽未来劫修菩萨行；不著身，不著法，不著念，不著愿，不著三昧，不著观察，不著寂定，不著境界，不著教化调伏众生，亦复不著入于法界。何以故？菩萨作是念：我应观一切法界如幻，诸佛如影，菩萨行如梦，佛说法如响，一切世间如化，业报所持故；差别身如幻，行力所起故；一切众生如心，种种杂染故；一切法如实际，不可变异故。又作是念：我当尽虚空遍法界，于十方国土中行菩萨行，念念明达，一切佛法正念现前，无所取著。菩萨如是观身无我，见佛无碍，为化众生，演说诸法，令于佛法发生无量欢喜净信，救护一切，心无疲厌。无疲厌故，于一切世界，有众生未成就、未调伏处，悉诣于彼，方便化度。其中众生种种音声、种种诸业、种种取著、种种施设、种种和合、种种流转、种种所作、种种境界、种种生、种种殁，以大誓愿，安住其中而教化之，不令其心有动有退，亦不一念生染著想。何以故？得无所著、无所依故，自利、利他，清净满足。是名菩萨摩诃萨第七无著行。

佛子！何等为菩萨摩诃萨难得行？此菩萨成就难得善根、难伏善根、最胜善根、不可坏善根、无能过善根、不思议善根、无尽善根、自在力善根、大威德善根、与一切佛同一性善根。此菩萨修诸行时，于佛法中得最胜解，于佛菩提得广大解，于菩萨愿未曾休息，尽一切劫心无疲倦，于一切苦不生厌离，一切众魔所不能动，一切诸佛之所护念，具行一切菩萨苦行，修菩萨行精勤匪懈，于大乘愿恒不退转。是菩萨安住此难得行已，于念念中，能转阿僧祇劫生死，而不舍菩萨大愿。若有众生，承事供养，乃至见闻，皆于阿耨多罗三藐三菩提得不退转。此菩萨虽了众生非有，而不舍一切众生界。譬如船师，不住此岸，不住彼岸，不住中流，而能运度此岸众生至于彼岸，以往返无休息故。菩萨摩诃萨亦复如是，不住生死，不住涅槃，亦复不住生死中流，而能运度此岸众生，置于彼岸安隐无畏、无忧恼处。亦不于众生数而有所著，不舍一众生著多众生，不舍多众生著一众生；不增众生界，不减众生界；不生众生界，不灭众生界；不尽众生界，不长众生界；不分别众生界，不二众生界。何以故？菩萨深入众生界如法界，众生界、法界无有二。无二法中，无增、无减，无生、无灭，无有、无无，无取、无依，无著、无二。何以故？菩萨了一切法、法界无二故。菩萨如是以善方便入深法界，住于无相，以清净相庄严其身，了法无性而能分别一切法相，不取众生而能了知众生之数，不著世界而现身佛刹，不分别法而善入佛法，深达义理而广演言教，了一切法离欲真际而不断菩萨道、不退菩萨行，常勤修习无尽之行，自在入于清净法界。譬如钻木以出于火，火事无量而火不灭。菩萨如是化众生事，无有穷尽，而在世间常住不灭；非究竟，非不究竟；非取，非不取；非依，非无依；非世法，非佛法；非凡夫，非得果。菩萨成就如是难得心，修菩萨行时，不说二乘法，不说佛法；不说世间，不说世间法；不说众生，不说无众生；不说垢，不说净。何以故？菩萨知一切法无染、无取、不转、不退故。菩萨于如是寂灭微妙甚深最胜法中修行时，亦不生念：我现修此行、已修此行、当修此行。不著蕴、界、处、内世间、外世间、内外世间，所起大愿、诸波罗蜜及一切法皆无所著。何以故？法界中无有法名：向声闻乘、向独觉乘，无有法名：向菩萨乘、向阿耨多罗三藐三菩提，无有法名：向凡夫界，无有法名：向染、向净、向生死、向涅槃。何以故？诸法无二、无不二故。譬如虚空，于十方中，若去、来、今，求不可得，然非无虚空。菩萨如是观一切法皆不可得，然非无一切法；如实无异，不失所作，普示修行菩萨诸行；不舍大愿，调伏众生，转正法轮；不坏因果，亦不违于平等妙法，普与三世诸如来等；不断佛种，不坏实相；深入于法，辩才无尽；闻法不著，至法渊底；善能开演，心无所畏；不舍佛住，不违世法，普现世间而不著世间。菩萨如是成就难得智慧心，修习诸行，于三恶趣拔出众生，教化调伏，安置三世诸佛道中，令不动摇。复作是念：世间众生不知恩报，更相仇对，邪见执著，迷惑颠倒，愚痴无智，无有信心，随逐恶友，起诸恶慧，贪爱、无明、种种烦恼皆悉充满，是我所修菩萨行处。设有知恩、聪明、慧解，及善知识充满世间，我不于中修菩萨行。何以故？我于众生，无所适莫，无所冀望，乃至不求一缕一毫，及以一字赞美之言。尽未来劫，修菩萨行，未曾一念自为于己；但欲度脱一切众生，令其清净，永得出离。何以故？于众生中为明导者，法应如是，不取不求；但为众生修菩萨道，令其得至安隐彼岸，成阿耨多罗三藐三菩提。是名菩萨摩诃萨第八难得行。

佛子！何等为菩萨摩诃萨善法行？此菩萨为一切世间天、人、魔、梵、沙门、婆罗门、乾闼婆等作清凉法池，摄持正法，不断佛种；得清净光明陀罗尼故，说法授记，辩才无尽；得具足义陀罗尼故，义辩无尽；得觉悟实法陀罗尼故，法辩无尽；得训释言词陀罗尼故，词辩无尽；得无边文句无尽义无碍门陀罗尼故，无碍辩无尽；得佛灌顶陀罗尼灌其顶故，欢喜辩无尽；得不由他悟陀罗尼门故，光明辩无尽；得同辩陀罗尼门故，同辩无尽；得种种义身、句身、文身中训释陀罗尼门故，训释辩无尽；得无边旋陀罗尼故，无边辩无尽。此菩萨大悲坚固，普摄众生，于三千大千世界变身金色，施作佛事；随诸众生根性欲乐，以广长舌，于一音中现无量音，应时说法，皆令欢喜。假使有不可说种种业报无数众生，共会一处，其会广大充满不可说世界，菩萨于彼众会中坐。是中众生，一一皆有不可说阿僧祇口，一一口能出百千亿那由他音，同时发声，各别言词，各别所问；菩萨于一念中，悉能领受，皆为酬对，令除疑惑。如一众会中，于不可说众会中，悉亦如是。复次，假使一毛端处，念念出不可说不可说道场众会；一切毛端处，皆亦如是。尽未来劫，彼劫可尽，众会无尽。是诸众会，于念念中，以各别言词，各别所问；菩萨于一念中，悉能领受，无怖无怯，无疑无谬，而作是念：设一切众生以如是语业俱来问我，我为说法无断无尽，皆令欢喜，住于善道；复令善解一切言词，能为众生说种种法，而于言语无所分别。假使不可说不可说种种言词而来问难，一念悉领，一音咸答，普使开悟，无有遗余。以得一切智灌顶故，以得无碍藏故，以得一切法圆满光明故，具足一切智智故。佛子！此菩萨摩诃萨安住善法行已，能自清净，亦能以无所著方便而普饶益一切众生，不见有众生得出离者。如于此三千大千世界，如是乃至于不可说三千大千世界，变身金色，妙音具足，于一切法无所障碍而作佛事。佛子！此菩萨摩诃萨成就十种身。所谓：入无边法界非趣身，灭一切世间故；入无边法界诸趣身，生一切世间故；不生身，住无生平等法故；不灭身，一切灭、言说不可得故；不实身，得如实故；不妄身，随应现故；不迁身，离死此生彼故；不坏身，法界性无坏故；一相身，三世语言道断故；无相身，善能观察法相故。菩萨成就如是十种身，为一切众生舍，长养一切善根故；为一切众生救，令其得大安隐故；为一切众生归，与其作大依处故；为一切众生导，令得无上出离故；为一切众生师，令入真实法中故；为一切众生灯，令其明见业报故；为一切众生光，令照甚深妙法故；为一切三世炬，令其晓悟实法故；为一切世间照，令入光明地中故；为一切诸趣明，示现如来自在故。佛子！是名菩萨摩诃萨第九善法行。菩萨安住此行，为一切众生作清凉法池，能尽一切佛法源故。

　　佛子！何等为菩萨摩诃萨真实行？此菩萨成就第一诚谛之语，如说能行，如行能说。此菩萨学三世诸佛真实语，入三世诸佛种性，与三世诸佛善根同等，得三世诸佛无二语，随如来学智慧成就。此菩萨成就知众生是处非处智、去来现在业报智、诸根利钝智、种种界智、种种解智、一切至处道智、诸禅解脱三昧垢净起时非时智、一切世界宿住随念智、天眼智、漏尽智，而不舍一切菩萨行。何以故？欲教化一切众生，悉令清净故。此菩萨复生如是增上心：若我不令一切众生住无上解脱道，而我先成阿耨多罗三藐三菩提者，则违我本愿，是所不应。是故，要当先令一切众生得无上菩提、无余涅槃，然后成佛。何以故？非众生请我发心，我自为众生作不请之友，欲先令一切众生满足善根、成一切智。是故，我为最胜，不著一切世间故；我为最上，住无上调御地故；我为离翳，解众生无际故；我为已办，本愿成就故；我为善变化，菩萨功德庄严故；我为善依怙，三世诸佛摄受故。此菩萨摩诃萨不舍本愿故，得入无上智慧庄严，利益众生，悉令满足；随本誓愿，皆得究竟；于一切法中智慧自在，令一切众生普得清净；念念遍游十方世界，念念普诣不可说不可说诸佛国土，念念悉见不可说不可说诸佛及佛庄严清净国土，示现如来自在神力。普遍法界、虚空界，此菩萨现无量身，普入世间而无所依；于其身中，现一切刹、一切众生、一切诸法、一切诸佛。此菩萨知众生种种想、种种欲、种种解、种种业报、种种善根，随其所应，为现其身而调伏之；观诸菩萨如幻、一切法如化、佛出世如影、一切世间如梦，得义身、文身无尽藏；正念自在，决定了知一切诸法；智慧最胜，入一切三昧真实相，住一性无二地。菩萨摩诃萨以诸众生皆著于二，安住大悲，修行如是寂灭之法，得佛十力，入因陀罗网法界，成就如来无碍解脱人中雄猛大师子吼；得无所畏，能转无碍清净法轮；得智慧解脱，了知一切世间境界；绝生死回流，入智慧大海；为一切众生护持三世诸佛正法，到一切佛法海实相源底。菩萨住此真实行已，一切世间天、人、魔、梵、沙门、婆罗门、乾闼婆、阿修罗等，有亲近者，皆令开悟，欢喜清净。是名菩萨摩诃萨第十真实行。

尔时，佛神力故，十方各有佛刹微尘数世界六种震动，所谓：动、遍动、等遍动，起、遍起、等遍起，涌、遍涌、等遍涌，震、遍震、等遍震，吼、遍吼、等遍吼，击、遍击、等遍击。雨天妙华、天香、天末香、天鬘、天衣、天宝、天庄严具，奏天乐音，放天光明，演畅诸天微妙音声。如此世界夜摩天宫，说十行法所现神变；十方世界，悉亦如是。复以佛神力故，十方各过十万佛刹微尘数世界外，有十万佛刹微尘数菩萨俱，来诣此土，充满十方，语功德林菩萨言：

佛子！善哉！善哉！善能演说诸菩萨行。我等一切同名：功德林，所住世界皆名：功德幢，彼土如来同名：普功德。我等佛所，亦说此法；众会眷属，言词义理，悉亦如是，无有增减。佛子！我等皆承佛神力，来入此会，为汝作证：十方世界，悉亦如是。

尔时，功德林菩萨承佛神力，普观十方一切众会暨于法界，欲令佛种性不断故，欲令菩萨种性清净故，欲令愿种性不退转故，欲令行种性常相续故，欲令三世种性悉平等故，欲摄三世一切佛种性故，欲开演所种诸善根故，欲观察一切诸根故，欲解烦恼习气心行所作故，欲照了一切佛菩提故，而说颂曰：

一心敬礼十力尊，离垢清净无碍见，境界深远无伦匹，住如虚空道中者。过去人中诸最胜，功德无量无所著，勇猛第一无等伦，彼离尘者行斯道。现在十方诸国土，善能开演第一义，离诸过恶最清净，彼无依者行斯道。未来所有人师子，周遍游行于法界，已发诸佛大悲心，彼饶益者行斯道。三世所有无比尊，自然除灭愚痴暗，于一切法皆平等，彼大力人行此道。普见无量无边界，一切诸有及诸趣，见已其心不分别，彼无动者行斯道。法界所有皆明了，于第一义最清净，永破瞋慢及愚痴，彼功德者行斯道。于诸众生善分别，悉入法界真实性，自然觉悟不由他，彼等空者行斯道。尽空所有诸国土，悉往说法广开喻，所说清净无能坏，彼胜牟尼行此道。具足坚固不退转，成就尊重最胜法，愿力无尽到彼岸，彼善修者所行道。无量无边一切地，广大甚深妙境界，悉能知见靡有遗，彼论师子所行道。一切句义皆明了，所有异论悉摧伏，于法决定无所疑，彼大牟尼行此道。远离世间诸过患，普与众生安隐乐，能为无等大导师，彼胜德者行斯道。恒以无畏施众生，普令一切皆欣庆，其心清净离染浊，彼无等者行斯道。意业清净极调善，离诸戏论无口过，威光圆满众所钦，彼最胜者行斯道。入真实义到彼岸，住功德处心永寂，诸佛护念恒不忘，彼灭有者行斯道。远离于我无恼害，恒以大音宣正法，十方国土靡不周，彼绝譬者行斯道。檀波罗蜜已成满，百福相好所庄严，众生见者皆欣悦，彼最胜慧行斯道。智地甚深难可入，能以妙慧善安住，其心究竟不动摇，彼坚固行斯道。法界所有悉能入，随所入处咸究竟，神通自在靡不该，彼法光明行此道。诸无等等大牟尼，勤修三昧无二相，心常在定乐寂静，彼普见者行斯道。微细广大诸国土，更相涉入各差别，如其境界悉了知，彼智山王行此道。意常明洁离诸垢，于三界中无所著，护持众戒到彼岸，此净心者行斯道。智慧无边不可说，普遍法界虚空界，善能修学住其中，彼金刚慧行斯道。三世一切佛境界，智慧善入悉周遍，未尝暂起疲厌心，彼最胜者行斯道。善能分别十力法，了知一切至处道，身业无碍得自在，彼功德身行此道。十方无量无边界，所有一切诸众生，我皆救护而不舍，彼无畏者行斯道。于诸佛法勤修习，心常精进不懈倦，净治一切诸世间，彼大龙王行此道。了知众生根不同，欲解无量各差别，种种诸界皆明达，此普入者行斯道。十方世界无量刹，悉往受生无有数，未曾一念生疲厌，彼欢喜者行斯道。普放无量光明网，照耀一切诸世间，其光所照入法性，此善慧者行斯道。震动十方诸国土，无量亿数那由他，不令众生有惊怖，此利世者所行道。善解一切语言法，问难酬对悉究竟，聪哲辩慧靡不知，此无畏者所行道。善解覆仰诸国土，分别思惟得究竟，悉使住于无尽地，此胜慧者所行道。功德无量那由他，为求佛道皆修习，于其一切到彼岸，此无尽行所行道。超出世间大论师，辩才第一师子吼，普使群生到彼岸，此净心者所行道。诸佛灌顶第一法，已得此法灌其顶，心恒安住正法门，彼广大心行此道。一切众生无量别，了达其心悉周遍，决定护持佛法藏，彼如须弥行此道。能于一一语言中，普为示现无量音，令彼众生随类解，此无碍见行斯道。一切文字语言法，智皆善入不分别，住于真实境界中，此见性者所行道。安住甚深大法海，善能印定一切法，了法无相真实门，此见实者所行道。一一佛土皆往诣，尽于无量无边劫，观察思惟靡暂停，此匪懈者所行道。无量无数诸如来，种种名号各不同，于一毛端悉明见，此净福者所行道。一毛端处见诸佛，其数无量不可说，一切法界悉亦然，彼诸佛子行斯道。无量无边无数劫，于一念中悉明见，知其修促无定相，此解脱行所行道。能令见者无空过，皆于佛法种因缘，而于所作心无著，彼诸最胜所行道。那由他劫常遇佛，终不一念生疲厌，其心欢喜转更增，此不空见所行道。尽于无量无边劫，观察一切众生界，未曾见有一众生，此坚固士所行道。修习无边福智藏，普作清凉功德池，利益一切诸群生，彼第一人行此道。法界所有诸品类，普遍虚空无数量，了彼皆依言说住，此师子吼所行道。能于一一三昧中，普入无数诸三昧，悉至法门幽奥处，此论月者行斯道。忍力勤修到彼岸，能忍最胜寂灭法，其心平等不动摇，此无边智所行道。于一世界一坐处，其身不动恒寂然，而于一切普现身，彼无边身行此道。无量无边诸国土，悉令共入一尘中，普得包容无障碍，彼无边思行此道。了达是处及非处，于诸力处普能入，成就如来最上力，彼第一力所行道。过去未来现在世，无量无边诸业报，恒以智慧悉了知，此达解者所行道。了达世间时非时，如应调伏诸众生，悉顺其宜而不失，此善了者所行道。善守身语及意业，恒令依法而修行，离诸取著降众魔，此智心者所行道。于诸法中得善巧，能入真如平等处，辩才宣说无有穷，此佛行者所行道。陀罗尼门已圆满，善能安住无碍藏，于诸法界悉通达，此深入者所行道。三世所有一切佛，悉与等心同智慧，一性一相无有殊，此无碍种所行道。已决一切愚痴膜，深入广大智慧海，普施众生清净眼，此有目者所行道。已具一切诸导师，平等神通无二行，获于如来自在力，此善修者所行道。遍游一切诸世间，普雨无边妙法雨，悉令于义得决了，此法云者所行道。能于佛智及解脱，深生净信永不退，以信而生智慧根，此善学者所行道。能于一念悉了知，一切众生无有余，了彼众生心自性，达无性者所行道。法界一切诸国土，悉能化往无有数，其身最妙绝等伦，此无比行所行道。佛刹无边无有数，无量诸佛在其中，菩萨于彼悉现前，亲近供养生尊重。菩萨能以独一身，入于三昧而寂定，令见其身无有数，一一皆从三昧起。菩萨所住最深妙，所行所作超戏论，其心清净常悦乐，能令众生悉欢喜。诸根方便各差别，能以智慧悉明见，而了诸根无所依，调难调者所行道。能以方便巧分别，于一切法得自在，十方世界各不同，悉在其中作佛事。诸根微妙行亦然，能为众生广说法，谁其闻者不欣庆，此等虚空所行道。智眼清净无与等，于一切法悉明见，如是智慧巧分别，此无等者所行道。所有无尽广大福，一切修行使究竟，令诸众生悉清净，此无比者所行道。普劝修成助道法，悉令得住方便地，度脱众生无有数，未曾暂起众生想。一切机缘悉观察，先护彼意令无净，普示众生安隐处，此方便者所行道。成就最上第一智，具足无量无边智，于诸四众无所畏，此方便智所行道。一切世界及诸法，悉能遍入得自在，亦入一切众会中，度脱群生无有数。十方一切国土中，击大法鼓悟群生，为法施主最无上，此不灭者所行道。一身结跏而正坐，充满十方无量刹，而令其身不迫隘，此法身者所行道。能于一义一文中，演说无量无边法，而其边际不可得，此无边智所行道。于佛解脱善修学，得佛智慧无障碍，成就无畏为世雄，此方便者所行道。了知十方世界海，亦知一切佛刹海，智海法海悉了知，众生见者咸欣庆。或现入胎及初生，或现道场成正觉，如是皆令世间见，此无边者所行道。无量亿数国土中，示现其身入涅槃，实不舍愿归寂灭，此雄论者所行道。坚固微密一妙身，与佛平等无差别，随诸众生各异见，一实身者所行道。法界平等无差别，具足无量无边义，乐观一相心不移，三世智者所行道。于诸众生及佛法，建立加持悉究竟，所有持力同于佛，最上持者行斯道。神足无碍犹如佛，天眼无碍最清净，耳根无碍善听闻，此无碍意所行道。所有神通皆具足，随其智慧悉成就，善知一切靡所俦，此贤智者所行道。其心正定不摇动，其智广大无边际，所有境界皆明达，一切见者所行道。已到一切功德岸，能随次第度众生，其心毕竟无厌足，此常勤者所行道。三世所有诸佛法，于此一切咸知见，从于如来种性生，彼诸佛子行斯道。随顺言词已成就，乖违谈论善摧伏，常能趣向佛菩提，无边慧者所行道。一光照触无涯限，十方国土悉充遍，普使世间得大明，此破闇者所行道。随其应见应供养，为现如来清净身，教化众生百千亿，庄严佛刹亦如是。为令众生出世间，一切妙行皆修习，此行广大无边际，云何而有能知者？假使分身不可说，而与法界虚空等，悉共称扬彼功德，百千万劫无能尽。菩萨功德无有边，一切修行皆具足，假使无量无边佛，于无量劫说不尽。何况世间天及人，一切声闻及缘觉，能于无量无边劫，赞叹称扬得究竟。

大方广佛华严经卷第二十一

十无尽藏品第二十二

尔时，功德林菩萨复告诸菩萨言：

佛子！菩萨摩诃萨有十种藏，过去、未来、现在诸佛，已说、当说、今说。何等为十？所谓：信藏、戒藏、惭藏、愧藏、闻藏、施藏、慧藏、念藏、持藏、辩藏，是为十。

佛子！何等为菩萨摩诃萨信藏？此菩萨信一切法空，信一切法无相，信一切法无愿，信一切法无作，信一切法无分别，信一切法无所依，信一切法不可量，信一切法无有上，信一切法难超越，信一切法无生。若菩萨能如是随顺一切法，生净信已，闻诸佛法不可思议，心不怯弱；闻一切佛不可思议，心不怯弱；闻众生界不可思议，心不怯弱；闻法界不可思议，心不怯弱；闻虚空界不可思议，心不怯弱；闻涅槃界不可思议，心不怯弱；闻过去世不可思议，心不怯弱；闻未来世不可思议，心不怯弱；闻现在世不可思议，心不怯弱；闻入一切劫不可思议，心不怯弱。何以故？此菩萨于诸佛所一向坚信，知佛智慧无边无尽。十方无量诸世界中，一一各有无量诸佛，于阿耨多罗三藐三菩提，已得、今得、当得，已出世、今出世、当出世，已入涅槃、今入涅槃、当入涅槃，彼诸佛智慧不增不减、不生不灭、不进不退、不近不远、无知无舍。此菩萨入佛智慧，成就无边无尽信；得此信已，心不退转，心不杂乱，不可破坏，无所染著，常有根本，随顺圣人，住如来家，护持一切诸佛种性，增长一切菩萨信解，随顺一切如来善根，出生一切诸佛方便。是名：菩萨摩诃萨信藏。菩萨住此信藏，则能闻持一切佛法，为众生说，皆令开悟。

佛子！何等为菩萨摩诃萨戒藏？此菩萨成就普饶益戒、不受戒、不住戒、无悔恨戒、无违净戒、不损恼戒、无杂秽戒、无贪求戒、无过失戒、无毁犯戒。云何为普饶益戒？此菩萨受持净戒，本为利益一切众生。云何为不受戒？此菩萨不受行外道诸所有戒，但性自精进，奉持三世诸佛如来平等净戒。云何为不住戒？此菩萨受持戒时，心不住欲界、不住色界、不住无色界。何以故？不求生彼，而持戒故。云何为无悔恨戒？此菩萨恒得安住无悔恨心。何以故？不作重罪，不行谄诈，不破净戒故。云何为无违净戒？此菩萨不非先制，不更造立；心常随顺，向涅槃戒，具足受持，无所毁犯；不以持戒，恼他众生，令其生苦，但愿一切心常欢喜而持于戒。云何为不恼害戒？此菩萨不因于戒，学诸咒术，造作方药，恼害众生，但为救护一切众生而持于戒。云何为不杂戒？此菩萨不著边见，不持杂戒，但观缘起持出离戒。云何为无贪求戒？此菩萨不现异相，彰己有德，但为满足出离法故而持于戒。云何为无过失戒？此菩萨不自贡高，言我持戒；见破戒人亦不轻毁，令他愧耻；但一其心而持于戒。云何为无毁犯戒？此菩萨永断杀、盗、邪淫、妄语、两舌、恶口、及无义语、贪、瞋、邪见，具足受持十种善业。菩萨持此无犯戒时，作是念言：一切众生毁犯净戒，皆由颠倒；唯佛世尊能知众生以何因缘而生颠倒，毁犯净戒。我当成就无上菩提，广为众生说真实法，令离颠倒。是名：菩萨摩诃萨第二戒藏。

佛子！何等为菩萨摩诃萨惭藏？此菩萨忆念过去所作诸恶而生于惭。谓彼菩萨，心自念言：我无始世来，与诸众生皆悉互作父母、兄弟、姊妹、男女，具贪、瞋、痴、憍慢、谄诳及余一切诸烦恼故，更相恼害，递相陵夺，奸淫、伤杀，无恶不造；一切众生，悉亦如是，以诸烦恼备造众恶，是故各各不相恭敬、不相尊重、不相承顺、不相谦下、不相启导、不相护惜，更相杀害，互为怨仇。自惟我身及诸众生，去、来、现在，行无惭法，三世诸佛无不知见。今若不断此无惭行，三世诸佛亦当见我。我当云何犹行不止？甚为不可。是故我应专心断除，证阿耨多罗三藐三菩提，广为众生说真实法。是名：菩萨摩诃萨第三惭藏。

佛子！何等为菩萨摩诃萨愧藏？此菩萨自愧昔来，于五欲中，种种贪求，无有厌足，因此增长贪、恚、痴等一切烦恼；我今不应复行是事。又作是念：众生无智，起诸烦恼，具行恶法，不相恭敬，不相尊重，乃至展转互为怨仇。如是等恶，无不备造，造已欢喜，追求称叹，盲无慧眼，无所知见。于母人腹中，入胎受生，成垢秽身，毕竟至于发白面皱。有智慧者，观此但是从淫欲，生不净之法，三世诸佛皆悉知见。若我于今犹行是事，则为欺诳三世诸佛。是故我当修行于愧，速成阿耨多罗三藐三菩提，广为众生说真实法。是名：菩萨摩诃萨第四愧藏。

佛子！何等为菩萨摩诃萨闻藏？此菩萨知是事有故是事有，是事无故是事无；是事起故是事起，是事灭故是事灭；是世间法，是出世间法；是有为法，是无为法；是有记法，是无记法。何等为是事有故是事有？谓：无明有故行有。何等为是事无故是事无？谓：识无故名色无。何等为是事起故是事起？谓：爱起故苦起。何等为是事灭故是事灭？谓：有灭故生灭。何等为世间法？所谓：色、受、想、行、识。何等为出世间法？所谓：戒、定、慧、解脱、解脱知见。何等为有为法？所谓：欲界、色界、无色界、众生界。何等为无为法？所谓：虚空、涅槃、数缘灭、非数缘灭、缘起法性住。何等为有记法？谓：四圣谛、四沙门果、四辩、四无所畏、四念处、四正勤、四神足、五根、五力、七觉分、八圣道分。何等为无记法？谓：世间有边，世间无边，世间亦有边亦无边，世间非有边非无边；世间有常，世间无常，世间亦有常亦无常，世间非有常非无常；如来灭后有，如来灭后无，如来灭后亦有亦无，如来灭后非有非无；我及众生有，我及众生无，我及众生亦有亦无，我及众生非有非无；过去，有几如来般涅槃？几声闻、辟支佛般涅槃？未来，有几如来？几声闻、辟支佛？几众生？现在，有几佛住？几声闻、辟支佛住？几众生住？何等如来最先出？何等声闻、辟支佛最先出？何等众生最先出？何等如来最后出？何等声闻、辟支佛最后出？何等众生最后出？何法最在初？何法最在后？世间从何处来，去至何所？有几世界成？有几世界坏？世界从何处来，去至何所？何者为生死最初际？何者为生死最后际？是名无记法。菩萨摩诃萨作如是念：一切众生于生死中，无有多闻，不能了知此一切法。我当发意，持多闻藏，证阿耨多罗三藐三菩提，为诸众生说真实法。是名：菩萨摩诃萨第五多闻藏。

佛子！何等为菩萨摩诃萨施藏？此菩萨行十种施，所谓：分减施、竭尽施、内施、外施、内外施、一切施、过去施、未来施、现在施、究竟施。佛子！云何为菩萨分减施？此菩萨禀性仁慈，好行惠施。若得美味，不专自受，要与众生，然后方食；凡所受物，悉亦如是。若自食时，作是念言：我身中有八万户虫依于我住，我身充乐，彼亦充乐；我身饥苦，彼亦饥苦。我今受此所有饮食，愿令众生普得充饱。为施彼故而自食之，不贪其味。复作是念：我于长夜爱著其身，欲令充饱而受饮食。今以此食惠施众生，愿我于身永断贪著。是名：分减施。云何为菩萨竭尽施？佛子！此菩萨得种种上味饮食、香华、衣服、资生之具,若自以受用则安乐延年,若辍己施人则穷苦夭命。时,或有人来作是言:汝今所有,悉当与我。菩萨自念:我无始已来,以饥饿故丧身无数,未曾得有如毫末许饶益众生而获善利。今我亦当同于往昔而舍其命,是故应为饶益众生,随其所有,一切皆舍;乃至尽命,亦无所吝。是名:竭尽施。云何为菩萨内施?佛子!此菩萨年方少盛,端正美好,香华、衣服以严其身;始受灌顶,转轮王位,七宝具足,王四天下。时,或有人来白王言:大王当知!我今衰老,身婴重疾,茕独羸顿,死将不久;若得王身手足、血肉、头目、骨髓,我之身命必冀存活。唯愿大王莫更筹量,有所顾惜;但见慈念,以施于我!尔时,菩萨作是念言:今我此身,后必当死,无一利益;宜时疾舍,以济众生。念已施之,心无所悔。是名:内施。云何为菩萨外施?佛子!此菩萨年盛色美,众相具足,名华、上服而以严身;始受灌顶,转轮王位,七宝具足,王四天下。时,或有人来白王言:我今贫窭,众苦逼迫。唯愿仁慈,特垂矜念,舍此王位以赡于我;我当统领,受王福乐!尔时,菩萨作是念言:一切荣盛必当衰歇,于衰歇时,不能复更饶益众生。我今宜应随彼所求,充满其意。作是念已,即便施之而无所悔。是名:外施。云何为菩萨内外施?佛子!此菩萨如上所说,处轮王位,七宝具足,王四天下。时,或有人而来白言:此转轮位,王处已久,我未曾得。唯愿大王舍之与我,并及王身,为我臣仆!尔时,菩萨作是念言:我身财宝及以王位,悉是无常、败坏之法。我今盛壮,富有天下;乞者现前,当以不坚而求坚法。作是念已,即便施之,乃至以身恭勤作役,心无所悔。是名:内外施。云何为菩萨一切施?佛子!此菩萨亦如上说,处轮王位,七宝具足,王四天下。时,有无量贫穷之人来诣其前,而作是言:大王名称周闻十方,我等钦风故来至此。吾曹今者各有所求,愿普垂慈,令得满足!时,诸贫人从彼大王,或乞国土,或乞妻子,或乞手足、血肉、心肺、头目、髓脑。菩萨是时,心作是念:一切恩爱会当别离,而于众生无所饶益。我今为欲永舍贪爱,以此一切必离散物满众生愿。作是念已,悉皆施与,心无悔恨,亦不于众生而生厌贱。是名:一切施。云何为菩萨过去施?此菩萨闻过去诸佛菩萨所有功德,闻已不著,了达非有,不起分别,不贪不味,亦不求取,无所依倚;见法如梦,无有坚固;于诸善根,不起有想,亦无所倚;但为教化,取著众生,成熟佛法,而为演说;又复观察:过去诸法,十方推求都不可得。作是念已,于过去法,毕竟皆舍。是名:过去施。云何为菩萨未来施?此菩萨闻未来诸佛之所修行,了达非有,不取于相,不别乐往生诸佛国土,不味不著,亦不生厌;不以善根回向于彼,亦不于彼而退善根,常勤修行,未曾废舍;但欲因彼境界摄取众生,为说真实,令成熟佛法;然此法者非有处所、非无处所,非内、非外,非近、非远。复作是念:若法非有,不可不舍。是名:未来施。云何为菩萨现

163

在施？此菩萨闻四天王众天、三十三天、夜摩天、兜率陀天、化乐天、他化自在天、梵天、梵身天、梵辅天、梵众天、大梵天、光天、少光天、无量光天、光音天、净天、少净天、无量净天、遍净天、广天、少广天、无量广天、广果天、无烦天、无热天、善见天、善现天、色究竟天，乃至闻声闻、缘觉具足功德。闻已，其心不迷、不没、不聚、不散，但观诸行如梦不实，无有贪著；为令众生，舍离恶趣，心无分别，修菩萨道，成就佛法，而为开演。是名：现在施。云何为菩萨究竟施？佛子！此菩萨，假使有无量众生或有无眼、或有无耳、或无鼻舌及以手足，来至其所，告菩萨言：我身薄祜，诸根残缺。唯愿仁慈，以善方便，舍己所有，令我具足。菩萨闻之，即便施与；假使由此，经阿僧祇劫，诸根不具，亦不心生一念悔惜。但自观身，从初入胎，不净微形，胞段诸根，生老病死；又观此身，无有真实，无有惭愧，非贤圣物，臭秽不洁，骨节相持，血肉所涂，九孔常流，人所恶贱。作是观已，不生一念爱著之心。复作是念：此身危脆，无有坚固。我今云何而生恋著？应以施彼，充满其愿。如我所作，以此开导一切众生，令于身心不生贪爱，悉得成就清净智身。是名：究竟施。是为菩萨摩诃萨第六施藏。

佛子！何等为菩萨摩诃萨慧藏？此菩萨于色如实知，色集如实知，色灭如实知，色灭道如实知；于受、想、行、识如实知，受、想、行、识集如实知，受、想、行、识灭如实知，受、想、行、识灭道如实知；于无明如实知，无明集如实知，无明灭如实知，无明灭道如实知；于爱如实知，爱集如实知，爱灭如实知，爱灭道如实知；于声闻如实知，声闻法如实知，声闻集如实知，声闻涅槃如实知；于独觉如实知，独觉法如实知，独觉集如实知，独觉涅槃如实知；于菩萨如实知，菩萨法如实知，菩萨集如实知，菩萨涅槃如实知。云何知？知从业报诸行因缘之所造作，一切虚假，空无有实，非我非坚固，无有少法可得成立。欲令众生知其实性，广为宣说。为说何等？说诸法不可坏。何等法不可坏？色不可坏，受、想、行、识不可坏，无明不可坏，声闻法、独觉法、菩萨法不可坏。何以故？一切法无作、无作者、无言说、无处所、不生、不起、不与、不取、无动转、无作用。菩萨成就如是等无量慧藏，以少方便，了一切法，自然明达，不由他悟。此慧无尽藏有十种不可尽故，说为无尽。何等为十？所谓：多闻善巧不可尽故，亲近善知识不可尽故，善分别句义不可尽故，入深法界不可尽故，以一味智庄严不可尽故，集一切福德心无疲倦不可尽故，入一切陀罗尼门不可尽故，能分别一切众生语言音声不可尽故，能断一切众生疑惑不可尽故，为一切众生现一切佛神力教化调伏令修行不断不可尽故；是为十。是为菩萨摩诃萨第七慧藏。住此藏者，得无尽智慧，普能开悟一切众生。

佛子！何等为菩萨摩诃萨念藏？此菩萨舍离痴惑，得具足念，忆念过去一生、二生，乃至十生、百生、千生、百千生、无量百千生，成劫、坏劫、成坏劫、非一成劫、非一坏劫、非一成坏劫，百劫、千劫、百千亿那由他，乃至无数、无量、无边、无等、不可数、不可称、不可思、不可量、不可说、不可说不可说劫；念一佛名号，乃至不可说不可说佛名号；念一佛出世说授记，乃至不可说不可说佛出世说授记；念一佛出世说修多罗，乃至不可说不可说佛出世说修多罗；如修多罗，祇夜、授记、伽他、尼陀那、优陀那、本事、本生、方广、未曾有、譬喻、论议，亦如是；念一众会，乃至不可说不可说众会；念演一法，乃至演不可说不可说法；念一根种种性，乃至不可说根种种性；念一根无量种种性，乃至不可说不可说根无量种种性；念一烦恼种种性，乃至不可说不可说烦恼种种性；念一三昧种种性，乃至不可说不可说三昧种种性。此念有十种，所谓：寂静念、清净念、不浊念、明彻念、离尘念、离种种尘念、离垢念、光耀念、可爱乐念、无障碍念。菩萨住是念时，一切世间无能娆乱，一切异论无能变动，往世善根悉得清净，于诸世法无所染著，众魔外道所不能坏，转身受生无所忘失；过、现、未来，说法无尽；于一切世界中，与众生同住，曾无过咎；入一切诸佛众会道场无所障碍，一切佛所悉得亲近。是名：菩萨摩诃萨第八念藏。

佛子！何等为菩萨摩诃萨持藏？此菩萨持诸佛所说修多罗，文句义理，无有忘失；一生持，乃至不可说不可说生持；持一佛名号，乃至不可说不可说佛名号；持一劫数，乃至不可说不可说劫数；持一佛授记，乃至不可说不可说佛授记；持一修多罗，乃至不可说不可说修多罗；持一众会，乃至不可说不可说众会；持演一法，乃至演不可说不可说法；持一根无量种种性，乃至不可说不可说根无量种种性；持一烦恼种种性，乃至不可说不可说烦恼种种性；持一三昧种种性，乃至不可说不可说三昧种种性。佛子！此持藏无边难满，难至其底，难得亲近，无能制伏，无量无尽，具大威力，是佛境界，唯佛能了。是名：菩萨摩诃萨第九持藏。

佛子！何等为菩萨摩诃萨辩藏？此菩萨有深智慧，了知实相，广为众生演说诸法，不违一切诸佛经典；说一品法，乃至不可说不可说品法；说一佛名号，乃至不可说不可说佛名号；如是，说一世界，说一佛授记，说一修多罗，说一众会，说演一法，说一根无量种种性，说一烦恼无量种种性，说一三昧无量种种性，乃至说不可说不可说三昧无量种种性；或一日说，或半月、一月说，或百年、千年、百千年说，或一劫、百劫、千劫、百千劫说，或百千亿那由他劫说，或无数无量乃至不可说不可说劫说。劫数可尽，一文一句，义理难尽。何以故？此菩萨成就十种无尽藏故。成就此藏，得摄一切法陀罗尼门现在前，百万阿僧祇陀罗尼以为眷属；得此陀罗尼已，以法光明，广为众生演说于法。其说法时，以广长舌出妙音声，充满十方一切世界；随其根性，悉令满足，心得欢喜，灭除一切烦恼缠垢。善入一切音声、言语、文字、辩才，令一切众生佛种不断，净心相续，亦以法光明而演说法，无有穷尽，不生疲倦。何以故？此菩萨成就尽虚空遍法界无边身故。是为菩萨摩诃萨第十辩藏。此藏无穷尽、无分段、无间、无断、无变异、无隔碍、无退转，甚深无底，难可得入，普入一切佛法之门。

佛子！此十种无尽藏，有十种无尽法，令诸菩萨究竟成就无上菩提。何等为十？饶益一切众生故，以本愿善回向故，一切劫无断绝故，尽虚空界悉开悟心无限故，回向有为而不著故，一念境界一切法无尽故，大愿心无变异故，善摄取诸陀罗尼故，一切诸佛所护念故，了一切法皆如幻故。是为十种无尽法，能令一切世间所作，悉得究竟无尽大藏。

大方广佛华严经卷第二十二

升兜率天宫品第二十三

尔时，佛神力故，十方一切世界，一一四天下阎浮提中，皆见如来坐于树下，各有菩萨承佛神力而演说法，靡不自谓恒对于佛。

尔时，世尊复以神力，不离于此菩提树下及须弥顶、夜摩天宫，而往诣于兜率陀天一切妙宝所庄严殿。时，兜率天王遥见佛来，即于殿上敷摩尼藏师子之座。其师子座，天诸妙宝之所集成，过去修行善根所得，一切如来神力所现，无量百千亿那由他阿僧祇善根所生，一切如来净法所起，无边福力之所严莹；清净业报，不可沮坏；观者欣乐，无所厌足；是出世法，非世所染；一切众生咸来观察，无有能得究其妙好。有百万亿层级，周匝围绕；百万亿金网，百万亿华帐，百万亿宝帐，百万亿鬘帐，百万亿香帐，张施其上；华鬘垂下，香气普熏；百万亿华盖，百万亿鬘盖，百万亿宝盖，诸天执持，四面行列；百万亿宝衣，以敷其上；百万亿楼阁，绮焕庄严；百万亿摩尼网，百万亿宝网，弥覆其上；百万亿宝璎珞网，四面垂下；百万亿庄严具网，百万亿盖网，百万亿衣网，百万亿宝帐网，以张其上；百万亿宝莲华网，开敷光荣；百万亿宝香网，其香美妙，称悦众心；百万亿宝铃帐，其铃微动，出和雅音；百万亿栴檀宝帐，香气普熏；百万亿宝华帐，其华敷荣；百万亿众妙色衣帐，世所希有；百万亿菩萨帐，百万亿杂色帐，百万亿真金帐，百万亿琉璃帐，百万亿种种宝帐，悉张其上；百万亿一切宝帐，大摩尼宝以为庄严；百万亿妙宝华，周匝莹饰；百万亿频婆帐，殊妙间错；百万亿宝鬘，百万亿香鬘，四面垂下；百万亿天坚固香，其香普熏；百万亿天庄严具璎珞，百万亿宝华璎珞，百万亿胜藏宝璎珞，百万亿摩尼宝璎珞，百万亿海摩尼宝璎珞，庄严座身；百万亿妙宝缯彩，以为垂带；百万亿因陀罗金刚宝，百万亿自在摩尼宝，百万亿妙色真金藏，以为间饰；百万亿毗卢遮那摩尼宝，百万亿因陀罗摩尼宝，光明照耀；百万亿天坚固摩尼宝，以为窗牖；百万亿清净功德摩尼宝，彰施妙色；百万亿清净妙藏宝，以为门阃；百万亿世中最胜半月宝，百万亿离垢藏摩尼宝，百万亿师子面摩尼宝，间错庄严；百万亿心王摩尼宝，所求如意；百万亿阎浮檀摩尼宝，百万亿清净藏摩尼宝，百万亿帝幢摩尼宝，咸放光明，弥覆其上；百万亿白银藏摩尼宝，百万亿须弥幢摩尼宝，庄严其藏；百万亿真珠璎珞，百万亿琉璃璎珞，百万亿赤色宝璎珞，百万亿摩尼璎珞，百万亿宝光明璎珞，百万亿种种藏摩尼璎珞，百万亿甚可乐见赤真珠璎珞，百万亿无边色相藏摩尼宝璎珞，百万亿极清净无比宝璎珞，百万亿胜光明摩尼宝璎珞，周匝垂布，以为庄严；百万亿摩尼身，殊妙严饰；百万亿因陀罗妙色宝，百万亿黑栴檀香，百万亿不思议境界香，百万亿十方妙香，百万亿最胜香，百万亿甚可爱乐香，咸发香气，普熏十方；百万亿频婆罗香，普散十方；百万亿净光香，普熏众生；百万亿无边际种种色香，普熏一切诸佛国土，永不歇灭；百万亿涂香，百万亿熏香，百万亿烧香，香气发越，普熏一切；百万亿莲华藏沉水香，出大音声；百万亿游戏香，能转众心；百万亿阿楼那香，香气普熏，其味甘美；百万亿能开悟香，普遍一切，令其闻者，诸根寂静；复有百万亿无比香王香，种种庄严。雨百万亿天华云，雨百万亿天香云，雨百万亿天末香云，雨百万亿天拘苏摩华云，雨百万亿天波头摩华云，雨百万亿天优钵罗华云，雨百万亿天拘物头华云，雨百万亿天芬陀利华云，雨百万亿天曼陀罗华云，雨百万亿一切天华云，雨百万亿天衣云，雨百万亿摩尼宝云，雨百万亿天盖云，雨百万亿天幡云，雨百万亿天冠云，雨百万亿天庄严具云，雨百万亿天宝鬘云，雨百万亿天宝璎珞云，雨百万亿天栴檀香云，雨百万亿天沉水香云。建百万亿宝幢，悬百万亿宝幡，垂百万亿宝缯带，然百万亿香炉，布百万亿宝鬘，持百万亿宝扇，执百万亿宝拂。悬百万亿宝铃网，微风吹动，出妙音声；百万亿宝栏楯，周匝围绕；百万亿宝多罗树，次第行列；百万亿妙宝窗牖，绮丽庄严；百万亿宝树，周匝垂阴；百万亿宝楼阁，延袤绮饰；百万亿宝门，垂布璎珞；百万亿金铃，出妙音声；百万亿吉祥相璎珞，严净垂下；百万亿宝悉底迦，能除众恶；百万亿金藏，金缕织成；百万亿宝盖，众宝为竿，执持行列；百万亿一切宝庄严具网，间错庄严；百万亿光明宝，放种种光；百万亿光明，周遍照耀；百万亿日藏轮，百万亿月藏轮，并无量色宝之所集成；百万亿香焰，光明映彻；百万亿莲华藏，开敷鲜荣；百万亿宝网，百万亿华网，百万亿香网，弥覆其上；百万亿天宝衣，百万亿天青色衣，百万亿天黄色衣，百万亿天赤色衣，百万亿天奇妙色衣，百万亿天种种宝奇妙衣，百万亿种种香熏衣，百万亿一切宝所成衣，百万亿鲜白衣，悉善敷布，见者欢喜。百万亿天铃幢，百万亿金网幢，出微妙音；百万亿天缯幢，众彩具足；百万亿香幢，垂布香网；百万亿华幢，雨一切华；百万亿天衣幢，悬布妙衣；百万亿天摩尼宝幢，众宝庄严；百万亿天庄严具幢，众具校饰；百万亿天鬘幢，种种华鬘，四面行布；百万亿天盖幢，宝铃和鸣，闻皆欢喜。百万亿天螺，出妙音声；百万亿天鼓，出大音声；百万亿天箜篌，出微妙音；百万亿天牟陀罗，出大妙音；百万亿天诸杂乐，同时俱奏；百万亿天自在乐，出妙音声，其声普遍一切佛刹；百万亿天变化乐，其声如响，普应一切；百万亿天鼓，因于抚击，而出妙音；百万亿天如意乐，自然出声，音节相和；百万亿天诸杂乐，出妙音声，灭诸烦恼。百万亿悦意音，赞叹供养；百万亿广大音，赞叹承事；百万亿甚深音，赞叹修行；百万亿众妙音，叹佛业果；百万亿微细音，叹如实理；百万亿无障碍真实音，叹佛本行；百万亿清净音，赞叹过去供养诸佛；百万亿法门音，赞叹诸佛最胜无畏；百万亿无量音，叹诸菩萨功德无尽；百万亿菩萨地音，赞叹开示一切菩萨地相应行；百万亿无断绝音，叹佛功德无有断绝；百万亿随顺音，赞叹称扬见佛之行；百万亿甚深法音，赞叹一切法无碍智相应理；百万亿广大音，其音充满一切佛刹；百万亿无碍清净音，随其心乐，悉令欢喜；百万亿不住三界音，令其闻者，深入法性；百万亿欢喜音，令其闻者，心无障碍，深信恭敬；百万亿佛境界音，随所出声，悉能开示一切法义；百万亿陀罗尼音，善宣一切法句差别，决了如来秘密之藏；百万亿一切法音，其音和畅，克谐众乐。

有百万亿初发心菩萨，才见此座，倍更增长一切智心；百万亿治地菩萨，心净欢喜；百万亿修行菩萨，悟解清净；百万亿生贵菩萨，住胜志乐；百万亿方便具足菩萨，起大乘行；百万亿正心住菩萨，勤修一切菩萨道；百万亿不退菩萨，净修一切菩萨地；百万亿童真菩萨，得一切菩萨三昧光明；百万亿法王子菩萨，入不思议诸佛境界；百万亿灌顶菩萨，能现无量如来十力；百万亿菩萨，得自在神通；百万亿菩萨，生清净解；百万亿菩萨，心生爱乐；百万亿菩萨，深信不坏；百万亿菩萨，势力广大；百万亿菩萨，名称增长；百万亿菩萨，演说法义，令智决定；百万亿菩萨，正念不乱；百万亿菩萨，生决定智；百万亿菩萨，得闻持力，持一切佛法；百万亿菩萨，出生无量广大觉解；百万亿菩萨，安住信根；百万亿菩萨，得檀波罗蜜，能一切施；百万亿菩萨，得尸波罗蜜，具持众戒；百万亿菩萨，得忍波罗蜜，心不妄动，悉能忍受一切佛法；百万亿菩萨，得精进波罗蜜，能行无量出离精进；百万亿菩萨，得禅波罗蜜，具足无量禅定光明；百万亿菩萨，得般若波罗蜜，智慧光明能普照耀；百万亿菩萨，成就大愿，悉皆清净；百万亿菩萨，得智慧灯，明照法门；百万亿菩萨，为十方诸佛法光所照；百万亿菩萨，周遍十方，演离痴法；百万亿菩萨，普入一切诸佛刹土；百万亿菩萨，法身随到一切佛国；百万亿菩萨，得佛音声，能广开悟；百万亿菩萨，得出生一切智方便；百万亿菩萨，得成就一切法门；百万亿菩萨，成就法智，犹如宝幢，能普显示一切佛法；百万亿菩萨，能悉示现如来境界。百万亿诸天王，恭敬礼拜；百万亿龙王，谛观无厌；百万亿夜叉王，顶上合掌；百万亿乾闼婆王，起净信心；百万亿阿修罗王，断憍慢意；百万亿迦楼罗王，口衔缯带；百万亿紧那罗王，欢喜踊跃；百万亿摩睺罗伽王，欢喜瞻仰；百万亿世主，稽首作礼；百万亿忉利天王，瞻仰不瞬；百万亿夜摩天王，欢喜赞叹；百万亿兜率天王，布身作礼；百万亿化乐天王，头顶礼敬；百万亿他化天王，恭敬合掌；百万亿梵天王，一心观察；百万亿摩醯首罗天王，恭敬供养；百万亿菩萨，发声赞叹；百万亿天女，专心供养；百万亿同愿天，踊跃欢喜；百万亿往昔同住天，妙声称赞；百万亿梵身天，布身敬礼；百万亿梵辅天，合掌于顶；百万亿梵众天，围绕侍卫；百万亿大梵天，赞叹称扬无量功德；百万亿光天，五体投地；百万亿少光天，宣扬赞叹佛世难值；百万亿无量光天，遥向佛礼；百万亿光音天，赞叹如来甚难得见；百万亿净天，与宫殿俱，而来诣此；百万亿少净天，以清净心，稽首作礼；百万亿无量净天，愿欲见佛，投身而下；百万亿遍净天，恭敬尊重，亲近供养；百万亿广天，念昔善根；百万亿少广天，于如来所，生希有想；百万亿无量广天，决定尊重，生诸善业；百万亿广果天，曲躬恭敬；百万亿无烦天，信根坚固，恭敬礼拜；百万亿无热天，合掌念佛，情无厌足；百万亿善见天，头面作礼；百万亿善现天，念供养佛，心无懈歇；百万亿阿迦尼吒天，恭敬顶礼；百万亿种种天，皆大欢喜，发声赞叹；百万亿诸天，各善思惟，而为庄严；百万亿菩萨天，护持佛座，庄严不绝。百万亿华手菩萨，雨一切华；百万亿香手菩萨，雨一切香；百万亿鬘手菩萨，雨一切鬘；百万亿末香手菩萨，雨一切末香；百万亿涂香手菩萨，雨一切涂香；百万亿衣手菩萨，雨一切衣；百万亿盖手菩萨，雨一切盖；百万亿幢手菩萨，雨一切幢；百万亿幡手菩萨，雨一切幡；百万亿宝手菩萨，雨一切宝；百万亿庄严手菩萨，雨一切庄严具。百万亿诸天子，从天宫出，至于座所；百万亿诸天子，以净信心，并宫殿俱；百万亿生贵天子，以身持座；百万亿灌顶天子，举身持座。百万亿思惟菩萨，恭敬思惟；百万亿生贵菩萨，发清净心；百万亿菩萨，诸根悦乐；百万亿菩萨，深心清净；百万亿菩萨，信解清净；百万亿菩萨，诸业清净；百万亿菩萨，受生自在；百万亿菩萨，法光照耀；百万亿菩萨，成就于地；百万亿菩萨，善能教化一切众生。百万亿善根所生，百万亿诸佛护持，百万亿福德所圆满，百万亿殊胜心所清净，百万亿大愿所严洁，百万亿善行所生起，百万亿善法所坚固，百万亿神力所示现，百万亿功德所成就，百万亿赞叹法而以赞叹。

如此世界兜率天王，奉为如来，敷置高座；一切世界兜率天王，悉为于佛，如是敷座，如是庄严，如是仪则，如是信乐，如是心净，如是欣乐，如是喜悦，如是尊重，如是而生希有之想，如是踊跃，如是渴仰，悉皆同等。

　　尔时，兜率天王为如来敷置座已，心生尊重，与十万亿阿僧祇兜率天子奉迎如来；以清净心，雨阿僧祇色华云，雨不思议色香云，雨种种色鬘云，雨广大清净栴檀云，雨无量种种盖云，雨细妙天衣云，雨无边众妙宝云，雨天庄严具云，雨无量种种烧香云，雨一切栴檀沉水坚固末香云。诸天子众各从其身出此诸云时，百千亿阿僧祇兜率天子，及余在会诸天子，众心大欢喜，恭敬顶礼；阿僧祇天女，踊跃欣慕，谛观如来。兜率宫中不可说诸菩萨众，住虚空中，精勤一心，以出过诸天诸供养具，供养于佛，恭敬作礼。阿僧祇音乐一时同奏。

　　尔时，如来威神力故，往昔善根之所流故，不可思议自在力故，兜率宫中一切诸天及诸天女，皆遥见佛，如对目前，同兴念言：如来出世难可值遇，我今得见具一切智于法无碍正等觉者。如是思惟，如是观察，与诸众会悉共同时奉迎如来；各以天衣，盛一切华，盛一切香，盛一切宝，盛一切庄严具，盛一切天栴檀末香，盛一切天沉水末香，盛一切天妙宝末香，盛一切天香华，盛一切天曼陀罗华，悉以奉散，供养于佛。

　　百千亿那由他阿僧祇兜率陀天子，住虚空中，咸于佛所起智慧境界心，烧一切香，香气成云庄严虚空；又于佛所起欢喜心，雨一切天华云庄严虚空；又于佛所起尊重心，雨一切天盖云庄严虚空；又于佛所起供养心，散一切天鬘云庄严虚空；又于佛所生信解心，布阿僧祇金网弥覆虚空，一切宝铃常出妙音；又于佛所生最胜福田心，以阿僧祇帐庄严虚空，雨一切璎珞云，无有断绝；又于佛所生深信心，以阿僧祇诸天宫殿庄严虚空，一切天乐出微妙音；又于佛所生最胜难遇心，以阿僧祇种种色天衣云庄严虚空，雨于无比种种妙衣；又于佛所生无量欢喜踊跃心，以阿僧祇诸天宝冠庄严虚空，雨无量天冠，广大成云；又于佛所起欢喜心，以阿僧祇种种色宝庄严虚空，雨一切璎珞云，无有断绝。百千亿那由他阿僧祇天子，咸于佛所生净信心，散无数种种色天华，然无数种种色天香，供养如来；又于佛所起大庄严变化心，持无数种种色天栴檀末香，奉散如来；又于佛所起欢喜踊跃心，持无数种种色盖，随逐如来；又于佛所起增上心，持无数种种色天宝衣，敷布道路，供养如来；又于佛所起清净心，持无数种种色天宝幢，奉迎如来；又于佛所起增上欢喜心，持无数种种色天庄严具，供养如来；又于佛所生不坏信心，持无数天宝鬘，供养如来；又于佛所生无比欢喜心，持无数种种色天宝幡，供养如来。百千亿那由他阿僧祇诸天子，以调顺寂静无放逸心，持无数种种色天乐，出妙音声，供养如来。

百千亿那由他不可说先住兜率宫诸菩萨众，以从超过三界法所生，离诸烦恼行所生，周遍无碍心所生，甚深方便法所生，无量广大智所生，坚固清净信所增长不思议善根所生，起阿僧祇善巧变化所成就，供养佛心之所现，无作法门之所印，出过诸天诸供养具，供养于佛；以从波罗蜜所生一切宝盖，于一切佛境界清净解所生一切华帐，无生法忍所生一切衣，入金刚法无碍心所生一切铃网，解一切法如幻心所生一切坚固香，周遍一切佛境界如来座心所生一切佛众宝妙座，供养佛不懈心所生一切宝幢，解诸法如梦欢喜心所生佛所住一切宝宫殿，无著善根无生善根所生一切宝莲华云、一切坚固香云、一切无边色华云、一切种种色妙衣云、一切无边清净栴檀香云、一切妙庄严宝盖云、一切烧香云、一切妙鬘云、一切清净庄严具云，皆遍法界，出过诸天供养之具，供养于佛。其诸菩萨一一身各出不可说百千亿那由他菩萨，皆充满法界、虚空界，其心等于三世诸佛，以从无颠倒法所起，无量如来力所加，开示众生安隐之道，具足不可说名、味、句，普入无量法，一切陀罗尼种中生不可穷尽辩才之藏，心无所畏，生大欢喜，以不可说无量无尽如实赞叹法，赞叹如来，无有厌足。

尔时，一切诸天及诸菩萨众，见于如来、应、正等觉——不可思议人中之雄。其身无量，不可称数；现不思议种种神变，令无数众生心大欢喜；普遍一切虚空界、一切法界，以佛庄严而为庄严；令一切众生安住善根，示现无量诸佛神力，超过一切诸语言道，诸大菩萨所共钦敬；随所应化，皆令欢喜；住于诸佛广大之身，功德善根悉已清净；色相第一，无能映夺；智慧境界，不可穷尽，无比三昧之所出生。其身无际，遍住一切众生身中，令无量众生皆大欢喜，令一切智种性不断；住于诸佛究竟所住，生于三世诸佛之家；令不可数众生信解清净，令一切菩萨智慧成就、诸根悦豫；法云普覆虚空法界，教化调伏无有遗余；随众生心，悉令满足，令其安住无分别智；出过一切众生之上，获一切智，放大光明，宿世善根皆令显现；普使一切发广大心，令一切众生安住普贤不可坏智；遍住一切众生国土，从于不退正法中生，住于一切平等法界，明了众生心之所宜，现不可说不可说种种差别如来之身，非世言词而叹可尽；能令一切常思念佛，充满法界广度群生；随初发心所欲利益，以法惠施，令其调伏，信解清净；示现色身不可思议，等观众生，心无所著；住无碍住，得佛十力，无所障碍；心常寂定，未曾散乱；住一切智，善能开演种种文句真实之义，能悉深入无边智海，出生无量功德慧藏；恒以佛日普照法界，随本愿力常现不没；恒住法界，住佛所住，无有变异；于我、我所俱无所著，住出世法，世法无染；于一切世间建智慧幢，其智广大，超过世间，无所染著；拔诸众生令出淤泥，置于最上智慧之地，所有福德饶益众生而无有尽；了知一切菩萨智慧，信向决定，当成正觉；以大慈悲，现不可说无量佛身种种庄严；以妙音声，演无量法，随众生意，悉令满足；于去、来、今，心常清净，令诸众生不著境界；恒与一切诸菩萨记，令其皆入佛之种性，生在佛家，得佛灌顶；常游十方，未曾休息，而于一切无所乐著；法界佛刹悉能遍往，诸众生心靡不了知；所有福德，离世清净；不住生死，而于世间如影普现；以智慧月普照法界，了达一切悉无所得；恒以智慧，知诸世间如幻、如影、如梦、如化，一切皆以心为自性，如是而住；随诸众生业报不同、心乐差别、诸根各异，而现佛身；如来恒以无数众生而为所缘，为说世间皆从缘起，知诸法相皆悉无相，唯是一相智慧之本；欲令众生离诸相著，示现一切世间性相而行于世，为其开示无上菩提；为欲救护一切众生，出现世间开示佛道，令其得见如来身相，攀缘忆念，勤加修习；除灭世间烦恼之相，修菩提行，心不散动，于大乘门皆得圆满，成就一切诸佛义利，悉能观察众生善根而不坏灭；清净业报，智慧明了，普入三世，永离一切世间分别；放光明网普照十方，一切世界无不充满；色身妙好，见者无厌；以大功德智慧神通，出生种种菩萨诸行；诸根境界，自在圆满；作诸佛事，作已便没；善能开示过、现、未来一切智道，为诸菩萨普雨无量陀罗尼雨，令其发起广大欲乐，受持修习，成就一切诸佛功德；圆满炽盛无边妙色庄严其身，一切世间靡不现睹；永离一切障碍之法，于一切法真实之义已得清净，于功德法而得自在；为大法王，如日普照；为世福田，具大威德；于一切世间普现化身，放智慧光，悉令开悟；欲令众生知佛具足无边功德，以无碍缯系顶受位，随顺世间方便开导；以智慧手安慰众生，为大医王善疗众病，一切世间无量国土悉能遍往，未曾休息；清净慧眼离诸障翳，悉能明见；于作不善恶业众生，种种调伏，令其入道；善取时宜，无有休息；若诸众生起平等心，即为化现平等业报，随其心乐，随其业果，为现佛身种种神变，而为说法，令其悟解，得法智慧，心大欢喜，诸根踊跃，见无量佛，起深重信，生诸善根，永不退转；一切众生随业所系长眠生死，如来出世能觉悟之，安慰其心，使无忧怖；若得见者，悉令证入无依义智，智慧善巧，了达境界庄严妙好，无能映夺；智山法芽，悉已清净；或现菩萨，或现佛身，令诸众生至无患地；无数功德之所庄严，业行所成现于世间；一切诸佛庄严清净，莫不皆以一切智业之所成就；常守本愿，不舍世间，作诸众生坚固善友；清净第一，离垢光明，令一切众生皆得现见；六趣众生无量无边，佛以神力常随不舍；若有往昔同种善根，皆令清净；而于六趣一切众生不舍本愿，无所欺诳，悉以善法方便摄取，令其修习清净之业，摧破一切诸魔斗净，从无碍际出广大力，最胜日藏无有障碍；于净心界而现影像，一切世间无不睹见，以种种法广施众生；佛是无边光明之藏，诸力智慧皆悉圆满；恒以大光普照众生，随其所愿，皆令满足，离诸怨敌，为上福田，一切众生共所依怙；凡有所施，悉令清净；修少善行，受无量福，悉令得入无尽智地；为一切众生种植善根净心之主，为一切众生发生福德最上良田；智慧甚深，方便善巧，能救一切三恶道苦。如是信解，如是观察，如是入于智慧之渊，如是游于功德之海，如是普至虚空智慧，如是而知众生福田，如是正念现前观察，如是观佛诸业相好，如是观佛普现世间，如是观佛神通自在。

时，彼大众见如来身，一一毛孔出百千亿那由他阿僧祇光明，一一光明有阿僧祇色、阿僧祇清净、阿僧祇照明，令阿僧祇众观察、阿僧祇众欢喜、阿僧祇众快乐、阿僧祇众深信增长、阿僧祇众志乐清净、阿僧祇众诸根清凉、阿僧祇众恭敬尊重。尔时，大众咸见佛身，放百千亿那由他不思议大光明，一一光明皆有不思议色、不思议光，照不思议无边法界。以佛神力，出大妙音；其音演畅百千亿那由他不思议赞颂，超诸世间所有言词，出世善根之所成就。复现百千亿那由他不思议微妙庄严，于百千亿那由他不思议劫叹不可尽，皆是如来无尽自在之所出生。又现不可说诸佛如来出兴于世，令诸众生入智慧门，解甚深义。又现不可说诸佛如来所有变化，尽法界、虚空界，令一切世间平等清净。如是，皆从如来所住无障碍一切智生，亦从如来所修行不思议胜德生。复现百千亿那由他不思议妙宝光焰，从昔大愿善根所起，以曾供养无量如来，修清净行无放逸故，萨婆若心无有障碍生善根故，为显如来力广遍故，为断一切众生疑故，为令咸得见如来故，令无量众生住善根故，显示如来神通之力无映夺故，欲令众生普得入于究竟海故，为令一切诸佛国土菩萨大众皆来集故，为欲开示不可思议佛法门故。

尔时，如来大悲普覆，示一切智所有庄严，欲令不可说百千亿那由他阿僧祇世界中众生，未信者信，已信者增长，已增长者令其清净，已清净者令其成熟，已成熟者令心调伏；观甚深法，具足无量智慧光明，发生无量广大之心，萨婆若心无有退转；不违法性，不怖实际，证真实理，满足一切波罗蜜行，出世善根皆悉清净；犹如普贤，得佛自在，离魔境界，入诸佛境，了知深法，获难思智，大乘誓愿永不退转；常见诸佛，未曾舍离；成就证智，证无量法，具足无边福德藏力，发欢喜心入无疑地；离恶清净，依一切智，见法不动，得入一切菩萨众会，常生三世诸如来家。

世尊所现如是庄严，皆是过去先所积集善根所成，为欲调伏诸众生故，开示如来大威德故，照明无碍智慧藏故，示现如来无边胜德极炽然故，显示如来不可思议大神变故，以神通力于一切趣现佛身故，示现如来神通变化无边际故，本所志愿悉成满故，显示如来勇猛智慧能遍往故，于法自在成法王故，出生一切智慧门故，示现如来身清净故，又现其身最殊妙故，显示证得三世诸佛平等法故，开示善根清净藏故，显示世间无能为喻上妙色故，显示具足十力之相令其见者无厌足故，为世间日照三世故。自在法王，一切功德，皆从往昔善根所现。一切菩萨，于一切劫，称扬赞说，不可穷尽。

尔时，兜率陀天王奉为如来严办如是诸供具已，与百千亿那由他阿僧祇兜率天子向佛合掌，白佛言：善来世尊！善来善逝！善来如来、应、正等觉！唯见哀愍，处此宫殿！

尔时，世尊以佛庄严而自庄严，具大威德；为令一切众生生大欢喜故，一切菩萨发深悟解故，一切兜率陀天子增益欲乐故，兜率陀天王供养承事无厌足故，无量众生缘念于佛而发心故，无量众生种见佛善根福德无尽故，常能发起清净信故，见佛供养无所求故，所有志愿皆清净故，勤集善根无懈息故，发大誓愿求一切智故，受天王请，入一切宝庄严殿。如此世界，十方所有一切世界，悉亦如是。

尔时，一切宝庄严殿，自然而有妙好庄严，出过诸天庄严之上，一切宝网周匝弥覆，普雨一切上妙宝云，普雨一切庄严具云，普雨一切宝衣云，普雨一切栴檀香云，普雨一切坚固香云，普雨一切宝庄严盖云，普雨不可思议华聚云，普出不可思议妓乐音声，赞扬如来一切种智，悉与妙法而共相应。如是一切诸供养具，悉过诸天供养之上。时，兜率宫中，妓乐歌赞，炽然不息；以佛神力，令兜率王心无动乱，往昔善根皆得圆满，无量善法益加坚固，增长净信，起大精进，生大欢喜，净深志乐，发菩提心，念法无断，总持不忘。

尔时，兜率陀天王承佛威力，即自忆念过去佛所所种善根而说颂言：

昔有如来无碍月，诸吉祥中最殊胜，彼曾入此庄严殿，是故此处最吉祥。昔有如来名广智，诸吉祥中最殊胜，彼曾入此金色殿，是故此处最吉祥。昔有如来名普眼，诸吉祥中最殊胜，彼曾入此莲华殿，是故此处最吉祥。昔有如来号珊瑚，诸吉祥中最殊胜，彼曾入此宝藏殿，是故此处最吉祥。昔有如来论师子，诸吉祥中最殊胜，彼曾入此山王殿，是故此处最吉祥。昔有如来名日照，诸吉祥中最殊胜，彼曾入此众华殿，是故此处最吉祥。昔有佛号无边光，诸吉祥中最殊胜，彼曾入此树严殿，是故此处最吉祥；昔有如来名法幢，诸吉祥中最殊胜，彼曾入此宝宫殿，是故此处最吉祥。昔有如来名智灯，诸吉祥中最殊胜，彼曾入此香山殿，是故此处最吉祥。昔有佛号功德光，诸吉祥中最殊胜，彼曾入此摩尼殿，是故此处最吉祥。

如此世界兜率天王，承佛神力以颂赞叹过去诸佛；十方一切诸世界中兜率天王，悉亦如是叹佛功德。

尔时，世尊于一切宝庄严殿摩尼宝藏师子座上，结跏趺坐，法身清净，妙用自在，与三世佛同一境界；住一切智，与一切佛同入一性；佛眼明了，见一切法皆无障碍；有大威力，普游法界未尝休息；具大神通，随有可化众生之处，悉能遍往；以一切诸佛无碍庄严而严其身，善知其时，为众说法；不可说诸菩萨众，各从他方种种国土而共来集；众会清净，法身无二，无所依止，而能自在，起佛身行。坐此座已，于其殿中自然而有无量无数殊特妙好出过诸天供养之具，所谓：华鬘、衣服、涂香、末香、宝盖、幢幡、妓乐、歌赞。如是等事，一一皆悉不可称数。以广大心恭敬尊重，供养于佛；十方一切兜率陀天，悉亦如是。

大方广佛华严经卷第二十三

兜率宫中偈赞品第二十四

尔时，佛神力故，十方各有一大菩萨，一一各与万佛刹微尘数诸菩萨俱，从万佛刹微尘数国土外诸世界中，来诣佛所。其名曰：金刚幢菩萨、坚固幢菩萨、勇猛幢菩萨、光明幢菩萨、智幢菩萨、宝幢菩萨、精进幢菩萨、离垢幢菩萨、星宿幢菩萨、法幢菩萨。所从来国，谓：妙宝世界、妙乐世界、妙银世界、妙金世界、妙摩尼世界、妙金刚世界、妙波头摩世界、妙优钵罗世界、妙栴檀世界、妙香世界。各于佛所，净修梵行，所谓：无尽幢佛、风幢佛、解脱幢佛、威仪幢佛、明相幢佛、常幢佛、最胜幢佛、自在幢佛、梵幢佛、观察幢佛。其诸菩萨，至佛所已，顶礼佛足；以佛神力，即化作妙宝藏师子之座，宝网弥覆，周匝遍满；诸菩萨众，随所来方，各于其上结跏趺坐。其身悉放百千亿那由他阿僧祇清净光明，此无量光皆从菩萨清净心宝离众过恶大愿所起，显示一切诸佛自在清净之法；以诸菩萨平等愿力，能普救护一切众生，一切世间之所乐见，见者不虚，悉得调伏。其菩萨众，悉已成就无量功德。所谓：遍游一切诸佛国土，无所障碍，见无依止清净法身；以智慧身，现无量身，遍往十方承事诸佛；入于诸佛无量无边不可思议自在之法，住于无量一切智门，以智光明善了诸法；于诸法中得无所畏，随所演说，穷未来际；辩才无尽，以大智慧开总持门，慧眼清净入深法界，智慧境界无有边际，究竟清净犹若虚空。如此世界兜率天宫，诸菩萨众如是来集；十方一切兜率天宫，悉有如是名号菩萨而来集会，所从来国、诸佛名号，亦皆同等，无有差别。

尔时，世尊从两膝轮，放百千亿那由他光明，普照十方尽法界、虚空界、一切世界。彼诸菩萨，皆见于此佛神变相；此诸菩萨，亦见于彼一切如来神变之相。如是菩萨皆与毗卢遮那如来，于往昔时，同种善根，修菩萨行；悉已悟入诸佛自在甚深解脱，得无差别法界之身，入一切土而无所住；见无量佛，悉往承事；于一念中，周行法界，自在无碍；心意清净，如无价宝；无量无数诸佛如来，常加护念，共与其力，到于究竟第一彼岸；恒以净念住无上觉，念念恒入一切智处；以小入大，以大入小，皆得自在，通达无碍；已得佛身，与佛同住；获一切智，从一切智而生其身；一切如来所行之处，悉能随入;开阐无量智慧法门,到金刚幢大智彼岸,获金刚定,断诸疑惑;已得诸佛自在神通,普于一切十方国土,教化调伏百千万亿无数众生;于一切数,虽无所著,善能修学,成就究竟方便,安立一切诸法。如是等百千亿那由他不可说无尽清净三世一切无量功德藏诸菩萨众,皆来集会,在于佛所;因光所见,一切佛所,悉亦如是。

尔时,金刚幢菩萨承佛神力,普观十方而说颂言:

如来不出世,亦无有涅槃,以本大愿力,示现自在法。是法难思议,非心所行处,智慧到彼岸,乃见诸佛境。色身非是佛,音声亦复然,亦不离色声,见佛神通力。少智不能知,诸佛实境界,久修清净业,于此乃能了。正觉无来处,去亦无所从,清净妙色身,神力故显现。无量世界中,示现如来身,广说微妙法,其心无所著。智慧无边际,了达一切法,普入于法界,示现自在力。众生及诸法,了达皆无碍,普现众色像,遍于一切刹。欲求一切智,速成无上觉,应以净妙心,修习菩提行。若有见如来,如是威神力,当于最胜尊,供养勿生疑。

尔时,坚固幢菩萨承佛神力,普观十方而说颂言:

如来胜无比,甚深不可说,出过言语道,清净如虚空。汝观人师子,自在神通力,已离于分别,而令分别见。导师为开演,甚深微妙法,以是因缘故,现此无比身。此是大智慧,诸佛所行处,若欲了知者,常应亲近佛。意业常清净,供养诸如来,终无疲厌心,能入于佛道。具无尽功德,坚住菩提心,以是疑网除,观佛无厌足。通达一切法,是乃真佛子,此人能了知,诸佛自在力。广大智所说,欲为诸法本,应起胜希望,志求无上觉。若有尊敬佛,念报于佛恩,彼人终不离,一切诸佛住。何有智慧人,于佛得见闻,不修清净愿,履佛所行道?

尔时,勇猛幢菩萨承佛神力,普观十方而说颂言:

譬如明净眼,因日睹众色,净心亦复然,佛力见如来。如以精进力,能尽海源底,智力亦如是,得见无量佛。譬如良沃田,所种必滋长,如是净心地,出生诸佛法。如人获宝藏,永离贫穷苦,菩萨得佛法,离垢心清净。譬如伽陀药,能消一切毒,佛法亦如是,灭诸烦恼患。真实善知识,如来所称赞,以彼威神故,得闻诸佛法。设于无数劫,财宝施于佛,不知佛实相,此亦不名施。无量众色相,庄严于佛身,非于色相中,而能见于佛。如来等正觉,寂然恒不动,而能普现身,遍满十方界。譬如虚空界,不生亦不灭,诸佛法如是,毕竟无生灭。

尔时,光明幢菩萨承佛神力,普观十方而说颂言:

人间及天上,一切诸世界,普见于如来,清净妙色身。譬如一心力,能生种种心,如是一佛身,普现一切佛。菩提无二法,亦复无诸相,而于二法中,现相庄严身。了法性空寂,如幻而生起,所行无有尽，导师如是现。三世一切佛，法身悉清净，随其所应化，普现妙色身。如来不念言，我作如是身，自然而示现，未尝起分别。法界无差别，亦无所依止，而于世间中，示现无量身。佛身非变化，亦复非非化，于无化法中，示有变化形。正觉不可量，法界虚空等，深广无涯底，言语道悉绝。如来善通达，一切处行道，法界众国土，所往皆无碍。

尔时，智幢菩萨承佛神力，普观十方而说颂言：
若人能信受，一切智无碍，修习菩提行，其心不可量。一切国土中，普现无量身，而身不在处，亦不住于法。一一诸如来，神力示现身，不可思议劫，算数莫能尽。三世诸众生，悉可知其数，如来所示现，其数不可得。或时示一二，乃至无量身，普现十方刹，其实无二种。譬如净满月，普现一切水，影像虽无量，本月未曾二。如是无碍智，成就等正觉，普现一切刹，佛体亦无二。非一亦非二，亦复非无量，随其所应化，示现无量身。佛身非过去，亦复非未来，一念现出生，成道及涅槃。如幻所作色，无生亦无起，佛身亦如是，示现无有生。

尔时，宝幢菩萨承佛神力，普观十方而说颂言：
佛身无有量，能示有量身，随其所应睹，导师如是现。佛身无处所，充满一切处，如空无边际，如是难思议。非心所行处，心不于中起，诸佛境界中，毕竟无生灭。如翳眼所睹，非内亦非外，世间见诸佛，应知亦如是。饶益众生故，如来出世间，众生见有出，而实无兴世。不可以国土，昼夜而见佛，岁月一刹那，当知悉如是。众生如是说，某日佛成道，如来得菩提，实不系于日。如来离分别，非世超诸数，三世诸导师，出现皆如是。譬如净日轮，不与昏夜合，而说某日夜，诸佛法如是。三世一切劫，不与如来合，而说三世佛，导师法如是。

尔时，精进幢菩萨承佛神力，普观十方而说颂言：
一切诸导师，身同义亦然，普于十方刹，随应种种现。汝观牟尼尊，所作甚奇特，充满于法界，一切悉无余。佛身不在内，亦复不在外，神力故显现，导师法如是。随诸众生类，先世所集业，如是种种身，示现各不同。诸佛身如是，无量不可数，唯除大觉尊，无有能思议。如以我难思，心业莫能取，佛难思亦尔，非心业所现。如刹不可思，而见净庄严，佛难思亦尔，妙相无不现。譬如一切法，众缘故生起，见佛亦复然，必假众善业。譬如随意珠，能满众生心，诸佛法如是，悉满一切愿。无量国土中，导师兴于世，随其愿力故，普应于十方。

尔时，离垢幢菩萨承佛神力，普观十方而说颂言：
如来大智光，普净诸世间，世间既净已，开示诸佛法。设有人欲见，众生数等佛，靡不应其心，而实无来处。以佛为境界，专念而不息，此人得见佛，其数与心等。成就白净法，具足诸功德，彼于一切智，专念心不舍。导师为众生，如应演说法，随于可化处，普现最胜身。佛身及世间，一切皆无我，悟此成正觉，复为众生说。一切人师子，无量自在力，示现念等身，其身各不同。世间如是身，诸佛身亦然，了知其自性，是则说名佛。如来普知见，明了一切法，佛法及菩提，二俱不可得。导师无来去，亦复无所住，远离诸颠倒，是名等正觉。

尔时，星宿幢菩萨承佛神力，普观十方而说颂言：

如来无所住，普住一切刹，一切土皆往，一切处咸见。佛随众生心，普现一切身，成道转法轮，及以般涅槃。诸佛不思议，谁能思议佛？谁能见正觉？谁能现最胜？一切法皆如，诸佛境亦然，乃至无一法，如中有生灭。众生妄分别，是佛是世界；了达法性者，无佛无世界。如来普现前，令众生信喜，佛体不可得，彼亦无所见。若能于世间，远离一切著，无碍心欢喜，于法得开悟。神力之所现，即此说名佛，三世一切时，求悉无所有。若能如是知，心意及诸法，一切悉知见，疾得成如来。言语中显示，一切佛自在，正觉超语言，假以语言说。

尔时，法幢菩萨承佛神力，普观十方而说颂言：

宁可恒具受，一切世间苦，终不远如来，不睹自在力。若有诸众生，未发菩提心，一得闻佛名，决定成菩提。若有智慧人，一念发道心，必成无上尊，慎莫生疑惑。如来自在力，无量劫难遇，若生一念信，速登无上道。设于念念中，供养无量佛，未知真实法，不名为供养。若闻如是法，诸佛从此生，虽经无量苦，不舍菩提行。一闻大智慧，诸佛所入法，普于法界中，成三世导师。虽尽未来际，遍游诸佛刹，不求此妙法，终不成菩提。众生无始来，生死久流转，不了真实法，诸佛故兴世。诸法不可坏，亦无能坏者，自在大光明，普示于世间。

十回向品第二十五之一

尔时，金刚幢菩萨承佛神力，入菩萨智光三昧。入是三昧已，十方各过十万佛刹微尘数世界外，有十万佛刹微尘数诸佛，皆同一号，号：金刚幢，而现其前，咸称赞言：善哉！善哉！善男子！乃能入此菩萨智光三昧。善男子！此是十方各十万佛刹微尘数诸佛神力共加于汝，亦是毗卢遮那如来往昔愿力、威神之力，及由汝智慧清净故，诸菩萨善根增胜故，令汝入是三昧而演说法；为令诸菩萨得清净无畏故，具无碍辩才故，入无碍智地故，住一切智大心故，成就无尽善根故，满足无碍白法故，入于普门法界故，现一切佛神力故，前际念智不断故，得一切佛护持诸根故，以无量门广说众法故，闻悉解了受持不忘故，摄诸菩萨一切善根故，成办出世助道故，不断一切智智故，开发大愿故,解释实义故,了知法界故,令诸菩萨皆悉欢喜故,修一切佛平等善根故,护持一切如来种性故,所谓:演说诸菩萨十回向。佛子!汝当承佛威神之力而演此法,得佛护念故,安住佛家故,增益出世功德故,得陀罗尼光明故,入无障碍佛法故,大光普照法界故,集无过失净法故,住广大智境界故,得无障碍法光故。

尔时,诸佛即与金刚幢菩萨无量智慧,与无留碍辩,与分别句义善方便,与无碍法光明,与如来平等身,与无量差别净音声,与菩萨不思议善观察三昧,与不可沮坏一切善根回向智,与观察一切法成就巧方便,与一切处说一切法无断辩。何以故?入此三昧善根力故。

尔时,诸佛各以右手摩金刚幢菩萨顶。金刚幢菩萨得摩顶已,即从定起,告诸菩萨言:

佛子!菩萨摩诃萨有不可思议大愿充满法界,普能救护一切众生,所谓:修学去、来、现在一切佛回向。佛子!菩萨摩诃萨回向有几种?佛子!菩萨摩诃萨回向有十种,三世诸佛咸共演说。何等为十?一者救护一切众生离众生相回向,二者不坏回向,三者等一切诸佛回向,四者至一切处回向,五者无尽功德藏回向,六者入一切平等善根回向,七者等随顺一切众生回向,八者真如相回向,九者无缚无著解脱回向,十者入法界无量回向。佛子!是为菩萨摩诃萨十种回向,过去、未来、现在诸佛,已说、当说、今说。

佛子!云何为菩萨摩诃萨救护一切众生离众生相回向?

佛子!此菩萨摩诃萨行檀波罗蜜,净尸波罗蜜,修羼提波罗蜜,起精进波罗蜜,入禅波罗蜜,住般若波罗蜜,大慈、大悲、大喜、大舍,修如是等无量善根。修善根时,作是念言:愿此善根普能饶益一切众生,皆使清净,至于究竟,永离地狱、饿鬼、畜生、阎罗王等无量苦恼。菩萨摩诃萨种善根时,以己善根如是回向:我当为一切众生作舍,令免一切诸苦事故;为一切众生作护,悉令解脱诸烦恼故;为一切众生作归,皆令得离诸怖畏故;为一切众生作趣,令得至于一切智故;为一切众生作安,令得究竟安隐处故;为一切众生作明,令得智光灭痴暗故;为一切众生作炬,破彼一切无明闇故;为一切众生作灯,令住究竟清净处故;为一切众生作导师,引其令入真实法故;为一切众生作大导师,与其无碍大智慧故。佛子!菩萨摩诃萨以诸善根如是回向,平等饶益一切众生,究竟皆令得一切智。

佛子!菩萨摩诃萨于非亲友守护回向,与其亲友等无差别。何以故?菩萨摩诃萨入一切法平等性故,不于众生而起一念非亲友想。设有众生于菩萨所起怨害心,菩萨亦以慈眼视之,终无恚怒。普为众生作善知识,演说正法,令其修习。譬如大海,一切众毒不能变坏。菩萨亦尔,一切愚蒙、无有智慧、不知恩德、瞋很顽毒、憍慢自大、其心盲瞽、不识善法……如是等类诸恶众生,种种逼恼,无能动乱。譬如日天子出现世间,不以生盲不见故,隐而不现;又复不以乾闼婆城、阿修罗手、阎浮提树、崇岩、邃谷、尘雾、烟云……如是等物之所覆障故,隐而不现;亦复不以时节变改故,隐而不现。菩萨摩诃萨亦复如是,有大福德,其心深广,正念观察,无有退屈;为欲究竟功德智慧,于上胜法心生志欲;法光普照,见一切义;于诸法门,智慧自在;常为利益一切众生而修善法,曾不误起舍众生心;不以众生其性弊恶、邪见、瞋浊、难可调伏,便即弃舍,不修回向;但以菩萨大愿甲胄而自庄严,救护众生,恒无退转;不以众生不知报恩,退菩萨行,舍菩提道;不以凡愚共同一处,舍离一切如实善根;不以众生数起过恶,难可忍受,而于彼所生疲厌心。何以故?譬如日天子,不但为一事故出现世间。菩萨摩诃萨亦复如是,不但为一众生故,修诸善根,回向阿耨多罗三藐三菩提;普为救护一切众生故而修善根,回向阿耨多罗三藐三菩提。如是,不但为净一佛刹故,不但为信一佛故,不但为见一佛故,不但为了一法故,起大智愿,回向阿耨多罗三藐三菩提;为普净一切佛刹故,普信一切诸佛故,普承事供养一切诸佛故,普解一切佛法故,发起大愿,修诸善根,回向阿耨多罗三藐三菩提。

佛子!菩萨摩诃萨以诸佛法而为所缘,起广大心、不退转心,无量劫中修集希有难得心宝,与一切诸佛悉皆平等。菩萨如是观诸善根,信心清净,大悲坚固,以甚深心、欢喜心、清净心、最胜心、柔软心、慈悲心、怜愍心、摄护心、利益心、安乐心,普为众生真实回向,非但口言。佛子!菩萨摩诃萨以诸善根回向之时,作是念言:以我善根,愿一切趣生、一切众生,皆得清净;功德圆满,不可沮坏,无有穷尽;常得尊重,正念不忘;获决定慧,具无量智;身、口、意业,一切功德,圆满庄严。又作是念:以此善根,令一切众生承事供养一切诸佛,无空过者;于诸佛所,净信不坏;听闻正法,断诸疑惑,忆持不忘,如说修行;于如来所,起恭敬心,身业清净,安住无量广大善根;永离贫穷,七财满足;于诸佛所,常随修学,成就无量胜妙善根,平等悟解,住一切智,以无碍眼等视众生;众相严身,无有玷缺;言音净妙,功德圆满,诸根调伏,十力成就,善心满足,无所依住。令一切众生普得佛乐,得无量住,住佛所住。

佛子!菩萨摩诃萨见诸众生,造作恶业,受诸重苦;以是障故,不见佛,不闻法,不识僧。便作是念:我当于彼诸恶道中,代诸众生受种种苦,令其解脱。菩萨如是受苦毒时,转更精勤,不舍、不避、不惊、不怖、不退、不怯,无有疲厌。何以故?如其所愿,决欲荷负一切众生,令解脱故。菩萨尔时作是念言:一切众生在生老病死诸苦难处,随业流转,邪见无智,丧诸善法,我应救之,令得出离。又诸众生爱网所缠,痴盖所覆,染著诸有,随逐不舍,入苦笼槛,作魔业行,福智都尽,常怀疑惑,不见安隐处,不知出离道,在于生死轮转不息,诸苦淤泥恒所没溺。菩萨见已,起大悲心、大饶益心,欲令众生悉得解脱,以一切善根回向,以广大心回向,如三世菩萨所修回向,如大回向经所说回向,愿诸众生普得清净,究竟成就一切种智。复作是念:我所修行,欲令众生皆悉得成无上智王,不为自身而求解脱,但为救济一切众生,令其咸得一切智心,度生死流,解脱众苦。复作是念:我当普为一切众生备受众苦,令其得出无量生死众苦大壑。我当普为一切众生,于一切世界一切恶趣中,尽未来劫,受一切苦,然常为众生勤修善根。何以故?我宁独受如是众苦,不令众生堕于地狱。我当于彼地狱、畜生、阎罗王等险难之处,以身为质,救赎一切恶道众生,令得解脱。复作是念:我愿保护一切众生终不弃舍,所言诚实,无有虚妄。何以故?我为救度一切众生发菩提心,不为自身求无上道,亦不为求五欲境界及三有中种种乐故修菩提行。何以故?世间之乐无非是苦。众魔境界,愚人所贪,诸佛所诃,一切苦患因之而起;地狱、饿鬼及以畜生、阎罗王处,忿恚斗讼,更相毁辱。如是诸恶,皆因贪著五欲所致。耽著五欲,远离诸佛,障碍生天,何况得于阿耨多罗三藐三菩提!菩萨如是观诸世间贪少欲味受无量苦,终不为彼五欲乐故,求无上菩提,修菩萨行;但为安乐一切众生,发心修习,成满大愿,断截众生诸苦胃索,令得解脱。

佛子!菩萨摩诃萨复作是念:我当以善根如是回向,令一切众生得究竟乐、利益乐、不受乐、寂静乐、无依乐、无动乐、无量乐、不舍不退乐、不灭乐、一切智乐。复作是念:我当与一切众生作调御师,作主兵臣,执大智炬,示安隐道,令离险难,以善方便俾知实义;又于生死海,作一切智善巧船师,度诸众生,使到彼岸。佛子!菩萨摩诃萨以诸善根如是回向,所谓:随宜救护一切众生,令出生死,承事供养一切诸佛,得无障碍一切智智,舍离众魔,远恶知识,亲近一切菩萨善友,灭诸过罪,成就净业,具足菩萨广大行愿、无量善根。

佛子!菩萨摩诃萨以诸善根正回向已,作如是念:不以四天下众生多故,多日出现;但一日出,悉能普照一切众生。又,诸众生不以自身光明故,知有昼夜,游行观察,兴造诸业;皆由日天子出,成办斯事,然彼日轮但一无二。菩萨摩诃萨亦复如是,修集善根回向之时,作是念言:彼诸众生不能自救,何能救他?唯我一人,志独无侣,修集善根如是回向。所谓:为欲广度一切众生故,普照一切众生故,示导一切众生故,开悟一切众生故,顾复一切众生故,摄受一切众生故,成就一切众生故,令一切众生欢喜故,令一切众生悦乐故,令一切众生断疑故。佛子!菩萨摩诃萨复作是念:我应如日,普照一切,不求恩报。众生有恶,悉能容受,终不以此而舍誓愿;不以一众生恶故,舍一切众生。但勤修习善根回向,普令众生皆得安乐;善根虽少,普摄众生,以欢喜心广大回向。若有善根,不欲饶益一切众生,不名回向;随一善根,普以众生而为所缘,乃名回向。安置众生于无所著法性回向，见众生自性不动不转回向，于回向无所依、无所取回向，不取善根相回向，不分别业报体性回向，不著五蕴相回向，不坏五蕴相回向，不取业回向，不求报回向，不染著因缘回向，不分别因缘所起回向，不著名称回向，不著处所回向，不著虚妄法回向，不著众生相、世界相、心意相回向，不起心颠倒、想颠倒、见颠倒回向，不著语言道回向，观一切法真实性回向，观一切众生平等相回向，以法界印印诸善根回向，观诸法离贪欲回向。解一切法无，种植善根亦如是；观诸法无二、无生、无灭，回向亦如是。以如是等善根回向，修行清净对治之法，所有善根皆悉随顺出世间法。不作二相，非即业修习一切智，非离业回向一切智，一切智非即是业，然不离业得一切智。以业如光影清净故，报亦如光影清净；报如光影清净故，一切智智亦如光影清净。离我、我所一切动乱思惟分别，如是了知，以诸善根方便回向。

　　菩萨如是回向之时，度脱众生，常无休息，不住法相；虽知诸法无业无报，善能出生一切业报而无违诤，如是方便善修回向。菩萨摩诃萨如是回向时，离一切过，诸佛所赞。佛子！是为菩萨摩诃萨第一救护一切众生离众生相回向。

　　尔时，金刚幢菩萨，观察十方一切众会暨于法界，入深句义，以无量心修习胜行，大悲普覆一切众生，不断三世诸如来种，入一切佛功德法藏，出生一切诸佛法身，善能分别诸众生心，知其所种善根成熟，住于法身而为示现清净色身；承佛神力，即说颂言：

　　不思议劫修行道，精进坚固心无碍，为欲饶益群生类，常求诸佛功德法。调御世间无等人，修治其意甚明洁，发心普救诸含识，彼能善入回向藏。勇猛精进力具足，智慧聪达意清净，普救一切诸群生，其心堪忍不倾动。心善安住无与等，意常清净大欢悦，如是为物勤修行，譬如大地普容受。不为自身求快乐，但欲救护诸众生，如是发起大悲心，疾得入于无碍地。十方一切诸世界，所有众生皆摄受，为救彼故善住心，如是修学诸回向。修行布施大欣悦，护持净戒无所犯，勇猛精进心不动，回向如来一切智。其心广大无边际，忍力安住不倾动，禅定甚深恒照了，智慧微妙难思议。十方一切世界中，具足修治清净行，如是功德皆回向，为欲安乐诸含识。大士勤修诸善业，无量无边不可数，如是悉以益众生，令住难思无上智。普为一切众生故，不思议劫处地狱，如是曾无厌退心，勇猛决定常回向。不求色声香与味，亦不希求诸妙触，但为救度诸群生，常求无上最胜智。智慧清净如虚空，修习无边大士行，如佛所行诸行法，彼人如是常修学。大士游行诸世界，悉能安隐诸群生，普使一切皆欢喜，修菩萨行无厌足。除灭一切诸心毒，思惟修习最上智，不为自己求安乐，但愿众生得离苦。此人回向得究竟，心常清净离众毒，三世如来所付嘱，住于无上大法城。未曾染著于诸色，受想行识亦如是，其心永出于三有，所有功德尽回向。佛所知见诸众生，尽皆摄取无有余，誓愿皆令得解脱，为彼修行大欢喜。其心念念恒安住，智慧广大无与等，离痴正念常寂然，一切诸业皆清净。彼诸菩萨处于世，不著内外一切法，如风无碍行于空，大士用心亦复然。所有身业皆清净，一切语言无过失，心常归向于如来，能令诸佛悉欢喜。十方无量诸国土，所有佛处皆往诣，于中睹见大悲尊，靡不恭敬而瞻奉。心常清净离诸失，普入世间无所畏，已住如来无上道，复为三有大法池。精勤观察一切法，随顺思惟有非有，如是趣于真实理，得入甚深无诤处。以此修成坚固道，一切众生莫能坏，善能了达诸法性，普于三世无所著。如是回向到彼岸，普使群生离众垢，永离一切诸所依，得入究竟无依处。一切众生语言道，随其种类各差别，菩萨悉能分别说，而心无著无所碍。菩萨如是修回向，功德方便不可说，能令十方世界中，一切诸佛皆称叹。

大方广佛华严经卷第二十四

十回向品第二十五之二

佛子！云何为菩萨摩诃萨不坏回向？

佛子！此菩萨摩诃萨于去、来、今诸如来所得不坏信，悉能承事一切佛故；于诸菩萨，乃至初发一念之心求一切智，得不坏信，誓修一切菩萨善根无疲厌故；于一切佛法得不坏信，发深志乐故；于一切佛教得不坏信，守护住持故；于一切众生得不坏信，慈眼等观，善根回向，普利益故；于一切白净法得不坏信，普集无边诸善根故；于一切菩萨回向道得不坏信，满足殊胜诸欲解故；于一切菩萨法师得不坏信，于诸菩萨起佛想故；于一切佛自在神通得不坏信，深信诸佛难思议故；于一切菩萨善巧方便行得不坏信，摄取种种无量无数行境界故。

佛子！菩萨摩诃萨如是安住不坏信时，于佛、菩萨、声闻、独觉，若诸佛教，若诸众生，如是等种种境界中，种诸善根无量无边，令菩提心转更增长；慈悲广大，平等观察，随顺修学诸佛所作，摄取一切清净善根；入真实义，集福德行，行大惠施，修诸功德，等观三世。菩萨摩诃萨以如是等善根功德，回向一切智；愿常见诸佛，亲近善友，与诸菩萨同共止住；念一切智，心无暂舍；受持佛教，勤加守护；教化成熟一切众生，心常回向出世之道，供养瞻侍一切法师；解了诸法，忆持不忘；修行大愿，悉使满足。菩萨如是积集善根，成就善根，增长善根，思惟善根，系念善根，分别善根，爱乐善根，修习善根，安住善根。

菩萨摩诃萨如是积集诸善根已，以此善根所得依果修菩萨行，于念念中见无量佛，如其所应，承事供养。以阿僧祇宝、阿僧祇华、阿僧祇鬘、阿僧祇衣、阿僧祇盖、阿僧祇幢、阿僧祇幡、阿僧祇庄严具、阿僧祇给侍、阿僧祇涂饰地、阿僧祇涂香、阿僧祇末香、阿僧祇和香、阿僧祇烧香、阿僧祇深信、阿僧祇爱乐、阿僧祇净心、阿僧祇尊重、阿僧祇赞叹、阿僧祇礼敬、阿僧祇宝座、阿僧祇华座、阿僧祇香座、阿僧祇鬘座、阿僧祇栴檀座、阿僧祇衣座、阿僧祇金刚座、阿僧祇摩尼座、阿僧祇宝缯座、阿僧祇宝色座、阿僧祇宝经行处、阿僧祇华经行处、阿僧祇香经行处、阿僧祇鬘经行处、阿僧祇衣经行处、阿僧祇宝间错经行处、阿僧祇一切宝缯彩经行处、阿僧祇一切宝多罗树经行处、阿僧祇一切宝栏楯经行处、阿僧祇一切宝铃网弥覆经行处、阿僧祇一切宝宫殿、阿僧祇一切华宫殿、阿僧祇一切香宫殿、阿僧祇一切鬘宫殿、阿僧祇一切栴檀宫殿、阿僧祇一切坚固妙香藏宫殿、阿僧祇一切金刚宫殿、阿僧祇一切摩尼宫殿,皆悉殊妙出过诸天;阿僧祇诸杂宝树、阿僧祇种种香树、阿僧祇诸宝衣树、阿僧祇诸音乐树、阿僧祇宝庄严具树、阿僧祇妙音声树、阿僧祇无厌宝树、阿僧祇宝缯彩树、阿僧祇宝瓔树,阿僧祇一切华香、幢幡、鬘盖所严饰树,如是等树,扶疏荫映,庄严宫殿。其诸宫殿复有阿僧祇轩槛庄严、阿僧祇窗牖庄严、阿僧祇门闼庄严、阿僧祇楼阁庄严、阿僧祇半月庄严、阿僧祇帐庄严,阿僧祇金网弥覆其上,阿僧祇香周匝普熏,阿僧祇衣敷布其地。

佛子!菩萨摩诃萨以如是等诸供养具,于无量无数不可说不可说劫,净心尊重、恭敬供养一切诸佛,恒不退转,无有休息;一一如来灭度之后所有舍利,悉亦如是恭敬供养。为令一切众生生净信故,一切众生摄善根故,一切众生离诸苦故,一切众生广大解故,一切众生以大庄严而庄严故,无量庄严而庄严故,诸有所作得究竟故,知诸佛兴难可值故,满足如来无量力故,庄严供养佛塔庙故,住持一切诸佛法故,如是供养现在诸佛,及灭度后所有舍利。其诸供养,于阿僧祇劫说不可尽。如是修集无量功德,皆为成熟一切众生,无有退转,无有休息,无有疲厌;无有执著,离诸心想;无有依止,永绝所依;远离于我,及以我所;如实法印,印诸业门;得法无生,住佛所住;观无生性,印诸境界。诸佛护念发心回向,与诸法性相应回向,入无作法成就所作方便回向,舍离一切诸事想著方便回向,住于无量善巧回向,永出一切诸有回向,修行诸行不住于相善巧回向,普摄一切善根回向,普净一切菩萨诸行广大回向,发无上菩提心回向,与一切善根同住回向,满足最上信解心回向。

佛子!菩萨摩诃萨以诸善根如是回向时,虽随生死而不改变,求一切智未曾退转,在于诸有心无动乱,悉能度脱一切众生,不染有为法,不失无碍智。菩萨行位,因缘无尽;世间诸法,无能变动;具足清净诸波罗蜜,悉能成就一切智力。菩萨如是离诸痴暗,成菩提心,开示光明,增长净法,回向胜道,具足众行;以清净意,善能分别;

了一切法，悉随心现；知业如幻，业报如像，诸行如化；因缘生法，悉皆如响；菩萨诸行，一切如影；出生无著清净法眼，见于无作广大境界；证寂灭性，了法无二；得法实相，具菩萨行；于一切相，皆无所著；善能修行同事诸业，于白净法恒无废舍；离一切著，住无著行。菩萨如是善巧思惟，无有迷惑，不违诸法，不坏业因，明见真实，善巧回向；知法自性，以方便力，成就业报，到于彼岸；智慧观察一切诸法，获神通智诸业善根；无作而行，随心自在。菩萨摩诃萨以诸善根如是回向，为欲度脱一切众生，不断佛种，永离魔业，见一切智无有边际，信乐不舍离世境界，断诸杂染；亦愿众生得清净智，入深方便，出生死法，获佛善根，永断一切诸魔事业，以平等印普印诸业，发心趣入一切种智，成就一切出世间法。

佛子！是为菩萨摩诃萨第二不坏回向。菩萨摩诃萨住此回向时，得见一切无数诸佛，成就无量清净妙法，普于众生得平等心，于一切法无有疑惑；一切诸佛神力所加，降伏众魔，永离其业；成就生贵，满菩提心；得无碍智不由他解，善能开阐一切法义；能随想力入一切刹，普照众生，悉使清净。菩萨摩诃萨以此不坏回向之力，摄诸善根，如是回向。

尔时，金刚幢菩萨观察十方，承佛神力，即说颂言：

菩萨已得不坏意，修行一切诸善业，是故能令佛欢喜，智者以此而回向。供养无量无边佛，布施持戒伏诸根，为欲利益诸众生，普使一切皆清净。一切上妙诸香华，无量差别胜衣服，宝盖及以庄严具，供养一切诸如来。如是供养于诸佛，无量无数难思劫，恭敬尊重常欢喜，未曾一念生疲厌。专心想念于诸佛，一切世间大明灯，十方所有诸如来，靡不现前如目睹。不可思议无量劫，种种布施心无厌，百千万亿众劫中，修诸善法悉如是。彼诸如来灭度已，供养舍利无厌足，悉以种种妙庄严，建立难思众塔庙。造立无等最胜形，宝藏净金为庄严，巍巍高大如山王，其数无量百千亿。净心尊重供养已，复生欢喜利益意，不思议劫处世间，救护众生令解脱。了知众生皆妄想，于彼一切无分别，而能善别众生根，普为群生作饶益。菩萨修集诸功德，广大最胜无与比，了达体性悉非有，如是决定皆回向。以最胜智观诸法，其中无有一法生，如是方便修回向，功德无量不可尽。以是方便令心净，悉与一切如来等，此方便力不可尽，是故福报无尽极。发起无上菩提心，一切世间无所依，普至十方诸世界，而于一切无所碍。一切如来出世间，为欲启导众生心，如其心性而观察，毕竟推求不可得。一切诸法无有余，悉入于如无体性，以是净眼而回向，开彼世间生死狱。虽令诸有悉清净，亦不分别于诸有，知诸有性无所有，而令欢喜意清净。于一佛土无所依，一切佛土悉如是，亦不染著有为法，知彼法性无依处。以是修成一切智，以是无上智庄严，以是诸佛皆欢喜，是为菩萨回向业。菩萨专心念诸佛，无上智慧巧方便，如佛一切无所依，愿我修成此功德。专心救护于一切，令其远离众恶业，如是饶益诸群生，系念思惟未曾舍。住于智地守护法，不以余乘取涅槃，唯愿得佛无上道，菩萨如是善回向。不取众生所言说，一切有为虚妄事，虽复不依言语道，亦复不著无言说。十方所有诸如来，了达诸法无有余，虽知一切皆空寂，而不于空起心念。以一庄严严一切，亦不于法生分别，如是开悟诸群生，一切无性无所观。

佛子！云何为菩萨摩诃萨等一切佛回向？

佛子！此菩萨摩诃萨随顺修学去、来、现在诸佛世尊回向之道。如是修学回向道时，见一切色乃至触法若美、若恶，不生爱憎，心得自在；无诸过失，广大清净；欢喜悦乐，离诸忧恼；心意柔软，诸根清凉。佛子！菩萨摩诃萨获得如是安乐之时，复更发心回向诸佛，作如是念：愿以我今所种善根，令诸佛乐转更增胜，所谓：不可思议佛所住乐、无有等比佛三昧乐、不可限量大慈悲乐、一切诸佛解脱之乐、无有边际大神通乐、最极尊重大自在乐、广大究竟无量力乐、离诸知觉寂静之乐、住无碍住恒正定乐、行无二行不变异乐。

佛子！菩萨摩诃萨以诸善根回向佛已，复以此善根回向菩萨，所谓：愿未满者令得圆满，心未净者令得清净，诸波罗蜜未满足者令得满足。安住金刚菩提之心，于一切智得不退转，不舍大精进，守护菩提门一切善根；能令众生舍离我慢，发菩提心，所愿成满；安住一切菩萨所住，获得菩萨明利诸根，修习善根，证萨婆若。

佛子！菩萨摩诃萨以诸善根如是回向菩萨已，复以回向一切众生：愿一切众生所有善根，乃至极少一弹指顷，见佛闻法，恭敬圣僧。彼诸善根皆离障碍，念佛圆满，念法方便，念僧尊重，不离见佛，心得清净，获诸佛法，集无量德，净诸神通，舍法疑念，依教而住。如为众生如是回向，为声闻、辟支佛回向亦复如是。又愿一切众生永离地狱、饿鬼、畜生、阎罗王等一切恶处，增长无上菩提之心，专意勤求一切种智，永不毁谤诸佛正法，得佛安乐，身心清净，证一切智。

佛子！菩萨摩诃萨所有善根，皆以大愿，发起、正发起，积集、正积集，增长、正增长，悉令广大具足充满。

佛子！菩萨摩诃萨在家宅中与妻子俱，未曾暂舍菩提之心，正念思惟萨婆若境，自度度彼，令得究竟；以善方便化己眷属，令入菩萨智，令成熟解脱；虽与同止，心无所著，以本大悲处于居家，以慈心故随顺妻子，于菩萨清净道无所障碍。菩萨摩诃萨虽在居家作诸事业，未曾暂舍一切智心。所谓：若著衣裳、若噉滋味、若服汤药、澡漱涂摩、回旋顾视、行住坐卧、身语意业、若睡若寤。如是一切诸有所作，心常回向萨婆若道，系念思惟，无时舍离。为欲饶益一切众生，安住菩提无量大愿，摄取无数广大善根；勤修诸善，普救一切，永离一切憍慢放逸，决定趣于一切智地，终不发意向于余道；常观一切诸佛菩提，永舍一切诸杂染法，修行一切菩萨所学，于一切智道无所障碍；住于智地爱乐诵习，以无量智集诸善根，心不恋乐一切世间，亦不染著所行之行，专心受持诸佛教法。菩萨如是处在居家，普摄善根，令其增长，回向诸佛无上菩提。

佛子！菩萨尔时，乃至施与畜生之食一抟、一粒，咸作是愿：当令此等舍畜生道，利益安乐，究竟解脱，永度苦海，永灭苦受，永除苦蕴，永断苦觉、苦聚、苦行、苦因、苦本及诸苦处；愿彼众生皆得舍离。菩萨如是专心系念一切众生，以彼善根而为上首，为其回向一切种智。菩萨初发菩提之心普摄众生，修诸善根悉以回向，欲令永离生死旷野，得诸如来无碍快乐，出烦恼海，修佛法道；慈心遍满，悲力广大，普使一切得清净乐；守护善根，亲近佛法；出魔境界，入佛境界；断世间种，植如来种，住于三世平等法中。菩萨摩诃萨如是所有已集、当集、现集善根，悉以回向。复作是念：如过去诸佛菩萨所行，恭敬供养一切诸佛，度诸众生令永出离，勤加修习一切善根，悉以回向而无所著。所谓：不依色，不著受，无倒想，不作行，不取识，舍离六处；不住世法，乐出世间；知一切法皆如虚空，无所从来，不生不灭，无有真实，无所染著；远离一切诸分别见，不动不转，不失不坏；住于实际，无相离相，唯是一相；如是深入一切法性，常乐习行普门善根，悉见一切诸佛众会。如彼过去一切如来善根回向，我亦如是而为回向；解如是法，证如是法，依如是法，发心修习，不违法相；知所修行，如幻如影，如水中月，如镜中像，因缘和合之所显现，乃至如来究竟之地。

佛子！菩萨摩诃萨复作是念：如过去诸佛修菩萨行时，以诸善根如是回向；未来、现在，悉亦如是。我今亦应如彼诸佛，如是发心，以诸善根而为回向：第一回向、胜回向、最胜回向、上回向、无上回向、无等回向、无等等回向、无比回向、无对回向、尊回向、妙回向、平等回向、正直回向、大功德回向、广大回向、善回向、清净回向、离恶回向、不随恶回向。菩萨如是以诸善根正回向已，成就清净身、语、意业，住菩萨住，无诸过失；修习善业，离身、语恶，心无瑕秽；修一切智，住广大心，知一切法无有所作；住出世法，世法不染；分别了知无量诸业，成就回向善巧方便，永拔一切取著根本。

佛子！是为菩萨摩诃萨第三等一切佛回向。菩萨摩诃萨住此回向，深入一切诸如来业，趣向如来胜妙功德；入深清净智慧境界，不离一切诸菩萨业，善能分别巧妙方便；入深法界，善知菩萨修行次第；入佛种性，以巧方便分别了知无量无边一切诸法；虽复现身于世中生，而于世法心无所著。

尔时，金刚幢菩萨承佛神力，普观十方，即说颂言：

彼诸菩萨摩诃萨，修过去佛回向法，亦学未来现在世，一切导师之所行。于诸境界得安乐，诸佛如来所称赞，广大光明清净眼，悉以回向大聪哲。菩萨身根种种乐,眼耳鼻舌亦复然,如是无量上妙乐,悉以回向诸最胜。一切世间众善法,及诸如来所成就,于彼悉摄无有余,尽以随喜益众生。世间随喜无量种,今此回向为众生,人中师子所有乐,愿使群萌悉圆满。一切国土诸如来,凡所知见种种乐,愿令众生皆悉得,而为照世大明灯。菩萨所得胜妙乐,悉以回向诸群生,虽为群生故回向,而于回向无所著。菩萨修行此回向,兴起无量大悲心,如佛所修回向德,愿我修行悉成满。如诸最胜所成就,一切智乘微妙乐,及我在世之所行,诸菩萨行无量乐,示入众趣安隐乐,恒守诸根寂静乐,悉以回向诸群生,普使修成无上智。非身语意即是业,亦不离此而别有,但以方便灭痴冥,如是修成无上智。菩萨所修诸行业,积集无量胜功德,随顺如来生佛家,寂然不乱正回向。十方一切诸世界,所有众生咸摄受,悉以善根回向彼,愿令具足安隐乐。不为自身求利益,欲令一切悉安乐,未曾暂起戏论心,但观诸法空无我。十方无量诸最胜,所见一切真佛子,悉以善根回向彼,愿使速成无上觉。一切世间含识类,等心摄取无有余,以我所行诸善业,令彼众生速成佛。无量无边诸大愿,无上导师所演说,愿诸佛子皆清净,随其心乐悉成满。普观十方诸世界,悉以功德施于彼,愿令皆具妙庄严,菩萨如是学回向。心不称量诸二法,但恒了达法无二,诸法若二若不二,于中毕竟无所著。十方一切诸世间,悉是众生想分别,于想非想无所得,如是了达于诸想。彼诸菩萨身净已,则意清净无瑕秽,语业已净无诸过,当知意净无所著。一心正念过去佛,亦忆未来诸导师,及以现在天人尊,悉学于其所说法。三世一切诸如来,智慧明达心无碍,为欲利益众生故,回向菩提集众业。彼第一慧广大慧,不虚妄慧无倒慧,平等实慧清净慧,最胜慧者如是说。

佛子!云何为菩萨摩诃萨至一切处回向?

佛子!此菩萨摩诃萨修习一切诸善根时,作是念言:愿此善根功德之力至一切处。譬如实际,无处不至,至一切物,至一切世间,至一切众生,至一切国土,至一切法,至一切虚空,至一切三世,至一切有为、无为,至一切语言、音声。愿此善根亦复如是,遍至一切诸如来所,供养三世一切诸佛;过去诸佛所愿悉满,未来诸佛具足庄严,现在诸佛及其国土、道场,众会遍满一切虚空法界。愿以信解大威力故,广大智慧无障碍故,一切善根悉回向故,以如诸天诸供养具而为供养,充满无量无边世界。佛子!菩萨摩诃萨复作是念:诸佛世尊普遍一切虚空法界。种种业所起,十方不可说一切世界种世界、不可说佛国土佛境界种种世界、无量世界、无分齐世界、转世界、侧世界、仰世界、覆世界,如是一切诸世界中,现住于寿,示现种种神通变化。彼有菩萨以胜解力,为诸众生堪受化者,于彼一切诸世界中,现为如来出兴于世,以至一切处智;普遍开示如来无量自在神力,法身遍往无有差别,平等普入一切法界;如来藏身不生不灭,善巧方便普现世间，证法实性超一切故，得不退转无碍力故，生于如来无障碍见、广大威德种性中故。

佛子！菩萨摩诃萨以其所种一切善根愿，于如是诸如来所，以众妙华，及众妙香、鬘盖、幢幡、衣服、灯烛，及余一切诸庄严具以为供养；若佛形像，若佛塔庙，悉亦如是。以此善根如是回向，所谓：不乱回向、一心回向、自意回向、尊敬回向、不动回向、无住回向、无依回向、无众生心回向、无躁竞心回向、寂静心回向。复作是念：尽法界、虚空界，去、来、现在一切劫中，诸佛世尊得一切智、成菩提道，无量名字各各差别，于种种时现成正觉，悉皆住寿尽未来际，一一各以法界庄严而严其身，道场众会周遍法界，一切国土随时出兴而作佛事。如是一切诸佛如来，我以善根普皆回向，愿以无数香盖、无数香幢、无数香幡、无数香帐、无数香网、无数香像、无数香光、无数香焰、无数香云、无数香座、无数香经行地、无数香所住处、无数香世界、无数香山、无数香海、无数香河、无数香树、无数香衣服、无数香莲华、无数香宫殿，无量华盖，广说乃至无量华宫殿；无边鬘盖，广说乃至无边鬘宫殿；无等涂香盖，广说乃至无等涂香宫殿；不可数末香盖，广说乃至不可数末香宫殿；不可称衣盖，广说乃至不可称衣宫殿；不可思宝盖，广说乃至不可思宝宫殿；不可量灯光明盖，广说乃至不可量灯光明宫殿；不可说庄严盖，广说乃至不可说庄严具宫殿；不可说不可说摩尼宝盖、不可说不可说摩尼宝幢，如是摩尼宝幡、摩尼宝帐、摩尼宝网、摩尼宝像、摩尼宝光、摩尼宝焰、摩尼宝云、摩尼宝座、摩尼宝经行地、摩尼宝所住处、摩尼宝刹、摩尼宝山、摩尼宝海、摩尼宝河、摩尼宝树、摩尼宝衣服、摩尼宝莲华、摩尼宝宫殿，皆不可说不可说。如是一一诸境界中，各有无数栏楯、无数宫殿、无数楼阁、无数门闼、无数半月、无数却敌、无数窗牖、无数清净宝、无数庄严具，以如是等诸供养物，恭敬供养如上所说诸佛世尊。愿令一切世间皆得清净，一切众生咸得出离，住十力地，于一切法中得无碍法明。令一切众生具足善根，悉得调伏，其心无量，等虚空界，往一切刹而无所至，入一切土施诸善法，常得见佛，植诸善根，成就大乘，不著诸法，具足众善，立无量行，普入无边一切法界，成就诸佛神通之力，得于如来一切智智。譬如无我，普摄诸法。我诸善根亦复如是，普摄一切诸佛如来，咸悉供养无有余故；普摄一切无量诸法，悉能悟入无障碍故；普摄一切诸菩萨众，究竟皆与同善根故；普摄一切诸菩萨行，以本愿力皆圆满故；普摄一切菩萨法明，了达诸法皆无碍故；普摄诸佛大神通力，成就无量诸善根故；普摄诸佛力、无所畏，发无量心满一切故；普摄菩萨三昧辩才陀罗尼门，善能照了无二法故；普摄诸佛善巧方便，示现如来大神力故；普摄三世一切诸佛降生成道、转正法轮、调伏众生、入般涅槃，恭敬供养悉周遍故；普摄十方一切世界，严净佛刹咸究竟故；普摄一切诸广大劫，于中出现修菩萨行无断绝故；普摄一切所有趣生，悉于其中现受生故；普摄一切诸众生界，具足普贤菩萨行故；普摄一切诸惑习气，悉以方便令清净故；普摄一切众生诸根，无量差别咸了知故；普摄一切众生解欲，令离杂染得清净故；普摄一切化众生行，随其所应为现身故；普摄一切应众生道，悉入一切众生界故；普摄一切如来智性，护持一切诸佛教故。

佛子！菩萨摩诃萨以诸善根如是回向时，用无所得而为方便，不于业中分别报，不于报中分别业；虽无分别而普入法界，虽无所作而恒住善根，虽无所起而勤修胜法；不信诸法而能深入，不有于法而悉知见，若作、不作皆不可得；知诸法性恒不自在，虽悉见诸法而无所见，普知一切而无所知。菩萨如是了达境界，知一切法因缘为本，见于一切诸佛法身，至一切法离染实际，解了世间皆如变化，明达众生唯是一法、无有二性，不舍业境善巧方便；于有为界示无为法，而不灭坏有为之相；于无为界示有为法，而不分别无为之相。菩萨如是观一切法毕竟寂灭，成就一切清净善根，而起救护众生之心，智慧明达一切法海，常乐修行离愚痴法，已具成就出世功德，不更修学世间之法，得净智眼离诸痴翳，以善方便修回向道。

佛子！菩萨摩诃萨以诸善根如是回向，称可一切诸佛之心，严净一切诸佛国土，教化成就一切众生，具足受持一切佛法；作一切众生最上福田，为一切商人智慧导师，作一切世间清净日轮；一一善根充遍法界，悉能救护一切众生，皆令清净具足功德

佛子！菩萨摩诃萨如是回向时，能护持一切佛种，能成熟一切众生，能严净一切国土，能不坏一切诸业，能了知一切诸法，能等观诸法无二，能遍往十方世界，能了达离欲实际，能成就清净信解，能具足明利诸根。

佛子！是为菩萨摩诃萨第四至一切处回向。菩萨摩诃萨住此回向时，得至一切处身业，普能应现一切世界故；得至一切处语业，于一切世界中演说法故；得至一切处意业，受持一切佛所说法故；得至一切处神足通，随众生心悉往应故；得至一切处随证智，普能了达一切法故；得至一切处总持辩才，随众生心令欢喜故；得至一切处入法界，于一毛孔中普入一切世界故；得至一切处遍入身，于一众生身普入一切众生身故；得至一切处普见劫，一一劫中常见一切诸如来故；得至一切处普见念，一一念中一切诸佛悉现前故。佛子！菩萨摩诃萨得至一切处回向，能以善根如是回向。

尔时，金刚幢菩萨承佛威力，普观十方而说颂言：

内外一切诸世间，菩萨悉皆无所著，不舍饶益众生业，大士修行如是智。十方所有诸国土，一切无依无所住，不取活命等众法，亦不妄起诸分别。普摄十方世界中，一切众生无有余，观其体性无所有，至一切处善回向。普摄有为无为法，不于其中起妄念，如于世间法亦

然，照世灯明如是觉。菩萨所修诸业行，上中下品各差别，悉以善根回向彼，十方一切诸如来。菩萨回向到彼岸，随如来学悉成就，恒以妙智善思惟，具足人中最胜法。清净善根普回向，利益群迷恒不舍，悉令一切诸众生，得成无上照世灯。未曾分别取众生，亦不妄想念诸法，虽于世间无染著，亦复不舍诸含识。菩萨常乐寂灭法，随顺得至涅槃境，亦不舍离众生道，获如是等微妙智。菩萨未曾分别业，亦不取著诸果报，一切世间从缘生，不离因缘见诸法。深入如是诸境界，不于其中起分别，一切众生调御师，于此明了善回向。

大方广佛华严经卷第二十五

十回向品第二十五之三

佛子！云何为菩萨摩诃萨无尽功德藏回向？

佛子！此菩萨摩诃萨以忏除一切诸业重障所起善根；礼敬三世一切诸佛所起善根；劝请一切诸佛说法所起善根；闻佛说法精勤修习，悟不思议广大境界所起善根；于去、来、今，一切诸佛、一切众生所有善根，皆生随喜所起善根；去、来、今世一切诸佛善根无尽，诸菩萨众精勤修习所得善根；三世诸佛成等正觉、转正法轮、调伏众生，菩萨悉知，发随喜心所生善根；三世诸佛从初发心、修菩萨行、成最正觉乃至示现入般涅槃，般涅槃已正法住世乃至灭尽，于如是等皆生随喜所有善根。菩萨如是念不可说诸佛境界及自境界，乃至菩提无障碍境，如是广大无量差别一切善根，凡所积集，凡所信解，凡所随喜，凡所圆满，凡所成就，凡所修行，凡所获得，凡所知觉，凡所摄持，凡所增长，悉以回向庄严一切诸佛国土——如过去世无边际劫，一切世界、一切如来所行之处。所谓：无量无数佛世界种，佛智所知，菩萨所识，大心所受；庄严佛刹，清净业行，所流所引，应众生起；如来神力之所示现，诸佛出世净业所成，普贤菩萨妙行所兴；一切诸佛于中成道，示现种种自在神力。尽未来际，所有如来、应、正等觉，遍法界住，当成佛道，当得一切清净庄严功德佛土。尽法界、虚空界，无边无际，无断无尽，皆从如来智慧所生，无量妙宝之所庄严。所谓：一切香庄严、一切华庄严、一切衣庄严、一切功德藏庄严、一切诸佛力庄严、一切佛国土庄严。如来所都，不可思议，同行宿缘诸清净众于中止住，未来世中当成正觉。一切诸佛之所成就，非世所睹，菩萨净眼乃能照见。此诸菩萨具大威德，宿植善根，知一切法如幻如化，普行菩萨诸清净业，入不思议自在三昧，善巧方便能作佛事，放佛光明普照世间，无有限极。现在一切诸佛世尊，悉亦如是。庄严世界无量形相、无量光色，悉是功德之所成就——无量香、无量宝、无量树、无数庄严、无数宫殿、无数音声。随顺宿缘诸善知识,示现一切功德庄严,无有穷尽。所谓:一切香庄严、一切鬘庄严、一切末香庄严、一切宝庄严、一切幡庄严、一切宝缯彩庄严、一切宝栏楯庄严、阿僧祇金网庄严、阿僧祇河庄严、阿僧祇云雨庄严、阿僧祇音乐奏微妙音,如是等无量无数庄严之具,庄严一切——尽法界、虚空界,十方无量种种业起,佛所了知、佛所宣说一切世界——其中所有一切佛土。所谓:庄严佛土、清净佛土、平等佛土、妙好佛土、威德佛土、广大佛土、安乐佛土、不可坏佛土、无尽佛土、无量佛土、无动佛土、无畏佛土、光明佛土、无违逆佛土、可爱乐佛土、普照明佛土、严好佛土、精丽佛土、妙巧佛土、第一佛土、胜佛土、殊胜佛土、最胜佛土、极胜佛土、上佛土、无上佛土、无等佛土、无比佛土、无譬喻佛土。如是过去、未来、现在一切佛土所有庄严,菩萨摩诃萨以己善根发心回向:愿以如是去、来、现在一切诸佛所有国土清净庄严,悉以庄严于一世界,如彼一切诸佛国土所有庄严,皆悉成就,皆悉清净,皆悉聚集,皆悉显现,皆悉严好,皆悉住持。如一世界;如是,尽法界、虚空界,一切世界悉亦如是,三世一切诸佛国土种种庄严皆悉具足。

佛子!菩萨摩诃萨复以善根如是回向:愿我所修一切佛刹,诸大菩萨皆悉充满。其诸菩萨,体性真实,智慧通达,善能分别一切世界及众生界,深入法界及虚空界,舍离愚痴;成就念佛,念法真实不可思议,念僧无量普皆周遍,亦念于舍;法日圆满,智光普照,见无所碍;从无得生生诸佛法,为众胜上善根之主,发生无上菩提之心;住如来力,趣萨婆若,破诸魔业,净众生界,深入法性,永离颠倒,善根大愿皆悉不空。如是菩萨充满其土,生如是处,有如是德,常作佛事,得佛菩提清净光明;具法界智,现神通力,一身充满一切法界;得大智慧,入一切智所行之境,善能分别无量无边法界句义;于一切刹皆无所著,而能普现一切佛土;心如虚空,无有所依,而能分别一切法界,善能入出不可思议甚深三昧;趣萨婆若,住诸佛刹,得诸佛力,开示演说阿僧祇法而无所畏;随顺三世诸佛善根,普照一切如来法界,悉能受持一切佛法;知阿僧祇诸语言法,善能演出不可思议差别音声;入于无上佛自在地,普游十方一切世界而无障碍;行于无诤、无所依法,无所分别,修习增广菩提之心;得善巧智,善知句义,能随次第开示演说。愿令如是诸大菩萨庄严其国,充满分布,随顺安住,熏修、极熏修,纯净、极纯净,恬然宴寂。于一佛刹,随一方所,皆有如是无数、无量、无边、无等、不可数、不可称、不可思、不可量、不可说、不可说不可说诸大菩萨周遍充满。如一方所,一切方所亦复如是;如一佛刹,尽虚空遍法界一切佛刹悉亦如是。

佛子!菩萨摩诃萨以诸善根,方便回向一切佛刹,方便回向一切菩萨,方便回向一切如来,方便回向一切佛菩提,方便回向一切广大愿,方便回向一切出要道,方便回向净一切众生界,方便回向于一切世界常见诸佛出兴于世，方便回向常见如来寿命无量，方便回向常见诸佛遍周法界转无障碍不退法轮。佛子！菩萨摩诃萨以诸善根如是回向时，普入一切佛国土故，一切佛刹皆悉清净；普至一切众生界故，一切菩萨皆悉清净；普愿一切诸佛国土佛出兴故，一切法界、一切佛土诸如来身超然出现。佛子！菩萨摩诃萨以如是等无比回向趣萨婆若，其心广大，犹如虚空，无有限量，入不思议，知一切业及以果报皆悉寂灭；心常平等，无有边际，普能遍入一切法界。佛子！菩萨摩诃萨如是回向时，不分别我及以我所，不分别佛及以佛法，不分别刹及以严净，不分别众生及以调伏，不分别业及业果报，不著于思及思所起；不坏因，不坏果，不取事，不取法；不谓生死有分别，不谓涅槃恒寂静，不谓如来证佛境界；无有少法，与法同止。佛子！菩萨摩诃萨如是回向时，以诸善根普施众生，决定成熟，平等教化；无相、无缘、无称量、无虚妄，远离一切分别取著。菩萨摩诃萨如是回向已，得无尽善根。所谓：念三世一切诸佛故，得无尽善根；念一切菩萨故，得无尽善根；净诸佛刹故，得无尽善根；净一切众生界故，得无尽善根；深入法界故，得无尽善根；修无量心等虚空界故，得无尽善根；深解一切佛境界故，得无尽善根；于菩萨业勤修习故，得无尽善根；了达三世故，得无尽善根。佛子！菩萨摩诃萨以一切善根如是回向时，了一切众生界无有众生，解一切法无有寿命，知一切法无有作者，悟一切法无补伽罗，了一切法无有忿诤，观一切法皆从缘起、无有住处，知一切物皆无所依，了一切刹悉无所住，观一切菩萨行亦无处所，见一切境界悉无所有。佛子！菩萨摩诃萨如是回向时，眼终不见不净佛刹，亦复不见异相众生，无有少法为智所入，亦无少智而入于法，解如来身非如虚空；一切功德无量妙法所圆满故，于一切处令诸众生积集善根悉充足故。

佛子！此菩萨摩诃萨于念念中得不可说不可说十力地，具足一切福德，成就清净善根，为一切众生福田。此菩萨摩诃萨成就如意摩尼功德藏，随有所须，一切乐具悉皆得故；随所游方悉能严净一切国土，随所行处令不可说不可说众生皆悉清净，摄取福德修治诸行故。佛子！菩萨摩诃萨如是回向时，修一切菩萨行，福德殊胜，色相无比；威力光明超诸世间，魔及魔民莫能瞻对；善根具足，大愿成就；其心弥广，等一切智；于一念中，悉能周遍无量佛刹；智力无量，了达一切诸佛境界，于一切佛得深信解；住无边智菩提心力，广大如法界，究竟如虚空。

佛子！是名菩萨摩诃萨第五无尽功德藏回向。菩萨摩诃萨住此回向，得十种无尽藏。何等为十？所谓：得见佛无尽藏，于一毛孔见阿僧祇诸佛出兴世故；得入法无尽藏，以佛智力观一切法悉入一法故；得忆持无尽藏，受持一切佛所说法无忘失故；得决定慧无尽藏，善知一切佛所说法秘密方便故；得解义趣无尽藏，善知诸法理趣分齐故；

得无边悟解无尽藏，以如虚空智通达三世一切法故；得福德无尽藏，充满一切诸众生意不可尽故；得勇猛智觉无尽藏，悉能除灭一切众生愚痴翳故；得决定辩才无尽藏，演说一切佛平等法令诸众生悉解了故；得十力无畏无尽藏，具足一切菩萨所行，以离垢缯而系其顶，至无障碍一切智故。是为十。佛子！菩萨摩诃萨以一切善根回向时，得此十种无尽藏。

尔时，金刚幢菩萨普观十方而说颂言：

菩萨成就深心力，普于诸法得自在，以其劝请随喜福，无碍方便善回向。三世所有诸如来，严净佛刹遍世间，所有功德靡不具，回向净刹亦如是。三世所有诸佛法，菩萨皆悉谛思惟，以心摄取无有余，如是庄严诸佛刹。尽于三世所有劫，赞一佛刹诸功德，三世诸劫犹可尽，佛刹功德无穷尽。如是一切诸佛刹，菩萨悉见无有余，总以庄严一佛土，一切佛土悉如是。有诸佛子心清净，悉从如来法化生，一切功德庄严心，一切佛刹皆充满。彼诸菩萨悉具足，无量相好庄严身，辩才演说遍世间，譬如大海无穷尽。菩萨安住诸三昧，一切所行皆具足，其心清净无与等，光明普照十方界。如是无余诸佛刹，此诸菩萨皆充满，未曾忆念声闻乘，亦复不求缘觉道。菩萨如是心清净，善根回向诸群生，普欲令其成正道，具足了知诸佛法。十方所有众魔怨，菩萨威力悉摧破，勇猛智慧无能胜，决定修行究竟法。菩萨以此大愿力，所有回向无留碍，入于无尽功德藏，去来现在常无尽。菩萨善观诸行法，了达其性不自在，既知诸法性如是，不妄取业及果报。无有色法无色法，亦无有想无无想，有法无法皆悉无，了知一切无所得。一切诸法因缘生，体性非有亦非无，而于因缘及所起，毕竟于中无取著。一切众生语言处，于中毕竟无所得，了知名相皆分别，明解诸法悉无我。如众生性本寂灭，如是了知一切法，三世所摄无有余，刹及诸业皆平等。以如是智而回向，随其悟解福业生，此诸福相亦如解，岂复于中有可得？如是回向心无垢，永不称量诸法性，了达其性皆非性，不住世间亦不出。一切所行众善业，悉以回向诸群生，莫不了达其真性，所有分别皆除遣。所有一切虚妄见，悉皆弃舍无有余，离诸热恼恒清凉，住于解脱无碍地。菩萨不坏一切法，亦不灭坏诸法性，解了诸法犹如响，悉于一切无所著。了知三世诸众生，悉从因缘和合起，亦知心乐及习气，未曾灭坏一切法。了达业性非是业，而亦不违诸法相，又亦不坏业果报，说诸法性从缘起。了知众生无有生，亦无众生可流转，无实众生而可说，但依世俗假宣示。

佛子！云何为菩萨摩诃萨随顺坚固一切善根回向？

佛子！此菩萨摩诃萨或为帝王临御大国，威德广被，名震天下，凡诸怨敌靡不归顺，发号施令悉依正法，执持一盖溥荫万方，周行率土所向无碍，以离垢缯而系其顶，于法自在，见者咸伏，不刑不罚，感德从化；以四摄法摄诸众生，为转轮王，一切周给。菩萨摩诃萨安住如是自在功德，有大眷属，不可沮坏，离众过失，见者无厌，福德庄严，相好圆满，形体肢分均调具足；获那罗延坚固之身，大力成就，无能屈伏；得清净业，离诸业障；具足修行一切布施，或施饮食及诸上味，或施车乘，或施衣服，或施华鬘、杂香、涂香、床座、房舍及所住处、上妙灯烛、病缘汤药、宝器、宝车、调良象马，悉皆严饰，欢喜布施。或有来乞王所处座，若盖、若伞，幢幡宝物、诸庄严具，顶上宝冠、髻中明珠，乃至王位，皆无所吝。若见众生在牢狱中，舍诸财宝、妻子、眷属，乃至以身救彼令脱。若见狱囚将欲被戮，即舍其身以代彼命。或见来乞连肤顶发，欢喜施与亦无所吝。眼、耳、鼻、舌，及以牙齿、头顶、手足、血肉、骨髓、心肾、肝肺、大肠、小肠、厚皮、薄皮、手足诸指、连肉爪甲，以欢喜心尽皆施与。或为求请未曾有法，投身而下深大火坑；或为护持如来正法，以身忍受一切苦毒；或为求法乃至一字，悉能遍舍四海之内一切所有。恒以正法化导群生，令修善行、舍离诸恶。若见众生损败他形，慈心救之，令舍罪业。若见如来成最正觉，称扬赞叹，普使闻知。或施于地，造立僧坊、房舍、殿堂，以为住处；及施僮仆，供承作役。或以自身施来乞者，或施于佛。为求法故，欢喜踊跃；为众生故，承事供养。或舍王位、城邑、聚落、宫殿、园林、妻子、眷属，随所乞求，悉满其愿。或舍一切资生之物，普设无遮大施之会；其中众生种种福田，或从远来，或从近来，或贤或愚，或好或丑，若男若女，人与非人，心行不同，所求各异，等皆施与，悉令满足。佛子！菩萨摩诃萨如是施时，发善摄心，悉以回向。所谓：善摄色，随顺坚固一切善根；善摄受、想、行、识，随顺坚固一切善根；善摄王位，随顺坚固一切善根；善摄眷属，随顺坚固一切善根；善摄资具，随顺坚固一切善根；善摄惠施，随顺坚固一切善根。

佛子！菩萨摩诃萨随所施物无量无边，以彼善根如是回向，所谓：以上妙食施众生时，其心清净，于所施物无贪、无著、无所顾吝，具足行施；愿一切众生得智慧食，心无障碍，了知食性，无所贪著，但乐法喜出离之食；智慧充满，以法坚住，摄取善根，法身、智身清净游行；哀愍众生，为作福田，现受抟食。是为菩萨摩诃萨布施食时善根回向。

佛子！菩萨摩诃萨若施饮时，以此善根如是回向，所谓：愿一切众生饮法味水，精勤修习，具菩萨道；断世渴爱，常求佛智；离欲境界，得法喜乐；从清净法而生其身，常以三昧调摄其心；入智慧海，兴大法云，霪大法雨。是为菩萨摩诃萨布施饮时善根回向。

佛子！菩萨摩诃萨布施种种清净上味。所谓：辛、酸、咸、淡，及以甘、苦。种种诸味润泽具足，能令四大安隐调和，肌体盈满，气力强壮，其心清净常得欢喜；咽咀之时，不欬不逆；诸根明利，内藏充实；毒不能侵，病不能伤；始终无患，永得安乐。以此善根如是回向,所谓:愿一切众生得最上味,甘露充满;愿一切众生得法智味,了知一切诸味业用;愿一切众生得无量法味,了达法界,安住实际大法城中;愿一切众生作大法云,周遍法界普雨法雨,教化调伏一切众生;愿一切众生得胜智味,无上法喜充满身心;愿一切众生得无贪著一切上味,不染世间一切诸味,常勤修习一切佛法;愿一切众生得一法味,了诸佛法悉无差别;愿一切众生得最胜味,乘一切智终无退转;愿一切众生得入诸佛无异法味,悉能分别一切诸根;愿一切众生法味增益,常得满足无碍佛法。是为菩萨摩诃萨布施味时善根回向;为令一切众生勤修福德,皆悉具足无碍智身故。

佛子!菩萨摩诃萨施车乘时,以诸善根如是回向,所谓:愿一切众生皆得具足一切智乘,乘于大乘、不可坏乘、最胜乘、最上乘、速疾乘、大力乘、福德具足乘、出世间乘、出生无量诸菩萨乘。是为菩萨摩诃萨施车乘时善根回向。

佛子!菩萨摩诃萨布施衣时,以诸善根如是回向,所谓:愿一切众生得惭愧衣以覆其身,舍离邪道露形恶法,颜色润泽,皮肤细软,成就诸佛第一之乐,得最清净一切种智。是为菩萨摩诃萨布施衣时善根回向。

佛子!菩萨摩诃萨常以种种名华布施,所谓:微妙香华、种种色华、无量奇妙华、善见华、可喜乐华、一切时华、天华、人华、世所珍爱华、甚芬馥悦意华。以如是等无量妙华,供养一切现在诸佛,及佛灭后所有塔庙,或以供养说法之人,或以供养比丘僧宝、一切菩萨、诸善知识、声闻、独觉、父母、宗亲,下至自身及余一切贫穷、孤露。布施之时,以诸善根如是回向,所谓:愿一切众生皆得诸佛三昧之华,悉能开敷一切诸法;愿一切众生皆得如佛,见者欢喜,心无厌足;愿一切众生所见顺惬,心无动乱;愿一切众生具行广大清净之业;愿一切众生常念善友,心无变异;愿一切众生如阿伽陀药,能除一切烦恼众毒;愿一切众生成满大愿,皆悉得为无上智王;愿一切众生智慧日光破愚痴暗;愿一切众生菩提净月增长满足;愿一切众生入大宝洲见善知识,具足成就一切善根。是为菩萨摩诃萨布施华时善根回向,为令众生皆得清净无碍智故。

佛子!菩萨摩诃萨布施鬘时,以诸善根如是回向,所谓:愿一切众生人所乐见,见者钦叹,见者亲善,见者爱乐,见者渴仰,见者除忧,见者生喜,见者离恶,见者常得亲近于佛,见者清净获一切智。是为菩萨摩诃萨布施鬘时善根回向。

佛子!菩萨摩诃萨布施香时,以诸善根如是回向:愿一切众生具足戒香,得不缺戒、不杂戒、不污戒、无悔戒、离缠戒、无热戒、无犯戒、无边戒、出世戒、菩萨波罗蜜戒;愿一切众生以是戒故,皆得成就诸佛戒身。是为菩萨摩诃萨布施香时善根回向,为令众生悉得圆满无碍戒蕴故。

佛子！菩萨摩诃萨施涂香时，以诸善根如是回向，所谓：愿一切众生施香普熏，悉能惠舍一切所有；愿一切众生戒香普熏，得于如来究竟净戒；愿一切众生忍香普熏，离于一切险害之心；愿一切众生精进香普熏，常服大乘精进甲胄；愿一切众生定香普熏，安住诸佛现前三昧；愿一切众生慧香普熏，一念得成无上智王；愿一切众生法香普熏，于无上法得无所畏；愿一切众生德香普熏，成就一切大功德智；愿一切众生菩提香普熏，得佛十力到于彼岸；愿一切众生清净白法妙香普熏，永灭一切不善之法。是为菩萨摩诃萨施涂香时善根回向。

佛子！菩萨摩诃萨施床座时，以诸善根如是回向，所谓：愿一切众生得诸天床座，证大智慧；愿一切众生得贤圣床座，舍凡夫意，住菩提心；愿一切众生得安乐床座，永离一切生死苦恼；愿一切众生得究竟床座，得见诸佛自在神通；愿一切众生得平等床座，恒普熏修一切善法；愿一切众生得最胜床座，具清净业，世无与等；愿一切众生得安隐床座，证真实法，具足究竟；愿一切众生得清净床座，修习如来净智境界；愿一切众生得安住床座，得善知识常随覆护；愿一切众生得师子床座，常如来右胁而卧。是为菩萨摩诃萨施床座时善根回向，为令众生修习正念、善护诸根故。

佛子！菩萨摩诃萨施房舍时，以诸善根如是回向，所谓：愿一切众生皆得安住清净佛刹，精勤修习一切功德；安住甚深三昧境界，舍离一切住处执著；了诸住处皆无所有，离诸世间住一切智；摄取一切诸佛所住，住究竟道安乐住处；恒住第一清净善根，终不舍离佛无上住。是为菩萨摩诃萨施房舍时善根回向；为欲利益一切众生，随其所应，思惟救护故。

佛子！菩萨摩诃萨施住处时，以诸善根如是回向，所谓：愿一切众生常获善利，其心安乐；愿一切众生依如来住，依大智住，依善智识住，依尊胜住，依善行住，依大慈住，依大悲住，依六波罗蜜住，依大菩提心住，依一切菩萨道住。是为菩萨摩诃萨施住处时善根回向，为令一切福德清净故，究竟清净故，智清净故，道清净故，法清净故，戒清净故，志乐清净故，信解清净故，愿清净故，一切神通功德清净故。

佛子！菩萨摩诃萨施诸灯明，所谓：酥灯、油灯、宝灯、摩尼灯、漆灯、火灯、沈水灯、栴檀灯、一切香灯、无量色光灯。施如是等无量灯时，为欲利益一切众生，为欲摄受一切众生，以此善根如是回向，所谓：愿一切众生得无量光，普照一切诸佛正法；愿一切众生得清净光，照见世间极微细色；愿一切众生得离翳光，了众生界空无所有；愿一切众生得无边光，身出妙光普照一切；愿一切众生得普照光，于诸佛法心无退转；愿一切众生得佛净光，一切刹中悉皆显现；愿一切众生得无碍光，一光遍照一切法界；愿一切众生得无断光，照诸佛刹光明不断；愿一切众生得智幢光，普照世间；愿一切众生得无量色光，照一切刹示现神力。菩萨如是施灯明时，为欲利益一切众生，安乐一切众生故，以此善根随逐众生，以此善根摄受众生，以此善根分布众生，以此善根慈愍众生，以此善根覆育众生，以此善根救护众生，以此善根充满众生，以此善根缘念众生，以此善根等益众生，以此善根观察众生。是为菩萨摩诃萨施灯明时善根回向，如是回向无有障碍，普令众生住善根中。

佛子！菩萨摩诃萨施汤药时，以诸善根如是回向，所谓：愿一切众生于诸盖缠，究竟得出；愿一切众生永离病身，得如来身；愿一切众生作大良药，灭除一切不善之病；愿一切众生成阿伽陀药，安住菩萨不退转地；愿一切众生成如来药，能拔一切烦恼毒箭；愿一切众生亲近贤圣，灭诸烦恼，修清净行；愿一切众生作大药王，永除众病，不令重发；愿一切众生作不坏药树，悉能救疗一切众生；愿一切众生得一切智光，出众病箭；愿一切众生善解世间方药之法，所有疾病为其救疗。菩萨摩诃萨施汤药时，为令一切众生永离众病故，究竟安隐故，究竟清净故，如佛无病故，拔除一切病箭故，得无尽坚固身故，得金刚围山所不坏身故，得坚固满足力故，得圆满不可夺佛乐故，得一切佛自在坚固身故，以诸善根如是回向。

佛子！菩萨摩诃萨悉能惠施一切器物。所谓：黄金器盛满杂宝，白银器盛众妙宝，琉璃器盛种种宝，玻璃器盛满无量宝庄严具，砗磲器盛赤真珠，码瑙器盛满珊瑚摩尼珠宝，白玉器盛众美食，栴檀器盛天衣服，金刚器盛众妙香。无量无数种种宝器，盛无量无数种种众宝，或施诸佛，信佛福田不思议故；或施菩萨，知善知识难值遇故；或施圣僧，为令佛法久住世故；或施声闻及辟支佛，于诸圣人生净信故；或施父母，为尊重故；或施师长，为恒诱诲，令依圣教修功德故；或施下劣、贫穷、孤露，大慈、大悲爱眼等视诸众生故；专意满足去、来、今世一切菩萨檀波罗蜜故；以一切物普施一切，终不厌舍诸众生故。如是施时，于其施物及以受者，皆无所著。菩萨摩诃萨以如是等种种宝器盛无量宝而布施时，以诸善根如是回向，所谓：愿一切众生成等虚空无边藏器，念力广大，悉能受持世、出世间一切经书，无有忘失；愿一切众生成清净器，能悟诸佛甚深正法；愿一切众生成无上宝器，悉能受持三世佛法；愿一切众生成就如来广大法器，以不坏信摄受三世佛菩提法；愿一切众生成就最胜宝庄严器，住大威德菩提之心；愿一切众生成就功德所依处器，于诸如来无量智慧生净信解；愿一切众生成就趣入一切智器，究竟如来无碍解脱；愿一切众生得尽未来劫菩萨行器，能令众生普皆安住一切智力；愿一切众生成就三世诸佛种性胜功德器，一切诸佛妙音所说悉能受持；愿一切众生成就容纳尽法界、虚空界、一切世界一切如来众会道场器，为大丈夫赞说之首，劝请诸佛转正法轮。是为菩萨摩诃萨布施器时善根回向，为欲普令一切众生皆得圆满普贤菩萨行愿器故。

大方广佛华严经卷第二十六

十回向品第二十五之四

佛子！菩萨摩诃萨以种种车，众宝严饰，奉施诸佛及诸菩萨、师长、善友、声闻、缘觉，如是无量种种福田，乃至贫穷、孤露之者。此诸人众，或从远来，或从近来，或承菩萨名闻故来，或是菩萨因缘故来，或闻菩萨往昔所发施愿故来，或是菩萨心愿请来。菩萨是时，或施宝车，或施金车，悉妙庄严，铃网覆上，宝带垂下；或施上妙琉璃之车，无量珍奇以为严饰；或复施与白银之车，覆以金网，驾以骏马；或复施与无量杂宝所庄严车，覆以宝网，驾以香象；或复施与栴檀之车，妙宝为轮，杂宝为盖，宝师子座敷置严好，百千采女列坐其上，十万丈夫牵御而行；或复施与玻璃宝车，众杂妙宝以为严饰，端正女人充满其中，宝帐覆上，幢幡侍侧；或复施与码瑙藏车，饰以众宝，熏诸杂香，种种妙华散布庄严，百千采女持宝璎珞，驾驭均调，涉险能安；或复施与坚固香车，众宝为轮，庄严巨丽，宝帐覆上，宝网垂下，种种宝衣敷布其中，清净好香流芬外彻，其香美妙称悦人心，无量诸天翼从而行，载以众宝随时给施；或复施与光明宝车，种种诸宝妙色映彻，众妙宝网罗覆其上，杂宝璎珞周匝垂下，散以末香内外芬洁，所爱男女悉载其上。

佛子！菩萨摩诃萨以如是等众妙宝车奉施佛时，以此善根如是回向，所谓：愿一切众生悉解供养最上福田，深信施佛，得无量报；愿一切众生一心向佛，常遇无量清净福田；愿一切众生于诸如来无所吝惜，具足成就大舍之心；愿一切众生于诸佛所修行施行，离二乘愿，逮得如来无碍解脱一切智智；愿一切众生于诸佛所行无尽施，入佛无量功德智慧；愿一切众生入佛胜智，得成清净无上智王；愿一切众生得佛遍至无碍神通，随所欲往，靡不自在；愿一切众生深入大乘，获无量智，安住不动；愿一切众生皆能出生一切智法，为诸天人最上福田；愿一切众生于诸佛所无嫌恨心，勤种善根，乐求佛智；愿一切众生任运能往一切佛刹，一刹那中普周法界而无懈倦；愿一切众生逮得菩萨自在神通，分身遍满等虚空界一切佛所亲近供养；愿一切众生得无比身，遍往十方而无厌倦；愿一切众生得广大身，飞行迅疾，随意所往，终无懈退；愿一切众生得佛究竟自在威力，一刹那中尽虚空界，悉现诸佛神通变化；愿一切众生修安乐行，随顺一切诸菩萨道；愿一切众生得速疾行，究竟十力智慧神通；愿一切众生普入法界十方国土，悉尽边际等无差别；愿一切众生行普贤行无有退转，到于彼岸成一切智；愿一切众生升于无比智慧之乘，随顺法性见如实理。是为菩萨摩诃萨以众宝车奉施现在一切诸佛及佛灭后所有塔庙善根回向，为令众生得于如来究竟出离无碍乘故。

佛子！菩萨摩诃萨以众宝车施菩萨等善知识时，以诸善根如是回向，所谓：愿一切众生心常忆持善知识教，专勤守护，令不忘失；愿一切众生与善知识同一义利，普摄一切与共善根；愿一切众生近善知识，尊重供养，悉舍所有，顺可其心；愿一切众生得善志欲，随逐善友，未尝舍离；愿一切众生常得值遇诸善知识，专意承奉，不违其教；愿一切众生乐善知识，常不舍离，无间无杂，亦无误失；愿一切众生能以其身施善知识，随其教命靡有违逆；愿一切众生为善知识之所摄受，修习大慈，远离诸恶；愿一切众生随善知识听闻诸佛所说正法；愿一切众生与善知识同一善根清净业果，与诸菩萨同一行愿究竟十力；愿一切众生悉能受持善知识法，逮得一切三昧境界智慧神通；愿一切众生悉能受持一切正法，修习诸行到于彼岸；愿一切众生乘于大乘无所障碍，究竟成就一切智道；愿一切众生悉得上于一切智乘，至安隐处无有退转；愿一切众生知如实行，随其所闻一切佛法，皆得究竟，永无忘失；愿一切众生普为诸佛之所摄受，得无碍智，究竟诸法；愿一切众生得无退失自在神通，所欲往诣，一念皆到；愿一切众生往来自在，广行化导，令住大乘；愿一切众生所行不空，载以智乘到究竟位；愿一切众生得无碍乘，以无碍智至一切处。是为菩萨摩诃萨施善知识种种车时善根回向，为令众生功德具足与佛菩萨等无异故。

佛子！菩萨摩诃萨以众宝车布施僧时，起学一切施心、智善了心、净功德心、随顺舍心、僧宝难遇心、深信僧宝心、摄持正教心，住胜志乐，得未曾有，为大施会，出生无量广大功德，深信佛教不可沮坏；以诸善根如是回向，所谓：愿一切众生普入佛法，忆持不忘；愿一切众生离凡愚法，入贤圣处；愿一切众生速入圣位，能以佛法次第开诱；愿一切众生举世宗重，言必信用；愿一切众生善入一切诸法平等，了知法界自性无二；愿一切众生从于如来智境而生，诸调顺人所共围绕；愿一切众生住离染法，灭除一切烦恼尘垢；愿一切众生皆得成就无上僧宝，离凡夫地，入贤圣众；愿一切众生勤修善法，得无碍智，具圣功德；愿一切众生得智慧心，不著三世，于诸众中自在如王；愿一切众生乘智慧乘，转正法轮；愿一切众生具足神通，一念能往不可说不可说世界；愿一切众生乘虚空身，于诸世间智慧无碍；愿一切众生普入一切虚空法界诸佛众会，成就第一波罗蜜行；愿一切众生得轻举身殊胜智慧，悉能遍入一切佛刹；愿一切众生获无边际善巧神足，于一切刹普现其身；愿一切众生得于一切无所依身，以神通力如影普现；愿一切众生得不思议自在神力，随应可化，即现其前，教化调伏；愿一切众生得入法界无碍方便，一念遍游十方国土。是为菩萨摩诃萨施僧宝车善根回向；为令众生普乘清净无上智乘，于一切世间转无碍法智慧轮故。

佛子！菩萨摩诃萨以众宝车布施声闻、独觉之时，起如是心，所谓：福田心、尊敬心、功德海心、能出生功德智慧心、从如来功德势力所生心、百千亿那由他劫修习心、能于不可说劫修菩萨行心、解脱一切魔系缚心、摧灭一切魔军众心、慧光照了无上法心；以此施车所有善根如是回向，所谓：愿一切众生为世所信第一福田，具足无上檀波罗蜜；愿一切众生离无益语，常乐独处，心无二念；愿一切众生成最第一清净福田，摄诸众生令修福业；愿一切众生成智慧渊，能与众生无量无数善根果报；愿一切众生住无碍行，满足清净第一福田；愿一切众生住无诤法，了一切法皆无所作、无性为性；愿一切众生常得亲近最上福田，具足修成无量福德；愿一切众生能现无量自在神通，以净福田摄诸含识；愿一切众生具足无尽功德福田，能与众生如来十力第一乘果；愿一切众生为能辨果真实福田，成一切智，无尽福聚；愿一切众生得灭罪法，悉能受持所未曾闻佛法句义；愿一切众生常勤听受一切佛法，闻悉解悟，无空过者；愿一切众生听闻佛法通达究竟，如其所闻，随顺演说；愿一切众生于如来教信解修行，舍离一切九十六种外道邪见；愿一切众生常见贤圣，增长一切最胜善根；愿一切众生心常信乐智行之士，与诸圣哲同止共欢；愿一切众生听闻佛名悉不唐捐，随其所闻，咸得目见；愿一切众生善分别知诸佛正教，悉能守护持佛法者；愿一切众生常乐听闻一切佛法，受持读诵，开示照了；愿一切众生信解佛教如实功德，悉舍所有，恭敬供养。是为菩萨摩诃萨施声闻、独觉种种车时善根回向；为令众生皆得成就清净第一智慧神通，精进修行无有懈怠，获一切智、力、无畏故。

佛子！菩萨摩诃萨以众宝车施诸福田乃至贫穷、孤独者时，随其所求，一切悉舍，心生欢喜，无有厌倦，仍向彼人自悔责言：我应往就供养供给，不应劳汝远来疲顿。言已拜跪，问讯起居，凡有所须，一切施与；或时施彼摩尼宝车，以阎浮提第一女宝充满其上；或复施与金庄严车，人间女宝充满其上；或复施与妙琉璃车，内宫妓女充满其上；或施种种奇妙宝车，童女充满，如天采女；或施无数宝庄严车，宝女满中，柔明辩慧；或施所乘妙栴檀车，或复施与玻璃宝车，悉载宝女，充满其上，颜容端正，色相无比，袄服庄严，见者欣悦；或复施与码瑙宝车，灌顶王子身载其上；或时施与坚固香车，所有男女悉载其中；或施一切宝庄严车，载以难舍亲善眷属。

佛子！菩萨摩诃萨以如是等无量宝车，随其所求，恭敬施与，皆令遂愿，欢喜满足；以此善根如是回向，所谓：愿一切众生乘不退转无障碍轮广大之乘，诣不可议菩提树下；愿一切众生乘清净因大法智乘，尽未来劫，修菩萨行永不退转；愿一切众生乘一切法无所有乘，永离一切分别执著，而常修习一切智道；愿一切众生乘无谄诳正直之乘，往诸佛刹，自在无碍；愿一切众生随顺安住一切智乘，以诸佛法共相娱乐；愿一切众生皆乘菩萨清净行乘，具足菩萨十出离道及三昧乐；愿一切众生乘四轮乘，所谓住好国土、依止善人、集胜福德、发大誓愿，以此成满一切菩萨清净梵行；愿一切众生得普照十方法光明乘，修学一切如来智力；愿一切众生乘佛法乘，到一切法究竟彼岸；愿一切众生载众福善难思法乘，普示十方安隐正道；愿一切众生乘大施乘，舍悭吝垢；愿一切众生乘净戒乘，持等法界无边净戒；愿一切众生乘忍辱乘，常于众生离瞋浊心；愿一切众生乘大精进不退转乘，坚修胜行，趣菩提道；愿一切众生乘禅定乘，速至道场，证菩提智；愿一切众生乘于智慧巧方便乘，化身充满一切法界、诸佛境界；愿一切众生乘法王乘，成就无畏，恒普惠施一切智法；愿一切众生乘无所著智慧之乘，悉能遍入一切十方，于真法性而无所动；愿一切众生乘于一切诸佛法乘，示现受生遍十方刹，而不失坏大乘之道；愿一切众生乘一切智最上宝乘，满足普贤菩萨行愿而无厌倦。是为菩萨摩诃萨以众宝车施诸福田乃至贫穷、孤露之人善根回向；为令众生具无量智，欢喜踊跃，究竟皆得一切智乘故。

佛子！菩萨摩诃萨布施象宝，其性调顺，七支具足，年齿盛壮，六牙清净，口色红赤犹如莲华，形体鲜白譬如雪山，金幢为饰，宝网罗覆，种种妙宝庄严其鼻，见者欣玩无有厌足，超步万里曾不疲倦；或复施与调良马宝，诸相具足犹如天马，妙宝月轮以为光饰，真金铃网罗覆其上，行步平正，乘者安隐，随意所往迅疾如风，游历四洲自在无碍。菩萨以此象宝、马宝，或奉养父母及善知识，或给施贫乏、苦恼众生，其心旷然，不生悔吝，但倍增欣庆，益加悲愍，修菩萨德，净菩萨心；以此善根如是回向，所谓：愿一切众生住调顺乘，增长一切菩萨功德；愿一切众生得善巧乘，能随出生一切佛法；愿一切众生得信解乘，普照如来无碍智力；愿一切众生得发趣乘，能普发兴一切大愿；愿一切众生具足平等波罗蜜乘，成满一切平等善根；愿一切众生成就宝乘，生诸佛法无上智宝；愿一切众生成就菩萨行庄严乘，开敷菩萨诸三昧华；愿一切众生得无边速疾乘，于无数劫净菩萨心，精勤思惟，了达诸法；愿一切众生成就最胜调顺大乘，以善方便具菩萨地；愿一切众生成最高广坚固大乘，普能运载一切众生，皆得至于一切智位。是为菩萨摩诃萨施象、马时善根回向；为令众生皆得乘于无碍智乘，圆满究竟至佛乘故。

佛子！菩萨摩诃萨布施座时，或施所处师子之座。其座高广殊特妙好，琉璃为足，金缕所成，柔软衣服以敷其上；建以宝幢，熏诸妙香，无量杂宝庄严之具以为庄校；金网覆上，宝铎风摇，出妙音声；奇珍万计周匝填饰，一切臣民所共瞻仰。灌顶大王独居其上，宣布法化，万邦遵奉。其王复以妙宝严身。所谓：普光明宝、帝青宝、大帝青宝、胜藏摩尼宝，明净如日，清凉犹月，周匝繁布譬如众星，上妙庄严第一无比；海殊妙宝、海坚固幢宝，奇文异表，种种庄严，于大众中最尊最胜。阎浮檀金离垢宝缯以冠其首，享灌顶位，王阎浮提，具足无量大威德力；以慈为主，伏诸怨敌，教令所行，靡不承顺。

时，转轮王以如是等百千万亿无量无数宝庄严座，施于如来第一福田，及诸菩萨、真善知识、贤圣僧宝、说法之师、父母、宗亲、声闻、独觉，及以发趣菩萨乘者，或如来塔，乃至一切贫穷、孤露；随其所须，悉皆施与。以此善根如是回向，所谓：愿一切众生坐菩提座，悉能觉悟诸佛正法；愿一切众生处自在座，得法自在，诸金刚山所不能坏，能悉摧伏一切魔军；愿一切众生得佛自在师子之座，一切众生之所瞻仰；愿一切众生得不可说不可说种种殊妙宝庄严座，于法自在，化导众生；愿一切众生得三种世间最殊胜座，广大善根之所严饰；愿一切众生得周遍不可说不可说世界座，阿僧祇劫叹之无尽；愿一切众生得大深密福德之座，其身充满一切法界；愿一切众生得不思议种种宝座，随其本愿所念众生，广开法施；愿一切众生得善妙座，现不可说诸佛神通；愿一切众生得一切宝座、一切香座、一切华座、一切衣座、一切鬘座、一切摩尼座、一切琉璃等不思议种种宝座、无量不可说世界座、一切世间庄严清净座、一切金刚座，示现如来威德自在，成最正觉。是为菩萨摩诃萨施宝座时善根回向；为令众生获离世间大菩提座，自然觉悟一切佛法故。

佛子！菩萨摩诃萨施诸宝盖。此盖殊特，尊贵所用，种种大宝而为庄严，百千亿那由他上妙盖中最为第一；众宝为竿，妙网覆上，宝绳金铃周匝垂下，摩尼璎珞次第悬布，微风吹动，妙音克谐；珠玉宝藏种种充满，无量奇珍悉以严饰，栴檀、沉水妙香普熏，阎浮檀金光明清净。如是无量百千亿那由他阿僧祇众妙宝物具足庄严，以清净心奉施于佛，及佛灭后所有塔庙，或为法故施诸菩萨及善知识、名闻法师，或施父母，或施僧宝，或复奉施一切佛法，或施种种众生福田，或施师僧及诸尊宿，或施初发菩提之心乃至一切贫穷、孤露；随有求者，悉皆施与。以此善根如是回向，所谓：愿一切众生勤修善根以覆其身，常为诸佛之所庇荫；愿一切众生功德智慧以为其盖，永离世间一切烦恼；愿一切众生覆以善法，除灭世间尘垢热恼；愿一切众生得智慧藏，令众乐见，心无厌足；愿一切众生以寂静白法而自覆荫，皆得究竟不坏佛法；愿一切众生善覆其身，究竟如来清净法身；愿一切众生作周遍盖，十力智慧遍覆世间；愿一切众生得妙智慧，出过三世无所染著；愿一切众生得应供盖，成胜福田，受一切供；愿一切众生得最上盖，获无上智，自然觉悟。是为菩萨摩诃萨布施盖时善根回向；为令一切众生得自在盖，能持一切诸善法故；为令一切众生能以一盖，普覆一切虚空法界一切刹土，示现诸佛自在神通无退转故；为令一切众生能以一盖，庄严十方一切世界，供养佛故；为令一切众生以妙幢幡及诸宝盖，供养一切诸如来故；为令一切众生得普庄严盖，遍覆一切诸佛国土尽无余故；为令一切众生得广大盖，普盖众生，皆令于佛生信解故；为令一切众生以不可说众妙宝盖，供养一佛，于不可说一一佛所皆如是故；为令一切众生得佛菩提高广之盖，普覆一切诸如来故；为令一切众生得一切摩尼宝庄严盖、一切宝璎珞庄严盖、一切坚固香庄严盖、种种宝清净庄严盖、无量宝清净庄严盖、广大宝清净庄严盖，宝网弥覆，宝铃垂下，随风摇动，出微妙音，普覆法界、虚空界、一切世界诸佛身故；为令一切众生得无障无碍智庄严盖，普覆一切诸如来故；又欲令一切众生得第一智慧故；又欲令一切众生得佛功德庄严故；又欲令一切众生于佛功德生清净欲愿心故；又欲令一切众生得无量无边自在心宝故；又欲令一切众生满足诸法自在智故；又欲令一切众生以诸善根普覆一切故；又欲令一切众生成就最胜智慧盖故；又欲令一切众生成就十力普遍盖故；又欲令一切众生能以一盖弥覆法界诸佛刹故；又欲令一切众生于法自在为法王故；又欲令一切众生得大威德自在心故；又欲令一切众生得广大智恒无绝故；又欲令一切众生得无量功德普覆一切皆究竟故；又欲令一切众生以诸功德盖其心故；又欲令一切众生以平等心覆众生故；又欲令一切众生得大智慧平等盖故；又欲令一切众生具大回向巧方便故；又欲令一切众生获胜欲乐清净心故；又欲令一切众生得善欲乐清净意故；又欲令一切众生得大回向普覆一切诸众生故。

佛子！菩萨摩诃萨或施种种上妙幢幡。众宝为竿，宝缯为幡，种种杂彩以为其幢；宝网垂覆，光色遍满；宝铎微摇，音节相和；奇特妙宝形如半月，阎浮檀金光逾暾日，悉置幢上；随诸世界业果所现，种种妙物以为严饰。如是无数千万亿那由他诸妙幢幡，接影连辉递相间发，光明严洁周遍大地，充满十方虚空法界一切佛刹。菩萨摩诃萨净心信解，以如是等无量幢幡，或施现在一切诸佛及佛灭后所有塔庙，或施法宝，或施僧宝，或施菩萨、诸善知识，或施声闻及辟支佛，或施大众，或施别人；诸来求者，普皆施与。以此善根如是回向，所谓：愿一切众生皆能建立一切善根福德幢幡，不可毁坏；愿一切众生建一切法自在幢幡，尊重爱乐，勤加守护；愿一切众生常以宝缯书写正法，护持诸佛菩萨法藏；愿一切众生建高显幢，然智慧灯普照世间；愿一切众生立坚固幢，悉能摧殄一切魔业；愿一切众生建智力幢，一切诸魔所不能坏；愿一切众生得大智慧那罗延幢，摧灭一切世间慢幢；愿一切众生得智慧日大光明幢，以智日光普照法界；愿一切众生具足无量宝庄严幢，充满十方一切世界供养诸佛；愿一切众生得如来幢，摧灭一切九十六种外道邪见。是为菩萨摩诃萨施幢幡时善根回向，为令一切众生得甚深高广菩萨行幢及诸菩萨神通行幢清净道故。

佛子！菩萨摩诃萨开众宝藏，以百千亿那由他诸妙珍宝，给施无数一切众生，随意与之，心无吝惜；以诸善根如是回向，所谓：愿一切众生常见佛宝，舍离愚痴，修行正念；愿一切众生皆得具足法宝光明，护持一切诸佛法藏；愿一切众生能悉摄受一切僧宝，周给供养，恒无厌足；愿一切众生得一切智无上心宝，净菩提心，无有退转；愿一切众生得智慧宝，普入诸法，心无疑惑；愿一切众生具足菩萨诸功德宝，开示演说无量智慧；愿一切众生得于无量妙功德宝，修成正觉十力智慧；愿一切众生得妙三昧十六智宝，究竟成满广大智慧；愿一切众生成就第一福田之宝，悟入如来无上智慧；愿一切众生得成第一无上宝主，以无尽辩开演诸法。是为菩萨摩诃萨施众宝时善根回向，为令一切众生皆得成满第一智宝、如来无碍净眼宝故。佛子！菩萨摩诃萨或以种种妙庄严具而为布施。所谓：一切身庄严具，令身净妙，靡不称可。菩萨摩诃萨等观一切世间众生，犹如一子，欲令皆得身净庄严，成就世间最上安乐、佛智慧乐，安住佛法，利益众生。以如是等百千亿那由他种种殊妙宝庄严具，勤行布施。行布施时，以诸善根如是回向，所谓：愿一切众生成就无上妙庄严具，以诸清净功德智慧庄严人天；愿一切众生得清净庄严相，以净福德庄严其身；愿一切众生得上妙庄严相，以百福相庄严其身；愿一切众生得不杂乱庄严相，以一切相庄严其身；愿一切众生得善净语言庄严相，具足种种无尽辩才；愿一切众生得一切功德声庄严相，其音清净，闻者喜悦；愿一切众生得可爱乐诸佛语言庄严相，令诸众生闻法欢喜修清净行；愿一切众生得心庄严相，入深禅定，普见诸佛；愿一切众生得总持庄严相，照明一切诸佛正法；愿一切众生得智慧庄严相，以佛智慧庄严其心。是为菩萨摩诃萨惠施一切庄严具时善根回向；为令众生具足一切无量佛法，功德智慧圆满庄严，永离一切憍慢放逸故。

佛子！菩萨摩诃萨以受灌顶自在王位摩尼宝冠及髻中珠，普施众生，心无吝惜，常勤修习，为大施主，修学施慧，增长舍根，智慧善巧，其心广大，给施一切，以彼善根如是回向，所谓：愿一切众生得诸佛法之所灌顶，成一切智；愿一切众生具足顶髻，得第一智，到于彼岸；愿一切众生以妙智宝普摄众生，皆令究竟功德之顶；愿一切众生皆得成就智慧宝顶，堪受世间之所礼敬；愿一切众生以智慧冠庄严其首，为一切法自在之王；愿一切众生智慧明珠系其顶上，一切世间无能见者；愿一切众生皆悉堪受世间顶礼，成就慧顶，照明佛法；愿一切众生首冠十力庄严之冠，智慧宝海清净具足；愿一切众生至大地顶，得一切智，究竟十力，破欲界顶诸魔眷属；愿诸众生得成第一无上顶王，获一切智光明之顶，无能映夺。是为菩萨摩诃萨施宝冠时善根回向，为令众生得第一智最清净处智慧摩尼妙宝冠故。

佛子！菩萨摩诃萨见有众生处在牢狱黑暗之处，杻械、枷锁检系其身，起坐不安，众苦竞集，无有亲识，无归无救，裸露、饥羸，酸剧难忍。菩萨见已，舍其所有一切财宝、妻子、眷属及以自身，于牢狱中救彼众生，如大悲菩萨、妙眼王菩萨；既救度已，随其所须，普皆给施，除其苦患，令得安隐；然后施以无上法宝，令舍放逸，安住善根，于佛教中，心无退转。佛子！菩萨摩诃萨于牢狱中救众生时，以诸善根如是回向，所谓：愿一切众生究竟解脱贪爱缠缚；愿一切众生断生死流,升智慧岸;愿一切众生除灭愚痴,生长智慧,解脱一切烦恼缠缚;愿一切众生灭三界缚,得一切智,究竟出离;愿一切众生永断一切烦恼结缚,到无烦恼、无障碍地智慧彼岸;愿一切众生离诸动念、思惟、分别,入于平等不动智地;愿一切众生脱诸欲缚,永离世间一切贪欲,于三界中无所染著;愿一切众生得胜志乐,常蒙诸佛为说法门;愿一切众生得无著、无缚解脱,心广大如法界,究竟如虚空;愿一切众生得菩萨神通,一切世界调伏众生,令离世间,住于大乘。是为菩萨摩诃萨救度牢狱苦众生时善根回向,为令众生普入如来智慧地故。

佛子!菩萨摩诃萨见有狱囚五处被缚,受诸苦毒;防卫驱逼,将之死地,欲断其命,舍阎浮提一切乐具,亲戚、朋友悉将永诀,置高碪上以刀屠割,或用木枪竖贯其体,衣缠油沃以火焚烧,如是等苦,种种逼迫。菩萨见已,自舍其身而代受之;如阿逸多菩萨、殊胜行王菩萨及余无量诸大菩萨,为众生故,自舍身命,受诸苦毒。菩萨尔时语主者言:我愿舍身以代彼命,如此等苦可以与我。如治彼人,随意皆作;设过彼苦阿僧祇倍,我亦当受,令其解脱。我若见彼将被杀害,不舍身命救赎其苦,则不名为住菩萨心。何以故?我为救护一切众生,发一切智菩提心故。佛子!菩萨摩诃萨自舍身命救众生时,以诸善根如是回向,所谓:愿一切众生得无断尽究竟身命,永离一切灾横逼恼;愿一切众生依诸佛住,受一切智,具足十力,菩提记别;愿一切众生普救含识,令无怖畏,永出恶道;愿一切众生得一切命,入于不死智慧境界;愿一切众生永离怨敌,无诸厄难,常为诸佛、善友所摄;愿一切众生舍离一切刀剑兵仗、诸恶苦具,修行种种清净善业;愿一切众生离诸怖畏,菩提树下摧伏魔军;愿一切众生离大众怖,于无上法心净无畏,能为最上大师子吼;愿一切众生得无障碍师子智慧,于诸世间修行正业;愿一切众生到无畏处,常念救护诸苦众生。是为菩萨摩诃萨自舍身命救彼临刑诸狱囚时善根回向;为令众生离生死苦,得于如来上妙乐故。

大方广佛华严经卷第二十七

十回向品第二十五之五

佛子!菩萨摩诃萨布施乞者连肤顶髻,如宝髻王菩萨、胜妙身菩萨,及余无量诸菩萨等。菩萨是时见乞者来,心生欢喜而语之言:汝今若须连肤顶髻,可就我取。我此顶髻,阎浮提中最为第一。作是语时,心无动乱,不念余业,舍离世间,志求寂静,究竟清净,精勤质直,向一切智;便执利刀割其头上连肤顶髻,右膝著地,合十指掌,一心施与;正念三世一切诸佛菩萨所行,发大欢喜,增上志乐;于诸法中意善开解，不取于苦，了知苦受无相无生，诸受互起，无有常住；是故我应同去、来、今一切菩萨修行大舍，发深信乐，求一切智无有退转，不由他教善知识力。菩萨摩诃萨作是施时，以诸善根如是回向，所谓：愿一切众生得无见顶，成就菩萨如塔之髻；愿一切众生得绀青发、金刚发、细软发，能灭众生一切烦恼；愿一切众生得润泽发、密致发、不侵鬓额发；愿一切众生得柔软发、尽于鬓额而生发；愿一切众生得如卍字发、螺文右旋发；愿一切众生得佛相发，永离一切烦恼结习；愿一切众生得光明发，其光普照十方世界；愿一切众生得无乱发、如如来发，净妙无杂；愿一切众生得成应供顶塔之发，令其见者如见佛发；愿一切众生皆得如来无染著发，永离一切闇翳尘垢。是为菩萨摩诃萨施连肤髻时善根回向；为令众生其心寂静，皆得圆满诸陀罗尼，究竟如来一切种智、十种力故。

佛子！菩萨摩诃萨以眼布施诸来乞者，如欢喜行菩萨、月光王菩萨，及余无量诸菩萨等所行惠施。菩萨摩诃萨布施眼时，起清净施眼心，起清净智眼心，起依止法光明心，起现观无上佛道心，发回向广大智慧心，发与三世菩萨平等舍施心，发于无碍眼起不坏净信心，于其乞者起欢喜摄受心；为究竟一切神通故，为生佛眼故，为增广大菩提心故，为修习大慈悲故，为制伏六根故，于如是法而生其心。佛子！菩萨摩诃萨布施眼时，于其乞者心生爱乐，为设施会，增长法力；舍离世间爱见放逸，除断欲缚，修习菩提；随彼所求，心安不动，不违其意，皆令满足，而常随顺无二舍行。以此善根如是回向，所谓：愿一切众生得最胜眼，示导一切；愿一切众生得无碍眼，开广智藏；愿一切众生得净肉眼，光明鉴彻，无能蔽者；愿一切众生得净天眼，悉见众生生死业果；愿一切众生得净法眼，能随顺入如来境界；愿一切众生得智慧眼，舍离一切分别取著；愿一切众生具足佛眼，悉能觉悟一切诸法；愿一切众生成就普眼，尽诸境界无所障碍；愿一切众生成就清净离痴翳眼，了众生界空无所有；愿一切众生具足清净无障碍眼，皆得究竟如来十力。是为菩萨摩诃萨布施眼时善根回向，为令众生得一切智清净眼故。

佛子！菩萨摩诃萨能以耳、鼻施诸乞者，如胜行王菩萨、无怨胜菩萨，及余无量诸菩萨等。布施之时，亲附乞者，专心修习诸菩萨行；具佛种性，生如来家，念诸菩萨所修施行，常勤发起诸佛菩提，清净诸根功德智慧；观察三有，无一坚固；愿常得见诸佛菩萨，随顺忆念一切佛法；知身虚妄空无所有，无所贪惜。菩萨如是施耳、鼻时，心常寂静，调伏诸根；勉济众生险恶诸难，生长一切智慧功德；入大施海，了达法义，具修诸道；依智慧行，得法自在，以不坚身易坚固身。佛子！菩萨摩诃萨布施耳时，以诸善根如是回向，所谓：愿一切众生得无碍耳，普闻一切说法之音；愿一切众生得无障耳，悉能解了一切音声；愿一切众生得如来耳，一切聪达无所壅滞；愿一切众生得清净耳，不因耳处生分别心；愿一切众生得无聋聩耳，令蒙昧识毕竟不生；愿一切众生得遍法界耳，悉知一切诸佛法音；愿一切众生得无碍耳，开悟一切无障碍法；愿一切众生得无坏耳，善知诸论，无能坏者；愿一切众生得普闻耳，广大清净，为诸耳王；愿一切众生具足天耳及以佛耳。是为菩萨摩诃萨布施耳时善根回向，为令众生皆悉获得清净耳故。佛子！菩萨摩诃萨布施鼻时，如是回向，所谓：愿一切众生得隆直鼻，得随好鼻，得善相鼻，得可爱乐鼻，得净妙鼻，得随顺鼻，得高显鼻，得伏怨鼻，得善见鼻，得如来鼻；愿一切众生得离恚怒面，得一切法面，得无障碍面，得善见面，得随顺面，得清净面，得离过失面，得如来圆满面，得遍一切处面，得无量美好面。是为菩萨摩诃萨布施鼻时善根回向，为令众生究竟得入诸佛法故，为令众生究竟摄受诸佛法故，为令众生究竟了知诸佛法故，为令众生究竟住持诸佛法故，为令众生究竟常见诸如来故，为令众生皆悉证得佛法门故，为令众生究竟成就无能坏心故，为令众生皆能照了诸佛正法故，为令众生普悉严净诸佛国土故，为令众生皆得如来大威力身故。是为菩萨摩诃萨施耳、鼻时善根回向。

佛子！菩萨摩诃萨安住坚固自在地中，能以牙齿施诸众生，犹如往昔华齿王菩萨、六牙象王菩萨，及余无量诸菩萨等。菩萨摩诃萨施牙齿时，其心清净，希有难得如优昙华。所谓：无尽心施、大信心施、步步成就无量舍心施、调伏诸根心施、一切悉舍心施、一切智愿心施、安乐众生心施、大施、极施、胜施、最胜施、辍身要用无所嫌恨心施。菩萨尔时，以诸善根如是回向，所谓：愿一切众生得铦白牙齿，成最胜塔，受天人供；愿一切众生得齐平牙齿，如佛相好，无有疏缺；愿一切众生得调伏心，善趣菩萨波罗蜜行；愿一切众生口善清净，牙齿鲜白，分明显现；愿一切众生得可忆念庄严牙齿，其口清净，无可恶相；愿一切众生牙齿成就具满四十，常出种种希有妙香；愿一切众生意善调伏，牙齿鲜洁如白莲华，文理回旋卍字成就；愿一切众生口唇鲜净，牙齿洁白，放无量光周遍照耀；愿一切众生牙齿坚利，食无完粒，无所味著，为上福田；愿一切众生于牙齿间常放光明，授诸菩萨第一记莂。是为菩萨摩诃萨施牙齿时善根回向；为令众生具一切智，于诸法中智慧清净故。

佛子！菩萨摩诃萨若有人来从乞舌时，于乞者所，以慈悲心软语、爱语，犹如往昔端正面王菩萨、不退转菩萨，及余无量诸菩萨等。佛子！菩萨摩诃萨于诸趣中而受生时，有无量百千亿那由他众生而来乞舌。菩萨尔时，安置其人在师子座，以无恚心、无害心、无恨心、大威德心、从佛种性所生心、住于菩萨所住心、常不浊乱心、住大势力心、于身无著心、于语无著心，两膝著地，开口出舌，以示乞者；慈心软语而告之言：我今此身，普皆属汝。可取我舌，随意所用；令汝所愿，皆得满足。菩萨尔时，以诸善根如是回向，所谓：愿一切众生得周普舌，悉能宣示诸语言法；愿一切众生得覆面舌，所言无二，皆悉真实；愿一切众生得普覆一切佛国土舌，示现诸佛自在神通；愿一切众生得软薄舌，恒受美妙清净上味；愿一切众生得辩才舌，能断一切世间疑网；愿一切众生得光明舌，能放无数万亿光明；愿一切众生得决定舌，辩说诸法无有穷尽；愿一切众生得普调伏舌，善能开示一切秘要，所有言说皆令信受；愿一切众生得普通达舌，善入一切语言大海；愿一切众生得善说一切诸法门舌，于言语智悉到彼岸。是为菩萨摩诃萨布施舌时善根回向，为令众生皆得圆满无碍智故。

佛子！菩萨摩诃萨以头布施诸来乞者，如最胜智菩萨，及大丈夫迦尸国王等诸大菩萨所行布施；为欲成就入一切法最胜智首，为欲成就证大菩提救众生首，为欲具足见一切法最第一首，为得正见清净智首，为欲成就无障碍首，为欲证得第一地首，为求世间最胜智首，欲成三界无能见顶净智慧首，为得示现普到十方智慧王首，为欲满足一切诸法无能破坏自在之首。佛子！菩萨摩诃萨安住是法，精勤修习，则为已入诸佛种性，学佛行施；于诸佛所，生清净信，增长善根；令诸乞者，皆令喜足；其心清净，庆悦无量；心净信解，照明佛法；发菩提意，安住舍心；诸根悦豫，功德增长；生善乐欲，常好修行广大施行。菩萨尔时，以诸善根如是回向，所谓：愿一切众生得如来头，得无见顶；于一切处无能映蔽，于诸佛刹最为上首；其发右旋，光净润泽，卍字严饰，世所希有；具足佛首，成就智首，一切世间最第一首，为具足首，为清净首，为坐道场圆满智首。是为菩萨摩诃萨布施头时善根回向；为令众生得最胜法，成于无上大智慧故。

佛子！菩萨摩诃萨以其手、足施诸众生，如常精进菩萨、无忧王菩萨，及余无量诸菩萨等。于诸趣中种种生处布施手、足，以信为手，起饶益行；往返周旋，勤修正法，愿得宝手以手为施；所行不空，具菩萨道，常舒其手拟将广惠；安步游行，勇猛无怯，以净信力具精进行，除灭恶道，成就菩提。佛子！菩萨摩诃萨如是施时，以无量无边广大之心，开净法门，入诸佛海；成就施手，周给十方；愿力任持一切智道，住于究竟离垢之心；法身、智身无断无坏，一切魔业不能倾动；依善知识坚固其心，同诸菩萨修行施度。佛子！菩萨摩诃萨为诸众生求一切智，施手、足时，以诸善根如是回向，所谓：愿一切众生具神通力，皆得宝手；得宝手已，各相尊敬，生福田想，以种种宝更相供养；又以众宝供养诸佛，兴妙宝云遍诸佛土，令诸众生互起慈心，不相恼害；游诸佛刹，安住无畏，自然具足究竟神通。又令皆得宝手、华手、香手、衣手、盖手、华鬘手、末香手、庄严具手、无边手、无量手、普手；得是手已，以神通力常勤往诣一切佛土，能以一手遍摩一切诸佛世界，以自在手持诸众生，得妙相手放无量光，能以一手普覆众生，成于如来手指网缦赤铜爪相。菩萨尔时，以大愿手普覆众生：愿一切众生志常乐求无上菩提，出生一切功德大海，见来乞者欢喜无厌，入佛法海同佛善根。是为菩萨摩诃萨施手、足时善根回向。

佛子！菩萨摩诃萨坏身出血布施众生，如法业菩萨、善意王菩萨，及余无量诸菩萨等。于诸趣中施身血时，起成就一切智心，起欣仰大菩提心，起乐修菩萨行心，起不取苦受心，起乐见乞者心，起不嫌来乞心，起趣向一切菩萨道心，起守护一切菩萨舍心，起增广菩萨善施心，起不退转心、不休息心、无恋己心；以诸善根如是回向，所谓：愿一切众生皆得成就法身、智身；愿一切众生得无劳倦身，犹如金刚；愿一切众生得不可坏身，无能伤害；愿一切众生得如变化身，普现世间无有尽极；愿一切众生得可爱乐身，净妙坚固；愿一切众生得法界生身，同于如来无所依止；愿一切众生得如妙宝光明之身，一切世人无能映蔽；愿一切众生得智藏身，于不死界而得自在；愿一切众生得宝海身，见皆获益，无空过者；愿一切众生得虚空身，世间恼患无能染著。是为菩萨摩诃萨施身血时，以大乘心、清净心、广大心、欣悦心、庆幸心、欢喜心、增上心、安乐心、无浊心善根回向。

佛子！菩萨摩诃萨见有乞求其身髓肉，欢喜软语，谓乞者言：我身髓肉，随意取用。如饶益菩萨、一切施王菩萨，及余无量诸菩萨等。于诸趣中种种生处，以其髓肉施乞者时，欢喜广大，施心增长；同诸菩萨修习善根，离世尘垢，得深志乐；以身普施，心无有尽；具足无量广大善根，摄受一切妙功德宝，如菩萨法受行无厌；心常爱乐布施功德，一切周给，心无有悔；审观诸法从缘无体，不贪施业及业果报；随所会遇，平等施与。佛子！菩萨摩诃萨如是施时，一切诸佛皆悉现前，想之如父得护念故；一切众生皆悉现前，普令安住清净法故；一切世界皆悉现前，严净一切佛国土故；一切众生皆悉现前，以大悲心普救护故；一切佛道皆悉现前，乐观如来十种力故；去、来、现在一切菩萨皆悉现前，同共圆满诸善根故；一切无畏皆悉现前，能作最上师子吼故；一切三世皆悉现前，得平等智，普观察故；一切世间皆悉现前，发广大愿，尽未来劫修菩提故；一切菩萨无疲厌行皆悉现前，发无数量广大心故。佛子！菩萨摩诃萨施髓肉时，以此善根如是回向，所谓：愿一切众生得金刚身，不可沮坏；愿一切众生得坚密身，恒无缺减；愿一切众生得意生身，犹如佛身，庄严清净；愿一切众生得百福相身，三十二相而自庄严；愿一切众生得八十种好妙庄严身，具足十力，不可断坏；愿一切众生得如来身，究竟清净，不可限量；愿一切众生得坚固身，一切魔怨所不能坏；愿一切众生得一相身，与三世佛同一身相；愿一切众生得无碍身，以净法身遍虚空界；愿一切众生得菩提藏身，普能容纳一切世间。是为菩萨摩诃萨求一切智施髓肉时善根回向，为令众生皆得如来究竟清净无量身故。

佛子！菩萨摩诃萨以心布施诸来乞者，如无悔厌菩萨、无碍王菩萨，及余无量诸大菩萨。以其自心施乞者时，学自在施心，修一切施心，习行檀波罗蜜心，成就檀波罗蜜心，学一切菩萨布施心、一切悉舍无尽心、一切悉施惯习心、荷负一切菩萨施行心、正念一切诸佛现前心、供养一切诸来乞者无断绝心。菩萨摩诃萨如是施时，其心清净，为度一切诸众生故，为得十力菩提处故，为依大愿而修行故，为欲安住菩萨道故，为欲成就一切智故，为不舍离本誓愿故，以诸善根如是回向，所谓：愿一切众生得金刚藏心，一切金刚围山等所不能坏；愿一切众生得卍相庄严金刚界心，得无能动摇心，得不可恐怖心，得利益世间常无尽心，得大勇猛幢智慧藏心，得如那罗延坚固幢心，得如众生海不可尽心，得那罗延藏无能坏心，得灭诸魔业、魔军众心，得无所畏心，得大威德心，得常精进心，得大勇猛心，得不惊惧心，得被金刚甲胄心，得诸菩萨最上心，得成就佛法菩提光明心，得菩提树下坐安住一切诸佛正法离诸迷惑成一切智心，得成就十力心。是为菩萨摩诃萨布施心时善根回向；为令众生不染世间，具足如来十力心故。

佛子！菩萨摩诃萨若有乞求肠、肾、肝、肺，悉皆施与，如善施菩萨、降魔自在王菩萨，及余无量诸大菩萨。行此施时，见乞者来，其心欢喜，以爱眼观；为求菩提，随其所须，悉皆施与，心不中悔。观察此身无有坚固：我应施彼，取坚固身。复念此身寻即败坏，见者生厌，狐、狼、饿狗之所噉食；此身无常，会当弃舍，为他所食，无所觉知。佛子！菩萨摩诃萨作是观时，知身无常、秽污之极，于法解悟生大欢喜，敬心谛视彼来乞者，如善知识而来护想，随所乞求无不惠施，以不坚身易坚固身。佛子！菩萨摩诃萨如是施时，所有善根悉以回向：愿一切众生得智藏身，内外清净；愿一切众生得福藏身，能普任持一切智愿；愿一切众生得上妙身，内蕴妙香，外发光明；愿一切众生得腹不现身，上下端直，肢节相称；愿一切众生得智慧身，以佛法味充悦滋长；愿一切众生得无尽身，修习安住甚深法性；愿一切众生得陀罗尼清净藏身，以妙辩才显示诸法；愿一切众生得清净身，若身若心内外俱净；愿一切众生得如来智深观行身，智慧充满，雨大法雨；愿一切众生得内寂身，外为众生作智幢王，放大光明普照一切。是为菩萨摩诃萨施肠、肾、肝、肺善根回向；为令众生内外清净，皆得安住无碍智故。

佛子！菩萨摩诃萨布施乞者肢节诸骨，如法藏菩萨、光明王菩萨，及余无量诸大菩萨。施其身分肢节骨时，见乞者来，生爱乐心、欢喜心、净信心、安乐心、勇猛心、慈心、无碍心、清净心、随所乞求皆施与心。菩萨摩诃萨施身骨时，以诸善根如是回向，所谓：愿一切众生得如化身，不复更受骨肉血身；愿一切众生得金刚身，不可破坏，无能胜者；愿一切众生得一切智圆满法身，于无缚、无著、无系界生；愿一切众生得智力身，诸根圆满，不断不坏；愿一切众生得法力身,智力自在,到于彼岸;愿一切众生得坚固身,其身贞实,常无散坏;愿一切众生得随应身,教化调伏一切众生;愿一切众生得智熏身,具那罗延肢节大力;愿一切众生得坚固相续不断绝身,永离一切疲极劳倦;愿一切众生得大力安住身,悉能具足精进大力;愿一切众生得遍世间平等法身,住于无量最上智处;愿一切众生得福德力身,见者蒙益,远离众恶;愿一切众生得无依处身,皆得具足无依著智;愿一切众生得佛摄受身,常为一切诸佛加护;愿一切众生得普饶益诸众生身,悉能遍入一切诸道;愿一切众生得普现身,普能照现一切佛法;愿一切众生得具足精进身,专念勤修大乘智行;愿一切众生得离我慢贡高清净身,智常安住,无所动乱;愿一切众生得坚固行身,成就大乘一切智业;愿一切众生得佛家身,永离世间一切生死。是为菩萨摩诃萨施身骨时善根回向,为令众生得一切智永清净故。

佛子!菩萨摩诃萨见有人来,手执利刀,乞其身皮;心生欢喜,诸根悦豫,譬如有人惠以重恩,逢迎引纳,敷座令坐,曲躬恭敬而作是念:此来乞者甚为难遇,斯欲满我一切智愿,故来求索饶益于我。欢喜和颜而语之言:我今此身一切皆舍,所须皮者,随意取用。犹如往昔清净藏菩萨、金胁鹿王菩萨,及余无量诸大菩萨,等无有异。菩萨尔时,以诸善根如是回向,所谓:愿一切众生得微细皮,犹如如来色相清净,见者无厌;愿一切众生得不坏皮,犹如金刚,无能坏者;愿一切众生得金色皮,如阎浮檀上妙真金,清净明洁;愿一切众生得无量色皮,随其心乐,现清净色;愿一切众生得净妙色皮,具足沙门善软清净如来色相;愿一切众生得第一色皮,自性清净,色相无比;愿一切众生成就如来清净色皮,以诸相好而自庄严;愿一切众生得妙色皮,放大光明普照一切;愿一切众生得明网皮,如世高幢,放不可说圆满光明;愿一切众生得润泽色皮,一切色相悉皆清净。是为菩萨摩诃萨施身皮时善根回向;为令众生皆得一切严净佛刹,具足如来大功德故。

佛子!菩萨摩诃萨以手足指施诸乞者,如坚精进菩萨、阎浮提自在王菩萨,及余无量诸大菩萨。菩萨尔时,颜貌和悦,其心安善,无有颠倒,乘于大乘,不求美欲,不尚名闻,但发菩萨广大之意,远离悭嫉一切诸垢,专向如来无上妙法。佛子!菩萨摩诃萨如是施时,摄诸善根,悉以回向:愿一切众生得纤长指,与佛无异;愿一切众生得佣圆指,上下相称;愿一切众生得赤铜甲指,其甲隆起,清净鉴彻;愿一切众生得一切智胜丈夫指,悉能摄持一切诸法;愿一切众生得随好指,具足十力;愿一切众生得大人指,纤佣齐等;愿一切众生得轮相指,指节圆满,文相右旋;愿一切众生得如莲华卍字旋指,十力业报相好庄严;愿一切众生得光藏指,放大光明照不可说诸佛世界;愿一切众生得善安布指,善巧分布网缦具足。是为菩萨摩诃萨布施指时善根回向,为令众生一切皆得心清净故。

佛子！菩萨摩诃萨请求法时，若有人言：汝能施我连肉爪甲，当与汝法。菩萨答言：但与我法。连肉爪甲，随意取用。如求法自在王菩萨、无尽菩萨，及余无量诸大菩萨，为求法故，欲以正法，开示演说，饶益众生，一切皆令得满足故，舍连肉爪甲与诸乞者。菩萨尔时，以此善根如是回向，所谓：愿一切众生皆得诸佛赤铜相爪；愿一切众生得润泽爪，随好庄严；愿一切众生得光净爪，鉴彻第一；愿一切众生得一切智爪，具大人相；愿一切众生得无比爪，于诸世间无所染著；愿一切众生得妙庄严爪，光明普照一切世间；愿一切众生得不坏爪，清净无缺；愿一切众生得入一切佛法方便相爪，广大智慧皆悉清净；愿一切众生得善生爪，菩萨业果无不净妙；愿一切众生得一切智大导师爪，放无量色妙光明藏。是为菩萨摩诃萨为求法故施连肉爪甲时善根回向，为令众生具足诸佛一切智爪无碍力故。

佛子！菩萨摩诃萨求佛法藏，恭敬尊重，生难得想。有能说者来语之言：若能投身七仞火坑，当施汝法。菩萨闻已，欢喜踊跃，作是思惟：我为法故，尚应久住阿鼻狱等一切恶趣受无量苦，何况才入人间火坑即得闻法？奇哉！正法甚为易得，不受地狱无量楚毒，但入火坑即便得闻。但为我说，我入火坑。如求善法王菩萨、金刚思惟菩萨，为求法故，入火坑中。菩萨尔时，以此善根如是回向，所谓：愿一切众生住佛所住一切智法，永不退转无上菩提；愿一切众生离诸险难，受佛安乐；愿一切众生得无畏心，离诸恐怖；愿一切众生常乐求法，具足喜乐，众法庄严；愿一切众生离诸恶趣，灭除一切三毒炽火；愿一切众生常得安乐，具足如来胜妙乐事；愿一切众生得菩萨心，永离一切贪、恚、痴火；愿一切众生悉得菩萨诸三昧乐，普见诸佛，心大欢喜；愿一切众生善说正法，于法究竟，常无忘失；愿一切众生具足菩萨神通妙乐，究竟安住一切种智。是为菩萨摩诃萨为求正法投火坑时善根回向；为令众生离障碍业，皆得具足智慧火故。

佛子！菩萨摩诃萨为求正法，分别演说，开菩萨道，示菩提路，趣无上智，勤修十力，广一切智心，获无碍智法，令众生清净住菩萨境界。勤修大智护佛菩提时，以身具受无量苦恼，如求善法菩萨、勇猛王菩萨，及余无量诸大菩萨。为求法故，受无量苦，乃至摄取诽谤正法、恶业所覆、魔业所持极大恶人；彼所应受一切苦恼，以求法故，悉皆为受。以此善根如是回向，所谓：愿一切众生永离一切苦恼逼迫，成就安乐自在神通；愿一切众生永离诸苦，得一切乐；愿一切众生永灭苦蕴，得照现身，恒受安乐；愿一切众生超出苦狱，成就智行；愿一切众生见安隐道，离诸恶趣；愿一切众生得法喜乐，永断众苦；愿一切众生永拔众苦，互相慈爱，无损害心；愿一切众生得诸佛乐，离生死苦；愿一切众生成就清净无比安乐，一切苦恼无能损害；愿一切众生得一切胜乐，究竟具足佛无碍乐。是为菩萨摩诃萨为求法故受众苦时善根回向；为欲救护一切众生，令离险难，住一切智无所障碍解脱处故。

佛子！菩萨摩诃萨处于王位求正法时，乃至但为一文、一字、一句、一义生难得想，能悉罄舍海内所有若近若远国土、城邑、人民、库藏、园池、屋宅、树林、华果，乃至一切珍奇妙物、宫殿楼阁、妻子眷属，及以王位，悉能舍之。于不坚中求坚固法，为欲利益一切众生，勤求诸佛无碍解脱究竟清净一切智道，如大势德菩萨、胜德王菩萨，及余无量诸大菩萨。勤求正法，乃至极少，为于一字，五体投地；正念三世一切佛法，爱乐修习；永不贪著名闻利养，舍诸世间自在王位，求佛自在法王之位；于世间乐心无所著，以出世法长养其心；永离世间一切戏论，住于诸佛无戏论法。菩萨尔时，以诸善根如是回向，所谓：愿一切众生常乐惠施，一切悉舍；愿一切众生能舍所有，心无中悔；愿一切众生常求正法，不惜身命、资生之具；愿一切众生悉得法利，能断一切众生疑惑；愿一切众生得善法欲，心常喜乐诸佛正法；愿一切众生为求佛法，能舍身命及以王位，大心修习无上菩提；愿一切众生尊重正法，常深爱乐，不惜身命；愿一切众生护持诸佛甚难得法，常勤修习；愿一切众生皆得诸佛菩提光明，成菩提行，不由他悟；愿一切众生常能观察一切佛法，拔除疑箭，心得安隐。是为菩萨摩诃萨为求正法舍国城时善根回向；为令众生知见圆满，常得住于安隐道故。

佛子！菩萨摩诃萨作大国王，于法自在，普行教命，令除杀业；阎浮提内城邑聚落一切屠杀，皆令禁断；无足、二足、四足、多足，种种生类，普施无畏无欺夺心，广修一切菩萨诸行，仁慈莅物，不行侵恼，发妙宝心，安隐众生；于诸佛所立深志乐，常自安住三种净戒，亦令众生如是安住。菩萨摩诃萨令诸众生住于五戒，永断杀业；以此善根如是回向，所谓：愿一切众生发菩萨心，具足智慧，永保寿命，无有终尽；愿一切众生住无量劫，供一切佛，恭敬勤修，更增寿命；愿一切众生具足修行，离老死法，一切灾毒不害其命；愿一切众生具足成就无病恼身，寿命自在，能随意住；愿一切众生得无尽命，穷未来劫住菩萨行，教化调伏一切众生；愿一切众生为寿命门，十力善根于中增长；愿一切众生善根具足，得无尽命，成满大愿；愿一切众生悉见诸佛供养承事，住无尽寿，修习善根；愿一切众生于如来处善学所学，得圣法喜无尽寿命；愿一切众生得不老不病，常住命根，勇猛精进，入佛智慧。是为菩萨摩诃萨住三聚净戒永断杀业善根回向，为令众生得佛十力圆满智故。

佛子！菩萨摩诃萨见有众生心怀残忍，损诸人畜所有男形，令身缺减，受诸楚毒；见是事已，起大慈悲而哀救之，令阎浮提一切人民皆舍此业。菩萨尔时，语其人言：汝何所为作是恶业？我有库藏百千万亿，一切乐具悉皆充满，随汝所须尽当相给。汝之所作，众罪由生，我今劝汝莫作是事。汝所作业不如道理，设有所获，于何可用？

损他益己,终无是处。如此恶行、诸不善法,一切如来所不称叹。作是语已,即以所有一切乐具尽皆施与。复以善语为说妙法,令其欢悦。所谓:示寂静法,令其信受,灭除不善,修行净业,互起慈心,不相损害。彼人闻已,永舍罪恶。菩萨尔时,以此善根如是回向,所谓:愿一切众生具丈夫形,成就如来马阴藏相;愿一切众生具男子形,发勇猛心修诸梵行;愿一切众生具勇猛力,恒为主导,住无碍智,永不退转;愿一切众生皆得具足大丈夫身,永离欲心,无所染著;愿一切众生悉得成就善男子法,智慧增长,诸佛所叹;愿一切众生普得具于大人之力,常能修习十力善根;愿一切众生永不失坏男子之形,常修福智未曾有法;愿一切众生于五欲中无著无缚,心得解脱,厌离三有,住菩萨行;愿一切众生成就第一智慧丈夫,一切宗信,伏从其化;愿一切众生具足菩萨丈夫智慧,不久当成无上大雄。是为菩萨摩诃萨禁绝一切毁败男形善根回向;为令众生具丈夫形,皆能守护诸善丈夫,生贤圣家,智慧具足,常勤修习丈夫胜行,有丈夫用,巧能显示七丈夫道,具足诸佛善丈夫种、丈夫正教、丈夫勇猛、丈夫精进、丈夫智慧、丈夫清净,普令众生究竟皆得。

大方广佛华严经卷第二十八

十回向品第二十五之六

佛子!菩萨摩诃萨若见如来出兴于世开演正法,以大音声普告一切:如来出世!如来出世!令诸众生得闻佛名,舍离一切我慢、戏论;复更劝导,令速见佛,令忆念佛,令归向佛,令攀缘佛,令观察佛,令赞叹佛;复为广说佛难值遇,千万亿劫时乃一出。众生由此得见于佛,生清净信,踊跃欢喜,尊重供养;复于佛所闻诸佛名,转更值遇无数诸佛,植诸善本,修习增长。尔时,无数百千万亿那由他众生,因见佛故,皆得清净究竟调伏。彼诸众生于菩萨所,皆生最上善知识想;因菩萨故,成就佛法,以无数劫所种善根,普于世间施作佛事。佛子!菩萨摩诃萨开示众生令见佛时,以诸善根如是回向,所谓:愿一切众生不待劝诱,自往见佛,承事供养,皆令欢喜;愿一切众生常乐见佛,心无废舍;愿一切众生常勤修习广大智慧,受持一切诸佛法藏;愿一切众生随所闻声皆悟佛法,于无量劫修菩萨行;愿一切众生安住正念,恒以智眼见佛出兴;愿一切众生不念异业,常忆见佛,勤修十力;愿一切众生于一切处常见诸佛,了达如来遍虚空界;愿一切众生皆得具足佛自在身,普于十方成道说法;愿一切众生遇善知识,常闻佛法,于诸如来得不坏信;愿一切众生悉能称叹诸佛出兴,令其见者普得清净。是为菩萨摩诃萨叹佛出世善根回向;为令众生见一切佛供养承事,于无上法究竟清净故。

佛子！菩萨摩诃萨舍于大地，或施诸佛，造立精舍；或施菩萨及善知识，随意所用；或施众僧，以为住处；或施父母，或施别人、声闻、独觉种种福田，乃至一切贫穷、孤露及余四众，随意悉与，令无所乏；或施造立如来塔庙。于如是等诸处之中，悉为办具资生什物，令随意用，无所恐惧。菩萨摩诃萨随何方所布施地时，以诸善根如是回向，所谓：愿一切众生具足清净一切智地，悉到普贤众行彼岸；愿一切众生得总持地，正念受持一切佛法；愿一切众生得住持力，常能守护一切佛教；愿一切众生得如地心，于诸众生，意常清净，无有恶念；愿一切众生持诸佛种，成就菩萨诸地次第，无有断绝；愿一切众生普为一切作安隐处，悉令调伏，住清净道；愿一切众生同诸如来利益世间，普使勤修安住佛力；愿一切众生普为世间之所爱乐，悉令安住无上佛乐；愿一切众生获善方便，住佛诸力、无畏法中；愿一切众生得如地智，自在修行一切佛法。是为菩萨摩诃萨施大地时善根回向，为令众生皆得究竟一切如来清净地故。

佛子！菩萨摩诃萨布施僮仆，供养一切诸佛、菩萨、真善知识，或施僧宝，或奉父母尊胜福田；或复给施病苦众生，令无阙乏，以存其命；或复施与贫穷、孤露，及余一切无瞻侍者；或为守护如来塔庙，或为书持诸佛正法，以百千亿那由他仆使，随时给施。其诸仆使皆聪慧善巧，性自调顺，常勤精进，无有懈惰，具质直心、安乐心、利益心、仁慈心、恭恪心、无怨恨心、无仇敌心，能随受者方俗所宜，于彼彼中作诸利益；又皆从菩萨净业所感，才能、技艺、工巧、算数靡不通达，善能供侍悦可其心。菩萨尔时，以诸善根如是回向，所谓：愿一切众生得调顺心，一切佛所修习善根；愿一切众生随顺供养一切诸佛，于佛所说悉能听受；愿一切众生得佛摄受，常观如来，更无余念；愿一切众生不坏佛种，勤修一切顺佛善根；愿一切众生常勤供养一切诸佛，无空过时；愿一切众生摄持一切诸佛妙义，言词清净，游行无畏；愿一切众生常乐见佛，心无厌足，于诸佛所不惜身命；愿一切众生得见诸佛，心无染著，离世所依；愿一切众生但归于佛，永离一切邪归依处；愿一切众生随顺佛道，心常乐观无上佛法。是为菩萨摩诃萨施仆使时善根回向；为令众生远离尘垢，净治佛地，能现如来自在身故。

佛子！菩萨摩诃萨以身布施诸来乞者，布施之时，生谦下心，生如地心，生忍受众苦无变动心，生给侍众生不疲厌心，生于诸众生犹如慈母所有众善悉回与心，生于诸愚险极恶众生种种侵陵皆宽宥心，安住善根，精勤给事。菩萨尔时，悉以善根如是回向，所谓：愿一切众生随其所须常无阙乏，修菩萨行恒不间断，不舍一切菩萨义利，善住菩萨所行之道，了达菩萨平等法性，得在如来种族之数，住真实语，持菩萨行，令诸世间得净佛法，深心信解，证法究竟；令诸众生出生清净增上善根，住大功德，具一切智。又以此善根，令一切众生常得供养一切诸佛，解一切法，受持读诵不忘、不失、不坏、不散，心善调伏，不调令调，以寂静法而调习之。令彼众生于诸佛所住如是事。又以此善根，令一切众生作第一塔，应受世间种种供养；令一切众生成最上福田，得佛智慧，开悟一切；令一切众生作最上受者，普能饶益一切众生；令一切众生成最上福利，能使具足一切善根；令一切众生成第一好施处，能使获得无量福报；令一切众生于三界中皆得出离；令一切众生作第一导师，能为世间示如实道；令一切众生得妙总持，具持一切诸佛正法；令一切众生证得无量第一法界，具足虚空无碍正道。是为菩萨摩诃萨施自己身善根回向，为令众生皆得应供无量智身故。

佛子！菩萨摩诃萨闻法喜悦，生净信心，能以其身供养诸佛，欣乐信解无上法宝，于诸佛所生父母想；读诵受持无碍道法，普入无数那由他法、大智慧宝、诸善根门；心常忆念无量诸佛，入佛境界，深达义理；能以如来微密梵音，兴佛法云，雨佛法雨，勇猛自在；能分别说一切智人第一之地，具足成就萨婆若乘，以无量百千亿那由他大法成满诸根。佛子！菩萨摩诃萨于诸佛所闻如是法，欢喜无量，安住正法；自断疑惑，亦令他断；心恒怡畅，功德成满；善根具足，意恒相续；利益众生，心常不匮；获最胜智，成金刚藏；亲近诸佛，净诸佛刹，常勤供养一切如来。菩萨尔时，以诸善根如是回向，所谓：愿一切众生皆得圆满最胜之身，一切诸佛之所摄受；愿一切众生常近诸佛，依诸佛住，恒得觐仰，未曾远离；愿一切众生皆得清净不坏之身，具足一切功德智慧；愿一切众生常勤供养一切诸佛，行无所得究竟梵行；愿一切众生得无我身，离我、我所；愿一切众生悉能分身遍十方刹，犹如影现而无来往；愿一切众生得自在身，普往十方无我无受；愿一切众生从佛身生，处在如来无上身家；愿一切众生得法力身，忍辱大力无能坏者；愿一切众生得无比身，成就如来清净法身；愿一切众生成就出世功德之身，生无所得清净法界。是为菩萨摩诃萨以身供佛善根回向，为令众生永住三世佛家故。

佛子！菩萨摩诃萨以身布施一切众生，为欲普令成就善根，忆念善根，菩萨摩诃萨自愿其身为大明灯，普能照耀一切众生；为众乐具，普能摄受一切众生；为妙法藏，普能任持一切众生；为净光明，普能开晓一切众生；为世光影，普令众生常得睹见；为善根因缘，普令众生常得值遇；为真善知识，令一切众生悉蒙教诱；为平坦道，令一切众生皆得履践；为无有上具足安乐，令一切众生离苦清净；为明净日，普作世间平等利益。菩萨尔时，以诸善根如是回向，所谓：愿一切众生常亲近佛，入佛智地；愿一切众生得随顺智，住无上觉；愿一切众生常处佛会，意善调伏；愿一切众生所行有则，具佛威仪；愿一切众生悉得涅槃，深解法义；愿一切众生具知足行，生如来家；愿一切众生舍无明欲，住佛志乐；愿一切众生生胜善根，坐菩提树；愿一切众生杀烦恼贼，离怨害心；愿一切众生具足护持一切佛法。是为菩萨摩诃萨以身布施一切众生善根回向；为欲利益一切众生，令得无上安隐处故。

佛子！菩萨摩诃萨自以其身给侍诸佛，于诸佛所念报重恩如父母想，于诸如来起深信乐；以清净心，护佛菩提，住诸佛法；离世间想，生如来家；随顺诸佛，离魔境界；了达一切诸佛所行，成就一切诸佛法器。菩萨尔时，以此善根如是回向，所谓：愿一切众生得清净心，一切智宝而自庄严；愿一切众生住善调伏，远离一切诸不善业；愿一切众生得不可坏坚固眷属，普能摄受诸佛正法；愿一切众生为佛弟子，到于菩萨灌顶之地；愿一切众生常为诸佛之所摄受，永离一切不善之法；愿一切众生随顺诸佛，修行菩萨最胜之法；愿一切众生入佛境界，悉皆得授一切智记；愿一切众生与诸如来皆悉平等，一切佛法无不自在；愿一切众生悉为诸佛之所摄受，常能修行无取著业；愿一切众生常为诸佛第一侍者，一切佛所修智慧行。是为菩萨摩诃萨给侍诸佛善根回向；为欲证得诸佛菩提，为欲救护一切众生，为欲出离一切三界，为欲成就无损恼心，为得无量广大菩提，为欲成就照佛法智，为欲常蒙诸佛摄受，为得诸佛之所护持，为欲信解一切佛法，为欲成就与三世佛平等善根，为欲圆满无悔恨心，证得一切诸佛法故。

佛子！菩萨摩诃萨布施国土一切诸物，乃至王位悉亦能舍；于诸世事，心得自在，无系、无缚、无所恋著；远离恶业，饶益众生；不著业果，不乐世法，不复贪染诸有生处；虽住世间，非此处生；心不执著蕴、界、处法，于内外法心无依住；常不忘失诸菩萨行，未曾远离诸善知识；持诸菩萨广大行愿，常乐承事一切善友。菩萨尔时，以此善根如是回向，所谓：愿一切众生为大法王，于法自在，到于彼岸；愿一切众生成佛法王，摧灭一切烦恼怨贼；愿一切众生住佛王位，得如来智，开演佛法；愿一切众生住佛境界，能转无上自在法轮；愿一切众生生如来家，于法自在，护持佛种，永使不绝；愿一切众生开示无量法王正法，成就无边诸大菩萨；愿一切众生住净法界，为大法王，现佛出兴，相继不断；愿一切众生于诸世界作智慧王，化导群生无时暂舍；愿一切众生普为法界、虚空界等诸世界中一切众生作法施主，使其咸得住于大乘；愿一切众生得成具足众善之王，与三世佛善根齐等。是为菩萨摩诃萨布施王位善根回向；为欲令彼一切众生，究竟住于安隐处故。

佛子！菩萨摩诃萨见有人来乞王京都、严丽大城及以关防所有输税，尽皆施与，心无吝惜；专向菩提发大誓愿，住于大慈，行于大悲，志意欢悦，利益众生；以广大智解了深法，安住诸佛平等法性；发心为求一切智故，于自在法起深乐故，于自在智求证得故，净修一切诸功德故，住于坚固广大智故，广集一切诸善根故，修行一切佛法愿故，自然觉悟大智法故，安住菩提心无退故，修习一切菩萨行愿、一切种智尽究竟故,而行布施。以此善根如是回向,所谓:愿一切众生悉能严净无量刹土,奉施诸佛以为住处;愿一切众生常乐居止阿兰若处,寂静不动;愿一切众生永不依止王都聚落,心乐寂静,永得究竟;愿一切众生永不乐著一切世间,于世语言常乐远离;愿一切众生得离贪心,施诸所有,心无中悔;愿一切众生得出离心,舍诸家业;愿一切众生得无吝心,常行惠施;愿一切众生得不著心,离居家法;愿一切众生得离众苦,除灭一切灾横怖畏;愿一切众生严净十方一切世界,奉施诸佛。是为菩萨摩诃萨布施王都善根回向,为令众生悉能严净诸佛刹故。

佛子!菩萨摩诃萨所有一切内宫眷属、妓侍众女,皆颜貌端正、才能具足,谈笑歌舞悉皆巧妙,种种衣服、种种华香而以严身,见者欢喜,情无厌足。如是宝女百千万亿那由他数,皆由菩萨善业所生,随意自在,敬顺无失;尽以布施诸来乞者,而于其中无爱乐心、无顾恋心、无耽著心、无系缚心、无执取心、无贪染心、无分别心、无随逐心、无取相心、无乐欲心。菩萨尔时,观诸善根,为欲令一切众生咸得出离故回向,得佛法喜故回向,于不坚固中而得坚固故回向,得金刚智不可坏心故回向,入佛道场故回向,到于彼岸故回向,得无上菩提心故回向,能以智慧了达诸法故回向,出生一切善根故回向,入三世诸佛家故回向。佛子!菩萨摩诃萨住如是法,生如来家;增长诸佛清净胜因,出生最胜一切智道;深入菩萨广大智业,灭除一切世间垢恼,常能供施功德福田;为诸众生宣说妙法,善巧安立,令其修习诸清净行,常勤摄取一切善根。菩萨尔时,以诸善根如是回向,所谓:愿一切众生常得无量三昧眷属,菩萨胜定相续不断;愿一切众生常乐见佛,悉入诸佛庄严三昧;愿一切众生成就菩萨不思议定,自在游戏无量神通;愿一切众生入如实定,得不坏心;愿一切众生尽获菩萨甚深三昧,于诸禅定而得自在;愿一切众生得解脱心,成就一切三昧眷属;愿一切众生种种三昧皆得善巧,悉能摄取诸三昧相;愿一切众生得胜智三昧,普能学习诸三昧门;愿一切众生得无碍三昧,入深禅定终不退失;愿一切众生得无著三昧,心恒正受,不取二法。是为菩萨摩诃萨布施一切内宫眷属时善根回向;为欲令一切众生皆得不坏清净眷属故;为欲令一切众生皆得菩萨眷属故;为欲令一切众生悉得满足佛法故;为欲令一切众生满足一切智力故;为欲令一切众生证于无上智慧故;为欲令一切众生得于随顺眷属故;为欲令一切众生得同志行人共居故;为欲令一切众生具足一切福智故;为欲令一切众生成就清净善根故;为欲令一切众生得善和眷属故;为欲令一切众生成就如来清净法身故;为欲令一切众生成就次第如理辩才,善说诸佛无尽法藏故;为欲令一切众生永舍一切世俗善根,同修出世清净善根故;为欲令一切众生净业圆满,成就一切清净法故;为欲令一切众生一切佛法皆悉现前,以法光明普严净故。

佛子！菩萨摩诃萨能以所爱妻子布施，犹如往昔须达拏太子、现庄严王菩萨，及余无量诸菩萨等。菩萨尔时，乘萨婆若心，行一切施，净修菩萨布施之道。其心清净，无有中悔，罄舍所珍，求一切智；令诸众生净深志乐，成菩提行，观菩萨道，念佛菩提，住佛种性。菩萨摩诃萨成办如是布施心已，决定志求如来之身；自观己身，系属一切，不得自在；又以其身普摄众生，犹如宝洲给施一切，未满足者令其满足。菩萨如是护念众生，欲令自身作第一塔，普使一切皆生欢喜；欲于世间生平等心；欲为众生作清凉池；欲与众生一切安乐；欲为众生作大施主；智慧自在，了知菩萨所行之行，而能如是大誓庄严；趣一切智，愿成无上智慧福田；普念众生，常随守护，而能成办自身利益；智慧光明普照于世，常勤忆念菩萨施心，恒乐观察如来境界。佛子！菩萨摩诃萨以无缚无著解脱心布施妻子所集善根，如是回向，所谓：愿一切众生住佛菩提，起变化身，周遍法界转不退轮；愿一切众生得无著身，愿力周行一切佛刹；愿一切众生舍爱憎心，断贪恚结；愿一切众生为诸佛子，随佛所行；愿一切众生于诸佛所，生自己心，不可沮坏；愿一切众生常为佛子，从法化生；愿一切众生得究竟处，成就如来自在智慧；愿一切众生证佛菩提，永离烦恼；愿一切众生能具演说佛菩提道，常乐修行无上法施；愿一切众生得正定心，不为一切诸缘所坏；愿一切众生坐菩提树，成最正觉，开示无量从法化生诸善男女。是为菩萨摩诃萨布施妻子善根回向，为令众生皆悉证得无碍解脱无著智故。

佛子！菩萨摩诃萨庄严舍宅及诸资具，随有乞求，一切施与，行布施法；于家无著，远离一切居家觉观，厌恶家业、资生之具，不贪不味，心无系著；知家易坏，心恒厌舍，都于其中无所爱乐；但欲出家修菩萨行，以诸佛法而自庄严；一切悉舍，心无中悔，常为诸佛之所赞叹；舍宅、财物，随处所有，悉以惠施，心无恋著；见有乞求，心生喜庆。菩萨尔时，以此善根如是回向，所谓：愿一切众生舍离妻子，成就出家第一之乐；愿一切众生解脱家缚，入于非家，诸佛法中修行梵行；愿一切众生舍离悭垢，乐一切施，心无退转；愿一切众生永离家法，少欲知足，无所藏积；愿一切众生出世俗家，住如来家；愿一切众生得无碍法，灭除一切障碍之道；愿一切众生离家属爱，虽现居家，心无所著；愿一切众生善能化诱，不离家法，说佛智慧；愿一切众生身现在家，心常随顺佛智而住；愿一切众生在居家地，住于佛地，普令无量无边众生发欢喜心。是为菩萨摩诃萨布施舍宅时善根回向，为令众生成就菩萨种种行愿神通智故。

佛子！菩萨摩诃萨布施种种园林、台榭、游戏快乐庄严之处，作是念言：我当为一切众生作好园林，我当为一切众生示现法乐，我当施一切众生欢喜之意，我当示一切众生无边喜乐，我当为一切众生开净法门，我当令一切众生发欢喜心，我当令一切众生得佛菩提，我当令一切众生成满大愿,我当于一切众生犹如慈父,我当令一切众生智慧观察,我当施一切众生资生之具,我当于一切众生犹如慈母,生长一切善根大愿。佛子!菩萨摩诃萨如是修行诸善根时,于恶众生不生疲厌,亦不误起弃舍之心。设满世间一切众生悉不知恩,菩萨于彼,初无嫌恨,不生一念求反报心,但欲灭其无量苦恼;于诸世间,心如虚空,无所染著,普观诸法真实之相;发大誓愿,灭众生苦,永不厌舍大乘志愿;灭一切见,修诸菩萨平等行愿。佛子!菩萨摩诃萨如是观察已,摄诸善根,悉以回向,所谓:愿一切众生念念滋生无量善法,成就无上园林之心;愿一切众生得不动法,见一切佛皆令欢喜;愿一切众生乐法园苑,得诸佛刹园苑妙乐;愿一切众生得净妙心,常见如来神足园林;愿一切众生得佛戏乐,常善游戏智慧境界;愿一切众生得游戏乐,普诣佛刹道场众会;愿一切众生成就菩萨解脱游戏,尽未来劫,行菩萨行,心无疲倦;愿一切众生见一切佛充满法界,发广大心,住佛园林;愿一切众生悉能遍往一切佛刹,一一刹中供养诸佛;愿一切众生得善欲心,清净庄严一切佛刹。是为菩萨摩诃萨布施一切园林、台榭善根回向;为令众生见一切佛,游戏一切佛园林故。

佛子!菩萨摩诃萨作百千亿那由他无量无数广大施会,一切清净,诸佛印可,终不损恼于一众生;普令众生远离众恶,净三业道,成就智慧;开置无量百千亿那由他阿僧祇清净境界,积集无量百千亿那由他阿僧祇资生妙物,发甚难得菩提之心,行无限施,令诸众生住清净道,初、中、后善,生净信解;随百千亿无量众生心之所乐,悉令欢喜,以大慈悲救护一切,承事供养三世诸佛;为欲成就一切佛种,修行布施,心无中悔,增长信根,成满胜行,念念增进檀波罗蜜。菩萨尔时,以诸善根如是回向,所谓:愿一切众生发大乘心,悉得成就摩诃衍施;愿一切众生皆悉能行大会施、尽施、善施、最胜施、无上施、最无上施、无等等施、超诸世间施、一切诸佛所称叹施;愿一切众生作第一施主,于诸恶趣勉济众生,皆令得入无碍智道,修平等愿如实善根,得无差别证自境智;愿一切众生安住寂静诸禅定智,入不死道,究竟一切神通智慧,勇猛精进,具足诸地,庄严佛法,到于彼岸,永不退转;愿一切众生设大施会,终不疲厌,给济众生,无有休息,究竟无上一切种智;愿一切众生恒勤种植一切善根,到于无量功德彼岸;愿一切众生常蒙诸佛之所称叹,普为世间作大施主,功德具足,充满法界,遍照十方,施无上乐;愿一切众生设大施会,广集善根,等摄众生,到于彼岸;愿一切众生成最胜施,普令众生住第一乘;愿一切众生为应时施,永离非时,大施究竟;愿一切众生成就善施,到佛丈夫大施彼岸;愿一切众生究竟常行大庄严施,尽以一切诸佛为师,悉皆亲近,兴大供养;愿一切众生住清净施,集等法界无量福德,到于彼岸;愿一切众生于诸世间为大施主,誓度群品,住如来地。是为菩萨摩诃萨设大施会善根回向,为令众生行无上施、究竟佛施、成就善施、不可坏施、供诸佛施、无恚恨施、救众生施、成一切智施、常见诸佛施、善精进施、成就一切菩萨功德诸佛智慧广大施故。

佛子！菩萨摩诃萨布施一切资生之物，心无贪惜，不求果报；于世富乐无所希望，离妄想心，善思惟法；为欲利益一切众生，审观一切诸法实性；随诸众生种种不同，所用所求各各差别，成办无量资生之具，所有严饰悉皆妙好；行无边施，行一切施，尽内外施；行此施时，增志乐力，获大功德，成就心宝；常能守护一切众生，皆令发生殊胜志愿，初未曾有求反报心；所有善根等三世佛，悉以圆满一切种智。佛子！菩萨摩诃萨以此布施所有善根回向众生：愿一切众生清净调伏；愿一切众生灭除烦恼，严净一切诸佛刹土；愿一切众生以清净心，于一念中周遍法界；愿一切众生智慧充满虚空法界；愿一切众生得一切智，普入三世调伏众生，于一切时常转清净不退法轮；愿一切众生具一切智，善能示现神通方便，饶益众生；愿一切众生悉能悟入诸佛菩提，尽未来劫，于十方世界，常说正法，曾无休息，令诸众生普得闻知；愿一切众生于无量劫修菩萨行，悉得圆满；愿一切众生于一切世界若染、若净、若小、若大、若粗、若细、若覆、若仰，或一庄严，或种种庄严所可演说，在世界数诸世界中，修菩萨行靡不周遍；愿一切众生于念念中常作三世一切佛事，教化众生向一切智。

佛子！菩萨摩诃萨随诸众生一切所须，以如是等阿僧祇物而为给施；为令佛法相续不断，大悲普救一切众生；安住大慈，修菩萨行；于佛教诲终无违犯，以巧方便修行众善，不断一切诸佛种性；随求悉与而无恚厌，一切悉舍未曾中悔，常勤回向一切智道。时，十方国土种种形类、种种趣生、种种福田，皆来集会，至菩萨所，种种求索。菩萨见已，普皆摄受；心生欢喜，如见善友；大悲哀愍，思满其愿；舍心增长，无有休息，亦不疲厌；随其所求，悉令满足，离贫穷苦。时，诸乞者心大欣庆，转更称传，赞扬其德，美声遐布，悉来归往。菩萨见已，欢喜无量；假使百千亿那由他劫受帝释乐，无数劫受夜摩天乐，无量劫受兜率陀天乐，无边劫受善变化天乐，无等劫受他化自在天乐，不可数劫受梵王乐，不可称劫受转轮王王三千乐，不可思劫受遍净天乐，不可说劫受净居天乐，悉不能及。菩萨摩诃萨见乞者来，欢喜爱乐，欣庆踊跃，信心增长，志乐清净，诸根调顺，信解成满，乃至增进诸佛菩提。佛子！菩萨摩诃萨以此善根，为欲利益一切众生故回向，为欲安乐一切众生故回向，为令一切众生得大义利故回向，为令一切众生悉得清净故回向，为令一切众生悉求菩提故回向，为令一切众生悉得平等故回向，为令一切众生悉得贤善心故回向，为令一切众生悉入摩诃衍故回向，为令一切众生悉得贤善智慧故回向，为令一切众生悉具普贤菩萨行愿满十力乘现成正觉故回向。

佛子！菩萨摩诃萨以诸善根如是回向时，身、口、意业皆悉解脱，无著无系，无众生想，无命者想，无补伽罗想，无人想，无童子想，无生者想，无作者想，无受者想，无有想，无无想，无今世、后世想，无死此生彼想，无常想，无无常想，无三有想，无无三有想，非想非非想。如是，非缚回向，非缚解回向；非业回向，非业报回向；非分别回向，非无分别回向；非思回向，非思已回向；非心回向，非无心回向。佛子！菩萨摩诃萨如是回向时，不著内，不著外；不著能缘，不著所缘；不著因，不著果；不著法，不著非法；不著思，不著非思；不著色，不著色生，不著色灭；不著受、想、行、识，不著受、想、行、识生，不著受、想、行、识灭。佛子！菩萨摩诃萨若能于此诸法不著，则不缚色，不缚色生，不缚色灭；不缚受、想、行、识，不缚受、想、行、识生，不缚受、想、行、识灭。若能于此诸法不缚，则亦于诸法不解。何以故？无有少法，若现生、若已生、若当生；无法可取，无法可著。一切诸法自相如是，无有自性，自性相离，非一、非二、非多、非无量，非小、非大、非狭、非广，非深、非浅，非寂静、非戏论，非处、非非处，非法、非非法，非体、非非体，非有、非非有。菩萨如是观察诸法，则为非法；于言语中随世建立，非法为法；不断诸业道，不舍菩萨行，求一切智终无退转；了知一切业缘如梦，音声如响，众生如影，诸法如幻，而亦不坏因缘业力；了知诸业其用广大，解一切法皆无所作，行无作道未尝暂废。

佛子！此菩萨摩诃萨住一切智，若处、非处，普皆回向一切智性；于一切处皆悉回向，无有退转。以何义故说名回向？永度世间至于彼岸，故名回向；永出诸蕴至于彼岸，故名回向；度言语道至于彼岸，故名回向；离种种想至于彼岸，故名回向；永断身见至于彼岸，故名回向；永离依处至于彼岸，故名回向；永绝所作至于彼岸，故名回向；永出诸有至于彼岸，故名回向；永舍诸取至于彼岸，故名回向；永出世法至于彼岸，故名回向。佛子！菩萨摩诃萨如是回向时，则为随顺佛住，随顺法住，随顺智住，随顺菩提住，随顺义住，随顺回向住，随顺境界住，随顺行住，随顺真实住，随顺清净住。佛子！菩萨摩诃萨如是回向，则为了达一切诸法，则为承事一切诸佛；无有一佛而不承事，无有一法而不供养；无有一法而可灭坏，无有一法而可乖违；无有一物而可贪著，无有一法而可厌离；不见内外一切诸法，有少灭坏，违因缘道；法力具足，无有休息。

佛子！是为菩萨摩诃萨第六随顺坚固一切善根回向。菩萨摩诃萨住此回向时，常为诸佛之所护念，坚固不退，入深法性，修一切智；随顺法义，随顺法性，随顺一切坚固善根，随顺一切圆满大愿；具足随顺坚固之法，一切金刚所不能坏，于诸法中而得自在。

尔时，金刚幢菩萨观察十方、观察众会、观察法界已，入于字句甚深之义，修习无量广大之心，以大悲心普覆世间，长去、来、今佛种性心，入于一切诸佛功德，成就诸佛自在力身，观诸众生心之所乐，随其善根所可成熟，依法性身为现色身，承佛神力而说颂言：

　　菩萨现身作国王，于世位中最无等，福德威光胜一切，普为群萌兴利益。其心清净无染著，于世自在咸遵敬，弘宣正法以训人，普使众生获安隐。现生贵族升王位，常依正教转法轮，禀性仁慈无毒虐，十方敬仰皆从化。智慧分别常明了，色相才能皆具足，临驭率土靡不从，摧伏魔军悉令尽。坚持净戒无违犯，决志堪忍不动摇，永愿蠲除忿恚心，常乐修行诸佛法。饮食香鬘及衣服，车骑床褥座与灯，菩萨悉以给济人，并及所余无量种。为利益故而行施，令其开发广大心，于尊胜处及所余，意皆清净生欢喜。菩萨一切皆周给，内外所有悉能舍，必使其心永清净，不令暂尔生狭劣。或施于头或施眼，或施于手或施足，皮肉骨髓及余物，一切皆舍心无吝。菩萨身居大王位，种族豪贵人中尊，开口出舌施群生，其心欢喜无忧恋。以彼施舌诸功德，回向一切诸众生，普愿藉此胜因缘，悉得如来广长舌。或施妻子及王位，或施其身作僮仆，其心清净常欢喜，如是一切无忧悔。随所乐求咸施与，应时给济无疲厌，一切所有皆能散，诸来求者普满足。为闻法故施其身，修诸苦行求菩提，复为众生舍一切，求无上智不退转。以于佛所闻正法，自舍其身充给侍，为欲普救诸群生，发生无量欢喜心。彼见世尊大导师，能以慈心广饶益，是时踊跃生欢喜，听受如来深法味。菩萨所有诸善根，悉以回向诸众生，普皆救护无有余，永使解脱常安乐。菩萨所有诸眷属，色相端严能辩慧，华鬘衣服及涂香，种种庄严皆具足。此诸眷属甚希有，菩萨一切皆能施，专求正觉度群生，如是之心无暂舍。菩萨如是谛思惟，备行种种广大业，悉以回向诸含识，而不生于取著心。菩萨舍彼大王位，及以国土诸城邑，宫殿楼阁与园林，僮仆侍卫皆无吝。彼于无量百千劫，处处周行而施与，因以教导诸群生，悉使超升无上岸。无量品类各差别，十方世界来萃止，菩萨见已心欣庆，随其所乏令满足。如三世佛所回向，菩萨亦修如是业，调御人尊之所行，悉皆随学到彼岸。菩萨观察一切法，谁为能入此法者？云何为入何所入？如是布施心无住。菩萨回向善巧智，菩萨回向方便法，菩萨回向真实义，于其法中无所著。心不分别一切业，亦不染著于业果，知菩提性从缘起，入深法界无违逆。不于身中而有业，亦不依止心住，智慧了知无业性，以因缘故业不失。心不妄取过去法，亦不贪著未来事，不于现在有所住，了达三世悉空寂。菩萨已到色彼岸，受想行识亦如是，超出世间生死流，其心谦下常清净。谛观五蕴十八界，十二种处及己身，于此一一求菩提，体性毕竟不可得。不取诸法常住相，于断灭相亦不著，法性非有亦非无，业理次第终无尽。不于诸法有所住，不见众生及菩提，十方国土三世中，毕竟求之无可得。若能如是观诸法，则如诸佛之所解，虽求其性不可得，菩萨所行亦不虚。菩萨了法从缘有，不违一切所行道，开示解说诸业迹，欲使众生悉清净。是为智者所行道，一切如来之所说，随顺思惟入正义，自然觉悟成菩提。诸法无生亦无灭，亦复无来无有去，不于此死而生彼，是人悟解诸佛法。了达诸法真实性，而于法性无分别，知法无性无分别，此人善入诸佛智。法性遍在一切处，一切众生及国土，三世悉在无有余，亦无形相而可得。一切诸佛所觉了，悉皆摄取无有余，虽说三世一切法，如是等法悉非有。如诸法性遍一切，菩萨回向亦复然，如是回向诸众生，常于世间无退转。

大方广佛华严经卷第二十九

十回向品第二十五之七

佛子！云何为菩萨摩诃萨等随顺一切众生回向？

佛子！此菩萨摩诃萨随所积集一切善根，所谓：小善根、大善根、广善根、多善根、无量善根、种种善根、微尘数善根、阿僧祇善根、无边际善根、不可思善根、不可量善根、佛境界善根、法境界善根、僧境界善根、善知识境界善根、一切众生境界善根、方便善巧境界善根、修诸善心境界善根、内境界善根、外境界善根、无边助道法境界善根、勤修一切舍善根、立胜志究竟持净戒善根、一切舍无不受堪忍善根、常精进心无退善根、以大方便入无量三昧善根、以智慧善观察善根、知一切众生心行差别善根、集无边功德善根、勤修习菩萨业行善根、普覆育一切世间善根。佛子！菩萨摩诃萨于此善根修行安住，趣入摄受，积集办具，悟解心净；开示发起时，得堪忍心，闭恶趣门；善摄诸根，威仪具足，远离颠倒，正行圆满；堪为一切诸佛法器，能作众生福德良田；为佛所念，长佛善根，住诸佛愿，行诸佛业，心得自在，等三世佛；趣佛道场，入如来力，具佛色相，超诸世间；不乐生天，不贪富乐，不著诸行；一切善根悉以回向，为诸众生功德之藏；住究竟道，普覆一切，于虚妄道中拔出众生，令其安住一切善法，遍诸境界无断无尽；开一切智菩提之门，建立智幢，严净大道；普能示现一切世间，令除垢染，心善调伏，生如来家，净佛种性；功德具足，作大福田，为世所依；安立众生咸令清净，常勤修习一切善根。

佛子！菩萨摩诃萨以净志愿菩提心力修诸善根时，作是念言：此诸善根是菩提心之所积集，是菩提心之所思惟，是菩提心之所发起，是菩提心之所志乐，是菩提心之所增益；皆为怜愍一切众生，皆为趣求一切种智，皆为成就如来十力。作是念时，善根增进，永不退转。

佛子！菩萨摩诃萨复作是念：愿我以此善根果报，尽未来劫，修菩萨行，悉以惠施一切众生，悉以回向一切众生，普遍无余。愿令阿僧祇世界珍宝充满，阿僧祇世界衣服充满，阿僧祇世界妙香充满，阿僧祇世界庄严具充满，阿僧祇世界无量摩尼宝充满，阿僧祇世界妙华充满，阿僧祇世界上味充满，阿僧祇世界财货充满，阿僧祇世界床座充满——盖以宝帐、敷以妙衣，阿僧祇世界种种庄严宝冠充满。假使一人，尽未来劫，常来求索，以此等物而惠施之，未曾厌倦而有休息。如于一人，于一切众生悉亦如是。佛子！菩萨摩诃萨如是施时，无虚伪心，无希望心，无名誉心，无中悔心，无热恼心，但发专求一切智道心、一切悉舍心、哀愍众生心、教化成熟心、皆令安住一切智智心。佛子！菩萨摩诃萨以诸善根如是回向，尽未来劫，常行惠施。

佛子！菩萨摩诃萨复作是念：我为一众生故，欲令阿僧祇世界宝象充满，七支具足，性极调顺，上立金幢，金网弥覆，种种妙宝而为庄严，以用布施；愿令阿僧祇世界宝马充满，如龙马王，种种众宝庄严之具而严饰之，持用布施；愿令阿僧祇世界妓女充满，悉能敷奏种种妙音，持用布施；愿令阿僧祇世界男女充满，持用布施；愿令阿僧祇世界己身充满，发菩提心而用布施；愿令阿僧祇世界己头充满，起不放逸心而用布施；愿令阿僧祇世界己眼充满，而用布施；愿令阿僧祇世界己身血肉及以骨髓充满其中，心无顾恋，持用布施；愿令阿僧祇世界自在王位充满其中，持用布施；愿令阿僧祇世界奴仆作使充满其中，持用布施。菩萨摩诃萨以如是等种种诸物，尽未来劫，安住广大一切施心，施一众生；如一众生，尽众生界一切众生皆如是施。

佛子！菩萨摩诃萨于一世界，尽未来劫，修菩萨行，以是等物施一众生，如是给施一切众生，皆令满足；如于一世界，于尽虚空遍法界一切世界中悉亦如是，大悲普覆，终无间息，普加哀愍，随其所须供给供养，不令施行遇缘而息，乃至不于一弹指顷生疲倦心。佛子！菩萨摩诃萨如是施时，生于此心，所谓：无著心、无缚心、解脱心、大力心、甚深心、善摄心、无执心、无寿者心、善调伏心、不散乱心、不妄计心、具种种宝性心、不求果报心、了达一切法心、住大回向心、善决诸义心、令一切众生住无上智心、生大法光明心、入一切智智心。

佛子！菩萨摩诃萨以所集善根，于念念中如是回向，所谓：愿一切众生财宝丰足，无所乏少；愿一切众生成就无尽大功德藏；愿一切众生具足一切安隐快乐；愿一切众生增长菩萨摩诃萨业；愿一切众生成满无量第一胜法；愿一切众生得不退转一切智乘；愿一切众生普见十方一切诸佛；愿一切众生永离世间诸惑尘垢；愿一切众生皆得清净平等之心；愿一切众生离诸难处，得一切智。

佛子！菩萨摩诃萨如是回向时，发欢喜心；为令一切众生得利益安乐故；为令一切众生得平等心故；为令一切众生住能舍心故；为令一切众生住一切施心故；为令一切众生住欢喜施心故；为令一切众生住永离贫穷施心故；为令一切众生住一切财宝施心故；为令一切众生住无数财宝施心故；为令一切众生住普施、无量施、一切施心故；为令一切众生住尽未来劫无断施心故；为令一切众生住一切悉舍无悔无恼施心故；为令一切众生住悉舍一切资生之物施心故；为令一切众生住随顺施心故；为令一切众生住摄取施心故；为令一切众生住广大施心故；为令一切众生住舍无量庄严具供养施心故；为令一切众生住无著施心故；为令一切众生住平等施心故；为令一切众生住如金刚极大力施心故；为令一切众生住如日光明施心故；为令一切众生住摄如来智施心故；为令一切众生善根眷属具足故；为令一切众生善根智慧常现在前故；为令一切众生得不可坏净心圆满故；为令一切众生成就最胜清净善根故；为令一切众生于烦恼睡眠中得觉悟故；为令一切众生灭除一切诸疑惑故；为令一切众生得平等智慧净功德故；为令一切众生功德圆满无能坏者故；为令一切众生具足清净不动三昧故；为令一切众生住不可坏一切智智故；为令一切众生成满菩萨无量清净神通行故；为令一切众生修集无著善根故；为令一切众生念去、来、今一切诸佛心清净故；为令一切众生出生清净胜善根故；为令一切众生灭除一切魔所作业障道法故；为令一切众生具足无碍清净平等功德法故；为令一切众生以广大心常念诸佛无懈废故；为令一切众生常近诸佛勤供养故；为令一切众生广开一切诸善根门，普能圆满白净法故；为令一切众生无量心、广大心、最胜心悉清净故；为令一切众生成就清净等施心故；为令一切众生奉持诸佛尸波罗蜜等清净故；为令一切众生得大堪忍波罗蜜故；为令一切众生住精进波罗蜜常无懈故；为令一切众生住无量定，能起种种神通智故；为令一切众生得知一切法无体性般若波罗蜜故；为令一切众生圆满无边净法界故；为令一切众生成满一切神通清净善根故；为令一切众生住平等行，积集善法悉圆满故；为令一切众生善入一切诸佛境界悉周遍故；为令一切众生身、口、意业普清净故；为令一切众生善业果报普清净故；为令一切众生了达诸法普清净故；为令一切众生了达实义普清净故；为令一切众生修诸胜行普清净故；为令一切众生成就一切菩萨大愿普清净故；为令一切众生证得一切功德智慧普清净故；为令一切众生成就一切同体善根，回向出生一切智乘普圆满故；为令一切众生严净一切诸佛国土普圆满故；为令一切众生见一切佛而无所著普圆满故；为令一切众生具诸相好，功德庄严普圆满故；为令一切众生得六十种音声，发言诚谛，皆可信受，百千种法而以庄严，如来无碍功德妙音悉圆满故；为令一切众生成就十力庄严无碍平等心故；为令一切众生得一切佛无尽法明，一切辩才普圆满故；为令一切众生得无上无畏人中之雄师子吼故；为令一切众生得一切智，转不退转无尽法轮故；为令一切众生了一切法，开示演说普圆满故；为令一切众生以时修习清净善法普圆满故；为令一切众生成就导师无上法宝等清净故；为令一切众生于一庄严、无量庄严、大庄严、诸佛庄严普圆满故；为令一切众生等入三世所有境界悉周遍故；为令一切众生悉能往诣一切佛刹，听受正法无不遍故；为令一切众生智慧利益为世所宗与佛等故；为令一切众生以一切智知一切法普圆满故；为令一切众生行不动业，得无碍果普圆满故；为令一切众生所有诸根咸得神通，能知一切众生根故；为令一切众生得无差别平等智慧，于一相法普清净故；为令一切众生与理无违，一切善根悉具足故；为令一切众生于一切菩萨自在神通悉明达故；为令一切众生得一切佛无尽功德，若福若智悉平等故；为令一切众生发菩提心，解一切法平等一相无遗缺故；为令一切众生了达正法，为世最上福德田故；为令一切众生成就平等清净大悲，为诸施者大力田故；为令一切众生坚固第一无能沮坏故；为令一切众生见必蒙益无能摧伏故；为令一切众生成满最胜平等心故；为令一切众生善能了达一切诸法得大无畏故；为令一切众生放一光明普照十方一切世界故；为令一切众生普修一切菩萨精进行无懈退故；为令一切众生以一行愿普满一切诸行愿故；为令一切众生以一妙音普使闻者皆得解故；为令一切众生悉能具足一切菩萨清净心故；为令一切众生普得值遇诸善知识咸承事故；为令一切众生修菩萨行，调伏众生不休息故；为令一切众生以妙辩才具一切音，随机广演无断尽故；为令一切众生能以一心知一切心，以一切善根等回向故；为令一切众生常乐积集一切善根，安立众生于净智故；为令一切众生得一切智、福德智慧、清净身故；为令一切众生善知一切众生善根，观察回向普成就故；为令一切众生得一切智，成等正觉普圆满故；为令一切众生得具足神通智，于一处出兴，一切诸处皆出兴故；为令一切众生得普庄严智，严净一众会，一切众会皆严净故；为令一切众生于一佛国土普见一切佛国土故；为令一切众生以一切庄严具、不可说庄严具、无量庄严具、无尽庄严具，庄严一切诸佛国土普周遍故；为令一切众生于一切法悉能决了甚深义故；为令一切众生得诸如来最上第一自在神通故；为令一切众生得非一非异一切功德自在神通故；为令一切众生具足一切平等善根，普为诸佛灌其顶故；为令一切众生悉得成满清净智身，于诸有中最尊胜故。

佛子！菩萨摩诃萨如是悲愍利益安乐一切众生，咸令清净，远离悭嫉，受胜妙生，具大威德，生大信解，永离瞋恚及诸翳浊。其心清净，质直柔软，无有谄曲、迷惑、愚痴，行出离行，坚固不坏平等之心永无退转，白净法力具足成就，无恼无失，善巧回向；常修正行调伏众生，灭除一切诸不善业，修行苦行一切善根；又劝众生令其修集，普为含识具受众苦，以大智眼观诸善根，知其悉以智慧为性，方便回向一切众生。为令一切众生悉得安住一切清净功德处故；为令一切众生悉能摄受一切善根，知诸功德性及义故；为令一切众生普净一切诸善根故；为令一切众生于福田境界中种诸善法心无悔故；为令一切众生普能摄受一切众生，一一皆令趣一切智故；为令一切众生普摄一切所有善根，一一皆与平等回向而相应故。又以诸善根如是回向，所谓：愿一切众生究竟安隐，愿一切众生究竟清净，愿一切众生究竟安乐，愿一切众生究竟解脱，愿一切众生究竟平等，愿一切众生究竟了达，愿一切众生究竟安住诸白净法，愿一切众生得无碍眼，愿一切众生善调其心，愿一切众生具足十力调伏众生。

佛子！菩萨摩诃萨如是回向时，不著业，不著报，不著身，不著物，不著刹，不著方，不著众生，不著无众生，不著一切法，不著无一切法。佛子！菩萨摩诃萨如是回向时，以此善根普施世间；愿一切众生成满佛智，得清净心，智慧明了，内心寂静，外缘不动，增长成就三世佛种。

佛子！菩萨摩诃萨修行如是回向之时，超出一切，无能过者，一切世间所有言词悉共称赞亦不可尽；普修一切菩萨诸行，悉能往诣一切佛土，普见诸佛无所障碍；又能普见一切世界菩萨所行，以善方便，为诸众生分别诸法甚深句义，得陀罗尼演说妙法，尽未来劫无有断绝；为众生故，念念于不可说不可说世界，犹如影像，普现其身，供养诸佛；念念严净不可说不可说诸佛国土，悉令周遍，修行严净佛刹智慧而无厌足；念念令不可说不可说百千亿那由他众生，清净成就，平等满足；于彼一切诸国土中，勤修一切诸波罗蜜，摄取众生，成就净业；得无碍耳，于不可说不可说诸佛世界，一一如来所转法轮，听闻受持，精勤修习，不生一念舍离之心；住无所得、无依止、无作、无著菩萨神通，于一刹那一弹指顷，分身普诣不可说诸佛世界，与诸菩萨等同一见。

佛子！菩萨摩诃萨如是修习菩萨行时，尚能成满无量不可说不可说清净功德，忆念称赞所不能尽，况复得成无上菩提，一切佛刹平等清净，一切众生平等清净，一切身平等清净，一切根平等清净，一切业果平等清净，一切众会道场平等清净，一切圆满行平等清净，一切法方便智平等清净，一切如来诸愿回向平等清净，一切诸佛神通境界平等清净。

佛子！菩萨摩诃萨如是回向时，得一切功德清净欢喜法门，无量功德圆满庄严。如是回向时，众生不违一切刹，刹不违一切众生；刹众生不违业，业不违刹众生；思不违心，心不违思；思、心不违境界，境界不违思、心；业不违报，报不违业；业不违业道，业道不违业；法性不违相，法相不违性；法生不违性，法性不违生；刹平等不违众生平等，众生平等不违刹平等；一切众生平等不违一切法平等，一切法平等不违一切众生平等；离欲际平等不违一切众生安住平等，一切众生安住平等不违离欲际平等；过去不违未来，未来不违过去；过去、未来不违现在，现在不违过去、未来；世平等不违佛平等，佛平等不违世平等；菩萨行不违一切智，一切智不违菩萨行。

佛子！菩萨摩诃萨如是回向时，得业平等，得报平等，得身平等，得方便平等，得愿平等，得一切众生平等，得一切刹平等，得一切行平等，得一切智平等，得三世诸佛平等；得承事一切诸佛，得供养一切菩萨，得种一切善根，得满一切大愿，得教化一切众生，得了知一切业，得承事供养一切善知识，得入一切清净众会道场，得通达一切正教，得成满一切白法。

佛子！是为菩萨摩诃萨第七等随顺一切众生回向。菩萨摩诃萨成就此回向，则能摧灭一切魔怨，拔诸欲刺，得出离乐，住无二性，具大威德，救护众生，为功德王；神足无碍，往一切刹，入寂灭处；具一切身，成菩萨行，于诸行愿心得自在，分别了知一切诸法，悉能遍生一切佛刹；得无碍耳，闻一切刹所有音声；得净慧眼，见一切佛未尝暂舍；于一切境界，成就善根，心无高下；于一切法，得无所得。菩萨摩诃萨以一切善根，等随顺一切众生，如是回向。

尔时，金刚幢菩萨承佛神力，普观十方而说颂言：

菩萨所作诸功德，微妙广大甚深远，乃至一念而修行，悉能回向无边际。菩萨所有资生具，种种丰盈无限亿，香象宝马以驾车，衣服珍财悉殊妙。或以头目并手足，或持身肉及骨髓，悉遍十方无量刹，普施一切令充遍。无量劫中所修习，一切功德尽回向，为欲救度诸群生，其心毕竟不退转。菩萨为度众生故，常修最胜回向业，普令三界得安乐，悉使当成无上果。菩萨普兴平等愿，随其所集清净业，悉以回施诸群生，如是大誓终无舍。菩萨愿力无限碍，一切世间咸摄受，如是回向诸群生，未曾暂起分别心。普愿众生智明了，布施持戒悉清净，精进修行不懈废，如是大誓无休息。菩萨回向到彼岸，普开清净妙法门，智慧同于两足尊，分别实义得究竟。菩萨言词已通达，种种智慧亦如是，说法如理无障碍，而于其中不著。常于诸法不作二，亦复不作于不二，于二不二并皆离，知其悉是语言道。知诸世间悉平等，莫非心语一切业，众生幻化无有实，所有果报从兹起。一切世间之所有，种种果报各不同，莫不皆由业力成，若灭于业彼皆尽。菩萨观察诸世间，身口意业悉平等，亦令众生住平等，犹如无等大圣尊。菩萨善业悉回向，普令众生色清净，福德方便皆具足，同于无上调御士。菩萨利益诸群生，功德大海尽回向，愿使威光特超世，得成勇猛大力身。凡所修习诸功德，愿使世间普清净，诸佛清净无伦匹，众生清净亦如是。菩萨于义得善巧，能知诸佛最胜法，以众善业等回向，愿令庶品同如来。菩萨了知诸法空，一切世间无所有，无有造作及作者，众生业报亦不失。诸法寂灭非寂灭，远离此二分别心，知诸分别是世见，入于正位分别尽。如是真实诸佛子，从于如来法化生，彼能如是善回向，世间疑惑悉除灭。

大方广佛华严经卷第三十

十回向品第二十五之八

佛子！何者是菩萨摩诃萨真如相回向？

佛子！此菩萨摩诃萨正念明了，其心坚住，远离迷惑；专意修行，深心不动；成不坏业，趣一切智，终不退转；志求大乘，勇猛无畏；植诸德本，普安世间；生胜善根，修白净法；大悲增长，心宝成就，常念诸佛，护持正法；于菩萨道信乐坚固，成就无量净妙善根，勤修一切功德智慧；为调御师，生众善法，以智方便而为回向。菩萨尔时，慧眼普观，所有善根无量无边。其诸善根修集之时，若求缘、若办具、若治净、若趣入、若专励、若起行、若明达、若精审、若开示，如是一切有种种门、种种境、种种相、种种事、种种分、种种行、种种名字、种种分别、种种出生、种种修习，其中所有一切善根，悉是趣向十力乘心之所建立，皆悉回向一切种智，唯一无二。以诸善根如是回向，所谓：愿得圆满无碍身业，修菩萨行；愿得清净无碍口业，修菩萨行；愿得成就无碍意业，安住大乘；愿得圆满无障碍心，净修一切诸菩萨行；愿起无量广大施心，周给无边一切众生；愿于诸法心得自在，演大法明，无能障蔽；愿得明达一切智处，发菩提心，普照世间；愿常正念三世诸佛，谛想如来常现在前；愿住圆满增上志乐，远离一切诸魔怨敌；愿得安住佛十力智，普摄众生无有休息；愿得三昧游诸世界，而于世间无所染著；愿住诸世界无有疲厌，教化众生恒不休息；愿起无量思慧方便，成就菩萨不思议道；愿得诸方不迷惑智，悉能分别一切世间；愿得自在神通智力，于一念中悉能严净一切国土；愿得普入诸法自性，见一切世间悉皆清净；愿得生起无差别智，于一刹中入一切刹；愿以一切刹庄严之事显示一切，教化无量无边众生；愿于一佛刹中示无边法界，一切佛刹悉亦如是；愿得自在大神通智，普能往诣一切佛土。

佛子！菩萨摩诃萨以诸善根，愿得庄严一切佛国，愿得周遍一切世界，愿得成就智慧观察。如为己身如是回向，如是而为一切众生，所谓：愿一切众生永离一切地狱、畜生、阎罗王趣；愿一切众生除灭一切障碍之业；愿一切众生得周普心平等智慧；愿一切众生于怨于亲等心摄受，皆令安乐，智慧清净；愿一切众生智慧圆满，净光普照；愿一切众生思慧成满，了真实义；愿一切众生以净志乐，趣求菩提，获无量智；愿一切众生普能显示安隐住处。佛子！菩萨摩诃萨恒以善心如是回向，为令一切众生遇清凉云，霪法雨故；为令一切众生常值福田，胜境界故；为令一切众生皆能善入菩提心藏，自护持故；为令一切众生离诸盖、缠，善安住故；为令一切众生皆获无碍神通智故；为令一切众生得自在身，普示现故；为令一切众生成就最胜一切种智,普兴利益无空过故;为令一切众生普摄群品,令清净故;为令一切众生皆能究竟一切智故;为令一切众生心不动摇,无障碍故。

佛子!菩萨摩诃萨见可爱乐国土、园林、草木、华果、名香、上服、珍宝、财物、诸庄严具,或见可乐村邑、聚落,或见帝王威德自在,或见住处离诸諠杂。见是事已,以方便智精勤修习,出生无量胜妙功德,为诸众生勤求善法,心无放逸,广集众善;犹如大海,以无尽善普覆一切,为众善法所依之处,以诸善根方便回向而无分别;开示无量种种善根,智常观察一切众生,心恒忆念善根境界,以等真如平等善根回向众生,无有休息。菩萨尔时,以诸善根如是回向,所谓:愿一切众生得诸如来可爱乐见,见法真性平等平等,无所取著,圆满清净;愿一切众生见诸如来甚可爱乐,圆满供养;愿一切众生往生一切无诸烦恼、甚可爱乐清净佛刹;愿一切众生得见诸佛可爱乐法;愿一切众生常乐护持一切菩萨可爱乐行;愿一切众生得善知识可爱乐眼,见无所碍;愿一切众生常见一切可爱乐物,无有违逆;愿一切众生证得一切可爱乐法而勤护持;愿一切众生于一切佛可乐法中得净光明;愿一切众生修诸菩萨一切能舍可爱乐心;愿一切众生得无所畏能说一切可爱乐法;愿一切众生得诸菩萨极可爱乐甚深三昧;愿一切众生得诸菩萨甚可爱乐陀罗尼门;愿一切众生得诸菩萨甚可爱乐善观察智;愿一切众生能现菩萨甚可爱乐自在神通;愿一切众生能于诸佛大众会中说可爱乐甚深妙法;愿一切众生能以方便开示演说甚可爱乐差别之句;愿一切众生常能发起甚可爱乐平等大悲;愿一切众生念念发起甚可爱乐大菩提心,常令诸根欢喜悦豫;愿一切众生能入一切甚可爱乐诸如来家;愿一切众生得可爱乐能调伏行,调伏众生无有休息;愿一切众生得诸菩萨甚可爱乐无尽辩才演说诸法;愿一切众生于不可说不可说劫,住于一切可乐世界,教化众生,心无厌倦;愿一切众生以无量方便,普能悟入甚可爱乐诸佛法门;愿一切众生得可爱乐无碍方便,知一切法无有根本;愿一切众生得可爱乐离贪欲际,知一切法毕竟无二,断一切障;愿一切众生得可爱乐离贪欲际,知一切法平等真实;愿一切众生具足成满一切菩萨甚可爱乐无戏论法;愿一切众生得金刚藏精进之心,成可爱乐一切智道;愿一切众生具可爱乐无碍善根,摧伏一切烦恼怨敌;愿一切众生得可爱乐一切智门,普于世间现成正觉。

佛子!菩萨摩诃萨修习如是诸善根时,得智慧明,为善知识之所摄受,如来慧日明照其心,永灭痴冥;勤修正法,入诸智业,善学智地,流布善根,充满法界,以智回向;尽诸菩萨善根源底,以智深入大方便海,成就无量广大善根。

佛子!菩萨摩诃萨以此善根如是回向,所谓:不著世间,不取众生;其心清净,无所依止;正念诸法,离分别见;不舍一切佛自在慧,不违三世一切诸佛正回向门;随顺一切平等正法,不坏如来真实之相，等观三世无众生相；善顺佛道，善说于法，深了其义，入最胜地，悟真实法，智慧圆满，信乐坚固；虽善修正业而知业性空，了一切法皆如幻化，知一切法无有自性；观一切义及种种行，随世言说而无所著；除灭一切执著因缘，知如实理，观诸法性皆悉寂灭，了一切法同一实相，知诸法相不相违背；与诸菩萨而共同止，修行其道，善摄众生，入去、来、今一切菩萨回向之门；于诸佛法心无惊怖，以无量心令诸众生普得清净；于十方世界不起执取我、我所心，于诸世间无所分别；于一切境界不生染著，勤修一切出世间法；于诸世间无取无依，于深妙道正见牢固，离诸妄见，了真实法。譬如真如，遍一切处，无有边际；善根回向亦复如是，遍一切处，无有边际。譬如真如，真实为性；善根回向亦复如是，了一切法真实为性。譬如真如，恒守本性，无有改变；善根回向亦复如是，守其本性，始终不改。譬如真如，以一切法无性为性；善根回向亦复如是，了一切法无性为性。譬如真如，无相为相；善根回向亦复如是，了一切法无相为相。譬如真如，若有得者，终无退转；善根回向亦复如是，若有得者，于诸佛法，永不退转。譬如真如，一切诸佛之所行处；善根回向亦复如是，一切如来所行之处。譬如真如，离境界相而为境界；善根回向亦复如是，离境界相而为三世一切诸佛圆满境界。譬如真如，能有安立；善根回向亦复如是，悉能安立一切众生。譬如真如，性常随顺；善根回向亦复如是，尽未来劫，随顺不断。譬如真如，无能测量；善根回向亦复如是，等虚空界，尽众生心，无能测量。譬如真如，充满一切；善根回向亦复如是，一刹那中普周法界。譬如真如，常住无尽；善根回向亦复如是，究竟无尽。譬如真如，无有比对；善根回向亦复如是，普能圆满一切佛法，无有比对。譬如真如，体性坚固；善根回向亦复如是，体性坚固，非诸惑恼之所能沮。譬如真如，不可破坏；善根回向亦复如是，一切众生不能损坏。譬如真如，照明为体；善根回向亦复如是，以普照明而为其性。譬如真如，无所不在；善根回向亦复如是，于一切处悉无不在。譬如真如，遍一切时；善根回向亦复如是，遍一切时。譬如真如，性常清净；善根回向亦复如是，住于世间而体清净。譬如真如，于法无碍；善根回向亦复如是，周行一切而无所碍。譬如真如，为众法眼；善根回向亦复如是，能为一切众生作眼。譬如真如，性无劳倦；善根回向亦复如是，修行一切菩萨诸行恒无劳倦。譬如真如，体性甚深；善根回向亦复如是，其性甚深。譬如真如，无有一物；善根回向亦复如是，了知其性无有一物。譬如真如，性非出现；善根回向亦复如是，其体微妙，难可得见。譬如真如，离众垢翳；善根回向亦复如是，慧眼清净，离诸痴翳。譬如真如，性无与等；善根回向亦复如是，成就一切诸菩萨行最上无等。譬如真如，体性寂静；善根回向亦复如是，善能随顺寂静之法。譬如真如，无有根本；善根回向亦复如是，能入一切无根本法。譬如真如，体性无边；善根回向亦复如是，净诸众生，其数无边。譬如真如，体性无著；善根回向亦复如是，毕竟远离一切诸著。譬如真如，无有障碍；善根回向亦复如是，除灭一切世间障碍。譬如真如，非世所行；善根回向亦复如是，非诸世间之所能行。譬如真如，体性无住；善根回向亦复如是，一切生死皆非所住。譬如真如，性无所作；善根回向亦复如是，一切所作悉皆舍离。譬如真如，体性安住；善根回向亦复如是，安住真实。譬如真如，与一切法而共相应；善根回向亦复如是，与诸菩萨听闻修习而共相应。譬如真如，一切法中，性常平等；善根回向亦复如是，于诸世间修平等行。譬如真如，不离诸法；善根回向亦复如是，尽未来际不舍世间。譬如真如，一切法中，毕竟无尽；善根回向亦复如是，于诸众生回向无尽。譬如真如，与一切法无有相违；善根回向亦复如是，不违三世一切佛法。譬如真如，普摄诸法；善根回向亦复如是，尽摄一切众生善根。譬如真如，与一切法同其体性；善根回向亦复如是，与三世佛同一体性。譬如真如，与一切法不相舍离；善根回向亦复如是，摄持一切世、出世法。譬如真如，无能映蔽；善根回向亦复如是，一切世间无能映蔽。譬如真如，不可动摇；善根回向亦复如是，一切魔业无能动摇。譬如真如，性无垢浊；善根回向亦复如是，修菩萨行无有垢浊。譬如真如，无有变易；善根回向亦复如是，愍念众生，心无变易。譬如真如，不可穷尽；善根回向亦复如是，非诸世法所能穷尽。譬如真如，性常觉悟；善根回向亦复如是，普能觉悟一切诸法。譬如真如，不可失坏；善根回向亦复如是，于诸众生起胜志愿，永不失坏。譬如真如，能大照明；善根回向亦复如是，以大智光照诸世间。譬如真如，不可言说；善根回向亦复如是，一切言语所不可说。譬如真如，持诸世间；善根回向亦复如是，能持一切菩萨诸行。譬如真如，随世言说；善根回向亦复如是，随顺一切智慧言说。譬如真如，遍一切法；善根回向亦复如是，遍于十方一切佛刹，现大神通，成等正觉。譬如真如，无有分别；善根回向亦复如是，于诸世间，无所分别。譬如真如，遍一切身；善根回向亦复如是，遍十方刹无量身中。譬如真如，体性无生；善根回向亦复如是，方便示生而无所生。譬如真如，无所不在；善根回向亦复如是，十方三世诸佛土中，普现神通而无不在。譬如真如，遍在于夜；善根回向亦复如是，于一切夜，放大光明，施作佛事。譬如真如，遍在于昼；善根回向亦复如是，悉令一切在昼众生，见佛神变，演不退轮，离垢清净，无空过者。譬如真如，遍在半月及以一月；善根回向亦复如是，于诸世间次第时节，得善方便，于一念中知一切时。譬如真如，遍在年岁；善根回向亦复如是，住无量劫明了成熟，一切诸根皆令圆满。譬如真如，遍成坏劫；善根回向亦复如是，住一切劫清净无染，教化众生咸令清净。譬如真如，尽未来际；善根回向亦复如是，尽未来际，修诸菩萨清净妙行，成满大愿无有退转。譬如真如，遍住三世；善根回向亦复如是，令诸众生于一刹那见三世佛，未曾一念而有舍离。譬如真如，遍一切处；善根回向亦复如是，超出三界，周行一切，悉得自在。譬如真如，住有无法；善根回向亦复如是，了达一切有无之法毕竟清净。譬如真如，体性清净；善根回向亦复如是，能以方便集助道法，净治一切诸菩萨行。譬如真如，体性明洁；善根回向亦复如是，令诸菩萨悉得三昧明洁之心。譬如真如，体性无垢；善根回向亦复如是，远离诸垢，满足一切诸清净意。譬如真如，无我、我所；善根回向亦复如是，以无我、我所清净之心，充满十方诸佛国土。譬如真如，体性平等；善根回向亦复如是，获得平等一切智智，照了诸法，离诸痴翳。譬如真如，超诸数量；善根回向亦复如是，与超数量一切智乘大力法藏而同止住，兴遍十方一切世界广大法云。譬如真如，平等安住；善根回向亦复如是，发生一切诸菩萨行，平等住于一切智道。譬如真如，遍住一切诸众生界；善根回向亦复如是，满足无碍一切种智，于众生界悉现在前。譬如真如，无有分别，普住一切音声智中；善根回向亦复如是，具足一切诸言音智，能普示现种种言音，开示众生。譬如真如，永离世间；善根回向亦复如是，普使众生永出世间。譬如真如，体性广大；善根回向亦复如是，悉能受持去、来、今世广大佛法，恒不忘失，勤修一切菩萨诸行。譬如真如，无有间息；善根回向亦复如是，为欲安处一切众生于大智地，于一切劫修菩萨行无有间息。譬如真如，体性宽广，遍一切法；善根回向亦复如是，净念无碍，普摄一切宽广法门。譬如真如，遍摄群品；善根回向亦复如是，证得无量品类之智，修诸菩萨真实妙行。譬如真如，无所取著；善根回向亦复如是，于一切法皆无所取，除灭一切世间取著，普令清净。譬如真如，体性不动；善根回向亦复如是，安住普贤圆满行愿，毕竟不动。譬如真如，是佛境界；善根回向亦复如是，令诸众生满足一切大智境界，灭烦恼境悉令清净。譬如真如，无能制伏；善根回向亦复如是，不为一切众魔事业、外道邪论之所制伏。譬如真如，非是可修，非不可修；善根回向亦复如是，舍离一切妄想取著，于修、不修无所分别。譬如真如，无有退舍；善根回向亦复如是，常见诸佛，发菩提心，大誓庄严，永无退舍。譬如真如，普摄一切世间言音；善根回向亦复如是，能得一切差别言音神通智慧，普发一切种种言词。譬如真如，于一切法无所希求；善根回向亦复如是，令诸众生乘普贤乘而得出离，于一切法无所贪求。譬如真如，住一切地；善根回向亦复如是，令一切众生舍世间地，住智慧地，以普贤行而自庄严。譬如真如，无有断绝；善根回向亦复如是，于一切法得无所畏，随其类音，处处演说，无有断绝。譬如真如，舍离诸漏；善根回向亦复如是，令一切众生成就法智，了达于法，圆满菩提无漏功德。譬如真如，无有少法而能坏乱，令其少分非是觉悟；善根回向亦复如是，普令开悟一切诸法，其心无量遍周法界。譬如真如，过去非始，未来非末，现在非异；善根回向亦复如是，为一切众生新新恒起菩提心愿，普使清净，永离生死。譬如真如，于三世中无所分别；善根回向亦复如是，现在念念心常觉悟，过去、未来皆悉清净。譬如真如，成就一切诸佛菩萨；善根回向亦复如是，发起一切大愿方便，成就诸佛广大智慧。譬如真如，究竟清净，不与一切诸烦恼俱；善根回向亦复如是，能灭一切众生烦恼，圆满一切清净智慧。

佛子！菩萨摩诃萨如是回向时，得一切佛刹平等，普严净一切世界故；得一切众生平等，普为转无碍法轮故；得一切菩萨平等，普出生一切智愿故；得一切诸佛平等，观察诸佛体无二故；得一切法平等，普知诸法性无易故；得一切世间平等，以方便智善解一切语言道故；得一切菩萨行平等，随种善根尽回向故；得一切时平等，勤修佛事，于一切时无断绝故；得一切业果平等，于世、出世所有善根皆无染著，咸究竟故；得一切佛自在神通平等，随顺世间现佛事故。

佛子！是为菩萨摩诃萨第八真如相回向。菩萨摩诃萨住此回向，证得无量清净法门，能为如来大师子吼，自在无畏；以善方便，教化成就无量菩萨，于一切时未曾休息；得佛无量圆满之身，一身充遍一切世界；得佛无量圆满音声，一音开悟一切众生；得佛无量圆满之力，一毛孔中普能容纳一切国土；得佛无量圆满神通，置诸众生于一尘中；得佛无量圆满解脱，于一众生身示现一切诸佛境界，成等正觉；得佛无量圆满三昧，一三昧中普能示现一切三昧；得佛无量圆满辩才，说一句法，穷未来际而不可尽，悉除一切众生疑惑；得佛无量圆满众生，具佛十力，尽众生界示成正觉。佛子！是为菩萨摩诃萨以一切善根顺真如相回向。

尔时，金刚幢菩萨承佛威力，普观十方而说颂言：

菩萨志乐常安住，正念坚固离痴惑，其心善软恒清凉，积集无边功德行。菩萨谦顺无违逆，所有志愿悉清净，已得智慧大光明，善能照了一切业。菩萨思惟业广大，种种差别甚希有，决意修行无退转，以此饶益诸群生。诸业差别无量种，菩萨一切勤修习，随顺众生不违意，普令心净生欢喜。已升调御人尊地，离诸热恼心无碍，于法于义悉善知，为利群生转勤习。菩萨所修众善行，无量无数种种别，于彼一切分别知，为利群生故回向。以妙智慧恒观察，究竟广大真实理，断诸有处悉无余，如彼真如善回向。譬如真如遍一切，如是普摄诸世间，菩萨以此心回向，悉令众生无所著。菩萨愿力遍一切，譬如真如无不在，若见不见念悉周，悉以功德而回向。夜中随住昼亦住，半月一月亦随住，若年若劫悉住中，真如是行亦然。所有三世及刹土，一切众生与诸法，悉住其中无所住，以如是行而回向。譬如真如本自性，菩萨如是发大心，真如所在无不在，以如是行而回向。譬如真如本自性，其中未曾有一法，不得自性是真性，以如是业而回向。如真如相业亦尔，如真如性业亦尔，如真如性本真实，业亦如是同真如。

譬如真如无边际，业亦如是无有边，而于其中无缚著，是故此业得清净。如是聪慧真佛子，志愿坚固不动摇，以其智力善通达，入于诸佛方便藏。觉悟法王真实法，于中无著亦无缚，如是自在心无碍，未曾见有一法起。如来法身所作业，一切世间如彼相，说诸法相皆无相，知如是相是知法。菩萨住是不思议，于中思议不可尽，入此不可思议处，思与非思皆寂灭。如是思惟诸法性，了达一切业差别，所有我执皆除灭，住于功德无能动。菩萨一切业果报，悉为无尽智所印，如是无尽自性尽，是故无尽方便灭。菩萨观心不在外，亦复不得在于内，知其心性无所有，我法皆离永寂灭。彼诸佛子如是知，一切法性常空寂，无有一法能造作，同于诸佛悟无我。了知一切诸世间，悉与真如性相等，见是不可思议相，是则能知无相法。若能住是甚深法，常乐修行菩萨行，为欲利益诸群生，大誓庄严无退转。是则超过于世间，不起生死妄分别，了达其心如幻化，勤修众行度群生。菩萨正念观世间，一切皆从业缘得，为欲救度修诸行，普摄三界无遗者。了知众生种种异，悉是想行所分别，于此观察悉明了，而不坏于诸法性。智者了知诸佛法，以如是行而回向，哀愍一切诸众生，令于实法正思惟。

大方广佛华严经卷第三十一

十回向品第二十五之九

佛子！云何为菩萨摩诃萨无著无缚解脱回向？

佛子！是菩萨摩诃萨于一切善根，心生尊重。所谓：于出生死，心生尊重；于摄取一切善根，心生尊重；于希求一切善根，心生尊重；于悔诸过业，心生尊重；于随喜善根，心生尊重；于礼敬诸佛，心生尊重；于合掌恭敬，心生尊重；于顶礼塔庙，心生尊重；于劝佛说法，心生尊重。于如是等种种善根，皆生尊重，随顺忍可。

佛子！菩萨摩诃萨于彼善根，皆生尊重，随顺忍可时，究竟欣乐，坚固信解；自得安住，令他安住；勤修无著，自在积集；成胜志乐，住如来境；势力增长，悉得知见。以诸善根如是回向，所谓：以无著无缚解脱心，成就普贤身业。以无著无缚解脱心，清净普贤语业。以无著无缚解脱心，圆满普贤意业。以无著无缚解脱心，发起普贤广大精进。以无著无缚解脱心，具足普贤无碍音声陀罗尼门，其声广大，普遍十方。以无著无缚解脱心，具足普贤见一切佛陀罗尼门，恒见十方一切诸佛。以无著无缚解脱心，成就解了一切音声陀罗尼门，同一切音，说无量法。以无著无缚解脱心，成就普贤一切劫住陀罗尼门，普于十方修菩萨行。以无著无缚解脱心，成就普贤自在力，于一众生身中，示修一切菩萨行，尽未来劫常无间断；如一众生身，一切众生身悉如是。以无著无缚解脱心，成就普贤自在力，普入一切众道场，普现一切诸佛前，修菩萨行。以无著无缚解脱心，成就普贤佛自在力，于一门中示现，经不可说不可说劫，无有穷尽，令一切众生皆得悟入。以无著无缚解脱心，成就普贤佛自在力，于种种门中示现，经不可说不可说劫，无有穷尽，令一切众生皆得悟入，其身普现一切佛前。以无著无缚解脱心，成就普贤自在力，念念中令不可说不可说众生住十力智，心无疲倦。以无著无缚解脱心，成就普贤自在力，于一切众生身中，现一切佛自在神通，令一切众生住普贤行。以无著无缚解脱心，成就普贤自在力，于一一众生语言中，作一切众生语言，令一切众生一一皆住一切智地。以无著无缚解脱心，成就普贤自在力，于一一众生身中，普容纳一切众生身，令皆自谓成就佛身。以无著无缚解脱心，成就普贤自在力，能以一华庄严一切十方世界。以无著无缚解脱心，成就普贤自在力，出大音声，普遍法界，周闻一切诸佛国土，摄受调伏一切众生。以无著无缚解脱心，成就普贤自在力，尽未来际不可说不可说劫，于念念中悉能遍入一切世界，以佛神力，随念庄严。以无著无缚解脱心，成就普贤自在力，尽未来际所住之劫，常能遍入一切世界，示现成佛出兴于世。以无著无缚解脱心，成普贤行，一光普照尽虚空界一切世界。以无著无缚解脱心，成普贤行，得无量智慧，具一切神通，说种种法。以无著无缚解脱心，成普贤行，入于如来尽一切劫不可测量神通智慧。以无著无缚解脱心，成普贤行，住尽法界诸如来所，以佛神力修习一切诸菩萨行；身、口、意业，曾无懈倦。以无著无缚解脱心，成普贤行，不违于义，不坏于法，言词清净，乐说无尽；教化调伏一切众生，令其当得一切诸佛无上菩提。以无著无缚解脱心，修普贤行，入一法门时，放无量光，照不思议一切法门；如一法门，一切法门皆亦如是通达无碍，究竟当得一切智地。以无著无缚解脱心，住菩萨行，于法自在，到于普贤庄严彼岸；于一一境界，皆以一切智观察悟入，而一切智亦不穷尽。以无著无缚解脱心，始从此生尽未来际住普贤行，常不休息，得一切智，悟不可说不可说真实法，于法究竟，无有迷惑。以无著无缚解脱心，修普贤业，方便自在，得法光明，于诸菩萨所行之行照了无碍。以无著无缚解脱心，修普贤行，得一切方便智，知一切方便，所谓：无量方便、不思议方便、菩萨方便、一切智方便、一切菩萨调伏方便、转无量法轮方便、不可说时方便、说种种法方便、无边际无畏藏方便、说一切法无余方便。以无著无缚解脱心，住普贤行，成就身业，令一切众生见者欢喜，不生诽谤；发菩提心，永不退转，究竟清净。以无著无缚解脱心，修普贤行，得了一切众生语言清净智，一切言词具足庄严，普应众生，皆令欢喜。以无著无缚解脱心，住普贤行，立殊胜志，具清净心，得广大神通、广大智慧，普诣一切广大世间、广大国土、广大众生所，说一切如来不可说广大法、广大庄严圆满藏。以无著无缚解脱心，成满普贤回向行愿，得一切佛清净身、清净心、清净解，摄佛功德，住佛境界，智印普照，示现菩萨清净之业，善入一切差别句义，示诸佛菩萨广大自在，为一切众生现成正觉。以无著无缚解脱心，勤修普贤诸根行愿，得聪利根、调顺根、一切法自在根、无尽根、勤修一切善根根、一切佛境界平等根、授一切菩萨不退转记大精进根、了知一切佛法金刚界根、一切如来智慧光照金刚焰根、分别一切诸根自在根、安立无量众生于一切智根、无边广大根、一切圆满根、清净无碍根。以无著无缚解脱心，修普贤行，得一切菩萨神力，所谓：无量广大力神力、无量自在智神力、不动其身普现一切佛刹神力、无碍不断自在神力、普摄一切佛刹置于一处神力、一身遍满一切佛刹神力、无碍解脱游戏神力、无所作一念自在神力、住无性无依神力、一毛孔中次第安立不可说世界遍游法界诸佛道场示诸众生皆令得入大智慧门神力。以无著无缚解脱心，入普贤门，生菩萨行，以自在智，于一念顷普入无量诸佛国土，一身容受无量佛刹，获能严净佛国土智，恒以智慧观见无边诸佛国土，永不发起二乘之心。以无著无缚解脱心，修普贤方便行，入智慧境界，生如来家，住菩萨道，具足不可说不可说无量不思议殊胜心，行无量愿未曾休息，了知三世一切法界。以无著无缚解脱心，成就普贤清净法门，于一毛端量处悉包容尽虚空遍法界不可说不可说一切国土，皆使明见；如一毛端量处，遍法界、虚空界一一毛端量处悉亦如是。以无著无缚解脱心，成就普贤深心方便，于一念心中现一众生不可说不可说劫念心，如是乃至现一切众生尔许劫念心。以无著无缚解脱心，入普贤回向，行方便地，于一身中悉能包纳尽法界不可说不可说身，而众生界无所增减；如一身，乃至周遍法界一切身悉亦如是。以无著无缚解脱心，成就普贤大愿方便，舍离一切想倒、心倒、见倒，普入一切诸佛境界；常见诸佛虚空界等清净法身，相好庄严，神力自在；常以妙音开示演说无碍无断，令其闻者如说受持，于如来身了无所得。以无著无缚解脱心，修普贤行，住菩萨地，于一念中入一切世界，所谓：入仰世界、覆世界、不可说不可说十方网一切处广大世界，以因陀罗网分别方便普分别一切法界，以种种世界入一世界，以不可说不可说无量世界入一世界，以一切法界所安立无量世界入一世界，以一切虚空界所安立无量世界入一世界，而亦不坏安立之相，悉令明见。以无著无缚解脱心，修习普贤菩萨行愿，得佛灌顶，于一念中入方便地，成满安住众行智宝；悉能了知一切诸想，所谓：众生想、法想、刹想、方想、佛想、世想、业想、行想、界想、解想、根想、时想、持想、烦恼想、清净想、成熟想、见佛想、转法轮想、闻法解了想、调伏想、无量想、出离想、种种地想、无量地想、菩萨了知想、菩萨修习想、菩萨三昧想、菩萨三昧起想、菩萨成想、菩萨坏想、菩萨殁想、菩萨生想、菩萨解脱想、菩萨自在想、菩萨住持想、菩萨境界想、劫成坏想、明想、闇想、昼想、夜想、半月一月一时一岁变异想、去想、来想、住想、坐想、睡想、觉想——如是等想，于一念中悉能了知，而离一切想无所分别；断一切障，无所执著；一切佛智充满其心，一切佛法长其善根，与诸如来等同一身，一切诸佛之所摄取，离垢清净，一切佛法皆随修学到于彼岸。以无著无缚解脱心，为一切众生修普贤行，生大智宝，于一一心中知无量心随其依止，随其分别，随其种性，随其所作，随其业用，随其相状，随其思觉，种种不同靡不明见。以无著无缚解脱心，成就普贤大愿智宝，于一处中知于无量不可说处；如于一处，于一切处悉亦如是。以无著无缚解脱心，修习普贤行业智地，于一业中能知无量不可说不可说业，其业各以种种缘造，明了知见；如于一业，于一切业悉亦如是。以无著无缚解脱心，修习普贤知诸法智，于一法中知不可说不可说法，于一切法中而知一法；如是诸法，各各差别，无有障碍，无违无著。以无著无缚解脱心，住菩萨行，得具普贤无碍耳根，于一言音中知不可说不可说言音无量无边种种差别而无所著；如于一言音，于一切言音悉亦如是。以无著无缚解脱心，修普贤智，起普贤行，住普贤地，于一一法中演说不可说不可说法；其法广大，种种差别教化摄受，不可思议方便相应；于无量时，于一切时，随诸众生所有欲解，随根随时，以佛音声而为说法；以一妙音，令不可说道场众会无量众生皆悉欢喜，一切如来所无量菩萨充满法界；立殊胜志，生广大见，究竟了知一切诸行，住普贤地，随所说法，于念念中悉能证入，一刹那顷增长无量不可说不可说大智慧聚；尽未来劫如是演说，于一切刹修习广大虚空等行，成就圆满。以无著无缚解脱心，修习普贤诸根行门，成大行王，于一一根中悉能了知无量诸根、无量心乐、不思议境界所生妙行。以无著无缚解脱心，住普贤行大回向心，得色甚微细智、身甚微细智、刹甚微细智、劫甚微细智、世甚微细智、方甚微细智、时甚微细智、数甚微细智、业报甚微细智、清净甚微细智——如是等一切甚微细，于一念中悉能了知，而心不恐怖，心不迷惑、不乱、不散、不浊、不劣；其心一缘，心善寂定，心善分别，心善安住。以无著无缚解脱心，住菩萨智，修普贤行，无有懈倦，能知一切众生趣甚微细、众生死甚微细、众生生甚微细、众生住甚微细、众生处甚微细、众生品类甚微细、众生境界甚微细、众生行甚微细、众生取甚微细、众生攀缘甚微细——如是等一切甚微细，于一念中悉能了知。以无著无缚解脱心，立深志乐，修普贤行，能知一切菩萨从初发心为一切众生修菩萨行甚微细、菩萨住处甚微细、菩萨神通甚微细、菩萨游行无量佛刹甚微细、菩萨法光明甚微细、菩萨清净眼甚微细、菩萨成就殊胜心甚微细、菩萨往诣一切如来道场众会甚微细、菩萨陀罗尼门智甚微细、菩萨无量无畏地一切辩才藏演说甚微细、菩萨无量三昧相甚微细、菩萨见一切佛三昧智甚微细、菩萨甚深三昧智甚微细、菩萨大庄严三昧智甚微细、菩萨法界三昧智甚微细、菩萨大自在神通三昧智甚微细、菩萨尽未来际广大行住持三昧智甚微细、菩萨出生无量差别三昧智甚微细、菩萨出生一切诸佛前勤修供养恒不舍离三昧智甚微细、菩萨修行一切甚深广博无障无碍三昧智甚微细、菩萨究竟一切智地住持行智地大神通地决定义地离翳三昧智甚微细——如是等一切甚微细，悉能了知。以无著无缚解脱心，修普贤行，悉知一切菩萨安立智甚微细、菩萨地甚微细、菩萨无量行甚微细、菩萨出生回向甚微细、菩萨得一切佛藏甚微细、菩萨观察智甚微细、菩萨神通愿力甚微细、菩萨演说三昧甚微细、菩萨自在方便甚微细、菩萨印甚微细、菩萨一生补处甚微细、菩萨生兜率天甚微细、菩萨住止天宫甚微细、菩萨严净佛国甚微细、菩萨观察人中甚微细、菩萨放大光明甚微细、菩萨种族殊胜甚微细、菩萨道场众会甚微细、菩萨遍一切世界受生甚微细、菩萨于一身示现一切身命终甚微细、菩萨入母胎甚微细、菩萨住母胎甚微细、菩萨在母胎中自在示现一切法界道场众会甚微细、菩萨在母胎中示现一切佛神力甚微细、菩萨示现诞生事甚微细、菩萨师子游行七步智甚微细、菩萨示处王宫巧方便智甚微细、菩萨出家修调伏行甚微细、菩萨菩提树下坐道场甚微细、菩萨破魔军众成阿耨多罗三藐三菩提甚微细、如来坐菩提座放大光明照十方界甚微细、如来示现无量神变甚微细、如来师子吼大涅槃甚微细、如来调伏一切众生而无所碍甚微细、如来不思议自在力如金刚菩提心甚微细、如来普护念一切世间境界甚微细、如来普于一切世界施作佛事尽未来劫而无休息甚微细、如来无碍神力周遍法界甚微细、如来于尽虚空界一切世界普现成佛调伏众生甚微细、如来于一佛身现无量佛身甚微细、如来于去来今三世中皆处道场自在智甚微细——如是等一切微细悉能了知；成就清净，普能示现一切世间；于念念中增长智慧，圆满不退；善巧方便修菩萨行，无有休息；成就普贤回向之地，具足一切如来功德，永不厌舍菩萨所行，出生菩萨现前境界；无量方便皆悉清净，普欲安隐一切众生；修菩萨行，成就菩萨大威德地，得诸菩萨心之乐欲，获金刚幢回向之门，出生法界诸功德藏，常为诸佛之所护念；入诸菩萨深妙法门，演说一切真实之义，于法善巧无所违失，起大誓愿不舍众生；于一念中尽知一切心、非心地境界之藏，于非心处示生于心；远离语言，安住智慧，同诸菩萨所行之行，以自在力示成佛道，尽未来际常无休息；一切世间众生劫数，妄想言说之所建立，神通愿力悉能示现。以无著无缚解脱心，修普贤行，得一切众生界甚微细智，所谓：众生界分别甚微细智、众生界言说甚微细智、众生界执著甚微细智、众生界异类甚微细智、众生界同类甚微细智、众生界无量趣甚微细智、众生界不思议种种分别所作甚微细智、众生界无量杂染甚微细智、众生界无量清净甚微细智——如是等一切众生界境界甚微细，于一念中能以智慧皆如实知；广摄众生而为说法，开示种种清净法门，令修菩萨广大智慧；化身无量，见者欢喜，以智日光照菩萨心，令其开悟智慧自在。以无著无缚解脱心，为一切众生于一切世界修普贤行，得尽虚空界、法界、一切世界甚微细智，所谓：小世界甚微细智、大世界甚微细智、杂染世界甚微细智、清净世界甚微细智、无比世界甚微细智、种种世界甚微细智、广世界甚微细智、狭世界甚微细智、无碍庄严世界甚微细智、遍一切世界佛出现甚微细智、遍一切世界说正法甚微细智、遍一切世界普现身甚微细智、遍一切世界放大光明甚微细智、尽一切世界示现诸佛自在神通甚微细智、尽一切世界以一音声示一切音甚微细智、入一切世界一切佛刹道场众会甚微细智、以一切法界佛刹作一佛刹甚微细智、以一佛刹作一切法界佛刹甚微细智、知一切世界如梦甚微细智、知一切世界如像甚微细智、知一切世界如幻甚微细智；如是了知出生一切菩萨之道，入普贤行智慧神通，具普贤观，修菩萨行，常无休息；得一切佛自在神变，具无碍身，住无依智，于诸善法无所取著，心之所行悉无所得；于一切处起远离想，于菩萨行起净修想，于一切智无取著想，以诸三昧而自庄严，智慧随顺一切法界。以无著无缚解脱心，入普贤菩萨行门，得无量法界甚微细智、演说一切法界甚微细智、入广大法界甚微细智、分别不思议法界甚微细智、分别一切法界甚微细智、一念遍一切法界甚微细智、普入一切法界甚微细智、知一切法界无所得甚微细智、观一切法界无所碍甚微细智、知一切法界无有生甚微细智、于一切法界现神变甚微细智——如是等一切法界甚微细，以广大智皆如实知；于法自在，示普贤行，令诸众生皆悉满足；不舍于义，不著于法，出生平等无碍之智；知无碍本，不住一切法，不坏诸法性，如实无染，犹若虚空，随顺世间起于言说；开真实义，示寂灭性，于一切境无依、无住、无有分别；明见法界，广大安立，了诸世间及一切法平等无二，离一切著。以无著无缚解脱心，修普贤行，生诸劫甚微细智，所谓：以不可说劫为一念甚微细智、以一念为不可说劫甚微细智、以阿僧祇劫入一劫甚微细智、以一劫入阿僧祇劫甚微细智、以长劫入短劫甚微细智、以短劫入长劫甚微细智、入有佛劫无佛劫甚微细智、知一切劫数甚微细智、知一切劫非劫甚微细智、一念中见三世一切劫甚微细智——如是等一切诸劫甚微细，以如来智，于一念中皆如实知；得诸菩萨圆满行王心、入普贤行心、离一切分别异道戏论心、发大愿无懈息心、普见无量世界网无量诸佛充满心、于诸佛善根诸菩萨行能闻持心、于安慰一切众生广大行闻已不忘心、能于一切劫现佛出世心、于一一世界尽未来际行不动行无休息心、于一切世界中以如来身业充满菩萨身心。以无著无缚解脱心，修普贤行，成不退转，得一切法甚微细智，所谓：甚深法甚微细智、广大法甚微细智、种种法甚微细智、庄严法甚微细智、一切法无有量甚微细智、一切法入一法甚微细智、一法入一切法甚微细智、一切法入非法甚微细智、无法中安立一切法而不相违甚微细智、入一切佛法方便无有余甚微细智——如是等一切世界一切言说所安立法诸微细智，与彼同等，其智无碍,皆如实知;得入无边法界心,于一一法界深心坚住,成无碍行;以一切智充满诸根,入诸佛智,正念方便,成就诸佛广大功德;遍满法界,普入一切诸如来身,现诸菩萨所有身业,随顺一切世界言词,演说于法;得一切佛神力所加智慧意业,出生无量善巧方便分别诸法萨婆若智。以无著无缚解脱心,修普贤行,出生一切甚微细智,所谓:知一切刹甚微细智、知一切众生甚微细智、知一切法果报甚微细智、知一切众生心甚微细智、知一切说法时甚微细智、知一切法界甚微细智、知一切尽虚空界三世甚微细智、知一切语言道甚微细智、知一切世间行甚微细智、知一切出世行甚微细智,乃至知一切如来道、一切菩萨道、一切众生道甚微细智;修菩萨行,住普贤道,若文若义皆如实知;生如影智,生如梦智,生如幻智,生如响智,生如化智,生如空智,生寂灭智,生一切法界智,生无所依智,生一切佛法智。

佛子!菩萨摩诃萨以无著无缚解脱心回向,不分别若世间、若世间法,不分别若菩提、若菩提萨埵,不分别若菩萨行、若出离道,不分别若佛、若一切佛法,不分别若调伏众生、若不调伏众生,不分别若善根、若回向,不分别若自、若他,不分别若施物、若受施者,不分别若菩萨行、若等正觉,不分别若法、若智。

佛子!菩萨摩诃萨以彼善根如是回向,所谓:心无著无缚解脱,身无著无缚解脱,口无著无缚解脱,业无著无缚解脱,报无著无缚解脱,世间无著无缚解脱,佛刹无著无缚解脱,众生无著无缚解脱,法无著无缚解脱,智无著无缚解脱。菩萨摩诃萨如是回向时,如三世诸佛为菩萨时所修回向而行回向;学过去诸佛回向,成未来诸佛回向,住现在诸佛回向;安住过去诸佛回向道,不舍未来诸佛回向道,随顺现在诸佛回向道;勤修过去诸佛教,成就未来诸佛教,了知现在诸佛教;满足过去诸佛平等,成就未来诸佛平等,安住现在诸佛平等;行过去诸佛境界,住未来诸佛境界,等现在诸佛境界;得三世一切诸佛善根,具三世一切诸佛种性,住三世一切诸佛所行,顺三世一切诸佛境界。

佛子!是为菩萨摩诃萨第九无著无缚解脱心回向。菩萨摩诃萨住此回向时,一切金刚轮围山所不能坏,于一切众生中色相第一无能及者,悉能摧破诸魔邪业,普现十方一切世界;修菩萨行,为欲开悟一切众生,以善方便说诸佛法;得大智慧,于诸佛法心无迷惑,在在生处若行若住,常得值遇不坏眷属;三世诸佛所说正法,以清净念悉能受持,尽未来劫修菩萨行,常不休息,无所依著;普贤行愿增长具足,得一切智施作佛事,成就菩萨自在神通。

尔时,金刚幢菩萨承佛神力,普观十方而说颂言:

普于十方无等尊,未曾一起轻慢心,随其所修功德业,亦复恭敬生尊重。所修一切诸功德,不为自己及他人,恒以最上信解心,利益众生故回向。未尝暂起高慢心,亦复不生下劣意,如来所有身等业,彼悉请问勤修习。所修种种诸善根,悉为利益诸含识,安住深心广大解,回向人尊功德位。世间所有无量别,种种善巧奇特事,粗细广大及甚深,靡不修行皆了达。世间所有种种身,以身平等入其中,于此修行得了悟,慧门成就无退转。世间国土无量种,微细广大仰覆别,菩萨能以智慧门,一毛孔中无不见。众生心行无有量,能令平等入一心,以智慧门悉开悟,于所修行不退转。众生诸根及欲乐,上中下品各不同,一切甚深难可知,随其本性悉能了。众生所有种种业,上中下品各差别,菩萨深入如来力,以智慧门普明见。不可思议无量劫,能令平等入一念,如是见已遍十方,修行一切清净业。过去未来及现在,了知其相各不同,而亦不违平等理,是则大心明达行。世间众生行不同,或显或隐无量种,菩萨悉知差别相,亦知其相皆无相。十方世界一切佛,所现自在神通力,广大难可得思议,菩萨悉能分别知。一切世界兜率中,自然觉悟人师子,功德广大净无等,如其体相悉能见。或现降神处母胎,无量自在大神变,成佛说法示灭度,普遍世间无暂已。人中师子初生时,一切胜智悉承奉,诸天帝释梵王等,靡不恭敬而瞻侍。十方一切无有余,无量无边法界中,无始无末无遐迩,示现如来自在力。人中尊导现生已,游行诸方各七步,欲以妙法悟群生,是故如来普观察。见诸众生沉欲海,盲暗愚痴之所覆,人中自在现微笑,念当救彼三有苦。大师子吼出妙音,我为世间第一尊,应然明净智慧灯,灭彼生死愚痴闇。人师子王出世时,普放无量大光明,令诸恶道皆休息,永灭世间众苦难。或时示现处王宫,或现舍家修学道,为欲饶益众生故,示其如是自在力。如来始坐道场时,一切大地皆动摇,十方世界悉蒙光,六趣众生咸离苦。震动一切魔宫殿,开悟十方众生心,昔曾受化及修行,皆使了知真实义。十方所有诸国土,悉入毛孔无有余,一切毛孔刹无边,于彼普现神通力。一切诸佛所开演,无量方便皆随悟,设诸如来所不说,亦能解了勤修习。遍满三千大千界,一切魔军兴斗诤,所作无量种种恶,无碍智门能悉灭。如来或在诸佛刹,或复现处诸天宫,或在梵宫而现身,菩萨悉见无障碍。佛现无量种种身,转于清净妙法轮,乃至三世一切劫,求其边际不可得。宝座高广最无等,遍满十方无量界,种种妙相而庄严,佛处其上难思议。诸佛子众共围绕,尽于法界悉周遍,开示菩提无量行,一切最胜所由道。诸佛随宜所作业,无量无边等法界,智者能以一方便,一切了知无不尽。诸佛自在神通力,示现一切种种身,或现诸趣无量生,或现采女众围绕。或于无量诸世界,示现出家成佛道,乃至最后般涅槃,分布其身起塔庙。如是种种无边行,导师演说佛所住,世尊所有大功德,誓愿修行悉令尽。以彼善根回向时,住于如是方便法,如是修习菩提行,其心毕竟无厌怠。如来所有大神通,及以无边胜功德,乃至世间诸智行,一切悉知无不尽。如是一切人中主,随其所有诸境界，于一念中皆了悟，而亦不舍菩提行。诸佛所有微细行，及一切刹种种法，于彼悉能随顺知，究竟回向到彼岸。有数无数一切劫，菩萨了知即一念，于此善入菩提行，常勤修习不退转。十方所有无量刹，或有杂染或清净，及彼一切诸如来，菩萨悉能分别知。于念念中悉明见，不可思议无量劫，如是三世无有余，具足修治菩萨行。于一切心平等入，入一切法亦平等，尽空佛刹斯亦然，彼最胜行悉了知。出生众生及诸法，所有种种诸智慧，菩萨神力亦复然，如是一切无穷尽。诸微细智各差别，菩萨尽摄无有余，同相异相悉善知，如是修行广大行。十方无量诸佛刹，其中众生各无量，趣生族类种种殊，住行力已悉能知。过去未来现在世，所有一切诸导师，若人知此而回向，则与彼佛行平等。若人能修此回向，则为学佛所行道，当得一切佛功德，及以一切佛智慧。一切世间莫能坏，一切所学皆成就，常能忆念一切佛，常见一切世间灯。菩萨胜行不可量，诸功德法亦如是，已住如来无上行，悉知诸佛自在力。

大方广佛华严经卷第三十二

十回向品第二十五之十

佛子！云何为菩萨摩诃萨等法界无量回向？

佛子！此菩萨摩诃萨以离垢缯而系其顶，住法师位，广行法施，起大慈悲安立众生，于菩提心常行饶益无有休息；以菩提心长养善根，为诸众生作调御师，示诸众生一切智道；为诸众生作法藏日，善根光明普照一切；于诸众生其心平等，修诸善行无有休息；心净无染，智慧自在，不舍一切善根道业；作诸众生大智商主，普令得入安隐正道；为诸众生而作导首，令修一切善根法行；为诸众生作不可坏坚固善友，令其善根增长成就。

佛子！此菩萨摩诃萨以法施为首，发生一切清净白法，摄受趣向一切智心，殊胜愿力究竟坚固；成就增益，具大威德，依善知识，心无谄诳，思惟观察一切智门无边境界。以此善根如是回向：愿得修习、成就、增长广大无碍一切境界；愿得于佛正教之中，乃至听闻一句、一偈受持演说；愿得忆念与法界等无量无边一切世界去、来、现在一切诸佛，既忆念已，修菩萨行。又愿以此念佛善根，为一众生于一世界尽未来劫修菩萨行；如于一世界，尽法界、虚空界、一切世界皆亦如是；如为一众生，为一切众生亦复如是。以善方便，一一皆为尽未来劫大誓庄严，终无离佛善知识想，常见诸佛现在其前，无有一佛出兴于世不得亲近。一切诸佛及诸菩萨所赞所说清净梵行，誓愿修行，悉令圆满，所谓：不破梵行、不缺梵行、不杂梵行、无玷梵行、无失梵行、无能蔽梵行、佛所赞梵行、无所依梵行、无所得梵行、增益菩萨清净梵行、三世诸佛所行梵行、无碍梵行、无著梵行、无诤梵行、无灭梵行、安住梵行、无比梵行、无动梵行、无乱梵行、无恚梵行。

佛子！菩萨摩诃萨若能为己修行如是清净梵行，则能普为一切众生，令一切众生皆得安住；令一切众生皆得开晓；令一切众生皆得成就；令一切众生皆得清净；令一切众生皆得无垢；令一切众生皆得照明；令一切众生离诸尘染；令一切众生无诸障翳；令一切众生离诸热恼；令一切众生离诸缠缚；令一切众生永离诸恶；令一切众生无诸恼害，毕竟清净。何以故？菩萨摩诃萨自于梵行不能清净，不能令他而得清净；自于梵行而有退转，不能令他无有退转；自于梵行而有失坏，不能令他无有失坏；自于梵行而有远离，不能令他常不远离；自于梵行而有懈怠，不能令他不生懈怠；自于梵行不生信解，不能令他心生信解；自于梵行而不安住，不能令他而得安住；自于梵行而不证入，不能令他心得证入；自于梵行而有放舍，不能令他恒不放舍；自于梵行而有散动，不能令他心不散动。何以故？菩萨摩诃萨住无倒行，说无倒法，所言诚实，如说修行，净身、口、意，离诸杂染，住无碍行，灭一切障。菩萨摩诃萨自得净心，为他演说清净心法；自修和忍，以诸善根调伏其心，令他和忍，以诸善根调伏其心；自离疑悔，亦令他人永离疑悔；自得净信，亦令他得不坏净信；自住正法，亦令众生安住正法。

佛子！菩萨摩诃萨复以法施所生善根如是回向，所谓：愿我获得一切诸佛无尽法门，普为众生分别解说，皆令欢喜，心得满足，摧灭一切外道异论。愿我能为一切众生演说三世诸佛法海，于一一法生起、一一法义理、一一法名言、一一法安立、一一法解说、一一法显示、一一法门户、一一法悟入、一一法观察、一一法分位，悉得无边无尽法藏，获无所畏，具四辩才，广为众生分别解说，穷未来际而无有尽。为欲令一切众生立胜志愿，出生无碍、无谬失辩；为欲令一切众生皆生欢喜，为欲令一切众生成就一切净法光明，随其类音，演说无断；为欲令一切众生深信欢喜，住一切智，辨了诸法，俾无迷惑，作是念言：我当普于一切世界，为诸众生精勤修习，得遍法界无量自在身，得遍法界无量广大心，具等法界无量清净音声，现等法界无量众会道场，修等法界无量菩萨业，得等法界无量菩萨住，证等法界无量菩萨平等，学等法界无量菩萨法，住等法界无量菩萨行，入等法界无量菩萨回向。是为菩萨摩诃萨以诸善根而为回向，为令众生悉得成就一切智故。

佛子！菩萨摩诃萨复以善根如是回向，所谓：为欲见等法界无量诸佛，调伏等法界无量众生，住持等法界无量佛刹，证等法界无量菩萨智，获等法界无量无所畏，成等法界无量诸菩萨陀罗尼，得等法界无量诸菩萨不思议住，具等法界无量功德，满等法界无量利益众生善根；又愿以此善根故，令我得福德平等、智慧平等、力平等、无畏平等、清净平等、自在平等、正觉平等、说法平等、义平等、决定平等、一切神通平等，如是等法皆悉圆满。如我所得，愿一切众生亦如是得，如我无异。

佛子！菩萨摩诃萨复以善根如是回向，所谓：如法界无量，善根回向亦复如是，所得智慧终无有量；如法界无边，善根回向亦复如是，见一切佛，无有其边；如法界无限，善根回向亦复如是，诣诸佛刹无有齐限；如法界无际，善根回向亦复如是，于一切世界修菩萨行无有涯际；如法界无断，善根回向亦复如是，住一切智永不断绝；如法界一性，善根回向亦复如是，与一切众生同一智性；如法界自性清净，善根回向亦复如是，令一切众生究竟清净；如法界随顺，善根回向亦复如是，令一切众生悉皆随顺普贤行愿；如法界庄严，善根回向亦复如是，令一切众生以普贤行而为庄严；如法界不可失坏，善根回向亦复如是，令诸菩萨永不失坏诸清净行。

佛子！菩萨摩诃萨复以此善根如是回向，所谓：愿以此善根，承事一切诸佛菩萨皆令欢喜；愿以此善根，速得趣入一切智性；愿以此善根，遍一切处，修一切智；愿以此善根，令一切众生常得往觐一切诸佛；愿以此善根，令一切众生常见诸佛，能作佛事；愿以此善根，令一切众生恒得见佛，不于佛事生怠慢心；愿以此善根，令一切众生常得见佛，心喜清净，无有退转；愿以此善根，令一切众生常得见佛，心善解了；愿以此善根，令一切众生常得见佛，不生执著；愿以此善根，令一切众生常得见佛，了达无碍；愿以此善根，令一切众生常得见佛，成普贤行；愿以此善根，令一切众生常见诸佛，现在其前，无时暂舍；愿以此善根，令一切众生常见诸佛，出生菩萨无量诸力；愿以此善根，令一切众生常见诸佛，于一切法永不忘失。

佛子！菩萨摩诃萨又以诸善根如是回向，所谓：如法界无起性回向、如法界根本性回向、如法界自体性回向、如法界无依性回向、如法界无忘失性回向、如法界空无性回向、如法界寂静性回向、如法界无处所性回向、如法界无迁动性回向、如法界无差别性回向。

佛子！菩萨摩诃萨复以法施所有宣示、所有开悟及因此起一切善根如是回向，所谓：愿一切众生成菩萨法师，常为诸佛之所护念；愿一切众生作无上法师，方便安立一切众生于一切智；愿一切众生作无屈法师，一切问难莫能穷尽；愿一切众生作无碍法师，得一切法无碍光明；愿一切众生作智藏法师，能善巧说一切佛法；愿一切众生成诸如来自在法师，善能分别如来智慧；愿一切众生作如眼法师，说如实法，不由他教；愿一切众生作忆持一切佛法法师，如理演说，不违句义；愿一切众生作修行无相道法师，以诸妙相而自庄严，放无量光，善入诸法；愿一切众生作大身法师，其身普遍一切国土，兴大法云，雨诸佛法；愿一切众生作护法藏法师，建无胜幢，护诸佛法，令正法海无所缺减；愿一切众生作一切法日法师，得佛辩才，巧说诸法；愿一切众生作妙音方便法师，善说无边法界之藏；愿一切众生作到法彼岸法师，以智神通开正法藏；愿一切众生作安住正法法师，演说如来究竟智慧；愿一切众生作了达诸法法师，能说无量无尽功德；愿一切众生作不诳世间法师，能以方便令入实际；愿一切众生作破诸魔众法师，善能觉知一切魔业；愿一切众生作诸佛所摄受法师，离我、我所摄受之心；愿一切众生作安隐一切世间法师，成就菩萨说法愿力。

佛子！菩萨摩诃萨复以诸善根如是回向，所谓：不以取著业故回向，不以取著报故回向，不以取著心故回向，不以取著法故回向，不以取著事故回向，不以取著因故回向，不以取著语言音声故回向，不以取著名句文身故回向，不以取著回向故回向，不以取著利益众生故回向。佛子！菩萨摩诃萨复以善根如是回向，所谓：不为耽著色境界故回向，不为耽著声、香、味、触、法境界故回向，不为求生天故回向，不为求欲乐故回向，不为著欲境界故回向，不为求眷属故回向，不为求自在故回向，不为求生死乐故回向，不为著生死故回向，不为乐诸有故回向，不为求和合乐故回向，不为求可乐著处故回向，不为怀毒害心故回向，不坏善根故回向，不依三界故回向，不著诸禅解脱三昧故回向，不住声闻、辟支佛乘故回向。但为教化调伏一切众生故回向；但为成满一切智智故回向；但为得无碍智故回向；但为得无障碍清净善根故回向；但为令一切众生超出生死证大智慧故回向；但为令大菩提心如金刚不可坏故回向；但为成就究竟不死法故回向；但为以无量庄严庄严佛种性，示现一切智自在故回向；但为求菩萨一切法明大神通智故回向；但为于尽法界、虚空界一切佛刹，行普贤行圆满不退，被坚固大愿铠，令一切众生住普贤地故回向；但为尽未来劫度脱众生常无休息，示现一切智地无碍光明恒不断故回向。

佛子！菩萨摩诃萨以彼善根回向时，以如是心回向，所谓：以本性平等心回向，以法性平等心回向，以一切众生无量平等心回向，以无诤平等心回向，以自性无所起平等心回向，以知诸法无乱心回向，以入三世平等心回向，以出生三世诸佛种性心回向，以得不退失神通心回向，以生成一切智行心回向。又为令一切众生永离一切地狱故回向；为令一切众生不入畜生趣故回向；为令一切众生不往阎罗王处故回向；为令一切众生除灭一切障道法故回向；为令一切众生满足一切善根故回向；为令一切众生能应时转法轮，令一切欢喜故回向；为令一切众生入十力轮故回向；为令一切众生满足菩萨无边清净法愿故回向；为令一切众生随顺一切善知识教，菩提心器得满足故回向；为令一切众生受持修行甚深佛法，得一切佛智光明故回向；为令一切众生修诸菩萨无障碍行常现前故回向；为令一切众生常见诸佛现其前故回向；为令一切众生清净法光明常现前故回向；为令一切众生无畏大菩提心常现前故回向；为令一切众生菩萨不思议智常现前故回向；为令一切众生普救护众生，令清净大悲心常现前故回向；为令一切众生以不可说不可说胜妙庄严具庄严一切诸佛刹故回向；为令一切众生摧灭一切众魔斗诤罗网业故回向；为令一切众生于一切佛刹皆无所依修菩萨行故回向；为令一切众生发一切种智心，入一切佛法广大门故回向。

佛子！菩萨摩诃萨又以此善根，正念清净回向；智慧决定回向；尽知一切佛法方便回向；为成就无量无碍智故回向；欲满足清净殊胜心故回向；为一切众生住大慈故回向；为一切众生住大悲故回向；为一切众生住大喜故回向；为一切众生住大舍故回向；为永离二著住胜善根故回向；为思惟观察分别演说一切缘起法故回向；为立大勇猛幢心故回向；为立无能胜幢藏故回向；为破诸魔众故回向；为得一切法清净无碍心故回向；为修一切菩萨行不退转回向；为得乐求第一胜法心故回向；为得乐求诸功德法自在清净一切智智心故回向；为满一切愿，除一切诤，得佛自在无碍清净法，为一切众生转不退法轮故回向；为得如来最上殊胜法智慧日，百千光明之所庄严，普照一切法界众生故回向；为欲调伏一切众生，随其所乐常令满足，不舍本愿，尽未来际，听闻正法，修习大行，得净智慧离垢光明，断除一切憍慢，消灭一切烦恼，裂爱欲网，破愚痴闇，具足无垢无障碍法故回向；为一切众生，于阿僧祇劫常勤修习一切智行无有退转，一一令得无碍妙慧，示现诸佛自在神通无有休息故回向。

佛子！菩萨摩诃萨以诸善根如是回向时，不应贪著三有、五欲境界。何以故？菩萨摩诃萨应以无贪善根回向，应以无瞋善根回向，应以无痴善根回向，应以不害善根回向，应以离慢善根回向，应以不谄善根回向，应以质直善根回向，应以精勤善根回向，应以修习善根回向。佛子！菩萨摩诃萨如是回向时得净信心，于菩萨行欢喜忍受，修习清净大菩萨道；具佛种性，得佛智慧；舍一切恶，离众魔业；亲近善友，成己大愿；请诸众生，设大施会。

佛子！菩萨摩诃萨复以此法施所生善根如是回向，所谓：令一切众生，得净妙音，得柔软音，得天鼓音，得无量无数不思议音，得可爱乐音，得清净音，得周遍一切佛刹音，得百千那由他不可说功德庄严音，得高远音，得广大音，得灭一切散乱音，得充满法界音，得摄取一切众生语言音；得一切众生无边音声智，得一切清净语言声智，得无量语言音声智，得最自在音入一切音声智；得一切清净庄严音，得一切世间无厌足音，得究竟不系属一切世间音，得欢喜音，得佛清净语言音，得说一切佛法远离痴翳名称普闻音，得令一切众生得一切法陀罗尼庄严音，得说无量种法音，得普至法界无量众会道场音，得普摄持不可思议法金刚句音，得开示一切法音，得能说不可说字句差别智藏音，得演说一切法无所著不断音，得一切法光明照耀音，得能令一切世间清净究竟至于一切智音，得普摄一切法句义音，得神力护持自在无碍音，得到一切世间彼岸智音。又以此善根，令一切众生，得不下劣音，得无怖畏音，得无染著音，得一切众会道场欢喜音，得随顺美妙音，得善说一切佛法音，得断一切众生疑念皆令觉悟音，得具足辩才音，得普觉悟一切众生长夜睡眠音。

佛子！菩萨摩诃萨复以诸善根如是回向，所谓：愿一切众生得离众过恶清净法身，愿一切众生得离众过恶净妙功德，愿一切众生得离众过恶清净妙相，愿一切众生得离众过恶清净业果，愿一切众生得离众过恶清净一切智心，愿一切众生得离众过恶无量清净菩提心，愿一切众生得离众过恶了知诸根清净方便，愿一切众生得离众过恶清净信解，愿一切众生得离众过恶清净勤修无碍行愿，愿一切众生得离众过恶清净正念、智慧辩才。

佛子！菩萨摩诃萨复以诸善根，为一切众生如是回向：愿得种种清净妙身，所谓：光明身、离浊身、无染身、清净身、极清净身、离尘身、极离尘身、离垢身、可爱乐身、无障碍身。于一切世界现诸业像，于一切世间现言说像，于一切宫殿现安立像。如净明镜，种种色像自然显现，示诸众生大菩提行，示诸众生甚深妙法，示诸众生种种功德，示诸众生修行之道，示诸众生成就之行，示诸众生菩萨行愿，示诸众生于一世界、一切世界佛兴于世，示诸众生一切诸佛神通变化，示诸众生一切菩萨不可思议解脱威力，示诸众生成满普贤菩萨行愿一切智性。菩萨摩诃萨以如是等微妙净身，方便摄取一切众生，悉令成就清净功德一切智身。

佛子！菩萨摩诃萨复以法施所生善根如是回向：愿身随住一切世界修菩萨行，众生见者皆悉不虚，发菩提心永无退转，顺真实义不可倾动；于一切世界，尽未来劫，住菩萨道而无疲厌；大悲均普，量同法界；知众生根，应时说法，常不休息；于善知识，心常正念，乃至不舍一刹那顷；一切诸佛常现在前，心常正念未曾暂懈，修诸善根无有虚伪；置诸众生于一切智，令不退转；具足一切佛法光明，持大法云，受大法雨，修菩萨行；入一切众生，入一切佛刹，入一切诸法，入一切三世，入一切众生业报智，入一切菩萨善巧方便智，入一切菩萨出生智，入一切菩萨清净境界智，入一切佛自在神通，入一切无边法界，于此安住，修菩萨行。

大方广佛华严经卷第三十三

十回向品第二十五之十一

佛子！菩萨摩诃萨复以法施所修善根如是回向：愿一切佛刹皆悉清净，以不可说不可说庄严具而庄严之。一一佛刹，其量广大，同于法界，纯善无碍，清净光明，诸佛于中现成正觉。一佛刹中清净境界，悉能显现一切佛刹；如一佛刹，一切佛刹亦复如是。其一一刹，悉以等法界无量无边清净妙宝庄严之具而为严饰。所谓：阿僧祇清净宝座，敷众宝衣；阿僧祇宝帐，宝网垂布；阿僧祇宝盖，一切妙宝互相映彻；阿僧祇宝云，普雨众宝；阿僧祇宝华，周遍清净；阿僧祇众宝所成栏、楯、轩、槛，清净庄严；阿僧祇宝铃，常演诸佛微妙音声，周流法界；阿僧祇宝莲华，种种宝色开敷荣曜；阿僧祇宝树，周匝行列，无量妙宝以为华果；阿僧祇宝宫殿，无量菩萨止住其中，阿僧祇宝楼阁，广博崇丽，延袤远近；阿僧祇宝却敌，大宝所成，庄严妙好；阿僧祇宝门闼，妙宝璎珞周匝垂布；阿僧祇宝窗牖，不思议宝清净庄严；阿僧祇宝多罗，形如半月，众宝集成。如是一切，悉以众宝而为严饰，离垢清净，不可思议，无非如来善根所起，具足无数宝藏庄严。复有阿僧祇宝河，流出一切清净善法；阿僧祇宝海，法水盈满；阿僧祇宝芬陀利华，常出妙法芬陀利声；阿僧祇宝须弥山，智慧山王秀出清净；阿僧祇八楞妙宝，宝线贯穿，严净无比；阿僧祇净光宝，常放无碍大智光明，普照法界；阿僧祇宝铃铎，更相扣击，出妙音声；阿僧祇清净宝，诸菩萨宝具足充满；阿僧祇宝缯彩，处处垂下，色相光洁；阿僧祇妙宝幢，以宝半月而为严饰；阿僧祇宝幡，悉能普雨无量宝幡；阿僧祇宝带，垂布空中，庄严殊妙；阿僧祇宝敷具，能生种种微细乐触；阿僧祇妙宝旋，示现菩萨一切智眼；阿僧祇宝璎珞，一一璎珞百千菩萨上妙庄严；阿僧祇宝宫殿，超过一切妙绝无比；阿僧祇宝庄严具，金刚摩尼以为严饰；阿僧祇种种妙宝庄严具，常现一切清净妙色；阿僧祇清净宝，殊形异彩，光鉴映彻；阿僧祇宝山，以为垣墙，周匝围绕，清净无碍；阿僧祇宝香，其香普熏一切世界；阿僧祇宝化事，一一化事周遍法界；阿僧祇宝光明，一一光明现一切光。复有阿僧祇宝光明，清净智光照了诸法。复有阿僧祇无碍宝光明，一一光明周遍法界。有阿僧祇宝处，一切诸宝皆悉具足。阿僧祇宝藏，开示一切正法藏宝。阿僧祇宝幢，如来幢相回然高出。阿僧祇宝贤，大智贤像，具足清净。阿僧祇宝园，生诸菩萨三昧快乐。阿僧祇宝音，如来妙音，普示世间。阿僧祇宝形，其一一形皆放无量妙法光明。阿僧祇宝相，其一一相悉超众相。阿僧祇宝威仪，见者皆生菩萨喜乐。阿僧祇宝聚，见者皆生智慧宝聚。阿僧祇宝安住，见者皆生善住宝心。阿僧祇宝衣服，其有著者，生诸菩萨无比三昧。阿僧祇宝袈裟，其有著者，才始发心则得善见陀罗尼门。阿僧祇宝修习，其有见者，知一切宝皆是业果，决定清净。阿僧祇宝无碍知见，其有见者，得了一切清净法眼。阿僧祇宝光藏，其有见者，则得成就大智慧藏。阿僧祇宝座，佛坐其上大师子吼。阿僧祇宝灯，常放清净智慧光明。阿僧祇宝多罗树，次第行列，缭以宝绳，庄严清净。其树复有阿僧祇宝干，从身耸擢，端直圆洁；阿僧祇宝枝，种种众宝庄严稠密，不思议鸟翔集其中，常吐妙音宣扬正法；阿僧祇宝叶，放大智光，遍一切处；阿僧祇宝华，一一华上，无量菩萨结跏趺坐遍游法界；阿僧祇宝果，见者当得一切智智不退转果。阿僧祇宝聚落，见者舍离世聚落法。阿僧祇宝都邑，无碍众生于中盈满。阿僧祇宝宫殿，王处其中，具足菩萨那罗延身，勇猛坚固，被法甲胄，心无退转。阿僧祇宝舍，入者能除恋舍宅心。阿僧祇宝衣，著者能令解了无著。阿僧祇宝宫殿，出家菩萨充满其中。阿僧祇宝珍玩，见者咸生无量欢喜。阿僧祇宝轮，放不思议智慧光明转不退轮。阿僧祇宝跋陀树，因陀罗网庄严清净。阿僧祇宝地，不思议宝间错庄严。阿僧祇宝吹，其音清亮充满法界。阿僧祇宝鼓，妙音克谐，穷劫不绝。阿僧祇宝众生，尽能摄持无上法宝。阿僧祇宝身，具足无量功德妙宝。阿僧祇宝口，常演一切妙法宝音。阿僧祇宝心，具清净意大智愿宝。阿僧祇宝念，断诸愚惑，究竟坚固一切智宝。阿僧祇宝明，诵持一切诸佛法宝。阿僧祇宝慧，决了一切诸佛法藏。阿僧祇宝智，得大圆满一切智宝。阿僧祇宝眼，鉴十力宝，无所障碍。阿僧祇宝耳，听闻无量，尽法界声，清净无碍。阿僧祇宝鼻，常嗅随顺清净宝香。阿僧祇宝舌，能说无量诸语言法。阿僧祇宝身，遍游十方而无罣碍。阿僧祇宝意，常勤修习普贤行愿。阿僧祇宝音，净妙音声遍十方界。阿僧祇宝身业，一切所作以智为首。阿僧祇宝语业，常说修行无碍智宝。阿僧祇宝意业，得无障碍广大智宝，究竟圆满。

佛子！菩萨摩诃萨于彼一切诸佛刹中，于一佛刹、一方、一处、一毛端量，有无量无边不可说数诸大菩萨，皆悉成就清净智慧，充满而住。如一佛刹、一方、一处、一毛端量，如是尽虚空遍法界一一佛刹、一一方、一一处、一一毛端量，悉亦如是。是为菩萨摩诃萨以诸善根而为回向，普愿一切诸佛国土悉具种种妙宝庄严。如宝庄严，如是广说；如是香庄严、华庄严、鬘庄严、涂香庄严、烧香庄严、末香庄严、衣庄严、盖庄严、幢庄严、幡庄严、摩尼宝庄严，次第乃至过此百倍皆如宝庄严，如是广说。

佛子！菩萨摩诃萨以法施等所集善根，为长养一切善根故回向；为严净一切佛刹故回向；为成就一切众生故回向；为令一切众生皆心净不动故回向；为令一切众生皆入甚深佛法故回向；为令一切众生皆得无能过清净功德故回向；为令一切众生皆得不可坏清净福力故回向；为令一切众生皆得无尽智力，度诸众生令入佛法故回向；为令一切众生皆得平等无量清净言音故回向；为令一切众生皆得平等无碍眼，成就尽虚空遍法界等智慧故回向；为令一切众生皆得清净念，知前际劫一切世界故回向；为令一切众生皆得无碍大智慧，悉能决了一切法藏故回向；为令一切众生皆得无限量大菩提，周遍法界无所障碍故回向；为令一切众生皆得平等无分别同体善根故回向；为令一切众生皆得一切功德具足庄严清净身、语、意业故回向；为令一切众生皆得同于普贤行故回向；为令一切众生皆得入一切同体清净佛刹故回向；为令一切众生悉观察一切智，皆趣入圆满故回向；为令一切众生皆得远离不平等善根故回向；为令一切众生皆得平等无异相，深心次第圆满一切智故回向；为令一切众生皆得安住一切白法故回向；为令一切众生皆于一念中证一切智得究竟故回向；为令一切众生皆成满清净一切智道故回向。

佛子！菩萨摩诃萨以诸善根普为一切众生如是回向已，复以此善根，欲普圆满演说一切清净行法力故回向；欲成就清净行威力，得不可说不可说法海故回向；欲于一一法海，具足无量等法界清净智光明故回向；欲开示演说一切法差别句义故回向；欲成就无边广大一切法光明三昧故回向；欲随顺三世诸佛辩才故回向；欲成就去、来、现在一切佛自在身故回向；为尊重一切佛可爱乐无障碍法故回向；为满足大悲心，救护一切众生常无退转故回向；欲成就不思议差别法、无障碍智心、无垢染诸根清净，普入一切众会道场故回向；欲于一切若覆若仰、若粗若细、若广若狭、小大染净，如是等诸佛国土，常转平等不退法轮故回向；欲于念念中得无所畏、无有穷尽种种辩才妙法光明开示演说故回向；为乐求众善，发心修习，诸根转胜，获一切法大神通智，尽能了知一切诸法故回向；欲于一切众会道场亲近供养，为一切众生演一切法咸令欢喜故回向。

佛子！菩萨摩诃萨又以此善根如是回向，所谓：以住法界无量住回向，以住法界无量身业回向，以住法界无量语业回向，以住法界无量意业回向，以住法界无量色平等回向，以住法界无量受、想、行、识平等回向，以住法界无量蕴平等回向，以住法界无量界平等回向，以住法界无量处平等回向，以住法界无量内平等回向，以住法界无量外平等回向，以住法界无量发起平等回向，以住法界无量深心平等回向，以住法界无量方便平等回向，以住法界无量信解平等回向，以住法界无量诸根平等回向，以住法界无量初、中、后际平等回向，以住法界无量业报平等回向，以住法界无量染净平等回向，以住法界无量众生平等回向，以住法界无量佛刹平等回向，以住法界无量法平等回向，以住法界无量世间光明平等回向，以住法界无量诸佛菩萨平等回向，以住法界无量菩萨行愿平等回向，以住法界无量菩萨出离平等回向，以住法界无量菩萨教化调伏平等回向，以住法界无量法界无二平等回向，以住法界无量如来众会道场平等回向。

佛子！菩萨摩诃萨如是回向时，安住法界无量平等清净身，安住法界无量平等清净语，安住法界无量平等清净心，安住法界无量平等诸菩萨清净行愿，安住法界无量平等清净众会道场，安住法界无量平等为一切菩萨广说诸法清净智，安住法界无量平等能入尽法界一切世界身，安住法界无量平等一切法光明清净无畏；能以一音尽断一切众生疑网，随其根欲皆令欢喜，住于无上一切种智、力、无所畏、自在神通、广大功德、出离法中。

佛子！是为菩萨摩诃萨第十住等法界无量回向。菩萨摩诃萨以法施等一切善根如是回向时，成满普贤无量无边菩萨行愿，悉能严净尽虚空等法界一切佛刹，令一切众生亦得如是，具足成就无边智慧，了一切法，于念念中见一切佛出兴于世，于念念中见一切佛无量无边自在力，所谓：广大自在力、无著自在力、无碍自在力、不思议自在力、净一切众生自在力、立一切世界自在力、现不可说语言自在力、随时应现自在力、住不退转神通智自在力、演说一切无边法界俾无有余自在力、出生普贤菩萨无边际眼自在力、以无碍耳识闻持无量诸佛正法自在力、一身结跏趺坐周遍十方无量法界于诸众生无所迫隘自在力、以圆满智普入三世无量法自在力。又得无量清净，所谓：一切众生清净、一切佛刹清净、一切法清净、一切处遍知智清净、遍虚空界无边智清净、得一切差别言音智以种种言音普应众生清净、放无量圆满光普照一切无边世界清净、出生一切三世菩萨行智清净、一念中普入三世一切诸佛众会道场智清净、入无边一切世间令一切众生皆作所应作清净。如是等皆得具足，皆得成就，皆已修治，皆得平等，皆悉现前，皆悉知见，皆悉悟入，皆已观察，皆得清净，到于彼岸。

尔时，佛神力故，十方各百万佛刹微尘数世界六种震动，所谓：动、遍动、等遍动、起、遍起、等遍起、涌、遍涌、等遍涌、震、遍震、等遍震、吼、遍吼、等遍吼、击、遍击、等遍击。佛神力故，法如是故，雨众天华、天鬘、天末香、天诸杂香、天衣服、天珍宝、天庄严具、天摩尼宝、天沉水香、天栴檀香、天上妙盖、天种种幢、天杂色幡、阿僧祇诸天身；无量百千亿不可说天妙法音、不可思议天赞佛音、阿僧祇天欢喜音，咸称善哉；无量阿僧祇百千那由他诸天恭敬礼拜；无数天子常念诸佛，希求如来无量功德，心不舍离；无数天子作众妓乐，歌咏赞叹供养如来；百千阿僧祇诸天放大光明，普照尽虚空遍法界一切佛刹，现无量阿僧祇诸佛境界；如来化身出过诸天，如于此世界兜率陀天宫说如是法，周遍十方一切世界兜率天宫悉亦如是。

尔时，复以佛神力故，十方各过百万佛刹微尘数世界外，各有百万佛刹微尘数诸菩萨而来集会，周遍十方，咸作是言：

善哉善哉！佛子！乃能说此诸大回向。佛子！我等皆同一号，名：金刚幢，悉从金刚光世界金刚幢佛所来诣此土。彼诸世界悉以佛神力故而说是法，众会眷属、文辞句义，皆亦如是，不增不减。我等皆承佛神力，从彼土来为汝作证。如我来此众会为汝作证，十方所有一切世界兜率天宫宝庄严殿诸菩萨众来为作证，亦复如是。

尔时，金刚幢菩萨承佛神力，观察十方一切众会暨于法界已，善知文义，增广大心，大悲普覆一切众生，系心安住三世佛种，善入一切佛功德法，成就诸佛自在之身，观诸众生心之所乐，及其所种一切善根悉分别知，随顺法身，为现清净妙色之身，即于是时而说颂曰：

菩萨成就法智慧，悟解无边正法门，为法光明调御师，了知无碍真实法。菩萨为法大导师，开示甚深难得法，引导十方无量众，悉令安住正法中。菩萨已饮佛法海，法云普雨十方界，法日出现于世间，阐扬妙法利群生。常为难遇法施主，了知入法巧方便，法光清净照其心，于世说法恒无畏。善修于法自在心，悉能悟入诸法门，成就甚深妙法海，普为众生击法鼓。宣说甚深希有法，以法长养诸功德，具足清净法喜心，示现世间佛法藏。诸佛法王所灌顶，成就法性智藏身，悉能解了法实相，安住一切众善法。菩萨修行第一施，一切如来所赞喜，所作皆蒙佛忍可，以此成就人中尊。菩萨成就妙法身，亲从诸佛法化生，为利众生作法灯，演说无量最胜法。随所修行妙法施，则亦观察彼善根，所作众善为众生，悉以智慧而回向。所有成佛功德法，悉以回施诸群生，愿令一切皆清净，到佛庄严之彼岸。十方佛刹无有量，悉具无量大庄严，如是庄严不可思，尽以庄严一国土。如来所有清净智，愿令众生皆具足，犹如普贤真佛子，一切功德自庄严。成就广大神通力，往诣世界悉周遍，一切众生无有余，皆使修行菩萨道。诸佛如来所开悟，十方无量诸众生，一切皆令如普贤，具足修行最上行。诸佛菩萨所成就，种种差别诸功德，如是功德无有边，愿使众生悉圆满。菩萨具足自在力，所应学处皆往学，示现一切大神通，普诣十方无量土。菩萨能于一念顷，觐等众生无数佛，又复于一毛端中，尽摄诸法皆明见。世间众生无有量，菩萨悉能分别知，诸佛无量等众生，大心供养咸令尽。种种名香上妙华，众宝衣裳及幡盖，分布法界咸充满，发心普供十方佛。一毛孔中悉明见，不思议数无量佛，一切毛孔皆如是，普礼一切世间灯。举身次第恭敬礼，如是无边诸最胜，亦以言辞普称赞，穷尽未来一切劫。一如来所供养具，其数无量等众生，如是供养一如来，一切如来亦复然。供养赞叹诸如来，尽彼世间一切劫，世间劫数可终尽，菩萨供养无休懈。一切世间种种劫，于尔所劫修诸行，恭敬供养一如来，尽一切劫无厌足。如无量劫供一佛，供一切佛皆如是，亦不分别是劫数，于所供养生疲厌。法界广大无边际，菩萨观察悉明了，以大莲华遍布中，施等众生无量佛。宝华香色皆圆满，清净庄严甚微妙，一切世间无可喻，持以供养人中尊。众生数等无量刹，诸妙宝盖满其中，悉以供养一如来，供一切佛皆如是。涂香无比最殊胜，一切世间未曾有，以此供养天人师，穷尽众生数等劫。末香烧香上妙华，众宝衣服庄严具，如是供养诸最胜，欢喜奉事无厌足。等众生数照世灯，念念成就大菩提，亦以无边偈称述，供养人中调御者。如众生数佛世尊，皆修无上妙供养，如众生数无量劫，如是赞叹无穷尽。如是供养诸佛时，以佛神力皆周遍，悉见十方无量佛，安住普贤菩萨行。过去未来及现在，所有一切诸善根，令我常修普贤行，速得安住普贤地。一切如来所知见，世间无量诸众生，悉愿具足如普贤，为聪慧者所称赞。此是十方诸大士，共所修治回向行，诸佛如来为我说，此回向行最无上。十方世界无有余，其中一切诸众生，莫不咸令得开觉，悉使常如普贤行。如其回向行布施，亦复坚持于禁戒，精进长时无退怯，忍辱柔和心不动，禅定持心常一缘，智慧了境同三昧，去来现在皆通达，世间无有得其边。菩萨身心及语业，如是所作皆清净，一切修行无有余，悉与普贤菩萨等。譬如法界无分别，戏论染著皆永尽，亦如涅槃无障碍，心常如是离诸取。智者所有回向法，诸佛如来已开示，种种善根悉回向，是故能成菩萨道。佛子善学此回向，无量行愿悉成满，摄取法界尽无余，是故能成善逝力。若欲成就佛所说，菩萨广大殊胜行，宜应善住此回向，是诸佛子号普贤。一切众生犹可数，三世心量亦可知，如是普贤诸佛子，功德边际无能测。一毛度空可得边，众刹为尘可知数，如是大仙诸佛子，所住行愿无能量。

大方广佛华严经卷第三十四

十地品第二十六之一

尔时，世尊在他化自在天王宫摩尼宝藏殿，与大菩萨众俱。其诸菩萨皆于阿耨多罗三藐三菩提不退转，悉从他方世界来集；住一切菩萨智所住境，入一切如来智所入处；勤行不息，善能示现种种神通；诸所作事，教化调伏一切众生而不失时；为成菩萨一切大愿，于一切世、一切劫、一切刹，勤修诸行，无暂懈息；具足菩萨福智助道，普益众生而恒不匮；到一切菩萨智慧方便究竟彼岸，示入生死及以涅槃而不废舍；修菩萨行，善入一切菩萨禅定、解脱三昧、三摩钵底、神通明智，诸所施为皆得自在；获一切菩萨自在神力，于一念顷无所动作，悉能往诣一切如来道场众会，为众上首，请佛说法，护持诸佛正法之轮；以广大心供养承事一切诸佛，常勤修习一切菩萨所行事业；其身普现一切世间，其音普及十方法界，心智无碍，普见三世；一切菩萨所有功德悉已修行而得圆满，于不可说劫说不能尽。其名曰：金刚藏菩萨、宝藏菩萨、莲华藏菩萨、德藏菩萨、莲华德藏菩萨、日藏菩萨、苏利耶藏菩萨、无垢月藏菩萨、于一切国土普现庄严藏菩萨、毗卢遮那智藏菩萨、妙德藏菩萨、栴檀德藏菩萨、华德藏菩萨、俱苏摩德藏菩萨、优钵罗德藏菩萨、天德藏菩萨、福德藏菩萨、无碍清净智德藏菩萨、功德藏菩萨、那罗延德藏菩萨、无垢藏菩萨、离垢藏菩萨、种种辩才庄严藏菩萨、大光明网藏菩萨、净威德光明王藏菩萨、金庄严大功德光明王藏菩萨、一切相庄严净德藏菩萨、金刚焰德相庄严藏菩萨、光明焰藏菩萨、星宿王光照藏菩萨、虚空无碍智藏菩萨、妙音无碍藏菩萨、陀罗尼功德持一切众生愿藏菩萨、海庄严藏菩萨、须弥德藏菩萨、净一切功德藏菩萨、如来藏菩萨、佛德藏菩萨、解脱月菩萨……。如是等无数无量、无边无等、不可数、不可称、不可思、不可量、不可说诸菩萨摩诃萨众，金刚藏菩萨而为上首。

尔时，金刚藏菩萨承佛神力，入菩萨大智慧光明三昧。入是三昧已，即时十方各过十亿佛刹微尘数世界外，各有十亿佛刹微尘数诸佛，同名：金刚藏，而现其前，作如是言：

善哉善哉！金刚藏！乃能入是菩萨大智慧光明三昧。善男子！此是十方各十亿佛刹微尘数诸佛共加于汝，以毗卢遮那如来、应、正等觉本愿力故，威神力故，亦是汝胜智力故，欲令汝为一切菩萨说不思议诸佛法光明故。所谓：令入智地故，摄一切善根故，善简择一切佛法故，广知诸法故，善能说法故，无分别智清净故，一切世法不染故，出世善根清净故，得不思议智境界故，得一切智人智境界故；又令得菩萨十地始终故，如实说菩萨十地差别相故，缘念一切佛法故，修习分别无漏法故，善选择观察大智光明巧庄严故，善入决定智门故，随所住处次第显说无所畏故，得无碍辩才光明故，住大辩才地善决定故，忆念菩萨心不忘失故，成熟一切众生界故，能遍至一切处决定开悟故。善男子！汝当辩说此法门差别善巧法。所谓：承佛神力如来智明所加故，净自善根故，普净法界故，普摄众生故，深入法身、智身故，受一切佛灌顶故，得一切世间最高大身故，超一切世间道故，清净出世善根故，满足一切智智故。

尔时，十方诸佛与金刚藏菩萨无能映夺身，与无碍乐说辩，与善分别清净智，与善忆念不忘力，与善决定明了慧，与至一切处开悟智，与成道自在力，与如来无所畏，与一切智人观察分别诸法门辩才智，与一切如来上妙身、语、意具足庄严。何以故？得此三昧法如是故，本愿所起故，善净深心故，善净智轮故，善积集助道故，善修治所作故，念其无量法器故，知其清净信解故，得无错谬总持故，法界智印善印故。

尔时，十方诸佛各伸右手摩金刚藏菩萨顶。摩顶已，金刚藏菩萨从三昧起，普告一切菩萨众言：诸佛子！诸菩萨愿善决定，无杂不可见，广大如法界，究竟如虚空，尽未来际遍一切佛刹，救护一切众生，为一切诸佛所护，入过去、未来、现在诸佛智地。佛子！何等为菩萨摩诃萨智地？佛子！菩萨摩诃萨智地有十种，过去、未来、现在诸佛，已说、当说、今说；我亦如是说。何等为十？一者欢喜地，二者离垢地，三者发光地，四者焰慧地，五者难胜地，六者现前地，七者远行地，八者不动地，九者善慧地，十者法云地。佛子！此菩萨十地，三世诸佛已说、当说、今说。佛子！我不见有诸佛国土，其中如来不说此十地者。何以故？此是菩萨摩诃萨向菩提最上道，亦是清净法光明门，所谓：分别演说菩萨诸地。佛子！此处不可思议，所谓诸菩萨随证智。

尔时，金刚藏菩萨说此菩萨十地名已，默然而住，不复分别。是时，一切菩萨众闻菩萨十地名，不闻解释，咸生渴仰，作如是念：何因何缘，金刚藏菩萨唯说菩萨十地名而不解释？

解脱月菩萨知诸大众心之所念，以颂问金刚藏菩萨曰：

何故净觉人，念智功德具，说诸上妙地，有力不解释？一切咸决定，勇猛无怯弱，何故说地名，而不为开演？诸地妙义趣，此众皆欲闻，其心无怯弱，愿为分别说！众会悉清净，离懈怠严洁，能坚固不动，具功德智慧。相视咸恭敬，一切悉专仰，如蜂念好蜜，如渴思甘露。

尔时，大智无所畏金刚藏菩萨闻说是已，欲令众会心欢喜故，为诸佛子而说颂言

菩萨行地事，最上诸佛本，显示分别说，第一希有难。微细难可见，离念超心地，出生佛境界，闻者悉迷惑。持心如金刚，深信佛胜智，知心地无我，能闻此胜法。如空中彩画，如空中风相，牟尼智如是，分别甚难见。我念佛智慧，最胜难思议，世间无能受，默然而不说。

尔时，解脱月菩萨闻是说已，白金刚藏菩萨言：佛子！今此众会皆悉已集，善净深心，善洁思念，善修诸行，善集助道，善能亲近百千亿佛，成就无量功德善根，舍离痴惑，无有垢染，深心信解，于佛法中不随他教。善哉佛子！当承佛神力而为演说，此诸菩萨于如是等甚深之处皆能证知。

尔时，解脱月菩萨欲重宣其义而说颂曰：

愿说最安隐，菩萨无上行，分别于诸地，智净成正觉。此众无诸垢，志解悉明洁，承事无量佛，能知此地义。

尔时，金刚藏菩萨言：佛子！虽此众集善净思念，舍离愚痴及以疑惑，于甚深法不随他教；然有其余劣解众生，闻此甚深难思议事，多生疑惑，于长夜中受诸衰恼。我愍此等，是故默然。

尔时，金刚藏菩萨欲重宣其义而说颂曰：

虽此众净广智慧，甚深明利能决择，其心不动如山王，不可倾覆犹大海。有行未久解未得，随识而行不随智，闻此生疑堕恶道，我愍是等故不说。

尔时，解脱月菩萨重白金刚藏菩萨言：佛子！愿承佛神力分别说此不思议法，此人当得如来护念而生信受。何以故？说十地时，一切菩萨法应如是，得佛护念。得护念故，于此智地能生勇猛。何以故？此是菩萨最初所行，成就一切诸佛法故。譬如书字、数说，一切皆以字母为本、字母究竟，无有少分离字母者。佛子！一切佛法皆以十地为本，十地究竟修行成就，得一切智。是故，佛子！愿为演说！此人必为如来所护，令其信受。

尔时，解脱月菩萨欲重宣其义而说颂曰：

善哉佛子愿演说，趣入菩提诸地行！十方一切自在尊，莫不护念

智根本。此安住智亦究竟，一切佛法所从生，譬如书数字母摄，如是佛法依于地。

尔时，诸大菩萨众一时同声向金刚藏菩萨而说颂言：

上妙无垢智，无边分别辩，宣畅深美言，第一义相应。念持清净行，十力集功德，辩才分别义，说此最胜地。定戒集正心，离我慢邪见，此众无疑念，惟愿闻善说！如渴思冷水，如饥念美食，如病忆良药，如蜂贪好蜜，我等亦如是，愿闻甘露法！善哉广大智，愿说入诸地，成十力无碍，善逝一切行！

尔时，世尊从眉间出清净光明，名：菩萨力焰明，百千阿僧祇光明以为眷属，普照十方一切世界靡不周遍，三恶道苦皆得休息；又照一切如来众会，显现诸佛不思议力；又照十方一切世界，一切诸佛所加说法菩萨之身；作是事已，于上虚空中成大光明云网台而住。时，十方诸佛悉亦如是，从眉间出清净光明，其光名号、眷属、作业悉同于此，又亦照此娑婆世界佛及大众，并金刚藏菩萨身、师子座已，于上虚空中成大光明云网台。时，光台中，以诸佛威神力故而说颂言：

佛无等等如虚空，十力无量胜功德，人间最胜世中上，释师子法加于彼。佛子当承诸佛力，开此法王最胜藏，诸地广智胜妙行，以佛威神分别说。若为善逝力所加，当得法宝入其心，诸地无垢次第满，亦具如来十种力。虽住海水劫火中，堪受此法必得闻，其有生疑不信者，永不得闻如是义。应说诸地胜智道，入住展转次修习，从行境界法智生，利益一切众生故。

尔时，金刚藏菩萨观察十方，欲令大众增净信故而说颂曰：

如来大仙道，微妙难可知，非念离诸念，求见不可得。无生亦无灭，性净恒寂然，离垢聪慧人，彼智所行处。自性本空寂，无二亦无尽，解脱于诸趣，涅槃平等住。非初非中后，非言辞所说，出过于三世，其相如虚空。寂灭佛所行，言说莫能及；地行亦如是，难说难可受。智起佛境界，非念离心道，非蕴界处门，智知意不及。如空中鸟迹，难说难可示；如是十地义，心意不能了。慈悲及愿力，出生入地行，次第圆满心，智行非虑境。是境界难见，可知不可说，佛力故开演，汝等应敬受。如是智入行，亿劫说不尽，我今但略说，真实义无余。　心恭敬待，我承佛力说，胜法微妙音，譬喻字相应。无量佛神力，咸来入我身，此处难宣示，我今说少分。

第一地

佛子！若有众生深种善根，善修诸行，善集助道，善供养诸佛，善集白净法，为善知识，善摄善清净深心，立广大志，生广大解，慈悲现前，为求佛智故，为得十力故，为得大无畏故，为得佛平等法故，为救一切世间故，为净大慈悲故，为得十力无余智故，为净一切佛刹无障碍故，为一念知一切三世故，为转大法轮无所畏故。佛子！菩萨起如是心，以大悲为首，智慧增上，善巧方便所摄，最上深心所持,如来力无量,善观察分别勇猛力智、力无碍智、现前随顺自然智,能受一切佛法,以智慧教化,广大如法界,究竟如虚空,尽未来际。佛子!菩萨始发如是心,即得超凡夫地,入菩萨位,生如来家,无能说其种族过失,离世间趣,入出世道,得菩萨法,住菩萨处,入三世平等,于如来种中决定当得无上菩提。菩萨住如是法,名:住菩萨欢喜地,以不动相应故。

　　佛子!菩萨住欢喜地,成就多欢喜、多净信、多爱乐、多适悦、多欣庆、多踊跃、多勇猛、多无斗诤、多无恼害、多无瞋恨。佛子!菩萨住此欢喜地,念诸佛故生欢喜,念诸佛法故生欢喜,念诸菩萨故生欢喜,念诸菩萨行故生欢喜,念清净诸波罗蜜故生欢喜,念诸菩萨地殊胜故生欢喜,念菩萨不可坏故生欢喜,念如来教化众生故生欢喜,念能令众生得利益故生欢喜,念入一切如来智方便故生欢喜;复作是念:我转离一切世间境界故生欢喜,亲近一切佛故生欢喜,远离凡夫地故生欢喜,近智慧地故生欢喜,永断一切恶趣故生欢喜,与一切众生作依止处故生欢喜,见一切如来故生欢喜,生佛境界中故生欢喜,入一切菩萨平等性中故生欢喜,远离一切怖畏毛竖等事故生欢喜。何以故?此菩萨得欢喜地已,所有怖畏悉得远离,所谓:不活畏、恶名畏、死畏、恶道畏、大众威德畏,如是怖畏皆得永离。何以故?此菩萨离我想故,尚不爱自身,何况资财,是故无有不活畏;不于他所希求供养,唯专给施一切众生,是故无有恶名畏;远离我见,无有我想,是故无有死畏;自知死已,决定不离诸佛菩萨,是故无有恶道畏;我所志乐,一切世间无与等者,何况有胜!是故无有大众威德畏。菩萨如是远离惊怖毛竖等事。

　　佛子!此菩萨以大悲为首,广大志乐无能沮坏,转更勤修一切善根而得成就,所谓:信增上故,多净信故,解清净故,信决定故,发生悲愍故,成就大慈故,心无疲懈故,惭愧庄严故,成就柔和故,敬顺尊重诸佛教法故,日夜修集善根无厌足故,亲近善知识故,常爱乐法故,求多闻无厌足故,如所闻法正观察故,心无依著故,不耽著利养、名闻、恭敬故,不求一切资生之物故,生如宝心无厌足故,求一切智地故,求如来力、无畏、不共佛法故,求诸波罗蜜助道法故,离诸谄诳故,如说能行故,常护实语故,不污如来家故,不舍菩萨戒故,生一切智心如山王不动故,不舍一切世间事成就出世间道故,集助菩提分法无厌足故,常求上上殊胜道故。佛子!菩萨成就如是净治地法,名为:安住菩萨欢喜地。

　　佛子!菩萨住此欢喜地,能成就如是大誓愿、如是大勇猛、如是大作用,所谓:生广大清净决定解,以一切供养之具,恭敬供养一切诸佛,令无有余;广大如法界,究竟如虚空,尽未来际一切劫数无有休息。又发大愿:愿受一切佛法轮,愿摄一切佛菩提,愿护一切诸佛教,愿持一切诸佛法;广大如法界,究竟如虚空,尽未来际一切劫数无有休息。又发大愿：愿一切世界佛兴于世，从兜率天宫没、入胎、住胎、初生、出家、成道说法、示现涅槃，皆悉往诣，亲近供养，为众上首，受行正法，于一切处一时而转；广大如法界，究竟如虚空，尽未来际一切劫数无有休息。又发大愿：愿一切菩萨行广大无量，不坏不杂，摄诸波罗蜜，净治诸地，总相、别相、同相、异相、成相、坏相，所有菩萨行皆如实说，教化一切，令其受行，心得增长；广大如法界，究竟如虚空，尽未来际一切劫数无有休息。又发大愿：愿一切众生界有色、无色、有想、无想、非有想、非无想、卵生、胎生、湿生、化生，三界所系，入于六趣一切生处，名色所摄，如是等类我皆教化，令入佛法，令永断一切世间趣，令安住一切智智道；广大如法界，究竟如虚空，尽未来际一切劫数无有休息。又发大愿：愿一切世界广大无量，粗细乱住、倒住、正住，若入、若行、若去，如帝网差别，十方无量种种不同，智皆明了，现前知见；广大如法界，究竟如虚空，尽未来际一切劫数无有休息。又发大愿：愿一切国土入一国土，一国土入一切国土，无量佛土普皆清净，光明众具以为庄严，离一切烦恼，成就清净道，无量智慧众生充满其中，普入广大诸佛境界，随众生心而为示现，皆令欢喜；广大如法界，究竟如虚空，尽未来际一切劫数无有休息。又发大愿：愿与一切菩萨同一志行，无有怨嫉，集诸善根，一切菩萨平等一缘，常共集会，不相舍离，随意能现种种佛身，任其自心能知一切如来境界威力智慧，得不退如意神通，游行一切世界，现形一切众会，普入一切生处，成就不思议大乘，修菩萨行；广大如法界，究竟如虚空，尽未来际一切劫数无有休息。又发大愿：愿乘不退轮行菩萨行，身、语、意业悉不唐捐，若暂见者则必定佛法，暂闻音声则得实智慧，才生净信则永断烦恼，得如大药王树身，得如如意宝身，修行一切菩萨行；广大如法界，究竟如虚空，尽未来际一切劫数无有休息。又发大愿：愿于一切世界成阿耨多罗三藐三菩提不离一毛端处，于一切毛端处皆悉示现初生、出家、诣道场、成正觉、转法轮、入涅槃，得佛境界大智慧力，于念念中随一切众生心示现成佛令得寂灭，以一三菩提知一切法界即涅槃相，以一音说法令一切众生心皆欢喜，示入大涅槃而不断菩萨行，示大智慧地安立一切法，以法智通、神足通、幻通自在变化充满一切法界；广大如法界，究竟如虚空，尽未来际一切劫数无有休息。

佛子！菩萨住欢喜地，发如是大誓愿、如是大勇猛、如是大作用，以此十愿门为首，满足百万阿僧祇大愿。佛子！此大愿以十尽句而得成就。何等为十？所谓：众生界尽、世界尽、虚空界尽、法界尽、涅槃界尽、佛出现界尽、如来智界尽、心所缘界尽、佛智所入境界界尽、世间转法转智转界尽。若众生界尽，我愿乃尽；若世界乃至世间转法转智转界尽，我愿乃尽。而众生界不可尽，乃至世间转法转智转界不可尽故，我此大愿善根无有穷尽。

佛子！菩萨发如是大愿已，则得利益心、柔软心、随顺心、寂静心、调伏心、寂灭心、谦下心、润泽心、不动心、不浊心。成净信者，有信功用：能信如来本行所入，信成就诸波罗蜜，信入诸胜地，信成就力，信具足无所畏，信生长不可坏不共佛法，信不思议佛法，信出生无中边佛境界，信随入如来无量境界，信成就果。举要言之，信一切菩萨行，乃至如来智地说力故。

佛子！此菩萨复作是念：诸佛正法，如是甚深，如是寂静，如是寂灭，如是空，如是无相，如是无愿，如是无染，如是无量，如是广大。而诸凡夫心堕邪见，无明覆翳，立憍慢高幢，入渴爱网中，行谄诳稠林不能自出，心与悭嫉相应不舍，恒造诸趣受生因缘，贪、恚、愚痴积集诸业日夜增长，以忿恨风吹心识火炽然不息，凡所作业皆颠倒相应，欲流、有流、无明流、见流，相续起心意识种子，于三界田中复生苦芽。所谓：名色共生不离，此名色增长，生六处聚落，于中相对生触，触故生受，因受生爱，爱增长故生取，取增长故生有，有生故有生老死忧悲苦恼。如是众生生长苦聚，是中皆空，离我、我所，无知、无觉，无作、无受，如草木石壁，亦如影像；然诸众生不觉不知。菩萨见诸众生于如是苦聚不得出离，是故即生大悲智慧。复作是念：此诸众生我应救拔，置于究竟安乐之处。是故即生大慈光明智。

佛子！菩萨摩诃萨随顺如是大悲、大慈，以深重心住初地时，于一切物无所吝惜，求佛大智，修行大舍，凡是所有一切能施。所谓：财谷、仓库、金银、摩尼、真珠、琉璃、珂贝、璧玉、珊瑚等物，珍宝、璎珞、严身之具，象马、车乘、奴婢、人民、城邑、聚落、园林、台观、妻妾、男女、内外眷属及余所有珍玩之具，头目、手足、血肉、骨髓、一切身分皆无所惜，为求诸佛广大智慧。是名：菩萨住于初地大舍成就。

佛子！菩萨以此慈、悲、大施心，为欲救护一切众生，转更推求世、出世间诸利益事无疲厌故，即得成就无疲厌心。得无疲厌心已，于一切经论心无怯弱；无怯弱故，即得成就一切经论智。获是智已，善能筹量应作、不应作，于上、中、下一切众生，随应、随力、随其所习，如是而行，是故菩萨得成世智。成世智已，知时知量，以惭愧庄严勤修自利、利他之道，是故成就惭愧庄严，于此行中勤修出离，不退不转，成坚固力。得坚固力已，勤供诸佛，于佛教法能如说行。

佛子！菩萨如是成就十种净诸地法，所谓：信、悲、慈、舍、无有疲厌、知诸经论、善解世法、惭愧坚固力、供养诸佛、依教修行。

佛子！菩萨住此欢喜地已，以大愿力得见多佛。所谓：见多百佛、多千佛、多百千佛、多亿佛、多百亿佛、多千亿佛、多百千亿佛、多亿那由他佛、多百亿那由他佛、多千亿那由他佛、多百千亿那由他佛。悉以大心、深心，恭敬尊重，承事供养，衣服、饮食、卧具、医药，一切资生悉以奉施，亦以供养一切众僧，以此善根皆悉回向无上菩提。佛子！此菩萨因供养诸佛故，得成就众生法，以前二摄摄取众生，谓布施、爱语；后二摄法，但以信解力故，行未善通达。是菩萨，十波罗蜜中，檀波罗蜜增上；余波罗蜜非不修行，但随力随分。是菩萨随所勤修，供养诸佛，教化众生，皆以修行清净地法，所有善根悉以回向一切智地，转转明净，调柔成就，随意堪用。佛子！譬如金师善巧炼金，数数入火，转转明净，调柔成就，随意堪用。菩萨亦复如是，供养诸佛，教化众生，皆为修行清净地法，所有善根悉以回向一切智地，转转明净，调柔成就，随意堪用。

佛子！菩萨摩诃萨住于初地，应从诸佛菩萨善知识所推求请问，于此地中相及得果，无有厌足，为欲成就此地法故；亦应从诸佛菩萨善知识所推求请问，第二地中相及得果，无有厌足，为欲成就彼地法故；亦应如是推求请问，第三、第四、第五、第六、第七、第八、第九、第十地中相及得果，无有厌足，为欲成就彼地法故。是菩萨善知诸地障对治，善知地成坏，善知地相果，善知地得修，善知地法清净，善知地地转行，善知地地处、非处，善知地地殊胜智，善知地地不退转，善知净治一切菩萨地乃至转入如来地。佛子！菩萨如是善知地相，始于初地起行不断，如是乃至入第十地无有断绝；由此诸地智光明故，成于如来智慧光明。佛子！譬如商主善知方便，欲将诸商人往诣大城，未发之时，先问道中功德过失，及住止之处安危可不，然后具道资粮，作所应作。佛子！彼大商主虽未发足，能知道中所有一切安危之事，善以智慧筹量观察，备其所须令无乏少，将诸商众乃至安隐到彼大城，身及众人悉免忧患。佛子！菩萨商主亦复如是，住于初地，善知诸地障对治，乃至善知一切菩萨地清净，转入如来地，然后乃具福智资粮，将一切众生经生死旷野险难之处，安隐得至萨婆若城，身及众生不经患难。是故，菩萨常应匪懈勤修诸地殊胜净业，乃至趣入如来智地。

佛子！是名：略说菩萨摩诃萨入菩萨初地门，广说则有无量无边百千阿僧祇差别事。佛子！菩萨摩诃萨住此初地，多作阎浮提王，豪贵自在，常护正法，能以大施摄取众生，善除众生悭贪之垢，常行大施无有穷尽。布施、爱语、利行、同事——如是一切诸所作业，皆不离念佛，不离念法，不离念僧，不离念同行菩萨，不离念菩萨行，不离念诸波罗蜜，不离念诸地，不离念力，不离念无畏，不离念不共佛法，乃至不离念具足一切种、一切智智。复作是念：我当于一切众生中为首、为胜、为殊胜、为妙、为微妙、为上、为无上、为导、为将、为帅，乃至为一切智智依止者。是菩萨若欲舍家于佛法中勤行精进，便能舍家、妻子、五欲，依如来教出家学道。既出家已，勤行精进，于一念顷，得百三昧，得见百佛，知百佛神力，能动百佛世界，能过百佛世界，能照百佛世界，能教化百世界众生，能住寿百劫，能知前后际各百劫事，能入百法门，能示现百身，于一一身能示百菩萨以为眷属；若以菩萨殊胜愿力自在示现，过于是数，百劫、千劫、百千劫，乃至百千亿那由他劫不能数知。

尔时，金刚藏菩萨欲重宣其义而说颂曰：

若人集众善，具足白净法，供养天人尊，随顺慈悲道，信解极广大，志乐亦清净，为求佛智慧，发此无上心。净一切智力，及以无所畏，成就诸佛法，救摄群生众，为得大慈悲，及转胜法轮，严净佛国土，发此最胜心。一念知三世，而无有分别，种种时不同，以示于世间。略说求诸佛，一切胜功德，发生广大心，量等虚空界。悲先慧为主，方便共相应，信解清净心，如来无量力，无碍智现前，自悟不由他，具足同如来，发此最胜心。佛子始发生，如是妙宝心，则超凡夫位，入佛所行处，生在如来家，种族无瑕玷，与佛共平等，决成无上觉。才生如是心，即得入初地，志乐不可动，譬如大山王，多喜多爱乐，亦复多净信，极大勇猛心，及以庆跃心，远离于斗诤，恼害及瞋恚，惭敬而质直，善守护诸根，救世无等者，所有众智慧，此处我当得，忆念生欢喜。始得入初地，即超五怖畏，不活死恶名，恶趣众威德。以不贪著我，及以于我所，是诸佛子等，远离诸怖畏。常行大慈愍，恒有信恭敬，惭愧功德备，日夜增善法。乐法真实利，不爱受诸欲，思惟所闻法，远离取著行。不贪于利养，唯乐佛菩提，一心求佛智，专精无异念。修行波罗蜜，远离谄虚诳，如说而修行，安住实语中。不污诸佛家，不舍菩萨戒，不乐于世事，常利益世间。修善无厌足，转求增胜道，如是好乐法，功德义相应。恒起大愿心，愿见于诸佛，护持诸佛法，摄取大仙道。常生如是愿，修行最胜行，成熟诸群生，严净佛国土。一切诸佛刹，佛子悉充满，平等共一心，所作皆不空；一切毛端处，一时成正觉。如是等大愿，无量无边际。虚空与众生，法界及涅槃，世间佛出兴，佛智心境界。如来智所入，及以三转尽，彼诸若有尽，我愿方始尽；如彼无尽期，我愿亦复然。如是发大愿，心柔软调顺。能信佛功德，观察于众生，知从因缘起，则兴慈念心：如是苦众生，我今应救脱。为是众生故，而行种种施，王位及珍宝，乃至象马车，头目与手足，乃至身血肉，一切皆能舍，心得无忧悔。求种种经书，其心无厌倦，善解其义趣，能随世所行，惭愧自庄严，修行转坚固，供养无量佛，恭敬而尊重。如是常修习，日夜无懈倦，善根转明净，如火炼真金。菩萨住于此，净修于十地，所作无障碍，具足不断绝。譬如大商主，为利诸商众，问知道险易，安隐至大城。菩萨住初地，应知亦如是，勇猛无障碍，到于第十地。住此初地中，作大功德王，以法化众生，慈心无损害。统领阎浮地，化行靡不及，皆令住大舍，成就佛智慧。欲求最胜道，舍己国王位，能于佛教中，勇猛勤修习，则得百三昧，及见百诸佛，震动百世界，光照行亦尔，化百土众生，入于百法门，能知百劫事，示现于百身，及现百菩萨,以为其眷属;若自在愿力,过是数无量。我于地义中,略述其少分,若欲广分别,亿劫不能尽。菩萨最胜道,利益诸群生,如是初地法,我今已说竟。

大方广佛华严经卷第三十五

十地品第二十六之二
第二地

诸菩萨闻此,最胜微妙地,其心尽清净,一切皆欢喜。皆从于座起,踊住虚空中,普散上妙华,同时共称赞:善哉金刚藏!大智无畏者!善说于此地,菩萨所行法。解脱月菩萨,知众心清净,乐闻第二地,所有诸行相,即请金刚藏:大慧愿演说,佛子皆乐闻,所住第二地!

尔时,金刚藏菩萨告解脱月菩萨言:

佛子!菩萨摩诃萨已修初地,欲入第二地,当起十种深心。何等为十?所谓:正直心、柔软心、堪能心、调伏心、寂静心、纯善心、不杂心、无顾恋心、广心、大心。菩萨以此十心,得入第二离垢地。

佛子!菩萨住离垢地,性自远离一切杀生,不畜刀杖,不怀怨恨,有惭有愧,仁恕具足,于一切众生有命之者,常生利益慈念之心;是菩萨尚不恶心恼诸众生,何况于他起众生想,故以重意而行杀害!性不偷盗,菩萨于自资财,常知止足,于他慈恕,不欲侵损;若物属他,起他物想,终不于此而生盗心,乃至草叶不与不取,何况其余资生之具!性不邪淫,菩萨于自妻知足,不求他妻,于他妻妾、他所护女、亲族媒定及为法所护,尚不生于贪染之心,何况从事!况于非道!性不妄语,菩萨常作实语、真语、时语,乃至梦中亦不忍作覆藏之语,无心欲作,何况故犯!性不两舌,菩萨于诸众生无离间心、无恼害心,不将此语为破彼故而向彼说,不将彼语为破此故而向此说,未破者不令破,已破者不增长,不喜离间,不乐离间,不作离间语,不说离间语,若实、若不实。性不恶口,所谓:毒害语、粗犷语、苦他语、令他瞋恨语、现前语、不现前语、鄙恶语、庸贱语、不可乐闻语、闻者不悦语、瞋忿语、如火烧心语、怨结语、热恼语、不可爱语、不可乐语、能坏自身他身语,如是等语皆悉舍离,常作润泽语、柔软语、悦意语、可乐闻语、闻者喜悦语、善入人心语、风雅典则语、多人爱乐语、多人悦乐语、身心踊悦语。性不绮语,菩萨常乐思审语、时语、实语、义语、法语、顺道理语、巧调伏语、随时筹量决定语,是菩萨乃至戏笑尚恒思审,何况故出散乱之言!性不贪欲,菩萨于他财物、他所资用,不生贪心,不愿不求。性离瞋恚,菩萨于一切众生恒起慈心、利益心、哀愍心、欢喜心、和润心、摄受心,永舍瞋恨、怨害、热恼，常思顺行，仁慈佑益。又离邪见，菩萨住于正道，不行占卜，不取恶戒，心见正直，无诳无谄，于佛、法、僧起决定信。

佛子！菩萨摩诃萨如是护持十善业道，常无间断，复作是念：一切众生堕恶趣者，莫不皆以十不善业；是故我当自修正行，亦劝于他，令修正行。何以故？若自不能修行正行，令他修者，无有是处。

佛子！此菩萨摩诃萨复作是念：十不善业道，是地狱、畜生、饿鬼受生因；十善业道，是人、天乃至有顶处受生因。又此上品十善业道，以智慧修习，心狭劣故，怖三界故，阙大悲故，从他闻声而解了故，成声闻乘。又此上品十善业道，修治清净，不从他教，自觉悟故，大悲方便不具足故，悟解甚深因缘法故，成独觉乘。又此上品十善业道，修治清净，心广无量故，具足悲愍故，方便所摄故，发生大愿故，不舍众生故，希求诸佛大智故，净治菩萨诸地故，净修一切诸度故，成菩萨广大行。又此上上十善业道，一切种清净故，乃至证十力、四无畏故，一切佛法皆得成就。是故我今等行十善，应令一切具足清净；如是方便，菩萨当学。

佛子！此菩萨摩诃萨又作是念：十不善业道，上者地狱因，中者畜生因，下者饿鬼因。于中，杀生之罪能令众生堕于地狱、畜生、饿鬼；若生人中，得二种果报，一者短命，二者多病。偷盗之罪亦令众生堕三恶道；若生人中，得二种果报，一者贫穷，二者共财不得自在。邪淫之罪亦令众生堕三恶道；若生人中，得二种果报，一者妻不贞良，二者不得随意眷属。妄语之罪亦令众生堕三恶道；若生人中，得二种果报，一者多被诽谤，二者为他所诳。两舌之罪亦令众生堕三恶道；若生人中，得二种果报，一者眷属乖离，二者亲族弊恶。恶口之罪亦令众生堕三恶道；若生人中，得二种果报，一者常闻恶声，二者言多诤讼。绮语之罪亦令众生堕三恶道；若生人中，得二种果报，一者言无人受，二者语不明了。贪欲之罪亦令众生堕三恶道；若生人中，得二种果报，一者心不知足，二者多欲无厌。瞋恚之罪亦令众生堕三恶道；若生人中，得二种果报，一者常被他人求其长短，二者恒被于他之所恼害。邪见之罪亦令众生堕三恶道；若生人中，得二种果报，一者生邪见家，二者其心谄曲。佛子！十不善业道能生此等无量无边众大苦聚，是故菩萨作如是念：我当远离十不善道，以十善道为法园苑，爱乐安住，自住其中，亦劝他人令住其中。

佛子！此菩萨摩诃萨复于一切众生生利益心、安乐心、慈心、悲心、怜愍心、摄受心、守护心、自己心、师心、大师心，作是念言：众生可愍，堕于邪见、恶慧、恶欲、恶道稠林。我应令彼住于正见，行真实道。又作是念：一切众生分别彼我，互相破坏，斗诤瞋恨，炽然不息。我当令彼住于无上大慈之中。又作是念：一切众生贪取无厌，唯求财利，邪命自活。我当令彼住于清净身、语、意业正命法中。又作是念：一切众生常随三毒，种种烦恼因之炽然，不解志求出要方便。我当令彼除灭一切烦恼大火，安置清凉涅槃之处。又作是念：一切众生为愚痴重闇，妄见厚膜之所覆故，入阴翳稠林，失智慧光明，行旷野险道，起诸恶见。我当令彼得无障碍清净智眼，知一切法如实相，不随他教。又作是念：一切众生在于生死险道之中，将堕地狱、畜生、饿鬼，入恶见网中，为愚痴稠林所迷，随逐邪道，行颠倒行。譬如盲人无有导师，非出要道谓为出要，入魔境界，恶贼所摄，随顺魔心，远离佛意。我当拔出如是险难，令住无畏一切智城。又作是念：一切众生为大瀑水波浪所没，入欲流、有流、无明流、见流，生死洄澓，爱河漂转，湍驰奔激，不暇观察；为欲觉、恚觉、害觉随逐不舍，身见罗刹于中执取，将其永入爱欲稠林；于所贪爱深生染著，住我慢原阜，安六处聚落；无善救者，无能度者。我当于彼起大悲心，以诸善根而为救济，令无灾患，离染寂静，住于一切智慧宝洲。又作是念：一切众生处世牢狱，多诸苦恼，常怀爱憎，自生忧怖，贪欲重械之所系缚，无明稠林以为覆障，于三界内莫能自出。我当令彼永离三有，住无障碍大涅槃中。又作是念：一切众生执著于我，于诸蕴窟宅不求出离，依六处空聚，起四颠倒行，为四大毒蛇之所侵恼，五蕴怨贼之所杀害，受无量苦。我当令彼住于最胜无所著处，所谓：灭一切障碍无上涅槃。又作是念：一切众生其心狭劣，不行最上一切智道，虽欲出离，但乐声闻、辟支佛乘。我当令住广大佛法、广大智慧。佛子！菩萨如是护持于戒，善能增长慈悲之心。

佛子！菩萨住此离垢地，以愿力故，得见多佛。所谓：见多百佛、多千佛、多百千佛、多亿佛、多百亿佛、多千亿佛、多百千亿佛，如是乃至见多百千亿那由他佛。于诸佛所，以广大心、深心，恭敬尊重，承事供养，衣服、饮食、卧具、医药，一切资生悉以奉施，亦以供养一切众僧，以此善根回向阿耨多罗三藐三菩提。于诸佛所，以尊重心，复更受行十善道法，随其所受，乃至菩提，终不忘失。是菩萨于无量百千亿那由他劫，远离悭嫉破戒垢故，布施、持戒清净满足。譬如真金置矾石中，如法炼已，离一切垢，转复明净。菩萨住此离垢地，亦复如是，于无量百千亿那由他劫，远离悭嫉破戒垢故，布施、持戒清净满足。佛子！此菩萨，四摄法中，爱语偏多；十波罗蜜中，持戒偏多；余非不行，但随力随分。

佛子！是名：略说菩萨摩诃萨第二离垢地。菩萨住此地，多作转轮圣王，为大法主，具足七宝，有自在力，能除一切众生悭贪破戒垢，以善方便令其安住十善道中；为大施主，周给无尽。布施、爱语、利行、同事——如是一切诸所作业，皆不离念佛，不离念法，不离念僧，乃至不离念具足一切种、一切智智。又作是念：我当于一切众生中为首、为胜、为殊胜、为妙、为微妙、为上、为无上，乃至为一切智智依止者。是菩萨若欲舍家于佛法中勤行精进，便能舍家、妻子、五欲。既出家已，勤行精进，于一念顷，得千三昧，得见千佛，知千佛神力，能动千世界，乃至能示现千身，于一一身能示现千菩萨以为眷属；若以菩萨殊胜愿力自在示现，过于是数，百劫、千劫乃至百千亿那由他劫不能数知。

尔时，金刚藏菩萨欲重宣其义而说颂曰：

质直柔软及堪能，调伏寂静与纯善，速出生死广大意，以此十心入二地。住此成就戒功德，远离杀生不恼害，亦离偷盗及邪淫，妄恶乖离无义语。不贪财物常慈愍，正道直心无谄伪，离险舍慢极调柔，依教而行不放逸。地狱畜生受众苦，饿鬼烧然出猛焰，一切皆由罪所致，我当离彼住实法。人中随意得受生，乃至顶天禅定乐，独觉声闻佛乘道，皆因十善而成就。如是思惟不放逸，自持净戒教他护，复见群生受众苦，转更增益大悲心。凡愚邪智不正解，常怀忿恨多诤讼，贪求境界无足期，我应令彼除三毒。愚痴大暗所缠覆，入大险道邪见网，生死笼槛怨所拘，我应令彼摧魔贼。四流漂荡心没溺，三界焚如苦无量，计蕴为宅我在中，为欲度彼勤行道。设求出离心下劣，舍于最上佛智慧，我欲令彼住大乘，发勤精进无厌足。菩萨住此集功德，见无量佛咸供养，亿劫修治善更明，如以好药炼真金。佛子住此作轮王，普化众生行十善，所有善法皆修习，为成十力救于世。欲舍王位及财宝，即弃居家依佛教，勇猛精勤一念中，获千三昧见千佛。所有种种神通力，此地菩萨皆能现，愿力所作复过此，无量自在度群生。一切世间利益者，所修菩萨最胜行，如是第二地功德，为诸佛子已开演。

第三地

佛子得闻此地行，菩萨境界难思议，靡不恭敬心欢喜，散华空中为供养，赞言：善哉大山王，慈心愍念诸众生，善说智者律仪法，第二地中之行相。是诸菩萨微妙行，真实无异无差别，为欲利益诸群生，如是演说最清净。一切人天供养者，愿为演说第三地，与法相应诸智业，如其境界希具阐！大仙所有施戒法，忍辱精进禅智慧，及以方便慈悲道，佛清净行愿皆说！时，解脱月复请言：无畏大士金刚藏，愿说趣入第三地，柔和心者诸功德！

尔时，金刚藏菩萨告解脱月菩萨言：

佛子！菩萨摩诃萨已净第二地，欲入第三地，当起十种深心。何等为十？所谓：清净心、安住心、厌舍心、离贪心、不退心、坚固心、明盛心、勇猛心、广心、大心。菩萨以是十心，得入第三地。

佛子！菩萨摩诃萨住第三地已，观一切有为法如实相。所谓：无常、苦、不净、不安隐、败坏、不久住、刹那生灭，非从前际生，非向后际去，非于现在住。又观此法无救、无依，与忧、与悲，苦恼同住，爱憎所系，愁戚转多，无有停积，贪、恚、痴火炽然不息，众患所缠，日夜增长，如幻不实。见如是已，于一切有为倍增厌离，趣佛智慧，见佛智慧不可思议、无等无量、难得无杂、无恼无忧，至无畏城，不复退还，能救无量苦难众生。菩萨如是见如来智慧无量利益，见一切有为无量过患，则于一切众生生十种哀愍心。何等为十？所谓：见诸众生孤独无依，生哀愍心；见诸众生贫穷困乏，生哀愍心；见诸众生三毒火然，生哀愍心；见诸众生诸有牢狱之所禁闭，生哀愍心；见诸众生烦恼稠林恒所覆障，生哀愍心；见诸众生不善观察，生哀愍心；见诸众生无善法欲，生哀愍心；见诸众生失诸佛法，生哀愍心；见诸众生随生死流，生哀愍心；见诸众生失解脱方便，生哀愍心。是为十。菩萨如是见众生界无量苦恼，发大精进，作是念言：此等众生，我应救，我应脱，我应净，我应度；应著善处，应令安住，应令欢喜，应令知见，应令调伏，应令涅槃。菩萨如是厌离一切有为，如是愍念一切众生，知一切智智有胜利益，欲依如来智慧救度众生，作是思惟：此诸众生堕在烦恼大苦之中，以何方便而能拔济，令住究竟涅槃之乐？便作是念：欲度众生令住涅槃，不离无障碍解脱智；无障碍解脱智，不离一切法如实觉；一切法如实觉，不离无行无生行慧光；无行无生行慧光，不离禅善巧决定观察智；禅善巧决定观察智，不离善巧多闻。菩萨如是观察了知已，倍于正法勤求修习，日夜唯愿闻法、喜法、乐法、依法、随法、解法、顺法、到法、住法、行法。菩萨如是勤求佛法，所有珍财皆无吝惜，不见有物难得可重，但于能说佛法之人生难遭想。是故，菩萨于内外财，为求佛法悉能舍施。无有恭敬而不能行，无有憍慢而不能舍，无有承事而不能作，无有勤苦而不能受。若闻一句未曾闻法，生大欢喜，胜得三千大千世界满中珍宝；若闻一偈未闻正法，生大欢喜，胜得转轮圣王位；若得一偈未曾闻法，能净菩萨行，胜得帝释梵王位住无量百千劫。若有人言：我有一句佛所说法，能净菩萨行。汝今若能入大火坑，受极大苦，当以相与。菩萨尔时作如是念：我以一句佛所说法，净菩萨行故，假使三千大千世界大火满中，尚欲从于梵天之上投身而下，亲自受取，况小火坑而不能入！然我今者为求佛法，应受一切地狱众苦，何况人中诸小苦恼！菩萨如是发勤精进求于佛法，如其所闻观察修行。此菩萨得闻法已，摄心安住，于空闲处作是思惟：如说修行乃得佛法，非但口言而可清净。

　　佛子！是菩萨住此发光地时，即离欲恶不善法，有觉有观，离生喜乐，住初禅；灭觉观，内净一心，无觉无观，定生喜乐，住第二禅；离喜住舍，有念正知，身受乐，诸圣所说能舍有念受乐，住第三禅；断乐先除，苦喜忧灭，不苦不乐，舍念清净，住第四禅；超一切色想，灭有对想，不念种种想，入无边虚空，住虚空无边处；超一切虚空无边处，入无边识，住识无边处；超一切识无边处，入无少所有，住无所有处；超一切无所有处，住非有想非无想处。但随顺法故，行而无所乐著。

佛子！此菩萨心随于慈，广大无量不二，无怨无对，无障无恼，遍至一切处，尽法界、虚空界，遍一切世间；住悲、喜、舍亦复如是。

佛子！此菩萨得无量神通力，能动大地；以一身为多身，多身为一身，或隐或显；石壁山障，所往无碍，犹如虚空；于虚空中跏趺而去，同于飞鸟；入地如水，履水如地，身出烟焰，如大火聚；复雨于水，犹如大云；日月在空，有大威力，而能以手扪摸摩触；其身自在，乃至梵世。此菩萨天耳清净过于人耳，悉闻人、天若近若远所有音声，乃至蚊蚋、虻蝇等声亦悉能闻。此菩萨以他心智，如实而知他众生心。所谓：有贪心，如实知有贪心；离贪心，如实知离贪心；有瞋心、离瞋心，有痴心、离痴心，有烦恼心、无烦恼心，小心、广心、大心、无量心，略心、非略心，散心、非散心，定心、非定心，解脱心、非解脱心，有上心、无上心，杂染心、非杂染心，广心、非广心，皆如实知。菩萨如是以他心智知众生心。此菩萨念知无量宿命差别，所谓：念知一生，念知二生、三生、四生，乃至十生、二十、三十，乃至百生、无量百生、无量千生、无量百千生、成劫、坏劫、成坏劫、无量成坏劫，我曾在某处，如是名，如是姓，如是种族，如是饮食，如是寿命，如是久住，如是苦乐。我于彼死，生于某处，从某处死，生于此处，如是形状，如是相貌，如是言音。如是过去无量差别，皆能忆念。此菩萨天眼清净过于人眼，见诸众生生时、死时、好色、恶色、善趣、恶趣，随业而去。若彼众生成就身恶行，成就语恶行，成就意恶行，诽谤贤圣；具足邪见及邪见业因缘，身坏命终，必堕恶趣，生地狱中。若彼众生成就身善行，成就语善行，成就意善行，不谤贤圣，具足正见；正见业因缘，身坏命终，必生善趣诸天之中。菩萨天眼皆如实知。此菩萨于诸禅三昧、三摩钵底能入能出，然不随其力受生，但随能满菩提分处，以意愿力而生其中。

佛子！是菩萨住此发光地，以愿力故，得见多佛。所谓：见多百佛，见多千佛，见多百千佛，乃至见多百千亿那由他佛。悉以广大心、深心，恭敬尊重，承事供养，衣服、饮食、卧具、汤药，一切资生悉以奉施，亦以供养一切众僧，以此善根回向阿耨多罗三藐三菩提。于其佛所，恭敬听法，闻已受持，随力修行。此菩萨观一切法，不生不灭，因缘而有；见缚先灭，一切欲缚、色缚、有缚、无明缚皆转微薄；于无量百千亿那由他劫不积集故，邪贪、邪瞋及以邪痴，悉得除断，所有善根转更明净。佛子！譬如真金善巧炼治，秤两不减，转更明净。菩萨亦复如是，住此发光地，不积集故，邪贪、邪瞋及以邪痴，皆得除断，所有善根转更明净。此菩萨忍辱心、柔和心、谐顺心、悦美心、不瞋心、不动心、不浊心、无高下心、不望报心、报恩心、不谄心、不诳心、无谀诐心皆转清净。此菩萨于四摄中，利行偏多；十波罗蜜中，忍波罗蜜偏多；余非不修，但随力随分。

佛子！是名菩萨第三发光地。菩萨住此地，多作三十三天王，能以方便，令诸众生舍离贪欲。布施、爱语、利行、同事——如是一切诸所作业，皆不离念佛，不离念法，不离念僧，乃至不离念具足一切种、一切智智。复作是念：我当于一切众生中为首、为胜、为殊胜、为妙、为微妙、为上、为无上，乃至为一切智智依止者。若勤行精进，于一念顷，得百千三昧，得见百千佛，知百千佛神力，能动百千佛世界，乃至示现百千身，一一身百千菩萨以为眷属；若以菩萨殊胜愿力自在示现，过于此数，百劫、千劫乃至百千亿那由他劫不能数知。

尔时，金刚藏菩萨欲重宣其义而说颂曰：

清净安住明盛心，厌离无贪无害心，坚固勇猛广大心，智者以此入三地。菩萨住此发光地，观诸行法苦无常，不净败坏速归灭，无坚无住无来往。观诸有为如重病，忧悲苦恼惑所缠，三毒猛火恒炽然，无始时来不休息。厌离三有不贪著，专求佛智无异念，难测难思无等伦，无量无边无逼恼。见佛智已愍众生，孤独无依无救护，三毒炽然常困乏，住诸有狱恒受苦，烦恼缠覆盲无目，志乐下劣丧法宝，随顺生死怖涅槃，我应救彼勤精进。将求智慧益众生，思何方便令解脱？不离如来无碍智，彼复无生慧所起。心念此慧从闻得，如是思惟自勤励，日夜听习无间然，唯以正法为尊重。国城财贝诸珍宝，妻子眷属及王位，菩萨为法起敬心，如是一切皆能舍。头目耳鼻舌牙齿，手足骨髓心血肉，此等皆舍未为难，但以闻法为最难。设有人来语菩萨：孰能投身大火聚，我当与汝佛法宝！闻已投之无怯惧。假使火满三千界，身从梵世而投入，为求法故不为难，况复人间诸小苦！从初发意至得佛，其间所有阿鼻苦，为闻法故皆能受，何况人中诸苦事！闻已如理正思惟，获得四禅无色定，四等五通次第起，不随其力而受生。菩萨住此见多佛，供养听闻心决定，断诸邪惑转清净，如炼真金体无减。住此多作忉利王，化导无量诸天众，令舍贪心住善道，一向专求佛功德。佛子住此勤精进，百千三昧皆具足，见百千佛相严身，若以愿力复过是。一切众生普利益，彼诸菩萨最上行，如是所有第三地，我依其义已解释。

大方广佛华严经卷第三十六

十地品第二十六之三
第四地

佛子闻此广大行，可乐深妙殊胜法，心皆踊悦大欢喜，普散众华供养佛。演说如是妙法时，大地海水皆震动，一切天女咸欢喜，悉吐妙音同赞叹。自在天王大欣庆，雨摩尼宝供养佛，赞言：佛为我出兴，演说第一功德行。如是智者诸地义，于百千劫甚难得，我今忽然而得闻，菩萨胜行妙法音。愿更演说聪慧者，后地决定无余道，利益一切诸天人，此诸佛子皆乐闻！勇猛大心解脱月，请金刚藏言：佛子！从此转入第四地，所有行相愿宣说！

尔时，金刚藏菩萨告解脱月菩萨言：

佛子！菩萨摩诃萨第三地善清净已，欲入第四焰慧地，当修行十法明门。何等为十？所谓观察众生界、观察法界、观察世界、观察虚空界、观察识界、观察欲界、观察色界、观察无色界、观察广心信解界、观察大心信解界。菩萨以此十法明门，得入第四焰慧地。

佛子！菩萨住此焰慧地，则能以十种智成熟法故，得彼内法，生如来家。何等为十？所谓：深心不退故；于三宝中生净信，毕竟不坏故；观诸行生灭故；观诸法自性无生故；观世间成坏故；观因业有生故；观生死涅槃故；观众生国土业故；观前际后际故；观无所有尽故。是为十。佛子！菩萨住此第四地，观内身循身观，勤勇念知，除世间贪忧；观外身循身观，勤勇念知，除世间贪忧；观内外身循身观，勤勇念知，除世间贪忧；如是，观内受、外受、内外受循受观，观内心、外心、内外心循心观，观内法、外法、内外法循法观，勤勇念知，除世间贪忧。复次，此菩萨未生诸恶不善法为不生故，欲生勤精进发心正断；已生诸恶不善法为断故，欲生勤精进发心正断；未生诸善法为生故，欲生勤精进发心正行；已生诸善法为住不失故，修令增广故，欲生勤精进发心正行。复次，此菩萨修行欲定断行，成就神足，依止厌，依止离，依止灭，回向于舍；修行精进定、心定、观定断行，成就神足，依止厌，依止离，依止灭，回向于舍。复次，此菩萨修行信根，依止厌，依止离，依止灭，回向于舍；修行精进根、念根、定根、慧根，依止厌，依止离，依止灭，回向于舍。复次，此菩萨修行信力，依止厌，依止离，依止灭，回向于舍；修行精进力、念力、定力、慧力，依止厌，依止离，依止灭，回向于舍。复次，此菩萨修行念觉分，依止厌，依止离，依止灭，回向于舍；修行择法觉分、精进觉分、喜觉分、猗觉分、定觉分、舍觉分，依止厌，依止离，依止灭，回向于舍。复次，此菩萨修行正见，依止厌，依止离，依止灭，回向于舍；修行正思惟、正语、正业、正命、正精进、正念、正定，依止厌，依止离，依止灭，回向于舍。菩萨修行如是功德，为不舍一切众生故，本愿所持故，大悲为首故，大慈成就故，思念一切智智故，成就庄严佛土故，成就如来力、无所畏、不共佛法、相好音声悉具足故，求于上上殊胜道故，随顺所闻甚深佛解脱故，思惟大智善巧方便故。

佛子！菩萨住此焰慧地，所有身见为首，我、人、众生、寿命、蕴、界、处所起执著，出没思惟；观察治故，我所故，财物故，著处故，于如是等一切皆离。此菩萨若见业是如来所诃、烦恼所染，皆悉舍离；若见业是顺菩萨道、如来所赞，皆悉修行。

佛子！此菩萨随所起方便慧，修习于道及助道分，如是而得润泽心、柔软心、调顺心、利益安乐心、无杂染心、求上上胜法心、求殊胜智慧心、救一切世间心、恭敬尊德无违教命心、随所闻法皆善修行心。此菩萨知恩、知报恩，心极和善，同住安乐，质直柔软，无稠林行，无有我慢，善受教诲，得说者意。此菩萨如是忍成就，如是调柔成就，如是寂灭成就，如是忍、调柔、寂灭成就；净治后地业，作意修行时，得不休息精进、不杂染精进、不退转精进、广大精进、无边精进、炽然精进、无等等精进、无能坏精进、成熟一切众生精进、善分别道非道精进。是菩萨心界清净，深心不失，悟解明利，善根增长，离世垢浊，断诸疑惑，明断具足，喜乐充满，佛亲护念，无量志乐皆悉成就。

佛子！菩萨住此焰慧地，以愿力故，得见多佛。所谓：见多百佛，见多千佛，见多百千佛，乃至见多百千亿那由他佛。皆恭敬尊重，承事供养，衣服、卧具、饮食、汤药，一切资生悉以奉施，亦以供养一切众僧，以此善根皆悉回向阿耨多罗三藐三菩提。于彼佛所，恭敬听法，闻已受持，具足修行。复于彼诸佛法中出家修道，又更修治深心信解，经无量百千亿那由他劫，令诸善根转复明净。佛子！譬如金师炼治真金作庄严具，余所有金皆不能及；菩萨摩诃萨亦复如是，住于此地所有善根，下地善根所不能及。如摩尼宝清净光轮能放光明，非诸余宝之所能及，风雨等缘悉不能坏；菩萨摩诃萨亦复如是，住于此地，下地菩萨所不能及，众魔烦恼悉不能坏。此菩萨于四摄中，同事偏多；十波罗蜜中，精进偏多；余非不修，但随力随分。

佛子！是名：略说菩萨摩诃萨第四焰慧地。菩萨住此地，多作须夜摩天王，以善方便能除众生身见等惑，令住正见。布施、爱语、利行、同事——如是一切诸所作业，皆不离念佛，不离念法，不离念僧，乃至不离念具足一切种、一切智智。复作是念：我当于一切众生中为首、为胜、为殊胜、为妙、为微妙、为上、为无上，乃至为一切智智依止者。是菩萨若发勤精进，于一念顷，得入亿数三昧，得见亿数佛，得知亿数佛神力，能动亿数世界，乃至能示现亿数身，一一身亿数菩萨以为眷属；若以菩萨殊胜愿力自在示现，过于此数，百劫、千劫乃至百千亿那由他劫不能数知。

尔时，金刚藏菩萨欲重宣其义而说颂言：

菩萨已净第三地，次观众生世法界，空界识界及三界，心解悉了能趣入。始登焰地增势力，生如来家永不退，于佛法僧信不坏，观法无常无有起。观世成坏业有生，生死涅槃刹等业，观前后际亦观尽，如是修行生佛家。得是法已增慈愍，转更勤修四念处，身受心法内外观，世间贪爱皆除遣。菩萨修治四勤行，恶法除灭善增长，神足根力悉善修，七觉八道亦如是。为度众生修彼行，本愿所护慈悲首，求一切智及佛土，亦念如来十种力，四无所畏不共法，殊特相好深美音；亦求妙道解脱处，及大方便修行彼。身见为首六十二，我及我所无量种，蕴界处等诸取著，此四地中一切离。如来所诃烦恼行，以无义利皆除断；智者修行清净业，为度众生无不作。菩萨勤修不懈怠，即得十心皆具足，专求佛道无厌倦，志期受职度众生。恭敬尊德修行法，知恩易诲无愠暴，舍慢离谄心调柔，转更精勤不退转。菩萨住此焰慧地，其心清净永不失，悟解决定善增长，疑网垢浊悉皆离。此地菩萨人中胜，供那由他无量佛，听闻正法亦出家，不可沮坏如真金。菩萨住此具功德，以智方便修行道，不为众魔心退转，譬如妙宝无能坏。住此多作焰天王，于法自在众所尊，普化群生除恶见，专求佛智修善业。菩萨勤加精进力，获三昧等皆亿数；若以愿智力所为，过于此数无能知。如是菩萨第四地，所行清净微妙道，功德义智共相应，我为佛子已宣说。

第五地

菩萨闻此胜地行，于法解悟心欢喜，空中雨华赞叹言：善哉大士金刚藏！自在天王与天众，闻法踊跃住虚空，普放种种妙光云，供养如来喜充遍。天诸采女奏天乐，亦以言辞歌赞佛，悉以菩萨威神故，于彼声中发是言：佛愿久远今乃满，佛道久远今乃得，释迦文佛至天宫，利天人者久乃见。大海久远今始动，佛光久远今乃放，众生久远始安乐，大悲音声久乃闻。功德彼岸皆已到，憍慢黑闇皆已灭，最极清净如虚空，不染世法犹莲华。大牟尼尊现于世，譬如须弥出巨海，供养能尽一切苦，供养必得诸佛智；此应供处供无等，是故欢心供养佛。如是无量诸天女，发此言辞称赞已，一切恭敬喜充满，瞻仰如来默然住。是时大士解脱月，复请无畏金刚藏：第五地中诸行相，唯愿佛子为宣说！

尔时，金刚藏菩萨告解脱月菩萨言：

佛子！菩萨摩诃萨第四地所行道善圆满已，欲入第五难胜地，当以十种平等清净心趣入。何等为十？所谓：于过去佛法平等清净心、未来佛法平等清净心、现在佛法平等清净心、戒平等清净心、心平等清净心、除见疑悔平等清净心、道非道智平等清净心、修行智见平等清净心、于一切菩提分法上上观察平等清净心、教化一切众生平等清净心。菩萨摩诃萨以此十种平等清净心，得入菩萨第五地。

佛子！菩萨摩诃萨住此第五地已，以善修菩提分法故，善净深心故，复转求上胜道故，随顺真如故，愿力所持故，于一切众生慈愍不舍故，积集福智助道故，精勤修习不息故，出生善巧方便故，观察照明上上地故，受如来护念故，念智力所持故，得不退转心。

佛子！此菩萨摩诃萨如实知此是苦圣谛、此是苦集圣谛、此是苦灭圣谛、此是苦灭道圣谛，善知俗谛，善知第一义谛，善知相谛，善知差别谛，善知成立谛，善知事谛，善知生谛，善知尽无生谛，善知入道智谛，善知一切菩萨地次第成就谛，乃至善知如来智成就谛。此菩萨随众生心乐令欢喜故，知俗谛；通达一实相故，知第一义谛；觉法自相、共相故，知相谛；了诸法分位差别故，知差别谛；善分别蕴、界、处故，知成立谛；觉身心苦恼故，知事谛；觉诸趣生相续故，知生谛；一切热恼毕竟灭故，知尽无生智谛；出生无二故，知入道智谛；正觉一切行相故，善知一切菩萨地次第相续成就，乃至如来智成就谛。以信解智力知，非以究竟智力知。

佛子！此菩萨摩诃萨得如是诸谛智已，如实知一切有为法虚妄、诈伪、诳惑愚夫。菩萨尔时，于诸众生转增大悲，生大慈光明。佛子！此菩萨摩诃萨得如是智力，不舍一切众生，常求佛智，如实观一切有为行前际、后际。知从前际无明、有、爱，故生生死流转，于诸蕴宅不能动出，增长苦聚；无我、无寿者、无养育者、无更数取后趣身者，离我、我所。如前际，后际亦如是，皆无所有。虚妄、贪著，断尽出离；若有若无，皆如实知。佛子！此菩萨摩诃萨复作是念：此诸凡夫愚痴无智，甚为可愍。有无数身已灭、今灭、当灭，如是尽灭，不能于身而生厌想，转更增长机关苦事，随生死流不能还返，于诸蕴宅不求出离，不知忧畏四大毒蛇，不能拔出诸慢见箭，不能息灭贪、恚、痴火，不能破坏无明黑暗，不能乾竭爱欲大海，不求十力大圣导师；入魔意稠林，于生死海中，为觉观波涛之所漂溺。佛子！此菩萨摩诃萨复作是念：此诸众生受如是苦，孤穷困迫，无救无依，无洲无舍，无导无目，无明覆翳，黑暗缠裹。我今为彼一切众生，修行福智助道之法，独一发心，不求伴侣；以是功德，令诸众生毕竟清净，乃至获得如来十力、无碍智慧。佛子！此菩萨摩诃萨以如是智慧观察所修善根，皆为救护一切众生，利益一切众生，安乐一切众生，哀愍一切众生，成就一切众生，解脱一切众生，摄受一切众生；令一切众生离诸苦恼，令一切众生普得清净，令一切众生悉皆调伏，令一切众生入般涅槃。

佛子！菩萨摩诃萨住此第五难胜地，名为：念者，不忘诸法故；名为：智者，能善决了故；名为：有趣者，知经意趣，次第连合故；名为：惭愧者，自护、护他故；名为：坚固者，不舍戒行故；名为：觉者，能观是处、非处故；名为：随智者，不随于他故；名为：随慧者，善知义、非义句差别故；名为：神通者，善修禅定故；名为：方便善巧者，能随世行故；名为：无厌足者，善集福德故；名为：不休息者，常求智慧故；名为：不疲倦者，集大慈悲故；名为：为他勤修者，欲令一切众生入涅槃故；名为：勤求不懈者，求如来力、无畏、不共法故；名为：发意能行者，成就庄严佛土故；名为：勤修种种善业者，能具足相好故；名为：常勤修习者，求庄严佛身、语、意故；名为：大尊重恭敬法者，于一切菩萨法师处如教而行故；名为：心无障碍者,以大方便常行世间故;名为:日夜远离余心者,常乐教化一切众生故。

佛子!菩萨摩诃萨如是勤修行时,以布施教化众生,以爱语、利行、同事教化众生,示现色身教化众生,演说诸法教化众生,开示菩萨行教化众生,显示如来大威力教化众生,示生死过患教化众生,称赞如来智慧利益教化众生,现大神通力教化众生,以种种方便行教化众生。佛子!此菩萨摩诃萨能如是勤方便教化众生,心恒相续,趣佛智慧;所作善根,无有退转,常勤修学殊胜行法。

佛子!此菩萨摩诃萨为利益众生故,世间技艺靡不该习。所谓:文字、算数、图书、印玺;地、水、火、风,种种诸论,咸所通达;又善方药,疗治诸病——颠狂、乾消、鬼魅、蛊毒,悉能除断;文笔、赞咏、歌舞、妓乐、戏笑、谈说,悉善其事;国城、村邑、宫宅、园苑、泉流、陂池、草树、花药,凡所布列,咸得其宜;金银、摩尼、真珠、琉璃、螺贝、璧玉、珊瑚等藏,悉知其处,出以示人;日月星宿、鸟鸣地震、夜梦吉凶,身相休咎,咸善观察,一无错谬;持戒入禅,神通无量,四无色等及余一切世间之事,但于众生不为损恼,为利益故咸悉开示,渐令安住无上佛法。

佛子!菩萨住是难胜地,以愿力故,得见多佛。所谓:见多百佛,见多千佛,见多百千佛,乃至见多百千亿那由他佛。悉恭敬尊重,承事供养,衣服、饮食、卧具、汤药,一切资生悉以奉施,亦以供养一切众僧,以此善根回向阿耨多罗三藐三菩提。于诸佛所,恭敬听法,闻已受持,随力修行。复于彼诸佛法中而得出家;既出家已,又更闻法,得陀罗尼,为闻持法师。住此地中,经于百劫,经于千劫,乃至无量百千亿那由他劫,所有善根转更明净。佛子!譬如真金,以砗磲磨莹,转更明净;此地菩萨所有善根亦复如是,以方便慧思惟观察,转更明净。佛子!菩萨住此难胜地,以方便智成就功德,下地善根所不能及。佛子!如日月星宿、宫殿光明,风力所持,不可沮坏,亦非余风所能倾动;此地菩萨所有善根亦复如是,以方便智随逐观察,不可沮坏,亦非一切声闻、独觉世间善根所能倾动。此菩萨,十波罗蜜中,禅波罗蜜偏多;余非不修,但随力随分。

佛子!是名:略说菩萨摩诃萨第五难胜地。菩萨住此地,多作兜率陀天王,于诸众生所作自在,摧伏一切外道邪见,能令众生住实谛中。布施、爱语、利行、同事——如是一切诸所作业,皆不离念佛,不离念法,不离念僧,乃至不离念具足一切种、一切智智。复作是念:我当于众生中为首、为胜、为殊胜、为妙、为微妙、为上、为无上,乃至为一切智智依止者。此菩萨若发勤精进,于一念顷,得千亿三昧,见千亿佛,知千亿佛神力,能动千亿佛世界,乃至示现千亿身,一一身示千亿菩萨以为眷属;若以菩萨殊胜愿力自在示现,过于此数,百劫、千劫乃至百千亿那由他劫不能数知。

尔时，金刚藏菩萨欲重宣其义而说颂曰：

菩萨四地已清净，思惟三世佛平等，戒心除疑道非道，如是观察入五地。念处为弓根利箭，正勤为马神足车，五力坚铠破怨敌，勇健不退入五地。惭愧为衣觉分鬘，净戒为香禅涂香，智慧方便妙庄严，入总持林三昧苑。如意为足正念颈，慈悲为眼智慧牙，人中师子无我吼，破烦恼怨入五地。菩萨住此第五地，转修胜上清净道，志求佛法不退转，思念慈悲无厌倦。积集福智胜功德，精勤方便观上地，佛力所加具念慧，了知四谛皆如实。善知世谛胜义谛，相谛差别成立谛，事谛生尽及道谛，乃至如来无碍谛。如是观谛虽微妙，未得无碍胜解脱，以此能生大功德，是故超过世智慧。既观谛已知有为，体性虚伪无坚实，得佛慈愍光明分，为利众生求佛智。观诸有为先后际，无明黑闇爱缠缚，流转迟回苦聚中，无我无人无寿命。爱取为因受来苦，欲求边际不可得，迷妄漂流无返期，此等可愍我应度。蕴宅界蛇诸见箭，心火猛炽痴闇重，爱河漂转不暇观，苦海沦胥阙明导。如是知已勤精进，所作皆为度众生，名为有念有慧者，乃至觉解方便者。习行福智无厌足，恭敬多闻不疲倦，国土相好皆庄严，如是一切为众生。为欲教化诸世间，善知书数印等法，亦复善解诸方药，疗治众病悉令愈。文词歌舞皆巧妙，宫宅园池悉安隐，宝藏非一咸示人，利益无量众生故。日月星宿地震动，乃至身相亦观察，四禅无色及神通，为益世间皆显示。智者住此难胜地，供那由佛亦听法，如以妙宝磨真金，所有善根转明净。譬如星宿在虚空，风力所持无损动，亦如莲华不著水，如是大士行于世。住此多作兜率王，能摧异道诸邪见，所修诸善为佛智，愿得十力救众生。彼复修行大精进，即时供养千亿佛，得定动刹亦复然，愿力所作过于是。如是第五难胜地，人中最上真实道，我以种种方便力，为诸佛子宣说竟。

大方广佛华严经卷第三十七

十地品第二十六之四
第六地

菩萨既闻诸胜行，其心欢喜雨妙华，放净光明散宝珠，供养如来称善说。百千天众皆欣庆，共在空中散众宝，华鬘璎珞及幢幡，宝盖涂香咸供佛。自在天王并眷属，心生欢喜住空中，散宝成云持供养，赞言：佛子快宣说！无量天女空中住，共以乐音歌赞佛，音中悉作如是言：佛语能除烦恼病。法性本寂无诸相，犹如虚空不分别，超诸取著绝言道，真实平等常清净。若能通达诸法性，于有于无心不动。为欲救世勤修行，此佛口生真佛子。不取众相而行施，本绝诸恶坚持戒，解法无害常堪忍，知法性离具精进，已尽烦恼入诸禅，善达性空分别法，具足智力能博济，灭除众恶称大士。如是妙音千万种，赞已默然瞻仰佛。解脱月语金刚藏：以何行相入后地？

尔时，金刚藏菩萨告解脱月菩萨言：

佛子！菩萨摩诃萨已具足第五地，欲入第六现前地，当观察十平等法。何等为十？所谓：一切法无相故平等，无体故平等，无生故平等，无灭故平等，本来清净故平等，无戏论故平等，无取舍故平等，寂静故平等，如幻、如梦、如影、如响、如水中月、如镜中像、如焰、如化故平等，有、无不二故平等。菩萨如是观一切法自性清净，随顺无违，得入第六现前地，得明利随顺忍，未得无生法忍。

佛子！此菩萨摩诃萨如是观已，复以大悲为首、大悲增上、大悲满足，观世间生灭，作是念：世间受生皆由著我，若离此著，则无生处。复作是念：凡夫无智，执著于我，常求有、无，不正思惟，起于妄行，行于邪道；罪行、福行、不动行，积集增长，于诸行中植心种子，有漏有取，复起后有生及老死。所谓：业为田，识为种，无明闇覆，爱水为润，我慢溉灌，见网增长，生名色芽，名色增长生五根，诸根相对生触，触对生受，受后希求生爱，爱增长生取，取增长生有；有生已，于诸趣中起五蕴身名；生，生已衰变为老，终殁为死。于老死时，生诸热恼；因热恼故，忧愁悲叹，众苦皆集。此因缘故，集无有集者，任运而灭亦无灭者。菩萨如是随顺观察缘起之相。佛子！此菩萨摩诃萨复作是念：于第一义谛不了故名：无明，所作业果是行，行依止初心是识，与识共生四取蕴为名色，名色增长为六处，根、境、识三事和合是触，触共生有受，于受染著是爱，爱增长是取，取所起有漏业为有，从业起蕴为生，蕴熟为老，蕴坏为死；死时离别，愚迷贪恋，心胸烦闷为愁，涕泗谘嗟为叹，在五根为苦，在意地为忧，忧苦转多为恼。如是但有苦树增长，无我、无我所、无作、无受者。复作是念：若有作者，则有作事；若无作者，亦无作事，第一义中俱不可得。佛子！此菩萨摩诃萨复作是念：三界所有，唯是一心。如来于此分别演说十二有支，皆依一心，如是而立。何以故？随事贪欲与心共生，心是识，事是行，于行迷惑是无明，与无明及心共生是名色，名色增长是六处，六处三分合为触，触共生是受，受无厌足是爱，爱摄不舍是取，彼诸有支生是有，有所起名：生，生熟为老，老坏为死。

佛子！此中无明有二种业，一令众生迷于所缘，二与行作生起因。行亦有二种业，一能生未来报，二与识作生起因。识亦有二种业，一令诸有相续，二与名色作生起因。名色亦有二种业，一互相助成，二与六处作生起因。六处亦有二种业，一各取自境界，二与触作生起因。触亦有二种业，一能触所缘，二与受作生起因。受亦有二种业，一能领受爱憎等事，二与爱作生起因。爱亦有二种业，一染著可爱事，二与取作生起因。取亦有二种业，一令诸烦恼相续，二与有作生起因。有亦有二种业，一能令于余趣中生，二与生作生起因。生亦有二种业，一能起诸蕴，二与老作生起因。老亦有二种业，一令诸根变异，二与死作生起因。死亦有二种业，一能坏诸行，二不觉知故相续不绝。

　　佛子！此中无明缘行，乃至生缘老死者，由无明乃至生为缘，令行乃至老死不断，助成故。无明灭则行灭，乃至生灭则老死灭者，由无明乃至生不为缘，令诸行乃至老死断灭，不助成故。佛子！此中无明、爱、取不断是烦恼道，行、有不断是业道，余分不断是苦道；前后际分别灭三道断，如是三道离我、我所，但有生灭，犹如束芦。复次，无明缘行者，是观过去；识乃至受，是观现在；爱乃至有，是观未来。于是以后，展转相续。无明灭行灭者，是观待断。复次，十二有支名为三苦，此中无明、行乃至六处是行苦，触、受是苦苦，余是坏苦；无明灭行灭者，是三苦断。复次，无明缘行者，无明因缘能生诸行；无明灭行灭者，以无无明，诸行亦无，余亦如是。又无明缘行者，是生系缚；无明灭行灭者，是灭系缚。余亦如是。又无明缘行者，是随顺无所有观；无明灭行灭者，是随顺尽灭观。余亦如是。

　　佛子！菩萨摩诃萨如是十种逆顺观诸缘起。所谓：有支相续故，一心所摄故，自业差别故，不相舍离故，三道不断故，观过去、现在、未来故，三苦聚集故，因缘生灭故，生灭系缚故，无所有、尽观故；佛子，菩萨摩诃萨以如是十种相观诸缘起，知无我、无人、无寿命、自性空、无作者、无受者，即得空解脱门现在前。观诸有支皆自性灭，毕竟解脱，无有少法相生，即时得无相解脱门现在前。如是入空、无相已，无有愿求，唯除大悲为首，教化众生，即时得无愿解脱门现在前。菩萨如是修三解脱门，离彼、我想，离作者、受者想，离有、无想。

　　佛子！此菩萨摩诃萨大悲转增，精勤修习，为未满菩提分法令圆满故，作是念：一切有为，有和合则转，无和合则不转；缘集则转，缘不集则不转。我如是知有为法多诸过患，当断此和合因缘；然为成就众生故，亦不毕竟灭于诸行。佛子！菩萨如是观察有为多诸过恶，无有自性，不生不灭，而恒起大悲，不舍众生，即得般若波罗蜜现前，名：无障碍智光明。成就如是智光明已，虽修习菩提分因缘而不住有为中，虽观有为法自性寂灭亦不住寂灭中，以菩提分法未圆满故。

　　佛子！菩萨住此现前地，得入空三昧、自性空三昧、第一义空三昧、第一空三昧、大空三昧、合空三昧、起空三昧、如实不分别空三昧、不舍离空三昧、离不离空三昧。此菩萨得如是十空三昧门为首，百千空三昧皆悉现前；如是十无相、十无愿三昧门为首，百千无相、无愿三昧门皆悉现前。佛子！菩萨住此现前地，复更修习满足不可坏心、决定心、纯善心、甚深心、不退转心、不休息心、广大心、无边心、求智心、方便慧相应心,皆悉圆满。佛子!菩萨以此十心顺佛菩提,不惧异论,入诸智地,离二乘道,趣于佛智,诸烦恼魔无能沮坏,住于菩萨智慧光明,于空、无相、无愿法中皆善修习,方便智慧恒共相应,菩提分法常行不舍。佛子!菩萨住此现前地中,得般若波罗蜜行增上,得第三明利顺忍,以于诸法如实相随顺无违故。

佛子!菩萨住此现前地已,以愿力故,得见多佛。所谓:见多百佛,乃至见多百千亿那由他佛。悉以广大心、深心,供养恭敬,尊重赞叹,衣服、饮食、卧具、汤药,一切资生悉以奉施,亦以供养一切众僧,以此善根回向阿耨多罗三藐三菩提。于诸佛所,恭敬听法,闻已受持,得如实三昧智慧光明,随顺修行,忆持不舍。又得诸佛甚深法藏,经于百劫,经于千劫,乃至无量百千亿那由他劫,所有善根转更明净。譬如真金,以毗琉璃宝数数磨莹,转更明净;此地菩萨所有善根亦复如是,以方便慧,随逐观察,转更明净,转复寂灭,无能映蔽。譬如月光,照众生身,令得清凉,四种风轮所不能坏;此地菩萨所有善根亦复如是,能灭无量百千亿那由他众生烦恼炽火,四种魔道所不能坏。此菩萨,十波罗蜜中,般若波罗蜜偏多;余非不修,但随力随分。

佛子!是名:略说菩萨摩诃萨第六现前地。菩萨住此地,多作善化天王,所作自在,一切声闻所有问难无能退屈,能令众生除灭我慢、深入缘起。布施、爱语、利行、同事——如是一切诸所作业,皆不离念佛,乃至不离念具足一切种、一切智智。复作是念:我当于一切众生中为首、为胜,乃至为一切智智依止者。此菩萨若勤行精进,于一念顷,得百千亿三昧,乃至示现百千亿菩萨以为眷属;若以愿力自在示现,过于此数,乃至百千亿那由他劫不能数知。

尔时,金刚藏菩萨欲重宣其义而说颂曰:

菩萨圆满五地已,观法无相亦无性,无生无灭本清净,无有戏论无取舍,体相寂灭如幻等,有无不二离分别,随顺法性如是观,此智得成入六地。明利顺忍智具足,观察世间生灭相,以痴闇力世间生,若灭痴闇世无有。观诸因缘实义空,不坏假名和合用,无作无受无思念,诸行如云遍兴起。不知真谛名无明,所作思业愚痴果,识起共生是名色,如是乃至众苦聚。了达三界依心有,十二因缘亦复然,生死皆由心所作,心若灭者生死尽。无明所作有二种,缘中不了为行因,如是乃至老终殁,从此苦生无有尽。无明为缘不可断,彼缘若尽悉皆灭,愚痴爱取烦恼支,行有是业余皆苦。痴至六处是行苦,触受增长是苦苦,所余有支是坏苦,若见无我三苦灭。无明与行为过去,识至于受现在转,爱取有生未来苦,观待若断边际尽。无明为缘是生缚,于缘得离缚乃尽,从因生果离则断,观察于此知性空。随顺无明起诸有,若不随顺诸有断,此有彼有无亦然,十种思惟心离著。有支相续一心摄,自业不离及三道,三际三苦因缘生,系缚起灭顺无尽。如是普观缘起行，无作无受无真实，如幻如梦如光影，亦如愚夫逐阳焰。如是观察入于空，知缘性离得无相，了其虚妄无所愿，唯除慈愍为众生。大士修行解脱门，转益大悲求佛法，知诸有为和合作，志乐决定勤行道。空三昧门具百千，无相无愿亦复然，般若顺忍皆增上，解脱智慧得成满。复以深心多供佛，于佛教中修习道，得佛法藏增善根，如金琉璃所磨莹。如月清凉被众物，四风来触无能坏；此地菩萨超魔道，亦息群生烦恼热。此地多作善化王，化导众生除我慢，所作皆求一切智，悉已超胜声闻道。此地菩萨勤精进，获诸三昧百千亿，亦见若干无量佛，譬如盛夏空中日。甚深微妙难见知，声闻独觉无能了，如是菩萨第六地，我为佛子已宣说。

第七地

是时天众心欢喜，散宝成云在空住，普发种种妙音声，告于最胜清净者：了达胜义智自在，成就功德百千亿，人中莲华无所著，为利群生演深行。自在天王在空中，放大光明照佛身，亦散最上妙香云，普供除忧烦恼者。尔时天众皆欢喜，悉发美音同赞述：我等闻斯地功德，则为已获大善利。天女是时心庆悦，竞奏乐音千万种，悉以如来神力故，音中共作如是言：威仪寂静最无比，能调难调世应供，已超一切诸世间，而行于世阐妙道。虽现种种无量身，知身一一无所有，巧以言辞说诸法，不取文字音声相。往诣百千诸国土，以诸上供供养佛，智慧自在无所著，不生于我佛国想。虽勤教化诸众生，而无彼己一切心；虽已修成广大善，而于善法不生著。以见一切诸世间，贪恚痴火常炽然，于诸想念悉皆离，发起大悲精进力。一切诸天及天女，种种供养称赞已，悉共同时默然住，瞻仰人尊愿闻法。时解脱月复请言：此诸大众心清净，第七地中诸行相，唯愿佛子为宣说！

尔时，金刚藏菩萨告解脱月菩萨言：

佛子！菩萨摩诃萨具足第六地行已，欲入第七远行地，当修十种方便慧起殊胜道。何等为十？所谓：虽善修空、无相、无愿三昧，而慈悲不舍众生，虽得诸佛平等法，而乐常供养佛；虽入观空智门，而勤集福德；虽远离三界，而庄严三界；虽毕竟寂灭诸烦恼焰，而能为一切众生起灭贪、瞋、痴烦恼焰；虽知诸法如幻、如梦、如影、如响、如焰、如化、如水中月、如镜中像、自性无二，而随心作业无量差别；虽知一切国土犹如虚空，而能以清净妙行庄严佛土；虽知诸佛法身本性无身，而以相好庄严其身；虽知诸佛音声性空寂灭不可说，而能随一切众生出种种差别清净音声；虽随诸佛了知三世唯是一念，而随众生意解分别，以种种相、种种时、种种劫数而修诸行。菩萨以如是十种方便慧起殊胜行，从第六地入第七地；入已，此行常现在前，名为：住第七远行地。

佛子！菩萨摩诃萨住此第七地已，入无量众生界，入无量诸佛教化众生业，入无量世界网，入无量诸佛清净国土，入无量种种差别法，入无量诸佛现觉智，入无量劫数，入无量诸佛觉了三世智，入无量众生差别信解，入无量诸佛示现种种名色身，入无量众生欲乐诸根差别，入无量诸佛语言音声令众生欢喜，入无量众生种种心行，入无量诸佛了知广大智，入无量声闻乘信解，入无量诸佛说智道令信解，入无量辟支佛所成就，入无量诸佛说甚深智慧门令趣入，入无量诸菩萨方便行，入无量诸佛所说大乘集成事令菩萨得入。此菩萨作是念：如是无量如来境界，乃至于百千亿那由他劫不能得知，我悉应以无功用无分别心成就圆满。

佛子！此菩萨以深智慧如是观察，常勤修习方便慧起殊胜道，安住不动，无有一念休息废舍；行、住、坐、卧乃至睡梦，未曾暂与盖障相应，常不舍于如是想念。此菩萨于念念中，常能具足十波罗蜜。何以故？念念皆以大悲为首，修行佛法，向佛智故。所有善根，为求佛智，施与众生，是名：檀那波罗蜜；能灭一切诸烦恼热，是名：尸罗波罗蜜；慈悲为首，不损众生，是名：羼提波罗蜜；求胜善法，无有厌足，是名：毗梨耶波罗蜜；一切智道常现在前，未尝散乱，是名：禅那波罗蜜；能忍诸法无生无灭，是名：般若波罗蜜；能出生无量智，是名：方便波罗蜜；能求上上胜智，是名：愿波罗蜜；一切异论及诸魔众无能沮坏，是名：力波罗蜜；如实了知一切法，是名：智波罗蜜。佛子！此十波罗蜜，菩萨于念念中皆得具足；如是，四摄、四持、三十七品、三解脱门，略说乃至一切菩提分法，于念念中皆悉圆满。

尔时，解脱月菩萨问金刚藏菩萨言：佛子！菩萨但于此第七地中满足一切菩提分法，为诸地中亦能满足？

金刚藏菩萨言：佛子！菩萨于十地中皆能满足菩提分法，然第七地最为殊胜。何以故？此第七地功用行满，得入智慧自在行故。佛子！菩萨于初地中，缘一切佛法愿求故，满足菩提分法；第二地离心垢故，第三地愿转增长得法光明故，第四地入道故，第五地顺世所作故，第六地入甚深法门故，第七地起一切佛法故，皆亦满足菩提分法。何以故？菩萨从初地乃至第七地，成就智功用分。以此力故，从第八地乃至第十地，无功用行皆悉成就。佛子！譬如有二世界，一处杂染，一处纯净，是二中间难可得过，唯除菩萨有大方便神通愿力。佛子！菩萨诸地亦复如是，有杂染行，有清净行，是二中间难可得过，唯除菩萨有大愿力方便智慧乃能得过。

解脱月菩萨言：佛子！此七地菩萨，为是染行？为是净行？

金刚藏菩萨言：

佛子！从初地至七地，所行诸行皆舍离烦恼业，以回向无上菩提故，分得平等道故，然未名为超烦恼行。佛子！譬如转轮圣王乘天象宝游四天下，知有贫穷困苦之人，而不为彼众患所染，然未名为超过人位；若舍王身，生于梵世，乘天宫殿，见千世界，游千世界，示现梵天光明威德，尔乃名为超过人位。佛子！菩萨亦复如是，始从初地至于七地，乘波罗蜜乘游行世间，知诸世间烦恼过患，以乘正道故，不为烦恼过失所染，然未名为超烦恼行；若舍一切有功用行，从第七地入第八地，乘菩萨清净乘游行世间，知烦恼过失不为所染，尔乃名为超烦恼行，以得一切尽超过故。佛子！此第七地菩萨尽超过多贪等诸烦恼众住此地，不名有烦恼者，不名无烦恼者。何以故？一切烦恼不现行故，不名有者；求如来智心未满故，不名无者。

佛子！菩萨住此第七地，以深净心，成就身业，成就语业，成就意业。所有一切不善业道——如来所诃，皆已舍离；一切善业——如来所赞，常善修行。世间所有经书、技术，如五地中说，皆自然而行，不假功用。此菩萨于三千大千世界中为大明师，唯除如来及八地已上其余菩萨，深心妙行无与等者，诸禅三昧、三摩钵底、神通解脱皆得现前。然是修成，非如八地报得成就。此地菩萨于念念中具足修习方便智力及一切菩提分法，转胜圆满。

佛子！菩萨住此地，入菩萨善观择三昧、善择义三昧、最胜慧三昧、分别义藏三昧、如实分别义三昧、善住坚固根三昧、智慧神通门三昧、法界业三昧、如来胜利三昧、种种义藏生死涅槃门三昧，入如是等具足大智神通门百千三昧，净治此地。是菩萨得此三昧，善治净方便慧故，大悲力故，超过二乘地，得观察智慧地。佛子！菩萨住此地，善净无量身业无相行，善净无量语业无相行，善净无量意业无相行故，得无生法忍光明。

解脱月菩萨言：佛子！菩萨从初地来所有无量身、语、意业，岂不超过二乘耶？

金刚藏菩萨言：佛子！彼悉超过，然但以愿求诸佛法故，非是自智观察之力；今第七地自智力故，一切二乘所不能及。譬如王子，生在王家，王后所生，具足王相，生已即胜一切臣众，但以王力，非是自力；若身长大，艺业悉成，乃以自力超过一切。菩萨摩诃萨亦复如是，初发心时，以志求大法故，超过一切声闻、独觉；今住此地，以自所行智慧力故，出过一切二乘之上。佛子！菩萨住此第七地，得甚深远离无行、常行身语意业，勤求上道而不舍离，是故菩萨虽行实际而不作证。

解脱月菩萨言：佛子！菩萨从何地来，能入灭定？

金刚藏菩萨言：

佛子！菩萨从第六地来，能入灭定。今住此地，能念念入，亦念念起，而不作证。故此菩萨名为：成就不可思议身、语、意业，行于实际而不作证。譬如有人乘船入海，以善巧力不遭水难；此地菩萨亦复如是，乘波罗蜜船行实际海，以愿力故而不证灭。

佛子！此菩萨得如是三昧智力，以大方便，虽示现生死，而恒住涅槃；虽眷属围绕，而常乐远离；虽以愿力三界受生，而不为世法所染；虽常寂灭，以方便力而还炽然，虽然不烧；虽随顺佛智，而示入声闻、辟支佛地；虽得佛境界藏，而示住魔境界；虽超魔道，而现行魔法；虽示同外道行，而不舍佛法；虽示随顺一切世间，而常行一切出世间法；所有一切庄严之事，出过一切天、龙、夜叉、乾闼婆、阿修罗、迦楼罗、紧那罗、摩睺罗伽、人及非人、帝释、梵王、四天王等之所有者，而不舍离乐法之心。

佛子！菩萨成就如是智慧，住远行地，以愿力故，得见多佛。所谓：见多百佛，乃至见多百千亿那由他佛。于彼佛所，以广大心、增胜心，供养恭敬，尊重赞叹，衣服、饮食、卧具、医药，一切资生悉以奉施，亦以供养一切众僧，以此善根回向阿耨多罗三藐三菩提。复于佛所恭敬听法，闻已受持，获如实三昧智慧光明，随顺修行。于诸佛所护持正法，常为如来之所赞喜，一切二乘所有问难无能退屈，利益众生，法忍清净。如是经无量百千亿那由他劫，所有善根转更增胜。譬如真金，以众妙宝间错庄严，转更增胜，倍益光明，余庄严具所不能及；菩萨住此第七地所有善根亦复如是，以方便慧力转更明净，非是二乘之所能及。佛子！譬如日光，星月等光无能及者，阎浮提地所有泥潦悉能乾竭；此远行地菩萨亦复如是，一切二乘无有能及，悉能乾竭一切众生诸惑泥潦。此菩萨，十波罗蜜中，方便波罗蜜偏多；余非不修，但随力随分。

佛子！是名：略说菩萨摩诃萨第七远行地。菩萨住此地，多作自在天王，善为众生说证智法，令其证入。布施、爱语、利行、同事——如是一切诸所作业，皆不离念佛，乃至不离念具足一切种、一切智智。复作是念：我当于一切众生中为首、为胜，乃至为一切智智依止者。此菩萨若发勤精进，于一念顷，得百千亿那由他三昧，乃至示现百千亿那由他菩萨以为眷属；若以菩萨殊胜愿力自在示现，过于此数，乃至百千亿那由他劫不能数知。

尔时，金刚藏菩萨欲重宣此义而说颂曰：

第一义智三昧道，六地修行心满足，即时成就方便慧，菩萨以此入七地。虽明三脱起慈悲，虽等如来勤供佛，虽观于空集福德，菩萨以此升七地。远离三界而庄严，灭除惑火而起焰，知法无二勤作业，了刹皆空乐严土，解身不动具诸相，达声性离善开演，入于一念事各别，智者以此升七地。观察此法得明了，广为群迷兴利益，入众生界无有边，佛教化业亦无量。国土诸法与劫数，解欲心行悉能入，说三乘法亦无限，如是教化诸群生。菩萨勤求最胜道，动息不舍方便慧，一一回向佛菩提，念念成就波罗蜜。发心回向是布施，灭惑为戒不害忍，求善无厌斯进策，于道不动即修禅，忍受无生名般若，回向方便希求愿，无能摧力善了智，如是一切皆成满。初地攀缘功德满，二地离垢三净息，四地入道五顺行，第六无生智光照，七住菩提功德满，种种大愿皆具足，以是能令八地中，一切所作咸清净。此地难过智乃超，譬如世界二中间，亦如圣王无染著，然未名为总超度。若住第八智地中，尔乃逾于心境界，如梵观世超人位，如莲处水无染著。此地虽超诸惑众，不名有惑非无惑，以无烦恼于中行，而求佛智心未足。世间所有众技艺，经书辞论普明了，禅定三昧及神通，如是修行悉成就。菩萨修成七住道，超过一切二乘行，初地愿成此由智，譬如王子力具足。成就甚深仍进道，心心寂灭不取证；譬如乘船入海中，在水不为水所溺。方便慧行功德具，一切世间无能了，供养多佛心益明，如以妙宝庄严金。此地菩萨智最明，如日舒光竭爱水，又作自在天中主，化导群生修正智。若以勇猛精勤力，获多三昧见多佛，百千亿数那由他，愿力自在复过是。此是菩萨远行地，方便智慧清净道，一切世间天及人，声闻独觉无能知。

大方广佛华严经卷第三十八

十地品第二十六之五
第八地

是时天王及天众，闻此胜行皆欢喜，为欲供养于如来，及以无央大菩萨，雨妙华幡及幢盖，香鬘璎珞与宝衣，无量无边千万种，悉以摩尼作严饰。天女同时奏天乐，普发种种妙音声，供养于佛并佛子，共作是言而赞叹：一切见者两足尊，哀愍众生现神力，令此种种诸天乐，普发妙音咸得闻。于一毛端百千亿，那由他国微尘数，如是无量诸如来，于中安住说妙法。一毛孔内无量刹，各有四洲及大海，须弥铁围亦复然，悉见在中无迫隘。一毛端处有六趣，三种恶道及人天，诸龙神众阿修罗，各随自业受果报。于彼一切刹土中，悉有如来演妙音，随顺一切众生心，为转最上净法轮。刹中种种众生身，身中复有种种刹，人天诸趣各各异，佛悉知已为说法。大刹随念变为小，小刹随念亦变大，如是神通无有量，世间共说不能尽。普发此等妙音声，称赞如来功德已，众会欢喜默然住，一心瞻仰欲听说。时解脱月复请言：今此众会皆寂静，愿说随次之所入，第八地中诸行相！

尔时，金刚藏菩萨告解脱月菩萨言：

佛子！菩萨摩诃萨于七地中，善修习方便慧，善清净诸道，善集助道法。大愿力所摄，如来力所加，自善力所持，常念如来力、无所畏、不共佛法，善清净深心思觉，能成就福德智慧，大慈大悲不舍众生，入无量智道，入一切法，本来无生、无起、无相、无成、无坏、无尽、无转、无性为性，初、中、后际皆悉平等，无分别如如智之所入处，离一切心、意、识分别想，无所取著犹如虚空，入一切法如虚空性，是名：得无生法忍。

佛子！菩萨成就此忍，即时得入第八不动地，为深行菩萨难可知无差别，离一切相、一切想、一切执著，无量无边，一切声闻、辟支佛所不能及，离诸諠诤，寂灭现前。譬如比丘，具足神通，得心自在，次第乃至入灭尽定，一切动心、忆想分别悉皆止息。此菩萨摩诃萨亦复如是，住不动地，即舍一切功用行，得无功用法，身、口、意业念务皆息，住于报行。譬如有人，梦中见身堕在大河，为欲渡故，发大勇猛，施大方便；以大勇猛、施方便故，即便觉寤，既觉寤已，所作皆息。菩萨亦尔，见众生身在四流中，为救度故，发大勇猛，起大精进；以勇猛、精进故，至不动地；既至此已，一切功用靡不皆息，二行、相行悉不现前。佛子！如生梵世，欲界烦恼皆不现前；住不动地亦复如是，一切心、意、识行皆不现前。此菩萨摩诃萨，菩萨心、佛心、菩提心、涅槃心尚不现起，况复起于世间之心？

佛子！此地菩萨本愿力故，诸佛世尊亲现其前与如来智，令其得入法流门中，作如是言：善哉善哉！善男子！此忍第一，顺诸佛法。然善男子！我等所有十力、无畏、十八不共诸佛之法，汝今未得，汝应为欲成就此法勤加精进，勿复放舍于此忍门。又善男子！汝虽得是寂灭解脱，然诸凡夫未能证得，种种烦恼皆悉现前，种种觉观常相侵害，汝当愍念如是众生。又善男子！汝当忆念本所誓愿，普大饶益一切众生，皆令得入不可思议智慧之门。又善男子！此诸法法性，若佛出世，若不出世，常住不异，诸佛不以得此法故名为如来，一切二乘亦能得此无分别法。又善男子！汝观我等身相，无量智慧，无量国土，无量方便，无量光明，无量清净，音声亦无有量；汝今宜应成就此事。又善男子！汝今适得此一法明，所谓：一切法无生、无分别。善男子！如来法明，无量入，无量作，无量转，乃至百千亿那由他劫不可得知；汝应修行，成就此法。又善男子！汝观十方无量国土、无量众生、无量法、种种差别，悉应如实通达其事。

佛子！诸佛世尊与此菩萨如是等无量起智门，令其能起无量无边差别智业。佛子！若诸佛不与此菩萨起智门者，彼时即入究竟涅槃，弃舍一切利众生业。以诸佛与如是等无量无边起智门故，于一念顷所生智业，从初发心乃至七地所修诸行，百分不及一，乃至百千亿那由他分亦不及一；如是，阿僧祇分，歌罗分，算数分，譬喻分，优波尼沙陀分，亦不及一。何以故？佛子！是菩萨先以一身起行，今住此地，得无量身、无量音声、无量智慧、无量受生、无量净国，教化无量众生，供养无量诸佛，入无量法门，具无量神通，有无量众会道场差别，住无量身、语、意业集一切菩萨行，以不动法故。佛子！譬如乘船欲入大海，未至于海，多用功力；若至海已，但随风去，不假人力以至大海，一日所行比于未至，其未至时设经百岁亦不能及。佛子！菩萨摩诃萨亦复如是，积集广大善根资粮，乘大乘船到菩萨行海，于一念顷以无功用智入一切智智境界，本有功用行经于无量百千亿那由他劫所不能及。

佛子！菩萨住此第八地，以大方便善巧智所起无功用觉慧，观一切智智所行境。所谓：观世间成，观世间坏；由此业集故成，由此业尽故坏。几时成？几时坏？几时成住？几时坏住？皆如实知。又知地界小相、大相、无量相、差别相，知水、火、风界小相、大相、无量相、差别相，知微尘细相、差别相、无量差别相。随何世界中所有微尘聚及微尘差别相，皆如实知；随何世界中所有地、水、火、风界各若干微尘，所有宝物若干微尘，众生身若干微尘，国土身若干微尘，皆如实知。知众生大身、小身各若干微尘成，知地狱身、畜生身、饿鬼身、阿修罗身、天身、人身各若干微尘成，得如是知微尘差别智。又知欲界、色界、无色界成，知欲界、色界、无色界坏，知欲界、色界、无色界小相、大相、无量相、差别相，得如是观三界差别智。

佛子！此菩萨复起智明，教化众生。所谓：善知众生身差别，善分别众生身，善观察所生处；随其所应而为现身，教化成熟。此菩萨于一三千大千世界，随众生身信解差别，以智光明普现受生；如是，若二、若三，乃至百千，乃至不可说三千大千世界，随众生身信解差别，普于其中示现受生。此菩萨成就如是智慧故，于一佛刹其身不动，乃至不可说佛刹众会中悉现其身。佛子！此菩萨随诸众生身心信解种种差别，于彼佛国众会之中而现其身。所谓：于沙门众中示沙门形，婆罗门众中示婆罗门形，刹利众中示刹利形；如是，毗舍众、首陀众、居士众、四天王众、三十三天众、夜摩天众、兜率陀天众、化乐天众、他化自在天众、魔众、梵众，乃至阿迦尼吒天众中，各随其类而为现形。又应以声闻身得度者，现声闻形；应以辟支佛身得度者，现辟支佛形；应以菩萨身得度者，现菩萨形；应以如来身得度者，现如来形。佛子！菩萨如是于一切不可说佛国土中，随诸众生信乐差别，如是如是而为现身。

佛子！此菩萨远离一切身想分别，住于平等。此菩萨知众生身、国土身、业报身、声闻身、独觉身、菩萨身、如来身、智身、法身、虚空身。此菩萨知诸众生心之所乐，能以众生身作自身，亦作国土身、业报身，乃至虚空身。又知众生心之所乐，能以国土身作自身，亦作众生身、业报身，乃至虚空身。又知诸众生心之所乐，能以业报身作自身，亦作众生身、国土身，乃至虚空身。又知众生心之所乐，能以自身作众生身、国土身，乃至虚空身。随诸众生所乐不同，则于此身现如是形。此菩萨知众生集业身、报身、烦恼身、色身、无色身，又知国土身小相、大相、无量相、染相、净相、广相、倒住相、正住相、普入相、方网差别相，知业报身假名差别，知声闻身、独觉身、菩萨身假名差别，知如来身有菩提身、愿身、化身、力持身、相好庄严身、威势身、意生身、福德身、法身、智身，知智身善思量相、如实决择相、果行所摄相、世间出世间差别相、三乘差别相、共相、不共相、出离相、非出离相、学相、无学相，知法身平等相、不坏相、随时随俗假名差别相、众生非众生法差别相、佛法圣僧法差别相，知虚空身无量相、周遍相、无形相、无异相、无边相、显现色身相。佛子！菩萨成就如是身智已，得命自在、心自在、财自在、业自在、生自在、愿自在、解自在、如意自在、智自在、法自在。得此十自在故，则为不思议智者、无量智者、广大智者、无能坏智者。

此菩萨如是入已，如是成就已，得毕竟无过失身业、无过失语业、无过失意业。身、语、意业随智慧行，般若波罗蜜增上，大悲为首，方便善巧，善能分别，善起大愿，佛力所护，常勤修习利众生智，普住无边差别世界。佛子！举要言之：菩萨住此不动地，身、语、意业诸有所作，皆能积集一切佛法。佛子！菩萨住此地，得善住深心力，一切烦恼不行故；得善住胜心力，不离于道故；得善住大悲力，不舍利益众生故；得善住大慈力，救护一切世间故；得善住陀罗尼力，不忘于法故；得善住辩才力，善观察分别一切法故；得善住神通力，普往无边世界故；得善住大愿力，不舍一切菩萨所作故；得善住波罗蜜力，成就一切佛法故；得如来护念力，一切种、一切智智现前故。此菩萨得如是智力，能现一切诸所作事，于诸事中无有过咎。

佛子！此菩萨智地名为：不动地，无能沮坏故；名为：不转地，智慧无退故；名为：难得地，一切世间无能测故；名为：童真地，离一切过失故；名为：生地，随乐自在故；名为：成地，更无所作故；名为：究竟地，智慧决定故；名为：变化地，随愿成就故；名为：力持地，他不能动故；名为：无功用地，先已成就故。佛子！菩萨成就如是智慧，入佛境界，佛功德照，顺佛威仪，佛境现前，常为如来之所护念，梵、释、四王、金刚力士常随侍卫，恒不舍离诸大三昧，能现无量诸身差别，于一一身有大势力，报得神通三昧自在，随有可化众生之处示成正觉。佛子！菩萨如是入大乘会，获大神通，放大光明，入无碍法界，知世界差别，示现一切诸大功德，随意自在，善能通达前际、后际，普伏一切魔邪之道，深入如来所行境界，于无量国土修菩萨行，以能获得不退转法，是故说名：住不动地。

佛子！菩萨住此不动地已，以三昧力，常得现见无量诸佛，恒不舍离承事供养。此菩萨于一一劫、一一世界，见无量百佛、无量千佛，乃至无量百千亿那由他佛，恭敬尊重，承事供养，一切资生悉以奉施。于诸佛所得于如来甚深法藏，受世界差别等无量法明；若有问难世界差别如是等事，无能屈者。如是经于无量百劫、无量千劫，乃至无量百千亿那由他劫，所有善根转增明净。譬如真金治作宝冠，置阎浮提主圣王顶上，一切臣民诸庄严具无与等者；此地菩萨所有善根亦复如是，一切二乘乃至第七地菩萨所有善根无能及者，以住此地大智光明，普灭众生烦恼黑闇，善能开阐智慧门故。佛子！譬如千世界主大梵天王，能普运慈心，普放光明，满千世界；此地菩萨亦复如是，能放光明，照百万佛刹微尘数世界，令诸众生灭烦恼火而得清凉。此菩萨，十波罗蜜中，愿波罗蜜增上；余波罗蜜非不修行，但随力随分。

是名：略说诸菩萨摩诃萨第八不动地；若广说者，经无量劫不可穷尽。佛子！菩萨摩诃萨住此地，多作大梵天王，主千世界，最胜自在，善说诸义，能与声闻、辟支佛、诸菩萨波罗蜜道；若有问难世界差别，无能退屈。布施、爱语、利行、同事——如是一切诸所作业，皆不离念佛，乃至不离念一切种、一切智智。复作是念：我当于一切众生中为首、为胜，乃至为一切智智依止者。此菩萨若以发起大精进力，于一念顷，得百万三千大千世界微尘数三昧，乃至示现百万三千大千世界微尘数菩萨以为眷属；若以菩萨殊胜愿力自在示现，过于是数，乃至百千亿那由他劫不能数知。

尔时，金刚藏菩萨欲重宣其义而说颂曰：

七地修治方便慧，善集助道大愿力，复得人尊所摄持，为求胜智登八住。功德成就恒慈愍，智慧广大等虚空，闻法能生决定力，是则寂灭无生忍。知法无生无起相，无成无坏无尽转，离有平等绝分别，超诸心行如空住。成就是忍超戏论，甚深不动恒寂灭，一切世间无能知，心相取著悉皆离。住于此地不分别，譬如比丘入灭定，如梦渡河觉则无，如生梵天绝下欲。以本愿力蒙劝导，叹其忍胜与灌顶，语言：我等众佛法，汝今未获当勤进。汝虽已灭烦恼火，世间惑焰犹炽然，当念本愿度众生，悉使修因趣解脱。法性真常离心念，二乘于此亦能得，不以此故为世尊，但以甚深无碍智。如是人天所应供，与此智慧令观察，无边佛法悉得成，一念超过曩众行。菩萨住兹妙智地，则获广大神通力，一念分身遍十方，如船入海因风济。心无功用任智力，悉知国土成坏住，诸界种种各殊异，小大无量皆能了。三千世界四大种，六趣众生身各别，及以众宝微尘数，以智观察悉无余。菩萨能知一切身，为化众生同彼形，国土无量种种别，悉为现形无不遍。譬如日月住虚空，一切水中皆现影；住于法界无所动，随心现影亦复然。随其心乐各不同，一切众中皆现身，声闻独觉与菩萨，及以佛身靡不现。众生国土业报身，种种圣人智法身，虚空身相皆平等，普为众生而示作。十种圣智普观察，复顺慈悲作众业，所有佛法皆成就，持戒不动如须弥。十力成就不动摇，一切魔众无能转，诸佛护念天王礼，密迹金刚恒侍卫。此地功德无边际，千万亿劫说不尽，复以供佛善益明，如王顶上庄严具。菩萨住此第八地，多作梵王千界主，演说三乘无有穷，慈光普照除众惑。一念所获诸三昧，百万世界微尘等，诸所作事悉亦然，愿力示现复过是。菩萨第八不动地，我为汝等已略说，若欲次第广分别，经于亿劫不能尽。

第九地

说此菩萨八地时，如来现大神通力，震动十方诸国土，无量亿数难思议。一切知见无上尊，其身普放大光明，照耀彼诸无量土，悉使众生获安乐。菩萨无量百千亿，俱时踊在虚空住，以过诸天上妙供，供养说中最胜者。大自在王自在天，悉共同心喜无量，各以种种众供具，供养甚深功德海。复有天女千万亿，身心欢喜悉充遍，各奏乐音无量种，供养人中大导师。是时众乐同时奏，百千万亿无量别，悉以善逝威神力，演出妙音而赞叹：寂静调柔无垢害，随所入地善修习，心如虚空诣十方，广说佛道悟群生。天上人间一切处，悉现无等妙庄严，以从如来功德生，令其见者乐佛智。不离一刹诣众土，如月普现照世间，音声心念悉皆灭，譬犹谷响无不应。若有众生心下劣，为彼演说声闻行；若心明利乐辟支，则为彼说中乘道。若有慈悲乐饶益，为说菩萨所行事；若有最胜智慧心，则示如来无上法。譬如幻师作众事，种种形相皆非实，菩萨智幻亦如是，虽现一切离有无。如是美音千万种，歌赞佛已默然住。解脱月言：今众净，愿说九地所行道！

尔时，金刚藏菩萨告解脱月菩萨言：

佛子！菩萨摩诃萨以如是无量智思量观察，欲更求转胜寂灭解脱，复修习如来智慧，入如来秘密法，观察不思议大智性，净诸陀罗尼三昧门，具广大神通，入差别世界，修力、无畏、不共法，随诸佛转法轮，不舍大悲本愿力，得入菩萨第九善慧地。

佛子！菩萨摩诃萨住此善慧地，如实知善不善无记法行、有漏无漏法行、世间出世间法行、思议不思议法行、定不定法行、声闻独觉法行、菩萨行法行、如来地法行、有为法行、无为法行。此菩萨以如是智慧，如实知众生心稠林、烦恼稠林、业稠林、根稠林、解稠林、性稠林、乐欲稠林、随眠稠林、受生稠林、习气相续稠林、三聚差别稠林。此菩萨如实知众生心种种相，所谓：杂起相、速转相、坏不坏相、无形质相、无边际相、清净相、垢无垢相、缚不缚相、幻所作相、随诸趣生相；如是百千万亿乃至无量，皆如实知。又知诸烦恼种种相，所谓：久远随行相、无边引起相、俱生不舍相、眠起一义相、与心相应不相应相、随趣受生而住相、三界差别相、爱见痴慢如箭深入过患相、三业因缘不绝相；略说乃至八万四千，皆如实知。又知诸业种种相，所谓：善不善无记相、有表示无表示相、与心同生不离相、因自性刹那坏而次第集果不失相、有报无报相、受黑黑等众报相、如田无量相、凡圣差别相、现受生受后受相、乘非乘定不定相；略说乃至八万四千，皆如实知。又知诸根软中胜相、先际后际差别无差别相、上中下相、烦恼俱生不相离相、乘非乘定不定相、淳熟调柔相、随根网轻转坏相、增上无能坏相、退不退差别相、远随共生不同相；略说乃至八万四千，皆如实知。又知诸解软中上、诸性软中上、乐欲软中上；皆略说乃至八万四千。又知诸随眠种种相，所谓：与深心共生相、与心共生相、心相应不相应差别相、久远随行相、无始不拔相、与一切禅定解脱三昧三摩钵底神通相违相、三界相续受生系缚相、令无边心相续现起相、开诸处门相、坚实难治相、地处成就不成就相、唯以圣道拔出相。又知受生种种相，所谓：随业受生相、六趣差别相、有色无色差别相、有想无想差别相、业为田爱水润无明暗覆识为种子生后有芽相、名色俱生不相离相、痴爱希求续有相、欲受欲生无始乐著相、妄谓出三界贪求相。又知习气种种相，所谓：行不行差别相、随趣熏习相、随众生行熏习相、随业烦恼熏习相、善不善无记熏习相、随入后有熏习相、次第熏习相、不断烦恼远行不舍熏习相、实非实熏习相、见闻亲近声闻独觉菩萨如来熏习相。又知众生正定邪定不定相，所谓：正见正定相、邪见邪定相、二俱不定相、五逆邪定相、五根正定相、二俱不定相、八邪邪定相、正性正定相、更不作二俱离不定相、深著邪法邪定相、习行圣道正定相、二俱舍不定相。佛子！菩萨随顺如是智慧，名：住善慧地；住此地已，了知众生诸行差别，教化调伏，令得解脱。

　　佛子！此菩萨善能演说声闻乘法、独觉乘法、菩萨乘法、如来地法；一切行处，智随行故，能随众生根、性、欲、解、所行有异、诸聚差别，亦随受生、烦恼、眠、缚、诸业习气而为说法，令生信解，增益智慧，各于其乘而得解脱。

　　佛子！菩萨住此善慧地，作大法师，具法师行，善能守护如来法藏，以无量善巧智，起四无碍辩，用菩萨言辞而演说法。此菩萨常随四无碍智转，无暂舍离。何等为四，所谓：法无碍智、义无碍智、辞无碍智、乐说无碍智。此菩萨以法无碍智，知诸法自相；义无碍智，知诸法别相；辞无碍智，无错谬说；乐说无碍智，无断尽说。复次，以法无碍智，知诸法自性；义无碍智，知诸法生灭；辞无碍智，安立一切法不断说；乐说无碍智，随所安立，不可坏无边说。复次，以法无碍智，知现在法差别；义无碍智，知过去、未来法差别；辞无碍智，于去、来、今法无错谬说；乐说无碍智，于一一世无边法明了说。复次，以法无碍智，知法差别；义无碍智，知义差别；辞无碍智，随其言音说；乐说无碍智，随其心乐说。复次，法无碍智，以法智知差别不异；义无碍智，以比智知差别如实；辞无碍智，以世智差别说；乐说无碍智，以第一义智善巧说。复次，法无碍智，知诸法一相不坏；义无碍智，知蕴、界、处、谛、缘起善巧；辞无碍智，以一切世间易解了美妙音声、文字说；乐说无碍智，以转胜无边法明说。复次，法无碍智，知一乘平等性；义无碍智，知诸乘差别性；辞无碍智，说一切乘无差别；乐说无碍智，说一一乘无边法。复次，法无碍智，知一切菩萨行、智行、法行智随证；义无碍智，知十地分位义差别；辞无碍智，说地道无差别相；乐说无碍智，说一一地无边行相。复次，法无碍智，知一切如来一念成正觉；义无碍智，知种种时、种种处等各差别；辞无碍智，说成正觉差别；乐说无碍智，于一一句法无量劫说不尽。复次，法无碍智，知一切如来语、力、无所畏、不共佛法、大慈大悲、辩才方便、转法轮、一切智智随证；义无碍智，知如来随八万四千众生心、行、根、解、差别音声；辞无碍智，随一切众生行，以如来音声差别说；乐说无碍智，随众生信解，以如来智清净行圆满说。

佛子！菩萨住第九地，得如是善巧无碍智，得如来妙法藏，作大法师，得义陀罗尼、法陀罗尼、智陀罗尼、光照陀罗尼、善慧陀罗尼、众财陀罗尼、威德陀罗尼、无碍门陀罗尼、无边际陀罗尼、种种义陀罗尼，如是等百万阿僧祇陀罗尼门皆得圆满，以百万阿僧祇善巧音声辩才门而演说法。此菩萨得如是百万阿僧祇陀罗尼门已，于无量佛所一一佛前，悉以如是百万阿僧祇陀罗尼门听闻正法，闻已不忘，以无量差别门为他演说。此菩萨初见于佛，头顶礼敬，即于佛所得无量法门；此所得法门，非彼闻持诸大声闻，于百千劫所能领受。此菩萨得如是陀罗尼、如是无碍智，坐于法座而说于法；大千世界满中众生，随其心乐差别为说；唯除诸佛及受职菩萨，其余众会威德光明无能与比。此菩萨处于法座，欲以一音，令诸大众皆得解了，即得解了；或时欲以种种音声，令诸大众皆得开悟；或时心欲放大光明，演说法门；或时心欲于其身上一一毛孔，皆演法音；或时心欲乃至三千大千世界所有一切形、无形物，皆悉演出妙法言音；或时心欲发一言音，周遍法界，悉令解了；或时心欲一切言音，皆作法音，恒住不灭；或时心欲一切世界箫、笛、钟、鼓及以歌咏，一切乐声皆演法音；或时心欲于一字中，一切法句言音差别，皆悉具足；或时心欲令不可说无量世界地、水、火、风四大聚中所有微尘，一一尘中皆悉演出不可说法门。如是所念，一切随心，无不得者。

佛子！此菩萨，假使三千大千世界所有众生咸至其前，一一皆以无量言音而兴问难，一一问难各各不同；菩萨于一念顷悉能领受，仍以一音普为解释，令随心乐，各得欢喜。如是乃至不可说世界所有众生，一刹那间，一一皆以无量言音而兴问难，一一问难各各不同；菩萨于一念顷悉能领受，亦以一音普为解释，各随心乐，令得欢喜。乃至不可说不可说世界满中众生，菩萨皆能随其心乐、随根、随解而为说法，承佛神力广作佛事，普为一切作所依怙。佛子！此菩萨复更精进，成就智明。假使一毛端处有不可说世界微尘数诸佛众会，一一众会有不可说世界微尘数众生，一一众生有不可说世界微尘数性、欲，彼诸佛随其性、欲各与法门；如一毛端处，一切法界处悉亦如是。如是所说无量法门，菩萨于一念中悉能领受，无有忘失。

佛子！菩萨住此第九地，昼夜专勤更无余念，唯入佛境界亲近如来，入诸菩萨甚深解脱，常在三昧，恒见诸佛，未曾舍离。一一劫中见无量佛、无量百佛、无量千佛，乃至无量百千亿那由他佛，恭敬尊重，承事供养，于诸佛所种种问难，得说法陀罗尼，所有善根转更明净。譬如真金，善巧金师用作宝冠，转轮圣王以严其首，四天下内一切小王及诸臣民诸庄严具无与等者；此第九地菩萨善根亦复如是，一切声闻、辟支佛及下地菩萨所有善根无能与等。佛子！譬如二千世界主大梵天王，身出光明，二千界中幽远之处悉能照耀，除其黑闇；此地菩萨所有善根亦复如是，能出光明照众生心，烦恼黑闇皆令息灭。此菩萨，十波罗蜜中，力波罗蜜最胜；余波罗蜜非不修行，但随力随分。

佛子！是名：略说菩萨摩诃萨第九善慧地；若广说者，于无量劫亦不能尽。佛子！菩萨摩诃萨住此地，多作二千世界主大梵天王，善能统理，自在饶益，能为一切声闻、缘觉及诸菩萨分别演说波罗蜜行；随众生心，所有问难无能屈者。布施、爱语、利行、同事——如是一切诸所作业，皆不离念佛，乃至不离念一切种、一切智智。复作是念：我当于一切众生中为首、为胜，乃至为一切智智依止者。此菩萨若发勤精进，于一念顷，得百万阿僧祇国土微尘数三昧，乃至示现百万阿僧祇国土微尘数菩萨以为眷属；若以菩萨殊胜愿力自在示现，过于此数，乃至百千亿那由他劫不能数知。

尔时，金刚藏菩萨欲重宣其义而说颂曰：

无量智力善观察，最上微妙世难知，普入如来秘密处，利益众生入九地。总持三昧皆自在，获大神通入众刹，力智无畏不共法，愿力悲心入九地。住于此地持法藏，了善不善及无记，有漏无漏世出世，思不思议悉善知。若法决定不决定，三乘所作悉观察，有为无为行差别，如是而知入世间。若欲知诸众生心，则能以智如实知，种种速转坏非坏，无质无边等众相。烦恼无边恒共伴，眠起一义续诸趣，业性种种各差别，因坏果集皆能了。诸根种种下中上，先后际等无量别，解性乐欲亦复然，八万四千靡不知。众生惑见恒随缚，无始稠林未除翦，与志共俱心并生，常相羁系不断绝。但唯妄想非实物，不离于心无处所，禅定境排仍退转，金刚道灭方毕竟。六趣受生各差别，业田爱润无明覆，识为种子名色芽，三界无始恒相续。惑业心习生诸趣，若离于此不复生；众生悉在三聚中，或溺于见或行道。住于此地善观察，随其心乐及根解，悉以无碍妙辩才，如其所应差别说。处于法座如师子，亦如牛王宝山王，又如龙王布密云，霍甘露雨充大海。善知法性及奥义，随顺言辞能辩说，总持百万阿僧祇，譬如大海受众雨。总持三昧皆清净，能于一念见多佛，一一佛所皆闻法，复以妙音而演畅。若欲三千大千界，教化一切诸群生，如云广布无不及，随其根欲悉令喜。毛端佛众无有数，众生心乐亦无极，悉应其心与法门，一切法界皆如是。菩萨勤加精进力，复获功德转增胜，闻持尔所诸法门，如地能持一切种。十方无量诸众生，咸来亲近会中坐，一念随心各问难，一音普对悉充足。住于此地为法王，随机诲诱无厌倦，日夜见佛未曾舍，入深寂智解脱。供养诸佛善益明，如王顶上妙宝冠，复使众生烦恼灭，譬如梵王光普照。住此多作大梵王，以三乘法化众生，所行善业普饶益，乃至当成一切智。一念所入诸三昧，阿僧祇刹微尘数,见佛说法亦复然,愿力所作复过此。此是第九善慧地,大智菩萨所行处,甚深微妙难可见,我为佛子已宣说。

大方广佛华严经卷第三十九

十地品第二十六之六
第十地

净居天众那由他,闻此地中诸胜行,空中踊跃心欢喜,悉共虔诚供养佛。不可思议菩萨众,亦在空中大欢喜,俱然最上悦意香,普熏众会令清净。自在天王与天众,无量亿数在虚空,普散天衣供养佛,百千万种缤纷下。天诸采女无有量,靡不欢欣供养佛,各奏种种妙乐音,悉以此言而赞叹:佛身安坐一国土,一切世界悉现身,身相端严无量亿,法界广大悉充满。于一毛孔放光明,普灭世间烦恼暗,国土微尘可知数,此光明数不可测。或见如来具众相,转于无上正法轮,或见游行诸佛刹,或见寂然安不动。或现住于兜率宫,或现下生入母胎,或示住胎或出胎,悉令无量国中见。或现出家修世道,或现道场成正觉,或现说法或涅槃,普使十方无不睹。譬如幻师知幻术,在于大众多所作;如来智慧亦复然,于世间中普现身。佛住甚深真法性,寂灭无相同虚空,而于第一实义中,示现种种所行事。所作利益众生事,皆依法性而得有,相与无相无差别,入于究竟皆无相。若有欲得如来智,应离一切妄分别,有无通达皆平等,疾作人天大导师。无量无边天女众,种种言音称赞已,身心寂静共安乐,瞻仰如来默然住。即时菩萨解脱月,知诸众会咸寂静,向金刚藏而请言:大无畏者真佛子!从第九地入十地,所有功德诸行相,及以神通变化事,愿聪慧者为宣说!

尔时,金刚藏菩萨摩诃萨告解脱月菩萨言:

佛子!菩萨摩诃萨从初地乃至第九地,以如是无量智慧观察觉了已,善思惟修习,善满足白法,集无边助道法,增长大福德智慧,广行大悲,知世界差别,入众生界稠林,入如来所行处,随顺如来寂灭行,常观察如来力、无所畏、不共佛法,名为:得一切种、一切智智受职位。

佛子!菩萨摩诃萨以如是智慧入受职地已,即得菩萨离垢三昧、入法界差别三昧、庄严道场三昧、一切种华光三昧、海藏三昧、海印三昧、虚空界广大三昧、观一切法自性三昧、知一切众生心行三昧、一切佛皆现前三昧,如是等百万阿僧祇三昧皆现在前。菩萨于此一切三昧,若入若起,皆得善巧,亦善了知一切三昧所作差别。其最后三昧,名:受一切智胜职位。此三昧现在前时,有大宝莲华忽然出生。其华广大,量等百万三千大千世界,以众妙宝间错庄严,超过一切世间境界；出世善根之所生起，知诸法如幻性众行所成，恒放光明普照法界，非诸天处之所能有；毗琉璃摩尼宝为茎，栴檀王为台，码瑙为须，阎浮檀金为叶，其华常有无量光明，众宝为藏，宝网弥覆，十三千大千世界微尘数莲华以为眷属。尔时，菩萨坐此华座，身相大小正相称可；无量菩萨以为眷属，各坐其余莲华之上，周匝围绕，一一各得百万三昧，向大菩萨一心瞻仰。

佛子！此大菩萨并其眷属坐华座时，所有光明及以言音普皆充满十方法界，一切世界咸悉震动，恶趣休息，国土严净，同行菩萨靡不来集，人天音乐同时发声，所有众生悉得安乐，以不思议供养之具供一切佛，诸佛众会悉皆显现。

佛子！此菩萨坐彼大莲华座时，于两足下放百万阿僧祇光明，普照十方诸大地狱，灭众生苦；于两膝轮放百万阿僧祇光明，普照十方诸畜生趣，灭众生苦；于脐轮中放百万阿僧祇光明，普照十方阎罗王界，灭众生苦；从左右胁放百万阿僧祇光明，普照十方一切人趣，灭众生苦；从两手中放百万阿僧祇光明，普照十方一切诸天及阿修罗所有宫殿；从两肩上放百万阿僧祇光明，普照十方一切声闻；从其项背放百万阿僧祇光明，普照十方辟支佛身；从其面门放百万阿僧祇光明，普照十方初始发心乃至九地诸菩萨身；从两眉间放百万阿僧祇光明，普照十方受职菩萨，令魔宫殿悉皆不现；从其顶上放百万阿僧祇三千大千世界微尘数光明，普照十方一切世界诸佛如来道场众会，右绕十匝，住虚空中，成光明网，名：炽然光明，发起种种诸供养事供养于佛，余诸菩萨从初发心乃至九地所有供养而比于此，百分不及一，乃至算数譬喻所不能及。其光明网普于十方一一如来众会之前，雨众妙香、华鬘、衣服、幢幡、宝盖、诸摩尼等庄严之具以为供养，皆从出世善根所生，超过一切世间境界。若有众生见知此者，皆于阿耨多罗三藐三菩提得不退转。

佛子！此大光明作于如是供养事毕，复绕十方一切世界一一诸佛道场众会，经十匝已，从诸如来足下而入。尔时，诸佛及诸菩萨，知某世界中，某菩萨摩诃萨能行如是广大之行到受职位。佛子！是时，十方无量无边乃至九地诸菩萨众皆来围绕，恭敬供养，一心观察。正观察时，其诸菩萨即各获得十千三昧。当尔之时，十方所有受职菩萨，皆于金刚庄严臆德相中出大光明，名：能坏魔怨，百万阿僧祇光明以为眷属，普照十方，现于无量神通变化；作是事已，而来入此菩萨摩诃萨金刚庄严臆德相中；其光入已，令此菩萨所有智慧、势力增长过百千倍。

尔时，十方一切诸佛从眉间出清净光明，名：增益一切智神通，无数光明以为眷属，普照十方一切世界，右绕十匝，示现如来广大自在，开悟无量百千亿那由他诸菩萨众，周遍震动一切佛刹，灭除一切诸恶道苦，隐蔽一切诸魔宫殿，示一切佛得菩提处道场众会庄严威德；如是普照尽虚空遍法界一切世界已，而来至此菩萨会上周匝右绕，示现种种庄严之事；现是事已，从大菩萨顶上而入，其眷属光明亦各入彼诸菩萨顶。当尔之时，此菩萨得先所未得百万三昧，名为：已得受职之位，入佛境界，具足十力，堕在佛数。佛子！如转轮圣王所生太子，母是正后，身相具足。其转轮王令此太子坐白象宝妙金之座，张大网幔，建大幢幡，然香散花，奏诸音乐，取四大海水置金瓶内，王执此瓶灌太子顶，是时即名：受王职位，堕在灌顶刹利王数，即能具足行十善道，亦得名为：转轮圣王。菩萨受职亦复如是，诸佛智水灌其顶故，名为：受职；具足如来十种力故，堕在佛数。佛子！是名：菩萨受大智职。菩萨以此大智职故，能行无量百千万亿那由他难行之行，增长无量智慧功德，名为：安住法云地。

佛子！菩萨摩诃萨住此法云地，如实知欲界集、色界集、无色界集、世界集、法界集、有为界集、无为界集、众生界集、识界集、虚空界集、涅槃界集。此菩萨如实知诸见烦恼行集，知世界成坏集，知声闻行集、辟支佛行集、菩萨行集、如来力无所畏色身法身集、一切种一切智智集、示得菩提转法轮集、入一切法分别决定智集。举要言之，以一切智，知一切集。佛子！此菩萨摩诃萨以如是上上觉慧，如实知众生业化、烦恼化、诸见化、世界化、法界化、声闻化、辟支佛化、菩萨化、如来化、一切分别无分别化，如是等皆如实知。又如实知佛持、法持、僧持、业持、烦恼持、时持、愿持、供养持、行持、劫持、智持，如是等皆如实知。又如实知诸佛如来入微细智，所谓：修行微细智、命终微细智、受生微细智、出家微细智、现神通微细智、成正觉微细智、转法轮微细智、住寿命微细智、般涅槃微细智、教法住微细智，如是等皆如实知。又入如来秘密处，所谓：身秘密、语秘密、心秘密、时非时思量秘密、授菩萨记秘密、摄众生秘密、种种乘秘密、一切众生根行差别秘密、业所作秘密、得菩提行秘密，如是等皆如实知。又知诸佛所有入劫智，所谓：一劫入阿僧祇劫、阿僧祇劫入一劫、有数劫入无数劫、无数劫入有数劫、一念入劫、劫入一念、劫入非劫、非劫入劫、有佛劫入无佛劫、无佛劫入有佛劫、过去未来劫入现在劫、现在劫入过去未来、过去劫入未来劫、未来劫入过去劫、长劫入短劫、短劫入长劫，如是等皆如实知。又知如来诸所入智，所谓：入毛道智、入微尘智、入国土身正觉智、入众生身正觉智、入众生心正觉智、入众生行正觉智、入随顺一切处正觉智、入示现遍行智、入示现顺行智、入示现逆行智、入示现思议不思议世间了知不了知行智、入示现声闻智辟支佛智菩萨行如来行智。佛子！一切诸佛所有智慧广大无量，此地菩萨皆能得入。

佛子！菩萨摩诃萨住此地，即得菩萨不思议解脱、无障碍解脱、净观察解脱、普照明解脱、如来藏解脱、随顺无碍轮解脱、通达三世解脱、法界藏解脱、光明轮解脱、无余境界解脱；此十为首，有无量百千阿僧祇解脱门，皆于此第十地中得。如是乃至无量百千阿僧祇三昧门、无量百千阿僧祇陀罗尼门、无量百千阿僧祇神通门，皆悉成就。

佛子！此菩萨摩诃萨通达如是智慧，随顺无量菩提，成就善巧念力，十方无量诸佛所有无量大法明、大法照、大法雨，于一念顷皆能安、能受、能摄、能持。譬如娑伽罗龙王所霪大雨，唯除大海，余一切处皆不能安、不能受、不能摄、不能持。如来秘密藏大法明、大法照、大法雨亦复如是，唯除第十地菩萨，余一切众生、声闻、独觉乃至第九地菩萨，皆不能安、不能受、不能摄、不能持。佛子！譬如大海，能安、能受、能摄、能持一大龙王所霪大雨；若二、若三乃至无量诸龙王雨，于一念间一时霪下，皆能安、能受、能摄、能持。何以故？以是无量广大器故。住法云地菩萨亦复如是，能安、能受、能摄、能持一佛法明、法照、法雨；若二、若三乃至无量，于一念顷一时演说，悉亦如是。是故此地名为：法云。

解脱月菩萨言：佛子！此地菩萨于一念间，能于几如来所安受摄持大法明、大法照、大法雨？

金刚藏菩萨言：佛子！不可以算数能知，我当为汝说其譬喻。佛子！譬如十方各有十不可说百千亿那由他佛刹微尘数世界，其世界中一一众生皆得闻持陀罗尼，为佛侍者，声闻众中多闻第一，如金刚莲华上佛所大胜比丘；然一众生所受之法，余不重受。佛子！于汝意云何？此诸众生所受之法为有量耶？为无量耶？

解脱月菩萨言：其数甚多，无量无边。

金刚藏菩萨言：

佛子！我为汝说，令汝得解。佛子！此法云地菩萨，于一佛所一念之顷，所安、所受、所摄、所持大法明、大法照、大法雨、三世法藏，前尔所世界一切众生所闻持法，于此百分不及一，乃至譬喻亦不能及。如一佛所，如是十方如前所说，尔所世界微尘数佛复过此数，无量无边，于彼一一诸如来所所有法明、法照、法雨、三世法藏，皆能安、能受、能摄、能持，是故此地名为：法云。佛子！此地菩萨以自愿力，起大悲云，震大法雷，通、明、无畏以为电光，福德、智慧而为密云，现种种身，周旋往返，于一念顷，普遍十方百千亿那由他世界微尘数国土，演说大法，摧伏魔怨；复过此数，于无量百千亿那由他世界微尘数国土，随诸众生心之所乐，霪甘露雨，灭除一切众惑尘焰。是故此地名为：法云。佛子！此地菩萨于一世界从兜率天下乃至涅槃，随所应度众生心而现佛事；若二、若三，乃至如上微尘数国土，复过于此，乃至无量百千亿那由他世界微尘数国土，皆亦如是。是故此地名为：法云。

佛子！此地菩萨智慧明达，神通自在。随其心念，能以狭世界作广世界，广世界作狭世界；垢世界作净世界，净世界作垢世界；乱住、次住、倒住、正住，如是无量一切世界皆能互作。或随心念，于一尘中置一世界须弥卢等一切山川，尘相如故，世界不减；或复于一微尘之中置二、置三，乃至不可说世界须弥卢等一切山川，而彼微尘体相如本，于中世界悉得明现。或随心念，于一世界中示现二世界庄严，乃至不可说世界庄严；或于一世界庄严中示现二世界，乃至不可说世界。或随心念，以不可说世界中众生置一世界；或随心念，以一世界中众生置不可说世界，而于众生无所娆害。或随心念，于一毛孔示现一切佛境界庄严之事。或随心念，于一念中示现不可说世界微尘数身，一一身示现如是微尘数手，一一手各执恒河沙数华奁、香箧、鬘盖、幢幡，周遍十方，供养于佛；一一身复示现尔许微尘数头，一一头复现尔许微尘数舌，于念念中，周遍十方，叹佛功德。或随心念，于一念间普遍十方，示成正觉乃至涅槃，及以国土庄严之事；或现其身普遍三世，而于身中有无量诸佛及佛国土庄严之事，世界成坏靡不皆现；或于自身一毛孔中出一切风，而于众生无所恼害。或随心念，以无边世界为一大海，此海水中现大莲华，光明严好，遍覆无量无边世界，于中示现大菩提树庄严之事，乃至示成一切种智；或于其身现十方世界一切光明，摩尼宝珠、日月星宿、云电等光靡不皆现；或以口嘘气，能动十方无量世界，而不令众生有惊怖想；或现十方风灾、火灾及以水灾；或随众生心之所乐，示现色身，庄严具足；或于自身示现佛身，或于佛身而现自身；或于佛身现己国土，或于己国土而现佛身。佛子！此法云地菩萨能现如是及余无量百千亿那由他自在神力。

尔时，会中诸菩萨及天、龙、夜叉、乾闼婆、阿修罗、护世四王、释提桓因、梵天、净居、摩醯首罗诸天子等，咸作是念：若菩萨神通智力能如是者，佛复云何？

尔时，解脱月菩萨知诸众会心之所念，白金刚藏菩萨言：佛子！今此大众闻其菩萨神通智力，堕在疑网。善哉仁者！为断彼疑，当少示现菩萨神力庄严之事。

时，金刚藏菩萨即入一切佛国土体性三昧。入此三昧时，诸菩萨及一切大众，皆自见身在金刚藏菩萨身内，于中悉见三千大千世界，所有种种庄严之事，经于亿劫说不能尽。又于其中见菩提树，其身周围十万三千大千世界，高百万三千大千世界，枝叶所荫亦复如是。称树形量，有师子座，座上有佛，号：一切智通王。一切大众悉见其佛坐菩提树下师子座上，种种诸相以为庄严，假使亿劫说不能尽。金刚藏菩萨示现如是大神力已，还令众会各在本处。时，诸大众得未曾有，生奇特想，默然而住，向金刚藏一心瞻仰。

尔时，解脱月菩萨白金刚藏菩萨言：佛子！今此三昧，甚为希有，有大势力，其名何等？

金刚藏言：此三昧名：一切佛国土体性。

又问：此三昧境界云何？

答言：

佛子！若菩萨修此三昧，随心所念，能于身中现恒河沙世界微尘数佛刹，复过此数，无量无边。

佛子！菩萨住法云地，得如是等无量百千诸大三昧，故此菩萨身、身业不可测知，语、语业，意、意业，神通自在，观察三世三昧境界、智慧境界，游戏一切诸解脱门；变化所作、神力所作、光明所作，略说乃至举足、下足，如是一切诸有所作，乃至法王子、住善慧地菩萨皆不能知。佛子！此法云地菩萨所有境界，略说如是；若广说者，假使无量百千阿僧祇劫亦不能尽。

解脱月菩萨言：佛子！若菩萨神通境界如是，佛神通力其复云何？

金刚藏言：

佛子！譬如有人，于四天下取一块土，而作是言：为无边世界大地土多，为此土多？我观汝问亦复如是，如来智慧无边无等，云何而与菩萨比量？复次，佛子！如四天下取少许土，余者无量；此法云地神通智慧，于无量劫但说少分，况如来地！佛子！我今为汝引事为证，令汝得知如来境界。佛子！假使十方，一一方各有无边世界微尘数诸佛国土，一一国土得如是地菩萨充满，如甘蔗、竹、苇、稻、麻、丛林，彼诸菩萨于百千亿那由他劫修菩萨行所生智慧，比一如来智慧境界，百分不及一，乃至优波尼沙陀分亦不能及。

佛子！此菩萨住如是智慧，不异如来身、语、意业，不舍菩萨诸三昧力，于无数劫承事供养一切诸佛，一一劫中以一切种供养之具而为供养。一切诸佛神力所加，智慧光明转更增胜，于法界中所有问难善为解释，百千亿劫无能屈者。佛子！譬如金师以上妙真金作严身具，大摩尼宝钿厕其间，自在天王身自服戴，其余天人庄严之具所不能及；此地菩萨亦复如是，始从初地乃至九地，一切菩萨所有智行皆不能及。此地菩萨智慧光明，能令众生乃至入于一切智智，余智光明无能如是。佛子！譬如摩醯首罗天王光明，能令众生身心清凉，一切光明所不能及；此地菩萨智慧光明亦复如是，能令众生皆得清凉，乃至住于一切智智，一切声闻、辟支佛乃至第九地菩萨智慧光明悉不能及。佛子！此菩萨摩诃萨已能安住如是智慧，诸佛世尊复更为说三世智、法界差别智、遍一切世界智、照一切世界智、慈念一切众生智，举要言之，乃至为说得一切智智。此菩萨，十波罗蜜中，智波罗蜜最为增上；余波罗蜜非不修行。

佛子！是名：略说菩萨摩诃萨第十法云地；若广说者，假使无量阿僧祇劫亦不能尽。佛子！菩萨住此地，多作摩醯首罗天王，于法自在，能授众生、声闻、独觉、一切菩萨波罗蜜行，于法界中所有问难无能屈者。布施、爱语、利行、同事——如是一切诸所作业，皆不离念佛，乃至不离念具足一切种、一切智智。复作是念：我当于一切众生为首、为胜，乃至为一切智智依止者。若勤加精进，于一念顷，得十不可说百千亿那由他佛刹微尘数三昧，乃至示现尔所微尘数菩萨以为眷属；若以菩萨殊胜愿力自在示现，过于此数，所谓：若修行、若庄严、若信解、若所作、若身、若语、若光明、若诸根、若神变、若音声、若行处，乃至百千亿那由他劫不能数知。

佛子！此菩萨摩诃萨十地行相次第现前，则能趣入一切智智。譬如阿耨达池出四大河，其河流注遍阎浮提，既无尽竭，复更增长，乃至入海，令其充满。佛子！菩萨亦尔，从菩提心流出善根大愿之水，以四摄法充满众生，无有穷尽，复更增长，乃至入于一切智海，令其充满。

佛子！菩萨十地，因佛智故而有差别，如因大地有十山王。何等为十？所谓：雪山王、香山王、鞞陀梨山王、神仙山王、由乾陀山王、马耳山王、尼民陀罗山王、斫羯罗山王、计都末底山王、须弥卢山王。佛子！如雪山王，一切药草咸在其中，取不可尽；菩萨所住欢喜地亦复如是，一切世间经书、技艺、文颂、咒术咸在其中，说不可尽。佛子！如香山王，一切诸香咸集其中，取不可尽；菩萨所住离垢地亦复如是，一切菩萨戒行、威仪咸在其中，说不可尽。佛子！如鞞陀梨山王，纯宝所成，一切众宝咸在其中，取不可尽；菩萨所住发光地亦复如是，一切世间禅定神通、解脱三昧、三摩钵底咸在其中，说不可尽。佛子！如神仙山王，纯宝所成，五通神仙咸住其中，无有穷尽；菩萨所住焰慧地亦复如是，一切道中殊胜智慧咸在其中，说不可尽。佛子！如由乾陀罗山王，纯宝所成，夜叉大神咸住其中，无有穷尽；菩萨所住难胜地亦复如是，一切自在如意神通咸在其中，说不可尽。佛子！如马耳山王，纯宝所成，一切诸果咸在其中，取不可尽；菩萨所住现前地亦复如是，入缘起理声闻果证咸在其中，说不可尽。如尼民陀罗山王，纯宝所成，大力龙神咸住其中，无有穷尽；菩萨所住远行地亦复如是，方便智慧独觉果证咸在其中，说不可尽。如斫羯罗山王，纯宝所成，诸自在众咸住其中，无有穷尽；菩萨所住不动地亦复如是，一切菩萨自在行差别世界咸在其中，说不可尽。如计都山王，纯宝所成，大威德阿修罗王咸住其中，无有穷尽；菩萨所住善慧地亦复如是，一切世间生灭智行咸在其中，说不可尽。如须弥卢山王，纯宝所成，大威德诸天咸住其中，无有穷尽；菩萨所住法云地亦复如是，如来力、无畏、不共法、一切佛事咸在其中，问答宣说不可穷尽。

佛子！此十宝山王，同在大海，差别得名；菩萨十地亦复如是，同在一切智中，差别得名。佛子！譬如大海，以十种相，得大海名，不可移夺。何等为十？一、次第渐深；二、不受死尸；三、余水入中皆失本名；四、普同一味；五、无量珍宝；六、无能至底；七、广大无量；八、大身所居；九、潮不过限；十、普受大雨，无有盈溢。菩萨行亦复如是，以十相故，名菩萨行，不可移夺。何等为十？所谓欢喜地，出生大愿渐次深故；离垢地，不受一切破戒尸故；发光地，舍离世间假名字故；焰慧地，与佛功德同一味故；难胜地，出生无量方便神通、世间所作众珍宝故；现前地，观察缘生甚深理故；远行地，广大觉慧善观察故；不动地，示现广大庄严事故；善慧地，得深解脱行于世间，如实而知不过限故；法云地，能受一切诸佛如来大法明雨无厌足故。佛子！譬如大摩尼珠有十种性出过众宝。何等为十？一者从大海出；二者巧匠治理；三者圆满无缺；四者清净离垢；五者内外明彻；六者善巧钻穿；七者贯以宝缕；八者置在琉璃高幢之上；九者普放一切种种光明；十者能随王意雨众宝物，如众生心充满其愿。佛子！当知菩萨亦复如是，有十种事出过众圣。何等为十？一者发一切智心；二者持戒头陀，正行明净；三者诸禅三昧，圆满无缺；四者道行清白，离诸垢秽；五者方便神通，内外明彻；六者缘起智慧，善能钻穿；七者贯以种种方便智缕；八者置于自在高幢之上；九者观众生行，放闻持光；十者受佛智职，堕在佛数，能为众生广作佛事。

　　佛子！此集一切种、一切智功德菩萨行法门品，若诸众生不种善根不可得闻。解脱月菩萨言：闻此法门，得几所福？

　　金刚藏菩萨言：如一切智所集福德，闻此法门福德如是。何以故？非不闻此功德法门而能信解、受持、读诵，何况精进、如说修行！是故当知，要得闻此集一切智功德法门，乃能信解、受持、修习，然后至于一切智地。

　　尔时，佛神力故，法如是故，十方各有十亿佛刹微尘数世界六种十八相动。所谓：动、遍动、等遍动，起、遍起、等遍起，涌、遍涌、等遍涌，震、遍震、等遍震，吼、遍吼、等遍吼，击、遍击、等遍击。雨众天华、天鬘、天衣，及诸天宝庄严之具、幢幡、缯盖。奏天妓乐，其音和雅，同时发声，赞一切智地所有功德。如此世界他化自在天王宫演说此法，十方所有一切世界悉亦如是。尔时，复以佛神力故，十方各十亿佛刹微尘数世界外，有十亿佛刹微尘数菩萨而来此会，作如是言：善哉善哉！金刚藏！快说此法。我等悉亦同名：金刚藏，所住世界各各差别，悉名：金刚德，佛号：金刚幢。我等住在本世界中，皆承如来威神之力而说此法，众会悉等，文字句义与此所说无有增减；悉以佛神力而来此会，为汝作证。如我等今者入此世界，如是十方一切世界悉亦如是而往作证。

　　尔时，金刚藏菩萨观察十方一切众会，普周法界，欲赞叹发一切智智心，欲示现菩萨境界，欲净治菩萨行力，欲说摄取一切种智道，欲除灭一切世间垢，欲施与一切智，欲示现不思议智庄严，欲显示一切菩萨诸功德，欲令如是地义转更开显，承佛神力而说颂言：

　　其心寂灭恒调顺，平等无碍如虚空，离诸垢浊住于道，此殊胜行汝应听。百千亿劫修诸善，供养无量无边佛，声闻独觉亦复然，为利众生发大心。精勤持戒常柔忍，惭愧福智皆具足，志求佛智修广慧，愿得十力发大心。三世诸佛咸供养，一切国土悉严净，了知诸法皆平等，为利众生发大心。住于初地生是心，永离众恶常欢喜，愿力广修诸善法，以悲愍故入后位。戒闻具足念众生，涤除垢秽心明洁，观察世间三毒火，广大解者趣三地。三有一切皆无常，如箭入身苦炽然，厌离有为求佛法，广大智人趣焰地。念慧具足得道智，供养百千无量佛，常观最胜诸功德，斯人趣入难胜地。智慧方便善观察，种种示现救众生，复供十力无上尊，趣入无生现前地。世所难知而能知，不受于我离有无，法性本寂随缘转，得此微妙向七地。智慧方便心广大，难行难伏难了知，虽证寂灭勤修习，能趣如空不动地。佛劝令从寂灭起，广修种种诸智业，具十自在观世间，以此而升善慧地。以微妙智观众生，心行业惑等稠林，为欲化其令趣道，演说诸佛胜义藏。次第修行具众善，乃至九地集福慧，常求诸佛最上法，得佛智水灌其顶。获得无数诸三昧，亦善了知其作业，最后三昧名受职，住广大境恒不动。菩萨得此三昧时，大宝莲华忽然现，身量称彼于中坐，佛子围绕同观察。放大光明百千亿，灭除一切众生苦，复于顶上放光明，普入十方诸佛会，悉住空中作光网，供养佛已从足入；即时诸佛悉了知，今此佛子登职位。十方菩萨来观察，受职大士舒光照；诸佛眉间亦放光，普照而来从顶入。十方世界咸震动，一切地狱苦消灭；是时诸佛与其职，如转轮王第一子。若蒙诸佛与灌顶，是则名登法云地，智慧增长无有边，开悟一切诸世间。欲界色界无色界，法界世界众生界，有数无数及虚空，如是一切咸通达。一切化用大威力，诸佛加持微细智，秘密劫数毛道等，皆能如实而观察。受生舍俗成正道，转妙法轮入涅槃，乃至寂灭解脱法，及所未说皆能了。菩萨住此法云地，具足念力持佛法，譬如大海受龙雨，此地受法亦复然。十方无量诸众生，悉得闻持持佛法，于一佛所所闻法，过于彼数无有量。以昔智愿威神力，一念普遍十方土，霪甘露雨灭烦恼，是故佛说名法云。神通示现遍十方，超出人天世间境，复过是数无量亿，世智思惟必迷闷。一举足量智功德，乃至九地不能知，何况一切诸众生，及以声闻辟支佛。此地菩萨供养佛，十方国土悉周遍，亦供现前诸圣众，具足庄严佛功德。住于此地复为说，三世法界无碍智，众生国土悉亦然，乃至一切佛功德。此地菩萨智光明，能示众生正法路，自在天光除世暗，此光灭暗亦如是。住此多作三界王，善能演说三乘法，无量三昧一念得，所见诸佛亦如是。此地我今已略说，若欲广说不可尽。如是诸地佛智中，如十山王巍然住。初地艺业不可尽，譬如雪山集众药；二地戒闻如香山；三如鞞陀发妙华；焰慧道宝无有尽，譬如仙山仁善住；五地神通如由乾；六如马耳具众果；七地大慧如尼民；八地自在如轮围；九如计都集无碍；十如须弥具众德。初地愿首二持戒；三地功德四专一；五地微妙六甚深；七广大慧八庄严；九地思量微妙义，出过一切世间道；十地受持诸佛法，如是行海无尽竭。十行超世发心初，持戒第二禅第三，行净第四成就五，缘生第六贯穿七，第八置在金刚幢，第九观察众稠林，第十灌顶随王意，如是德宝渐清净。十方国土碎为尘，可于一念知其数，毫末度空可知量，亿劫说此不可尽。

大方广佛华严经卷第四十

十定品第二十七之一

尔时，世尊在摩竭提国阿兰若法菩提场中始成正觉，于普光明殿入刹那际诸佛三昧，以一切智自神通力现如来身，清净无碍，无所依止，无有攀缘，住奢摩他最极寂静，具大威德无所染著，能令见者悉得开悟，随宜出兴不失于时，恒住一相所谓无相。与十佛刹微尘数菩萨摩诃萨俱，靡不皆入灌顶之位，具菩萨行，等于法界无量无边，获诸菩萨普见三昧，大悲安隐一切众生，神通自在，同于如来智慧深入，演真实义，具一切智，降伏众魔，虽入世间心恒寂静，住于菩萨无住解脱。其名曰：金刚慧菩萨、无等慧菩萨、义语慧菩萨、最胜慧菩萨、常舍慧菩萨、那伽慧菩萨、成就慧菩萨、调顺慧菩萨、大力慧菩萨、难思慧菩萨、无碍慧菩萨、增上慧菩萨、普供慧菩萨、如理慧菩萨、善巧慧菩萨、法自在慧菩萨、法慧菩萨、寂静慧菩萨、虚空慧菩萨、一相慧菩萨、善慧菩萨、如幻慧菩萨、广大慧菩萨、势力慧菩萨、世间慧菩萨、佛地慧菩萨、真实慧菩萨、尊胜慧菩萨、智光慧菩萨、无边慧菩萨、念庄严菩萨、达空际菩萨、性庄严菩萨、甚深境菩萨、善解处非处菩萨、大光明菩萨、常光明菩萨、了佛种菩萨、心王菩萨、一行菩萨、常现神通菩萨、智慧芽菩萨、功德处菩萨、法灯菩萨、照世菩萨、持世菩萨、最安隐菩萨、最上菩萨、无上菩萨、无比菩萨、超伦菩萨、无碍行菩萨、光明焰菩萨、月光菩萨、一尘菩萨、坚固行菩萨、霆法雨菩萨、最胜幢菩萨、普庄严菩萨、智眼菩萨、法眼菩萨、慧云菩萨、总持王菩萨、无住愿菩萨、智藏菩萨、心王菩萨、内觉慧菩萨、住佛智菩萨、陀罗尼勇健力菩萨、持地力菩萨、妙月菩萨、须弥顶菩萨、宝顶菩萨、普光照菩萨、威德王菩萨、智慧轮菩萨、大威德菩萨、大龙相菩萨、质直行菩萨、不退转菩萨、持法幢菩萨、无忘失菩萨、摄诸趣菩萨、不思议决定慧菩萨、游戏无边智菩萨、无尽妙法藏菩萨、智日菩萨、法日菩萨、智藏菩萨、智泽菩萨、普见菩萨、不空见菩萨、金刚踊菩萨、金刚智菩萨、金刚焰菩萨、金刚慧菩萨、普眼菩萨、佛日菩萨、持佛金刚秘密义菩萨、普眼境界智庄严菩萨……。如是等菩萨摩诃萨十佛刹微尘数，往昔皆与毗卢遮那如来同修菩萨诸善根行。

尔时，普眼菩萨摩诃萨承佛神力从座而起，偏袒右肩，右膝著地，合掌白佛言：

世尊！我于如来、应、正等觉，欲有所问，愿垂哀许。佛言：普眼！恣汝所问，当为汝说，令汝心喜。普眼菩萨言：世尊！普贤菩萨及住普贤所有行愿诸菩萨众，成就几何三昧解脱，而于菩萨诸大三昧或入、或出、或时安住？以于菩萨不可思议广大三昧善入出故，能于一切三昧自在神通变化无有休息。佛言：善哉！普眼！汝为利益去、来、现在诸菩萨众而问斯义。普眼！普贤菩萨今现在此，已能成就不可思议自在神通，出过一切诸菩萨上，难可值遇；从于无量菩萨行生，菩萨大愿悉已清净，所行之行皆无退转，无量波罗蜜门、无碍陀罗尼门、无尽辩才门皆悉已得，清净无碍，大悲利益一切众生，以本愿力尽未来际而无厌倦。汝应请彼，彼当为汝说其三昧自在解脱。

尔时，会中诸菩萨众闻普贤名，即时获得不可思议无量三昧，其心无碍寂然不动，智慧广大难可测量，境界甚深无能与等；现前悉见无数诸佛，得如来力，同如来性，去、来、现在靡不明照，所有福德不可穷尽，一切神通皆已具足。其诸菩萨于普贤所，心生尊重，渴仰欲见，悉于众会周遍观察而竟不睹，亦不见其所坐之座。此由如来威力所持，亦是普贤神通自在使其然耳。

尔时，普眼菩萨白佛言：世尊！普贤菩萨今何所在？佛言：普眼！普贤菩萨今现在此道场众会，亲近我住，初无动移。是时，普眼及诸菩萨复更观察道场众会，周遍求觅，白佛言：世尊！我等今者犹未得见普贤菩萨其身及座。佛言：如是，善男子！汝等何故而不得见？善男子！普贤菩萨住处甚深不可说故。普贤菩萨获无边智慧门，入师子奋迅定，得无上自在用，入清净无碍际，生如来十种力，以法界藏为身，一切如来共所护念，于一念顷悉能证入三世诸佛无差别智，是故汝等不能见耳。

尔时，普眼菩萨闻如来说普贤菩萨清净功德，得十千阿僧祇三昧；以三昧力复遍观察，渴仰欲见普贤菩萨，亦不能睹。其余一切诸菩萨众俱亦不见。时，普眼菩萨从三昧起，白佛言：世尊！我已入十千阿僧祇三昧，求见普贤而竟不得，不见其身及身业、语及语业、意及意业、座及住处，悉皆不见。佛言：如是如是！善男子！当知皆以普贤菩萨住不思议解脱之力。普眼！于汝意云何？颇有人能说幻术文字中种种幻相所住处不？答言：不也。佛言：普眼！幻中幻相尚不可说，何况普贤菩萨秘密身境界、秘密语境界、秘密意境界，而于其中能入能见！何以故？普贤菩萨境界甚深，不可思议，无有量、已过量。举要言之，普贤菩萨以金刚慧普入法界，于一切世界无所行、无所住，知一切众生身皆即非身，无去无来，得无断尽、无差别自在神通，无依无作，无有动转，至于法界究竟边际。善男子！若有得见普贤菩萨，若得承事，若得闻名，若有思惟，若有忆念，若生信解，若勤观察，若始趣向，若正求觅，若兴誓愿，相续不绝，皆获利益，无空过者。

尔时，普眼及一切菩萨众于普贤菩萨心生渴仰，愿得瞻觐，作如是言：南无一切诸佛！南无普贤菩萨！如是三称，头顶礼敬。尔时，佛告普眼菩萨及诸众会言：诸佛子！汝等宜更礼敬普贤，殷勤求请，又应专至观察十方，想普贤身现在其前。如是思惟，周遍法界，深心信解，厌离一切，誓与普贤同一行愿：入于不二真实之法，其身普现一切世间，悉知众生诸根差别，遍一切处集普贤道。若能发起如是大愿，则当得见普贤菩萨。是时，普眼闻佛此语，与诸菩萨俱时顶礼，求请得见普贤大士。

尔时，普贤菩萨即以解脱神通之力，如其所应为现色身，令彼一切诸菩萨众皆见普贤亲近如来，于此一切菩萨众中坐莲华座；亦见于余一切世界一切佛所，从彼次第相续而来；亦见在彼一切佛所，演说一切诸菩萨行，开示一切智智之道，阐明一切菩萨神通，分别一切菩萨威德，示现一切三世诸佛。是时，普眼菩萨及一切菩萨众见此神变，其心踊跃，生大欢喜，莫不顶礼普贤菩萨，心生尊重，如见十方一切诸佛。

是时，以佛大威神力及诸菩萨信解之力、普贤菩萨本愿力故，自然而雨十千种云。所谓：种种华云、种种鬘云、种种香云、种种末香云、种种盖云、种种衣云、种种严具云、种种珍宝云、种种烧香云、种种缯彩云。不可说世界六种震动；奏天音乐，其声远闻不可说世界；放大光明，其光普照不可说世界，令三恶趣悉得除灭，严净不可说世界，令不可说菩萨入普贤行、不可说菩萨成普贤行，不可说菩萨于普贤行愿悉得圆满成阿耨多罗三藐三菩提。

尔时，普眼菩萨白佛言：世尊！普贤菩萨是住大威德者、住无等者、住无过者、住不退者、住平等者、住不坏者、住一切差别法者、住一切无差别法者、住一切众生善巧心所住者、住一切法自在解脱三昧者。佛言：如是如是！普眼！如汝所说，普贤菩萨有阿僧祇清净功德，所谓：无等庄严功德、无量宝功德、不思议海功德、无量相功德、无边云功德、无边际不可称赞功德、无尽法功德、不可说功德、一切佛功德、称扬赞叹不可尽功德。

尔时，如来告普贤菩萨言：普贤！汝应为普眼及此会中诸菩萨众说十三昧，令得善入，成满普贤所有行愿。诸菩萨摩诃萨说此十大三昧故，令过去菩萨已得出离，现在菩萨今得出离，未来菩萨当得出离。何者为十？一者普光大三昧，二者妙光大三昧，三者次第遍往诸佛国土大三昧，四者清净深心行大三昧，五者知过去庄严藏大三昧，六者智光明藏大三昧，七者了知一切世界佛庄严大三昧，八者众生差别身大三昧，九者法界自在大三昧，十者无碍轮大三昧。此十大三昧，诸大菩萨乃能善入，去、来、现在一切诸佛已说、当说、现说。

若诸菩萨爱乐尊重,修习不懈,则得成就如是之人,则名为佛,则名如来,亦则名为得十力人,亦名导师,亦名大导师,亦名一切智,亦名一切见,亦名住无碍,亦名达诸境,亦名一切法自在。此菩萨普入一切世界,而于世界无所著;普入一切众生界,而于众生无所取;普入一切身,而于身无所碍;普入一切法界,而知法界无有边。亲近三世一切佛,明见一切诸佛法,巧说一切文字,了达一切假名,成就一切菩萨清净道,安住一切菩萨差别行。于一念中,普得一切三世智,普知一切三世法,普说一切诸佛教,普转一切不退轮,于去、来、现在一一世,普证一切菩提道;于此一一菩提中,普了一切佛所说。此是诸菩萨法相门,是诸菩萨智觉门,是一切种智无胜幢门,是普贤菩萨诸行愿门,是猛利神通誓愿门,是一切总持辩才门,是三世诸法差别门,是一切诸佛示现门,是以萨婆若安立一切众生门,是以佛神力严净一切世界门。若菩萨入此三昧,得法界力无有穷尽,得虚空行无有障碍;得法王位无量自在,譬如世间灌顶受职。得无边智,一切通达;得广大力,十种圆满;成无诤心,入寂灭际;大悲无畏,犹如师子;为智慧丈夫,然正法明灯;一切功德叹不可尽,声闻、独觉莫能思议;得法界智,住无动际,而能随俗种种开演;住于无相,善入法相;得自性清净藏,生如来清净家;善开种种差别法门,而以智慧了无所有;善知于时,常行法施开悟一切,名为智者;普摄众生,悉令清净;以方便智示成佛道,而常修行菩萨之行无有断尽;入一切智方便境界,示现种种广大神通。是故,普贤!汝今应当分别广说一切菩萨十大三昧,今此众会咸皆愿闻。

尔时,普贤菩萨承如来旨,观普眼等诸菩萨众而告之言:

佛子!云何为菩萨摩诃萨普光明三昧?佛子!此菩萨摩诃萨有十种无尽法。何者为十?所谓:诸佛出现智无尽、众生变化智无尽、世界如影智无尽、深入法界智无尽、善摄菩萨智无尽、菩萨不退智无尽、善观一切法义智无尽、善持心力智无尽、住广大菩提心智无尽、住一切佛法一切智愿力智无尽。佛子!是名菩萨摩诃萨十种无尽法。佛子!此菩萨摩诃萨发十种无边心。何等为十?所谓:发度脱一切众生无边心;发承事一切诸佛无边心;发供养一切诸佛无边心;发普见一切诸佛无边心;发受持一切佛法不忘失无边心;发示现一切佛无量神变无边心;发为得佛力故,不舍一切菩提行无边心;发普入一切智微细境界,说一切佛法无边心;发普入佛不思议广大境界无边心;发于佛辩才起深志乐,领受诸佛法无边心;发示现种种自在身,入一切如来道场众会无边心。是为十。佛子!此菩萨摩诃萨有十种入三昧差别智。何者为十?所谓:东方入定西方起,西方入定东方起,南方入定北方起,北方入定南方起,东北方入定西南方起,西南方入定东北方起,西北方入定东南方起,东南方入定西北方起,下方入定上方起,上方入定下方起。是为十。

佛子！此菩萨摩诃萨有十种入大三昧善巧智。何者为十？佛子！菩萨摩诃萨以三千大千世界为一莲华，现身遍此莲华之上结跏趺坐，身中复现三千大千世界，其中有百亿四天下，一一四天下现百亿身，一一身入百亿百亿三千大千世界，于彼世界一一四天下现百亿百亿菩萨修行，一一菩萨修行生百亿百亿决定解，一一决定解令百亿百亿根性圆满，一一根性成百亿百亿菩萨法不退业。然所现身非一非多，入定、出定无所错乱。佛子！如罗睺阿修罗王，本身长七百由旬，化形长十六万八千由旬，于大海中出其半身，与须弥山而正齐等。佛子！彼阿修罗王虽化其身长十六万八千由旬，然亦不坏本身之相，诸蕴、界、处悉皆如本，心不错乱，不于变化身而作他想，于其本身生非己想，本受生身恒受诸乐，化身常现种种自在神通威力。佛子！阿修罗王有贪、恚、痴，具足憍慢，尚能如是变现其身；何况菩萨摩诃萨能深了达心法如幻，一切世间皆悉如梦，一切诸佛出兴于世皆如影像，一切世界犹如变化，言语音声悉皆如响，见如实法，以如实法而为其身，知一切法本性清净，了知身心无有实体，其身普住无量境界，以佛智慧广大光明净修一切菩提之行！

佛子！菩萨摩诃萨住此三昧，超过世间，远离世间，无能惑乱，无能映夺。佛子！譬如比丘观察内身，住不净观，审见其身皆是不净。菩萨摩诃萨亦复如是，住此三昧，观察法身，见诸世间普入其身，于中明见一切世间及世间法，于诸世间及世间法皆无所著。佛子！是名菩萨摩诃萨第一普光明大三昧善巧智。

佛子！云何为菩萨摩诃萨妙光明三昧？佛子！此菩萨摩诃萨能入三千大千世界微尘数三千大千世界，于一一世界现三千大千世界微尘数身，一一身放三千大千世界微尘数光，一一光现三千大千世界微尘数色，一一色照三千大千世界微尘数世界，一一世界中调伏三千大千世界微尘数众生。是诸世界种种不同，菩萨悉知，所谓：世界杂染、世界清净、世界所因、世界建立、世界同住、世界光色、世界来往；如是一切，菩萨悉知，菩萨悉入。是诸世界亦悉来入菩萨之身，然诸世界无有杂乱，种种诸法亦不坏灭。佛子！譬如日出绕须弥山、照七宝山，其七宝山及宝山间皆有光影分明显现，其宝山上所有日影莫不显现山间影中，其七山间所有日影亦悉显现山上影中；如是展转，更相影现，或说日影出七宝山，或说日影出七山间，或说日影入七宝山，或说日影入七山间；但此日影更相照现，无有边际，体性非有，亦复非无，不住于山，不离于山，不住于水，亦不离水。佛子！菩萨摩诃萨亦复如是，住此妙光广大三昧，不坏世间安立之相，不灭世间诸法自性；不住世界内，不住世界外；于诸世界无所分别，亦不坏于世界之相；观一切法一相无相，亦不坏于诸法自性；住真如性，恒不舍离。佛子！譬如幻师善知幻术，住四衢道作诸幻事，于一日中一须臾顷，或现一日，或现一夜，或复现作七日七夜、半月一月、一年百年，随其所欲皆能示现城邑聚落、泉流河海、日月云雨、宫殿屋宅，如是一切靡不具足；不以示现经年岁故，坏其根本一日一时；不以本时极短促故，坏其所现日月年岁；幻相明现，本日不灭。菩萨摩诃萨亦复如是，入此妙光广大三昧，现阿僧祇世界入一世界。其阿僧祇世界一一皆有地、水、火、风、大海、诸山、城邑、聚落、园林、屋宅、天宫、龙宫、夜叉宫、乾闼婆宫、阿修罗宫、迦楼罗宫、紧那罗宫、摩睺罗伽宫，种种庄严皆悉具足。欲界、色界、无色界，小千世界、大千世界，业行果报，死此生彼。一切世间所有时节、须臾、昼夜、半月、一月、一岁、百岁、成劫、坏劫，杂染国土、清净国土、广大国土、狭小国土，于中诸佛出兴于世，佛刹清净，菩萨众会周匝围绕，神通自在，教化众生。其诸国土所在方处，无量人众悉皆充满，殊形异趣种种众生无量无边不可思议，去、来、现在清净业力出生无量上妙珍宝。如是等事，咸悉示现，入一世界。菩萨于此普皆明见，普入普观，普思普了，以无尽智皆如实知，不以彼世界多故坏此一世界，不以此世界一故坏彼多世界。何以故？菩萨知一切法皆无我故，是名：入无命法、无作法者；菩萨于一切世间勤修行无诤法故，是名：住无我法者；菩萨如实见一切身皆从缘起故，是名：住无众生法者；菩萨知一切生灭法皆从因生故，是名：住无补伽罗法者；菩萨知诸法本性平等故，是名：住无意生、无摩纳婆法者；菩萨知一切法本性寂静故，是名：住寂静法者；菩萨知一切法一相故，是名：住无分别法者；菩萨知法界无有种种差别法故，是名：住不思议法者；菩萨勤修一切方便，善调伏众生故，是名：住大悲法者。

佛子！菩萨如是能以阿僧祇世界入一世界，知无数众生种种差别，见无数菩萨各各发趣，观无数诸佛处处出兴；彼诸如来所演说法，其诸菩萨悉能领受，亦见自身于中修行；然不舍此处而见在彼，亦不舍彼处而见在此，彼身、此身无有差别。入法界故，常勤观察无有休息，不舍智慧无退转故。如有幻师随于一处作诸幻术，不以幻地故坏于本地，不以幻日故坏于本日。菩萨摩诃萨亦复如是，于无国土现有国土，于有国土现无国土；于有众生现无众生，于无众生现有众生；无色现色，色现无色；初不乱后，后不乱初。菩萨了知一切世法悉亦如是，同于幻化。知法幻故，知智幻；知智幻故，知业幻；知智幻、业幻已，起于幻智，观一切业如世幻者，不于处外而现其幻，亦不于幻外而有其处。菩萨摩诃萨亦复如是，不于虚空外入世间，亦不于世间外入虚空。何以故？虚空、世间无差别故，住于世间亦住虚空。菩萨摩诃萨于虚空中能见、能修一切世间种种差别妙庄严业，于一念顷悉能了知无数世界若成若坏，亦知诸劫相续次第；能于一念现无数劫，亦不令其一念广大。菩萨摩诃萨得不思议解脱幻智，到于彼岸；住于幻际，入世幻数，思惟诸法悉皆如幻；不违幻世，尽于幻智，了知三世与幻无别，决定通达，心无边际。如诸如来住如幻智，其心平等；菩萨摩诃萨亦复如是，知诸世间皆悉如幻，于一切处皆无所著、无有我所。如彼幻师作诸幻事，虽不与彼幻事同住，而于幻事亦无迷惑；菩萨摩诃萨亦复如是，知一切法到于彼岸，心不计我能入于法，亦不于法而有错乱。是为菩萨摩诃萨第二妙光明大三昧善巧智。

大方广佛华严经卷第四十一

十定品第二十七之二

佛子！云何为菩萨摩诃萨次第遍往诸佛国土神通三昧？佛子！此菩萨摩诃萨过于东方无数世界，复过尔所世界微尘数世界，于彼诸世界中入此三昧，或刹那入，或须臾入，或相续入，或日初分时入，或日中分时入，或日后分时入，或夜初分时入，或夜中分时入，或夜后分时入，或一日入，或五日入，或半月入，或一月入，或一年入，或百年入，或千年入，或百千年入，或亿年入，或百千亿年入，或百千那由他亿年入，或一劫入，或百劫入，或百千劫入，或百千那由他亿劫入，或无数劫入，或无量劫入，或无边劫入，或无等劫入，或不可数劫入，或不可称劫入，或不可思劫入，或不可量劫入，或不可说劫入，或不可说不可说劫入，若久、若近、若法、若时，种种不同。菩萨于彼不生分别，心无染著，不作二、不作不二，不作普、不作别，虽离此分别而以神通方便从三昧起，于一切法不忘不失至于究竟。譬如日天子周行照曜，昼夜不住；日出名昼，日没名夜，昼亦不生，夜亦不灭。菩萨摩诃萨于无数世界入神通三昧，入三昧已，明见尔所无数世界亦复如是。佛子！是为菩萨摩诃萨第三次第遍往诸佛国土神通大三昧善巧智。

佛子！云何为菩萨摩诃萨清净深心行三昧？佛子！此菩萨摩诃萨知诸佛身数等众生，见无量佛过阿僧祇世界微尘数。于彼一一诸如来所，以一切种种妙香而作供养，以一切种种妙华而作供养，以一切种种盖大如阿僧祇佛刹而作供养，以超过一切世界一切上妙庄严具而作供养，散一切种种宝而作供养，以一切种种庄严具庄严经行处而作供养，以一切无数上妙摩尼宝藏而作供养，以佛神力所流出过诸天上味饮食而作供养，一切佛刹种种上妙诸供养具，能以神力普皆摄取而作供养。于彼一一诸如来所，恭敬尊重，头顶礼敬，举身布地，请问佛法，赞佛平等，称扬诸佛广大功德，入于诸佛所入大悲，得佛平等无碍之力；于一念顷，一切佛所勤求妙法，然于诸佛出兴于世、入般涅槃，如是之相皆无所得。如散动心，了别所缘，心起不知何所缘起，心灭不知何所缘灭；此菩萨摩诃萨亦复如是，终不分别如来出世及涅槃相。佛子！如日中阳焰，不从云生，不从池生，不处于陆，不住于水，非有非无，非善非恶，非清非浊，不堪饮漱，不可秽污，非有体非无体，非有味非无味，以因缘故而现水相，为识所了，远望似水而兴水想，近之则无，水想自灭；此菩萨摩诃萨亦复如是，不得如来出兴于世及涅槃相。诸佛有相及以无相，皆是想心之所分别。佛子！此三昧名为：清净深心行。菩萨摩诃萨于此三昧，入已而起，起已不失。譬如有人从睡得寤，忆所梦事，觉时虽无梦中境界，而能忆念、心不忘失。菩萨摩诃萨亦复如是，入于三昧，见佛闻法，从定而起，忆持不忘，而以此法开晓一切道场众会，庄严一切诸佛国土，无量义趣悉得明达，一切法门皆亦清净，然大智炬，长诸佛种，无畏具足，辩才不竭，开示演说甚深法藏。是为菩萨摩诃萨第四清净深心行大三昧善巧智。

佛子！云何为菩萨摩诃萨知过去庄严藏三昧？佛子！此菩萨摩诃萨能知过去诸佛出现，所谓：劫次第中诸刹次第，刹次第中诸劫次第，劫次第中诸佛出现次第，佛出现次第中说法次第，说法次第中诸心乐次第，心乐次第中诸根次第，根次第中调伏次第，调伏次第中诸佛寿命次第，寿命次第中知亿那由他年岁数量次第。佛子！此菩萨摩诃萨得如是无边次第智故，则知过去诸佛，则知过去诸刹，则知过去诸法门，则知过去诸劫，则知过去诸法，则知过去诸心，则知过去诸解，则知过去诸众生，则知过去诸烦恼，则知过去诸仪式，则知过去诸清净。佛子！此三昧名：过去清净藏，于一念中，能入百劫，能入千劫，能入百千劫，能入百千亿那由他劫，能入无数劫，能入无量劫，能入无边劫，能入无等劫，能入不可数劫，能入不可称劫，能入不可思劫，能入不可量劫，能入不可说劫，能入不可说不可说劫。佛子！彼菩萨摩诃萨入此三昧，不灭现在，不缘过去。佛子！彼菩萨摩诃萨从此三昧起，于如来所受十种不可思议灌顶法，亦得、亦清净、亦成就、亦入、亦证、亦满、亦持，平等了知三轮清净。何等为十？一者辩不违义，二者说法无尽，三者训词无失，四者乐说不断，五者心无恐畏，六者语必诚实，七者众生所依，八者救脱三界，九者善根最胜，十者调御妙法。佛子！此是十种灌顶法。若菩萨入此三昧，从三昧起，无间则得。如歌罗逻入胎藏时，于一念间识则托生；菩萨摩诃萨亦复如是，从此定起，于如来所，一念则得此十种法。佛子！是名菩萨摩诃萨第五知过去庄严藏大三昧善巧智。

佛子！云何为菩萨摩诃萨智光明藏三昧？佛子！彼菩萨摩诃萨住此三昧，能知未来一切世界一切劫中所有诸佛；若已说、若未说，若已授记、若未授记，种种名号各各不同，所谓：无数名、无量名、无边名、无等名、不可数名、不可称名、不可思名、不可量名、不可说名；当出现于世，当利益众生，当作法王，当兴佛事，当说福利，当赞善义，当说白分义，当净治诸恶，当安住功德，当开示第一义谛，当入灌顶位，当成一切智。彼诸如来修圆满行，发圆满愿，入圆满智，有圆满众，备圆满庄严，集圆满功德，悟圆满法，得圆满果，具圆满相，成圆满觉。彼诸如来名姓种族、方便善巧、神通变化、成熟众生、入般涅槃，如是一切皆悉了知。此菩萨于一念中，能入一劫、百劫、千劫、百千劫、百千亿那由他劫，入阎浮提微尘数劫，入四天下微尘数劫，入小千世界微尘数劫，入中千世界微尘数劫，入大千世界微尘数劫，入佛刹微尘数劫，入百千佛刹微尘数劫，入百千亿那由他佛刹微尘数劫，入无数佛刹微尘数劫，入无量佛刹微尘数劫，入无边佛刹微尘数劫，入无等佛刹微尘数劫，入不可数佛刹微尘数劫，入不可称佛刹微尘数劫，入不可思佛刹微尘数劫，入不可量佛刹微尘数劫，入不可说佛刹微尘数劫，入不可说不可说佛刹微尘数劫。如是未来一切世界所有劫数，能以智慧皆悉了知。以了知故，其心复入十种持门。何者为十？所谓：入佛持故，得不可说佛刹微尘数诸佛护念；入法持故，得十种陀罗尼光明无尽辩才；入行持故，出生圆满殊胜诸愿；入力持故，无能映蔽，无能摧伏；入智持故，所行佛法无有障碍；入大悲持故，转于不退清净法轮；入差别善巧句持故，转一切文字轮，净一切法门地；入师子受生法持故，开法关钥，出欲淤泥；入智力持故，修菩萨行常不休息；入善友力持故，令无边众生普得清净；入无住力持故，入不可说不可说广大劫；入法力持故，以无碍方便智，知一切法自性清净。

佛子！菩萨摩诃萨住此三昧已，善巧住不可说不可说劫，善巧住不可说不可说刹，善巧知不可说不可说种种众生，善巧知不可说不可说众生异相，善巧知不可说不可说同异业报，善巧知不可说不可说精进、诸根习气、相续差别诸行，善巧知不可说不可说无量染净种种思惟，善巧知不可说不可说法种种义、无量文字、演说言辞，善巧知不可说不可说种种佛出现、种族、时节、现相、说法、施为佛事、入般涅槃，善巧知不可说不可说无边智慧门，善巧知不可说不可说一切神通无量变现。佛子！譬如日出，世间所有村营、城邑、宫殿、屋宅、山泽、鸟兽、树林、华果，如是一切种种诸物，有目之人悉得明见。佛子！日光平等，无有分别，而能令目见种种相；此大三昧亦复如是，体性平等，无有分别，能令菩萨知不可说不可说百千亿那由他差别之相。佛子！此菩萨摩诃萨如是了知时，令诸众生得十种不空。何等为十？一者见不空，令诸众生生善根故；二者闻不空，令诸众生得成熟故；三者同住不空，令诸众生心调伏故；四者发起不空，令诸众生如言而作，通达一切诸法义故；五者行不空，令无边世界皆清净故；六者亲近不空，于不可说不可说佛刹诸如来所，断不可说不可说众生疑故；七者愿不空，随所念众生，令作胜供养，成就诸愿故；八者善巧法不空，皆令得住无碍解脱清净智故；九者雨法雨不空，于不可说不可说诸根众生中，方便开示一切智行令住佛道故；十者出现不空，现无边相，令一切众生皆蒙照故。佛子！菩萨摩诃萨住此三昧，得十种不空时，诸天王众皆来顶礼，诸龙王众兴大香云，诸夜叉王顶礼其足，阿修罗王恭敬供养，迦楼罗王前后围绕，诸梵天王悉来劝请，紧那罗王、摩睺罗伽王咸共称赞，乾闼婆王常来亲近，诸人王众承事供养。佛子！是为菩萨摩诃萨第六智光明藏大三昧善巧智。

佛子！云何为菩萨摩诃萨了知一切世界佛庄严三昧？佛子！此三昧何故名了知一切世界佛庄严？佛子！菩萨摩诃萨住此三昧，能次第入东方世界，能次第入南方世界，西方、北方、四维、上下，所有世界悉亦如是，能次第入。皆见诸佛出兴于世，亦见彼佛一切神力，亦见诸佛所有游戏，亦见诸佛广大威德，亦见诸佛最胜自在，亦见诸佛大师子吼，亦见诸佛所修诸行，亦见诸佛种种庄严，亦见诸佛神足变化，亦见诸佛众会云集、众会清净、众会广大、众会一相、众会多相、众会处所、众会居止、众会成熟、众会调伏、众会威德，如是一切悉皆明见。亦见众会其量大小等阎浮提，亦见众会等四天下，亦见众会等小千界，亦见众会等中千界，亦见众会量等三千大千世界。亦见众会充满百千亿那由他佛刹，亦见众会充满阿僧祇佛刹，亦见众会充满百佛刹微尘数佛刹，亦见众会充满千佛刹微尘数佛刹，亦见众会充满百千亿那由他佛刹微尘数佛刹，亦见众会充满无数佛刹微尘数佛刹，亦见众会充满无量佛刹微尘数佛刹，亦见众会充满无边佛刹微尘数佛刹，亦见众会充满无等佛刹微尘数佛刹，亦见众会充满不可数佛刹微尘数佛刹，亦见众会充满不可称佛刹微尘数佛刹，亦见众会充满不可思佛刹微尘数佛刹，亦见众会充满不可量佛刹微尘数佛刹，亦见众会充满不可说佛刹微尘数佛刹，亦见众会充满不可说不可说佛刹微尘数佛刹。亦见诸佛于彼众会道场中，示现种种相、种种时、种种国土、种种变化、种种神通、种种庄严、种种自在、种种形量、种种事业。菩萨摩诃萨亦见自身往彼众会，亦自见身在彼说法，亦自见身受持佛语，亦自见身善知缘起，亦自见身住在虚空，亦自见身住于法身，亦自见身不生染著，亦自见身不住分别，亦自见身无有疲倦，亦自见身普入诸智，亦自见身普知诸义，亦自见身普入诸地，亦自见身普入诸趣，亦自见身普知方便，亦自见身普住佛前，亦自见身普入诸力，亦自见身普入真如，亦自见身普入无诤，亦自见身普入诸法。如是见时，不分别国土，不分别众生，不分别佛，不分别法，不执著身，不执著身业，不执著心，不执著意。譬如诸法，不分别自性，不分别音声，而自性不舍、名字不灭；菩萨摩诃萨亦复如是，不舍于行，随世所作，而于此二无所执著。

佛子！菩萨摩诃萨见佛无量光色、无量形相，圆满成就，平等清净；一一现前，分明证了。或见佛身种种光明，或见佛身圆光一寻，或见佛身如盛日色，或见佛身微妙光色，或见佛身作清净色，或见佛身作黄金色，或见佛身作金刚色，或见佛身作绀青色，或见佛身作无边色，或见佛身作大青摩尼宝色。或见佛身其量七肘，或见佛身其量八肘,或见佛身其量九肘,或见佛身其量十肘,或见佛身二十肘量,或见佛身三十肘量,如是乃至一百肘量、一千肘量。或见佛身一俱卢舍量,或见佛身半由旬量,或见佛身一由旬量,或见佛身十由旬量,或见佛身百由旬量,或见佛身千由旬量,或见佛身百千由旬量,或见佛身阎浮提量,或见佛身四天下量,或见佛身小千界量,或见佛身中千界量,或见佛身大千界量,或见佛身百大千世界量,或见佛身千大千世界量,或见佛身百千大千世界量,或见佛身百千亿那由他大千世界量,或见佛身无数大千世界量,或见佛身无量大千世界量,或见佛身无边大千世界量,或见佛身无等大千世界量,或见佛身不可数大千世界量,或见佛身不可称大千世界量,或见佛身不可思大千世界量,或见佛身不可量大千世界量,或见佛身不可说大千世界量,或见佛身不可说不可说大千世界量。佛子!菩萨如是见诸如来无量色相、无量形状、无量示现、无量光明、无量光明网,其光分量等于法界,于法界中无所不照,普令发起无上智慧;又见佛身,无有染著,无有障碍,上妙清净。佛子!菩萨如是见于佛身,而如来身不增不减。譬如虚空,于虫所食芥子孔中亦不减小,于无数世界中亦不增广;其诸佛身亦复如是,见大之时亦无所增,见小之时亦无所减。佛子!譬如月轮,阎浮提人见其形小而亦不减,月中住者见其形大而亦不增;菩萨摩诃萨亦复如是,住此三昧,随其心乐,见诸佛身种种化相,言辞演法,受持不忘,而如来身不增不减。佛子!譬如众生命终之后,将受生时,不离于心,所见清净;菩萨摩诃萨亦复如是,不离于此甚深三昧,所见清净。

佛子!菩萨摩诃萨住此三昧,成就十种速疾法。何者为十?所谓:速增诸行圆满大愿,速以法光照耀世间,速以方便转于法轮度脱众生,速随众生业示现诸佛清净国土,速以平等智趣入十力,速与一切如来同住,速以大慈力摧破魔军,速断众生疑令生欢喜,速随胜解示现神变,速以种种妙法言辞净诸世间。佛子!此菩萨摩诃萨复得十种法印,印一切法。何等为十?一者同去、来、今一切诸佛平等善根,二者同诸如来得无边际智慧法身,三者同诸如来住不二法,四者同诸如来观察三世无量境界皆悉平等,五者同诸如来得了达法界无碍境界,六者同诸如来成就十力所行无碍,七者同诸如来永绝二行住无诤法,八者同诸如来教化众生恒不止息,九者同诸如来于智善巧、义善巧中能善观察,十者同诸如来与一切佛平等无二。

佛子!若菩萨摩诃萨成就此了知一切世界佛庄严大三昧善巧方便门,是无师者,不由他教,自入一切佛法故;是丈夫者,能开悟一切众生故;是清净者,知心性本净故;是第一者,能度脱一切世间故;是安慰者,能开晓一切众生故;是安住者,未住佛种性者令得住故;是真实知者,入一切智门故;是无异想者,所言无二故;是住法藏者,誓愿了知一切佛法故;是能雨法雨者,随众生心乐悉令充足故;

佛子！譬如帝释，于顶髻中置摩尼宝，以宝力故，威光转盛。其释天王初获此宝则得十法，出过一切三十三天。何等为十？一者色相，二者形体，三者示现，四者眷属，五者资具，六者音声，七者神通，八者自在，九者慧解，十者智用。如是十种，悉过一切三十三天。菩萨摩诃萨亦复如是，初始获得此三昧时，则得十种广大智藏。何等为十？一者照耀一切佛刹智，二者知一切众生受生智，三者普作三世变化智，四者普入一切佛身智，五者通达一切佛法智，六者普摄一切净法智，七者普令一切众生入法身智，八者现见一切法普眼清净智，九者一切自在到于彼岸智，十者安住一切广大法普尽无余智。

佛子！菩萨摩诃萨住此三昧，复得十种最清净威德身。何等为十？一者为照耀不可说不可说世界故，放不可说不可说光明轮；二者为令世界咸清净故，放不可说不可说无量色相光明轮；三者为调伏众生故，放不可说不可说光明轮；四者为亲近一切诸佛故，化作不可说不可说身；五者为承事供养一切诸佛故，雨不可说不可说种种殊妙香华云；六者为承事供养一切佛，及调伏一切众生故，于一一毛孔中化作不可说不可说种种音乐；七者为成熟众生故，现不可说不可说种种无量自在神变；八者为于十方种种名号一切佛所请问法故，一步超过不可说不可说世界；九者为令一切众生见闻之者皆不空故，现不可说不可说种种无量清净色相身，无能见顶；十者为与众生开示无量秘密法故，发不可说不可说音声语言。佛子！菩萨摩诃萨得此十种最清净威德身已，能令众生得十种圆满。何等为十？一者能令众生得见于佛，二者能令众生深信于佛，三者能令众生听闻于法，四者能令众生知有佛世界，五者能令众生见佛神变，六者能令众生念所集业，七者能令众生定心圆满，八者能令众生入佛清净，九者能令众生发菩提心，十者能令众生圆满佛智。佛子！菩萨摩诃萨令众生得十种圆满已，复为众生作十种佛事。何等为十？所谓：以音声作佛事，为成熟众生故；以色形作佛事，为调伏众生故；以忆念作佛事，为清净众生故；以震动世界作佛事，为令众生离恶趣故；以方便觉悟作佛事，为令众生不失念故；以梦中现相作佛事，为令众生恒正念故；以放大光明作佛事，为普摄取诸众生故；以修菩萨行作佛事，为令众生住胜愿故；以成正等觉作佛事，为令众生知幻法故；以转妙法轮作佛事，为众说法不失时故；以现住寿命作佛事，为调伏一切众生故；以示般涅槃作佛事，知诸众生起疲厌故。佛子！是为菩萨摩诃萨第七了知一切世界佛庄严大三昧善巧智。

大方广佛华严经卷第四十二

十定品第二十七之三

佛子！云何为菩萨摩诃萨一切众生差别身三昧？佛子！菩萨摩诃萨住此三昧，得十种无所著。何者为十？所谓：于一切刹无所著，于一切方无所著，于一切劫无所著，于一切众无所著，于一切法无所著，于一切菩萨无所著，于一切菩萨愿无所著，于一切三昧无所著，于一切佛无所著，于一切地无所著。是为十。

佛子！菩萨摩诃萨于此三昧云何入？云何起？佛子！菩萨摩诃萨于此三昧，内身入，外身起；外身入，内身起；同身入，异身起；异身入，同身起；人身入，夜叉身起；夜叉身入，龙身起；龙身入，阿修罗身起；阿修罗身入，天身起；天身入，梵王身起；梵王身入，欲界身起；天中入，地狱起；地狱入，人间起；人间入，余趣起；千身入，一身起；一身入，千身起；那由他身入，一身起；一身入，那由他身起；阎浮提众生众中入，西瞿陀尼众生众中起；西瞿陀尼众生众中入，北拘卢众生众中起；北拘卢众生众中入，东毗提诃众生众中起；东毗提诃众生众中入，三天下众生众中起；三天下众生众中入，四天下众生众中起；四天下众生众中入，一切海差别众生众中起；一切海差别众生众中入，一切海神众中起；一切海神众中入，一切海水大中起；一切海水大中入，一切海地大中起；一切海地大中入，一切海火大中起；一切海火大中入，一切海风大中起；一切海风大中入，一切四大种中起；一切四大种中入，无生法中起；无生法中入，妙高山中起；妙高山中入，七宝山中起；七宝山中入，一切地种种稼穑树林黑山中起；一切地种种稼穑树林黑山中入，一切妙香华宝庄严中起；一切妙香华宝庄严中入，一切四天下下方、上方一切众生受生中起；一切四天下下方、上方一切众生受生中入，小千世界众生众中起；小千世界众生众中入，中千世界众生众中起；中千世界众生众中入，大千世界众生众中起；大千世界众生众中入，百千亿那由他三千大千世界众生众中起；百千亿那由他三千大千世界众生众中入，无数世界众生众中起；无数世界众生众中入，无量世界众生众中起；无量世界众生众中入，无边佛刹众生众中起；无边佛刹众生众中入，无等佛刹众生众中起；无等佛刹众生众中入，不可数世界众生众中起；不可数世界众生众中入，不可称世界众生众中起；不可称世界众生众中入，不可思世界众生众中起；不可思世界众生众中入，不可量世界众生众中起；不可量世界众生众中入，不可说世界众生众中起；不可说世界众生众中入，不可说不可说世界众生众中起；不可说不可说世界众生众中入，杂染众生众中起；杂染众生众中入，清净众生众中起；清净众生众中入，杂染众生众中起；眼处入，耳处起；耳处入，眼处起；鼻处入，舌处起；舌处入，鼻处起；身处入，意处起；意处入，身处起；自处入，他处起；他处入，自处起；一微尘中入，无数世界微尘中起；无数世界微尘中入，一微尘中起；声闻入，独觉起；独觉入，声闻起；自身入，佛身起；佛身入，自身起；一念入，亿劫起；亿劫入，一念起；同念入，别时起；别时入，同念起；前际入，后际起；后际入，前际起；前际入，中际起；中际入，前际起；三世入，刹那起；刹那入，三世起；真如入，言说起；言说入，真如起。

佛子！譬如有人为鬼所持，其身战动不能自安，鬼不现身令他身然；菩萨摩诃萨住此三昧亦复如是，自身入定他身起，他身入定自身起。佛子！譬如死尸以咒力故而能起行，随所作事皆得成就，尸之与咒虽各差别，而能和合成就彼事；菩萨摩诃萨住此三昧亦复如是，同境入定异境起，异境入定同境起。佛子！譬如比丘得心自在，或以一身作多身，或以多身作一身，非一身没多身生，非多身没一身生；菩萨摩诃萨住此三昧亦复如是，一身入定多身起，多身入定一身起。佛子！譬如大地其味一种，所生苗稼种种味别，地虽无差别，然味有殊异；菩萨摩诃萨住此三昧亦复如是，无所分别，然有一种入定多种起，多种入定一种起。

佛子！菩萨摩诃萨住此三昧，得十种称赞法之所称赞。何者为十？所谓：入真如故，名为如来；觉一切法故，名之为佛；为一切世间所称赞故，名为法师；知一切法故，名一切智；为一切世间所归依故，名所依处；了达一切法方便故，名为导师；引一切众生入萨婆若道故，名大导师；为一切世间灯故，名为光明；心志圆满，义利成就，所作皆办，住无碍智，分别了知一切诸法故，名为十力自在；通达一切法轮故，名一切见者。是为十。佛子！菩萨摩诃萨住此三昧，复得十种光明照耀。何者为十？所谓：得一切诸佛光明，与彼平等故；得一切世界光明，普能严净故；得一切众生光明，悉往调伏故；得无量无畏光明，法界为场演说故；得无差别光明，知一切法无种种性故；得方便光明，于一切法离欲际而证入故；得真实光明，于一切法离欲际心平等故；得遍一切世间神变光明，蒙佛所加恒不息故；得善思惟光明，到一切佛自在岸故；得一切法真如光明，于一毛孔中善说一切故。是为十。佛子！菩萨摩诃萨住此三昧，复得十种无所作。何者为十？所谓：身业无所作，语业无所作，意业无所作，神通无所作，了法无性无所作，知业不坏无所作，无差别智无所作，无生起智无所作，知法无灭无所作，随顺于文不坏于义无所作。是为十。

佛子！菩萨摩诃萨住此三昧，无量境界种种差别。所谓：一入多起，多入一起；同入异起，异入同起；细入粗起，粗入细起；大入小起，小入大起；顺入逆起，逆入顺起；无身入有身起，有身入无身起；无相入有相起，有相入无相起；起中入，入中起。如是皆是此之三昧自在境界。佛子！譬如幻师，持咒得成，能现种种差别形相；咒与幻别而能作幻，咒唯是声而能幻作眼识所知种种诸色、耳识所知种种诸声、鼻识所知种种诸香、舌识所知种种诸味、身识所知种种诸触、意识所知种种境界。菩萨摩诃萨住此三昧亦复如是，同中入定异中起，异中入定同中起。佛子！譬如三十三天共阿修罗斗战之时，诸天得胜，修罗退衄；阿修罗王其身长大七百由旬，四兵围绕无数千万，以幻术力将诸军众，同时走入藕丝孔中。菩萨摩诃萨亦复如是，已善成就诸幻智地，幻智即是菩萨，菩萨即是幻智，是故能于无差别法中入定、差别法中起、差别法中入定、无差别法中起。佛子！譬如农夫田中下种，种子在下，果生于上。菩萨摩诃萨住此三昧亦复如是，一中入定多中起，多中入定一中起。佛子！譬如男女赤白和合，或有众生于中受生，尔时名为：歌罗逻位，从此次第，住母胎中，满足十月；善业力故，一切肢分皆得成就，诸根不缺，心意明了；其歌罗逻与彼六根体状各别，以业力故，而能令彼次第成就，受同异类种种果报。菩萨摩诃萨亦复如是，从一切智歌罗逻位，信解愿力渐次增长；其心广大，任运自在，无中入定有中起，有中入定无中起。佛子！譬如龙宫依地而立，不依虚空，龙依宫住，亦不在空，而能兴云遍满空中；有人仰视所见宫殿，当知皆是乾闼婆城，非是龙宫。佛子！龙虽处下而云布上。菩萨摩诃萨住此三昧亦复如是，于无相入有相起，于有相入无相起。佛子！譬如妙光大梵天王所住之宫，名：一切世间最胜清净藏；此大宫中，普见三千大千世界诸四天下天宫、龙宫、夜叉宫、乾闼婆宫、阿修罗宫、迦楼罗宫、紧那罗宫、摩睺罗伽宫；人间住处及三恶道、须弥山等，种种诸山、大海、江河、陂泽、泉源、城邑、聚落、树林、众宝，如是一切种种庄严，尽大轮围所有边际，乃至空中微细游尘，莫不皆于梵宫显现，如于明镜见其面像。菩萨摩诃萨住此一切众生差别身大三昧，知种种刹，见种种佛，度种种众，证种种法，成种种行，满种种解，入种种三昧，起种种神通，得种种智慧，住种种刹那际。佛子！此菩萨摩诃萨到十种神通彼岸。何者为十？所谓：到诸佛尽虚空遍法界神通彼岸，到菩萨究竟无差别自在神通彼岸，到能发起菩萨广大行愿入如来门佛事神通彼岸，到能震动一切世界一切境界悉令清净神通彼岸，到能自在知一切众生不思议业果皆如幻化神通彼岸，到能自在知诸三昧粗细入出差别相神通彼岸，到能勇猛入如来境界而于其中发生大愿神通彼岸，到能化作佛化转法轮调伏众生令生佛种令入佛乘速得成就神通彼岸，到能了知不可说一切秘密文句而转法轮令百千亿那由他不可说不可说法门皆得清净神通彼岸，到不假昼夜年月劫数一念悉能三世示现神通彼岸。是为十。佛子！是名：菩萨摩诃萨第八一切众生差别身大三昧善巧智。

佛子！云何为菩萨摩诃萨法界自在三昧？佛子！此菩萨摩诃萨于自眼处乃至意处入三昧，名：法界自在。菩萨于自身一一毛孔中入此三昧，自然能知诸世间，知诸世间法，知诸世界，知亿那由他世界，知阿僧祇世界，知不可说佛刹微尘数世界；见一切世界中有佛出兴，菩萨众会悉皆充满，光明清净，淳善无杂，广大庄严，种种众宝以为严饰。菩萨于彼，或一劫、百劫、千劫、亿劫、百千亿那由他劫、无数劫、无量劫、无边劫、无等劫、不可数劫、不可称劫、不可思劫、不可量劫、不可说劫、不可说不可说劫、不可说不可说佛刹微尘数劫，修菩萨行常不休息；又于如是无量劫中住此三昧，亦入亦起，亦成就世界，亦调伏众生，亦遍了法界，亦普知三世，亦演说诸法，亦现大神通，种种方便无著无碍；以于法界得自在故，善分别眼，善分别耳，善分别鼻，善分别舌，善分别身，善分别意，如是种种差别不同，悉善分别尽其边际。菩萨如是善知见已，能生起十千亿陀罗尼法光明，成就十千亿清净行，获得十千亿诸根，圆满十千亿神通，能入十千亿三昧，成就十千亿神力，长养十千亿诸力，圆满十千亿深心，运动十千亿力持，示现十千亿神变，具足十千亿菩萨无碍，圆满十千亿菩萨助道，积集十千亿菩萨藏，照明十千亿菩萨方便，演说十千亿诸义，成就十千亿诸愿，出生十千亿回向，净治十千亿菩萨正位，明了十千亿法门，开示十千亿演说，修治十千亿菩萨清净。

佛子！菩萨摩诃萨复有无数功德、无量功德、无边功德、无等功德、不可数功德、不可称功德、不可思功德、不可量功德、不可说功德、无尽功德。佛子！此菩萨于如是功德，皆已办具，皆已积集，皆已庄严，皆已清净，皆已莹彻，皆已摄受，皆能出生，皆可称叹，皆得坚固，皆已成就。

佛子！菩萨摩诃萨住此三昧，为东方十千阿僧祇佛刹微尘数名号诸佛之所摄受，一一名号复有十千阿僧祇佛刹微尘数佛，各各差别；如东方，南、西、北方，四维、上、下，亦复如是。彼诸佛悉现其前，为现诸佛清净刹，为说诸佛无量身，为说诸佛难思眼，为说诸佛无量耳，为说诸佛清净鼻，为说诸佛清净舌，为说诸佛无住心，为说如来无上神通，令修如来无上菩提，令得如来清净音声，开示如来不退法轮，显示如来无边众会，令入如来无边秘密，赞叹如来一切善根，令入如来平等之法，宣说如来三世种性，示现如来无量色相，阐扬如来护念之法，演畅如来微妙法音，辩明一切诸佛世界，宣扬一切诸佛三昧，示现诸佛众会次第，护持诸佛不思议法，说一切法犹如幻化，明诸法性无有动转，开示一切无上法轮，赞美如来无量功德，令入一切诸三昧云，令知其心如幻如化、无边无尽。

佛子！菩萨摩诃萨住此法界自在三昧时，彼十方各十千阿僧祇佛刹微尘数名号如来，一一名中各有十千阿僧祇佛刹微尘数佛同时护念，令此菩萨得无边身；令此菩萨得无碍心；令此菩萨于一切法得无忘念；令此菩萨于一切法得决定慧；令此菩萨转更聪敏，于一切法皆能领受；令此菩萨于一切法悉能明了；令此菩萨诸根猛利，于神通法悉得善巧；令此菩萨境界无碍，周行法界恒不休息；令此菩萨得无碍智,毕竟清净;令此菩萨以神通力,一切世界示现成佛。

佛子!菩萨摩诃萨住此三昧,得十种海。何者为十?所谓:得诸佛海,咸睹见故;得众生海,悉调伏故;得诸法海,能以智慧悉了知故;得诸刹海,以无性无作神通皆往诣故;得功德海,一切修行悉圆满故;得神通海,能广示现令开悟故;得诸根海,种种不同悉善知故;得诸心海,知一切众生种种差别无量心故;得诸行海,能以愿力悉圆满故;得诸愿海,悉使成就,永清净故。佛子!菩萨摩诃萨得如是十种海已,复得十种殊胜。何等为十?一者于一切众生中最为第一,二者于一切诸天中最为殊特,三者于一切梵王中最极自在,四者于诸世间无所染著,五者一切世间无能映蔽,六者一切诸魔不能惑乱,七者普入诸趣无所罣碍,八者处处受生知不坚固,九者一切佛法皆得自在,十者一切神通悉能示现。佛子!菩萨摩诃萨得如是十种殊胜已,复得十种力,于众生界修习诸行。何等为十?一谓勇健力,调伏世间故;二谓精进力,恒不退转故,三谓无著力,离诸垢染故;四谓寂静力,于一切法无诤论故;五谓逆顺力,于一切法心自在故;六谓法性力,于诸义中得自在故;七谓无碍力,智慧广大故;八谓无畏力,能说诸法故;九谓辩才力,能持诸法故;十谓开示力,智慧无边故。佛子!此十种力是广大力、最胜力、无能摧伏力、无量力、善集力、不动力、坚固力、智慧力、成就力、胜定力、清净力、极清净力、法身力、法光明力、法灯力、法门力、无能坏力、极勇猛力、大丈夫力、善丈夫修习力、成正觉力、过去积集善根力、安住无量善根力、住如来力力、心思惟力、增长菩萨欢喜力、出生菩萨净信力、增长菩萨勇猛力、菩提心所生力、菩萨清净深心力、菩萨殊胜深心力、菩萨善根熏习力、究竟诸法力、无障碍身力、入方便善巧法门力、清净妙法力、安住大势一切世间不能倾动力、一切众生无能映蔽力。佛子!此菩萨摩诃萨于如是无量功德法,能生,能成就,能圆满,能照明,能具足,能遍具足,能广大,能坚固,能增长,能净治,能遍净治。此菩萨功德边际、智慧边际、修行边际、法门边际、自在边际、苦行边际、成就边际、清净边际、出离边际、法自在边际、无能说者。此菩萨所获得、所成就、所趣入、所现前、所有境界、所有观察、所有证入、所有清净、所有了知、所有建立一切法门,于不可说劫无能说尽。

佛子!菩萨摩诃萨住此三昧,能了知无数、无量、无边、无等、不可数、不可称、不可思、不可量、不可说、不可说不可说一切三昧。彼一一三昧,所有境界无量广大,于境界中若入、若起、若住,所有相状,所有示现,所有行处,所有等流,所有自性,所有除灭,所有出离,如是一切靡不明见。佛子!譬如无热恼大龙王宫流出四河,无浊无杂,无有垢秽,光色清净犹如虚空。其池四面各有一口,一一口中流出一河,于象口中出恒伽河,师子口中出私陀河,于牛口中出信度河，于马口中出缚刍河。其四大河流出之时，恒伽河口流出银沙，私陀河口流出金刚沙，信度河口流出金沙，缚刍河口流出琉璃沙；恒伽河口作白银色，私陀河口作金刚色，信度河口作黄金色，缚刍河口作琉璃色，一一河口广一由旬。其四大河既流出已，各共围绕大池七匝，随其方面四向分流，澒涌奔驰入于大海。其河旋绕，一一之间有天宝所成优钵罗华、波头摩华、拘物头华、芬陀利华，奇香发越，妙色清净；种种华叶，种种台蕊，悉是众宝，自然映彻，咸放光明，互相照现。其无热池周围广大五十由旬，众宝妙沙遍布其底，种种摩尼以为严饰，无量妙宝庄严其岸，栴檀妙香普散其中，优钵罗华、波头摩华、拘物头华、芬陀利华及余宝华皆悉遍满，微风吹动，香气远彻，华林宝树周匝围绕。日光出时，普皆照明池河内外一切众物，接影连辉成光明网。如是众物，若远、若近、若高、若下，若广、若狭，若粗、若细，乃至极小一沙一尘，悉是妙宝，光明鉴彻，靡不于中日轮影现，亦复展转更相现影；如是众影不增不减、非合非散，皆如本质而得明见。佛子！如无热大池，于四口中流出四河入于大海；菩萨摩诃萨亦复如是，从四辩才，流出诸行，究竟入于一切智海。如恒伽大河，从银色象口流出银沙；菩萨摩诃萨亦复如是，以义辩才，说一切如来所说一切义门，出生一切清净白法，究竟入于无碍智海。如私陀大河，从金刚色师子口流出金刚沙；菩萨摩诃萨亦复如是，以法辩才，为一切众生说佛金刚句，引出金刚智，究竟入于无碍智海。如信度大河，从金色牛口流出金沙；菩萨摩诃萨亦复如是，以训词辩，说随顺世间缘起方便，开悟众生，令皆欢喜，调伏成熟，究竟入于缘起方便海。如缚刍大河，于琉璃色马口流出琉璃沙；菩萨摩诃萨亦复如是，以无尽辩，雨百千亿那由他不可说法，令其闻者皆得润洽，究竟入于诸佛法海。如四大河，随顺围绕无热池已四方入海，菩萨摩诃萨亦复如是，成就随顺身业、随顺语业、随顺意业，成就智为前导身业、智为前导语业、智为前导意业，四方流注，究竟入于一切智海。佛子！何者名为菩萨四方？佛子！所谓：见一切佛而得开悟，闻一切法受持不忘，圆满一切波罗蜜行，大悲说法满足众生。如四大河围绕大池，于其中间，优钵罗华、波头摩华、拘物头华、芬陀利华皆悉遍满；菩萨摩诃萨亦复如是，于菩提心中间，不舍众生，说法调伏，悉令圆满无量三昧，见佛国土庄严清净。如无热大池，宝树围绕；菩萨摩诃萨亦复如是，现佛国土庄严围绕，令诸众生趣向菩提。如无热大池，其中纵广五十由旬，清净无浊；菩萨摩诃萨亦复如是，菩提之心其量无边，善根充满，清净无浊。如无热大池，以无量宝庄严其岸，散栴檀香遍满其中；菩萨摩诃萨亦复如是，以百千亿十种智宝严菩提心大愿之岸，普散一切众善妙香。如无热大池，底布金沙，种种摩尼间错庄严；菩萨摩诃萨亦复如是，微妙智慧周遍观察，不可思议菩萨解脱种种法宝间错庄严，得一切法无碍光明，住于一切诸佛所住,入于一切甚深方便。如阿那婆达多龙王,永离龙中所有热恼;菩萨摩诃萨亦复如是,永离一切世间忧恼,虽现受生而无染著。如四大河,润泽一切阎浮提地,既润泽已入于大海;菩萨摩诃萨亦复如是,以四智河润泽天、人、沙门、婆罗门,令其普入阿耨多罗三藐三菩提智慧大海,以四种力而为庄严。何者为四?一者愿智河,救护调伏一切众生常不休息;二者波罗蜜智河,修菩提行饶益众生,去、来、今世相续无尽,究竟入于诸佛智海;三者菩萨三昧智河,无数三昧以为庄严,见一切佛,入诸佛海;四者大悲智河,大慈自在普救众生,方便摄取无有休息,修行秘密功德之门,究竟入于十力大海。如四大河,从无热池既流出已,究竟无尽,入于大海;菩萨摩诃萨亦复如是,以大愿力修菩萨行,自在知见无有穷尽,究竟入于一切智海。如四大河,入于大海,无能为碍令不入者;菩萨摩诃萨亦复如是,常勤修习普贤行愿,成就一切智慧光明,住于一切佛菩提法,入如来智无有障碍。如四大河,奔流入海,经于累劫亦无疲厌;菩萨摩诃萨亦复如是,以普贤行愿,尽未来劫修菩萨行,入如来海不生疲厌。佛子!如日光出时,无热池中金沙、银沙、金刚沙、琉璃沙及余一切种种宝物,皆有日影于中显现;其金沙等一切宝物,亦各展转而现其影,互相鉴彻,无所妨碍。菩萨摩诃萨亦复如是,住此三昧,于自身一一毛孔中,悉见不可说不可说佛刹微尘数诸佛如来,亦见彼佛所有国土道场众会一一佛所听法、受持、信解、供养,各经不可说不可说亿那由他劫而不想念时节长短,其诸众会亦无迫隘。何以故?以微妙心,入无边法界故,入无等差别业果故,入不思议三昧境界故,入不思议思惟境界故,入一切佛自在境界故,得一切佛所护念故,得一切佛大神变故,得诸如来难得难知十种力故,入普贤菩萨行圆满境界故,得一切佛无劳倦神通力故。

佛子!菩萨摩诃萨虽能于定一念入出,而亦不废长时在定,亦无所著;虽于境界无所依住,而亦不舍一切所缘;虽善入刹那际,而为利益一切众生,现佛神通无有厌足;虽等入法界,而不得其边;虽无所住、无有处所,而恒趣入一切智道,以变化力普入无量众生众中,具足庄严一切世界;虽离世间颠倒分别,超过一切分别之地,亦不舍于种种诸相;虽能具足方便善巧,而究竟清净;虽不分别菩萨诸地,而皆已善入。佛子!譬如虚空,虽能容受一切诸物,而离有无。菩萨摩诃萨亦复如是,虽普入一切世间,而离世间想;虽勤度一切众生,而离众生想;虽深知一切法,而离诸法想;虽乐见一切佛,而离诸佛想;虽善入种种三昧,而知一切法自性皆如,无所染著;虽以无边辩才演无尽法句,而心恒住离文字法;虽乐观察无言说法,而恒示现清净音声;虽住一切离言法际,而恒示现种种色相;虽教化众生,而知一切法毕竟性空;虽勤修大悲度脱众生,而知众生界无尽无散;虽了达法界常住不变,而以三轮调伏众生恒不休息;虽常安住如来所住,而智慧清净，心无怖畏，分别演说种种诸法，转于法轮常不休息。佛子！是为菩萨摩诃萨第九法界自在大三昧善巧智。

大方广佛华严经卷第四十三

十定品第二十七之四

佛子！云何为菩萨摩诃萨无碍轮三昧？佛子！菩萨摩诃萨入此三昧时，住无碍身业、无碍语业、无碍意业，住无碍佛国土，得无碍成就众生智，获无碍调伏众生智，放无碍光明，现无碍光明网，示无碍广大变化，转无碍清净法轮，得菩萨无碍自在，普入诸佛力，普住诸佛智，作佛所作，净佛所净，现佛神通，令佛欢喜，行如来行，住如来道，常得亲近无量诸佛，作诸佛事绍诸佛种。

佛子！菩萨摩诃萨住此三昧已，观一切智，总观一切智，别观一切智，随顺一切智，显示一切智，攀缘一切智，见一切智，总见一切智，别见一切智，于普贤菩萨广大愿、广大心、广大行、广大所趣、广大所入、广大光明、广大出现、广大护念、广大变化、广大道，不断不退，无休无替，无倦无舍，无散无乱，常增进，恒相续。何以故？此菩萨摩诃萨于诸法中，成就大愿，发行大乘，入于佛法大方便海；以胜愿力，于诸菩萨所行之行，智慧明照皆得善巧，具足菩萨神通变化，善能护念一切众生；如去、来、今一切诸佛之所护念，于诸众生恒起大悲，成就如来不变异法。佛子！譬如有人以摩尼宝置色衣中，其摩尼宝虽同衣色，不舍自性。菩萨摩诃萨亦复如是，成就智慧以为心宝，观一切智普皆明现，然不舍于菩萨诸行。何以故？菩萨摩诃萨发大誓愿，利益一切众生，度脱一切众生，承事一切诸佛，严净一切世界，安慰众生，深入法海；为净众生界，现大自在，给施众生，普照世间，入于无边幻化法门，不退不转，无疲无厌。佛子！譬如虚空持众世界，若成若住，无厌无倦，无羸无朽，无散无坏，无变无异，无有差别，不舍自性。何以故？虚空自性，法应尔故。菩萨摩诃萨亦复如是，立无量大愿，度一切众生，心无厌倦。佛子！譬如涅槃，去、来、现在无量众生于中灭度，终无厌倦。何以故？一切诸法本性清净，是谓：涅槃，云何于中而有厌倦？菩萨摩诃萨亦复如是，为欲度脱一切众生皆令出离而现于世，云何而起疲厌之心？佛子！如萨婆若，能令过去、未来、现在一切菩萨，于诸佛家已、现、当生，乃至令成无上菩提，终不疲厌。何以故？一切智与法界无二故，于一切法无所著故。菩萨摩诃萨亦复如是，其心平等住一切智，云何而有疲厌之心？

佛子！此菩萨摩诃萨有一莲华，其华广大尽十方际，以不可说叶、不可说宝、不可说香而为庄严；其不可说宝，复各示现种种众宝，清净妙好，极善安住。其华常放众色光明，普照十方一切世界无所障碍；真金为网，弥覆其上；宝铎徐摇，出微妙音，其音演畅一切智法。此大莲华具足如来清净庄严，一切善根之所生起，吉祥为表，神力所现，有十千阿僧祇清净功德，菩萨妙道之所成就，一切智心之所流出，十方佛影于中显现，世间瞻仰犹如佛塔，众生见者无不礼敬，从能了幻正法所生，一切世间不可为喻。菩萨摩诃萨于此华上结跏趺坐，其身大小与华相称。一切诸佛神力所加，令菩萨身一一毛孔各出百万亿那由他不可说佛刹微尘数光明，一一光明现百万亿那由他不可说佛刹微尘数摩尼宝，其宝皆名：普光明藏，种种色相以为庄严，无量功德之所成就，众宝及华以为罗网弥覆其上，散百千亿那由他殊胜妙香，无量色相种种庄严，复现不思议宝庄严盖以覆其上。一一摩尼宝悉现百万亿那由他不可说佛刹微尘数楼阁；一一楼阁现百万亿那由他不可说佛刹微尘数莲华藏师子之座；一一师子座现百万亿那由他不可说佛刹微尘数光明；一一光明现百万亿那由他不可说佛刹微尘数色相；一一色相现百万亿那由他不可说佛刹微尘数光明轮；一一光明轮现百万亿那由他不可说佛刹微尘数毗卢遮那摩尼宝华；一一华现百万亿那由他不可说佛刹微尘数台；一一台现百万亿那由他不可说佛刹微尘数佛；一一佛现百万亿那由他不可说佛刹微尘数神变；一一神变净百万亿那由他不可说佛刹微尘数众生众；一一众生众中现百万亿那由他不可说佛刹微尘数诸佛自在；一一自在雨百万亿那由他不可说佛刹微尘数佛法；一一佛法有百万亿那由他不可说佛刹微尘数修多罗；一一修多罗说百万亿那由他不可说佛刹微尘数法门；一一法门有百万亿那由他不可说佛刹微尘数金刚智所入法轮，差别言辞各别演说；一一法轮成熟百万亿那由他不可说佛刹微尘数众生界；一一众生界有百万亿那由他不可说佛刹微尘数众生，于佛法中而得调伏。

佛子！菩萨摩诃萨住此三昧，示现如是神通境界无量变化，悉知如幻而不染著，安住无边不可说法。自性清净、法界实相、如来种性，无碍际中，无去无来，非先非后，甚深无底，现量所得，以智自入，不由他悟。心不迷乱亦无分别，为去、来、今一切诸佛之所称赞，从诸佛力之所流出，入于一切诸佛境界。体性如实，净眼现证，慧眼普见，成就佛眼为世明灯，行于智眼所知境界，广能开示微妙法门。成菩提心，趣胜丈夫，于诸境界无有障碍，入智种性出生诸智，离世生法而现受生，神通变化，方便调伏。如是一切无非善巧，功德解欲悉皆清净，最极微妙具足圆满，智慧广大犹如虚空，善能观察众圣境界，信行愿力坚固不动，功德无尽世所称叹。于一切佛所观之藏，大菩提处一切智海，集众妙宝，为大智者，犹如莲华自性清净，众生见者皆生欢喜、咸得利益。智光普照，见无量佛，净一切法，所行寂静，于诸佛法究竟无碍。恒以方便住佛菩提功德行中而得出生，具菩萨智，为菩萨首，一切诸佛共所护念。得佛威神，成佛法身，念力难思，于境一缘而无所缘，其行广大无相无碍，等于法界无量无边。所证菩提犹如虚空，无有边际，无所缚著，于诸世间普作饶益，一切智海善根所流，悉能通达无量境界。已善成就清净施法，住菩萨心，净菩萨种，能随顺生诸佛菩提，于诸佛法皆得善巧，具微妙行，成坚固力。一切诸佛自在威神，众生难闻，菩萨悉知入不二门住无相法；虽复永舍一切诸相，而能广说种种诸法，随诸众生心乐欲解，悉使调伏，咸令欢喜。法界为身无有分别，智慧境界不可穷尽，志常勇猛，心恒平等。见一切佛功德边际，了一切劫差别次第，开示一切法，安住一切刹，严净一切诸佛国土，显现一切正法光明，演去、来、今一切佛法，示诸菩萨所住之处。为世明灯，生诸善根，永离世间，常生佛所，得佛智慧明了第一。一切诸佛皆共摄受，已入未来诸佛之数，从诸善友而得出生，所有志求皆无不果。具大威德，住增上意，随所听闻咸能善说，亦为开示闻法善根。住实际轮，于一切法心无障碍；不舍诸行，离诸分别，于一切法心无动念。得智慧明灭诸痴闇，悉能明照一切佛法，不坏诸有而生其中，了知一切诸有境界。从本已来无有动作，身、语、意业皆悉无边，虽随世俗演说种种无量文字，而恒不坏离文字法。深入佛海，知一切法但有假名，于诸境界无系无著；了一切法空无所有，所修诸行从法界生，犹如虚空无相无形。深入法界随顺演说，于一境门生一切智，观十力地以智修学，智为桥梁至萨婆若，以智慧眼见法无碍，善入诸地知种种义，一一法门悉得明了，所有大愿靡不成就。

佛子！菩萨摩诃萨以此开示一切如来无差别性，此是无碍方便之门，此能出生菩萨众会，此法唯是三昧境界，此能勇进入萨婆若，此能开显诸三昧门，此能无碍普入诸刹，此能调伏一切众生，此能住于无众生际，此能开示一切佛法，此于境界皆无所得。虽一切时演说开示，而恒远离妄想分别；虽知诸法皆无所作，而能示现一切作业；虽知诸佛无有二相，而能显示一切诸佛；虽知无色，而演说诸色；虽知无受，而演说诸受；虽知无想，而演说诸想；虽知无行，而演说诸行；虽知无识，而演说诸识，恒以法轮开示一切；虽知法无生，而常转法轮；虽知法无差别，而说诸差别门；虽知诸法无有生灭，而说一切生灭之相；虽知诸法无粗无细，而说诸法粗细之相；虽知诸法无上、中、下，而能宣说最上之法；虽知诸法不可言说，而能演说清净言辞；虽知诸法无内无外，而说一切内外诸法；虽知诸法不可了知，而说种种智慧观察；虽知诸法无有真实，而说出离真实之道；虽知诸法毕竟无尽，而能演说尽诸有漏；虽知诸法无违无净，然亦不无自他差别；虽知诸法毕竟无师，而常尊敬一切师长；虽知诸法不由他悟，而常尊敬诸善知识；虽知法无转，而转法轮；虽知法无起，而示诸因缘；虽知诸法无有前际，而广说过去；虽知诸法无有后际，而广说未来；虽知诸法无有中际，而广说现在；虽知诸法无有作者，而说诸作业；虽知诸法无有因缘，而说诸集因；虽知诸法无有等比，而说平等、不平等道；虽知诸法无有言说，而决定说三世之法；虽知诸法无有所依，而说依善法而得出离；虽知法无身，而广说法身；虽知三世诸佛无边，而能演说唯有一佛；虽知法无色，而现种种色；虽知法无见，而广说诸见；虽知法无相，而说种种相；虽知诸法无有境界，而广宣说智慧境界；虽知诸法无有差别，而说行果种种差别；虽知诸法无有出离，而说清净诸出离行；虽知诸法本来常住，而说一切诸流转法；虽知诸法无有照明，而恒广说照明之法。

佛子！菩萨摩诃萨入如是大威德三昧智轮，则能证得一切佛法，则能趣入一切佛法，则能成就，则能圆满，则能积集，则能清净，则能安住，则能了达，与一切法自性相应，而此菩萨摩诃萨不作是念：有若干诸菩萨、若干菩萨法、若干菩萨究竟、若干幻究竟、若干化究竟、若干神通成就、若干智成就、若干思惟、若干证入、若干趣向、若干境界。何以故？菩萨三昧，如是体性，如是无边，如是殊胜故。此三昧种种境界、种种威力、种种深入，所谓：入不可说智门、入离分别诸庄严、入无边殊胜波罗蜜、入无数禅定、入百千亿那由他不可说广大智、入见无边佛胜妙藏、入于境界不休息、入清净信解助道法、入诸根猛利大神通、入于境界心无碍、入见一切佛平等眼、入积集普贤胜志行、入住那罗延妙智身、入说如来智慧海、入起无量种自在神变、入生一切佛无尽智门、入住一切佛现前境界、入净普贤菩萨自在智、入开示无比普门智、入普知法界一切微细境界、入普现法界一切微细境界、入一切殊胜智光明、入一切自在边际、入一切辩才法门际、入遍法界智慧身、入成就一切处遍行道、入善住一切差别三昧、入知一切诸佛心。

佛子！此菩萨摩诃萨住普贤行，念念入百亿不可说三昧，然不见普贤菩萨三昧及佛境界庄严前际。何以故？知一切法究竟无尽故，知一切佛刹无边故，知一切众生界不思议故，知前际无始故，知未来无穷故，知现在尽虚空遍法界无边故，知一切诸佛境界不可思议故，知一切菩萨行无数故，知一切诸佛辩才所说境界不可说无边故，知一切幻心所缘法无量故。佛子！如如意珠，随有所求一切皆得，求者无尽，意皆满足，而珠势力终不匮止。菩萨摩诃萨亦复如是，入此三昧，知心如幻，出生一切诸法境界，周遍无尽，不匮不息。何以故？菩萨摩诃萨成就普贤无碍行智，观察无量广大幻境，犹如影像无增减故。佛子！譬如凡夫，各别生心，已生、现生及以当生，无有边际，无断无尽；其心流转，相续不绝，不可思议。菩萨摩诃萨亦复如是，入此普幻门三昧，无有边际，不可测量。何以故？了达普贤菩萨普幻门无量法故。佛子！譬如难陀跋难陀、摩那斯龙王及余大龙降雨之时，滴如车轴，无有边际；虽如是雨，云终不尽，此是诸龙无作境界。菩萨摩诃萨亦复如是，住此三昧，入普贤菩萨诸三昧门、智门、法门、见诸佛门、往诸方门、心自在门、加持门、神变门、神通门、幻化门、诸法如幻门、不可说不可说诸菩萨充满门，亲近不可说不可说佛刹微尘数如来正觉门，入不可说不可说广大幻网门，知不可说不可说差别广大佛刹门，知不可说不可说有体性、无体性世界门，知不可说不可说众生想门，知不可说不可说时差别门，知不可说不可说世界成坏门，知不可说不可说覆住、仰住诸佛刹门，于一念中皆如实知。如是入时，无有边际，无有穷尽，不疲不厌，不断不息，无退无失；于诸法中不住非处，恒正思惟，不沉不举；求一切智常无退舍，为一切佛刹照世明灯，转不可说不可说法轮；以妙辩才谘问如来无穷尽时，示成佛道无有边际，调伏众生恒无废舍，常勤修习普贤行愿未曾休息，示现无量不可说不可说色相身无有断绝。何以故？譬如然火，随所有缘，于尔所时火起不息。菩萨摩诃萨亦复如是，观察众生界、法界、世界，犹如虚空无有边际，乃至能于一念之顷，往不可说不可说佛刹微尘数佛所。一一佛所入不可说不可说一切智种种差别法；令不可说不可说众生界出家为道，勤修善根，究竟清净；令不可说不可说菩萨于普贤行愿未决定者而得决定，安住普贤智慧之门；以无量方便，入不可说不可说三世成、住、坏广大差别劫，于不可说不可说成、住、坏世间差别境界，起于尔所大悲大愿，调伏无量一切众生悉使无余。何以故？此菩萨摩诃萨为欲度脱一切众生，修普贤行，生普贤智，满足普贤所有行愿。是故，诸菩萨应于如是种类、如是境界、如是威德、如是广大、如是无量、如是不思议、如是普照明、如是一切诸佛现前住、如是一切如来所护念、如是成就往昔善根、如是其心无碍不动三昧之中，勤加修习，离诸热恼，无有疲厌，心不退转，立深志乐，勇猛无怯，顺三昧境界，入难思智地。不依文字，不著世间，不取诸法，不起分别，不染著世事，不分别境界，于诸法智但应安住，不应称量。所谓：亲近一切智，悟解佛菩提，成就法光明，施与一切众生善根。于魔界中拔出众生，令其得入佛法境界，令不舍大愿，勤观出道，增广净境，成就诸度，于一切佛深生信解。常应观察一切法性，无时暂舍；应知自身与诸法性普皆平等；应当明解世间所作，示其如法智慧方便；应常精进，无有休息；应观自身善根鲜少；应勤增长他诸善根；应自修行一切智道；应勤增长菩萨境界；应乐亲近诸善知识；应与同行而共止住；应不分别佛；应不舍离念；应常安住平等法界；应知一切心识如幻；应知世间诸行如梦；应知诸佛愿力出现犹如影像；应知一切诸广大业犹如变化；应知言语悉皆如响；应观诸法一切如幻；应知一切生灭之法皆如音声；应知所往一切佛刹皆无体性；应为请问如来佛法不生疲倦；应为开悟一切世间，勤加教诲而不舍离；应为调伏一切众生，知时说法而不休息。佛子！菩萨摩诃萨如是修行普贤之行，如是圆满菩萨境界，如是通达出离之道，如是受持三世佛法，如是观察一切智门，如是思惟不变异法，如是明洁增上志乐，如是信解一切如来，如是了知佛广大力，如是决定无所碍心，如是摄受一切众生。

佛子！菩萨摩诃萨入普贤菩萨所住如是大智慧三昧时，十方各有不可说不可说国土，一一国土各有不可说不可说佛刹微尘数如来名号，一一名号各有不可说不可说佛刹微尘数诸佛而现其前，与如来念力，令不忘失如来境界；与一切法究竟慧，令入一切智；与知一切法种种义决定慧，令受持一切佛法趣入无碍；与无上佛菩提，令入一切智开悟法界；与菩萨究竟慧，令得一切法光明，无诸黑闇；与菩萨不退智，令知时、非时，善巧方便调伏众生；与无障碍菩萨辩才，令悟解无边法演说无尽；与神通变化力，令现不可说不可说差别身无边色相种种不同开悟众生；与圆满言音，令现不可说不可说差别音声种种言辞开悟众生；与不唐捐力，令一切众生若得见形、若得闻法皆悉成就，无空过者。佛子！菩萨摩诃萨如是满足普贤行故，得如来力，净出离道，满一切智，以无碍辩才神通变化，究竟调伏一切众生；具佛威德，净普贤行，住普贤道，尽未来际，为欲调伏一切众生，转一切佛微妙法轮。何以故？佛子！此菩萨摩诃萨成就如是殊胜大愿诸菩萨行，则为一切世间法师，则为一切世间法日，则为一切世间智月；则为一切世间须弥山王，巍然高出，坚固不动；则为一切世间无涯智海；则为一切世间正法明灯，普照无边，相续不断；为一切众生开示无边清净功德，皆令安住功德善根；顺一切智，大愿平等，修习普贤广大之行，常能劝发无量众生，住不可说不可说广大行三昧，现大自在。

佛子！此菩萨摩诃萨，获如是智，证如是法，于如是法审住明见；得如是神力，住如是境界，现如是神变，起如是神通；常安住大悲，常利益众生，开示众生安隐正道，建立福智大光明幢；证不思议解脱，住一切智解脱，到诸佛解脱彼岸，学不思议解脱方便门已得成就，入法界差别门无有错乱，于普贤不可说不可说三昧游戏自在，住师子奋迅智心意无碍。其心恒住十大法藏。何者为十？所谓：住忆念一切诸佛，住忆念一切佛法，住调伏一切众生大悲，住示现不思议清净国土智，住深入诸佛境界决定解，住去、来、现在一切佛平等相菩提，住无碍无著际，住一切法无相性，住去、来、现在一切佛平等善根，住去、来、现在一切如来法界无差别身、语、意业先导智，住观察三世一切诸佛受生、出家、诣道场、成正觉、转法轮、般涅槃悉入刹那际。佛子！此十大法藏广大无量，不可数、不可称、不可思、不可说、无穷尽、难忍受，一切世智无能称述。

佛子！此菩萨摩诃萨已到普贤诸行彼岸，证清净法，志力广大，开示众生无量善根，增长菩萨一切势力，于念念顷满足菩萨一切功德，成就菩萨一切诸行，得一切佛陀罗尼法，受持一切诸佛所说；虽常安住真如实际，而随一切世俗言说，示现调伏一切众生。何以故？

菩萨摩诃萨住此三昧，法如是故。佛子！菩萨摩诃萨以此三昧，得一切佛广大智，得巧说一切广大法自在辩才，得一切世中最为殊胜清净无畏法，得入一切三昧智，得一切菩萨善巧方便，得一切法光明门，到安慰一切世间法彼岸，知一切众生时、非时，照十方世界一切处，令一切众生得胜智，作一切世间无上师，安住一切诸功德，开示一切众生清净三昧，令入最上智。何以故？菩萨摩诃萨如是修行，则利益众生，则增长大悲，则亲近善知识，则见一切佛，则了一切法，则诣一切刹，则入一切方，则入一切世，则悟一切法平等性，则知一切佛平等性，则住一切智平等性。于此法中，作如是业，不作余业；住未足心，住不散乱心，住专一心，住勤修心，住决定心，住不变异心；如是思惟，如是作业，如是究竟。

佛子！菩萨摩诃萨无异语、异作，有如语、如作。何以故？譬如金刚，以不可坏而得其名，终无有时离于不坏；菩萨摩诃萨亦复如是，以诸行法而得其名，终无有时离诸行法。譬如真金，以有妙色而得其名，终无有时离于妙色；菩萨摩诃萨亦复如是，以诸善业而得其名，终无有时离诸善业。譬如日天子，以光明轮而得其名，终无有时离光明轮；菩萨摩诃萨亦复如是，以智慧光而得其名，终无有时离智慧光。譬如须弥山王，以四宝峰处于大海，迥然高出而得其名，终无有时舍离四峰；菩萨摩诃萨亦复如是，以诸善根处在于世，迥然高出而得其名，终无有时舍离善根。譬如大地，以持一切而得其名，终无有时舍离能持；菩萨摩诃萨亦复如是，以度一切而得其名，终无有时舍离大悲。譬如大海，以含众水而得其名，终无有时舍离于水；菩萨摩诃萨亦复如是，以诸大愿而得其名，终不暂舍度众生愿。譬如军将，以能惯习战斗之法而得其名，终无有时舍离此能；菩萨摩诃萨亦复如是，以能惯习如是三昧而得其名，乃至成就一切智智，终无有时舍离此行。如转轮王，驭四天下，常勤守护一切众生，令无横死，恒受快乐；菩萨摩诃萨亦复如是，入如是等诸大三昧，常勤化度一切众生，乃至令其究竟清净。譬如种子，植之于地，乃至能令茎叶增长；菩萨摩诃萨亦复如是，修普贤行，乃至能令一切众生善法增长。譬如大云，于夏暑月降霔大雨，乃至增长一切种子；菩萨摩诃萨亦复如是，入如是等诸大三昧，修菩萨行，雨大法雨，乃至能令一切众生究竟清净、究竟涅槃、究竟安隐、究竟彼岸、究竟欢喜、究竟断疑，为诸众生究竟福田，令其施业皆得清净，令其皆住不退转道，令其同得一切智智，令其皆得出离三界，令其皆得究竟之智，令其皆得诸佛如来究竟之法，置诸众生一切智处。何以故？菩萨摩诃萨成就此法，智慧明了，入法界门，能净菩萨不可思议无量诸行。所谓：能净诸智，求一切智故；能净众生，使调伏故；能净刹土，常回向故；能净诸法，普了知故；能净无畏，无怯弱故；能净无碍辩，巧演说故；能净陀罗尼，于一切法得自在故；能净亲近行，常见一切佛兴世故。佛子！菩萨摩诃萨住此三昧，得如是等百千亿那由他不可说不可说清净功德，于如是等三昧境界得自在故，一切诸佛所加被故，自善根力之所流故，入智慧地大威力故，诸善知识引导力故，摧伏一切诸魔力故，同分善根淳净力故，广大誓愿欲乐力故，所种善根成就力故，超诸世间无尽之福、无对力故。

佛子！菩萨摩诃萨住此三昧，得十种法，同去、来、今一切诸佛。何者为十？所谓：得诸相好，种种庄严，同于诸佛；能放清净大光明网，同于诸佛；神通变化，调伏众生，同于诸佛；无边色身，清净圆音，同于诸佛；随众生业现净佛国，同于诸佛；一切众生所有语言皆能摄持、不忘不失，同于诸佛；无尽辩才随众生心而转法轮令生智慧，同于诸佛；大师子吼无所怯畏，以无量法开悟群生，同于诸佛；于一念顷，以大神通普入三世，同于诸佛；普能显示一切众生诸佛庄严、诸佛威力、诸佛境界，同于诸佛。

尔时，普眼菩萨白普贤菩萨言：佛子！此菩萨摩诃萨得如是法，同诸如来，何故不名：佛？何故不名：十力？何故不名：一切智？何故不名：一切法中得菩提者？何故不得名为：普眼？何故不名：一切境中无碍见者？何故不名：觉一切法？何故不名：与三世佛无二住者？何故不名：住实际者？何故修行普贤行愿犹未休息？何故不能究竟法界舍菩萨道？

尔时，普贤菩萨告普眼菩萨言：

善哉佛子！如汝所言，若此菩萨摩诃萨同一切佛，以何义故不名为：佛？乃至不能舍菩萨道？佛子！此菩萨摩诃萨已能修习去、来、今世一切菩萨种种行愿，入智境界，则名为：佛；于如来所修菩萨行无有休息，说名：菩萨。如来诸力皆悉已入，则名：十力；虽成十力，行普贤行而无休息，说名：菩萨。知一切法而能演说，名：一切智；虽能演说一切诸法，于一一法善巧思惟未尝止息，说名：菩萨。知一切法无有二相，是则说名：悟一切法；于二、不二一切诸法差别之道善巧观察，展转增胜无有休息，说名：菩萨。已能明见普眼境界，说名：普眼；虽能证得普眼境界，念念增长未曾休息，说名：菩萨。于一切法悉能明照，离诸闇障，名：无碍见；常勤忆念无碍见者，说名：菩萨。已得诸佛智慧之眼，是则说名：觉一切法；观诸如来正觉智眼而不放逸，说名：菩萨。住佛所住，与佛无二，说名：与佛无二住者；为佛摄受，修诸智慧，说名：菩萨。常观一切世间实际，是则说名：住实际者；虽常观察诸法实际，而不证入亦不舍离，说名：菩萨。不来不去，无同无异，此等分别悉皆永息，是则说名：休息愿者；广大修习，圆满不退，则名：未息普贤愿者。了知法界无有边际，一切诸法一相无相，是则说名：究竟法界舍菩萨道；虽知法界无有边际，而知一切种种异相，起大悲心度诸众生，尽未来际无有疲厌，是则说名：普贤菩萨。

佛子！譬如伊罗钵那象王，住金胁山七宝窟中，其窟周围悉以七宝而为栏楯，宝多罗树次第行列，真金罗网弥覆其上；象身洁白犹如珂雪，上立金幢，金为璎珞，宝网覆鼻，宝铃垂下，七肢成就，六牙具足，端正充满，见者欣乐，调良善顺，心无所逆。若天帝释将欲游行，尔时象王即知其意，便于宝窟而没其形，至忉利天释主之前，以神通力种种变现，令其身有三十三头，于一一头化作七牙，于一一牙化作七池，一一池中有七莲华，一一华中有七采女，一时俱奏百千天乐。是时，帝释乘兹宝象，从难胜殿往诣华园，芬陀利华遍满其中。是时，帝释至华园已，从象而下，入于一切宝庄严殿，无量采女以为侍从，歌咏妓乐受诸快乐。尔时，象王复以神通隐其象形现作天身，与三十三天及诸采女，于芬陀利华园之内欢娱戏乐，所现身相、光明衣服、往来进止、语笑观瞻，皆如彼天，等无有异，无能分别；此象、此天，象之与天，更互相似。佛子！彼伊罗钵那象王，于金胁山七宝窟中无所变化，至于三十三天之上，为欲供养释提桓因，化作种种诸可乐物，受天快乐，与天无异。佛子！菩萨摩诃萨亦复如是，修习普贤菩萨行愿及诸三昧以为众宝庄严之具，七菩提分为菩萨身，所放光明以之为网，建大法幢，鸣大法钟，大悲为窟，坚固大愿以为其牙，智慧无畏犹如师子，法缯系顶，开示秘密，到诸菩萨行愿彼岸。为欲安处菩提之座，成一切智，得最正觉，增长普贤广大行愿，不退不息，不断不舍，大悲精进，尽未来际度脱一切苦恼众生。不舍普贤道，现成最正觉，现不可说不可说成正觉门，现不可说不可说转法轮门，现不可说不可说住深心门；于不可说不可说广大国土，现涅槃变化门；于不可说不可说差别世界，而现受生修普贤行，现不可说不可说如来；于不可说不可说广大国土菩提树下成最正觉，不可说不可说菩萨众亲近围绕。或于一念顷，修普贤行而成正觉，或须臾顷，或于一时，或于一日，或于半月，或于一月，或于一年，或无数年，或于一劫，如是乃至不可说不可说劫，修普贤行而成正觉。复于一切诸佛刹中而为上首，亲近于佛，顶礼供养，请问观察如幻境界，净修菩萨无量诸行、无量诸智、种种神变、种种威德、种种智慧、种种境界、种种神通、种种自在、种种解脱、种种法明、种种教化调伏之法。佛子！菩萨摩诃萨本身不灭，以行愿力于一切处如是变现。何以故？欲以普贤自在神力调伏一切诸众生故，令不可说不可说众生得清净故，令其永断生死轮故，严净广大诸世界故，常见一切诸如来故，深入一切佛法流故，忆念三世诸佛种故，忆念十方一切佛法及法身故，普修一切菩萨诸行使圆满故，入普贤流自在能证一切智故。佛子！汝应观此菩萨摩诃萨，不舍普贤行，不断菩萨道，见一切佛，证一切智，自在受用一切智法。如伊罗钵那象王不舍象身，往三十三天，为天所乘，受天快乐，作天游戏，承事天主，与天采女而作欢娱，同于诸天无有差别。佛子！菩萨摩诃萨亦复如是，不舍普贤大乘诸行，不退诸愿，得佛自在，具一切智，证佛解脱，无障无碍，成就清净，于诸国土无所染著，于佛法中无所分别；虽知诸法普皆平等无有二相，而恒明见一切佛土；虽已等同三世诸佛，而修菩萨行相续不断。佛子！菩萨摩诃萨安住如是普贤行愿广大之法，当知是人心得清净。佛子！此是菩萨摩诃萨第十无碍轮大三昧殊胜心广大智。

佛子！此是菩萨摩诃萨所住普贤行十大三昧轮。

大方广佛华严经卷第四十四

十通品第二十八

尔时，普贤菩萨摩诃萨告诸菩萨言：

佛子！菩萨摩诃萨有十种通。何者为十？

佛子！菩萨摩诃萨以他心智通，知一三千大千世界众生心差别，所谓：善心、不善心、广心、狭心、大心、小心、顺生死心、背生死心、声闻心、独觉心、菩萨心、声闻行心、独觉行心、菩萨行心、天心、龙心、夜叉心、乾闼婆心、阿修罗心、迦楼罗心、紧那罗心、摩睺罗伽心、人心、非人心、地狱心、畜生心、阎魔王处心、饿鬼心、诸难处众生心，如是等无量差别种种众生心悉分别知。如一世界，如是百世界、千世界、百千世界、百千亿那由他世界，乃至不可说不可说佛刹微尘数世界中所有众生心悉分别知。是名：菩萨摩诃萨第一善知他心智神通。

佛子！菩萨摩诃萨以无碍清净天眼智通，见无量不可说不可说佛刹微尘数世界中众生，死此生彼，善趣、恶趣、福相、罪相，或好或丑，或垢或净。如是品类无量众生，所谓：天众、龙众、夜叉众、乾闼婆众、阿修罗众、迦楼罗众、紧那罗众、摩睺罗伽众、人众、非人众、微细身众生众、广大身众生众、小众、大众，如是种种众生众中，以无碍眼悉皆明见；随所积集业、随所受苦乐、随心、随分别、随见、随言说、随因、随业、随所缘、随所起，悉皆见之，无有错谬。是名：菩萨摩诃萨第二无碍天眼智神通。

佛子！菩萨摩诃萨以宿住随念智通，能知自身及不可说不可说佛刹微尘数世界中一切众生，过去不可说不可说佛刹微尘数劫宿住之事。所谓：某处生，如是名，如是姓，如是种族，如是饮食，如是苦乐。从无始来，于诸有中，以因以缘，展转滋长，次第相续，轮回不绝，种种品类、种种国土、种种趣生、种种形相、种种业行、种种结使、种种心念、种种因缘、受生差别，如是等事皆悉了知。又忆过去尔所佛刹微尘数劫，尔所佛刹微尘数世界中，有尔所佛刹微尘数诸佛，一一佛如是名号，如是出兴，如是众会，如是父母，如是侍者，如是声闻，如是最胜二大弟子，于如是城邑，如是出家，复于如是菩提树下成最正觉，于如是处，坐如是座，演说如是若干经典，如是利益尔所众生，于尔所时住于寿命，施作如是若干佛事，依无余依般涅槃界而般涅槃，般涅槃后法住久近，如是一切悉能忆念。又忆念不可说不可说佛刹微尘数诸佛名号，一一名号有不可说不可说佛刹微尘数佛，从初发心，起愿修行，供养诸佛，调伏众生，众会说法，寿命多少，神通变化，乃至入于无余涅槃，般涅槃后法住久近，造立塔庙种种庄严，令诸众生种植善根，皆悉能知。是名：菩萨摩诃萨第三知过去际劫宿住智神通。

佛子！菩萨摩诃萨以知尽未来际劫智通，知不可说不可说佛刹微尘数世界中所有劫，一一劫中所有众生，命终受生，诸有相续，业行果报，若善，若不善，若出离，若不出离，若决定，若不决定，若邪定，若正定，若善根与使俱，若善根不与使俱，若具足善根，若不具足善根，若摄取善根，若不摄取善根，若积集善根，若不积集善根，若积集罪法，若不积集罪法，如是一切皆能了知。又知不可说不可说佛刹微尘数世界，尽未来际有不可说不可说佛刹微尘数劫，一一劫有不可说不可说佛刹微尘数诸佛名号，一一名号有不可说不可说佛刹微尘数诸佛如来，一一如来，从初发心，起愿立行，供养诸佛，教化众生，众会说法，寿命多少，神通变化，乃至入于无余涅槃，般涅槃后法住久近，造立塔庙种种庄严，令诸众生种植善根，如是等事悉能了知。是名：菩萨摩诃萨第四知尽未来际劫智神通。

佛子！菩萨摩诃萨成就无碍清净天耳，圆满广大，聪彻离障，了达无碍，具足成就，于诸一切所有音声，欲闻、不闻，随意自在。佛子！东方有不可说不可说佛刹微尘数佛，是诸佛所说、所示、所开、所演、所安立、所教化、所调伏、所忆念、所分别，甚深广大、种种差别、无量方便、无量善巧清净之法，于彼一切皆能受持。又于其中若义、若文、若一人、若众会，如其音辞，如其智慧，如所了达，如所示现，如所调伏，如其境界，如其所依，如其出道，于彼一切悉能记持，不忘不失，不断不退，无迷无惑；为他演说，令得悟解，终不忘失一文一句。如东方，南、西、北方，四维、上、下，亦复如是。是名：菩萨摩诃萨第五无碍清净天耳智神通。

佛子！菩萨摩诃萨住无体性神通、无作神通、平等神通、广大神通、无量神通、无依神通、随念神通、起神通、不起神通、不退神通、不断神通、不坏神通、增长神通、随诣神通。此菩萨闻极远一切世界中诸佛名，所谓：无数世界、无量世界乃至不可说不可说佛刹微尘数世界中诸佛名；闻其名已，即自见身在彼佛所。彼诸世界或仰或覆，各各形状，各各方所，各各差别，无边无碍；种种国土，种种时劫，无量功德各别庄严。彼彼如来于中出现，示现神变，称扬名号，无量无数，各各不同。此菩萨一得闻彼诸如来名，不动本处，而见其身在彼佛所，礼拜尊重，承事供养，问菩萨法，入佛智慧，悉能了达诸佛国土道场众会及所说法，至于究竟无所取著。如是，经不可说不可说佛刹微尘数劫，普至十方而无所往，然诣佛刹观佛听法请道，无有断绝，无有废舍，无有休息，无有疲厌；修菩萨行，成就大愿，悉令具足，曾无退转，为令如来广大种性不断绝故。是名：菩萨摩诃萨第六住无体性无动作往一切佛刹智神通。

佛子！菩萨摩诃萨以善分别一切众生言音智通，知不可说不可说佛刹微尘数世界中众生种种言辞。所谓：圣言辞、非圣言辞、天言辞、龙言辞、夜叉言辞、乾闼婆、阿修罗、迦楼罗、紧那罗、摩睺罗伽、人及非人乃至不可说不可说众生所有言辞，各各表示，种种差别，如是一切皆能了知。此菩萨随所入世界，能知其中一切众生所有性欲，如其性欲为出言辞，悉令解了无有疑惑。如日光出现，普照众色，令有目者悉得明见。菩萨摩诃萨亦复如是，以善分别一切言辞智，深入一切言辞云，所有言辞令诸世间聪慧之者悉得解了。是名：菩萨摩诃萨第七善分别一切言辞智神通。

佛子！菩萨摩诃萨以出生无量阿僧祇色身庄严智通，知一切法远离色相，无差别相，无种种相，无无量相，无分别相，无青、黄、赤、白相。菩萨如是入于法界，能现其身，作种种色。所谓：无边色、无量色、清净色、庄严色、普遍色、无比色、普照色、增上色、无违逆色、具诸相色、离众恶色、大威力色、可尊重色、无穷尽色、众杂妙色、极端严色、不可量色、善守护色、能成熟色、随化者色、无障碍色、甚明彻色、无垢浊色、极澄净色、大勇健色、不思议方便色、不可坏色、离瑕翳色、无障闇色、善安住色、妙庄严色、诸相端严色、种种随好色、大尊贵色、妙境界色、善磨莹色、清净深心色、炽然明盛色、最胜广大色、无间断色、无所依色、无等比色、充满不可说佛刹色、增长色、坚固摄受色、最胜功德色、随诸心乐色、清净解了色、积集众妙色、善巧决定色、无有障碍色、虚空明净色、清净可乐色、离诸尘垢色、不可称量色、妙见色、普见色、随时示现色、寂静色、离贪色、真实福田色、能作安隐色、离诸怖畏色、离愚痴行色、智慧勇猛色、身相无碍色、游行普遍色、心无所依色、大慈所起色、大悲所现色、平等出离色、具足福德色、随心忆念色、无边妙宝色、宝藏光明色、众生信乐色、一切智现前色、欢喜眼色、众宝庄严第一色、无有处所色、自在示现色、种种神通色、生如来家色、过诸譬喻色、周遍法界色、众皆往诣色、种种成就色、出离色、随所化者威仪色、见无厌足色、种种明净色、能放无数光网色、不可说光明种种差别色、不可思香光明超过三界色、不可量日轮光明照耀色、示现无比月身色、无量可爱乐华云色、出生种种莲华鬘云庄严色、超过一切世间香焰普熏色、出生一切如来藏色、不可说音声开示演畅一切法色、具足一切普贤行色。佛子！菩萨摩诃萨深入如是无色法界，能现此等种种色身，令所化者见，令所化者念，为所化者转法轮；随所化者时，随所化者相，令所化者亲近，令所化者开悟，为所化者起种种神通，为所化者现种种自在，为所化者施种种能事。是名：菩萨摩诃萨为度一切众生故勤修成就第八无数色身智神通。

佛子！菩萨摩诃萨以一切法智通，知一切法无有名字、无有种性，无来、无去，非异、非不异，非种种、非不种种，非二、非不二，无我、无比，不生、不灭，不动、不坏，无实、无虚，一相、无相，非无、非有，非法、非非法，不随于俗、非不随俗，非业、非非业，非报、非非报，非有为、非无为，非第一义、非不第一义，非道、非非道、非出离、非不出离，非量、非无量，非世间、非出世间、非从因生、非不从因生，非决定、非不决定，非成就、非不成就，非出、非不出，非分别、非不分别，非如理、非不如理。此菩萨不取世俗谛，不住第一义，不分别诸法，不建立文字，随顺寂灭性，不舍一切愿，见义知法，兴布法云，降霪法雨。虽知实相不可言说，而以方便无尽辩才，随法、随义次第开演；以于诸法言辞辩说皆得善巧，大慈大悲悉已清净，能于一切离文字法中出生文字，与法、与义随顺无违，为说诸法悉从缘起，虽有言说而无所著。演一切法辩才无尽，分别安立，开发示导，令诸法性具足明显，断众疑网悉得清净。虽摄众生不舍真实，于不二法而无退转，常能演说无碍法门，以众妙音，随众生心，普雨法雨而不失时。是名：菩萨摩诃萨第九一切法智神通。

佛子！菩萨摩诃萨以一切法灭尽三昧智通，于念念中入一切法灭尽三昧，亦不退菩萨道，不舍菩萨事，不舍大慈大悲心，修习波罗蜜未尝休息，观察一切佛国土无有厌倦，不舍度众生愿，不断转法轮事，不废教化众生业，不舍供养诸佛行，不舍一切法自在门，不舍常见一切佛，不舍常闻一切法；知一切法平等无碍，自在成就一切佛法，所有胜愿皆得圆满，了知一切国土差别，入佛种性到于彼岸；能于彼彼诸世界中，学一切法，了法无相，知一切法皆从缘起，无有体性，然随世俗方便演说；虽于诸法心无所住，然顺众生诸根欲乐，方便为说种种诸法。此菩萨住三昧时，随其心乐，或住一劫，或住百劫，或住千劫，或住亿劫，或住百亿劫，或住千亿劫，或住百千亿劫，或住那由他亿劫，或住百那由他亿劫，或住千那由他亿劫，或住百千那由他亿劫，或住无数劫，或住无量劫，乃至或住不可说不可说劫。菩萨入此一切法灭尽三昧，虽复经于尔所劫住，而身不离散、不羸瘦、不变异，非见非不见，不灭不坏，不疲不懈，不可尽竭。虽于有于无悉无所作，而能成办诸菩萨事。所谓：恒不舍离一切众生，教化调伏未曾失时，令其增长一切佛法，于菩萨行悉得圆满；为欲利益一切众生，神通变化无有休息，譬如光影普现一切，而于三昧寂然不动。是为菩萨摩诃萨入一切法灭尽三昧智神通。

佛子！菩萨摩诃萨住于如是十种神通，一切天人不能思议，一切众生不能思议；一切声闻、一切独觉，及余一切诸菩萨众，如是皆悉不能思议。此菩萨，身业不可思议，语业不可思议，意业不可思议，三昧自在不可思议，智慧境界不可思议，唯除诸佛及有得此神通菩萨，余无能说此人功德称扬赞叹。佛子！是为菩萨摩诃萨十种神通。若菩萨摩诃萨住此神通，悉得一切三世无碍智神通。

十忍品第二十九

尔时，普贤菩萨告诸菩萨言：

佛子！菩萨摩诃萨有十种忍，若得此忍，则得到于一切菩萨无碍忍地，一切佛法无碍无尽。何者为十？所谓：音声忍、顺忍、无生法忍、如幻忍、如焰忍、如梦忍、如响忍、如影忍、如化忍、如空忍。此十种忍，三世诸佛已说、今说、当说。

佛子！云何为菩萨摩诃萨音声忍？谓闻诸佛所说之法不惊、不怖、不畏，深信悟解，爱乐趣向，专心忆念，修习安住。是名：菩萨摩诃萨第一音声忍。

佛子！云何为菩萨摩诃萨顺忍？谓于诸法，思惟观察，平等无违，随顺了知，令心清净，正住修习，趣入成就。是名：菩萨摩诃萨第二顺忍。

佛子！云何为菩萨摩诃萨无生法忍？佛子！此菩萨摩诃萨不见有少法生，亦不见有少法灭。何以故？若无生则无灭，若无灭则无尽，若无尽则离垢，若离垢则无差别，若无差别则无处所，若无处所则寂静，若寂静则离欲，若离欲则无作，若无作则无愿，若无愿则无住，若无住则无去无来。是名：菩萨摩诃萨第三无生法忍。

佛子！云何为菩萨摩诃萨如幻忍？佛子！此菩萨摩诃萨知一切法，皆悉如幻，从因缘起，于一法中解多法，于多法中解一法。此菩萨知诸法如幻已，了达国土，了达众生，了达法界，了达世间平等，了达佛出现平等，了达三世平等，成就种种神通变化。譬如幻，非象、非马，非车、非步，非男、非女，非童男、非童女，非树、非叶、非华、非果，非地、非水、非火、非风，非昼、非夜，非日、非月、非半月、非一月，非一年、非百年，非一劫、非多劫，非定、非乱，非纯、非杂，非一、非异，非广、非狭，非多、非少，非量、非无量，非粗、非细，非是一切种种众物；种种非幻，幻非种种，然由幻故，示现种种差别之事。菩萨摩诃萨亦复如是，观一切世间如幻，所谓：业世间、烦恼世间、国土世间、法世间、时世间、趣世间、成世间、坏世间、运动世间、造作世间。菩萨摩诃萨观一切世间如幻时，不见众生生，不见众生灭；不见国土生，不见国土灭；不见诸法生，不见诸法灭；不见过去可分别，不见未来有起作，不见现在一念住；不观察菩提，不分别菩提；不见佛出现，不见佛涅槃；不见住大愿，不见入正位，不出平等性。是菩萨虽成就佛国土，知国土无差别;虽成就众生界,知众生无差别;虽普观法界,而安住法性寂然不动;虽达三世平等,而不违分别三世法;虽成就蕴、处,而永断所依;虽度脱众生,而了知法界平等无种种差别;虽知一切法远离文字不可言说,而常说法辩才无尽;虽不取著化众生事,而不舍大悲,为度一切转于法轮;虽为开示过去因缘,而知因缘性无有动转。是名:菩萨摩诃萨第四如幻忍。

佛子!云何为菩萨摩诃萨如焰忍?佛子!此菩萨摩诃萨知一切世间同于阳焰。譬如阳焰,无有方所,非内、非外,非有、非无,非断、非常,非一色、非种种色亦非无色,但随世间言说显示。菩萨如是如实观察,了知诸法,现证一切,令得圆满。是名:菩萨摩诃萨第五如焰忍。

佛子!云何为菩萨摩诃萨如梦忍?佛子!此菩萨摩诃萨知一切世间如梦。譬如梦,非世间、非离世间,非欲界、非色界、非无色界,非生、非没,非染、非净,而有示现。菩萨摩诃萨亦复如是,知一切世间悉同于梦,无有变异故,如梦自性故,如梦执著故,如梦性离故,如梦本性故,如梦所现故,如梦无差别故,如梦想分别故,如梦觉时故。是名:菩萨摩诃萨第六如梦忍。

佛子!云何为菩萨摩诃萨如响忍?佛子!此菩萨摩诃萨闻佛说法,观诸法性,修学成就,到于彼岸;知一切音声,悉同于响,无来无去,如是示现。佛子!此菩萨摩诃萨观如来声,不从内出,不从外出,亦不从于内外而出;虽了此声非内、非外、非内外出,而能示现善巧名句,成就演说。譬如谷响,从缘所起,而与法性无有相违,令诸众生随类各解而得修学。如帝释夫人阿修罗女,名曰:舍支,于一音中出千种音,亦不心念令如是出。菩萨摩诃萨亦复如是,入无分别界,成就善巧随类之音,于无边世界中恒转法轮。此菩萨善能观察一切众生,以广长舌相而为演说,其声无碍,遍十方土,令随所宜,闻法各异;虽知声无起而普现音声,虽知无所说而广说诸法;妙音平等,随类各解,悉以智慧而能了达。是名:菩萨摩诃萨第七如响忍。

佛子!云何为菩萨摩诃萨如影忍?佛子!此菩萨摩诃萨,非于世间生,非于世间没;非在世间内,非在世间外;非行于世间,非不行世间;非同于世间,非异于世间;非往于世间,非不往世间;非住于世间,非不住世间;非是世间,非出世间;非修菩萨行,非舍于大愿;非实,非不实。虽常行一切佛法,而能办一切世间事,不随世间流,亦不住法流。譬如日月、男子、女人、舍宅、山林、河泉等物,于油、于水、于身、于宝、于明镜等清净物中而现其影。影与油等,非一、非异,非离、非合,于川流中亦不漂度,于池井内亦不沉没,虽现其中,无所染著。然诸众生,知于此处有是影现,亦知彼处无如是影;远物、近物虽皆影现,影不随物而有近远。菩萨摩诃萨亦复如是,能知自身及以他身,一切皆是智之境界,不作二解,谓自、他别，而于自国土、于他国土，各各差别，一时普现。如种子中，无有根芽、茎节、枝叶，而能生起如是等事。菩萨摩诃萨亦复如是，于无二法中分别二相，善巧方便，通达无碍。是名：菩萨摩诃萨第八如影忍。菩萨摩诃萨成就此忍，虽不往诣十方国土，而能普现一切佛刹；亦不离此，亦不到彼，如影普现，所行无碍；令诸众生见差别身，同于世间坚实之相，然此差别即非差别，别与不别无所障碍。此菩萨从于如来种性而生，身、语及意清净无碍，故能获得无边色相清净之身。

佛子！云何为菩萨摩诃萨如化忍？佛子！此菩萨摩诃萨知一切世间皆悉如化。所谓：一切众生意业化，觉想所起故；一切世间诸行化，分别所起故；一切苦乐颠倒化，妄取所起故；一切世间不实法化，言说所现故；一切烦恼分别化，想念所起故；复有清净调伏化，无分别所现故；于三世不转化，无生平等故；菩萨愿力化，广大修行故；如来大悲化，方便示现故；转法轮方便化，智慧无畏辩才所说故。菩萨如是了知世间、出世间化，现证知，广大知，无边知，如事知，自在知，真实知，非虚妄见所能倾动，随世所行亦不失坏。譬如化，不从心起、不从心法起，不从业起、不受果报，非世间生、非世间灭，不可随逐、不可揽触，非久住、非须臾住，非行世间、非离世间，不专系一方，不普属诸方，非有量、非无量，不厌不息、非不厌息，非凡、非圣，非染、非净，非生、非死，非智、非愚，非见、非不见，非依世间、非入法界，非黠慧、非迟钝，非取、非不取，非生死、非涅槃，非有、非无有。菩萨如是善巧方便，行于世间修菩萨道，了知世法，分身化往；不著世间，不取自身，于世、于身无所分别；不住世间，不离世间；不住于法，不离于法；以本愿故，不弃舍一众生界，不调伏少众生界。不分别法；非不分别，知诸法性无来无去，虽无所有而满足佛法，了法如化非有非无。佛子！菩萨摩诃萨如是安住如化忍时，悉能满足一切诸佛菩提之道，利益众生。是名：菩萨摩诃萨第九如化忍。菩萨摩诃萨成就此忍，凡有所作悉同于化，譬如化士，于一切佛刹无所依住，于一切世间无所取著，于一切佛法不生分别，而趣佛菩提无有懈倦，修菩萨行离诸颠倒，虽无有身而现一切身，虽无所住而住众国土，虽无有色而普现众色，虽不著实际而明照法性平等圆满。佛子！此菩萨摩诃萨于一切法无所依止，名：解脱者；一切过失悉皆舍离，名：调伏者；不动不转，普入一切如来众会，名：神通者；于无生法已得善巧，名：无退者；具一切力，须弥、铁围不能为障，名：无碍者。

佛子！云何为菩萨摩诃萨如空忍？佛子！此菩萨摩诃萨了一切法界犹如虚空，以无相故；一切世界犹如虚空，以无起故；一切法犹如虚空，以无二故；一切众生行犹如虚空，无所行故；一切佛犹如虚空，无分别故；一切佛力犹如虚空，无差别故；一切禅定犹如虚空，三际平等故；所说一切法犹如虚空，不可言说故；一切佛身犹如虚空，无著无碍故。菩萨如是，以如虚空方便，了一切法皆无所有。佛子！菩萨摩诃萨以如虚空忍智了一切法时，得如虚空身、身业，得如虚空语、语业，得如虚空意、意业。譬如虚空，一切法依不生不灭；菩萨摩诃萨亦复如是，一切法身不生不灭。譬如虚空，不可破坏；菩萨摩诃萨亦复如是，智慧诸力不可破坏。譬如虚空，一切世间之所依止而无所依；菩萨摩诃萨亦复如是，一切诸法之所依止而无所依。譬如虚空，无生、无灭，能持一切世间生、灭；菩萨摩诃萨亦复如是，无向、无得，能示向、得，普使世间修行清净。譬如虚空，无方、无隅，而能显现无边方、隅；菩萨摩诃萨亦复如是，无业、无报，而能显示种种业、报。譬如虚空，非行、非住，而能示现种种威仪；菩萨摩诃萨亦复如是，非行、非住，而能分别一切诸行。譬如虚空，非色、非非色，而能示现种种诸色；菩萨摩诃萨亦复如是，非世间色、非出世间色，而能示现一切诸色。譬如虚空，非久、非近，而能久住，现一切物；菩萨摩诃萨亦复如是，非久、非近，而能久住，显示菩萨所行诸行。譬如虚空，非净、非秽，不离净、秽；菩萨摩诃萨亦复如是，非障、非无障，不离障、无障。譬如虚空，一切世间皆现其前，非现一切世间之前；菩萨摩诃萨亦复如是，一切诸法皆现其前，非现一切诸法之前。譬如虚空，普入一切，而无边际；菩萨摩诃萨亦复如是，普入诸法，而菩萨心无有边际。何以故？菩萨所作如虚空故。谓所有修习、所有严净、所有成就皆悉平等，一体、一味、一种，分量如虚空，清净遍一切处。如是证知一切诸法，于一切法无有分别，严净一切诸佛国土，圆满一切无所依身，了一切方无有迷惑，具一切力不可摧坏，满足一切无边功德，已到一切甚深法处，通达一切波罗蜜道，普坐一切金刚之座，普发一切随类之音，为一切世间转于法轮未曾失时。是名：菩萨摩诃萨第十如空忍。菩萨摩诃萨成就此忍，得无来身，以无去故；得无生身，以无灭故；得无动身，以无坏故；得不实身，离虚妄故；得一相身，以无相故；得无量身，佛力无量故；得平等身，同如相故；得无差别身，等观三世故；得至一切处身，净眼等照无障碍故；得离欲际身，知一切法无合散故；得虚空无边际身，福德藏无尽如虚空故；得无断无尽法性平等辩才身，知一切法相唯是一相，无性为性如虚空故；得无量无碍音声身，无所障碍如虚空故；得具足一切善巧清净菩萨行身，于一切处皆无障碍如虚空故；得一切佛法海次第相续身，不可断绝如虚空故；得一切佛刹中现无量佛刹身，离诸贪著如虚空无边故；得示现一切自在法无休息身，如虚空大海无边际故；得一切不可坏坚固势力身，如虚空任持一切世间故；得诸根明利如金刚坚固不可坏身，如虚空一切劫火不能烧故；得持一切世间力身，智慧力如虚空故。

佛子！是名菩萨摩诃萨十种忍。

尔时，普贤菩萨摩诃萨欲重宣其义而说颂言：

譬如世有人，闻有宝藏处，以其可得故，心生大欢喜。如是大智慧，菩萨真佛子，听闻诸佛法，甚深寂灭相。闻此深法时，其心得安隐，不惊亦不怖，亦不生恐畏。大士求菩提，闻斯广大音，心净能堪忍，于此无疑惑。自念以闻此，甚深微妙法，当成一切智，人天大导师。菩萨闻此音，其心大欢喜，发生坚固意，愿求诸佛法。以乐菩提故，其心渐调伏，令信益增长，于法无违谤。是故闻此音，其心得堪忍，安住而不动，修行菩萨行。为求菩提故，专行向彼道，精进无退转，不舍众善轭。以求菩提故，其心无恐畏，闻法增勇猛，供佛令欢喜。如有大福人，获得真金藏，随身所应服，造作庄严具。菩萨亦如是，闻此甚深义，思惟增智海，以修随顺法。法有亦顺知，法无亦顺知，随彼法如是，如是知诸法。成就清净心，明彻大欢喜，知法从缘起，勇猛勤修习。平等观诸法，了知其自性，不违佛法藏，普觉一切法。志乐常坚固，严净佛菩提，不动如须弥，一心求正觉。以发精进意，复修三昧道，无量劫勤行，未曾有退失。菩萨所入法，是佛所行处，于此能了知，其心无厌怠。如无等所说，平等观诸法，非不平等忍，能成平等智。随顺佛所说，成就此忍门，如法而了知，亦不分别法。三十三天中，所有诸天子，共同一器食，所食各不同。所食种种食，不从十方来，如其所修业，自然咸在器。菩萨亦如是，观察一切法，悉从因缘起，无生故无灭，无灭故无尽，无尽故无染，于世变异法，了知无变异，无异则无处，无处则寂灭，其心无染著，愿度诸群生。专念于佛法，未尝有散动，而以悲愿心，方便行于世。勤求于十力，处世而不住，无去亦无来，方便善说法。此忍最为上，了法无有尽，入于真法界，实亦无所入。菩萨住此忍，普见诸如来，同时与授记，斯名受佛职。了达三世法，寂灭清净相，而能化众生，置于善道中。世间种种法，一切皆如幻，若能如是知，其心无所动。诸业从心生，故说心如幻，若离此分别，普灭诸有趣。譬如工幻师，普现诸色像，徒令众贪乐，毕竟无所得。世间亦如是，一切皆如幻，无性亦无生，示现有种种。度脱诸众生，令知法如幻，众生不异幻，了幻无众生。众生及国土，三世所有法，如是悉无余，一切皆如幻。幻作男女形，及象马牛羊，屋宅池泉类，园林华果等。幻物无知觉，亦无有住处，毕竟寂灭相，但随分别现。菩萨能如是，普见诸世间，有无一切法，了达悉如幻。众生及国土，种种业所造，入于如幻际，于彼无依著。如是得善巧，寂灭无戏论，住于无碍地，普现大威力。勇猛诸佛子，随顺入妙法，善观一切想，缠网于世间。众想如阳焰，令众生倒解，菩萨善知想，舍离一切倒。众生各别异，形类非一种，了达皆是想，一切无真实。十方诸众生，皆为想所覆，若舍颠倒见，则灭世间想。世间如阳焰，以想有差别，知世住于想，远离三颠倒。譬如热时焰，世见谓为水，水实无所有，智者不应求。众生亦复然，世趣皆无

有，如焰住于想，无碍心境界。若离于诸想，亦离诸戏论，愚痴著想
者，悉令得解脱。远离憍慢心，除灭世间想，住尽无尽处，是菩萨方
便。菩萨了世法，一切皆如梦，非处非无处，体性恒寂灭。诸法无分
别，如梦不异心，三世诸世间，一切悉如是。梦体无生灭，亦无有方
所，三界悉如是，见者心解脱。梦不在世间，不在非世间，此二不分
别，得入于忍地。譬如梦中见，种种诸异相，世间亦如是，与梦无差
业，住于梦定者，了世皆如梦，非同非是异，非一非种种。众生诸刹
愿，杂染及清净，如是悉了知，与梦皆平等。菩萨所行行，及以诸大
见，明了皆如梦，与世亦无别。了世皆空寂，不坏于世法，譬如梦所
生，长短等诸色。是名如梦忍，因此了世法，疾成无碍智，广度诸群
间，修行如是行，出生广大解，巧知诸法性，于法心无著。一切诸世
别；菩萨闻音声，非内亦非外，了之悉如响。如闻种种响，心不生分
量，虽闻无所著，其心亦如是。瞻仰诸如来，及听说法音，演契经无
谬。善了诸音声，如响无来处，所闻声亦然，而能分别法，与法无乖
言，善入无言际，于声不分别，知声悉空寂，普出清净音。了法不在
分，知声性空寂，而能示言说，如响遍世间。了知言语道，具足音声
遍，开悟诸群生。以世言音说。如世所有音，示同分别法，其音悉周
著。为欲利世间，菩萨获此忍，净音化世间，善巧说三世，于世无所
间，寂灭无体性，专意求菩提，而常入法性，于彼无分别。普观诸世
间，于世无所依，而恒为饶益，修行意不动。不住于世间，不离于世
间，化世令超度。依处不可得。了知世间性，于性无染著，虽不依世
著。心不离世间，世间所有法，悉知其自性，了法无有二，无二亦无
影，非内亦非外，亦不住世间，非于世间外，修行一切智。譬如水中
说，亦不在内外，菩萨求菩提，了世非世间。不于世住出，以世不可
心，普照智慧灯，如影现世间。入此甚深义，离垢悉明彻，不舍本誓
著。观察甚深法，世间无边际，智入悉齐等，普化诸群生，令其舍众
法，谛了悉如化，利益群生众，从此入于智，修行一切道。菩萨观诸
道，一切法如化，而行如化行，毕竟永不舍。随顺化自性，修习菩提
化，毕竟住寂灭。菩萨行亦然。一切诸世间，及以无量业，平等悉如
来。佛以大慈悲，三世所有佛，一切亦如化，本愿修诸行，变化成如
化，不分别世间，度脱化众生，度脱亦如化，化力为说法。知世皆如
藏，无量善庄严，化事种种殊，皆由业差别。修习菩提行，庄严于化
灭，菩萨行如是。如业作世间，化法离分别，亦不分别法，此二俱寂
是。第十忍明观，化海了于智，化性印世间，化非生灭法，智慧亦如
智，永离诸取著，众生及诸法，体性皆寂灭，如空无处所。获此如空
尽，境界如虚空，如空无种种，于世无所碍，成就空忍力，如空无有
别，智力亦如是。不作空分别。虚空无体性，亦复非断灭，亦无种种
然。如是观法性，虚空无初际，亦复无中后，其量不可得，菩萨智亦
一切如虚空，无生亦无灭，菩萨之所得。自住如空

法，复为众生说，降伏一切魔，皆斯忍方便。世间相差别，皆空无有相，入于无相处，诸相悉平等。唯以一方便，普入众世间，谓知三世法，悉等虚空性。智慧与音声，及以菩萨身，其性如虚空，一切皆寂灭。如是十种忍，佛子所修行，其心善安住，广为众生说。于此善修学，成就广大力，法力及智力，为菩提方便。通达此忍门，成就无碍智，超过一切众，转于无上轮。所修广大行，其量不可得，调御师智海，乃能分别知。舍我而修行，入于深法性，心常住净法，以是施群生。众生及刹尘，尚可知其数，菩萨诸功德，无能度其限。菩萨能成就，如是十种忍，智慧及所行，众生莫能测。

大方广佛华严经卷第四十五

阿僧祇品第三十

尔时，心王菩萨白佛言：世尊！诸佛如来演说阿僧祇无量、无边、无等、不可数、不可称、不可思、不可量、不可说、不可说不可说。世尊！云何阿僧祇乃至不可说不可说耶？佛告心王菩萨言：善哉善哉！善男子！汝今为欲令诸世间入佛所知数量之义，而问如来、应、正等觉。善男子！谛听谛听！善思念之！当为汝说。时，心王菩萨唯然受教。佛言：善男子！一百洛叉为一俱胝，俱胝俱胝为一阿庾多，阿庾多阿庾多为一那由他，那由他那由他为一频波罗，频波罗频波罗为一矜羯罗，矜羯罗矜羯罗为一阿伽罗，阿伽罗阿伽罗为一最胜，最胜最胜为一摩婆（上声）罗，摩婆罗摩婆罗为一阿婆（上声）罗，阿婆罗阿婆罗为一多婆（上声）罗，多婆罗多婆罗为一界分，界分界分为一普摩，普摩普摩为一祢摩，祢摩祢摩为一阿婆（上声）铃，阿婆铃阿婆铃为一弥伽（上声）婆，弥伽婆弥伽婆为一毗攞伽，毗攞伽毗攞伽为一毗伽（上声）婆，毗伽婆毗伽婆为一僧羯逻摩，僧羯逻摩僧羯逻摩为一毗萨罗，毗萨罗毗萨罗为一毗赡婆，毗赡婆毗赡婆为一毗盛伽，毗盛伽毗盛伽为一毗素陀，毗素陀毗素陀为一毗婆诃，毗婆诃毗婆诃为一毗薄底，毗薄底毗薄底为一毗佉担，毗佉担毗佉担为一称量，称量称量为一一持，一持一持为一异路，异路异路为一颠倒，颠倒颠倒为一三末耶，三末耶三末耶为一毗睹罗，毗睹罗毗睹罗为一奚婆（上声）罗，奚婆罗奚婆罗为一伺察，伺察伺察为一周广，周广周广为一高出，高出高出为一最妙，最妙最妙为一泥罗婆，泥罗婆泥罗婆为一诃理婆，诃理婆诃理婆为一一动，一动一动为一诃理蒲，诃理蒲诃理蒲为一诃理三，诃理三诃理三为一奚鲁伽，奚鲁伽奚鲁伽为一达攞步陀，达攞步陀达攞步陀为一诃鲁那，诃鲁那诃鲁那为一摩鲁陀，摩鲁陀摩鲁陀为一忏慕陀，忏慕陀忏慕陀为一瑿攞陀，瑿攞陀瑿攞陀为一摩鲁摩，摩鲁摩摩鲁摩为一调伏，调伏调伏为一离憍慢，离憍慢离憍慢为一不动，不动不动为一极量，极量极量为一阿么怛罗，阿么怛罗阿么怛罗为一勃么怛罗，勃么怛罗勃么怛罗为一伽么怛罗，伽么怛罗伽么怛罗为一那么怛罗，那么怛罗那么怛罗为一奚么怛罗，奚么怛罗奚么怛罗为一鞞么怛罗，鞞么怛罗鞞么怛罗为一钵罗么怛罗，钵罗么怛罗钵罗么怛罗为一尸婆么怛罗，尸婆么怛罗尸婆么怛罗为一翳罗，翳罗翳罗为一薜罗，薜罗薜罗为一谛罗，谛罗谛罗为一偈罗，偈罗偈罗为一窣步罗，窣步罗窣步罗为一泥罗，泥罗泥罗为一计罗，计罗计罗为一细罗，细罗细罗为一睥罗，睥罗睥罗为一谜罗，谜罗谜罗为一娑攞荼，娑攞荼娑攞荼为一谜鲁陀，谜鲁陀谜鲁陀为一契鲁陀，契鲁陀契鲁陀为一摩睹罗，摩睹罗摩睹罗为一娑母罗，娑母罗娑母罗为一阿野娑，阿野娑阿野娑为一迦么罗，迦么罗迦么罗为一摩伽婆，摩伽婆摩伽婆为一阿怛罗，阿怛罗阿怛罗为一醯鲁耶，醯鲁耶醯鲁耶为一薜鲁婆，薜鲁婆薜鲁婆为一羯罗波，羯罗波羯罗波为一诃婆婆，诃婆婆诃婆婆为一毗婆（上声）罗，毗婆罗毗婆罗为一那婆（上声）罗，那婆罗那婆罗为一摩攞罗，摩攞罗摩攞罗为一娑婆（上声）罗，娑婆罗娑婆罗为一迷攞普，迷攞普迷攞普为一者么罗，者么罗者么罗为一驮么罗，驮么罗驮么罗为一钵攞么陀，钵攞么陀钵攞么陀为一毗迦摩，毗迦摩毗迦摩为一乌波跋多，乌波跋多乌波跋多为一演说，演说演说为一无尽，无尽无尽为一出生，出生出生为一无我，无我无我为一阿畔多，阿畔多阿畔多为一青莲华，青莲华青莲华为一钵头摩，钵头摩钵头摩为一僧祇，僧祇僧祇为一趣，趣趣为一至，至至为一阿僧祇，阿僧祇阿僧祇为一阿僧祇转，阿僧祇转阿僧祇转为一无量，无量无量为一无量转，无量转无量转为一无边，无边无边为一无边转，无边转无边转为一无等，无等无等为一无等转，无等转无等转为一不可数，不可数不可数为一不可数转，不可数转不可数转为一不可称，不可称不可称为一不可称转，不可称转不可称转为一不可思，不可思不可思为一不可思转，不可思转不可思转为一不可量，不可量不可量为一不可量转，不可量转不可量转为一不可说，不可说不可说为一不可说转，不可说转不可说转为一不可说不可说，此又不可说不可说为一不可说不可说转。

尔时，世尊为心王菩萨而说颂曰：

不可言说不可说，充满一切不可说，不可言说诸劫中，说不可说不可尽。不可言说诸佛刹，皆悉碎末为微尘，一尘中刹不可说，如一一切皆如是。此不可说诸佛刹，一念碎尘不可说，念念所碎悉亦然，尽不可说劫恒尔。此尘有刹不可说，此刹为尘说更难，以不可说算数法，不可说劫如是数。以此诸尘数诸劫，一尘十万不可说，尔劫称赞一普贤，无能尽其功德量。于一微细毛端处，有不可说诸普贤，一切毛端悉亦尔，如是乃至遍法界。一毛端处所有刹，其数无量不可说，尽虚空量诸毛端，一一处刹悉如是。彼毛端处诸国土，无量种类差别住，有不可说异类刹，有不可说同类刹。不可言说毛端处，皆有净刹不可说，种种庄严不可说，种种奇妙不可说。于彼一一毛端处，演不可说诸佛名，一一名有诸如来，皆不可说不可说。一一诸佛于身上，现不可说诸毛孔，于彼一一毛孔中，现众色相不可说。不可言说诸毛孔，咸放光明不可说，于彼一一光明中，悉现莲华不可说。于彼一一莲华内，悉有众叶不可说，不可说华众叶中，各现色相不可说。彼不可说诸色内，复现众叶不可说，叶中光明不可说，光中色相不可说。此不可说色相中，一一现光不可说，光中现月不可说，月复现月不可说。于不可说诸月中，一一现光不可说，于彼一一光明内，复现于日不可说。于不可说诸日中，一一现色不可说，于彼一一诸色内，又现光明不可说。于彼一一光明内，现不可说师子座，一一严具不可说，一一光明不可说。光中妙色不可说，色中净光不可说，于彼一一净光内，复现种种妙光明。此光复现种种光，不可言说不可说，如是种种光明内，各现妙宝如须弥。一一光中所现宝，不可言说不可说，彼如须弥一妙宝，现众刹土不可说。尽须弥宝无有余，示现刹土皆如是，以一刹土末为尘，一尘色相不可说。众刹为尘尘有相，不可言说不可说，如是种种诸尘相，皆出光明不可说。光中现佛不可说，佛所说法不可说，法中妙偈不可说，闻偈得解不可说。不可说解念念中，显了真谛不可说，示现未来一切佛，常演说法无穷尽。一一佛法不可说，种种清净不可说，出妙音声不可说，转正法轮不可说。于彼一一法轮中，演修多罗不可说；于彼一一修多罗，分别法门不可说；于彼一一法门中，又说诸法不可说；于彼一一诸法中，调伏众生不可说。或复于一毛端处，不可说劫常安住，如一毛端余悉然，所住劫数皆如是。其心无碍不可说，变化诸佛不可说，一一变化诸如来，复现于化不可说。彼佛法身不可说，彼佛分身不可说，庄严无量不可说，往诣十方不可说，周行国土不可说，观察众生不可说，清净众生不可说，调伏众生不可说。彼诸庄严不可说，彼诸神力不可说，彼诸自在不可说，彼诸神变不可说。所有神通不可说，所有境界不可说，所有加持不可说，所住世间不可说。清净实相不可说，说修多罗不可说，于彼一一修多罗，演说法门不可说；于彼一一法门中，又说诸法不可说；于彼一一诸法中，所有决定不可说；于彼一一决定中，调伏众生不可说。不可言说同类法，不可言说同类心，不可言说异类法，不可言说异类心，不可言说异类根，不可言说异类语，念念于诸所行处，调伏众生不可说。所有神变不可说，所有示现不可说，于中时劫不可说，于中差别不可说，菩萨悉能分别说，诸明算者莫能辨。一毛端处大小刹，杂染清净粗细刹，如是一切不可说，一一明了可分别。以一国土碎为尘，其尘无量不可说，如是尘数无边刹，俱来共集一毛端。此诸国土不可说，共集毛端无迫隘，不使毛端有增大，而彼国土俱来集。于中所有诸国土，形相如本无杂乱，如一国土不乱余，一切国土皆如是。

虚空境界无边际，悉布毛端使充满，如是毛端诸国土，菩萨一念皆能说。于一微细毛孔中，不可说刹次第入，毛孔能受彼诸刹，诸刹不能遍毛孔。入时劫数不可说，受时劫数不可说，于此行列安住时，一切诸劫无能说。如是摄受安住已，所有境界不可说，入时方便不可说，入已所作不可说，意根明了不可说，游历诸方不可说，勇猛精进不可说，自在神变不可说，所有思惟不可说，所有大愿不可说，所有境界不可说，一切通达不可说，身业清净不可说，语业清净不可说，意业清净不可说，信解清净不可说，妙智清净不可说，妙慧清净不可说，了诸实相不可说，断诸疑惑不可说，出离生死不可说，超升正位不可说，甚深三昧不可说，了达一切不可说，一切众生不可说，一切佛刹不可说，知众生身不可说，知其心乐不可说，知其业果不可说，知其意解不可说，知其品类不可说，知其种性不可说，知其受身不可说，知其生处不可说，知其正生不可说，知其生已不可说，知其解了不可说，知其趣向不可说，知其言语不可说，知其作业不可说。菩萨如是大慈悲，利益一切诸世间，普现其身不可说，入诸佛刹不可说，见诸菩萨不可说，发生智慧不可说，请问正法不可说，敷扬佛教不可说，现种种身不可说，诣诸国土不可说，示现神通不可说，普遍十方不可说，处处分身不可说，亲近诸佛不可说，作诸供具不可说，种种无量不可说，清净众宝不可说，上妙莲华不可说，最胜香鬘不可说，供养如来不可说，清净信心不可说，最胜悟解不可说，增上志乐不可说，恭敬诸佛不可说，修行于施不可说，其心过去不可说，有求皆施不可说，一切悉施不可说，持戒清净不可说，心意清净不可说，赞叹诸佛不可说，爱乐正法不可说，成就诸忍不可说，无生法忍不可说，具足寂静不可说，住寂静地不可说，起大精进不可说，其心过去不可说，不退转心不可说，不倾动心不可说，一切定藏不可说，观察诸法不可说，寂然在定不可说，了达诸禅不可说，智慧通达不可说，三昧自在不可说，了达诸法不可说，明见诸佛不可说，修无量行不可说，发广大愿不可说，甚深境界不可说，清净法门不可说，菩萨法力不可说，菩萨法住不可说，彼诸正念不可说，彼诸法界不可说，修方便智不可说，学甚深智不可说，无量智慧不可说，究竟智慧不可说，彼诸法智不可说，彼净法轮不可说，彼大法云不可说，彼大法雨不可说，彼诸神力不可说，彼诸方便不可说，入空寂智不可说，念念相续不可说，无量行门不可说，念念恒住不可说，诸佛刹海不可说，悉能往诣不可说，诸刹差别不可说，种种清净不可说，差别庄严不可说，无边色相不可说，种种间错不可说，种种妙好不可说，清净佛土不可说，杂染世界不可说，了知众生不可说，知其种性不可说，知其业报不可说，知其心行不可说，知其根性不可说，知其解欲不可说，杂染清净不可说，观察调伏不可说，变化自在不可说，现种种身不可说，修行精进不可说，度脱众生不可说，示现神变不可说，放大光明不可说，种种色相不可说，令众生净不可说，一一毛孔不可说，放光明网不可说，光网现色不可说，普照佛刹不可说，勇猛无畏不可说，方便善巧不可说，调伏众生不可说，令出生死不可说，清净身业不可说，清净语业不可说，无边意业不可说，殊胜妙行不可说，成就智宝不可说，深入法界不可说，菩萨总持不可说，善能修学不可说，智者音声不可说，音声清净不可说，正念真实不可说，开悟众生不可说，具足威仪不可说，清净修行不可说，成就无畏不可说，调伏世间不可说，诸佛子众不可说，清净胜行不可说，称叹诸佛不可说，赞扬无尽不可说，世间导师不可说，演说赞叹不可说，彼诸菩萨不可说，清净功德不可说，彼诸边际不可说，能住其中不可说，住中智慧不可说，尽诸劫住无能说，欣乐诸佛不可说，智慧平等不可说，善入诸法不可说，于法无碍不可说，三世如空不可说，三世智慧不可说，了达三世不可说，住于智慧不可说，殊胜妙行不可说，无量大愿不可说，清净大愿不可说，成就菩提不可说，诸佛菩提不可说，发生智慧不可说，分别义理不可说，知一切法不可说，严净佛刹不可说，修行诸力不可说，长时修习不可说，一念悟解不可说，诸佛自在不可说，广演正法不可说，种种神力不可说，示现世间不可说，清净法轮不可说，勇猛能转不可说，种种开演不可说，哀愍世间不可说。不可言说一切劫，赞不可说诸功德，不可说劫犹可尽，不可说德不可尽。不可言说诸如来，不可言说诸舌根，叹佛不可言说德，不可说劫无能尽。十方所有诸众生，一切同时成正觉，于中一佛普能现，不可言说一切身。此不可说中一身，示现于头不可说；此不可说中一头，示现于舌不可说；此不可说中一舌，示现于声不可说；此不可说中一声，经于劫住不可说。如一如是一切佛，如一如是一切身，如一如是一切头，如一如是一切舌，如一如是一切声，不可说劫恒赞佛，不可说劫犹可尽，叹佛功德无能尽。一微尘中能悉有，不可言说莲华界，一一莲华世界中，贤首如来不可说。乃至法界悉周遍，其中所有诸微尘，世界若成若住坏，其数无量不可说。一微尘处无边际，无量诸刹普来入，十方差别不可说，刹海分布不可说。一一刹中有如来，寿命劫数不可说，诸佛所行不可说，甚深妙法不可说，神通大力不可说，无障碍智不可说，入于毛孔不可说，毛孔因缘不可说，成就十力不可说，觉悟菩提不可说，入净法界不可说，获深智藏不可说。种种数量不可说，如其一切悉了知；种种形量不可说，于此靡不皆通达。种种三昧不可说，悉能经劫于中住，于不可说诸佛所，所行清净不可说。得不可说无碍心，往诣十方不可说，神力示现不可说，所行无际不可说，往诣众刹不可说，了达诸佛不可说，精进勇猛不可说，智慧通达不可说。于法非行非不行，入诸境界不可说，不可称说诸大劫，恒游十方不可说。方便智慧不可说，真实智慧不可说，神通智慧不可说，念念示现不可说。于不可说诸佛法，一一了知不可说，能于一时证菩提，或种种时而证入。毛端佛刹不可说，尘中佛刹不可说，如是佛刹皆往诣，见诸如来不可说。通达一实不可说，善入佛种不可说，诸佛国土不可说，悉能往诣成菩提。国土众生及诸佛，体性差别不可说，如是三世无有边，菩萨一切皆明见。

寿量品第三十一

尔时，心王菩萨摩诃萨于众会中告诸菩萨言：佛子！此娑婆世界释迦牟尼佛刹一劫，于极乐世界阿弥陀佛刹为一日一夜；极乐世界一劫，于袈裟幢世界金刚坚佛刹为一日一夜；袈裟幢世界一劫，于不退转音声轮世界善胜光明莲华开敷佛刹为一日一夜；不退转音声轮世界一劫，于离垢世界法幢佛刹为一日一夜；离垢世界一劫，于善灯世界师子佛刹为一日一夜；善灯世界一劫，于妙光明世界光明藏佛刹为一日一夜；妙光明世界一劫，于难超过世界法光明莲华开敷佛刹为一日一夜；难超过世界一劫，于庄严慧世界一切神通光明佛刹为一日一夜；庄严慧世界一劫，于镜光明世界月智佛刹为一日一夜。佛子！如是次第，乃至过百万阿僧祇世界，最后世界一劫，于胜莲华世界贤胜佛刹为一日一夜，普贤菩萨及诸同行大菩萨等充满其中。

诸菩萨住处品第三十二

尔时，心王菩萨摩诃萨于众会中告诸菩萨言：

佛子！东方有处，名：仙人山，从昔已来，诸菩萨众于中止住；现有菩萨，名：金刚胜，与其眷属、诸菩萨众三百人俱，常在其中而演说法。南方有处，名：胜峰山，从昔已来，诸菩萨众于中止住；现有菩萨，名曰：法慧，与其眷属、诸菩萨众五百人俱，常在其中而演说法。西方有处，名：金刚焰山，从昔已来，诸菩萨众于中止住；现有菩萨，名：精进无畏行，与其眷属、诸菩萨众三百人俱，常在其中而演说法。北方有处，名：香积山，从昔已来，诸菩萨众于中止住；现有菩萨，名曰：香象，与其眷属、诸菩萨众三千人俱，常在其中而演说法。东北方有处，名：清凉山，从昔已来，诸菩萨众于中止住；现有菩萨，名：文殊师利，与其眷属、诸菩萨众一万人俱，常在其中而演说法。海中有处，名：金刚山，从昔已来，诸菩萨众于中止住；现有菩萨，名曰：法起，与其眷属、诸菩萨众千二百人俱，常在其中而演说法。东南方有处，名：支提山，从昔已来，诸菩萨众于中止住；现有菩萨，名曰：天冠，与其眷属、诸菩萨众一千人俱，常在其中而演说法。西南方有处，名：光明山，从昔已来，诸菩萨众于中止住；现有菩萨，名曰：贤胜，与其眷属、诸菩萨众三千人俱，常在其中而演说法。西北方有处，名：香风山，从昔已来，诸菩萨众于中止住；现有菩萨，名曰：香光，与其眷属、诸菩萨众五千人俱，常在其中而演说法。

大海之中复有住处，名：庄严窟，从昔已来，诸菩萨众于中止住。毗舍离南有一住处，名：善住根，从昔已来，诸菩萨众于中止住。摩度罗城有一住处，名：满足窟，从昔已来，诸菩萨众于中止住。俱珍那城有一住处，名曰：法座，从昔已来，诸菩萨众于中止住。清净彼岸城有一住处，名：目真邻陀窟，从昔已来，诸菩萨众于中止住。摩兰陀国有一住处，名：无碍龙王建立，从昔已来，诸菩萨众于中止住。甘菩遮国有一住处，名：出生慈，从昔已来，诸菩萨众于中止住。震旦国有一住处，名：那罗延窟，从昔已来，诸菩萨众于中止住。疏勒国有一住处，名：牛头山，从昔已来，诸菩萨众于中止住。迦叶弥罗国有一住处，名曰：次第，从昔已来，诸菩萨众于中止住。增长欢喜城有一住处，名：尊者窟，从昔已来，诸菩萨众于中止住。庵浮梨摩国有一住处，名：见亿藏光明，从昔已来，诸菩萨众于中止住。乾陀罗国有一住处，名：苫婆罗窟，从昔已来，诸菩萨众于中止住。

大方广佛华严经卷第四十六

佛不思议法品第三十三之一

尔时，大会中有诸菩萨作是念：诸佛国土云何不思议？诸佛本愿云何不思议？诸佛种性云何不思议？诸佛出现云何不思议？诸佛身云何不思议？诸佛音声云何不思议？诸佛智慧云何不思议？诸佛自在云何不思议？诸佛无碍云何不思议？诸佛解脱云何不思议？

尔时，世尊知诸菩萨心之所念，则以神力加持，智慧摄受，光明照耀，威势充满，令青莲华藏菩萨住佛无畏，入佛法界，获佛威德，神通自在，得佛无碍广大观察，知一切佛种性次第，住不可说佛法方便。

尔时，青莲华藏菩萨则能通达无碍法界，则能安住离障深行，则能成满普贤大愿，则能知见一切佛法，以大悲心观察众生，欲令清净精勤修习无有厌怠，受行一切诸菩萨法，于一念中出生佛智，解了一切无尽智门，总持、辩才皆悉具足；承佛神力，告莲华藏菩萨言：

佛子！诸佛世尊有无量住，所谓：常住、大悲住、种种身作诸佛事住、平等意转净法轮住、四辩才说无量法住、不思议一切佛法住、清净音遍无量土住、不可说甚深法界住、现一切最胜神通住，能开示无有障碍究竟之法。

佛子！诸佛世尊有十种法，普遍无量无边法界。何等为十？所谓：一切诸佛有无边际身，色相清净，普入诸趣而无染著；一切诸佛有无边际无障碍眼，于一切法悉能明见；一切诸佛有无边际无障碍耳，悉能解了一切音声；一切诸佛有无边际鼻，能到诸佛自在彼岸；

一切诸佛有广长舌，出妙音声周遍法界；一切诸佛有无边际身，应众生心，咸令得见；一切诸佛有无边际意，住于无碍平等法身；一切诸佛有无边际无碍解脱，示现无尽大神通力；一切诸佛有无边际清净世界，随众生乐现众佛土，具足无量种种庄严，而于其中不生染著；一切诸佛有无边际菩萨行愿，得圆满智，游戏自在，悉能通达一切佛法。佛子！是为如来、应、正等觉普遍法界无边际十种佛法。

佛子！诸佛世尊有十种念念出生智。何等为十？所谓：一切诸佛于一念中，悉能示现无量世界从天来下；一切诸佛于一念中，悉能示现无量世界菩萨受生；一切诸佛于一念中，悉能示现无量世界出家学道；一切诸佛于一念中，悉能示现无量世界菩提树下成等正觉；一切诸佛于一念中，悉能示现无量世界转妙法轮；一切诸佛于一念中，悉能示现无量世界教化众生供养诸佛；一切诸佛于一念中，悉能示现无量世界不可言说种种佛身；一切诸佛于一念中，悉能示现无量世界种种庄严、无数庄严、如来自在一切智藏；一切诸佛于一念中，悉能示现无量世界无量无数清净众生；一切诸佛于一念中，悉能示现无量世界三世诸佛种种根性、种种精进、种种行解，于三世中成等正觉。是为十。

佛子！诸佛世尊有十种不失时。何等为十？所谓：一切诸佛成等正觉不失时；一切诸佛成熟有缘不失时；一切诸佛授菩萨记不失时；一切诸佛随众生心示现神力不失时；一切诸佛随众生解示现佛身不失时；一切诸佛住于大舍不失时；一切诸佛入诸聚落不失时；一切诸佛摄诸净信不失时；一切诸佛调恶众生不失时；一切诸佛现不思议诸佛神通不失时。是为十。

佛子！诸佛世尊有十种无比不思议境界。何等为十？所谓：一切诸佛一跏趺坐，遍满十方无量世界；一切诸佛说一义句，悉能开示一切佛法；一切诸佛放一光明，悉能遍照一切世界；一切诸佛于一身中，悉能示现一切诸身；一切诸佛于一处中，悉能示现一切世界；一切诸佛于一智中，悉能决了一切诸法无所罣碍；一切诸佛于一念中，悉能遍往十方世界；一切诸佛于一念中，悉现如来无量威德；一切诸佛于一念中，普缘三世佛及众生，心无杂乱；一切诸佛于一念中，与去、来、今一切诸佛体同无二。是为十。

佛子！诸佛世尊能出生十种智。何者为十？所谓：一切诸佛知一切法无所趣向，而能出生回向愿智；一切诸佛知一切法皆无有身，而能出生清净身智；一切诸佛知一切法本来无二，而能出生能觉悟智；一切诸佛知一切法无我无众生，而能出生调众生智；一切诸佛知一切法本来无相，而能出生了诸相智；一切诸佛知一切世界无有成坏，而能出生了成坏智；一切诸佛知一切法无有造作，而能出生知业果智；一切诸佛知一切法无有言说，而能出生了言说智；一切诸佛知一切法无有染净，而能出生知染净智；一切诸佛知一切法无有生灭，而能出生了生灭智。是为十。

佛子！诸佛世尊有十种普入法。何等为十？所谓：一切诸佛有净妙身，普入三世；一切诸佛皆悉具足三种自在，普化众生；一切诸佛皆悉具足诸陀罗尼，普能受持一切佛法；一切诸佛皆悉具足四种辩才，普转一切清净法轮；一切诸佛皆悉具足平等大悲，恒不舍离一切众生；一切诸佛皆悉具足甚深禅定，恒普观察一切众生；一切诸佛皆悉具足利他善根，调伏众生无有休息；一切诸佛皆悉具足无所碍心，普能安住一切法界；一切诸佛皆悉具足无碍神力，一念普现三世诸佛；一切诸佛皆悉具足无碍智慧，一念普立三世劫数。是为十。

佛子！诸佛世尊有十种难信受广大法。何等为十？所谓：一切诸佛悉能摧灭一切诸魔；一切诸佛悉能降伏一切外道；一切诸佛悉能调伏一切众生咸令欢悦；一切诸佛悉能往诣一切世界化导群品；一切诸佛悉能智证甚深法界；一切诸佛悉皆能以无二之身现种种身充满世界；一切诸佛悉皆能以清净音声起四辩才说法无断，凡有信受功不唐捐；一切诸佛皆悉能于一毛孔中出现诸佛，与一切世界微尘数等，无有断绝；一切诸佛皆悉能于一微尘中示现众刹，与一切世界微尘数等，具足种种上妙庄严，恒于其中转妙法轮教化众生，而微尘不大、世界不小，常以证智安住法界；一切诸佛皆悉了达清净法界，以智光明破世痴闇，令于佛法悉得开晓，随逐如来住十力中。是为十。

佛子！诸佛世尊有十种大功德，离过清净。何等为十？所谓：一切诸佛具大威德，离过清净；一切诸佛悉于三世如来家生，种族调善，离过清净；一切诸佛尽未来际心无所住，离过清净；一切诸佛于三世法皆无所著，离过清净；一切诸佛知种种性皆是一性，无所从来，离过清净；一切诸佛前际、后际福德无尽，等于法界，离过清净；一切诸佛无边身相遍十方刹，随时调伏一切众生，离过清净；一切诸佛获四无畏，离诸恐怖，于众会中大师子吼，明了分别一切诸法，离过清净；一切诸佛于不可说不可说劫入般涅槃，众生闻名获无量福，如佛现在功德无异，离过清净；一切诸佛远在不可说不可说世界中，若有众生一心正念则皆得见，离过清净。是为十。

佛子！诸佛世尊有十种究竟清净。何等为十？所谓：一切诸佛往昔大愿究竟清净；一切诸佛所持梵行究竟清净；一切诸佛离世众惑究竟清净；一切诸佛庄严国土究竟清净；一切诸佛所有眷属究竟清净；一切诸佛所有种族究竟清净；一切诸佛色身相好究竟清净；一切诸佛法身无染究竟清净；一切诸佛一切智智无有障碍究竟清净；一切诸佛解脱自在，所作已办，到于彼岸，究竟清净。是为十。

佛子！诸佛世尊于一切世界、一切时，有十种佛事。何等为十？一者，若有众生专心忆念，则现其前；二者，若有众生心不调顺，则为说法；三者，若有众生能生净信，必令获得无量善根；四者，若有众生能入法位，悉皆现证，无不了知；五者，教化众生无有疲厌；六者,游诸佛刹,往来无碍;七者,大悲不舍一切众生;八者,现变化身,恒不断绝;九者,神通自在,未尝休息;十者,安住法界,能遍观察。是为十。

佛子!诸佛世尊有十种无尽智海法。何等为十?所谓:一切诸佛无边法身无尽智海法;一切诸佛无量佛事无尽智海法;一切诸佛佛眼境界无尽智海法;一切诸佛无量无数难思善根无尽智海法;一切诸佛普雨一切甘露妙法无尽智海法;一切诸佛赞佛功德无尽智海法;一切诸佛往昔所修种种愿行无尽智海法;一切诸佛尽未来际恒作佛事无尽智海法;一切诸佛了知一切众生心行无尽智海法;一切诸佛福智庄严无能过者无尽智海法。是为十。

佛子!诸佛世尊有十种常法。何等为十?所谓:一切诸佛常行一切诸波罗蜜;一切诸佛于一切法常离迷惑;一切诸佛常具大悲;一切诸佛常有十力;一切诸佛常转法轮;一切诸佛常为众生示成正觉;一切诸佛常乐调伏一切众生;一切诸佛心常正念不二之法;一切诸佛化众生已,常示入于无余涅槃,诸佛境界无边际故。是为十。

佛子!诸佛世尊有十种演说无量诸佛法门。何等为十?所谓:一切诸佛演说无量众生界门;一切诸佛演说无量众生行门;一切诸佛演说无量众生业果门;一切诸佛演说无量化众生门;一切诸佛演说无量净众生门;一切诸佛演说无量菩萨行门;一切诸佛演说无量菩萨愿门;一切诸佛演说无量一切世界成坏劫门;一切诸佛演说无量菩萨深心净佛刹门;一切诸佛演说无量一切世界三世诸佛于彼彼劫次第出现门;一切诸佛演说一切诸佛智门。是为十。

佛子!诸佛世尊有十种为众生作佛事。何等为十?所谓:一切诸佛示现色身为众生作佛事;一切诸佛出妙音声为众生作佛事;一切诸佛有所受为众生作佛事;一切诸佛无所受为众生作佛事;一切诸佛以地、水、火、风为众生作佛事;一切诸佛神力自在示现一切所缘境界为众生作佛事;一切诸佛种种名号为众生作佛事;一切诸佛以佛刹境界为众生作佛事;一切诸佛严净佛刹为众生作佛事;一切诸佛寂寞无言为众生作佛事。是为十。

佛子!诸佛世尊有十种最胜法。何等为十?所谓:一切诸佛大愿坚固不可沮坏,所言必作,言无有二;一切诸佛为欲圆满一切功德,尽未来劫修菩萨行不生懈倦;一切诸佛为欲调伏一众生故,往不可说不可说世界,如是而为一切众生而无断绝;一切诸佛于信、于毁二种众生,大悲普观,平等无异;一切诸佛从初发心乃至成佛,终不退失菩提之心;一切诸佛积集无量诸善功德,皆以回向一切智性,于诸世间终无染著;一切诸佛于诸佛所修学三业,唯行佛行,非二乘行,皆为回向一切智性,成于无上正等菩提;一切诸佛放大光明,其光平等照一切处,及照一切诸佛之法,令诸菩萨心得清净,满一切智;一切诸佛舍离世乐,不贪不染,而普愿世间离苦得乐,无诸戏论;一切诸佛愍诸众生受种种苦，守护佛种，行佛境界，出离生死，逮十力地。是为十。

佛子！诸佛世尊有十种无障碍住。何等为十？所谓：一切诸佛皆能往一切世界无障碍住；一切诸佛皆能住一切世界无障碍住；一切诸佛皆能于一切世界行、住、坐、卧无障碍住；一切诸佛皆能于一切世界演说正法无障碍住；一切诸佛皆能于一切世界住兜率天宫无障碍住；一切诸佛皆能入法界一切三世无障碍住；一切诸佛皆能坐法界一切道场无障碍住；一切诸佛皆能念念观一切众生心行以三种自在教化调伏无障碍住；一切诸佛皆能以一身住无量不思议佛所及一切处利益众生无障碍住；一切诸佛皆能开示无量诸佛所说正法无障碍住。是为十。

佛子！诸佛世尊有十种最胜无上庄严。何等为十？一切诸佛皆悉具足诸相随好，是为诸佛第一最胜无上身庄严。一切诸佛皆悉具足六十种音，一一音有五百分，一一分无量百千清净之音以为严好，能于法界一切众中无诸恐怖，大师子吼演说如来甚深法义，众生闻者靡不欢喜，随其根欲悉得调伏，是为诸佛第二最胜无上语庄严。一切诸佛皆具十力、诸大三昧、十八不共庄严意业，所行境界通达无碍，一切佛法咸得无余，法界庄严而为庄严，法界众生心之所行，去、来、现在各各差别，于一念中悉能明见，是为诸佛第三最胜无上意庄严。一切诸佛皆悉能放无数光明，一一光明有不可说光明网以为眷属，普照一切诸佛国土，灭除一切世间黑闇，示现无量诸佛出兴，其身平等悉皆清净，所作佛事咸不唐捐，能令众生至不退转，是为诸佛第四最胜无上光明庄严。一切诸佛现微笑时，皆于口中放百千亿那由他阿僧祇光明，一一光明各有无量不思议种种色，遍照十方一切世界，于大众中发诚实语，授无量无数不思议众生阿耨多罗三藐三菩提记，是为诸佛第五离世痴惑最胜无上现微笑庄严。一切诸佛皆有法身清净无碍，于一切法究竟通达，住于法界无有边际，虽在世间不与世杂，了世实性，行出世法，言语道断，超蕴、界、处，是为诸佛第六最胜无上法身庄严。一切诸佛皆有无量常妙光明，不可说不可说种种色相以为严好为光明藏，出生无量圆满光明，普照十方无有障碍，是为诸佛第七最胜无上常妙光明庄严。一切诸佛皆有无边妙色、可爱妙色、清净妙色、随心所现妙色、映蔽一切三界妙色、到于彼岸无上妙色，是为诸佛第八最胜无上妙色庄严。一切诸佛皆于三世佛种中生，积众善宝，究竟清净，无诸过失，离世讥谤，一切法中最为殊胜清净妙行之所庄严，具足成就一切智智，种族清净无能讥毁，是为诸佛第九最胜无上种族庄严。一切诸佛以大慈力庄严其身，究竟清净无诸渴爱，身行永息，心善解脱，见者无厌，大悲救护一切世间；第一福田、无上受者，哀愍利益一切众生，悉令增长无量福德、智慧之聚，是为诸佛第十最胜无上大慈大悲功德庄严。是为十。

佛子！诸佛世尊有十种自在法。何等为十？所谓：一切诸佛于一切法悉得自在，明达种种句身、味身，演说诸法辩才无碍，是为诸佛第一自在法。一切诸佛教化众生未曾失时，随其愿乐为说正法，咸令调伏无有断绝，是为诸佛第二自在法。一切诸佛能令尽虚空界无量无数种种庄严，一切世界六种震动，令彼世界或举或下、或大或小、或合或散，未曾恼害于一众生，其中众生不觉不知、无疑无怪，是为诸佛第三自在法。一切诸佛以神通力悉能严净一切世界，于一念顷普现一切世界庄严，此诸庄严经无数劫说不能尽，悉皆离染，清净无比，一切佛刹严净之事，皆令平等入一刹中，是为诸佛第四自在法。一切诸佛见一众生应受化者，为其住寿，经不可说不可说劫，乃至尽未来际，结跏趺坐，身心无倦，专心忆念，未曾废忘，方便调伏而不失时；如为一众生，为一切众生悉亦如是，是为诸佛第五自在法。一切诸佛悉能遍往一切世界一切如来所行之处，而不暂舍一切法界；十方各别，一一方有无量世界海，一一世界海有无量世界种，佛以神力一念咸到，转于无碍清净法轮，是为诸佛第六自在法。一切诸佛为欲调伏一切众生，念念中成阿耨多罗三藐三菩提，而于一切佛法非已现觉，亦非当觉，亦不住于有学之地，而悉知见，通达无碍，无量智慧，无量自在，教化调伏一切众生，是为诸佛第七自在法。一切诸佛能以眼处作耳处佛事，能以耳处作鼻处佛事，能以鼻处作舌处佛事，能以舌处作身处佛事，能以身处作意处佛事，能以意处于一切世界中住世、出世间种种境界，一一境界中能作无量广大佛事，是为诸佛第八自在法。一切诸佛，其身毛孔一一能容一切众生，一一众生其身悉与不可说诸佛刹等而无迫隘，一一众生步步能过无数世界，如是展转尽无数劫，悉见诸佛出现于世，教化众生，转净法轮，开示过去、未来、现在不可说法；尽虚空界一切众生诸趣受身，威仪、往来及其所受种种乐具皆悉具足，而于其中无所障碍，是为诸佛第九自在法。一切诸佛于一念顷现一切世界微尘数佛，一一佛皆于一切法界众妙莲华广大庄严世界莲华藏师子座上成等正觉，示现诸佛自在神力；如于众妙莲华广大庄严世界，如是于一切法界中不可说不可说种种庄严、种种境界、种种形相、种种示现、种种劫数清净世界；如于一念，如是于无量无边阿僧祇劫一切念中，一念一切现，一念无量住，而未曾用少方便力，是为诸佛第十自在法。

佛子！诸佛世尊有十种无量不思议圆满佛法。何等为十？所谓：一切诸佛一一净相皆具百福；一切诸佛皆悉成就一切佛法；一切诸佛皆悉成就一切善根；一切诸佛皆悉成就一切功德；一切诸佛皆能教化一切众生；一切诸佛皆悉能为众生作主；一切诸佛皆悉成就清净佛刹；一切诸佛皆悉成就一切智智；一切诸佛皆悉成就色身相好，见者获益，功不唐捐；一切诸佛皆具诸佛平等正法；一切诸佛作佛事已，莫不示现入于涅槃。是为十。

佛子！诸佛世尊有十种善巧方便。何等为十？一切诸佛了知诸法皆离戏论，而能开示诸佛善根，是为第一善巧方便。一切诸佛知一切法悉无所见、各不相知、无缚无解、无受无集、无成就，自在究竟到于彼岸，然于诸法真实而知不异不别，而得自在、无我无受、不坏实际，已得至于大自在地，常能观察一切法界，是为第二善巧方便。一切诸佛永离诸相，心无所住，而能悉知不乱不错，虽知一切相皆无自性，而如其体性悉能善入，而亦示现无量色身，及以一切清净佛土种种庄严无尽之相，集智慧灯灭众生惑，是为第三善巧方便。一切诸佛住于法界，不住过去、未来、现在，如如性中无去、来、今三世相故，而能演说去、来、今世无量诸佛出现世间，令其闻者普见一切诸佛境界，是为第四善巧方便。一切诸佛身、语、意业，无所造作，无来无去，亦无有住，离诸数法，到于一切诸法彼岸，而为众法藏，具无量智，了达种种世、出世法，智慧无碍，示现无量自在神力，调伏一切法界众生，是为第五善巧方便。一切诸佛知一切法不可见，非一、非异、非量、非无量，非来、非去，皆无自性，亦不违于世间诸法；一切智者，无自性中见一切法，于法自在，广说诸法，而常安住真如实性，是为第六善巧方便。一切诸佛于一时中知一切时，具净善根，入于正位而无所著，于其日月、年劫、成坏，如是等时不住不舍，而能示现若昼若夜、初中后时、一日、七日、半月、一月、一年、百年、一劫、多劫、不可思劫、不可说劫，乃至尽于未来际劫，恒为众生转妙法轮，不断不退，无有休息，是为第七善巧方便。一切诸佛恒住法界，成就诸佛无量无畏及不可数辩、不可量辩、无尽辩、无断辩、无边辩、不共辩、无穷辩、真实辩、方便开示一切句辩、一切法辩，随其根性及以欲解，以种种法门说不可说不可说百千亿那由他修多罗，初、中、后善，皆悉究竟，是为第八善巧方便。一切诸佛住净法界，知一切法本无名字，无过去名，无现在名，无未来名；无众生名，无非众生名；无国土名，无非国土名；无法名，无非法名；无功德名，无非功德名；无菩萨名，无佛名；无数名，无非数名；无生名，无灭名；无有名，无无名；无一名，无种种名。何以故？诸法体性不可说故。一切诸法无方无处，不可集说，不可散说，不可一说，不可多说，音声莫逮，言语悉断，虽随世俗种种言说，无所攀缘，无所造作，远离一切虚妄想著，如是究竟到于彼岸。是为第九善巧方便。一切诸佛知一切法本性寂静，无生故非色，无戏论故非受，无名数故非想，无造作故非行，无执取故非识，无入处故非处，无所得故非界，然亦不坏一切诸法，本性无起如虚空故。一切诸法皆悉空寂，无业果，无修习，无成就，无出生，非数、非不数，非有、非无、非生、非灭、非垢、非净，非入、非出，非住、非不住，非调伏、非不调伏，非众生、非无众生，非寿命、非无寿命，非因缘、非无因缘，而能了知正定、邪定及不定聚一切众生，为说妙法令到彼

353

岸，成就十力、四无所畏，能师子吼，具一切智，住佛境界，是为第十善巧方便。佛子！是为诸佛成就十种善巧方便。

大方广佛华严经卷第四十七

佛不思议法品第三十三之二

佛子！诸佛世尊有十种广大佛事，无量无边，不可思议，一切世间诸天及人皆不能知，去、来、现在所有一切声闻、独觉亦不能知，唯除如来威神之力。何等为十？所谓：

一切诸佛于尽虚空遍法界一切世界兜率陀天，皆现受生，修菩萨行，作大佛事，无量色相，无量威德，无量光明，无量音声，无量言辞，无量三昧，无量智慧，所行境界摄取一切人、天、魔、梵、沙门、婆罗门、阿修罗等，大慈无碍，大悲究竟，平等饶益一切众生，或令生天，或令生人，或净其根，或调其心，或时为说差别三乘，或时为说圆满一乘，普皆济度，令出生死，是为第一广大佛事。

佛子！一切诸佛从兜率天降神母胎，以究竟三昧观受生法如幻、如化、如影、如空、如热时焰，随乐而受，无量无碍，入无诤法，起无著智，离欲清净，成就广大妙庄严藏，受最后身，住大宝庄严楼阁而作佛事，或以神力而作佛事，或以正念而作佛事，或现神通而作佛事，或现智日而作佛事，或现诸佛广大境界而作佛事，或现诸佛无量光明而作佛事，或入无数广大三昧而作佛事，或现从彼诸三昧起而作佛事。佛子！如来尔时在母胎中，为欲利益一切世间种种示现而作佛事。所谓：或现初生，或现童子，或现在宫，或现出家，或复示现成等正觉，或复示现转妙法轮，或示现于入般涅槃，如是皆以种种方便，于一切方、一切网、一切族、一切种、一切世界中而作佛事。是为第二广大佛事。

佛子！一切诸佛一切善业皆已清净，一切生智皆已明洁，而以生法诱导群迷，令其开悟，具行众善。为众生故，示诞王宫，一切诸佛于诸色欲宫殿妓乐皆已舍离，无所贪染，常观诸有空无体性，一切乐具悉不真实，持佛净戒究竟圆满；观诸内宫妻妾、侍从生大悲愍，观诸众生虚妄不实起大慈心，观诸世间无一可乐而生大喜，于一切法心得自在而起大舍；具佛功德，现生法界，身相圆满，眷属清净，而于一切皆无所著；以随类音为众演说，令于世法深生厌离，如其所行示所得果，复以方便随应教化；未成熟者令其成熟，已成熟者令得解脱，为作佛事令不退转；复以广大慈悲之心，恒为众生说种种法，又为示现三种自在，令其开悟，心得清净。虽处内宫，众所咸睹，而于一切诸世界中施作佛事；以大智慧，以大精进，示现种种诸佛神通，无碍无尽。恒住三种巧方便业，所谓：身业究竟清净、语业常随智慧而行、意业甚深无有障碍，以是方便利益众生。是为第三广大佛事。

佛子！一切诸佛示处种种庄严宫殿，观察厌离，舍而出家，欲使众生了知世法皆是妄想、无常、败坏，深起厌离，不生染著，永断世间贪爱烦恼，修清净行，利益众生。当出家时，舍俗威仪，住无诤法，满足本愿无量功德，以大智光灭世痴闇，为诸世间无上福田，常为众生赞佛功德，令于佛所植诸善本，以智慧眼见真实义；复为众生赞说出家，清净无过，永得出离，长为世间智慧高幢。是为第四广大佛事。

佛子！一切诸佛具一切智，于无量法悉已知见，菩提树下成最正觉，降伏众魔，威德特尊。其身充满一切世界，神力所作无边无尽，于一切智所行之义皆得自在，修诸功德悉已圆满。其菩提座具足庄严，周遍十方一切世界，佛处其上转妙法轮，说诸菩萨所有行愿，开示无量诸佛境界，令诸菩萨皆得悟入，修行种种清净妙行。复能示导一切众生令种善根，生于如来平等地中，住诸菩萨无边妙行，成就一切功德胜法，一切世界、一切众生、一切佛刹、一切诸法、一切菩萨、一切教化、一切三世、一切调伏、一切神变、一切众生心之乐欲，悉善了知而作佛事。是为第五广大佛事。

佛子！一切诸佛转不退法轮，令诸菩萨不退转故；转无量法轮，令一切世间咸了知故；转开悟一切法轮，能大无畏师子吼故；转一切法智藏法轮，开法藏门，除闇障故；转无碍法轮，等虚空故；转无著法轮，观一切法非有无故；转照世法轮，令一切众生净法眼故；转开示一切智法轮，悉遍一切三世法故；转一切佛同一法轮，一切佛法不相违故。一切诸佛以如是等无量无数百千亿那由他法轮，随诸众生心行差别而作佛事不可思议。是为第六广大佛事。

佛子！一切诸佛入于一切王都城邑，为诸众生而作佛事，所谓：人王都邑、天王都邑，龙王、夜叉王、乾闼婆王、阿修罗王、迦楼罗王、紧那罗王、摩睺罗伽王、罗刹王、毗舍阇王，如是等王一切都邑。入城门时，大地震动，光明普照，盲者得眼，聋者得耳，狂者得心，裸者得衣，诸忧苦者悉得安乐；一切乐器不鼓自鸣，诸庄严具若著、不著咸出妙音，众生闻者无不欣乐。一切诸佛色身清净，相好具足，见者无厌，能为众生作于佛事。所谓：若顾视，若观察，若动转，若屈伸，若行，若住，若坐，若卧，若默，若语，若现神通，若为说法，若有教敕，如是一切皆为众生而作佛事。一切诸佛普于一切无数世界种种众生心乐海中，劝令念佛，常勤观察，种诸善根，修菩萨行；叹佛色相微妙第一，一切众生难可值遇，若有得见而兴信心，则生一切无量善法，集佛功德普皆清净。如是称赞佛功德已，分身普往十方世界，令诸众生，悉得瞻奉，思惟观察，承事供养，种诸善根，得佛欢喜，增长佛种，悉当成佛。以如是行而作佛事，或为众生示现色身，或出妙音，或但微笑，令其信乐，头顶礼敬，曲躬合掌，称扬赞叹，问讯起居而作佛事。一切诸佛以如是等无量无数不可言说不可思议种种佛事，于一切世界中，随诸众生心之所乐，以本愿力、大慈悲力、一切智力，方便教化，悉令调伏。是为第七广大佛事。

佛子！一切诸佛或住阿兰若处而作佛事；或住寂静处而作佛事；或住空闲处而作佛事；或住佛住处而作佛事；或住三昧而作佛事；或独处园林而作佛事；或隐身不现而作佛事；或住甚深智而作佛事；或住诸佛无比境界而作佛事；或住不可见种种身行，随诸众生心乐欲解，方便教化无有休息，而作佛事；或以天身，求一切智而作佛事；或以龙身、夜叉身、乾闼婆身、阿修罗身、迦楼罗身、紧那罗身、摩睺罗伽、人、非人等身，求一切智而作佛事；或以声闻身、独觉身、菩萨身，求一切智而作佛事；或时说法，或时寂默，而作佛事；或说一佛，或说多佛，而作佛事；或说诸菩萨一切行、一切愿，为一行愿而作佛事；或说诸菩萨一行、一愿，为无量行愿而作佛事；或说佛境界即世间境界而作佛事；或说世间境界即佛境界而作佛事；或说佛境界即非境界而作佛事；或住一日，或住一夜，或住半月，或住一月，或住一年，乃至住不可说劫，为诸众生而作佛事。是为第八广大佛事。

佛子！一切诸佛是生清净善根之藏，令诸众生于佛法中生净信解，诸根调伏，永离世间；令诸菩萨于菩提道，具智慧明，不由他悟。或现涅槃而作佛事；或现世间皆悉无常而作佛事；或说佛身而作佛事；或说所作皆悉已办而作佛事；或说功德圆满无缺而作佛事；或说永断诸有根本而作佛事；或令众生，厌离世间，随顺佛心，而作佛事；或说寿命终归于尽而作佛事；或说世间无一可乐而作佛事；或为宣说尽未来际供养诸佛而作佛事；或说诸佛转净法轮，令其得闻生大欢喜，而作佛事；或为宣说诸佛境界，令其发心而修诸行，而作佛事；或为宣说念佛三昧，令其发心常乐见佛，而作佛事；或为宣说诸根清净，勤求佛道，心无懈退，而作佛事；或诣一切诸佛国土，观诸境界种种因缘而作佛事；或摄一切诸众生身皆为佛身，令诸懈怠放逸众生悉住如来清净禁戒，而作佛事。是为第九广大佛事。

佛子！一切诸佛入涅槃时，无量众生悲号涕泣，生大忧恼，递相瞻顾而作是言：如来世尊有大慈悲，哀愍饶益一切世间，与诸众生为救为归。如来出现难可值遇，无上福田于今永灭。即以如是，令诸众生悲号恋慕，而作佛事。复为化度一切天人、龙神、夜叉、乾闼婆、阿修罗、迦楼罗、紧那罗、摩睺罗伽、人、非人等故，随其乐欲，自碎其身以为舍利，无量无数不可思议，令诸众生起净信心，恭敬尊重，欢喜供养，修诸功德，具足圆满。复起于塔，种种严饰，于诸天宫、龙宫、夜叉宫，乾闼婆、阿修罗、迦楼罗、紧那罗、摩睺罗伽、人、非人等诸宫殿中，以为供养。牙齿、爪发咸以起塔，令其见者皆悉念佛、念法、念僧，信乐不回，诚敬尊重，在在处处布施供养、修诸功德；以是福故，或生天上，或处人间，种族尊荣，财产备足，所有眷属悉皆清净，不入恶趣，常生善道，恒得见佛，具众白法，于三有中速得出离，各随所愿获自乘果，于如来所知恩报恩，永与世间作所归依。佛子！诸佛世尊虽般涅槃，仍与众生作不思议清净福田、无尽功德最上福田，令诸众生善根具足、福德圆满。是为第十广大佛事。

佛子！此诸佛事无量广大、不可思议，一切世间诸天及人及去来今声闻、独觉皆不能知，唯除如来威神所加。

佛子！诸佛世尊有十种无二行自在法。何等为十？所谓：一切诸佛悉能善说，授记言辞，决定无二；一切诸佛悉能随顺众生心念，令其意满，决定无二；一切诸佛悉能现觉一切诸法，演说其义，决定无二；一切诸佛悉能具足去、来、今世诸佛智慧，决定无二；一切诸佛悉知三世一切刹那即一刹那，决定无二；一切诸佛悉知三世一切佛刹入一佛刹，决定无二；一切诸佛悉知三世一切佛语即一佛语，决定无二；一切诸佛悉知三世一切诸佛，与其所化一切众生，体性平等，决定无二；一切诸佛悉知世法及诸佛法性无差别，决定无二；一切诸佛悉知三世一切诸佛所有善根同一善根，决定无二。是为十。

佛子！诸佛世尊有十种住，住一切法。何等为十？所谓：一切诸佛住觉悟一切法界；一切诸佛住大悲语；一切诸佛住本大愿；一切诸佛住不舍调伏众生；一切诸佛住无自性法；一切诸佛住平等利益；一切诸佛住无忘失法；一切诸佛住无障碍心；一切诸佛住恒正定心；一切诸佛住等入一切法，不违实际相。是为十。

佛子！诸佛世尊有十种知一切法尽无有余。何等为十？所谓：知过去一切法尽无有余；知未来一切法尽无有余；知现在一切法尽无有余；知一切言语法尽无有余；知一切世间道尽无有余；知一切众生心尽无有余；知一切菩萨善根上、中、下种种分位尽无有余；知一切佛圆满智及诸善根不增不减尽无有余；知一切法皆从缘起尽无有余；知一切世界种尽无有余；知一切法界中如因陀罗网诸差别事尽无有余。是为十。

佛子！诸佛世尊有十种力。何等为十？所谓：广大力、最上力、无量力、大威德力、难获力、不退力、坚固力、不可坏力、一切世间不思议力、一切众生无能动力。是为十。

佛子！诸佛世尊有十种大那罗延幢勇健法。何者为十？所谓：

一切诸佛，身不可坏，命不可断，世间毒药所不能中，一切世界水、火、风灾皆于佛身不能为害。一切诸魔、天、龙、夜叉、乾闼婆、阿修罗、迦楼罗、紧那罗、摩睺罗伽、人、非人、毗舍阇、罗刹等，尽其势力，雨大金刚如须弥山及铁围山，遍于三千大千世界，一时俱下，不能令佛心有惊怖，乃至一毛亦不摇动，行、住、坐、卧初无变易。佛所住处四方远近，不令其下则不能雨；假使不制而从雨之，终不为损。若有众生为佛所持及佛所使，尚不可害，况如来身！是为诸佛第一大那罗延幢勇健法。佛子！一切诸佛以一切法界诸世界中须弥山王，及铁围山、大铁围山、大海、山林、宫殿、屋宅，置一毛孔，尽未来劫，而诸众生不觉不知，唯除如来神力所被。佛子！尔时，诸佛于一毛孔持于尔所一切世界，尽未来劫，或行、或住、或坐、或卧，不生一念劳倦之心。佛子！譬如虚空普持一切遍法界中所有世界而无劳倦，一切诸佛于一毛孔持诸世界亦复如是。是为诸佛第二大那罗延幢勇健法。

佛子！一切诸佛能于一念起不可说不可说世界微尘数步，一一步过不可说不可说佛刹微尘数国土，如是而行，经一切世界微尘数劫。佛子！假使有一大金刚山，与上所经一切佛刹其量正等。如是量等大金刚山，有不可说不可说佛刹微尘数，诸佛能以如是诸山置一毛孔。佛身毛孔与法界中一切众生毛孔数等，一一毛孔悉置尔许大金刚山，持尔许山游行十方，入尽虚空一切世界，从于前际尽未来际，一切诸劫无有休息，佛身无损亦不劳倦，心常在定无有散乱。是为诸佛第三大那罗延幢勇健法。

佛子！一切诸佛一坐食已，结跏趺坐，经前后际不可说劫，入佛所受不思议乐，其身安住，寂然不动，亦不废舍化众生事。佛子！假使有人于遍虚空一一世界悉以毛端次第度量，诸佛能于一毛端处结跏趺坐，尽未来劫；如一毛端处，一切毛端处悉亦如是。佛子！假使十方一切世界所有众生，一一众生其身大小悉与不可说佛刹微尘数世界量等，轻重亦尔，诸佛能以尔所众生置一指端，尽于后际所有诸劫；一切指端皆亦如是，尽持尔许一切众生入遍虚空一一世界，尽于法界悉使无余，而佛身心曾无劳倦。是为诸佛第四大那罗延幢勇健法。

佛子！一切诸佛能于一身化现不可说不可说佛刹微尘数头，一一头化现不可说不可说佛刹微尘数舌，一一舌化出不可说不可说佛刹微尘数差别音声——法界众生靡不皆闻，一一音声演不可说不可说佛刹微尘数修多罗藏，一一修多罗藏演不可说不可说佛刹微尘数法，一一法有不可说不可说佛刹微尘数文字句义；如是演说，尽不可说不可说佛刹微尘数劫；尽是劫已，复更演说，尽不可说不可说佛刹微尘数劫；如是次第，乃至尽于一切世界微尘数，尽一切众生心念数。未来际劫犹可穷尽，如来化身所转法轮无有穷尽。所谓：智慧演说法轮、断诸疑惑法轮、照一切法法轮、开无碍藏法轮、令无量众生欢喜调伏法轮、开示一切诸菩萨行法轮、高升圆满大智慧日法轮、普然照世智慧明灯法轮、辩才无畏种种庄严法轮。如一佛身以神通力转如是等差别法轮，一切世法无能为喻。如是，尽虚空界一一毛端分量之处，有不可说不可说佛刹微尘数世界，一一世界中念念现不可说不可说佛刹微尘数化身，一一化身皆亦如是，所说音声文字句义，一一充满一切法界，其中众生皆得解了，而佛言音无变、无断、无有穷尽。是为诸佛第五大那罗延幢勇健法。

佛子！一切诸佛皆以德相庄严胸臆，犹若金刚不可损坏，菩提树下结跏趺坐。魔王军众其数无边，种种异形甚可怖畏，众生见者靡不惊慑，悉发狂乱或时致死。如是魔众遍满虚空，如来见之，心无恐怖，容色不变，一毛不竖，不动不乱，无所分别，离诸喜怒，寂然清净，住佛所住，具慈悲力，诸根调伏，心无所畏，非诸魔众所能倾动，而能摧伏一切魔军，皆使回心，稽首归依，然后复以三轮教化，令其悉发阿耨多罗三藐三菩提意永不退转。是为诸佛第六大那罗延幢勇健法。

佛子！一切诸佛有无碍音，其音普遍十方世界，众生闻者自然调伏。彼诸如来所出音声，须弥卢等一切诸山不能为障，天宫、龙宫、夜叉宫、乾闼婆、阿修罗、迦楼罗、紧那罗、摩睺罗伽、人、非人等一切诸宫所不能障，一切世界高大音声亦不能障。随所应化，一切众生靡不皆闻，文字句义悉得解了。是为诸佛第七大那罗延幢勇健法。

佛子！一切诸佛心无障碍，于百千亿那由他不可说不可说劫，恒善清净。去、来、现在一切诸佛同一体性，无浊、无翳、无我、无我所，非内、非外，了境空寂，不生妄想；无所依，无所作，不住诸相，永断分别；本性清净，舍离一切攀缘忆念，于一切法常无违诤；住于实际，离欲清净，入真法界，演说无尽；离量、非量所有妄想，绝为、无为一切言说，于不可说无边境界悉已通达；无碍无尽智慧方便，成就十力一切功德庄严清净，演说种种无量诸法，皆与实相不相违背；于诸法界三世诸法，悉等无异，究竟自在；入一切法最胜之藏，一切法门正念不惑，安住十方一切佛刹而无动转；得不断智，知一切法究竟无余，尽诸有漏，心善解脱，慧善解脱，住于实际，通达无碍，心常正定；于三世法及以一切众生心行，一念了达，皆无障碍。是为诸佛第八大那罗延幢勇健法。

佛子！一切诸佛同一法身、境界无量身、功德无边身、世间无尽身、三界不染身、随念示现身、非实非虚平等清净身、无来无去无为不坏身、一相无相法自性身、无处无方遍一切身、神变自在无边色相身、种种示现普入一切身、妙法方便身、智藏普照身、示法平等身、普遍法界身、无动无分别非有非无常清净身、非方便非不方便非灭非不灭随所应化一切众生种种信解而示现身、从一切功德宝所生身、具一切诸佛法真如身、本性寂静无障碍身、成就一切无碍法身、遍住一切清净法界身、分形普遍一切世间身、无攀缘无退转永解脱具一切智普了达身，是为诸佛第九大那罗延幢勇健法。

佛子！一切诸佛等悟一切诸如来法，等修一切诸菩萨行；若愿若智，清净平等，犹如大海，悉得满足；行力尊胜，未曾退怯，住诸三昧无量境界，示一切道，劝善诫恶；智力第一演法无畏，随有所问悉能善答，智慧说法平等清净，身、语、意行悉皆无杂，住佛所住诸佛种性，以佛智慧而作佛事；住一切智，演无量法，无有根本，无有边际，神通智慧不可思议，一切世间无能解了；智慧深入，见一切法微妙广大无量无边，三世法门咸善通达，一切世界悉能开晓；以出世智，于诸世间作不可说种种佛事，成不退智，入诸佛数；虽已证得不可言说离文字法，而能开示种种言辞；以普贤智集诸善行，成就一念相应妙慧，于一切法悉能觉了，如先所念一切众生，皆依自乘而施其法；一切诸法、一切世界、一切众生、一切三世，于法界内，如是境界其量无边，以无碍智悉能知见。佛子！一切诸佛于一念顷，随所应化出兴于世，住清净土，成等正觉，现神通力，开悟三世一切众生心、意及识不失于时。佛子！众生无边，世界无边，法界无边，三世无边，诸佛最胜亦无有边，悉现于中成等正觉，以佛智慧方便开悟无有休息。佛子！一切诸佛以神通力，现最妙身，住无边处，大悲方便，心无障碍，于一切时常为众生演说妙法。是为诸佛第十大那罗延幢勇健法。

佛子！此一切诸佛大那罗延幢勇健法无量无边、不可思议，去、来、现在一切众生及以二乘不能解了，唯除如来神力所加。

佛子！诸佛世尊有十种决定法。何等为十？所谓：一切诸佛定从兜率寿尽下生；一切诸佛定示受生，处胎十月；一切诸佛定厌世俗，乐求出家；一切诸佛决定坐于菩提树下成等正觉，悟诸佛法；一切诸佛定于一念悟一切法，一切世界示现神力；一切诸佛定能应时转妙法轮；一切诸佛定能随彼所种善根，应时说法而为授记；一切诸佛定能应时为作佛事；一切诸佛定能为诸成就菩萨而授记别；一切诸佛定能一念普答一切众生所问。是为十。

佛子！诸佛世尊有十种速疾法。何等为十？所谓：一切诸佛若有见者，速得远离一切恶趣；一切诸佛若有见者，速得圆满殊胜功德；一切诸佛若有见者，速能成就广大善根；一切诸佛若有见者，速得往生净妙天上；一切诸佛若有见者，速能除断一切疑惑；一切诸佛若已发菩提心而得见者，速得成就广大信解永不退转，能随所应教化众生，若未发心即能速发阿耨多罗三藐三菩提心；一切诸佛若未入正位而得见者，速入正位；一切诸佛若有见者，速能清净世、出世间一切诸根；一切诸佛若有见者，速得除灭一切障碍；一切诸佛若有见者，速能获得无畏辩才。是为十。

佛子！诸佛世尊有十种应常忆念清净法。何等为十？所谓：一切诸佛过去因缘，一切菩萨应常忆念；一切诸佛清净胜行，一切菩萨应常忆念；一切诸佛满足诸度，一切菩萨应常忆念；一切诸佛成就大愿，一切菩萨应常忆念；一切诸佛积集善根，一切菩萨应常忆念；一切诸佛已具梵行，一切菩萨应常忆念；一切诸佛现成正觉，一切菩萨应常忆念；一切诸佛色身无量，一切菩萨应常忆念；一切诸佛神通无量，一切菩萨应常忆念；一切诸佛十力无畏，一切菩萨应常忆念。是为十。

佛子！诸佛世尊有十种一切智住。何等为十？所谓：一切诸佛于一念中，悉知三世一切众生心、心所行；一切诸佛于一念中，悉知三世一切众生所集诸业及业果报；一切诸佛于一念中，悉知一切众生所宜，以三种轮教化调伏；一切诸佛于一念中，尽知法界一切众生所有心相，于一切处普现佛兴，令其得见，方便摄受；一切诸佛于一念中，普随法界一切众生心乐欲解，示现说法，令其调伏；一切诸佛于一念中，悉知法界一切众生心之所乐，为现神力；一切诸佛于一念中，遍一切处，随所应化一切众生示现出兴，为说佛身不可取著；一切诸佛于一念中，普至法界一切处一切众生彼彼诸道；一切诸佛于一念中，随诸众生有忆念者，在在处处无不往应；一切诸佛于一念中，悉知一切众生解欲，为其示现无量色相。是为十。

佛子！诸佛世尊有十种无量不可思议佛三昧。何等为十？所谓：一切诸佛恒在正定，于一念中遍一切处，普为众生广说妙法；一切诸佛恒在正定，于一念中遍一切处，普为众生说无我际；一切诸佛恒住正定，于一念中遍一切处，普入三世；一切诸佛恒在正定，于一念中遍一切处，普入十方广大佛刹；一切诸佛恒在正定，于一念中遍一切处，普现无量种种佛身；一切诸佛恒在正定，于一念中遍一切处，随诸众生种种心解现身、语、意；一切诸佛恒在正定，于一念中遍一切处，说一切法离欲真际；一切诸佛恒住正定，于一念中遍一切处，演说一切缘起自性；一切诸佛恒住正定，于一念中遍一切处，示现无量世、出世间广大庄严，令诸众生常得见佛；一切诸佛恒住正定，于一念中遍一切处，令诸众生悉得通达一切佛法、无量解脱，究竟到于无上彼岸。是为十。

佛子！诸佛世尊有十种无碍解脱。何等为十？所谓：一切诸佛能于一尘现不可说不可说诸佛出兴于世；一切诸佛能于一尘现不可说不可说诸佛转净法轮；一切诸佛能于一尘现不可说不可说众生受化调伏；一切诸佛能于一尘现不可说不可说诸佛国土；一切诸佛能于一尘现不可说不可说菩萨授记；一切诸佛能于一尘现去、来、今一切诸佛；一切诸佛能于一尘现去、来、今诸世界种；一切诸佛能于一尘现去、来、今一切神通；一切诸佛能于一尘现去、来、今一切众生；一切诸佛能于一尘现去、来、今一切佛事。是为十。

大方广佛华严经卷第四十八

如来十身相海品第三十四

尔时，普贤菩萨摩诃萨告诸菩萨言：

佛子！今当为汝演说如来所有相海。

佛子！如来顶上有三十二宝庄严大人相。其中有大人相，名：光照一切方普放无量大光明网，一切妙宝以为庄严，宝发周遍，柔软密致，一一咸放摩尼宝光，充满一切无边世界，悉现佛身色相圆满，是为一。次有大人相，名：佛眼光明云，以摩尼王种种庄严出金色光，如眉间毫相所放光明，其光普照一切世界，是为二。次有大人相，名：充满法界云，上妙宝轮以为庄严，放于如来福智灯明，普照十方一切法界诸世界海，于中普现一切诸佛及诸菩萨，是为三。次有大人相，名：示现普照云，真金摩尼种种庄严，其诸妙宝咸放光明，照不思议诸佛国土，一切诸佛于中出现，是为四。次有大人相，名：放宝光明云，摩尼宝王清净庄严，毗琉璃宝以为华蕊，光照十方一切法界，于中普现种种神变，赞叹如来往昔所行智慧功德，是为五。次有大人相，名：示现如来遍法界大自在云，菩萨神变宝焰摩尼以为其冠，具如来力觉悟一切宝焰光轮以为其鬘，其光普照十方世界，于中示现一切如来坐于道场，一切智云充满虚空无量法界，是为六。次有大人相，名：如来普灯云，以能震动法界国土大自在宝海而为庄严，放净光明充满法界，于中普现十方诸菩萨功德海、过现未来佛智慧幢海，是为七。次有大人相，名：普照诸佛广大云，因陀罗宝、如意王宝、摩尼王宝以为庄严，常放菩萨焰灯光明，普照十方一切世界，于中显现一切诸佛众色相海、大音声海、清净力海，是为八。次有大人相，名：圆满光明云，上妙琉璃摩尼王种种宝华以为庄严，一切众宝舒大焰网充满十方，一切世界一切众生悉见如来现坐其前，赞叹诸佛及诸菩萨法身功德，令入如来清净境界，是为九。次有大人相，名：普照一切菩萨行藏光明云，众宝妙华以为庄严，宝光普照无量世界，宝焰普覆一切国土，十方法界通达无碍，震动佛音宣畅法海，是为十。次有大人相，名：普光照耀云，毗琉璃、因陀罗、金刚摩尼宝以为庄严，琉璃宝光色相明彻，普照一切诸世界海，出妙音声充满法界，如是皆从诸佛智慧大功德海之所化现，是为十一。次有大人相，名：正觉云，以杂宝华而为庄严，其诸宝华悉放光明，皆有如来坐于道场，充满一切无边世界，令诸世界普得清净，永断一切妄想分别，是为十二。次有大人相，名：光明照曜云，以宝焰藏海心王摩尼而为庄严，放大光明，光中显现无量菩萨及诸菩萨所行之行，一切如来智身、法身、诸色相海充满法界，是为十三。次有大人相，名：庄严普照云，以金刚华、毗琉璃宝而为庄严，放大光明，光中有大宝莲华座，具足庄严，弥覆法界，自然演说四菩萨行，其音普遍诸法界海，是为十四。次有大人相，名：现佛三昧海行云，于一念中示现如来无量庄严，普遍庄严一切法界不思议世界海，是为十五。次有大人相，名：变化海普照云，妙宝莲华如须弥山以为庄严，众宝光明从佛愿生，现诸变化无有穷尽，是为十六。次有大人相，名：一切如来解脱云，清净妙宝以为庄严，放大光明庄严一切佛师子座，示现一切诸佛色像及无量佛法诸佛刹海，是为十七。次有大人相，名：自在方便普照云，毗琉璃华、真金莲华、摩尼王灯、妙法焰云以为庄严，放一切诸佛宝焰密云，清净光明充满法界，于中普现一切妙好庄严之具，是为十八。次有大人相，名：觉佛种性云，无量宝光以为庄严，具足千轮，内外清净，从于往昔善根所生，其光遍照十方世界，发明智日，宣布法海，是为十九。次有大人相，名：现一切如来相自在云，众宝璎珞、琉璃宝华以为庄严，舒大宝焰充满法界，于中普现等一切佛刹微尘数去、来、现在无量诸佛，如师子王勇猛无畏，色相、智慧皆悉具足，是为二十。次有大人相，名：遍照一切法界云，如来宝相清净庄严，放大光明普照法界，显现一切无量无边诸佛菩萨智慧妙藏，是为二十一。次有大人相，名：毗卢遮那如来相云，上妙宝华及毗琉璃清净妙月以为庄严，悉放无量百千万亿摩尼宝光，充满一切虚空法界，于中示现无量佛刹，皆有如来结跏趺坐，是为二十二。次有大人相，名：普照一切佛光明云，众宝妙灯以为庄严，放净光明遍照十方一切世界，悉现诸佛转于法轮，是为二十三。次有大人相，名：普现一切庄严云，种种宝焰以为庄严，放净光明充满法界，念念常现不可说不可说一切诸佛与诸菩萨坐于道场，是为二十四。次有大人相，名：出一切法界音声云，摩尼宝海、上妙栴檀以为庄严，舒大焰网充满法界，其中普演微妙音声，示诸众生一切业海，是为二十五。次有大人相，名：普照诸佛变化轮云，如来净眼以为庄严，光照十方一切世界，于中普现去、来、今佛所有一切庄严之具，复出妙音演不思议广大法海，是为二十六。次有大人相，名：光照佛海云，其光普照一切世界，尽于法界无所障碍，悉有如来结跏趺坐，是为二十七。次有大人相，名：宝灯云，放于如来广大光明，普照十方一切法界，于中普现一切诸佛及诸菩萨不可思议诸众生海，是为二十八。次有大人相，名：法界无差别云，放于如来大智光明，普照十方诸佛国土、一切菩萨道场众会无量法海，于中普现种种神通，复出妙音，随诸众生心之所乐演说普贤菩萨行愿，令其回向，是为二十九。次有大人相，名：安住一切世界海普照云，放宝光明充满一切虚空法界，于中普现净妙道场及佛菩萨庄严身相，令其见者得无所见，是为三十。次有大人相，名：一切宝清净光焰云，放于无量诸佛菩萨摩尼妙宝清净光明，普照十方一切法界，于中普现诸菩萨海，莫不具足如来神力，常游十方尽虚空界一切刹网，是为三十一。次有大人相，名：普照一切法界庄严云，最处于中，渐次隆起，阎浮檀金、因陀罗网以为庄严，放净光云充满法界，念念常现一切世界诸佛菩萨道场众会，是为三十二。佛子！如来顶上有如是三十二种大人相以为严好。

佛子！如来眉间有大人相，名：遍法界光明云，摩尼宝华以为庄严，放大光明，具众宝色，犹如日月洞彻清净，其光普照十方国土，于中显现一切佛身，复出妙音宣畅法海，是为三十三。如来眼有大人相，名：自在普见云，以众妙宝而为庄严，摩尼宝光清净映彻，普见一切皆无障碍，是为三十四。如来鼻有大人相，名：一切神通智慧云，清净妙宝以为庄严，众宝色光弥覆其上，于中出现无量化佛坐宝莲华，往诸世界为一切菩萨、一切众生演不思议诸佛法海，是为三十五。如来舌有大人相，名：示现音声影像云，众色妙宝以为庄严，宿世善根之所成就，其舌广长遍覆一切诸世界海，如来若或熙怡微笑，必放一切摩尼宝光，其光普照十方法界，能令一切心得清凉，去、来、现在所有诸佛皆于光中炳然显现，悉演广大微妙之音，遍一切刹，住无量劫，是为三十六。如来舌复有大人相，名：法界云，其掌安平，众宝为严，放妙宝光色相圆满，犹如眉间所放光明，其光普照一切佛刹，唯尘所成，无有自性，光中复现无量诸佛，咸发妙音说一切法，是为三十七。如来舌端有大人相，名：照法界光明云，如意宝王以为庄严，自然恒出金色宝焰，于中影现一切佛海，复震妙音充满一切无边世界，一一音中具一切音，悉演妙法，听者心悦，经无量劫玩味不忘，是为三十八。如来舌端复有大人相，名：照耀法界云，摩尼宝王以为严饰，演众色相微妙光明，充满十方无量国土，尽于法界靡不清净，于中悉有无量诸佛及诸菩萨各吐妙音种种开示，一切菩萨现前听受，是为三十九。如来口上龥有大人相，名：示现不思议法界云，因陀罗宝、毗琉璃宝以为庄严，放香灯焰清净光云，充满十方一切法界，示现种种神通方便，普于一切诸世界海开演甚深不思议法，是为四十。如来口右辅下牙有大人相，名：佛牙云，众宝摩尼卍字相轮以为庄严，放大光明普照法界，于中普现一切佛身，周流十方开悟群生，是为四十一。如来口右辅上牙有大人相，名：宝焰弥卢藏云，摩尼宝藏以为庄严，放金刚香焰清净光明，一一光明充满法界，示现一切诸佛神力，复现一切十方世界净妙道场，是为四十二。如来口左辅下牙有大人相，名：宝灯普照云，一切妙宝舒华发香以为庄严，放灯焰云清净光明，充满一切诸世界海，于中显现一切诸佛坐莲华藏师子之座，诸菩萨众所共围绕，是为四十三。如来口左辅上牙有大人相，名：照现如来云，清净光明、阎浮檀金、宝网、宝华以为庄严，放大焰轮充满法界，于中普现一切诸佛，以神通力于虚空中流布法乳、法灯、法宝，教化一切诸菩萨众，是为四十四。如来齿有大人相，名：普现光明云，一一齿间相海庄严，若微笑时悉放光明，具众宝色摩尼宝焰右旋宛转，流布法界靡不充满，演佛言音说普贤行，是为四十五。如来唇有大人相，名：影现一切宝光云，放阎浮檀真金色、莲华色、一切宝色广大光明，照于法界悉令清净，是为四十六。

如来颈有大人相，名：普照一切世界云，摩尼宝王以为庄严，绀蒲成就柔软细滑，放毗卢遮那清净光明，充满十方一切世界，于中普现一切诸佛，是为四十七。如来右肩有大人相，名：佛广大一切宝云，放一切宝色、真金色、莲华色光明，成宝焰网普照法界，于中普现一切菩萨，是为四十八。如来右肩复有大人相，名：最胜宝普照云，其色清净如阎浮金，放摩尼光充满法界，于中普现一切菩萨，是为四十九。如来左肩有大人相，名：最胜光照法界云，犹如顶上及以眉间种种庄严，放阎浮檀金及莲华色众宝光明，成大焰网充满法界，于中示现一切神力，是为五十。如来左肩复有大人相，名：光明遍照云，其相右旋，阎浮檀金色摩尼宝王以为庄严，放众宝华，香焰光明充遍法界，于中普现一切诸佛及以一切严净国土，是为五十一。如来左肩复有大人相，名：普照耀云，其相右旋，微密庄严，放佛灯焰云，清净光明充遍法界，于中显现一切菩萨种种庄严悉皆妙好，是为五十二。如来胸臆有大人相，形如卍字，名：吉祥海云，摩尼宝华以为庄严，放一切宝色种种光焰轮，充满法界普令清净，复出妙音宣畅法海，是为五十三。吉祥相右边有大人相，名：示现光照云，因陀罗网以为庄严，放大光轮充满法界，于中普现无量诸佛，是为五十四。吉祥相右边复有大人相，名：普现如来云，以诸菩萨摩尼宝冠而为庄严，放大光明普照十方一切世界悉令清净，于中示现去、来、今佛坐于道场，普现神力广宣法海，是为五十五。吉祥相右边复有大人相，名：开敷华云，摩尼宝华以为庄严，放宝香焰灯清净光明，状如莲华，充满世界，是为五十六。吉祥相右边复有大人相，名：可悦乐金色云，以一切宝心王藏摩尼王而为庄严，放净光明照于法界，于中普现犹如佛眼广大光明摩尼宝藏，是为五十七。吉祥相右边复有大人相，名：佛海云，毗琉璃宝、香灯、华鬘以为庄严，放满虚空摩尼宝王香灯大焰清净光明，充遍十方一切国土，于中普现道场众会，是为五十八。吉祥相左边有大人相，名：示现光明云，无数菩萨坐宝莲华以为庄严，放摩尼王种种间错宝焰光明，普净一切诸法界海，于中示现无量诸佛，及佛妙音演说诸法，是为五十九。吉祥相左边复有大人相，名：示现遍法界光明云，摩尼宝海以为庄严，放大光明遍一切刹，于中普现诸菩萨众，是为六十。吉祥相左边复有大人相，名：普胜云，日光明摩尼王宝轮鬘而为庄严，放大光焰充满法界诸世界海，于中示现一切世界、一切如来、一切众生，是为六十一。吉祥相左边复有大人相，名：转法轮妙音云，一切法灯清净香蕊以为庄严，放大光明充满法界，于中普现一切诸佛所有相海及以心海，是为六十二。吉祥相左边复有大人相，名：庄严云，以去、来、今一切佛海而为庄严，放净光明严净一切诸佛国土，于中普现十方一切诸佛菩萨及佛菩萨所行之行，是为六十三。

如来右手有大人相，名：海照云，众宝庄严，恒放月焰清净光明，充满虚空一切世界，发大音声叹美一切诸菩萨行，是为六十四。如来右手复有大人相，名：影现照耀云，以毗琉璃、帝青、摩尼宝华而为庄严，放大光明普照十方菩萨所住莲华藏、摩尼藏等一切世界，于中悉现无量诸佛，以净法身坐菩提树，震动一切十方国土，是为六十五。如来右手复有大人相，名：灯焰鬘普严净云，毗卢遮那宝以为庄严，放大光明成变化网，于中普现诸菩萨众，咸戴宝冠演诸行海，是为六十六。如来右手复有大人相，名：普现一切摩尼云，莲华焰灯而为庄严，放海藏光充遍法界，于中普现无量诸佛坐莲华座，是为六十七。如来右手复有大人相，名：光明云，摩尼焰海以为庄严，放众宝焰、香焰、华焰清净光明，充满一切诸世界网，于中普现诸佛道场，是为六十八。如来左手有大人相，名：毗琉璃清净灯云，宝地妙色以为庄严，放于如来金色光明，念念常现一切上妙庄严之具，是为六十九。如来左手复有大人相，名：一切刹智慧灯音声云，以因陀罗网、金刚华而为庄严，放阎浮檀金清净光明，普照十方一切世界，是为七十。如来左手复有大人相，名：安住宝莲华光明云，众宝妙华以为庄严，放大光明如须弥灯，普照十方一切世界，是为七十一。如来左手复有大人相，名：遍照法界云，以妙宝鬘、宝轮、宝瓶、因陀罗网及众妙相以为庄严，放大光明普照十方一切国土，于中示现一切法界、一切世界海、一切如来坐莲华座，是为七十二。如来右手指有大人相，名：现诸劫刹海旋云，水月焰藏摩尼王一切宝华以为庄严，放大光明充满法界，其中恒出微妙音声满十方刹，是为七十三。如来左手指有大人相，名：安住一切宝云，以帝青、金刚宝而为庄严，放摩尼王众宝光明充满法界，其中普现一切诸佛及诸菩萨，是为七十四。如来右手掌有大人相，名：照耀云，以摩尼王千辐宝轮而为庄严，放宝光明，其光右旋充满法界，于中普现一切诸佛，一一佛身光焰炽然，说法度人，净诸世界，是为七十五。如来左手掌有大人相，名：焰轮普增长化现法界道场云，以日光摩尼王千辐轮而为庄严，放大光明充满一切诸世界海，于中示现一切菩萨，演说普贤所有行海，普入一切诸佛国土，各各开悟无量众生，是为七十六。

　　如来阴藏有大人相，名：普流出佛音声云，一切妙宝以为庄严，放摩尼灯华焰光明，其光炽盛，具众宝色，普照一切虚空法界，其中普现一切诸佛游行往来处处周遍，是为七十七。如来右臀有大人相，名：宝灯鬘普照云，诸摩尼宝以为庄严，放不思议宝焰光明，弥布十方一切法界，与虚空法界同为一相，而能出生一切诸相，一一相中悉现诸佛自在神变，是为七十八。如来左臀有大人相，名：示现一切法界海光明弥覆虚空云，犹如莲华，清净妙宝以为严饰，放光明网遍照十方一切法界，于中普现种种相云，是为七十九。如来右髀有大人相，名：普现云，以众色摩尼而为庄严，其髀与（月耑，音chuan）上下相称，放摩尼焰妙法光明，于一念中能普示现一切宝王游步相海，是为八十。如来左髀有大人相，名：现一切佛无量相海云，一切宝海随顺安住以为庄严，广大游行，放净光明普照众生，悉使希求无上佛法，是为八十一。如来右边伊尼延鹿王（月耑，音chuan）有大人相，名：一切虚空法界云，光明妙宝以为庄严，其相圆直，善能游步，放阎浮金色清净光明，遍照一切诸佛世界，发大音声普皆震动，复现一切诸佛国土，住于虚空宝焰庄严，无量菩萨从中化现，是为八十二。如来左边伊尼延鹿王（月耑，音chuan）有大人相，名：庄严海云，色如真金，能遍游行一切佛刹，放一切宝清净光明，充满法界施作佛事，是为八十三。如来宝上毛有大人相，名：普现法界影像云，其毛右旋，一一毛端放宝光明，充满十方一切法界，示现一切诸佛神力，其诸毛孔悉放光明，一切佛刹于中显现，是为八十四。

如来足下有大人相，名：一切菩萨海安住云，色如金刚、阎浮檀金，清净莲华放宝光明，普照十方诸世界海，宝香焰云处处周遍，举足将步，香气周流，具众宝色充满法界，是为八十五。如来右足上有大人相，名：普照一切光明云，一切众宝以为庄严，放大光明充满法界，示现一切诸佛菩萨，是为八十六。如来左足上有大人相，名：普现一切诸佛云，宝藏摩尼以为庄严，放宝光明，于念念中现一切佛神通变化，及其法海所坐道场，尽未来际劫无有间断，是为八十七。如来右足指间有大人相，名：光照一切法界海云，须弥灯摩尼王千辐焰轮种种庄严，放大光明充满十方一切法界诸世界海，于中普现一切诸佛所有种种宝庄严相，是为八十八。如来左足指间有大人相，名：现一切佛海云，摩尼宝华、香焰、灯鬘、一切宝轮以为庄严，恒放宝海清净光明，充满虚空，普及十方一切世界，于中示现一切诸佛及诸菩萨圆满音声、卍字等相，利益无量一切众生，是为八十九。如来右足跟有大人相，名：自在照耀云，帝青、宝末以为庄严，常放如来妙宝光明，其光妙好充满法界，皆同一相无有差别，于中示现一切诸佛坐于道场演说妙法，是为九十。如来左足跟有大人相，名：示现妙音演说诸法海云，以变化海摩尼宝、香焰海须弥华摩尼宝及毗琉璃而为庄严，放大光明充满法界，于中普现诸佛神力，是为九十一。如来右足跌有大人相，名：示现一切庄严光明云，众宝所成，极妙庄严，放阎浮檀金色清净光明，普照十方一切法界，其光明相犹如大云，普覆一切诸佛道场，是为九十二。如来左足跌有大人相，名：现众色相云，以一切月焰藏毗卢遮那宝、因陀罗尼罗宝而为庄严，念念游行诸法界海，放摩尼灯香焰光明，其光遍满一切法界，是为九十三。如来右足四周有大人相，名：普藏云，因陀罗尼罗金刚宝以为庄严，放宝光明充满虚空，于中示现一切诸佛坐于道场摩尼宝王师子之座，是为九十四。如来左足四周有大人相，名：光明遍照法界云，摩尼宝华以为庄严，放大光明充满法界平等一相，于中示现一切诸佛及诸菩萨自在神力，以大妙音演说法界无尽法门，是为九十五。如来右足指端有大人相，名：示现庄严云，甚可爱乐阎浮檀清净真金以为庄严，放大光明充满十方一切法界，于中示现一切诸佛及诸菩萨无尽法海种种功德、神通变化，是为九十六。如来左足指端有大人相，名：现一切佛神变云，不思议佛光明、月焰普香、摩尼宝焰轮以为庄严，放众宝色清净光明,充满一切诸世界海,于中示现一切诸佛及诸菩萨演说一切诸佛法海,是为九十七。

佛子!毗卢遮那如来有如是等十华藏世界海微尘数大人相;一一身分,众宝妙相以为庄严。

如来随好光明功德品第三十五

尔时,世尊告宝手菩萨言:

佛子!如来、应、正等觉有随好,名:圆满王。此随好中出大光明,名为:炽盛,七百万阿僧祇光明而为眷属。佛子!我为菩萨时,于兜率天宫放大光明,名:光幢王,照十佛刹微尘数世界。彼世界中地狱众生,遇斯光者,众苦休息,得十种清净眼、耳、鼻、舌、身、意亦复如是,咸生欢喜,踊跃称庆,从彼命终生兜率天。天中有鼓,名:甚可爱乐。彼天生已,此鼓发音而告之言:诸天子!汝以心不放逸,于如来所种诸善根,往昔亲近众善知识。毗卢遮那大威神力,于彼命终来生此天。

佛子!菩萨足下千辐轮,名:光明普照王。此有随好,名:圆满王,常放四十种光明。中有一光,名:清净功德,能照亿那由他佛刹微尘数世界,随诸众生种种业行、种种欲乐皆令成熟。阿鼻地狱极苦众生,遇斯光者,皆悉命终生兜率天。既生天已,闻天鼓音而告之言:善哉善哉!诸天子!毗卢遮那菩萨入离垢三昧,汝当敬礼。

尔时,诸天子闻天鼓音如是劝诲,咸生是念:奇哉希有!何因发此微妙之音?是时,天鼓告诸天子言:我所发声,诸善根力之所成就。诸天子!如我说我,而不著我,不著我所;一切诸佛亦复如是,自说是佛,不著于我,不著我所。诸天子!如我音声不从东方来,不从南西北方、四维上下来;业报成佛亦复如是,非十方来。诸天子!譬如汝等昔在地狱,地狱及身非十方来,但由于汝颠倒恶业愚痴缠缚,生地狱身,此无根本、无有来处。诸天子!毗卢遮那菩萨威德力故放大光明,而此光明非十方来。诸天子!我天鼓音亦复如是,非十方来,但以三昧善根力故,般若波罗蜜威德力故,出生如是清净音声,示现如是种种自在。诸天子!譬如须弥山王有三十三天上妙宫殿种种乐具,而此乐具非十方来;我天鼓音亦复如是,非十方来。诸天子!譬如亿那由他佛刹微尘数世界尽末为尘,我为如是尘数众生,随其所乐而演说法,令大欢喜,然我于彼不生疲厌、不生退怯、不生憍慢、不生放逸。诸天子!毗卢遮那菩萨住离垢三昧亦复如是,于右手掌一随好中放一光明,出现无量自在神力,一切声闻、辟支佛尚不能知,况诸众生!诸天子!汝当往诣彼菩萨所亲近供养,勿复贪著五欲乐具,著五欲乐障诸善根。诸天子!譬如劫火烧须弥山,悉令除尽,无余可得;贪欲缠心亦复如是,终不能生念佛之意。诸天子!汝等应当知恩报恩。诸天子!其有众生不知报恩,多遭横死,生于地狱。诸天子！汝等昔在地狱之中，蒙光照身，舍彼生此；汝等今者宜疾回向，增长善根。诸天子！如我天鼓，非男非女，而能出生无量无边不思议事；汝天子、天女亦复如是，非男非女，而能受用种种上妙宫殿园林。如我天鼓不生不灭，色、受、想、行、识亦复如是不生不灭。汝等若能于此悟解，应知则入无依印三昧。

　　时，诸天子闻是音已，得未曾有，即皆化作一万华云、一万香云、一万音乐云、一万幢云、一万盖云、一万歌赞云；作是化已，即共往诣毗卢遮那菩萨所住宫殿，合掌恭敬，于一面立，欲申瞻觐而不得见。时，有天子作如是言：毗卢遮那菩萨已从此没，生于人间净饭王家，乘栴檀楼阁，处摩耶夫人胎。时，诸天子以天眼观见菩萨身，处在人间净饭王家，梵天、欲天承事供养。诸天子众咸作是念：我等若不往菩萨所问讯起居，乃至一念于此天宫而生爱著，则为不可。时，一一天子与十那由他眷属欲下阎浮提。时，天鼓中出声告言：诸天子！菩萨摩诃萨非此命终而生彼间，但以神通，随诸众生心之所宜，令其得见。诸天子！如我今者，非眼所见，而能出声；菩萨摩诃萨入离垢三昧亦复如是，非眼所见，而能处处示现受生，离分别，除憍慢，无染著。诸天子！汝等应发阿耨多罗三藐三菩提心，净治其意，住善威仪，悔除一切业障、烦恼障、报障、见障；以尽法界众生数等身，以尽法界众生数等头，以尽法界众生数等舌，以尽法界众生数等善身业、善语业、善意业，悔除所有诸障过恶。

　　时，诸天子闻是语已，得未曾有，心大欢喜而问之言：菩萨摩诃萨云何悔除一切过恶？尔时，天鼓以菩萨三昧善根力故，发声告言：诸天子！菩萨知诸业不从东方来，不从南西北方、四维上下来，而共积集，止住于心；但从颠倒生，无有住处。菩萨如是决定明见，无有疑惑。诸天子！如我天鼓，说业、说报、说行、说戒、说喜、说安、说诸三昧；诸佛菩萨亦复如是，说我、说我所、说众生、说贪恚痴种种诸业，而实无我、无有我所。诸所作业、六趣果报，十方推求悉不可得。诸天子！譬如我声，不生不灭，造恶诸天不闻余声，唯闻以地狱觉悟之声；一切诸业亦复如是，非生非灭，随有修集则受其报。诸天子！如我天鼓所出音声，于无量劫不可穷尽、无有间断，若来若去皆不可得。诸天子！若有去来则有断常，一切诸佛终不演说有断常法，除为方便成熟众生。诸天子！譬如我声，于无量世界，随众生心皆使得闻；一切诸佛亦复如是，随众生心悉令得见。诸天子！如有玻璃镜，名为：能照，清净鉴彻，与十世界其量正等；无量无边诸国土中，一切山川、一切众生，乃至地狱、畜生、饿鬼，所有影像皆于中现。诸天子！于汝意云何？彼诸影像可得说言来入镜中、从镜去不？答言：不也。诸天子！一切诸业亦复如是，虽能出生诸业果报，无来去处。诸天子！譬如幻师幻惑人眼，当知诸业亦复如是。若如是知，是真实忏悔，一切罪恶悉得清净。

说此法时,百千亿那由他佛刹微尘数世界中兜率陀诸天子,得无生法忍;无量不思议阿僧祇六欲诸天子,发阿耨多罗三藐三菩提心;六欲天中一切天女,皆舍女身,发于无上菩提之意。尔时,诸天子闻说普贤广大回向,得十地故,获诸力庄严三昧故,以众生数等清净三业悔除一切诸重障故,即见百千亿那由他佛刹微尘数七宝莲华;一一华上皆有菩萨结跏趺坐,放大光明;彼诸菩萨一一随好,放众生数等光明;彼光明中,有众生数等诸佛结跏趺坐,随众生心而为说法,而犹未现离垢三昧少分之力。

尔时,彼诸天子以上众华,复于身上一一毛孔化作众生数等众妙华云,供养毗卢遮那如来,持以散佛,一切皆于佛身上住。其诸香云,普雨无量佛刹微尘数世界。若有众生身蒙香者,其身安乐,譬如比丘入第四禅,一切业障皆得消灭。若有闻者,彼诸众生于色、声、香、味、触,其内具有五百烦恼,其外亦有五百烦恼,贪行多者二万一千,瞋行多者二万一千,痴行多者二万一千,等分行者二万一千,了知如是悉是虚妄。如是知已,成就香幢云自在光明清净善根。若有众生见其盖者,种一清净金网转轮王一恒河沙善根。

佛子!菩萨住此转轮王位,于百千亿那由他佛刹微尘数世界中教化众生。佛子!譬如明镜世界月智如来,常有无量诸世界中比丘、比丘尼、优婆塞、优婆夷等化现其身而来听法,广为演说本生之事,未曾一念而有间断。若有众生闻其佛名,必得往生彼佛国土;菩萨安住清净金网转轮王位亦复如是,若有暂得遇其光明,必获菩萨第十地位,以先修行善根力故。佛子!如得初禅,虽未命终,见梵天处所有宫殿而得受于梵世安乐;得诸禅者悉亦如是。菩萨摩诃萨住清净金网转轮王位,放摩尼髻清净光明;若有众生遇斯光者,皆得菩萨第十地位,成就无量智慧光明,得十种清净眼,乃至十种清净意,具足无量甚深三昧,成就如是清净肉眼。

佛子!假使有人以亿那由他佛刹碎为微尘,一尘一刹复以尔许微尘数佛刹碎为微尘,如是微尘悉置左手持以东行,过尔许微尘数世界乃下一尘,如是东行尽此微尘,南西北方、四维上下亦复如是;如是十方所有世界若著微尘及不著者,悉以集成一佛国土。宝手!于汝意云何?如是佛土广大无量可思议不?

答曰:不也!如是佛土广大无量,希有奇特,不可思议。若有众生闻此譬喻能生信解,当知更为希有奇特。

佛言:宝手!如是如是!如汝所说!若有善男子、善女人闻此譬喻而生信者,我授彼记,决定当成阿耨多罗三藐三菩提,当获如来无上智慧。宝手!设复有人以千亿佛刹微尘数如上所说广大佛土末为微尘,以此微尘依前譬喻一一下尽,乃至集成一佛国土,复末为尘,如是次第展转乃至经八十返;如是一切广大佛土所有微尘,菩萨业报清净肉眼于一念中悉能明见,亦见百亿广大佛刹微尘数佛,如玻璃镜清净光明，照十佛刹微尘数世界。宝手！如是皆是清净金网转轮王甚深三昧福德善根之所成就。

大方广佛华严经卷第四十九

普贤行品第三十六

尔时，普贤菩萨摩诃萨复告诸菩萨大众言：

佛子！如向所演，此但随众生根器所宜，略说如来少分境界。何以故？诸佛世尊，为诸众生，无智作恶，计我、我所，执著于身，颠倒疑惑，邪见分别，与诸结缚恒共相应，随生死流远如来道故，出兴于世。佛子！我不见一法为大过失，如诸菩萨于他菩萨起瞋心者。何以故？佛子！若诸菩萨于余菩萨起瞋恚心，即成就百万障门故。何等为百万障？所谓：不见菩提障；不闻正法障；生不净世界障；生诸恶趣障；生诸难处障；多诸疾病障；多被谤毁障；生顽钝诸趣障；坏失正念障；阙少智慧障；眼障；耳障；鼻障；舌障；身障；意障；恶知识障；恶伴党障；乐习小乘障；乐近凡庸障；不信乐大威德人障；乐与离正见人同住障；生外道家障；住魔境界障；离佛正教障；不见善友障；善根留难障；增不善法障；得下劣处障；生边地障；生恶人家障；生恶神中障；生恶龙、恶夜叉、恶乾闼婆、恶阿修罗、恶迦楼罗、恶紧那罗、恶摩睺罗伽、恶罗刹中障；不乐佛法障；习童蒙法障；乐著小乘障；不乐大乘障；性多惊怖障；心常忧恼障；爱著生死障；不专佛法障；不喜见闻佛自在神通障；不得菩萨诸根障；不行菩萨净行障；退怯菩萨深心障；不生菩萨大愿障；不发一切智心障；于菩萨行懈怠障；不能净治诸业障；不能摄取大福障；智力不能明利障；断于广大智慧障；不护持菩萨诸行障；乐诽谤一切智语障；远离诸佛菩提障；乐住众魔境界障；不专修佛境界障；不决定发菩萨弘誓障；不乐与菩萨同住障；不求菩萨善根障；性多见疑障；心常愚闇障；不能行菩萨平等施故，起不舍障；不能持如来戒故，起破戒障；不能入堪忍门故，起愚痴、恼害、瞋恚障；不能行菩萨大精进故，起懈怠垢障；不能得诸三昧故，起散乱障；不修治般若波罗蜜故，起恶慧障；于处、非处中无善巧障；于度众生中无方便障；于菩萨智慧中不能观察障；于菩萨出离法中不能了知障；不成就菩萨十种广大眼故，眼如生盲障；耳不闻无碍法故，口如哑羊障；不具相好故，鼻根破坏障；不能辨了众生语言故，成就舌根障；轻贱众生故，成就身根障；心多狂乱故，成就意根障；不持三种律仪故，成就身业障；恒起四种过失故，成就语业障；多生贪、瞋、邪见故，成就意业障；贼心求法障；断绝菩萨境界障；于菩萨勇猛法中心生退怯障；于菩萨出离道中心生懒惰障；于菩萨智慧光明门中心生止息障；于菩萨念力中

371

生劣弱障；于如来教法中不能住持障；于菩萨离生道不能亲近障；于菩萨无失坏道不能修习障；随顺二乘正位障；远离三世诸佛菩萨种性障。

佛子！若菩萨于诸菩萨起一瞋心，则成就如是等百万障门。何以故？佛子！我不见有一法为大过恶，如诸菩萨于余菩萨起瞋心者。是故，诸菩萨摩诃萨欲疾满足诸菩萨行，应勤修十种法。何等为十？所谓：心不弃舍一切众生，于诸菩萨生如来想，永不诽谤一切佛法，知诸国土无有穷尽，于菩萨行深生信乐，不舍平等虚空法界菩提之心，观察菩提入如来力，精勤修习无碍辩才，教化众生无有疲厌，住一切世界心无所著。是为十。

佛子！菩萨摩诃萨安住此十法已，则能具足十种清净。何等为十？所谓：通达甚深法清净，亲近善知识清净，护持诸佛法清净，了达虚空界清净，深入法界清净，观察无边心清净，与一切菩萨同善根清净，不著诸劫清净，观察三世清净，修行一切诸佛法清净。是为十。

佛子！菩萨摩诃萨住此十法已，则具足十种广大智。何等为十？所谓：知一切众生心行智，知一切众生业报智，知一切佛法智，知一切佛法深密理趣智，知一切陀罗尼门智，知一切文字辩才智，知一切众生语言、音声、辞辩善巧智，于一切世界中普现其身智，于一切众会中普现影像智，于一切受生处中具一切智智。是为十。

佛子！菩萨摩诃萨住此十智已，则得入十种普入。何等为十？所谓：一切世界入一毛道，一毛道入一切世界；一切众生身入一身，一身入一切众生身；不可说劫入一念，一念入不可说劫；一切佛法入一法，一法入一切佛法；不可说处入一处，一处入不可说处；不可说根入一根，一根入不可说根；一切根入非根，非根入一切根；一切想入一想，一想入一切想；一切言音入一言音，一言音入一切言音；一切三世入一世，一世入一切三世。是为十。

佛子！菩萨摩诃萨如是观察已，则住十种胜妙心。何等为十？所谓：住一切世界语言、非语言胜妙心，住一切众生想念无所依止胜妙心，住究竟虚空界胜妙心，住无边法界胜妙心，住一切深密佛法胜妙心，住甚深无差别法胜妙心，住除灭一切疑惑胜妙心，住一切世平等无差别胜妙心，住三世诸佛平等胜妙心，住一切诸佛力无量胜妙心。是为十。

佛子！菩萨摩诃萨住此十种胜妙心已，则得十种佛法善巧智。何等为十？所谓：了达甚深佛法善巧智，出生广大佛法善巧智，宣说种种佛法善巧智，证入平等佛法善巧智，明了差别佛法善巧智，悟解无差别佛法善巧智，深入庄严佛法善巧智，一方便入佛法善巧智，无量方便入佛法善巧智，知无边佛法无差别善巧智，以自心自力于一切佛法不退转善巧智。是为十。

佛子！菩萨摩诃萨闻此法已，咸应发心，恭敬受持。何以故？菩萨摩诃萨持此法者，少作功力，疾得阿耨多罗三藐三菩提，皆得具足一切佛法，悉与三世诸佛法等。

尔时，佛神力故，法如是故，十方各有十不可说百千亿那由他佛刹微尘数世界六种震动，雨出过诸天一切华云、香云、末香云、衣盖、幢幡、摩尼宝等及以一切庄严具云，雨众妓乐云，雨诸菩萨云，雨不可说如来色相云，雨不可说赞叹如来善哉云，雨如来音声充满一切法界云，雨不可说庄严世界云，雨不可说增长菩提云，雨不可说光明照耀云，雨不可说神力说法云。如此世界四天下菩提树下菩提场菩萨宫殿中，见于如来成等正觉演说此法，十方一切诸世界中悉亦如是。

尔时，佛神力故，法如是故，十方各过十不可说佛刹微尘数世界外，有十佛刹微尘数菩萨摩诃萨来诣此土，充满十方，作如是言：善哉善哉！佛子！乃能说此诸佛如来最大誓愿授记深法。佛子！我等一切同名普贤，各从普胜世界普幢自在如来所来诣此土，悉以佛神力故，于一切处演说此法；如此众会，如是所说，一切平等无有增减。我等皆承佛威神力，来此道场为汝作证。如此道场，我等十佛刹微尘数菩萨而来作证，十方一切诸世界中悉亦如是。

尔时，普贤菩萨摩诃萨以佛神力、自善根力，观察十方洎于法界，欲开示菩萨行，欲宣说如来菩提界，欲说大愿界，欲说一切世界劫数，欲明诸佛随时出现，欲说如来随根熟众生出现令其供养，欲明如来出世功不唐捐，欲明所种善根必获果报，欲明大威德菩萨为一切众生现形说法令其开悟，而说颂言：

汝等应欢喜，舍离于诸盖，一心恭敬听，菩萨诸愿行。往昔诸菩萨，最胜人师子，如彼所修行，我当次第说。亦说诸劫数，世界并诸业，及以无等尊，于彼而出兴。如是过去佛，大愿出于世，云何为众生，灭除诸苦恼？一切论师子，所行相续满，得佛平等法，一切智境界。见于过去世，一切人师子，放大光明网，普照十方界。思惟发是愿：我当作世灯，具足佛功德，十力一切智。一切诸众生，贪恚痴炽然；我当悉救脱，令灭恶道苦。发如是誓愿，坚固不退转，具修菩萨行，获十无碍力。如是誓愿已，修行无退怯，所作皆不虚，说名论师子。于一贤劫中，千佛出于世，彼所有普眼，我当次第说。如一贤劫中，无量劫亦然，彼未来佛行，我当分别说。如一佛刹种，无量刹亦然，未来十力尊，诸行我今说。诸佛次兴世，随愿随名号，随彼所得记，随其所寿命，随所修正法，专求无碍道；随所化众生，正法住于世；随所净佛刹，众生及法轮，演说时非时，次第净群生；随诸众生业，所行及信解，上中下不同，化彼令修习。入于如是智，修其最胜行，常作普贤业，广度诸众生。身业无障碍，语业悉清净，意行亦如是，三世靡不然。菩萨如是行，究竟普贤道，出生净智日，普照于法

界。未来世诸劫，国土不可说，一念悉了知，于彼无分别。行者能趣
入，如是最胜地，此诸菩萨法，我当说少分。智慧无边际，通达佛境
界，一切皆善入，所行不退转。具足普贤慧，成满普贤愿，入于无等
智，我当说彼行。于一微尘中，悉见诸世界，众生若闻者，迷乱心发
狂。如于一微尘，一切尘亦然，世界悉入中，如是不思议。一一尘中
有，十方三世法，趣刹皆无量，悉能分别知。一一尘中有，无量种佛
刹，种种皆无量，于一麈不知。法界中所有，种种诸异相，趣类各差
别，悉能分别知。深入微细智，分别诸世界，一切劫成坏，悉能明了
说。知诸劫修短，三世即一念，众行同不同，悉能分别。深入诸世
界，广大非广大，一身无量刹，一刹无量身。十方中所有，异类诸世
界，广大无量相，一切悉能知。一切三世中，无量诸国土，具足甚深
智，悉了彼成败。十方诸世界，有成或有坏，如是不可说，贤德悉深
了。或有诸国土，种种地严饰，诸趣亦复然，斯由业清净。或有诸世
界，无量种杂染，斯由众生感，一切如其行。无量无边刹，了知即一
刹，如是入诸刹，其数不可知。一切诸世界，悉入一刹中，世界不为
一，亦复无杂乱。世界有仰覆，或高或复下，皆是众生想，悉能分别
知。广博诸世界，无量无有边，知种种是一，知一是种种。普贤诸佛
子，能以普贤智，了知诸刹数，其数无边际。知诸世界化，刹化众生
化，法化诸佛化，一切皆究竟。一切诸世界，微细广大刹，种种异庄
严，皆由业所起。无量诸佛子，善学入法界，神通力自在，普遍于十
方。众生数等劫，说彼世界名，亦不能令尽，唯除佛开示。世界及如
来，种种诸名号，经于无量劫，说之不可尽。何况最胜智，三世诸佛
法，从于法界生，充满如来刹！清净无碍念，无边无碍慧，分别说法
界，得至于彼岸。过去诸世界，广大及微细，修习所庄严，一念悉能
知。其中人师子，修佛种种行，成于等正觉，菩萨悉能知。如是未来
世，次第无量劫，所有人中尊，菩萨悉能知。所有诸行愿，所有诸境
界，如是勤修行，于中成正觉。亦知彼众会，寿命化众生，以此诸法
门，为众转法轮。菩萨如是知，住普贤行地，智慧悉明了，出生一切
佛。现在世所摄，一切诸佛土，深入此诸刹，通达于法界。彼诸世界
中，现在一切佛，于法得自在，言论无所碍。亦知彼众会，净土应化
力，尽无量亿劫，常思惟是事。调御世间尊，所有威神力，无尽智慧
藏，一切悉能知。出生无碍眼，无碍耳鼻身，无碍广长舌，能令众欢
喜。最胜无碍心，广大普清净，智慧遍充满，悉知三世法。善学一切
化，刹化众生化，世化调伏化，究竟化彼岸。世间种种别，皆由于想
住，入佛方便智，于此悉明了。众会不可说，一一为现身，悉使见如
来，度脱无边众。诸佛甚深智，如日出世间，一切国土中，普现无休
息。了达诸世间，假名无有实，众生及世界，如梦如光影。于诸世间
法，不生分别见，善离分别者，亦不见分别。无量无数劫，解之即一
念，知念亦无念，如是见世间。无量诸国土，一念悉超越，经于无量

劫，法，劫身，法化，著法，净别，水净，常所，量根，趣趣，安槃，雨转，生身，劫别，中地，转提，污净，同贤，间现，异说，量

不动于本处。诸佛及佛法，知身从缘起，知无二非二。如是随顺入，一切皆舍离，清净如虚空，普遍诸法界。如来法身藏，影像无来去；湛然如虚空，示现诸世间。譬如工幻师，亦复非无量，出生一切佛，不著量无量。诸佛甚深法，菩萨离迷倒，安者示道场，如是遍世间，充洽诸世间。世间种种身，诸劫及诸刹，佛身无有边，称扬不可尽。如是未来世，所有诸如来，入于智慧处，说名普贤慧。无量无边心，学心无学心，亦复无杂乱，起种种世间。众生皆妄起，妄想业所起，幻网方便故，平等皆能入。所见无差别，悉知彼一切，

不可说诸劫，世间住于心，一切如幻化，究竟无所著。了知诸世间，诸佛所行处，而兴大悲心，而兴大方便。诸佛及菩萨，普入世间中，法身遍世间，一切无有生。除灭诸邪见，示现种种事，于彼大众中，非量非无量。诸佛甚深法，心净常相续，如是遍法界，开悟诸群生。普于诸世界，一切悉了知；十方无涯际，智者悉观见。诸佛能现身，有求于佛果，一切悉能知，其轮不退转。一切最胜尊，各各差别业，不可说诸心，皆从自想起。善恶诸趣想，妄想无边故，一念悉能入。一一眼境界，亦复无杂乱，一切眼境界，

即是须臾顷，于此不妄起，法界悉平等。依于无二智，如焰如光影，成就普贤智，普净诸世间。见世常迷倒，佛法世间法，虽在于世间，当知亦如是。知身无有尽，开示于正见，其来无所从，示现量无量。有量及无量，广大深寂灭，巧以神通力，其心无所著。法数众生数，念念成正觉，如是知身法，智海无不入。一念之所知，处处般涅槃，无量菩提心，名住普贤行。微妙广大智，普入佛境界，皆由想积集，念念中悉知。如是悉明见，修诸最胜行，由是或生天，世间亦无量。眼耳鼻舌身，无量眼皆入，各随于自业，大智悉能入。

莫见修与短，二非二分别。众生世界，普于十方刹，出现人师子，如响亦如梦，成就普贤智，普照深法界。众生常染，菩萨常正念，发心咸救度，若见其真实，一切无差，于世无所著。譬如清净，如是离染著，无生亦无灭，法性无来去，去亦无所至。以此寂定心，皆悉是妄想，甚深无量智，度无量众生。不住于实际，了知而不著，而修菩萨行，则得诸佛身。众生身无量，出现诸如来，一念中无量，决定智悉知。如是分别知，深入如来境，修行不退转，平等悉了知。了知非一二，一切诸众生，从佛法化生，或复堕地狱。一切诸国土，意根亦如是，种种性差别，受用其果报。如是诸世间，

究竟刹那，众生世界，示现无量，不著无二，如幻如变，众生刹染，论师子妙，所行皆清，一切无差，譬如清净，身世皆清，非常非无，不著我我，幻性非有，修习诸善，了达一切，知其深诸，未安者令，不入于涅，普雨于法，未曾有退，普知诸众，一一为现，经于无量，舍利各差，如是三世，无量诸行，入已不退，得无上菩，染污非染，非染亦非，心想各不，得名为普，菩萨观世，想网之所，世间想别，无量不可，普贤力无，悉能分别

知,而修一切行,亦复无退转。佛说众生说,及以国土说,三世如是说,种种悉了知。过去中未来,未来中现在,三世互相见,一一皆明了。如是无量种,开悟诸世间,一切智方便,边际不可得。

大方广佛华严经卷第五十

如来出现品第三十七之一

尔时,世尊从眉间白毫相中放大光明,名:如来出现,无量百千亿那由他阿僧祇光明以为眷属。其光普照十方尽虚空法界一切世界,右绕十匝,显现如来无量自在,觉悟无数诸菩萨众,震动一切十方世界,除灭一切诸恶道苦,映蔽一切诸魔宫殿,显示一切诸佛如来坐菩提座成等正觉及以一切道场众会;作是事已,而来右绕菩萨众会,入如来性起妙德菩萨顶。时,此道场一切大众身心踊跃,生大欢喜,作如是念:甚奇希有!今者如来放大光明,必当演说甚深大法。

尔时,如来性起妙德菩萨于莲华座上,偏袒右肩,右跪合掌,一心向佛而说颂言:

正觉功德大智出,普达境界到彼岸,等于三世诸如来,是故我今恭敬礼。已升无相境界岸,而现妙相庄严身,放于离垢千光明,破魔军众咸令尽。十方所有诸世界,悉能震动无有余,未曾恐怖一众生,善逝威神力如是。虚空法界性平等,已能如是而安住,一切含生无数量,咸令灭恶除众垢。苦行勤劳无数劫,成就最上菩提道,于诸境界智无碍,与一切佛同其性。导师放此大光明,震动十方诸世界,已现无量神通力,而复还来入我身。决定法中能善学,无量菩萨皆来集,令我发起问法心,是故我今请法王。今此众会皆清净,善能度脱诸世间,智慧无边无染著,如是贤胜咸来集。利益世间尊导师,智慧精进皆无量,今以光明照大众,令我问于无上法。谁于大仙深境界,而能真实具开演?谁是如来法长子?世间尊导愿显示!

尔时,如来即于口中放大光明,名:无碍无畏,百千亿阿僧祇光明以为眷属。普照十方尽虚空等法界一切世界,右绕十匝,显现如来种种自在,开悟无量诸菩萨众,震动一切十方世界,除灭一切诸恶道苦,映蔽一切诸魔宫殿,显示一切诸佛如来坐菩提座成等正觉及以一切道场众会;作是事已,而来右绕菩萨众会,入普贤菩萨摩诃萨口。其光入已,普贤菩萨身及师子座,过于本时及诸菩萨身座百倍,唯除如来师子之座。

尔时,如来性起妙德菩萨问普贤菩萨摩诃萨言:佛子!佛所示现广大神变,令诸菩萨皆生欢喜,不可思议,世莫能知,是何瑞相?普贤菩萨摩诃萨言:佛子!我于往昔见诸如来、应、正等觉示现如是广大神变,即说如来出现法门。如我惟忖,今现此相,当说其法。说是语时，一切大地悉皆震动，出生无量问法光明。

时，性起妙德菩萨问普贤菩萨言：佛子！菩萨摩诃萨应云何知诸佛如来、应、正等觉出现之法？愿为我说！佛子！此诸无量百千亿那由他菩萨众会，皆久修净业，念慧成就，到于究竟大庄严岸，具一切佛威仪之行，正念诸佛未曾忘失，大悲观察一切众生，决定了知诸大菩萨神通境界，已得诸佛神力所加，能受一切如来妙法；具如是等无量功德，皆已来集。佛子！汝已曾于无量百千亿那由他佛所承事供养，成就菩萨最上妙行，于三昧门皆得自在，入一切佛秘密之处，知诸佛法，断众疑惑，为诸如来神力所加，知众生根，随其所乐为说真实解脱之法，随顺佛智演说佛法到于彼岸，有如是等无量功德。善哉佛子！愿说如来、应、正等觉出现之法，身相、言音、心意境界，所行之行，成道转法，乃至示现入般涅槃，见闻亲近所生善根；如是等事，愿皆为说！

时，如来性起妙德菩萨欲重明此义，向普贤菩萨而说颂曰：

善哉无碍大智慧，善觉无边平等境，愿说无量佛所行，佛子闻已皆欣庆！菩萨云何随顺入，诸佛如来出兴世？云何身语心境界？及所行处愿皆说！云何诸佛成正觉？云何如来转法轮？云何善逝般涅槃？大众闻已心欢喜。若有见佛大法王，亲近增长诸善根，愿说彼诸功德藏，众生见已何所获？若有得闻如来名，若现在世若涅槃，于彼福藏生深信，有何等利愿宣说！此诸菩萨皆合掌，瞻仰如来仁及我，大功德海之境界，净众生者愿为说！愿以因缘及譬喻，演说妙法相应义，众生闻已发大心，疑尽智净如虚空。如遍一切国土中，诸佛所现庄严身，愿以妙音及因喻，示佛菩提亦如彼。十方千万诸佛土，亿那由他无量劫，如今所集菩萨众，于彼一切悉难见。此诸菩萨咸恭敬，于微妙义生渴仰，愿以净心具开演，如来出现广大法！

尔时，普贤菩萨摩诃萨告如来性起妙德等诸菩萨大众言：

佛子！此处不可思议，所谓如来、应、正等觉以无量法而得出现。何以故？非以一缘，非以一事，如来出现而得成就；以十无量百千阿僧祇事而得成就。何等为十？所谓：过去无量摄受一切众生菩提心所成故，过去无量清净殊胜志乐所成故，过去无量救护一切众生大慈大悲所成故，过去无量相续行愿所成故，过去无量修诸福智心无厌足所成故，过去无量供养诸佛教化众生所成故，过去无量智慧方便清净道所成故，过去无量清净功德藏所成故，过去无量庄严道智所成故，过去无量通达法义所成故。佛子！如是无量阿僧祇法门圆满，成于如来。佛子！譬如三千大千世界，非以一缘，非以一事，而得成就，以无量缘、无量事，方乃得成。所谓：兴布大云，降霪大雨，四种风轮相续为依。其四者何？一名：能持，能持大水故；二名：能消，能消大水故；三名：建立，建立一切诸处所故；四名：庄严，庄严分布咸善巧故。如是皆由众生共业及诸菩萨善根所起，令于其中一切众生各随所宜而得受用。佛子！如是等无量因缘乃成三千大千世界，法性如是，无有生者，无有作者，无有知者，无有成者，然彼世界而得成就。如来出现亦复如是，非以一缘，非以一事，而得成就；以无量因缘，无量事相，乃得成就。所谓：曾于过去佛所听闻受持大法云雨，因此能起如来四种大智风轮。何等为四？一者念持不忘陀罗尼大智风轮，能持一切如来大法云雨故；二者出生止观大智风轮，能消竭一切烦恼故；三者善巧回向大智风轮，能成就一切善根故；四者出生离垢差别庄严大智风轮，令过去所化一切众生善根清净，成就如来无漏善根力故。如来如是成等正觉，法性如是，无生无作而得成就。佛子！是为如来、应、正等觉出现第一相，菩萨摩诃萨应如是知。

复次，佛子！譬如三千大千世界将欲成时，大云降雨，名曰：洪霪，一切方处所不能受、所不能持，唯除大千界将欲成时。佛子！如来、应、正等觉亦复如是，兴大法云，雨大法雨，名：成就如来出现，一切二乘心志狭劣所不能受、所不能持，唯除诸大菩萨心相续力。佛子！是为如来、应、正等觉出现第二相，菩萨摩诃萨应如是知。

复次，佛子！譬如众生以业力故，大云降雨，来无所从，去无所至。如来、应、正等觉亦复如是，以诸菩萨善根力故，兴大法云，雨大法雨，亦无所从来，无所至去。佛子！是为如来、应、正等觉出现第三相，菩萨摩诃萨应如是知。

复次，佛子！譬如大云降霪大雨，大千世界一切众生，无能知数，若欲算计，徒令发狂；唯大千世界主——摩醯首罗，以过去所修善根力故，乃至一滴无不明了。佛子！如来、应、正等觉亦复如是，兴大法云，雨大法雨，一切众生、声闻、独觉所不能知，若欲思量，心必狂乱；唯除一切世间主——菩萨摩诃萨，以过去所修觉慧力故，乃至一文一句，入众生心，无不明了。佛子！是为如来、应、正等觉出现第四相，菩萨摩诃萨应如是知。

复次，佛子！譬如大云降雨之时，有大云雨，名为：能灭，能灭火灾；有大云雨，名为：能起，能起大水；有大云雨，名为：能止，能止大水；有大云雨，名为：能成，能成一切摩尼诸宝；有大云雨，名为：分别，分别三千大千世界。佛子！如来出现亦复如是，兴大法云，雨大法雨，有大法雨，名为：能灭，能灭一切众生烦恼；有大法雨，名为：能起，能起一切众生善根；有大法雨，名为：能止，能止一切众生见惑；有大法雨，名为：能成，能成一切智慧法宝；有大法雨，名为：分别，分别一切众生心乐。佛子！是为如来、应、正等觉出现第五相，菩萨摩诃萨应如是知。

复次，佛子！譬如大云雨一味水，随其所雨，无量差别。如来出现亦复如是，雨于大悲一味法水，随宜说法，无量差别。佛子！是为如来、应、正等觉出现第六相，菩萨摩诃萨应如是知。

复次，佛子！譬如三千大千世界初始成时，先成色界诸天宫殿，次成欲界诸天宫殿，次成于人及余众生诸所住处。佛子！如来出现亦复如是，先起菩萨诸行智慧，次起缘觉诸行智慧，次起声闻善根诸行智慧，次起其余众生有为善根诸行智慧。佛子！譬如大云雨一味水，随诸众生善根异故，所起宫殿种种不同。如来大悲一味法雨，随众生器而有差别。佛子！是为如来、应、正等觉出现第七相，菩萨摩诃萨应如是知。

复次，佛子！譬如世界初欲成时，有大水生，遍满三千大千世界；生大莲华，名：如来出现功德宝庄严，遍覆水上，光照十方一切世界。时，摩醯首罗、净居天等见是华已，即决定知于此劫中有尔所佛出兴于世。佛子！尔时，其中有风轮起，名：善净光明，能成色界诸天宫殿。有风轮起，名：净光庄严，能成欲界诸天宫殿。有风轮起，名：坚密无能坏，能成大小诸轮围山及金刚山。有风轮起，名：胜高，能成须弥山王。有风轮起，名：不动，能成十大山王。何等为十？所谓：佉陀罗山、仙人山、伏魔山、大伏魔山、持双山、尼民陀罗山、目真邻陀山、摩诃目真邻陀山、香山、雪山。有风轮起，名为：安住，能成大地。有风轮起，名为：庄严，能成地天宫殿、龙宫殿、乾闼婆宫殿。有风轮起，名：无尽藏，能成三千大千世界一切大海。有风轮起，名：普光明藏，能成三千大千世界诸摩尼宝。有风轮起，名：坚固根，能成一切诸如意树。佛子！大云所雨一味之水，无有分别；以众生善根不同故，风轮不同；风轮差别故，世界差别。佛子！如来出现亦复如是，具足一切善根功德，放于无上大智光明，名：不断如来种不思议智，普照十方一切世界，与诸菩萨一切如来灌顶之记：当成正觉出兴于世。佛子！如来出现复有无上大智光明，名：清净离垢，能成如来无漏无尽智。复有无上大智光明，名：普照，能成如来普入法界不思议智。复有无上大智光明，名：持佛种性，能成如来不倾动力。复有无上大智光明，名：迥出无能坏，能成如来无畏无坏智。复有无上大智光明，名：一切神通，能成如来诸不共法、一切智智。复有无上大智光明，名：出生变化，能成如来令见闻亲近所生善根不失坏智。复有无上大智光明，名：普随顺，能成如来无尽福德智慧之身，为一切众生而作饶益。复有无上大智光明，名：不可究竟，能成如来甚深妙智，随所开悟，令三宝种永不断绝。复有无上大智光明，名：种种庄严，能成如来相好严身，令一切众生皆生欢喜。复有无上大智光明，名：不可坏，能成如来法界、虚空界等殊胜寿命无有穷尽。佛子！如来大悲一味之水无有分别，以诸众生欲乐不同、根性各别，而起种种大智风轮，令诸菩萨成就如来出现之法。佛子！一切如来同一体性，大智轮中出生种种智慧光明。佛子！汝等应知，如来于一解脱味出生无量不可思议种种功德，众生念言：

此是如来神力所造。佛子！此非如来神力所造。佛子！乃至一菩萨，不于佛所曾种善根，能得如来少分智慧，无有是处。但以诸佛威德力故，令诸众生具佛功德，而佛如来无有分别，无成无坏，无有作者，亦无作法。佛子！是为如来、应、正等觉出现第八相，菩萨摩诃萨应如是知。

复次，佛子！如依虚空起四风轮，能持水轮。何等为四？一名：安住，二名：常住，三名：究竟，四名：坚固。此四风轮能持水轮，水轮能持大地令不散坏。是故说：地轮依水轮，水轮依风轮，风轮依虚空，虚空无所依。虽无所依，能令三千大千世界而得安住。佛子！如来出现亦复如是，依无碍慧光明起佛四种大智风轮，能持一切众生善根。何等为四？所谓：普摄众生皆令欢喜大智风轮，建立正法令诸众生皆生爱乐大智风轮，守护一切众生善根大智风轮，具一切方便通达无漏界大智风轮。是为四。佛子！诸佛世尊，大慈救护一切众生，大悲度脱一切众生，大慈大悲普遍饶益。然大慈大悲依大方便善巧，大方便善巧依如来出现，如来出现依无碍慧光明，无碍慧光明无有所依。佛子！是为如来、应、正等觉出现第九相，菩萨摩诃萨应如是知。

复次，佛子！譬如三千大千世界既成就已，饶益无量种种众生。所谓：水族众生得水饶益，陆地众生得地饶益，宫殿众生得宫殿饶益，虚空众生得虚空饶益。如来出现亦复如是，种种饶益无量众生。所谓：见佛生欢喜者，得欢喜益；住净戒者，得净戒益；住诸禅定及无量者，得圣出世大神通益；住法门光明者，得因果不坏益；住无所有光明者，得一切法不坏益。是故说言：如来出现，饶益一切无量众生。佛子！是为如来、应、正等觉出现第十相，菩萨摩诃萨应如是知。

佛子！菩萨摩诃萨知如来出现，则知无量；知成就无量行故，则知广大；知周遍十方故，则知无来去；知离生住灭故，则知无行、无所行；知离心、意、识故，则知无身；知如虚空故，则知平等；知一切众生皆无我故，则知无尽；知遍一切刹无有尽故，则知无退；知尽后际无断绝故，则知无坏；知如来智无有对故，则知无二；知平等观察为、无为故，则知一切众生皆得饶益，本愿回向自在满足故。

尔时，普贤菩萨摩诃萨欲重明此义而说颂言：；

十力大雄最无上，譬如虚空无等等，境界广大不可量，功德第一超世间。十力功德无边量，心意思量所不及，人中师子一法门，众生亿劫莫能知。十方国土碎为尘，或有算计知其数；如来一毛功德量，千万亿劫无能说。如人持尺量虚空，复有随行计其数，虚空边际不可得，如来境界亦如是。或有能于刹那顷，悉知三世众生心，设经众生数等劫，不能知佛一念性。譬如法界遍一切，不可见取为一切；十力境界亦复然，遍于一切非一切。真如离妄恒寂静，无生无灭普周遍；

诸佛境界亦复然，体性平等不增减。譬如实际而非际，普在三世亦非普；导师境界亦如是，遍于三世皆无碍。法性无作无变易，犹如虚空本清净；诸佛性净亦如是，本性非性离有无。法性不在于言论，无说离说恒寂灭；十力境界性亦然，一切文辞莫能辩。了知诸法性寂灭，如鸟飞空无有迹，以本愿力现色身，令见如来大神变。若有欲知佛境界，当净其意如虚空，远离妄想及诸取，令心所向皆无碍。是故佛子应善听，我以少譬明佛境，十力功德不可量，为悟众生今略说。导师所现于身业，语业心业诸境界，转妙法轮般涅槃，一切善根我今说。譬如世界初安立，非一因缘而可成，无量方便诸因缘，成此三千大千界。如来出现亦如是，无量功德乃得成，刹尘心念尚可知，十力生因莫能测。譬如劫初云澍雨，而起四种大风轮，众生善根菩萨力，成此三千各安住。十力法云亦如是，起智风轮清净意，昔所回向诸众生，普导令成无上果。如有大雨名洪澍，无有处所能容受，唯除世界将成时，清净虚空大风力。如来出现亦如是，普雨法雨充法界，一切劣意无能持，唯除清净广大心。譬如空中澍大雨，无所从来无所去，作者受者悉亦无，自然如是普充洽。十力法雨亦如是，无去无来无造作，本行为因菩萨力，一切大心咸听受。譬如空云澍大雨，一切无能数其滴，唯除三千自在王，具功德力悉明了。善逝法雨亦如是，一切众生莫能测，唯除于世自在人，明见如观掌中宝。譬如空云澍大雨，能灭能起亦能断，一切珍宝悉能成，三千所有皆分别。十力法雨亦如是，灭惑起善断诸见，一切智宝皆使成，众生心乐悉分别。譬如空中雨一味，随其所雨各不同，岂彼雨性有分别，然随物异法如是。如来法雨非一异，平等寂静离分别，然随所化种种殊，自然如是无边相。譬如世界初成时，先成色界天宫殿，次及欲天次人处，乾闼婆宫最后成。如来出现亦如是，先起无边菩萨行，次化乐寂诸缘觉，次声闻众后众生。诸天初见莲华瑞，知佛当出生欢喜；水缘风力起世间，宫殿山川悉成立。如来宿善大光明，巧别菩萨与其记；所有智轮体皆净，各能开示诸佛法。譬如树林依地有，地依于水得不坏，水轮依风风依空，而其虚空无所依。一切佛法依慈悲，慈悲复依方便立，方便依智智依慧，无碍慧身无所依。譬如世界既成立，一切众生获其利，地水所住及空居，二足四足皆蒙益。法王出现亦如是，一切众生获其利，若有见闻及亲近，悉使灭除诸惑恼。如来出现法无边，世间迷惑莫能知，为欲开悟诸含识，无譬喻中说其譬。

佛子！诸菩萨摩诃萨应云何见如来、应、正等觉身？

佛子！诸菩萨摩诃萨应于无量处见如来身。何以故？诸菩萨摩诃萨不应于一法、一事、一身、一国土、一众生见于如来，应遍一切处见于如来。佛子！譬如虚空遍至一切色、非色处，非至、非不至。何以故？虚空无身故。如来身亦如是，遍一切处，遍一切众生，遍一切法，遍一切国土，非至、非不至。何以故？如来身无身故，为众生故示现其身。佛子！是为如来身第一相，诸菩萨摩诃萨应如是见。

复次，佛子！譬如虚空宽广非色，而能显现一切诸色，而彼虚空无有分别亦无戏论。如来身亦复如是，以智光明普照明故，令一切众生世、出世间诸善根业皆得成就，而如来身无有分别亦无戏论。何以故？从本已来，一切执著、一切戏论皆永断故。佛子！是为如来身第二相，诸菩萨摩诃萨应如是见。

复次，佛子！譬如日出于阎浮提，无量众生皆得饶益。所谓：破闇作明，变湿令燥，生长草木，成熟谷稼，廓彻虚空，开敷莲华，行者见道，居者办业。何以故？日轮普放无量光故。佛子！如来智日亦复如是，以无量事普益众生。所谓：灭恶生善，破愚为智，大慈救护，大悲度脱；令其增长根、力、觉分；令生深信，舍离浊心；令得见闻，不坏因果；令得天眼，见殁生处；令心无碍，不坏善根；令智修明，开敷觉华；令其发心，成就本行。何以故？如来广大智慧日身，放无量光普照耀故。佛子！是为如来身第三相，诸菩萨摩诃萨应如是见。

复次，佛子！譬如日出于阎浮提，先照一切须弥山等诸大山王，次照黑山，次照高原，然后普照一切大地。日不作念：我先照此，后照于彼。但以山地有高下故，照有先后。如来、应、正等觉亦复如是，成就无边法界智轮，常放无碍智慧光明，先照菩萨摩诃萨等诸大山王，次照缘觉，次照声闻，次照决定善根众生，随其心器示广大智，然后普照一切众生，乃至邪定亦皆普及，为作未来利益因缘令成熟故。而彼如来大智日光不作是念：我当先照菩萨大行，乃至后照邪定众生。但放光明平等普照，无碍无障，无所分别。佛子！譬如日月随时出现，大山、幽谷普照无私。如来智慧复亦如是，普照一切无有分别，随诸众生根欲不同，智慧光明种种有异。佛子！是为如来身第四相，诸菩萨摩诃萨应如是见。

复次，佛子！譬如日出，生盲众生无眼根故，未曾得见。虽未曾见，然为日光之所饶益。何以故？因此得知昼夜时节，受用种种衣服、饮食，令身调适离众患故。如来智日亦复如是，无信、无解、毁戒、毁见、邪命自活生盲之类无信眼故，不见诸佛智慧日轮。虽不见佛智慧日轮，亦为智日之所饶益。何以故？以佛威力，令彼众生所有身苦及诸烦恼、未来苦因皆消灭故。佛子！如来有光明，名：积集一切功德；有光明，名：普照一切；有光明，名：清净自在照；有光明，名：出大妙音；有光明，名：普解一切语言法令他欢喜；有光明，名：示现永断一切疑自在境界；有光明，名：无住智自在普照；有光明，名：永断一切戏论自在智；有光明，名：随所应出妙音声；有光明，名：出清净自在音庄严国土成熟众生。佛子！如来一一毛孔放如是等千种光明，五百光明普照下方，五百光明普照上方。种种刹中种种佛所诸菩萨众，其菩萨等见此光明，一时皆得如来境界，十头、十眼、十耳、十鼻、十舌、十身、十手、十足、十地、十智，皆悉清净。彼诸菩萨先所成就诸处诸地，见彼光明转更清净，一切善根皆悉成熟，趣一切智；住二乘者，灭一切垢；其余一分生盲众生，身既快乐，心亦清净，柔软调伏，堪修念智；地狱、饿鬼、畜生诸趣所有众生，皆得快乐，解脱众苦，命终皆生天上、人间。佛子！彼诸众生不觉不知，以何因缘、以何神力而来生此？彼生盲者作如是念：我是梵天！我是梵化！是时，如来住普自在三昧，出六十种妙音而告之言：汝等非是梵天，亦非梵化，亦非帝释护世所作，皆是如来威神之力。彼诸众生闻是语已，以佛神力皆知宿命，生大欢喜；心欢喜故，自然而出优昙华云、香云、音乐云、衣云、盖云、幢云、幡云、末香云、宝云、师子幢半月楼阁云、歌咏赞叹云、种种庄严云，皆以尊重心供养如来。何以故？此诸众生得净眼故，如来与彼授阿耨多罗三藐三菩提记。佛子！如来智日如是利益生盲众生，令得善根，具足成熟。佛子！是为如来身第五相，诸菩萨摩诃萨应如是见。

复次，佛子！譬如月轮有四奇特未曾有法。何等为四？一者，映蔽一切星宿光明；二者，随逐于时示现亏盈；三者，于阎浮提澄净水中影无不现；四者，一切见者皆对目前，而此月轮无有分别、无有戏论。佛子！如来身月亦复如是，有四奇特未曾有法。何等为四？所谓：映蔽一切声闻、独觉、学、无学众；随其所宜，示现寿命修短不同，而如来身无有增减；一切世界净心众生菩提器中，影无不现；一切众生有瞻对者皆谓如来唯现我前，随其心乐而为说法，随其地位令得解脱，随所应化令见佛身，而如来身无有分别、无有戏论，所作利益皆得究竟。佛子！是为如来身第六相，诸菩萨摩诃萨应如是见。

复次，佛子！譬如三千大千世界大梵天王，以少方便于大千世界普现其身，一切众生皆见梵王现在己前，而此梵王亦不分身、无种种身。佛子！诸佛如来亦复如是，无有分别，无有戏论，亦不分身，无种种身，而随一切众生心乐示现其身，亦不作念现若干身。佛子！是为如来身第七相，诸菩萨摩诃萨应如是见。

复次，佛子！譬如医王善知众药及诸咒论，阎浮提中诸所有药用无不尽，复以宿世诸善根力、大明咒力，为方便故，众生见者病无不愈。彼大医王知命将终，作是念言：我命终后，一切众生无所依怙，我今宜应为现方便。是时，医王合药涂身，明咒力持，令其终后身不分散、不萎不枯，威仪视听与本无别，凡所疗治悉得除差。佛子！如来、应、正等觉无上医王亦复如是，于无量百千亿那由他劫，炼治法药已得成就，修学一切方便善巧大明咒力皆到彼岸，善能除灭一切众生诸烦恼病及住寿命；经无量劫，其身清净无有思虑、无有动用，一切佛事未尝休息，众生见者诸烦恼病悉得消灭。佛子！是为如来身第八相，诸菩萨摩诃萨应如是见。

复次，佛子！譬如大海有大摩尼宝，名：集一切光明毗卢遮那藏；若有众生触其光者，悉同其色；若有见者，眼得清净。随彼光明所照之处，雨摩尼宝，名为：安乐，令诸众生离苦调适。佛子！诸如来身亦复如是，为大宝聚一切功德大智慧藏；若有众生触佛身宝智慧光者，同佛身色；若有见者，法眼清净。随彼光明所照之处，令诸众生离贫穷苦，乃至具足佛菩提乐。佛子！如来法身无所分别亦无戏论，而能普为一切众生作大佛事。佛子！是为如来身第九相，诸菩萨摩诃萨应如是见。

复次，佛子！譬如大海有大如意摩尼宝王，名：一切世间庄严藏，具足成就百万功德，随所住处，令诸众生灾患消除、所愿满足；然此如意摩尼宝王非少福众生所能得见。如来身如意宝王亦复如是，名为：能令一切众生皆悉欢喜，若有见身、闻名、赞德，悉令永离生死苦患；假使一切世界一切众生，一时专心欲见如来，悉令得见，所愿皆满。佛子！佛身非是少福众生所能得见，唯除如来自在神力所应调伏；若有众生因见佛身便种善根乃至成熟，为成熟故，乃令得见如来身耳。佛子！是为如来身第十相，诸菩萨摩诃萨应如是见。以其心无量遍十方故，所行无碍如虚空故，普入法界故，住真实际故，无生无灭故，等住三世故，永离一切分别故，住尽后际誓愿故，严净一切世界故，庄严一一佛身故。

尔时，普贤菩萨摩诃萨欲重明此义而说颂言：

譬如虚空遍十方，若色非色有非有，三世众生身国土，如是普在无边际。诸佛真身亦如是，一切法界无不遍，不可得见不可取，为化众生而现形。譬如虚空不可取，普使众生造众业，不念：我今何所作，云何我作为谁作？诸佛身业亦如是，普使群生修善法，如来未曾有分别：我今于彼种种作。譬如日出阎浮提，光明破闇悉无余，山树池莲地众物，种种品类皆蒙益。诸佛日出亦如是，生长人天众善行，永除痴闇得智明，恒受尊荣一切乐。譬如日光出现时，先照山王次余山，后照高原及大地，而日未始有分别。善逝光明亦如是，先照菩萨次缘觉，后照声闻及众生，而佛本来无动念。譬如生盲不见日，日光亦为作饶益，令知时节受饮食，永离众患身安隐。无信众生不见佛，而佛亦为兴义利，闻名及以触光明，因此乃至得菩提。譬如净月在虚空，能蔽众星示盈缺，一切水中皆现影，诸有观瞻悉对前。如来净月亦复然，能蔽余乘示修短，普现天人净心水，一切皆谓对其前。譬如梵王住自宫，普现三千诸梵处，一切人天咸得见，实不分身向于彼。诸佛现身亦如是，一切十方无不遍，其身无数不可称，亦不分身不分别。如有医王善方术，若有见者病皆愈，命虽已尽药涂身，令其作务悉如初。最胜医王亦如是，具足方便一切智，以昔妙行现佛身，众生见者烦恼灭。譬如海中有宝王，普出无量诸光明，众生触者同其色，若有见者眼清净。最胜宝王亦如是，触其光者悉同色，若有得见五眼开，破诸尘闇住佛地。譬如如意摩尼宝，随有所求皆满足，少福众生不能见，非是宝王有分别。善逝宝王亦如是，悉满所求诸欲乐，无信众生不见佛，非是善逝心弃舍。

大方广佛华严经卷第五十一

如来出现品第三十七之二

佛子！菩萨摩诃萨应云何知如来、应、正等觉音声？

佛子！菩萨摩诃萨应知如来音声遍至，普遍无量诸音声故；应知如来音声随其心乐皆令欢喜，说法明了故；应知如来音声随其信解皆令欢喜，心得清凉故；应知如来音声化不失时，所应闻者无不闻故；应知如来音声无生灭，如呼响故；应知如来音声无主，修习一切业所起故；应知如来音声甚深，难可度量故；应知如来音声无邪曲，法界所生故；应知如来音声无断绝，普入法界故；应知如来音声无变易，至于究竟故。佛子！菩萨摩诃萨应知如来音声，非量、非无量，非主、非无主，非示、非无示。何以故？佛子！譬如世界将欲坏时，无主无作，法尔而出四种音声。其四者何？一曰：汝等当知初禅安乐，离诸欲恶，超过欲界。众生闻已，自然而得成就初禅，舍欲界身，生于梵天。二曰：汝等当知二禅安乐，无觉无观，超于梵天。众生闻已，自然而得成就二禅，舍梵天身，生光音天。三曰：汝等当知三禅安乐，无有过失，超光音天。众生闻已，自然而得成就三禅，舍光音身，生遍净天。四曰：汝等当知四禅寂静，超遍净天。众生闻已，自然而得成就四禅，舍遍净身，生广果天。是为四。佛子！此诸音声无主无作，但从众生诸善业力之所出生。佛子！如来音声亦复如是，无主无作，无有分别，非入非出，但从如来功德法力，出于四种广大音声。其四者何？一曰：汝等当知一切诸行皆悉是苦，所谓：地狱苦、畜生苦、饿鬼苦、无福德苦、著我我所苦、作诸恶行苦。欲生人、天当种善根；生人、天中，离诸难处。众生闻已，舍离颠倒，修诸善行，离诸难处，生人、天中。二曰：汝等当知一切诸行众苦炽然，如热铁丸。诸行无常，是磨灭法；涅槃寂静，无为安乐，远离炽然，消诸热恼。众生闻已，勤修善法，于声闻乘得随顺音声忍。三曰：汝等当知声闻乘者，随他语解，智慧狭劣；更有上乘，名：独觉乘，悟不由师，汝等应学。乐胜道者闻此音已，舍声闻道，修独觉乘。四曰：汝等当知过二乘位更有胜道，名为：大乘。菩萨所行，顺六波罗蜜，不断菩萨行，不舍菩提心，处无量生死而不疲厌，过于二乘，名为：大乘、第一乘、胜乘、最胜乘、上乘、无上乘、利益一切众生乘。若有众生信解广大，诸根猛利，宿种善根，为诸如来神力所加，有胜乐欲，希求佛果；闻此音已，发菩提心。佛子！如来音声不从身出、不从心出，而能利益无量众生。佛子！是为如来音声第一相，诸菩萨摩诃萨应如是知。

复次,佛子!譬如呼响,因于山谷及音声起,无有形状,不可睹见,亦无分别,而能随逐一切语言。如来音声亦复如是,无有形状,不可睹见,非有方所,非无方所;但随众生欲解缘出,其性究竟,无言无示,不可宣说。佛子!是为如来音声第二相,诸菩萨摩诃萨应如是知。

复次,佛子!譬如诸天有大法鼓,名为:觉悟。若诸天子行放逸时,于虚空中出声告言:汝等当知一切欲乐皆悉无常,虚妄颠倒,须臾变坏,但诳愚夫令其恋著。汝莫放逸,若放逸者,堕诸恶趣,后悔无及。放逸诸天闻此音已,生大忧怖,舍自宫中所有欲乐,诣天王所求法行道。佛子!彼天鼓音,无主无作,无起无灭,而能利益无量众生。当知如来亦复如是,为欲觉悟放逸众生,出于无量妙法音声,所谓:无著声、不放逸声、无常声、苦声、无我声、不净声、寂灭声、涅槃声、无有量自然智声、不可坏菩萨行声、至一切处如来无功用智地声,以此音声遍法界中而开悟之。无数众生闻是音已,皆生欢喜,勤修善法,各于自乘而求出离,所谓:或修声闻乘、或修独觉乘、或习菩萨无上大乘。而如来音,不住方所,无有言说。佛子!是为如来音声第三相,诸菩萨摩诃萨应如是知。

复次,佛子!譬如自在天王有天采女,名曰:善口,于其口中出一音声,其声则与百千种乐而共相应,一一乐中复有百千差别音声。佛子!彼善口女从口一声,出于如是无量音声。当知如来亦复如是,于一音中出无量声,随诸众生心乐差别,皆悉遍至,悉令得解。佛子!是为如来音声第四相,诸菩萨摩诃萨应如是知。

复次,佛子!譬如大梵天王住于梵宫出梵音声,一切梵众靡不皆闻,而彼音声不出众外。诸梵天众咸生是念:大梵天王独与我语。如来妙音亦复如是,道场众会靡不皆闻,而其音声不出众外。何以故?根未熟者不应闻故。其闻音者皆作是念:如来世尊独为我说。佛子!如来音声无出无住,而能成就一切事业。是为如来音声第五相,诸菩萨摩诃萨应如是知。

复次,佛子!譬如众水皆同一味,随器异故水有差别,水无念虑亦无分别。如来言音亦复如是,唯是一味,谓解脱味,随诸众生心器异故无量差别,而无念虑亦无分别。佛子!是为如来音声第六相,诸菩萨摩诃萨应如是知。

复次,佛子!譬如阿那婆达多龙王兴大密云,遍阎浮提普霔甘雨,百谷苗稼皆得生长,江河泉池一切盈满;此大雨水不从龙王身心中出,而能种种饶益众生。佛子!如来、应、正等觉亦复如是,兴大悲云遍十方界,普雨无上甘露法雨,令一切众生皆生欢喜,增长善法,满足诸乘。佛子!如来音声不从外来、不从内出,而能饶益一切众生。是为如来音声第七相,诸菩萨摩诃萨应如是知。

复次，佛子！譬如摩那斯龙王将欲降雨，未便即降，先起大云弥覆虚空凝停七日，待诸众生作务究竟。何以故？彼大龙王有慈悲心，不欲恼乱诸众生故。过七日已，降微细雨普润大地。佛子！如来、应、正等觉亦复如是，将降法雨，未便即降，先兴法云成熟众生，为欲令其心无惊怖；待其熟已，然后普降甘露法雨，演说甚深微妙善法，渐次令其满足如来一切智智无上法味。佛子！是为如来音声第八相，诸菩萨摩诃萨应如是知。

复次，佛子！譬如海中有大龙王，名：大庄严，于大海中降雨之时，或降十种庄严雨，或百、或千、或百千种庄严雨。佛子！水无分别，但以龙王不思议力令其庄严，乃至百千无量差别。如来、应、正等觉亦复如是，为诸众生说法之时，或以十种差别音说，或百、或千、或以百千，或以八万四千音声说八万四千行，乃至或以无量百千亿那由他音声各别说法，令其闻者皆生欢喜；如来音声无所分别，但以诸佛于甚深法界圆满清净，能随众生根之所宜，出种种言音皆令欢喜。佛子！是为如来音声第九相，诸菩萨摩诃萨应如是知。

复次，佛子！譬如娑竭罗龙王，欲现龙王大自在力，饶益众生咸令欢喜，从四天下乃至他化自在天处，兴大云网周匝弥覆。其云色相无量差别，或阎浮檀金光明色，或毗琉璃光明色，或白银光明色，或玻璃光明色，或牟萨罗光明色，或码瑙光明色，或胜藏光明色，或赤真珠光明色，或无量香光明色，或无垢衣光明色，或清净水光明色，或种种庄严具光明色，如是云网周匝弥布。既弥布已，出种种色电光。所谓：阎浮檀金色云出琉璃色电光，琉璃色云出金色电光，银色云出玻璃色电光，玻璃色云出银色电光，牟萨罗色云出码瑙色电光，码瑙色云出牟萨罗色电光，胜藏宝色云出赤真珠色电光，赤真珠色云出胜藏宝色电光，无量香色云出无垢衣色电光，无垢衣色云出无量香色电光，清净水色云出种种庄严具色电光，种种庄严具色云出清净水色电光；乃至种种色云出一色电光，一色云出种种色电光。复于彼云中出种种雷声，随众生心皆令欢喜。所谓：或如天女歌咏音，或如诸天妓乐音，或如龙女歌咏音，或如乾闼婆女歌咏音，或如紧那罗女歌咏音，或如大地震动声，或如海水波潮声，或如兽王哮吼声，或如好鸟鸣啭声，及余无量种种音声。既震雷已，复起凉风，令诸众生心生悦乐，然后乃降种种诸雨，利益安乐无量众生。从他化天至于地上，于一切处所雨不同。所谓：于大海中雨清冷水，名：无断绝；于他化自在天雨箫笛等种种乐音，名为：美妙；于化乐天雨大摩尼宝，名：放大光明；于兜率天雨大庄严具，名为：垂髻；于夜摩天雨大妙华，名：种种庄严具；于三十三天雨众妙香，名为：悦意；于四天王天雨天宝衣，名为：覆盖；于龙王宫雨赤真珠，名：涌出光明；于阿修罗宫雨诸兵仗，名：降伏怨敌；于此郁单越雨种种华，名曰：开敷；余三天下悉亦如是，然各随其处，所雨不同。虽彼龙王其心平等无有彼此,但以众生善根异故,雨有差别。佛子!如来、应、正等觉无上法王亦复如是,欲以正法教化众生,先布身云弥覆法界,随其乐欲为现不同。所谓:或为众生现生身云,或为众生现化身云,或为众生现力持身云,或为众生现色身云,或为众生现相好身云,或为众生现福德身云,或为众生现智慧身云,或为众生现诸力不可坏身云,或为众生现无畏身云,或为众生现法界身云。佛子!如来以如是等无量身云,普覆十方一切世界,随诸众生所乐,各别示现种种光明电光。所谓:或为众生现光明电光,名:无所不至;或为众生现光明电光,名:无边光明;或为众生现光明电光,名:入佛秘密法;或为众生现光明电光,名:影现光明;或为众生现光明电光,名:光明照耀;或为众生现光明电光,名:入无尽陀罗尼门;或为众生现光明电光,名:正念不乱;或为众生现光明电光,名:究竟不坏;或为众生现光明电光,名:顺入诸趣;或为众生现光明电光,名:满一切愿皆令欢喜。佛子!如来、应、正等觉现如是等无量光明电光已,复随众生心之所乐,出生无量三昧雷声。所谓:善觉智三昧雷声、明盛离垢海三昧雷声、一切法自在三昧雷声、金刚轮三昧雷声、须弥山幢三昧雷声、海印三昧雷声、日灯三昧雷声、无尽藏三昧雷声、不坏解脱力三昧雷声。佛子!如来身云中出如是等无量差别三昧雷声已,将降法雨,先现瑞相开悟众生。所谓:从无障碍大慈悲心,现于如来大智风轮,名:能令一切众生生不思议欢喜适悦。此相现已,一切菩萨及诸众生,身之与心皆得清凉。然后从如来大法身云、大慈悲云、大不思议云,雨不思议广大法雨,令一切众生身心清净。所谓:为坐菩提场菩萨雨大法雨,名:法界无差别;为最后身菩萨雨大法雨,名:菩萨游戏如来秘密教;为一生所系菩萨雨大法雨,名:清净普光明;为灌顶菩萨雨大法雨,名:如来庄严具所庄严;为得忍菩萨雨大法雨,名:功德宝智慧华开敷不断菩萨大悲行;为住向行菩萨雨大法雨,名:入现前变化甚深门而行菩萨行无休息无疲厌;为初发心菩萨雨大法雨,名:出生如来大慈悲行救护众生;为求独觉乘众生雨大法雨,名:深知缘起法远离二边得不坏解脱果;为求声闻乘众生雨大法雨,名:以大智慧剑断一切烦恼怨;为积集善根决定、不决定众生雨大法雨,名:能令成就种种法门生大欢喜。佛子!诸佛如来随众生心,雨如是等广大法雨,充满一切无边世界。佛子!如来、应、正等觉其心平等,于法无吝,但以众生根欲不同,所雨法雨示有差别。是为如来音声第十相,诸菩萨摩诃萨应如是知。

复次,佛子!应知如来音声有十种无量。何等为十?所谓:如虚空界无量,至一切处故;如法界无量,无所不遍故;如众生界无量,令一切心喜故;如诸业无量,说其果报故;如烦恼无量,悉令除灭故;如众生言音无量,随解令闻故;如众生欲解无量,普观救度故;如三世无量,无有边际故;如智慧无量,分别一切故;如佛境界无量，入佛法界故。佛子！如来、应、正等觉音声成就如是等阿僧祇无量，诸菩萨摩诃萨应如是知。

尔时，普贤菩萨摩诃萨欲重明此义而说颂言：

三千世界将坏时，众生福力声告言，四禅寂静无诸苦，令其闻已悉离欲。十力世尊亦如是，出妙音声遍法界，为说诸行苦无常，令其永度生死海。譬如深山大谷中，随有音声皆响应，虽能随逐他言语，而响毕竟无分别。十力言音亦复然，随其根熟为示现，令其调伏生欢喜，不念我今能演说。如天有鼓名能觉，常于空中震法音，诫彼放逸诸天子，令其闻已得离著。十力法鼓亦如是，出于种种妙音声，觉悟一切诸群生，令其悉证菩提果。自在天王有宝女，口中善奏诸音乐，一声能出百千音，一一音中复百千。善逝音声亦如是，一声而出一切音，随其性欲有差别，各令闻已断烦恼。譬如梵王吐一音，能令梵众皆欢喜，音唯及梵不出外，一一皆言已独闻。十力梵王亦复然，演一言音充法界，唯沾众会不远出，以无信故未能受。譬如众水同一性，八功德味无差别，因地在器各不同，是故令其种种异。一切智音亦如是，法性一味无分别，随诸众生行不同，故使听闻种种异。譬如无热大龙王，降雨普洽阎浮地，能令草树皆生长，而不从身及心出。诸佛妙音亦如是，普雨法界悉充洽，能令生善灭诸恶，不从内外而得有。譬如摩那斯龙王，兴云七日未先雨，待诸众生作务竟，然后始降成利益。十力演义亦如是，先化众生使成熟，然后为说甚深法，令其闻者不惊怖。大庄严龙于海中，霔于十种庄严雨，或百或千百千种，水虽一味庄严别。究竟辩才亦如是，说十二十诸法门，或百或千至无量，不生心念有殊别。最胜龙王娑竭罗，兴云普覆四天下，于一切处雨各别，而彼龙心无二念。诸佛法王亦如是，大悲身云遍十方，为诸修行雨各异，而于一切无分别。

佛子！诸菩萨摩诃萨应云何知如来、应、正等觉心？佛子！如来心、意、识俱不可得，但应以智无量故，知如来心。

譬如虚空为一切物所依，而虚空无所依。如来智慧亦复如是，为一切世间、出世间智所依，而如来智无所依。佛子！是为如来心第一相，诸菩萨摩诃萨应如是知。

复次，佛子！譬如法界常出一切声闻、独觉、菩萨解脱，而法界无增减。如来智慧亦复如是，恒出一切世间、出世间种种智慧，而如来智无增减。佛子！是为如来心第二相，诸菩萨摩诃萨应如是知。

复次，佛子！譬如大海，其水潜流四天下地及八十亿诸小洲中，有穿凿者无不得水，而彼大海不作分别：我出于水。佛智海水亦复如是，流入一切众生心中，若诸众生观察境界、修习法门，则得智慧清净明了，而如来智平等无二、无有分别，但随众生心行异故，所得智慧各各不同。佛子！是为如来心第三相，诸菩萨摩诃萨应如是知。

复次，佛子！譬如大海有四宝珠，具无量德，能生海内一切珍宝；若大海中无此宝珠，乃至一宝亦不可得。何等为四？一名：积集宝，二名：无尽藏，三名：远离炽然，四名：具足庄严。佛子！此四宝珠，一切凡夫诸龙神等悉不得见。何以故？娑竭龙王以此宝珠端严方正置于宫中深密处故。佛子！如来、应、正等觉大智慧海亦复如是，于中有四大智宝珠，具足无量福智功德，由此能生一切众生声闻、独觉、学、无学位，及诸菩萨智慧之宝。何等为四？所谓：无染著巧方便大智慧宝、善分别有为无为法大智慧宝、分别说无量法而不坏法性大智慧宝、知时非时未曾误失大智慧宝。若诸如来大智海中无此四宝，有一众生得入大乘，终无是处。此四智宝，薄福众生所不能见。何以故？置于如来深密藏故。此四智宝，平均正直，端洁妙好，普能利益诸菩萨众，令其悉得智慧光明。佛子！是为如来心第四相，诸菩萨摩诃萨应如是知。

复次，佛子！譬如大海，有四炽然光明大宝布在其底，性极猛热，常能饮缩百川所注无量大水，是故大海无有增减。何等为四？一名：日藏，二名：离润，三名：火焰光，四名：尽无余。佛子！若大海中无此四宝，从四天下乃至有顶，其中所有悉被漂没。佛子！此日藏大宝光明照触，海水悉变为乳；离润大宝光明照触，其乳悉变为酪；火焰光大宝光明照触，其酪悉变为酥；尽无余大宝光明照触，其酥变成醍醐；如火炽然，悉尽无余。佛子！如来、应、正等觉大智慧海亦复如是，有四种大智慧宝，具足无量威德光明；此智宝光触诸菩萨，乃至令得如来大智。何等为四？所谓：灭一切散善波浪大智慧宝、除一切法爱大智慧宝、慧光普照大智慧宝、与如来平等无边无功用大智慧宝。佛子！诸菩萨修习一切助道法时，起无量散善波浪，一切世间天、人、阿修罗所不能坏；如来以灭一切散善波浪大智慧宝光明触彼菩萨，令舍一切散善波浪，持心一境，住于三昧；又以除一切法爱大智慧宝光明触彼菩萨，令舍离三昧味著，起广大神通；又以慧光普照大智慧宝光明触彼菩萨，令舍所起广大神通，住大明功用行；又以与如来平等无边无功用大智慧宝光明触彼菩萨，令舍所起大明功用行，乃至得如来平等地，息一切功用，令无有余。佛子！若无如来此四智宝大光照触，乃至有一菩萨得如来地，无有是处。佛子！是为如来心第五相，诸菩萨摩诃萨应如是知。

复次，佛子！如从水际，上至非想非非想天，其中所有大千国土，欲、色、无色众生之处，莫不皆依虚空而起、虚空而住。何以故？虚空普遍故；虽彼虚空，普容三界而无分别。佛子！如来智慧亦复如是，若声闻智，若独觉智，若菩萨智，若有为行智，若无为行智，一切皆依如来智起、如来智住。何以故？如来智慧遍一切故；虽复普容无量智慧而无分别。佛子！是为如来心第六相，诸菩萨摩诃萨应如是知。

复次，佛子！如雪山顶有药王树，名：无尽根。彼药树根从十六万八千由旬下尽金刚地水轮际生。彼药王树若生根时，令阎浮提一切树根生；若生茎时，令阎浮提一切树茎生；枝、叶、华、果悉皆如是。此药王树，根能生茎，茎能生根，根无有尽，名：无尽根。佛子！彼药王树于一切处皆令生长，唯于二处不能为作生长利益，所谓：地狱深坑及水轮中；然亦于彼初无厌舍。佛子！如来智慧大药王树亦复如是，以过去所发成就一切智慧善法、普覆一切诸众生界、除灭一切诸恶道苦广大悲愿而为其根，于一切如来真实智慧种性中生坚固不动善巧方便以为其茎，遍法界智、诸波罗蜜以为其枝，禅定、解脱、诸大三昧以为其叶，总持、辩才、菩提分法以为其华，究竟无变诸佛解脱以为其果。佛子！如来智慧大药王树，何故得名为：无尽根？以究竟无休息故，不断菩萨行故；菩萨行即如来性，如来性即菩萨行，是故得名为：无尽根。佛子！如来智慧大药王树，其根生时，令一切菩萨生不舍众生大慈悲根；其茎生时，令一切菩萨增长坚固精进深心茎；其枝生时，令一切菩萨增长一切诸波罗蜜枝；其叶生时，令一切菩萨生长净戒头陀功德少欲知足叶；其华生时，令一切菩萨具诸善根相好庄严华；其果生时，令一切菩萨得无生忍乃至一切佛灌顶忍果。佛子！如来智慧大药王树唯于二处不能为作生长利益，所谓：二乘堕于无为广大深坑及坏善根非器众生溺大邪见贪爱之水；然亦于彼曾无厌舍。佛子！如来智慧无有增减，以根善安住，生无休息故。佛子！是为如来心第七相，诸菩萨摩诃萨应如是知。

复次，佛子！譬如三千大千世界劫火起时，焚烧一切草木丛林，乃至铁围、大铁围山皆悉炽然无有遗余。

佛子！假使有人手执乾草投彼火中，于意云何，得不烧不？

答言：不也。

佛子！彼所投草容可不烧；如来智慧分别三世一切众生、一切国土、一切劫数、一切诸法，无不知者；若言不知，无有是处。何以故？智慧平等悉明达故。佛子！是为如来心第八相，诸菩萨摩诃萨应如是知。

复次，佛子！譬如风灾坏世界时，有大风起，名曰：散坏，能坏三千大千世界，铁围山等皆成碎末。复有大风，名为：能障，周匝三千大千世界障散坏风，不令得至余方世界。佛子！若令无此能障大风，十方世界无不坏尽。如来、应、正等觉亦复如是，有大智风，名为：能灭，能灭一切诸大菩萨烦恼习气；有大智风，名为：巧持，巧持其根未熟菩萨不令能灭大智风轮断其一切烦恼习气。佛子！若无如来巧持智风，无量菩萨皆堕声闻、辟支佛地；由此智故，令诸菩萨超二乘地，安住如来究竟之位。佛子！是为如来心第九相，诸菩萨摩诃萨应如是知。

复次，佛子！如来智慧无处不至。何以故？无一众生而不具有如来智慧，但以妄想颠倒执著而不证得；若离妄想，一切智、自然智、无碍智则得现前。佛子！譬如有大经卷，量等三千大千世界，书写三千大千世界中事，一切皆尽。所谓：书写大铁围山中事，量等大铁围山；书写大地中事，量等大地；书写中千世界中事，量等中千世界；书写小千世界中事，量等小千世界；如是，若四天下，若大海，若须弥山，若地天宫殿，若欲界空居天宫殿，若色界宫殿，若无色界宫殿，一一书写，其量悉等。此大经卷虽复量等大千世界，而全住在一微尘中；如一微尘，一切微尘皆亦如是。时，有一人智慧明达，具足成就清净天眼，见此经卷在微尘内，于诸众生无少利益，即作是念：我当以精进力，破彼微尘，出此经卷，令得饶益一切众生。作是念已，即起方便，破彼微尘，出此大经，令诸众生普得饶益。如于一尘，一切微尘应知悉然。佛子！如来智慧亦复如是，无量无碍，普能利益一切众生，具足在于众生身中；但诸凡愚妄想执著，不知不觉，不得利益。尔时，如来以无障碍清净智眼，普观法界一切众生而作是言：奇哉！奇哉！此诸众生云何具有如来智慧，愚痴迷惑，不知不见？我当教以圣道，令其永离妄想执著，自于身中得见如来广大智慧与佛无异。即教彼众生修习圣道，令离妄想；离妄想已，证得如来无量智慧，利益安乐一切众生。佛子！是为如来心第十相，诸菩萨摩诃萨应如是知。

佛子！菩萨摩诃萨应以如是等无量无碍不可思议广大相，知如来、应、正等觉心。

尔时，普贤菩萨摩诃萨欲重明此义而说颂言：

欲知诸佛心，当观佛智慧，佛智无依处，如空无所依。众生种种乐，及诸方便智，皆依佛智慧，佛智无依止。声闻与独觉，及诸佛解脱，皆依于法界，法界无增减。佛智亦如是，出生一切智，无增亦无减，无生亦无尽。如水潜流地，求之无不得，无念亦无尽，功力遍十方。佛智亦如是，普在众生心，若有勤修行，疾得智光明。如龙有四珠，出生一切宝，置之深密处，凡人莫能见。佛四智亦然，出生一切智，余人莫能见，唯除大菩萨。如海有四宝，能饮一切水，令海不流溢，亦复无增减。如来智亦尔，息浪除法爱，广大无有边，能生佛菩萨。下方至有顶，欲色无色界，一切依虚空，虚空不分别。声闻与独觉，菩萨众智慧，皆依于佛智，佛智无分别。雪山有药王，名为无尽根，能生一切树，根茎叶华实。佛智亦如是，如来种中生，既得菩提已，复生菩萨行。如人把乾草，置之于劫烧，金刚犹洞然，此无不烧理。三世劫与刹，及其中众生，彼草容不烧，此佛无不知。有风名散坏，能坏于大千；若无别风止，坏及无量界。大智风亦尔，灭诸菩萨惑；别有善巧风，令住如来地。如有大经卷，量等三千界，在于一尘内，一切尘悉然。有一聪慧人，净眼悉明见，破尘出经卷，普饶益众生。佛智亦如是，遍在众生心，妄想之所缠，不觉亦不知。诸佛大慈悲，令其除妄想，如是乃出现，饶益诸菩萨。

大方广佛华严经卷第五十二

如来出现品第三十七之三

佛子！菩萨摩诃萨应云何知如来、应、正等觉境界？佛子！菩萨摩诃萨以无障无碍智慧，知一切世间境界是如来境界，知一切三世境界、一切刹境界、一切法境界、一切众生境界、真如无差别境界、法界无障碍境界、实际无边际境界、虚空无分量境界、无境界境界是如来境界。佛子！如一切世间境界无量，如来境界亦无量；如一切三世境界无量，如来境界亦无量；乃至，如无境界境界无量，如来境界亦无量；如无境界境界一切处无有，如来境界亦如是一切处无有。佛子！菩萨摩诃萨应知心境界是如来境界。如心境界无量无边、无缚无脱，如来境界亦无量无边、无缚无脱。何以故？以如是如是思惟分别，如是如是无量显现故。佛子！如大龙王随心降雨，其雨不从内出、不从外出。如来境界亦复如是，随于如是思惟分别，则有如是无量显现，于十方中悉无来处。佛子！如大海水，皆从龙王心力所起。诸佛如来一切智海亦复如是，皆从如来往昔大愿之所生起。

佛子！一切智海无量无边，不可思议，不可言说；然我今者略说譬喻，汝应谛听。佛子！此阎浮提有二千五百河流入大海，西拘耶尼有五千河流入大海，东弗婆提有七千五百河流入大海，北郁单越有一万河流入大海。

佛子！此四天下，如是二万五千河相续不绝流入大海。于意云何，此水多不？

答言：甚多。

佛子！复有十光明龙王，雨大海中水倍过前；百光明龙王，雨大海中水复倍前；大庄严龙王、摩那斯龙王、雷震龙王、难陀跋难陀龙王、无量光明龙王、连澍不断龙王、大胜龙王、大奋迅龙王，如是等八十亿诸大龙王，各雨大海，皆悉展转倍过于前；娑竭罗龙王太子，名：阎浮幢，雨大海中水复倍前。佛子！十光明龙王宫殿中水流入大海，复倍过前；百光明龙王宫殿中水流入大海，复倍过前；大庄严龙王、摩那斯龙王、雷震龙王、难陀跋难陀龙王、无量光明龙王、连澍不断龙王、大胜龙王、大奋迅龙王，如是等八十亿诸大龙王，宫殿各别，其中有水流入大海，皆悉展转倍过于前；娑竭罗龙王太子阎浮幢宫殿中水流入大海，复倍过前。佛子！娑竭罗龙王连雨大海，水复倍前；其娑竭罗龙王宫殿中水涌出入海，复倍于前；其所出水绀琉璃色，涌出有时，是故大海潮不失时。佛子！如是大海，其水无量，众宝无量，众生无量，所依大地亦复无量。

佛子！于汝意云何，彼大海为无量不？答言：实为无量，不可为喻。

佛子！此大海无量于如来智海无量，百分不及一，千分不及一，乃至优波尼沙陀分不及其一；但随众生心为作譬喻，而佛境界非譬所及。佛子！菩萨摩诃萨应知如来智海无量，从初发心修一切菩萨行不断故；应知宝聚无量，一切菩提分法、三宝种不断故；应知所住众生无量，一切学、无学、声闻、独觉所受用故；应知住地无量，从初欢喜地乃至究竟无障碍地诸菩萨所居故。佛子！菩萨摩诃萨为入无量智慧利益一切众生故，于如来、应、正等觉境界应如是知。

尔时，普贤菩萨摩诃萨欲重明此义而说颂言：

如心境界无有量，诸佛境界亦复然；如心境界从意生，佛境如是应观察。如龙不离于本处，以心威力澍大雨，雨水虽无来去处，随龙心故悉充洽。十力牟尼亦如是，无所从来无所去，若有净心则现身，量等法界入毛孔。如海珍奇无有量，众生大地亦复然，水性一味等无别，于中生者各蒙利。如来智海亦如是，一切所有皆无量，有学无学住地人，悉在其中得饶益。

佛子！菩萨摩诃萨应云何知如来、应、正等觉行？佛子！菩萨摩诃萨应知无碍行是如来行，应知真如行是如来行。佛子！如真如，前际不生，后际不动，现在不起；如来行亦如是，不生、不动、不起。佛子！如法界，非量、非无量，无形故；如来行亦如是，非量、非无量，无形故。佛子！譬如鸟飞虚空，经于百年，已经过处、未经过处皆不可量。何以故？虚空界无边际故。如来行亦如是，假使有人经百千亿那由他劫分别演说，已说、未说皆不可量。何以故？如来行无边际故。佛子！如来、应、正等觉住无碍行，无有住处，而能普为一切众生示现所行，令其见已，出过一切诸障碍道。佛子！譬如金翅鸟王，飞行虚空，回翔不去，以清净眼观察海内诸龙宫殿，奋勇猛力，以左右翅鼓扬海水悉令两辟，知龙男女命将尽者而搏取之。如来、应、正等觉金翅鸟王亦复如是，住无碍行，以净佛眼观察法界诸宫殿中一切众生，若曾种善根已成熟者，如来奋勇猛十力，以止观两翅鼓扬生死大爱水海，使其两辟而撮取之，置佛法中，令断一切妄想戏论，安住如来无分别无碍行。佛子！譬如日月，独无等侣，周行虚空，利益众生，不作是念：我从何来，而至何所。诸佛如来亦复如是，性本寂灭，无有分别，示现游行一切法界，为欲饶益诸众生故，作诸佛事无有休息，不生如是戏论分别：我从彼来，而向彼去。佛子！菩萨摩诃萨应以如是等无量方便、无量性相，知见如来、应、正等觉所行之行。

尔时，普贤菩萨欲重明此义而说颂言：

譬如真如不生灭，无有方所无能见；大饶益者行如是，出过三世不可量。法界非界非非界，非是有量非无量；大功德者行亦然，非量无量无身故。如鸟飞行亿千岁，前后虚空等无别；众劫演说如来行，已说未说不可量。金翅在空观大海，辟水搏取龙男女；十力能拔善根人，令出有海除众惑。譬如日月游虚空，照临一切不分别；世尊周行于法界，教化众生无动念。

佛子！诸菩萨摩诃萨应云何知如来、应、正等觉成正觉？佛子！菩萨摩诃萨应知如来成正觉，于一切义无所观察，于法平等无所疑惑，无二无相，无行无止，无量无际，远离二边，住于中道，出过一切文字言说，知一切众生心念所行、根性欲乐、烦恼染习；举要言之，于一念中悉知三世一切诸法。佛子！譬如大海普能印现四天下中一切众生色身形像，是故共说以为大海；诸佛菩提亦复如是，普现一切众生心念、根性乐欲而无所现，是故说名诸佛菩提。佛子！诸佛菩提，一切文字所不能宣，一切音声所不能及，一切言语所不能说，但随所应方便开示。佛子！如来、应、正等觉成正觉时，得一切众生量等身，得一切法量等身，得一切刹量等身，得一切三世量等身，得一切佛量等身，得一切语言量等身，得真如量等身，得法界量等身，得虚空界量等身，得无碍界量等身，得一切愿量等身，得一切行量等身，得寂灭涅槃界量等身。佛子！如所得身，言语及心亦复如是，得如是等无量无数清净三轮。佛子！如来成正觉时，于其身中普见一切众生成正觉，乃至普见一切众生入涅槃，皆同一性，所谓：无性。无何等性？所谓：无相性、无尽性、无生性、无灭性、无我性、无非我性、无众生性、无非众生性、无菩提性、无法界性、无虚空性，亦复无有成正觉性。知一切法皆无性故，得一切智，大悲相续，救度众生。佛子！譬如虚空，一切世界若成若坏，常无增减。何以故？虚空无生故。诸佛菩提亦复如是，若成正觉、不成正觉，亦无增减。何以故？菩提无相、无非相，无一、无种种故。佛子！假使有人能化作恒河沙等心，一一心复化作恒河沙等佛，皆无色、无形、无相，如是尽恒河沙等劫无有休息。佛子！于汝意云何？彼人化心，化作如来，凡有几何？如来性起妙德菩萨言：如我解于仁所说义，化与不化等无有别，云何问言凡有几何？普贤菩萨言：善哉善哉！佛子！如汝所说，设一切众生，于一念中悉成正觉，与不成正觉等无有异。何以故？菩提无相故；若无有相，则无增无减。佛子！菩萨摩诃萨应如是知成等正觉同于菩提一相无相。如来成正觉时，以一相方便入善觉智三昧；入已，于一成正觉广大身，现一切众生数等身住于身中。如一成正觉广大身，一切成正觉广大身悉亦如是。佛子！如来有如是等无量成正觉门，是故应知如来所现身无有量；以无量故，说如来身为无量界、等众生界。佛子！菩萨摩诃萨应知如来身一毛孔中，有一切众生数等诸佛身。何以故？如来成正觉身究竟无生灭故。如一毛孔遍法界，一切毛孔悉亦如是，当知无有少许处空无佛身。何以故？如来成正觉，无处不至故；随其所能，随其势力，于道场菩提树下师子座上，以种种身成等正觉。佛子！菩萨摩诃萨应知自心念念常有佛成正觉。何以故？诸佛如来不离此心成正觉故。如自心，一切众生心亦复如是，悉有如来成等正觉，广大周遍，无处不有，不离不断，无有休息，入不思议方便法门。佛子！菩萨摩诃萨应如是知如来成正觉。

尔时，普贤菩萨摩诃萨欲重明此义而说颂言：

正觉了知一切法，无二离二悉平等，自性清净如虚空，我与非我不分别。如海印现众生身，以此说其为大海；菩提普印诸心行，是故说名为正觉。譬如世界有成败，而于虚空不增减；一切诸佛出世间，菩提一相恒无相。如人化心化作佛，化与不化性无异；一切众生成菩提，成与不成无增减。佛有三昧名善觉，菩提树下入此定，放众生等无量光，开悟群品如莲敷。如三世劫刹众生，所有心念及根欲，如是数等身皆现，是故正觉名无量。

佛子！菩萨摩诃萨应云何知如来、应、正等觉转法轮？佛子！菩萨摩诃萨应如是知如来以心自在力无起无转而转法轮，知一切法恒无起故；以三种转断所应断而转法轮，知一切法离边见故；离欲际、非际而转法轮，入一切法虚空际故；无有言说而转法轮，知一切法不可说故；究竟寂灭而转法轮，知一切法涅槃性故；以一切文字、一切言语而转法轮，如来音声无处不至故；知声如响而转法轮，了于诸法真实性故；于一音中出一切音而转法轮，毕竟无主故；无遗无尽而转法轮，内外无著故。佛子！譬如一切文字语言，尽未来劫说不可尽；佛转法轮亦复如是，一切文字安立显示，无有休息，无有穷尽。佛子！如来法轮悉入一切语言文字而无所住。譬如书字，普入一切事、一切语、一切算数、一切世间出世间处而无所住；如来音声亦复如是，普入一切处、一切众生、一切法、一切业、一切报中而无所住。一切众生种种语言，皆悉不离如来法轮。何以故？言音实相即法轮故。佛子！菩萨摩诃萨于如来转法轮应如是知

复次，佛子！菩萨摩诃萨欲知如来所转法轮，应知如来法轮所出生处。何等为如来法轮所出生处？佛子！如来随一切众生心行欲乐无量差别，出若干音声而转法轮。佛子！如来、应、正等觉有三昧，名：究竟无碍无畏，入此三昧已，于成正觉一一身、一一口，各出一切众生数等言音，一一音中众音具足，各各差别而转法轮，令一切众生皆生欢喜。能如是知转法轮者，当知此人则为随顺一切佛法；不如是知，则非随顺。佛子！诸菩萨摩诃萨应如是知佛转法轮，普入无量众生界故。

尔时，普贤菩萨摩诃萨欲重明此义而说颂言：

如来法轮无所转，三世无起亦无得，譬如文字无尽时，十力法轮亦如是。如字普入而无至，正觉法轮亦复然，入诸言音无所入，能令众生悉欢喜。佛有三昧名究竟，入此定已乃说法，一切众生无有边，普出其音令悟解。一一音中复更演，无量言音各差别，于世自在无分别，随其欲乐普使闻。文字不从内外出，亦不失坏无积聚，而为众生转法轮，如是自在甚奇特。

佛子！菩萨摩诃萨应云何知如来、应、正等觉般涅槃？佛子！菩萨摩诃萨欲知如来大涅槃者，当须了知根本自性。如真如涅槃，如来涅槃亦如是；如实际涅槃，如来涅槃亦如是；如法界涅槃，如来涅槃亦如是；如虚空涅槃，如来涅槃亦如是；如法性涅槃，如来涅槃亦如是；如离欲际涅槃，如来涅槃亦如是；如无相际涅槃，如来涅槃亦如是；如我性际涅槃，如来涅槃亦如是；如一切法性际涅槃，如来涅槃亦如是；如真如际涅槃，如来涅槃亦如是。何以故？涅槃无生无出故；若法无生无出，则无有灭。佛子！如来不为菩萨说诸如来究竟涅槃，亦不为彼示现其事。何以故？为欲令见一切如来常住其前，于一念中见过去、未来一切诸佛色相圆满皆如现在，亦不起二、不二想。何以故？菩萨摩诃萨永离一切诸想著故。佛子！诸佛如来为令众生生欣乐故，出现于世；欲令众生生恋慕故，示现涅槃；而实如来无有出世，亦无涅槃。何以故？如来常住清净法界，随众生心示现涅槃。佛子！譬如日出，普照世间，于一切净水器中影无不现，普遍众处而无来往，或一器破便不现影。佛子！于汝意云何，彼影不现为日咎不？答言：不也。但由器坏，非日有咎。佛子！如来智日亦复如是，普现法界无前无后，一切众生净心器中佛无不现，心器常净常见佛身，若心浊器破则不得见。佛子！若有众生应以涅槃而得度者，如来则为示现涅槃，而实如来无生、无殁、无有灭度。佛子！譬如火大，于一切世间能为火事，或时一处其火息灭。于意云何，岂一切世间火皆灭耶？答言：不也。佛子！如来、应、正等觉亦复如是，于一切世界施作佛事，或于一世界能事已毕示入涅槃，岂一切世界诸佛如来悉皆灭度？佛子！菩萨摩诃萨应如是知如来、应、正等觉大般涅槃。

复次，佛子！譬如幻师善明幻术，以幻术力，于三千大千世界一切国土、城邑、聚落示现幻身，以幻力持经劫而住；然于余处，幻事已讫，隐身不现。佛子！于汝意云何，彼大幻师岂于一处隐身不现，便一切处皆隐灭耶？答言：不也。佛子！如来、应、正等觉亦复如是，善知无量智慧方便种种幻术，于一切法界普现其身，持令常住尽未来际；或于一处，随众生心，所作事讫，示现涅槃。岂以一处示入涅槃，便谓一切悉皆灭度？佛子！菩萨摩诃萨应如是知如来、应、正等觉大般涅槃。

复次，佛子！如来、应、正等觉示涅槃时，入不动三昧；入此三昧已，于一一身各放无量百千亿那由他大光明，一一光明各出阿僧祇莲华，一一莲华各有不可说妙宝华蕊，一一华蕊有师子座，一一座上皆有如来结跏趺坐，其佛身数正与一切众生数等，皆具上妙功德庄严，从本愿力之所生起。若有众生善根熟者，见佛身已，则皆受化。然彼佛身，尽未来际究竟安住，随宜化度一切众生未曾失时。佛子！如来身者，无有方处，非实非虚，但以诸佛本誓愿力，众生堪度则便出现。菩萨摩诃萨应如是知如来、应、正等觉大般涅槃。佛子！如来住于无量无碍究竟法界、虚空界，真如法性无生无灭及以实际，为诸众生随时示现；本愿持故，无有休息，不舍一切众生、一切刹、一切法。

尔时，普贤菩萨摩诃萨欲重明此义而说颂言：

如日舒光照法界，器坏水漏影随灭；最胜智日亦如是，众生无信见涅槃。如火世间作火事，于一城邑或时息；人中最胜遍法界，化事讫处示终尽。幻师现身一切刹，能事毕处则便谢；如来化讫亦复然，于余国土常见佛。佛有三昧名不动，化众生讫入此定，一念身放无量光，光出莲华华有佛。佛身无数等法界，有福众生所能见，如是无数一一身，寿命庄严皆具足。如无生性佛出兴，如无灭性佛涅槃，言辞譬喻悉皆断，一切义成无与等。

佛子！菩萨摩诃萨应云何知于如来、应、正等觉见闻亲近所种善根？佛子！菩萨摩诃萨应知于如来所见闻亲近所种善根皆悉不虚，出生无尽觉慧故，离于一切障难故，决定至究竟故，无有虚诳故，一切愿满故，不尽有为行故，随顺无为智故，生诸佛智故，尽未来际故，成一切种胜行故，到无功用智地故。佛子！譬如丈夫，食少金刚，终竟不消，要穿其身，出在于外。何以故？金刚不与肉身杂秽而同止故。于如来所种少善根亦复如是，要穿一切有为诸行烦恼身过，到于无为究竟智处。何以故？此少善根不与有为诸行烦恼而共住故。佛子！假使乾草积同须弥，投火于中如芥子许，必皆烧尽。何以故？火能烧故。于如来所种少善根亦复如是，必能烧尽一切烦恼，究竟得于无余涅槃。何以故？此少善根性究竟故。佛子！譬如雪山有药王树，名曰：善见。若有见者，眼得清净；若有闻者，耳得清净；若有嗅者，鼻得清净；若有尝者，舌得清净；若有触者，身得清净；若有众生取彼地土，亦能为作除病利益。佛子！如来、应、正等觉无上药王亦复如是，能作一切饶益众生。若有得见如来色身，眼得清净；若有得闻如来名号，耳得清净；若有得嗅如来戒香，鼻得清净；若有得尝如来法味，舌得清净，具广长舌，解语言法；若有得触如来光者，身得清净，究竟获得无上法身；若于如来生忆念者，则得念佛三昧清净；若有众生供养如来所经土地及塔庙者，亦具善根，灭除一切诸烦恼患，得贤圣乐。佛子！我今告汝，设有众生见闻于佛，业障缠覆不生信乐，亦种善根无空过者，乃至究竟入于涅槃。佛子！菩萨摩诃萨应如是知于如来所见闻亲近所种善根，悉离一切诸不善法，具足善法。

佛子！如来以一切譬喻说种种事，无有譬喻能说此法。何以故？心智路绝，不思议故。诸佛菩萨但随众生心，令其欢喜，为说譬喻，非是究竟。佛子！此法门名为：如来秘密之处，名：一切世间所不能知，名：入如来印，名：开大智门，名：示现如来种性，名：成就一切菩萨，名：一切世间所不能坏，名：一向随顺如来境界，名：能！

净一切诸众生界，名：演说如来根本实性不思议究竟法。佛子！此法门，如来不为余众生说，唯为趣向大乘菩萨说，唯为乘不思议乘菩萨说；此法门不入一切余众生手，唯除诸菩萨摩诃萨。佛子！譬如转轮圣王所有七宝，因此宝故显示轮王，此宝不入余众生手，唯除第一夫人所生太子，具足成就圣王相者。若转轮王无此太子具众德者，王命终后，此诸宝等于七日中悉皆散灭。佛子！此经珍宝亦复如是，不入一切余众生手，唯除如来法王真子，生如来家，种如来相诸善根者。佛子！若无此等佛之真子，如是法门不久散灭。何以故？一切二乘不闻此经，何况受持、读诵、书写、分别解说！唯诸菩萨乃能如是。是故，菩萨摩诃萨闻此法门应大欢喜，以尊重心恭敬顶受。何以故？菩萨摩诃萨信乐此经，疾得阿耨多罗三藐三菩提故。佛子！设有菩萨于无量百千亿那由他劫行六波罗蜜，修习种种菩提分法。若未闻此如来不思议大威德法门，或时闻已不信、不解、不顺、不入，不得名为真实菩萨，以不能生如来家故。若得闻此如来无量不可思议无障无碍智慧法门，闻已信解，随顺悟入，当知此人生如来家，随顺一切如来境界，具足一切诸菩萨法，安住一切种智境界，远离一切诸世间法，出生一切如来所行，通达一切菩萨法性，于佛自在心无疑惑，住无师法，深入如来无碍境界。佛子！菩萨摩诃萨闻此法已，则能以平等智知无量法，则能以正直心离诸分别，则能以胜欲乐现见诸佛，则能以作意力入平等虚空界，则能以自在念行无边法界，则能以智慧力具一切功德，则能以自然智离一切世间垢，则能以菩提心入一切十方网，则能以大观察知三世诸佛同一体性，则能以善根回向智普入如是法，不入而入；不于一法而有攀缘，恒以一法观一切法。佛子！菩萨摩诃萨成就如是功德，少作功力，得无师自然智。

尔时，普贤菩萨欲重明此义而说颂言：

见闻供养诸如来，所得功德不可量，于有为中终不尽，要灭烦恼离众苦。譬人吞服少金刚，终竟不消要当出；供养十力诸功德，灭惑必至金刚智。如乾草积等须弥，投芥子火悉烧尽；供养诸佛少功德，必断烦恼至涅槃。雪山有药名善见，见闻嗅触消众疾；若有见闻于十力，得胜功德到佛智。

尔时，佛神力故，法如是故，十方各有十不可说百千亿那由他世界六种震动，所谓：东涌西没，西涌东没，南涌北没，北涌南没，边涌中没，中涌边没。十八相动，所谓：动、遍动、等遍动，起、遍起、等遍起，涌、遍涌、等遍涌，震、遍震、等遍震，吼、遍吼、等遍吼，击、遍击、等遍击。雨出过诸天一切华云、一切盖云、幢云、幡云、香云、鬘云、涂香云、庄严具云、大光明摩尼宝云、诸菩萨赞叹云、不可说菩萨各差别身云，雨成正觉云、严净不思议世界云，雨如来言语音声云，充满无边法界。如此四天下，如来神力如是示现，令诸菩萨皆大欢喜；周遍十方一切世界，悉亦如是。

是时,十方各过八十不可说百千亿那由他佛刹微尘数世界外,各有八十不可说百千亿那由他佛刹微尘数如来,同名:普贤,皆现其前而作是言:

善哉!佛子!乃能承佛威力,随顺法性,演说如来出现不思议法。佛子!我等十方八十不可说百千亿那由他佛刹微尘数同名诸佛皆说此法;如我所说,十方世界一切诸佛亦如是说。佛子!今此会中,十万佛刹微尘数菩萨摩诃萨,得一切菩萨神通三昧;我等皆与授记,一生当得阿耨多罗三藐三菩提。佛刹微尘数众生,发阿耨多罗三藐三菩提心;我等亦与授记,于当来世经不可说佛刹微尘数劫,皆得成佛,同号:佛殊胜境界。我等为令未来诸菩萨闻此法故,皆共护持。如此四天下所度众生,十方百千亿那由他无数无量,乃至不可说不可说法界虚空等一切世界中所度众生,皆亦如是。

尔时,十方诸佛威神力故,毗卢遮那本愿力故,法如是故,善根力故,如来起智不越念故,如来应缘不失时故,随时觉悟诸菩萨故,往昔所作无失坏故,令得普贤广大行故,显现一切智自在故,十方各过十不可说百千亿那由他佛刹微尘数世界外,各有十不可说百千亿那由他佛刹微尘数菩萨来诣于此,充满十方一切法界,示现菩萨广大庄严,放大光明网,震动一切十方世界,坏散一切诸魔宫殿,消灭一切诸恶道苦,显现一切如来威德,歌咏赞叹如来无量差别功德法,普雨一切种种雨,示现无量差别身,领受无量诸佛法,以佛神力各作是言:

善哉!佛子!乃能说此如来不可坏法。佛子!我等一切皆名:普贤,各从普光明世界普幢自在如来所而来于此,彼一切处亦说是法,如是文句,如是义理,如是宣说,如是决定,皆同于此,不增不减。我等皆以佛神力故,得如来法故,来诣此处为汝作证。如我来此,十方等虚空遍法界一切世界诸四天下亦复如是。

尔时,普贤菩萨承佛神力,观察一切菩萨大众,欲重明如来出现广大威德,如来正法不可沮坏,无量善根皆悉不空,诸佛出世必具一切最胜之法,善能观察诸众生心,随应说法未曾失时,生诸菩萨无量法光,一切诸佛自在庄严,一切如来一身无异,从本大行之所生起,而说颂言:

一切如来诸所作,世间譬喻无能及,为令众生得悟解,非喻为喻而显示。如是微密甚深法,百千万劫难可闻;精进智慧调伏者,乃得闻此秘奥义。若闻此法生欣庆,彼曾供养无量佛,为佛加持所摄受,人天赞叹常供养。此为超世第一财,此能救度诸群品,此能出生清净道,汝等当持莫放逸。

大方广佛华严经卷第五十三

离世间品第三十八之一

尔时,世尊在摩竭提国阿兰若法菩提场中普光明殿,坐莲华藏师子之座,妙悟皆满,二行永绝,达无相法;住于佛住,得佛平等,到无障处不可转法;所行无碍,立不思议,普见三世;身恒充遍一切国土,智恒明达一切诸法;了一切行,尽一切疑,无能测身;一切菩萨等所求智,到佛无二究竟彼岸,具足如来平等解脱,证无中边佛平等地,尽于法界等虚空界。与不可说百千亿那由他佛刹微尘数菩萨摩诃萨俱,皆一生当得阿耨多罗三藐三菩提,各从他方种种国土而共来集,悉具菩萨方便智慧。所谓:善能观察一切众生,以方便力,令其调伏,住菩萨法;善能观察一切世界,以方便力,普皆往诣;善能观察涅槃境界,思惟筹量永离一切戏论分别,而修妙行无有间断;善能摄受一切众生,善入无量诸方便法,知诸众生空无所有而不坏业果;善知众生心使、诸根境界方便,种种差别悉能受持;三世佛法,自得解了,复为他说;于世、出世无量诸法,皆善安住,知其真实;于有为、无为一切诸法,悉善观察,知无有二;于一念中,悉能获得三世诸佛所有智慧;于念念中,悉能示现成等正觉,令一切众生发心成道;于一众生心之所缘,悉知一切众生境界;虽入如来一切智地,而不舍菩萨行诸所作业,智慧方便而无所作;为一一众生住无量劫,而于阿僧祇劫难可值遇,转正法轮调伏众生皆不唐捐,三世诸佛清净行愿悉已具足;成就如是无量功德,一切如来于无边劫说不可尽。其名曰:普贤菩萨、普眼菩萨、普化菩萨、普慧菩萨、普见菩萨、普光菩萨、普观菩萨、普照菩萨、普幢菩萨、普觉菩萨……。如是等十不可说百千亿那由他佛刹微尘数,皆悉成就普贤行愿,深心大愿皆已圆满;一切诸佛出兴世处,悉能往诣请转法轮;善能受持诸佛法眼,不断一切诸佛种性;善知一切诸佛兴世授记次第、名号、国土、成等正觉、转于法轮;无佛世界现身成佛,能令一切杂染众生皆悉清净;能灭一切菩萨业障,入于无碍清净法界。

尔时,普贤菩萨摩诃萨入广大三昧,名:佛华庄严;入此三昧时,十方所有一切世界六种、十八相动,出大音声靡不皆闻;然后从其三昧而起。

尔时,普慧菩萨知众已集,问普贤菩萨言:佛子!愿为演说:何等为菩萨摩诃萨依?何等为奇特想?何等为行?何等为善知识?何等为勤精进?何等为心得安隐?何等为成就众生?何等为戒?何等为自知受记?何等为入菩萨?何等为入如来?何等为入众生心行?何等为入世界?何等为入劫?何等为说三世?何等为入三世?何等为发无疲厌心?何等为差别智?何等为陀罗尼?何等为演说佛?何等为发普贤心？何等为普贤行法？以何等故而起大悲？何等为发菩提心因缘？何等为于善知识起尊重心？何等为清净？何等为诸波罗蜜？何等为智随觉？何等为证知？何等为力？何等为平等？何等为佛法实义句？何等为说法？何等为持？何等为辩才？何等为自在？何等为无著性？何等为平等心？何等为出生智慧？何等为变化？何等为力持？何等为得大欣慰？何等为深入佛法？何等为依止？何等为发无畏心？何等为发无疑惑心？何等为不思议？何等为巧密语？何等为巧分别智？何等为入三昧？何等为遍入？何等为解脱门？何等为神通？何等为明？何等为解脱？何等为园林？何等为宫殿？何等为所乐？何等为庄严？何等为发不动心？何等为不舍深大心？何等为观察？何等为说法？何等为清净？何等为印？何等为智光照？何等为无等住？何等为无下劣心？何等为如山增上心？何等为入无上菩提如海智？何等为如宝住？何等为发如金刚大乘誓愿心？何等为大发起？何等为究竟大事？何等为不坏信？何等为授记？何等为善根回向？何等为得智慧？何等为发无边广大心？何等为伏藏？何等为律仪？何等为自在？何等为无碍用？何等为众生无碍用？何等为刹无碍用？何等为法无碍用？何等为身无碍用？何等为愿无碍用？何等为境界无碍用？何等为智无碍用？何等为神通无碍用？何等为神力无碍用？何等为力无碍用？何等为游戏？何等为境界？何等为无畏？何等为不共法？何等为业？何等为身？何等为身业？何等为身？何等为语？何等为净修语业？何等为得守护？何等为成办大事？何等为心？何等为发心？何等为周遍心？何等为诸根？何等为深心？何等为增上深心？何等为勤修？何等为决定解？何等为决定解入世界？何等为决定解入众生界？何等为习气？何等为取？何等为修？何等为成就佛法？何等为退失佛法道？何等为离生道？何等为决定法？何等为出生佛法道？何等为大丈夫名号？何等为道？何等为无量道？何等为助道？何等为修道？何等为庄严道？何等为足？何等为手？何等为腹？何等为藏？何等为心？何等为被甲？何等为器仗？何等为首？何等为眼？何等为耳？何等为鼻？何等为舌？何等为身？何等为意？何等为行？何等为住？何等为坐？何等为卧？何等为所住处？何等为所行处？何等为观察？何等为普观察？何等为奋迅？何等为师子吼？何等为清净施？何等为清净戒？何等为清净忍？何等为清净精进？何等为清净定？何等为清净慧？何等为清净慈？何等为清净悲？何等为清净喜？何等为清净舍？何等为义？何等为法？何等为福德助道具？何等为智慧助道具？何等为明足？何等为求法？何等为明了法？何等为修行法？何等为魔？何等为魔业？何等为舍离魔业？何等为见佛？何等为佛业？何等为慢业？何等为智业？何等为魔所摄持？何等为佛所摄持？何等为法所摄持？何等为住兜率天所作业？何故于兜率天宫殁？何故现处胎？何等为现微细趣？何故现初生？何故现微笑？何故示行七步？何故现童子地？何故现处

内宫？何故现出家？何故示苦行？云何往诣道场？云何坐道场？何等为坐道场时奇特相？何故示降魔？何等为成如来力？云何转法轮？何故因转法轮得白净法？何故如来、应、正等觉示般涅槃？善哉！佛子！如是等法，愿为演说。

尔时，普贤菩萨告普慧等诸菩萨言：

佛子！菩萨摩诃萨有十种依。何等为十？所谓：以菩提心为依，恒不忘失故；以善知识为依，和合如一故；以善根为依，修集增长故；以波罗蜜为依，具足修行故；以一切法为依，究竟出离故；以大愿为依，增长菩提故；以诸行为依，普皆成就故；以一切菩萨为依，同一智慧故；以供养诸佛为依，信心清净故；以一切如来为依，如慈父教诲不断故。是为十。若诸菩萨安住此法，则得为如来无上大智所依处。

佛子！菩萨摩诃萨有十种奇特想。何等为十？所谓：于一切善根生自善根想；于一切善根生菩提种子想；于一切众生生菩提器想；于一切愿生自愿想；于一切法生出离想；于一切行生自行想；于一切法生佛法想；于一切语言法生语言道想；于一切佛生慈父想；于一切如来生无二想。是为十。若诸菩萨安住此法，则得无上善巧想。

佛子！菩萨摩诃萨有十种行。何等为十？所谓：一切众生行，普令成熟故；一切求法行，咸悉修学故；一切善根行，悉使增长故；一切三昧行，一心不乱故；一切智慧行，无不了知故；一切神通行，变化自在故；一切修习行，无不能修故；一切佛刹行，皆悉庄严故；一切善友行，恭敬供养故；一切如来行，尊重承事故。是为十。若诸菩萨安住此法，则得如来无上大智慧行。

佛子！菩萨摩诃萨有十种善知识。何等为十？所谓：令住菩提心善知识；令生善根善知识；令行诸波罗蜜善知识；令解说一切法善知识；令成熟一切众生善知识；令得决定辩才善知识；令不著一切世间善知识；令于一切劫修行无厌倦善知识；令安住普贤行善知识；令入一切佛智所入善知识。是为十。

佛子！菩萨摩诃萨有十种勤精进。何等为十？所谓：教化一切众生勤精进；深入一切法勤精进；严净一切世界勤精进；修行一切菩萨所学勤精进；灭除一切众生恶勤精进；止息一切三恶道苦勤精进；摧破一切众魔勤精进；愿为一切众生作清净眼勤精进；供养一切诸佛勤精进；令一切如来皆悉欢喜勤精进。是为十。若诸菩萨安住此法，则得具足如来无上精进波罗蜜。

佛子！菩萨摩诃萨有十种心得安隐。何等为十？所谓：自住菩提心，亦当令他住菩提心，心得安隐；自究竟离忿诤，亦当令他离忿诤，心得安隐；自离凡愚法，亦令他离凡愚法，心得安隐；自勤修善根，亦令他勤修善根，心得安隐；自住波罗蜜道，亦令他住波罗蜜道，心得安隐；自生在佛家，亦当令他生于佛家，心得安隐；自深入无自性真实法，亦令他入无自性真实法，心得安隐；自不诽谤一切佛法，亦令他不诽谤一切佛法，心得安隐；自满一切智菩提愿，亦令他满一切智菩提愿，心得安隐；自深入一切如来无尽智藏，亦令他入一切如来无尽智藏，心得安隐。是为十。若诸菩萨安住此法，则得如来无上大智安隐。

佛子！菩萨摩诃萨有十种成就众生。何等为十？所谓：以布施成就众生；以色身成就众生；以说法成就众生；以同行成就众生；以无染著成就众生；以开示菩萨行成就众生；以炽然示现一切世界成就众生；以示现佛法大威德成就众生；以种种神通变现成就众生；以种种微密善巧方便成就众生。是为十。菩萨以此成就众生界。

佛子！菩萨摩诃萨有十种戒。何等为十？所谓：不舍菩提心戒；远离二乘地戒；观察利益一切众生戒；令一切众生住佛法戒；修一切菩萨所学戒；于一切法无所得戒；以一切善根回向菩提戒；不著一切如来身戒；思惟一切法离取著戒；诸根律仪戒。是为十。若诸菩萨安住此法，则得如来无上广大戒波罗蜜。

佛子！菩萨摩诃萨有十种受记法，菩萨以此自知受记。何等为十？所谓：以殊胜意发菩提心，自知受记；永不厌舍诸菩萨行，自知受记；住一切劫行菩萨行，自知受记；修一切佛法，自知受记；于一切佛教一向深信，自知受记；修一切善根皆令成就，自知受记；置一切众生于佛菩提，自知受记；于一切善知识和合无二，自知受记；于一切善知识起如来想，自知受记；恒勤守护菩提本愿，自知受记。是为十。

佛子！菩萨摩诃萨有十种入，入诸菩萨。何等为十？所谓：入本愿；入行；入聚；入诸波罗蜜；入成就；入差别愿；入种种解；入庄严佛土；入神力自在；入示现受生。是为十。菩萨以此普入三世一切菩萨。

佛子！菩萨摩诃萨有十种入，入诸如来。何等为十？所谓：入无边成正觉；入无边转法轮；入无边方便法；入无边差别音声；入无边调伏众生；入无边神力自在；入无边种种差别身；入无边三昧；入无边力、无所畏；入无边示现涅槃。是为十。菩萨以此普入三世一切如来。

佛子！菩萨摩诃萨有十种入众生行。何等为十？所谓：入一切众生过去行；入一切众生未来行；入一切众生现在行；入一切众生善行；入一切众生不善行；入一切众生心行；入一切众生根行；入一切众生解行；入一切众生烦恼习气行；入一切众生教化调伏时、非时行。是为十。菩萨以此普入一切诸众生行。

佛子！菩萨摩诃萨有十种入世界。何等为十？所谓：入染世界；入净世界；入小世界；入大世界；入微尘中世界；入微细世界；入覆世界；入仰世界；入有佛世界；入无佛世界。是为十。菩萨以此普入十方一切世界。

佛子！菩萨摩诃萨有十种入劫。何等为十？所谓：入过去劫；入未来劫；入现在劫；入可数劫；入不可数劫；入可数劫即不可数劫；入不可数劫即可数劫；入一切劫即非劫；入非劫即一切劫；入一切劫即一念。是为十。菩萨以此普入一切劫。

佛子！菩萨摩诃萨有十种说三世。何等为十？所谓：过去世说过去世；过去世说未来世；过去世说现在世；未来世说过去世；未来世说现在世；未来世说无尽；现在世说过去世；现在世说未来世；现在世说平等；现在世说三世即一念。是为十。菩萨以此普说三世。

佛子！菩萨摩诃萨有十种知三世。何等为十？所谓：知诸安立；知诸语言；知诸谈议；知诸轨则；知诸称谓；知诸制令；知其假名；知其无尽；知其寂灭；知一切空。是为十。菩萨以此普知一切三世诸法。

佛子！菩萨摩诃萨发十种无疲厌心。何等为十？所谓：供养一切诸佛无疲厌心；亲近一切善知识无疲厌心；求一切法无疲厌心；听闻正法无疲厌心；宣说正法无疲厌心；教化调伏一切众生无疲厌心；置一切众生于佛菩提无疲厌心；于一一世界经不可说不可说劫行菩萨行无疲厌心；游行一切世界无疲厌心；观察思惟一切佛法无疲厌心。是为十。若诸菩萨安住此法，则得如来无疲厌无上大智。

佛子！菩萨摩诃萨有十种差别智。何等为十？所谓：知众生差别智；知诸根差别智；知业报差别智；知受生差别智；知世界差别智；知法界差别智；知诸佛差别智；知诸法差别智；知三世差别智；知一切语言道差别智。是为十。若诸菩萨安住此法，则得如来无上广大差别智。

佛子！菩萨摩诃萨有十种陀罗尼。何等为十？所谓：闻持陀罗尼，持一切法不忘失故；修行陀罗尼，如实巧观一切法故；思惟陀罗尼，了知一切诸法性故；法光明陀罗尼，照不思议诸佛法故；三昧陀罗尼，普于现在一切佛所听闻正法心不乱故；圆音陀罗尼，解了不思议音声语言故；三世陀罗尼，演说三世不可思议诸佛法故；种种辩才陀罗尼，演说无边诸佛法故；出生无碍耳陀罗尼，不可说佛所说之法悉能闻故；一切佛法陀罗尼，安住如来力、无畏故。是为十。若诸菩萨欲得此法，当勤修学。

佛子！菩萨摩诃萨说十种佛。何等为十？所谓：成正觉佛；愿佛；业报佛；住持佛；涅槃佛；法界佛；心佛；三昧佛；本性佛；随乐佛。是为十。

佛子！菩萨摩诃萨发十种普贤心。何等为十？所谓：发大慈心，救护一切众生故；发大悲心，代一切众生受苦故；发一切施心，悉舍所有故；发念一切智为首心，乐求一切佛法故；发功德庄严心，学一切菩萨行故；发如金刚心，一切处受生不忘失故；发如海心，一切白净法悉流入故；发如大山王心，一切恶言皆忍受故；发安隐心，施一切众生无怖畏故；发般若波罗蜜究竟心，巧观一切法无所有故。是为十。若诸菩萨安住此心，疾得成就普贤善巧智。

佛子！菩萨摩诃萨有十种普贤行法。何等为十？所谓：愿住未来一切劫普贤行法；愿供养恭敬本来一切佛普贤行法；愿安置一切众生于普贤菩萨行普贤行法；愿积集一切善根普贤行法；愿入一切波罗蜜普贤行法；愿满足一切菩萨行普贤行法；愿庄严一切世界普贤行法；愿生一切佛刹普贤行法；愿善观察一切法普贤行法；愿于一切佛国土成无上菩提普贤行法。是为十。若诸菩萨勤修此法，疾得满足普贤行愿。

佛子！菩萨摩诃萨以十种观众生而起大悲。何等为十？所谓：观察众生无依无怙而起大悲；观察众生性不调顺而起大悲；观察众生贫无善根而起大悲；观察众生长夜睡眠而起大悲；观察众生行不善法而起大悲；观察众生欲缚所缚而起大悲；观察众生没生死海而起大悲；观察众生长婴疾苦而起大悲；观察众生无善法欲而起大悲；观察众生失诸佛法而起大悲。是为十。菩萨恒以此心观察众生。

佛子！菩萨摩诃萨有十种发菩提心因缘。何等为十？所谓：为教化调伏一切众生故，发菩提心；为除灭一切众生苦聚故，发菩提心；为与一切众生具足安乐故，发菩提心；为断一切众生愚痴故，发菩提心；为与一切众生佛智故，发菩提心；为恭敬供养一切诸佛故，发菩提心；为随如来教，令佛欢喜故，发菩提心；为见一切佛色身相好故，发菩提心；为入一切佛广大智慧故，发菩提心；为显现诸佛力、无所畏故，发菩提心。是为十。

佛子！若菩萨发无上菩提心，为悟入一切智智故，亲近供养善知识时，应起十种心。何等为十？所谓：起给侍心、欢喜心、无违心、随顺心、无异求心、一向心、同善根心、同愿心、如来心、同圆满行心。是为十。

佛子！若菩萨摩诃萨起如是心，则得十种清净。何等为十？所谓：深心清净，到于究竟无失坏故；色身清净，随其所宜为示现故；音声清净，了达一切诸语言故；辩才清净，善说无边诸佛法故；智慧清净，舍离一切愚痴暗故；受生清净，具足菩萨自在力故；眷属清净，成就过去同行众生诸善根故；果报清净，除灭一切诸业障故；大愿清净，与诸菩萨性无二故；诸行清净，以普贤乘而出离故。是为十。

佛子！菩萨摩诃萨有十种波罗蜜。何等为十？所谓：施波罗蜜，悉舍一切诸所有故；戒波罗蜜，净佛戒故；忍波罗蜜，住佛忍故；精进波罗蜜，一切所作不退转故；禅波罗蜜，念一境故；般若波罗蜜，如实观察一切法故；智波罗蜜，入佛力故；愿波罗蜜，满足普贤诸大愿故；神通波罗蜜，示现一切自在用故；法波罗蜜，普入一切诸佛法故。是为十。若诸菩萨安住此法，则得具足如来无上大智波罗蜜。

佛子！菩萨摩诃萨有十种智随觉。何等为十？所谓：一切世界无量差别智随觉；一切众生界不可思议智随觉；一切诸法一入种种种种入一智随觉；一切法界广大智随觉；一切虚空界究竟智随觉；一切世界入过去世智随觉；一切世界入未来世智随觉；一切世界入现在世智随觉；一切如来无量行愿皆于一智而得圆满智随觉；三世诸佛皆同一行而得出离智随觉。是为十。若诸菩萨安住此法，则得一切法自在光明，所愿皆满，于一念顷悉能解了一切佛法成等正觉。

佛子！菩萨摩诃萨有十种证知。何等为十？所谓：知一切法一相；知一切法无量相；知一切法在一念；知一切众生心行无碍；知一切众生诸根平等；知一切众生烦恼习气行；知一切众生心使行；知一切众生善、不善行；知一切菩萨愿行自在住持变化；知一切如来具足十力成等正觉。是为十。若诸菩萨安住此法，则得一切法善巧方便。

佛子！菩萨摩诃萨有十种力。何等为十？所谓：入一切法自性力；入一切法如化力；入一切法如幻力；入一切法皆是佛法力；于一切法无染著力；于一切法甚明解力；于一切善知识恒不舍离尊重心力；令一切善根顺至无上智王力；于一切佛法深信不谤力；令一切智心不退善巧力。是为十。若诸菩萨安住此法，则具如来无上诸力。

佛子！菩萨摩诃萨有十种平等。何等为十？所谓：于一切众生平等、一切法平等、一切刹平等、一切深心平等、一切善根平等、一切菩萨平等、一切愿平等、一切波罗蜜平等、一切行平等、一切佛平等。是为十。若诸菩萨安住此法，则得一切诸佛无上平等法。

佛子！菩萨摩诃萨有十种佛法实义句。何等为十？所谓：一切法但有名；一切法犹如幻；一切法犹如影；一切法但缘起；一切法业清净；一切法但文字所作；一切法实际；一切法无相；一切法第一义；一切法法界。是为十。若诸菩萨安住此法，则善入一切智智无上真实义。

佛子！菩萨摩诃萨说十种法。何等为十？所谓：说甚深法；说广大法；说种种法；说一切智法；说随顺波罗蜜法；说出生如来力法；说三世相应法；说令菩萨不退法；说赞叹佛功德法；说一切菩萨学一切佛平等、一切如来境界相应法。是为十。若诸菩萨安住此法，则得如来无上巧说法。

佛子！菩萨摩诃萨有十种持。何等为十？所谓：持所集一切福德善根；持一切如来所说法；持一切譬喻；持一切法理趣门；持一切出生陀罗尼门；持一切除疑惑法；持成就一切菩萨法；持一切如来所说平等三昧门；持一切法照明门；持一切诸佛神通游戏力。是为十。若诸菩萨安住此法，则得如来无上大智住持力。

佛子！菩萨摩诃萨有十种辩才。何等为十？所谓：于一切法无分别辩才；于一切法无所作辩才；于一切法无所著辩才；于一切法了达空辩才；于一切法无疑暗辩才；于一切法佛加被辩才；于一切法自觉悟辩才；于一切法文句差别善巧辩才；于一切法真实说辩才；随一切众生心令欢喜辩才。是为十。若诸菩萨安住此法，则得如来无上巧妙辩才。

佛子！菩萨摩诃萨有十种自在。何等为十？所谓：教化调伏一切众生自在；普照一切法自在；修一切善根行自在；广大智自在；无所依戒自在；一切善根回向菩提自在；精进不退转自在；智慧摧破一切众魔自在；随所乐欲令发菩提心自在；随所应化现成正觉自在。是为十。若诸菩萨安住此法，则得如来无上大智自在。

佛子！菩萨摩诃萨有十种无著。何等为十？所谓：于一切世界无著；于一切众生无著；于一切法无著；于一切所作无著；于一切善根无著；于一切受生处无著；于一切愿无著；于一切行无著；于一切菩萨无著；于一切佛无著。是为十。若诸菩萨安住此法，则能速转一切众想，得无上清净智慧。

佛子！菩萨摩诃萨有十种平等心。何等为十？所谓：积集一切功德平等心；发一切差别愿平等心；于一切众生身平等心；于一切众生业报平等心；于一切法平等心；于一切净秽国土平等心；于一切众生解平等心；于一切行无所分别平等心；于一切佛力无畏平等心；于一切如来智慧平等心。是为十。若诸菩萨安住其中，则得如来无上大平等心。

佛子！菩萨摩诃萨有十种出生智慧。何等为十？所谓：知一切众生解出生智慧；知一切佛刹种种差别出生智慧；知十方网分齐出生智慧；知覆仰等一切世界出生智慧；知一切法一性、种种性广大住出生智慧；知一切种种身出生智慧；知一切世间颠倒妄想悉无所著出生智慧；知一切法究竟皆以一道出离出生智慧；知如来神力能入一切法界出生智慧；知三世一切众生佛种不断出生智慧。是为十。若诸菩萨安住此法，则于诸法无不了达。

佛子！菩萨摩诃萨有十种变化。何等为十？所谓：一切众生变化；一切身变化；一切刹变化；一切供养变化；一切音声变化；一切行愿变化；一切教化调伏众生变化；一切成正觉变化；一切说法变化；一切加持变化。是为十。若诸菩萨安住此法，则得具足一切无上变化法。

佛子！菩萨摩诃萨有十种力持。何等为十？所谓：佛力持；法力持；众生力持；业力持；行力持；愿力持；境界力持；时力持；善力持；智力持。是为十。若诸菩萨安住此法，则于一切法得无上自在力持。

大方广佛华严经卷第五十四

离世间品第三十八之二

佛子！菩萨摩诃萨有十种大欣慰。何等为十？所谓：诸菩萨发如是心：尽未来世所有诸佛出兴于世，我当皆得随逐承事令生欢喜。如是思惟，心大欣慰。复作是念：彼诸如来出兴于世，我当悉以无上供具恭敬供养。如是思惟，心大欣慰。复作是念：我于诸佛所兴供养时，彼诸如来必示诲我法，我悉以深心恭敬听受、如说修行，于菩萨地必得已生、现生、当生。如是思惟，心大欣慰。复作是念：我当于不可说不可说劫行菩萨行，常与一切诸佛菩萨而得共俱。如是思惟，心大欣慰。复作是念：我于往昔未发无上大菩提心，有诸怖畏，所谓：不活畏、恶名畏、死畏、堕恶道畏、大众威德畏。自一发心，悉皆远离，不惊不恐，不畏不惧，不怯不怖，一切众魔及诸外道所不能坏。如是思惟，心大欣慰。复作是念：我当令一切众生成无上菩提；成菩提已，我当于彼佛所修菩萨行尽其形寿，以大信心兴所应供佛诸供养具而为供养；及涅槃后，各起无量塔供养舍利，及受持守护所有遗法。如是思惟，心大欣慰。又作是念：十方所有一切世界，我当悉以无上庄严而庄严之，皆令具足种种奇妙平等清净，复以种种大神通力住持震动，光明照曜普使周遍。如是思惟，心大欣慰。复作是念：我当断一切众生疑惑，净一切众生欲乐，启一切众生心意，灭一切众生烦恼，闭一切众生恶道门，开一切众生善趣门，破一切众生黑闇，与一切众生光明，令一切众生离众魔业，使一切众生至安隐处。如是思惟，心大欣慰。菩萨摩诃萨复作是念：诸佛如来如优昙华，难可值遇，于无量劫莫能一见。我当于未来世欲见如来则便得见，诸佛如来常不舍我，恒住我所，令我得见，为我说法无有断绝；既闻法已，心意清净，远离谄曲，质直无伪，于念念中常见诸佛。如是思惟，心大欣慰。复作是念：我于未来当得成佛，以佛神力，于一切世界，为一切众生各别示现成等正觉清净无畏大师子吼，以本大愿周遍法界，击大法鼓，雨大法雨，作大法施，于无量劫常演正法，大悲所持身、语、意业无有疲厌。如是思惟，心大欣慰。佛子！是为菩萨摩诃萨十种大欣慰。若诸菩萨安住此法，则得无上成正觉智慧大欣慰。

佛子！菩萨摩诃萨有十种深入佛法。何等为十？所谓：入过去世一切世界；入未来世一切世界；入现在世世界数、世界行、世界说、世界清净；入一切世界种种性；入一切众生种种业报；入一切菩萨种种行；知过去一切佛次第；知未来一切佛次第；知现在十方虚空法界等一切诸佛、国土众会、说法调伏；知世间法、声闻法、独觉法、菩萨法、如来法，虽知诸法皆无分别而说种种法，悉入法界无所入故，如其法说无所取著。是为十。若诸菩萨安住此法，则得入于阿耨多罗三藐三菩提大智慧甚深性。

佛子！菩萨摩诃萨有十种依止，菩萨依此行菩萨行。何等为十？所谓：依止供养一切诸佛，行菩萨行；依止调伏一切众生，行菩萨行；依止亲近一切善友，行菩萨行；依止积集一切善根，行菩萨行；依止严净一切佛土，行菩萨行；依止不舍一切众生，行菩萨行；依止深入一切波罗蜜，行菩萨行；依止满足一切菩萨愿，行菩萨行；依止无量菩提心，行菩萨行；依止一切佛菩提，行菩萨行。是为十。菩萨依此行菩萨行。

佛子！菩萨摩诃萨有十种发无畏心。何等为十？所谓：灭一切障碍业，发无畏心；于佛灭后护持正法，发无畏心；降伏一切魔，发无畏心；不惜身命，发无畏心；摧破一切外道邪论，发无畏心；令一切众生欢喜，发无畏心；令一切众会皆悉欢喜，发无畏心；调伏一切天、龙、夜叉、乾闼婆、阿修罗、迦楼罗、紧那罗、摩睺罗伽，发无畏心；离二乘地，入甚深法，发无畏心；于不可说不可说劫行菩萨行，心无疲厌，发无畏心。是为十。若诸菩萨安住此法，则得如来无上大智无所畏心。

佛子！菩萨摩诃萨发十种无疑心，于一切佛法心无疑惑。何等为十？所谓：菩萨摩诃萨发如是心：我当以布施，摄一切众生；以戒、忍、精进、禅定、智慧、慈、悲、喜、舍，摄一切众生。发此心时，决定无疑；若生疑心，无有是处。是为第一发无疑心。菩萨摩诃萨又作是念：未来诸佛出兴于世，我当一切承事供养。发此心时，决定无疑；若生疑心，无有是处。是为第二发无疑心。菩萨摩诃萨又作是念：我当以种种奇妙光明网，周遍庄严一切世界。发此心时，决定无疑；若生疑心，无有是处。是为第三发无疑心。菩萨摩诃萨又作是念：我当尽未来劫修菩萨行。无数、无量、无边、无等、不可数、不可称、不可思、不可量、不可说、不可说不可说，过诸算数，究竟法界、虚空界一切众生，我当悉以无上教化调伏法而成熟之。发此心时，决定无疑；若生疑心，无有是处。是为第四发无疑心。菩萨摩诃萨又作是念：我当修菩萨行，满大誓愿，具一切智，安住其中。发此心时，决定无疑；若生疑心，无有是处。是为第五发无疑心。菩萨摩诃萨又作是念：我当普为一切世间行菩萨行，为一切法清净光明，照明一切所有佛法。发此心时，决定无疑；若生疑心，无有是处。是为第六发无疑心。菩萨摩诃萨又作是念：我当知一切法皆是佛法，随众生心，为其演说，悉令开悟。发此心时，决定无疑；若生疑心，无有是处。是为第七发无疑心。菩萨摩诃萨又作是念：我当于一切法得无障碍门，知一切障碍不可得故；其心如是，无有疑惑，住真实性，乃至成于阿耨多罗三藐三菩提。发此心时，决定无疑；若生疑心，无有是处。是为第八发无疑心。菩萨摩诃萨又作是念：我当知一切法莫不皆是出世间法，远离一切妄想颠倒，以一庄严而自庄严而无所庄严；

于此自了，不由他悟。发此心时，决定无疑；若生疑心，无有是处。是为第九发无疑心。菩萨摩诃萨又作是念：我当于一切法成最正觉，离一切妄想颠倒故，得一念相应智故，若一若异不可得故，离一切数故，究竟无为故，离一切言说故，住不可说境界际故。发此心时，决定无疑；若生疑心，无有是处。是为第十发无疑心。若诸菩萨安住此法，则于一切佛法心无所疑。

佛子！菩萨摩诃萨有十种不可思议。何等为十？所谓：一切善根，不可思议。一切誓愿，不可思议。知一切法如幻，不可思议。发菩提心修菩萨行，善根不失，无所分别，不可思议。虽深入一切法，亦不取灭度，以一切愿未成满故，不可思议。修菩萨道而示现降神、入胎、诞生、出家、苦行、往诣道场、降伏众魔、成最正觉、转正法轮、入般涅槃，神变自在无有休息，不舍悲愿救护众生，不可思议。虽能示现如来十力神变自在，而亦不舍等法界心教化众生，不可思议。知一切法无相是相，相是无相，无分别是分别，分别是无分别，非有是有，有是非有，无作是作，作是无作，非说是说，说是非说，不可思议。知心与菩提等，知菩提与心等，心及菩提与众生等，亦不生心颠倒、想颠倒、见颠倒，不可思议。于念念中入灭尽定，尽一切漏而不证实际，亦不尽有漏善根；虽知一切法无漏，而知漏尽，亦知漏灭；虽知佛法即世间法，世间法即佛法，而不于佛法中分别世间法，不于世间法中分别佛法；一切诸法悉入法界，无所入故；知一切法皆无二，无变易故；是为第十不可思议。佛子！是为菩萨摩诃萨十种不可思议。若诸菩萨安住其中，则得一切诸佛无上不可思议法。

佛子！菩萨摩诃萨有十种巧密语。何等为十？所谓：于一切佛经中，巧密语；于一切受生处，巧密语；于一切菩萨神通变现、成等正觉，巧密语；于一切众生业报，巧密语；于一切众生所起染净，巧密语；于一切法究竟无障碍门，巧密语；于一切虚空界，一一方处悉有世界或成或坏，间无空处，巧密语；于一切法界、一切十方，乃至微细处，悉有如来示现初生，乃至成佛、入般涅槃，充满法界悉分别见，巧密语；见一切众生平等涅槃无变易故，而不舍大愿，以一切智愿未得圆满令满足故，巧密语；虽知一切法不由他悟，而不舍离诸善知识，于如来所转加尊敬，与善知识和合无二，于诸善根修集种植，回向安住，同一所作，同一体性，同一出离，同一成就，巧密语。是为十。若诸菩萨安住其中，则得如来无上善巧微密语。

佛子！菩萨摩诃萨有十种巧分别智。何等为十？所谓：入一切刹巧分别智；入一切众生处巧分别智；入一切众生心行巧分别智；入一切众生根巧分别智；入一切众生业报巧分别智；入一切声闻行巧分别智；入一切独觉行巧分别智；入一切菩萨行巧分别智；入一切世间法巧分别智；入一切佛法巧分别智。是为十。若诸菩萨安住其中，则得一切诸佛无上善巧分别诸法智。

佛子！菩萨摩诃萨有十种入三昧。何等为十？所谓：于一切世界入三昧；于一切众生身入三昧；于一切法入三昧；见一切佛入三昧；住一切劫入三昧；从三昧起现不思议身入三昧；于一切佛身入三昧；觉悟一切众生平等入三昧；一念中入一切菩萨三昧智入三昧；一念中以无碍智成就一切诸菩萨行愿无有休息入三昧。是为十。若诸菩萨安住其中，则得一切诸佛无上善巧三昧法。

佛子！菩萨摩诃萨有十种遍入。何等为十？所谓：众生遍入；国土遍入；世间种种相遍入；火灾遍入；水灾遍入；佛遍入；庄严遍入；如来无边功德身遍入；一切种种说法遍入；一切如来种种供养遍入。是为十。若诸菩萨安住其中，则得如来无上大智遍入法。

佛子！菩萨摩诃萨有十种解脱门。何等为十？所谓：一身周遍一切世界解脱门；于一切世界示现无量种种色相解脱门；以一切世界入一佛刹解脱门；普加持一切众生界解脱门；以一切佛庄严身充满一切世界解脱门；于自身中见一切世界解脱门；一念中往一切世界解脱门；于一世界示现一切如来出世解脱门；一身充满一切法界解脱门；一念中示现一切佛游戏神通解脱门。是为十。若诸菩萨安住其中，则得如来无上解脱门。

佛子！菩萨摩诃萨有十种神通。何等为十？所谓：忆念宿命方便智通；天耳无碍方便智通；知他众生不思议心行方便智通；天眼观察无有障碍方便智通；随众生心现不思议大神通力方便智通；一身普现无量世界方便智通；一念遍入不可说不可说世界方便智通；出生无量庄严具，庄严不思议世界方便智通；示现不可说变化身方便智通；随不思议众生心，于不可说世界现成阿耨多罗三藐三菩提方便智通。是为十。若诸菩萨安住其中，则得如来无上大善巧神通，为一切众生种种示现，令其修学。

佛子！菩萨摩诃萨有十种明。何等为十？所谓：知一切众生业报，善巧智明。知一切众生境界，寂灭清净，无诸戏论，善巧智明。知一切众生种种所缘唯是一相悉不可得，一切诸法皆如金刚，善巧智明。能以无量微妙音声，普闻十方一切世界，善巧智明。普坏一切心所染著，善巧智明。能以方便示现受生或不受生，善巧智明。舍离一切想、受境界，善巧智明。知一切法非相、非无相，一性无性，无所分别，而能了知种种诸法，于无量劫分别演说，住于法界，成阿耨多罗三藐三菩提，善巧智明。菩萨摩诃萨知一切众生生本无有生，了达受生不可得故，而知因、知缘、知事、知境界、知行、知生、知灭、知言说、知迷惑、知离迷惑、知颠倒、知离颠倒、知杂染、知清净、知生死、知涅槃、知可得、知不可得、知执著、知无执著、知住、知动、知去、知还、知起、知不起、知失坏、知出离、知成熟、知诸根、知调伏，随其所应种种教化，未曾忘失菩萨所行。何以故？菩萨但为利益众生故，发阿耨多罗三藐三菩提心，无余所为。是故，菩萨常化众生，身无疲倦，不违一切世间所作。是名：缘起善巧智明。菩萨摩诃萨于佛无著，不起著心；于法无著，不起著心；于刹无著，不起著心；于众生无著，不起著心；不见有众生而行教化调伏说法，然亦不舍菩萨诸行，大悲大愿，见佛闻法，随顺修行，依于如来种诸善根，恭敬供养无有休息，能以神力震动十方无量世界，其心广大等法界故，知种种说法，知众生数，知众生差别，知苦生，知苦灭，知一切行皆如影像，行菩萨行，永断一切受生根本，但为救护一切众生，行菩萨行而无所行，随顺一切诸佛种性，发如大山王心，知一切虚妄颠倒，入一切种智门，智慧广大不可倾动，当成正觉，于生死海平等济渡一切众生，善巧智明。是为十。若诸菩萨安住其中，则得如来无上大善巧智明。

佛子！菩萨摩诃萨有十种解脱。何等为十？所谓：烦恼解脱；邪见解脱；诸取解脱；蕴、界、处解脱；超二乘解脱；无生法忍解脱；于一切世间、一切刹、一切众生、一切法离著解脱；无边住解脱；发起一切菩萨行入如来无分别地解脱；于一念中悉能了知一切三世解脱。是为十。若诸菩萨安住此法，则能施作无上佛事，教化成熟一切众生。

佛子！菩萨摩诃萨有十种园林。何等为十？所谓：生死是菩萨园林，无厌舍故；教化众生是菩萨园林，不疲倦故；住一切劫是菩萨园林，摄诸大行故；清净世界是菩萨园林，自所止住故；一切魔宫殿是菩萨园林，降伏彼众故；思惟所闻法是菩萨园林，如理观察故；六波罗蜜、四摄事、三十七菩提分法是菩萨园林，绍继慈父境界故；十力、四无所畏、十八不共乃至一切佛法是菩萨园林，不念余法故；示现一切菩萨威力自在神通是菩萨园林，以大神力转正法轮调伏众生无休息故；一念于一切处为一切众生示成正觉是菩萨园林，法身周遍尽虚空一切世界故。是为十。若诸菩萨安住此法，则得如来无上离忧恼、大安乐行。

佛子！菩萨摩诃萨有十种宫殿。何等为十？所谓：菩提心是菩萨宫殿，恒不忘失故；十善业道福德智慧是菩萨宫殿，教化欲界众生故；四梵住禅定是菩萨宫殿，教化色界众生故；生净居天是菩萨宫殿，一切烦恼不染故；生无色界是菩萨宫殿，令诸众生离难处故；生杂染世界是菩萨宫殿，令一切众生断烦恼故；现处内宫妻子、眷属是菩萨宫殿，成就往昔同行众生故；现居轮王、护世、释、梵是菩萨宫殿，为调伏自在心众生故；住一切菩萨行游戏神通皆得自在是菩萨宫殿，善游戏诸禅解脱三昧智慧故；一切佛所受无上自在、一切智王灌顶记是菩萨宫殿，住十力庄严作一切法王自在事故。是为十。若诸菩萨安住其中，则得法灌顶，于一切世间神力自在。

佛子！菩萨摩诃萨有十种所乐。何等为十？所谓：乐正念，心不散乱故；乐智慧，分别诸法故；乐往诣一切佛所，听法无厌故；乐诸佛，充满十方无边际故；乐菩萨，自在为诸众生以无量门而现身故；乐诸三昧门，于一三昧门入一切三昧门故；乐陀罗尼，持法不忘转受众生故；乐无碍辩才，于一文一句经不可说劫分别演说无穷尽故；乐成正觉，为一切众生以无量门示现于身成正觉故；乐转法轮，摧灭一切异道法故。是为十。若诸菩萨安住此法，则得一切诸佛如来无上法乐。

佛子！菩萨摩诃萨有十种庄严。何等为十？所谓：力庄严，不可坏故；无畏庄严，无能伏故；义庄严，说不可说义无穷尽故；法庄严，八万四千法聚观察演说无忘失故；愿庄严，一切菩萨所发弘誓无退转故；行庄严，修普贤行而出离故；刹庄严，以一切刹作一刹故；普音庄严，周遍一切诸佛世界雨法雨故；力持庄严，于一切劫行无数行不断绝故；变化庄严，于一众生身示现一切众生数等身，令一切众生悉得知见，求一切智无退转故。是为十。若诸菩萨安住此法，则得如来一切无上法庄严。

佛子！菩萨摩诃萨发十种不动心。何等为十？所谓：于一切所有悉皆能舍不动心；思惟观察一切佛法不动心；忆念供养一切诸佛不动心；于一切众生誓无恼害不动心；普摄众生不拣怨亲不动心；求一切佛法无有休息不动心；一切众生数等不可说不可说劫，行菩萨行不生疲厌亦无退转不动心；成就有根信、无浊信、清净信、极清净信、离垢信、明彻信、恭敬供养一切佛信、不退转信、不可尽信、无能坏信、大欢喜踊跃信不动心；成就出生一切智方便道不动心；闻一切菩萨行法信受不谤不动心。是为十。若诸菩萨安住此法，则得无上一切智不动心。

佛子！菩萨摩诃萨有十种不舍深大心。何等为十？所谓：不舍成满一切佛菩提深大心；不舍教化调伏一切众生深大心；不舍不断一切诸佛种性深大心；不舍亲近一切善知识深大心；不舍供养一切诸佛深大心；不舍专求一切大乘功德法深大心；不舍于一切佛所修行梵行、护持净戒深大心；不舍亲近一切菩萨深大心；不舍求一切佛法方便护持深大心；不舍满一切菩萨行愿、集一切诸佛法深大心。是为十。若诸菩萨安住其中，则能不舍一切佛法。佛子！菩萨摩诃萨有十种智慧观察。何等为十？所谓：善巧分别说一切法智慧观察；了知三世一切善根智慧观察；了知一切诸菩萨行自在变化智慧观察；了知一切诸法义门智慧观察；了知一切诸佛威力智慧观察；了知一切陀罗尼门智慧观察；于一切世界普说正法智慧观察；入一切法界智慧观察；知一切十方不可思议智慧观察；知一切佛法智慧光明无有障碍智慧观察。是为十。若诸菩萨安住其中，则得如来无上大智慧观察。

佛子！菩萨摩诃萨有十种说法。何等为十？所谓：说一切法皆从缘起；说一切法皆悉如幻；说一切法无有乖诤；说一切法无有边际；说一切法无所依止；说一切法犹如金刚；说一切法皆悉如如；说一切法皆悉寂静；说一切法皆悉出离；说一切法皆住一义，本性成就。是为十。若诸菩萨安住其中，则能善巧说一切法。

佛子！菩萨摩诃萨有十种清净。何等为十？所谓：深心清净；断疑清净；离见清净；境界清净；求一切智清净；辩才清净；无畏清净；住一切菩萨智清净；受一切菩萨律仪清净；具足成就无上菩提、三十二种百福相、白净法、一切善根清净。是为十。若诸菩萨安住其中，则得一切如来无上清净法。

佛子！菩萨摩诃萨有十种印。何等为十？所谓：菩萨摩诃萨知苦苦、坏苦、行苦，专求佛法，不生懈怠，行菩萨行无有疲懈，不惊不畏，不恐不怖，不舍大愿，求一切智坚固不退，究竟阿耨多罗三藐三菩提，是为第一印。菩萨摩诃萨见有众生愚痴狂乱，或以粗弊恶语而相毁辱，或以刀杖瓦石而加损害，终不以此境界舍菩萨心，但忍辱柔和，专修佛法，住最胜道，入离生位，是为第二印。菩萨摩诃萨闻说与一切智相应甚深佛法，能以自智，深信忍可，解了趣入，是为第三印。菩萨摩诃萨又作是念：我发深心求一切智，我当成佛得阿耨多罗三藐三菩提。一切众生流转五趣受无量苦，亦当令其发菩提心，深信欢喜，勤修精进，坚固不退。是为第四印。菩萨摩诃萨知如来智无有边际，不以齐限测如来智；菩萨曾于无量佛所闻如来智无有边际故，能不以齐限测度；一切世间文字所说皆有齐限，悉不能知如来智慧；是为第五印。菩萨摩诃萨于阿耨多罗三藐三菩提得最胜欲、甚深欲、广欲、大欲、种种欲、无能胜欲、无上欲、坚固欲、众魔外道并其眷属无能坏欲、求一切智不退转欲，菩萨住如是等欲，于无上菩提毕竟不退，是为第六印。菩萨摩诃萨行菩萨行，不顾身命，无能沮坏，发心趣向一切智故，一切智性常现前故，得一切佛智光明故，终不舍离佛菩提，终不舍离善知识，是为第七印。菩萨摩诃萨若见善男子、善女人趣大乘者，令其增长求佛法心，令其安住一切善根，令其摄取一切智心，令其不退无上菩提，是为第八印。菩萨摩诃萨令一切众生得平等心，劝令勤修一切智道，以大悲心而为说法，令于阿耨多罗三藐三菩提永不退转，是为第九印。菩萨摩诃萨与三世诸佛同一善根，不断一切诸佛种性，究竟得至一切智智，是为第十印。佛子！是为菩萨摩诃萨十种印。菩萨以此速成阿耨多罗三藐三菩提，具足如来一切法无上智印。

佛子！菩萨摩诃萨有十种智光照。何等为十？所谓：知定当成阿耨多罗三藐三菩提智光照；见一切佛智光照；见一切众生死此生彼智光照；解一切修多罗法门智光照；依善知识发菩提心集诸善根智光照；示现一切诸佛智光照；教化一切众生悉令安住如来地智光照；演说不可思议广大法门智光照；善巧了知一切诸佛神通威力智光照；满足一切诸波罗蜜智光照。是为十。若诸菩萨安住此法，则得一切诸佛无上智光照。

佛子！菩萨摩诃萨有十种无等住，一切众生、声闻、独觉悉无与等。何等为十？所谓：菩萨摩诃萨虽观实际而不取证，以一切愿未成满故，是为第一无等住。菩萨摩诃萨种等法界一切善根，而不于中有少执著，是为第二无等住。菩萨摩诃萨修菩萨行，知其如化，以一切法悉寂灭故，而于佛法不生疑惑，是为第三无等住。菩萨摩诃萨虽离世间所有妄想，然能作意，于不可说劫行菩萨行，满足大愿，终不中起疲厌之心，是为第四无等住。菩萨摩诃萨于一切法无所取著，以一切法性寂灭故，而不证涅槃。何以故？一切智道未成满故，是为第五无等住。菩萨摩诃萨知一切劫皆即非劫，而真实说一切劫数，是为第六无等住。菩萨摩诃萨知一切法悉无所作，而不舍作道，求诸佛法，是为第七无等住。菩萨摩诃萨知三界唯心、三世唯心，而了知其心无量无边，是为第八无等住。菩萨摩诃萨为一众生，于不可说劫行菩萨行，欲令安住一切智地；如为一众生，为一切众生悉亦如是，而不生疲厌，是为第九无等住。菩萨摩诃萨虽修行圆满，而不证菩提。何以故？菩萨作如是念：我之所作本为众生，是故我应久处生死，方便利益，皆令安住无上佛道。是为第十无等住。佛子！是为菩萨摩诃萨十种无等住。若诸菩萨安住其中，则得无上大智、一切佛法无等住。

大方广佛华严经卷第五十五

离世间品第三十八之三

佛子！菩萨摩诃萨发十种无下劣心。何等为十？佛子！菩萨摩诃萨作如是念：我当降伏一切天魔及其眷属。是为第一无下劣心。又作是念：我当悉破一切外道及其邪法。是为第二无下劣心。又作是念：我当于一切众生善言开喻皆令欢喜。是为第三无下劣心。又作是念：我当成满遍法界一切波罗蜜行。是为第四无下劣心。又作是念：我当积集一切福德藏。是为第五无下劣心。又作是念：无上菩提广大难成，我当修行悉令圆满。是为第六无下劣心。又作是念：我当以无上教化、无上调伏，教化调伏一切众生。是为第七无下劣心。又作是念：一切世界种种不同，我当以无量身成等正觉。是为第八无下劣心。又作是念：我修菩萨行时，若有众生来从我乞手足、耳鼻、血肉、骨髓、妻子、象马乃至王位，如是一切悉皆能舍，不生一念忧悔之心，但为利益一切众生，不求果报，以大悲为首，大慈究竟。是为第九无下劣心。又作是念：三世所有一切诸佛，一切佛法、一切众生、一切国土、一切世间、一切三世、一切虚空界、一切法界、一切语言施设界、一切寂灭涅槃界，如是一切种种诸法，我当以一念相应慧，悉知悉觉，悉见悉证，悉修悉断，然于其中无分别、离分别、无种种差别、无功德、无境界、非有非无、非一非二。以不二智知一切二,以无相智知一切相,以无分别智知一切分别,以无异智知一切异,以无差别智知一切差别,以无世间智知一切世间,以无世智知一切世,以无众生智知一切众生,以无执著智知一切执著,以无住处智知一切住处,以无杂染智知一切杂染,以无尽智知一切尽,以究竟法界智于一切世界示现身,以离言音智示不可说言音,以一自性智入于无自性,以一境界智现种种境界;知一切法不可说,而现大自在言说,证一切智地;为教化调伏一切众生故,于一切世间示现大神通变化。是为第十无下劣心。佛子!是为菩萨摩诃萨发十种无下劣心。若诸菩萨安住此心,则得一切最上无下劣佛法。

佛子!菩萨摩诃萨于阿耨多罗三藐三菩提,有十种如山增上心。何等为十?佛子!菩萨摩诃萨常作意勤修一切智法,是为第一如山增上心。恒观一切法本性空无所得,是为第二如山增上心。愿于无量劫行菩萨行,修一切白净法,以住一切白净法故,知见如来无量智慧,是为第三如山增上心。为求一切佛法故,等心敬奉诸善知识,无异希求,无盗法心,唯生尊重,未曾有贰,一切所有悉皆能舍,是为第四如山增上心。若有众生骂辱、毁谤、打棒、屠割,苦其形体,乃至断命,如是等事悉皆能受,终不因此生动乱心、生瞋害心,亦不退舍大悲弘誓,更令增长无有休息。何以故?菩萨于一切法如实出离,舍成就故;证得一切诸如来法,忍辱柔和已自在故。是为第五如山增上心。菩萨摩诃萨成就增上大功德,所谓:天增上功德、人增上功德、色增上功德、力增上功德、眷属增上功德、欲增上功德、王位增上功德、自在增上功德、福德增上功德、智慧增上功德。虽复成就如是功德,终不于此而生染著,所谓:不著味、不著欲、不著财富、不著眷属;但深乐法,随法去、随法住、随法趣向、随法究竟,以法为依、以法为救、以法为归、以法为舍,守护法、爱乐法、希求法、思惟法。佛子!菩萨摩诃萨虽复具受种种法乐,而常远离众魔境界。何以故?菩萨摩诃萨于过去世发如是心:我当令一切众生皆悉永离众魔境界,住佛境故。是为第六如山增上心。菩萨摩诃萨为求阿耨多罗三藐三菩提,已于无量阿僧祇劫行菩萨道精勤匪懈,犹谓:我今始发阿耨多罗三藐三菩提心。行菩萨行,亦不惊、亦不怖、亦不畏。虽能一念即成阿耨多罗三藐三菩提,然为众生故,于无量劫行菩萨行无有休息,是为第七如山增上心。菩萨摩诃萨知一切众生性不和善,难调难度,不能知恩,不能报恩,是故为其发大誓愿,欲令皆得心意自在,所行无碍,舍离恶念,不于他所生诸烦恼,是为第八如山增上心。菩萨摩诃萨复作是念:非他令我发菩提心,亦不待人助我修行。我自发心,集诸佛法,誓期自勉,尽未来劫行菩萨道,成阿耨多罗三藐三菩提。是故我今修菩萨行,当净自心亦净他心,当知自境界亦知他境界,我当悉与三世诸佛境界平等。是为第九如山增上心。菩萨摩诃萨作如是观:无有一法修菩萨行,无有一法满菩萨行,无有一法教化调伏一切众生，无有一法供养恭敬一切诸佛，无有一法于阿耨多罗三藐三菩提已成、今成、当成，无有一法已说、今说、当说，说者及法俱不可得，而亦不舍阿耨多罗三藐三菩提愿。何以故？菩萨求一切法皆无所得，如是出生阿耨多罗三藐三菩提。是故，于法虽无所得，而勤修习增上善业，清净对治，智慧圆满，念念增长，一切具足。其心于此不惊不怖，不作是念：若一切法皆悉寂灭，我有何义求于无上菩提之道？是为第十如山增上心。佛子！是为菩萨摩诃萨于阿耨多罗三藐三菩提十种如山增上心。若诸菩萨安住其中，则得如来无上大智山王增上心。

佛子！菩萨摩诃萨有十种入阿耨多罗三藐三菩提如海智。何等为十？所谓：入一切无量众生界，是为第一如海智。入一切世界而不起分别，是为第二如海智。知一切虚空界无量无碍，普入十方一切差别世界网，是为第三如海智。菩萨摩诃萨善入法界，所谓：无碍入、不断入、不常入、无量入、不生入、不灭入、一切入，悉了知故，是为第四如海智。菩萨摩诃萨于过去、未来、现在诸佛、菩萨、法师、声闻、独觉及一切凡夫所集善根已集、现集、当集，三世诸佛于阿耨多罗三藐三菩提已成、今成、当成所有善根，三世诸佛说法调伏一切众生已说、今说、当说所有善根，于彼一切皆悉了知，深信随喜，愿乐修习，无有厌足，是为第五如海智。菩萨摩诃萨于念念中入过去世不可说劫，于一劫中，或百亿佛出世，或千亿佛出世，或百千亿佛出世，或无数、或无量、或无边、或无等、或不可数、或不可称、或不可思、或不可量、或不可说、或不可说不可说，超过算数诸佛世尊出兴于世，及彼诸佛道场众会声闻、菩萨说法调伏，一切众生寿命延促，法住久近，如是一切悉皆明见；如一劫，一切诸劫皆亦如是。其无佛劫所有众生，有于阿耨多罗三藐三菩提种诸善根，亦悉了知；若有众生善根熟已，于未来世当得见佛，亦悉了知。如是观察过去世不可说不可说劫，心无厌足，是为第六如海智。菩萨摩诃萨入未来世，观察分别一切诸劫无量无边，知何劫有佛，何劫无佛，何劫有几如来出世，一一如来名号何等，住何世界，世界名何，度几众生，寿命几时。如是观察，尽未来际皆悉了知，不可穷尽而无厌足，是为第七如海智。菩萨摩诃萨入现在世观察思惟，于念念中普见十方无边品类不可说世界，皆有诸佛于无上菩提已成、今成、当成，往诣道场菩提树下，坐吉祥草，降伏魔军，成阿耨多罗三藐三菩提；从此起已，入于城邑，升天宫殿，说微妙法，转大法轮，示现神通，调伏众生，乃至付嘱阿耨多罗三藐三菩提法，舍于寿命，入般涅槃；入涅槃已，结集法藏令久住世，庄严佛塔种种供养。亦见彼世界所有众生，值佛闻法，受持讽诵，忆念思惟，增长慧解。如是观察普遍十方，而于佛法无有错谬。何以故？菩萨摩诃萨了知诸佛皆悉如梦，而能往诣一切佛所恭敬供养。菩萨尔时，不著自身、不著诸佛、不著世界、不著众会、不著说法、不著劫数，然见佛闻法，观察世界，入诸劫数，无有厌足，是为第八如海智。菩萨摩诃萨于不可说不可说劫一一劫中，供养恭敬不可说不可说无量诸佛，示现自身殁此生彼，以出过三界一切供具而为供养，并及供养菩萨、声闻、一切大众；一一如来般涅槃后，皆以无上供具供养舍利，及广行惠施满足众生。佛子！菩萨摩诃萨以不可思议心、不求报心、究竟心、饶益心，于不可说不可说劫，为阿耨多罗三藐三菩提故，供养诸佛，饶益众生，护持正法，开示演说，是为第九如海智。菩萨摩诃萨于一切佛所、一切菩萨所、一切法师所，一向专求菩萨所说法、菩萨所学法、菩萨所教法、菩萨修行法、菩萨清净法、菩萨成熟法、菩萨调伏法、菩萨平等法、菩萨出离法、菩萨总持；得此法已，受持读诵，分别解说，无有厌足；令无量众生，于佛法中，发一切智相应心，入真实相，于阿耨多罗三藐三菩提得不退转。菩萨如是于不可说不可说劫无有厌足，是为第十如海智。佛子！是为菩萨摩诃萨十种入阿耨多罗三藐三菩提如海智。若诸菩萨安住此法，则得一切诸佛无上大智慧海。

佛子！菩萨摩诃萨于阿耨多罗三藐三菩提，有十种如宝住。何等为十？佛子！菩萨摩诃萨悉能往诣无数世界诸如来所，瞻覲顶礼，承事供养，是为第一如宝住。于不思议诸如来所，听闻正法，受持忆念，不令忘失，分别思惟，觉慧增长，如是所作充满十方，是为第二如宝住。于此刹殁，余处现生，而于佛法无所迷惑，是为第三如宝住。知从一法出一切法，而能各各分别演说，以一切法种种义究竟皆是一义故，是为第四如宝住。知厌离烦恼，知止息烦恼，知防护烦恼，知除断烦恼，修菩萨行不证实际，究竟到于实际彼岸，方便善巧，善学所学，令往昔愿行皆得成满，身不疲倦，是为第五如宝住。知一切众生心所分别皆无处所，而亦说有种种方处；虽无分别、无所造作，为欲调伏一切众生而有修行、而有所作，是为第六如宝住。知一切法皆同一性，所谓：无性，无种种性，无无量性，无可算数性，无可称量性，无色无相，若一若多皆不可得，而决定了知此是诸佛法、此是菩萨法、此是独觉法、此是声闻法、此是凡夫法、此是善法、此是不善法、此是世间法、此是出世间法、此是过失法、此是无过失法、此是有漏法、此是无漏法，乃至此是有为法、此是无为法，是为第七如宝住。菩萨摩诃萨求佛不可得、求菩萨不可得、求法不可得、求众生不可得，而亦不舍调伏众生令于诸法成正觉愿。何以故？菩萨摩诃萨善巧观察，知一切众生分别，知一切众生境界，方便化导令得涅槃；为欲满足化众生愿，炽然修行菩萨行故。是为第八如宝住。菩萨摩诃萨知善巧说法、示现涅槃，为度众生所有方便，一切皆是心想建立，非是颠倒，亦非虚诳。何以故？菩萨了知一切诸法三世平等、如如不动、实际无住，不见有一众生已受化、今受化、当受化，亦自了知无所修行，无有少法若生若灭而可得者，而依于一切法，令所愿不空。是为第九如宝住。菩萨摩诃萨于不思议无量诸佛一一佛所，闻不可说不可说授记法，名号各异，劫数不同；从于一劫乃至不可说不可说劫常如是闻，闻已修行，不惊不怖，不迷不惑，知如来智不思议故，如来授记言无二故，自身行愿殊胜力故，随应受化令成阿耨多罗三藐三菩提满等法界一切愿故，是为第十如宝住。佛子！是为菩萨摩诃萨于阿耨多罗三藐三菩提十种如宝住。若诸菩萨安住此法，则得诸佛无上大智慧宝。

佛子！菩萨摩诃萨发十种如金刚大乘誓愿心。何等为十？佛子！菩萨摩诃萨作如是念：一切诸法，无有边际，不可穷尽。我当以尽三世智，普皆觉了，无有遗余。是为第一如金刚大乘誓愿心。菩萨摩诃萨又作是念：于一毛端处有无量无边众生，何况一切法界！我当皆以无上涅槃而灭度之。是为第二如金刚大乘誓愿心。菩萨摩诃萨又作是念：十方世界，无量无边，无有齐限，不可穷尽。我当以诸佛国土最上庄严，庄严如是一切世界，所有庄严皆悉真实。是为第三如金刚大乘誓愿心。菩萨摩诃萨又作是念：一切众生，无量无边，无有齐限，不可穷尽。我当以一切善根，回向于彼无上智光，照曜于彼。是为第四如金刚大乘誓愿心。菩萨摩诃萨又作是念：一切诸佛，无量无边，无有齐限，不可穷尽。我当以所种善根回向供养，悉令周遍，无所阙少，然后我当成阿耨多罗三藐三菩提。是为第五如金刚大乘誓愿心。佛子！菩萨摩诃萨见一切佛，闻所说法生大欢喜，不著自身，不著佛身，解如来身非实非虚、非有非无、非性非无性、非色非无色、非相非无相、非生非灭，实无所有，亦不坏有。何以故？不可以一切性相而取著故。是为第六如金刚大乘誓愿心。佛子！菩萨摩诃萨，或被众生诃骂毁訾、挝打楚挞，或截手足，或割耳鼻，或挑其目，或级其头；如是一切皆能忍受，终不因此生恚害心。于不可说不可说无央数劫修菩萨行，摄受众生恒无废舍。何以故？菩萨摩诃萨已善观察一切诸法无有二相，心不动乱，能舍自身忍其苦故。是为第七如金刚大乘誓愿心。佛子！菩萨摩诃萨又作是念：未来世劫，无量无边，无有齐限，不可穷尽。我当尽彼劫，于一世界，行菩萨道教化众生；如一世界，尽法界、虚空界、一切世界悉亦如是，而心不惊、不怖、不畏。何以故？为菩萨道法应如是，为一切众生而修行故。是为第八如金刚大乘誓愿心。佛子！菩萨摩诃萨又作是念：阿耨多罗三藐三菩提以心为本，心若清净，则能圆满一切善根，于佛菩提必得自在，欲成阿耨多罗三藐三菩提随意即成。若欲除断一切取缘，住一向道，我亦能得，而我不断，为欲究竟佛菩提故，亦不即证无上菩提。何以故？为满本愿，尽一切世界行菩萨行化众生故。是为第九如金刚大乘誓愿心。佛子！菩萨摩诃萨知佛不可得、菩提不可得、菩萨不可得、一切法不可得、众生不可得、心不可得、行不可得、过去不可得、未来不可得、现在不可得、一切世间不可得、有为无为不可得。菩萨如是寂静住、甚深住、寂灭住、无诤住、无言住、无二住、无等住、自性住、如理住、解脱住、涅槃住、实际住，而亦不舍一切大愿，不舍萨婆若心，不舍菩萨行，不舍教化众生，不舍诸波罗蜜，不舍调伏众生，不舍承事诸佛，不舍演说诸法，不舍庄严世界。何以故？菩萨摩诃萨发大愿故，虽复了达一切法相，大慈悲心转更增长，无量功德皆具修行，于诸众生心不舍离。何以故？一切诸法皆无所有，凡夫愚迷不知不觉，我当令彼悉得开悟，于诸法性分明照了。何以故？一切诸佛安住寂灭，而以大悲心，于诸世间说法教化曾无休息。我今云何而舍大悲？又我先发广大誓愿心，发决定利益一切众生心，发积集一切善根心，发安住善巧回向心，发出生甚深智慧心，发含受一切众生心，发于一切众生平等心；作真实语、不虚诳语，愿与一切众生无上大法，愿不断一切诸佛种性。今一切众生未得解脱、未成正觉、未具佛法，大愿未满，云何而欲舍离大悲？是为第十如金刚大乘誓愿心。佛子！是为菩萨摩诃萨发十种如金刚大乘誓愿心。若诸菩萨安住此法，则得如来金刚性无上大神通智。

佛子！菩萨摩诃萨有十种大发起。何等为十？佛子！菩萨摩诃萨作如是念：我当供养恭敬一切诸佛。是为第一大发起。又作是念：我当长养一切菩萨所有善根。是为第二大发起。又作是念：我当于一切如来般涅槃后，庄严佛塔，以一切华、一切鬘、一切香、一切涂香、一切末香、一切衣、一切盖、一切幢、一切幡而供养之，受持守护彼佛正法。是为第三大发起。又作是念：我当教化调伏一切众生，令得阿耨多罗三藐三菩提。是为第四大发起。又作是念：我当以诸佛国土无上庄严，而庄严一切世界。是为第五大发起。又作是念：我当发大悲心，为一众生，于一切世界，一一各尽未来际劫行菩萨行；如为一众生，为一切众生悉亦如是，皆令得佛无上菩提，乃至不生一念疲懈。是为第六大发起。又作是念：彼诸如来无量无边，我当于一如来所，经不思议劫恭敬供养；如于一如来，于一切如来悉亦如是。是为第七大发起。菩萨摩诃萨又作是念：彼诸如来灭度之后，我当为一一如来所有舍利各起宝塔，其量高广与不可说诸世界等；造佛形像亦复如是，于不可思议劫以一切宝幢、幡盖、香华、衣服而为供养，不生一念厌倦之心。为成就佛法故，为供养诸佛故，为教化众生故，为护持正法开示演说故。是为第八大发起。菩萨摩诃萨又作是念：我当以此善根成无上菩提，得入一切诸如来地，与一切如来体性平等。是为第九大发起。菩萨摩诃萨复作是念：我当成正觉已，于一切世界不可说劫，演说正法，示现不可思议自在神通，身、语及意不生疲倦，不离正法。以佛力所持故，为一切众生勤行大愿故，大慈为首故，大悲究竟故，达无相法故，住真实语故，证一切法皆寂灭故；知一切众生悉不可得而亦不违诸业所作故，与三世佛同一体故，周遍法界、虚空界故，通达诸法无相故，成就不生不灭故，具足一切佛法故，以大愿力调伏众生，作大佛事无有休息。是为第十大发起。佛子！是为菩萨摩诃萨十种大发起。若诸菩萨安住此法，则不断菩萨行，具足如来无上大智。

佛子！菩萨摩诃萨有十种究竟大事。何等为十？所谓：恭敬供养一切如来究竟大事；随所念众生悉能救护究竟大事；专求一切佛法究竟大事；积集一切善根究竟大事；思惟一切佛法究竟大事；满足一切誓愿究竟大事；成就一切菩萨行究竟大事；奉事一切善知识究竟大事；往诣一切世界诸如来所究竟大事；闻持一切诸佛正法究竟大事。是为十。若诸菩萨安住此法，则得阿耨多罗三藐三菩提大智慧究竟事。

佛子！菩萨摩诃萨有十种不坏信。何等为十？所谓：于一切佛不坏信；于一切佛法不坏信；于一切圣僧不坏信；于一切菩萨不坏信；于一切善知识不坏信；于一切众生不坏信；于一切菩萨大愿不坏信；于一切菩萨行不坏信；于恭敬供养一切诸佛不坏信；于菩萨巧密方便教化调伏一切众生不坏信。是为十。若诸菩萨安住此法，则得诸佛无上大智慧不坏信。

佛子！菩萨摩诃萨有十种得授记。何等为十？所谓：内有甚深解得授记；能随顺起菩萨诸善根得授记；修广大行得授记；现前得授记；不现前得授记；因自心证菩提得授记；成就忍得授记；教化调伏众生得授记；究竟一切劫数得授记；一切菩萨行自在得授记。是为十。若诸菩萨安住此法，则于一切诸佛所而得授记。

佛子！菩萨摩诃萨有十种善根回向，菩萨由此能以一切善根悉皆回向。何等为十？所谓：以我善根同善知识愿，如是成就，莫别成就；以我善根同善知识心，如是成就，莫别成就；以我善根同善知识行，如是成就，莫别成就；以我善根同善知识善根，如是成就，莫别成就；以我善根同善知识平等，如是成就，莫别成就；以我善根同善知识念，如是成就，莫别成就；以我善根同善知识清净，如是成就，莫别成就；以我善根同善知识所住，如是成就，莫别成就；以我善根同善知识成满，如是成就，莫别成就；以我善根同善知识不坏，如是成就，莫别成就。是为十。若诸菩萨安住此法，则得无上善根回向。

佛子！菩萨摩诃萨有十种得智慧。何等为十？所谓：于施自在得智慧；深解一切佛法得智慧；入如来无边智得智慧；于一切问答中能断疑得智慧；入于智者义得智慧；深解一切如来于一切佛法中言音善巧得智慧；深解于诸佛所种少善根必能满足一切白净法获如来无量智得智慧；成就菩萨不思议住得智慧；于一念中悉能往诣不可说佛刹得智慧；觉一切佛菩提、入一切法界闻持一切佛所说法、深入一切如来种种庄严言音得智慧。是为十。若诸菩萨安住此法，则得一切诸佛无上现证智。

佛子！菩萨摩诃萨有十种发无量无边广大心。何等为十？所谓：

于一切诸佛所，发无量无边广大心；观一切众生界，发无量无边广大心；观一切刹、一切世、一切法界，发无量无边广大心；观察一切法皆如虚空，发无量无边广大心；观察一切菩萨广大行，发无量无边广大心；正念三世一切诸佛，发无量无边广大心；观不思议诸业果报，发无量无边广大心；严净一切佛刹，发无量无边广大心；遍入一切诸佛大会，发无量无边广大心；观察一切如来妙音，发无量无边广大心。是为十。若诸菩萨安住此心，则得一切佛法无量无边广大智慧海。

佛子！菩萨摩诃萨有十种伏藏。何等为十？所谓：知一切法是起功德行藏；知一切法是正思惟藏；知一切法是陀罗尼照明藏；知一切法是辩才开演藏；知一切法是不可说善觉真实藏；知一切佛自在神通是观察示现藏；知一切法是善巧出生平等藏；知一切法是常见一切诸佛藏；知一切不思议劫是善了皆如幻住藏；知一切诸佛菩萨是发生欢喜净信藏。是为十。若诸菩萨安住此法，则得一切诸佛无上智慧法藏，悉能调伏一切众生。

佛子！菩萨摩诃萨有十种律仪。何等为十？所谓：于一切佛法不生诽谤律仪；于一切佛所信乐心不可坏律仪；于一切菩萨所起尊重恭敬律仪；于一切善知识所终不舍爱乐心律仪；于一切声闻、独觉不生忆念心律仪；远离一切退菩萨道律仪；不起一切损害众生心律仪；修一切善根皆令究竟律仪；于一切魔悉能降伏律仪；于一切波罗蜜皆令满足律仪。是为十。若诸菩萨安住此法，则得无上大智律仪。

佛子！菩萨摩诃萨有十种自在。何等为十？所谓：命自在，于不可说劫住寿命故；心自在，智慧能入阿僧祇诸三昧故；资具自在，能以无量庄严庄严一切世界故；业自在，随时受报故；受生自在，于一切世界示现受生故；解自在，于一切世界见佛充满故；愿自在，随欲随时于诸刹中成正觉故；神力自在，示现一切大神变故；法自在，示现无边诸法门故；智自在，于念念中示现如来十力、无畏、成正觉故。是为十。若诸菩萨安住此法，则得圆满一切诸佛诸波罗蜜智慧神力菩提自在。

大方广佛华严经卷第五十六

离世间品第三十八之四

佛子！菩萨摩诃萨有十种无碍用。何等为十？所谓：众生无碍用；国土无碍用；法无碍用；身无碍用；愿无碍用；境界无碍用；智无碍用；神通无碍用；神力无碍用；力无碍用。

佛子！云何为菩萨摩诃萨众生等无碍用？

佛子！菩萨摩诃萨有十种众生无碍用。何者为十？所谓：知一切众生无众生无碍用；知一切众生但想所持无碍用；为一切众生说法未曾失时无碍用；普化现一切众生界无碍用；置一切众生于一毛孔中而不迫隘无碍用；为一切众生示现他方一切世界令其悉见无碍用；为一切众生示现释、梵、护世诸天身无碍用；为一切众生示现声闻、辟支佛寂静威仪无碍用；为一切众生示现菩萨行无碍用；为一切众生示现诸佛色身相好、一切智力、成等正觉无碍用。是为十。

佛子！菩萨摩诃萨有十种国土无碍用。何等为十？所谓：一切刹作一刹无碍用；一切刹入一毛孔无碍用；知一切刹无有尽无碍用；一身结跏坐充满一切刹无碍用；一身中现一切刹无碍用；震动一切刹不令众生恐怖无碍用；以一切刹庄严具庄严一刹无碍用；以一刹庄严具庄严一切刹无碍用；以一如来一众会遍一切佛刹示现众生无碍用；一切小刹、中刹、大刹、广刹、深刹、仰刹、覆刹、侧刹、正刹，遍诸方网，无量差别，以此普示一切众生无碍用。是为十。

佛子！菩萨摩诃萨有十种法无碍用。何等为十？所谓：知一切法入一法、一法入一切法，而亦不违众生心解无碍用；从般若波罗蜜出生一切法，为他解说悉令开悟无碍用；知一切法离文字，而令众生皆得悟入无碍用；知一切法入一相，而能演说无量法相无碍用；知一切法离言说，能为他说无边法门无碍用；于一切法善转普门字轮无碍用；以一切法入一法门而不相违，于不可说劫说不穷尽无碍用；以一切法悉入佛法，令诸众生皆得悟解无碍用；知一切法无有边际无碍用；知一切法无障碍际，犹如幻网无量差别，于无量劫为众生说不可穷尽无碍用。是为十。

佛子！菩萨摩诃萨有十种身无碍用。何等为十？所谓：以一切众生身入己身无碍用；以己身入一切众生身无碍用；一切佛身入一佛身无碍用；一佛身入一切佛身无碍用；一切刹入己身无碍用；以一身充遍一切三世法示现众生无碍用；于一身示现无边身入三昧无碍用；于一身示现众生数等身成正觉无碍用；于一切众生身现一众生身、于一众生身现一切众生身无碍用；于一切众生身示现法身、于法身示现一切众生身无碍用。是为十。

佛子！菩萨摩诃萨有十种愿无碍用。何等为十？所谓：以一切菩萨愿作自愿无碍用；以一切佛成菩提愿力示现自成正觉无碍用；随所化众生自成阿耨多罗三藐三菩提无碍用；于一切无边际劫大愿不断无碍用；远离识身，不著智身，以自在愿现一切身无碍用；舍弃自身成满他愿无碍用；普教化一切众生而不舍大愿无碍用；于一切劫行菩萨行而大愿不断无碍用；于一毛孔现成正觉，以愿力故，充遍一切诸佛国土，于不可说不可说世界，为一一众生如是示现无碍用；说一句法遍一切法界，兴大正法云，耀解脱电光，震实法雷音，雨甘露味雨，以大愿力充洽一切诸众生界无碍用。是为十。

佛子！菩萨摩诃萨有十种境界无碍用。何等为十？所谓：在法界境界而不舍众生境界无碍用；在佛境界而不舍魔境界无碍用；在涅槃境界而不舍生死境界无碍用；入一切智境界而不断菩萨种性境界无碍用；住寂静境界而不舍散乱境界无碍用；住无去、无来、无戏论、无相状、无体性、无言说、如虚空境界而不舍一切众生戏论境界无碍用；住诸力解脱境界而不舍一切诸方所境界无碍用；入无众生际境界而不舍教化一切众生无碍用；住禅定解脱、神通明智、寂静境界而于一切世界示现受生无碍用；住如来一切行庄严成正觉境界而现一切声闻、辟支佛寂静威仪无碍用。是为十。

佛子！菩萨摩诃萨有十种智无碍用。何等为十？所谓：无尽辩才无碍用；一切总持无有忘失无碍用；能决定知、决定说一切众生诸根无碍用；于一念中以无碍智知一切众生心之所行无碍用；知一切众生欲乐、随眠、习气、烦恼病，随应授药无碍用；一念能入如来十力无碍用；以无碍智知三世一切劫及其中众生无碍用；于念念中现成正觉示现众生无有断绝无碍用；于一众生想知一切众生业无碍用；于一众生音解一切众生语无碍用。是为十。

佛子！菩萨摩诃萨有十种神通无碍用。何等为十？所谓：于一身示现一切世界身无碍用；于一佛众会听受一切佛众会中所说法无碍用；于一众生心念中成就不可说无上菩提开悟一切众生心无碍用；以一音现一切世界差别言音，令诸众生各得解了无碍用；一念中现尽前际一切劫所有业果种种差别，令诸众生悉得知见无碍用；一微尘出现广大佛刹无量庄严无碍用；令一切世界具足庄严无碍用；普入一切三世无碍用；放大法光明现一切诸佛菩提、众生行愿无碍用；善守护一切天、龙、夜叉、乾闼婆、阿修罗、迦楼罗、紧那罗、摩睺罗伽、释、梵、护世、声闻、独觉、菩萨、所有如来十力、菩萨善根无碍用。是为十。若诸菩萨得此无碍用，则能普入一切佛法。

佛子！菩萨摩诃萨有十种神力无碍用。何等为十？所谓：以不可说世界置一尘中无碍用；于一尘中现等法界一切佛刹无碍用；以一切大海水置一毛孔，周旋往返十方世界，而于众生无所触娆无碍用；以不可说世界内自身中，示现一切神通所作无碍用；以一毛系不可数金刚围山，持以游行一切世界，不令众生生恐怖心无碍用；以不可说劫作一劫，一劫作不可说劫，于中示现成坏差别，不令众生心有恐怖无碍用；于一切世界现水、火、风灾种种变坏而不恼众生无碍用；一切世界三灾坏时，悉能护持一切众生资生之具不令损缺无碍用；以一手持不思议世界，掷不可说世界之外，不令众生有惊怖想无碍用；说一切刹同于虚空，令诸众生悉得悟解无碍用。是为十。

佛子！菩萨摩诃萨有十种力无碍用。何等为十？所谓：众生力无碍用，教化调伏不舍离故；刹力无碍用，示现不可说庄严而庄严故；法力无碍用，令一切身入无身故；劫力无碍用，修行不断故；佛力无碍用，觉悟睡眠故；行力无碍用，摄取一切菩萨行故；如来力无碍用,度脱一切众生故;无师力无碍用,自觉一切诸法故;一切智力无碍用,以一切智成正觉故;大悲力无碍用,不舍一切众生故。是为十。

佛子!如是名为:菩萨摩诃萨十种无碍用。若有得此十无碍用者,于阿耨多罗三藐三菩提欲成、不成,随意无违,虽成正觉而亦不断行菩萨行。何以故?菩萨摩诃萨发大誓愿,入无边无碍用门,善巧示现故。

佛子!菩萨摩诃萨有十种游戏,何等为十?所谓:以众生身作刹身,而亦不坏众生身,是菩萨游戏;以刹身作众生身,而亦不坏于刹身,是菩萨游戏;于佛身示现声闻、独觉身,而不损减如来身,是菩萨游戏;于声闻、独觉身示现如来身,而不增长声闻、独觉身,是菩萨游戏;于菩萨行身示现成正觉身,而亦不断菩萨行身,是菩萨游戏;于成正觉身示现修菩萨行身,而亦不减成菩提身,是菩萨游戏;于涅槃界示现生死身,而不著生死,是菩萨游戏;于生死界示现涅槃,亦不究竟入于涅槃,是菩萨游戏;入于三昧而示现行、住、坐、卧一切业,亦不舍三昧正受,是菩萨游戏;在一佛所闻法受持,其身不动,而以三昧力,于不可说诸佛会中各各现身,亦不分身,亦不起定,而闻法受持相续不断,如是念念于一一三昧身各出生不可说不可说三昧身,如是次第一切诸劫犹可穷尽,而菩萨三昧身不可穷尽,是菩萨游戏。是为十。若诸菩萨安住此法,则得如来无上大智游戏。

佛子!菩萨摩诃萨有十种境界。何等为十?所谓:示现无边法界门,令众生得入,是菩萨境界;示现一切世界无量妙庄严,令众生得入,是菩萨境界;化往一切众生界,悉方便开悟,是菩萨境界;于如来身出菩萨身,于菩萨身出如来身,是菩萨境界;于虚空界现世界,于世界现虚空界,是菩萨境界;于生死界现涅槃界,于涅槃界现生死界,是菩萨境界;于一众生语言中,出生一切佛法语言,是菩萨境界;以无边身现作一身,一身作一切差别身,是菩萨境界;以一身充满一切法界,是菩萨境界;于一念中,令一切众生发菩提心,各现无量身成等正觉,是菩萨境界。是为十。若诸菩萨安住此法,则得如来无上大智慧境界。

佛子!菩萨摩诃萨有十种力。何等为十?所谓:深心力,不杂一切世情故;增上深心力,不舍一切佛法故;方便力,诸有所作究竟故;智力,了知一切心行故;愿力,一切所求令满故;行力,尽未来际不断故;乘力,能出生一切乘,而不舍大乘故;神变力,于一一毛孔中,各各示现一切清净世界一切如来出兴世故;菩提力,令一切众生发心成佛无断绝故;转法轮力,说一句法悉称一切众生诸根性欲故。是为十。若诸菩萨安住此法,则得诸佛无上一切智十力。

佛子!菩萨摩诃萨有十种无畏。何等为十?佛子!菩萨摩诃萨悉能闻持一切言说,作如是念:设有众生无量无边从十方来,以百千大法而问于我。我于彼问不见微少难可答相；以不见故，心得无畏，究竟到彼大无畏岸，随其所问悉能酬对，断其疑惑无有怯弱。是为菩萨第一无畏。佛子！菩萨摩诃萨得如来灌顶无碍辩才，到于一切文字言音开示秘密究竟彼岸，作如是念：设有众生无量无边从十方来，以无量法而问于我。我于彼问不见微少难可答相；以不见故，心得无畏，究竟到彼大无畏岸，随其所问悉能酬对，断其疑惑无有恐惧。是为菩萨第二无畏。佛子！菩萨摩诃萨知一切法空，离我、离我所、无作、无作者，无知者，无命者，无养育者，无补伽罗，离蕴、界、处，永出诸见，心如虚空，作如是念：不见众生有微少相能损恼我身、语、意业。何以故？菩萨远离我、我所故，不见诸法有少性相。以不见故，心得无畏，究竟到彼大无畏岸，坚固勇猛，不可沮坏，是为菩萨第三无畏。佛子！菩萨摩诃萨佛力所护、佛力所持，住佛威仪，所行真实，无有变易，作如是念：我不见有少分威仪，令诸众生生诃责相。以不见故，心得无畏，于大众中安隐说法，是为菩萨第四无畏。佛子！菩萨摩诃萨身、语、意业皆悉清净，鲜白柔和，远离众恶，作如是念：我不自见身、语、意业而有少分可诃责相。以不见故，心得无畏，能令众生住于佛法，是为菩萨第五无畏。佛子！菩萨摩诃萨，金刚力士、天、龙、夜叉、乾闼婆、阿修罗、帝释、梵王、四天王等常随侍卫，一切如来护念不舍。菩萨摩诃萨作如是念：我不见有众魔外道有见众生能来障我行菩萨道少分之相。以不见故，心得无畏，究竟到彼大无畏岸，发欢喜心行菩萨行，是为菩萨第六无畏。佛子！菩萨摩诃萨已得成就第一念根，心无忘失佛所悦可，作如是念：如来所说成菩提道文字句法，我不于中见有少分忘失之相。以不见故，心得无畏，受持一切如来正法行菩萨行，是为菩萨第七无畏。佛子！菩萨摩诃萨智慧方便悉已通达，菩萨诸力皆得究竟，常勤教化一切众生，恒以愿心系佛菩提，而为悲愍众生故，成就众生故，于烦恼浊世示现受生、种族尊贵、眷属圆满、所欲从心、欢娱快乐，而作念：我虽与此眷属聚会，不见少相而可贪著，废我修行禅定、解脱，及诸三昧、总持、辩才、菩萨道法。何以故？菩萨摩诃萨于一切法已得自在到于彼岸，修菩萨行誓不断绝，不见世间有一境界而能惑乱菩萨道者。以不见故，心得无畏，究竟到彼大无畏岸，以大愿力于一切世界示现受生，是为菩萨第八无畏。佛子！菩萨摩诃萨恒不忘失萨婆若心，乘于大乘行菩萨行，以一切智大心势力，示现一切声闻、独觉寂静威仪，作是念言：我不自见当于二乘而取出离少分之相。以不见故，心得无畏，到彼无上大无畏岸，普能示现一切乘道，究竟满足平等大乘，是为菩萨第九无畏。佛子！菩萨摩诃萨成就一切诸白净法，具足善根，圆满神通，究竟住于诸佛菩提，满足一切诸菩萨行，于诸佛所受一切智灌顶之记，而常化众生行菩萨道，作如是念：我不自见有一众生应可成熟而不能现诸佛自在而成熟相。以不见故，心得无畏,究竟到彼大无畏岸,不断菩萨行,不舍菩萨愿,随所应化一切众生现佛境界而化度之,是为菩萨第十无畏。佛子!是为菩萨摩诃萨十种无畏。若诸菩萨安住此法,则得诸佛无上大无畏,而亦不舍菩萨无畏。

佛子!菩萨摩诃萨有十种不共法。何等为十?佛子!菩萨摩诃萨不由他教,自然修行六波罗蜜——常乐大施,不生悭吝;恒持净戒,无所毁犯;具足忍辱,心不动摇;有大精进,未曾退转;善入诸禅,永无散乱;巧修智慧,悉除恶见。是为第一不由他教随顺波罗蜜道修六度不共法。佛子!菩萨摩诃萨普能摄受一切众生。所谓:以财及法而行惠施,正念现前,和颜爱语,其心欢喜,示如实义,令得悟解诸佛菩提,无有憎嫌,平等利益。是为第二不由他教顺四摄道勤摄众生不共法。佛子!菩萨摩诃萨善巧回向,所谓:不求果报回向、顺佛菩提回向、不著一切世间禅定三昧回向、为利益一切众生回向、为不断如来智慧回向。是为第三不由他教为诸众生发起善根求佛智慧不共法。佛子!菩萨摩诃萨到善巧方便究竟彼岸,心恒顾复一切众生,不厌世俗凡愚境界,不乐二乘出离之道,不著己乐,唯勤化度,善能入出禅定解脱,于诸三昧悉得自在,往来生死如游园观,未曾暂起疲厌之心;或住魔宫,或为释天、梵王、世主,一切生处靡不于中而现其身;或于外道众中出家,而恒远离一切邪见;一切世间文词、咒术、字印、算数,乃至游戏、歌舞之法,悉皆示现,无不精巧;或时示作端正妇人,智慧才能世中第一;于诸世间、出世间法能问能说,问答断疑皆得究竟;一切世间、出世间事亦悉通达到于彼岸,一切众生恒来瞻仰;虽现声闻、辟支佛威仪,而不失大乘心;虽念念中示成正觉,而不断菩萨行。是为第四不由他教方便善巧究竟彼岸不共法。佛子!菩萨摩诃萨善知权实双行道,智慧自在,到于究竟。所谓:住于涅槃而示现生死,知无众生而勤行教化,究竟寂灭而现起烦恼,住一坚密智慧法身而普现无量诸众生身,常入深禅定而示受欲乐,常远离三界而不舍众生,常乐法乐而现有采女歌咏嬉戏,虽以众相好庄严其身而示受丑陋贫贱之形,常积集众善无诸过恶而现生地狱、畜生、饿鬼,虽已到于佛智彼岸而亦不舍菩萨智身。菩萨摩诃萨成就如是无量智慧,声闻、独觉尚不能知,何况一切童蒙众生!是为第五不由他教权实双行不共法。佛子!菩萨摩诃萨身、口、意业,随智慧行皆悉清净。所谓:具足大慈永离杀心,乃至具足正解无有邪见。是为第六不由他教身、口、意业随智慧行不共法。佛子!菩萨摩诃萨具足大悲,不舍众生,代一切众生而受诸苦,所谓:地狱苦、畜生苦、饿鬼苦。为利益故,不生劳倦,唯专度脱一切众生,未曾耽染五欲境界,常为精勤灭除众苦。是为第七不由他教常起大悲不共法。佛子!菩萨摩诃萨常为众生之所乐见,梵王、帝释、四天王等一切众生见无厌足。何以故?菩萨摩诃萨久远世来,行业清净无有过失,是故众生见者无厌。是为第八不由他教一切众生皆悉乐见不共法。佛子！菩萨摩诃萨于萨婆若大誓庄严志乐坚固，虽处凡夫、声闻、独觉险难之处，终不退失一切智心明净妙宝。佛子！如有宝珠，名：净庄严，置泥潦中光色不改，能令浊水悉皆澄净。菩萨摩诃萨亦复如是，虽在凡愚杂浊等处，终不失坏求一切智清净宝心，而能令彼诸恶众生远离妄见、烦恼、秽浊，得求一切智清净心宝。是为第九不由他教在众难处不失一切智心宝不共法。佛子！菩萨摩诃萨成就自觉境界智，无师自悟，究竟自在到于彼岸，离垢法缯以冠其首，而于善友不舍亲近，于诸如来常乐尊重，是为第十不由他教得最上法不离善知识、不舍尊重佛不共法。佛子！是为菩萨摩诃萨十种不共法。若诸菩萨安住其中，则得如来无上广大不共法。

佛子！菩萨摩诃萨有十种业。何等为十？所谓：一切世界业，悉能严净故；一切诸佛业，悉能供养故；一切菩萨业，同种善根故；一切众生业，悉能教化故；一切未来业，尽未来际摄取故；一切神力业，不离一世界遍至一切世界故；一切光明业，放无边色光明，一一光中有莲华座，各有菩萨结跏趺坐而显现故；一切三宝种不断业，诸佛灭后，守护住持诸佛法故；一切变化业，于一切世界说法教化诸众生故；一切加持业，于一念中随诸众生心之所欲皆为示现，令一切愿悉成满故。是为十。若诸菩萨安住此法，则得如来无上广大业。

佛子！菩萨摩诃萨有十种身。何等为十？所谓：不来身，于一切世间不受生故；不去身，于一切世间求不得故；不实身，一切世间如实得故；不虚身，以如实理示世间故；不尽身，尽未来际无断绝故；坚固身，一切众魔不能坏故；不动身，众魔外道不能动故；具相身，示现清净百福相故；无相身，法相究竟悉无相故；普至身，与三世佛同一身故。是为十。若诸菩萨安住此法，则得如来无上无尽之身。

佛子！菩萨摩诃萨有十种身业。何等为十？所谓：一身充满一切世界身业；于一切众生前悉能示现身业；于一切趣悉能受生身业；游行一切世界身业；往诣一切诸佛众会身业；能以一手普覆一切世界身业；能以一手磨一切世界金刚围山碎如微尘身业；于自身中现一切佛刹成坏示于众生身业；以一身容受一切众生界身业；于自身中普现一切清净佛刹，一切众生于中成道身业。是为十。若诸菩萨安住此法，则得如来无上佛业，悉能觉悟一切众生。

佛子！菩萨摩诃萨复有十种身。何等为十？所谓：诸波罗蜜身，悉正修行故；四摄身，不舍一切众生故；大悲身，代一切众生受无量苦无疲厌故；大慈身，救护一切众生故；福德身，饶益一切众生故；智慧身，与一切佛身同一性故；法身，永离诸趣受生故；方便身，于一切处现前故；神力身，示现一切神变故；菩提身，随乐、随时成正觉故。是为十。若诸菩萨安住此法，则得如来无上大智慧身。

佛子！菩萨摩诃萨有十种语。何等为十？所谓：柔软语，使一切众生皆安隐故；甘露语，令一切众生悉清凉故；不诳语，所有言说皆如实故；真实语，乃至梦中无妄语故；广大语，一切释、梵、四天王等皆尊敬故；甚深语，显示法性故；坚固语，说法无尽故；正直语，发言易了故；种种语，随时示现故；开悟一切众生语，随其欲乐令解了故。是为十。若诸菩萨安住此法，则得如来无上微妙语。佛子！菩萨摩诃萨有十种净修语业。何等为十？所谓：乐听闻如来音声净修语业；乐闻说菩萨功德净修语业；不说一切众生不乐闻语净修语业；真实远离语四过失净修语业；欢喜踊跃赞叹如来净修语业；如来塔所高声赞佛如实功德净修语业；以深净心施众生法净修语业；音乐歌颂赞叹如来净修语业；于诸佛所听闻正法不惜身命净修语业；舍身承事一切菩萨及诸法师而受妙法净修语业。是为十。

若菩萨摩诃萨以此十事净修语业，则得十种守护。何等为十？所谓：天王为首，一切天众而为守护；龙王为首，一切龙众而为守护；夜叉王为首，乾闼婆王为首，阿修罗王为首，迦楼罗王为首，紧那罗王为首，摩睺罗伽王为首，梵王为首，一一皆与自己徒众而为守护；如来法王为首，一切法师皆悉守护。是为十。

佛子！菩萨摩诃萨得此守护已，则能成办十种大事。何等为十？所谓：一切众生皆令欢喜，一切世界悉能往诣，一切诸根皆能了知，一切胜解悉令清净，一切烦恼皆令除断，一切习气皆令舍离，一切欲乐皆令明洁，一切深心悉使增长，一切法界悉令周遍，一切涅槃普令明见。是为十。

佛子！菩萨摩诃萨有十种心。何等为十？所谓：如大地心，能持、能长一切众生诸善根故；如大海心，一切诸佛无量无边大智法水悉流入故；如须弥山王心，置一切众生于出世间最上善根处故；如摩尼宝王心，乐欲清净无杂染故；如金刚心，决定深入一切法故；如金刚围山心，诸魔外道不能动故；如莲华心，一切世法不能染故；如优昙钵华心，一切劫中难值遇故；如净日心，破闇障故；如虚空心，不可量故。是为十。若诸菩萨安住其中，则得如来无上大清净心。

佛子！菩萨摩诃萨有十种发心。何等为十？所谓：发我当度脱一切众生心；发我当令一切众生除断烦恼心；发我当令一切众生消灭习气心；发我当断除一切疑惑心；发我当除灭一切众生苦恼心；发我当除灭一切恶道诸难心；发我当敬顺一切如来心；发我当善学一切菩萨所学心；发我当于一切世间一一毛端处现一切佛成正觉心；发我当于一切世界击无上法鼓，令诸众生随其根欲悉得悟解心。是为十。若诸菩萨安住其中，则得如来无上大发起能事心。

佛子！菩萨摩诃萨有十种周遍心。何等为十？所谓：周遍一切虚空心，发意广大故；周遍一切法界心，深入无边故；周遍一切三世心，一念悉知故；周遍一切佛出现心，于入胎、诞生、出家、成道、转法轮、般涅槃悉明了故；周遍一切众生心，悉知根、欲、习气故；

周遍一切智慧心，随顺了知法界故；周遍一切无边心，知诸幻网差别故；周遍一切无生心，不得诸法自性故；周遍一切无碍心，不住自心、他心故；周遍一切自在心，一念普现成佛故。是为十。若诸菩萨安住其中，则得无量无上佛法周遍庄严。

佛子！菩萨摩诃萨有十种根。何等为十？所谓：欢喜根，见一切佛信不坏故；希望根，所闻佛法皆悟解故；不退根，一切作事皆究竟故；安住根，不断一切菩萨行故；微细根，入般若波罗蜜微妙理故；不休息根，究竟一切众生事故；如金刚根，证知一切诸法性故；金刚光焰根，普照一切佛境界故；无差别根，一切如来同一身故；无碍际根，深入如来十种力故。是为十。若诸菩萨安住其中，则得如来无上大智圆满根。

佛子！菩萨摩诃萨有十种深心。何等为十？所谓：不染一切世间法深心；不杂一切二乘道深心；了达一切佛菩提深心；随顺一切智智道深心；不为一切众魔外道所动深心；净修一切如来圆满智深心；受持一切所闻法深心；不著一切受生处深心；具足一切微细智深心；修一切诸佛法深心。是为十。若诸菩萨安住其中，则得一切智无上清净深心。

佛子！菩萨摩诃萨有十种增上深心。何等为十？所谓：不退转增上深心，积集一切善根故；离疑惑增上深心，解一切如来密语故；正持增上深心，大愿大行所流故；最胜增上深心，深入一切佛法故；为主增上深心，一切佛法自在故；广大增上深心，普入种种法门故；上首增上深心，一切所作成办故；自在增上深心，一切三昧神通变化庄严故；安住增上深心，摄受本愿故；无休息增上深心，成熟一切众生故。是为十。若诸菩萨安住此法，则得一切诸佛无上清净增上深心。

佛子！菩萨摩诃萨有十种勤修。何等为十？所谓：布施勤修，悉舍一切，不求报故；持戒勤修，头陀苦行，少欲知足，无所欺故；忍辱勤修，离自他想，忍一切恶，毕竟不生患害心故；精进勤修，身、语、意业未曾散乱，一切所作皆不退转，至究竟故；禅定勤修，解脱三昧，出现神通，离一切欲烦恼斗诤诸眷属故；智慧勤修，修习积聚一切功德无厌倦故；大慈勤修，知诸众生无自性故；大悲勤修，知诸法空，普代一切众生受苦无疲厌故；觉悟如来十力勤修，了达无碍示众生故；不退法轮勤修，转至一切众生心故。是为十。若诸菩萨安住此法，则得如来无上大智慧勤修。

佛子！菩萨摩诃萨有十种决定解。何等为十？所谓：最上决定解，种植尊重善根故；庄严决定解，出生种种庄严故；广大决定解，其心未曾狭劣故；寂灭决定解，能入甚深法性故；普遍决定解，发心无所不及故；堪任决定解，能受佛力加持故；坚固决定解，摧破一切魔业故；明断决定解，了知一切业报故；现前决定解，随意能现神通故；绍隆决定解，一切佛所得记故；自在决定解，随意、随时成佛故。是为十。若诸菩萨安住此法,则得如来无上决定解。

佛子!菩萨摩诃萨有十种决定解知诸世界。何等为十?所谓:知一切世界入一世界;知一世界入一切世界;知一切世界,一如来身、一莲华座皆悉周遍;知一切世界皆如虚空;知一切世界具佛庄严;知一切世界菩萨充满;知一切世界入一毛孔;知一切世界入一众生身;知一切世界,一佛菩提树、一佛道场皆悉周遍;知一切世界一音普遍,令诸众生各别了知,心生欢喜。是为十。若诸菩萨安住此法,则得如来无上佛刹广大决定解。

佛子!菩萨摩诃萨有十种决定解知众生界。何等为十?所谓:知一切众生界本性无实;知一切众生界悉入一众生身;知一切众生界悉入菩萨身;知一切众生界悉入如来藏;知一众生身普入一切众生界;知一切众生界悉堪为诸佛法器;知一切众生界,随其所欲,为现释、梵、护世身;知一切众生界,随其所欲,为现声闻、独觉寂静威仪;知一切众生界,为现菩萨功德庄严身;知一切众生界,为现如来相好寂静威仪,开悟众生。是为十。若诸菩萨安住此法,则得如来无上大威力决定解。

大方广佛华严经卷第五十七

离世间品第三十八之五

佛子!菩萨摩诃萨有十种习气。何等为十?所谓:菩提心习气;善根习气;教化众生习气;见佛习气;于清净世界受生习气;行习气;愿习气;波罗蜜习气;思惟平等法习气;种种境界差别习气。是为十。若诸菩萨安住此法,则永离一切烦恼习气,得如来大智习气非习气智。

佛子!菩萨摩诃萨有十种取,以此不断诸菩萨行。何等为十?所谓:取一切众生界,究竟教化故;取一切世界,究竟严净故;取如来,修菩萨行为供养故;取善根,积集诸佛相好功德故;取大悲,灭一切众生苦故;取大慈,与一切众生一切智乐故;取波罗蜜,积集菩萨诸庄严故;取善巧方便,于一切处皆示现故;取菩提,得无碍智故;略说菩萨取一切法,于一切处悉以明智而现了故。是为十。若诸菩萨安住此取,则能不断诸菩萨行,得一切如来无上无所取法。

佛子!菩萨摩诃萨有十种修。何等为十?所谓:修诸波罗蜜;修学;修慧;修义;修法;修出离;修示现;修勤行匪懈;修成等正觉;修转正法轮。是为十。若诸菩萨安住其中,则得无上修修一切法。

佛子!菩萨摩诃萨有十种成就佛法。何等为十?所谓:不离善知识成就佛法;深信佛语成就佛法;不谤正法成就佛法;以无量无尽善根回向成就佛法；信解如来境界无边际成就佛法；知一切世界境界成就佛法；不舍法界境界成就佛法；远离诸魔境界成就佛法；正念一切诸佛境界成就佛法；乐求如来十力境界成就佛法。是为十。若诸菩萨安住此法，则得成就如来无上大智慧。

佛子！菩萨摩诃萨有十种退失佛法，应当远离。何等为十？所谓：轻慢善知识退失佛法；畏生死苦退失佛法；厌修菩萨行退失佛法；不乐住世间退失佛法；耽著三昧退失佛法；执取善根退失佛法；诽谤正法退失佛法；断菩萨行退失佛法；乐二乘道退失佛法；嫌恨诸菩萨退失佛法。是为十。若诸菩萨远离此法，则入菩萨离生道。

佛子！菩萨摩诃萨有十种离生道。何等为十？所谓：出生般若波罗蜜而恒观察一切众生，是为一；远离诸见而度脱一切见缚众生，是为二；不念一切相而不舍一切著相众生，是为三；超过三界而常在一切世界，是为四；永离烦恼而与一切众生共居，是为五；得离欲法而常以大悲哀愍一切著欲众生，是为六；常乐寂静而恒示现一切眷属，是为七；离世间生而死此生彼起菩萨行，是为八；不染一切世间法而不断一切世间所作，是为九；诸佛菩提已现其前而不舍菩萨一切愿行，是为十。佛子！是为菩萨摩诃萨十种离生道，出离世间，不与世共，而亦不杂二乘之行。若诸菩萨安住此法，则得菩萨决定法。

佛子！菩萨摩诃萨有十种决定法。何等为十？所谓：决定于如来种族中生；决定于诸佛境界中住；决定了知菩萨所作事；决定安住诸波罗蜜；决定得预如来众会；决定能显如来种性；决定安住如来力；决定深入佛菩提；决定与一切如来同一身；决定与一切如来所住无有二。是为十。

佛子！菩萨摩诃萨有十种出生佛法道。何等为十？所谓：随顺善友是出生佛法道，同种善根故；深心信解是出生佛法道，知佛自在故；发大誓愿是出生佛法道，其心宽广故；忍自善根是出生佛法道，知业不失故；一切劫修行无厌足是出生佛法道，尽未来际故阿僧祇世界皆示现是出生佛法道，成熟众生故；不断菩萨行是出生佛法道，增长大悲故；无量心是出生佛法道，一念遍一切虚空界故；殊胜行是出生佛法道，本所修行无失坏故；如来种是出生佛法道，令一切众生乐发菩提心，以一切善法资持故。是为十。若诸菩萨安住此法，则得大丈夫名号。

佛子！菩萨摩诃萨有十种大丈夫名号。何等为十？所谓：名为：菩提萨埵，菩提智所生故；名为：摩诃萨埵，安住大乘故；名为：第一萨埵，证第一法故；名为：胜萨埵，觉悟胜法故；名为：最胜萨埵，智慧最胜故；名为：上萨埵，起上精进故；名为：无上萨埵，开示无上法故；名为：力萨埵，广知十力故；名为：无等萨埵，世间无比故；名为：不思议萨埵，一念成佛故。是为十。若诸菩萨得此名号，则成就菩萨道。

佛子！菩萨摩诃萨有十种道。何等为十？所谓：一道是菩萨道，不舍独一菩提心故。二道是菩萨道，出生智慧及方便故。三道是菩萨道，行空、无相、无愿，不著三界故。四行是菩萨道，忏除罪障，随喜福德，恭敬尊重劝请如来，善巧回向无休息故。五根是菩萨道，安住净信坚固不动，起大精进所作究竟，一向正念无异攀缘，巧知三昧入出方便，善能分别智慧境界故。六通是菩萨道。所谓：天眼，悉见一切世界所有众色，知诸众生死此生彼故；天耳，悉闻诸佛说法，受持忆念，广为众生随根演畅故；他心智，能知他心，自在无碍故；宿命念，忆知过去一切劫数，增长善根故；神足通，随所应化一切众生，种种为现，令乐法故；漏尽智，现证实际，起菩萨行不断绝故。七念是菩萨道。所谓：念佛，于一毛孔见无量佛，开悟一切众生心故；念法，不离一如来众会，于一切如来众会中亲承妙法，随诸众生根性欲乐而为演说，令悟入故；念僧，恒相续见无有休息，于一切世间见菩萨故；念舍，了知一切菩萨舍行，增长广大布施心故；念戒，不舍菩提心，以一切善根回向众生故；念天，常忆念兜率陀天宫一生补处菩萨故；念众生，智慧方便教化调伏，普及一切无间断故。随顺菩提八圣道是菩萨道。所谓：行正见道，远离一切诸邪见故；起正思惟，舍妄分别，心常随顺一切智故；常行正语，离语四过，顺圣言故；恒修正业，教化众生令调伏故；安住正命，头陀知足，威仪审正，随顺菩提行四圣种，一切过失皆永离故；起正精进，勤修一切菩萨苦行，入佛十力无罣碍故；心常正念，悉能忆持一切言音，除灭世间散动心故；心常正定，善入菩萨不思议解脱门，于一三昧中出生一切诸三昧故。入九次第定是菩萨道。所谓：离欲患害，而以一切语业说法无碍；灭除觉观，而以一切智觉观教化众生；舍离喜爱，而见一切佛，心大欢喜；离世间乐，而随顺出世菩萨道乐；从此不动，入无色定，而亦不舍欲、色受生；虽住灭一切想受定，而亦不息菩萨行故。学佛十力是菩萨道。所谓：善知是处、非处智；善知一切众生、去、来现在业报因果智；善知一切众生上、中、下根不同随宜说法智；善知一切众生种种无量性智；善知一切众生软、中、上解差别令入法方便智；遍一切世间、一切刹、一切三世、一切劫，普现如来形相威仪而亦不舍菩萨所行智；善知一切诸禅解脱及诸三昧若垢若净、时与非时，方便出生诸菩萨解脱门智；知一切众生于诸趣中死此生彼差别智；于一念中悉知三世一切劫数智；善知一切众生乐欲、诸使、惑习灭尽智，而不舍离诸菩萨行。是为十。若诸菩萨安住此法，则得一切如来无上巧方便道。

佛子！菩萨摩诃萨有无量道、无量助道、无量修道、无量庄严道。

佛子！菩萨摩诃萨有十种无量道。何等为十？所谓：虚空无量故，菩萨道亦无量；法界无边故，菩萨道亦无量；众生界无尽故，菩萨道亦无量；世界无际故，菩萨道亦无量；劫数不可尽故，菩萨道亦无量；一切众生语言法无量故，菩萨道亦无量；如来身无量故，菩萨道亦无量；佛音声无量故，菩萨道亦无量；如来力无量故，菩萨道亦无量；一切智智无量故，菩萨道亦无量。是为十。

佛子！菩萨摩诃萨有十种无量助道。所谓：如虚空界无量，菩萨集助道亦无量；如法界无边，菩萨集助道亦无边；如众生界无尽，菩萨集助道亦无尽；如世界无际，菩萨集助道亦无际；如劫数说不可尽，菩萨集助道亦一切世间说不能尽；如众生语言法无量，菩萨集助道出生智慧知语言法亦无量；如如来身无量，菩萨集助道遍一切众生、一切刹、一切世、一切劫亦无量；如佛音声无量，菩萨出一言音周遍法界，一切众生无不闻知故，所集助道亦无量；如佛力无量，菩萨承如来力积集助道亦无量；如一切智智无量，菩萨积集助道亦如是无有量。是为十。若诸菩萨安住此法，则得如来无量智慧。

佛子！菩萨摩诃萨有十种无量修道。何等为十？所谓：不来不去修，身、语、意业无动作故；不增不减修，如本性故；非有非无修，无自性故；如幻如梦、如影如响、如镜中像、如热时焰、如水中月修，离一切执著故；空、无相、无愿、无作修，明见三界而集福德不休息故；不可说、无言说、离言说修，远离施设安立法故；不坏法界修，智慧现知一切法故；不坏真如实际修，普入真如实际虚空际故；广大智慧修，诸有所作力无尽故；住如来十力、四无所畏、一切智智平等修，现见一切法无疑惑故。是为十。若诸菩萨安住此法，则得如来一切智无上善巧修。

佛子！菩萨摩诃萨有十种庄严道。何等为十？佛子！菩萨摩诃萨不离欲界，入色界、无色界禅定解脱及诸三昧，亦不因此而受彼生，是为第一庄严道。智慧现前，入声闻道，不以此道而取出离，是为第二庄严道。智慧现前，入辟支佛道，而起大悲无有休息，是为第三庄严道。虽有人、天眷属围绕，百千采女歌舞侍从，未曾暂舍禅定解脱及诸三昧，是为第四庄严道。与一切众生受诸欲乐共相娱乐，乃至未曾于一念间舍离菩萨平等三昧，是为第五庄严道。已到一切世间彼岸，于诸世法悉无所著，而亦不舍度众生行，是为第六庄严道。安住正道、正智、正见，而能示入一切邪道，不取为实，不执为净，令彼众生远离邪法，是为第七庄严道。常善护持如来净戒，身、语、意业无诸过失，为欲教化犯戒众生，示行一切凡愚之行，虽已具足清净福德住菩萨趣，而示生于一切地狱、畜生、饿鬼及诸险难、贫穷等处，令彼众生皆得解脱，而实菩萨不生彼趣，是为第八庄严道。不由他教，得无碍辩，智慧光明普能照了一切佛法，为一切如来神力所持，与一切诸佛同一法身，成就一切坚固大人明净密法，安住一切平等诸乘，诸佛境界皆现其前，具足一切世智光明，照见一切诸众生界，能为众生作知法师，而示求正法未曾休息，虽实与众生作无上师，而示行尊敬阇梨和尚。何以故？菩萨摩诃萨善巧方便住菩萨道，随其所应皆为示现。是为第九庄严道。善根具足，诸行究竟，一切如来所共灌顶，到一切法自在彼岸，无碍法缯以冠其首；其身遍至一切世界，普现如来无碍之身，于法自在最上究竟，转于无碍清净法轮；一切菩萨自在之法皆已成就，而为众生故，于一切国土示现受生；与三世诸佛同一境界，而不废菩萨行，不舍菩萨法，不懈菩萨业，不离菩萨道，不弛菩萨仪，不断菩萨取，不息菩萨巧方便，不绝菩萨所作事，不厌菩萨生成用，不止菩萨住持力。何以故？菩萨欲疾证阿耨多罗三藐三菩提，观一切智门修菩萨行无休息故。是为第十庄严道。若诸菩萨安住此法，则得如来无上大庄严道，亦不舍菩萨道。

佛子！菩萨摩诃萨有十种足。何等为十？所谓持戒足，殊胜大愿悉成满故；精进足，集一切菩提分法不退转故；神通足，随众生欲令欢喜故；神力足，不离一佛刹往一切佛刹故；深心足，愿求一切殊胜法故；坚誓足，一切所作咸究竟故；随顺足，不违一切尊者教故；乐法足，闻持一切佛所说法不疲懈故；法雨足，为众演说无怯弱故；修行足，一切诸恶悉远离故。是为十。若诸菩萨安住此法，则得如来无上最胜足，若一举步，悉能遍至一切世界。

佛子！菩萨摩诃萨有十种手。何等为十？所谓：深信手，于佛所说，一向忍可，究竟受持故；布施手，有来求者，随其所欲皆令充满故；先意问讯手，舒展右掌相迎引故；供养诸佛手，集众福德无疲厌故；多闻善巧手，悉断一切众生疑故；令超三界手，授与众生拔出欲泥故；置于彼岸手，四暴流中救溺众生故；不吝正法手，所有妙法悉以开示故；善用众论手，以智慧药灭身心病故；恒持智宝手，开法光明破烦恼闇故。是为十。若诸菩萨安住此法，则得如来无上手，普覆十方一切世界。

佛子！菩萨摩诃萨有十种腹。何等为十？所谓：离谄曲腹，心清净故；离幻伪腹，性质直故；不虚假腹，无险诐故；无欺夺腹，于一切物无所贪故；断烦恼腹，具智慧故；清净心腹，离诸恶故；观察饮食腹，念如实法故；观察无作腹，觉悟缘起故；觉悟一切出离道腹，善成熟深心故；远离一切边见垢腹，令一切众生得入佛腹故。是为十。若诸菩萨安住此法，则得如来无上广大腹，悉能容受一切众生。

佛子！菩萨摩诃萨有十种藏。何等为十？所谓：不断佛种是菩萨藏，开示佛法无量威德故；增长法种是菩萨藏，出生智慧广大光明故；住持僧种是菩萨藏，令其得入不退法轮故；觉悟正定众生是菩萨藏，善随其时不逾一念故；究竟成熟不定众生是菩萨藏，令因相续无有间断故；为邪定众生发起大悲是菩萨藏，令未来因悉得成就故；满佛十力不可坏因是菩萨藏，具降伏魔军无对善根故；最胜无畏大师子吼是菩萨藏，令一切众生皆欢喜故；得佛十八不共法是菩萨藏，智慧普入一切处故；普了知一切众生、一切刹、一切法、一切佛是菩萨藏，于一念中悉明见故。是为十。若诸菩萨安住此法，则得如来无上善根不可坏大智慧藏。

佛子！菩萨摩诃萨有十种心。何等为十？所谓：精勤心，一切所作悉究竟故；不懈心，积集相好福德行故；大勇健心，摧破一切诸魔军故；如理行心，除灭一切诸烦恼故；不退转心，乃至菩提终不息故；性清净心，知心不动无所著故；知众生心，随其解欲令出离故；令入佛法大梵住心，知诸众生种种解欲，不以别乘而救护故；空、无相、无愿、无作心，见三界相不取著故；卐字相金刚坚固胜藏庄严心，一切众生数等魔来乃至不能动一毛故。是为十。若诸菩萨安住此法，则得如来无上大智光明藏心。

佛子！菩萨摩诃萨有十种被甲。何等为十？所谓：被大慈甲，救护一切众生故；被大悲甲，堪忍一切诸苦故；被大愿甲，一切所作究竟故；被回向甲，建立一切佛庄严故；被福德甲，饶益一切诸众生故，被波罗蜜甲，度脱一切诸含识故；被智慧甲，灭一切众生烦恼闇故；被善巧方便甲，生普门善根故；被一切智心坚固不散乱甲，不乐余乘故；被一心决定甲，于一切法离疑惑故。是为十。若诸菩萨安住此法，则被如来无上甲胄，悉能摧伏一切魔军。

佛子！菩萨摩诃萨有十种器仗。何等为十？所谓：布施是菩萨器仗，摧破一切悭吝故；持戒是菩萨器仗，弃舍一切毁犯故；平等是菩萨器仗，断除一切分别故；智慧是菩萨器仗，消灭一切烦恼故；正命是菩萨器仗，远离一切邪命故；善巧方便是菩萨器仗，于一切处示现故；略说贪、瞋、痴等一切烦恼是菩萨器仗，以烦恼门度众生故；生死是菩萨器仗，不断菩萨行教化众生故；说如实法是菩萨器仗，能破一切执著故；一切智是菩萨器仗，不舍菩萨行门故。是为十。若诸菩萨安住此法，则能除灭一切众生长夜所集烦恼结使。

佛子！菩萨摩诃萨有十种首。何等为十？所谓：涅槃首，无能见顶故；尊敬首，一切人、天所敬礼故；广大胜解首，三千界中最为胜故；第一善根首，三界众生咸供养故；荷戴众生首，成就顶上肉髻相故；不轻贱他首，于一切处常尊胜故；般若波罗蜜首，长养一切功德法故；方便智相应首，普现一切同类身故；教化一切众生首，以一切众生为弟子故；守护诸佛法眼首，能令三宝种不断绝故。是为十。若诸菩萨安住此法，则得如来无上大智慧首。

佛子！菩萨摩诃萨有十种眼。所谓：肉眼，见一切色故；天眼，见一切众生心故；慧眼，见一切众生诸根境界故；法眼，见一切法如实相故；佛眼，见如来十力故；智眼，知见诸法故；光明眼，见佛光明故；出生死眼，见涅槃故；无碍眼，所见无障故；一切智眼，见普门法界故。是为十。若诸菩萨安住此法，则得如来无上大智慧眼

佛子！菩萨摩诃萨有十种耳。何等为十？所谓：闻赞叹声，断除贪爱；闻毁呰声，断除瞋恚；闻说二乘，不著不求；闻菩萨道，欢喜

踊跃；闻地狱等诸苦难处，起大悲心，发弘誓愿；闻说人、天胜妙之事，知彼皆是无常之法；闻有赞叹诸佛功德，勤加精进，令速圆满；闻说六度、四摄等法，发心修行，愿到彼岸；闻十方世界一切音声，悉知如响，入不可说甚深妙义；菩萨摩诃萨从初发心乃至道场，常闻正法未曾暂息，而恒不舍化众生事。是为十。若诸菩萨成就此法，则得如来无上大智慧耳。

佛子！菩萨摩诃萨有十种鼻。何等为十？所谓：闻诸臭物不以为臭；闻诸香气不以为香；香臭俱闻，其心平等；非香非臭，安住于舍；若闻众生衣服、卧具及其肢体所有香臭，则能知彼贪、恚、愚痴等分之行；若闻诸伏藏草木等香，皆如对目前，分明辨了；若闻下至阿鼻地狱、上至有顶众生之香，皆知彼过去所行之行；若闻诸声闻布施、持戒、多闻慧香，住一切智心，不令散动；若闻一切菩萨行香，以平等慧入如来地；闻一切佛智境界香，亦不废舍诸菩萨行。是为十。若诸菩萨成就此法，则得如来无量无边清净鼻。

佛子！菩萨摩诃萨有十种舌。何等为十？所谓：开示演说无尽众生行舌；开示演说无尽法门舌；赞叹诸佛无尽功德舌；演畅辞辩无尽舌；开阐大乘助道舌；遍覆十方虚空舌；普照一切佛刹舌；普使众生悟解舌；悉令诸佛欢喜舌；降伏一切诸魔外道，除灭一切生死烦恼，令至涅槃舌。是为十。若诸菩萨成就此法，则得如来遍覆一切诸佛国土无上舌。

佛子！菩萨摩诃萨有十种身。何等为十？所谓：人身，为教化一切诸人故；非人身，为教化地狱、畜生、饿鬼故；天身，为教化欲界、色界、无色界众生故；学身，示现学地故；无学身，示现阿罗汉地故；独觉身，教化令入辟支佛地故；菩萨身，令成就大乘故；如来身，智水灌顶故；意生身，善巧出生故；无漏法身，以无功用示现一切众生身故。是为十。若诸菩萨成就此法，则得如来无上之身。

佛子！菩萨摩诃萨有十种意。何等为十？所谓上首意，发起一切善根故；安住意，深信坚固不动故；深入意，随顺佛法而解故；内了意，知诸众生心乐故；无乱意，一切烦恼不杂故；明净意，客尘不能染著故；善观众生意，无有一念失时故；善择所作意，未曾一处生过故；密护诸根意，调伏不令驰散故；善入三昧意，深入佛三昧无我、我所故。是为十。若诸菩萨安住此法，则得一切佛无上意。

佛子！菩萨摩诃萨有十种行。何等为十？所谓：闻法行，爱乐于法故；说法行，利益众生故；离贪、恚、痴怖畏行，调伏自心故；欲界行，教化欲界众生故；色、无色界三昧行，令速转还故；趣向法义行，速得智慧故；一切生处行，自在教化众生故；一切佛刹行，礼拜供养诸佛故；涅槃行，不断生死相续故；成满一切佛法行，不舍菩萨法行故。是为十。若诸菩萨安住此法，则得如来无来无去行。

佛子！菩萨摩诃萨有十种住。何等为十？所谓：菩提心住，曾不忘失故；波罗蜜住，不厌助道故；说法住，增长智慧故；阿兰若住，证大禅定故；随顺一切智头陀知足四圣种住，少欲少事故；深信住，荷负正法故；亲近如来住，学佛威仪故；出生神通住，圆满大智故；得忍住，满足授记故；道场住，具足力、无畏、一切佛法故。是为十。若诸菩萨安住此法，则得一切智无上住。

佛子！菩萨摩诃萨有十种坐。何等为十？所谓：转轮王坐，兴十善道故；四天王坐，于一切世间自在安立佛法故；帝释坐，与一切众生为胜主故；梵天坐，于自他心得自在故；师子坐，能说法故；正法坐，以总持辩才力而开示故；坚固坐，誓愿究竟故；大慈坐，令恶众生悉欢喜故；大悲坐，忍一切苦不疲厌故；金刚坐，降伏众魔及外道故。是为十。若诸菩萨安住此法，则得如来无上正觉坐。

佛子！菩萨摩诃萨有十种卧。何等为十？所谓：寂静卧，身心憺怕故；禅定卧，如理修行故；三昧卧，身心柔软故；梵天卧，不恼自他故；善业卧，于后不悔故；正信卧，不可倾动故；正道卧，善友开觉故；妙愿卧，善巧回向故；一切事毕卧，所作成办故；舍诸功用卧，一切惯习故。是为十。若诸菩萨安住此法，则得如来无上大法卧，悉能开悟一切众生。

佛子！菩萨摩诃萨有十种所住处。何等为十？所谓：以大慈为所住处，于一切众生心平等故；以大悲为所住处，不轻未学故；以大喜为所住处，离一切忧恼故；以大舍为所住处，于有为、无为平等故；以一切波罗蜜为所住处，菩提心为首故；以一切空为所住处，善巧观察故；以无相为所住处，不出正位故；以无愿为所住处，观察受生故；以念慧为所住处，忍法成满故；以一切法平等为所住处，得授记荋故。是为十。若诸菩萨安住此法，则得如来无上无碍所住处。

佛子！菩萨摩诃萨有十种所行处。何等为十？所谓：以正念为所行处，满足念处故；以诸趣为所行处，正觉法趣故；以智慧为所行处，得佛欢喜故；以波罗蜜为所行处，满足一切智智故；以四摄为所行处，教化众生故；以生死为所行处，积集善根故；以与一切众生杂谈戏为所行处，随应教化令永离故；以神通为所行处，知一切众生诸根境界故；以善巧方便为所行处，般若波罗蜜相应故；以道场为所行处，成一切智而不断菩萨行故。是为十。若诸菩萨安住此法，则得如来无上大智慧所行处。

佛子！菩萨摩诃萨有十种观察。何等为十？所谓：知诸业观察，微细悉见故；知诸趣观察，不取众生故；知诸根观察，了达无根故；知诸法观察，不坏法界故；见佛法观察，勤修佛眼故；得智慧观察，如理说法故；无生忍观察，决了佛法故；不退地观察，灭一切烦恼，超出三界、二乘地故；灌顶地观察，于一切佛法自在不动故；善觉智三昧观察，于一切十方施作佛事故。是为十。若诸菩萨安住此法，则得如来无上大观察智。

佛子！菩萨摩诃萨有十种普观察。何等为十？所谓：普观一切诸来求者，以无违心满其意故；普观一切犯戒众生，安置如来净戒中故；普观一切害心众生，安置如来忍力中故；普观一切懈怠众生，劝令精勤不舍荷负大乘担故；普观一切乱心众生，令住如来一切智地无散动故；普观一切恶慧众生，令除疑惑破有见故；普观一切平等善友，顺其教命住佛法故；普观一切所闻之法，疾得证见最上义故；普观一切无边众生，常不舍离大悲力故；普观一切诸佛之法，速得成就一切智故。是为十。若诸菩萨安住此法，则得如来无上大智慧普观察。

佛子！菩萨摩诃萨有十种奋迅。何等为十？所谓：牛王奋迅，映蔽一切天、龙、夜叉、乾闼婆等诸大众故；象王奋迅，心善调柔，荷负一切诸众生故；龙王奋迅，兴大法密云，耀解脱电光，震如实义雷，降诸根、力、觉分、禅定、解脱、三昧甘露雨故；大金翅鸟王奋迅，竭贪爱水，破愚痴确[1]，搏撮烦恼诸恶毒龙，令出生死大苦海故；大师子王奋迅，安住无畏平等大智以为器仗，摧伏众魔及外道故；勇健奋迅，能于生死大战阵中摧灭一切烦恼怨故；大智奋迅，知蕴、界、处及诸缘起，自在开示一切法故；陀罗尼奋迅，以念慧力持法不忘，随众生根为宣说故；辩才奋迅，无碍迅疾分别一切，咸令受益心欢喜故；如来奋迅，一切智智助道之法皆悉成满，以一念相应慧，所应得者一切皆得，所应悟者一切皆悟，坐师子座降魔怨敌，成阿耨多罗三藐三菩提故。是为十。若诸菩萨安住此法，则得诸佛于一切法无上自在奋迅。

佛子！菩萨摩诃萨有十种师子吼。何等为十？所谓：唱言：我当必定成正等觉。是菩提心大师子吼。我当令一切众生，未度者度，未脱者脱，未安者安，未涅槃者令得涅槃。是大悲大师子吼。我当令佛、法、僧种无有断绝。是报如来恩大师子吼。我当严净一切佛刹。是究竟坚誓大师子吼。我当除灭一切恶道及诸难处。是自持净戒大师子吼。我当满足一切诸佛身、语及意相好庄严。是求福无厌大师子吼。我当成满一切诸佛所有智慧。是求智无厌大师子吼。我当除灭一切众魔及诸魔业。是修正行断诸烦恼大师子吼。我当了知一切诸法无我，无众生、无寿命、无补伽罗，空、无相、无愿，净如虚空。是无生法忍大师子吼。最后生菩萨震动一切诸佛国土悉令严净，是时，一切释、梵、四王咸来赞请：唯愿菩萨以无生法而现受生！菩萨则以无碍慧眼普观世间：一切众生无如我者。即于王宫示现诞生，自行七步大师子吼：我于世间最胜第一，我当永尽生死边际。是如说而作大师子吼。是为十。若诸菩萨安住此法，则得如来无上大师子吼。

注1：此字音ku或que，穀字左下边木字换成卵字即是。

大方广佛华严经卷第五十八

离世间品第三十八之六

佛子!菩萨摩诃萨有十种清净施。何等为十?所谓:平等施,不拣众生故;随意施,满其所愿故;不乱施,令得利益故;随宜施,知上、中、下故;不住施,不求果报故;开舍施,心不恋著故;一切施,究竟清净故;回向菩提施,远离有为、无为故;教化众生施,乃至道场不舍故;三轮清净施,于施者、受者及以施物正念观察如虚空故。是为十。若诸菩萨安住此法,则得如来无上清净广大施。

佛子!菩萨摩诃萨有十种清净戒。何等为十?所谓:身清净戒,护身三恶故;语清净戒,离语四过故;心清净戒,永离贪、瞋、邪见故;不破一切学处清净戒,于一切人、天中作尊主故;守护菩提心清净戒,不乐小乘故;守护如来所制清净戒,乃至微细罪生大怖畏故;隐密护持清净戒,善拔犯戒众生故;不作一切恶清净戒,誓修一切善法故;远离一切有见清净戒,于戒无著故;守护一切众生清净戒,发起大悲故。是为十。若诸菩萨安住此法,则得如来无上无过失清净戒。

佛子!菩萨摩诃萨有十种清净忍。何等为十?所谓:安受訾辱清净忍,护诸众生故;安受刀杖清净忍,善护自他故;不生恚害清净忍,其心不动故;不责卑贱清净忍,为上能宽故;有归咸救清净忍,舍自身命故;远离我慢清净忍,不轻未学故;残毁不瞋清净忍,观察如幻故;有犯无报清净忍,不见自他故;不随烦恼清净忍,离诸境界故;随顺菩萨真实智知一切法无生清净忍,不由他教,入一切智境界故。是为十。若诸菩萨安住其中,则得一切诸佛不由他悟无上法忍。

佛子!菩萨摩诃萨有十种清净精进。何等为十?所谓:身清净精进,承事供养诸佛菩萨及诸师长,尊重福田不退转故;语清净精进,随所闻法广为他说,赞佛功德无疲倦故;意清净精进,善能入出慈、悲、喜、舍、禅定、解脱及诸三昧无休息故;正直心清净精进,无诳无谄,无曲无伪,一切勤修无退转故;增胜心清净精进,志常趣求上上智慧,愿具一切白净法故;不唐捐清净精进,摄取布施、戒、忍、多闻及不放逸乃至菩提无中息故;摧伏一切魔清净精进,悉能除灭贪欲、瞋恚、愚痴、邪见、一切烦恼、诸缠盖故;成满智慧光清净精进,有所施为悉善观察,咸使究竟,不令后悔,得一切佛不共法故;无来无去清净精进,得如实智,入法界门,身、语及心皆悉平等,了相非相,无所著故;成就法光清净精进,超过诸地,得佛灌顶,以无漏身而示殁生、出家、成道、说法、灭度,具足如是普贤事故。是为十。若诸菩萨安住此法,则得如来无上大清净精进。

佛子!菩萨摩诃萨有十种清净禅。何等为十?所谓:常乐出家清净禅，舍一切所有故；得真善友清净禅，示教正道故；住阿兰若忍风雨等清净禅，离我、我所故；离愦闹众生清净禅，常乐寂静故；心业调柔清净禅，守护诸根故；心智寂灭清净禅，一切音声、诸禅定刺不能乱故；觉道方便清净禅，观察一切皆现证故；离于味著清净禅，不舍欲界故；发起通明清净禅，知一切众生根性故；自在游戏清净禅，入佛三昧，知无我故。是为十。若诸菩萨安住其中，则得如来无上大清净禅。

佛子！菩萨摩诃萨有十种清净慧。何等为十？所谓：知一切因清净慧，不坏果报故；知一切缘清净慧，不违和合故；知不断不常清净慧，了达缘起皆如实故；拔一切见清净慧，于众生相无取舍故；观一切众生心行清净慧，了知如幻故；广大辩才清净慧，分别诸法、问答无碍故；一切诸魔、外道、声闻、独觉所不能知清净慧，深入一切如来智故；见一切佛微妙法身、见一切众生本性清净、见一切法皆悉寂灭、见一切刹同于虚空清净慧，知一切相皆无碍故；一切总持、辩才、方便波罗蜜清净慧，令得一切最胜智故；一念相应金刚智了一切法平等清净慧，得一切法最尊智故。是为十。若诸菩萨安住其中，则得如来无障碍大智慧。

佛子！菩萨摩诃萨有十种清净慈。何等为十？所谓：等心清净慈，普摄众生无所拣择故；饶益清净慈，随有所作皆令欢喜故；摄物同己清净慈，究竟皆令出生死故；不舍世间清净慈，心常缘念集善根故；能至解脱清净慈，普使众生除灭一切诸烦恼故；出生菩提清净慈，普使众生发求一切智心故；世间无碍清净慈，放大光明平等普照故；充满虚空清净慈，救护众生无处不至故；法缘清净慈，证于如如真实法故；无缘清净慈，入于菩萨离生性故。是为十。若诸菩萨安住此法，则得如来无上广大清净慈。

佛子！菩萨摩诃萨有十种清净悲。何等为十？所谓：无俦伴清净悲，独发其心故。无疲厌清净悲，代一切众生受苦，不以为劳故。难处受生清净悲，为度众生故。善趣受生清净悲，示现无常故。为邪定众生清净悲，历劫不舍弘誓故。不著己乐清净悲，普与众生快乐故。不求恩报清净悲，修洁其心故。能除颠倒清净悲，说如实法故。菩萨摩诃萨知一切法本性清净、无染著、无热恼，以客尘烦恼故而受众苦；如是知已，于诸众生而起大悲，名：本性清净，为说无垢清净光明法故。菩萨摩诃萨知一切法如空中鸟迹，众生痴翳不能照了；观察于彼，起大悲心，名：真实智，为其开示涅槃法故。是为十。若诸菩萨安住此法，则得如来无上广大清净悲。

佛子！菩萨摩诃萨有十种清净喜。何等为十？所谓：发菩提心清净喜；悉舍所有清净喜；不嫌弃破戒众生而教化成就清净喜；能忍受造恶众生，誓愿救度清净喜；舍身求法不生悔心清净喜；自舍欲乐，常乐法乐清净喜；令一切众生舍资生乐，常乐法乐清净喜；见一切佛恭敬供养无有厌足，法界平等清净喜；令一切众生爱乐禅定、解脱、三昧游戏入出清净喜；心乐具行顺菩萨道一切苦行，证得牟尼寂静不动无上定慧清净喜。是为十。若诸菩萨安住此法，则得如来无上广大清净喜。

佛子！菩萨摩诃萨有十种清净舍。何等为十？所谓：一切众生恭敬供养，不生爱著清净舍；一切众生轻慢毁辱，不生瞋恚清净舍；常行世间，不为世间八法所染清净舍；于法器众生待时而化，于无法器亦不生嫌清净舍；不求二乘学、无学法清净舍；心常远离一切欲乐、顺烦恼法清净舍；不叹二乘，厌离生死清净舍；远离一切世间语、非涅槃语、非离欲语、不顺理语、恼乱他语、声闻独觉语，略说乃至一切障菩萨道语皆悉远离清净舍；或有众生，根已成熟发生念慧而未能知最上之法，待时方化清净舍；或有众生，菩萨往昔已曾教化至于佛地方可调伏，彼亦待时清净舍；菩萨摩诃萨于彼二人，无高无下，无取无舍，远离一切种种分别，恒住正定，入如实法，心得堪忍清净舍。是为十。若诸菩萨安住其中，则得如来无上广大清净舍。

佛子！菩萨摩诃萨有十种义。何等为十？所谓：多闻义，坚固修行故；法义，善巧思择故；空义，第一义空故；寂静义，离诸众生諠愤故；不可说义，不著一切语言故；如实义，了达三世平等故；法界义，一切诸法一味故；真如义，一切如来顺入故；实际义，了知究竟如实故；大般涅槃义，灭一切苦而修菩萨诸行故。是为十。若诸菩萨安住此法，则得一切智无上义。

佛子！菩萨摩诃萨有十种法。何等为十？所谓：真实法，如说修行故；离取法，能取、所取悉离故；无诤法，无有一切惑诤故；寂灭法，灭除一切热恼故；离欲法，一切贪欲皆断故；无分别法，攀缘分别永息故；无生法，犹如虚空不动故；无为法，离生、住、灭诸相故；本性法，自性无染清净故；舍一切乌波提涅槃法，能生一切菩萨行，修习不断故。是为十。若诸菩萨安住其中，则得如来无上广大法。

佛子！菩萨摩诃萨有十种福德助道具。何等为十？所谓：劝众生起菩提心，是菩萨福德助道具；不断三宝种故。随顺十种回向，是菩萨福德助道具；断一切不善法，集一切善法故。智慧诱诲，是菩萨福德助道具；超过三界福德故。心无疲倦，是菩萨福德助道具；究竟度脱一切众生故。悉舍内外一切所有，是菩萨福德助道具；于一切物无所著故。为满足相好精进不退，是菩萨福德助道具；开门大施无所限故。上、中、下三品善根，悉以回向无上菩提，心无所轻，是菩萨福德助道具；善巧方便相应故。于邪定、下劣、不善众生，皆生大悲，不怀轻贱，是菩萨福德助道具；常起大人弘誓心故。恭敬供养一切如来，于一切菩萨起如来想，令一切众生皆生欢喜，是菩萨福德助道具；守本志愿极坚牢故。菩萨摩诃萨于阿僧祇劫积集善根，自欲取证无上菩提如在掌中，然悉舍与一切众生，心无忧恼亦无悔恨，其心广大等虚空界，此是菩萨福德助道具；起大智慧证大法故。是为十。若诸菩萨安住其中，则具足如来无上广大福德聚。

佛子！菩萨摩诃萨有十种智慧助道具。何等为十？所谓：亲近多闻真善知识，恭敬供养，尊重礼拜，种种随顺，不违其教，是为一；一切正直无虚矫故。永离憍慢，常行谦敬，身、语、意业无有粗犷，柔和善顺，不伪不曲，是为二；其身堪作佛法器故。念慧随觉未曾散乱，惭愧柔和，心安不动，常忆六念，常行六敬，常随顺住六坚固法，是为三；与十种智为方便故。乐法、乐义，以法为乐，常乐听闻无有厌足，舍离世论及世言说，专心听受出世间语，远离小乘，入大乘慧，是为四；一心忆念无散动故。六波罗蜜心专荷负，四种梵住行已成熟，随顺明法悉善修行，聪敏智人皆勤请问，远离恶趣，归向善道，心常爱乐，正念观察，调伏己情，守护他意，是为五；坚固修行真实行故。常乐出离，不著三有，恒觉自心，曾无恶念，三觉已绝，三业皆善，决定了知心之自性，是为六；能令自他心清净故。观察五蕴皆如幻事，界如毒蛇，处如空聚，一切诸法如幻、如焰、如水中月、如梦、如影、如响、如像、如空中画、如旋火轮、如虹霓色、如日月光，无相无形，非常非断，不来不去，亦无所住，如是观察，知一切法无生无灭，是为七；知一切法性空寂故。菩萨摩诃萨闻一切法无我、无众生、无寿者、无补伽罗、无心、无境、无贪瞋痴、无身、无物、无主、无待、无著、无行，如是一切皆无所有，悉归寂灭，闻已深信，不疑不谤，是为八；以能成就圆满解故。菩萨摩诃萨善调诸根，如理修行，恒住止观，心意寂静，一切动念皆悉不生，无我、无人、无作、无行、无计我想、无计我业、无有疮疣、无有瘢痕，亦无于此所得之忍，身、语、意业无来无去，无有精进亦无勇猛，观一切众生、一切诸法，心皆平等而无所住，非此岸、非彼岸，此彼性离，无所从来，无所至去，常以智慧如是思惟，是为九；到分别相彼岸处故。菩萨摩诃萨见缘起法故见法清净，见法清净故见国土清净，见国土清净故见虚空清净，见虚空清净故见法界清净，见法界清净故见智慧清净，是为十；修行积集一切智故。佛子！是为菩萨摩诃萨十种智慧助道具。若诸菩萨安住此法，则得如来一切法无障碍清净微妙智慧聚。

佛子！菩萨摩诃萨有十种明足。何等为十？所谓：善分别诸法明足；不取著诸法明足；离颠倒见明足；智慧光照诸根明足；巧发起正精进明足；能深入真谛智明足；灭烦恼业成就尽智无生智明足；天眼智普观察明足；宿住念知前际清净明足；漏尽神通智断众生诸漏明足。是为十。若诸菩萨安住此法，则得如来于一切佛法无上大光明。

佛子！菩萨摩诃萨有十种求法。何等为十？所谓：直心求法，无有谄诳故；精进求法，远离懈慢故；一向求法，不惜身命故；为断一切众生烦恼求法，不为名利恭敬故；为饶益自他一切众生求法，不但自利故；为入智慧求法，不乐文字故；为出生死求法，不贪世乐故；为度众生求法，发菩提心故；为断一切众生疑求法，令无犹豫故；为满足佛法求法，不乐余乘故。是为十。若诸菩萨安住此法，则得不由他教一切佛法大智慧。

佛子！菩萨摩诃萨有十种明了法。何等为十？所谓：随顺世俗生长善根，是童蒙凡夫明了法；得无碍不坏信，觉法自性，是随信行人明了法；勤修习法，随顺法住，是随法行人明了法；远离八邪，向八正道，是第八人明了法；除灭众结，断生死漏，见真实谛，是须陀洹人明了法；观味是患，知无往来，是斯陀含人明了法；不乐三界，求尽有漏，于受生法乃至一念不生爱著，是阿那含人明了法；获六神通，得八解脱，九定、四辩悉皆成就，是阿罗汉人明了法；性乐观察一味缘起，心常寂静，知足少事，解因自得，悟不由他，成就种种神通智慧，是辟支佛人明了法；智慧广大，诸根明利，常乐度脱一切众生，勤修福智助道之法，如来所有十力、无畏、一切功德具足圆满，是菩萨人明了法。是为十。若诸菩萨安住此法，则得如来无上大智明了法。

佛子！菩萨摩诃萨有十种修行法。何等为十？所谓：恭敬尊重诸善知识修行法；常为诸天之所觉悟修行法；于诸佛所常怀惭愧修行法；哀愍众生不舍生死修行法；事必究竟心无变动修行法；专念随逐发大乘心诸菩萨众精勤修学修行法；远离邪见勤求正道修行法；摧破众魔及烦恼业修行法；知诸众生根性胜劣而为说法令住佛地修行法；安住无边广大法界除灭烦恼令身清净修行法。是为十。若诸菩萨安住其中，则得如来无上修行法。

佛子！菩萨摩诃萨有十种魔。何等为十？所谓：蕴魔，生诸取故；烦恼魔，恒杂染故；业魔，能障碍故；心魔，起高慢故；死魔，舍生处故；天魔，自憍纵故；善根魔，恒执取故；三昧魔，久耽味故；善知识魔，起著心故；菩提法智魔，不愿舍离故。是为十。菩萨摩诃萨应作方便，速求远离。

佛子！菩萨摩诃萨有十种魔业。何等为十？所谓：忘失菩提心修诸善根，是为魔业；恶心布施，瞋心持戒，舍恶性人，远懈怠者，轻慢乱意，讥嫌恶慧，是为魔业；于甚深法心生悭吝，有堪化者而不为说，若得财利恭敬供养，虽非法器而强为说，是为魔业；不乐听闻诸波罗蜜，假使闻说而不修行，虽亦修行多生懈怠，以懈怠故，志意狭劣，不求无上大菩提法，是为魔业；远善知识，近恶知识，乐求二乘，不乐受生，志尚涅槃离欲寂静，是为魔业；于菩萨所起瞋恚心，恶眼视之，求其罪衅，说其过恶，断彼所有财利供养，是为魔业；诽谤正法不乐听闻，假使得闻便生毁呰，见人说法不生尊重，言自说是，余说悉非，是为魔业；乐学世论巧述文词，开阐二乘，隐覆深法，或以妙义授非其人，远离菩提住于邪道，是为魔业；已得解脱、已安隐者常乐亲近而供养之，未得解脱、未安隐者不肯亲近亦不教化，是为魔业；增长我慢，无有恭敬，于诸众生多行恼害，不求正法真实智慧，其心弊恶难可开悟，是为魔业。是为十。菩萨摩诃萨应速远离，勤求佛业。

佛子！菩萨摩诃萨有十种舍离魔业。何等为十？所谓：近善知识恭敬供养，舍离魔业；不自尊举，不自赞叹，舍离魔业；于佛深法信解不谤，舍离魔业；未曾忘失一切智心，舍离魔业；勤修妙行恒不放逸，舍离魔业；常求一切菩萨藏法，舍离魔业；恒演说法，心无疲倦，舍离魔业；归依十方一切诸佛，起救护想，舍离魔业；信受忆念一切诸佛，神力加持，舍离魔业；与一切菩萨同种善根，平等无二，舍离魔业。是为十。若诸菩萨安住此法，则能出离一切魔道。

佛子！菩萨摩诃萨有十种见佛。何等为十？所谓：于安住世间成正觉佛无著见；愿佛出生见；业报佛深信见；住持佛随顺见；涅槃佛深入见；法界佛普至见；心佛安住见；三昧佛无量无依见；本性佛明了见；随乐佛普受见。是为十。若诸菩萨安住此法，则常得见无上如来。

佛子！菩萨摩诃萨有十种佛业。何等为十？所谓：随时开导，是佛业；令正修行故。梦中令见，是佛业；觉昔善根故。为他演说所未闻经，是佛业；令生智断疑故。为悔缠所缠者说出离法，是佛业；令离疑心故。若有众生起悭吝心，乃至恶慧心、二乘心、损害心、疑惑心、散动心、憍慢心，为现如来众相庄严身，是佛业；生长过去善根故。于正法难遇时，广为说法，令其闻已，得陀罗尼智、神通智，普能利益无量众生，是佛业；胜解清净故。若有魔事起，能以方便现虚空界等声，说不损恼他法以为对治，令其开悟，众魔闻已威光歇灭，是佛业；志乐殊胜，威德大故。其心无间，常自守护，不令证入二乘正位，若有众生根性未熟，终不为说解脱境界，是佛业；本愿所作故。生死结漏一切皆离，修菩萨行相续不断，以大悲心摄取众生，令其起行究竟解脱，是佛业；不断修行菩萨行故。菩萨摩诃萨了达自身及以众生本来寂灭不惊不怖而勤修福智无有厌足，虽知一切法无有造作而亦不舍诸法自相，虽于诸境界永离贪欲而常乐瞻奉诸佛色身，虽知不由他悟入于法而种种方便求一切智，虽知诸国土皆如虚空而常乐庄严一切佛刹，虽恒观察无人无我而教化众生无有疲厌，虽于法界本来不动而以神通智力现众变化，虽已成就一切智智而修菩萨行无有休息，虽知诸法不可言说而转净法轮令众心喜，虽能示现诸佛神力而不厌舍菩萨之身，虽现入于大般涅槃而一切处示现受生，能作如是权实双行法，是佛业。是为十。若诸菩萨安住其中，则得不由他教无上无师广大业。

佛子！菩萨摩诃萨有十种慢业。何等为十？所谓：于师、僧、父母、沙门、婆罗门、住于正道向正道者，尊重福田所而不恭敬，是慢业；或有法师获最胜法，乘于大乘，知出要道，得陀罗尼，演说契经广大之法无有休息，而于其所起高慢心，及于所说法不生恭敬，是慢业；于众会中闻说妙法，不肯叹美令人信受，是慢业；好起过慢，自高陵物，不见己失，不知自短，是慢业；好起过过慢，见有德人应赞不赞，见他赞叹不生欢喜，是慢业；见有法师为人说法，知是法、是律、是真实、是佛语，为嫌其人亦嫌其法，自起诽谤亦令他谤，是慢业；自求高座，自称法师，应受供给，不应执事，见有耆旧久修行人不起逢迎、不肯承事，是慢业；见有德人，颦蹙不喜，言辞粗犷，伺其过失，是慢业；见有聪慧知法之人，不肯亲近恭敬供养，不肯谘问：何等为善？何等不善？何等应作？何等不应作？作何等业，于长夜中而得种种利益安乐？愚痴顽很，我慢所吞，终不能见出要之道，是慢业；复有众生慢心所覆，诸佛出世不能亲近恭敬供养，新善不起，旧善消灭，不应说而说，不应诤而诤，未来必堕险难深坑，于百千劫尚不值佛，何况闻法！但以曾发菩提心故，终自醒悟，是慢业。是为十。

若诸菩萨离此慢业，则得十种智业。何等为十？所谓：信解业报，不坏因果，是智业；不舍菩提心，常念诸佛，是智业；近善知识恭敬供养，其心尊重终无厌怠，是智业；乐法、乐义无有厌足，远离邪念，勤修正念，是智业；于一切众生离于我慢，于诸菩萨起如来想，爱重正法如惜己身，尊奉如来如护己命，于修行者生诸佛想，是智业；身、语、意业无诸不善，赞美贤圣，随顺菩提，是智业；不坏缘起，离诸邪见，破闇得明，照一切法，是智业；十种回向随顺修行，于诸波罗蜜起慈母想，于善巧方便起慈父想，以深净心入菩提舍，是智业；施、戒、多闻、止观、福慧，如是一切助道之法常勤积集无有厌倦，是智业；若有一业为佛所赞，能破众魔烦恼斗诤，能离一切障、盖、缠、缚，能教化调伏一切众生，能随顺智慧摄取正法，能严净佛刹，能发起通明，皆勤修习无有懈退，是智业。是为十。若诸菩萨安住其中，则得如来一切善巧方便无上大智业。

佛子！菩萨摩诃萨有十种魔所摄持。何等为十？所谓：懈怠心，魔所摄持；志乐狭劣，魔所摄持；于少行生足，魔所摄持；受一非余，魔所摄持；不发大愿，魔所摄持；乐处寂灭，断除烦恼，魔所摄持；永断生死，魔所摄持；舍菩萨行，魔所摄持；不化众生，魔所摄持；疑谤正法，魔所摄持。是为十。

若诸菩萨能弃舍此魔所摄持，则得十种佛所摄持。何等为十？所谓：初始能发菩提之心，佛所摄持；于生生中持菩提心不令忘失，佛所摄持；觉诸魔事，悉能远离，佛所摄持；闻诸波罗蜜，如说修行，佛所摄持；知生死苦而不厌恶，佛所摄持；观甚深法，得无量果，佛所摄持；为诸众生说二乘法，而不证取彼乘解脱，佛所摄持；乐观无为法而不住其中，于有为、无为不生二想，佛所摄持；至无生处而现受生，佛所摄持；虽证得一切智，而起菩萨行，不断菩萨种，佛所摄持。是为十。若诸菩萨安住其中，则得诸佛无上摄持力。

佛子！菩萨摩诃萨有十种法所摄持。何等为十？所谓：知一切行无常，法所摄持；知一切行苦，法所摄持；知一切行无我，法所摄持；知一切法寂灭涅槃，法所摄持；知诸法从缘起，无缘则不起，法所摄持；知不正思惟故起于无明，无明起故乃至老死起，不正思惟灭故无明灭，无明灭故乃至老死灭，法所摄持；知三解脱门出生声闻乘，证无诤法出生独觉乘，法所摄持；知六波罗蜜、四摄法出生大乘，法所摄持；知一切刹、一切法、一切众生、一切世是佛智境界，法所摄持；知断一切念，舍一切取，离前后际，随顺涅槃，法所摄持。是为十。若诸菩萨安住其中，则得一切诸佛无上法所摄持。

佛子！菩萨摩诃萨住兜率天，有十种所作业。何等为十？所谓：为欲界诸天子说厌离法言：一切自在皆是无常，一切快乐悉当衰谢。劝彼诸天发菩提心。是为第一所作业。为色界诸天说入出诸禅解脱三昧，若于其中而生爱著，因爱复起身见、邪见、无明等者，则为其说如实智慧；若于一切色、非色法起颠倒想，以为清净，为说不净皆是无常，劝其令发菩提之心。是为第二所作业。菩萨摩诃萨住兜率天，入三昧，名：光明庄严，身放光明，遍照三千大千世界，随众生心，以种种音而为说法；众生闻已，信心清净，命终生于兜率天中，劝其令发菩提之心。是为第三所作业。菩萨摩诃萨在兜率天，以无障碍眼普见十方兜率天中一切菩萨，彼诸菩萨皆亦见此；互相见已，论说妙法，谓：降神母胎、初生、出家、往诣道场、具大庄严；而复示现往昔已来所行之行，以彼行故成此大智；所有功德不离本处，而能示现如是等事。是为第四所作业。菩萨摩诃萨住兜率天，十方一切兜率天宫诸菩萨众，皆悉来集，恭敬围绕；尔时，菩萨摩诃萨欲令彼诸菩萨皆满其愿生欢喜故，随彼菩萨所应住地、所行所断、所修所证，演说法门；彼诸菩萨闻说法已，皆大欢喜，得未曾有，各还本土所住宫殿。是为第五所作业。菩萨摩诃萨住兜率天时，欲界主天魔波旬，为欲坏乱菩萨业故，眷属围绕诣菩萨所；尔时，菩萨为摧伏魔军故，住金刚道所摄般若波罗蜜方便善巧智慧门，以柔软、粗犷二种语而为说法，令魔波旬不得其便；魔见菩萨自在威力，皆发阿耨多罗三藐三菩提心。是为第六所作业。菩萨摩诃萨住兜率天，知欲界诸天子不乐闻法；尔时，菩萨出大音声，遍告之言：今日菩萨当于宫中现希有事，若欲见者宜速往诣。时，诸天子闻是语已，无量百千亿那由他皆来集会；尔时，菩萨见诸天众皆来集已，为现宫中诸希有事；彼诸天子曾未见闻，既得见已，皆大欢喜，其心醉没；又于乐中出声告言：诸仁者！一切诸行皆悉无常，一切诸行皆悉是苦，一切诸法皆悉无我，涅槃寂灭。又复告言：汝等皆应修菩萨行，皆当圆满一切智智。彼诸天子闻此法音，忧叹谘嗟而生厌离，靡不皆发菩提之心。是为第七所作业。菩萨摩诃萨住兜率宫，不舍本处，悉能往诣十方无量一切佛所，见诸如来亲近礼拜恭敬听法；尔时，诸佛欲令菩萨获得最上灌顶法故，为说菩萨地，名：一切神通，以一念相应慧，具足一切最胜功德，入一切智智位。是为第八所作业。菩萨摩诃萨住兜率宫，为欲供养诸如来故，以大神力兴起种种诸供养具，名：殊胜可乐，遍法界、虚空界、一切世界供养诸佛；彼世界中无量众生见此供养，皆发阿耨多罗三藐三菩提心。是为第九所作业。菩萨摩诃萨住兜率天，出无量无边如幻如影法门，周遍十方一切世界，示现种种色、种种相、种种形体、种种威仪、种种事业、种种方便、种种譬喻、种种言说，随众生心皆令欢喜。是为第十所作业。佛子！是为菩萨摩诃萨住兜率天十种所作业。若诸菩萨成就此法，则能于后下生人间。

佛子！菩萨摩诃萨于兜率天将下生时，现十种事。何等为十？佛子！菩萨摩诃萨于兜率天下生之时，从于足下放大光明，名：安乐庄严，普照三千大千世界一切恶趣诸难众生；触斯光者，莫不皆得离苦安乐；得安乐已，悉知将有奇特大人出兴于世。是为第一所示现事。佛子！菩萨摩诃萨于兜率天下生之时，从于眉间白毫相中放大光明，名曰：觉悟，普照三千大千世界，照彼宿世一切同行诸菩萨身；彼诸菩萨蒙光照已，咸知菩萨将欲下生，各各出兴无量供具，诣菩萨所而为供养。是为第二所示现事。佛子！菩萨摩诃萨于兜率天将下生时，于右掌中放大光明，名：清净境界，悉能严净一切三千大千世界，其中若有已得无漏诸辟支佛觉斯光者，即舍寿命；若不觉者，光明力故，徙置他方；余世界中一切诸魔及诸外道、有见众生，皆亦徙置他方世界，唯除诸佛神力所持应化众生。是为第三所示现事。佛子！菩萨摩诃萨于兜率天将下生时，从其两膝放大光明，名：清净庄严，普照一切诸天宫殿，下从护世，上至净居，靡不周遍；彼诸天等，咸知菩萨于兜率天将欲下生，俱怀恋慕，悲叹忧恼，各持种种华鬘、衣服、涂香、末香、幡盖、妓乐，诣菩萨所恭敬供养，随逐下生乃至涅槃。是为第四所示现事。佛子！菩萨摩诃萨在兜率天将下生时，于卍字金刚庄严心藏中放大光明，名：无能胜幢，普照十方一切世界金刚力士；时，有百亿金刚力士皆悉来集，随逐侍卫，始于下生，乃至涅槃。是为第五所示现事。佛子！菩萨摩诃萨于兜率天将下生时，从其身上一切毛孔放大光明，名：分别众生，普照一切大千世界，遍触一切诸菩萨身，复触一切诸天世人；诸菩萨等咸作是念：我应住此，供养如来，教化众生。是为第六所示现事。佛子！菩萨摩诃萨于兜率天将下生时，从大摩尼宝藏殿中放大光明，名：善住观察，照此菩萨当生之处所托王宫；其光照已，诸余菩萨皆共随逐下阎浮提，若于其家、若其聚落、若其城邑而现受生，为欲教化诸众生故。是为第七所示现事。佛子！菩萨摩诃萨于兜率天临下生时，从天宫殿及大楼阁诸庄严中放大光明，名：一切宫殿清净庄严，照所生母腹；光明照已，令菩萨母安隐快乐，具足成就一切功德，其母腹中自然而有广大楼阁大摩尼宝而为庄严，为欲安处菩萨身故。是为第八所示现事。佛子！菩萨摩诃萨于兜率天临下生时，从两足下放大光明，名为：善住；若诸天子及诸梵天其命将终，蒙光照触皆得住寿，供养菩萨从初下生乃至涅槃。是为第九所示现事。佛子！菩萨摩诃萨于兜率天临下生时，从随好中放大光明，名曰：眼庄严，示现菩萨种种诸业；时，诸人、天或见菩萨住兜率天，或见入胎，或见初生，或见出家，或见成道，或见降魔，或见转法轮，或见入涅槃。是为第十所示现事。佛子！菩萨摩诃萨于身、于座、于宫殿、于楼阁中，放如是等百万阿僧祇光明，悉现种种诸菩萨业；现是业已，具足一切功德法故，从兜率天下生人间。

大方广佛华严经卷第五十九

离世间品第三十八之七

佛子！菩萨摩诃萨示现处胎，有十种事。何等为十？佛子！菩萨摩诃萨为欲成就小心劣解诸众生故，不欲令彼起如是念：今此菩萨自然化生，智慧善根不从修得。是故菩萨示现处胎。是为第一事。菩萨摩诃萨为成熟父母及诸眷属、宿世同行众生善根，示现处胎。何以故？彼皆应以见于处胎成熟所有诸善根故。是为第二事。菩萨摩诃萨入母胎时，正念正知，无有迷惑；住母胎已，心恒正念，亦无错乱。是为第三事。菩萨摩诃萨在母胎中常演说法，十方世界诸大菩萨、释、梵、四王皆来集会，悉令获得无量神力、无边智慧，菩萨处胎成就如是辩才、胜用。是为第四事。菩萨摩诃萨在母胎中集大众会，以本愿力教化一切诸菩萨众。是为第五事。菩萨摩诃萨于人中成佛，应具人间最胜受生，以此示现处于母胎。是为第六事。菩萨摩诃萨在母胎中，三千大千世界众生悉见菩萨，如明镜中见其面像；尔时，大心天、龙、夜叉、乾闼婆、阿修罗、迦楼罗、紧那罗、摩睺罗伽、人、非人等，皆诣菩萨，恭敬供养。是为第七事。菩萨摩诃萨在母胎中，他方世界一切最后生菩萨在母胎者，皆来共会，说大集法门，名：广大智慧藏。是为第八事。菩萨摩诃萨在母胎时，入离垢藏三昧，以三昧力，于母胎中现大宫殿，种种严饰悉皆妙好，兜率天宫不可为比，而令母身安隐无患。是为第九事。菩萨摩诃萨住母胎时，以大威力兴供养具，名：开大福德离垢藏，普遍十方一切世界，供养一切诸佛如来，彼诸如来咸为演说无边菩萨住处法界藏。是为第十事。佛子！是为菩萨摩诃萨示现处胎十种事。若诸菩萨了达此法，则能示现甚微细趣。

佛子！菩萨摩诃萨有十种甚微细趣。何等为十？所谓：在母胎中，示现初发菩提心，乃至灌顶地；在母胎中，示现住兜率天；在母胎中，示现初生；在母胎中，示现童子地；在母胎中，示现处王宫；在母胎中，示现出家；在母胎中，示现苦行，往诣道场，成等正觉；在母胎中，示现转法轮；在母胎中，示现般涅槃；在母胎中，示现大微细，谓：一切菩萨行一切如来自在神力无量差别门。佛子！是为菩萨摩诃萨在母胎中十种微细趣。若诸菩萨安住此法，则得如来无上大智慧微细趣。

佛子！菩萨摩诃萨有十种生。何等为十？所谓：远离愚痴正念正知生；放大光明网普照三千大千世界生；住最后有更不受后身生；不生不起生；知三界如幻生；于十方世界普现身生；证一切智智身生；放一切佛光明普觉悟一切众生身生；入大智观察三昧身生；佛子！菩萨生时，震动一切佛刹，解脱一切众生，除灭一切恶道，映蔽一切诸魔，无量菩萨皆来集会。佛子！是为菩萨摩诃萨十种生，为调伏众生故，如是示现。

佛子！菩萨摩诃萨以十事故，示现微笑心自誓。何等为十？所谓：菩萨摩诃萨念言：一切世间没在欲泥，除我一人无能勉济。如是知已，熙怡微笑心自誓。复念言：一切世间烦恼所盲，唯我今者具足智慧。如是知已，熙怡微笑心自誓。又念言：我今因此假名身故，当得如来充满三世无上法身。如是知已，熙怡微笑心自誓。菩萨尔时，以无障碍眼，遍观十方所有梵天，乃至一切大自在天，作是念言：此等众生，皆自谓为有大智力。如是知已，熙怡微笑心自誓。菩萨尔时观诸众生，久种善根，今皆退没；如是知已，熙怡微笑心自誓。菩萨观见世间种子，所种虽少，获果甚多；如是知已，熙怡微笑心自誓。菩萨观见一切众生，蒙佛所教，必得利益；如是知已，熙怡微笑心自誓。菩萨观见过去世中同行菩萨，染著余事，不得佛法广大功德；如是知已，熙怡微笑心自誓。菩萨观见过去世中共同集会诸天人等，至今犹在凡夫之地，不能舍离，亦不疲厌；如是知已，熙怡微笑心自誓。菩萨尔时，为一切如来光明所触，倍加欣慰，熙怡微笑心自誓。是为十。佛子！菩萨为调伏众生故，如是示现。

佛子！菩萨摩诃萨以十事故，示行七步。何等为十？所谓：现菩萨力故，示行七步；现施七财故，示行七步；满地神愿故，示行七步；现超三界相故，示行七步；现菩萨最胜行超过象王、牛王、师子王行故，示行七步；现金刚地相故，示行七步；现欲与众生勇猛力故，示行七步；现修行七觉宝故，示行七步；现所得法不由他教故，示行七步；现于世间最胜无比故，示行七步。是为十。佛子！菩萨为调伏众生故，如是示现。

佛子！菩萨摩诃萨以十事故，现处童子地。何等为十？所谓：为现通达一切世间文字、算计、图书、印玺种种业故，处童子地；为现通达一切世间象马、车乘、弧矢、剑戟种种业故，处童子地；为现通达一切世间文笔、谈论、博弈、嬉戏种种事故，处童子地；为现远离身、语、意业诸过失故，处童子地；为现入定住涅槃门，周遍十方无量世界故，处童子地；为现其力超过一切天、龙、夜叉、乾闼婆、阿修罗、迦楼罗、紧那罗、摩睺罗伽、释、梵、护世、人、非人等故，处童子地；为现菩萨色相威光超过一切释、梵、护世故，处童子地；为令耽著欲乐众生欢喜乐法故，处童子地；为尊重正法，勤供养佛，周遍十方一切世界故，处童子地；为现得佛加被蒙法光明故，处童子地。是为十。

佛子！菩萨摩诃萨现童子地已，以十事故现处王宫。何等为十？所谓：为令宿世同行众生善根成熟故，现处王宫；为显示菩萨善根力故，现处王宫；为诸人、天耽著乐具，示现菩萨大威德乐具故，现处王宫；顺五浊世众生心故，现处王宫；为现菩萨大威德力能于深宫入三昧故，现处王宫；为令宿世同愿众生满其意故，现处王宫；欲令父母、亲戚、眷属满所愿故，现处王宫；欲以妓乐出妙法音供养一切诸如来故，现处王宫；欲于宫内住微妙三昧，始从成佛乃至涅槃皆示现故，现处王宫；为随顺守护诸佛法故，现处王宫。是为十。最后身菩萨如是示现处王宫已，然后出家。

佛子！菩萨摩诃萨以十事故，示现出家。何等为十？所谓：为厌居家故，示现出家；为著家众生令舍离故，示现出家；为随顺信乐圣人道故，示现出家；为宣扬赞叹出家功德故，示现出家；为显永离二边见故，示现出家；为令众生离欲乐、我乐故，示现出家；为先现出三界相故，示现出家；为现自在不属他故，示现出家；为显当得如来十力、无畏法故，示现出家；最后菩萨法应尔故，示现出家。是为十。菩萨以此调伏众生。

佛子！菩萨摩诃萨为十种事故，示行苦行。何等为十？所谓：为成就劣解众生故，示行苦行；为拔邪见众生故，示行苦行；为不信业报众生令见业报故，示行苦行；为随顺杂染世界法应尔故，示行苦行；示能忍劬劳勤修道故，示行苦行；为令众生乐求法故，示行苦行；为著欲乐、我乐众生故，示行苦行；为显菩萨起行殊胜，乃至最后生犹不舍勤精进故，示行苦行；为令众生乐寂静法，增长善根故，示行苦行；为诸天、世人诸根未熟，待时成熟故，示行苦行。是为十。菩萨以此方便调伏一切众生。

佛子！菩萨摩诃萨往诣道场有十种事。何等为十？所谓：诣道场时，照耀一切世界；诣道场时，震动一切世界；诣道场时，于一切世界普现其身；诣道场时，觉悟一切菩萨及一切宿世同行众生；诣道场时，示现道场一切庄严；诣道场时，随诸众生心之所欲，而为现身种种威仪，及菩提树一切庄严；诣道场时，现见十方一切如来；诣道场时，举足、下足常入三昧，念念成佛无有超隔；诣道场时，一切天、龙、夜叉、乾闼婆、阿修罗、迦楼罗、紧那罗、摩睺罗伽、释、梵、护世一切诸王各不相知，而兴种种上妙供养；诣道场时，以无碍智，普观一切诸佛如来于一切世界修菩萨行而成正觉。是为十。菩萨以此教化众生。

佛子！菩萨摩诃萨坐道场有十种事。何等为十？所谓：坐道场时，种种震动一切世界；坐道场时，平等照耀一切世界；坐道场时，除灭一切诸恶趣苦；坐道场时，令一切世界金刚所成；坐道场时，普现一切诸佛如来师子之座；坐道场时，心如虚空，无所分别；坐道场时，随其所应，现身威仪；坐道场时，随顺安住金刚三昧；坐道场时，受一切如来神力所持清净妙处；坐道场时，自善根力悉能加被一切众生。是为十。

佛子！菩萨摩诃萨坐道场时，有十种奇特未曾有事。何等为十？佛子！菩萨摩诃萨坐道场时，十方世界一切如来皆现其前，咸举右手而称赞言：善哉善哉！无上导师！是为第一未曾有事。菩萨摩诃萨坐道场时，一切如来皆悉护念，与其威力，是为第二未曾有事。菩萨摩诃萨坐道场时，宿世同行诸菩萨众悉来围绕，以种种庄严具恭敬供养，是为第三未曾有事。菩萨摩诃萨坐道场时，一切世界草木、丛林诸无情物，皆曲身低影，归向道场，是为第四未曾有事。菩萨摩诃萨坐道场时，入三昧，名：观察法界，此三昧力能令菩萨一切诸行悉得圆满，是为第五未曾有事。菩萨摩诃萨坐道场时，得陀罗尼，名：最上离垢妙光海藏，能受一切诸佛如来大云法雨，是为第六未曾有事。菩萨摩诃萨坐道场时，以威德力兴上妙供具，遍一切世界供养诸佛，是为第七未曾有事。菩萨摩诃萨坐道场时，住最胜智，悉现了知一切众生诸根意行，是为第八未曾有事。菩萨摩诃萨坐道场时，入三昧，名：善觉，此三昧力能令其身充满三世尽虚空界一切世界，是为第九未曾有事。菩萨摩诃萨坐道场时，得离垢光明无碍大智，令其身业普入三世，是为第十未曾有事。佛子！是为菩萨摩诃萨坐道场时，十种奇特未曾有事。

佛子！菩萨摩诃萨坐道场时，观十种义故，示现降魔。何等为十？所谓：为浊世众生乐于斗战，欲显菩萨威德力故，示现降魔；为诸天、世人有怀疑者，断彼疑故，示现降魔；为教化调伏诸魔军故，示现降魔；为欲令诸天、世人乐军阵者，咸来聚观，心调伏故，示现降魔；为显示菩萨所有威力世无能敌故，示现降魔；为欲发起一切众生勇猛力故，示现降魔；为哀愍末世诸众生故，示现降魔；为欲显示乃至道场犹有魔军而来触恼，此后乃得超魔境界故，示现降魔；为显烦恼业用羸劣，大慈善根势力强盛故，示现降魔；为欲随顺浊恶世界所行法故，示现降魔。是为十。

佛子！菩萨摩诃萨有十种成如来力。何等为十？所谓：超过一切众魔烦恼业故，成如来力；具足一切菩萨行，游戏一切菩萨三昧门故，成如来力；具足一切菩萨广大禅定故，成如来力；圆满一切白净助道法故，成如来力；得一切法智慧光明，善思惟分别故，成如来力；其身周遍一切世界故，成如来力；所出言音悉与一切众生心等故，成如来力；能以神力加持一切故，成如来力；与三世诸佛身、语、意业等无有异，于一念中了三世法故，成如来力；得善觉智三昧，具如来十力，所谓：是处非处智力乃至漏尽智力故，成如来力。是为十。若诸菩萨具此十力，则名：如来、应、正等觉。

佛子！如来、应、正等觉转大法轮有十种事。何等为十？一者，具足清净四无畏智；二者，出生四辩随顺音声；三者，善能开阐四真谛相；四者，随顺诸佛无碍解脱；五者，能令众生心皆净信；六者，所有言说皆不唐捐，能拔众生诸苦毒箭；七者，大悲愿力之所加持；八者，随出音声普遍十方一切世界；九者，于阿僧祇劫说法不断；十者，随所说法皆能生起根、力、觉道、禅定、解脱、三昧等法。佛子！诸佛如来转于法轮，有如是等无量种事。

佛子！如来、应、正等觉转法轮时，以十事故，于众生心中种白净法，无空过者。何等为十？所谓：过去愿力故；大悲所持故；不舍众生故；智慧自在，随其所乐为说法故；必应其时，未曾失故；随其所宜，无妄说故；知三世智，善了知故；其身最胜，无与等故；言辞自在，无能测故；智慧自在，随所发言悉开悟故。是为十。

佛子！如来、应、正等觉作佛事已，观十种义故，示般涅槃。何等为十？所谓：示一切行实无常故；示一切有为非安隐故；示大涅槃是安隐处，无怖畏故；以诸人、天乐著色身，为现色身是无常法，令其愿住净法身故；示无常力不可转故；示一切有为不随心住，不自在故；示一切三有皆如幻化，不坚牢故；示涅槃性究竟坚牢，不可坏故；示一切法无生无起而有聚集、散坏相故；佛子！诸佛世尊作佛事已，所愿满已，转法轮已，应化度者皆化度已，有诸菩萨应受尊号成记莂已，法应如是入于不变大般涅槃。佛子！是为如来、应、正等觉观十义故，示般涅槃。

佛子！此法门名：菩萨广大清净行。无量诸佛所共宣说，能令智者了无量义皆生欢喜，令一切菩萨大愿、大行皆得相续。佛子！若有众生得闻此法，闻已信解，解已修行，必得疾成阿耨多罗三藐三菩提。何以故？以如说修行故。佛子！若诸菩萨不如说行，当知是人于佛菩提则为永离，是故菩萨应如说行。佛子！此一切菩萨功德行处决定义华，普入一切法，普生一切智，超诸世间，离二乘道，不与一切诸众生共，悉能照了一切法门，增长众生出世善根，离世间法门品，应尊重，应听受，应诵持，应思惟，应愿乐，应修行；若能如是，当知是人疾得阿耨多罗三藐三菩提。

说此品时，佛神力故，及此法门法如是故，十方无量无边阿僧祇世界皆大震动，大光普照。尔时，十方诸佛皆现普贤菩萨前，赞言：

善哉善哉！佛子！乃能说此诸菩萨摩诃萨功德行处决定义华普入一切佛法出世间法门品。佛子！汝已善学此法，善说此法。汝以威力护持此法，我等诸佛悉皆随喜；如我等诸佛随喜于汝，一切诸佛悉亦如是。佛子！我等诸佛悉共同心护持此经，令现在、未来诸菩萨众未曾闻者皆当得闻。

尔时，普贤菩萨摩诃萨承佛神力，观察十方一切大众洎于法界而说颂言：

于无量劫修苦行，从无量佛正法生，令无量众住菩提，彼无等行听我说。供无量佛而舍著，广度群生不作想，求佛功德心无依，彼胜妙行我今说。离三界魔烦恼业，具圣功德最胜行，灭诸痴惑心寂然，我今说彼所行道。永离世间诸诳幻，种种变化示众生，心生住灭现众事，说彼所能令众喜。见诸众生生老死，烦恼忧横所缠迫，欲令解脱教发心，彼功德行应听受。施戒忍进禅智慧，方便慈悲喜舍等，百千万劫常修行，彼人功德仁应听。千万亿劫求菩提，所有身命皆无吝，愿益群生不为己，彼慈愍行我今说。无量亿劫演其德，如海一滴未为少，功德无比不可喻，以佛威神今略说。其心无高下，求道无厌倦，普使诸众生，住善增净法。智慧普饶益，如树如河泉，亦如于大地，一切所依处。菩萨如莲华，慈根安隐茎，智慧为众蕊，戒品为香洁。佛放法光明，令彼得开敷，不著有为水，见者皆欣乐。菩萨妙法树，生于直心地，信种慈悲根，智慧以为身，方便为枝干，五度为繁密，定叶神通华，一切智为果。最上力为茑，垂阴覆三界。菩萨师子王，白净法为身。四谛为其足，正念以为颈，慈眼智慧首，顶系解脱缯。胜义空谷中，吼法怖众魔。菩萨为商主，普见诸群生，在生死旷野，烦恼险恶处，魔贼之所摄，痴盲失正道，示其正直路，令入无畏城。菩萨见众生，三毒烦恼病，种种诸苦恼，长夜所煎迫，为发大悲心，广说对治门，八万四千种，灭除众苦患。菩萨为法王，正道化众生，令远恶修善，专求佛功德；一切诸佛所，灌顶授尊记，广施众圣财，菩提分珍宝。菩萨转法轮，如佛之所转，戒毂三昧辋，智庄慧为剑，既破烦恼贼，亦殄众魔怨，一切诸外道，见之无不散。菩萨智慧海，深广无涯际，正法味盈洽，觉分宝充满，大心无边岸，一切智为潮，众生莫能测，说之不可尽。菩萨须弥山，超出于世间，神通三昧峰，大心安不动；若有亲近者，同其智慧色，迥绝众境界，一切无不睹。菩萨如金刚，志求一切智，信心及苦行，坚固不可动；其心无所畏，饶益诸群生，众魔与烦恼，一切悉摧灭。菩萨大慈悲，譬如重密云，三明发电光，神足震雷音，普以四辩才，雨八功德水，润洽于一切，令除烦恼热。菩萨正法城，般若以为墙，惭愧为深堑，智慧为却敌，广开解脱门，正念恒防守，四谛坦王道，六通集兵仗，复建大法幢，周回遍其下，三有诸魔众，一切无能入。菩萨迦楼罗，如意为坚足，方便勇猛翅，慈悲明净眼，住一切智树，观三有大海，搏撮天人龙，

安置涅槃岸。菩萨正法日，出现于世间，戒品圆满轮，神足速疾行，
照以智慧光，长诸根力药，灭除烦恼闇，消竭爱欲海。菩萨智光月，
法界以为轮，游于毕竟空，世间无不见；三界识心内，随时有增减；
二乘星宿中，一切无俦匹。菩萨大法王，功德庄严身，相好皆具足，
人天悉瞻仰，方便清净目，智慧金刚杵，于法得自在，以道化群生。
菩萨大梵王，自在超三有，业惑悉皆断，慈舍靡不具，处处示现身，
开悟以法音，于彼三界中，拔诸邪见根。菩萨自在天，超过生死地，
境界常清净，智慧无退转，绝彼下乘道，受诸灌顶法，功德智慧具，
名称靡不闻。菩萨智慧心，清净如虚空，无性无依处，一切不可得。
有大自在力，能成世间事，自具清净行，令众生亦然。菩萨方便地，
饶益诸众生；菩萨慈悲水，浣涤诸烦恼；菩萨智慧火，烧诸惑习薪；
菩萨无住风，游行三有空。菩萨如珍宝，能济贫穷厄；菩萨如金刚，
能摧颠倒见；菩萨如璎珞，庄严三有身；菩萨如摩尼，增长一切行。
菩萨德如华，常发菩提分；菩萨愿如鬘，恒系众生首。菩萨净戒香，
坚持无缺犯；菩萨智涂香，普熏于三界。菩萨力如帐，能遮烦恼尘；
菩萨智如幢，能摧我慢敌。妙行为缯彩，庄严于智慧，惭愧作衣服，
普覆诸群生。菩萨无碍乘，巾之出三界；菩萨大力象，其心善调伏；
菩萨神足马，腾步超诸有；菩萨说法龙，普雨众生心；菩萨优昙华，
世间难值遇；菩萨大勇将，众魔悉降伏；菩萨转法轮，如佛之所转；
菩萨灯破闇，众生见正道；菩萨功德河，恒顺正道流；菩萨精进桥，
广度诸群品。大智与弘誓，共作坚牢船，引接诸众生，安置菩提岸。
菩萨游戏园，真实乐众生；菩萨解脱华，庄严智宫殿；菩萨如妙药，
灭除烦恼病；菩萨如雪山，出生智慧药。菩萨等于佛，觉悟诸群生，
佛心岂有他，正觉觉世间。如佛之所来，菩萨如是来，亦如一切智，
以智入普门。菩萨善开导，一切诸群生；菩萨自然觉，一切智境界。
菩萨无量力，世间莫能坏；菩萨无畏智，知众生及法。一切诸世间，
色相各差别，音声及名字，悉能分别知。虽离于名色，而现种种相；
一切诸众生，莫能测其道。如是等功德，菩萨悉成就，了性皆无性，
有无无所著。如是一切智，无尽无所依，我今当演说，令众生欢喜。
虽知诸法相，如幻悉空寂，而以悲愿心，及佛威神力，现神通变化，
种种无量事，如是诸功德，汝等应听受。一身能示现，无量差别身，
无心无境界，普应一切众。一音中具演，一切诸言音；众生语言法，
随类皆能作。永离烦恼身，而现自在身，知法不可说，而作种种说。
其心常寂灭，清净如虚空，而普庄严刹，示现一切众。于身无所著，
而能示现身；一切世间中，随应而受生。虽生一切处，亦不住受生，
知身如虚空，种种随心现。菩萨身无边，普现一切处，常恭敬供养，
最胜两足尊。香华众妓乐，幢幡及宝盖，恒以深净心，供养于诸佛。
不离一佛会，普在诸佛所，于彼大众中，问难听受法。闻法入三昧，
一一无量门，起定亦复然，示现无穷尽。智慧巧方便，了世皆如幻，

而能现世间，无边诸幻法。示现种种色，亦现心及语，入诸想网中，
而恒无所著。或现初发心，利益于世间；或现久修行，广大无边际，
施戒忍精进，禅定及智慧，四梵四摄等，一切最胜法。或现行成满，
得忍无分别；或现一生系，诸佛与灌顶。或现声闻相，或复现缘觉，
处处般涅槃，不舍菩提行。或现为帝释，或现为梵王，或天女围绕，
或时独宴默。或现为比丘，寂静调其心；或现自在王，统理世间法。
或现巧术女，或现修苦行，或现受五欲，或现入诸禅。或现初始生，
或少或老死。若有思议者，心疑发狂乱。或现在天宫，或现始降神，
或入或住胎，或佛转法轮。或生或涅槃，或现入学堂，或在采女中，
或离俗修禅。或坐菩提树，自然成正觉；或现转法轮，或现始求道。
或现为佛身，宴坐无量刹；或修不退道，积集菩提具。深入无数劫，
皆悉到彼岸；无量劫一念，一念无量劫。一切劫非劫，为世示现劫，
无来无积集，成就诸劫事。于一微尘中，普见一切佛；十方一切处，
无处而不有。国土众生法，次第悉皆见；经无量劫数，究竟不可尽。
菩萨知众生，广大无有边；彼一众生身，无量因缘起。如知一无量，
一切悉亦然；随其所通达，教诸未学者。悉知众生根，上中下不同；
亦知根转移，应化不应化；一根一切根，展转因缘力，微细各差别，
次第无错乱。又知其欲解，一切烦恼习；亦知去来今，所有诸心行。
了达一切行，无来亦无去；既知其行已，为说无上法。杂染清净行，
种种悉了知，一念得菩提，成就一切智。住佛不思议，究竟智慧心，
一念悉能知，一切众生行。菩萨神通智，功力已自在，能于一念中，
往诣无边刹。如是速疾往，尽于无数劫，无处而不周，莫动毫端分。
譬如工幻师，示现种种色，于彼幻中求，无色无非色。菩萨亦如是，
以方便智幻，种种皆示现，充满于世间。譬如净日月，皎镜在虚空，
影现于众水，不为水所杂。菩萨净法轮，当知亦如是，现世间心水，
不为世所杂。如人睡梦中，造作种种事，虽经亿千岁，一夜未终尽。
菩萨住法性，示现一切事，无量劫可极，一念智无尽。譬如山谷中，
及以宫殿间，种种皆响应，而实无分别。菩萨住法性，能以自在智，
广出随类音，亦复无分别。如有见阳焰，想之以为水，驰逐不得饮，
展转更增渴。众生烦恼心，应知亦如是；菩萨起慈愍，救之令出离。
观色如聚沫，受如水上泡，想如热时焰，诸行如芭蕉，心识犹如幻，
示现种种事；如是知诸蕴，智者无所著。诸处悉空寂，如机关动转；
诸界性永离，妄现于世间。菩萨住真实，寂灭第一义，种种广宣畅，
而心无所依。无来亦无去，亦复无有住，烦恼业苦因，三种恒流转。
缘起非有无，非实亦非虚，如是入中道，说之无所著。能于一念中，
普现三世心，欲色无色界，一切种种事。随顺三律仪，演说三解脱，
建立三乘道，成就一切智。了达处非处，诸业及诸根，界解与禅定，
一切至处道。宿命念天眼，灭除一切惑，知佛十种力，而未能成就。
了达诸法空，而常求妙法，不与烦恼合，而亦不尽漏。广知出离道，

而以度众生，于此得无畏，不舍修诸行。无谬无违道，亦不失正念，
精进欲三昧，观慧无损减。三聚皆清净，三世悉明达，大慈愍众生，
一切无障碍。由入此法门，得成如是行，我说其少分，功德庄严义。
穷于无数劫，说彼行无尽，我今说少分，如大地一尘。依于佛智住，
起于奇特想，修行最胜行，具足大慈悲。精勤自安隐，教化诸含识，
安住净戒中，具诸授记行。能入佛功德，众生行及刹，劫世悉亦知，
无有疲厌想。差别智总持，通达真实义，思惟说无比，寂静等正觉。
发于普贤心，及修其行愿，慈悲因缘力，趣道意清净。修行波罗蜜，
究竟随觉智，证知力自在，成无上菩提。成就平等智，演说最胜法，
能持具妙辩，逮得法王处。远离于诸著，演说心平等，出生于智慧，
变化得菩提。住持一切劫。智者大欣慰，深入及依止，无畏无疑惑。
了达不思议，巧密善分别，善入诸三昧，普见智境界。究竟诸解脱，
游戏诸通明，缠缚悉永离，园林恣游处。白法为宫殿，诸行可欣乐，
现无量庄严，于世心无动。深心善观察，妙辩能开演，清净菩提印，
智光照一切。所住无等比，其心不下劣，立志如大山，种德若深海。
如宝安住法，被甲誓愿心，发起于大事，究竟无能坏。得授菩提记，
安住广大心，秘藏无穷尽，觉悟一切法。世智皆自在，妙用无障碍，
众生一切刹，及以种种法。身愿与境界，智慧神通等，示现于世间，
无量百千亿。游戏及境界，自在无能制，力无畏不共，一切业庄严。
诸身及身业，语及净修语，以得守护故，成办十种事。菩萨心初发，
及以心周遍，诸根无散动，获得最胜根。深心增胜心，远离于谄诳；
种种决定解，普入于世间。舍彼烦恼习，取兹最胜道，巧修使圆满，
逮成一切智。离退入正位，决定证寂灭，出生佛法道，成就功德号。
道及无量道，乃至庄严道，次第善安住，悉皆无所著。手足及腹藏，
金刚以为心，被以慈哀甲，具足众器仗，智首明达眼，菩提行为耳，
清净戒为鼻，灭闇无障碍。辩才以为舌，无处不至身；最胜智为心，
行住修诸业。道场师子座，梵卧空为住，所行及观察，普照如来境。
遍观众生行，奋迅及哮吼，离贪行净施，舍慢持净戒，不瞋常忍辱，
不懈恒精进，禅定得自在，智慧无所行，慈济悲无倦，喜法舍烦恼，
于诸境界中，知义亦知法。福德悉成满，智慧如利剑，普照乐多闻，
明了趣向法。知魔及魔道，誓愿咸舍离，见佛与佛业，发心皆摄取。
离慢修智慧，不为魔力持，为佛所摄持，亦为法所持，现住兜率天，
又现彼命终；示现住母胎，亦现微细趣。现生及微笑，亦现行七步；
示修众技术，亦示处深宫。出家修苦行，往诣于道场，端坐放光明，
觉悟诸群生。降魔成正觉，转无上法轮，所现悉已终，入于大涅槃。
彼诸菩萨行，无量劫修习，广大无有边，我今说少分。虽令无量众，
安住佛功德；众生及法中，毕竟无所取。具足如是行，游戏诸神通：
毛端置众刹，经于亿千劫，掌持无量刹，遍往身无倦，还来置本处，
众生不知觉。菩萨以一切，种种庄严刹，置于一毛孔，真实悉令见。

复以一毛孔，普纳一切海，大海无增减，众生不娆害。无量铁围山，
手执碎为尘，一尘下一刹，尽此诸尘数。以此诸尘刹，复更末为尘；
如是尘可知，菩萨智难量。于一毛孔中，放无量光明；日月星宿光，
摩尼珠火光，及以诸天光，一切皆映蔽，灭诸恶道苦，为说无上法。
一切诸世间，种种差别音；菩萨以一音，一切皆能演。决定分别说，
一切诸佛法，普使诸群生，闻之大欢喜。过去一切劫，安置未来今；
未来现在劫，迴置过去世。示现无量刹，烧然及成住；一切诸世间，
悉在一毛孔。未来及现在，一切十方佛，靡不于身中，分明而显现。
深知变化法，善应众生心，示现种种身，而皆无所著。或现于六趣，
一切众生身，释梵护世身，诸天人众身，声闻缘觉身，诸佛如来身；
或现菩萨身，修行一切智。善入软中上，众生诸想网，示现成菩提，
及以诸佛刹。了知诸想网，于想得自在，示修菩萨行，一切方便事。
示现如是等，广大诸神变；如是诸境界，举世莫能知。虽现无所现，
究竟转增上，随顺众生心，令行真实道。身语及与心，平等如虚空，
净戒为涂香，众行为衣服，法缯严净髻，一切智摩尼，功德靡不周，
灌顶升王位。波罗蜜为轮，诸通以为象，神足以为马，智慧为明珠，
妙行为采女，四摄主藏神，方便为主兵，菩萨转轮王。三昧为城廓，
空寂为宫殿，慈甲智慧剑，念弓明利箭。高张神力盖，迴建智慧幢，
忍力不动摇，直破魔王军。总持为平地，众行为河水，净智为涌泉，
妙慧作树林。空为澄净池，觉分菡萏华，神力自庄严，三昧常娱乐。
思惟为采女，甘露为美食，解脱味为浆，游戏于三乘。此诸菩萨行，
微妙转增上，无量劫修行，其心不厌足。供养一切佛，严净一切刹，
普令一切众，安住一切智。一切刹微尘，悉可知其数；一切虚空界，
一沙可度量；一切众生心，念念可数知；佛子诸功德，说之不可尽。
欲具此功德，及诸上妙法，欲使诸众生，离苦常安乐，欲令身语意，
悉与诸佛等，应发金刚心，学此功德行。

大方广佛华严经卷第六十

入法界品第三十九之一

尔时，世尊在室罗筏国逝多林给孤独园大庄严重阁，与菩萨摩诃萨五百人俱，普贤菩萨、文殊师利菩萨而为上首，其名曰：光焰幢菩萨、须弥幢菩萨、宝幢菩萨、无碍幢菩萨、华幢菩萨、离垢幢菩萨、日幢菩萨、妙幢菩萨、离尘幢菩萨、普光幢菩萨、地威力菩萨、宝威力菩萨、大威力菩萨、金刚智威力菩萨、离尘垢威力菩萨、正法日威力菩萨、功德山威力菩萨、智光影威力菩萨、普吉祥威力菩萨、地藏菩萨、虚空藏菩萨、莲华藏菩萨、宝藏菩萨、日藏菩萨、净德藏菩萨、法印藏菩萨、光明藏菩萨、脐藏菩萨、莲华德藏菩萨、善眼菩

萨、净眼菩萨、离垢眼菩萨、无碍眼菩萨、普见眼菩萨、善观眼菩萨、青莲华眼菩萨、金刚眼菩萨、宝眼菩萨、虚空眼菩萨、喜眼菩萨、普眼菩萨、天冠菩萨、普照法界智慧冠菩萨、道场冠菩萨、普照十方冠菩萨、一切佛藏冠菩萨、超出一切世间冠菩萨、普照冠菩萨、不可坏冠菩萨、持一切如来师子座冠菩萨、普照法界虚空冠菩萨、梵王髻菩萨、龙王髻菩萨、一切化佛光明髻菩萨、道场髻菩萨、一切愿海音宝王髻菩萨、一切佛光明摩尼髻菩萨、示现一切虚空平等相摩尼王庄严髻菩萨、示现一切如来神变摩尼王幢网垂覆髻菩萨、出一切佛转法轮音髻菩萨、说三世一切名字音髻菩萨、大光菩萨、离垢光菩萨、宝光菩萨、离尘光菩萨、焰光菩萨、法光菩萨、寂静光菩萨、日光菩萨、自在光菩萨、天光菩萨、福德幢菩萨、智慧幢菩萨、法幢菩萨、神通幢菩萨、光幢菩萨、华幢菩萨、摩尼幢菩萨、菩提幢菩萨、梵幢菩萨、普光幢菩萨、梵音菩萨、海音菩萨、大地音菩萨、世主音菩萨、山相击音菩萨、遍一切法界音菩萨、震一切法海雷音菩萨、降魔音菩萨、大慈方便云雷音菩萨、息一切世间苦安慰音菩萨、法上菩萨、胜上菩萨、智上菩萨、福德须弥上菩萨、功德珊瑚上菩萨、名称上菩萨、普光上菩萨、大慈上菩萨、智海上菩萨、佛种上菩萨、光胜菩萨、德胜菩萨、上胜菩萨、普明胜菩萨、法胜菩萨、月胜菩萨、虚空胜菩萨、宝胜菩萨、幢胜菩萨、智胜菩萨、娑罗自在王菩萨、法自在王菩萨、象自在王菩萨、梵自在王菩萨、山自在王菩萨、众自在王菩萨、速疾自在王菩萨、寂静自在王菩萨、不动自在王菩萨、势力自在王菩萨、最胜自在王菩萨、寂静音菩萨、无碍音菩萨、地震音菩萨、海震音菩萨、云音菩萨、法光音菩萨、虚空音菩萨、说一切众生善根音菩萨、示一切大愿音菩萨、道场音菩萨、须弥光觉菩萨、虚空觉菩萨、离染觉菩萨、无碍觉菩萨、善觉菩萨、普照三世觉菩萨、广大觉菩萨、普明觉菩萨、法界光明觉菩萨……如是等菩萨摩诃萨五百人俱。此诸菩萨皆悉成就普贤行愿，境界无碍，普遍一切诸佛刹故；现身无量，亲近一切诸如来故；净眼无障，见一切佛神变事故；至处无限，一切如来成正觉所恒普诣故；光明无际，以智慧光普照一切实法海故；说法无尽，清净辩才无边际劫无穷尽故；等虚空界，智慧所行悉清净故；无所依止，随众生心现色身故；除灭痴翳，了众生界无众生故；等虚空智，以大光网照法界故。及与五百声闻众俱，悉觉真谛，皆证实际，深入法性，永出有海；依佛功德，离结、使、缚，住无碍处；其心寂静犹如虚空，于诸佛所永断疑惑，于佛智海深信趣入。及与无量诸世主俱，悉曾供养无量诸佛，常能利益一切众生，为不请友，恒勤守护，誓愿不舍；入于世间殊胜智门，从佛教生，护佛正法，起于大愿，不断佛种，生如来家，求一切智。

时，诸菩萨大德、声闻、世间诸王并其眷属，咸作是念：如来境界、如来智行、如来加持、如来力、如来无畏、如来三昧、如来所住、如来自在、如来身、如来智，一切世间诸天及人无能通达、无能趣入、无能信解、无能了知、无能忍受、无能观察、无能拣择、无能开示、无能宣明、无有能令众生解了，唯除诸佛加被之力、佛神通力、佛威德力、佛本愿力，及其宿世善根之力、诸善知识摄受之力、深净信力、大明解力、趣向菩提清净心力、求一切智广大愿力。唯愿世尊随顺我等及诸众生种种欲、种种解、种种智、种种语、种种自在、种种住地、种种根清净、种种意方便、种种心境界、种种依止如来功德、种种听受诸所说法，显示如来往昔趣求一切智心、往昔所起菩萨大愿、往昔所净诸波罗蜜、往昔所入菩萨诸地、往昔圆满诸菩萨行、往昔成就方便、往昔修行诸道、往昔所得出离法、往昔所作神通事、往昔所有本事因缘，及成等正觉、转妙法轮、净佛国土、调伏众生、开一切智法城、示一切众生道、入一切众生所住、受一切众生所施、为一切众生说布施功德、为一切众生现诸佛影像；如是等法，愿皆为说！

尔时，世尊知诸菩萨心之所念，大悲为身，大悲为门，大悲为首，以大悲法而为方便，充遍虚空，入师子频申三昧；入此三昧已，一切世间普皆严净。于时，此大庄严楼阁忽然广博无有边际。金刚为地，宝王覆上，无量宝华及诸摩尼普散其中处处盈满。琉璃为柱，众宝合成，大光摩尼之所庄严，阎浮檀金如意宝王周置其上以为严饰。危楼迥带，阁道傍出，栋宇相承，窗闼交映，阶、墀、轩、槛种种备足，一切皆以妙宝庄严；其宝悉作人、天形像，坚固妙好，世中第一，摩尼宝网弥覆其上。于诸门侧悉建幢幡，咸放光明普周法界道场之外。阶蹬、栏楯，其数无量不可称说，靡不咸以摩尼所成。

尔时，复以佛神力故，其逝多林忽然广博，与不可说佛刹微尘数诸佛国土其量正等。一切妙宝间错庄严，不可说宝遍布其地，阿僧祇宝以为垣墙，宝多罗树庄严道侧。其间复有无量香河，香水盈满，湍激洄澓；一切宝华随流右转，自然演出佛法音声；不思议宝芬陀利华，菡萏芬敷，弥布水上；众宝华树列植其岸；种种台榭不可思议，皆于岸上次第行列，摩尼宝网之所弥覆。阿僧祇宝放大光明，阿僧祇宝庄严其地。烧众妙香，香气氛氲。复建无量种种宝幢，所谓：宝香幢、宝衣幢、宝幡幢、宝缯幢、宝华幢、宝璎珞幢、宝鬘幢、宝铃幢、摩尼宝盖幢、大摩尼宝幢、光明遍照摩尼宝幢、出一切如来名号音声摩尼王幢、师子摩尼王幢、说一切如来本事海摩尼王幢、现一切法界影像摩尼王幢，周遍十方，行列庄严。

时，逝多林上虚空之中，有不思议天宫殿云、无数香树云、不可说须弥山云、不可说妓乐云、出美妙音歌赞如来不可说宝莲华云、不可说宝座云、敷以天衣菩萨坐上叹佛功德不可说诸天王形像摩尼宝云、不可说白真珠云、不可说赤珠楼阁庄严具云、不可说雨金刚坚固珠云，皆住虚空，周匝遍满，以为严饰。何以故？如来善根不思议故，如来白法不思议故，如来威力不思议故，如来能以一身自在变化遍一切世界不思议故，如来能以神力令一切佛及佛国庄严皆入其身不思议故，如来能于一微尘内普现一切法界影像不思议故，如来能于一毛孔中示现过去一切诸佛不思议故，如来随放一一光明悉能遍照一切世界不思议故，如来能于一毛孔中出一切佛刹微尘数变化云充满一切诸佛国土不思议故，如来能于一毛孔中普现一切十方世界成、住、坏劫不思议故。如于此逝多林给孤独园见佛国土清净庄严，十方一切尽法界、虚空界、一切世界亦如是见。所谓：见如来身住逝多林，菩萨众会皆悉遍满；见普雨一切庄严云，见普雨一切宝光明照曜云，见普雨一切摩尼宝云，见普雨一切庄严盖弥覆佛刹云，见普雨一切天身云，见普雨一切华树云，见普雨一切衣树云，见普雨一切宝鬘、璎珞相续不绝周遍一切大地云，见普雨一切庄严具云，见普雨一切如众生形种种香云，见普雨一切微妙宝华网相续不断云，见普雨一切诸天女持宝幢幡于虚空中周旋来去云，见普雨一切众宝莲华于华叶间自然而出种种乐音云，见普雨一切师子座宝网璎珞而为庄严云。

尔时，东方过不可说佛刹微尘数世界海外有世界，名：金灯云幢，佛号：毗卢遮那胜德王。彼佛众中有菩萨，名：毗卢遮那愿光明，与不可说佛刹微尘数菩萨俱，来向佛所，悉以神力兴种种云，所谓：天华云、天香云、天末香云、天鬘云、天宝云、天庄严具云、天宝盖云、天微妙衣云、天宝幢幡云、天一切妙宝诸庄严云，充满虚空。至佛所已，顶礼佛足，即于东方化作宝庄严楼阁及普照十方宝莲华藏师子之座，如意宝网罗覆其身，与其眷属结跏趺坐。

南方过不可说佛刹微尘数世界海外有世界，名：金刚藏，佛号：普光明无胜藏王。彼佛众中有菩萨，名：不可坏精进王，与不可说佛刹微尘数菩萨俱，来向佛所，持一切宝香网，持一切宝璎珞，持一切宝华带，持一切宝鬘带，持一切金刚璎珞，持一切摩尼宝网，持一切宝衣带，持一切宝璎珞带，持一切最胜光明摩尼带，持一切师子摩尼宝璎珞，悉以神力充遍一切诸世界海。到佛所已，顶礼佛足，即于南方化作遍照世间摩尼宝庄严楼阁及普照十方宝莲华藏师子之座，以一切宝华网罗覆其身，与其眷属结跏趺坐。

西方过不可说佛刹微尘数世界海外有世界，名：摩尼宝灯须弥山幢，佛号：法界智灯。彼佛众中有菩萨，名：普胜无上威德王，与世界海微尘数菩萨俱，来向佛所，悉以神力兴不可说佛刹微尘数种种涂香烧香须弥山云、不可说佛刹微尘数种种色香水须弥山云、不可说佛刹微尘数一切大地微尘等光明摩尼宝王须弥山云、不可说佛刹微尘数种种光焰轮庄严幢须弥山云、不可说佛刹微尘数种种色金刚藏摩尼王庄严须弥山云、不可说佛刹微尘数普照一切世界阎浮檀摩尼宝幢须弥山云、不可说佛刹微尘数现一切法界摩尼宝须弥山云、不可说佛刹微尘数现一切诸佛相好摩尼宝王须弥山云、不可说佛刹微尘数现一切如来本事因缘说诸菩萨所行之行摩尼宝王须弥山云、不可说佛刹微尘数现一切佛坐菩提场摩尼宝王须弥山云，充满法界。至佛所已，顶礼佛足，即于西方化作一切香王楼阁，真珠宝网弥覆其上，及化作帝释影幢宝莲华藏师子之座，以妙色摩尼网罗覆其身，心王宝冠以严其首，与其眷属结跏趺坐。

北方过不可说佛刹微尘数世界海外有世界，名：宝衣光明幢，佛号：照虚空法界大光明。彼佛众中有菩萨，名：无碍胜藏王，与世界海微尘数菩萨俱，来向佛所，悉以神力兴一切宝衣云，所谓：黄色宝光明衣云、种种香所熏衣云、日幢摩尼王衣云、金色炽然摩尼衣云、一切宝光焰衣云、一切星辰像上妙摩尼衣云、白玉光摩尼衣云、光明遍照殊胜赫奕摩尼衣云、光明遍照威势炽盛摩尼衣云、庄严海摩尼衣云，充遍虚空。至佛所已，顶礼佛足，即于北方化作摩尼宝海庄严楼阁及毗琉璃宝莲华藏师子之座，以师子威德摩尼王网罗覆其身，清净宝王为髻明珠，与其眷属结跏趺坐。

东北方过不可说佛刹微尘数世界海外有世界，名：一切欢喜清净光明网，佛号：无碍眼。彼佛众中有菩萨，名：化现法界愿月王，与世界海微尘数菩萨俱，来向佛所，悉以神力兴宝楼阁云、香楼阁云、烧香楼阁云、华楼阁云、栴檀楼阁云、金刚楼阁云、摩尼楼阁云、金楼阁云、衣楼阁云、莲华楼阁云，弥覆十方一切世界。至佛所已，顶礼佛足，即于东北方化作一切法界门大摩尼楼阁及无等香王莲华藏师子之座，摩尼华网罗覆其身，著妙宝藏摩尼王冠，与其眷属结跏趺坐。

东南方过不可说佛刹微尘数世界海外有世界，名：香云庄严幢，佛号：龙自在王。彼佛众中有菩萨，名：法慧光焰王，与世界海微尘数菩萨俱，来向佛所，悉以神力兴金色圆满光明云、无量宝色圆满光明云、如来毫相圆满光明云、种种宝色圆满光明云、莲华藏圆满光明云、众宝树枝圆满光明云、如来顶髻圆满光明云、阎浮檀金色圆满光明云、日色圆满光明云、星月色圆满光明云，悉遍虚空。到佛所已，顶礼佛足，即于东南方化作毗卢遮那最上宝光明楼阁、金刚摩尼莲华藏师子之座，众宝光焰摩尼王网罗覆其身，与其眷属结跏趺坐。

西南方过不可说佛刹微尘数世界海外有世界，名：日光摩尼藏，佛号：普照诸法智月王。彼佛众中有菩萨，名：摧破一切魔军智幢王，与世界海微尘数菩萨俱，来向佛所，于一切毛孔中出等虚空界华焰云、香焰云、宝焰云、金刚焰云、烧香焰云、电光焰云、毗卢遮那摩尼宝焰云、一切金光焰云、胜藏摩尼王光焰云、等三世如来海光焰云，一一皆从毛孔中出，遍虚空界。到佛所已，顶礼佛足，即于西南方化作普现十方法界光明网大摩尼宝楼阁及香灯焰宝莲华藏师子之座，以离垢藏摩尼网罗覆其身，著出一切众生发趣音摩尼王严饰冠，与其眷属结跏趺坐。

西北方过不可说佛刹微尘数世界海外，有世界，名：毗卢遮那愿摩尼王藏，佛号：普光明最胜须弥王。彼佛众中有菩萨，名：愿智光明幢，与世界海微尘数菩萨俱，来向佛所，于念念中，一切相好、一切毛孔、一切身分，皆出三世一切如来形像云、一切菩萨形像云、一切如来众会形像云、一切如来变化身形像云、一切如来本生身形像云、一切声闻辟支佛形像云、一切如来菩提场形像云、一切如来神变形像云、一切世间主形像云、一切清净国土形像云，充满虚空。至佛所已，顶礼佛足，即于西北方化作普照十方摩尼宝庄严楼阁及普照世间宝莲华藏师子之座，以无能胜光明真珠网罗覆其身，著普光明摩尼宝冠，与其眷属结跏趺坐。

下方过不可说佛刹微尘数世界海外有世界，名：一切如来圆满光普照，佛号：虚空无碍相智幢王。彼佛众中有菩萨，名：破一切障勇猛智王，与世界海微尘数菩萨俱，来向佛所，于一切毛孔中，出说一切众生语言海音声云，出说一切三世菩萨修行方便海音声云，出说一切菩萨所起愿方便海音声云，出说一切菩萨成满清净波罗蜜方便海音声云，出说一切菩萨圆满行遍一切刹音声云，出说一切菩萨成就自在用音声云，出说一切如来往诣道场破魔军众成等正觉自在用音声云，出说一切如来转法轮契经门名号海音声云，出说一切随应教化调伏众生法方便海音声云，出说一切随时、随善根、随愿力普令众生证得智慧方便海音声云。到佛所已，顶礼佛足，即于下方化作现一切如来宫殿形像众宝庄严楼阁及一切宝莲华藏师子之座，著普现道场影摩尼宝冠，与其眷属结跏趺坐。

上方过不可说佛刹微尘数世界海外有世界，名：说佛种性无有尽，佛号：普智轮光明音。彼佛众中有菩萨，名：法界差别愿，与世界海微尘数菩萨俱，发彼道场来向此娑婆世界释迦牟尼佛所，于一切相好、一切毛孔、一切身分、一切支节、一切庄严具、一切衣服中，现毗卢遮那等过去一切诸佛、未来一切诸佛、已得授记、未授记者，现在十方一切国土、一切诸佛并其众会，亦现过去行檀那波罗蜜及其一切受布施者诸本事海，亦现过去行尸罗波罗蜜诸本事海，亦现过去行羼提波罗蜜割截支体心无动乱诸本事海，亦现过去行精进波罗蜜勇猛不退诸本事海，亦现过去求一切如来禅波罗蜜海而得成就诸本事海，亦现过去求一切佛所转法轮所成就法发勇猛心一切皆舍诸本事海，亦现过去乐见一切佛、乐行一切菩萨道、乐化一切众生界诸本事海，亦现过去所发一切菩萨大愿清净庄严诸本事海，亦现过去菩萨所成力波罗蜜勇猛清净诸本事海，亦现过去一切菩萨所修圆满智波罗蜜诸本事海；如是一切本事海，悉皆遍满广大法界。至佛所已，顶礼佛足，即于上方化作一切金刚藏庄严楼阁及帝青金刚王莲华藏师子之座，以一切宝光明摩尼王网罗覆其身，以演说三世如来名摩尼宝王为髻明珠，与其眷属结跏趺坐。

如是十方一切菩萨并其眷属，皆从普贤菩萨行愿中生，以净智眼见三世佛，普闻一切诸佛如来所转法轮、修多罗海，已得至于一切菩萨自在彼岸；于念念中现大神变，亲近一切诸佛如来，一身充满一切世界一切如来众会道场，于一尘中普现一切世间境界，教化成就一切众生未曾失时，一毛孔中出一切如来说法音声；知一切众生悉皆如幻，知一切佛悉皆如影，知一切诸趣受生悉皆如梦，知一切业报如镜中像，知一切诸有生起如热时焰，知一切世界皆如变化；成就如来十力、无畏，勇猛自在，能师子吼，深入无尽辩才大海，得一切众生言辞海诸法智；于虚空法界所行无碍，知一切法无有障碍；一切菩萨神通境界悉已清净，勇猛精进，摧伏魔军；恒以智慧了达三世，知一切法犹如虚空，无有违诤，亦无取著；虽勤精进而知一切智终无所来，虽观境界而知一切有悉不可得；以方便智入一切法界，以平等智入一切国土，以自在力令一切世界展转相入于一切世界；处处受生，见一切世界种种形相；于微细境现广大刹，于广大境现微细刹；于一佛所一念之顷，得一切佛威神所加，普见十方无所迷惑，于刹那顷悉能往诣。如是等一切菩萨满逝多林，皆是如来威神之力。

于时，上首诸大声闻——舍利弗、大目揵连、摩诃迦叶、离婆多、须菩提、阿(上少下免，音nou)楼驮、难陀、劫宾那、迦旃延、富楼那等诸大声闻，在逝多林皆悉不见如来神力、如来严好、如来境界、如来游戏、如来神变、如来尊胜、如来妙行、如来威德、如来住持、如来净刹，亦复不见不可思议菩萨境界、菩萨大会、菩萨普入、菩萨普至、菩萨普诣、菩萨神变、菩萨游戏、菩萨眷属、菩萨方所、菩萨庄严师子座、菩萨宫殿、菩萨住处、菩萨所入三昧自在、菩萨观察、菩萨频申、菩萨勇猛、菩萨供养、菩萨受记、菩萨成熟、菩萨勇健、菩萨法身清净、菩萨智身圆满、菩萨愿身示现、菩萨色身成就、菩萨诸相具足清净、菩萨常光众色庄严、菩萨放大光网、菩萨起变化云、菩萨身遍十方、菩萨诸行圆满。如是等事，一切声闻诸大弟子皆悉不见。何以故？以善根不同故，本不修习见佛自在善根故，本不赞说十方世界一切佛刹清净功德故，本不称叹诸佛世尊种种神变故，本不于生死流转之中发阿耨多罗三藐三菩提心故，本不令他住菩提心故，本不能令如来种性不断绝故，本不摄受诸众生故，本不劝他修习菩萨波罗蜜故，本在生死流转之时不劝众生求于最胜大智眼故，本不修习生一切智诸善根故，本不成就如来出世诸善根故，本不得严净佛刹神通智故，本不得诸菩萨眼所知境故，本不求超出世间不共菩提诸善根故，本不发一切菩萨诸大愿故，本不从如来加被之所生故，本不知诸法如幻、菩萨如梦故，本不得诸大菩萨广大欢喜故。如是皆是普贤菩萨智眼境界，不与一切二乘所共。以是因缘，诸大声闻不能见、不能知、不能闻、不能入、不能得、不能念、不能观察、不能筹量、不能思惟、不能分别；是故，虽在逝多林中，不见如来诸大神变。

复次，诸大声闻无如是善根故，无如是智眼故，无如是三昧故，无如是解脱故，无如是神通故，无如是威德故，无如是势力故，无如是自在故，无如是住处故，无如是境界故，是故于此不能知、不能见、不能入、不能证、不能住、不能解、不能观察、不能忍受、不能趣向、不能游履；又亦不能广为他人，开阐解说，称扬示现，引导劝进，令其趣向，令其修习，令其安住，令其证入。何以故？诸大弟子依声闻乘而出离故，成就声闻道，满足声闻行，安住声闻果，于无有谛得决定智，常住实际究竟寂静，远离大悲，舍于众生，住于自事；于彼智慧，不能积集，不能修行，不能安住，不能愿求，不能成就，不能清净，不能趣入，不能通达，不能知见，不能证得。是故，虽在逝多林中对于如来，不见如是广大神变。

佛子！如恒河岸有百千亿无量饿鬼，裸形饥渴，举体焦然，乌鹫豺狼竞来搏撮，为渴所逼，欲求水饮，虽住河边而不见河；设有见者，见其枯竭。何以故？深厚业障之所覆故。彼大声闻亦复如是，虽复住在逝多林中，不见如来广大神力，舍一切智，无明翳瞙覆其眼故，不曾种植萨婆若地诸善根故。譬如有人，于大会中昏睡安寝，忽然梦见须弥山顶帝释所住善见大城，宫殿、园林种种严好，天子、天女百千万亿，普散天华遍满其地，种种衣树出妙衣服，种种华树开敷妙华，诸音乐树奏天音乐，天诸采女歌咏美音，无量诸天于中戏乐；其人自见著天衣服，普于其处住止周旋。其大会中一切诸人虽同一处，不知不见。何以故？梦中所见，非彼大众所能见故。一切菩萨、世间诸王亦复如是，以久积集善根力故，发一切智广大愿故，学习一切佛功德故，修行菩萨庄严道故，圆满一切智智法故，满足普贤诸行愿故，趣入一切菩萨智地故，游戏一切菩萨所住诸三昧故，已能观察一切菩萨智慧境界无障碍故，是故悉见如来世尊不可思议自在神变。一切声闻诸大弟子，皆不能见，皆不能知，以无菩萨清净眼故。譬如雪山具众药草，良医诣彼悉能分别；其诸捕猎、放牧之人恒住彼山，不见其药。此亦如是，以诸菩萨入智境界，具自在力，能见如来广大神变；诸大弟子唯求自利，不欲利他，唯求自安，不欲安他，虽在林中，不知不见。譬如地中有诸宝藏，种种珍异悉皆充满，有一丈夫聪慧明达，善能分别一切伏藏，其人复有大福德力，能随所欲自在而取，奉养父母，赈恤亲属，老、病、穷乏靡不均赡；其无智慧、无福德人，虽亦至于宝藏之处，不知不见，不得其益。此亦如是，诸大菩萨有净智眼，能入如来不可思议甚深境界，能见佛神力，能入诸法门，能游三昧海，能供养诸佛，能以正法开悟众生，能以四摄摄受众生；诸大声闻不能得见如来神力，亦不能见诸菩萨众。譬如盲人至大宝洲，若行、若住、若坐、若卧，不能得见一切众宝；以不见故，不能采取，不得受用。此亦如是，诸大弟子虽在林中亲近世尊，不见如来自在神力，亦不得见菩萨大会。何以故？无有菩萨无碍净眼，不能次第悟入法界见于如来自在力故。譬如有人得清净眼，名：离垢光明，一切暗色不能为障。尔时，彼人于夜暗中，处在无量百千万亿人众之内，或行、或住、或坐、或卧，彼诸人众形相威仪，此明眼人莫不具见；其明眼者威仪进退，彼诸人众悉不能睹。佛亦如是，成就智眼，清净无碍，悉能明见一切世间；其所示现神通变化，大菩萨众所共围绕，诸大弟子悉不能见。譬如比丘在大众中入遍处定，所谓：地遍处定、水遍处定、火遍处定、风遍处定、青遍处定、黄遍处定、赤遍处定、白遍处定、天遍处定、种种众生身遍处定、一切语言音声遍处定、一切所缘遍处定；入此定者见其所缘，其余大众悉不能见，唯除有住此三昧者。如来所现不可思议诸佛境界亦复如是，菩萨具见，声闻莫睹。譬如有人以翳形药自涂其眼，在于众会去、来、坐、立无能见者，而能悉睹众会中事。应知如来亦复如是，超过于世，普见世间，非诸声闻所能得见，唯除趣向一切智境诸大菩萨。如人生已，则有二天，恒相随逐，一曰：同生，二曰：同名；天常见人，人不见天。应知如来亦复如是，在诸菩萨大集会中现大神通，诸大声闻悉不能见。譬如比丘得心自在，入灭尽定，六根作业皆悉不行，一切语言不知不觉；定力持故，不般涅槃。一切声闻亦复如是，虽复住在逝多林中，具足六根，而不知不见不解不入如来自在、菩萨众会诸所作事。何以故？如来境界甚深广大，难见难知，难测难量，超诸世间，不可思议，无能坏者，非是一切二乘境界；是故，如来自在神力、菩萨众会及逝多林普遍一切清净世界，如是等事，诸大声闻悉不知见，非其器故。

尔时，毗卢遮那愿光明菩萨，承佛神力，观察十方而说颂言：

汝等应观察，佛道不思议，于此逝多林，示现神通力。善逝威神力，所现无央数；一切诸世间，迷惑不能了。法王深妙法，无量难思议，所现诸神通，举世莫能测。以了法无相，是故名为佛，而具相庄严，称扬不可尽。今于此林内，示现大神力，甚深无有边，言辞莫能辩。汝观大威德，无量菩萨众，十方诸国土，而来见世尊。所愿皆具足，所行无障碍；一切诸世间，无能测量者。一切诸缘觉，及彼大声闻，皆悉不能知，菩萨行境界。菩萨大智慧，诸地悉究竟，高建勇猛幢，难摧难可动。诸大名称士，无量三昧力，所现诸神变，法界悉充满。

尔时，不可坏精进王菩萨，承佛神力，观察十方而说颂言：

汝观诸佛子，智慧功德藏，究竟菩提行，安隐诸世间。其心本明达，善入诸三昧，智慧无边际，境界不可量。今此逝多林，种种皆严饰，菩萨众云集，亲近如来住。汝观无所著，无量大众海，十方来诣此，坐宝莲华座。无来亦无住，无依无戏论，离垢心无碍，究竟于法界。建立智慧幢，坚固不动摇，知无变化法，而现变化事。十方无量刹，一切诸佛所，同时悉往诣，而亦不分身。汝观释师子，自在神通力，能令菩萨众，一切俱来集。一切诸佛法，法界悉平等，言说故不同，此众咸通达。诸佛常安住，法界平等际，演说差别法，言辞无有尽。

尔时，普胜无上威德王菩萨，承佛神力，观察十方而说颂言：

汝观无上士，广大智圆满，善达时非时，为众演说法；摧伏众外道，一切诸异论，普随众生心，为现神通力。正觉非有量，亦复非无量；若量若无量，牟尼悉超越。如日在虚空，照临一切处；佛智亦如是，了达三世法。譬如十五夜，月轮无减缺；如来亦复然，白法悉圆满。譬如空中日，运行无暂已；如来亦如是，神变恒相续。譬如十方刹，于空无所碍，世灯现变化，于世亦复然。譬如世间地，群生之所依；照世灯法轮，为依亦如是。譬如猛疾风，所行无障碍；佛法亦如是，速遍于世间。譬如大水轮，世界所依住；智慧轮亦尔，三世佛所依。

尔时，无碍胜藏王菩萨，承佛神力，观察十方而说颂言：

譬如大宝山，饶益诸含识；佛山亦如是，普益于世间。譬如大海水，澄净无垢浊；见佛亦如是，能除诸渴爱。譬如须弥山，出于大海中；世间灯亦尔，从于法海出。如海具众宝，求者皆满足；无师智亦然，见者悉开悟。如来甚深智，无量无有数；是故神通力，示现难思议。譬如工幻师，示现种种事；佛智亦如是，现诸自在力。譬如如意宝，能满一切欲；最胜亦复然，满诸清净愿。譬如明净宝，普照一切物；佛智亦如是，普照群生心。譬如八面宝，等鉴于诸方；无碍灯亦然，普照于法界。譬如水清珠，能清诸浊水；见佛亦如是，诸根悉清净。

尔时，化现法界愿月王菩萨，承佛神力，观察十方而说颂言：

譬如帝青宝，能青一切色；见佛者亦然，悉发菩提行。一一微尘内，佛现神通力，令无量无边，菩萨皆清净。甚深微妙力，无边不可知；菩萨之境界，世间莫能测。如来所现身，清净相庄严，普入于法界，成就诸菩萨。难思佛国土，于中成正觉；一切诸菩萨，世主皆充满。释迦无上尊，于法悉自在，示现神通力，无边不可量。菩萨种种行，无量无有尽；如来自在力，为之悉示现。佛子善修学，甚深诸法界，成就无碍智，明了一切法。善逝威神力，为众转法轮，神变普充满，令世皆清净。如来智圆满，境界亦清净；譬如大龙王，普济诸群生。

尔时，法慧光焰王菩萨，承佛神力，观察十方而说颂言：

三世诸如来，声闻大弟子，悉不能知佛，举足下足事。去来现在世，一切诸缘觉，亦不知如来，举足下足事。况复诸凡夫，结使所缠缚，无明覆心识，而能知导师！正觉无碍智，超过语言道，其量不可测，孰有能知见！譬如明月光，无能测边际；佛神通亦尔，莫见其终尽。一一诸方便，念念所变化，尽于无量劫，思惟不能了。思惟一切智愿；不可思议法，一一方便门，边际不可得。若有于此法，而兴广大愿；彼于此境界，知见不为难。勇猛勤修习，难思大法海；其心无障碍，入此方便门。心意已调伏，志愿亦宽广，当获大菩提，最胜之境界。

尔时，破一切魔军智幢王菩萨，承佛神力，观察十方而说颂言：

业净垢法议。智身非是身，无碍难思议；设有思议者，一切无能及。从不思议业，起此清净身，殊特妙庄严，不著于三界。光明照一切，法界悉清净，开佛菩提门，出生众智慧。譬如世间日，普放慧光明，远离诸尘垢，灭除一切障，普净三有处，永绝生死流，成就菩萨道，出生无上觉。示现无边色，此色无依处；所现虽无量，一切不思议。菩提一念顷，能觉一切法；云何欲测量，如来智边际？一念悉明达，一切三世法；故说佛智慧，无尽无能坏。智者应如是，专思佛菩提；此思难思议，思之不可得。菩提不可说，超过语言路；诸佛从此生，是法难思议。

尔时，愿智光明幢王菩萨，承佛神力，观察十方而说颂言：

心察道转苦众。若能善观察，菩提无尽海，则得离痴念，决定受持法。若得决定心，则能修妙行，禅寂自思虑，永断诸疑惑。其心不疲倦，亦复无懈怠，展转增进修，究竟诸佛法。信智已成就，念念令增长，常乐常观察，无得无依法。无量亿千劫，所修功德行；一切悉回向，诸佛所求道。虽在于生死，而心无染著，安住诸佛法，常乐如来行。世间之所有，蕴界等诸法；一切皆舍离，专求佛功德。凡夫婴妄惑，于世常流转；菩萨心无碍，救之令解脱。菩萨行难称，举世莫能思，遍除一切苦，普与群生乐。已获菩提智，复愍诸群生，光明照世间，度脱一切众。

尔时，破一切障勇猛智王菩萨，承佛神力，观察十方而说颂言：

灯叹著门间畏佛觉。无量亿千劫，佛名难可闻；况复得亲近，永断诸疑惑！如来世间灯，通达一切法，普生三世福，令众悉清净。如来妙色身，一切所钦叹，亿劫常瞻仰，其心无厌足。若有诸佛子，观佛妙色身，必舍诸有著，回向菩提道。如来妙色身，恒演广大音，辩才无障碍，开佛菩提门；晓悟诸众生，无量不思议，令入智慧门，授以菩提记。如来出世间，为世大福田，普导诸含识，令其集福行。若有供养佛，永除恶道畏，消灭一切苦，成就智慧身。若见两足尊，能发广大心；是人恒值佛，增长智慧力。若见人中胜，决意向菩提；是人能自知，必当成正觉。

尔时，法界差别愿智神通王菩萨，承佛神力，观察十方而说颂言：

悲生。释迦无上尊，具一切功德；见者心清净，回向大智慧。如来大慈悲，出现于世间，普为诸群生，转无上法轮。如来无数劫，勤苦为众生；云何诸世间，能报大师恩？宁于无量劫，受诸恶道苦；终不舍如

469

来,而求于出离。宁代诸众生,备受一切苦;终不舍于佛,而求得安乐。宁在诸恶趣,恒得闻佛名;不愿生善道,暂时不闻佛。宁生诸地狱,一一无数劫,终不远离佛,而求出恶趣。何故愿久住,一切诸恶道?以得见如来,增长智慧故。若得见于佛,除灭一切苦;能入诸如来,大智之境界。若得见于佛,舍离一切障;长养无尽福,成就菩提道。如来能永断,一切众生疑,随其心所乐,普皆令满足。

大方广佛华严经卷第六十一

入法界品第三十九之二

尔时,普贤菩萨摩诃萨普观一切菩萨众会,以等法界方便、等虚空界方便、等众生界方便,等三世、等一切劫、等一切众生业、等一切众生欲、等一切众生解、等一切众生根、等一切众生成熟时、等一切法光影方便,为诸菩萨,以十种法句开发、显示、照明、演说此师子频申三昧。何等为十?所谓:演说能示现等法界一切佛刹微尘中,诸佛出兴次第、诸刹成坏次第法句;演说能示现等虚空界一切佛刹中,尽未来劫赞叹如来功德音声法句;演说能示现等虚空界一切佛刹中,如来出世无量无边成正觉门法句;演说能示现等虚空界一切佛刹中,佛坐道场菩萨众会法句;演说于一切毛孔,念念出现等三世一切佛变化身充满法界法句;演说能令一身充满十方一切刹海,平等显现法句;演说能令一切诸境界中,普现三世诸佛神变法句;演说能令一切佛刹微尘中,普现三世一切佛刹微尘数佛种种神变经无量劫法句;演说能令一切毛孔出生三世一切诸佛大愿海音,尽未来劫开发化导一切菩萨法句;演说能令佛师子座量同法界,菩萨众会道场庄严等无差别,尽未来劫转于种种微妙法轮法句。佛子!此十为首,有不可说佛刹微尘数法句,皆是如来智慧境界。

尔时,普贤菩萨欲重宣此义,承佛神力,观察如来,观察众会,观察诸佛难思境界,观察诸佛无边三昧,观察不可思议诸世界海,观察不可思议如幻法智,观察不可思议三世诸佛悉皆平等,观察一切无量无边诸言辞法,而说颂言:

一一毛孔中,微尘数刹海,悉有如来坐,皆具菩萨众。一一毛孔中,无量诸刹海,佛处菩提座,如是遍法界。一一毛孔中,一切刹尘佛,菩萨众围绕,为说普贤行。佛坐一国土,充满十方界,无量菩萨云,咸来集其所。亿刹微尘数,菩萨功德海,俱从会中起,遍满十方界。悉住普贤行,皆游法界海,普现一切刹,等入诸佛会。安坐一切刹,听闻一切法;一一国土中,亿劫修诸行。菩萨所修行,普明法海行,入于大愿海,住佛境界地。了达普贤行,出生诸佛法,具佛功德海,广现神通事。身云等尘数,充遍一切刹,普雨甘露法,令众住佛道。

尔时，世尊欲令诸菩萨安住如来师子频申广大三昧故，从眉间白毫相放大光明，其光名：普照三世法界门，以不可说佛刹微尘数光明而为眷属，普照十方一切世界海诸佛国土。时，逝多林菩萨大众，悉见一切尽法界、虚空界一切佛刹一一微尘中，各有一切佛刹微尘数诸佛国土，种种名、种种色、种种清净、种种住处、种种形相。如是一切诸国土中，皆有大菩萨坐于道场师子座上成等正觉，菩萨大众前后围绕，诸世间主而为供养；或见于不可说佛刹量大众会中，出妙音声充满法界，转正法轮；或见在天宫殿、龙宫殿、夜叉宫殿、乾闼婆、阿修罗、迦楼罗、紧那罗、摩睺罗伽、人、非人等诸宫殿中，或在人间村邑聚落、王都大处，现种种姓、种种名、种种身、种种相、种种光明，住种种威仪，入种种三昧，现种种神变，或时自以种种言音，或令种种诸菩萨等在于种种大众会中种种言辞说种种法。

如此会中，菩萨大众见于如是诸佛如来甚深三昧大神通力；如是尽法界、虚空界，东、西、南、北、四维、上、下一切方海中，依于众生心想而住，始从前际至今现在，一切国土身、一切众生身、一切虚空道，其中一一毛端量处，一一各有微尘数刹种种业起次第而住，悉有道场菩萨众会，皆亦如是见佛神力，不坏三世，不坏世间，于一切众生心中现其影像，随一切众生心乐出妙言音，普入一切众会中，普现一切众生前，色相有别，智慧无异，随其所应开示佛法，教化调伏一切众生未曾休息。其有见此佛神力者，皆是毗卢遮那如来于往昔时善根摄受，或昔曾以四摄所摄，或是见闻忆念亲近之所成熟，或是往昔教其令发阿耨多罗三藐三菩提心，或是往昔于诸佛所同种善根，或是过去以一切智善巧方便教化成熟，是故皆得入于如来不可思议甚深三昧；尽法界、虚空界大神通力，或入法身，或入色身，或入往昔所成就行，或入圆满诸波罗蜜，或入庄严清净行轮，或入菩萨诸地，或入成正觉力，或入佛所住三昧无差别大神变，或入如来力、无畏智，或入佛无碍辩才海。

彼诸菩萨以种种解、种种道、种种门、种种入、种种理趣、种种随顺、种种智慧、种种助道、种种方便、种种三昧，入如是等十不可说佛刹微尘数佛神变海方便门。云何种种三昧？所谓：普庄严法界三昧、普照一切三世无碍境界三昧、法界无差别智光明三昧、入如来境界不动转三昧、普照无边虚空三昧、入如来力三昧、佛无畏勇猛奋迅庄严三昧、一切法界旋转藏三昧、如月普现一切法界以无碍音大开演三昧、普清净法光明三昧、无碍缯法王幢三昧、一一境界中悉见一切诸佛海三昧、于一切世间悉现身三昧、入如来无差别身境界三昧、随一切世间转大悲藏三昧、知一切法无有迹三昧、知一切法究竟寂灭三昧、虽无所得而能变化普现世间三昧、普入一切刹三昧、庄严一切佛刹成正觉三昧、观一切世间主色相差别三昧、观一切众生境界无障碍三昧、能出生一切如来母三昧、能修行入一切佛海功德道三昧、一一境界中出现神变尽未来际三昧、入一切如来本事海三昧、尽未来际护持一切如来种性三昧、以决定解力令现在十方一切佛刹海皆清净三昧、一念中普照一切佛所住三昧、入一切境界无碍际三昧、令一切世界为一佛刹三昧、出一切佛变化身三昧、以金刚王智知一切诸根海三昧、知一切如来同一身三昧、知一切法界所安立悉住心念际三昧、于一切法界广大国土中示现涅槃三昧、令住最上处三昧、于一切佛刹现种种众生差别身三昧、普入一切佛智慧三昧、知一切法性相三昧、一念普知三世法三昧、念念中普现法界身三昧、以师子勇猛智知一切如来出兴次第三昧、于一切法界境界慧眼圆满三昧、勇猛趣向十力三昧、放一切功德圆满光明普照世间三昧、不动藏三昧、说一法普入一切法三昧、于一法以一切言音差别训释三昧、演说一切佛无二法三昧、知三世无碍际三昧、知一切劫无差别三昧、入十力微细方便三昧、于一切劫成就一切菩萨行不断绝三昧、十方普现身三昧、于法界自在成正觉三昧、生一切安隐受三昧、出一切庄严具庄严虚空界三昧、念念中出等众生数变化身云三昧、如来净空月光明三昧、常见一切如来住虚空三昧、开示一切佛庄严三昧、照明一切法义灯三昧、照十力境界三昧、三世一切佛幢相三昧、一切佛一密藏三昧、念念中所作皆究竟三昧、无尽福德藏三昧、见无边佛境界三昧、坚住一切法三昧、现一切如来变化悉令知见三昧、念念中佛日常出现三昧、一日中悉知三世所有法三昧、普音演说一切法性寂灭三昧、见一切佛自在力三昧、法界开敷莲华三昧、观诸法如虚空无住处三昧、十方海普入一方三昧、入一切法界无源底三昧、一切法海三昧、以寂静身放一切光明三昧、一念中现一切神通大愿三昧、一切时一切处成正觉三昧、以一庄严入一切法界三昧、普现一切诸佛身三昧、知一切众生广大殊胜神通智三昧、一念中其身遍法界三昧、现一乘净法界三昧、入普门法界示现大庄严三昧、住持一切佛法轮三昧、以一切法门庄严一法门三昧、以因陀罗网愿行摄一切众生界三昧、分别一切世界门三昧、乘莲华自在游步三昧、知一切众生种种差别神通智三昧、令其身恒现一切众生前三昧、知一切众生差别音声言辞海三昧、知一切众生差别智神通三昧、大悲平等藏三昧、一切佛入如来际三昧、观察一切如来解脱处师子频申三昧……。菩萨以如是等不可说佛刹微尘数三昧、入毗卢遮那如来念念充满一切法界三昧神变海。

其诸菩萨皆悉具足大智神通，明利自在，住于诸地，以广大智普观一切；从诸智慧种性而生，一切智智常现在前，得离痴翳清净智眼，为诸众生作调御师；住佛平等，于一切法无有分别；了达境界，知诸世间性皆寂灭无有依处；普诣一切诸佛国土而无所著，悉能观察一切诸法而无所住，遍入一切妙法宫殿而无所来；教化调伏一切世间，普为众生现安隐处；智慧解脱，为其所行；恒以智身住离贪际，超诸有海，示真实际；智光圆满，普见诸法；住于三昧，坚固不动；于诸众生恒起大悲，知诸法门悉皆如幻，一切众生悉皆如梦，一切如来悉皆如影，一切言音悉皆如响，一切诸法悉皆如化；善能积集殊胜行愿，智慧圆满，清净善巧，心极寂静；善入一切总持境界，具三昧力，勇猛无怯；获明智眼，住法界际，到一切法无所得处；修习无涯智慧大海，到智波罗蜜究竟彼岸，为般若波罗蜜之所摄持；以神通波罗蜜普入世间，依三昧波罗蜜得心自在；以不颠倒智知一切义，以巧分别智开示法藏，以现了智训释文辞，以大愿力说法无尽，以无所畏大师子吼；常乐观察无依处法，以净法眼普观一切，以净智月照世成坏，以智慧光照真实谛；福德智慧如金刚山，一切譬喻所不能及；善观诸法，慧根增长，勇猛精进，摧伏众魔；无量智慧，威光炽盛；其身超出一切世间，得一切法无碍智慧，善能悟解尽、无尽际；住于普际，入真实际，无相观智常现在前；善巧成就诸菩萨行，以无二智知诸境界，普见一切世间诸趣，遍往一切诸佛国土；智灯圆满，于一切法无诸暗障，放净法光照十方界；为诸世间真实福田，若见若闻所愿皆满，福德高大超诸世间，勇猛无畏摧诸外道；演微妙音遍一切刹，普见诸佛心无厌足；于佛法身已得自在，随所应化而为现身，一身充满一切佛刹；已得自在清净神通，乘大智舟，所往无碍，智慧圆满周遍法界；譬如日出普照世间，随众生心现其色像；知诸众生根性欲乐，入一切法无诤境界；知诸法性无生无起，能令小大自在相入；决了佛地甚深之趣，以无尽句说甚深义，于一句中演说一切修多罗海；获大智慧陀罗尼身，凡所受持永无忘失；一念能忆无量劫事，一念悉知三世一切诸众生智；恒以一切陀罗尼门，演说无边诸佛法海，常转不退清净法轮，令诸众生皆生智慧；得佛境界智慧光明，入于善见甚深三昧；入一切法无障碍际，于一切法胜智自在，一切境界清净庄严；普入十方一切法界，随其方所靡不咸至；一一尘中现成正觉，于无色性现一切色，以一切普入一方。其诸菩萨具如是等无边福智功德之藏，常为诸佛之所称叹，种种言辞说其功德不能令尽，靡不咸在逝多林中，深入如来功德大海，悉见于佛光明所照。

尔时，诸菩萨得不思议正法光明，心大欢喜，各于其身及以楼阁、诸庄严具，并其所坐师子之座，遍逝多林一切物中，化现种种大庄严云，充满一切十方法界。所谓：于念念中放大光明云，充满十方，悉能开悟一切众生；出一切摩尼宝铃云，充满十方，出微妙音，称扬赞叹三世诸佛一切功德；出一切音乐云，充满十方，音中演说一切众生诸业果报；出一切菩萨种种愿行色相云，充满十方，说诸菩萨所有大愿；出一切如来自在变化云，充满十方，演出一切诸佛如来语言音声；出一切菩萨相好庄严身云，充满十方，说诸如来于一切国土出兴次第；出三世如来道场云，充满十方，现一切如来成等正觉功德庄严；出一切龙王云，充满十方，雨一切诸香；出一切世主身云，充满十方,演说普贤菩萨之行;出一切宝庄严清净佛刹云,充满十方,现一切如来转正法轮。是诸菩萨以得不思议法光明故,法应如是,出兴此等不可说佛刹微尘数大神变庄严云。

尔时,文殊师利菩萨,承佛神力,欲重宣此逝多林中诸神变事,观察十方而说颂言:

汝应观此逝多林,以佛威神广无际,一切庄严皆示现,十方法界悉充满。十方一切诸国土,无边品类大庄严,于其座等境界中,色像分明皆显现。从诸佛子毛孔出,种种庄严宝焰云,及发如来微妙音,遍满十方一切刹。宝树华中现妙身,其身色相等梵王,从禅定起而游步,进止威仪恒寂静。如来一一毛孔内,常现难思变化身,皆如普贤大菩萨,种种诸相为严好。逝多林上虚空中,所有庄严发妙音,普说三世诸菩萨,成就一切功德海。逝多林中诸宝树,亦出无量妙音声,演说一切诸群生,种种业海各差别。林中所有众境界,悉现三世诸如来,一一皆起大神通,十方刹海微尘数。十方所有诸国土,一切刹海微尘数,悉入如来毛孔中,次第庄严皆现睹。所有庄严皆现佛,数等众生遍世间,一一咸放大光明,种种随宜化群品。香焰众华及宝藏,一切庄严殊妙云,靡不广大等虚空,遍满十方诸国土。十方三世一切佛,所有庄严妙道场,于此园林境界中,一一色像皆明现。一切普贤诸佛子,百千劫海庄严刹,其数无量等众生,莫不于此林中见。

尔时,彼诸菩萨,以佛三昧光明照故,即时得入如是三昧,一一皆得不可说佛刹微尘数大悲门,利益安乐一切众生;于其身上一一毛孔,皆出不可说佛刹微尘数光明;一一光明,皆化现不可说佛刹微尘数菩萨。其身形相如世诸主,普现一切众生之前,周匝遍满十方法界,种种方便教化调伏,或现不可说佛刹微尘数诸天宫殿无常门,或现不可说佛刹微尘数一切众生受生门,或现不可说佛刹微尘数一切菩萨修行门,或现不可说佛刹微尘数梦境门,或现不可说佛刹微尘数菩萨大愿门,或现不可说佛刹微尘数震动世界门,或现不可说佛刹微尘数分别世界门,或现不可说佛刹微尘数现生世界门,或现不可说佛刹微尘数檀波罗蜜门,或现不可说佛刹微尘数一切如来修诸功德种种苦行尸波罗蜜门,或现不可说佛刹微尘数割截肢体羼提波罗蜜门,或现不可说佛刹微尘数勤修毗梨耶波罗蜜门,或现不可说佛刹微尘数一切菩萨修诸三昧禅定解脱门,或现不可说佛刹微尘数佛道圆满智光明门,或现不可说佛刹微尘数勤求佛法为一文一句故舍无数身命门,或现不可说佛刹微尘数亲近一切佛谘问一切法心无疲厌门,或现不可说佛刹微尘数随诸众生时节欲乐往诣其所方便成熟令住一切智海光明门,或现不可说佛刹微尘数降伏众魔制诸外道显现菩萨福智力门,或现不可说佛刹微尘数知一切工巧明智门,或现不可说佛刹微尘数知一切众生差别明智门,或现不可说佛刹微尘数知一切法差别明智门,或现不可说佛刹微尘数知一切众生心乐差别明智门,或现不可说佛刹微尘数知一切众生根行、烦恼、习气明智门，或现不可说佛刹微尘数知一切众生种种业明智门，或现不可说佛刹微尘数开悟一切众生门……。以如是等不可说佛刹微尘数方便门，往诣一切众生住处而成熟之。所谓：或往天宫，或往龙宫，或往夜叉、乾闼婆、阿修罗、迦楼罗、紧那罗、摩睺罗伽宫，或往梵王宫，或往人王宫，或往阎罗王宫，或往畜生、饿鬼、地狱之所住处，以平等大悲、平等大愿、平等智慧、平等方便摄诸众生。或有见已而调伏者，或有闻已而调伏者，或有忆念而调伏者，或闻音声而调伏者，或闻名号而调伏者，或见圆光而调伏者，或见光网而调伏者；随诸众生心之所乐，皆诣其所令其获益。

佛子！此逝多林一切菩萨，为欲成熟诸众生故，或时现处种种严饰诸宫殿中，或时示现住自楼阁宝师子座，道场众会所共围绕，周遍十方皆令得见，然亦不离此逝多林如来之所。佛子！此诸菩萨，或时示现无量化身云，或现其身独一无侣。所谓：或现沙门身，或现婆罗门身，或现苦行身，或现充盛身，或现医王身，或现商主身，或现净命身，或现妓乐身，或现奉事诸天身，或现工巧技术身。往诣一切村营城邑、王都聚落、诸众生所，随其所应，以种种形相、种种威仪、种种音声、种种言论、种种住处，于一切世间犹如帝网行菩萨行。或说一切世间工巧事业，或说一切智慧照世明灯，或说一切众生业力所庄严，或说十方国土建立诸乘位，或说智灯所照一切法境界，教化成就一切众生，而亦不离此逝多林如来之所。

尔时，文殊师利童子从善住楼阁出，与无量同行菩萨，及常随侍卫诸金刚神、普为众生供养诸佛诸身众神、久发坚誓愿常随从诸足行神、乐闻妙法主地神、常修大悲主水神、智光照耀主火神、摩尼为冠主风神、明练十方一切仪式主方神、专勤除灭无明黑暗主夜神、一心匪懈阐明佛日主昼神、庄严法界一切虚空主空神、普度众生超诸有海主海神、常勤积集趣一切智助道善根高大如山主山神、常勤守护一切众生菩提心城主城神、常勤守护一切智智无上法城诸大龙王、常勤守护一切众生诸夜叉王、常令众生增长欢喜乾闼婆王、常勤除灭诸饿鬼趣鸠槃荼王、恒愿拔济一切众生出诸有海迦楼罗王、愿得成就诸如来身高出世间阿修罗王、见佛欢喜曲躬恭敬摩睺罗伽王、常厌生死恒乐见佛诸大天王、尊重于佛赞叹供养诸大梵王。文殊师利与如是等功德庄严诸菩萨众，出自住处，来诣佛所，右绕世尊，经无量匝，以诸供具种种供养；供养毕已，辞退南行，往于人间。

尔时，尊者舍利弗承佛神力，见文殊师利菩萨，与诸菩萨众会庄严，出逝多林，往于南方，游行人间；作如是念：我今当与文殊师利俱往南方。时，尊者舍利弗与六千比丘，前后围绕，出自住处，来诣佛所，顶礼佛足，具白世尊；世尊听许，右绕三匝，辞退而去，往文殊师利所。此六千比丘是舍利弗自所同住，出家未久，所谓：海觉比丘、善生比丘、福光比丘、大童子比丘、电生比丘、净行比丘、天德比丘、君慧比丘、梵胜比丘、寂慧比丘……。如是等，其数六千，悉曾供养无量诸佛，深植善根，解力广大，信眼明彻，其心宽博，观佛境界，了法本性，饶益众生，常乐勤求诸佛功德，皆是文殊师利说法教化之所成就。

尔时，尊者舍利弗在行道中观诸比丘，告海觉言：海觉！汝可观察文殊师利菩萨清净之身相好庄严，一切天人莫能思议。汝可观察文殊师利圆光映彻，令无量众生发欢喜心。汝可观察文殊师利光网庄严，除灭众生无量苦恼。汝可观察文殊师利众会具足，皆是菩萨往昔善根之所摄受。汝可观察文殊师利所行之路，左右八步，平坦庄严。汝可观察文殊师利所住之处，周回十方常有道场随逐而转。汝可观察文殊师利所行之路，具足无量福德庄严，左右两边有大伏藏，种种珍宝自然而出。汝可观察文殊师利曾供养佛，善根所流，一切树间出庄严藏。汝可观察文殊师利，诸世间主雨供具云，顶礼恭敬以为供养。汝可观察文殊师利，十方一切诸佛如来将说法时，悉放眉间白毫相光来照其身，从顶上入。

尔时，尊者舍利弗为诸比丘称扬赞叹、开示演说文殊师利童子有如是等无量功德具足庄严。彼诸比丘闻是说已，心意清净，信解坚固，喜不自持，举身踊跃，形体柔软，诸根悦豫，忧苦悉除，垢障咸尽，常见诸佛，深求正法，具菩萨根，得菩萨力，大悲大愿皆自出生，入于诸度甚深境界，十方佛海常现在前，于一切智深生信乐；即白尊者舍利弗言：唯愿大师将引我等，往诣于彼胜人之所。时，舍利弗即与俱行，至其所已，白言：仁者！此诸比丘，愿得奉觐。

尔时，文殊师利童子，无量自在菩萨围绕并其大众，如象王回观诸比丘。时，诸比丘顶礼其足，合掌恭敬，作如是言：我今奉见，恭敬礼拜，及余所有一切善根。唯愿仁者文殊师利、和尚舍利弗、世尊释迦牟尼，皆悉证知！如仁所有如是色身、如是音声、如是相好、如是自在，愿我一切悉当具得。

尔时，文殊师利菩萨告诸比丘言：

比丘！若善男子、善女人，成就十种趣大乘法，则能速入如来之地，况菩萨地！何者为十？所谓：积集一切善根，心无疲厌。见一切佛承事供养，心无疲厌。求一切佛法，心无疲厌。行一切波罗蜜，心无疲厌。成就一切菩萨三昧，心无疲厌。次第入一切三世，心无疲厌。普严净十方佛刹，心无疲厌。教化调伏一切众生，心无疲厌。于一切刹一切劫中成就菩萨行，心无疲厌。为成就一众生故，修行一切佛刹微尘数波罗蜜，成就如来十力；如是次第，为成熟一切众生界，成就如来一切力，心无疲厌。

比丘！若善男子、善女人，成就深信，发此十种无疲厌心，则能长养一切善根，舍离一切诸生死趣，超过一切世间种性，不堕声闻、辟支佛地，生一切如来家，具一切菩萨愿，学习一切如来功德，修行一切菩萨诸行，得如来力，摧伏众魔及诸外道，亦能除灭一切烦恼，入菩萨地，近如来地。

时，诸比丘闻此法已，则得三昧，名：无碍眼见一切佛境界。得此三昧故，悉见十方无量无边一切世界诸佛如来，及其所有道场众会；亦悉见彼十方世界一切诸趣所有众生；亦悉见彼一切世界种种差别；亦悉见彼一切世界所有微尘；亦悉见彼诸世界中，一切众生所住宫殿，以种种宝而为庄严；及亦闻彼诸佛如来种种言音演说诸法文辞训释，悉皆解了；亦能观察彼世界中一切众生诸根心欲；亦能忆念彼世界中一切众生前后十生；亦能忆念彼世界中过去、未来各十劫事；亦能忆念彼诸如来十本生事、十成正觉、十转法轮、十种神通、十种说法、十种教诫、十种辩才；又即成就十千菩提心、十千三昧、十千波罗蜜，悉皆清净；得大智慧圆满光明，得菩萨十神通，柔软微妙，住菩萨心，坚固不动。

尔时，文殊师利菩萨劝诸比丘住普贤行；住普贤行已，入大愿海；入大愿海已，成就大愿海。以成就大愿海故，心清净；心清净故，身清净；身清净故，身轻利；身清净、轻利故，得大神通无有退转；得此神通故，不离文殊师利足下，普于十方一切佛所悉现其身，具足成就一切佛法。

大方广佛华严经卷第六十二

入法界品第三十九之三

尔时，文殊师利菩萨劝诸比丘发阿耨多罗三藐三菩提心已，渐次南行，经历人间，至福城东，住庄严幢娑罗林中往昔诸佛曾所止住教化众生大塔庙处，亦是世尊于往昔时修菩萨行能舍无量难舍之处；是故，此林名称普闻无量佛刹，此处常为天、龙、夜叉、乾闼婆、阿修罗、迦楼罗、紧那罗、摩睺罗伽、人与非人之所供养。

时，文殊师利与其眷属到此处已，即于其处说普照法界修多罗，百万亿那由他修多罗以为眷属。说此经时，于大海中有无量百千亿诸龙而来其所；闻此法已，深厌龙趣，正求佛道，咸舍龙身，生天人中。一万诸龙，于阿耨多罗三藐三菩提得不退转；复有无量无数众生，于三乘中各得调伏。

时，福城人闻文殊师利童子在庄严幢娑罗林中大塔庙处，无量大众从其城出，来诣其所。时，有优婆塞，名曰：大智，与五百优婆塞眷属俱，所谓：须达多优婆塞、婆须达多优婆塞、福德光优婆塞、有名称优婆塞、施名称优婆塞、月德优婆塞、善慧优婆塞、大慧优婆塞、贤护优婆塞、贤胜优婆塞……如是等五百优婆塞俱，来诣文殊师利童子所，顶礼其足，右绕三匝，退坐一面。复有五百优婆夷，所谓：大慧优婆夷、善光优婆夷、妙身优婆夷、可乐身优婆夷、贤优婆夷、贤德优婆夷、贤光优婆夷、幢光优婆夷、德光优婆夷、善目优婆夷……如是等五百优婆夷，来诣文殊师利童子所，顶礼其足，右绕三匝，退坐一面。复有五百童子，所谓：善财童子、善行童子、善戒童子、善威仪童子、善勇猛童子、善思童子、善慧童子、善觉童子、善眼童子、善臂童子、善光童子……如是等五百童子，来诣文殊师利童子所，顶礼其足，右绕三匝，退坐一面。复有五百童女，所谓：善贤童女、大智居士女童女、贤称童女、美颜童女、坚慧童女、贤德童女、有德童女、梵授童女、德光童女、善光童女……如是等五百童女，来诣文殊师利童子所，顶礼其足，右绕三匝，退坐一面。

尔时，文殊师利童子知福城人悉已来集，随其心乐现自在身，威光赫奕蔽诸大众；以自在大慈令彼清凉，以自在大悲起说法心，以自在智慧知其心乐，以广大辩才将为说法。复于是时，观察善财以何因缘而有其名？知此童子初入胎时，于其宅内自然而出七宝楼阁，其楼阁下有七伏藏，于其藏上，地自开裂，生七宝牙，所谓：金、银、琉璃、玻璃、真珠、砗磲、码瑙。善财童子处胎十月然后诞生，形体支分端正具足；其七大藏，纵广高下各满七肘，从地涌出，光明照耀。复于宅中自然而有五百宝器，种种诸物自然盈满。所谓：金刚器中盛一切香，于香器中盛种种衣，美玉器中盛满种种上味饮食，摩尼器中盛满种种殊异珍宝，金器盛银，银器盛金，金银器中盛满琉璃及摩尼宝，玻璃器中盛满砗磲，砗磲器中盛满玻璃，码瑙器中盛满真珠，真珠器中盛满码瑙，火摩尼器中盛满水摩尼，水摩尼器中盛满火摩尼……。如是等五百宝器，自然出现。又雨众宝及诸财物，一切库藏悉令充满。以此事故，父母亲属及善相师共呼此儿，名曰：善财。又知此童子，已曾供养过去诸佛，深种善根，信解广大，常乐亲近诸善知识，身、语、意业皆无过失，净菩萨道，求一切智，成佛法器，其心清净犹如虚空，回向菩提无所障碍。

尔时，文殊师利菩萨如是观察善财童子已，安慰开喻，而为演说一切佛法。所谓：说一切佛积集法，说一切佛相续法，说一切佛次第法，说一切佛众会清净法，说一切佛法轮化导法，说一切佛色身相好法，说一切佛法身成就法，说一切佛言辞辩才法，说一切佛光明照耀法，说一切佛平等无二法。尔时，文殊师利童子为善财童子及诸大众说此法已，殷勤劝喻，增长势力，令其欢喜，发阿耨多罗三藐三菩提心，又令忆念过去善根；作是事已，即于其处，复为众生随宜说法，然后而去。

尔时，善财童子从文殊师利所闻佛如是种种功德，一心勤求阿耨多罗三藐三菩提，随文殊师利而说颂曰：

三有为城廓，憍慢为垣墙，诸趣为门户，爱水为池堑。愚痴闇所覆，贪恚火炽然，魔王作君主，童蒙依止住。贪爱为徽缠，谄诳为辔勒，疑惑蔽其眼，趣入诸邪道。悭嫉憍盈故，入于三恶处，或堕诸趣中，生老病死苦。妙智清净日，大悲圆满轮，能竭烦恼海，愿赐少观察！妙智清净月，大慈无垢轮，一切悉施安，愿垂照察我！一切法界王，法宝为先导，游空无所碍，愿垂教敕我！福智大商主，勇猛求菩提，普利诸群生，愿垂守护我！身被忍辱甲，手提智慧剑，自在降魔军，愿垂拔济我！住法须弥顶，定女常恭侍，灭惑阿修罗，帝释愿观我！三有凡愚宅，惑业地趣因，仁者悉调伏，如灯示我道。舍离诸恶趣，清净诸善道；超诸世间者，示我解脱门；世间颠倒执，常乐我净想；智眼悉能离，开我解脱门！善知邪正道，分别心无怯；一切决了人，示我菩提路！住佛正见地，长佛功德树，雨佛妙法华，示我菩提道！去来现在佛，处处悉周遍，如日出世间，为我说其道。善知一切业，深达诸乘行；智慧决定人，示我摩诃衍！愿轮大悲毂，信轴坚忍辖，功德宝庄校，令我载此乘！总持广大箱，慈愍庄严盖，辩才铃震响，使我载此乘！梵行为茵蓐，三昧为采女，法鼓震妙音，愿与我此乘！四摄无尽藏，功德庄严宝，惭愧为羁鞅，愿与我此乘！常转布施轮，恒涂净戒香，忍辱牢庄严，令我载此乘！禅定三昧箱，智慧方便轭，调伏不退转，令我载此乘！大愿清净轮，总持坚固力，智慧所成就，令我载此乘！普行为周校，悲心作徐转，所向皆无怯，令我载此乘！坚固如金刚，善巧如幻化，一切无障碍，令我载此乘！广大极清净，普与众生乐，虚空法界等，令我载此乘！净诸业惑轮，断诸流转苦，摧魔及外道，令我载此乘！智慧满十方，庄严遍法界，普洽众生愿，令我载此乘！清净如虚空，爱见悉除灭，利益一切众，令我载此乘！愿力速疾行，定心安隐住，普运诸含识，令我载此乘！如地不倾动，如水普饶益，如是运众生，令我载此乘！四摄圆满轮，总持清净光；如是智慧日，愿示我令见！已入法王位，已著智王冠，已系妙法缯，愿能慈顾我！

尔时，文殊师利菩萨如象王回，观善财童子，作如是言：善哉善哉！善男子！汝已发阿耨多罗三藐三菩提心，复欲亲近诸善知识，问菩萨行，修菩萨道。善男子！亲近供养诸善知识，是具一切智最初因缘，是故于此勿生疲厌。

善财白言：唯愿圣者广为我说，菩萨应云何学菩萨行？应云何修菩萨行？应云何趣菩萨行？应云何行菩萨行？应云何净菩萨行？应云何入菩萨行？应云何成就菩萨行？应云何随顺菩萨行？应云何忆念菩萨行？应云何增广菩萨行？应云何令普贤行速得圆满？

尔时，文殊师利菩萨为善财童子而说颂言：

善哉功德藏，能来至我所，发起大悲心，勤求无上觉。已发广大愿，除灭众生苦，普为诸世间，修行菩萨行。若有诸菩萨，不厌生死苦，则具普贤道，一切无能坏。福光福威力，福处福净海；汝为诸众生，愿修普贤行。汝见无边际，十方一切佛，皆悉听闻法，受持不忘失。汝于十方界，普见无量佛，成就诸愿海，具足菩萨行。若入方便海，安住佛菩提，能随导师学，当成一切智。汝遍一切刹，微尘等诸劫，修行普贤行，成就菩提道。汝于无量刹，无边诸劫海，修行普贤行，成满诸大愿。此无量众生，闻汝愿欢喜，皆发菩提意，愿学普贤乘。

尔时，文殊师利菩萨说此颂已，告善财童子言：

善哉善哉！善男子！汝已发阿耨多罗三藐三菩提心，求菩萨行。善男子！若有众生能发阿耨多罗三藐三菩提心，是事为难；能发心已，求菩萨行，倍更为难。

善男子！若欲成就一切智智，应决定求真善知识。善男子！求善知识勿生疲懈，见善知识勿生厌足，于善知识所有教诲皆应随顺，于善知识善巧方便勿见过失。

善男子！于此南方有一国土，名为：胜乐；其国有山，名曰：妙峰；于彼山中，有一比丘，名曰：德云。汝可往问：菩萨云何学菩萨行？菩萨云何修菩萨行？乃至菩萨云何于普贤行疾得圆满？德云比丘当为汝说。

尔时，善财童子闻是语已，欢喜踊跃，头顶礼足，绕无数匝，殷勤瞻仰，悲泣流泪。

辞退南行，向胜乐国，登妙峰山，于其山上东、西、南、北、四维、上、下观察求觅，渴仰欲见德云比丘。经于七日，见彼比丘在别山上徐步经行。见已往诣，顶礼其足，右绕三匝，于前而住，作如是言：圣者！我已先发阿耨多罗三藐三菩提心，而未知菩萨云何学菩萨行？云何修菩萨行？乃至应云何于普贤行疾得圆满？我闻圣者善能诱诲，唯愿垂慈，为我宣说：云何菩萨而得成就阿耨多罗三藐三菩提？

时，德云比丘告善财言：

善哉善哉！善男子！汝已能发阿耨多罗三藐三菩提心，复能请问诸菩萨行。如是之事，难中之难。所谓：求菩萨行，求菩萨境界，求菩萨出离道，求菩萨清净道，求菩萨清净广大心，求菩萨成就神通，求菩萨示现解脱门，求菩萨示现世间所作业，求菩萨随顺众生心，求菩萨生死涅槃门，求菩萨观察有为、无为心无所著。

善男子！我得自在决定解力，信眼清净，智光照曜，普观境界，离一切障，善巧观察，普眼明彻，具清净行，往诣十方一切国土，恭敬供养一切诸佛，常念一切诸佛如来，总持一切诸佛正法，常见一切十方诸佛。所谓：见于东方一佛、二佛、十佛、百佛、千佛、百千佛、亿佛、百亿佛、千亿佛、百千亿佛、那由他亿佛、百那由他亿佛、千那由他亿佛、百千那由他亿佛，乃至见无数、无量、无边、无等、不可数、不可称、不可思、不可量、不可说、不可说不可说佛，乃至见阎浮提微尘数佛、四天下微尘数佛、千世界微尘数佛、二千世界微尘数佛、三千世界微尘数佛、佛刹微尘数佛，乃至不可说不可说佛刹微尘数佛；如东方，南、西、北方，四维、上、下，亦复如是。一一方中所有诸佛，种种色相、种种形貌、种种神通、种种游戏、种种众会庄严道场、种种光明无边照耀、种种国土、种种寿命，随诸众生种种心乐，示现种种成正觉门，于大众中而师子吼。

善男子！我唯得此忆念一切诸佛境界智慧光明普见法门，岂能了知诸大菩萨无边智慧清净行门？所谓：智光普照念佛门，常见一切诸佛国土种种宫殿悉严净故；令一切众生念佛门，随诸众生心之所乐，皆令见佛得清净故；令安住力念佛门，令入如来十力中故；令安住法念佛门，见无量佛，听闻法故；照耀诸方念佛门，悉见一切诸世界中等无差别诸佛海故；入不可见处念佛门，悉见一切微细境中诸佛自在神通事故；住于诸劫念佛门，一切劫中常见如来诸所施为无暂舍故；住一切时念佛门，于一切时常见如来，亲近同住不舍离故；住一切刹念佛门，一切国土咸见佛身超过一切无与等故；住一切世念佛门，随于自心之所欲乐普见三世诸如来故；住一切境念佛门，普于一切诸境界中见诸如来次第现故；住寂灭念佛门，于一念中见一切刹一切诸佛示涅槃故；住远离念佛门，于一念中见一切佛从其所住而出去故；住广大念佛门，心常观察一一佛身充遍一切诸法界故；住微细念佛门，于一毛端有不可说如来出现，悉至其所而承事故；住庄严念佛门，于一念中见一切刹皆有诸佛成等正觉现神变故；住能事念佛门，见一切佛出现世间放智慧光转法轮故；住自在心念佛门，知随自心所有欲乐，一切诸佛现其像故；住自业念佛门，知随众生所积集业，现其影像令觉悟故；住神变念佛门，见佛所坐广大莲华周遍法界而开敷故；住虚空念佛门，观察如来所有身云庄严法界、虚空界故。而我云何能知能说彼功德行？

善男子！南方有国，名曰：海门；彼有比丘，名为：海云。汝往彼问：菩萨云何学菩萨行、修菩萨道？海云比丘能分别说发起广大善根因缘。善男子！海云比丘当令汝入广大助道位，当令汝生广大善根力，当为汝说发菩提心因，当令汝生广大乘光明，当令汝修广大波罗蜜，当令汝入广大诸行海，当令汝满广大誓愿轮，当令汝净广大庄严门，当令汝生广大慈悲力。

时，善财童子礼德云比丘足，右绕观察，辞退而去。

尔时，善财童子一心思惟善知识教，正念观察智慧光明门，正念观察菩萨解脱门，正念观察菩萨三昧门，正念观察菩萨大海门，正念观察诸佛现前门，正念观察诸佛方所门，正念观察诸佛轨则门，正念观察诸佛等虚空界门，正念观察诸佛出现次第门，正念观察诸佛所入方便门。

渐次南行，至海门国，向海云比丘所顶礼其足，右绕毕，于前合掌，作如是言：圣者！我已先发阿耨多罗三藐三菩提心，欲入一切无上智海，而未知菩萨云何能舍世俗家，生如来家？云何能度生死海，入佛智海？云何能离凡夫地，入如来地？云何能断生死流，入菩萨行流？云何能破生死轮，成菩萨愿轮？云何能灭魔境界，显佛境界？云何能竭爱欲海，长大悲海？云何能闭众难恶趣门，开诸大涅槃门？云何能出三界城，入一切智城？云何能弃舍一切玩好之物，悉以饶益一切众生？

时，海云比丘告善财言：善男子！汝已发阿耨多罗三藐三菩提心耶？

善财言：唯！我已先发阿耨多罗三藐三菩提心。

海云言：

善男子！若诸众生不种善根，则不能发阿耨多罗三藐三菩提心。要得普门善根光明，具真实道三昧智光，出生种种广大福海，长白净法无有懈息，事善知识不生疲厌，不顾身命无所藏积，等心如地无有高下，性常慈愍一切众生，于诸有趣专念不舍，恒乐观察如来境界；如是，乃能发菩提心。

发菩提心者。所谓：发大悲心，普救一切众生故；发大慈心，等佑一切世间故；发安乐心，令一切众生灭诸苦故；发饶益心，令一切众生离恶法故；发哀愍心，有怖畏者咸守护故；发无碍心，舍离一切诸障碍故；发广大心，一切法界咸遍满故；发无边心，等虚空界无不往故；发宽博心，悉见一切诸如来故；发清净心，于三世法智无违故；发智慧心，普入一切智慧海故。

善男子！我住此海门国十有二年，常以大海为其境界。所谓：思惟大海广大无量，思惟大海甚深难测，思惟大海渐次深广，思惟大海无量众宝奇妙庄严，思惟大海积无量水，思惟大海水色不同不可思议，思惟大海无量众生之所住处，思惟大海容受种种大身众生，思惟大海能受大云所雨之雨，思惟大海无增无减。

善男子！我思惟时，复作是念：世间之中，颇有广博过此海不？颇有无量过此海不？颇有甚深过此海不？颇有殊特过此海不？

善男子！我作是念时，此海之下，有大莲华忽然出现，以无能胜因陀罗尼罗宝为茎，吠琉璃宝为藏，阎浮檀金为叶，沉水为台，码瑙为须，芬敷布濩，弥覆大海。百万阿修罗王执持其茎，百万摩尼宝庄严网弥覆其上，百万龙王雨以香水，百万迦楼罗王衔诸璎珞及宝缯带周匝垂下，百万罗刹王慈心观察，百万夜叉王恭敬礼拜，百万乾闼婆王种种音乐赞叹供养，百万天王雨诸天华、天鬘、天香、天烧香、天涂香、天末香、天妙衣服、天幢幡盖，百万梵王头顶礼敬，百万净居天合掌作礼，百万转轮王各以七宝庄严供养，百万海神俱时出现恭敬顶礼，百万味光摩尼宝光明普照，百万净福摩尼宝以为庄严，百万普光摩尼宝为清净藏，百万殊胜摩尼宝其光赫奕，百万妙藏摩尼宝光照无边，百万阎浮幢摩尼宝次第行列，百万金刚师子摩尼宝不可破坏清净庄严，百万日藏摩尼宝广大清净，百万可乐摩尼宝具种种色，百万如意摩尼宝庄严无尽光明照耀。此大莲华，如来出世善根所起，一切菩萨皆生信乐，十方世界无不现前，从如幻法生、如梦法生、清净业生，无诤法门之所庄严，入无为印，住无碍门，充满十方一切国土，随顺诸佛甚深境界，于无数百千劫叹其功德不可得尽。

我时见彼莲华之上，有一如来结跏趺坐，其身从此上至有顶。宝莲华座不可思议，道场众会不可思议，诸相成就不可思议，随好圆满不可思议，神通变化不可思议，色相清净不可思议，无见顶相不可思议，广长舌相不可思议，善巧言说不可思议，圆满音声不可思议，无边际力不可思议，清净无畏不可思议，广大辩才不可思议。又念彼佛往修诸行不可思议，自在成道不可思议，妙音演法不可思议，普门示现种种庄严不可思议，随其左右见各差别不可思议，一切利益皆令圆满不可思议。

时，此如来即申右手而摩我顶，为我演说普眼法门，开示一切如来境界，显发一切菩萨诸行，阐明一切诸佛妙法，一切法轮悉入其中，能净一切诸佛国土，能摧一切异道邪论，能灭一切诸魔军众，能令众生皆生欢喜，能照一切众生心行，能了一切众生诸根，随众生心悉令开悟。

我从于彼如来之所闻此法门，受持读诵，忆念观察。假使有人，以大海量墨，须弥聚笔，书写于此普眼法门，一品中一门，一门中一法，一法中一义，一义中一句，不得少分，何况能尽！

善男子！我于彼佛所千二百岁，受持如是普眼法门，于日日中，以闻持陀罗尼光明，领受无数品；以寂静门陀罗尼光明，趣入无数品；以无边旋陀罗尼光明，普入无数品；以随地观察陀罗尼光明，分别无数品；以威力陀罗尼光明，普摄无数品；以莲华庄严陀罗尼光明，引发无数品；以清净言音陀罗尼光明，开演无数品；以虚空藏陀罗尼光明，显示无数品；以光聚陀罗尼光明，增广无数品；以海藏陀罗尼光明，辨析无数品。若有众生从十方来，若天、若天王，若龙、若龙王，若夜叉、若夜叉王，若乾闼婆、若乾闼婆王，若阿修罗、若阿修罗王，若迦楼罗、若迦楼罗王，若紧那罗、若紧那罗王，若摩睺罗伽、若摩睺罗伽王，若人、若人王，若梵、若梵王，如是一切来至我所，我悉为其开示解释、称扬赞叹，咸令爱乐、趣入、安住此诸佛菩萨行光明普眼法门。

善男子！我唯知此普眼法门。如诸菩萨摩诃萨深入一切菩萨行海，随其愿力而修行故；入大愿海，于无量劫住世间故；入一切众生海，随其心乐广利益故；入一切众生心海，出生十力无碍智光故；入一切众生根海，应时教化悉令调伏故；入一切刹海，成满本愿严净佛刹故；入一切佛海，愿常供养诸如来故；入一切法海，能以智慧咸悟入故；入一切功德海，一一修行令具足故；入一切众生言辞海，于一切刹转正法轮故。而我云何能知能说彼功德行？

善男子！从此南行六十由旬，楞伽道边有一聚落，名为：海岸；彼有比丘，名曰：善住。汝诣彼问：菩萨云何净菩萨行？

时，善财童子礼海云足，右绕瞻仰，辞退而去。

尔时，善财童子专念善知识教，专念普眼法门，专念佛神力，专持法句云，专入法海门，专思法差别，深入法漩澓，普入法虚空，净持法翳障，观察法宝处。

渐次南行，至楞伽道海岸聚落，观察十方，求觅善住。见此比丘于虚空中来往经行，无数诸天恭敬围绕，散诸天华，作天妓乐，幡幢缯绮悉各无数，遍满虚空以为供养；诸大龙王，于虚空中兴不思议沉水香云，震雷激电以为供养；紧那罗王奏众乐音，如法赞美以为供养；摩睺罗伽王以不思议极微细衣，于虚空中周回布设，心生欢喜，以为供养；阿修罗王兴不思议摩尼宝云，无量光明种种庄严，遍满虚空以为供养；迦楼罗王作童子形，无量采女之所围绕，究竟成就无杀害心，于虚空中合掌供养；不思议数诸罗刹王，无量罗刹之所围绕，其形长大，甚可怖畏，见善住比丘慈心自在，曲躬合掌瞻仰供养；不思议数诸夜叉王，各各悉有自众围绕，四面周匝恭敬守护；不思议数诸梵天王，于虚空中曲躬合掌，以人间法称扬赞叹；不思议数诸净居天，于虚空中与宫殿俱，恭敬合掌发弘誓愿。

时，善财童子见是事已，心生欢喜，合掌敬礼，作如是言：圣者！我已先发阿耨多罗三藐三菩提心，而未知菩萨云何修行佛法？云何积集佛法？云何备具佛法？云何熏习佛法？云何增长佛法？云何总摄佛法？云何究竟佛法？云何净治佛法？云何深净佛法？云何通达佛法？我闻圣者善能诱诲，唯愿慈哀，为我宣说：菩萨云何不舍见佛，常于其所精勤修习？菩萨云何不舍菩萨，与诸菩萨同一善根？菩萨云何不舍佛法，悉以智慧而得明证？菩萨云何不舍大愿，能普利益一切众生？菩萨云何不舍众行，住一切劫心无疲厌？菩萨云何不舍佛刹，普能严净一切世界？菩萨云何不舍佛力，悉能知见如来自在？菩萨云何不舍有为亦复不住，普于一切诸有趣中犹如变化，示受生死，修菩萨行？菩萨云何不舍闻法，悉能领受诸佛正教？菩萨云何不舍智光，普入三世智所行处？

时，善住比丘告善财言：

善哉善哉！善男子！汝已能发阿耨多罗三藐三菩提心，今复发心求问佛法、一切智法、自然者法。

善男子！我已成就菩萨无碍解脱门，若来若去，若行若止，随顺思惟，修习观察，即时获得智慧光明，名：究竟无碍。得此智慧光明故，知一切众生心行无所障碍，知一切众生殁生无所障碍，知一切众生宿命无所障碍，知一切众生未来劫事无所障碍，知一切众生现在世事无所障碍，知一切众生言语音声种种差别无所障碍，决一切众生所有疑问无所障碍，知一切众生诸根无所障碍，随一切众生应受化时悉能往赴无所障碍，知一切刹那、罗婆、牟呼栗多、日夜时分无所障碍，知三世海流转次第无所障碍，能以其身遍往十方一切佛刹无所障碍。何以故？得无住无作神通力故。

善男子！我以得此神通力故，于虚空中或行、或住、或坐、或卧、或隐、或显，或现一身，或现多身，穿度墙壁犹如虚空；于虚空中结跏趺坐，往来自在犹如飞鸟；入地如水，履水如地，遍身上下普出烟焰如大火聚。或时震动一切大地，或时以手摩触日月，或现其身高至梵宫。或现烧香云，或现宝焰云，或现变化云，或现光网云，皆悉广大弥覆十方。或一念中过于东方一世界、二世界、百世界、千世界、百千世界，乃至无量世界，乃至不可说不可说世界；或过阎浮提微尘数世界，或过不可说不可说佛刹微尘数世界。于彼一切诸佛国土佛世尊前听闻说法，一一佛所现无量佛刹微尘数差别身，一一身雨无量佛刹微尘数供养云，所谓：一切华云、一切香云、一切鬘云、一切末香云、一切涂香云、一切盖云、一切衣云、一切幢云、一切幡云、一切帐云，以一切身云而为供养。一一如来所有宣说，我皆受持；一一国土所有庄严，我皆忆念。如东方，南、西、北方，四维、上、下，亦复如是。如是一切诸世界中所有众生，若见我形，皆决定得阿耨多罗三藐三菩提。彼诸世界一切众生，我皆明见，随其大小、胜劣、苦乐，示同其形，教化成就。若有众生亲近我者，悉令安住如是法门。

善男子！我唯知此普速疾供养诸佛成就众生无碍解脱门。如诸菩萨持大悲戒、波罗蜜戒、大乘戒、菩萨道相应戒、无障碍戒、不退堕戒、不舍菩提心戒、常以佛法为所缘戒、于一切智常作意戒、如虚空戒、一切世间无所依戒、无失戒、无损戒、无缺戒、无杂戒、无浊戒、无悔戒、清净戒、离尘戒、离垢戒；如是功德，而我云何能知能说？

善男子！从此南方有国，名：达里鼻荼，城名：自在；其中有人，名曰：弥伽。汝诣彼问：菩萨云何学菩萨行、修菩萨道？

时，善财童子顶礼其足，右绕瞻仰，辞退而行。

大方广佛华严经卷第六十三

入法界品第三十九之四

尔时，善财童子一心正念法光明法门，深信趣入，专念于佛，不断三宝，叹离欲性，念善知识普照三世，忆诸大愿普救众生，不著有为，究竟思惟诸法自性，悉能严净一切世界，于一切佛众会道场心无所著。

渐次南行，至自在城，求觅弥伽。乃见其人于市肆中，坐于说法师子之座，十千人众所共围绕，说轮字庄严法门。时，善财童子顶礼其足，绕无量匝，于前合掌，而作是言：圣者！我已先发阿耨多罗三藐三菩提心，而我未知菩萨云何学菩萨行？云何修菩萨道？云何流转于诸有趣常不忘失菩提之心？云何得平等意坚固不动？云何获清净心无能沮坏？云何生大悲力恒不劳疲？云何入陀罗尼普得清净？云何发生智慧广大光明，于一切法离诸暗障？云何具无碍解辩才之力，决了一切甚深义藏？云何得正念力，忆持一切差别法轮？云何得净趣力，于一切趣普演诸法？云何得智慧力，于一切法悉能决定分别其义？

尔时，弥伽告善财言：善男子！汝已发阿耨多罗三藐三菩提心耶？善财言：唯！我已先发阿耨多罗三藐三菩提心。

弥伽遽即下师子座，于善财所五体投地，散金银华无价宝珠，及以上妙碎末栴檀、无量种衣以覆其上，复散无量种种香华、种种供具以为供养，然后起立而称叹言：

善哉善哉！善男子！乃能发阿耨多罗三藐三菩提心。善男子！若有能发阿耨多罗三藐三菩提心，则为不断一切佛种，则为严净一切佛刹，则为成熟一切众生，则为了达一切法性，则为悟解一切业种，则为圆满一切诸行，则为不断一切大愿，则如实解离贪种性，则能明见三世差别，则令信解永得坚固，则为一切如来所持，则为一切诸佛忆念，则与一切菩萨平等，则为一切贤圣赞喜，则为一切梵王礼觐，则为一切天主供养，则为一切夜叉守护，则为一切罗刹侍卫，则为一切龙王迎接，则为一切紧那罗王歌咏赞叹，则为一切诸世间主称扬庆悦，则令一切诸众生界悉得安隐。所谓：令舍恶趣故，令出难处故，断一切贫穷根本故，生一切天人快乐故，遇善知识亲近故，闻广大法受持故，生菩提心故，净菩提心故，照菩萨道故，入菩萨智故，住菩萨地故。

善男子！应知菩萨所作甚难，难出难值，见菩萨者倍更难有。菩萨为一切众生恃怙，生长成就故；为一切众生拯济，拔诸苦难故；为一切众生依处，守护世间故；为一切众生救护，令免怖畏故。菩萨如风轮，持诸世间不令堕落恶趣故；如大地，增长众生善根故；如大海，福德充满无尽故；如净日，智慧光明普照故；如须弥，善根高出故；如明月，智光出现故；如猛将，摧伏魔军故；如君主，佛法城中得自在故；如猛火，烧尽众生我爱心故；如大云，降霪无量妙法雨故；如时雨，增长一切信根芽故；如船师，示导法海津济处故；如桥梁，令其得度生死海故。

弥伽如是赞叹善财，令诸菩萨皆欢喜已，从其面门出种种光，普照三千大千世界。其中众生遇斯光已，诸龙神等乃至梵天悉皆来至弥伽之所。弥伽大士即以方便，为开示、演说、分别、解释轮字品庄严法门。彼诸众生闻此法已，皆于阿耨多罗三藐三菩提得不退转。

弥伽于是还升本座，告善财言：

善男子！我已获得妙音陀罗尼，能分别知三千大千世界中诸天语言、诸龙、夜叉、乾闼婆、阿修罗、迦楼罗、紧那罗、摩睺罗伽、人与非人及诸梵天所有语言。如此三千大千世界，十方无数乃至不可说不可说世界，悉亦如是。

善男子！我唯知此菩萨妙音陀罗尼光明法门。如诸菩萨摩诃萨，能普入一切众生种种想海、种种施设海、种种名号海、种种语言海，能普入说一切深密法句海、说一切究竟法句海、说一切所缘中有一切三世所缘法句海、说上法句海、说上上法句海、说差别法句海、说一切差别法句海，能普入一切世间咒术海、一切音声庄严轮、一切差别字轮际；如是功德，我今云何能知能说？

善男子！从此南行，有一聚落，名曰：住林；彼有长者，名曰：解脱。汝诣彼问：菩萨云何修菩萨行？菩萨云何成菩萨行？菩萨云何集菩萨行？菩萨云何思菩萨行？

尔时，善财童子以善知识故，于一切智法，深生尊重，深植净信，深自增益；礼弥伽足，涕泗悲泣，绕无量匝，恋慕瞻仰，辞退而行。

尔时，善财童子思惟诸菩萨无碍解陀罗尼光明庄严门，深入诸菩萨语言海门，忆念诸菩萨知一切众生微细方便门，观察诸菩萨清净心门，成就诸菩萨善根光明门，净治诸菩萨教化众生门，明利诸菩萨摄众生智门，坚固诸菩萨广大志乐门，住持诸菩萨殊胜志乐门，净治诸菩萨种种信解门，思惟诸菩萨无量善心门；誓愿坚固，心无疲厌；以诸甲胄而自庄严，精进深心不可退转，具不坏信；其心坚固，犹如金刚及那罗延，无能坏者；守持一切善知识教，于诸境界得不坏智；普门清净，所行无碍；智光圆满，普照一切；具足诸地总持光明，了知法界种种差别，无依无住，平等无二；自性清净而普庄严，于诸所行皆得究竟，智慧清净离诸执著；知十方差别法，智无障碍；往十方差别处，身不疲懈；于十方差别业，皆得明了；于十方差别佛，无不现见；于十方差别时，悉得深入；清净妙法充满其心，普智三昧明照其心，心恒普入平等境界；如来智慧之所照触，一切智流相续不断，若身若心不离佛法；一切诸佛神力所加，一切如来光明所照；成就大愿，愿身周遍一切刹网，一切法界普入其身。

渐次游行，十有二年，至住林城，周遍推求解脱长者。既得见已，五体投地，起立合掌，白言：

圣者！我今得与善知识会，是我获得广大善利。何以故？善知识者，难可得见，难可得闻，难可出现，难得奉事，难得亲近，难得承接，难可逢值，难得共居，难令喜悦，难得随逐。我今会遇，为得善利。

圣者！我已先发阿耨多罗三藐三菩提心，为欲事一切佛故，为欲值一切佛故,为欲见一切佛故,为欲观一切佛故,为欲知一切佛故,为欲证一切佛平等故,为欲发一切佛大愿故,为欲满一切佛大愿故,为欲具一切佛智光故,为欲成一切佛众行故,为欲得一切佛神通故,为欲具一切佛诸力故,为欲获一切佛无畏故,为欲闻一切佛法故,为欲受一切佛法故,为欲持一切佛法故,为欲解一切佛法故,为欲护一切佛法故,为欲与一切诸菩萨众同一体故,为欲与一切菩萨善根等无异故,为欲圆满一切菩萨波罗蜜故,为欲成就一切菩萨所修行故,为欲出生一切菩萨清净愿故,为欲得一切诸佛菩萨威神藏故,为欲得一切菩萨法藏无尽智慧大光明故,为欲得一切菩萨三昧广大藏故,为欲成就一切菩萨无量无数神通藏故,为欲以大悲藏教化调伏一切众生皆令究竟到边际故,为欲显现神变藏故,为于一切自在藏中悉以自心得自在故,为欲入于清净藏中以一切相而庄严故。

圣者!我今以如是心、如是意、如是乐、如是欲、如是希求、如是思惟、如是尊重、如是方便、如是究竟、如是谦下,至圣者所。我闻圣者善能诱诲诸菩萨众,能以方便阐明所得,示其道路,与其津梁,授其法门;令除迷倒障,拔犹豫箭,截疑惑网,照心稠林,浣心垢浊,令心洁白,使心清净,正心谄曲,绝心生死,止心不善,解心执著;于执著处令心解脱,于染爱处使心动转,令其速入一切智境,使其疾到无上法城;令住大悲,令住大慈,令入菩萨行,令修三昧门,令入证位,令观法性,令增长力,令修习行,普于一切,其心平等。唯愿圣者为我宣说:菩萨云何学菩萨行、修菩萨道?随所修习,疾得清净,疾得明了!

时,解脱长者以过去善根力、佛威神力、文殊师利童子忆念力故,即入菩萨三昧门,名:普摄一切佛刹无边旋陀罗尼。入此三昧已,得清净身。于其身中,显现十方各十佛刹微尘数佛,及佛国土、众会、道场、种种光明、诸庄严事,亦现彼佛往昔所行神通变化、一切大愿、助道之法、诸出离行、清净庄严,亦见诸佛成等正觉、转妙法轮、教化众生。如是一切,于其身中悉皆显现,无所障碍;种种形相、种种次第,如本而住,不相杂乱,所谓:种种国土、种种众会、种种道场、种种严饰。其中诸佛现种种神力、立种种乘道、示种种愿门,或于一世界处兜率宫而作佛事,或于一世界殁兜率宫而作佛事;如是,或有住胎,或复诞生,或处宫中,或复出家,或诣道场,或破魔军,或诸天、龙恭敬围绕,或诸世主劝请说法,或转法轮,或般涅槃,或分舍利,或起塔庙。彼诸如来于种种众会、种种世间、种种趣生、种种家族、种种欲乐、种种业行、种种语言、种种根性、种种烦恼随眠习气诸众生中,或处微细道场,或处广大道场,或处一由旬量道场,或处十由旬量道场,或处不可说不可说佛刹微尘数由旬量道场,以种种神通、种种言辞、种种音声、种种法门、种种总持门、种种辩才门,以种种圣谛海、种种无畏大师子吼,说诸众生种种善根、种种忆念,授种种菩萨记,说种种诸佛法。

彼诸如来所有言说,善财童子悉能听受,亦见诸佛及诸菩萨不可思议三昧神变。

尔时,解脱长者从三昧起,告善财童子言:

善男子!我已入出如来无碍庄严解脱门。

善男子!我入出此解脱门时,即见东方阎浮檀金光明世界,龙自在王如来、应、正等觉,道场众会之所围绕,毗卢遮那藏菩萨而为上首;又见南方速疾力世界,普香如来、应、正等觉,道场众会之所围绕,心王菩萨而为上首;又见西方香光世界,须弥灯王如来、应、正等觉,道场众会之所围绕,无碍心菩萨而为上首;又见北方袈裟幢世界,不可坏金刚如来、应、正等觉,道场众会之所围绕,金刚步勇猛菩萨而为上首;又见东北方一切上妙宝世界,无所得境界眼如来、应、正等觉,道场众会之所围绕,无所得善变化菩萨而为上首;又见东南方香焰光音世界,香灯如来、应、正等觉,道场众会之所围绕,金刚焰慧菩萨而为上首;又见西南方智慧日普光明世界,法界轮幢如来、应、正等觉,道场众会之所围绕,现一切变化幢菩萨而为上首;又见西北方普清净世界,一切佛宝高胜幢如来、应、正等觉,道场众会之所围绕,法幢王菩萨而为上首;又见上方佛次第出现无尽世界,无边智慧光圆满幢如来、应、正等觉,道场众会之所围绕,法界门幢王菩萨而为上首;又见下方佛光明世界,无碍智幢如来、应、正等觉,道场众会之所围绕,一切世间刹幢王菩萨而为上首。

善男子!我见如是等十方各十佛刹微尘数如来。彼诸如来不来至此,我不往彼。我若欲见安乐世界阿弥陀如来,随意即见;我若欲见栴檀世界金刚光明如来、妙香世界宝光明如来、莲华世界宝莲华光明如来、妙金世界寂静光如来、妙喜世界不动如来、善住世界师子如来、镜光明世界月觉如来、宝师子庄严世界毗卢遮那如来,如是一切,悉皆即见。然彼如来不来至此,我身亦不往诣于彼。知一切佛及与我心,悉皆如梦;知一切佛犹如影像,自心如水;知一切佛所有色相及以自心,悉皆如幻;知一切佛及以己心,悉皆如响。我如是知,如是忆念;所见诸佛,皆由自心。

善男子!当知菩萨修诸佛法,净诸佛刹,积集妙行,调伏众生,发大誓愿,入一切智自在游戏不可思议解脱之门,得佛菩提,现大神通,遍往一切十方法界,以微细智普入诸劫;如是一切,悉由自心。

是故,善男子!应以善法扶助自心,应以法水润泽自心,应于境界净治自心,应以精进坚固自心,应以忍辱坦荡自心,应以智证洁白自心,应以智慧明利自心,应以佛自在开发自心,应以佛平等广大自心,应以佛十力照察自心。

善男子!我唯于此如来无碍庄严解脱门而得入出。如诸菩萨摩诃萨得无碍智住无碍行,得常见一切佛三昧,得不住涅槃际三昧,了达三昧普门境界，于三世法悉皆平等，能善分身遍一切刹，住于诸佛平等境界，十方境界皆悉现前，智慧观察无不明了，于其身中悉现一切世界成坏，而于己身及诸世界不生二想；如是妙行，而我云何能知能说？

善男子！从此南行，至阎浮提畔，有一国土，名：摩利伽罗；彼有比丘，名曰：海幢。汝诣彼问：菩萨云何学菩萨行、修菩萨道？

时，善财童子顶礼解脱长者足，右绕观察，称扬赞叹，思惟恋仰，悲泣流泪——一心忆念：依善知识，事善知识，敬善知识，由善知识见一切智；于善知识不生违逆，于善知识心无谄诳，于善知识心常随顺；于善知识起慈母想，舍离一切无益法故；于善知识起慈父想，出生一切诸善法故。——辞退而去。

尔时，善财童子一心正念彼长者教，观察彼长者教，忆念彼不思议菩萨解脱门，思惟彼不思议菩萨智光明，深入彼不思议法界门，趣向彼不思议菩萨普入门，明见彼不思议如来神变，解了彼不思议普入佛刹，分别彼不思议佛力庄严，思惟彼不思议菩萨三昧解脱境界分位，了达彼不思议差别世界究竟无碍，修行彼不思议菩萨坚固深心，发起彼不思议菩萨大愿净业。

渐次南行，至阎浮提畔摩利聚落，周遍求觅海幢比丘。乃见其在经行地侧结跏趺坐，入于三昧，离出入息，无别思觉，身安不动。

从其足下，出无数百千亿长者、居士、婆罗门众，皆以种种诸庄严具庄严其身，悉著宝冠，顶系明珠，普往十方一切世界，雨一切宝、一切璎珞、一切衣服、一切饮食如法上味、一切华、一切鬘、一切香、一切涂香、一切欲乐资生之具，于一切处救摄一切贫穷众生，安慰一切苦恼众生，皆令欢喜心意清净，成就无上菩提之道。

从其两膝，出无数百千亿刹帝利、婆罗门众，皆悉聪慧，种种色相、种种形貌、种种衣服上妙庄严，普遍十方一切世界，爱语、同事摄诸众生。所谓：贫者令足，病者令愈，危者令安，怖者令止，有忧苦者咸使快乐；复以方便而劝导之，皆令舍恶，安住善法。

从其腰间，出等众生数无量仙人，或服草衣或树皮衣，皆执澡瓶，威仪寂静，周旋往返十方世界，于虚空中，以佛妙音，称赞如来，演说诸法；或说清净梵行之道，令其修习，调伏诸根；或说诸法皆无自性，使其观察，发生智慧；或说世间言论轨则，或复开示一切智智出要方便，令随次第各修其业。

从其两胁，出不思议龙、不思议龙女，示现不思议诸龙神变，所谓：雨不思议香云、不思议华云、不思议鬘云、不思议宝盖云、不思议宝幡云、不思议妙宝庄严具云、不思议大摩尼宝云、不思议宝璎珞云、不思议宝座云、不思议宝宫殿云、不思议宝莲华云、不思议宝冠云、不思议天身云、不思议采女云，悉遍虚空而为庄严，充满一切十方世界，诸佛道场而为供养，令诸众生皆生欢喜。

从胸前卍字中，出无数百千亿阿修罗王，皆悉示现不可思议自在幻力，令百世界皆大震动，一切海水自然涌沸，一切山王互相冲击，诸天宫殿无不动摇，诸魔光明无不隐蔽，诸魔兵众无不摧伏；普令众生，舍憍慢心，除怒害心，破烦恼山，息众恶法，长无斗诤，永共和善；复以幻力，开悟众生，令灭罪恶，令怖生死，令出诸趣，令离染著，令住无上菩提之心，令修一切诸菩萨行，令住一切诸波罗蜜，令入一切诸菩萨地，令观一切微妙法门，令知一切诸佛方便。如是所作，周遍法界。

从其背上，为应以二乘而得度者，出无数百千亿声闻、独觉；为著我者，说无有我；为执常者，说一切行皆悉无常；为贪行者，说不净观；为瞋行者，说慈心观；为痴行者，说缘起观；为等分行者，说与智慧相应境界法；为乐著境界者，说无所有法；为乐著寂静处者，说发大誓愿普饶益一切众生法。如是所作，周遍法界。

从其两肩，出无数百千亿诸夜叉、罗刹王，种种形貌、种种色相，或长或短，皆可怖畏，无量眷属而自围绕，守护一切行善众生，并诸贤圣、菩萨众会，若向正住及正住者；或时现作执金刚神，守护诸佛及佛住处，或遍守护一切世间。有怖畏者，令得安隐；有疾病者，令得除差；有苦恼者，令得免离；有过恶者，令其厌悔；有灾横者，令其息灭。如是利益一切众生，皆悉令其舍生死轮转正法轮。

从其腹，出无数百千亿紧那罗王，各有无数紧那罗女前后围绕；又出无数百千亿乾闼婆王，各有无数乾闼婆女前后围绕。各奏无数百千天乐，歌咏赞叹诸法实性，歌咏赞叹一切诸佛，歌咏赞叹发菩提心，歌咏赞叹修菩萨行，歌咏赞叹一切诸佛成正觉门，歌咏赞叹一切诸佛转法轮门，歌咏赞叹一切诸佛现神变门，开示演说一切诸佛般涅槃门，开示演说守护一切诸佛教门，开示演说令一切众生皆欢喜门，开示演说严净一切诸佛刹门，开示演说显示一切微妙法门，开示演说舍离一切诸障碍门，开示演说发生一切诸善根门。如是周遍十方法界。

从其面门，出无数百千亿转轮圣王，七宝具足，四兵围绕，放大舍光，雨无量宝；诸贫乏者悉使充足，令其永断不与取行；端正采女无数百千，悉以舍施心无所著，令其永断邪淫之行；令生慈心，不断生命；令其究竟常真实语，不作虚诳无益谈说；令摄他语，不行离间；令柔软语，无有粗恶；令常演说甚深决定明了之义，不作无义绮饰言辞；为说少欲，令除贪爱，心无瑕垢；为说大悲，令除忿怒，意得清净；为说实义，令其观察一切诸法，深入因缘，善明谛理，拔邪见刺，破疑惑山，一切障碍悉皆除灭。如是所作，充满法界。

从其两目，出无数百千亿日轮，普照一切诸大地狱及诸恶趣，皆令离苦；又照一切世界中间，令除黑暗；又照一切十方众生，皆令舍离愚痴翳障；于垢浊国土放清净光，白银国土放黄金色光，黄金国土放白银色光,琉璃国土放玻璃色光,玻璃国土放琉璃色光,砗磲国土放码瑙色光,码瑙国土放砗磲色光,帝青国土放日藏摩尼王色光,日藏摩尼王国土放帝青色光,赤真珠国土放月光网藏摩尼王色光,月光网藏摩尼王国土放赤真珠色光,一宝所成国土放种种宝色光,种种宝所成国土放一宝色光,照诸众生心之稠林,办诸众生无量事业,严饰一切世间境界,令诸众生心得清凉生大欢喜。如是所作,充满法界。

从其眉间白毫相中,出无数百千亿帝释,皆于境界而得自在,摩尼宝珠系其顶上,光照一切诸天宫殿,震动一切须弥山王,觉悟一切诸天大众;叹福德力,说智慧力,生其乐力,持其志力,净其念力,坚其所发菩提心力,赞乐见佛;令除世欲,赞乐闻法;令厌世境,赞乐观智;令绝世染,止修罗战,断烦恼诤,灭怖死心,发降魔愿,兴立正法须弥山王,成办众生一切事业。如是所作,周遍法界。

从其额上,出无数百千亿梵天,色相端严,世间无比,威仪寂静,言音美妙,劝佛说法,叹佛功德,令诸菩萨悉皆欢喜,能办众生无量事业,普遍一切十方世界。

从其头上,出无量佛刹微尘数诸菩萨众,悉以相好庄严其身,放无边光,说种种行。所谓:赞叹布施,令舍悭贪,得众妙宝庄严世界;称扬赞叹持戒功德,令诸众生永断诸恶,住于菩萨大慈悲戒;说一切有悉皆如梦,说诸欲乐无有滋味,令诸众生离烦恼缚;说忍辱力,令于诸法心得自在;赞金色身,令诸众生离瞋恚垢,起对治行,绝畜生道;叹精进行,令其远离世间放逸,皆悉勤修无量妙法;又为赞叹禅波罗蜜,令其一切心得自在;又为演说般若波罗蜜,开示正见,令诸众生乐自在智拔诸见毒;又为演说随顺世间种种所作,令诸众生虽离生死,而于诸趣自在受生;又为示现神通变化,说寿命自在,令诸众生发大誓愿;又为演说成就总持力、出生大愿力、净治三昧力、自在受生力;又为演说种种诸智,所谓:普知众生诸根智、普知一切心行智、普知如来十力智、普知诸佛自在智。如是所作,周遍法界。

从其顶上,出无数百千亿如来身,其身无等,诸相随好,清净庄严,威光赫奕如真金山,无量光明普照十方,出妙音声充满法界,示现无量大神通力,为一切世间普雨法雨。所谓:为坐菩提道场诸菩萨,雨普知平等法雨;为灌顶位诸菩萨,雨入普门法雨;为法王子位诸菩萨,雨普庄严法雨;为童子位诸菩萨,雨坚固山法雨;为不退位诸菩萨,雨海藏法雨;为成就正心位诸菩萨,雨普境界法雨;为方便具足位诸菩萨,雨自性门法雨;为生贵位诸菩萨,雨随顺世间法雨;为修行位诸菩萨,雨普悲愍法雨;为新学诸菩萨,雨积集藏法雨;为初发心诸菩萨,雨摄众生法雨;为信解诸菩萨,雨无尽境界普现前法雨;为色界诸众生,雨普门法雨;为诸梵天,雨普藏法雨;为诸自在天,雨生力法雨;为诸魔众,雨心幢法雨;为诸化乐天,雨净念法雨；为诸兜率天，雨生意法雨；为诸夜摩天，雨欢喜法雨；为诸忉利天，雨疾庄严虚空界法雨；为诸夜叉王，雨欢喜法雨；为诸乾闼婆王，雨金刚轮法雨；为诸阿修罗王，雨大境界法雨；为诸迦楼罗王，雨无边光明法雨；为诸紧那罗王，雨一切世间殊胜智法雨；为诸人王，雨无乐著法雨；为诸龙王，雨欢喜幢法雨；为诸摩睺罗伽王，雨大休息法雨；为诸地狱众生，雨正念庄严法雨；为诸畜生，雨智慧藏法雨；为阎罗王界众生，雨无畏法雨；为诸厄难处众生，雨普安慰法雨。悉令得入贤圣众会。如是所作，充满法界。

海幢比丘又于其身一切毛孔，一一皆出阿僧祇佛刹微尘数光明网，一一光明网具阿僧祇色相、阿僧祇庄严、阿僧祇境界、阿僧祇事业，充满十方一切法界。

尔时，善财童子一心观察海幢比丘，深生渴仰，忆念彼三昧解脱，思惟彼不思议菩萨三昧，思惟彼不思议利益众生方便海，思惟彼不思议无作用普庄严门，思惟彼庄严法界清净智，思惟彼受佛加持智，思惟彼出生菩萨自在力，思惟彼坚固菩萨大愿力，思惟彼增广菩萨诸行力。如是住立，思惟观察，经一日一夜，乃至经于七日七夜、半月、一月，乃至六月，复经六日。

过此已后，海幢比丘从三昧出。善财童子赞言：圣者！希有奇特！如此三昧最为甚深，如此三昧最为广大，如此三昧境界无量，如此三昧神力难思，如此三昧光明无等，如此三昧庄严无数，如此三昧威力难制，如此三昧境界平等，如此三昧普照十方，如此三昧利益无限，以能除灭一切众生无量苦故。所谓：能令一切众生离贫苦故，出地狱故，免畜生故，闭诸难门故，开人、天道故，令人、天众生喜乐故，令其爱乐禅境界故，能令增长有为乐故，能为显示出有乐故，能为引发菩提心故，能使增长福智行故，能令增长大悲心故，能令生起大愿力故，能令明了菩萨道故，能使庄严究竟智故，能令趣入大乘境故，能令照了普贤行故，能令证得诸菩萨地智光明故，能令成就一切菩萨诸愿行故，能令安住一切智智境界中故。圣者！此三昧者，名为何等？

海幢比丘言：善男子！此三昧名：普眼舍得，又名：般若波罗蜜境界清净光明，又名：普庄严清净门。善男子！我以修习般若波罗蜜故，得此普庄严清净三昧等百万阿僧祇三昧。

善财童子言：圣者！此三昧境界究竟唯如是耶？

海幢言：

善男子！入此三昧时，了知一切世界，无所障碍；往诣一切世界，无所障碍；超过一切世界，无所障碍；庄严一切世界，无所障碍；修治一切世界，无所障碍；严净一切世界，无所障碍；见一切佛，无所障碍；观一切佛广大威德，无所障碍；知一切佛自在神力，无所障碍；证一切佛诸广大力，无所障碍；入一切佛诸功德海，无所障碍；受一切佛无量妙法，无所障碍；入一切佛法中修习妙行，无所障碍；证一切佛转法轮平等智，无所障碍；入一切诸佛众会道场海，无所障碍；观十方佛法，无所障碍；大悲摄受十方众生，无所障碍；常起大慈充满十方，无所障碍；见十方佛心无厌足，无所障碍；入一切众生海，无所障碍；知一切众生根海，无所障碍；知一切众生诸根差别智，无所障碍。

善男子！我唯知此一般若波罗蜜三昧光明。如诸菩萨入智慧海，净法界境，达一切趣，遍无量刹，总持自在，三昧清净，神通广大，辩才无尽，善说诸地，为众生依；而我何能知其妙行，辨其功德，了其所行，明其境界，究其愿力，入其要门，达其所证，说其道分，住其三昧，见其心境，得其所有平等智慧？

善男子！从此南行，有一住处，名曰：海潮；彼有园林，名：普庄严；于其园中，有优婆夷，名曰：休舍。汝往彼问：菩萨云何学菩萨行、修菩萨道？

时，善财童子于海幢比丘所，得坚固身，获妙法财，入深境界，智慧明彻，三昧照耀，住清净解，见甚深法，其心安住诸清净门，智慧光明充满十方，心生欢喜，踊跃无量；五体投地，顶礼其足，绕无量匝，恭敬瞻仰，思惟观察，谘嗟恋慕，持其名号，想其容止，念其音声，思其三昧及彼大愿所行境界，受其智慧清净光明；辞退而行。

大方广佛华严经卷第六十四

入法界品第三十九之五

尔时，善财童子蒙善知识力，依善知识教，念善知识语，于善知识深心爱乐，作是念言：因善知识，令我见佛；因善知识，令我闻法。善知识者是我师傅，示导于我诸佛法故；善知识者是我眼目，令我见佛如虚空故；善知识者是我津济，令我得入诸佛如来莲华池故。

渐渐南行，至海潮处，见普庄严园，众宝垣墙周匝围绕，一切宝树行列庄严；一切宝华树，雨众妙华，布散其地；一切宝香树，香气氛氲，普熏十方；一切宝鬘树，雨大宝鬘，处处垂下；一切摩尼宝王树，雨大摩尼宝，遍布充满；一切宝衣树，雨种种色衣，随其所应，周匝敷布；一切音乐树，风动成音，其音美妙，过于天乐；一切庄严具树，各雨珍玩奇妙之物，处处分布，以为严饰。

其地清净无有高下，于中具有百万殿堂，大摩尼宝之所合成；百万楼阁，阎浮檀金以覆其上；百万宫殿，毗卢遮那摩尼宝间错庄严；一万浴池，众宝合成；七宝栏楯，周匝围绕；七宝阶道，四面分布；八功德水，湛然盈满，其水香气如天栴檀，金沙布底，水清宝珠周遍间错；凫雁、孔雀、俱枳罗鸟游戏其中，出和雅音；宝多罗树周匝行列，覆以宝网，垂诸金铃，微风徐摇，恒出美音；施大宝帐，宝树围绕，建立无数摩尼宝幢，光明普照百千由旬。其中复有百万陂池，黑栴檀泥凝积其底，一切妙宝以为莲华敷布水上，大摩尼华光色照耀园中。

复有广大宫殿，名：庄严幢，海藏妙宝以为其地，毗琉璃宝以为其柱，阎浮檀金以覆其上，光藏摩尼以为庄严，无数宝王光焰炽然，重楼挟阁种种庄饰；阿卢那香王、觉悟香王，皆出妙香普熏一切。其宫殿中，复有无量宝莲华座周回布列，所谓：照耀十方摩尼宝莲华座、毗卢遮那摩尼宝莲华座、照耀世间摩尼宝莲华座、妙藏摩尼宝莲华座、师子藏摩尼宝莲华座、离垢藏摩尼宝莲华座、普门摩尼宝莲华座、光严摩尼宝莲华座、安住大海藏清净摩尼王宝莲华座、金刚师子摩尼宝莲华座。

园中复有百万种帐，所谓：衣帐、鬘帐、香帐、华帐、枝帐、摩尼帐、真金帐、庄严具帐、音乐帐、象王神变帐、马王神变帐、帝释所著摩尼宝帐……如是等，其数百万。有百万大宝网弥覆其上，所谓：宝铃网、宝盖网、宝身网、海藏真珠网、绀琉璃摩尼宝网、师子摩尼网、月光摩尼网、种种形像众香网、宝冠网、宝璎珞网……如是等，其数百万。有百万大光明之所照耀，所谓：焰光摩尼宝光明、日藏摩尼宝光明、月幢摩尼宝光明、香焰摩尼宝光明、胜藏摩尼宝光明、莲华藏摩尼宝光明、焰幢摩尼宝光明、大灯摩尼宝光明、普照十方摩尼宝光明、香光摩尼宝光明……如是等，其数百万。常雨百万庄严具，百万黑栴檀香出妙音声，百万出过诸天曼陀罗华而以散之，百万出过诸天璎珞以为庄严，百万出过诸天妙宝鬘带处处垂下，百万出过诸天众色妙衣，百万杂色摩尼宝妙光普照，百万天子欣乐瞻仰头面作礼，百万采女于虚空中投身而下，百万菩萨恭敬亲近常乐闻法。

时，休舍优婆夷坐真金座，戴海藏真珠网，冠挂出过诸天真金宝钏，垂绀青发，大摩尼网庄严其首，师子口摩尼宝以为耳璫，如意摩尼宝王以为璎珞，一切宝网垂覆其身，百千亿那由他众生曲躬恭敬。东方有无量众生来诣其所，所谓：梵天、梵众天、大梵天、梵辅天、自在天，乃至一切人及非人；南、西、北方，四维、上、下，皆亦如是。其有见此优婆夷者，一切病苦悉得除灭，离烦恼垢，拔诸见刺，摧障碍山，入于无碍清净境界，增明一切所有善根，长养诸根；入一切智慧门，入一切总持门；一切三昧门、一切大愿门、一切妙行门、一切功德门，皆得现前；其心广大，具足神通，身无障碍，至一切处。

尔时，善财童子入普庄严园，周遍观察，见休舍优婆夷坐于妙座，往诣其所，顶礼其足，绕无数匝，白言：圣者！我已先发阿耨多罗三藐三菩提心，而未知菩萨云何学菩萨行？云何修菩萨道？我闻圣者善能诱诲，愿为我说！

休舍告言：

善男子！我唯得菩萨一解脱门，若有见闻忆念于我，与我同住，供给我者，悉不唐捐。善男子！若有众生不种善根，不为善友之所摄受，不为诸佛之所护念，是人终不得见于我。善男子！其有众生得见我者，皆于阿耨多罗三藐三菩提获不退转。

善男子！东方诸佛常来至此，处于宝座为我说法；南、西、北方，四维、上、下，一切诸佛悉来至此，处于宝座为我说法。善男子！我常不离见佛闻法，与诸菩萨而共同住。

善男子！我此大众，有八万四千亿那由他，皆在此园与我同行，悉于阿耨多罗三藐三菩提得不退转；其余众生住此园者，亦皆普入不退转位。

善财白言：圣者发阿耨多罗三藐三菩提心为久近耶？

答言：

善男子！我忆过去，于然灯佛所，修行梵行，恭敬供养，闻法受持；次前，于离垢佛所，出家学道，受持正法；次前，于妙幢佛所；次前，于胜须弥佛所；次前，于莲华德藏佛所；次前，于毗卢遮那佛所；次前，于普眼佛所；次前，于梵寿佛所；次前，于金刚脐佛所；次前，于婆楼那天佛所。善男子！我忆过去，于无量劫无量生中，如是次第三十六恒河沙佛所，皆悉承事，恭敬供养，闻法受持，净修梵行。于此已往，佛智所知，非我能测。

善男子！菩萨初发心无有量，充满一切法界故；菩萨大悲门无有量，普入一切世间故；菩萨大愿门无有量，究竟十方法界故；菩萨大慈门无有量，普覆一切众生故；菩萨所修行无有量，于一切刹一切劫中修习故；菩萨三昧力无有量，令菩萨道不退故；菩萨总持力无有量，能持一切世间故；菩萨智光力无有量，普能证入三世故；菩萨神通力无有量，普现一切刹网故；菩萨辩才力无有量，一音一切悉解故；菩萨清净身无有量，悉遍一切佛刹故。

善财童子言：圣者久如当得阿耨多罗三藐三菩提？

答言：

善男子！菩萨不为教化调伏一众生故发菩提心，不为教化调伏百众生故发菩提心，乃至不为教化调伏不可说不可说转众生故发菩提心；不为教化一世界众生故发菩提心，乃至不为教化不可说不可说转世界众生故发菩提心；不为教化阎浮提微尘数世界众生故发菩提心，不为教化三千大千世界微尘数世界众生故发菩提心，乃至不为教化不可说不可说转三千大千世界微尘数世界众生故发菩提心；不为供养一如来故发菩提心，乃至不为供养不可说不可说转如来故发菩提心；不为供养一世界中次第兴世诸如来故发菩提心，乃至不为供养不可说不可说转世界中次第兴世诸如来故发菩提心；不为供养一三千大千世界微尘数世界中次第兴世诸如来故发菩提心，乃至不为供养不可说不可说转佛刹微尘数世界中次第兴世诸如来故发菩提心；不为严净一世界故发菩提心，乃至不为严净不可说不可说转世界故发菩提心；不为严净一三千大千世界微尘数世界故发菩提心，乃至不为严净不可说不可说转三千大千世界微尘数世界故发菩提心；不为住持一如来遗法故发菩提心，乃至不为住持不可说不可说转如来遗法故发菩提心；不为住持一世界如来遗法故发菩提心，乃至不为住持不可说不可说转世界如来遗法故发菩提心；不为住持一阎浮提微尘数世界如来遗法故发菩提心，乃至不为住持不可说不可说转佛刹微尘数世界如来遗法故发菩提心。如是略说，不为满一佛誓愿故，不为往一佛国土故，不为入一佛众会故，不为持一佛法眼故，不为转一佛法轮故，不为知一世界中诸劫次第故，不为知一众生心海故，不为知一众生根海故，不为知一众生业海故，不为知一众生行海故，不为知一众生烦恼海故，不为知一众生烦恼习海故，乃至不为知不可说不可说转佛刹微尘数众生烦恼习海故，发菩提心。

欲教化调伏一切众生悉无余故发菩提心，欲承事供养一切诸佛悉无余故发菩提心，欲严净一切诸佛国土悉无余故发菩提心，欲护持一切诸佛正教悉无余故发菩提心，欲成满一切如来誓愿悉无余故发菩提心，欲往一切诸佛国土悉无余故发菩提心，欲入一切诸佛众会悉无余故发菩提心，欲知一切世界中诸劫次第悉无余故发菩提心，欲知一切众生心海悉无余故发菩提心，欲知一切众生根海悉无余故发菩提心，欲知一切众生业海悉无余故发菩提心，欲知一切众生行海悉无余故发菩提心，欲灭一切众生诸烦恼海悉无余故发菩提心，欲拔一切众生烦恼习海悉无余故发菩提心。善男子！取要言之，菩萨以如是等百万阿僧祇方便行故发菩提心。

善男子！菩萨行普入一切法皆证得故，普入一切刹悉严净故。是故，善男子！严净一切世界尽，我愿乃尽；拔一切众生烦恼习气尽，我愿乃满。

善财童子言：圣者！此解脱名为何等？

答言：

善男子！此解脱名：离忧安隐幢。善男子！我唯知此一解脱门。如诸菩萨摩诃萨，其心如海，悉能容受一切佛法；如须弥山，志意坚固，不可动摇；如善见药，能除众生烦恼重病；如明净日，能破众生无明闇障；犹如大地，能作一切众生依处；犹如好风，能作一切众生义利；犹如明灯，能为众生生智慧光；犹如大云，能为众生雨寂灭法；犹如净月，能为众生放福德光；犹如帝释，悉能守护一切众生。而我云何能知能说彼功德行？

善男子！于此南方海潮之处，有一国土，名：那罗素；中有仙人，名：毗目瞿沙。汝诣彼问：菩萨云何学菩萨行、修菩萨道？

时，善财童子顶礼其足，绕无数匝，殷勤瞻仰，悲泣流泪，作是思惟：得菩提难，近善知识难，遇善知识难，得菩萨诸根难，净菩萨诸根难，值同行善知识难，如理观察难，依教修行难，值遇出生善心方便难，值遇增长一切智法光明难。作是念已，辞退而行。

尔时，善财童子随顺思惟菩萨正教，随顺思惟菩萨净行，生增长菩萨福力心，生明见一切诸佛心，生出生一切诸佛心，生增长一切大愿心，生普见十方诸法心，生明照诸法实性心，生普散一切障碍心，生观察法界无闇心，生清净意宝庄严心，生摧伏一切众魔心。

渐渐游行，至那罗素国，周遍推求毗目瞿沙。见一大林，阿僧祇树以为庄严，所谓：种种叶树扶疏布濩，种种华树开敷鲜荣，种种果树相续成熟，种种宝树雨摩尼果，大栴檀树处处行列，诸沉水树常出好香，悦意香树妙香庄严，波吒罗树四面围绕，尼拘律树其身耸擢，阎浮檀树常雨甘果，优钵罗华、波头摩华以严池沼。

时，善财童子见彼仙人在栴檀树下敷草而坐，领徒一万，或著鹿皮，或著树皮，或复编草以为衣服，髻环垂鬓，前后围绕。善财见已，往诣其所，五体投地，作如是言：我今得遇真善知识。善知识者，则是趣向一切智门，令我得入真实道故；善知识者，则是趣向一切智乘，令我得至如来地故；善知识者，则是趣向一切智船，令我得至智宝洲故；善知识者，则是趣向一切智炬，令我得生十力光故；善知识者，则是趣向一切智道，令我得入涅槃城故；善知识者，则是趣向一切智灯，令我得见夷险道故；善知识者，则是趣向一切智桥，令我得度险恶处故；善知识者，则是趣向一切智盖，令我得生大慈凉故；善知识者，则是趣向一切智眼，令我得见法性门故；善知识者，则是趣向一切智潮，令我满足大悲水故。

作是语已，从地而起，绕无量匝，合掌前住，白言：圣者！我已先发阿耨多罗三藐三菩提心，而未知菩萨云何学菩萨行？云何修菩萨道？我闻圣者善能诱诲，愿为我说！

时，毗目瞿沙顾其徒众，而作是言：善男子！此童子已发阿耨多罗三藐三菩提心。善男子！此童子普施一切众生无畏，此童子普兴一切众生利益，此童子常观一切诸佛智海，此童子欲饮一切甘露法雨，此童子欲测一切广大法海，此童子欲令众生住智海中，此童子欲普发起广大悲云，此童子欲普雨于广大法雨，此童子欲以智月普照世间，此童子欲灭世间烦恼毒热，此童子欲长含识一切善根。

时，诸仙众闻是语已，各以种种上妙香华散善财上，投身作礼，围绕恭敬，作如是言：今此童子，必当救护一切众生，必当除灭诸地狱苦，必当永断诸畜生道，必当转去阎罗王界，必当关闭诸难处门，必当乾竭诸爱欲海，必令众生永灭苦蕴，必当永破无明黑闇，必当永断贪爱系缚，必以福德大轮围山围绕世间，必以智慧大宝须弥显示世间，必当出现清净智日，必当开示善根法藏，必使世间明识险易。

时，毗目瞿沙告群仙言：善男子！若有能发阿耨多罗三藐三菩提心,必当成就一切智道。此善男子已发阿耨多罗三藐三菩提心,当净一切佛功德地。

时,毗目瞿沙告善财童子言:善男子!我得菩萨无胜幢解脱。

善财白言:圣者!无胜幢解脱境界云何?

时,毗目仙人即申右手,摩善财顶,执善财手。即时,善财自见其身往十方十佛刹微尘数世界中,到十佛刹微尘数诸佛所,见彼佛刹及其众会、诸佛相好、种种庄严;亦闻彼佛随诸众生心之所乐而演说法,一文一句皆悉通达,各别受持无有杂乱;亦知彼佛以种种解净治诸愿;亦知彼佛以清净愿成就诸力;亦见彼佛随众生心所现色相;亦见彼佛大光明网,种种诸色清净圆满;亦知彼佛无碍智慧大光明力;又自见身于诸佛所,经一日夜或七日夜、半月、一月、一年、十年、百年、千年,或经亿年,或阿庾多亿年,或那由他亿年,或经半劫、或经一劫、百劫、千劫,或百千亿乃至不可说不可说佛刹微尘数劫。

尔时,善财童子为菩萨无胜幢解脱智光明照故,得毗卢遮那藏三昧光明;为无尽智解脱三昧光明照故,得普摄诸方陀罗尼光明;为金刚轮陀罗尼门光明照故,得极清净智慧心三昧光明;为普门庄严藏般若波罗蜜光明照故,得佛虚空藏轮三昧光明;为一切佛法轮三昧光明照故,得三世无尽智三昧光明。

时,彼仙人放善财手,善财童子即自见身还在本处。

时,彼仙人告善财言:善男子!汝忆念耶?

善财言:唯!此是圣者善知识力。

仙人言:

善男子!我唯知此菩萨无胜幢解脱。如诸菩萨摩诃萨成就一切殊胜三昧,于一切时而得自在,于一念顷出生诸佛无量智慧,以佛智灯而为庄严普照世间,一念普入三世境界,分形遍往十方国土,智身普入一切法界,随众生心普现其前观其根行而为利益,放净光明甚可爱乐;而我云何能知能说彼功德行、彼殊胜愿、彼庄严刹、彼智境界、彼三昧所行、彼神通变化、彼解脱游戏、彼身相差别、彼音声清净、彼智慧光明?

善男子!于此南方,有一聚落,名:伊沙那;有婆罗门,名曰:胜热。汝诣彼问:菩萨云何学菩萨行、修菩萨道?

时,善财童子欢喜踊跃,顶礼其足,绕无数匝,殷勤瞻仰,辞退南行。

尔时,善财童子为菩萨无胜幢解脱所照故,住诸佛不思议神力,证菩萨不思议解脱神通智,得菩萨不思议三昧智光明,得一切时熏修三昧智光明,得了知一切境界皆依想所住三昧智光明,得一切世间殊胜智光明;于一切处悉现其身,以究竟智说无二无分别平等法,以明净智普照境界;凡所闻法皆能忍受,清净信解,于法自性决定明了;心恒不舍菩萨妙行,求一切智永无退转,获得十力智慧光明,勤求妙法常无厌足，以正修行入佛境界，出生菩萨无量庄严，无边大愿悉已清净；以无穷尽智知无边世界网，以无怯弱心度无量众生海；了无边菩萨诸行境界，见无边世界种种差别，见无边世界种种庄严，入无边世界微细境界，知无边世界种种名号，知无边世界种种言说，知无边众生种种解，见无边众生种种行，见无边众生成熟行，见无边众生差别想；念善知识渐次游行，至伊沙那聚落，见彼胜热修诸苦行求一切智。四面火聚犹如大山，中有刀山高峻无极，登彼山上投身入火。

时，善财童子顶礼其足，合掌而立，作如是言：圣者！我已先发阿耨多罗三藐三菩提心，而未知菩萨云何学菩萨行？云何修菩萨道？我闻圣者善能诱诲，愿为我说！

婆罗门言：善男子！汝今若能上此刀山，投身火聚，诸菩萨行悉得清净。

时，善财童子作如是念：得人身难，离诸难难，得无难难，得净法难，得值佛难，具诸根难，闻佛法难，遇善人难，逢真善知识难，受如理正教难，得正命难，随法行难。此将非魔、魔所使耶？将非是魔险恶徒党，诈现菩萨善知识相，而欲为我作善根难、作寿命难，障我修行一切智道，牵我令入诸恶道中，欲障我法门、障我佛法？

作是念时，十千梵天，在虚空中，作如是言：

善男子！莫作是念！莫作是念！今此圣者得金刚焰三昧光明，发大精进，度诸众生，心无退转；欲竭一切贪爱海，欲截一切邪见网，欲烧一切烦恼薪，欲照一切惑稠林，欲断一切老死怖，欲坏一切三世障，欲放一切法光明。

善男子！我诸梵天多著邪见，皆悉自谓是自在者、是能作者，于世间中我是最胜。见婆罗门五热炙身，于自宫殿心不乐著，于诸禅定不得滋味，皆共来诣婆罗门所。时，婆罗门以神通力示大苦行为我说法，能令我等，灭一切见，除一切慢，住于大慈，行于大悲，起广大心，发菩提意，常见诸佛，恒闻妙法，于一切处心无所碍。

复有十千诸魔，在虚空中，以天摩尼宝散婆罗门上，告善财言：善男子！此婆罗门五热炙身时，其火光明映夺于我所有宫殿诸庄严具皆如聚墨，令我于中不生乐著，我与眷属来诣其所。此婆罗门为我说法，令我及余无量天子、诸天女等，皆于阿耨多罗三藐三菩提得不退转。

复有十千自在天王，于虚空中，各散天华，作如是言：善男子！此婆罗门五热炙身时，其火光明映夺我等所有宫殿诸庄严具皆如聚墨，令我于中不生爱著，即与眷属来诣其所。此婆罗门为我说法，令我于心而得自在，于烦恼中而得自在，于受生中而得自在，于诸业障而得自在，于诸三昧而得自在，于庄严具而得自在，于寿命中而得自在，乃至能于一切佛法而得自在。

复有十千化乐天王，于虚空中，作天音乐，恭敬供养，作如是言：善男子！此婆罗门五热炙身时，其火光明照我宫殿诸庄严具及诸采女，能令我等不受欲乐、不求欲乐、身心柔软，即与众俱来诣其所。时，婆罗门为我说法，能令我等心得清净、心得明洁、心得纯善、心得柔软、心生欢喜，乃至令得清净十力清净之身，生无量身，乃至令得佛身、佛语、佛声、佛心，具足成就一切智智。

复有十千兜率天王、天子、天女、无量眷属，于虚空中，雨众妙香，恭敬顶礼，作如是言：善男子！此婆罗门五热炙身时，令我等诸天及其眷属，于自宫殿无有乐著，共诣其所。闻其说法，能令我等不贪境界，少欲知足，心生欢喜，心得充满，生诸善根，发菩提心，乃至圆满一切佛法。

复有十千三十三天并其眷属、天子、天女，前后围绕，于虚空中，雨天曼陀罗华，恭敬供养，作如是言：善男子！此婆罗门五热炙身时，令我等诸天于天音乐不生乐著，共诣其所。时，婆罗门为我等说一切诸法无常败坏，令我舍离一切欲乐，令我断除憍慢放逸，令我爱乐无上菩提。又，善男子！我当见此婆罗门时，须弥山顶六种震动，我等恐怖，皆发菩提心坚固不动。

复有十千龙王，所谓：伊那跋罗龙王、难陀优波难陀龙王等，于虚空中，雨黑栴檀；无量龙女奏天音乐，雨天妙华及天香水，恭敬供养，作如是言：善男子！此婆罗门五热炙身时，其火光明普照一切诸龙宫殿，令诸龙众离热沙怖、金翅鸟怖，灭除瞋恚，身得清凉，心无垢浊，闻法信解，厌恶龙趣，以至诚心悔除业障，乃至发阿耨多罗三藐三菩提意住一切智。

复有十千夜叉王，于虚空中，以种种供具，恭敬供养此婆罗门及以善财，作如是言：善男子！此婆罗门五热炙身时，我及眷属悉于众生发慈愍心，一切罗刹、鸠槃荼等亦生慈心；以慈心故，于诸众生无所恼害而来见我。我及彼等，于自宫殿不生乐著，即与共俱，来诣其所。时，婆罗门即为我等如应说法，一切皆得身心安乐，又令无量夜叉、罗刹、鸠槃荼等发于无上菩提之心。

复有十千乾闼婆王，于虚空中，作如是言：善男子！此婆罗门五热炙身时，其火光明照我宫殿，悉令我等受不思议无量快乐，是故我等来诣其所。此婆罗门为我说法，能令我等于阿耨多罗三藐三菩提得不退转。

复有十千阿修罗王，从大海出，住在虚空，舒右膝轮，合掌前礼，作如是言：善男子！此婆罗门五热炙身时，我阿修罗所有宫殿、大海、大地，悉皆震动，令我等舍憍慢放逸，是故我等来诣其所。从其闻法，舍离谄诳，安住忍地，坚固不动，圆满十力。

复有十千迦楼罗王，勇力持王而为上首，化作外道童子之形，于虚空中唱如是言：善男子！此婆罗门五热炙身时，其火光明照我宫殿，一切震动皆悉恐怖，是故我等来诣其所。时，婆罗门即为我等如应说法，令修习大慈，称赞大悲，度生死海，于欲泥中拔济众生，叹菩提心，起方便智，随其所宜调伏众生。

复有十千紧那罗王，于虚空中，唱如是言：

善男子！此婆罗门五热炙身时，我等所住宫殿诸多罗树、诸宝铃网、诸宝缯带、诸音乐树、诸妙宝树及诸乐器，自然而出佛声、法声及不退转菩萨僧声、愿求无上菩提之声，云：某方、某国，有某菩萨，发菩提心；某方、某国，有某菩萨，修行苦行，难舍能舍，乃至清净一切智行；某方、某国，有某菩萨，往诣道场；乃至某方、某国，有某如来，作佛事已，而般涅槃。

善男子！假使有人，以阎浮提一切草木末为微尘，此微尘数可知边际，我宫殿中宝多罗树乃至乐器所说菩萨名、如来名、所发大愿、所修行等，无有能得知其边际。

善男子！我等以闻佛声、法声、菩萨僧声，生大欢喜，来诣其所。时，婆罗门即为我等如应说法，令我及余无量众生于阿耨多罗三藐三菩提得不退转。

复有无量欲界诸天，于虚空中，以妙供具，恭敬供养，唱如是言：善男子！此婆罗门五热炙身时，其火光明照阿鼻等一切地狱，诸所受苦悉令休息。我等见此火光明故，心生净信；以信心故，从彼命终，生于天中；为知恩故，而来其所，恭敬瞻仰，无有厌足。时，婆罗门为我说法，令无量众生发菩提心。

尔时，善财童子闻如是法，心大欢喜，于婆罗门所，发起真实善知识心，头顶礼敬，唱如是言：我于大圣善知识所生不善心，唯愿圣者容我悔过！

时，婆罗门即为善财而说颂言：

若有诸菩萨，顺善知识教，一切无疑惧，安住心不动。

当知如是人，必获广大利，坐菩提树下，成于无上觉。

尔时，善财童子即登刀山，自投火聚；未至中间，即得菩萨善住三昧；才触火焰，又得菩萨寂静乐神通三昧。善财白言：甚奇！圣者！如是刀山及大火聚，我身触时安隐快乐。

时，婆罗门告善财言：

善男子！我唯得此菩萨无尽轮解脱。如诸菩萨摩诃萨大功德焰，能烧一切众生见惑令无有余，必不退转无穷尽心、无懈怠心、无怯弱心，发如金刚藏那罗延心，疾修诸行无迟缓心，愿如风轮普持一切精进大誓皆无退转；而我云何能知能说彼功德行？

善男子！于此南方，有城名：师子奋迅；中有童女，名曰：慈行。汝诣彼问：菩萨云何学菩萨行、修菩萨道？

时，善财童子顶礼其足，绕无数匝，辞退而去。

大方广佛华严经卷第六十五

入法界品第三十九之六

尔时，善财童子于善知识所，起最极尊重心，生广大清净解，常念大乘，专求佛智，愿见诸佛，观法境界，无障碍智常现在前，决定了知诸法实际、常住际、一切三世诸刹那际、如虚空际、无二际、一切法无分别际、一切义无障碍际、一切劫无失坏际、一切如来无际之际；于一切佛心无分别，破众想网，离诸执著，不取诸佛众会道场，亦不取佛清净国土；知诸众生皆无有我，知一切声悉皆如响，知一切色悉皆如影。

渐次南行，至师子奋迅城，周遍推求慈行童女。闻此童女是师子幢王女，五百童女以为侍从，住毗卢遮那藏殿，于龙胜栴檀足金线网天衣座上而说妙法。善财闻已，诣王宫门，求见彼女。见无量众来入宫中，善财问言：诸人今者何所往诣？咸报之言：我等欲诣慈行童女听受妙法。善财童子即作是念：此王宫门既无限碍，我亦应入。

善财入已，见毗卢遮那藏殿，玻璃为地，琉璃为柱，金刚为壁，阎浮檀金以为垣墙，百千光明而为窗牖，阿僧祇摩尼宝而庄校之，宝藏摩尼镜周匝庄严，以世间最上摩尼宝而为庄饰，无数宝网罗覆其上，百千金铃出妙音声，有如是等不可思议众宝严饰。其慈行童女，皮肤金色，眼绀紫色，发绀青色，以梵音声而演说法。

善财见已，顶礼其足，绕无数匝，合掌前住，作如是言：圣者！我已先发阿耨多罗三藐三菩提心，而未知菩萨云何学菩萨行？云何修菩萨道？我闻圣者善能诱诲，愿为我说！

时，慈行童女告善财言：善男子！汝应观我宫殿庄严。

善财顶礼，周遍观察，见一一壁中、一一柱中、一一镜中、一一相中、一一形中、一一摩尼宝中、一一庄严具中、一一金铃中、一一宝树中、一一宝形像中、一一宝璎珞中，悉见法界一切如来，从初发心，修菩萨行，成满大愿，具足功德，成等正觉，转妙法轮，乃至示现入于涅槃；如是影像靡不皆现，如净水中普见虚空日月星宿所有众像，如此皆是慈行童女过去世中善根之力。

尔时，善财童子忆念所见诸佛之相，合掌瞻仰慈行童女。

尔时，童女告善财言：善男子！此是般若波罗蜜普庄严门，我于三十六恒河沙佛所求得此法。彼诸如来各以异门，令我入此般若波罗蜜普庄严门；一佛所演，余不重说。

善财白言：圣者！此般若波罗蜜普庄严门境界云何？

童女答言：

善男子！我入此般若波罗蜜普庄严门，随顺趣向，思惟观察，忆持分别时得普门陀罗尼，百万阿僧祇陀罗尼门皆悉现前。所谓：佛刹陀罗尼门、佛陀罗尼门、法陀罗尼门、众生陀罗尼门、过去陀罗尼门、未来陀罗尼门、现在陀罗尼门、常住际陀罗尼门、福德陀罗尼门、福德助道具陀罗尼门、智慧陀罗尼门、智慧助道具陀罗尼门、诸愿陀罗尼门、分别诸愿陀罗尼门、集诸行陀罗尼门、清净行陀罗尼门、圆满行陀罗尼门、业陀罗尼门、业不失坏陀罗尼门、业流注陀罗尼门、业所作陀罗尼门、舍离恶业陀罗尼门、修习正业陀罗尼门、业自在陀罗尼门、善行陀罗尼门、持善行陀罗尼门、三昧陀罗尼门、随顺三昧陀罗尼门、观察三昧陀罗尼门、三昧境界陀罗尼门、从三昧起陀罗尼门、神通陀罗尼门、心海陀罗尼门、种种心陀罗尼门、直心陀罗尼门、照心稠林陀罗尼门、调心清净陀罗尼门、知众生所从生陀罗尼门、知众生烦恼行陀罗尼门、知烦恼习气陀罗尼门、知烦恼方便陀罗尼门、知众生解陀罗尼门、知众生行陀罗尼门、知众生行不同陀罗尼门、知众生性陀罗尼门、知众生欲陀罗尼门、知众生想陀罗尼门、普见十方陀罗尼门、说法陀罗尼门、大悲陀罗尼门、大慈陀罗尼门、寂静陀罗尼门、言语道陀罗尼门、方便非方便陀罗尼门、随顺陀罗尼门、差别陀罗尼门、普入陀罗尼门、无碍际陀罗尼门、普遍陀罗尼门、佛法陀罗尼门、菩萨法陀罗尼门、声闻法陀罗尼门、独觉法陀罗尼门、世间法陀罗尼门、世界成陀罗尼门、世界坏陀罗尼门、世界住陀罗尼门、净世界陀罗尼门、垢世界陀罗尼门、于垢世界现净陀罗尼门、于净世界现垢陀罗尼门、纯垢世界陀罗尼门、纯净世界陀罗尼门、平坦世界陀罗尼门、不平坦世界陀罗尼门、覆世界陀罗尼门、因陀罗网世界陀罗尼门、世界转陀罗尼门、知依想住陀罗尼门、细入粗陀罗尼门、粗入细陀罗尼门、见诸佛陀罗尼门、分别佛身陀罗尼门、佛光明庄严网陀罗尼门、佛圆满音陀罗尼门、佛法轮陀罗尼门、成就佛法轮陀罗尼门、差别佛法轮陀罗尼门、无差别佛法轮陀罗尼门、解释佛法轮陀罗尼门、转佛法轮陀罗尼门、能作佛事陀罗尼门、分别佛众会陀罗尼门、入佛众会海陀罗尼门、普照佛力陀罗尼门、诸佛三昧陀罗尼门、诸佛三昧自在用陀罗尼门、诸佛所住陀罗尼门、诸佛所持陀罗尼门、诸佛变化陀罗尼门、佛知众生心行陀罗尼门、诸佛神通变现陀罗尼门、住兜率天宫乃至示现入于涅槃陀罗尼门、利益无量众生陀罗尼门、入甚深法陀罗尼门、入微妙法陀罗尼门、菩提心陀罗尼门、起菩提心陀罗尼门、助菩提心陀罗尼门、诸愿陀罗尼门、诸行陀罗尼门、神通陀罗尼门、出离陀罗尼门、总持清净陀罗尼门、智轮清净陀罗尼门、智慧清净陀罗尼门、菩提无量陀罗尼门、自心清净陀罗尼门。

善男子！我唯知此般若波罗蜜普庄严门。如诸菩萨摩诃萨，其心广大，等虚空界，入于法界，福德成满，住出世法，远世间行，智眼无翳，普观法界，慧心广大犹如虚空，一切境界悉皆明见，获无碍地大光明藏，善能分别一切法义，行于世行不染世法，能益于世非世所坏，普作一切世间依止，普知一切众生心行，随其所应而为说法，于一切时恒得自在；而我云何能知能说彼功德行？

善男子！于此南方，有一国土，名为：三眼；彼有比丘，名曰：善见。汝诣彼问：菩萨云何学菩萨行、修菩萨道？

时，善财童子顶礼其足，绕无数匝，恋慕瞻仰，辞退而行。

尔时，善财童子思惟菩萨所住行甚深，思惟菩萨所证法甚深，思惟菩萨所入处甚深，思惟众生微细智甚深，思惟世间依想住甚深，思惟众生所作行甚深，思惟众生心流注甚深，思惟众生如光影甚深，思惟众生名号甚深，思惟众生言说甚深，思惟庄严法界甚深，思惟种植业行甚深，思惟业庄饰世间甚深。

渐次游行，至三眼国，于城邑聚落、村邻市肆、川原山谷、一切诸处，周遍求觅善见比丘。

见在林中，经行往返，壮年美貌，端正可喜。其发绀青右旋不乱，顶有肉髻，皮肤金色，颈文三道，额广平正，眼目修广如青莲华，唇口丹洁如频婆果，胸摽卍字，七处平满，其臂纤长，其指网缦，手足掌中有金刚轮。其身殊妙如净居天，上下端直如尼拘陀树，诸相随好，悉皆圆满，如雪山王种种严饰，目视不瞬，圆光一寻。智慧广博犹如大海，于诸境界心无所动，若沈若举，若智非智，动转戏论，一切皆息。得佛所行平等境界，大悲教化一切众生，心无暂舍。为欲利乐一切众生，为欲开示如来法眼，为践如来所行之道，不迟不速，审谛经行。

无量天、龙、夜叉、乾闼婆、阿修罗、迦楼罗、紧那罗、摩睺罗伽、释、梵、护世、人与非人前后围绕，主方之神随方回转引导其前，足行诸神持宝莲华以承其足，无尽光神舒光破闇，阎浮幢林神雨众杂华，不动藏地神现诸宝藏，普光明虚空神庄严虚空，成就德海神雨摩尼宝，无垢藏须弥山神头顶礼敬曲躬合掌，无碍力风神雨妙香华，春和主夜神庄严其身举体投地，常觉主昼神执普照诸方摩尼幢住在虚空放大光明。

时，善财童子诣比丘所，顶礼其足，曲躬合掌，白言：圣者！我已先发阿耨多罗三藐三菩提心，求菩萨行。我闻圣者善能开示诸菩萨道，愿为我说：菩萨云何学菩萨行？云何修菩萨道？

善见答言：善男子！我年既少，出家又近。我此生中，于三十八恒河沙佛所净修梵行，或有佛所一日一夜净修梵行，或有佛所七日七夜净修梵行，或有佛所半月、一月、一岁、百岁、万岁、亿岁、那由他岁，乃至不可说不可说岁，或一小劫、或半大劫、或一大劫、或百大劫，乃至不可说不可说大劫，听闻妙法，受行其教，庄严诸愿，入所证处，净修诸行，满足六种波罗蜜海。亦见彼佛成道说法，各各差别，无有杂乱，住持遗教，乃至灭尽。亦知彼佛本所兴愿，以三昧愿力严净一切诸佛国土，以入一切行三昧力净修一切诸菩萨行，以普贤乘出离力清净一切佛波罗蜜。

又，善男子！我经行时，一念中，一切十方皆悉现前，智慧清净故；一念中，一切世界皆悉现前，经过不可说不可说世界故；一念中，不可说不可说佛刹皆悉严净，成就大愿力故；一念中，不可说不可说众生差别行皆悉现前，满足十力智故；一念中，不可说不可说诸佛清净身皆悉现前，成就普贤行愿力故；一念中，恭敬供养不可说不可说佛刹微尘数如来，成就柔软心供养如来愿力故；一念中，领受不可说不可说如来法，得证阿僧祇差别法住持法轮陀罗尼力故；一念中，不可说不可说菩萨行海皆悉现前，得能净一切行如因陀罗网愿力故；一念中，不可说不可说诸三昧海皆悉现前，得于一三昧门入一切三昧门皆令清净愿力故；一念中，不可说不可说诸根海皆悉现前，得了知诸根际于一根中见一切根愿力故；一念中，不可说不可说佛刹微尘数时皆悉现前，得于一切时转法轮众生界尽法轮无尽愿力故；一念中，不可说不可说一切三世海皆悉现前，得了知一切世界中一切三世分位智光明愿力故。

善男子！我唯知此菩萨随顺灯解脱门。如诸菩萨摩诃萨如金刚灯，于如来家真正受生，具足成就不死命根，常然智灯无有尽灭，其身坚固不可沮坏，现于如幻色相之身，如缘起法无量差别，随众生心各各示现，形貌色相世无伦匹，毒刃火灾所不能害，如金刚山无能坏者，降伏一切诸魔外道；其身妙好如真金山，于天人中最为殊特，名称广大靡不闻知，观诸世间咸对目前，演深法藏如海无尽，放大光明普照十方。若有见者，必破一切障碍大山，必拔一切不善根本，必令种植广大善根。如是之人，难可得见，难可出世；而我云何能知能说彼功德行？

善男子！于此南方，有一国土，名曰：名闻；于河渚中，有一童子，名：自在主。汝诣彼问：菩萨云何学菩萨行、修菩萨道？

时，善财童子为欲究竟菩萨勇猛清净之行，欲得菩萨大力光明，欲修菩萨无胜无尽诸功德行，欲满菩萨坚固大愿，欲成菩萨广大深心，欲持菩萨无量胜行，于菩萨法心无厌足，愿入一切菩萨功德，欲常摄御一切众生，欲超生死稠林旷野，于善知识常乐见闻，承事供养无有厌倦；顶礼其足，绕无量匝，殷勤瞻仰，辞退而去。

尔时，善财童子受善见比丘教已，忆念诵持，思惟修习，明了决定，于彼法门而得悟入。天、龙、夜叉、乾闼婆众前后围绕，向名闻国，周遍求觅自在主童子。

时，有天、龙、乾闼婆等，于虚空中告善财言：善男子！今此童子在河渚上。尔时，善财即诣其所，见此童子，十千童子所共围绕，聚沙为戏。善财见已，顶礼其足，绕无量匝，合掌恭敬，却住一面，白言：圣者！我已先发阿耨多罗三藐三菩提心，而未知菩萨云何学菩萨行？云何修菩萨道？愿为解说！

自在主言：

善男子！我昔曾于文殊师利童子所，修学书、数、算、印等法，即得悟入一切工巧神通智法门。善男子！我因此法门故，得知世间书、数、算、印界处等法，亦能疗治风痫、消瘦、鬼魅所著——如是所有一切诸病，亦能造立城邑聚落、园林台观、宫殿屋宅种种诸处，亦善调炼种种仙药，亦善营理田农商估一切诸业，取舍进退咸得其所；又善别知众生身相，作善作恶，当生善趣，当生恶趣，此人应得声闻乘道，此人应得缘觉乘道，此人应入一切智地，如是等事皆悉能知。亦令众生学习此法，增长决定究竟清净。

善男子！我亦能知菩萨算法。所谓：一百洛叉为一俱胝，俱胝俱胝为一阿庾多，阿庾多阿庾多为一那由他，那由他那由他为一频婆罗，频婆罗频婆罗为一矜羯罗；广说乃至，优钵罗优钵罗为一波头摩，波头摩波头摩为一僧祇，僧祇僧祇为一趣，趣趣为一喻，喻喻为一无数，无数无数为一无数转，无数转无数转为一无量，无量无量为一无量转，无量转无量转为一无边，无边无边为一无边转，无边转无边转为一无等，无等无等为一无等转，无等转无等转为一不可数，不可数不可数为一不可数转，不可数转不可数转为一不可称，不可称不可称为一不可称转，不可称转不可称转为一不可思，不可思不可思为一不可思转，不可思转不可思转为一不可量，不可量不可量为一不可量转，不可量转不可量转为一不可说，不可说不可说为一不可说转，不可说转不可说转为一不可说不可说，此又不可说不可说为一不可说不可说转。

善男子！我以此菩萨算法，算无量由旬广大沙聚，悉知其内颗粒多少；亦能算知东方所有一切世界种种差别次第安住，南西北方、四维上下亦复如是；亦能算知十方所有一切世界广狭大小及以名字，其中所有一切劫名、一切佛名、一切法名、一切众生名、一切业名、一切菩萨名、一切谛名，皆悉了知。

善男子！我唯知此一切工巧大神通智光明法门。如诸菩萨摩诃萨，能知一切诸众生数，能知一切诸法品类数，能知一切诸法差别数，能知一切三世数，能知一切众生名数，能知一切诸法名数，能知一切诸如来数，能知一切诸佛名数，能知一切诸菩萨数，能知一切菩萨名数；而我何能说其功德，示其所行，显其境界，赞其胜力，辨其乐欲，宣其助道，彰其大愿，叹其妙行，阐其诸度，演其清净，发其殊胜智慧光明？

善男子！于此南方，有一大城，名曰：海住；有优婆夷，名为：具足。汝诣彼问：菩萨云何学菩萨行、修菩萨道？

时，善财童子闻是语已，举身毛竖，欢喜踊跃，获得希有信乐宝心，成就广大利众生心，悉能明见一切诸佛出兴次第，悉能通达甚深智慧清净法轮，于一切趣皆随现身，了知三世平等境界，出生无尽功德大海,放大智慧自在光明,开三有城所有关钥;顶礼其足,绕无量匝,殷勤瞻仰,辞退而去。

尔时,善财童子观察思惟善知识教,犹如巨海受大云雨无有厌足,作是念言:善知识教,犹如春日,生长一切善法根苗;善知识教,犹如满月,凡所照及皆使清凉;善知识教,如夏雪山,能除一切诸兽热渴;善知识教,如芳池日,能开一切善心莲华;善知识教,如大宝洲,种种法宝充满其心;善知识教,如阎浮树,积集一切福智华果;善知识教,如大龙王,于虚空中游戏自在;善知识教,如须弥山无量善法,三十三天于中止住;善知识教,犹如帝释,众会围绕,无能映蔽,能伏异道、修罗军众。如是思惟。

渐次游行,至海住城,处处寻觅此优婆夷。时,彼众人咸告之言:善男子!此优婆夷在此城中所住宅内。善财闻已,即诣其门,合掌而立。

其宅广博,种种庄严,众宝垣墙周匝围绕,四面皆有宝庄严门。善财入已,见优婆夷处于宝座,盛年好色,端正可喜,素服垂发,身无璎珞,其身色相威德光明,除佛菩萨余无能及。于其宅内,敷十亿座,超出人、天一切所有,皆是菩萨业力成就。宅中无有衣服、饮食及余一切资生之物,但于其前置一小器。复有一万童女围绕,威仪色相如天采女,妙宝严具庄饰其身,言音美妙,闻者喜悦,常在左右,亲近瞻仰,思惟观察,曲躬低首,应其教命。彼诸童女,身出妙香,普熏一切;若有众生遇斯香者,皆不退转,无怒害心,无怨结心,无悭嫉心,无谄诳心,无险曲心,无憎爱心,无瞋恚心,无下劣心,无高慢心,生平等心,起大慈心,发利益心,住律仪心,离贪求心。闻其音者,欢喜踊跃;见其身者,悉离贪染。

尔时,善财既见具足优婆夷已,顶礼其足,恭敬围绕,合掌而立,白言:圣者!我已先发阿耨多罗三藐三菩提心,而未知菩萨云何学菩萨行?云何修菩萨道?我闻圣者善能诱诲,愿为我说!

彼即告言:

善男子!我得菩萨无尽福德藏解脱门,能于如是一小器中,随诸众生种种欲乐,出生种种美味饮食,悉令充满。假使百众生、千众生、百千众生、亿众生、百亿众生、千亿众生、百千亿那由他众生,乃至不可说不可说众生;假使阎浮提微尘数众生、一四天下微尘数众生,小千世界、中千世界、大千世界,乃至不可说不可说佛刹微尘数众生;假使十方世界一切众生,随其欲乐悉令充满,而其饮食无有穷尽亦不减少。如饮食,如是种种上味、种种床座、种种衣服、种种卧具、种种车乘、种种华、种种鬘、种种香、种种涂香、种种烧香、种种末香、种种珍宝、种种璎珞、种种幢、种种幡、种种盖、种种上妙资生之具,随意所乐悉令充足。

又,善男子!假使东方一世界中,声闻、独觉食我食已,皆证声闻、辟支佛果，住最后身；如一世界中，如是百世界、千世界、百千世界、亿世界、百亿世界、千亿世界、百千亿世界、百千亿那由他世界、阎浮提微尘数世界、一四天下微尘数世界、小千国土微尘数世界、中千国土微尘数世界、三千大千国土微尘数世界，乃至不可说不可说佛刹微尘数世界中，所有一切声闻、独觉食我食已，皆证声闻、辟支佛果，住最后身。如于东方，南、西、北方，四维、上、下，亦复如是。

又，善男子！东方一世界，乃至不可说不可说佛刹微尘数世界中，所有一生所系菩萨食我食已，皆菩提树下坐于道场，降伏魔军，成阿耨多罗三藐三菩提；如东方，南、西、北方，四维、上、下，亦复如是。

善男子！汝见我此十千童女眷属已不？

答言：已见。

优婆夷言：

善男子！此十千童女而为上首，如是眷属百万阿僧祇，皆悉与我同行、同愿、同善根、同出离道、同清净解、同清净念、同清净趣、同无量觉、同得诸根、同广大心、同所行境、同理、同义、同明了法、同净色相、同无量力、同最精进、同正法音、同随类音、同清净第一音、同赞无量清净功德、同清净业、同清净报、同大慈周普救护一切、同大悲周普成熟众生、同清净身业随缘集起令见者欣悦、同清净口业随世语言宣布法化、同往诣一切诸佛众会道场、同往诣一切佛刹供养诸佛、同能现见一切法门、同住菩萨清净行地。

善男子！是十千童女，能于此器取上饮食，一刹那顷遍至十方，供养一切后身菩萨、声闻、独觉，乃至遍及诸饿鬼趣，皆令充足。善男子！此十千女以我此器，能于天中充足天食，乃至人中充足人食。善男子！且待须臾，汝当自见。

说是语时，善财则见无量众生从四门入，皆优婆夷本愿所请。既来集已，敷座令坐，随其所须，给施饮食，悉使充足。告善财言：

善男子！我唯知此无尽福德藏解脱门。如诸菩萨摩诃萨一切功德，犹如大海甚深无尽，犹如虚空广大无际，如如意珠满众生愿，如大聚落所求皆得，如须弥山普集众宝，犹如奥藏常贮法财，犹如明灯破诸黑闇，犹如高盖普荫群生；而我云何能知能说彼功德行？

善男子！南方有城，名曰：大兴；彼有居士，名曰：明智。汝诣彼问：菩萨云何学菩萨行、修菩萨道？

时，善财童子顶礼其足，绕无量匝，瞻仰无厌，辞退而去。

尔时，善财童子得无尽庄严福德藏解脱光明已，思惟彼福德大海，观察彼福德虚空，趣彼福德聚，登彼福德山，摄彼福德藏，入彼福德渊，游彼福德池，净彼福德轮，见彼福德藏，入彼福德门，行彼福德道，修彼福德种。

渐次而行，至大兴城，周遍推求明智居士。于善知识心生渴仰，以善知识熏习其心，于善知识志欲坚固，方便求见诸善知识心不退转，愿得承事诸善知识心无懈倦；知由依止善知识故，能满众善；知由依止善知识故，能生众福；知由依止善知识故，能长众行；知由依止善知识故，不由他教，自能承事一切善友。如是思惟时，长其善根，净其深心，增其根性，益其德本，加其大愿，广其大悲，近一切智，具普贤道，照明一切诸佛正法，增长如来十力光明。

尔时，善财见彼居士在其城内市四衢道七宝台上，处无数宝庄严之座。其座妙好，清净摩尼以为其身，金刚帝青以为其足，宝绳交络，五百妙宝而为校饰；敷天宝衣，建天幢幡，张大宝网，施大宝帐；阎浮檀金以为其盖，毗琉璃宝以为其竿，令人执持以覆其上；鹅王羽翮清净严洁以为其扇；熏众妙香，雨众天华；左右常奏五百乐音，其音美妙过于天乐，众生闻者无不悦豫。十千眷属前后围绕，色相端严，人所喜见，天庄严具以为严饰，于天人中最胜无比，悉已成就菩萨志欲，皆与居士同昔善根，侍立瞻对，承其教命。

尔时，善财顶礼其足，绕无量匝，合掌而立，白言：圣者！我为利益一切众生故，为令一切众生出诸苦难故，为令一切众生究竟安乐故，为令一切众生出生死海故，为令一切众生住法宝洲故，为令一切众生枯竭爱河故，为令一切众生起大慈悲故，为令一切众生舍离欲爱故，为令一切众生渴仰佛智故，为令一切众生出生死旷野故，为令一切众生乐诸佛功德故，为令一切众生出三界城故，为令一切众生入一切智城故，发阿耨多罗三藐三菩提心，而未知菩萨云何学菩萨行，云何修菩萨道，能为一切众生作依止处？

长者告言：

善哉善哉！善男子！汝乃能发阿耨多罗三藐三菩提心。

善男子！发阿耨多罗三藐三菩提心，是人难得。若能发心，是人则能求菩萨行，值遇善知识恒无厌足，亲近善知识恒无劳倦，供养善知识恒不疲懈，给侍善知识不生忧戚，求觅善知识终不退转，爱念善知识终不放舍，承事善知识无暂休息，瞻仰善知识无时憩止，行善知识教未曾怠惰，禀善知识心无有误失。

善男子！汝见我此众会人不？

善财答言：唯然！已见。

居士言：

善男子！我已令其发阿耨多罗三藐三菩提心，生如来家，增长白法，安住无量诸波罗蜜，学佛十力，离世间种，住如来种，弃生死轮，转正法轮，灭三恶趣，住正法趣，如诸菩萨悉能救护一切众生。

善男子！我得随意出生福德藏解脱门，凡有所须悉满其愿。所谓：衣服、璎珞、象马、车乘、华香、幢盖、饮食、汤药、房舍、屋宅、床座、灯炬、奴婢、牛羊及诸侍使，如是一切资生之物，诸有所须悉令充满,乃至为说真实妙法。善男子!且待须臾,汝当自见。

说是语时,无量众生从种种方所、种种世界、种种国土、种种城邑,形类各别,爱欲不同,皆以菩萨往昔愿力,其数无边俱来集会,各随所欲而有求请。

尔时,居士知众普集,须臾系念,仰视虚空;如其所须,悉从空下,一切众会普皆满足。然后复为说种种法。所谓:为得美食而充足者,与说种种集福德行、离贫穷行、知诸法行、成就法喜禅悦食行、修习具足诸相好行、增长成就难屈伏行、善能了达无上食行、成就无尽大威德力降魔怨行;为得好饮而充足者,与其说法,令于生死,舍离爱著,入佛法味;为得种种诸上味者,与其说法,皆令获得诸佛如来上味之相;为得车乘而充足者,与其宣说种种法门,皆令得载摩诃衍乘;为得衣服而充足者,与其说法,令得清净惭愧之衣,乃至如来清净妙色。如是一切靡不周赡,然后悉为如应说法。既闻法已,还归本处。

尔时,居士为善财童子示现菩萨不可思议解脱境界已,告言:

善男子!我唯知此随意出生福德藏解脱门。如诸菩萨摩诃萨成就宝手,遍覆一切十方国土,以自在力普雨一切资生之具,所谓:雨种种色宝、种种色璎珞、种种色宝冠、种种色衣服、种种色音乐、种种色华、种种色香、种种色末香、种种色烧香、种种色宝盖、种种色幢幡,遍满一切众生住处,及诸如来众会道场,或以成熟一切众生,或以供养一切诸佛;而我云何能知能说彼诸功德自在神力?

善男子!于此南方,有一大城,名:师子宫;彼有长者,名:法宝髻。汝可往问:菩萨云何学菩萨行、修菩萨道?

时,善财童子欢喜踊跃,恭敬尊重,如弟子礼,作如是念:由此居士护念于我,令我得见一切智道,不断爱念善知识见,不坏尊重善知识心,常能随顺善知识教,决定深信善知识语,恒发深心事善知识。顶礼其足,绕无量匝,殷勤瞻仰,辞退而去。

大方广佛华严经卷第六十六

入法界品第三十九之七

尔时,善财童子于明智居士所,闻此解脱已,游彼福德海,治彼福德田,仰彼福德山,趣彼福德津,开彼福德藏,观彼福德法,净彼福德轮,味彼福德聚,生彼福德力,增彼福德势。

渐次而行,向师子城,周遍推求宝髻长者。见此长者在于市中,遽即往诣,顶礼其足,绕无数匝,合掌而立,白言:圣者!我已先发阿耨多罗三藐三菩提心,而未知菩萨云何学菩萨行?云何修菩萨道?善哉圣者!愿为我说诸菩萨道,我乘此道趣一切智!

尔时，长者执善财手，将诣所居，示其舍宅，作如是言：善男子！且观我家。

尔时，善财见其舍宅，清净光明，真金所成，白银为墙，玻璃为殿，绀琉璃宝以为楼阁，砗磲妙宝而作其柱，百千种宝周遍庄严；赤珠摩尼为师子座；摩尼为帐，真珠为网，弥覆其上；码瑙宝池香水盈满，无量宝树周遍行列；其宅广博，十层八门。

善财入已，次第观察。见最下层，施诸饮食。见第二层，施诸宝衣。见第三层，布施一切宝庄严具。见第四层，施诸采女并及一切上妙珍宝。见第五层，乃至五地菩萨云集，演说诸法利益世间，成就一切陀罗尼门、诸三昧印、诸三昧行智慧光明。见第六层，有诸菩萨皆已成就甚深智慧，于诸法性明了通达，成就广大总持三昧无障碍门，所行无碍，不住二法，在不可说妙庄严道场中而共集会，分别显示般若波罗蜜门，所谓：寂静藏般若波罗蜜门、善分别诸众生智般若波罗蜜门、不可动转般若波罗蜜门、离欲光明般若波罗蜜门、不可降伏藏般若波罗蜜门、照众生轮般若波罗蜜门、海藏般若波罗蜜门、普眼舍得般若波罗蜜门、入无尽藏般若波罗蜜门、一切方便海般若波罗蜜门、入一切世间海般若波罗蜜门、无碍辩才般若波罗蜜门、随顺众生般若波罗蜜门、无碍光明般若波罗蜜门、常观宿缘而布法云般若波罗蜜门……说如是等百万阿僧祇般若波罗蜜门。见第七层，有诸菩萨得如响忍，以方便智分别观察而得出离，悉能闻持诸佛正法。见第八层，无量菩萨共集其中，皆得神通无有退堕，能以一音遍十方刹，其身普现一切道场，尽于法界靡不周遍，普入佛境，普见佛身，普于一切佛众会中而为上首演说于法。见第九层，一生所系诸菩萨众于中集会。见第十层，一切如来充满其中，从初发心，修菩萨行，超出生死，成满大愿及神通力，净佛国土道场众会，转正法轮，调伏众生。如是一切，悉使明见。

尔时，善财见是事已，白言：圣者！何缘致此清净众会？种何善根获如是报？

长者告言：

善男子！我念过去，过佛刹微尘数劫，有世界，名：圆满庄严，佛号：无边光明法界普庄严王如来、应、正等觉，十号圆满。彼佛入城，我奏乐音，并烧一丸香而以供养，以此功德回向三处，谓：永离一切贫穷困苦、常见诸佛及善知识、恒闻正法，故获斯报。

善男子！我唯知此菩萨无量福德宝藏解脱门。如诸菩萨摩诃萨，得不思议功德宝藏，入无分别如来身海，受无分别无上法云，修无分别功德道具，起无分别普贤行网，入无分别三昧境界，等无分别菩萨善根，住无分别如来所住，证无分别三世平等，住无分别普眼境界，住一切劫无有疲厌；而我云何能知能说彼功德行？

善男子！于此南方，有一国土，名曰：藤根；其土有城，名曰：

普门；中有长者，名为：普眼。汝诣彼问：菩萨云何学菩萨行、修菩萨道？

时，善财童子顶礼其足，绕无数匝，殷勤瞻仰，辞退而去。

尔时，善财童子于宝髻长者所，闻此解脱已，深入诸佛无量知见，安住菩萨无量胜行，了达菩萨无量方便，希求菩萨无量法门，清净菩萨无量信解，明利菩萨无量诸根，成就菩萨无量欲乐，通达菩萨无量行门，增长菩萨无量愿力，建立菩萨无能胜幢，起菩萨智照菩萨法。

渐次而行，至藤根国，推问求觅彼城所在。虽历艰难，不惮劳苦，但唯正念善知识教，愿常亲近承事供养，遍策诸根离众放逸。然后乃得见普门城，百千聚落周匝围绕，雉堞崇峻，衢路宽平。见彼长者，往诣其所，于前顶礼，合掌而立，白言：圣者！我已先发阿耨多罗三藐三菩提心，而未知菩萨云何学菩萨行？云何修菩萨道？

长者告言：

善哉善哉！善男子！汝已能发阿耨多罗三藐三菩提心。

善男子！我知一切众生诸病：风黄、痰热、鬼魅、蛊毒，乃至水火之所伤害。如是一切所生诸疾，我悉能以方便救疗。

善男子！十方众生诸有病者咸来我所，我皆疗治，令其得差；复以香汤沐浴其身，香华、璎珞、名衣、上服、种种庄严，施诸饮食及以财宝，悉令充足无所乏短。然后各为如应说法：为贪欲多者，教不净观；瞋恚多者，教慈悲观；愚痴多者，教其分别种种法相；等分行者，为其显示殊胜法门。为欲令其发菩提心，称扬一切诸佛功德；为欲令其起大悲意，显示生死无量苦恼；为欲令其增长功德，赞叹修集无量福智；为欲令其发大誓愿，称赞调伏一切众生；为欲令其修普贤行，说诸菩萨于一切刹、一切劫住，修诸行网；为欲令其具佛相好，称扬赞叹檀波罗蜜；为欲令其得佛净身，悉能遍至一切处故，称扬赞叹尸波罗蜜；为欲令其得佛清净不思议身，称扬赞叹忍波罗蜜；为欲令其获于如来无能胜身，称扬赞叹精进波罗蜜；为欲令其得于清净无与等身，称扬赞叹禅波罗蜜；为欲令其显现如来清净法身，称扬赞叹般若波罗蜜；为欲令其现佛世尊清净色身，称扬赞叹方便波罗蜜；为欲令其为诸众生住一切劫，称扬赞叹愿波罗蜜；为欲令其现清净身，悉过一切诸佛刹土，称扬赞叹力波罗蜜；为欲令其现清净身，随众生心悉使欢喜，称扬赞叹智波罗蜜；为欲令其获于究竟净妙之身，称扬赞叹永离一切诸不善法。如是施已，各令还去。

善男子！我又善知和合一切诸香要法，所谓：无等香、辛头波罗香、无胜香、觉悟香、阿卢那跋底香、坚黑栴檀香、乌洛迦栴檀香、沉水香、不动诸根香，如是等香，悉知调理和合之法。

又，善男子！我持此香以为供养，普见诸佛，所愿皆满，所谓：救护一切众生愿、严净一切佛刹愿、供养一切如来愿。

又，善男子！然此香时，一一香中出无量香，遍至十方一切法界一切诸佛众会道场，或为香宫，或为香殿，如是香栏楯、香垣墙、香却敌、香户牖、香重阁、香半月、香盖、香幢、香幡、香帐、香罗网、香形像、香庄严具、香光明、香云雨，处处充满以为庄严。

善男子！我唯知此令一切众生普见诸佛欢喜法门。如诸菩萨摩诃萨如大药王，若见、若闻、若忆念、若同住、若随行往、若称名号，皆获利益，无空过者；若有众生暂得值遇，必令消灭一切烦恼，入于佛法，离诸苦蕴，永息一切生死怖畏，到无所畏一切智处，摧坏一切老死大山，安住平等寂灭之乐。而我云何能知能说彼功德行？

善男子！于此南方，有一大城，名：多罗幢；彼中有王，名：无厌足。汝诣彼问：菩萨云何学菩萨行、修菩萨道？

时，善财童子礼普眼足，绕无量匝，殷勤瞻仰，辞退而去。

尔时，善财童子忆念思惟善知识教，念善知识：能摄受我，能守护我，令我于阿耨多罗三藐三菩提无有退转。如是思惟，生欢喜心、净信心、广大心、怡畅心、踊跃心、欣庆心、胜妙心、寂静心、庄严心、无著心、无碍心、平等心、自在心、住法心、遍往佛刹心、见佛庄严心、不舍十力心。

渐次游行，经历国土、村邑、聚落，至多罗幢城，问无厌足王所在之处，诸人答言：此王今者在于正殿，坐师子座，宣布法化，调御众生，可治者治，可摄者摄，罚其罪恶，决其诤讼，抚其孤弱，皆令永断杀、盗、邪淫，亦令禁止妄言、两舌、恶口、绮语，又使远离贪、瞋、邪见。时，善财童子依众人语，寻即往诣。

遥见彼王坐那罗延金刚之座，阿僧祇宝以为其足，无量宝像以为庄严，金绳为网弥覆其上；如意摩尼以为宝冠庄严其首，阎浮檀金以为半月庄严其额，帝青摩尼以为耳珰相对垂下，无价摩尼以为璎珞庄严其颈，天妙摩尼以为印钏庄严其臂；阎浮檀金以为其盖，众宝间错以为轮辐，大琉璃宝以为其竿，光味摩尼以为其脐，杂宝为铃恒出妙音，放大光明周遍十方，如是宝盖而覆其上。

阿那罗王有大力势，能伏他众，无能与敌；以离垢缯而系其顶，十千大臣前后围绕共理王事。其前复有十万猛卒，形貌丑恶，衣服褊陋，执持器仗，攘臂瞋目，众生见者无不恐怖。无量众生犯王教敕，或盗他物，或害他命，或侵他妻，或生邪见，或起瞋恨，或怀贪嫉，作如是等种种恶业，身被五缚，将诣王所，随其所犯而治罚之。或断手足，或截耳鼻，或挑其目，或斩其首，或剥其皮，或解其体，或以汤煮，或以火焚，或驱上高山推令堕落，有如是等无量楚毒；发声号叫，譬如众合大地狱中。

善财见已，作如是念：我为利益一切众生，求菩萨行，修菩萨道。今者，此王灭诸善法，作大罪业，逼恼众生，乃至断命，曾不顾惧未来恶道。云何于此而欲求法，发大悲心救护众生？

作是念时，空中有天而告之言：善男子！汝当忆念普眼长者善知识教。

善财仰视而白之曰：我常忆念，初不敢忘。

天曰：善男子！汝莫厌离善知识语，善知识者能引导汝至无险难安隐之处。善男子！菩萨善巧方便智不可思议，摄受众生智不可思议，护念众生智不可思议，成熟众生智不可思议，守护众生智不可思议，度脱众生智不可思议，调伏众生智不可思议。

时，善财童子闻此语已，即诣王所，顶礼其足，白言：圣者！我已先发阿耨多罗三藐三菩提心，而未知菩萨云何学菩萨行？云何修菩萨道？我闻圣者善能教诲，愿为我说！

时，阿那罗王理王事已，执善财手，将入宫中，命之同坐，告言：善男子！汝应观我所住宫殿。

善财如语即遍观察，见其宫殿广大无比，皆以妙宝之所合成，七宝为墙周匝围绕，百千众宝以为楼阁，种种庄严悉皆妙好，不思议摩尼宝网罗覆其上；十亿侍女端正殊绝，威仪进止皆悉可观，凡所施为无非巧妙，先起后卧软意承旨。

时，阿那罗王告善财言：

善男子！于意云何？我若实作如是恶业，云何而得如是果报、如是色身、如是眷属、如是富赡、如是自在？

善男子！我得菩萨如幻解脱。善男子！我此国土所有众生，多行杀、盗乃至邪见，作余方便不能令其舍离恶业。善男子！我为调伏彼众生故，化作恶人造诸罪业受种种苦，令其一切作恶众生见是事已，心生惶怖，心生厌离，心生怯弱，断其所作一切恶业，发阿耨多罗三藐三菩提意。善男子！我以如是巧方便故，令诸众生，舍十恶业，住十善道，究竟快乐，究竟安隐，究竟住于一切智地。善男子！我身、语、意未曾恼害于一众生。善男子！如我心者，宁于未来受无间苦，终不发生一念之意与一蚊一蚁而作苦事，况复人耶！人是福田，能生一切诸善法故。

善男子！我唯得此如幻解脱。如诸菩萨摩诃萨得无生忍，知诸有趣悉皆如幻，菩萨诸行悉皆如化，一切世间悉皆如影，一切诸法悉皆如梦，入真实相无碍法门，修行帝网一切诸行，以无碍智行于境界，普入一切平等三昧，于陀罗尼已得自在；而我云何能知能说彼功德行？

善男子！于此南方，有城名：妙光；王名：大光。汝诣彼问：菩萨云何学菩萨行、修菩萨道？

时，善财童子顶礼王足，绕无数匝，辞退而去。

尔时，善财童子一心正念彼王所得幻智法门，思惟彼王如幻解脱，观察彼王如幻法性，发如幻愿，净如幻法，普于一切如幻三世起于种种如幻变化，如是思惟。

渐次游行，或至人间城邑、聚落，或经旷野、岩谷、险难，无有疲懈，未曾休息。然后乃至妙光大城，而问人言：妙光大城在于何所？人咸报言：妙光城者，今此城是，是大光王之所住处。

时，善财童子欢喜踊跃，作如是念：我善知识在此城中，我今必当亲得奉见，闻诸菩萨所行之行，闻诸菩萨出要之门，闻诸菩萨所证之法，闻诸菩萨不思议功德，闻诸菩萨不思议自在，闻诸菩萨不思议平等，闻诸菩萨不思议勇猛，闻诸菩萨不思议境界广大清净。作是念已，入妙光城。

见此大城，以金、银、琉璃、玻璃、真珠、砗磲、码瑙七宝所成，七宝深堑，七重围绕；八功德水盈满其中，底布金沙，优钵罗华、波头摩华、拘物头华、芬陀利华遍布其上；宝多罗树七重行列，七种金刚以为其垣各各围绕，所谓：师子光明金刚垣、无能超胜金刚垣、不可沮坏金刚垣、不可毁缺金刚垣、坚固无碍金刚垣、胜妙网藏金刚垣、离尘清净金刚垣，悉以无数摩尼妙宝间错庄严，种种众宝而为埤堄。其城纵广一十由旬，周回八方，面开八门，皆以七宝周遍严饰，毗琉璃宝以为其地，种种庄严甚可爱乐。

其城之内，十亿衢道，一一道间，皆有无量万亿众生于中止住。有无数阎浮檀金楼阁，毗琉璃摩尼网罗覆其上；无数银楼阁，赤真珠摩尼网罗覆其上；无数毗琉璃楼阁，妙藏摩尼网罗覆其上；无数玻璃楼阁，无垢藏摩尼王网罗覆其上；无数光照世间摩尼宝楼阁，日藏摩尼王网罗覆其上；无数帝青摩尼宝楼阁，妙光摩尼王网罗覆其上；无数众生海摩尼王楼阁，焰光明摩尼王网罗覆其上；无数金刚宝楼阁，无能胜幢摩尼王网罗覆其上；无数黑栴檀楼阁，天曼陀罗华网罗覆其上；无数无等香王楼阁，种种华网罗覆其上。

其城复有无数摩尼网、无数宝铃网、无数天香网、无数天华网、无数宝形像网，无数宝衣帐、无数宝盖帐、无数宝楼阁帐、无数宝华鬘帐之所弥覆，处处建立宝盖、幢、幡。

当此城中，有一楼阁，名：正法藏，阿僧祇宝以为庄严，光明赫奕最胜无比，众生见者心无厌足，彼大光王常处其中。

尔时，善财童子于此一切珍宝妙物，乃至男女、六尘境界，皆无爱著，但正思惟究竟之法，一心愿乐见善知识。

渐次游行，见大光王去于所住楼阁不远四衢道中，坐如意摩尼宝莲华藏广大庄严师子之座，绀琉璃宝以为其足，金缯为帐，众宝为网，上妙天衣以为茵蓐。其王于上结跏趺坐，二十八种大人之相、八十随好而以严身；如真金山，光色炽盛；如净空日，威光赫奕；如盛满月，见者清凉；如梵天王，处于梵众；亦如大海，功德法宝无有边际；亦如雪山，相好树林以为严饰；亦如大云，能震法雷，启悟群品；亦如虚空，显现种种法门星象；如须弥山，四色普现众生心海；亦如宝洲，种种智宝充满其中。

于王座前，有金、银、琉璃、摩尼、真珠、珊瑚、琥珀、珂贝、璧玉诸珍宝聚，衣服、璎珞及诸饮食无量无边种种充满。复见无量百千万亿上妙宝车、百千万亿诸天妓乐、百千万亿天诸妙香、百千万亿病缘汤药资生之具，如是一切悉皆珍好。无量乳牛，蹄角金色；无量千亿端正女人，上妙栴檀以涂其体，天衣、璎珞种种庄严，六十四能靡不该练，世情礼则悉皆善解，随众生心而以给施。

城邑、聚落、四衢道侧，悉置一切资生之具。一一道傍皆有二十亿菩萨，以此诸物给施众生，为欲普摄众生故，为令众生欢喜故，为令众生踊跃故，为令众生心净故，为令众生清凉故，为灭众生烦恼故，为令众生知一切义理故，为令众生入一切智道故，为令众生舍怨敌心故，为令众生离身、语恶故，为令众生拔诸邪见故，为令众生净诸业道故。

时，善财童子五体投地，顶礼其足，恭敬右绕，经无量匝，合掌而住，白言：圣者！我已先发阿耨多罗三藐三菩提心，而未知菩萨云何学菩萨行？云何修菩萨道？我闻圣者善能诱诲，愿为我说！

时，王告言：

善男子！我净修菩萨大慈幢行，我满足菩萨大慈幢行。善男子！我于无量百千万亿乃至不可说不可说佛所，问难此法，思惟观察，修习庄严。

善男子！我以此法为王，以此法教敕，以此法摄受，以此法随逐世间，以此法引导众生，以此法令众生修行，以此法令众生趣入，以此法与众生方便，以此法令众生熏习，以此法令众生起行，以此法令众生安住思惟诸法自性，以此法令众生安住慈心，以慈为主，具足慈力；如是，令住利益心、安乐心、哀愍心、摄受心、守护众生不舍离心、拔众生苦无休息心。我以此法令一切众生毕竟快乐，恒自悦豫，身无诸苦，心得清凉，断生死爱，乐正法乐，涤烦恼垢，破恶业障，绝生死流，入真法海，断诸有趣，求一切智，净诸心海，生不坏信。善男子！我已住此大慈幢行，能以正法教化世间。

善男子！我国土中一切众生，皆于我所无有恐怖。善男子！若有众生贫穷困乏，来至我所而有求索。我开库藏恣其所取，而语之言：莫造诸恶，莫害众生，莫起诸见，莫生执著。汝等贫乏，若有所须，当来我所及四衢道，一切诸物种种具足，随意而取勿生疑难。

善男子！此妙光城所住众生，皆是菩萨发大乘意，随心所欲，所见不同，或见此城其量狭小，或见此城其量广大；或见土沙以为其地，或见众宝而以庄严；或见聚土以为垣墙，或见宝墙周匝围绕；或见其地多诸瓦石高下不平，或见无量大摩尼宝间错庄严平坦如掌；或见屋宅土木所成，或见殿堂及诸楼阁、阶墀、窗闼、轩槛、户牖——如是一切无非妙宝。

善男子！若有众生其心清净，曾种善根供养诸佛，发心趣向一切智道，以一切智为究竟处，及我昔时修菩萨行曾所摄受，则见此城众宝严净；余皆见秽。

善男子！此国土中一切众生，五浊世时乐作诸恶。我心哀愍而欲救护，入于菩萨大慈为首随顺世间三昧之门。入此三昧时，彼诸众生所有怖畏心、恼害心、怨敌心、诤论心，如是诸心，悉自消灭。何以故？入于菩萨大慈为首顺世三昧，法如是故。善男子！且待须臾，自当现见。

时，大光王即入此定。其城内外六种震动，诸宝地、宝墙、宝堂、宝殿、台观、楼阁、阶砌、户牖，如是一切咸出妙音，悉向于王曲躬敬礼。妙光城内所有居人，靡不同时欢喜踊跃，俱向王所举身投地。村营、城邑一切人众，咸来见王，欢喜敬礼。

近王所住，鸟兽之属，互相瞻视，起慈悲心，咸向王前恭敬礼拜。一切山原及诸草树，莫不回转向王敬礼。陂池、泉井及以河海，悉皆腾溢，流注王前。十千龙王起大香云，激电震雷，注微细雨。有十千天王，所谓：忉利天王、夜摩天王、兜率陀天王、善变化天王、他化自在天王……如是等而为上首，于虚空中作众妓乐。无数天女歌咏赞叹，雨无数华云、无数香云、无数宝鬘云、无数宝衣云、无数宝盖云、无数宝幢云、无数宝幡云，于虚空中而为庄严，供养其王。伊罗婆拏大象王，以自在力，于虚空中敷布无数大宝莲华，垂无数宝璎珞、无数宝缯带、无数宝鬘、无数宝严具、无数宝华、无数宝香，种种奇妙以为严饰，无数采女种种歌赞。

阎浮提内复有无量百千万亿诸罗刹王、诸夜叉王、鸠槃荼王、毗舍阇王，或住大海，或居陆地，饮血啖肉，残害众生；皆起慈心，愿行利益，明识后世，不造诸恶；恭敬合掌，顶礼于王。如阎浮提，余三天下，乃至三千大千世界，乃至十方百千万亿那由他世界中，所有一切毒恶众生悉亦如是。

时，大光王从三昧起，告善财言：善男子！我唯知此菩萨大慈为首随顺世间三昧门。如诸菩萨摩诃萨为高盖，慈心普荫诸众生故；为修行，下、中、上行悉等行故；为大地，能以慈心任持一切诸众生故；为满月，福德光明于世间中平等现故；为净日，以智光明照耀一切所知境故；为明灯，能破一切众生心中诸黑闇故；为水清珠，能清一切众生心中诌诳浊故；为如意宝，悉能满足一切众生心所愿故；为大风，速令众生修习三昧入一切智大城中故。而我云何能知其行，能说其德，能称量彼福德大山，能瞻仰彼功德众星，能观察彼大愿风轮，能趣入彼甚深法门，能显示彼庄严大海，能阐明彼普贤行门，能开示彼诸三昧窟，能赞叹彼大慈悲云？

善男子！于此南方，有一王都，名曰：安住；有优婆夷，名曰：不动。汝诣彼问：菩萨云何学菩萨行、修菩萨道？

时，善财童子顶礼王足，绕无数匝，殷勤瞻仰，辞退而去。

尔时，善财童子出妙光城，游行道路，正念思惟大光王教，忆念菩萨大慈幢行门，思惟菩萨随顺世间三昧光明门，增长彼不思议愿福德自在力，坚固彼不思议成熟众生智，观察彼不思议不共受用大威德，忆念彼不思议差别相，思惟彼不思议清净眷属，思惟彼不思议所作业；生欢喜心，生净信心，生猛利心，生欣悦心，生踊跃心，生庆幸心，生无浊心，生清净心，生坚固心，生广大心，生无尽心。如是思惟，悲泣流泪，念善知识实为希有，出生一切诸功德处，出生一切诸菩萨行，出生一切菩萨净念，出生一切陀罗尼轮，出生一切三昧光明，出生一切诸佛知见，普雨一切诸佛法雨，显示一切菩萨愿门，出生难思智慧光明，增长一切菩萨根芽。又作是念：善知识者，能普救护一切恶道，能普演说诸平等法，能普显示诸夷险道，能普开阐大乘奥义，能普劝发普贤诸行，能普引到一切智城，能普令入法界大海，能普令见三世法海，能普授与众圣道场，能普增长一切白法。

善财童子如是悲哀思念之时，彼常随逐觉悟菩萨、如来使天，于虚空中而告之言：善男子！其有修行善知识教，诸佛世尊悉皆欢喜；其有随顺善知识语，则得近于一切智地；其有能于善知识语无疑惑者，则常值遇一切善友；其有发心愿常不离善知识者，则得具足一切义利。善男子！汝可往诣安住王都，即当得见不动优婆夷大善知识

时，善财童子从彼三昧智光明起，渐次游行，至安住城，周遍推求不动优婆夷今在何所？无量人众咸告之言：善男子！不动优婆夷身是童女，在其家内，父母守护，与自亲属无量人众演说妙法。善财童子闻是语已，其心欢喜，如见父母，即诣不动优婆夷舍。

入其宅内，见彼堂宇，金色光明普皆照耀，遇斯光者身意清凉。善财童子光明触身，即时获得五百三昧门，所谓：了一切希有相三昧门、入寂静三昧门、远离一切世间三昧门、普眼舍得三昧门、如来藏三昧门……得如是等五百三昧门；以此三昧门故，身心柔软，如七日胎。又闻妙香，非诸天、龙、乾闼婆等人与非人之所能有。

善财童子前诣其所，恭敬合掌，一心观察，见其形色端正殊妙，十方世界一切女人无有能及，况其过者！唯除如来及以一切灌顶菩萨。口出妙香，宫殿庄严，并其眷属悉无与等，况复过者！十方世界一切众生，无有于此优婆夷所起染著心；若得暂见，所有烦恼悉自消灭。譬如百万大梵天王，决定不生欲界烦恼；其有见此优婆夷者，所有烦恼应知亦然。十方众生观此女人皆无厌足，唯除具足大智慧者。

尔时，善财童子曲躬合掌，正念观察，见此女人，其身自在不可思议，色相颜容世无与等，光明洞彻物无能障，普为众生而作利益，其身毛孔恒出妙香，眷属无边，宫殿第一，功德深广莫知涯际；心生欢喜，以颂赞曰：

守护清净戒，修行广大忍，精进不退转，光明照世间。

尔时，善财童子说此颂已，白言：圣者！我已先发阿耨多罗三藐

三菩提心，而未知菩萨云何学菩萨行？云何修菩萨道？我闻圣者善能诱诲，愿为我说！

时，不动优婆夷以菩萨柔软语、悦意语，慰喻善财，而告之言：善哉善哉！善男子！汝已能发阿耨多罗三藐三菩提心。善男子！我得菩萨难摧伏智慧藏解脱门，我得菩萨坚固受持行门，我得菩萨一切法平等地总持门，我得菩萨照明一切法辩才门，我得菩萨求一切法无疲厌三昧门。

善财童子言：圣者！菩萨难摧伏智慧藏解脱门，乃至求一切法无疲厌三昧门，境界云何？

童女言：善男子！此处难知。

善财白言：唯愿圣者，承佛神力，为我宣说！我当因善知识，能信能受，能知能了，趣入观察，修习随顺，离诸分别，究竟平等。

优婆夷言：

善男子！过去世中有劫，名：离垢，佛号：修臂。时，有国王名曰：电授，唯有一女，即我身是。我于夜分废音乐时，父母兄弟悉已眠寝，五百童女亦皆昏寐。我于楼上仰观星宿，于虚空中见彼如来如宝山王，无量无边天龙八部、诸菩萨众所共围绕，佛身普放大光明网周遍十方无所障碍，佛身毛孔皆出妙香。我闻是香，身体柔软，心生欢喜；便从楼下至于地上，合十指爪，顶礼于佛。又观彼佛不见顶相，观身左右莫知边际。思惟彼佛诸相随好无有厌足，窃自念言：此佛世尊作何等业，获于如是上妙之身，相好圆满，光明具足，眷属成就，宫殿严好，福德智慧悉皆清净，总持三昧不可思议，神通自在，辩才无碍？

善男子！尔时，如来知我心念，即告我言：汝应发不可坏心，灭诸烦恼；应发无能胜心，破诸取著；应发无退怯心，入深法门；应发能堪耐心，救恶众生；应发无迷惑心，普于一切诸趣受生；应发无厌足心，求见诸佛无有休息；应发无知足心，悉受一切如来法雨；应发正思惟心，普生一切佛法光明；应发大住持心，普转一切诸佛法轮；应发广流通心，随众生欲施其法宝。

善男子！我于彼佛所闻如是法，求一切智，求佛十力，求佛辩才，求佛光明，求佛色身，求佛相好，求佛众会，求佛国土，求佛威仪，求佛寿命。发是心已，其心坚固犹如金刚，一切烦恼及以二乘悉不能坏。

善男子！我发是心已来，经阎浮提微尘数劫，尚不生于念欲之心，况行其事！尔所劫中，于自亲属不起瞋心，况他众生！尔所劫中，于其自身不生我见，况于众具而计我所！尔所劫中，死时、生时及住胎藏，未曾迷惑起众生想及无记心，况于余时！尔所劫中，乃至梦中随见一佛未曾忘失，何况菩萨十眼所见！尔所劫中，受持一切如来正法，未曾忘失一文一句，乃至世俗所有言辞尚不忘失，何况如来金口所说！尔所劫中，受持一切如来法海，一文一句无不思惟、无不观察，乃至一切世俗之法亦复如是。尔所劫中，受持如是一切法海，未曾于一法中不得三昧，乃至世间技术之法，一一法中悉亦如是。尔所劫中，住持一切如来法轮，随所住持，未曾废舍一文一句，乃至不曾生于世智，唯除为欲调众生故。尔所劫中，见诸佛海，未曾于一佛所不得成就清净大愿，乃至于诸化佛之所悉亦如是。尔所劫中，见诸菩萨修行妙行，无有一行我不成就。尔所劫中，所见众生，无一众生我不劝发阿耨多罗三藐三菩提心，未曾劝一众生发于声闻、辟支佛意。尔所劫中，于一切佛法，乃至一文一句，不生疑惑，不生二想，不生分别想，不生种种想，不生执著想，不生胜劣想，不生爱憎想。

善男子！我从是来，常见诸佛，常见菩萨，常见真实善知识，常闻诸佛愿，常闻菩萨行，常闻菩萨波罗蜜门，常闻菩萨地智光明门，常闻菩萨无尽藏门，常闻入无边世界网门，常闻出生无边众生界因门，常以清净智慧光明除灭一切众生烦恼，常以智慧生长一切众生善根，常随一切众生所乐示现其身，常以清净上妙言音开悟法界一切众生。

善男子！我得菩萨求一切法无厌足庄严门，我得一切法平等地总持门，现不思议自在神变。汝欲见不？

善财言：唯！我心愿见。

尔时，不动优婆夷坐于龙藏师子之座，入求一切法无厌足庄严三昧门、不空轮庄严三昧门、十力智轮现前三昧门、佛种无尽藏三昧门……入如是等一万三昧门。入此三昧门时，十方各有不可说佛刹微尘数世界六种震动，皆悉清净琉璃所成；一一世界中，有百亿四天下，百亿如来或住兜率天乃至般涅槃；一一如来放光明网，周遍法界道场众会，清净围绕，转妙法轮，开悟群生。

时，不动优婆夷从三昧起，告善财言：善男子！汝见此不？

善财言：唯！我皆已见。

优婆夷言：

善男子！我唯得此求一切法无厌足三昧光明，为一切众生说微妙法，皆令欢喜。如诸菩萨摩诃萨，如金翅鸟，游行虚空无所障碍，能入一切众生大海，见有善根已成熟者，便即执取置菩提岸；又如商客，入大宝洲，采求如来十力智宝；又如渔师，持正法网，入生死海，于爱水中漉诸众生；如阿修罗王，能遍枑[1]动三有大城诸烦恼海；又如日轮，出现虚空，照爱水泥，令其乾竭；又如满月，出现虚空，令可化者心华开敷；又如大地，普皆平等，无量众生于中止住，增长一切善法根芽；又如大风，所向无碍，能拔一切诸见大树；如转轮王，游行世间，以四摄事摄诸众生。而我云何能知能说彼功德行？

善男子！于此南方，有一大城，名：无量都萨罗；其中有一出家外道，名曰：遍行。汝往彼问：菩萨云何学菩萨行、修菩萨道？

时,善财童子顶礼其足,绕无量匝,殷勤瞻仰,辞退而去。
注1:此字读 mao,左边提手旁,右边为毛字

大方广佛华严经卷第六十七

入法界品第三十九之八

尔时,善财童子于不动优婆夷所得闻法已,专心忆念所有教诲,皆悉信受,思惟观察。

渐渐游行,经历国邑,至都萨罗城,于日没时入彼城中,廛店、邻里、四衢道侧,处处寻觅遍行外道。

城东有山,名曰:善德。善财童子于中夜时,见此山顶草树岩巘,光明照耀如日初出;见此事已,生大欢喜,作是念言:我必于此见善知识。便从城出而登彼山,见此外道于其山上平坦之处徐步经行,色相圆满,威光照耀,大梵天王所不能及,十千梵众之所围绕。往诣其所,头顶礼足,绕无量匝,于前合掌而作是言:圣者!我已先发阿耨多罗三藐三菩提心,而我未知菩萨云何学菩萨行?云何修菩萨道?我闻圣者善能教诲,愿为我说!

遍行答言:善哉善哉!善男子!我已安住至一切处菩萨行,已成就普观世间三昧门,已成就无依无作神通力,已成就普门般若波罗蜜。善男子!我普于世间种种方所、种种形貌、种种行解、种种殁生一切诸趣。所谓:天趣、龙趣、夜叉趣、乾闼婆、阿修罗、迦楼罗、紧那罗、摩睺罗伽、地狱、畜生、阎罗王界、人、非人等,一切诸趣,或住诸见,或信二乘,或复信乐大乘之道。如是一切诸众生中,我以种种方便、种种智门而为利益。所谓:或为演说一切世间种种技艺,令得具足一切巧术陀罗尼智;或为演说四摄方便,令得具足一切智道;或为演说诸波罗蜜,令其回向一切智位;或为称赞大菩提心,令其不失无上道意;或为称赞诸菩萨行,令其满足净佛国土度众生愿;或为演说造诸恶行受地狱等种种苦报,令于恶业深生厌离;或为演说供养诸佛种诸善根决定获得一切智果,令其发起欢喜之心;或为赞说一切如来、应、正等觉所有功德,令乐佛身求一切智;或为赞说诸佛威德,令其愿乐佛不坏身;或为赞说佛自在身,令求如来无能映蔽大威德体。

又,善男子!此都萨罗城中,一切方所一切族类,若男若女诸人众中,我皆以方便示同其形,随其所应而为说法。诸众生等,悉不能知我是何人、从何而至,唯令闻者如实修行。善男子!如于此城利益众生,于阎浮提城邑聚落,所有人众住止之处,悉亦如是而为利益。

善男子!阎浮提内九十六众,各起异见而生执著,我悉于中方便调伏,令其舍离所有诸见;如阎浮提,余四天下亦复如是;如四天

下，三千大千世界亦复如是；如三千大千世界，如是十方无量世界诸众生海，我悉于中，随诸众生心之所乐，以种种方便、种种法门，现种种色身，以种种言音而为说法，令得利益。

善男子！我唯知此至一切处菩萨行。如诸菩萨摩诃萨，身与一切众生数等，得与众生无差别身，以变化身普入诸趣，于一切处皆现受生，普现一切众生之前，清净光明遍照世间，以无碍愿住一切劫，得如帝网诸无等行，常勤利益一切众生，恒与共居而无所著，普于三世悉皆平等，以无我智周遍照耀，以大悲藏一切观察；而我云何能知能说彼功德行？

善男子！于此南方，有一国土，名为：广大；有鬻香长者，名：优钵罗华。汝诣彼问：菩萨云何学菩萨行、修菩萨道？

时，善财童子顶礼其足，绕无量匝，殷勤瞻仰，辞退而去。

尔时，善财童子因善知识教，不顾身命，不著财宝，不乐人众，不耽五欲，不恋眷属，不重王位；唯愿化度一切众生，唯愿严净诸佛国土，唯愿供养一切诸佛，唯愿证知诸法实性，唯愿修集一切菩萨大功德海，唯愿修行一切功德终无退转，唯愿恒于一切劫中以大愿力修菩萨行，唯愿普入一切诸佛众会道场，唯愿入一三昧门普现一切三昧门自在神力，唯愿于佛一毛孔中见一切佛心无厌足，唯愿得一切法智慧光明能持一切诸佛法藏，专求此等一切诸佛菩萨功德。

渐次游行，至广大国，诣长者所，顶礼其足，绕无量匝，合掌而立，白言：圣者！我已先发阿耨多罗三藐三菩提心，欲求一切佛平等智慧，欲满一切佛无量大愿，欲净一切佛最上色身，欲见一切佛清净法身，欲知一切佛广大智身，欲净治一切菩萨诸行，欲照明一切菩萨三昧，欲安住一切菩萨总持，欲除灭一切所有障碍，欲游行一切十方世界，而未知菩萨云何学菩萨行、云何修菩萨道，而能出生一切智智？

长者告言：

善哉！善哉！善男子！汝乃能发阿耨多罗三藐三菩提心。

善男子！我善别知一切诸香，亦知调合一切香法，所谓：一切香、一切烧香、一切涂香、一切末香。亦知如是一切香王所出之处，又善了知天香、龙香、夜叉香，乾闼婆、阿修罗、迦楼罗、紧那罗、摩睺罗伽、人、非人等所有诸香。又善别知治诸病香、断诸恶香、生欢喜香、增烦恼香、灭烦恼香、令于有为生乐著香、令于有为生厌离香、舍诸憍逸香、发心念佛香、证解法门香、圣所受用香、一切菩萨差别香、一切菩萨地位香，如是等香形相生起、出现成就、清净安隐、方便境界、威德业用及以根本，如是一切我皆了达。

善男子！人间有香，名曰：象藏，因龙斗生。若烧一丸，即起大香云弥覆王都，于七日中雨细香雨。若著身者，身则金色；若著衣服、宫殿、楼阁，亦皆金色。若因风吹入宫殿中，众生嗅者，七日七夜欢喜充满，身心快乐，无有诸病，不相侵害，离诸忧苦，不惊不怖，不乱不患，慈心相向，志意清净。我知是已而为说法，令其决定发阿耨多罗三藐三菩提心。

善男子！摩罗耶山出栴檀香，名曰：牛头；若以涂身，设入火坑，火不能烧。善男子！海中有香，名：无能胜；若以涂鼓及诸螺贝，其声发时，一切敌军皆自退散。善男子！阿那婆达多池边出沉水香，名：莲华藏，其香一丸如麻子大；若以烧之，香气普熏阎浮提界，众生闻者，离一切罪，戒品清净。善男子！雪山有香，名：阿卢那；若有众生嗅此香者，其心决定离诸染著，我为说法莫不皆得离垢三昧。善男子！罗刹界中有香，名：海藏，其香但为转轮王用；若烧一丸而以熏之，王及四军皆腾虚空。善男子！善法天中有香，名：净庄严；若烧一丸而以熏之，普使诸天心念于佛。善男子！须夜摩天有香，名：净藏；若烧一丸而以熏之，夜摩天众莫不云集彼天王所而共听法。善男子！兜率天中有香，名：先陀婆；于一生所系菩萨座前烧其一丸，兴大香云遍覆法界，普雨一切诸供养具，供养一切诸佛菩萨。善男子！善变化天有香，名曰：夺意；若烧一丸，于七日中，普雨一切诸庄严具。

善男子！我唯知此调和香法。如诸菩萨摩诃萨，远离一切诸恶习气，不染世欲，永断烦恼众魔胃索，超诸有趣，以智慧香而自庄严，于诸世间皆无染著，具足成就无所著戒，净无著智，行无著境，于一切处悉无有著，其心平等，无著无依；而我何能知其妙行？说其功德？显其所有清净戒门？示其所作无过失业？辨其离染身、语、意行？

善男子！于此南方，有一大城，名曰：楼阁；中有船师，名：婆施罗。汝诣彼问：菩萨云何学菩萨行、修菩萨道？

时，善财童子顶礼其足，绕无量匝，殷勤瞻仰，辞退而去。

尔时，善财童子向楼阁城，观察道路。所谓：观道高卑，观道夷险，观道净秽，观道曲直。

渐次游行，作是思惟：我当亲近彼善知识。善知识者，是成就修行诸菩萨道因，是成就修行波罗蜜道因，是成就修行摄众生道因，是成就修行普入法界无障碍道因，是成就修行令一切众生除恶慧道因，是成就修行令一切众生离憍慢道因，是成就修行令一切众生灭烦恼道因，是成就修行令一切众生舍诸见道因，是成就修行令一切众生拔一切恶刺道因，是成就修行令一切众生至一切智城道因。何以故？于善知识处，得一切善法故；依善知识力，得一切智道故。善知识者，难见难遇。如是思惟。

渐次游行，既至彼城，见其船师在城门外海岸上住，百千商人及余无量大众围绕，说大海法，方便开示佛功德海。善财见已，往诣其所，顶礼其足，绕无量匝，于前合掌而作是言：圣者！我已先发阿耨多罗三藐三菩提心，而未知菩萨云何学菩萨行？云何修菩萨道？我闻圣者善能教诲，愿为我说！

船师告言：

善哉善哉！善男子！汝已能发阿耨多罗三藐三菩提心，今复能问生大智因、断除一切生死苦因、往一切智大宝洲因、成就不坏摩诃衍因、远离二乘怖畏生死住诸寂静三昧旋因、乘大愿车遍一切处行菩萨行无有障碍清净道因、以菩萨行庄严一切无能坏智清净道因、普观一切十方诸法皆无障碍清净道因、速能趣入一切智海清净道因。善男子！我在此城海岸路中，净修菩萨大悲幢行。善男子！我观阎浮提内贫穷众生，为饶益故，修诸苦行，随其所愿悉令满足。先以世物，充满其意；复施法财，令其欢喜，令修福行，令生智道，令增善根力，令起菩提心，令净菩提愿，令坚大悲力，令修能灭生死道，令生不厌生死行，令摄一切众生海，令修一切功德海，令照一切诸法海，令见一切诸佛海，令入一切智智海。善男子！我住于此，如是思惟，如是作意，如是利益一切众生。

善男子！我知海中一切宝洲、一切宝处、一切宝类、一切宝种。我知净一切宝、钻一切宝、出一切宝、作一切宝。我知一切宝器、一切宝用、一切宝境界、一切宝光明。我知一切龙宫处、一切夜叉宫处、一切部多宫处，皆善回避，免其诸难。亦善别知，漩澓浅深，波涛远近，水色好恶，种种不同。亦善别知，日月星宿运行度数，昼夜晨晡，晷漏延促。亦知其船铁木坚脆、机关涩滑，水之大小，风之逆顺；如是一切安危之相无不明了，可行则行，可止则止。善男子！我以成就如是智慧，常能利益一切众生。

善男子！我以好船运诸商众行安隐道，复为说法令其欢喜，引至宝洲与诸珍宝咸使充足，然后将领还阎浮提。善男子！我将大船如是往来，未始令其一有损坏。若有众生得见我身、闻我法者，令其永不怖生死海，必得入于一切智海，必能消竭诸爱欲海，能以智光照三世海，能尽一切众生苦海，能净一切众生心海，速能严净一切刹海，普能往诣十方大海，普知一切众生根海，普了一切众生行海，普顺一切众生心海。

善男子！我唯得此大悲幢行；若有见我及以闻我、与我同住、忆念我者，皆悉不空。如诸菩萨摩诃萨，善能游涉生死大海，不染一切诸烦恼海，能舍一切诸妄见海，能观一切诸法性海，能以四摄摄众生海，已善安住一切智海，能灭一切众生著海，能平等住一切时海，能以神通度众生海，能以其时调众生海；而我云何能知能说彼功德行？

善男子！于此南方，有城名：可乐；中有长者，名：无上胜。汝诣彼问：菩萨云何学菩萨行、修菩萨道？

时，善财童子顶礼其足，绕无量匝，殷勤瞻仰，悲泣流泪，求善知识心无厌足，辞退而去。

尔时，善财童子起大慈周遍心、大悲润泽心相续不断，福德、智慧二种庄严，舍离一切烦恼尘垢，证法平等，心无高下，拔不善刺，灭一切障，坚固精进以为墙堑，甚深三昧而作园苑，以慧日光破无明暗，以方便风开智慧华，以无碍愿充满法界，心常现入一切智城，如是而求菩萨之道。渐次经历，到彼城内。见无上胜在其城东大庄严幢无忧林中，无量商人、百千居士之所围绕，理断人间种种事务；因为说法，令其永拔一切我慢，离我、我所，舍所积聚，灭悭嫉垢，心得清净，无诸秽浊，获净信力，常乐见佛，受持佛法，生菩萨力，起菩萨行，入菩萨三昧，得菩萨智慧，住菩萨正念，增菩萨乐欲。

尔时，善财童子观彼长者为众说法已，以身投地，顶礼其足，良久乃起，白言：

圣者！我是善财！我是善财！我专寻求菩萨之行，菩萨云何学菩萨行？菩萨云何修菩萨道？随修学时，常能化度一切众生，常能现见一切诸佛，常得听闻一切佛法，常能住持一切佛法，常能趣入一切法门，入一切刹学菩萨行，住一切劫修菩萨道，能知一切如来神力，能受一切如来护念，能得一切如来智慧？

时，彼长者告善财言：

善哉善哉！善男子！汝已能发阿耨多罗三藐三菩提心。

善男子！我成就至一切处菩萨行门无依无作神通之力。善男子！云何为至一切处菩萨行门？善男子！我于此三千大千世界，欲界一切诸众生中，所谓：一切三十三天、一切须夜摩天、一切兜率陀天、一切善变化天、一切他化自在天、一切魔天，及余一切天、龙、夜叉、罗刹娑、鸠槃茶、乾闼婆、阿修罗、迦楼罗、紧那罗、摩睺罗伽、人与非人、村营、城邑、一切住处诸众生中而为说法，令舍非法，令息诤论，令除斗战，令止忿竞，令破怨结，令解系缚，令出牢狱，令免怖畏，令断杀生乃至邪见一切恶业，不可作事皆令禁止；令其顺行一切善法，令其修学一切技艺，于诸世间而作利益；为其分别种种诸论，令生欢喜，令渐成熟；随顺外道，为说胜智，令断诸见，令入佛法。乃至色界一切梵天，我亦为其说超胜法。如于此三千大千世界，乃至十方十不可说百千亿那由他佛刹微尘数世界中，我皆为说佛法、菩萨法、声闻法、独觉法；说地狱，说地狱众生，说向地狱道；说畜生，说畜生差别，说畜生受苦，说向畜生道；说阎罗王世间，说阎罗王世间苦，说向阎罗王世间道；说天世间，说天世间乐，说向天世间道；说人世间，说人世间苦乐，说向人世间道。为欲开显菩萨功德，为令舍离生死过患，为令知见一切智人诸妙功德，为欲令知诸有趣中迷惑受苦，为令知见无障碍法，为欲显示一切世间生起所因，为欲显示一切世间寂灭为乐，为令众生舍诸想著，为令证得佛无依法，为令永灭诸烦恼轮，为令能转如来法轮，我为众生说如是法。

善男子！我唯知此至一切处修菩萨行清净法门无依无作神通之

力。如诸菩萨摩诃萨，具足一切自在神通，悉能遍往一切佛刹，得普眼地；悉闻一切音声言说，普入诸法智慧自在，无有乖诤，勇健无比，以广长舌出平等音；其身妙好，同诸菩萨，与诸如来究竟无二、无有差别；智身广大，普入三世，境界无际，同于虚空。而我云何能知能说彼功德行？

善男子！于此南方，有一国土，名曰：输那；其国有城，名：迦陵迦林；有比丘尼，名：师子频申。汝诣彼问：菩萨云何学菩萨行、修菩萨道？

时，善财童子顶礼其足，绕无量匝，殷勤瞻仰，辞退而去。

尔时，善财童子渐次游行，至彼国城，周遍推求此比丘尼。有无量人咸告之言：

善男子！此比丘尼在胜光王之所舍施日光园中说法利益无量众生。时，善财童子即诣彼园，周遍观察。

见其园中有一大树，名为：满月，形如楼阁，放大光明照一由旬；见一叶树，名为：普覆，其形如盖，放毗琉璃绀青光明；见一华树，名曰：华藏，其形高大，如雪山王，雨众妙华无有穷尽，如忉利天中波利质多罗树。复见有一甘露果树，形如金山，常放光明，种种众果悉皆具足；复见有一摩尼宝树，名：毗卢遮那藏，其形无比，心王摩尼宝最在其上，阿僧祇色相摩尼宝周遍庄严。复有衣树，名为：清净，种种色衣垂布严饰；复有音乐树，名为：欢喜，其音美妙，过诸天乐；复有香树，名：普庄严，恒出妙香，普熏十方，无所障碍。

园中复有泉流陂池，一切皆以七宝庄严，黑栴檀泥凝积其中，上妙金沙弥布其底，八功德水具足盈满，优钵罗华、波头摩华、拘物头华、芬陀利华遍覆其上，无量宝树周遍行列。诸宝树下敷师子座，种种妙宝以为庄严，布以天衣，熏诸妙香，垂诸宝缯，施诸宝帐，阎浮金网弥覆其上，宝铎徐摇出妙音声。或有树下敷莲华藏师子之座，或有树下敷香王摩尼藏师子之座，或有树下敷龙庄严摩尼王藏师子之座，或有树下敷宝师子聚摩尼王藏师子之座，或有树下敷毗卢遮那摩尼王藏师子之座，或有树下敷十方毗卢遮那摩尼王藏师子之座；其一一座各有十万宝师子座周匝围绕，一一皆具无量庄严。

此大园中众宝遍满，犹如大海宝洲之上。迦邻陀衣以布其地，柔软妙好，能生乐触，蹈则没足，举则还复；无量诸鸟出和雅音，宝栴檀林上妙庄严，种种妙华常雨无尽，犹如帝释杂华之园。无比香王普熏一切，犹如帝释善法之堂。诸音乐树、宝多罗树、众宝铃网出妙音声，如自在天善口天女所出歌音。诸如意树，种种妙衣垂布庄严，犹如大海。有无量色百千楼阁，众宝庄严，如忉利天宫善见大城。宝盖遐张，如须弥峰。光明普照，如梵王宫。

尔时，善财童子见此大园无量功德、种种庄严，皆是菩萨业报成就，出世善根之所生起，供养诸佛功德所流，一切世间无与等者，如是皆从师子频申比丘尼了法如幻集广大清净福德善业之所成就。三千大千世界天龙八部、无量众生，皆入此园而不迫窄。何以故？此比丘尼不可思议威神力故。

尔时，善财见师子频申比丘尼遍坐一切诸宝树下大师子座，身相端严，威仪寂静，诸根调顺，如大象王；心无垢浊，如清净池；普济所求，如如意宝；不染世法，犹如莲华；心无所畏，如师子王；护持净戒不可倾动，如须弥山；能令见者心得清凉，如妙香王；能除众生诸烦恼热，如雪山中妙栴檀香；众生见者，诸苦消灭，如善见药王；见者不空，如婆楼那天；能长一切众善根芽，如良沃田。

在一一座，众会不同，所说法门亦各差别；或见处座，净居天众所共围绕，大自在天子而为上首；此比丘尼为说法门，名：无尽解脱。或见处座，诸梵天众所共围绕，爱乐梵王而为上首；此比丘尼为说法门，名：普门差别清净言音轮。或见处座，他化自在天天子、天女所共围绕，自在天王而为上首；此比丘尼为说法门，名：菩萨清净心。或见处座，善变化天天子、天女所共围绕，善化天王而为上首；此比丘尼为说法门，名：一切法善庄严。或见处座，兜率陀天天子、天女所共围绕，兜率天王而为上首；此比丘尼为说法门，名：心藏旋。或见处座，须夜摩天天子、天女所共围绕，夜摩天王而为上首；此比丘尼为说法门，名：无边庄严。或见处座，三十三天天子、天女所共围绕，释提桓因而为上首；此比丘尼为说法门，名：厌离门。或见处座，百光明龙王、难陀龙王、优波难陀龙王、摩那斯龙王、伊罗跋难陀龙王、阿那婆达多龙王等龙子、龙女所共围绕，娑伽罗龙王而为上首；此比丘尼为说法门，名：佛神通境界光明庄严。或见处座，诸夜叉众所共围绕，毗沙门天王而为上首；此比丘尼为说法门，名：救护众生藏。或见处座，乾闼婆众所共围绕，持国乾闼婆王而为上首；此比丘尼为说法门，名：无尽喜。或见处座，阿修罗众所共围绕，罗睺阿修罗王而为上首；此比丘尼为说法门，名：速疾庄严法界智门。或见处座，迦楼罗众所共围绕，捷持迦楼罗王而为上首；此比丘尼为说法门，名：怖动诸有海。或见处座，紧那罗众所共围绕，大树紧那罗王而为上首；此比丘尼为说法门，名：佛行光明。或见处座，摩睺罗伽众所共围绕，庵罗林摩睺罗伽王而为上首；此比丘尼为说法门，名：生佛欢喜心。或见处座，无量百千男子、女人所共围绕；此比丘尼为说法门，名：殊胜行。或见处座，诸罗刹众所共围绕，常夺精气大树罗刹王而为上首；此比丘尼为说法门，名：发生悲愍心。或见处座，信乐声闻乘众生所共围绕；此比丘尼为说法门，名：胜智光明。或见处座，信乐缘觉乘众生所共围绕；此比丘尼为说法门，名：佛功德广大光明。或见处座，信乐大乘众生所共围绕；此比丘尼为说法门，名：普门三昧智光明门。或见处座，初发心诸菩萨所共围绕；此比丘尼为说法门，名：一切佛愿聚。或见处座，第二地诸菩萨所共围绕；此比丘尼为说法门，名：离垢轮。或见处座，第三地诸菩萨所共围绕；此比丘尼为说法门，名：寂静庄严。或见处座，第四地诸菩萨所共围绕；此比丘尼为说法门，名：生一切智境界。或见处座，第五地诸菩萨所共围绕；此比丘尼为说法门，名：妙华藏。或见处座，第六地诸菩萨所共围绕；此比丘尼为说法门，名：毗卢遮那藏。或见处座，第七地诸菩萨所共围绕；此比丘尼为说法门，名：普庄严地。或见处座，第八地诸菩萨所共围绕；此比丘尼为说法门，名：遍法界境界身。或见处座，第九地诸菩萨所共围绕；此比丘尼为说法门，名：无所得力庄严。或见处座，第十地诸菩萨所共围绕；此比丘尼为说法门，名：无碍轮。或见处座，执金刚神所共围绕；此比丘尼为说法门，名：金刚智那罗延庄严。

善财童子见如是等一切诸趣所有众生已成熟者、已调伏者，堪为法器，皆入此园，各于座下围绕而坐。师子频申比丘尼，随其欲解胜劣差别而为说法，令于阿耨多罗三藐三菩提得不退转。何以故？此比丘尼入普眼舍得般若波罗蜜门、说一切佛法般若波罗蜜门、法界差别般若波罗蜜门、散坏一切障碍轮般若波罗蜜门、生一切众生善心般若波罗蜜门、殊胜庄严般若波罗蜜门、无碍真实藏般若波罗蜜门、法界圆满般若波罗蜜门、心藏般若波罗蜜门、普出生藏般若波罗蜜门，此十般若波罗蜜门为首，入如是等无数百万般若波罗蜜门。此日光园中所有菩萨及诸众生，皆是师子频申比丘尼初劝发心，受持正法，思惟修习，于阿耨多罗三藐三菩提得不退转。

时，善财童子见师子频申比丘尼如是园林、如是床座、如是经行、如是众会、如是神力、如是辩才，复闻不可思议法门，广大法云润泽其心，便生是念：我当右绕无量百千匝。

时，比丘尼放大光明，普照其园众会庄严。善财童子即自见身，及园林中所有众树，皆悉右绕此比丘尼，经于无量百千万匝。围绕毕已，善财童子合掌而住，白言：

圣者！我已先发阿耨多罗三藐三菩提心，而未知菩萨云何学菩萨行？云何修菩萨道？我闻圣者善能诱诲，愿为我说！

比丘尼言：善男子！我得解脱，名：成就一切智。

善财言：圣者！何故名为：成就一切智？

比丘尼言：善男子！此智光明，于一念中普照三世一切诸法。

善财白言：圣者！此智光明境界云何？

比丘尼言：

善男子！我入此智光明门，得出生一切法三昧王；以此三昧故，得意生身，往十方一切世界兜率天宫一生所系菩萨所，一一菩萨前现不可说佛刹微尘数身，一一身作不可说佛刹微尘数供养。所谓：现天王身乃至人王身，执持华云，执持鬘云，烧香、涂香及以末香，衣服、璎珞、幢幡、缯盖、宝网、宝帐、宝藏、宝灯，如是一切诸庄严具,我皆执持而以供养。如于住兜率宫菩萨所,如是于住胎、出胎、在家、出家、往诣道场、成等正觉、转正法轮、入于涅槃,如是中间,或住天宫,或住龙宫,乃至或复住于人宫,于彼一一诸如来所,我皆如是而为供养。若有众生,知我如是供养佛者,皆于阿耨多罗三藐三菩提得不退转;若有众生来至我所,我即为说般若波罗蜜。

善男子!我见一切众生,不分别众生相,智眼明见故;听一切语言,不分别语言相,心无所著故;见一切如来,不分别如来相,了达法身故;住持一切法轮,不分别法轮相,悟法自性故;一念遍知一切法,不分别诸法相,知法如幻故。

善男子!我唯知此成就一切智解脱。如诸菩萨摩诃萨,心无分别,普知诸法,一身端坐,充满法界,于自身中现一切刹,一念悉诣一切佛所,于自身内普现一切诸佛神力,一毛遍举不可言说诸佛世界,于其自身一毛孔中现不可说世界成坏,于一念中与不可说不可说众生同住,于一念中入不可说不可说一切诸劫;而我云何能知能说彼功德行?

善男子!于此南方,有一国土,名曰:险难;此国有城,名:宝庄严;中有女人,名:婆须蜜多。汝诣彼问:菩萨云何学菩萨行、修菩萨道?

时,善财童子顶礼其足,绕无数匝,殷勤瞻仰,辞退而去。

大方广佛华严经卷第六十八

入法界品第三十九之九

尔时,善财童子,大智光明照启其心,思惟观察见诸法性,得了知一切言音陀罗尼门,得受持一切法轮陀罗尼门,得与一切众生作所归依大悲力,得观察一切法义理光明门,得充满法界清净愿,得普照十方一切法智光明,得遍庄严一切世界自在力,得普发起一切菩萨业圆满愿。

渐次游行,至险难国宝庄严城,处处寻觅婆须蜜多女。

城中有人不知此女功德智慧,作如是念:

今此童子,诸根寂静,智慧明了,不迷不乱,谛视一寻,无有疲懈,无所取著,目视不瞬,心无所动,甚深宽广,犹如大海;不应于此婆须蜜女,有贪爱心,有颠倒心,生于净想,生于欲想;不应为此女色所摄。

此童子者,不行魔行,不入魔境,不没欲泥,不被魔缚,不应作处已能不作,有何等意而求此女?

其中有人先知此女有智慧者,告善财言:

善哉善哉!善男子!汝今乃能推求寻觅婆须蜜女,汝已获得广大善利。善男子！汝应决定求佛果位，决定欲为一切众生作所依怙，决定欲拔一切众生贪爱毒箭，决定欲破一切众生于女色中所有净想。

善男子！婆须蜜女于此城内市廛之北自宅中住。

时，善财童子闻是语已，欢喜踊跃，往诣其门。见其住宅广博严丽，宝墙、宝树及以宝堑，一一皆有十重围绕；其宝堑中，香水盈满，金沙布地，诸天宝华、优钵罗华、波头摩华、拘物头华、芬陀利华遍覆水上；宫殿、楼阁处处分布，门闼、窗牖相望间列，咸施网铎，悉置幡幢，无量珍奇以为严饰；琉璃为地，众宝间错，烧诸沉水，涂以栴檀，悬众宝铃，风动成音，散诸天华遍布其地；种种严丽不可称说，诸珍宝藏其数百千，十大园林以为庄严。

尔时，善财见此女人，颜貌端严，色相圆满，皮肤金色，目发绀青，不长不短，不粗不细，欲界人、天无能与比；音声美妙超诸梵世，一切众生差别言音，悉皆具足，无不解了；深达字义，善巧谈说，得如幻智，入方便门；众宝璎珞及诸严具庄严其身，如意摩尼以为宝冠而冠其首；复有无量眷属围绕，皆共善根同一行愿，福德大藏具足无尽。时，婆须蜜多女从其身出广大光明，普照宅中一切宫殿；遇斯光者，身得清凉。

尔时，善财前诣其所，顶礼其足，合掌而住，白言：圣者！我已先发阿耨多罗三藐三菩提心，而未知菩萨云何学菩萨行？云何修菩萨道？我闻圣者善能教诲，愿为我说！

彼即告言：

善男子！我得菩萨解脱，名：离贪欲际，随其欲乐而为现身。若天见我，我为天女，形貌、光明殊胜无比；如是乃至人、非人等而见我者，我即为现人、非人女，随其乐欲皆令得见。

若有众生欲意所缠来诣我所，我为说法，彼闻法已，则离贪欲，得菩萨无著境界三昧；若有众生暂见于我，则离贪欲，得菩萨欢喜三昧；若有众生暂与我语，则离贪欲，得菩萨无碍音声三昧；若有众生暂执我手，则离贪欲，得菩萨遍往一切佛刹三昧；若有众生暂升我座，则离贪欲，得菩萨解脱光明三昧；若有众生暂观于我，则离贪欲，得菩萨寂静庄严三昧；若有众生见我频申，则离贪欲，得菩萨摧伏外道三昧；若有众生见我目瞬，则离贪欲，得菩萨佛境界光明三昧；若有众生抱持于我，则离贪欲，得菩萨摄一切众生恒不舍离三昧；若有众生唼我唇吻，则离贪欲，得菩萨增长一切众生福德藏三昧。凡有众生亲近于我，一切皆得住离贪际，入菩萨一切智地现前无碍解脱。

善财白言：圣者种何善根、修何福业，而得成就如是自在？

答言：

善男子！我念过去，有佛出世，名为：高行；其王都城，名曰：妙门。善男子！彼高行如来哀愍众生，入于王城蹈彼门阃，其城一切悉皆震动，忽然广博，众宝庄严，无量光明递相映彻，种种宝华散布其地，诸天音乐同时俱奏，一切诸天充满虚空。善男子！我于彼时，为长者妻，名曰：善慧；见佛神力，心生觉悟，则与其夫往诣佛所，以一宝钱而为供养。是时，文殊师利童子为佛侍者，为我说法，令发阿耨多罗三藐三菩提心。

善男子！我唯知此菩萨离贪际解脱。如诸菩萨摩诃萨，成就无边巧方便智，其藏广大，境界无比；而我云何能知能说彼功德行？

善男子！于此南方有城，名：善度；中有居士，名：鞞瑟胝罗，彼常供养栴檀座佛塔。汝诣彼问：菩萨云何学菩萨行、修菩萨道？

时，善财童子顶礼其足，绕无量匝，殷勤瞻仰，辞退而去。

尔时，善财童子渐次游行，至善度城，诣居士宅，顶礼其足，合掌而立，白言：

圣者！我已先发阿耨多罗三藐三菩提心，而未知菩萨云何学菩萨行？云何修菩萨道？我闻圣者善能诱诲，愿为我说！

居士告言：

善男子！我得菩萨解脱，名：不般涅槃际。善男子！我不生心言；如是如来已般涅槃，如是如来现般涅槃，如是如来当般涅槃。我知十方一切世界诸佛如来，毕竟无有般涅槃者，唯除为欲调伏众生而示现耳。

善男子！我开栴檀座如来塔门时，得三昧，名：佛种无尽。善男子！我念念中入此三昧，念念得知一切无量殊胜之事。

善财白言：此三昧者，境界云何？

居士答言：

善男子！我入此三昧，随其次第，见此世界一切诸佛，所谓：迦叶佛、拘那含牟尼佛、拘留孙佛、尸弃佛、毗婆尸佛、提舍佛、弗沙佛、无上胜佛、无上莲华佛；如是等而为上首，于一念顷，得见百佛，得见千佛，得见百千佛，得见亿佛、千亿佛、百千亿佛、阿庾多亿佛、那由他亿佛，乃至不可说不可说世界微尘数佛，如是一切，次第皆见。亦见彼佛，初始发心，种诸善根，获胜神通，成就大愿，修行妙行，具波罗蜜，入菩萨地，得清净忍，摧伏魔军，成正等觉，国土清净，众会围绕，放大光明，转妙法轮，神通变现；种种差别，我悉能持，我悉能忆，悉能观察，分别显示。未来弥勒佛等一切诸佛，现在毗卢遮那佛等一切诸佛，悉亦如是。如此世界，十方世界所有三世一切诸佛、声闻、独觉、诸菩萨众，悉亦如是。

善男子！我唯得此菩萨所得不般涅槃际解脱。如诸菩萨摩诃萨，以一念智普知三世，一念遍入一切三昧，如来智日恒照其心，于一切法无有分别，了一切佛悉皆平等、如来及我一切众生等无有二，知一切法自性清净，无有思虑，无有动转，而能普入一切世间，离诸分别，住佛法印，悉能开悟法界众生；而我云何能知能说彼功德行？

善男子！于此南方有山，名：补怛洛迦；彼有菩萨，名：观自在。汝诣彼问：菩萨云何学菩萨行、修菩萨道？

即说颂曰：

海上有山多圣贤，众宝所成极清净，华果树林皆遍满，泉流池沼悉具足。勇猛丈夫观自在，为利众生住此山；汝应往问诸功德，彼当示汝大方便。

时，善财童子顶礼其足，绕无量匝已，殷勤瞻仰，辞退而去。

尔时，善财童子一心思惟彼居士教，入彼菩萨解脱之藏，得彼菩萨能随念力，忆彼诸佛出现次第，念彼诸佛相续次第，持彼诸佛名号次第，观彼诸佛所说妙法，知彼诸佛具足庄严，见彼诸佛成正等觉，了彼诸佛不思议业。

渐次游行，至于彼山，处处求觅此大菩萨。见其西面岩谷之中，泉流萦映，树林蓊郁，香草柔软，右旋布地。观自在菩萨于金刚宝石上结跏趺坐，无量菩萨皆坐宝石恭敬围绕，而为宣说大慈悲法，令其摄受一切众生。

善财见已，欢喜踊跃，合掌谛观，目不暂瞬，作如是念：善知识者，则是如来；善知识者，一切法云；善知识者，诸功德藏；善知识者，难可值遇；善知识者，十力宝因；善知识者，无尽智炬；善知识者，福德根芽；善知识者，一切智门；善知识者，智海导师；善知识者，至一切智助道之具。便即往诣大菩萨所。

尔时，观自在菩萨遥见善财，告言：善来！汝发大乘意普摄众生，起正直心专求佛法，大悲深重救护一切，普贤妙行相续现前，大愿深心圆满清净，勤求佛法悉能领受，积集善根恒无厌足，顺善知识不违其教；从文殊师利功德智慧大海所生，其心成熟，得佛势力；已获广大三昧光明，专意希求甚深妙法，常见诸佛生大欢喜，智慧清净犹如虚空，既自明了复为他说，安住如来智慧光明。

尔时，善财童子顶礼观自在菩萨足，绕无数匝，合掌而住，白言：圣者！我已先发阿耨多罗三藐三菩提心，而未知菩萨云何学菩萨行？云何修菩萨道？我闻圣者善能教诲，愿为我说！

菩萨告言：

善哉善哉！善男子！汝已能发阿耨多罗三藐三菩提心。

善男子！我已成就菩萨大悲行解脱门。善男子！我以此菩萨大悲行门，平等教化一切众生相续不断。

善男子！我住此大悲行门，常在一切诸如来所，普现一切众生之前。或以布施，摄取众生；或以爱语，或以利行，或以同事，摄取众生；或现色身，摄取众生；或现种种不思议色净光明网，摄取众生；或以音声，或以威仪，或为说法，或现神变，令其心悟而得成熟；或为化现同类之形，与其共居而成熟之。

善男子！我修行此大悲行门，愿常救护一切众生；愿一切众生，离险道怖，离热恼怖，离迷惑怖，离系缚怖，离杀害怖，离贫穷怖，离不活怖，离恶名怖，离于死怖，离大众怖，离恶趣怖，离黑闇怖，离迁移怖，离爱别怖，离怨会怖，离逼迫身怖，离逼迫心怖，离忧悲怖。复作是愿：愿诸众生，若念于我，若称我名，若见我身，皆得免离一切怖畏。善男子！我以此方便，令诸众生离怖畏已，复教令发阿耨多罗三藐三菩提心永不退转。

善男子！我唯得此菩萨大悲行门。如诸菩萨摩诃萨，已净普贤一切愿，已住普贤一切行，常行一切诸善法，常入一切诸三昧，常住一切无边劫，常知一切三世法，常诣一切无边刹，常息一切众生恶，常长一切众生善，常绝众生生死流；而我云何能知能说彼功德行？

尔时，东方有一菩萨，名曰：正趣，从空中来，至娑婆世界轮围山顶，以足按地；其娑婆世界六种震动，一切皆以众宝庄严。正趣菩萨放身光明，映蔽一切日、月、星、电，天龙八部、释、梵、护世所有光明皆如聚墨；其光普照一切地狱、畜生、饿鬼、阎罗王处，令诸恶趣，众苦皆灭，烦恼不起，忧悲悉离。又于一切诸佛国土，普雨一切华香、璎珞、衣服、幢盖；如是所有诸庄严具，供养于佛。复随众生心之所乐，普于一切诸宫殿中而现其身，令其见者皆悉欢喜，然后来诣观自在所。

时，观自在菩萨告善财言：善男子！汝见正趣菩萨来此会不？白言：已见。告言：善男子！汝可往问：菩萨云何学菩萨行、修菩萨道？

尔时，善财童子敬承其教，遽即往诣彼菩萨所，顶礼其足，合掌而立，白言：圣者！我已先发阿耨多罗三藐三菩提心，而未知菩萨云何学菩萨行？云何修菩萨道？我闻圣者善能教诲，愿为我说！

正趣菩萨言：善男子！我得菩萨解脱，名：普门速疾行。

善财言：圣者！于何佛所得此法门？所从来刹，去此几何？发来久如？

告言：善男子！此事难知，一切世间天、人、阿修罗、沙门、婆罗门等所不能了；唯勇猛精进无退无怯诸菩萨众，已为一切善友所摄、诸佛所念，善根具足，志乐清净，得菩萨根，有智慧眼，能闻能持，能解能说。

善财言：圣者！我承佛神力、善知识力，能信能受，愿为我说！

正趣菩萨言：

善男子！我从东方妙藏世界普胜生佛所而来此土，于彼佛所得此法门，从彼发来已经不可说不可说佛刹微尘数劫，一一念中举不可说不可说佛刹微尘数步，一一步过不可说不可说世界微尘数佛刹。一一佛刹，我皆遍入，至其佛所，以妙供具而为供养；此诸供具，皆是无上心所成，无作法所印，诸如来所忍，诸菩萨所叹。善男子！我又普见彼世界中一切众生，悉知其心，悉知其根，随其欲解，现身说法，或放光明，或施财宝，种种方便，教化调伏，无有休息。如从东方，南、西、北方、四维、上、下，亦复如是。

善男子！我唯得此菩萨普疾行解脱，能疾周遍到一切处。如诸菩萨摩诃萨，普于十方无所不至，智慧境界等无差别，善布其身悉遍法界，至一切道，入一切刹，知一切法，到一切世，平等演说一切法门，同时照耀一切众生，于诸佛所不生分别，于一切处无有障碍；而我云何能知能说彼功德行？

善男子！于此南方有城，名：堕罗钵底；其中有神，名曰：大天。汝诣彼问：菩萨云何学菩萨行、修菩萨道？

时，善财童子顶礼其足，绕无数匝，殷勤瞻仰，辞退而去。

尔时，善财童子入菩萨广大行，求菩萨智慧境，见菩萨神通事，念菩萨胜功德，生菩萨大欢喜，起菩萨坚精进，入菩萨不思议自在解脱，行菩萨功德地，观菩萨三昧地，住菩萨总持地，入菩萨大愿地，得菩萨辩才地，成菩萨诸力地。

渐次游行，至于彼城，推问大天今在何所？人咸告言：在此城内，现广大身，为众说法。

尔时，善财至大天所，顶礼其足，于前合掌而作是言：圣者！我已先发阿耨多罗三藐三菩提心，而未知菩萨云何学菩萨行？云何修菩萨道？我闻圣者善能教诲，愿为我说！

尔时，大天长舒四手，取四大海水自洗其面，持诸金华以散善财，而告之言：

善男子！一切菩萨，难可得见，难可得闻，希出世间，于众生中最为第一，是诸人中芬陀利华，为众生归，为众生救，为诸世间作安隐处，为诸世间作大光明，示迷惑者安隐正道；为大导师，引诸众生入佛法门；为大法将，善能守护一切智城。菩萨如是难可值遇，唯身、语、意无过失者，然后乃得见其形像、闻其辩才，于一切时常现在前。

善男子！我已成就菩萨解脱，名为：云网。

善财言：圣者！云网解脱境界云何？

尔时，大天于善财前，示现金聚、银聚、琉璃聚、玻璃聚、砗磲聚、码瑙聚、大焰宝聚、离垢藏宝聚、大光明宝聚、普现十方宝聚、宝冠聚、宝印聚、宝璎珞聚、宝瑞聚、宝钏聚、宝锁聚、珠网聚、种种摩尼宝聚、一切庄严具聚、如意摩尼聚，皆如大山；又复示现一切华、一切鬘、一切香、一切烧香、一切涂香、一切衣服、一切幢幡、一切音乐、一切五欲娱乐之具，皆如山积；及现无数百千万亿诸童女众。而彼大天告善财言：

善男子！可取此物，供养如来，修诸福德，并施一切，摄取众生，令其修学檀波罗蜜，能舍难舍。善男子！如我为汝，示现此物，教汝行施；为一切众生悉亦如是，皆令以此善根熏习，于三宝所、善知识所，恭敬供养，增长善法，发于无上菩提之意。

善男子！若有众生贪著五欲，自放逸者，为其示现不净境界；若有众生瞋恚、憍慢、多诤竞者，为其示现极可怖形，如罗刹等饮血噉肉；令其见已，惊恐惶惧，心意调柔，舍离怨结。若有众生惛沉、懒惰，为其示现王、贼、水、火及诸重疾；令其见已，心生惶怖，知有忧苦而自勉策。以如是等种种方便，令舍一切诸不善行，修行善法；令除一切波罗蜜障，具波罗蜜；令超一切障碍险道，到无障处。

善男子！我唯知此云网解脱。如诸菩萨摩诃萨，犹如帝释，已能摧伏一切烦恼阿修罗军；犹如大水，普能消灭一切众生诸烦恼火；犹如猛火，普能乾竭一切众生诸爱欲水；犹如大风，普能吹倒一切众生诸见取幢；犹如金刚，悉能摧破一切众生诸我见山。而我云何能知能说彼功德行？

善男子！此阎浮提摩竭提国菩提场中，有主地神，其名：安住。汝诣彼问：菩萨云何学菩萨行、修菩萨道？

时，善财童子礼大天足，绕无数匝，辞退而去。

尔时，善财童子渐次游行，趣摩竭提国菩提场内安住神所，百万地神同在其中，更相谓言：此来童子即是佛藏，必当普为一切众生作所依处，必当普坏一切众生无明縠注[1]藏。此人已生法王种中，当以离垢无碍法缯而冠其首，当开智慧大珍宝藏，摧伏一切邪论异道。

时，安住等百万地神，放大光明，遍照三千大千世界，普令大地同时震吼，种种宝物处处庄严，影洁光流递相鉴彻；一切叶树俱时生长，一切华树咸共开敷，一切果树靡不成熟，一切河流递相灌注，一切池沼悉皆盈满；雨细香雨遍洒其地，风来吹华普散其上，无数音乐一时俱奏，天庄严具咸出美音；牛王、象王、师子王等，皆生欢喜，踊跃哮吼，犹如大山相击出声；百千伏藏自然踊现。

时，安住地神告善财言：善来童子！汝于此地曾种善根，我为汝现，汝欲见不？

尔时，善财礼地神足，绕无数匝，合掌而立，白言：圣者！唯然！欲见。

时，安住地神以足按地，百千亿阿僧祇宝藏自然踊出，告言：

善男子！今此宝藏随逐于汝，是汝往昔善根果报，是汝福力之所摄受，汝应随意自在受用。

善男子！我得菩萨解脱，名：不可坏智慧藏，常以此法成就众生。

善男子！我忆自从然灯佛来，常随菩萨，恭敬守护，观察菩萨所有心行、智慧境界、一切誓愿、诸清净行、一切三昧、广大神通、大自在力、无能坏法，遍往一切诸佛国土，普受一切诸如来记，转于一切诸佛法轮，广说一切修多罗门，大法光明普皆照耀，教化调伏一切众生，示现一切诸佛神变，我皆能领受、皆能忆持。

善男子！乃往古世，过须弥山微尘数劫，有劫名：庄严，世界名：月幢，佛号：妙眼，于彼佛所得此法门。善男子！我于此法门，若入若出修习增长，常见诸佛未曾舍离，始从初得乃至贤劫，于其中间，值遇不可说不可说佛刹微尘数如来、应、正等觉，悉皆承事，恭敬供养；亦见彼佛诣菩提座，现大神力；亦见彼佛所有一切功德善根。

善男子！我唯知此不可坏智慧藏法门。如诸菩萨摩诃萨常随诸佛，能持一切诸佛所说，入一切佛甚深智慧，念念充遍一切法界，等如来身，生诸佛心，具诸佛法，作诸佛事；而我云何能知能说彼功德行？

善男子！此阎浮提摩竭提国迦毗罗城，有主夜神，名：婆珊婆演底。汝诣彼问：菩萨云何学菩萨行、修菩萨道？

时，善财童子礼地神足，绕无数匝，殷勤瞻仰，辞退而去。

尔时，善财童子一心思惟安住神教，忆持菩萨不可沮坏智藏解脱，修其三昧，学其轨则，观其游戏，入其微妙，得其智慧，达其平等，知其无边，测其甚深。

渐次游行，至于彼城，从东门入，伫立未久，便见日没。心念随顺诸菩萨教，渴仰欲见彼主夜神，于善知识生如来想，复作是念：由善知识得周遍眼，普能明见十方境界；由善知识得广大解，普能了达一切所缘；由善知识得三昧眼，普能观察一切法门；由善知识得智慧眼，普能明照十方刹海。

作是念时，见彼夜神于虚空中，处宝楼阁香莲华藏师子之座，身真金色，目发绀青，形貌端严，见者欢喜，众宝璎珞以为严饰，身服朱衣，首戴梵冠，一切星宿炳然在体。于其身上一一毛孔，皆现化度无量无数恶道众生，令其免离险难之像；是诸众生，或生人中，或生天上，或有趣向二乘菩提，或有修行一切智道。又彼一一诸毛孔中，示现种种教化方便，或为现身，或为说法，或为示现声闻乘道，或为示现独觉乘道，或为示现诸菩萨行、菩萨勇猛、菩萨三昧、菩萨自在、菩萨住处、菩萨观察、菩萨师子频申、菩萨解脱游戏，如是种种成熟众生。

善财童子见闻此已，心大欢喜，以身投地，礼夜神足，绕无数匝，于前合掌而作是言：圣者！我已先发阿耨多罗三藐三菩提心，我心冀望依善知识获诸如来功德法藏。唯愿示我一切智道，我行于中，至十力地！

时，彼夜神告善财言：

善哉善哉！善男子！汝能深心敬善知识，乐闻其语，修行其教；以修行故，决定当得阿耨多罗三藐三菩提。

善男子！我得菩萨破一切众生痴暗法光明解脱。善男子！我于恶慧众生，起大慈心；于不善业众生，起大悲心；于作善业众生，起于喜心；于善恶二行众生，起不二心；于杂染众生，起令生清净心；于邪道众生，起令生正行心；于劣解众生，起令兴大解心；于乐生死众生，起令舍轮转心；于住二乘道众生，起令住一切智心。善男子！我以得此解脱故，常与如是心共相应。

善男子！我于夜闇人静，鬼、神、盗贼、诸恶众生所游行时，密云重雾、恶风暴雨、日月星宿并皆昏蔽不见色时，见诸众生，若入于海，若行于陆，山林、旷野、诸险难处，或遭盗贼，或乏资粮，或迷惑方隅，或忘失道路，惇惶忧怖不能自出；我时即以种种方便而救济之。

为海难者，示作船师、鱼王、马王、龟王、象王、阿修罗王及以海神；为彼众生，止恶风雨，息大波浪，引其道路，示其洲岸，令免怖畏，悉得安隐。复作是念：以此善根，回施众生，愿令舍离一切诸苦。

为在陆地一切众生于夜暗中遭恐怖者，现作日月及诸星宿、晨霞、夕电种种光明，或作屋宅，或为人众，令其得免恐怖之厄。复作是念：以此善根，回施众生，悉令除灭诸烦恼暗。一切众生，有惜寿命，有爱名闻，有贪财宝，有重官位，有著男女，有恋妻妾，未称所求，多生忧怖；我皆救济，令其离苦。

为行山险而留难者，为作善神，现形亲近；为作好鸟，发音慰悦；为作灵药，舒光照耀；示其果树，示其泉井，示正直道，示平坦地，令其免离一切忧厄。

为行旷野、稠林、险道，藤萝所罥、云雾所暗而恐怖者，示其正道，令得出离。作是念言：愿一切众生，伐见稠林，截爱罗网，出生死野，灭烦恼暗，入一切智平坦正道，到无畏处毕竟安乐。

善男子！若有众生，乐著国土而忧苦者；我以方便，令生厌离。作是念言：愿一切众生不著诸蕴，住一切佛萨婆若境。

善男子！若有众生，乐著聚落，贪爱宅舍，常处黑暗，受诸苦者；我为说法，令生厌离，令法满足，令依法住。作是念言：愿一切众生，悉不贪乐六处聚落，速得出离生死境界，究竟安住一切智城。

善男子！若有众生行暗夜中，迷惑十方，于平坦路生险难想，于险难道起平坦想，以高为下，以下为高，其心迷惑，生大苦恼。我以方便舒光照及，若欲出者，示其门户；若欲行者，示其道路；欲度沟洫，示其桥梁；欲涉河海，与其船筏；乐观方者，示其险易安危之处；欲休息者，示其城邑、水、树之所。作是念言：如我于此照除夜暗，令诸世事悉得宣叙；愿我普于一切众生生死长夜、无明暗处，以智慧光普皆照了。是诸众生无有智眼，想心见倒之所覆翳，无常常想，无乐乐想，无我我想，不净净想，坚固执著我人众生、蕴界处法，迷惑因果，不识善恶，杀害众生，乃至邪见，不孝父母，不敬沙门及婆罗门，不知恶人，不识善人，贪著恶事，安住邪法，毁谤如来，坏正法轮，于诸菩萨皆辱伤害，轻大乘道，断菩提心，于有恩人反加杀害，于无恩处常怀怨结，毁谤贤圣，亲近恶伴，盗塔寺物，作五逆罪，不久当堕三恶道处。愿我速以大智光明，破彼众生无明黑暗，令其疾发阿耨多罗三藐三菩提心。既发心已，示普贤乘，开十力道，亦示如来法王境界，亦示诸佛一切智城、诸佛所行、诸佛自在、诸佛成就、诸佛总持、一切诸佛共同一身、一切诸佛平等之处，令其安住。

善男子！一切众生，或病所缠，或老所侵，或苦贫穷，或遭祸难，或犯王法，临当受刑，无所依怙，生大怖畏；我皆救济，使得安隐。复作是念：愿我以法普摄众生，令其解脱一切烦恼、生老病死、忧悲苦患，近善知识，常行法施，勤行善业，速得如来清净法身，住于究竟无变易处。

善男子！一切众生入见稠林，住于邪道，于诸境界起邪分别，常行不善身、语、意业，妄作种种诸邪苦行，于非正觉生正觉想，于正觉所非正觉想，为恶知识之所摄受，以起恶见，将堕恶道；我以种种诸方便门而为救护，令住正见，生人天中。复作是念：如我救此将坠恶道诸众生等，愿我普救一切众生，悉令解脱一切诸苦，住波罗蜜出世圣道，于一切智得不退转，具普贤愿，近一切智，而不舍离诸菩萨行，常勤教化一切众生。

尔时，婆珊婆演底主夜神，欲重宣此解脱义，承佛神力，观察十方，为善财童子而说颂曰：

我此解脱门，生净法光明，能破愚痴暗，待时而演说。我昔无边劫，勤行广大慈，普覆诸世间，佛子应修学。寂静大悲海，出生三世佛，能灭众生苦，汝应入此门。能生世间乐，亦生出世乐，令我心欢喜，汝应入此门。既舍有为患，亦远声闻果，净修诸佛力，汝应入此门。我目甚清净，普见十方刹，亦见其中佛，菩提树下坐，相好庄严身，无量众围绕，一一毛孔内，种种光明出；见诸群生类，死此而生彼，轮回五趣中，常受无量苦。我耳甚清净，听之无不及，一切语言海，悉闻能忆持；诸佛转法轮，其声妙无比，所有诸文字，悉皆能忆持。我鼻甚清净，于法无所碍，一切皆自在，汝应入此门。我舌其广大，净好能言说，随应演妙法，汝应入此门。我身甚清净，三世等如如，随诸众生心，一切悉皆现。我心净无碍，如空含万像，普念诸如来，而亦不分别。了知无量刹，一切诸心海，诸根及欲乐，而亦不分别。我以大神通，震动无量刹，其身悉遍往，调彼难调众。我福甚广大，如空无有尽，供养诸如来，饶益一切众。我智广清净，了知诸法海，除灭众生惑，汝应入此门。我知三世佛，及一切法，亦了彼方便，此门遍无等。一一尘中见，三世一切刹，亦见彼诸佛，此是普门力。十方刹尘内，悉见卢舍那，菩提树下坐，成道演妙法。

尔时，善财童子白夜神言：汝发阿耨多罗三藐三菩提心为几时耶？得此解脱其已久如，乃能如是饶益众生？

其神答言：

善男子！乃往古世，过如须弥山微尘数劫，有劫名：寂静光，世界名：出生妙宝，有五亿佛于中出现。彼世界中有四天下，名：宝月灯光，有城，名：莲华光，王名：善法度，以法施化，成就七宝，王四天下。王有夫人，名：法慧月，夜久眠寐。时，彼城东有一大林，名为：寂住，林中有一大菩提树，名：一切光摩尼王庄严身出生一切佛神力光明。尔时，有佛名：一切法雷音王，于此树下成等正觉，放无量色广大光明，遍照出生妙宝世界。莲华光城内有主夜神，名为：净月，诣王夫人法慧月所，动身璎珞以觉夫人，而告之言：夫人当知，一切法雷音王如来，于寂住林成无上觉，及广为说诸佛功德自在神力、普贤菩萨所有行愿。令王夫人发阿耨多罗三藐三菩提意，供养彼佛及诸菩萨、声闻、僧众。

善男子！时王夫人法慧月者，岂异人乎？我身是也！

我于彼佛所发菩提心种善根故，于须弥山微尘数劫，不生地狱、饿鬼、畜生诸恶趣中，亦不生于下贱之家，诸根具足，无有众苦，于天人中福德殊胜，不生恶世，恒不离佛及诸菩萨、大善知识，常于其所种植善根，经八十须弥山微尘数劫常受安乐，而未满足菩萨诸根。

过此劫已，复过万劫，于贤劫前，有劫名：无忧遍照，世界名：离垢妙光。其世界中净秽相杂，有五百佛于中出现。其第一佛，名：须弥幢寂静妙眼如来、应、正等觉；我为：名称长者；女名：妙慧光明，端正殊妙。彼净月夜神，以愿力故，于离垢世界一四天下妙幢王城中生，作主夜神，名：清净眼。我于一时，在父母边，夜久眠息。彼清净眼来诣我所，震动我宅，放大光明，出现其身，赞佛功德言：妙眼如来坐菩提座，始成正觉。劝喻于我及以父母并诸眷属，令速见佛；自为前导，引至佛所，广兴供养。

我才见佛，即得三昧，名：出生见佛调伏众生三世智光明轮。获此三昧故，能忆念须弥山微尘数劫，亦见其中诸佛出现，于彼佛所听闻妙法；以闻法故，即得此破一切众生暗法光明解脱。得此解脱已，即见其身遍往佛刹微尘数世界，亦见彼世界所有诸佛，又见自身在其佛所；亦见彼世界一切众生，解其言音，识其根性，知其往昔曾为善友之所摄受，随其所乐而为现身，令生欢喜。

我时于彼所得解脱，念念增长，此心无间；又见自身遍往百佛刹微尘数世界，此心无间；又见自身遍往千佛刹微尘数世界，此心无间；又见自身遍往百千佛刹微尘数世界。如是，念念乃至不可说不可说佛刹微尘数世界，亦见彼世界中一切如来；亦自见身在彼佛所，听闻妙法，受持忆念，观察决了；亦知彼佛诸本事海、诸大愿海，彼诸如来严净佛刹，我亦严净；亦见彼世界一切众生，随其所应而为现身教化调伏。此解脱门，念念增长，如是乃至充满法界。

善男子！我唯知此菩萨破一切众生暗法光明解脱。如诸菩萨摩诃萨，成就普贤无边行愿，普入一切诸法界海，得诸菩萨金刚智幢自在三昧，出生大愿，住持佛种；于念念中，成满一切大功德海，严净一切广大世界；以自在智，教化成熟一切众生；以智慧日，灭除一切世间暗障；以勇猛智，觉悟一切众生惛睡；以智慧月，决了一切众生疑惑；以清净音，断除一切诸有执著；于一切法界一一尘中，示现一切自在神力，智眼明净，等见三世。而我何能知其妙行、说其功德、入其境界、示其自在？

善男子！此阎浮提摩竭提国菩提场内，有主夜神，名：普德净光。我本从其发阿耨多罗三藐三菩提心，常以妙法开悟于我。汝诣彼问：菩萨云何学菩萨行、修菩萨道。

尔时，善财童子向婆珊婆演底神而说颂曰：

见汝清净身，相好超世间，如文殊师利，亦如宝山王。汝法身清净，三世悉平等，世界悉入中，成坏无所碍。我观一切趣，悉见汝形像，一一毛孔中，星月各分布。汝心极广大，如空遍十方，诸佛悉入中，清净无分别。一一毛孔内，悉放无数光，十方诸佛所，普雨庄严具。一一毛孔内，各现无数身，十方诸国土，方便度众生。一一毛孔内，示现无量刹，随诸众生欲，种种令清净。若有诸众生，闻名及见身，悉获功德利，成就菩提道。多劫在恶趣，始得见闻汝，亦应欢喜受，以灭烦恼故。千刹微尘劫，叹汝一毛德，劫数犹可穷，功德终无尽。

时，善财童子说此颂已，顶礼其足，绕无量匝，殷勤瞻仰，辞退而去。

注1：此字音 ku 或 que,縠字左下边木字换成卵字即是

大方广佛华严经卷第六十九

入法界品第三十九之十

尔时，善财童子了知彼婆珊婆演底夜神初发菩提心所生菩萨藏、所发菩萨愿、所净菩萨度、所入菩萨地、所修菩萨行、所行出离道、一切智光海、普救众生心、普遍大悲云、于一切佛刹尽未来际常能出生普贤行愿。

渐次游行，至普德净光夜神所，顶礼其足，绕无数匝，于前合掌而作是言：圣者！我已先发阿耨多罗三藐三菩提心，而我未知菩萨云何修行菩萨地？云何出生菩萨地？云何成就菩萨地？

夜神答言：

善哉善哉！善男子！汝已能发阿耨多罗三藐三菩提心，今复问于菩萨地修行、出生及以成就。

善男子！菩萨成就十法，能圆满菩萨行。何者为十？一者，得清净三昧，常见一切佛；二者，得清净眼，常观一切佛相好庄严；三者，知一切如来无量无边功德大海；四者，知等法界无量诸佛法光明海；五者，知一切如来，一一毛孔放等众生数大光明海，利益无量一切众生；六者，见一切如来，一一毛孔出一切宝色光明焰海；七者，于念念中出现一切佛变化海充满法界，究竟一切诸佛境界调伏众生；八者，得佛音声同一切众生言音海，转三世一切佛法轮；九者，知一切佛无边名号海；十者，知一切佛调伏众生不思议自在力。善男子！菩萨成就此十种法，则能圆满菩萨诸行。

善男子！我得菩萨解脱，名：寂静禅定乐普游步。普见三世一切诸佛，亦见彼佛清净国土、道场、众会、神通、名号、说法、寿命、言音、身相，种种不同，悉皆明睹而无取著。何以故？知诸如来非去，世趣永灭故；非来，体性无生故；非生，法身平等故；非灭，无有生相故；非实，住如幻法故；非妄，利益众生故；非迁，超过生死故；非坏，性常不变故；一相，言语悉离故；无相，性相本空故。

善男子！我如是了知一切如来时，于菩萨寂静禅定乐普游步解脱门，分明了达，成就增长，思惟观察，坚固庄严，不起一切妄想分别，大悲救护一切众生。一心不动，修习初禅，息一切意业，摄一切众生，智力勇猛，喜心悦豫；修第二禅，思惟一切众生自性，厌离生死；修第三禅，悉能息灭一切众生众苦热恼；修第四禅，增长圆满一切智愿，出生一切诸三昧海，入诸菩萨解脱海门，游戏一切神通，成就一切变化，以清净智普入法界。

善男子！我修此解脱时，以种种方便成就众生。所谓：于在家放逸众生，令生不净想、可厌想、疲劳想、逼迫想、系缚想、罗刹想、无常想、苦想、无我想、空想、无生想、不自在想、老病死想。自于五欲不生乐著，亦劝众生不著欲乐，唯住法乐，出离于家，入于非家。若有众生住于空闲，我为止息诸恶音声，于静夜时为说深法，与顺行缘，开出家门，示正道路，为作光明，除其闇障，灭其怖畏，赞出家业，叹佛、法、僧及善知识具诸功德，亦叹亲近善知识行。

复次，善男子！我修解脱时，令诸众生，不生非法贪，不起邪分别，不作诸罪业。若已作者，皆令止息；若未生善法，未修波罗蜜行，未求一切智，未起大慈悲，未造人天业，皆令其生；若已生者，令其增长。我与如是顺道因缘，乃至令成一切智智。

善男子！我唯得此菩萨寂静禅定乐普游步解脱门。如诸菩萨摩诃萨，具足普贤所有行愿，了达一切无边法界，常能增长一切善根，照见一切如来智力，住于一切如来境界，恒处生死，心无障碍，疾能满足一切智愿，普能往诣一切世界，悉能观见一切诸佛，遍能听受一切佛法，能破一切众生痴闇，能于生死大夜之中出生一切智慧光明；而我云何能知能说彼功德行？

善男子！去此不远，于菩提场右边，有一夜神，名：喜目观察众生。汝诣彼问：菩萨云何学菩萨行、修菩萨道？

尔时，普德净光夜神，欲重宣此解脱义，为善财童子而说颂曰：

若有信解心，尽见三世佛；彼人眼清净，能入诸佛海。汝观诸佛身，清净相庄严，一念神通力，法界悉充满。卢舍那如来，道场成正觉，一切法界中，转于净法轮。如来知法性，寂灭无有二，清净相严身，遍示诸世间。佛身不思议，法界悉充满，普现一切刹，一切无不见。佛身常光明，一切刹尘等，种种清净色，念念遍法界。如来一毛孔，放不思议光，普照诸群生，令其烦恼灭。如来一毛孔，出生无尽化，充遍于法界，除灭众生苦。佛演一妙音，随类皆令解，普雨广大法，使发菩提意。佛昔修诸行，已曾摄受我，故得见如来，普现一切刹。诸佛出世间，量等众生数，种种解脱境，非我所能知。一切诸菩萨，入佛一毛孔，如是妙解脱，非我所能知。此近有夜神，名喜目观察，汝应往诣彼，问修菩萨行。

时，善财童子顶礼其足，绕无数匝，殷勤瞻仰，辞退而去。

尔时，善财童子敬善知识教，行善知识语，作如是念：善知识者，难见难遇；见善知识，令心不散乱；见善知识，破障碍山；见善知识，入大悲海救护众生；见善知识，得智慧光普照法界；见善知识，悉能修行一切智道；见善知识，普能睹见十方佛海；见善知识，得见诸佛转于法轮忆持不忘。作是念已，发意欲诣喜目观察众生夜神所。

时，喜目神加善财童子，令知亲近善知识，能生诸善根，增长成熟。所谓：令知亲近善知识，能修助道具；令知亲近善知识，能起勇猛心；令知亲近善知识，能作难坏业；令知亲近善知识，能得难伏力；令知亲近善知识，能入无边方；令知亲近善知识，能久远修行；令知亲近善知识，能办无边业；令知亲近善知识，能行无量道；令知亲近善知识，能得速疾力普诣诸刹；令知亲近善知识，能不离本处遍至十方。

时，善财童子遽发是念：由亲近善知识，能勇猛勤修一切智道；由亲近善知识，能速疾出生诸大愿海；由亲近善知识，能为一切众生，尽未来劫受无边苦；由亲近善知识，能被大精进甲，于一微尘中说法声遍法界；由亲近善知识，能速往诣一切方海；由亲近善知识，于一毛道，尽未来劫修菩萨行；由亲近善知识，于念念中行菩萨行，究竟安住一切智地；由亲近善知识，能入三世一切如来自在神力诸庄严道；由亲近善知识，能常遍入诸法界门；由亲近善知识，常缘法界未曾动出，而能遍往十方国土。

尔时，善财童子发是念已，即诣喜目观察众生夜神所。

见彼夜神在于如来众会道场，坐莲华藏师子之座，入大势力普喜幢解脱，于其身上一一毛孔，出无量种变化身云，随其所应，以妙言音而为说法，普摄无量一切众生，皆令欢喜而得利益。所谓：

出无量化身云，充满十方一切世界，说诸菩萨行檀波罗蜜，于一切事皆无恋著，于一切众生普皆施与；其心平等，无有轻慢，内外悉施，难舍能舍。

出等众生数无量化身云，充满法界，普现一切众生之前，说持净戒无有缺犯，修诸苦行皆悉具足，于诸世间无有所依，于诸境界无所爱著，说在生死轮回往返，说诸人天盛衰苦乐，说诸境界皆是不净，说一切法皆是无常，说一切行悉苦无味，令诸世间舍离颠倒，住诸佛境持如来戒。如是演说种种戒行，戒香普熏，令诸众生悉得成熟。

又出等众生数种种身云，说能忍受一切众苦，所谓：割截、捶楚、诃骂、欺辱，其心泰然，不动不乱；于一切行不卑不高，于诸众生不起我慢，于诸法性安住忍受；说菩提心无有穷尽，心无尽故智亦无尽，普断一切众生烦恼；说诸众生卑贱丑陋不具足身，令生厌离；赞诸如来清净妙色无上之身，令生欣乐。如是方便，成熟众生。

又出等众生界种种身云，随诸众生心之所乐，说勇猛精进，修一切智助道之法；勇猛精进，降伏魔怨；勇猛精进，发菩提心，不动不退；勇猛精进，度一切众生，出生死海；勇猛精进，除灭一切恶道诸难；勇猛精进，坏无智山；勇猛精进，供养一切诸佛如来不生疲厌；勇猛精进，受持一切诸佛法轮；勇猛精进，坏散一切诸障碍山；勇猛精进，教化成熟一切众生；勇猛精进，严净一切诸佛国土。如是方便，成熟众生。

又出种种无量身云，以种种方便，令诸众生，心生欢喜，舍离恶意，厌一切欲；为说惭愧，令诸众生藏护诸根；为说无上清净梵行；为说欲界是魔境界，令生恐怖；为现不乐世间欲乐，住于法乐，随其次第，入诸禅定诸三昧乐，令思惟观察，除灭一切所有烦恼；又为演说一切菩萨诸三昧海神力变现自在游戏，令诸众生欢喜适悦，离诸忧怖，其心清净，诸根猛利，爱重于法，修习增长。

又出等众生界种种身云，为说往诣十方国土，供养诸佛及以师长、真善知识，受持一切诸佛法轮精勤不懈；又为演说、称赞一切诸如来海，观察一切诸法门海，显示一切诸法性相，开阐一切诸三昧门，开智慧境界，竭一切众生疑海；示智慧金刚，坏一切众生见山；升智慧日轮，破一切众生痴闇。皆令欢喜，成一切智。

又出等众生界种种身云，普诣一切众生之前，随其所应，以种种言辞而为说法；或说世间神通福力；或说三界皆是可怖，令其不作世间业行，离三界处，出见稠林；或为称赞一切智道，令其超越二乘之地；或为演说不住生死、不住涅槃，令其不著有为、无为；或为演说住于天宫乃至道场，令其欣乐发菩提意。如是方便，教化众生，皆令究竟得一切智。

又出一切世界微尘数身云，普诣一切众生之前，念念中，示普贤菩萨一切行愿；念念中，示清净大愿充满法界；念念中，示严净一切世界海；念念中，示供养一切如来海；念念中，示入一切法门海；念念中，示入一切世界海、微尘数世界海；念念中，示于一切刹尽未来劫清净修行一切智道；念念中，示入如来力；念念中，示入一切三世方便海；念念中，示往一切刹现种种神通变化；念念中，示诸菩萨一切行愿，令一切众生住一切智。如是所作，恒无休息。

又出等一切众生心数身云，普诣一切众生之前，说诸菩萨集一切智助道之法无边际力、求一切智不破坏力、无穷尽力、修无上行不退转力、无间断力、于生死法无染著力、能破一切诸魔众力、远离一切烦恼垢力、能破一切业障山力、住一切劫修大悲行无疲倦力、震动一切诸佛国土令一切众生生欢喜力、能破一切诸外道力、普于世间转法轮力。以如是等方便成熟，令诸众生至一切智。

又出等一切众生心数无量变化色身云，普诣十方无量世界，随众生心，演说一切菩萨智行。所谓：说入一切众生界海智，说入一切众生心海智，说入一切众生根海智，说入一切众生行海智，说度一切众生未曾失时智，说出一切法界音声智，说念念遍一切法界海智，说念念知一切世界海坏智，说念念知一切世界海成住庄严差别智，说念念自在亲近供养一切如来听受法轮智。示现如是智波罗蜜，令诸众生，皆大欢喜，调畅适悦，其心清净，生决定解，求一切智无有退转。如说菩萨诸波罗蜜成熟众生，如是宣说一切菩萨种种行法而为利益。

复于一一诸毛孔中，出无量种众生身云。所谓：出与色究竟天、善现天、善见天、无热天、无烦天相似身云，出少广、广果、福生、无云天相似身云，出遍净、无量净、少净天相似身云，出光音、无量光、少光天相似身云，出大梵、梵辅、梵众天相似身云，出自在天、化乐天、兜率陀天、须夜摩天、忉利天及其采女、诸天子众相似身云，出提头赖吒乾闼婆王、乾闼婆子、乾闼婆女相似身云，出毗楼勒叉、鸠槃茶王、鸠槃茶子、鸠槃茶女相似身云，出毗楼博叉龙王、龙子、龙女相似身云，出毗沙门夜叉王、夜叉子、夜叉女相似身云，出大树紧那罗王、善慧摩睺罗伽王、大速疾力迦楼罗王、罗睺阿修罗王、阎罗法王及其子、其女相似身云，出诸人王及其子、其女相似身云，出声闻、独觉及诸佛众相似身云，出地神、水神、火神、风神、河神、海神、山神、树神乃至昼、夜、主方神等相似身云。周遍十方，充满法界。

于彼一切众生之前，现种种声。所谓：风轮声、水轮声、火焰声、海潮声、地震声、大山相击声、天城震动声、摩尼相击声、天王声、龙王声、夜叉王声、乾闼婆王声、阿修罗王声、迦楼罗王声、紧那罗王声、摩睺罗伽王声、人王声、梵王声、天女歌咏声、诸天音乐声、摩尼宝王声。

以如是等种种音声，说喜目观察众生夜神从初发心所集功德。所谓：承事一切诸善知识，亲近诸佛，修行善法；行檀波罗蜜，难舍能舍；行尸波罗蜜，弃舍王位、宫殿、眷属，出家学道；行羼提波罗蜜，能忍世间一切苦事，及以菩萨所修苦行、所持正法，皆悉坚固，其心不动，亦能忍受一切众生于己身心恶作恶说，忍一切业皆不失坏，忍一切法生决定解，忍诸法性能谛思惟；行精进波罗蜜，起一切智行，成一切佛法；行禅波罗蜜，其禅波罗蜜所有资具、所有修习、所有成就、所有清净、所有起三昧神通、所有入三昧海门，皆悉显示；行般若波罗蜜，其般若波罗蜜所有资具、所有清净、大智慧日、大智慧云、大智慧藏、大智慧门，皆悉显示；行方便波罗蜜，其方便波罗蜜所有资具、所有修行、所有体性、所有理趣、所有清净、所有相应事，皆悉显示；行愿波罗蜜，其愿波罗蜜所有体性、所有成就、所有修习、所有相应事，皆悉显示；行力波罗蜜，其力波罗蜜所有资具、所有因缘、所有理趣、所有演说、所有相应事，皆悉显示；行智波罗蜜，其智波罗蜜所有资具、所有体性、所有成就、所有清净、所有处所、所有增长、所有深入、所有光明、所有显示、所有理趣、所有相应事、所有简择、所有行相、所有相应法、所有所摄法、所知法、所知业、所知刹、所知劫、所知世、所知佛出现、所知佛、所知菩萨，所知菩萨心、菩萨位、菩萨资具、菩萨发趣、菩萨回向、菩萨大愿、菩萨法轮、菩萨简择法、菩萨法海、菩萨法门海、菩萨法旋流、菩萨法理趣，如是等智波罗蜜相应境界，皆悉显示，成熟众生。

又说此神从初发心所集功德相续次第；所习善根相续次第；所修无量诸波罗蜜相续次第；死此生彼及其名号相续次第；亲近善友，承事诸佛，受持正法，修菩萨行，入诸三昧，以三昧力，普见诸佛，普见诸刹，普知诸劫，深入法界，观察众生，入法界海，知诸众生死此生彼，得净天耳闻一切声，得净天眼见一切色，得他心智知众生心，得宿住智知前际事，得无依无作神足智通自在游行遍十方刹，如是所有相续次第；得菩萨解脱，入菩萨解脱海，得菩萨自在，得菩萨勇猛，得菩萨游步，住菩萨想，入菩萨道，如是一切所有功德相续次第。皆悉演说，分别显示，成熟众生。

如是说时，于念念中，十方各严净不可说不可说诸佛国土，度脱无量恶趣众生，令无量众生生天人中富贵自在，令无量众生出生死海，令无量众生安住声闻、辟支佛地，令无量众生住如来地。

尔时，善财童子见闻如上所现一切诸希有事，念念观察，思惟解了，深入安住，承佛威力及解脱力，则得菩萨不思议大势力普喜幢自在力解脱。何以故？与喜目夜神于往昔时同修行故，如来神力所加持故，不思议善根所佑助故，得菩萨诸根故，生如来种中故，得善友力所摄受故，受诸如来所护念故，毗卢遮那如来曾所化故，彼分善根已成熟故，堪修普贤菩萨行故。

尔时，善财童子得此解脱已，心生欢喜，合掌向喜目观察众生夜

神,以偈赞曰:

无量无数劫,学佛甚深法,随其所应化,显现妙色身。了知诸众生,沉迷婴妄想,种种身皆现,随应悉调伏。法身恒寂静,清净无二相,为化众生故,示现种种形。于诸蕴界处,未曾有所著,示行及色身,调伏一切众。不著内外法,已度生死海,而现种种身,住于诸有界。远离诸分别,戏论所不动,为著妄想者,弘宣十力法。一心住三昧,无量劫不动,毛孔出化云,供养十方佛。得佛方便力,念念无边际,示现种种身,普摄诸群生。了知诸有海,种种业庄严,为说无碍法,令其悉清净。色身妙无比,清净如普贤,随诸众生心,示现世间相。

尔时,善财童子说此颂已,白言:天神!汝发阿耨多罗三藐三菩提心,为几时耶?得此解脱,身已久如?

尔时,喜目观察众生主夜神以颂答曰:

我念过去世,过于刹尘劫,刹号摩尼光,劫名寂静音。百万那由他,俱胝四天下,其王数亦尔,各各自临驭。中有一王都,号曰香幢宝,庄严最殊妙,见者皆欣悦。中有转轮王,其身甚微妙,三十二种相,随好以庄严;莲华中化生,金色光明身,腾空照远近,普及阎浮界。其王有千子,勇猛身端正;臣佐满一亿,智慧善方便;嫔御有十亿,颜容状天女,利益调柔意,慈心给侍王。其王以法化,普及四天下,轮围大地中,一切皆丰盛。我时为宝女,具足梵音声,身出金色光,照及千由旬。日光既已没,音乐咸寂然,大王及侍御,一切皆安寝。彼时德海佛,出兴于世间,显现神通力,充满十方界;放大光明海,一切刹尘数,种种自在身,遍满于十方。地震出妙音,普告佛兴世;天人龙神众,一切皆欢喜。一一毛孔中,出佛化身海,十方皆遍满,随应说妙法。我时于梦中,见佛诸神变,亦闻深妙法,心生大欢喜。一万主夜神,共在空中住,赞叹佛兴世,同时觉悟我:贤慧汝应起,佛已现汝国,劫海难值遇,见者得清净。我时便寐寤,即睹清净光。观此从何来?见佛树王下,诸相庄严体,犹如宝山王;一切毛孔中,放大光明海。见已心欢喜,便生此念言:愿我得如佛,广大神通力。我时寻觉寤,大王并眷属,令见佛光明,一切皆欣庆。我时与大王,骑从千万亿,众生亦无量,俱行诣佛所。我于二万岁,供养彼如来,七宝四天下,一切皆奉施。时彼如来说,功德普云经,普应群生心,庄严诸愿海。夜神觉悟我,令我得利益,我愿作是身,觉诸放逸者。我从此初发,最上菩提愿,往来诸有中,其心无忘失。从此后供养,十亿那由佛,恒受人天乐,饶益诸群生。初佛功德海;第二功德灯;第三妙宝幢;第四虚空智;第五莲华藏;第六无碍慧;第七法月王;第八智灯轮;第九两足尊,宝焰山灯王;第十调御师,三世华光音。如是等诸佛,我悉曾供养,然未得慧眼,入于解脱海。从此次第有,一切宝光刹,其劫名天胜,五百佛兴世。最初月光轮;第二名日灯；第三名光幢；第四宝须弥；第五名华焰；第六号灯海；第七炽然佛；第八天藏佛；九光明王幢；十普智光王。如是等诸佛，我悉曾供养，尚于诸法中，无而计为有。从此复有劫，名曰梵光明；世界莲华灯，庄严极殊妙。彼有无量佛，一一无量众，我悉曾供养，尊重听闻法。初宝须弥佛；二功德海佛；三法界音佛；四法震雷佛；五名法幢佛；六名地光佛；七名法力光；八名虚空觉；第九须弥光；第十功德云。如是等如来，我悉曾供养，未能明了法，而入诸佛海。次后复有劫，名为功德月；尔时有世界，其名功德幢。彼中有诸佛，八十那由他，我皆以妙供，深心而敬奉。初乾闼婆王；二名大树王；三功德须弥；第四宝眼佛；第五卢舍那；第六光庄严；第七法海佛；第八光胜佛；九名贤胜佛；第十法王佛。如是等诸佛，我悉曾供养，然未得深智，入于诸法海。此后复有劫，名为寂静慧，刹号金刚宝，庄严悉殊妙。于中有千佛，次第而出兴，众生少烦恼，众会悉清净。初金刚脐佛；二无碍力佛；三名法界影；四号十方灯；第五名悲光；第六名戒海；第七忍灯轮；第八法轮光；九名光庄严；十名寂静光。如是等诸佛，我悉曾供养，犹未能深悟，如空清净法。游行一切刹，于彼修诸行。次第复有劫，名为善出现，刹号香灯云，净秽所共成。亿佛于中现，庄严刹及劫，所说种种法，我皆能忆持。初名广称佛；次名法海佛；三名自在王；四名功德云；第五法胜佛；第六天冠佛；第七智焰佛；第八虚空音；第九两足尊；名普生殊胜；第十无上士，眉间胜光明。如是一切佛，我悉曾供养，然犹未能净，离诸障碍道。次第复有劫，名集坚固王，刹号宝幢王，一切善分布。有五百诸佛，于中而出现；我恭敬供养，求无碍解脱。最初功德轮；其次寂静音；次名功德海，次名日光王；第五功德王；第六须弥相；次名法自在；次佛功德王，第九福须弥；第十光明王。如是等诸佛，我悉曾供养，所有清净道，普入尽无余，然于所入门，未能成就忍。次第复有劫，名为妙胜主，刹号寂静音，众生烦恼薄。于中有佛现，八十那由他，我悉曾供养，修行最胜道。初佛名华聚；次佛名海藏；次名功德生；次号天王髻；第五摩尼藏；第六真金山；第七宝聚尊；第八法幢佛；第九名胜财，第十名智慧。此十为上首，供养无不尽。次第复有劫，名曰千功德；尔时有世界，号善化幢灯，六十亿那由，诸佛兴于世。最初寂静幢，其次奢摩他，第三百灯王；第四寂静光；第五云密阴；第六日大明；七号法灯光；八名殊胜焰；九名天胜藏；十名大吼音。如是等诸佛，我悉常供养，未得清净忍，深入诸法海。次第复有劫，名无著庄严；尔时有世界，名曰无边光；中有三十六，那由他佛现。初功德须弥；第二虚空心；第三具庄严；第四法雷音；第五法界声；第六妙音云；第七照十方，第八法海音；第九功德海；第十功德幢。如是等诸佛，我悉曾供养，次有佛出现，名为功德幢，我为月面天，供养人中主。时佛为我说，无依妙法门，我闻专念持，出生诸愿海。我得清净眼，寂灭定总持，能于念念中，悉见诸佛海。我得大悲藏，普明方便眼，增长菩提心，成就如来力。见众生颠倒，执常乐我净，愚痴暗所覆，妄想起烦恼。行止见稠林，往来贪欲海，集于诸恶趣，无量种种业。一切诸趣中，随业而受身，生老死众患，无量苦逼迫。为彼众生故，我发无上心，愿得如十方，一切十力尊。缘佛及众生，起于大愿云，从是修功德，趣入方便道。愿云悉弥覆，普入一切道，具足波罗蜜，充满于法界。速入于诸地，三世方便海，一念修诸佛，一切无碍行。佛子我尔时，得入普贤道，了知十法界，一切差别门。

善男子！于汝意云何，彼时转轮圣王，名：十方主，能绍隆佛种者，岂异人乎？文殊师利童子是也！尔时夜神觉悟我者，普贤菩萨之所化耳！我于尔时为王宝女，蒙彼夜神觉悟于我，令我见佛，发阿耨多罗三藐三菩提心。自从是来，经佛刹微尘数劫，不堕恶趣，常生人、天，于一切处常见诸佛，乃至于妙灯功德幢佛所，得此大势力普喜幢菩萨解脱，以此解脱如是利益一切众生。

善男子！我唯得此大势力普喜幢解脱门。如诸菩萨摩诃萨，于念念中，普诣一切诸如来所，疾能趣入一切智海；于念念中，以发趣门，入于一切诸大愿海；于念念中，以愿海门，尽未来劫，念念出生一切诸行。一一行中出生一切刹微尘数身，一一身普入一切法界门；一一法界门，一切佛刹中，随众生心说诸妙行。一切刹一一尘中，悉见无边诸如来海；一一如来所，悉见遍法界诸佛神通；一一如来所，悉见往劫修菩萨行；一一如来所，受持守护所有法轮；一一如来所，悉见三世一切如来诸神变海。而我云何能知能说彼功德行？

善男子！此众会中，有一夜神，名：普救众生妙德。汝诣彼问：菩萨云何入菩萨行、净菩萨道？

时，善财童子顶礼其足，绕无数匝，殷勤瞻仰，辞退而去。

大方广佛华严经卷第七十

入法界品第三十九之十一

尔时，善财童子于喜目观察众生夜神所，闻普喜幢解脱门，信解趣入，了知随顺，思惟修习，念善知识所有教诲，心无暂舍，诸根不散，一心愿得见善知识，普于十方勤求匪懈，愿常亲近生诸功德，与善知识同一善根，得善知识巧方便行，依善知识入精进海，于无量劫常不远离。作是愿已，往诣普救众生妙德夜神所。

时，彼夜神为善财童子示现菩萨调伏众生解脱神力，以诸相好庄严其身，于两眉间放大光明，名：智灯普照清净幢，无量光明以为眷属，其光普照一切世间。照世间已，入善财顶，充满其身。善财尔时即得究竟清净轮三昧。

得此三昧已，悉见二神两处中间，所有一切地尘、水尘及以火尘、金刚摩尼众宝微尘，华香、璎珞、诸庄严具，如是一切所有微尘，一一尘中各见佛刹微尘数世界成坏。及见一切地、水、火、风诸大积聚。亦见一切世界接连，皆以地轮任持而住。种种山海、种种河池、种种树林、种种宫殿，所谓：天宫殿、龙宫殿、夜叉宫殿，乃至摩睺罗伽、人、非人等宫殿屋宅，地狱、畜生、阎罗王界一切住处，诸趣轮转，生死往来，随业受报，各各差别，靡不悉见。

又见一切世界差别。所谓：或有世界杂秽，或有世界清净，或有世界趣杂秽，或有世界趣清净，或有世界杂秽清净，或有世界清净杂秽，或有世界一向清净，或有世界其形平正，或有覆住，或有侧住。如是等一切世界一切趣中，悉见此普救众生夜神，于一切时一切处，随诸众生形貌、言辞、行解差别，以方便力普现其前，随宜化度，令地狱众生免诸苦毒，令畜生众生不相食噉，令饿鬼众生无有饥渴，令诸龙等离一切怖，令欲界众生离欲界苦，令人趣众生离暗夜怖、毁訾怖、恶名怖、大众怖、不活怖、死怖、恶道怖、断善根怖、退菩提心怖、遇恶知识怖、离善知识怖、堕二乘地怖、种种生死怖、异类众生同住怖、恶时受生怖、恶种族中受生怖、造恶业怖、业烦恼障怖、执著诸想系缚怖，如是等怖悉令舍离。

又见一切众生，卵生、胎生、湿生、化生，有色、无色、有想、无想，非有想、非无想，普现其前，常勤救护，为成就菩萨大愿力故，深入菩萨三昧力故，坚固菩萨神通力故，出生普贤行愿力故，增广菩萨大悲海故，得普覆众生无碍大慈故，得普与众生无量喜乐故，得普摄一切众生智慧方便故，得菩萨广大解脱自在神通故，严净一切佛刹故，觉了一切诸法故，供养一切诸佛故，受持一切佛教故，积集一切善根修一切妙行故，入一切众生心海而无障碍故，知一切众生诸根教化成熟故，净一切众生信解除其恶障故，破一切众生无知黑闇故，令得一切智清净光明故。

时，善财童子见此夜神如是神力不可思议甚深境界，普现调伏一切众生菩萨解脱已，欢喜无量，头面作礼，一心瞻仰。时，彼夜神即舍菩萨庄严之相，还复本形，而不舍其自在神力。

尔时，善财童子恭敬合掌，却住一面，以偈赞曰：

我善财得见，如是大神力，其心生欢喜，说偈而赞叹。我见尊妙身，众相以庄严；譬如空中星，一切悉严净。所放殊胜光，无量刹尘数；种种微妙色，普照于十方。一一毛孔放，众生心数光；一一光明端，皆出宝莲华；华中出化身，能灭众生苦；光中出妙香，普熏于众生；复雨种种华，供养一切佛。两眉放妙光，量与须弥等，普触诸含识，令灭愚痴闇。口放清净光，譬如无量日，普照于广大，毗卢舍那境。眼放清净光，譬如无量月，普照十方刹，悉灭世痴翳。现化种种身，相状等众生，充满十方界，度脱三有海。妙身遍十方，普现众生前,灭除水火贼,王等一切怖。我承喜目教,今得诣尊所,见尊眉间相,放大清净光,普照十方海,悉灭一切闇,显现神通力,而来入我身。我遇圆满光,心生大欢喜,得总持三昧,普见十方佛。我于所经处,悉见诸微尘,一一微尘中,各见尘数刹。或有无量刹,一切咸浊秽,众生受诸苦,常悲叹号泣。或有染净刹,少乐多忧苦;示现三乘像,往彼而救度。或有净染刹,众生所乐见,菩萨常充满,住持诸佛法。一一微尘中,无量净刹海;毗卢遮那佛,往劫所严净。佛于一切刹,悉坐菩提树,成道转法轮,度脱诸群生。我见普救天,于彼无量刹,一切诸佛所,普皆往供养。

尔时,善财童子说此颂已,白普救众生妙德夜神言:天神!今此解脱甚深希有!其名何等?得此解脱其已久如?修何等行而得清净?

夜神言:

善男子!是处难知,诸天及人、一切二乘所不能测。何以故?此是住普贤菩萨行者境界故,住大悲藏者境界故,救护一切众生者境界故,能净一切三恶八难者境界故,能于一切佛刹中绍隆佛种不断者境界故,能住持一切佛法者境界故,能于一切劫修菩萨行成满大愿海者境界故,能于一切法界海以清净智光灭无明闇障者境界故,能以一念智慧光明普照一切三世方便海者境界故。我承佛力,今为汝说。

善男子!乃往古世,过佛刹微尘数劫,尔时有劫,名:圆满清净,世界名:毗卢遮那大威德,有须弥山微尘数如来于中出现。其佛世界,以一切香王摩尼宝为体,众宝庄严,住无垢光明摩尼王海上。其形正圆,净秽合成,一切严具帐云而覆其上,一切庄严摩尼轮山千匝围绕。有十万亿那由他四天下皆妙庄严,或有四天下恶业众生于中止住,或有四天下杂业众生于中止住,或有四天下善根众生于中止住,或有四天下一向清净诸大菩萨之所止住。

此界东际轮围山侧,有四天下,名:宝灯华幢。国界清净,饮食丰足,不藉耕耘而生稻粱;宫殿楼阁悉皆奇妙;诸如意树处处行列,种种香树恒出香云,种种鬘树恒出鬘云,种种华树常雨妙华;种种宝树出诸奇宝,无量色光周匝照耀;诸音乐树出诸音乐,随风吹动演妙音声;日月光明摩尼宝王普照一切,昼夜受乐无时间断。

此四天下有百万亿那由他诸王国土,一一国土有千大河周匝围绕,一一皆以妙华覆上,随流漂动,出天乐音,一切宝树列植其岸,种种珍奇以为严饰,舟船来往称情戏乐。一一河间有百万亿城,一一城有百万亿那由他聚落;如是一切城邑、聚落,各有无量百千亿那由他宫殿园林周匝围绕。

此四天下阎浮提内,有一国土,名:宝华灯,安隐丰乐,人民炽盛;其中众生,具行十善。有转轮王于中出现,名:毗卢遮那妙宝莲华髻,于莲华中忽然化生,三十二相以为严好,七宝具足,王四天下,恒以正法教导群生。王有千子,端正勇健,能伏冤敌;百万亿那由他宫人、采女，皆悉与王同种善根、同修诸行、同时诞生，端正姝妙犹如天女，身真金色常放光明，诸毛孔中恒出妙香；良臣、猛将，具足十亿。王有正妃，名：圆满面，是王女宝，端正殊特，皮肤金色，目发绀青，言同梵音，身有天香，常放光明照千由旬。其有一女，名：普智焰妙德眼，形体端严，色相殊美，众生见者情无厌足。尔时，众生寿命无量，或有不定而中夭者；种种形色、种种音声、种种名字、种种族姓，愚、智、勇、怯、贫、富、苦、乐，无量品类皆悉不同。时，或有人语余人言：我身端正，汝形鄙陋。作是语已，递相毁辱，集不善业；以是业故，寿命、色力、一切乐事悉皆损减。

时，彼城北有菩提树，名：普光法云音幢，以念念出现一切如来道场庄严坚固摩尼王而为其根，一切摩尼以为其干，众杂妙宝以为其叶，次第分布，并相称可，四方上下，圆满庄严；放宝光明，出妙音声，说一切如来甚深境界。于彼树前，有一香池，名：宝华光明，演法雷音；妙宝为岸，百万亿那由他宝树围绕，一一树形如菩提树，众宝璎珞周匝垂下，无量楼阁皆宝所成，周遍道场以为严饰。彼香池内出大莲华，名：普现三世一切如来庄严境界云，须弥山微尘数佛于中出现。其第一佛，名：普智宝焰妙德幢，于此华上，最初得阿耨多罗三藐三菩提，无量千岁演说正法成熟众生。

其彼如来未成佛时，十千年前，此大莲华放净光明，名：现诸神通成熟众生；若有众生遇斯光者，心自开悟，无所不了，知十千年后佛当出现。九千年前，放净光明，名：一切众生离垢灯；若有众生遇斯光者，得清净眼，见一切色，知九千年后佛当出现。八千年前，放大光明，名：一切众生业果音；若有众生遇斯光者，悉得自知诸业果报，知八千年后佛当出现。七千年前，放大光明，名：生一切善根音；若有众生遇斯光者，一切诸根悉得圆满，知七千年后佛当出现。六千年前，放大光明，名：佛不思议境界音；若有众生遇斯光者，其心广大，普得自在，知六千年后佛当出现。五千年前，放大光明，名：严净一切佛刹音；若有众生遇斯光者，悉见一切清净佛土，知五千年后佛当出现。四千年前，放大光明，名：一切如来境界无差别灯；若有众生遇斯光者，悉能往觐一切诸佛，知四千年后佛当出现。三千年前，放大光明，名：三世明灯；若有众生遇斯光者，悉能现见一切如来诸本事海，知三千年后佛当出现。二千年前，放大光明，名：如来离翳智慧灯；若有众生遇斯光者，则得普眼见一切如来神变、一切诸佛国土、一切世界众生，知二千年后佛当出现。一千年前，放大光明，名：令一切众生见佛集诸善根；若有众生遇斯光者，则得成就见佛三昧，知一千年后佛当出现。次七日前，放大光明，名：一切众生欢喜音；若有众生遇斯光者，得普见诸佛生大欢喜，知七日后佛当出现。满七日已，一切世界悉皆震动，纯净无染，念念普现十方一切清净佛刹，亦现彼刹种种庄严；若有众生根性淳熟，应见佛者，咸诣道场。

尔时，彼世界中一切轮围、一切须弥、一切诸山、一切大海、一切地、一切城、一切垣墙、一切宫殿、一切音乐、一切语言，皆出音声，赞说一切诸佛如来神力境界；又出一切香云、一切烧香云、一切末香云、一切香摩尼形像云、一切宝焰云、一切焰藏云、一切摩尼衣云、一切璎珞云、一切妙华云、一切如来光明云、一切如来圆光云、一切音乐云、一切如来愿声云、一切如来言音海云、一切如来相好云，显示如来出现世间不思议相。

善男子！此普照三世一切如来庄严境界大宝莲华王，有十佛刹微尘数莲华周匝围绕，诸莲华内悉有摩尼宝藏师子之座，一一座上皆有菩萨结跏趺坐。

善男子！彼普智宝焰妙德幢王如来，于此成阿耨多罗三藐三菩提时，即于十方一切世界中成阿耨多罗三藐三菩提；随众生心，悉现其前为转法轮。于一一世界，令无量众生离恶道苦，令无量众生得生天中，令无量众生住于声闻、辟支佛地，令无量众生成就出离菩提之行，令无量众生成就勇猛幢菩提之行，令无量众生成就法光明菩提之行，令无量众生成就清净根菩提之行，令无量众生成就平等力菩提之行，令无量众生成就入法城菩提之行，令无量众生成就遍至一切处不可坏神通力菩提之行，令无量众生入普门方便道菩提之行，令无量众生安住三昧门菩提之行，令无量众生成就缘一切清净境界菩提之行，令无量众生发菩提心，令无量众生住菩萨道，令无量众生安住清净波罗蜜道，令无量众生住菩萨初地，令无量众生住菩萨二地乃至十地，令无量众生入于菩萨殊胜行愿，令无量众生安住普贤清净行愿。

善男子！彼普智宝焰妙德幢如来，现如是不思议自在神力转法轮时，于彼一一诸世界中，随其所应，念念调伏无量众生。

时，普贤菩萨知宝华灯王城中众生，自恃色貌及诸境界，而生憍慢陵蔑他人；化现妙身，端正殊特，往诣彼城，放大光明，普照一切，令彼圣王及诸妙宝、日月星宿、众生身等一切光明悉皆不现，譬如日出众景夺曜，亦如聚墨对阎浮金。时，诸众生咸作是言：此为是谁？为天？为梵？今放此光，令我等身所有光色皆不显现。种种思惟，无能解了。

尔时，普贤菩萨在彼轮王宝宫殿上虚空中住，而告之言：大王当知，今汝国中，有佛兴世，在普光明法云音幢菩提树下。时，圣王女——莲华妙眼，见普贤菩萨所现色身光明自在，及闻身上诸庄严具所出妙音，心生欢喜，作如是念：愿我所有一切善根，得如是身、如是庄严、如是相好、如是威仪、如是自在。今此大圣，能于众生生死长夜黑闇之中放大光明，开示如来出兴于世；愿令于我亦得如是，为诸众生作智光明，破彼所有无知黑闇。愿我所在受生之处，常得不离此善知识。

善男子！时，转轮王与其宝女、千子、眷属、大臣、辅佐、四种兵众，及其城内无量人民，前后围绕；以王神力，俱升虚空，高一由旬，放大光明照四天下，普使一切咸得瞻仰，欲令众生俱往见佛，以偈赞曰：

如来出世间，普救诸群生，汝等应速起，往诣导师所。无量无数劫，乃有佛兴世，演说深妙法，饶益一切众。佛观诸世间，颠倒常痴惑，轮回生死苦，而起大悲心。无数亿千劫，修习菩提行，为欲度众生，斯由大悲力。头目手足等，一切悉能舍，为求菩提故，如是无量劫。无量亿千劫，导师难可遇；见闻若承事，一切无空过。今当共汝等，往观调御尊，坐于如来座，降魔成正觉。瞻仰如来身，放演无量光，种种微妙色，除灭一切暗。一一毛孔中，放光不思议，普照诸群生，咸令大欢喜。汝等咸应发，广大精进心，诣彼如来所，恭敬而供养。

尔时，转轮圣王说偈赞佛，开悟一切众生已，从轮王善根，出十千种大供养云，往诣道场，向如来所。所谓：一切宝盖云、一切华帐云、一切宝衣云、一切宝铃网云、一切香海云、一切宝座云、一切宝幢云、一切宫殿云、一切妙华云、一切诸庄严具云，于虚空中周遍严饰。到已，顶礼普智宝焰妙德幢王如来足，绕无量百千匝，即于佛前坐普照十方宝莲华座。

时，转轮王女——普智焰妙德眼，即解身上诸庄严具，持以散佛。时，庄严具于虚空中变成宝盖，宝网垂下，龙王执持，一切宫殿于中间列；十种宝盖周匝围绕，形如楼阁，内外清净，诸璎珞云及诸宝树、香海摩尼以为庄严。于此盖中，有菩提树，枝叶荣茂，普覆法界，念念示现无量庄严。毗卢遮那如来坐此树下，有不可说佛刹微尘数菩萨前后围绕，皆从普贤行愿出生，住诸菩萨无差别住，亦见有一切诸世间主，亦见如来自在神力，又见一切诸劫次第世界成坏，又亦见彼一切世界一切诸佛出兴次第，又亦见彼一切世界一一皆有普贤菩萨供养于佛、调伏众生，又亦见彼一切菩萨莫不皆在普贤身中，亦见自身在其身内，亦见其身在一切如来前、一切普贤前、一切菩萨前、一切众生前，又亦见彼一切世界一一各有佛刹微尘数世界种种际畔、种种任持、种种形状、种种体性、种种安布、种种庄严、种种清净、种种庄严云而覆其上、种种劫名、种种佛兴、种种三世、种种方处、种种住法界、种种入法界、种种住虚空、种种如来菩提场、种种如来神通力、种种如来师子座、种种如来大众海、种种如来众差别、种种如来巧方便、种种如来转法轮、种种如来妙音声、种种如来言说海、种种如来契经云；既见是已，其心清净，生大欢喜。普智宝焰妙德幢王如来，为说修多罗，名：一切如来转法轮，十佛刹微尘数修多罗而为眷属。

时，彼女人闻此经已，则得成就十千三昧门，其心柔软，无有粗强，如初受胎，如始诞生，如娑罗树初始生芽。彼三昧心亦复如是，所谓：现见一切佛三昧、普照一切刹三昧、入一切三世门三昧、说一切佛法轮三昧、知一切佛愿海三昧、开悟一切众生令出生死苦三昧、常愿破一切众生闇三昧、常愿灭一切众生苦三昧、常愿生一切众生乐三昧、教化一切众生不生疲厌三昧、一切菩萨无障碍幢三昧、普诣一切清净佛刹三昧……。得如是等十千三昧已，复得妙定心、不动心、欢喜心、安慰心、广大心、顺善知识心、缘甚深一切智心、住广大方便海心、舍离一切执著心、不住一切世间境界心、入如来境界心、普照一切色海心、无恼害心、无高倨心、无疲倦心、无退转心、无懈怠心、思惟诸法自性心、安住一切法门海心、观察一切法门海心、了知一切众生海心、救护一切众生海心、普照一切世界海心、普生一切佛愿海心、悉破一切障山心、积集福德助道心、现见诸佛十力心、普照菩萨境界心、增长菩萨助道心、遍缘一切方海心。一心思惟普贤大愿，发一切如来十佛刹微尘数愿海：愿严净一切佛国，愿调伏一切众生，愿遍知一切法界，愿普入一切法界海，愿于一切佛刹尽未来际劫修菩萨行，愿尽未来际劫不舍一切菩萨行，愿得亲近一切如来，愿得承事一切善友，愿得供养一切诸佛，愿于念念中修菩萨行增一切智无有间断……。发如是等十佛刹微尘数愿海，成就普贤所有大愿。

时，彼如来复为其女开示演说发心已来所集善根、所修妙行、所得大果，令其开悟成就如来所有愿海，一心趣向一切智位。

善男子！复于此前，过十大劫，有世界，名：日轮光摩尼，佛号：因陀罗幢妙相。此妙眼女，于彼如来遗法之中，普贤菩萨劝其修补莲华座上故坏佛像；既修补已而复彩画，既彩画已复宝庄严，发阿耨多罗三藐三菩提心。

善男子！我念过去，由普贤菩萨善知识故，种此善根。从是已来，不堕恶趣，常于一切天王、人王种族中生，端正可喜，众相圆满，令人乐见，常见于佛，常得亲近普贤菩萨；乃至于今，示导开悟，成熟于我，令生欢喜。

善男子！于意云何？尔时毗卢遮那藏妙宝莲华髻转轮圣王者，岂异人乎？今弥勒菩萨是。时王妃圆满面者，寂静音海夜神是，今所住处去此不远。时妙德眼童女者，即我身是。我于彼时，身为童女，普贤菩萨劝我修补莲华座像，以为无上菩提因缘，令我发于阿耨多罗三藐三菩提心。我于彼时，初始发心；次复引导，令我得见妙德幢佛，解身璎珞，散佛供养，见佛神力，闻佛说法，即得菩萨普现一切世间调伏众生解脱门。于念念中，见须弥山微尘数佛，亦见彼佛道场、众会、清净国土；我皆尊重，恭敬供养，听闻说法，依教修行。

善男子！过彼毗卢遮那大威德世界圆满清净劫已，次有世界，名：宝轮妙庄严，劫名：大光，有五百佛于中出现，我皆承事恭敬供养。其最初佛，名：大悲幢；初出家时，我为夜神，恭敬供养。次有佛出，名：金刚那罗延幢；我为转轮王，恭敬供养；其佛为我说修多罗，名：一切佛出现，十佛刹微尘数修多罗以为眷属。次有佛出，名：金刚无碍德；我于彼时为转轮王，恭敬供养；其佛为我说修多罗，名：普照一切众生根，须弥山微尘数修多罗而为眷属；我皆受持。次有佛出，名：火焰山妙庄严；我于彼时为长者女；其佛为我说修多罗，名：普照三世藏，阎浮提微尘数修多罗而为眷属；我皆听闻，如法受持。次有佛出，名：一切法海高胜王；我为阿修罗王，恭敬供养；其佛为我说修多罗，名：分别一切法界，五百修多罗而为眷属；我皆听闻，如法受持。次有佛出，名：海岳法光明；我为龙王女，雨如意摩尼宝云而为供养；其佛为我说修多罗，名：增长欢喜海，百万亿修多罗而为眷属；我皆听闻，如法受持。次有佛出，名：宝焰山灯；我为海神，雨宝莲华云恭敬供养；其佛为我说修多罗，名：法界方便海光明，佛刹微尘数修多罗而为眷属；我皆听闻，如法受持。次有佛出，名：功德海光明轮；我于彼时为五通仙，现大神通，六万诸仙前后围绕，雨香华云而为供养；其佛为我说修多罗，名：无著法灯，六万修多罗而为眷属；我皆听闻，如法受持。次有佛出，名：毗卢遮那功德藏；我于彼时，为主地神，名：出生平等义，与无量地神俱，雨一切宝树、一切摩尼藏、一切宝璎珞云而为供养；其佛为我说修多罗，名：出生一切如来智藏，无量修多罗而为眷属；我皆听闻，受持不忘。善男子！如是次第，其最后佛，名：充满虚空法界妙德灯；我为妓女，名曰：美颜，见佛入城，歌舞供养；承佛神力，踊在空中，以千偈颂赞叹于佛；佛为于我，放眉间光，名：庄严法界大光明，遍触我身；我蒙光已，即得解脱门，名：法界方便不退藏。

善男子！此世界中，有如是等佛刹微尘数劫，一切如来于中出现；我皆承事，恭敬供养；彼诸如来所说正法，我皆忆念，乃至不忘一文一句。于彼一一诸如来所，称扬赞叹一切佛法，为无量众生广作利益；于彼一一诸如来所，得一切智光明，现三世法界海，入一切普贤行。

善男子！我依一切智光明故，于念念中见无量佛；既见佛已，先所未得、先所未见普贤诸行，悉得成满。何以故？以得一切智光明故。

尔时，普救众生夜神，欲重明此解脱义，承佛神力，为善财童子而说颂言：

善财听我说，甚深难见法，普照于三世，一切差别门。如我初发心，专求佛功德，所入诸解脱，汝今应谛听。我念过去世，过刹微尘劫，次前有一劫，名圆满清净。是时有世界，名为遍照灯，须弥尘数佛，于中出兴世：初佛名智焰，次佛名法幢，第三法须弥，第四德师子，第五寂静王，第六灭诸见，第七高名称，第八大功德，第九名胜日，第十名月面。于此十佛所，最初悟法门。从此后次第，复有十佛出：初名虚空处，第二名普光，三名住诸方，四名正念海，五名高胜光，六名须弥云，七名法焰佛，八名山胜佛，九名大悲华，十名法界华。此十出现时，第二悟法门。从此后次第，复有十佛出：第一光幢佛，第二智慧佛，第三心义佛，第四德主佛，第五天慧佛，第六慧王佛，第七胜智佛，第八光王佛，第九勇猛佛，第十莲华佛。于此十佛所，第三悟法门。从此后次第，复有十佛出：第一宝焰山，第二功德海，第三法光明，第四莲华藏，第五众生眼，第六香光宝，七须弥功德，八乾闼婆王，第九摩尼藏，第十寂静色。从此后次第，复有十佛出：初佛广大智，次佛宝光明，第三虚空云，第四殊胜相，第五圆满戒，第六那罗延，第七须弥德，第八功德轮，第九无胜幢，第十大树山。从此后次第，复有十佛出：第一娑罗藏，第二世主身，第三高显光，第四金刚照，第五地威力，第六甚深法，第七法慧音，第八须弥幢，第九胜光明，第十妙宝光。从此后次第，复有十佛出：第一梵光明，第二虚空音，第三法界身，第四光明轮，第五智慧幢，第六虚空灯，第七微妙德，第八遍照光，第九胜福光，第十大悲云。从此后次第，复有十佛出：第一力光慧，第二普现前，第三高显光，第四光明身，第五法起佛，第六宝相佛，第七速疾风，第八勇猛幢，第九妙宝盖，第十照三世。从此后次第，复有十佛出：第一愿海光，第二金刚身，第三须弥德，第四念幢王，第五功德慧，第六智慧灯，第七光明幢，第八广大智，第九法界智，第十法海智。从此后次第，复有十佛出：初名布施法，次名功德轮，三名胜妙云，四名忍智灯，五名寂静音，六名寂静幢，七名世间灯，八名深大愿，九名无胜幢，十名智焰海。从此后次第，复有十佛出：初佛法自在，二佛无碍慧，三名意海慧，四名众妙音，五名自在施，六名普现前，七名随乐身，八名住胜德，第九本性佛，第十贤德佛。须弥尘数劫，此中所有佛，普作世间灯，我悉曾供养。佛刹微尘劫，所有佛出现，我皆曾供养，入此解脱门。我于无量劫，修行得此道；汝若能修行，不久亦当得。

　　善男子！我唯知此菩萨普现一切世间调伏众生解脱。如诸菩萨摩诃萨，集无边行，生种种解，现种种身，具种种根，满种种愿，入种种三昧，起种种神变，能种种观察法，入种种智慧门，得种种法光明；而我云何能知能说彼功德行？

　　善男子！去此不远，有主夜神，名：寂静音海，坐摩尼光幢庄严莲华座，百万阿僧祇主夜神前后围绕。汝诣彼问：菩萨云何学菩萨行、修菩萨道？

　　时，善财童子顶礼其足，绕无数匝，殷勤瞻仰，辞退而去。

大方广佛华严经卷第七十一

入法界品第三十九之十二

尔时,善财童子于普救众生妙德夜神所,闻菩萨普现一切世间调伏众生解脱门,了知信解,自在安住;而往寂静音海夜神所,顶礼其足,绕无数匝,于前合掌而作是言:圣者!我已先发阿耨多罗三藐三菩提心,我欲依善知识,学菩萨行,入菩萨行,修菩萨行,住菩萨行。唯愿慈哀,为我宣说:菩萨云何学菩萨行?云何修菩萨道?时,彼夜神告善财言:

善哉善哉!善男子!汝能依善知识求菩萨行。

善男子!我得菩萨念念出生广大喜庄严解脱门。

善财言:大圣!此解脱门为何事业?行何境界?起何方便?作何观察?

夜神言:

善男子!我发起清净平等乐欲心,我发起离一切世间尘垢清净坚固庄严不可坏乐欲心,我发起攀缘不退转位永不退转心,我发起庄严功德宝山不动心,我发起无住处心,我发起普现一切众生前救护心,我发起见一切佛海无厌足心,我发起求一切菩萨清净愿力心,我发起住大智光明海心,我发起令一切众生超过忧恼旷野心,我发起令一切众生舍离愁忧苦恼心,我发起令一切众生舍离不可意色、声、香、味、触、法心,我发起令一切众生舍离爱别离苦、冤憎会苦心,我发起令一切众生舍离恶缘、愚痴等苦心,我发起与一切险难众生作依怙心,我发起令一切众生出生死苦处心,我发起令一切众生舍离生、老、病、死等苦心,我发起令一切众生成就如来无上法乐心,我发起令一切众生皆受喜乐心。

发是心已,复为说法,令其渐至一切智地。所谓:若见众生乐著所住宫殿、屋宅,我为说法,令其了达诸法自性,离诸执著;若见众生恋著父母、兄弟、姊妹,我为说法,令其得预诸佛菩萨清净众会;若见众生恋著妻子,我为说法,令其舍离生死爱染,起大悲心,于一切众生平等无二;若见众生住于王宫,采女侍奉,我为说法,令其得与众圣集会,入如来教;若见众生染著境界,我为说法,令其得入如来境界;若见众生多瞋恚者,我为说法,令住如来忍波罗蜜;若见众生其心懈怠,我为说法,令得清净精进波罗蜜;若见众生其心散乱,我为说法,令得如来禅波罗蜜;若见众生入见稠林无明暗障,我为说法,令得出离稠林黑暗;若见众生无智慧者,我为说法,令得般若波罗蜜;若见众生染著三界,我为说法,令出生死;若见众生志意下劣,我为说法,令其圆满佛菩提愿;若见众生住自利行,我为说法,令其发起利益一切诸众生愿;若见众生志力微弱,我为说法,令得菩萨力波罗蜜；若见众生愚痴暗心，我为说法，令得菩萨智波罗蜜；若见众生色相不具，我为说法，令得如来清净色身；若见众生形容丑陋，我为说法，令得无上清净法身；若见众生色相粗恶，我为说法，令得如来微妙色身；若见众生情多忧恼，我为说法，令得如来毕竟安乐；若见众生贫穷所苦，我为说法，令得菩萨功德宝藏；若见众生住止园林，我为说法，令彼勤求佛法因缘；若见众生行于道路，我为说法，令其趣向一切智道；若见众生在聚落中，我为说法，令出三界；若见众生住止人间，我为说法，令其超越二乘之道，住如来地；若见众生居住城廓，我为说法，令其得住法王城中；若见众生住于四隅，我为说法，令得三世平等智慧；若见众生住于诸方，我为说法，令得智慧见一切法；若见众生贪行多者，我为彼说不净观门，令其舍离生死爱染；若见众生瞋行多者，我为彼说大慈观门，令其得入勤加修习；若见众生痴行多者，我为说法，令得明智观诸法海；若见众生等分行者，我为说法，令其得入诸乘愿海；若见众生乐生死乐，我为说法，令其厌离；若见众生厌生死苦，应为如来所化度者，我为说法，令能方便示现受生；若见众生爱著五蕴，我为说法，令其得住无依境界；若见众生其心下劣，我为显示胜庄严道；若见众生心生憍慢，我为其说平等法忍；若见众生其心谄曲，我为其说菩萨直心。善男子！我以此等无量法施摄诸众生，种种方便教化调伏，令离恶道，受人天乐，脱三界缚，住一切智；我时便得广大欢喜法光明海，其心怡畅，安隐适悦。

复次，善男子！我常观察一切菩萨道场众会，修种种愿行，现种种净身，有种种常光，放种种光明；以种种方便，入一切智门，入种种三昧，现种种神变，出种种音声海，具种种庄严身，入种种如来门，诣种种国土海，见种种诸佛海，得种种辩才海，照种种解脱境，得种种智光海，入种种三昧海，游戏种种诸解脱门，以种种门趣一切智，种种庄严虚空法界，以种种庄严云遍覆虚空，观察种种道场众会，集种种世界，入种种佛刹，诣种种方海，受种种如来命，从种种如来所，与种种菩萨俱，雨种种庄严云，入如来种种方便，观如来种种法海，入种种智慧海，坐种种庄严座。善男子！我观察此道场众会，知佛神力无量无边，生大欢喜。

善男子！我观毗卢遮那如来，念念出现不可思议清净色身；既见是已，生大欢喜。又观如来于念念中，放大光明充满法界；既见是已，生大欢喜。又见如来一一毛孔，念念出现无量佛刹微尘数光明海，一一光明以无量佛刹微尘数光明而为眷属，一一周遍一切法界，消灭一切诸众生苦；既见是已，生大欢喜。又，善男子！我观如来顶及两肩，念念出现一切佛刹微尘数宝焰山云，充满十方一切法界；既见是已，生大欢喜。又，善男子！我观如来一一毛孔，于念念中，出一切佛刹微尘数香光明云，充满十方一切佛刹；既见是已，生大欢喜。又，善男子！我观如来一一相，念念出一切佛刹微尘数诸相庄严如来身云，遍往十方一切世界；既见是已，生大欢喜。又，善男子！我观如来一一毛孔，于念念中，出不可说佛刹微尘数佛变化云，示现如来从初发心、修波罗蜜、具庄严道、入菩萨地；既见是已，生大欢喜。又，善男子！我观如来一一毛孔，念念出现不可说不可说佛刹微尘数天王身云，及以天王自在神变，充遍一切十方法界，应以天王身而得度者，即现其前而为说法；既见是已，生大欢喜。如天王身云，其龙王、夜叉王、乾闼婆王、阿修罗王、迦楼罗王、紧那罗王、摩睺罗伽王、人王、梵王身云，莫不皆于一一毛孔，如是出现，如是说法；我见是已，于念念中，生大欢喜，生大信乐，量与法界萨婆若等。昔所未得而今始得，昔所未证而今始证，昔所未入而今始入，昔所未满而今始满，昔所未见而今始见，昔所未闻而今始闻。何以故？以能了知法界相故，知一切法唯一相故，能平等入三世道故，能说一切无边法故。

善男子！我入此菩萨念念出生广大喜庄严解脱光明海。又，善男子！此解脱无边，普入一切法界门故；此解脱无尽，等发一切智性心故；此解脱无际，入无际畔一切众生心想中故；此解脱甚深，寂静智慧所知境故；此解脱广大，周遍一切如来境故；此解脱无坏，菩萨智眼之所知故；此解脱无底，尽于法界之源底故。此解脱者即是普门，于一事中普见一切诸神变故；此解脱者终不可取，一切法身等无二故；此解脱者终无有生，以能了知如幻法故；此解脱者犹如影像，一切智愿光所生故；此解脱者犹如变化，化生菩萨诸胜行故；此解脱者犹如大地，为一切众生所依处故；此解脱者犹如大水，能以大悲润一切故；此解脱者犹如大火，乾竭众生贪爱水故；此解脱者犹如大风，令诸众生速疾趣于一切智故；此解脱者犹如大海，种种功德庄严一切诸众生故；此解脱者如须弥山，出一切智法宝海故；此解脱者如大城郭，一切妙法所庄严故；此解脱者犹如虚空，普容三世佛神力故；此解脱者犹如大云，普为众生雨法雨故；此解脱者犹如净日，能破众生无知暗故；此解脱者犹如满月，满足广大福德海故；此解脱者犹如真如，悉能周遍一切处故；此解脱者犹如自影，从自善业所化出故；此解脱者犹如呼响，随其所应为说法故；此解脱者犹如影像，随众生心而照现故；此解脱者如大树王，开敷一切神通华故；此解脱者犹如金刚，从本已来不可坏故；此解脱者如如意珠，出生无量自在力故；此解脱者如离垢藏，摩尼宝王示现一切三世如来诸神力故；此解脱者如喜幢摩尼宝，能平等出一切诸佛法轮声故。善男子！我今为汝说此譬喻，汝应思惟，随顺悟入。

尔时，善财童子白寂静音海夜神言：大圣！云何修行，得此解脱？

夜神言：善男子！菩萨修行十大法藏，得此解脱。何等为十？一修布施广大法藏，随众生心悉令满足；二修净戒广大法藏，普入一切佛功德海；三修堪忍广大法藏，能遍思惟一切法性；四修精进广大法藏，趣一切智恒不退转；五修禅定广大法藏，能灭一切众生热恼；六修般若广大法藏，能遍了知一切法海；七修方便广大法藏，能遍成熟诸众生海；八修诸愿广大法藏，遍一切佛刹、一切众生海，尽未来劫修菩萨行；九修诸力广大法藏，念念现于一切法界海、一切佛国土，成等正觉常不休息；十修净智广大法藏，得如来智，遍知三世一切诸法无有障碍。善男子！若诸菩萨安住如是十大法藏，则能获得如是解脱，清净增长，积集坚固，安住圆满。

善财童子言：圣者！汝发阿耨多罗三藐三菩提心，其已久如？

夜神言：

善男子！此华藏庄严世界海东，过十世界海，有世界海，名：一切净光宝；此世界海中，有世界种，名：一切如来愿光明音；中有世界，名：清净光金庄严，一切香金刚摩尼王为体，形如楼阁，众妙宝云以为其际，住于一切宝璎珞海，妙宫殿云而覆其上，净秽相杂。

此世界中，乃往古世，有劫名：普光幢，国名：普满妙藏，道场名：一切宝藏妙月光明，有佛名：不退转法界音，于此成阿耨多罗三藐三菩提；我于尔时，作菩提树神，名：具足福德灯光明幢，守护道场；我见彼佛成等正觉、示现神力、发阿耨多罗三藐三菩提心，即于此时，获得三昧，名：普照如来功德海。此道场中，次有如来出兴于世，名：法树威德山；我时命终，还生此中，为道场主夜神，名：殊妙福智光，见彼如来转正法轮、现大神通，即得三昧，名：普照一切离贪境界。次有如来出兴于世，名：一切法海音声王；我于彼时，身为夜神，因得见佛承事供养，即获三昧，名：生长一切善法地。次有如来出兴于世，名：宝光明灯幢王；我于彼时，身为夜神，因得见佛承事供养，即获三昧，名：普现神通光明云。次有如来，出兴于世，名：功德须弥光；我于彼时，身为夜神，因得见佛承事供养，即获三昧，名：普照诸佛海。次有如来出兴于世，名：法云音声王；我于彼时，身为夜神，因得见佛承事供养，即获三昧，名：一切法海灯。次有如来出兴于世，名：智灯照耀王；我于彼时，身为夜神，因得见佛承事供养，即获三昧，名：灭一切众生苦清净光明灯。次有如来出兴于世，名：法勇妙德幢；我于彼时，身为夜神，因得见佛承事供养，即获三昧，名：三世如来光明藏。次有如来出兴于世，名：师子勇猛法智灯；我于彼时，身为夜神，因得见佛承事供养，即获三昧，名：一切世间无障碍智慧轮。次有如来出兴于世，名：智力山王；我于彼时，身为夜神，因得见佛承事供养，即获三昧，名：普照三世众生诸根行。

善男子！清净光金庄严世界普光明幢劫中，有如是等佛刹微尘数如来出兴于世。我于彼时，或为天王，或为龙王，或为夜叉王，或为乾闼婆王，或为阿修罗王，或为迦楼罗王，或为紧那罗王，或为摩睺罗伽王，或为人王，或为梵王，或为天身，或为人身，或为男子身，或为女人身，或为童男身，或为童女身，悉以种种诸供养具，供养于彼一切如来，亦闻其佛所说诸法。从此命终，还即于此世界中生，经佛刹微尘数劫修菩萨行；然后命终，生此华藏庄严世界海娑婆世界，值迦罗鸠孙（马犬）如来，承事供养，得三昧，名：离一切尘垢光明。次值拘那含牟尼如来，承事供养，得三昧，名：普现一切诸刹海。次值迦叶如来，承事供养，得三昧，名：演一切众生言音海。次值毗卢遮那如来，于此道场成正等觉，念念示现大神通力；我时得见，即获此念念出生广大喜庄严解脱。

得此解脱已，能入十不可说不可说佛刹微尘数法界安立海，见彼一切法界安立海一切佛刹所有微尘，一一尘中有十不可说不可说佛刹微尘数佛国土。一一佛土皆有毗卢遮那如来坐于道场，于念念中，成正等觉，现诸神变；所现神变，一一皆遍一切法界海。亦见自身在彼一切诸如来所，又亦闻其所说妙法；又亦见彼一切诸佛一一毛孔，出变化海，现神通力，于一切法界海、一切世界海、一切世界种、一切世界中，随众生心，转正法轮。我得速疾陀罗尼力，受持思惟一切文义；以明了智，普入一切清净法藏；以自在智，普游一切甚深法海；以周遍智，普知三世诸广大义；以平等智，普达诸佛无差别法。如是悟解一切法门；一一法门中，悟解一切修多罗云；一一修多罗云中，悟解一切法海；一一法海中，悟解一切法品；一一法品中，悟解一切法云；一一法云中，悟解一切法流；一一法流中，出生一切大喜海；一一大喜海，出生一切地；一一地，出生一切三昧海；一一三昧海，得一切见佛海；一一见佛海，得一切智光海；一一智光海，普照三世，遍入十方。

知无量如来往昔诸行海；知无量如来所有本事海；知无量如来难舍能施海；知无量如来清净戒轮海；知无量如来清净堪忍海；知无量如来广大精进海；知无量如来甚深禅定海；知无量如来般若波罗蜜海；知无量如来方便波罗蜜海；知无量如来愿波罗蜜海；知无量如来力波罗蜜海；知无量如来智波罗蜜海；知无量如来往昔超菩萨地；知无量如来往昔住菩萨地无量劫海，现神通力；知无量如来往昔入菩萨地；知无量如来往昔修菩萨地；知无量如来往昔治菩萨地；知无量如来往昔观菩萨地；知无量如来昔为菩萨时，常见诸佛；知无量如来昔为菩萨时，尽见佛海、劫海同住；知无量如来昔为菩萨时，以无量身遍生刹海；知无量如来昔为菩萨时，周遍法界修广大行；知无量如来昔为菩萨时，示现种种诸方便门，调伏成熟一切众生；知无量如来放大光明，普照十方一切刹海；知无量如来现大神力，普现一切诸众生前；知无量如来广大智地；知无量如来转正法轮；知无量如来示现相海；知无量如来示现身海；知无量如来广大力海。彼诸如来，从初发心，乃至法灭；我于念念，悉得知见。

善男子！汝问我言：汝发心来，其已久如？善男子！我于往昔，过二佛刹微尘数劫，如上所说，于清净光金庄严世界中，为菩提树神，闻不退转法界音如来说法，发阿耨多罗三藐三菩提心；于二佛刹微尘数劫中修菩萨行，然后乃生此娑婆世界贤劫之中。从迦罗鸠孙（马犬）佛至释迦牟尼佛，及此劫中未来所有一切诸佛，我皆如是亲近供养。如于此世界贤劫之中，供养未来一切诸佛；一切世界一切劫中，所有未来一切诸佛，悉亦如是亲近供养。善男子！彼清净光金庄严世界，今犹现在，诸佛出现相续不断。汝当一心修此菩萨大勇猛门。

尔时，寂静音海主夜神，欲重宣此解脱义，为善财童子而说颂言：

善财听我说，清净解脱门，闻已生欢喜，勤修令究竟。我昔于劫海，生大信乐心，清净如虚空，常观一切智。我于三世佛，皆生信乐心；并及其众会，悉愿常亲近。我昔曾见佛，为众生供养，得闻清净法，其心大欢喜。常尊重父母，恭敬而供养；如是无休懈，入此解脱门。老病贫穷人，诸根不具足；一切皆愍济，令其得安隐。水火及王贼，海中诸恐怖；我昔修诸行，为救彼众生。烦恼恒炽然，业障所缠覆，堕于诸险道，我救彼众生。一切诸恶趣，无量楚毒苦，生老病死等，我当悉除灭。愿尽未来劫，普为诸群生，灭除生死苦，得佛究竟乐。

善男子！我唯知此念念生广大喜庄严解脱。如诸菩萨摩诃萨，深入一切法界海，悉知一切诸劫数，普见一切刹成坏；而我云何能知能说彼功德行？

善男子！此菩提场如来会中，有主夜神，名：守护一切城增长威力。汝诣彼问：菩萨云何学菩萨行、修菩萨道？

尔时，善财童子一心观察寂静音海主夜神身，而说颂言：

我因善友教，来诣天神所，见神处宝座，身量无有边。非是著色相，计有于诸法，劣智浅识人，能知尊境界。世间天及人，无量劫观察，亦不能测度，色相无边故。远离于五蕴，亦不住于处，永断世间疑，显现自在力。不取内外法，无动无所碍，清净智慧眼，见佛神通力。身为正法藏，心是无碍智，既得智光照，复照诸群生。心集无边业，庄严诸世间，了世皆是心，现身等众生。知世悉如梦，一切佛如影，诸法皆如响，令众无所著。为三世众生，念念示现身，而心无所住，十方遍说法。无边诸刹海，佛海众生海，悉在一尘中，此尊解脱力。

时，善财童子说此偈已，顶礼其足，绕无量匝，殷勤瞻仰，辞退而去。

尔时，善财童子随顺寂静音海夜神教，思惟观察所说法门，一一文句皆无忘失，于无量深心、无量法性、一切方便神通智慧，忆念思择,相续不断;其心广大,证入安住。

行诣守护一切城夜神所,见彼夜神坐一切宝光明摩尼王师子之座,无数夜神所共围绕,现一切众生色相身,现普对一切众生身,现不染一切世间身,现一切众生身数身,现超过一切世间身,现成熟一切众生身,现速往一切十方身,现遍摄一切十方身,现究竟如来体性身,现究竟调伏众生身。

善财见已,欢喜踊跃,顶礼其足,绕无量匝,于前合掌而作是言:圣者!我已先发阿耨多罗三藐三菩提心,而未知菩萨修菩萨行时,云何饶益众生?云何以无上摄而摄众生?云何顺诸佛教?云何近法王位?唯愿慈哀,为我宣说!

时,彼夜神告善财言:

善男子!汝为救护一切众生故,汝为严净一切佛刹故,汝为供养一切如来故,汝欲住一切劫救众生故,汝欲守护一切佛种性故,汝欲普入十方修诸行故,汝欲普入一切法门海故,汝欲以平等心遍一切故,汝欲普受一切佛法轮故,汝欲普随一切众生心之所乐雨法雨故,问诸菩萨所修行门。

善男子!我得菩萨甚深自在妙音解脱,为大法师,无所罣碍,善能开示诸佛法藏故;具大誓愿、大慈悲力,令一切众生住菩提心故;能作一切利众生事,积集善根无有休息故;为一切众生调御之师,令一切众生住萨婆若道故;为一切世间清净法日,普照世间,令生善根故;于一切世间其心平等,普令众生增长善法故;于诸境界其心清净,除灭一切诸不善业故;誓愿利益一切众生,身恒普现一切国土故;示现一切本事因缘,令诸众生安住善行故;恒事一切诸善知识,为令众生安住佛教故。

佛子!我以此等法施众生,令生白法,求一切智,其心坚固犹如金刚那罗延藏,善能观察佛力、魔力,常得亲近诸善知识,摧破一切业惑障山,集一切智助道之法,心恒不舍一切智地。

善男子!我以如是净法光明饶益一切众生,集善根助道法时,作十种观察法界。何者为十?所谓:我知法界无量,获得广大智光明故;我知法界无边,见一切佛所知见故;我知法界无限,普入一切诸佛国土,恭敬供养诸如来故;我知法界无畔,普于一切法界海中,示现修行菩萨行故;我知法界无断,入于如来不断智故;我知法界一性,如来一音,一切众生无不了故;我知法界性净,了如来愿普度一切诸众生故;我知法界遍众生,普贤妙行悉周遍故;我知法界一庄严,普贤妙行善庄严故;我知法界不可坏,一切智善根充满法界不可坏故。善男子!我作此十种观察法界,集诸善根办助道法,了知诸佛广大威德,深入如来难思境界。

又,善男子!我如是正念思惟,得如来十种大威德陀罗尼轮。何者为十?所谓:普入一切法陀罗尼轮、普持一切法陀罗尼轮、普说一切法陀罗尼轮、普念十方一切佛陀罗尼轮、普说一切佛名号陀罗尼轮、普入三世诸佛愿海陀罗尼轮、普入一切诸乘海陀罗尼轮、普入一切众生业海陀罗尼轮、疾转一切业陀罗尼轮、疾生一切智陀罗尼轮。善男子！此十陀罗尼轮，以十千陀罗尼轮而为眷属，恒为众生演说妙法。

善男子！我或为众生说闻慧法，或为众生说思慧法，或为众生说修慧法，或为众生说一有法，或为众生说一切有法，或为说一如来名海法，或为说一切如来名海法，或为说一世界海法，或为说一切世界海法，或为说一佛授记海法，或为说一切佛授记海法，或为说一如来众会道场海法，或为说一切如来众会道场海法，或为说一如来法轮海法，或为说一切如来法轮海法，或为说一如来修多罗法，或为说一切如来修多罗法，或为说一如来集会法，或为说一切如来集会法，或为说一萨婆若心海法，或为说一切萨婆若心海法，或为说一乘出离法，或为说一切乘出离法。善男子！我以如是等不可说法门，为众生说。

善男子！我入如来无差别法界门海，说无上法，普摄众生，尽未来劫，住普贤行。善男子！我成就此甚深自在妙音解脱，于念念中增长一切诸解脱门，念念充满一切法界。

时，善财童子白夜神言：奇哉！天神！此解脱门如是希有！圣者证得，其已久如？

夜神言：

善男子！乃往古世，过世界转微尘数劫，有劫名：离垢光明，有世界名：法界功德云，以现一切众生业摩尼王海为体，形如莲华，住四天下微尘数香摩尼须弥山网中，以出一切如来本愿音莲华而为庄严，须弥山微尘数莲华而为眷属，须弥山微尘数香摩尼以为间错，有须弥山微尘数四天下，一一四天下有百千亿那由他不可说不可说城。

善男子！彼世界中，有四天下，名为：妙幢；中有王都，名：普宝华光；去此不远，有菩提场，名：普显现法王宫殿。须弥山微尘数如来于中出现，其最初佛，名：法海雷音光明王。彼佛出时，有转轮王，名：清净日光明面，于其佛所，受持一切法海旋修多罗。佛涅槃后，其王出家，护持正法。法欲灭时，有千部异众千种说法。近于末劫，业惑障重；诸恶比丘多有斗诤，乐著境界，不求功德，乐说王论、贼论、女论、国论、海论，及以一切世间之论。

时，王比丘而语之言：奇哉！苦哉！佛于无量诸大劫海集此法炬，云何汝等而共毁灭？作是说已，上升虚空，高七多罗树，身出无量诸色焰云，放种种色大光明网，令无量众生除烦恼热，令无量众生发菩提心。以是因缘，彼如来教，复于六万五千岁中而得兴盛。

时，有比丘尼，名：法轮化光，是此王女，百千比丘尼而为眷属，闻父王语及见神力，发菩提心永不退转，得三昧，名：一切佛教灯，又得此甚深自在妙音解脱；得已，身心柔软，即得现见法海雷音光明王如来一切神力。

善男子！于汝意云何？彼时转轮圣王随于如来转正法轮，佛涅槃后兴隆末法者，岂异人乎？今普贤菩萨是。其法轮化光比丘尼，即我身是。我于彼时，守护佛法，令十万比丘尼于阿耨多罗三藐三菩提得不退转，又令得现见一切佛三昧，又令得一切佛法轮金刚光明陀罗尼，又令得普入一切法门海般若波罗蜜。

次有佛兴，名：离垢法光明；次有佛兴，名：法轮光明髻；次有佛兴，名：法日功德云；次有佛兴，名：法海妙音王；次有佛兴，名：法日智慧灯；次有佛兴，名：法华幢云；次有佛兴，名：法焰山幢王；次有佛兴，名：甚深法功德月；次有佛兴，名：法智普光藏；次有佛兴，名：开示普智藏；次有佛兴，名：功德藏山王；次有佛兴，名：普门须弥贤；次有佛兴，名：一切法精进幢；次有佛兴，名：法宝华功德云；次有佛兴，名：寂静光明髻；次有佛兴，名：法光明慈悲月；次有佛兴，名：功德焰海；次有佛兴，名：智日普光明；次有佛兴，名：普贤圆满智；次有佛兴，名：神通智光王；次有佛兴，名：福德华光灯；次有佛兴，名：智师子幢王；次有佛兴，名：日光普照王；次有佛兴，名：须弥宝庄严相；次有佛兴，名：日光普照；次有佛兴，名：法王功德云；次有佛兴，名：开敷莲华妙音云；次有佛兴，名：日光明相；次有佛兴，名：普光明妙法音；次有佛兴，名：师子金刚那罗延无畏；次有佛兴，名：普智勇猛幢；次有佛兴，名：普开法莲华身；次有佛兴，名：功德妙华海；次有佛兴，名：道场功德月；次有佛兴，名：法炬炽然月；次有佛兴，名：普光明髻；次有佛兴，名：法幢灯；次有佛兴，名：金刚海幢云；次有佛兴，名：名称山功德云；次有佛兴，名：栴檀妙月；次有佛兴，名：普妙光明华；次有佛兴，名：照一切众生光明王；次有佛兴，名：功德莲华藏；次有佛兴，名：香焰光明王；次有佛兴，名：波头摩华因；次有佛兴，名：众相山普光明；次有佛兴，名：普名称幢；次有佛兴，名：须弥普门光；次有佛兴，名：功德法城光；次有佛兴，名：大树山光明；次有佛兴，名：普德光明幢；次有佛兴，名：功德吉祥相；次有佛兴，名：勇猛法力幢；次有佛兴，名：法轮光明音；次有佛兴，名：功德山智慧光；次有佛兴，名：无上妙法月；次有佛兴，名：法莲华净光幢；次有佛兴，名：宝莲华光明藏；次有佛兴，名：光焰云山灯；次有佛兴，名：普觉华；次有佛兴，名：种种功德焰须弥藏；次有佛兴，名：圆满光山王；次有佛兴，名：福德云庄严；次有佛兴，名：法山云幢；次有佛兴，名：功德山光明；次有佛兴，名：法日云灯王；次有佛兴，名：法云名称王；次有佛兴，名：法轮云；次有佛兴，名：开悟菩提智光幢；次有佛兴，名：普照法轮月；次有佛兴，名：宝山威德贤；次有佛兴，名：贤德广大光；次有佛兴，名：普智云；次有佛兴，名：法力功德山；次有佛兴，名：功德香焰王；次有佛兴，名：金色摩尼山妙音声；次有佛兴，名：顶髻出一切法光明云；次有佛兴，名：法轮炽盛光；次有佛兴，名：无上功德山；次有佛兴，名：精进炬光明云；次有佛兴，名：三昧印广大光明冠；次有佛兴，名：宝光明功德王；次有佛兴，名：法炬宝盖音；次有佛兴，名：普照虚空界无畏法光明；次有佛兴，名：月相庄严幢；次有佛兴，名：光明焰山云；次有佛兴，名：照无障碍法虚空；次有佛兴，名：开显智光身；次有佛兴，名：世主德光明音；次有佛兴，名：一切法三昧光明音；次有佛兴，名：法音功德藏；次有佛兴，名：炽然焰法海云；次有佛兴，名：普照三世相大光明；次有佛兴，名：普照法轮山；次有佛兴，名：法界师子光；次有佛兴，名：须弥华光明；次有佛兴，名：一切三昧海师子焰；次有佛兴，名：普智光明灯。

善男子！如是等须弥山微尘数如来，其最后佛，名：法界城智慧灯，并于离垢光明劫中，出兴于世。我皆尊重，亲近供养，听闻受持所说妙法；亦于彼一切诸如来所，出家学道，护持法教，入此菩萨甚深自在妙音解脱，种种方便教化成熟无量众生。从是已来，于佛刹微尘数劫，所有诸佛出兴于世；我皆供养，修行其法。

善男子！我从是来，于生死夜无明昏寐诸众生中而独觉悟；令诸众生，守护心城，舍三界城，住一切智无上法城。

善男子！我唯知此甚深自在妙音解脱，令诸世间，离戏论语，不作二语，常真实语，恒清净语。如诸菩萨摩诃萨，能知一切语言自性，于念念中自在开悟一切众生，入一切众生言音海，于一切言辞悉皆辨了，明见一切诸法门海，于普摄一切法陀罗尼已得自在，随诸众生心之所疑而为说法，究竟调伏一切众生，能普摄受一切众生，巧修菩萨诸无上业，深入菩萨诸微细智，能善观察诸菩萨藏，能自在说诸菩萨法。何以故？已得成就一切法轮陀罗尼故。而我云何能知能说彼功德行？

善男子！此佛会中，有主夜神，名：开敷一切树华。汝诣彼问：菩萨云何学一切智？云何安立一切众生住一切智？

尔时，守护一切城主夜神，欲重宣此解脱义，为善财童子而说颂言：

菩萨解脱深难见，虚空如如平等相，普见无边法界内，一切三世诸如来。出生无量胜功德，证入难思真法性，增长一切自在智，开通三世解脱道。过于刹转微尘劫，尔时有劫名净光，世界名为法焰云，其城号曰宝华光。其中诸佛兴于世，量与须弥尘数等；有佛名为法海音，于此劫中先出现；乃至其中最后佛，名为法界焰灯王；如是一切诸如来，我皆供养听受法。我见法海雷音佛，其身普作真金色，诸相庄严如宝山，发心愿得成如来。我暂见彼如来身，即发菩提广大心，誓愿勤求一切智，性与法界虚空等。由斯普见三世佛，及以一切菩萨众；亦见国土众生海，而普攀缘起大悲。随诸众生心所乐，示现种种无量身，普遍十方诸国土，动地舒光悟含识。见第二佛而亲近，亦见十方刹海佛，乃至最后佛出兴，如是须弥尘数等。于诸刹转微尘劫，所有如来照世灯；我皆亲近而瞻奉，令此解脱得清净。

尔时，善财童子得入此菩萨甚深自在妙音解脱故，入无边三昧海，入广大总持海，

得菩萨大神通，获菩萨大辩才；心大欢喜，观察守护一切城主夜神，以偈赞曰：

已行广大妙慧海，已度无边诸有海，长寿无患智藏身，威德光明住此众。了达法性如虚空，普入三世皆无碍；念念攀缘一切境，心心永断诸分别。了达众生无有性，而于众生起大悲；深入如来解脱门，广度群迷无量众。观察思惟一切法，了知证入诸法性；如是修行佛智慧，普化众生令解脱。天是众生调御师，开示如来智慧道，普为法界诸含识，说离世间众怖行。已住如来诸愿道，已受菩提广大教，已修一切遍行力，已见十方佛自在。天神心净如虚空，普离一切诸烦恼，了知三世无量刹，诸佛菩萨及众生。天神一念悉了知，昼夜日月年劫海；亦知一切众生类，种种名相各差别。十方众生生死处，有色无色想无想，随顺世俗悉了知，引导使入菩提路。已生如来誓愿家，已入诸佛功德海，法身清净心无碍，随众生乐现众色。

时，善财童子说此颂已，礼夜神足，绕无量匝，殷勤瞻仰，辞退而去。

大方广佛华严经卷第七十二

入法界品第三十九之十三

尔时，善财童子入菩萨甚深自在妙音解脱门，修行增进。

往诣开敷一切树华夜神所，见其身在众宝香树楼阁之内妙宝所成师子座上，百万夜神所共围绕。时，善财童子顶礼其足，于前合掌而作是言：圣者！我已先发阿耨多罗三藐三菩提心，而未知菩萨云何学菩萨行？云何得一切智？唯愿垂慈，为我宣说！

夜神言：

善男子！我于此娑婆世界，日光已没，莲华覆合，诸人众等罢游观时，见其一切若山、若水、若城、若野，如是等处种种众生，咸悉发心欲还所住；我皆密护，令得正道，达其处所，宿夜安乐。

善男子！若有众生，盛年好色，憍慢放逸，五欲自恣。我为示现老、病、死相，令生恐怖，舍离诸恶。复为称叹种种善根，使其修习：为悭者，赞叹布施；为破戒者，称扬净戒；有瞋恚者，教住大慈；怀恼害者，令行忍辱；若懈怠者，令起精进；若散乱者，令修禅

定；住恶慧者，令学般若；乐小乘者，令住大乘；乐著三界诸趣中者，令住菩萨愿波罗蜜；若有众生，福智微劣，为诸结业之所逼迫多留碍者，令住菩萨力波罗蜜；若有众生，其心闇昧，无有智慧，令住菩萨智波罗蜜。

善男子！我已成就菩萨出生广大喜光明解脱门。

善财言：大圣！此解脱门境界云何？

夜神言：

善男子！入此解脱，能知如来普摄众生巧方便智。云何普摄？善男子！一切众生所受诸乐，皆是如来威德力故，顺如来教故，行如来语故，学如来行故，得如来所护力故，修如来所印道故，种如来所行善故，依如来所说法故，如来智慧日光之所照故，如来性净业力之所摄故。云何知然？善男子！我入此出生广大喜光明解脱，忆念毗卢遮那如来、应、正等觉往昔所修菩萨行海，悉皆明见。

善男子！世尊往昔为菩萨时，见一切众生，著我、我所，住无明闇室，入诸见稠林，为贪爱所缚、忿怒所坏、愚痴所乱、悭嫉所缠，生死轮回，贫穷困苦，不得值遇诸佛菩萨。见如是已，起大悲心利益众生。所谓：起愿得一切妙宝资具摄众生心；愿一切众生，皆悉具足资生之物无所乏心，于一切众事离执著心，于一切境界无贪染心，于一切所有无悭吝心，于一切果报无希望心，于一切荣好无羡慕心，于一切因缘无迷惑心；起观察真实法性心；起救护一切众生心；起深入一切法漩澓心；起于一切众生住平等大慈心；起于一切众生行方便大悲心；起为大法盖普覆众生心；起以大智金刚杵破一切众生烦恼障山心；起令一切众生增长喜乐心；起愿一切众生究竟安乐心；起随众生所欲雨一切财宝心；起以平等方便成熟一切众生心；起令一切众生满足圣财心；起愿一切众生究竟皆得十力智果心。

起如是心已，得菩萨力，现大神变；遍法界、虚空界，于一切众生前，普雨一切资生之物，随其所欲悉满其意皆令欢喜，不悔不吝，无间无断。以是方便，普摄众生，教化成熟，皆令得出生死苦难，不求其报；净治一切众生心宝，令其生起一切诸佛同一善根，增一切智福德大海。

菩萨如是念念成熟一切众生，念念严净一切佛刹，念念普入一切法界，念念皆悉遍虚空界，念念普入一切三世，念念成就调伏一切诸众生智，念念恒转一切法轮，念念恒以一切智道利益众生，念念普于一切世界种种差别诸众生前尽未来劫现一切佛成等正觉，念念普于一切世界、一切诸劫修菩萨行不生二想。所谓：普入一切广大世界海一切世界种中，种种际畔诸世界，种种庄严诸世界，种种体性诸世界，种种形状诸世界，种种分布诸世界，或有世界秽而兼净，或有世界净而兼秽，或有世界一向杂秽，或有世界一向清净，或小或大，或粗或细，或正或侧，或覆或仰；如是一切诸世界中，念念修行诸菩萨行，入菩萨位，现菩萨力，亦现三世一切佛身，随众生心普使知见。

善男子！毗卢遮那如来，于过去世，如是修行菩萨行时，见诸众生——不修功德，无有智慧，著我、我所，无明翳障，不正思惟，入诸邪见，不识因果，顺烦恼业，堕于生死险难深坑，具受种种无量诸苦。——起大悲心，具修一切波罗蜜行，为诸众生称扬赞叹坚固善根，令其安住远离生死、贫穷之苦，勤修福智助道之法；为说种种诸因果门，为说业报不相违反，为说于法证入之处，为说一切众生欲解，及说一切受生国土，令其不断一切佛种，令其守护一切佛教，令其舍离一切诸恶；又为称赞趣一切智助道之法，令诸众生心生欢喜，令行法施普摄一切，令其发起一切智行，令其修学诸大菩萨波罗蜜道，令其增长成一切智诸善根海，令其满足一切圣财，令其得入佛自在门，令其摄取无量方便，令其观见如来威德，令其安住菩萨智慧。

善财童子言：圣者发阿耨多罗三藐三菩提心，其已久如？

夜神言：

善男子！此处难信、难知、难解、难入、难说，一切世间及以二乘皆不能知。唯除诸佛神力所护，善友所摄，集胜功德，欲乐清净，无下劣心，无杂染心，无谄曲心，得普照耀智光明心，发普饶益诸众生心、一切烦恼及以众魔无能坏心，起必成就一切智心，不乐一切生死乐心，能求一切诸佛妙乐，能灭一切众生苦恼，能修一切佛功德海，能观一切诸法实性，能具一切清净信解，能超一切生死暴流，能入一切如来智海，能决定到无上法城，能勇猛入如来境界，能速疾趣诸佛地位，能即成就一切智力，能于十力已得究竟；如是之人，于此能持、能入、能了。何以故？此是如来智慧境界，一切菩萨尚不能知，况余众生！然我今者，以佛威力，欲令调顺可化众生意速清净，欲令修习善根众生心得自在，随汝所问，为汝宣说。

尔时，开敷一切树华夜神，欲重明其义，观察三世如来境界而说颂言：

佛子汝所问，甚深佛境界，难思刹尘劫，说之不可尽。非是贪恚痴，憍慢惑所覆，如是众生等，能知佛妙法。非是住悭嫉，谄诳诸浊意，烦恼业所覆，能知佛境界。非著蕴界处，及计于有身，见倒想倒人，能知佛所觉。佛境界寂静，性净离分别，非著诸有者，能知此法性。生于诸佛家，为佛所守护，持佛法藏者，智眼之境界。亲近善知识，爱乐白净法，勤求诸佛力，闻此法欢喜。心净无分别，犹如太虚空，慧灯破诸闇，是彼之境界。以大慈悲意，普覆诸世间，一切皆平等，是彼之境界。欢喜心无著，一切皆能舍，平等施众生，是彼之境界。心净离诸恶，究竟无所悔，顺行诸佛教，是彼之境界。了知法自性，及以诸业种，其心无动乱，是彼之境界。勇猛勤精进，安住心不退，勤修一切智，是彼之境界。其心寂静住三昧，究竟清凉无热恼，已修一切智海因，此证悟者之解脱。善知一切真实相，深入无边法界门，普度群生靡有余，此慧灯者之解脱。了达众生真实性，不著一切诸有海，如影普现心水中，此正道者之解脱。从于一切三世佛，方便愿种而出生，尽诸劫刹勤修行，此普贤者之解脱。普入一切法界门，悉见十方诸刹海，亦见其中劫成坏，而心毕竟无分别。法界所有微尘中，悉见如来坐道树，成就菩提化群品，此无碍眼之解脱。汝于无量大劫海，亲近供养善知识，为利群生求正法，闻已忆念无遗忘。毗卢遮那广大境，无量无边不可思，我承佛力为汝说，令汝深心转清净。

善男子！乃往古世，过世界海微尘数劫，有世界海，名：普光明真金摩尼山；其世界海中，有佛出现，名：普照法界智慧山寂静威德王。善男子！其佛往修菩萨行时，净彼世界海。其世界海中，有世界微尘数世界种；一一世界种，有世界微尘数世界；一一世界，皆有如来出兴于世；一一如来，说世界海微尘数修多罗；一一修多罗，授佛刹微尘数诸菩萨记，现种种神力，说种种法门，度无量众生。

善男子！彼普光明真金摩尼山世界海中，有世界种，名：普庄严幢。此世界种中，有世界，名：一切宝色普光明，以现一切化佛影摩尼王为体，形如天城；以现一切如来道场影像摩尼王为其下际，住一切宝华海上，净秽相杂。此世界中，有须弥山微尘数四天下，有一四天下最处其中，名：一切宝山幢。其四天下，一一纵广十万由旬，一一各有一万大城。其阎浮提中，有一王都，名：坚固妙宝庄严云灯，一万大城周匝围绕。阎浮提人寿万岁时，其中有王，名：一切法音圆满盖，有五百大臣、六万采女、七百王子；其诸王子皆端正勇健，有大威力。尔时，彼王威德普被阎浮提内，无有怨敌。

时，彼世界劫欲尽时，有五浊起。一切人众，寿命短促，资财乏少，形色鄙陋，多苦少乐，不修十善，专作恶业，更相忿诤，互相毁辱，离他眷属，妒他荣好，任情起见，非法贪求。以是因缘，风雨不时，苗稼不登，园林、草树一切枯槁，人民匮乏，多诸疫病，驰走四方，靡所依怙，咸来共绕王都大城，无量无边百千万亿，四面周匝高声大呼；或举其手，或合其掌，或以头扣地，或以手搥胸，或屈膝长号，或踊身大叫；头发蓬乱，衣裳弊恶，皮肤皴裂，面目无光，而向王言：大王！大王！我等今者，贫穷孤露，饥渴寒冻，疾病衰羸，众苦所逼，命将不久，无依无救，无所控告。我等今者来归大王，我观大王仁慈智慧，于大王所生得安乐想、得所爱想、得活命想、得摄受想、得宝藏想、遇津梁想、逢道路想、值船筏想、见宝洲想、获财利想、升天宫想。

尔时，大王闻此语已，得百万阿僧祇大悲门，一心思惟，发十种大悲语。其十者何？所谓：哀哉众生！堕于无底生死大坑；我当云何而速勉济，令其得住一切智地？哀哉众生！为诸烦恼之所逼迫；我当云何而作救护，令其安住一切善业？哀哉众生！生老病死之所恐怖；我当云何为作归依，令其永得身心安隐？哀哉众生！常为世间众怖所逼；我当云何而为佑助，令其得住一切智道？哀哉众生！无有智眼，常为身见疑惑所覆；我当云何为作方便，令其得决疑见翳膜？哀哉众生！常为痴闇之所迷惑；我当云何为作明炬，令其照见一切智城？哀哉众生！常为悭嫉谄诳所浊；我当云何而为开晓，令其证得清净法身？哀哉众生！长时漂没生死大海；我当云何而普运度，令其得上菩提彼岸？哀哉众生！诸根刚强，难可调伏；我当云何而为调御，令其具足诸佛神力？哀哉众生！犹如盲瞽，不见道路；我当云何而为引导，令其得入一切智门？

作是语已，击鼓宣令：我今普施一切众生，随有所须悉令充足。即时颁下阎浮提内大小诸城及诸聚落，悉开库藏，出种种物，置四衢道。所谓：金、银、琉璃、摩尼等宝；衣服、饮食、华香、璎珞、宫殿、屋宅、床榻、敷具；建大光明摩尼宝幢，其光触身，悉使安隐；亦施一切病缘汤药；种种宝器盛众杂宝，金刚器中盛种种香，宝香器中盛种种衣；辇舆、车乘、幢幡、缯盖。如是一切资生之物，悉开库藏而以给施。亦施一切村营、城邑、山泽、林薮、妻子、眷属及以王位、头、目、耳、鼻、唇、舌、牙、齿、手、足、皮、肉、心、肾、肝、肺，内外所有，悉皆能舍。

其坚固妙宝庄严云灯城，东面有门，名：摩尼山光明。于其门外，有施会处。其地广博，清净平坦，无诸坑坎、荆棘、沙砾，一切皆以妙宝所成，散众宝华，熏诸妙香，然诸宝灯，一切香云充满虚空，无量宝树次第行列，无量华网、无量香网弥覆其上，无量百千亿那由他诸音乐器恒出妙音。如是一切，皆以妙宝而为庄严，悉是菩萨净业果报。

于彼会中，置师子座，十宝为地，十宝栏楯，十种宝树周匝围绕，金刚宝轮以承其下，以一切宝为龙神像而共捧持，种种宝物以为严饰，幢幡间列，众网覆上，无量宝香常出香云，种种宝衣处处分布，百千种乐恒奏美音。复于其上张施宝盖，常放无量宝焰光明，如阎浮金炽然清净；覆以宝网，垂诸璎珞，摩尼宝带周回间列，种种宝铃恒出妙音，劝诸众生修行善业。时，彼大王处师子座，形容端正，人相具足，光明妙宝以为其冠，那罗延身不可沮坏，一一肢分悉皆圆满，性普贤善，王种中生，于财及法悉得自在，辩才无碍，智慧明达，以政治国，无违命者。

尔时，阎浮提无量无数百千万亿那由他众生——种种国土、种种族类、种种形貌、种种衣服、种种言辞、种种欲乐，俱来此会，观察彼王，咸言：此王是大智人、是福须弥、是功德月，住菩萨愿，行广大施。时，王见彼诸来乞者，生悲愍心，生欢喜心，生尊重心，生善友心，生广大心，生相续心，生精进心，生不退心，生舍施心，生周遍心。

善男子！尔时，彼王见诸乞者，心大欢喜经须臾顷；假使忉利天王、夜摩天王、兜率陀天王，尽百千亿那由他劫所受快乐，亦不能及。善化天王于无数劫所受快乐，自在天王于无量劫所受快乐，大梵天王于无边劫所受梵乐，光音天王于难思劫所受天乐，遍净天王于无尽劫所受天乐，净居天王不可说劫住寂静乐，悉不能及。

善男子！譬如有人仁慈孝友，遭逢世难，父母、妻息、兄弟、姊妹并皆散失，忽于旷野道路之间而相值遇，瞻奉抚对，情无厌足。时，彼大王见来求者，心生欢喜，亦复如是。

善男子！其王尔时，因善知识，于佛菩提，解欲增长，诸根成就，信心清净，欢喜圆满。何以故？此菩萨勤修诸行，求一切智，愿得利益一切众生，愿获菩提无量妙乐，舍离一切诸不善心，常乐积集一切善根，常愿救护一切众生，常乐观察萨婆若道，常乐修行一切智法，满足一切众生所愿，入一切佛功德大海，破一切魔业惑障山，随顺一切如来教行，行一切智无障碍道，已能深入一切智流，一切法流常现在前，大愿无尽，为大丈夫，住大人法，积集一切普门善藏，离一切著，不染一切世间境界，知诸法性犹如虚空。

于来乞者，生一子想，生父母想，生福田想，生难得想，生恩益想，生坚固想、师想、佛想。不简方处，不择族类，不选形貌，随有来至，如其所欲，以大慈心，平等无碍，一切普施，皆令满足：求饮食者，施与饮食；求衣服者，施与衣服；求香华者，施与香华；求鬘盖者，施与鬘盖；幢幡、璎珞、宫殿、园苑、象马、车乘、床座、被褥、金、银、摩尼、诸珍宝物、一切库藏，及诸眷属、城邑、聚落，皆悉如是普施众生。时，此会中有长者女，名：宝光明，与六十童女俱，端正殊妙，人所喜见，皮肤金色，目发绀青，身出妙香；口演梵音，上妙宝衣以为庄严，常怀惭愧，正念不乱，具足威仪，恭敬师长，常念顺行、甚深妙行，所闻之法忆持不忘，宿世善根流润其心，清净广大犹如虚空，等安众生，常见诸佛，求一切智。

时，宝光明女去王不远，合掌顶礼，作如是念：我获善利！我获善利！我今得见大善知识。于彼王所，生大师想、善知识想、具慈悲想、能摄受想。其心正直，生大欢喜，脱身璎珞，持奉彼王，作是愿言：今此大王为无量无边无明众生作所依处，愿我未来亦复如是。如彼大王所知之法、所载之乘、所修之道、所具色相、所有财产、所摄众会，无边无尽，难胜难坏，愿我未来悉得如是。随所生处，皆随往生。

尔时，大王知此童女发如是心，而告之言：童女！随汝所欲，我皆与汝。我今所有，一切皆舍；令诸众生，普得满足。时，宝光明女，信心清净，生大欢喜，即以偈颂而赞王言：

往昔此城邑，大王未出时，一切不可乐，犹如饿鬼处。众生相杀害，窃盗纵淫佚，两舌不实语，无义粗恶言，贪爱他财物，瞋恚怀毒心，邪见不善行，命终堕恶道。以是等众生，愚痴所覆蔽，住于颠倒见，天旱不降泽。百谷悉不生，草木皆枯槁，泉流亦乾竭。大王未兴世，园苑多骸骨，望之如旷野。大王升宝位，广济诸群生，普雨皆充洽。大王临庶品，普断诸暴虐，刑狱皆止措，油云被八方，各各相残害，饮血而噉肉，今悉起慈心。悷独悉安隐。以草自遮蔽，饥赢如饿鬼。大王既兴世，往昔诸众生，男女皆严饰。昔日竞微利，非法相陵夺；粳米自然生，贫穷少衣服，非分生贪染，他妻及童女，树中出妙衣，今时并丰足，而心无染著，犹如知足天。如游帝释园。种种相侵逼。谄曲取人意。今日群生类，昔日诸众生，今见他妇人，端正妙严饰，非法无利益。昔日诸众生，种种行邪法，悉离诸恶言，妄言不真实，其心既柔软，发语亦调顺。昔日诸众生，了知苦乐报，悉从因缘起。牛羊犬豚类，一切无能及。大王众宝盖，迥处虚空中，擎以琉璃干，覆以摩尼网。金铃自然出，如来和雅音，宣扬微妙法，除灭众生惑。次复广演说，十方诸佛刹，一切诸劫中，如来并眷属。又复次第说，过去十方刹，及彼国土中，一切诸如来。又出微妙音，普遍阎浮界，广说人天等，种种业差别。众生听闻已，自知诸业藏，离恶勤修行，回向佛菩提。王父净光明，王母莲华光，五浊出现时，处位治天下。时有广大园，园有五百池，一一千树绕，各各华弥覆。于其池岸上，建立千柱堂，栏楯等庄严，一切无不备。末世恶法起，积年不降雨，池流悉乾竭，草树皆枯槁。王生七日前，先现灵瑞相；见者咸心念：救世今当出。尔时于中夜，大地六种动，有一宝华池，光明犹日现。五百诸池内，功德水充满，枯树悉生枝，华叶皆荣茂。池水既盈满，流演一切处，普及阎浮地，靡不皆沾洽，药草及诸树，百谷苗稼等，枝叶华果实，一切皆繁盛。沟坑及堆阜，种种高下处，如是一切地，莫不皆平坦。荆棘沙砾等，所有诸杂秽，皆于一念中，变成众宝玉。众生见是已，欢喜而赞叹，咸言得善利，如渴饮美水。时彼光明王，眷属无量众，金然备法驾，游观诸园苑。五百诸池内，有池名庆喜，池上有法堂，父王于此住。先王语夫人：我念七夜前，中宵地震动，上彻须弥顶。此中有光现。时彼华池内，千叶莲华出，光如千日照，金刚以为茎，阎浮金为台，众宝为华叶，妙香作须蕊。王生彼华上，端身结跏坐，相好以庄严，天神所恭敬。先王大欢喜，入池自抚鞠，持以授夫人：汝子应欣庆，宝藏皆涌出，宝树生妙衣，天乐奏美声，充满虚空中。一切诸众生，皆生大欢喜，合掌称希有：善哉救护世！王时放身光，普照于一切，能令四天下，阇尽病除灭。夜叉毗舍阇，毒虫诸恶兽，所欲害人者，一切自藏匿。恶名失善利，横事病所持，如是众苦灭，一切皆欢喜。凡是众生类，相视如父母，离恶起慈心，专求一切智。关闭诸恶趣，开示人天路，宣扬萨婆若，度脱诸群生。我等见大王，普获于善利，无归无导者，一切悉安乐。

尔时，宝光明童女，以偈赞叹一切法音圆满盖王已，绕无量匝，合掌顶礼，曲躬恭敬，却住一面。时，彼大王告童女言：善哉！童女！汝能信知他人功德，是为希有。童女！一切众生，不能信知他人功德。童女！一切众生，不知报恩，无有智慧，其心浊乱，性不明了，本无志力，又退修行；如是之人，不信不知菩萨如来所有功德神通智慧。童女！汝今决定求趣菩提，能知菩萨如是功德。汝今生此阎浮提中，发勇猛心，普摄众生，功不唐捐，亦当成就如是功德。王赞女已，以无价宝衣，手自授与宝光童女并其眷属，一一告言：汝著此衣。时，诸童女双膝著地，两手承捧，置于顶上，然后而著；既著衣已，右绕于王，诸宝衣中普出一切星宿光明。众人见之，咸作是言：此诸女等，皆悉端正，如净夜天星宿庄严。

善男子！尔时一切法音圆满盖王者，岂异人乎？今毗卢遮那如来、应、正等觉是也。光明王者，净饭王是。莲华光夫人者，摩耶夫人是。宝光童女者，即我身是。其王尔时以四摄法所摄众生，即此会中一切菩萨是，皆于阿耨多罗三藐三菩提得不退转，或住初地乃至十地，具种种大愿，集种种助道，修种种妙行，备种种庄严，得种种神通，住种种解脱，于此会中处于种种妙法宫殿。

尔时，开敷一切树华主夜神，为善财童子，欲重宣此解脱义而说颂言：

我有广大眼，普见于十方，一切刹海中，五趣轮回者。亦见彼诸佛，菩提树下坐，神通遍十方，说法度众生。我有清净耳，普闻一切声，亦闻佛说法，欢喜而信受。我有他心智，无二无所碍，能于一念中，悉了诸心海。我得宿命智，能知一切劫，自身及他人，分别悉明了。我于一念知，刹海微尘劫，诸佛及菩萨，五道众生类。忆知彼诸佛，始发菩提愿，乃至修诸行，一一悉圆满。亦知彼诸佛，成就菩提道，以种种方便，为众转法轮。亦知彼诸佛，所有诸乘海，正法住久近，众生度多少。我于无量劫，修习此法门；我今为汝说，佛子汝应学。

善男子！我唯知此菩萨出生广大喜光明解脱门。如诸菩萨摩诃萨，亲近供养一切诸佛，入一切智大愿海，满一切佛诸愿海；得勇猛智，于一菩萨地，普入一切菩萨地海；得清净愿，于一菩萨行，普入一切菩萨行海；得自在力，于一菩萨解脱门，普入一切菩萨解脱门海。而我云何能知能说彼功德行？

善男子！此道场中，有一夜神，名：大愿精进力救护一切众生。汝诣彼问：菩萨云何教化众生，令趣阿耨多罗三藐三菩提？云何严净一切佛刹？云何承事一切如来？云何修行一切佛法？

时，善财童子顶礼其足，绕无数匝，殷勤瞻仰，辞退而去。

大方广佛华严经卷第七十三

入法界品第三十九之十四

尔时，善财童子往大愿精进力救护一切众生夜神所，见彼夜神在大众中，坐普现一切宫殿摩尼王藏师子之座，普现法界国土摩尼宝网弥覆其上，现日、月、星宿影像身，现随众生心普令得见身，现等一切众生形相身，现无边广大色相海身，现普现一切威仪身，现普于十方示现身，现普调一切众生身，现广运速疾神通身，现利益众生不绝身，现常游虚空利益身，现一切佛所顶礼身，现修习一切善根身，现受持佛法不忘身，现成满菩萨大愿身，现光明充满十方身，现法灯普灭世暗身，现了法如幻净智身，现远离尘暗法性身，现普智照法明了身，现究竟无患无热身，现不可沮坏坚固身，现无所住佛力身，现无分别离染身，现本清净法性身。

时，善财童子见如是等佛刹微尘数差别身，一心顶礼，举体投地，良久乃起，合掌瞻仰，于善知识生十种心。何等为十？所谓：于善知识生同己心，令我精勤办一切智助道法故；于善知识生清净自业果心，亲近供养生善根故；于善知识生庄严菩萨行心，令我速能庄严一切菩萨行故；于善知识生成就一切佛法心，诱诲于我令修道故；于善知识生能生心，能生于我无上法故；于善知识生出离心，令我修行普贤菩萨所有行愿而出离故；于善知识生具一切福智海心，令我积集诸白法故；于善知识生增长心，令我增长一切智故；于善知识生具一切善根心，令我志愿得圆满故；于善知识生能成办大利益心，令我自在安住一切菩萨法故，成一切智道故，得一切佛法故。是为十。

发是心已，得彼夜神与诸菩萨佛刹微尘数同行。所谓：同念，心常忆念十方三世一切佛故；同慧，分别决了一切法海差别门故；同趣，能转一切诸佛如来妙法轮故；同觉，以等空智普入一切三世间故；同根，成就菩萨清净光明智慧根故；同心，善能修习无碍功德，庄严一切菩萨道故；同境，普照诸佛所行境故；同证，得一切智照实相海净光明故；同义，能以智慧了一切法真实性故；同勇猛，能坏一切障碍山故；同色身，随众生心示现身故；同力，求一切智不退转故；同无畏，其心清净如虚空故；同精进，于无量劫行菩萨行无懈倦故；同辩才，得法无碍智光明故；同无等，身相清净超世间故；同爱语，令一切众生皆欢喜故；同妙音，普演一切法门海故；同满音，一切众生随类解故；同净德，修习如来净功德故；同智地，一切佛所受法轮故；同梵行，安住一切佛境界故；同大慈，念念普覆一切国土众生海故；同大悲，普雨法雨润泽一切诸众生故；同身业，以方便行教化一切诸众生故；同语业，以随类音演说一切诸法门故；同意业，普摄众生置一切智境界中故；同庄严，严净一切诸佛刹故；同亲近，有佛出世皆亲近故；同劝请，请一切佛转法轮故；同供养，常乐供养一切佛故；同教化，调伏一切诸众生故；同光明，照了一切诸法门故；同三昧，普知一切众生心故；同充遍，以自在力充满一切诸佛刹海修诸行故；同住处，住诸菩萨大神通故；同眷属，一切菩萨共止住故；同入处，普入世界微细处故；同心虑，普知一切诸佛刹故；同往诣，普入一切佛刹海故；同方便，悉现一切诸佛刹故；同超胜，于诸佛刹皆无比故；同不退，普入十方无障碍故；同破闇，得一切佛成菩提智大光明故；同无生忍，入一切佛众会海故；同遍一切诸佛刹网，恭敬供养不可说刹诸如来故；同智证，了知彼彼法门海故；同修行，顺行一切诸法门故；同希求，于清净法深乐欲故；同清净，集佛功德而以庄严身、口、意故；同妙意，于一切法智明了故；同精进，普集一切诸善根故；同净行，成满一切菩萨行故；同无碍，了一切法皆无相故；同善巧，于诸法中智自在故；同随乐，随众生心现境界故；同方便，善习一切所应习故；同护念，得一切佛所护念故；同入地，得入一切菩萨地故；同所住，安住一切菩萨位故；同记别，一切诸佛授其记故；同三昧，一刹那中普入一切三昧门故；同建立，示现种种诸佛事故；同正念，正念一切境界门故；同修行，尽未来劫修行一切菩萨行故；同净信，于诸如来无量智慧极欣乐故；同舍离，灭除一切诸障碍故；同不退智，与诸如来智慧等故；同受生，应现成熟诸众生故；同所住，住一切智方便门故；同境界，于法界境得自在故；同无依，永断一切所依心故；同说法，已入诸法平等智故；同勤修，常蒙诸佛所护念故；同神通，开悟众生令修一切菩萨行故；同神力，能入十方世界海故；同陀罗尼，普照一切总持海故；同秘密法，了知一切修多罗中妙法门故；同甚深法，解一切法如虚空故；同光明，普照一切诸世界故；同欣乐，随众生心而为开示令欢喜故；同震动，为诸众生现神通力普动十方一切刹故；同不虚，见闻忆念皆悉令其心调伏故；同出离，满足一切诸大愿海，成就如来十力智故。

时，善财童子观察大愿精进力救护一切众生夜神，起十种清净心，获如是等佛刹微尘数同菩萨行；既获此已，心转清净，偏袒右肩，顶礼其足，一心合掌，以偈赞曰：

我发坚固意，志求无上觉；今于善知识，而起自己心。以见善知识，集无尽白法，灭除众罪垢，成就菩提果。我见善知识，功德庄严心，尽未来刹劫，勤修所行道。我念善知识，摄受饶益我，为我悉示现，正教真实法，关闭诸恶趣，显示人天路，亦示诸如来，成一切智道。我念善知识，是佛功德藏，念念能出生，虚空功德海。与我波罗蜜，增我难思福，长我净功德，令我冠佛缯。我念善知识，能满佛智道；誓愿常依止，圆满白净法。我以此等故，功德悉具足，普为诸众生，说一切智道。圣者为我师，与我无上法，无量无数劫，不能报其恩。

尔时，善财说此偈已，白言：大圣！愿为我说，此解脱门名为何等？发心已来为几时耶？久如当得阿耨多罗三藐三菩提？

夜神告言：

善男子！此解脱门，名：教化众生令生善根。我以成就此解脱故，悟一切法自性平等，入于诸法真实之性，证无依法，舍离世间，悉知诸法色相差别，亦能了达青、黄、赤、白，性皆不实，无有差别，而恒示现无量色身。所谓：种种色身、非一色身、无边色身、清净色身、一切庄严色身、普见色身、等一切众生色身、普现一切众生前色身、光明普照色身、见无厌足色身、相好清净色身、离众恶光明色身、示现大勇猛色身、甚难得色身、一切世间无能映蔽色身、一切世间共称叹无尽色身、念念常观察色身、示现种种云色身、种种形显色色身、现无量自在力色身、妙光明色身、一切净妙庄严色身、随顺成熟一切众生色身、随其心乐现前调伏色身、无障碍普光明色身、清净无浊秽色身、具足庄严不可坏色身、不思议法方便光明色身、无能映夺一切色身、无诸闇破一切闇色身、集一切白净法色身、大势力功德海色身、从过去恭敬因所生色身、如虚空清净心所生色身、最胜广大色身、无断无尽色身、光明海色身、于一切世间无所依平等色身、遍十方无所碍色身、念念现种种色相海色身、增长一切众生欢喜心色身、摄取一切众生海色身、一一毛孔中说一切佛功德海色身、净一切众生欲解海色身、决了一切法义色身、无障碍普照耀色身、等虚空净光明色身、放广大净光明色身、照现无垢法色身、无比色身、差别庄严色身、普照十方色身、随时示现应众生色身、寂静色身、灭一切烦恼色身、一切众生福田色身、一切众生见不虚色身、大智慧勇猛力色身、无障碍普周遍色身、妙身云普现世间皆蒙益色身、具足大慈海色身、大福德宝山王色身、放光明普照世间一切趣色身、大智慧清净色身、生众生正念心色身、一切宝光明色身、普光藏色身、现世间种种清净相色身、求一切智处色身、现微笑令众生生净信色身、一切宝庄严光明色身、不取不舍一切众生色身、无决定无究竟色身、现自在加持力色身、现一切神通变化色身、生如来家色身、远离众恶遍法界海色身、普现一切如来道场众会色身、具种种众色海色身、从善行所流色身、随所应化示现色身、一切世间见无厌足色身、种种净光明色身、现一切三世海色身、放一切光明海色身、现无量差别光明海色身、超诸世间一切香光明色身、现不可说日轮云色身、现广大月轮云色身、放无量须弥山妙华云色身、出种种鬘云色身、现一切宝莲华云色身、兴一切烧香云遍法界色身、散一切末香藏云色身、现一切如来大愿身色身、现一切语言音声演法海色身、现普贤菩萨像色身。

念念中，现如是等色相身充满十方，令诸众生或见、或念、或闻说法、或因亲近、或得开悟、或见神通、或睹变化，悉随心乐，应时调伏，舍不善业，住于善行。善男子！当知此由大愿力故，一切智力故,菩萨解脱力故,大悲力故,大慈力故,作如是事。

善男子!我入此解脱,了知法性无有差别,而能示现无量色身,一一身现无量色相海,一一相放无量光明云,一一光现无量佛国土,一一土现无量佛兴世,一一佛现无量神通力,开发众生宿世善根,未种者令种,已种者令增长,已增长者令成熟;念念中,令无量众生,于阿耨多罗三藐三菩提得不退转。

善男子!如汝所问:从几时来,发菩提心,修菩萨行?如是之义,承佛神力,当为汝说。

善男子!菩萨智轮远离一切分别境界,不可以生死中长短、染净、广狭、多少,如是诸劫分别显示。何以故?菩萨智轮本性清净,离一切分别网,超一切障碍山,随所应化而普照故。

善男子!譬如日轮,无有昼夜;但出时名:昼,没时名:夜。菩萨智轮亦复如是,无有分别,亦无三世;但随心现,教化众生,言其止住前劫、后劫。

善男子!譬如日轮,住阎浮空,其影悉现一切宝物及以河海诸净水中,一切众生莫不目见,而彼净日不来至此。菩萨智轮亦复如是,出诸有海,住佛实法,寂静空中无有所依,为欲化度诸众生故,而于诸趣随类受生;实不生死,无所染著,无长短劫诸想分别。何以故?菩萨究竟离心想,见一切颠倒,得真实见,见法实性,知一切世间如梦、如幻;无有众生,但以大悲大愿力故,现众生前教化调伏。

佛子!譬如船师,常以大船,于河流中不依此岸、不著彼岸、不住中流,而度众生无有休息。菩萨摩诃萨亦复如是,以波罗蜜船,于生死流中不依此岸、不著彼岸、不住中流,而度众生无有休息;虽无量劫修菩萨行,未曾分别劫数长短。

佛子!如太虚空,一切世界于中成坏而无分别,本性清净,无染无乱,无碍无厌,非长非短,尽未来劫持一切刹。菩萨摩诃萨亦复如是,以等虚空界广大深心,起大愿风轮,摄诸众生,令离恶道,生诸善趣,悉令安住一切智地,灭诸烦恼生死苦缚,而无忧喜、疲厌之心。

善男子!如幻化人,肢体虽具,而无入息及以出息、寒、热、饥、渴、忧、喜、生、死十种之事。菩萨摩诃萨亦复如是,以如幻智平等法身现众色相,于诸有趣住无量劫教化众生,于生死中一切境界,无欣无厌,无爱无恚,无苦无乐,无取无舍,无安无怖。

佛子!菩萨智慧虽复如是甚深难测,我当承佛威神之力为汝解说,令未来世诸菩萨等满足大愿、成就诸力。

佛子!乃往古世,过世界海微尘数劫,有劫名:善光,世界名:宝光。于其劫中,有一万佛出兴于世。其最初佛,号:法轮音虚空灯王如来、应、正等觉,十号圆满。彼阎浮提,有一王都,名:宝庄严;其东不远,有一大林,名曰:妙光;中有道场,名为:宝华。彼道场中，有普光明摩尼莲华藏师子之座。时，彼如来于此座上，成阿耨多罗三藐三菩提，满一百年坐于道场，为诸菩萨、诸天、世人及阎浮提宿植善根已成熟者演说正法。

是时，国王名曰：胜光。时世人民寿一万岁，其中多有杀、盗、淫佚、妄语、绮语、两舌、恶口、贪、瞋、邪见、不孝父母、不敬沙门婆罗门等。时，王为欲调伏彼故，造立囹圄，枷锁禁闭，无量众生于中受苦。

王有太子，名为：善伏，端正殊特，人所喜见，具二十八大人之相。在宫殿中，遥闻狱囚楚毒音声，心怀伤愍。从宫殿出，入牢狱中，见诸罪人杻械、枷锁递相连系，置幽闇处，或以火炙，或以烟熏，或被榜笞，或遭膑割，裸形乱发，饥渴羸瘦，筋断骨现，号叫苦剧。太子见已，心生悲愍，以无畏声安慰之言：汝莫忧恼！汝勿愁怖！我当令汝悉得解脱。便诣王所而白王言：狱中罪人苦毒难处，愿垂宽宥，施以无畏。

时，王即集五百大臣而问之言：是事云何？诸臣答言：彼罪人者，私窃官物，谋夺王位，盗入宫闱，罪应刑戮。有哀救者，罪亦至死。

时，彼太子悲心转切，语大臣言：如汝所说，但放此人；随其所应，可以治我。我为彼故，一切苦事悉皆能受，粉身殒命，无所顾惜，要令罪人皆得免苦。何以故？我若不救此众生者，云何能救三界牢狱诸苦众生？一切众生在三界中，贪爱所缚，愚痴所蔽，贫无功德，堕诸恶趣，身形鄙陋，诸根放逸，其心迷惑，不求出道，失智慧光，乐著三有，断诸福德，灭诸智慧，种种烦恼浊乱其心，住苦牢狱，入魔罥网，生老病死忧悲恼害，如是诸苦常所逼迫。我当云何令彼解脱？应舍身命而拔济之！

时，诸大臣共诣王所，悉举其手高声唱言：大王当知，如太子意，毁坏王法，祸及万人。若王爱念不责治者，王之宝祚亦不久立。王闻此言，赫然大怒，令诛太子及诸罪人。

王后闻之，愁忧号哭，毁形降服，与千采女驰诣王所，举身投地顶礼王足，俱作是言：唯愿大王，赦太子命！王即回顾，语太子言：莫救罪人；若救罪人，必当杀汝！尔时，太子为欲专求一切智故，为欲利益诸众生故，为以大悲普救摄故，其心坚固无有退怯，复白王言：愿恕彼罪，身当受戮！王言：随意！尔时，王后白言：大王！愿听太子，半月行施，恣意修福，然后治罪。王即听许。

时，都城北有一大园，名曰：日光，是昔施场。太子往彼，设大施会；饮食、衣服、华鬘、璎珞、涂香、末香、幢幡、宝盖，诸庄严具，随有所求，靡不周给。经半月已，于最后日，国王、大臣、长者、居士、城邑人民及诸外道，悉来集会。

时，法轮音虚空灯王如来，知诸众生调伏时至，与大众俱，天王围绕，龙王供养，夜叉王守护，乾闼婆王赞叹，阿修罗王曲躬顶礼，迦楼罗王以清净心散诸宝华，紧那罗王欢喜劝请，摩睺罗伽王一心瞻仰，来入彼会。

尔时，太子及诸大众，遥见佛来，端严殊特，诸根寂定如调顺象，心无垢浊如清净池，现大神通，示大自在，显大威德，种种相好庄严其身，放大光明普照世界，一切毛孔出香焰云，震动十方无量佛刹，随所至处普雨一切诸庄严具；以佛威仪，以佛功德，众生见者，心净欢喜，烦恼消灭。

尔时，太子及诸大众五体投地，顶礼其足，安施床座，合掌白言：善来世尊！善来善逝！唯愿哀愍，摄受于我，处于此座！以佛神力，净居诸天即变此座为香摩尼莲华之座。佛坐其上，诸菩萨众亦皆就座周匝围绕。时，彼会中一切众生，因见如来，苦灭障除，堪受圣法。

尔时，如来知其可化，以圆满音，说修多罗，名：普照因轮，令诸众生随类各解。时，彼会中有八十那由他众生，远尘离垢，得净法眼；无量那由他众生，得无学地；十千众生，住大乘道，入普贤行，成满大愿。当尔之时，十方各百佛刹微尘数众生，于大乘中，心得调伏；无量世界一切众生，免离恶趣，生于天上。善伏太子即于此时，得菩萨教化众生令生善根解脱门。

善男子！尔时太子岂异人乎？我身是也。我因往昔起大悲心，舍身命财救苦众生，开门大施供养于佛，得此解脱。佛子当知，我于尔时，但为利益一切众生，不著三界，不求果报，不贪名称，不欲自赞轻毁于他，于诸境界无所贪染、无所怖畏，但庄严大乘出要之道，常乐观察一切智门，修行苦行，得此解脱。

佛子！于汝意云何，彼时五百大臣，欲害我者，岂异人乎？今提婆达多等五百徒党是也。是诸人等，蒙佛教化，皆当得阿耨多罗三藐三菩提，于未来世，过须弥山微尘数劫，尔时有劫，名：善光，世界名：宝光，于中成佛。其五百佛次第兴世，最初如来，名曰：大悲；第二，名：饶益世间；第三，名：大悲师子；第四，名：救护众生；乃至最后，名曰：医王。虽彼诸佛大悲平等，然其国土、种族、父母、受生、诞生、出家、学道、往诣道场、转正法轮、说修多罗、语言、音声、光明、众会、寿命、法住及其名号，各各差别。

佛子！彼诸罪人，我所救者，即拘留孙等贤劫千佛，及百万阿僧祇诸大菩萨——于无量精进力名称功德慧如来所，发阿耨多罗三藐三菩提心，今于十方国土，行菩萨道，修习增长此菩提，教化众生，令生善根解脱者是。时胜光王，今萨遮尼乾子大论师是。时王宫人及诸眷属，即彼尼乾六万弟子——与师俱来，建大论幢，共佛论议，悉降伏之，授阿耨多罗三藐三菩提记者是。此诸人等，皆当作佛，国土庄严、劫数、名号，各各有异。

佛子！我于尔时救罪人已，父母听我舍离国土、妻子、财宝，于法轮音虚空灯王佛所出家学道。五百岁中，净修梵行，即得成就百万陀罗尼、百万神通、百万法藏、百万求一切智勇猛精进，净治百万堪忍门，增长百万思惟心，成就百万菩萨力，入百万菩萨智门，得百万般若波罗蜜门，见十方百万诸佛，生百万菩萨大愿；念念中，十方各照百万佛刹；念念中，忆念十方世界前后际劫百万诸佛；念念中，知十方世界百万诸佛变化海；念念中，见十方百万世界所有众生种种诸趣，随业所受生时、死时、善趣、恶趣、好色、恶色，其诸众生种种心行、种种欲乐、种种根性、种种业习、种种成就，皆悉明了。

佛子！我于尔时命终之后，还复于彼王家受生，作转轮王，彼法轮音虚空灯王如来灭后，次即于此值法空王如来，承事供养；次为帝释，即此道场值天王藏如来，亲近供养；次为夜摩天王，即于此世界值大地威力山如来，亲近供养；次为兜率天王，即于此世界值法轮光音声王如来，亲近供养；次为化乐天王，即于此世界值虚空智王如来，亲近供养；次为他化自在天王，即于此世界值无能坏幢如来，亲近供养；次为阿修罗王，即于此世界值一切法雷音王如来，亲近供养；次为梵王，即于此世界值普现化演法音如来，亲近供养。

佛子！此宝光世界善光劫中，有一万佛出兴于世，我皆亲近承事供养。次复有劫，名曰：日光，有六十亿佛出兴于世，最初如来，名：妙相山，我时为王，名曰：大慧，于彼佛所承事供养；次有佛出，名：圆满肩，我为居士，亲近供养；次有佛出，名：离垢童子，我为大臣，亲近供养；次有佛出，名：勇猛持，我为阿修罗王，亲近供养；次有佛出，名：须弥相，我为树神，亲近供养；次有佛出，名：离垢臂，我为商主，亲近供养；次有佛出，名：师子游步，我为城神，亲近供养；次有佛出，名为：宝髻，我为毗沙门天王，亲近供养；次有佛出，名：最上法称，我为乾闼婆王，亲近供养；次有佛出，名：光明冠，我为鸠槃荼王，亲近供养。

于彼劫中，如是次第有六十亿如来出兴于世。我常于此受种种身，一一佛所亲近供养，教化成就无量众生；于一一佛所，得种种三昧门、种种陀罗尼门、种种神通门、种种辩才门、种种一切智门、种种法明门、种种智慧门，照种种十方海，入种种佛刹海，见种种诸佛海，清净成就，增长广大。如于此劫中亲近供养尔所诸佛，于一切处、一切世界海微尘数劫，所有诸佛出兴于世，亲近供养，听闻说法，信受护持，亦复如是。如是，一切诸如来所，皆悉修习此解脱门，复得无量解脱方便。

尔时，救护一切众生主夜神，欲重宣此解脱义，即为善财而说颂言：

汝以欢喜信乐心，问此难思解脱法；我承如来护念力，为汝宣说应听受。过去无边广大劫，过于刹海微尘数，时有世界名宝光，其中有劫号善光。于此善光大劫中，一万如来出兴世，我皆亲近而供养，从其修学此解脱。时有王都名喜严，纵广宽平极殊丽，杂业众生所居住，或心清净或作恶。尔时有王名胜光，恒以正法御群生；其王太子名善伏，形体端正备众相。时有无量诸罪人，系身牢狱当受戮；太子见已生悲愍，上启于王请宽宥。尔时诸臣共白王：今此太子危王国，如是罪人应受戮，如何悉救令除免？时胜光王语太子：汝救彼罪自当受！太子哀念情转深，誓救众生无退怯。时王夫人采女等，俱来王所白王言：愿放太子半月中，布施众生作功德。时王闻已即听许，设大施会济贫乏，一切众生靡不臻，随有所求咸给与。如是半月日云满，太子就戮时将至，大众百千万亿人，同时瞻仰俱号泣。彼佛知众根将熟，而来此会化群生，显现神变大庄严，靡不亲近而恭敬。佛以一音方便说，法灯普照修多罗，无量众生意柔软，悉蒙与授菩提记。善伏太子生欢喜，发兴无上正觉心，誓愿承事于如来，普为众生作依处。便即出家依佛住，修行一切种智道，尔时便得此解脱，大悲广济诸群生。于中止住经劫海，谛观诸法真实性，常于苦海救众生，如是修习菩提道。劫中所有诸佛现，悉皆承事无有余，咸以清净信解心，听闻持护所说法。次于佛刹微尘数，无量无边诸劫海，所有诸佛现世间，一一供养皆如是。我念往昔为太子，见诸众生在牢狱，誓愿舍身而救护，因其证此解脱门。经于佛刹微尘数，广大劫海常修习，念念令其得增长，复获无边巧方便。彼中所有诸如来，我悉得见蒙开悟，令我增明此解脱，及以种种方便力。我于无量千亿劫，学此难思解脱门；诸佛法海无有边，我悉一时能普饮。十方所有一切刹，其身普入无所碍；三世种种国土名，念念了知皆悉尽。三世所有诸佛海，一一明见尽无余；亦能示现其身相，普诣于彼如来所。又于十方一切刹，一切诸佛导师前，普雨一切庄严云，供养一切无上觉。又以无边大问海，启请一切诸世尊；彼佛所雨妙法云，皆悉受持无忘失。又于十方无量刹，一切如来众会前，坐于众妙庄严座，示现种种神通力。又于十方无量刹，示现种种诸神变，一身示现无量身，无量身中现一身。又于一一毛孔中，悉放无数大光明，各以种种巧方便，除灭众生烦恼火。又于一一毛孔中，出现无量化身云，充满十方诸世界，普雨法雨济群品。十方一切诸佛子，入此难思解脱门，悉尽未来无量劫，安住修行菩萨行。随其心乐为说法，令彼皆除邪见网，示以天道及二乘，乃至如来一切智。一切众生受生处，示现无边种种身，悉同其类现众像，普应其心而说法。若有得此解脱门，则住无边功德海，譬如刹海微尘数，不可思议无有量。

善男子！我唯知此教化众生令生善根解脱门。如诸菩萨摩诃萨，超诸世间，现诸趣身，不住攀缘，无有障碍，了达一切诸法自性，善能观察一切诸法，得无我智，证无我法，教化调伏一切众生恒无休息，心常安住无二法门，普入一切诸言辞海；我今云何能知能说彼功德海、彼勇猛智、彼心行处、彼三昧境、彼解脱力？

善男子！此阎浮提，有一园林，名：岚毗尼；彼园有神，名：妙德圆满。汝诣彼问：菩萨云何修菩萨行、生如来家、为世光明，尽未来劫而无厌倦？

时，善财童子顶礼其足，绕无量匝，合掌瞻仰，辞退而去。

大方广佛华严经卷第七十四

入法界品第三十九之十五

尔时，善财童子于大愿精进力救护一切众生夜神所，得菩萨解脱已，忆念修习，了达增长。

渐次游行，至岚毗尼林，周遍寻觅彼妙德神，见在一切宝树庄严楼阁中，坐宝莲华师子之座，二十亿那由他诸天恭敬围绕，为说菩萨受生海经，令其皆得生如来家，增长菩萨大功德海。善财见已，顶礼其足，合掌前立，白言：大圣！我已先发阿耨多罗三藐三菩提心，而未能知菩萨云何修菩萨行、生如来家、为世大明？

彼神答言：

善男子！菩萨有十种受生藏，若菩萨成就此法，则生如来家，念念增长菩萨善根，不疲不懈，不厌不退，无断无失，离诸迷惑，不生怯劣、恼悔之心，趣一切智，入法界门，发广大心，增长诸度，成就诸佛无上菩提，舍世间趣，入如来地，获胜神通，诸佛之法常现在前，顺一切智真实义境。

何等为十？一者，愿常供养一切诸佛受生藏；二者，发菩提心受生藏；三者，观诸法门勤修行受生藏；四者，以深净心普照三世受生藏；五者，平等光明受生藏；六者，生如来家受生藏；七者，佛力光明受生藏；八者，观普智门受生藏；九者，普现庄严受生藏；十者，入如来地受生藏。

善男子！云何名：愿常供养一切佛受生藏？善男子！菩萨初发心时，作如是愿：我当尊重、恭敬、供养一切诸佛，见佛无厌，于诸佛所，常生爱乐，常起深信，修诸功德，恒无休息。是为菩萨为一切智始集善根受生藏。

云何名：发菩提心受生藏？善男子！此菩萨发阿耨多罗三藐三菩提心。所谓：起大悲心，救护一切众生故；起供养佛心，究竟承事故；起普求正法心，一切无悋故；起广大趣向心，求一切智故；起慈无量心，普摄众生故；起不舍一切众生心，被求一切智坚誓甲故；起无谄诳心，得如实智故；起如说行心，修菩萨道故；起不诳诸佛心，守护一切佛大誓愿故；起一切智愿心，尽未来化众生不休息故。菩萨以如是等佛刹微尘数菩提心功德故，得生如来家。是为菩萨第二受生藏。

云何名：观诸法门勤修行受生藏？善男子！此菩萨摩诃萨，起观一切法门海心，起回向一切智圆满道心，起正念无过失业心，起一切菩萨三昧海清净心，起修成一切菩萨功德心，起庄严一切菩萨道心，起求一切智大精进行、修诸功德如劫火炽然无休息心，起修普贤行教化一切众生心，起善学一切威仪、修菩萨功德、舍离一切所有、住无所有真实心。是为菩萨第三受生藏。

云何名：以深净心普照三世受生藏？善男子！此菩萨具清净增上心，得如来菩提光，入菩萨方便海，其心坚固犹若金刚，背舍一切诸有趣生，成就一切佛自在力，修殊胜行，具菩萨根，其心明洁，愿力不动，常为诸佛之所护念，破坏一切诸障碍山，普为众生作所依处。是为菩萨第四受生藏。

云何名：平等光明受生藏？善男子！此菩萨具足众行，普化众生；一切所有，悉皆能舍；住佛究竟净戒境界；具足忍法，成就诸佛法忍光明；以大精进，趣一切智，到于彼岸；修习诸禅，得普门定；净智圆满，以智慧日，明照诸法；得无碍眼，见诸佛海，悟入一切真实法性；一切世间，见者欢喜，善能修习如实法门。是为菩萨第五受生藏。

云何名：生如来家受生藏？善男子！此菩萨生如来家，随诸佛住，成就一切甚深法门，具三世佛清净大愿，得一切佛同一善根，与诸如来共一体性，具出世行白净善法，安住广大功德法门；入诸三昧，见佛神力；随所应化，净诸众生；如问而对，辩才无尽。是为菩萨第六受生藏。

云何名：佛力光明受生藏？善男子！此菩萨深入佛力，游诸佛刹心无退转，供养承事菩萨众会无有疲厌，了一切法皆如幻起，知诸世间如梦所见，一切色相犹如光影，神通所作皆如变化，一切受生悉皆如影，诸佛说法皆如谷响，开示法界咸令究竟。是为菩萨第七受生藏。

云何名：观普智门受生藏？善男子！此菩萨住童真位，观一切智一一智门，尽无量劫开演一切菩萨所行，于诸菩萨甚深三昧心得自在，念念生于十方世界诸如来所，于有差别境入无差别定，于无差别法现有差别智，于无量境知无境界，于少境界入无量境，通达法性广大无际，知诸世间悉假施设，一切皆是识心所起。是为菩萨第八受生藏。

云何名：普现庄严受生藏？善男子！此菩萨能种种庄严无量佛刹，普能化现一切众生及诸佛身，得无所畏，演清净法，周流法界，无所障碍；随其心乐，普使知见，示现种种成菩提行，令生无碍一切智道；如是所作不失其时，而常在三昧毗卢遮那智慧之藏。是为菩萨第九受生藏。

云何名：入如来地受生藏？善男子！此菩萨悉于三世诸如来所受灌顶法，普知一切境界次第。所谓：知一切众生前际后际殁生次第、一切菩萨修行次第、一切众生心念次第、三世如来成佛次第、善巧方便说法次第，亦知一切初、中、后际所有诸劫若成若坏名号次第。随诸众生所应化度，为现成道功德庄严，神通说法，方便调伏。是为菩萨第十受生藏。

佛子！若菩萨摩诃萨，于此十法修习增长圆满成就，则能于一庄严中，现种种庄严；如是庄严一切国土，开导示悟一切众生，尽未来劫无有休息；演说一切诸佛法海种种境界、种种成熟，展转传来无量诸法；现不思议佛自在力，充满一切虚空法界；于诸众生心行海中而转法轮，于一切世界示现成佛，恒无间断；以不可说清净言音说一切法，住无量处通达无碍；以一切法庄严道场，随诸众生欲解差别而现成佛，开示无量甚深法藏，教化成就一切世间。

尔时，岚毗尼林神，欲重明其义，以佛神力，普观十方而说颂言：

最上离垢清净心，见一切佛无厌足，愿尽未来常供养，此明慧者受生藏。一切三世国土中，所有众生及诸佛，悉愿度脱恒瞻奉，此难思者受生藏。闻法无厌乐观察，普于三世无所碍，身心清净如虚空，此名称者受生藏。其心恒住大悲海，坚如金刚及宝山，了达一切种智门，此最胜者受生藏。大慈普覆于一切，妙行常增诸度海，以法光明照群品，此雄猛者受生藏。了达法性心无碍，生于三世诸佛家，普入十方法界海，此明智者受生藏。法身清净心无碍，普诣十方诸国土，一切佛力靡不成，此不思议受生藏。入深智慧已自在，于诸三昧亦究竟，观一切智如实门，此真身者受生藏。净治一切诸佛土，勤修普化众生法，显现如来自在力，此大名者受生藏。久已修行萨婆若，疾能趣入如来位，了知法界皆无碍，此诸佛子受生藏。

善男子！菩萨具此十法，生如来家，为一切世间清净光明。善男子！我从无量劫来，得是自在受生解脱门。

善财白言：圣者！此解脱门境界云何？

答言：

善男子！我先发愿：愿一切菩萨示受生时皆得亲近；愿入毗卢遮那如来无量受生海。以昔愿力，生此世界阎浮提中岚毗尼园，专念菩萨何时下生；经于百年，世尊果从兜率陀天而来生此。

时，此林中现十种相。何等为十？一者，此园中地忽自平坦，坑坎、堆阜悉皆不现。二者，金刚为地，众宝庄严，无有瓦砾、荆棘、株杌。三者，宝多罗树周匝行列，其根深植至于水际。四者，生众香芽，现众香藏，宝香为树，扶疏荫映，其诸香气皆逾天香。五者，诸妙华鬘宝庄严具，行列分布，处处充满。六者，园中所有一切诸树，皆自然开摩尼宝华。七者，诸池沼中，皆自生华，从地涌出，周布水上。八者，时此林中，娑婆世界欲色所住天、龙、夜叉、乾闼婆、阿修罗、迦楼罗、紧那罗、摩睺罗伽，一切诸王，莫不来集，合掌而住。九者，此世界中所有天女，乃至摩睺罗伽女皆生欢喜，各各捧持诸供养具，向毕洛叉树前，恭敬而立。十者，十方一切诸佛脐中，皆放光明，名：菩萨受生自在灯，普照此林；一一光中，悉现诸佛受生，诞生所有神变，及一切菩萨受生功德，又出诸佛种种言音。是为林中十种瑞相。此相现时，诸天王等即知当有菩萨下生；我见此瑞，欢喜无量。

善男子！摩耶夫人出迦毗罗城，入此林时，复现十种光明瑞相，令诸众生得法光明。何等为十？所谓：一切宝华藏光、宝香藏光、宝莲华开演出真实妙音声光、十方菩萨初发心光、一切菩萨得入诸地现神变光、一切菩萨修波罗蜜圆满智光、一切菩萨大愿智光、一切菩萨教化众生方便智光、一切菩萨证于法界真实智光、一切菩萨得佛自在受生出家成正觉光。此十光明，普照无量诸众生心。

善男子！摩耶夫人于毕洛叉树下坐时，复现菩萨将欲诞生十种神变。何等为十？

善男子！菩萨将欲诞生之时，欲界诸天天子、天女，及以色界一切诸天、诸龙、夜叉、乾闼婆、阿修罗、迦楼罗、紧那罗、摩睺罗伽并其眷属，为供养故，悉皆云集。摩耶夫人威德殊胜，身诸毛孔咸放光明，普照三千大千世界无所障碍，一切光明悉皆不现，除灭一切众生烦恼及恶道苦。是为菩萨将欲诞生第一神变。

又，善男子！当尔之时，摩耶夫人腹中悉现三千世界一切形像，其百亿阎浮提内，各有都邑，各有园林，名号不同，皆有摩耶夫人于中止住、天众围绕，悉为显现菩萨将生不可思议神变之相。是为菩萨将欲诞生第二神变。

又，善男子！摩耶夫人一切毛孔，皆现如来往昔修行菩萨道时，恭敬供养一切诸佛，及闻诸佛说法音声。譬如明镜及以水中，能现虚空日月、星宿、云雷等像；摩耶夫人身诸毛孔亦复如是，能现如来往昔因缘。是为菩萨将欲诞生第三神变。

又，善男子！摩耶夫人身诸毛孔，一一皆现如来往修菩萨行时，所住世界，城邑聚落，山林河海，众生劫数，值佛出世，入净国土，随所受生，寿命长短，依善知识修行善法，于一切刹在在生处，摩耶夫人常为其母；如是一切，于毛孔中靡不皆现。是为菩萨将欲诞生第四神变。

又，善男子！摩耶夫人一一毛孔，显现如来往昔修行菩萨行时，随所生处，色相形貌，衣服饮食，苦乐等事，一一普现，分明辨了。是为菩萨将欲诞生第五神变。

又，善男子！摩耶夫人身诸毛孔，一一皆现世尊往昔修施行时，舍所难舍——头目耳鼻，唇舌牙齿，身体手足，血肉筋骨，男女妻妾、城邑宫殿、衣服璎珞、金银宝货。——如是一切内外诸物，亦见受者形貌、音声及其处所。是为菩萨将欲诞生第六神变。

又，善男子！摩耶夫人入此园时，其林普现过去所有一切诸佛入母胎时国土、园林、衣服、华鬘、涂香、末香、幡缯、幢盖——一切众宝庄严之事，妓乐歌咏上妙音声，令诸众生普得见闻。是为菩萨将诞生时第七神变。

又，善男子！摩耶夫人入此园时，从其身出菩萨所住摩尼宝王宫殿、楼阁，超过一切天、龙、夜叉、乾闼婆、阿修罗、迦楼罗、紧那罗、摩睺罗伽及诸人王之所住者，宝网覆上，妙香普熏，众宝庄严，内外清净，各各差别，不相杂乱，周匝遍满岚毗尼园。是为菩萨将诞生时第八神变。

又，善男子！摩耶夫人入此园时，从其身出十不可说百千亿那由他佛刹微尘数菩萨，其诸菩萨身形容貌、相好光明、进止威仪、神通眷属，皆与毗卢遮那菩萨等无有异，悉共同时赞叹如来。是为菩萨将诞生时第九神变。

又，善男子！摩耶夫人将欲诞生菩萨之时，忽于其前，从金刚际出大莲华，名为：一切宝庄严藏。金刚为茎，众宝为须，如意宝王以为其台，有十佛刹微尘数叶，一切皆以摩尼所成宝网、宝盖以覆其上。一切天王所共执持；一切龙王降注香雨；一切夜叉王恭敬围绕，散诸天华；一切乾闼婆王出微妙音，歌赞菩萨往昔供养诸佛功德；一切阿修罗王舍憍慢心，稽首敬礼；一切迦楼罗王垂宝缯幡，遍满虚空；一切紧那罗王欢喜瞻仰，歌咏赞叹菩萨功德；一切摩睺罗伽王皆生欢喜，歌咏赞叹，普雨一切宝庄严云。是为菩萨将诞生时第十神变。

善男子！岚毗尼园示现如是十种相已，然后菩萨其身诞生。如虚空中现净日轮，如高山顶出于庆云，如密云中而耀电光，如夜闇中而然大炬；尔时，菩萨从母胁生，身相光明亦复如是。善男子！菩萨尔时，虽现初生，悉已了达一切诸法，如梦如幻，如影如像，无来无去，不生不灭。

善男子！当我见佛于此四天下阎浮提内岚毗尼园示现初生种种神变时，亦见如来于三千大千世界百亿四天下阎浮提内岚毗尼园中示现初生种种神变；亦见三千大千世界一一尘中无量佛刹，亦见百佛世界、千佛世界乃至十方一切世界一一尘中无量佛刹，如是一切诸佛刹中，皆有如来示现受生种种神变。如是念念，常无间断。

时，善财童子白彼神言：大天得此解脱，其已久如？

答言：

善男子！乃往古世，过亿佛刹微尘数劫，复过是数。时，有世界名为：普宝，劫名：悦乐，八十那由他佛于中出现；其第一佛，名：自在功德幢，十号具足。彼世界中，有四天下，名：妙光庄严；其四天下阎浮提中,有一王都,名:须弥庄严幢;其中有王,名:宝焰眼;其王夫人,名曰:喜光。善男子!如此世界摩耶夫人,为毗卢遮那如来之母;彼世界中喜光夫人,为初佛母,亦复如是。

善男子!其喜光夫人将欲诞生菩萨之时,与二十亿那由他采女诣金华园;园中有楼,名:妙宝峰;其边有树,名:一切施。喜光夫人攀彼树枝而生菩萨,诸天王众各持香水共以洗沐。时,有乳母名为:净光,侍立其侧。既洗沐已,诸天王众授与乳母。乳母敬受,生大欢喜,即得菩萨普眼三昧;得此三昧已,普见十方无量诸佛,复得菩萨于一切处示现受生自在解脱。如初受胎识,速疾无碍;得此解脱故,见一切佛乘本愿力受生自在,亦复如是。善男子!于汝意云何?彼乳母者,岂异人乎?我身是也。我从是来,念念常见毗卢遮那佛示现菩萨受生海调伏众生自在神力。如见毗卢遮那佛乘本愿力,念念于此三千大千,乃至十方一切世界微尘之内,皆现菩萨受生神变;见一切佛悉亦如是,我皆恭敬承事供养,听所说法,如说修行。

时,岚毗尼林神,欲重宣此解脱义,承佛神力,普观十方而说颂言:

佛子汝所问,诸佛甚深境;汝今应听受,我说其因缘。过亿刹尘劫,有劫名悦乐;八十那由他,如来出兴世。最初如来号,自在功德幢;我在金华园,见彼初生日。我时为乳母,智慧极聪利;诸天授与我,菩萨金色身。我时疾捧持,谛观不见顶,身相皆圆满,一一无边际。离垢清净身,相好以庄严,譬如妙宝像,见已自欣庆。思惟彼功德,疾增众福海;见此神通事,发大菩提心。专求佛功德,增广诸大愿,严净一切刹,灭除三恶道。普于十方土,供养无数佛,修行本誓愿,救脱众生苦。我于彼佛所,闻法得解脱,亿刹微尘数,无量劫修行。劫中所有佛,我悉曾供养,护持其正法,净此解脱海。亿刹微尘数,过去十力尊,尽持其法轮,增明此解脱。我于一念顷,见此刹尘中,一一有如来,所净诸刹海。刹内悉有佛,园中示诞生,各现不思议,广大神通力。或见不思议,亿刹诸菩萨,住于天宫上,将证佛菩提。无量刹海中,诸佛现受生,说法众围绕,于此我皆见。一念见亿刹,微尘数菩萨,出家趣道场,示现佛境界。我见刹尘内,无量佛成道,各现诸方便,度脱苦众生。一一微尘中,诸佛转法轮,悉以无尽音,普雨甘露法。亿刹微尘数,一一刹尘内,悉见于如来,示现般涅槃。如是无量刹,如来示诞生;而我悉分身,现前兴供养。不思议刹海,无量趣差别;我悉现其前,雨于大法雨。佛子我知此,难思解脱门,无量亿劫中,称扬不可尽。

善男子!我唯知此菩萨于无量劫遍一切处示现受生自在解脱。如诸菩萨摩诃萨,能以一念为诸劫藏,观一切法,以善方便而现受生;周遍供养一切诸佛,究竟通达一切佛法;于一切趣皆现受生,一切佛前坐莲华座;知诸众生应可度时,为现受生方便调伏;于一切刹现诸神变,犹如影像悉现其前。我当云何能知能说彼功德行?

善男子!此迦毗罗城,有释种女,名曰:瞿波。汝诣彼问:菩萨云何于生死中教化众生?

时,善财童子顶礼其足,绕无数匝,殷勤瞻仰,辞退而去。

大方广佛华严经卷第七十五

入法界品第三十九之十六

尔时,善财童子向迦毗罗城,思惟修习受生解脱,增长广大,忆念不舍。

渐次游行,至菩萨集会普现法界光明讲堂,其中有神,号:无忧德,与一万主宫殿神俱,来迎善财,作如是言:

善来丈夫!有大智慧,有大勇猛,能修菩萨不可思议自在解脱,心恒不舍广大誓愿,善能观察诸法境界;安住法城,入于无量诸方便门,成就如来功德大海;得妙辩才,善调众生,获圣智身,恒顺修行,知诸众生心行差别,令其欢喜趣向佛道。

我观仁者修诸妙行心无暂懈,威仪所行悉皆清净,汝当不久得诸如来清净庄严无上三业,以诸相好庄严其身,以十力智莹饰其心,游诸世间。我观仁者勇猛精进而无有比,不久当得普见三世一切诸佛听受其法,不久当得一切菩萨禅定解脱诸三昧乐,不久当入诸佛如来甚深解脱。何以故?见善知识亲近供养,听受其教,忆念修行,不懈不退,无忧无悔,无有障碍,魔及魔民不能为难,不久当成无上果故。

善财童子言:

圣者!如向所说,愿我皆得。圣者!我愿一切众生,息诸热恼,离诸恶业,生诸安乐,修诸净行。圣者!一切众生,起诸烦恼,造诸恶业,堕诸恶趣,若身若心恒受楚毒,菩萨见已心生忧恼。圣者!譬如有人,唯有一子,爱念情至,忽见被人割截肢体,其心痛切不能自安。菩萨摩诃萨亦复如是,见诸众生以烦恼业堕三恶趣受种种苦,心大忧恼。若见众生起身、语、意三种善业,生天人趣受身心乐,菩萨尔时生大欢喜。何以故?菩萨不自为故求一切智,不贪生死诸欲快乐,不随想倒、见倒、心倒、诸结、随眠、爱见力转,不起众生种种乐想,亦不味著诸禅定乐,非有障碍、疲厌、退转住于生死。但见众生于诸有中,具受无量种种诸苦,起大悲心,以大愿力而普摄取。悲愿力故,修菩萨行,为断一切众生烦恼,为求如来一切智智,为供养一切诸佛如来,为严净一切广大国土,为净治一切众生乐欲及其所有身心诸行,于生死中无有疲厌。

圣者!菩萨摩诃萨于诸众生,为庄严,令生人天富贵乐故;为父母,为其安立菩提心故;为养育,令其成就菩萨道故;为卫护,令其远离三恶道故；为船师，令其得度生死海故；为归依，令舍诸魔烦恼怖故；为究竟，令其永得清凉乐故；为津济，令入一切诸佛海故；为导师，令至一切法宝洲故；为妙华，开敷诸佛功德心故；为严具，常放福德智慧光故；为可乐，凡有所作悉端严故；为可尊，远离一切诸恶业故；为普贤，具足一切端严身故；为大明，常放智慧净光明故；为大云，常雨一切甘露法故。圣者！菩萨如是修诸行时，令一切众生皆生爱乐、具足法乐。

尔时，善财童子将升法堂，其无忧德及诸神众，以出过诸天上妙华鬘、涂香、末香，及以种种宝庄严具，散善财上，而说颂言：

汝今出世间，为世大明灯，普为诸众生，勤求无上觉。无量亿千劫，难可得见汝；功德日今出，灭除诸世闇。汝见诸众生，颠倒惑所覆，而兴大悲意，求证无师道。汝以清净心，寻求佛菩提，承事善知识，不自惜身命。汝于诸世间，无依无所著，其心普无碍，清净如虚空。汝修菩提行，功德悉圆满，放大智慧光，普照一切世。汝不离世间，亦不著于世，行世无障碍，如风游虚空。譬如火灾起，一切无能灭；汝修菩提行，精进火亦然。勇猛大精进，坚固不可动，金刚慧师子，游行无所畏。一切法界中，所有诸刹海，汝悉能往诣，亲近善知识。

尔时，无忧德神说此颂已，为爱乐法故，随逐善财，恒不舍离。

尔时，善财童子入普现法界光明讲堂，周遍推求彼释氏女，见在堂内，坐宝莲华师子之座，八万四千采女所共围绕。是诸采女，靡不皆从王种中生，悉于过去修菩萨行同种善根，布施、爱语普摄众生；已能明见一切智境，已共修集佛菩提行；恒住正定，常游大悲，普摄众生犹如一子；慈心具足，眷属清净；已于过去成就菩萨不可思议善巧方便，皆于阿耨多罗三藐三菩提得不退转，具足菩萨诸波罗蜜；离诸取著，不乐生死；虽行诸有，心常清净，恒勤观察一切智道；离障盖网，超诸著处，从于法身而示化形；生普贤行，长菩萨力，智日慧灯悉已圆满。

尔时，善财童子诣彼释女瞿波之所，顶礼其足，合掌而住，作如是言：圣者！我已先发阿耨多罗三藐三菩提心，而未知菩萨云何于生死中，而不为生死过患所染？了法自性，而不住声闻、辟支佛地？具足佛法，而修菩萨行？住菩萨地，而入佛境界？超过世间，而于世受生？成就法身，而示现无边种种色身？证无相法，而为众生示现诸相？知法无说，而广为众生演说诸法？知众生空，而恒不舍化众生事？虽知诸佛不生不灭，而勤供养无有退转？虽知诸法无业无报，而修诸善行恒不止息？

时，瞿波女告善财言：

善哉善哉！善男子！汝今能问菩萨摩诃萨如是行法，修习普贤诸行愿者能如是问。谛听谛听！善思念之！我当承佛神力，为汝宣说。

善男子！若诸菩萨成就十法，则能圆满因陀罗网普智光明菩萨之行。何等为十？所谓：依善知识故，得广大胜解故，得清净欲乐故，集一切福智故，于诸佛所听闻法故，心恒不舍三世佛故，同于一切菩萨行故，一切如来所护念故，大悲妙愿皆清净故，能以智力普断一切诸生死故。是为十。若诸菩萨成就此法，则能圆满因陀罗网普智光明菩萨之行。

佛子！若菩萨亲近善知识，则能精进不退修习出生无尽佛法。佛子！菩萨以十种法，承事善知识。何等为十？所谓：于自身命无所顾惜，于世乐具心不贪求，知一切法性皆平等，永不退舍一切智愿，观察一切法界实相，心恒舍离一切有海，知法如空心无所依，成就一切菩萨大愿，常能示现一切刹海，净修菩萨无碍智轮。佛子！应以此法承事一切诸善知识，无所违逆。

尔时，释迦瞿波女，欲重明此义，承佛神力，观察十方，而说颂言：

菩萨为利诸群生，正念亲承善知识，敬之如佛心无怠，此行于世帝网行。胜解广大如虚空，一切三世悉入中，国土众生佛皆尔，此是普智光明行。志乐如空无有际，永断烦恼离诸垢，一切佛所修功德，此行于世身云行。菩萨修习一切智，不可思议功德海，净诸福德智慧身，此行于世不染行。一切诸佛如来所，听受其法无厌足，能生实相智慧灯，此行于世普照行。十方诸佛无有量，一念一切悉能入，心恒不舍诸如来，此向菩提大愿行。能入诸佛大众会，一切菩萨三昧海，愿海及以方便海，此行于世帝网行。一切诸佛所加持，尽未来际无边劫，处处修行普贤道，此是菩萨分身行。见诸众生受大苦，起大慈悲现世间，演法光明除闇冥，此是菩萨智日行。见诸众生在诸趣，为集无边妙法轮，令其永断生死流，此是修行普贤行。菩萨修行此方便，随众生心而现身，普于一切诸趣中，化度无量诸含识。以大慈悲方便力，普遍世间而现身，随其解欲为说法，皆令趣向菩提道。

时，释迦瞿波说此颂已，告善财童子言：善男子！我已成就观察一切菩萨三昧海解脱门。

善财言：大圣！此解脱门境界云何？

答言：

善男子！我入此解脱，知此娑婆世界佛刹微尘数劫，所有众生于诸趣中，死此生彼，作善作恶，受诸果报，有求出离、不求出离，正定、邪定及以不定，有烦恼善根，无烦恼善根，具足善根，不具足善根，不善根所摄善根，善根所摄不善根；如是所集善、不善法，我皆知见。又彼劫中所有诸佛名号、次第，我悉了知。彼佛世尊从初发心，及以方便求一切智，出生一切诸大愿海，供养诸佛，修菩萨行，成等正觉，转妙法轮，现大神通，化度众生，我悉了知。亦知彼佛众会差别，其众会中有诸众生依声闻乘而得出离，其声闻众过去修习一切善根，及其所得种种智慧，我悉了知。有诸众生依独觉乘而得出离，其诸独觉所有善根、所得菩提、寂灭解脱、神通变化、成熟众生、入于涅槃，我悉了知。亦知彼佛诸菩萨众，其诸菩萨从初发心，修习善根，出生无量诸大愿行，成就满足诸波罗蜜种种庄严菩萨之道，以自在力，入菩萨地，住菩萨地，观菩萨地，净菩萨地，菩萨地相、菩萨地智、菩萨摄智、菩萨教化众生智、菩萨建立智、菩萨广大行境界、菩萨神通行、菩萨三昧海、菩萨方便，菩萨于念念中所入三昧海、所得一切智光明、所获一切智电光云、所得实相忍、所通达一切智、所住刹海、所入法海、所知众生海、所住方便、所发誓愿、所现神通，我悉了知。善男子！此娑婆世界，尽未来际，所有劫海，展转不断，我皆了知。如知娑婆世界，亦知娑婆世界内微尘数世界，亦知娑婆世界内一切世界，亦知娑婆世界微尘内所有世界，亦知娑婆世界外十方无间所住世界，亦知娑婆世界世界种所摄世界，亦知毗卢遮那世尊此华藏世界海中十方无量诸世界种所摄世界，所谓：世界广博、世界安立、世界轮、世界场、世界差别、世界转、世界莲华、世界须弥、世界名号。尽此世界海一切世界，由毗卢遮那世尊本愿力故，我悉能知，亦能忆念。

亦念如来往昔所有诸因缘海。所谓：修集一切诸乘方便，无量劫中，住菩萨行，净佛国土，教化众生，承事诸佛，造立住处，听受说法，获诸三昧，得诸自在；修檀波罗蜜入佛功德海，持戒苦行，具足诸忍，勇猛精进，成就诸禅，圆满净慧；于一切处示现受生，普贤行愿悉皆清净，普入诸刹，普净佛土，普入一切如来智海，普摄一切诸佛菩提，得于如来大智光明，证于诸佛一切智性，成等正觉，转妙法轮；及其所有道场众会，其众会中一切众生，往世已来所种善根，从初发心，成熟众生，修行方便，念念增长，获诸三昧神通解脱。如是一切，我悉了知。何以故？我此解脱，能知一切众生心行、一切众生修行善根、一切众生杂染清净、一切众生种种差别、一切声闻诸三昧门、一切缘觉寂静三昧神通解脱、一切菩萨一切如来解脱光明，皆了知故。

尔时，善财童子白瞿波言：圣者得此解脱，其已久如？

答言：

善男子！我于往世，过佛刹微尘数劫，有劫名：胜行，世界名：无畏。彼世界中，有四天下，名为：安隐。其四天下阎浮提中，有一王城，名：高胜树，于八十王城中最为上首。彼时，有王名曰：财主，其王具有六万采女、五百大臣、五百王子；其诸王子皆悉勇健，能伏怨敌。其王太子，名：威德主，端正殊特，人所乐见，足下平满，轮相备具，足跌隆起，手足指间皆有网缦，足跟齐正，手足柔软，伊尼耶鹿王（月耑，音 chuan），七处圆满，阴藏隐密，其身上分如师子王，两肩平满，双臂（月庸，音 yong）长，身相端直，颈文三道,颊如师子,具四十齿悉皆齐密,四牙鲜白,其舌长广出梵音声,眼目绀青,睫如牛王,眉间毫相,顶上肉髻,皮肤细软如真金色,身毛上靡,发帝青色,其身洪满如尼拘陀树。

尔时,太子受父王教,与十千采女诣香牙园游观戏乐。太子是时,乘妙宝车,其车具有种种严饰,置大摩尼师子之座而坐其上;五百采女各执宝绳牵驭而行,进止有度,不迟不速;百千万人持诸宝盖,百千万人持诸宝幢,百千万人持诸宝幡,百千万人作诸妓乐,百千万人烧诸名香,百千万人散诸妙华,前后围绕而为翊从。道路平正,无有高下,众宝杂华散布其上;宝树行列,宝网弥覆,种种楼阁延袤其间。其楼阁中,或有积聚种种珍宝,或有陈列诸庄严具,或有供设种种饮食,或有悬布种种衣服,或有备拟诸资生物,或复安置端正女人,及以无量僮仆侍从;随有所须,悉皆施与。

时,有母人名为:善现,将一童女名:具足妙德,颜容端正,色相严洁,洪纤得所,修短合度,目发绀青,声如梵音,善达工巧,精通辩论,恭勤匪懈,慈愍不害,具足惭愧,柔和质直,离痴寡欲,无诸谄诳,乘妙宝车,采女围绕,及与其母从王城出,先太子行。见其太子言辞讽咏,心生爱染,而白母言:我心愿得敬事此人,若不遂情,当自殒灭。母告女言:莫生此念。何以故?此甚难得。此人具足轮王诸相,后当嗣位作转轮王,有宝女出,腾空自在。我等卑贱,非其匹偶。此处难得,勿生是念。

彼香牙园侧,有一道场,名:法云光明。时,有如来名:胜日身,十号具足,于中出现已经七日。时,彼童女暂时假寐,梦见其佛;从梦觉已,空中有天而告之言:胜日身如来,于法云光明道场成等正觉已经七日,诸菩萨众前后围绕。天、龙、夜叉、乾闼婆、阿修罗、迦楼罗、紧那罗、摩睺罗伽、梵天乃至色究竟天,诸地神、风神、火神、水神、河神、海神、山神、树神、园神、药神、主城神等,为见佛故,皆来集会。

时,妙德童女梦睹如来故,闻佛功德故,其心安隐,无有怖畏,于太子前而说颂言:

我身最端正,名闻遍十方,智慧无等伦,善达诸工巧。无量百千众,见我皆贪染;我心不于彼,而生少爱欲。无瞋亦无恨,无嫌亦无喜,但发广大心,利益诸众生。我今见太子,具诸功德相,其心大欣庆,诸根咸悦乐。色如光明宝,发美而右旋,额广眉纤曲,我心愿事汝。我观太子身,譬若真金像,亦如大宝山,相好有光明。目广绀青色,月面师子颊,喜颜美妙音,愿垂哀纳我!舌相广长妙,犹如赤铜色;梵音紧那声,闻者皆欢喜。口方不蹇缩,齿白悉齐密,发言现笑时,见者心欢喜。离垢清净身,具相三十二,必当于此界,而作转轮位。

尔时,太子告彼女言:汝是谁女?为谁守护?若先属人,我则不应起爱染心。

尔时，太子以颂问言：

汝身极清净，功德相具足；我今问于汝，汝于谁所住？谁为汝父母？汝今系属谁？若已属于人，彼人摄受汝。汝不盗他物，汝不有害心，汝不作邪淫，汝依何语住？不说他人恶，不坏他所亲，不侵他境界，不于他恚怒。不生邪险见，不作相违业，不以谄曲力，方便诳世间。尊重父母不？敬善知识不？见诸贫穷人，能生摄心不？若有善知识，诲示于汝法，能生坚固心，究竟尊重不？爱乐于佛不？了知菩萨不？众僧功德海，汝能恭敬不？汝能知法不？能净众生不？为住于法中，为住于非法？见诸孤独者，能起慈心不？见恶道众生，能生大悲不？见他得荣乐，能生欢喜不？他来逼迫汝，汝无瞋恼不？汝发菩提意，开悟众生不？无边劫修行，能无疲倦不？

尔时，女母为其太子而说颂言：

太子汝应听，我今说此女，初生及成长，一切诸因缘。太子始生日，即从莲华生，其目净修广，肢节悉具足。我曾于春月，游观娑罗园，普见诸药草，种种皆荣茂。奇树发妙华，望之如庆云；好鸟相和鸣，林间共欢乐。同游八百女，端正夺人心，被服皆严丽，歌咏悉殊美。彼园有浴池，名曰莲华幢；我于池岸坐，采女众围绕。于彼莲池内，忽生千叶华，宝叶琉璃茎，阎浮金为台。尔时夜分尽，日光初出现，其莲正开剖，放大清净光。其光极炽盛，譬如日初出，普照阎浮提，众叹未曾有。时见此玉女，从彼莲华生，其身甚清净，肢分皆圆满。此是人间宝，从于净业生，宿因无失坏，今受此果报。绀发青莲眼，梵声金色光，华鬘众宝髻，清净无诸垢。肢节悉具足，其身无缺减，譬如真金像，安处宝华中。毛孔栴檀香，普熏于一切；口出青莲香，常演梵音声。此女所住处，常有天音乐；不应下劣人，而当如是偶。世间无有人，堪与此为夫，唯汝相严身，愿垂见纳受！非长亦非短，非粗亦非细，种种悉端严，愿垂见纳受！文字算数法，工巧诸技艺，一切皆通达，愿垂见纳受！善了诸兵法，巧断众诤讼，能调难可调，愿垂见纳受！其身甚清净，见者无厌足，功德自庄严，汝应垂纳受！众生所有患，善达彼缘起，应病而与药，一切能消灭。阎浮语言法，差别无量种，乃至妓乐音，靡不皆通达。妇人之所能，此女一切知，而无女人过，愿垂速纳受！不嫉亦不悭，无贪亦无恚，质直性柔软，离诸粗犷恶。恭敬于尊者，奉事无违逆，乐修诸善行，此能随顺汝。若见于老病，贫穷在苦难，无救无所依，常生大慈愍。常观第一义，不求自利乐，但愿益众生，以此庄严心。行住与坐卧，一切无放逸；言说及默然，见者咸欣乐。虽于一切处，皆无染著心；见有功德人，乐观无厌足。尊重善知识，乐见离恶人；其心不躁动，先思后作业。福智所庄严，一切无怨恨，女人中最上，宜应事太子。

尔时，太子入香牙园已，告其妙德及善现言：善女！我趣求阿耨多罗三藐三菩提，当于尽未来际无量劫，集一切智助道之法，修无边菩萨行，净一切波罗蜜，供养一切诸如来，护持一切诸佛教，严净一切佛国土，当令一切如来种性不断，当随一切众生种性而普成熟，当灭一切众生生死苦置于究竟安乐处，当净治一切众生智慧眼，当修习一切菩萨所修行，当安住一切菩萨平等心，当成就一切菩萨所行地，当令一切众生普欢喜；当舍一切物，尽未来际行檀波罗蜜，令一切众生普得满足衣服饮食、妻妾男女、头目手足，如是一切内外所有，悉当舍施，无所吝惜。当于尔时，汝或于我而作障难：施财物时，汝心吝惜；施男女时，汝心痛恼；割肢体时，汝心忧闷；舍汝出家，汝心悔恨。

尔时，太子即为妙德而说颂言：

哀愍众生故，我发菩提心，当于无量劫，习行一切智。无量大劫中，净修诸愿海，入地及治障，悉经无量劫。三世诸佛所，学六波罗蜜，具足方便行，成就菩提道。十方垢秽刹，我当悉严净；一切恶道难，我当令永出。我当以方便，广度诸群生，令灭愚痴暗，住于佛智道。当供一切佛，当净一切地，起大慈悲心，悉舍内外物。汝见来乞者，或生悭吝心；我心常乐施，汝勿违于我。若见我施头，慎勿生忧恼；我今先语汝，令汝心坚固。乃至截手足，汝勿嫌乞者；汝今闻我语，应可谛思惟。男女所爱物，一切我皆舍；汝能顺我心，我当成汝意。

尔时，童女白太子言：敬奉来教。即说颂言：

无量劫海中，地狱火焚身；若能眷纳我，甘心受此苦。无量受生处，碎身如微尘；若能眷纳我，甘心受此苦。无量劫顶戴，广大金刚山；若能眷纳我，甘心受此苦。无量生死海，以我身肉施；汝得法王处，愿令我亦然！若能眷纳我，与我为主者，生生行施处，愿常以我施！为愍众生苦，而发菩提心；既已摄众生，亦当摄受我。我不求豪富，不贪五欲乐，但为共行法，愿以仁为主！绀青修广眼，慈愍观世间，不起染著心，必成菩萨道。太子所行处，地出众宝华，必作转轮王，愿能眷纳我！我曾梦见此，妙法菩提场，如来树下坐，无量众围绕。我梦彼如来，身如真金山，以手摩我顶，寤已心欢喜。往昔眷属天，名曰喜光明；彼天为我说，道场佛兴世。我曾生是念：愿见太子身。彼天报我言：汝今当得见。我昔所志愿，于今悉成满；唯愿俱往诣，供养彼如来！

尔时，太子闻胜日身如来名，生大欢喜，愿见彼佛，以五百摩尼宝散其女上，冠以妙藏光明宝冠，被以火焰摩尼宝衣。其女尔时，心不动摇，亦无喜相；但合掌恭敬，瞻仰太子，目不暂舍。

其母善现，于太子前而说颂言：

此女极端正，功德庄严身；昔愿奉太子，今意已满足。持戒有智慧，具足诸功德；普于一切世，最胜无伦匹。此女莲华生，种姓无讥丑，太子同行业，远离一切过。此女身柔软，犹如天缯纩；其手所触摩，众患悉除灭。毛孔出妙香，芬馨最无比；众生若闻者，悉住于净戒。身色如真金，端坐华台上；众生若见者，离害具慈心。言音极柔软，听之无不喜；众生若得闻，悉离诸恶业。心净无瑕垢，远离诸谄曲，称心而发言，闻者皆欢喜。调柔具惭愧，恭敬于尊宿，无贪亦无恚，怜愍诸众生。此女心不恃，色相及眷属；但以清净心，恭敬一切佛。

尔时，太子与妙德女及十千采女并其眷属，出香牙园，诣法云光明道场。至已下车，步进诣如来所。见佛身相端严寂静，诸根调顺，内外清净，如大龙池无诸垢浊；皆生净信，踊跃欢喜，顶礼佛足，绕无数匝。于时，太子及妙德女，各持五百妙宝莲华供散彼佛。太子为佛造五百精舍，一一皆以香木所成，众宝庄严，五百摩尼以为间错。时，佛为说普眼灯门修多罗；闻是经已，于一切法中得三昧海，所谓：得普照一切佛愿海三昧、普照三世藏三昧、现见一切佛道场三昧、普照一切众生三昧、普照一切世间智灯三昧、普照一切众生根智灯三昧、救护一切众生光明云三昧、普照一切众生大明灯三昧、演一切佛法轮三昧、具足普贤清净行三昧。时，妙德女得三昧，名：难胜海藏，于阿耨多罗三藐三菩提永不退转。

时，彼太子与妙德女并其眷属，顶礼佛足，绕无数匝，辞退还宫；诣父王所，拜跪毕已，奉白王言：大王当知，胜日身如来出兴于世，于此国内法云光明菩提场中成等正觉，于今未久。尔时，大王语太子言：是谁为汝说如是事？天耶？人耶？太子白言：是此具足妙德女说。时，王闻已，欢喜无量，譬如贫人得大伏藏，作如是念：佛无上宝难可值遇，若得见佛，永断一切恶道怖畏。佛如医王，能治一切诸烦恼病，能救一切生死大苦；佛如导师，能令众生至于究竟安隐住处。作是念已，集诸小王、群臣、眷属，及以刹利、婆罗门等一切大众，便舍王位，授与太子；灌顶讫已，与万人俱，往诣佛所；到已礼足，绕无数匝，并其眷属悉皆退坐。

尔时，如来观察彼王及诸大众，白毫相中放大光明，名：一切世间心灯，普照十方无量世界，住于一切世主之前，示现如来不可思议大神通力，普令一切应受化者心得清净。尔时，如来以不思议自在神力，现身超出一切世间，以圆满音普为大众说陀罗尼，名：一切法义离闇灯，佛刹微尘数陀罗尼而为眷属。彼王闻已，即时获得大智光明；其众会中，有阎浮提微尘数菩萨，俱时证得此陀罗尼；六十万那由他人，尽诸有漏，心得解脱；十千众生，远尘离垢，得法眼净；无量众生，发菩提心。时，佛又以不思议力广现神变，普于十方无量世界演三乘法化度众生。

时，彼父王作如是念：我若在家，不能证得如是妙法；若于佛所出家学道，即当成就。作是念已，前白佛言：愿得从佛出家修学！佛言：随意，宜自知时。时，财主王与十千人，皆于佛所同时出家。未久之间，悉得成就一切法义离闇灯陀罗尼，亦得如上诸三昧门，又得菩萨十神通门，又得菩萨无边辩才，又得菩萨无碍净身，往诣十方诸如来所听受其法，为大法师演说妙法；复以神力遍十方刹，随众生心而为现身，赞佛出现，说佛本行，示佛本缘，称扬如来自在神力，护持于佛所说教法。

尔时，太子于十五日在正殿上，采女围绕，七宝自至——一者、轮宝，名：无碍行；二者、象宝，名：金刚身；三者、马宝，名：迅疾风，四者、珠宝，名：日光藏；五者、女宝，名：具妙德；六、藏臣宝，名为：大财；七、主兵宝，名：离垢眼。——七宝具足，为转轮王，王阎浮提，正法治世，人民快乐。王有千子，端正勇健，能伏怨敌。其阎浮提中有八十王城，一一城中有五百僧坊，一一僧坊立佛支提，皆悉高广，以众妙宝而为校饰；一一王城皆请如来，以不思议众妙供具而为供养。佛入城时，现大神力，令无量众生种诸善根，无量众生心得清净，见佛欢喜，发菩提意，起大悲心，利益众生，勤修佛法，入真实义，住于法性，了法平等，获三世智，等观三世，知一切佛出兴次第，说种种法摄取众生，发菩萨愿，入菩萨道，知如来法，成就法海，能普现身遍一切刹，知众生根及其性欲，令其发起一切智愿。

佛子！于汝意云何，彼时太子得轮王位供养佛者，岂异人乎？今释迦牟尼佛是也。财主王者，宝华佛是。其宝华佛，现在东方过世界海微尘数佛刹有世界海，名：现法界虚空影像云，中有世界种，名：普现三世影摩尼王，彼世界种中有世界，名：圆满光，中有道场，名：现一切世主身，宝华如来于此成阿耨多罗三藐三菩提，不可说佛刹微尘数诸菩萨众前后围绕而为说法。宝华如来往昔修行菩萨道时，净此世界海；其世界海中去、来、今佛出兴世者，皆是宝华如来为菩萨时教化令发阿耨多罗三藐三菩提心。彼时女母善现者，今我母善目是。其王眷属，今如来所众会是也，皆具修行普贤诸行成满大愿，虽恒在此众会道场而能普现一切世间，住诸菩萨平等三昧，常得现见一切诸佛，一切如来以等虚空妙音声云演正法轮悉能听受，于一切法悉得自在，名称普闻诸佛国土，普诣一切道场之所，普现一切众生之前，随其所应教化调伏，尽未来劫修菩萨道恒无间断，成满普贤广大誓愿。

佛子！其妙德女与威德主转轮圣王以四事供养胜日身如来者，我身是也。彼佛灭后，其世界中，六十亿百千那由他佛出兴于世，我皆与王承事供养。其第一佛，名：清净身；次名：一切智月光明身；次名：阎浮檀金光明王；次名：诸相庄严身；次名：妙月光；次名：智观幢；次名：大智光；次名：金刚那罗延精进；次名：智力无能胜；次名：普安详智；次名：离垢胜智云；次名：师子智光明；次名：光明髻；次名：功德光明幢；次名：智日幢；次名：宝莲华开敷身；次名：福德严净光；次名：智焰云；次名：普照月；次名：庄严盖妙音声；次名：师子勇猛智光明；次名：法界月；次名：现虚空影像开悟众生心；次名：恒嗅寂灭香；次名：普震寂静音；次名：甘露山；次名：法海音；次名：坚固网；次名：佛影髻；次名：月光毫；次名：辩才口；次名：觉华智；次名：宝焰山；次名：功德星；次名：宝月幢；次名：三昧身；次名：宝光王；次名：普智行；次名：焰海灯；次名：离垢法音王；次名：无比德名称幢；次名：修臂；次名：本愿清净月；次名：照义灯；次名：深远音；次名：毗卢遮那胜藏王；次名：诸乘幢；次名：法海妙莲华。佛子！彼劫中，有如是等六十亿百千那由他佛出兴于世，我皆亲近承事供养。

其最后佛，名：广大解，于彼佛所，得净智眼。尔时，彼佛入城教化。我为王妃，与王礼觐，以众妙物而为供养，于其佛所闻说出生一切如来灯法门，即时获得观察一切菩萨三昧海境界解脱。佛子！我得此解脱已，与菩萨于佛刹微尘数劫勤加修习，于佛刹微尘数劫中承事供养无量诸佛；或于一劫承事一佛，或二、或三、或不可说，或值佛刹微尘数佛，悉皆亲近承事供养，而未能知菩萨之身形量色貌及其身业心行智慧三昧境界。

佛子！若有众生，得见菩萨修菩提行，若疑若信；菩萨皆以世、出世间种种方便而摄取之，以为眷属，令于阿耨多罗三藐三菩提得不退转。佛子！我见彼佛得此解脱已，与菩萨于百佛刹微尘数劫而共修习；于其劫中，所有诸佛出兴于世，我皆亲近承事供养，听所说法读诵受持。于彼一切诸如来所，得此解脱种种法门，知种种三世，入种种刹海，见种种成正觉，入种种佛众会，发菩萨种种大愿，修菩萨种种妙行，得菩萨种种解脱，然未能知菩萨所得普贤解脱门。何以故？菩萨普贤解脱门，如太虚空，如众生名，如三世海，如十方海，如法界海，无量无边。佛子！菩萨普贤解脱门，与如来境界等。

佛子！我于佛刹微尘数劫，观菩萨身无有厌足。如多欲人男女集会，递相爱染，起于无量妄想思觉。我亦如是，观菩萨身一一毛孔，念念见无量无边广大世界种种安住、种种庄严、种种形状，有种种山、种种地、种种云、种种名、种种佛兴、种种道场、种种众会，演种种修多罗，说种种灌顶、种种诸乘、种种方便、种种清净。又于菩萨一一毛孔，念念常见无边佛海，坐种种道场，现种种神变，转种种法轮，说种种修多罗，恒不断绝。又于菩萨一一毛孔，见无边众生海种种住处、种种形貌、种种作业、种种诸根。又于菩萨一一毛孔，见三世诸菩萨无边行门，所谓：无边广大愿、无边差别地、无边波罗蜜、无边往昔事、无边大慈门、无边大悲云、无边大喜心、无边摄取众生方便。

佛子！我于佛刹微尘数劫，念念如是观于菩萨一一毛孔，已所至处而不重至，已所见处而不重见，求其边际竟不可得，乃至见彼悉达太子住于宫中、采女围绕。我以解脱力，观于菩萨一一毛孔，悉见三世法界中事。

佛子！我唯得此观察菩萨三昧海解脱。如诸菩萨摩诃萨，究竟无量诸方便海，为一切众生现随类身，为一切众生说随乐行，于一一毛孔现无边色相海；知诸法性无性为性，知众生性同虚空相无有分别，知佛神力同于如如，遍一切处示现无边解脱境界；于一念中，能自在入广大法界，游戏一切诸地法门。而我云何能知能说彼功德行？

善男子！此世界中，有佛母摩耶。汝诣彼问：菩萨云何修菩萨行，于诸世间无所染著，供养诸佛恒无休息，作菩萨业永不退转，离一切障碍、入菩萨解脱不由于他，住一切菩萨道，诣一切如来所，摄一切众生界，尽未来劫修菩萨行、发大乘愿，增长一切众生善根常无休息？

尔时，释迦瞿波女，欲重明此解脱义，承佛神力即说颂言：

若有见菩萨，修行种种行，起善不善心，菩萨皆摄取。乃往久远世，过百刹尘劫，有劫名清净，世界名光明。此劫佛兴世，六十千万亿；最后天人主，号曰法幢灯。彼佛涅槃后，有王名智山，统领阎浮提，一切无怨敌。王有五百子，端正能勇健，其身悉清净，见者皆欢喜。彼王及王子，信心供养佛，护持其法藏，亦乐勤修法。太子名善光，离垢多方便，诸相皆圆满，见者无厌足。五百亿人俱，出家行学道，勇猛坚精进，护持其佛法。王都名智树，千亿城围绕；有林名静德，众宝所庄严。善光住彼林，广宣佛正法，辩才智慧力，令众悉清净。有时因乞食，入彼王都城，行止极安详，正知心不乱。城中有居士，号曰善名称；我时为彼女，名为净日光。时我于城中，遇见善光明，诸相极端严，其心生染著。次乞至我门，我心增爱染，即解身璎珞，并珠置钵中。虽以爱染心，供养彼佛子；二百五十劫，不堕三恶趣。或生天王家，或作人王女，恒见善光明，妙相庄严身。此后所经劫，二百有五十，生于善现家，名为具妙德。时我见太子，而生尊重心，愿得备瞻侍，幸蒙哀纳受。我时与太子，觐佛胜日身，恭敬供养毕，即发菩提意。于彼一劫中，六十亿如来，最后佛世尊，名为广大解。于彼得净眼，了知诸法相，普见受生处，永除颠倒心。我得观菩萨，三昧境解脱，一念入十方，不思议刹海。我见诸世界，净秽种种别，于净不贪乐，于秽不憎恶。普见诸世界，如来坐道场，皆于一念中，悉放无量光。一念能普入，不可说众会；亦知彼一切，所得三昧门。一念能悉知，彼诸广大行，无量地方便，及以诸愿海。我观菩萨身，无边劫修行，一一毛孔量，求之不可得。一一毛孔刹，无数不可说，地水火风轮，靡不在其中。种种诸建立，种种诸形状，种种体名号，无边种庄严。我见诸刹海，不可说世界；及见其中佛，说法化众生。不了菩萨身，及彼身诸业；亦不知心智，诸劫所行道。

尔时，善财童子顶礼其足，绕无数匝，辞退而去。

大方广佛华严经卷第七十六

入法界品第三十九之十七

尔时，善财童子一心欲诣摩耶夫人所，即时获得观佛境界智，作如是念：是善知识，远离世间，住无所住，超过六处，离一切著，知无碍道，具净法身，以如幻业而现化身，以如幻智而观世间，以如幻愿而持佛身、随意生身、无生灭身、无来去身、非虚实身、不变坏身、无起尽身、所有诸相皆一相身、离二边身、无依处身、无穷尽身、离诸分别如影现身、知如梦身、了如像身、如净日身、普于十方而化现身、住于三世无变异身、非身心身，犹如虚空，所行无碍，超诸世眼，唯是普贤净目所见。如是之人，我今云何而得亲近承事供养、与其同住、观其状貌、听其音声、思其语言、受其教诲？

作是念已，有主城神，名曰：宝眼，眷属围绕，于虚空中而现其身，种种妙物以为严饰，手持无量众色宝华以散善财，作如是言：

善男子！应守护心城，谓：不贪一切生死境界；应庄严心城，谓：专意趣求如来十力；应净治心城，谓：毕究断除悭嫉谄诳；应清凉心城，谓：思惟一切诸法实性；应增长心城，谓：成办一切助道之法；应严饰心城，谓：造立诸禅解脱宫殿；应照耀心城，谓：普入一切诸佛道场听受般若波罗蜜法；应增益心城，谓：普摄一切佛方便道；应坚固心城，谓：恒勤修习普贤行愿；应防护心城，谓：常专御扞恶友、魔军；应廓彻心城，谓：开引一切佛智光明；应善补心城，谓：听受一切佛所说法；应扶助心城，谓：深信一切佛功德海；应广大心城，谓：大慈普及一切世间；应善覆心城，谓：集众善法以覆其上；应宽广心城，谓：大悲哀愍一切众生；应开心城门，谓：悉舍所有随应给施；应密护心城，谓：防诸恶欲不令得入；应严肃心城，谓：逐诸恶法不令其住；应决定心城，谓：集一切智助道之法恒无退转；应安立心城，谓：正念三世一切如来所有境界；应莹彻心城，谓：明达一切佛正法轮修多罗中所有法门种种缘起；应部分心城，谓：普晓示一切众生皆令得见萨婆若道；应住持心城，谓：发一切三世如来诸大愿海；应富实心城，谓：集一切周遍法界大福德聚；应令心城明了，谓：普知众生根欲等法；应令心城自在，谓：普摄一切十方法界；应令心城清净，谓：正念一切诸佛如来；应知心城自性，谓：知一切法皆无有性；应知心城如幻，谓：以一切智了诸法性。

佛子！菩萨摩诃萨若能如是净修心城，则能积集一切善法。何以故？蠲除一切诸障难故，所谓：见佛障、闻法障、供养如来障、摄诸众生障、净佛国土障。善男子！菩萨摩诃萨以离如是诸障难故，若发希求善知识心，不用功力则便得见，乃至究竟必当成佛。

尔时，有身众神，名：莲华法德及妙华光明，无量诸神前后围绕，从道场出，住虚空中，于善财前，以妙音声，种种称叹摩耶夫人，从其耳璫放无量色相光明网，普照无边诸佛世界，令善财见十方国土一切诸佛。其光明网，右绕世间，经一匝已，然后还来，入善财顶，乃至遍入身诸毛孔。善财即得净光明眼，永离一切愚痴闇故；得离翳眼，能了一切众生性故；得离垢眼，能观一切法性门故；得净慧眼，能观一切佛国性故；得毗卢遮那眼，见佛法身故；得普光明眼，见佛平等不思议身故；得无碍光眼，观察一切刹海成坏故；得普照眼，见十方佛起大方便转正法轮故；得普境界眼，见无量佛以自在力调伏众生故；得普见眼，睹一切刹诸佛出兴故。

时，有守护菩萨法堂罗刹鬼王，名曰：善眼，与其眷属万罗刹俱，于虚空中，以众妙华，散善财上，作如是言：

善男子！菩萨成就十法，则得亲近诸善知识。何等为十？所谓：其心清净离诸谄诳；大悲平等普摄众生，知诸众生无有真实；趣一切智，心不退转；以信解力普入一切诸佛道场；得净慧眼了诸法性；大慈平等普覆众生；以智光明廓诸妄境；以甘露雨涤生死热；以广大眼彻鉴诸法；心常随顺诸善知识。是为十。

复次，佛子！菩萨成就十种三昧门，则常现见诸善知识。何等为十？所谓：法空清净轮三昧、观察十方海三昧、于一切境界不舍离不缺减三昧、普见一切佛出兴三昧、集一切功德藏三昧、心恒不舍善知识三昧、常见一切善知识生诸佛功德三昧、常不离一切善知识三昧、常供养一切善知识三昧、常于一切善知识所无过失三昧。佛子！菩萨成就此十三昧门，常得亲近诸善知识，又得善知识转一切佛法轮三昧；得此三昧已，悉知诸佛体性平等，处处值遇诸善知识。

说是语时，善财童子仰视空中而答之言：善哉善哉！汝为哀愍摄受我故，方便教我见善知识。愿为我说：云何往诣善知识所？于何方处城邑聚落求善知识？

罗刹答言：善男子！汝应普礼十方，求善知识；正念思惟一切境界，求善知识；勇猛自在遍游十方，求善知识；观身观心如梦如影，求善知识。

尔时，善财受行其教，即时睹见大宝莲华从地涌出，金刚为茎，妙宝为藏，摩尼为叶，光明宝王以为其台，众宝色香以为其须，无数宝网弥覆其上。于其台上，有一楼观，名：普纳十方法界藏，奇妙严饰，金刚为地，千柱行列，一切皆以摩尼宝成，阎浮檀金以为其壁，众宝璎珞四面垂下，阶陛、栏楯周匝庄严。其楼观中，有如意宝莲华之座，种种众宝以为严饰，妙宝栏楯，宝衣间列，宝帐、宝网以覆其上，众宝缯幡周匝垂下，微风徐动，光流响发；宝华幢中雨众妙华，宝铃铎中出美音声，宝户牖间垂诸璎珞，摩尼身中流出香水，宝象口中出莲华网，宝师子口吐妙香云，梵形宝轮出随乐音，金刚宝铃出诸菩萨大愿之音，宝月幢中出佛化形，净藏宝王现三世佛受生次第，日藏摩尼放大光明遍照十方一切佛刹，摩尼宝王放一切佛圆满光明，毗卢遮那摩尼宝王兴供养云供养一切诸佛如来，如意珠王念念示现普贤神变充满法界，须弥宝王出天宫殿，天诸采女种种妙音歌赞如来不可思议微妙功德。

尔时，善财见如是座，复有无量众座围绕，摩耶夫人在彼座上，于一切众生前，现净色身。所谓：超三界色身，已出一切诸有趣故；随心乐色身，于一切世间无所著故；普周遍色身，等于一切众生数故；无等比色身，令一切众生灭倒见故；无量种色身，随众生心种种现故；无边相色身，普现种种诸形相故；普对现色身，以大自在而示现故；化一切色身，随其所应而现前故；恒示现色身，尽众生界而无尽故；无去色身，于一切趣无所灭故；无来色身，于诸世间无所出故；不生色身，无生起故；不灭色身，离语言故；非实色身，得如实故；非虚色身，随世现故；无动色身，生灭永离故；不坏色身，法性不坏故；无相色身，言语道断故；一相色身，无相为相故；如像色身，随心应现故；如幻色身，幻智所生故；如焰色身，但想所持故；如影色身，随愿现生故；如梦色身，随心而现故；法界色身，性净如空故；大悲色身，常护众生故；无碍色身，念念周遍法界故；无边色身，普净一切众生故；无量色身，超出一切语言故；无住色身，愿度一切世间故；无处色身，恒化众生不断故；无生色身，幻愿所成故；无胜色身，超诸世间故；如实色身，定心所现故；不生色身，随众生业而出现故；如意珠色身，普满一切众生愿故；无分别色身，但随众生分别起故；离分别色身，一切众生不能知故；无尽色身，尽诸众生生死际故；清净色身，同于如来无分别故。如是身者，非色，所有色相如影像故；非受，世间苦受究竟灭故；非想，但随众生想所现故；非行，依如幻业而成就故；离识，菩萨愿智空无性故，一切众生语言断故，已得成就寂灭身故。

尔时，善财童子又见摩耶夫人，随诸众生心之所乐，现超过一切世间色身。所谓：或现超过他化自在天女身乃至超过四大天王天女身，或现超过龙女身乃至超过人女身，现如是等无量色身，饶益众生。集一切智助道之法，行于平等檀波罗蜜，大悲普覆一切世间。出生如来无量功德，修习增长一切智心，观察思惟诸法实性；获深忍海，具众定门，住于平等三昧境界，得如来定圆满光明，销竭众生烦恼巨海；心常正定，未尝动乱，恒转清净不退法轮，善能了知一切佛法，恒以智慧观法实相；见诸如来心无厌足，知三世佛出兴次第，见佛三昧常现在前，了达如来出现于世无量无数诸清净道，行于诸佛虚空境界；普摄众生，各随其心，教化成就；入佛无量清净法身，成就大愿，净诸佛刹，究竟调伏一切众生，心恒遍入诸佛境界；出生菩萨自在神力,已得法身清净无染,而恒示现无量色身;摧一切魔力,成大善根力,出生正法力,具足诸佛力,得诸菩萨自在之力,速疾增长一切智力;得佛智光,普照一切,悉知无量众生心海,根、性、欲、解种种差别;其身普遍十方刹海,悉知诸刹成坏之相,以广大眼见十方海,以周遍智知三世海,身普承事一切佛海,心恒纳受一切法海;修习一切如来功德,出生一切菩萨智慧,常乐观察一切菩萨从初发心乃至成就所行之道,常勤守护一切众生,常乐称扬诸佛功德,愿为一切菩萨之母。

尔时,善财童子见摩耶夫人现如是等阎浮提微尘数诸方便门。既见是已,如摩耶夫人所现身数,善财亦现作尔许身,于一切处摩耶之前恭敬礼拜,即时证得无量无数诸三昧门,分别观察,修行证入。从三昧起,右绕摩耶并其眷属,合掌而立,白言:

大圣!文殊师利菩萨教我发阿耨多罗三藐三菩提心,求善知识,亲近供养。我于一一善知识所,皆往承事,无空过者;渐来至此,愿为我说:菩萨云何学菩萨行而得成就?

答言:

佛子!我已成就菩萨大愿智幻解脱门,是故常为诸菩萨母。佛子!如我于此阎浮提中迦毗罗城净饭王家,右胁而生悉达太子,现不思议自在神变;如是,乃至尽此世界海,所有一切毗卢遮那如来,皆入我身,示现诞生自在神变。

又,善男子!我于净饭王宫,菩萨将欲下生之时,见菩萨身一一毛孔咸放光明,名:一切如来受生功德轮,一一毛孔皆现不可说不可说佛刹微尘数菩萨受生庄严。彼诸光明,皆悉普照一切世界;照世界已,来入我顶乃至一切诸毛孔中。又,彼光中普现一切菩萨名号、受生神变、宫殿眷属、五欲自娱;又见出家、往诣道场、成等正觉、坐师子座、菩萨围绕、诸王供养、为诸大众转正法轮;又见如来往昔修行菩萨道时,于诸佛所恭敬供养,发菩提心,净佛国土,念念示现无量化身,充遍十方一切世界,乃至最后入般涅槃。如是等事,靡不皆见。

又,善男子!彼妙光明入我身时,我身形量虽不踰本,然其实已超诸世间。所以者何?我身尔时量同虚空,悉能容受十方菩萨受生庄严诸宫殿故。尔时,菩萨从兜率天将降神时,有十佛刹微尘数诸菩萨,皆与菩萨同愿、同行、同善根、同庄严、同解脱、同智慧,诸地、诸力、法身、色身,乃至普贤神通行愿,悉皆同等,如是菩萨前后围绕;又有八万诸龙王等、一切世主,乘其宫殿,俱来供养。菩萨尔时,以神通力,与诸菩萨普现一切兜率天宫;一一宫中,悉现十方一切世界阎浮提内受生影像,方便教化无量众生,令诸菩萨离诸懈怠无所执著。又以神力,放大光明,普照世间,破诸黑闇,灭诸苦恼;令诸众生,皆识宿世所有业行,永出恶道。又为救护一切众生,普现其前，作诸神变。现如是等诸奇特事，与眷属俱，来入我身。彼诸菩萨于我腹中，游行自在，或以三千大千世界而为一步，或以不可说不可说佛刹微尘数世界而为一步。又，念念中，十方不可说不可说一切世界诸如来所、菩萨众会，及四天王天、三十三天，乃至色界诸梵天王，欲见菩萨处胎神变，恭敬供养，听受正法，皆入我身。虽我腹中悉能容受如是众会，而身不广大亦不迫窄；其诸菩萨各见自处众会道场，清净严饰。

善男子！如此四天下阎浮提中，菩萨受生，我为其母；三千大千世界百亿四天下阎浮提中，悉亦如是。然我此身本来无二，非一处住，非多处住。何以故？以修菩萨大愿智幻庄严解脱门故。善男子！如今世尊，我为其母；往昔所有无量诸佛，悉亦如是而为其母。

善男子！我昔曾作莲华池神，时有菩萨于莲华藏忽然化生，我即捧持瞻侍养育，一切世间皆共号我为：菩萨母。又，我昔为菩提场神，时有菩萨于我怀中忽然化生，世亦号我为：菩萨母。善男子！有无量最后身菩萨，于此世界种种方便示现受生，我皆为母。

善男子！如此世界贤劫之中，过去世时，拘留孙佛、拘那含牟尼佛、迦叶佛及今世尊释迦牟尼佛现受生时，我为其母。未来世中，弥勒菩萨从兜率天将降神时，放大光明普照法界，示现一切诸菩萨众受生神变，乃于人间生大族家，调伏众生；我于彼时，亦为其母。如是次第，有师子佛、法幢佛、善眼佛、净华佛、华德佛、提舍佛、弗沙佛、善意佛、金刚佛、离垢佛、月光佛、持炬佛、名称佛、金刚楯佛、清净义佛、绀身佛、到彼岸佛、宝焰山佛、持炬佛、莲华德佛、名称佛、无量功德佛、最胜灯佛、庄严身佛、善威仪佛、慈德佛、无住佛、大威光佛、无边音佛、胜怨敌佛、离疑惑佛、清净佛、大光佛、净心佛、云德佛、庄严顶髻佛、树王佛、宝璫佛、海慧佛、妙宝佛、华冠佛、满愿佛、大自在佛、妙德王佛、最尊胜佛、栴檀云佛、绀眼佛、胜慧佛、观察慧佛、炽盛王佛、坚固慧佛、自在名佛、师子王佛、自在佛、最胜顶佛、金刚智山佛、妙德藏佛、宝网严身佛、善慧佛、自在天佛、大天王佛、无依德佛、善施佛、焰慧佛、水天佛、得上味佛、出生无上功德佛、仙人侍卫佛、随世语言佛、功德自在幢佛、光幢佛、观身佛、妙身佛、香焰佛、金刚宝严佛、喜眼佛、离欲佛、高大身佛、财天佛、无上天佛、顺寂灭佛、智觉佛、灭贪佛、大焰王佛、寂诸有佛、毗舍佉天佛、金刚山佛、智焰德佛、安隐佛、师子出现佛、圆满清净佛、清净贤佛、第一义佛、百光明佛、最增上佛、深自在佛、大地王佛、庄严王佛、解脱佛、妙音佛、殊胜佛、自在佛、无上医王佛、功德月佛、无碍光佛、功德聚佛、月现佛、日天佛、出诸有佛、勇猛名称佛、光明门佛、娑罗王佛、最胜佛、药王佛、宝胜佛、金刚慧佛、无能胜佛、无能映蔽佛、众会王佛、大名称佛、敏持佛、无量光佛、大愿光佛、法自在不虚佛、不退地佛、净天佛、善天佛、坚固苦行佛、一切善友佛、解脱音佛、游戏王佛、灭邪曲佛、蓞卜净光佛、具众德佛、最胜月佛、执明炬佛、殊妙身佛、不可说佛、最清净佛、友安众生佛、无量光佛、无畏音佛、水天德佛、不动慧光佛、华胜佛、月焰佛、不退慧佛、离爱佛、无著慧佛、集功德蕴佛、灭恶趣佛、普散华佛、师子吼佛、第一义佛、无碍见佛、破他军佛、不著相佛、离分别海佛、端严海佛、须弥山佛、无著智佛、无边座佛、清净住佛、随师行佛、最上施佛、常月佛、饶益王佛、不动聚佛、普摄受佛、饶益慧佛、持寿佛、无灭佛、具足名称佛、大威力佛、种种色相佛、无相慧佛、不动天佛、妙德难思佛、满月佛、解脱月佛、无上王佛、希有身佛、梵供养佛、不瞬佛、顺先古佛、最上业佛、顺法智佛、无胜天佛、不思议功德光佛、随法行佛、无量贤佛、普随顺自在佛、最尊天佛，如是乃至楼至如来，在贤劫中，于此三千大千世界，当成佛者，悉为其母。如于此三千大千世界，如是于此世界海十方无量诸世界一切劫中，诸有修行普贤行愿，为化一切诸众生者，我自见身悉为其母。

尔时，善财童子白摩耶夫人言：大圣得此解脱，经今几时？答言：

善男子！乃往古世，过不可思议非最后身菩萨神通道眼所知劫数，尔时有劫名：净光，世界名：须弥德，虽有诸山五趣杂居，然其国土众宝所成，清净庄严无诸秽恶。有千亿四天下，有一四天下，名：师子幢，于中有八十亿王城。有一王城，名：自在幢；有转轮王，名：大威德。彼王城北，有一道场，名：满月光明；其道场神，名曰：慈德。时，有菩萨，名：离垢幢，坐于道场，将成正觉。有一恶魔，名：金色光，与其眷属无量众俱，至菩萨所。彼大威德转轮圣王已得菩萨神通自在，化作兵众，其数倍多，围绕道场；诸魔惶怖，悉自奔散；故彼菩萨得成阿耨多罗三藐三菩提。时，道场神见是事已，欢喜无量，便于彼王而生子想，顶礼佛足，作是愿言：此转轮王，在在生处，乃至成佛，愿我常得与其为母。作是愿已，于此道场，复曾供养十那由他佛。

善男子！于汝意云何，彼道场神岂异人乎？我身是也。转轮王者，今世尊毗卢遮那是。我从于彼发愿已来，此佛世尊，于十方刹一切诸趣，处处受生，种诸善根，修菩萨行，教化成就一切众生，乃至示现住最后身，念念普于一切世界，示现菩萨受生神变，常为我子，我常为母。善男子！过去、现在十方世界无量诸佛将成佛时，皆于脐中放大光明，来照我身及我所住宫殿屋宅；彼最后生，我悉为母。

善男子！我唯知此菩萨大愿智幻解脱门。如诸菩萨摩诃萨，具大悲藏，教化众生常无厌足，以自在力，一一毛孔示现无量诸佛神变；我今云何能知能说彼功德行？

善男子！于此世界三十三天，有王名：正念，其王有女名：天主光。汝诣彼问：菩萨云何学菩萨行、修菩萨道？

时，善财童子敬受其教，头面作礼，绕无数匝，恋慕瞻仰，却行而退。

遂往天宫，见彼天女，礼足围绕，合掌前住，白言：圣者！我已先发阿耨多罗三藐三菩提心，而未知菩萨云何学菩萨行？云何修菩萨道？我闻圣者善能诱诲，愿为我说！

天女答言：

善男子！我得菩萨解脱，名：无碍念清净庄严。善男子！我以此解脱力，忆念过去，有最胜劫，名：青莲华。我于彼劫中，供养恒河沙数诸佛如来。彼诸如来，从初出家，我皆瞻奉，守护供养，造僧伽蓝，营办什物。又，彼诸佛从为菩萨住母胎时，诞生之时，行七步时，大师子吼时，住童子位在宫中时，向菩提树成正觉时，转正法轮现佛神变教化调伏众生之时；如是一切诸所作事，从初发心乃至法尽，我皆明忆，无有遗余，常现在前，念持不忘。又，忆过去劫，名：善地，我于彼供养十恒河沙数诸佛如来；又，过去劫名为：妙德，我于彼供养一佛世界微尘数诸佛如来；又，劫名：无所得，我于彼供养八十四亿百千那由他诸佛如来；又，劫名：善光，我于彼供养阎浮提微尘数诸佛如来；又，劫名：无量光，我于彼供养二十恒河沙数诸佛如来；又，劫名：最胜德，我于彼供养一恒河沙数诸佛如来；又，劫名：善悲，我于彼供养八十恒河沙数诸佛如来；又，劫名：胜游，我于彼供养六十恒河沙数诸佛如来；又，劫名：妙月，我于彼供养七十恒河沙数诸佛如来。

善男子！如是忆念恒河沙劫，我常不舍诸佛如来、应、正等觉，从彼一切诸如来所，闻此无碍念清净庄严菩萨解脱，受持修行恒不忘失。如是，先劫所有如来，从初菩萨，乃至法尽，一切所作，我以净严解脱之力，皆随忆念，明了现前，持而顺行，曾无懈废。

善男子！我唯知此无碍念清净解脱。如诸菩萨摩诃萨，出生死夜朗然明彻，永离痴冥未尝悟寐，心无诸盖、身行轻安，于诸法性清净觉了，成就十力开悟群生；而我云何能知能说彼功德行？

善男子！迦毗罗城有童子师，名曰：遍友。汝诣彼问：菩萨云何学菩萨行、修菩萨道？

时，善财童子以闻法故，欢喜踊跃，不思议善根自然增广；顶礼其足，绕无数匝，辞退而去。

从天宫下，渐向彼城。至遍友所，礼足围绕，合掌恭敬，于一面立，白言：圣者！我已先发阿耨多罗三藐三菩提心，而未知菩萨云何学菩萨行？云何修菩萨道？我闻圣者善能诱诲，愿为我说！

遍友答言：善男子！此有童子，名：善知众艺，学菩萨字智。汝可问之，当为汝说。

尔时，善财即至其所，头顶礼敬，于一面立，白言：圣者！我已先发阿耨多罗三藐三菩提心，而未知菩萨云何学菩萨行？云何修菩萨道？我闻圣者善能诱诲，愿为我说！

时，彼童子告善财言：

善男子！我得菩萨解脱，名：善知众艺。我恒唱持此之字母：唱阿字时，入般若波罗蜜门，名：以菩萨威力入无差别境界；唱多字时，入般若波罗蜜门，名：无边差别门；唱波字时，入般若波罗蜜门，名：普照法界；唱者字时，入般若波罗蜜门，名：普轮断差别；唱那字时，入般若波罗蜜门，名：得无依无上；唱逻字时，入般若波罗蜜门，名：离依止无垢；唱（木他，音tao）（轻呼）字时，入般若波罗蜜门，名：不退转方便；唱婆（蒲我切）字时，入般若波罗蜜门，名：金刚场；唱荼（徒解切）字时，入般若波罗蜜门，名曰：普轮；唱沙（史我切）字时，入般若波罗蜜门，名为：海藏；唱缚（房可切）字时，入般若波罗蜜门，名：普生安住；唱哆（都我切）字时，入般若波罗蜜门，名：圆满光；唱也（以可切）字时，入般若波罗蜜门，名：差别积聚；唱瑟吒字时，入般若波罗蜜门，名：普光明息烦恼；唱迦字时，入般若波罗蜜门，名：无差别云；唱娑（苏我切）字时，入般若波罗蜜门，名：降霆大雨；唱么字时，入般若波罗蜜门，名：大流湍激众峰齐峙；唱伽（上声轻呼）字时，入般若波罗蜜门，名：普安立；唱他（他可切）字时，入般若波罗蜜门，名：真如平等藏；唱社字时，入般若波罗蜜门，名：入世间海清净；唱锁字时，入般若波罗蜜门，名：念一切佛庄严；唱柂字时，入般若波罗蜜门，名：观察简拣择一切法聚；唱奢（尸苛切）字时，入般若波罗蜜门，名：随顺一切佛教轮光明；唱佉字时，入般若波罗蜜门，名：修因地智慧藏；唱叉（楚我切）字时，入般若波罗蜜门，名：息诸业海藏；唱娑（苏纥切）多（上声呼）字时，入般若波罗蜜门，名：蠲诸惑障开净光明；唱壤字时，入般若波罗蜜门，名：作世间智慧门；唱曷攞多（上声）字时，入般若波罗蜜门，名：生死境界智慧轮；唱婆（蒲饿切）字时，入般若波罗蜜门，名：一切智宫殿圆满庄严；唱车（上声呼）字时，入般若波罗蜜门，名：修行方便藏各别圆满；唱娑（苏纥切）么字时，入般若波罗蜜门，名：随十方现见诸佛；唱诃婆（二字皆上声呼）字时，入般若波罗蜜门，名：观察一切无缘众生方便摄受令出生无碍力；唱瑳（七可切）字时，入般若波罗蜜门，名：修行趣入一切功德海；唱伽（上声呼）字时，入般若波罗蜜门，名：持一切法云坚固海藏；唱吒字时，入般若波罗蜜门，名：随愿普见十方诸佛；唱拏（乃可切）字时，入般若波罗蜜门，名：观察字轮有无尽诸亿字；唱娑（苏纥切）颇字时，入般若波罗蜜门，名：化众生究竟处；唱娑（同前音）迦字时，入般若波罗蜜门，名：广大藏无碍辩光明轮遍照；唱也（夷舸切）娑（苏舸切）字时，入般若波罗蜜门，名：宣说一切佛法境界；唱室者字时，入般若波罗蜜门，名：于一切众生界法雷遍吼；唱侘（耻加切）字时，入般若波罗蜜门，名：以无我法开晓众生；唱陀字时，入般若波罗蜜门，名：一切法轮差别藏。善男子！我唱如是字母时，此四十二般若波罗蜜门为首，入无量无数般若波罗蜜门。

善男子！我唯知此善知众艺菩萨解脱。如诸菩萨摩诃萨，能于一切世、出世间善巧之法，以智通达到于彼岸；殊方异艺，咸综无遗；文字、算数，蕴其深解；医方、咒术，善疗众病；有诸众生，鬼魅所持，怨憎咒诅，恶星变怪，死尸奔逐，癫痫、羸瘦，种种诸疾，咸能救之，使得痊愈；又善别知金玉、珠贝、珊瑚、琉璃、摩尼、砗磲、鸡萨罗等一切宝藏，出生之处，品类不同，价直多少；村营乡邑、大小都城、宫殿苑园、岩泉薮泽，凡是一切人众所居，菩萨咸能随方摄护；又善观察天文地理、人相吉凶、鸟兽音声、云霞气候、年谷丰俭、国土安危，如是世间所有技艺，莫不该练，尽其源本；又能分别出世之法，正名辨义，观察体相，随顺修行，智入其中，无疑、无碍、无愚暗、无顽钝、无忧恼、无沉没、无不现证。而我云何能知能说彼功德行？

善男子！此摩竭提国，有一聚落，彼中有城，名：婆呾那；有优婆夷，号曰：贤胜。汝诣彼问：菩萨云何学菩萨行、修菩萨道？

时，善财童子头面敬礼知艺之足，绕无数匝，恋仰辞去。

向聚落城，至贤胜所，礼足围绕，合掌恭敬，于一面立，白言：圣者！我已先发阿耨多罗三藐三菩提心，而未知菩萨云何学菩萨行？云何修菩萨道？我闻圣者善能诱诲，愿为我说！

贤胜答言：

善男子！我得菩萨解脱，名：无依处道场；既自开解，复为人说。又得无尽三昧，非彼三昧法有尽、无尽，以能出生一切智性眼无尽故，又能出生一切智性耳无尽故，又能出生一切智性鼻无尽故，又能出生一切智性舌无尽故，又能出生一切智性身无尽故，又能出生一切智性意无尽故，又能出生一切智性功德波涛无尽故，又能出生一切智性智慧光明无尽故，又能出生一切智性速疾神通无尽故。

善男子！我唯知此无依处道场解脱。如诸菩萨摩诃萨一切无著功德行，而我云何尽能知说？

善男子！南方有城，名为：沃田；彼有长者，名：坚固解脱。汝可往问：菩萨云何学菩萨行、修菩萨道？

尔时，善财礼贤胜足，绕无数匝，恋慕瞻仰，辞退南行。

到于彼城，诣长者所，礼足围绕，合掌恭敬，于一面立，白言：圣者！我已先发阿耨多罗三藐三菩提心，而未知菩萨云何学菩萨行？云何修菩萨道？我闻圣者善能诱诲，愿为我说！

长者答言：

善男子！我得菩萨解脱，名：无著念清净庄严。我自得是解脱已来，于十方佛所勤求正法无有休息。

善男子！我唯知此无著念净庄严解脱。如诸菩萨摩诃萨，获无所畏大师子吼，安住广大福智之聚；而我云何能知能说彼功德行？

善男子！即此城中，有一长者，名为：妙月；其长者宅，常有光明。汝诣彼问：菩萨云何学菩萨行、修菩萨道？

时，善财童子礼坚固足，绕无数匝，辞退而行。

向妙月所，礼足围绕，合掌恭敬，于一面立，白言：圣者！我已先发阿耨多罗三藐三菩提心，而未知菩萨云何学菩萨行？云何修菩萨道？我闻圣者善能诱诲，愿为我说！

妙月答言：

善男子！我得菩萨解脱，名：净智光明。

善男子！我唯知此智光解脱。如诸菩萨摩诃萨证得无量解脱法门，而我云何能知能说彼功德行？

善男子！于此南方，有城名：出生；彼有长者，名：无胜军。汝诣彼问：菩萨云何学菩萨行、修菩萨道？

是时，善财礼妙月足，绕无数匝，恋仰辞去。

渐向彼城，至长者所，礼足围绕，合掌恭敬，于一面立，白言：圣者！我已先发阿耨多罗三藐三菩提心，而未知菩萨云何学菩萨行？云何修菩萨道？我闻圣者善能诱诲，愿为我说！

长者答言：

善男子！我得菩萨解脱，名：无尽相。我以证此菩萨解脱，见无量佛，得无尽藏。

善男子！我唯知此无尽相解脱。如诸菩萨摩诃萨得无限智无碍辩才，而我云何能知能说彼功德行？

善男子！于此城南，有一聚落，名之为：法；彼聚落中，有婆罗门，名：最寂静。汝诣彼问：菩萨云何学菩萨行、修菩萨道？

时，善财童子礼无胜军足，绕无数匝，恋仰辞去。

渐次南行，诣彼聚落，见最寂静，礼足围绕，合掌恭敬，于一面立，白言：圣者！我已先发阿耨多罗三藐三菩提心，而未知菩萨云何学菩萨行？云何修菩萨道？我闻圣者善能诱诲，愿为我说！

婆罗门答言：

善男子！我得菩萨解脱，名：诚愿语；过去、现在、未来菩萨，以是语故，乃至于阿耨多罗三藐三菩提，无有退转，无已退、无现退、无当退。

善男子！我以住于诚愿语故，随意所作，莫不成满。善男子！我唯知此诚语解脱。如诸菩萨摩诃萨，与诚愿语，行止无违，言必以诚，未曾虚妄，无量功德因之出生；而我云何能知能说？

善男子！于此南方，有城名：妙意华门；彼有童子，名曰：德生；复有童女，名为：有德。汝诣彼问：菩萨云何学菩萨行、修菩萨道？

时，善财童子于法尊重，礼婆罗门足，绕无数匝，恋仰而去。

大方广佛华严经卷第七十七

入法界品第三十九之十八

尔时，善财童子渐次南行，至妙意华门城，见德生童子、有德童女，顶礼其足，右绕毕已，于前合掌而作是言：圣者！我已先发阿耨多罗三藐三菩提心，而未知菩萨云何学菩萨行？云何修菩萨道？唯愿慈哀，为我宣说！

时，童子、童女告善财言：

善男子！我等证得菩萨解脱，名为：幻住。得此解脱故，见一切世界皆幻住，因缘所生故；一切众生皆幻住，业烦恼所起故；一切世间皆幻住，无明、有、爱等展转缘生故；一切法皆幻住，我见等种种幻缘所生故；一切三世皆幻住，我见等颠倒智所生故；一切众生生灭、生老病死、忧悲苦恼皆幻住，虚妄分别所生故；一切国土皆幻住，想倒、心倒、见倒无明所现故；一切声闻、辟支佛皆幻住，智断分别所成故；一切菩萨皆幻住，能自调伏教化众生诸行愿法之所成故；一切菩萨众会、变化、调伏、诸所施为皆幻住，愿智幻所成故。善男子！幻境自性不可思议。

善男子！我等二人但能知此幻住解脱。如诸菩萨摩诃萨善入无边诸事幻网，彼功德行，我等云何能知能说？

时，童子、童女说自解脱已，以不思议诸善根力，令善财身柔软光泽，而告之言：

善男子！于此南方，有国名：海岸，有园名：大庄严，其中有一广大楼阁，名：毗卢遮那庄严藏，从菩萨善根果报生，从菩萨念力、愿力、自在力、神通力生，从菩萨善巧方便生，从菩萨福德智慧生。

善男子！住不思议解脱菩萨，以大悲心，为诸众生，现如是境界，集如是庄严。弥勒菩萨摩诃萨安处其中，为欲摄受本所生处父母、眷属及诸人民，令成熟故；又欲令彼同受生、同修行众生，于大乘中得坚固故；又欲令彼一切众生，随住地、随善根皆成就故；又欲为汝显示菩萨解脱门故，显示菩萨遍一切处受生自在故，显示菩萨以种种身普现一切众生之前常教化故，显示菩萨以大悲力普摄一切世间资财而不厌故，显示菩萨具修诸行知一切行离诸相故，显示菩萨处处受生了一切生皆无相故。汝诣彼问：菩萨云何行菩萨行？云何修菩萨道？云何学菩萨戒？云何净菩萨心？云何发菩萨愿？云何集菩萨助道具？云何入菩萨所住地？云何满菩萨波罗蜜？云何获菩萨无生忍？云何具菩萨功德法？云何事菩萨善知识？

何以故？善男子！彼菩萨摩诃萨通达一切菩萨行，了知一切众生心，常现其前教化调伏。彼菩萨已满一切波罗蜜，已住一切菩萨地，已证一切菩萨忍，已入一切菩萨位，已蒙授与具足记，已游一切菩萨境，已得一切佛神力，已蒙一切如来以一切智甘露法水而灌其顶。善男子！彼善知识能润泽汝诸善根，能增长汝菩提心，能坚汝志，能益汝善，能长汝菩萨根，能示汝无碍法，能令汝入普贤地，能为汝说菩萨愿，能为汝说普贤行，能为汝说一切菩萨行愿所成功德。

善男子！汝不应修一善、照一法、行一行、发一愿、得一记、住一忍，生究竟想；不应以限量心，行于六度，住于十地，净佛国土，事善知识。何以故？善男子！菩萨摩诃萨应种无量诸善根，应集无量菩提具，应修无量菩提因，应学无量巧回向，应化无量众生界，应知无量众生心，应知无量众生根，应识无量众生解，应观无量众生行，应调伏无量众生，应断无量烦恼，应净无量业习，应灭无量邪见，应除无量杂染心，应发无量清净心，应拔无量苦毒箭，应涸无量爱欲海，应破无量无明暗，应摧无量我慢山，应断无量生死缚，应度无量诸有流，应竭无量受生海，应令无量众生出五欲淤泥，应使无量众生离三界牢狱，应置无量众生于圣道中，应消灭无量贪欲行，应净治无量瞋恚行，应摧破无量愚痴行，应超无量魔网，应离无量魔业，应净治菩萨无量欲乐，应增长菩萨无量方便，应出生菩萨无量增上根，应明洁菩萨无量决定解，应趣入菩萨无量平等，应清净菩萨无量功德，应修治菩萨无量诸行，应示现菩萨无量随顺世间行，应生无量净信力，应住无量精进力，应净无量正念力，应满无量三昧力，应起无量净慧力，应坚无量胜解力，应集无量福德力，应长无量智慧力，应发起无量菩萨力，应圆满无量如来力，应分别无量法门，应了知无量法门，应清净无量法门，应生无量法光明，应作无量法照耀，应照无量品类根，应知无量烦恼病，应集无量妙法药，应疗无量众生疾，应严办无量甘露供，应往诣无量佛国土，应供养无量诸如来，应入无量菩萨会，应受无量诸佛教，应忍无量众生罪，应灭无量恶道难，应令无量众生生善道，应以四摄摄无量众生，应修无量总持门，应生无量大愿门，应修无量大慈、大愿力，应勤求无量法常无休息，应起无量思惟力，应起无量神通事，应净无量智光明，应往无量众生趣，应受无量诸有生，应现无量差别身，应知无量言辞法，应入无量差别心，应知菩萨大境界，应住菩萨大宫殿，应观菩萨甚深妙法，应知菩萨难知境界，应行菩萨难行诸行，应具菩萨尊重威德，应践菩萨难入正位，应知菩萨种种诸行，应现菩萨普遍神力，应受菩萨平等法云，应广菩萨无边行网，应满菩萨无边诸度，应受菩萨无量记莂，应入菩萨无量忍门，应治菩萨无量诸地，应净菩萨无量法门，应同诸菩萨，安住无边劫，供养无量佛，严净不可说佛国土，出生不可说菩萨愿。善男子！举要言之，应普修一切菩萨行，应普化一切众生界，应普入一切劫,应普生一切处,应普知一切世,应普行一切法,应普净一切刹,应普满一切愿,应普供一切佛,应普同一切菩萨愿,应普事一切善知识。

善男子!汝求善知识,不应疲倦;见善知识,勿生厌足;请问善知识,勿惮劳苦;亲近善知识,勿怀退转;供养善知识,不应休息;受善知识教,不应倒错;学善知识行,不应疑惑;闻善知识演说出离门,不应犹豫;见善知识随烦恼行,勿生嫌怪;于善知识所生深信尊敬心,不应变改。何以故?善男子!菩萨因善知识,听闻一切菩萨诸行,成就一切菩萨功德,出生一切菩萨大愿,引发一切菩萨善根,积集一切菩萨助道,开发一切菩萨法光明,显示一切菩萨出离门,修学一切菩萨清净戒,安住一切菩萨功德法,清净一切菩萨广大志,增长一切菩萨坚固心,具足一切菩萨陀罗尼辩才门,得一切菩萨清净藏,生一切菩萨定光明,得一切菩萨殊胜愿,与一切菩萨同一愿,闻一切菩萨殊胜法,得一切菩萨秘密处,至一切菩萨法宝洲,增一切菩萨善根芽,长一切菩萨智慧身,护一切菩萨深密藏,持一切菩萨福德聚,净一切菩萨受生道,受一切菩萨正法云,入一切菩萨大愿路,趣一切如来菩提果,摄取一切菩萨妙行,开示一切菩萨功德,往一切方听受妙法,赞一切菩萨广大威德,生一切菩萨大慈悲力,摄一切菩萨胜自在力,生一切菩萨菩提分,作一切菩萨利益事。

善男子!菩萨由善知识任持,不堕恶趣;由善知识摄受,不退大乘;由善知识护念,不毁犯菩萨戒;由善知识守护,不随逐恶知识;由善知识养育,不缺减菩萨法;由善知识摄取,超越凡夫地;由善知识教诲,超越二乘地;由善知识示导,得出离世间;由善知识长养,能不染世法;由承事善知识,修一切菩萨行;由供养善知识,具一切助道法;由亲近善知识,不为业惑之所摧伏;由恃怙善知识,势力坚固,不怖诸魔;由依止善知识,增长一切菩提分法。何以故?善男子!善知识者,能净诸障,能灭诸罪,能除诸难,能止诸恶,能破无明长夜黑暗,能坏诸见坚固牢狱,能出生死城,能舍世俗家,能截诸魔网,能拔众苦箭,能离无智险难处,能出邪见大旷野,能度诸有流,能离诸邪道,能示菩提路,能教菩萨法,能令安住菩萨行,能令趣向一切智,能净智慧眼,能长菩提心,能生大悲,能演妙行,能说波罗蜜,能摈恶知识,能令住诸地,能令获诸忍,能令修习一切善根,能令成办一切道具,能施与一切大功德,能令到一切种智位,能令欢喜集功德,能令踊跃修诸行,能令趣入甚深义,能令开示出离门,能令杜绝诸恶道,能令以法光照耀,能令以法雨润泽,能令消灭一切惑,能令舍离一切见,能令增长一切佛智慧,能令安住一切佛法门。

善男子!善知识者,如慈母,出生佛种故;如慈父,广大利益故;如乳母,守护不令作恶故;如教师,示其菩萨所学故;如善导,能示波罗蜜道故；如良医，能治烦恼诸病故；如雪山，增长一切智药故；如勇将，殄除一切怖畏故；如济客，令出生死暴流故；如船师，令到智慧宝洲故。善男子！常当如是正念思惟诸善知识。

复次，善男子！汝承事一切善知识，应发如大地心，荷负重任无疲倦故；应发如金刚心，志愿坚固不可坏故；应发如铁围山心，一切诸苦无能动故；应发如给侍心，所有教令皆随顺故；应发如弟子心，所有训诲无违逆故；应发如僮仆心，不厌一切诸作务故；应发如养母心，受诸勤苦不告劳故；应发如佣作心，随所受教无违逆故；应发如除粪人心，离憍慢故；应发如已熟稼心，能低下故；应发如良马心，离恶性故；应发如大车心，能运重故；应发如调顺象心，恒伏从故；应发如须弥山心，不倾动故；应发如良犬心，不害主故；应发如旃荼罗心，离憍慢故；应发如犍牛心，无威怒故；应发如舟船心，往来不倦故；应发如桥梁心，济渡忘疲故；应发如孝子心，承顺颜色故；应发如王子心，遵行教命故。

复次，善男子！汝应于自身生病苦想，于善知识生医王想，于所说法生良药想，于所修行生除病想；又应于自身生远行想，于善知识生导师想，于所说法生正道想，于所修行生远达想；又应于自身生求度想，于善知识生船师想，于所说法生舟楫想，于所修行生到岸想；又应于自身生苗稼想，于善知识生龙王想，于所说法生时雨想，于所修行生成熟想；又应于自身生贫穷想，于善知识生毗沙门王想，于所说法生财宝想，于所修行生富饶想；又应于自身生弟子想，于善知识生良工想，于所说法生技艺想，于所修行生了知想；又应于自身生恐怖想，于善知识生勇健想，于所说法生器仗想，于所修行生破冤想；又应于自身生商人想，于善知识生导师想，于所说法生珍宝想，于所修行生捃拾想；又应于自身生儿子想，于善知识生父母想，于所说法生家业想，于所修行生绍继想；又应于自身生王子想，于善知识生大臣想，于所说法生王教想，于所修行生冠王冠想、服王服想、系王缯想、坐王殿想。

善男子！汝应发如是心，作如是意近善知识。何以故？以如是心近善知识，令其志愿永得清净。

复次，善男子！善知识者长诸善根，譬如雪山长诸药草；善知识者是佛法器，譬如大海吞纳众流；善知识者是功德处，譬如大海出生众宝；善知识者净菩提心，譬如猛火能炼真金；善知识者出过世法，如须弥山出于大海；善知识者不染世法，譬如莲华不著于水；善知识者不受诸恶，譬如大海不宿死尸；善知识者增长白法，譬如白月光色圆满；善知识者照明法界，譬如盛日照四天下；善知识者长菩萨身，譬如父母养育儿子。

善男子！以要言之，菩萨摩诃萨若能随顺善知识教，得十不可说百千亿那由他功德，净十不可说百千亿那由他深心，长十不可说百千亿那由他菩萨根，净十不可说百千亿那由他菩萨力，断十不可说百千亿阿僧祇障，超十不可说百千亿阿僧祇魔境，入十不可说百千亿阿僧祇法门，满十不可说百千亿阿僧祇助道，修十不可说百千亿阿僧祇妙行，发十不可说百千亿阿僧祇大愿。

善男子！我复略说一切菩萨行、一切菩萨波罗蜜、一切菩萨地、一切菩萨忍、一切菩萨总持门、一切菩萨三昧门、一切菩萨神通智、一切菩萨回向、一切菩萨愿。一切菩萨成就佛法，皆由善知识力，以善知识而为根本，依善知识生，依善知识出，依善知识长，依善知识住，善知识为因缘，善知识能发起。

时，善财童子闻善知识如是功德，能开示无量菩萨妙行，能成就无量广大佛法，踊跃欢喜，顶礼德生及有德足，绕无量匝，殷勤瞻仰，辞退而去。

尔时，善财童子闻善知识教，润泽其心，正念思惟诸菩萨行，向海岸国。自忆往世不修礼敬，即时发意勤力而行；复忆往世身心不净，即时发意专自治洁；复忆往世作诸恶业，即时发意专自防断；复忆往世起诸妄想，即时发意恒正思惟；复忆往世所修诸行但为自身，即时发意令心广大普及含识；复忆往世追求欲境常自损耗无有滋味，即时发意修行佛法长养诸根以自安隐；复忆往世起邪思念颠倒相应，即时发意生正见心起菩萨愿；复忆往世日夜劬劳作诸恶事，即时发意起大精进成就佛法；复忆往世受五趣生于自他身皆无利益，即时发意愿以其身饶益众生成就佛法承事一切诸善知识。如是思惟，生大欢喜。复观此身是生、老、病、死众苦之宅，愿尽未来劫，修菩萨道教化众生，见诸如来成就佛法，游行一切佛刹，承事一切法师，住持一切佛教，寻求一切法侣，见一切善知识，集一切诸佛法，与一切菩萨愿智身而作因缘。

作是念时，长不思议无量善根，即于一切菩萨深信尊重，生希有想，生大师想；诸根清净，善法增益，起一切菩萨恭敬供养，作一切菩萨曲躬合掌，生一切菩萨普见世间眼，起一切菩萨普念众生想，现一切菩萨无量愿化身，出一切菩萨清净赞说音；想见过、现一切诸佛及诸菩萨，于一切处示现成道神通变化，乃至无有一毛端处而不周遍；又得清净智光明眼，见一切菩萨所行境界；其心普入十方刹网，其愿普遍虚空法界，三世平等，无有休息。如是一切，皆以信受善知识教之所致耳。

善财童子以如是尊重、如是供养、如是称赞、如是观察、如是愿力、如是想念、如是无量智慧境界，于毗卢遮那庄严藏大楼阁前，五体投地，暂时敛念，思惟观察。以深信解、大愿力故，入遍一切处智慧身平等门，普现其身在于一切如来前、一切菩萨前、一切善知识前、一切如来塔庙前、一切如来形像前、一切诸佛诸菩萨住处前、一切法宝前、一切声闻辟支佛及其塔庙前、一切圣众福田前、一切父母尊者前、一切十方众生前，皆如上说，尊重礼赞，尽未来际无有休息。等虚空，无边量故；等法界，无障碍故；等实际，遍一切故；等如来，无分别故。犹如影，随智现故；犹如梦，从思起故；犹如像，示一切故；犹如响，缘所发故；无有生，递兴谢故；无有性，随缘转故。

又决定知一切诸报皆从业起，一切诸果皆从因起，一切诸业皆从习起，一切佛兴皆从信起，一切化现诸供养事皆悉从于决定解起，一切化佛从敬心起，一切佛法从善根起，一切化身从方便起，一切佛事从大愿起，一切菩萨所修诸行从回向起，一切法界广大庄严从一切智境界而起。离于断见，知回向故；离于常见，知无生故；离无因见，知正因故；离颠倒见，知如实理故；离自在见，知不由他故；离自他见，知从缘起故；离边执见，知法界无边故；离往来见，知如影像故；离有无见，知不生灭故；离一切法见，知空无生故，知不自在故，知愿力出生故；离一切相见，入无相际故。知一切法如种生芽故，如印生文故。知质如像故，知声如响故，知境如梦故，知业如幻故。了世心现故，了果因起故，了报业集故，了知一切诸功德法皆从菩萨善巧方便所流出故。

善财童子入如是智，端心洁念；于楼观前，举体投地，殷勤顶礼；不思议善根流注身心，清凉悦怿。从地而起，一心瞻仰，目不暂舍，合掌围绕，经无量匝，作是念言：

此大楼阁，是解空、无相、无愿者之所住处；是于一切法无分别者之所住处；是了法界无差别者之所住处；是知一切众生不可得者之所住处；是知一切法无生者之所住处；是不著一切世间者之所住处；是不著一切窟宅者之所住处；是不乐一切聚落者之所住处；是不依一切境界者之所住处；是离一切想者之所住处；是知一切法无自性者之所住处；是断一切分别业者之所住处；是离一切想心、意、识者之所住处；是不入不出一切道者之所住处；是入一切甚深般若波罗蜜者之所住处；是能以方便住普门法界者之所住处；是息灭一切烦恼火者之所住处；是以增上慧除断一切见、爱、慢者之所住处；是出生一切诸禅解脱三昧通明而游戏者之所住处；是观察一切菩萨三昧境界者之所住处；是安住一切如来所者之所住处；是以一劫入一切劫，以一切劫入一劫，而不坏其相者之所住处；是以一刹入一切刹，以一切刹入一刹，而不坏其相者之所住处；是以一法入一切法，以一切法入一法，而不坏其相者之所住处；是以一众生入一切众生，以一切众生入一众生，而不坏其相者之所住处；是以一佛入一切佛，以一切佛入一佛，而不坏其相者之所住处；是于一念中而知一切三世者之所住处；是于一念中往诣一切国土者之所住处；是于一切众生前悉现其身者之所住处；是心常利益一切世间者之所住处；是能遍至一切处者之所住处；是虽已出一切世间，为化众生故而恒于中现身者之所住处；是不著一切刹，为供养诸佛故而游一切刹者之所住处；是不动本处，能普诣一切佛刹而庄严者之所住处；是亲近一切佛而不起佛想者之所住处；是依止一切善知识而不起善知识想者之所住处；是住一切魔宫而不耽著欲境界者之所住处；是永离一切心想者之所住处；是虽于一切众生中而现其身，然于自他不生二想者之所住处；是能普入一切世界而于法界无差别想者之所住处；是愿住未来一切劫而于诸劫无长短想者之所住处；是不离一毛端处而普现身一切世界者之所住处；是能演说难遭遇法者之所住处；是能住难知法、甚深法、无二法、无相法、无对治法、无所得法、无戏论法者之所住处；是住大慈大悲者之所住处；是已度一切二乘智、已超一切魔境界、已于世法无所染、已到菩萨所到岸、已住如来所住处者之所住处；是虽离一切诸相而亦不入声闻正位，虽了一切法无生而亦不住无生法性者之所住处；是虽观不净而不证离贪法亦不与贪欲俱，虽修于慈而不证离瞋法亦不与瞋垢俱，虽观缘起而不证离痴法亦不与痴惑俱者之所住处；是虽住四禅而不随禅生，虽行四无量为化众生故而不生色界，虽修四无色定以大悲故而不住无色界者之所住处；是虽勤修止观为化众生故而不证明脱，虽行于舍而不舍化众生事者之所住处；是虽观于空而不起空见，虽行无相而常化著相众生，虽行无愿而不舍菩提行愿者之所住处；是虽于一切业烦恼中而得自在为化众生故而现随顺诸业烦恼，虽无生死为化众生故示受生死，虽已离一切趣为化众生故示入诸趣者之所住处；是虽行于慈而于诸众生无所爱恋，虽行于悲而于诸众生无所取著，虽行于喜而观苦众生心常哀愍，虽行于舍而不废舍利益他事者之所住处；是虽行九次第定而不厌离欲界受生，虽知一切法无生无灭而不于实际作证，虽入三解脱门而不取声闻解脱，虽观四圣谛而不住小乘圣果，虽观甚深缘起而不住究竟寂灭，虽修八圣道而不求永出世间，虽超凡夫地而不堕声闻、辟支佛地，虽观五取蕴而不永灭诸蕴，虽超出四魔而不分别诸魔，虽不著六处而不永灭六处，虽安住真如而不堕实际，虽说一切乘而不舍大乘。此大楼阁，是住如是等一切诸功德者之所住处。

尔时，善财童子而说颂言：

此是大悲清净智，利益世间慈氏尊，灌顶地中佛长子，入如来境之住处。一切名闻诸佛子，已入大乘解脱门，游行法界心无著，此无等者之住处。施戒忍进禅智慧，方便愿力及神通，如是大乘诸度法，悉具足者之住处。智慧广大如虚空，普知三世一切法，无碍无依无所取，了诸有者之住处。善能解了一切法，无性无生无所依，如鸟飞空得自在，此大智者之住处。了知三毒真实性，分别因缘虚妄起，亦不厌彼而求出，此寂静人之住处。三解脱门八圣道，诸蕴处界及缘起，悉能观察不趣寂，此善巧人之住处。十方国土及众生，以无碍智咸观察，了性皆空不分别，此寂灭人之住处。普行法界悉无碍，而求行性不可得，如风行空无所行，此无依者之住处。普见恶道群生类，受诸楚毒无所归，放大慈光悉除灭，此哀愍者之住处。见诸众生失正道，譬如生盲践畏途，引其令入解脱城，此大导师之住处。见诸众生入魔网，生老病死常逼迫，令其解脱得慰安，此勇健人之住处。见诸众生婴惑病，而兴广大悲愍心，以智慧药悉除灭，此大医王之住处。见诸群生没有海，沉沦忧迫受众苦，悉以法船而救之，此善度者之住处。见诸众生在惑海，能发菩提妙宝心，悉入其中而济拔，此善渔人之住处。恒以大愿慈悲眼，普观一切诸众生，从诸有海而拔出，此金翅王之住处。譬如日月在虚空，一切世间靡不烛，智慧光明亦如是，此照世者之住处。菩萨为化一众生，普尽未来无量劫，如为一人一切尔，此救世者之住处。于一国土化众生，尽未来劫无休息，一一国土咸如是，此坚固意之住处。十方诸佛所说法，一座普受咸令尽，尽未来劫恒悉然，此智海人之住处。遍游一切世界海，普入一切道场海，供养一切如来海，此修行者之住处。修行一切妙行海，发起无边大愿海，如是经于众劫海，此功德者之住处。一毛端处无量刹，佛众生劫不可说，如是明见靡不周，此无碍眼之住处。一念普摄无边劫，国土诸佛及众生，智慧无碍悉正知，此具德人之住处。十方国土碎为尘，一切大海以毛滴，菩萨发愿数如是，此无碍者之住处。成就总持三昧门，大愿诸禅及解脱，一一皆住无边劫，此真佛子之住处。无量无边诸佛子，种种说法度众生，亦说世间众技术，此修行者之住处。成就神通方便智，修行如幻妙法门，十方五趣悉现生，此无碍者之住处。菩萨始从初发心，具足修行一切行，化身无量遍法界，此神力者之住处。一念成就菩提道，普作无边智慧业，世情思虑悉发狂，此难量者之住处。成就神通无障碍，游行法界靡不周，其心未尝有所得，此净慧者之住处。菩萨修行无碍慧，入诸国土无所著，以无二智普照明，此无我者之住处。了知诸法无依止，本性寂灭同虚空，常行如是境界中，此离垢人之住处。普见群生受诸苦，发大仁慈智慧心，愿常利益诸世间，此悲愍者之住处。佛子住于此，普现众生前，犹如日月轮，遍除生死暗。佛子住于此，普顺众生心，变现无量身，充满十方刹。佛子住于此，遍游诸世界，一切如来所，无量无数劫。佛子住于此，思量诸佛法，无量无数劫，其心无厌倦。佛子住于此，念念入三昧，一一三昧门，阐明诸佛境。佛子住于此，悉知一切刹，无量无数劫，众生佛名号。佛子住于此，一念摄诸劫，但随众生心，而无分别想。佛子住于此，修习诸三昧，一一心念中，了知三世法。佛子住于此，结跏身不动，普现一切刹，一切诸趣中。佛子住于此，饮诸佛法海，深入智慧海，具足功德海。佛子住于此，悉知诸刹数，世数众生数，佛名数亦然。佛子住于此，一念悉能了，一切三世中，国土之成坏。佛子住于此，普知佛行愿，菩萨所修行，众生根性欲。佛子住于此，见一微尘中，无量刹道场，众生及诸劫。如一微尘内，一切尘亦然，种种咸具足，处处皆无碍。佛子住于此，普观一切法，众生刹及世，无起无所有。观察众生等，法等如来等，刹等诸愿等，三世悉平等。佛子住于此，教化诸群生，供养诸如来，思惟诸法性。无量千万劫，所修愿智行，广大不可量，称扬莫能尽。彼诸大勇猛，所行无障碍，安住于此中，我合掌敬礼。诸佛之长子，圣德慈氏尊；我今恭敬礼，愿垂顾念我！

尔时，善财童子以如是等一切菩萨无量称扬赞叹法，而赞毗卢遮那庄严藏大楼阁中诸菩萨已，曲躬合掌，恭敬顶礼，一心愿见弥勒菩萨亲近供养；乃见弥勒菩萨摩诃萨从别处来，无量天、龙、夜叉、乾闼婆、阿修罗、迦楼罗、紧那罗、摩睺罗伽王，释、梵、护世，及本生处无量眷属、婆罗门众，及余无数百千众生，前后围绕而共来向庄严藏大楼观所。善财见已，欢喜踊跃，五体投地。时，弥勒菩萨观察善财，指示大众，叹其功德，而说颂曰：

汝等观善财，智慧心清净，为求菩提行，而来至我所。善来圆满慈，善来清净悲，善来寂灭眼，修行无懈倦。善来清净意，善来广大心，善来不退根，修行无懈倦。善来不动行，常求善知识，了达一切法，调伏诸群生。善来行妙道，善来住功德，善来趣佛果，未曾有疲倦。善来德为体，善来法所滋，善来无边行，世间难可见。善来离迷惑，世法不能染，利衰毁誉等，一切无分别。善来施安乐，调柔堪受化；谄诳瞋慢心，一切悉除灭。善来真佛子，普诣于十方，增长诸功德，调柔无懈倦。善来三世智，遍知一切法，普生功德藏，修行不疲厌。文殊德云等，一切诸佛子，令汝至我所，示汝无碍处。具修菩萨行，普摄诸群生；如是广大人，今来至我所。为求诸如来，清净之境界，问诸广大愿，而来至我所。去来现在佛，所成诸行业，汝欲皆修学，而来至我所。汝于善知识，欲求微妙法，欲受菩萨行，而来至我所。汝念善知识，诸佛所称叹，令汝成菩提，而来至我所。汝念善知识，生我如父母，养我如乳母，增我菩提分，如医疗众疾，如天洒甘露，如日示正道，如月转净轮，如山不动摇，如海无增减，如船师济渡，而来至我所。汝观善知识，犹如大猛将，亦如大商主，又如大导师，能建正法幢，能示佛功德，能灭诸恶道，能开善趣门，能显诸佛身，能守诸佛藏，能持诸佛法，是故愿瞻奉。欲满清净智，欲具端正身，欲生尊贵家，而来至我所。汝等观此人，亲近善知识，随其所修学，一切应顺行。以昔福因缘，文殊令发心，随顺无违逆，修行不懈倦。父母与亲属，宫殿及财产，一切皆舍离，谦下求知识，净治如是意，永离世间身，当生佛国土，受诸胜果报。善财见众生，生老病死苦，为发大悲意，勤修无上道。善财见众生，五趣常流转，为求金刚智，破彼诸苦轮。善财见众生，心田甚荒秽，为除三毒刺，专求利智犁。众生处痴暗，盲冥失正道；善财为导师，示其安隐处。忍铠解脱乘，智慧为利剑，能于三有内，破诸烦恼贼。善财法船师，普济诸含识，令过尔焰海，疾至净宝洲。善财正觉日，智光大愿轮，周行法界空，普照群迷宅。善财胜智海龙，升于法界空；油，念器功德光节，长于如来藏。藏，如是大庄严树，根深不可动；法，欲断一切疑缚，专求善知识。城，当度诸见难怙，当作世光明；著，普觉烦恼睡竟，其心大欢喜。满，不久见诸佛海，当知诸法海；品，当与佛子等魔，满足如是愿。道，一切众生轮种，汝当净法种；网，当救众苦网界，当成此心界。喜，当见一切趣光，当放息热光；门，当示解脱门行，成就菩提道。海，当于众生海海，汝当修行海；海，汝当以智力云，当兴此愿云。道，普入三昧门前，普对诸佛前；著，如鸟行虚空诣，如风无所碍。喜，汝于诸法门器，能随诸佛教；遇，况见其功德等，无量诸功德。怠，已离凡夫地海，佛智同虚空。

心。善财正觉月，依于直心住，兴云霔甘泽，灭除三毒暗，增长福德藏，救护诸群生，众行渐增长，专求善知识。当灭诸恶道，当截诸见网，当成三界师，普出爱欲泥。汝行极调柔，了达一切法，当度众生海，如是心决定。当生妙智道，沉迷诸有轮，汝当净法种，汝能集僧种，当成此愿网。当令众生喜，当见一切刹，当放灭恶光，普使众生入。当修功德海，消竭烦恼海，诸佛大愿海，普饮诸法海。普游三有室，普游解脱门，譬如日月光，当成此妙用。汝当入法界，已得及当得，能修菩萨行，所修诸妙道！已离诸恶道，已住菩萨地，汝愿亦复然，

白法悉圆满，菩提行渐深，生成一切果，觉心迦罗逻，清净智慧藏，一切天人中，普荫诸群生，欲破诸惑魔，当示人天路，当枯爱欲水，当成三界师，示其解脱处。汝心甚清净，严净众刹海，如是修诸行。当断一切惑，汝当转法轮，三世悉周遍。当度众生界，当令菩萨喜，当见一切刹，当放灭恶光，普使众生入。当度三有海，令修诸行海，汝当咸满足。当观诸佛云，普坏众惑室，普住神通门，当成如是力。譬如因陀网，遍往诸世界，应生大喜跃，得见此奇特。汝生于人中，已出诸难处，当满智慧地，应生大欣庆，

慈定清凉光，出生众法宝。善财然法灯，悲胞慈为肉，开显方便藏，难闻难可见。欲生一切德，欲除诸见垢，令修功德行，当示三有道，亦当令世间，当净种种刹；所欲修功德，成就大菩提。当到功德岸，当净一切业，不久当舍离，汝当转法轮，当断众爱网，当净国土界，当令诸佛喜，当成此佛见。当放破暗光，当开天趣门，当开佛道，当绝于邪道，普使群生海，疾入大智海。汝当入刹海，当起供养云，当入如来室，周行于法界。所行无动乱，所行无染，刹网如是住；汝当悉往，普见三世佛，无贪亦无厌。如是诸佛子，大获诸善利，已超众苦患，速入如来地。诸根不懈倦，

等照众生。善财大心，信炷慈悲，菩提分肢，出生大愿。如是智慧，欲问一切，疾入涅槃，当为世依，普离诸想，一切咸究，一切当圆。当满诸行，当生诸善，当伏一切，惑业诸苦。汝当持佛，当裂众见，当集智慧，当成此欢喜。当放破暗光门，如是勤修行，出于众苦海。汝当增智海，汝当观众海；汝当听妙法道。普现众生前，所行无动乱，所行无染；汝当悉往诣，心生大欢喜。汝是功德器，亿劫难可遇；得见文殊等，善哉勿懈怠。菩萨行如海，志愿恒决

定，亲近善知识，不久悉成满。菩萨种种行，皆为调众生，普行诸法门，慎勿生疑惑。汝具难思福，及以真实信；是故于今日，得见诸佛子。汝见诸佛子，悉获广大利，一一诸大愿，一切咸信受。汝于三有中，能修菩萨行；是故诸佛子，示汝解脱门。非是法器人，与佛子同住，设经无量劫，莫知其境界。汝见诸菩萨，得闻如是法，世间甚难有，应生大喜庆。诸佛护念汝，菩萨摄受汝，能顺其教行，善哉住寿命。已生菩萨家，已具菩萨德，已长如来种，当升灌顶位。不久汝当得，与诸佛子等，见苦恼众生，悉置安隐处。如下如是种，必获如是果，我今庆慰汝，汝应大欣悦。无量诸菩萨，无量劫行道，未能成此行，今汝皆获得。信乐坚进力，善财成此行；若有敬慕心，亦当如是学。一切功德行，皆从愿欲生；善财已了知，常乐勤修习。如龙布密云，必当霔大雨；菩萨起愿智，决定修诸行。若有善知识，示汝普贤行；汝当好承事，慎勿生疑惑。汝于无量劫，为欲妄舍身；今为求菩提，此舍方为善。汝于无量劫，具受生死苦，不曾事诸佛，未闻如是行。汝今得人身，值佛善知识，听受菩提行，云何不欢喜！虽遇佛兴世，亦值善知识；其心不清净，不闻如是法。若于善知识，信乐心尊重，离疑不疲厌，乃闻如是法。若有闻此法，而兴誓愿心，当知如是人，已获广大利。如是心清净，常得近诸佛，亦近诸菩萨，决定成菩提。若入此法门，则具诸功德，永离众恶趣，不受一切苦。不久舍此身，往生佛国土，常见十方佛，及以诸菩萨。往因今净解，及事善友力，增长诸功德，如水生莲华。乐事善知识，勤供一切佛，专心听闻法，常行勿懈倦。汝是真法器，当具一切法，当修一切道，当满一切愿。汝以信解心，而来礼敬我，不久当普入，一切诸佛会。善哉真佛子，恭敬一切佛，不久具诸行，到佛功德岸。汝当往大智，文殊师利所；彼当令汝得，普贤深妙行。

尔时，弥勒菩萨摩诃萨在众会前，称赞善财大功德藏。善财闻已，欢喜踊跃，身毛皆竖，悲泣哽噎；起立合掌，恭敬瞻仰，绕无量匝。以文殊师利心念力故，众华、璎珞、种种妙宝不觉忽然自盈其手；善财欢喜，即以奉散弥勒菩萨摩诃萨上。

时，弥勒菩萨摩善财顶，为说颂言：

善哉善哉真佛子！普策诸根无懈倦，不久当具诸功德，犹如文殊及与我。

时，善财童子以颂答曰：

我念善知识，亿劫难值遇；今得咸亲近，而来诣尊所。我以文殊故，见诸难见者；彼大功德尊，愿速还瞻觐。

大方广佛华严经卷第七十八

入法界品第三十九之十九

尔时，善财童子合掌恭敬，重白弥勒菩萨摩诃萨言：

大圣！我已先发阿耨多罗三藐三菩提心，而我未知菩萨云何学菩萨行？云何修菩萨道？

大圣！一切如来授尊者记，一生当得阿耨多罗三藐三菩提；若一生当得无上菩提，则已超越一切菩萨所住处，则已出过一切菩萨离生位，则已圆满一切波罗蜜，则已深入一切诸忍门，则已具足一切菩萨地，则已游戏一切解脱门，则已成就一切三昧法，则已通达一切菩萨行，则已证得一切陀罗尼辩才，则已于一切菩萨自在中而得自在，则已积集一切菩萨助道法，则已游戏智慧方便，则已出生大神通智，则已成就一切学处，则已圆满一切妙行，则已满足一切大愿，则已领受一切佛所记，则已了知一切诸乘门，则已堪受一切如来所护念，则已能摄一切佛菩提，则已能持一切佛法藏，则已能持一切诸佛菩萨秘密藏，则已能于一切菩萨众中为上首，则已能为破烦恼魔军大勇将，则已能作出生死旷野大导师，则已能作治诸惑重病大医王，则已能于一切众生中为最胜，则已能于一切世主中得自在，则已能于一切圣人中最第一，则已能于一切声闻、独觉中最增上，则已能于生死海中为船师，则已能布调伏一切众生网，则已能观一切众生根，则已能摄一切众生界，则已能守护一切菩萨众，则已能谈议一切菩萨事，则已能往诣一切如来所，则已能住止一切如来会，则已能现身一切众生前，则已能于一切世法无所染，则已能超越一切魔境界，则已能安住一切佛境界，则已能到一切菩萨无碍境，则已能精勤供养一切佛，则已与一切诸佛法同体性，已系妙法缯，已受佛灌顶，已住一切智，已能普生一切佛法，已能速践一切智位。

大圣！菩萨云何学菩萨行？云何修菩萨道？随所修学，疾得具足一切佛法，悉能度脱所念众生，普能成满所发大愿，普能究竟所起诸行，普能安慰一切天人，不负自身，不断三宝，不虚一切佛菩萨种，能持一切诸佛法眼。如是等事，愿皆为说！

尔时，弥勒菩萨摩诃萨观察一切道场众会，指示善财而作是言：

诸仁者！汝等见此长者子，今于我所问菩萨行诸功德不？诸仁者！此长者子，勇猛精进，志愿无杂，深心坚固，恒不退转；具胜希望，如救头然，无有厌足；乐善知识，亲近供养，处处寻求，承事请法。诸仁者！此长者子，曩于福城受文殊教，展转南行求善知识，经由一百一十善知识已，然后而来至于我所，未曾暂起一念疲懈。

诸仁者！此长者子甚为难有，趣向大乘，乘于大慧，发大勇猛，擐大悲甲，以大慈心救护众生，起大精进波罗蜜行，作大商主护诸众生,为大法船度诸有海,住于大道,集大法宝,修诸广大助道之法;如是之人,难可得闻,难可得见,难得亲近、同居、共行。何以故?此长者子发心救护一切众生,令一切众生,解脱诸苦,超诸恶趣,离诸险难,破无明闇,出生死野,息诸趣轮,度魔境界,不著世法,出欲淤泥,断贪鞅,解见缚,坏想宅,绝迷道,摧慢幢,拔惑箭,撤睡盖,裂爱网,灭无明,度有流,离谄幻,净心垢,断痴惑,出生死。

诸仁者!此长者子,为被四流漂泊者,造大法船;为被见泥没溺者,立大法桥;为被痴暗昏迷者,然大智灯;为行生死旷野者,开示圣道;为婴烦恼重病者,调和法药;为遭生、老、死苦者,饮以甘露,令其安隐;为入贪、恚、痴火者,沃以定水,使得清凉;多忧恼者,慰喻使安;系有狱者,晓诲令出;入见网者,开以智剑;住界城者,示诸脱门;在险难者,导安隐处;惧结贼者,与无畏法;堕恶趣者,授慈悲手;拘害蕴者,示涅槃城;界蛇所缠,解以圣道;著于六处空聚落者,以智慧光引之令出;住邪济者,令入正济;近恶友者,示其善友;乐凡法者,诲以圣法;著生死者,令其趣入一切智城。

诸仁者!此长者子,恒以此行救护众生,发菩提心未尝休息,求大乘道曾无懈倦,饮诸法水不生厌足,恒勤积集助道之行,常乐清净一切法门,修菩萨行不舍精进,成满诸愿善行方便,见善知识情无厌足,事善知识身不疲懈,闻善知识所有教诲常乐顺行未曾违逆。

诸仁者!若有众生能发阿耨多罗三藐三菩提心,是为希有;若发心已,又能如是精进方便集诸佛法,倍为希有;又能如是求菩萨道,又能如是净菩萨行,又能如是事善知识,又能如是如救头然,又能如是顺知识教,又能如是坚固修行,又能如是集菩提分,又能如是不求一切名闻利养,又能如是不舍菩萨纯一之心,又能如是不乐家宅、不著欲乐、不恋父母亲戚知识,但乐追求菩萨伴侣,又能如是不顾身命,唯愿勤修一切智道,应知展转倍更难得。

诸仁者!余诸菩萨经于无量百千万亿那由他劫,乃能满足菩萨愿行,乃能亲近诸佛菩提;此长者子,于一生内,则能净佛刹,则能化众生,则能以智慧深入法界,则能成就诸波罗蜜,则能增广一切诸行,则能圆满一切大愿,则能超出一切魔业,则能承事一切善友,则能清净诸菩萨道,则能具足普贤诸行。

尔时,弥勒菩萨摩诃萨如是称叹善财童子种种功德,令无量百千众生发菩提心已,告善财言:

善哉善哉!善男子!汝为饶益一切世间,汝为救护一切众生,汝为勤求一切佛法故,发阿耨多罗三藐三菩提心。

善男子!汝获善利,汝善得人身,汝善住寿命,汝善值如来出现,汝善见文殊师利大善知识。汝身是善器,为诸善根之所润泽。汝为白法之所资持,所有解欲悉已清净,已为诸佛共所护念,已为善友共所摄受。何以故?

善男子！菩提心者，犹如种子，能生一切诸佛法故；菩提心者，犹如良田，能长众生白净法故；菩提心者，犹如大地，能持一切诸世间故；菩提心者，犹如净水，能洗一切烦恼垢故；菩提心者，犹如大风，普于世间无所碍故；菩提心者，犹如盛火，能烧一切诸见薪故；菩提心者，犹如净日，普照一切诸世间故；菩提心者，犹如盛月，诸白净法悉圆满故；菩提心者，犹如明灯，能放种种法光明故；菩提心者，犹如净目，普见一切安危处故；菩提心者，犹如大道，普令得入大智城故；菩提心者，犹如正济，令其得离诸邪法故；菩提心者，犹如大车，普能运载诸菩萨故；菩提心者，犹如门户，开示一切菩萨行故；菩提心者，犹如宫殿，安住修习三昧法故；菩提心者，犹如园苑，于中游戏受法乐故；菩提心者，犹如舍宅，安隐一切诸众生故；菩提心者，则为所归，利益一切诸世间故；菩提心者，则为所依，诸菩萨行所依处故；菩提心者，犹如慈父，训导一切诸菩萨故；菩提心者，犹如慈母，生长一切诸菩萨故；菩提心者，犹如乳母，养育一切诸菩萨故；菩提心者，犹如善友，成益一切诸菩萨故；菩提心者，犹如君主，胜出一切二乘人故；菩提心者，犹如帝王，一切愿中得自在故；菩提心者，犹如大海，一切功德悉入中故；菩提心者，如须弥山，于诸众生心平等故；菩提心者，如铁围山，摄持一切诸世间故；菩提心者，犹如雪山，长养一切智慧药故；菩提心者，犹如香山，出生一切功德香故；菩提心者，犹如虚空，诸妙功德广无边故；菩提心者，犹如莲华，不染一切世间法故；菩提心者，如调慧象，其心善顺不犷戾故；菩提心者，如良善马，远离一切诸恶性故；菩提心者，如调御师，守护大乘一切法故；菩提心者，犹如良药，能治一切烦恼病故；菩提心者，犹如坑阱，陷没一切诸恶法故；菩提心者，犹如金刚，悉能穿彻一切法故；菩提心者，犹如香箧，能贮一切功德香故；菩提心者，犹如妙华，一切世间所乐见故；菩提心者，如白栴檀，除众欲热使清凉故；菩提心者，如黑沉香，能熏法界悉周遍故；菩提心者，如善见药王，能破一切烦恼病故；菩提心者，如毗笈摩药，能拔一切诸惑箭故；菩提心者，犹如帝释，一切主中最为尊故；菩提心者，如毗沙门，能断一切贫穷苦故；菩提心者，如功德天，一切功德所庄严故；菩提心者，如庄严具，庄严一切诸菩萨故；菩提心者，如劫烧火，能烧一切诸有为故；菩提心者，如无生根药，长养一切诸佛法故；菩提心者，犹如龙珠，能消一切烦恼毒故；菩提心者，如水清珠，能清一切烦恼浊故；菩提心者，如如意珠，周给一切诸贫乏故；菩提心者，如功德瓶，满足一切众生心故；菩提心者，如如意树，能雨一切庄严具故；菩提心者，如鹅羽衣，不受一切生死垢故；菩提心者，如白氎线，从本已来性清净故；菩提心者，如快利犁，能治一切众生田故；菩提心者，如那罗延，能摧一切我见敌故；菩提心者，犹如快箭，能破一切诸苦的故；菩提心者，犹如利矛，能穿一切烦恼甲故；菩提心者，犹如坚甲，能护一切如理心故；菩提心者，犹如利刀，能斩一切烦恼首故；菩提心者，犹如利剑，能断一切憍慢铠故；菩提心者，如勇将幢，能伏一切诸魔军故；菩提心者，犹如利锯，能截一切无明树故；菩提心者，犹如利斧，能伐一切诸苦树故；菩提心者，犹如兵仗，能防一切诸苦难故；菩提心者，犹如善手，防护一切诸度身故；菩提心者，犹如好足，安立一切诸功德故；菩提心者，犹如眼药，灭除一切无明翳故；菩提心者，犹如钳镊，能拔一切身见刺故；菩提心者，犹如卧具，息除生死诸劳苦故；菩提心者，如善知识，能解一切生死缚故；菩提心者，如好珍财，能除一切贫穷事故；菩提心者，如大导师，善知菩萨出要道故；菩提心者，犹如伏藏，出功德财无匮乏故；菩提心者，犹如涌泉，生智慧水无穷尽故；菩提心者，犹如明镜，普现一切法门像故；菩提心者，犹如莲华，不染一切诸罪垢故；菩提心者，犹如大河，流引一切度摄法故；菩提心者，如大龙王，能雨一切妙法雨故；菩提心者，犹如命根，任持菩萨大悲身故；菩提心者，犹如甘露，能令安住不死界故；菩提心者，犹如大网，普摄一切诸众生故；菩提心者，犹如罥索，摄取一切所应化故；菩提心者，犹如钩饵，出有渊中所居者故；菩提心者，如阿伽陀药，能令无病永安隐故；菩提心者，如除毒药，悉能消歇贪爱毒故；菩提心者，如善持咒，能除一切颠倒毒故；菩提心者，犹如疾风，能卷一切诸障雾故；菩提心者，如大宝洲，出生一切觉分宝故；菩提心者，如好种性，出生一切白净法故；菩提心者，犹如住宅，诸功德法所依处故；菩提心者，犹如市肆，菩萨商人贸易处故；菩提心者，如炼金药，能治一切烦恼垢故；菩提心者，犹如好蜜，圆满一切功德味故；菩提心者，犹如正道，令诸菩萨入智城故；菩提心者，犹如好器，能持一切白净法故；菩提心者，犹如时雨，能灭一切烦恼尘故；菩提心者，则为住处，一切菩萨所住处故；菩提心者，则为寿行，不取声闻解脱果故；菩提心者，如净琉璃，自性明洁无诸垢故；菩提心者，如帝青宝，出过世间二乘智故；菩提心者，如更漏鼓，觉诸众生烦恼睡故；菩提心者，如清净水，性本澄洁无垢浊故；菩提心者，如阎浮金，映夺一切有为善故；菩提心者，如大山王，超出一切诸世间故；菩提心者，则为所归，不拒一切诸来者故；菩提心者，则为义利，能除一切衰恼事故；菩提心者，则为妙宝，能令一切心欢喜故；菩提心者，如大施会，充满一切众生心故；菩提心者，则为尊胜，诸众生心无与等故；菩提心者，犹如伏藏，能摄一切诸佛法故；菩提心者，如因陀罗网，能伏烦恼阿修罗故；菩提心者，如婆楼那风，能动一切所应化故；菩提心者，如因陀罗火，能烧一切诸惑习故；菩提心者，如佛支提，一切世间应供养故。

善男子！菩提心者，成就如是无量功德；举要言之，应知悉与一切佛法诸功德等。何以故？因菩提心出生一切诸菩萨行，三世如来从菩提心而出生故。是故，善男子！若有发阿耨多罗三藐三菩提心者，则已出生无量功德，普能摄取一切智道。

善男子！譬如有人，得无畏药，离五恐怖。何等为五？所谓：火不能烧，毒不能中，刀不能伤，水不能漂，烟不能熏。菩萨摩诃萨亦复如是，得一切智菩提心药，贪火不烧，瞋毒不中，惑刀不伤，有流不漂，诸觉观烟不能熏害。

善男子！譬如有人，得解脱药，终无横难。菩萨摩诃萨亦复如是，得菩提心解脱智药，永离一切生死横难。

善男子！譬如有人，持摩诃应伽药，毒蛇闻气，即皆远去。菩萨摩诃萨亦复如是，持菩提心大应伽药，一切烦恼诸恶毒蛇，闻其气者，悉皆散灭。

善男子！譬如有人，持无胜药，一切怨敌无能胜者。菩萨摩诃萨亦复如是，持菩提心无能胜药，悉能降伏一切魔军。

善男子！譬如有人，持毗笈摩药，能令毒箭自然堕落。菩萨摩诃萨亦复如是，持菩提心毗笈摩药，令贪、恚、痴、诸邪见箭自然堕落。

善男子！譬如有人，持善见药，能除一切所有诸病。菩萨摩诃萨亦复如是，持菩提心善见药王，悉除一切诸烦恼病。

善男子！如有药树，名：珊陀那，有取其皮以涂疮者，疮即除愈；然其树皮，随取随生，终不可尽。菩萨摩诃萨从菩提心生一切智树亦复如是，若有得见而生信者，烦恼业疮悉得消灭，一切智树初无所损。

善男子！如有药树，名：无生根，以其力故，增长一切阎浮提树。菩萨摩诃萨菩提心树亦复如是，以其力故，增长一切学与无学及诸菩萨所有善法。

善男子！譬如有药，名：阿蓝婆，若用涂身，身之与心咸有堪能。菩萨摩诃萨得菩提心阿蓝婆药亦复如是，令其身心增长善法。

善男子！譬如有人，得念力药，凡所闻事忆持不忘。菩萨摩诃萨得菩提心念力妙药，悉能闻持一切佛法皆无忘失。

善男子！譬如有药，名：大莲华，其有服者住寿一劫。菩萨摩诃萨服菩提心大莲华药亦复如是，于无数劫，寿命自在。

善男子！譬如有人，执翳形药，人与非人悉不能见。菩萨摩诃萨执菩提心翳形妙药，一切诸魔不能得见。

善男子！如海有珠，名：普集众宝，此珠若在，假使劫火焚烧世间，能令此海减于一滴，无有是处。菩萨摩诃萨菩提心珠亦复如是，住于菩萨大愿海中，若常忆持不令退失，能坏菩萨一善根者，终无是处；若退其心，一切善法即皆散灭。

善男子！如有摩尼，名：大光明，有以此珠璎珞身者，映蔽一切宝庄严具，所有光明悉皆不现。菩萨摩诃萨菩提心宝亦复如是，璎珞其身，映蔽一切二乘心宝，诸庄严具悉无光彩。

善男子！如水清珠，能清浊水。菩萨摩诃萨菩提心珠亦复如是，能清一切烦恼垢浊。

善男子！譬如有人，得住水宝，系其身上，入大海中，不为水害。菩萨摩诃萨亦复如是，得菩提心住水妙宝，入于一切生死海中，终不沉没。

善男子！譬如有人，得龙宝珠，持入龙宫，一切龙蛇不能为害。菩萨摩诃萨亦复如是，得菩提心大龙宝珠，入欲界中，烦恼龙蛇不能为害。

善男子！譬如帝释，著摩尼冠，映蔽一切诸余天众。菩萨摩诃萨亦复如是，著菩提心大愿宝冠，超过一切三界众生。

善男子！譬如有人，得如意珠，除灭一切贫穷之苦。菩萨摩诃萨亦复如是，得菩提心如意宝珠，远离一切邪命怖畏。

善男子！譬如有人，得日精珠，持向日光而生于火。菩萨摩诃萨亦复如是，得菩提心智日宝珠，持向智光而生智火。

善男子！譬如有人，得月精珠，持向月光而生于水。菩萨摩诃萨亦复如是，得菩提心月精宝珠，持此心珠，鉴回向光，而生一切善根愿水。

善男子！譬如龙王，首戴如意摩尼宝冠，远离一切怨敌怖畏。菩萨摩诃萨亦复如是，著菩提心大悲宝冠，远离一切恶道诸难。

善男子！如有宝珠，名：一切世间庄严藏，若有得者，令其所欲悉得充满，而此宝珠无所损减。菩提心宝亦复如是，若有得者，令其所愿悉得满足，而菩提心无有损减。

善男子！如转轮王，有摩尼宝，置于宫中，放大光明，破一切暗。菩萨摩诃萨亦复如是，以菩提心大摩尼宝，住于欲界，放大智光，悉破诸趣无明黑暗。

善男子！譬如帝青大摩尼宝，若有为此光明所触，即同其色。菩萨摩诃萨菩提心宝亦复如是，观察诸法回向善根，靡不即同菩提心色。

善男子！如琉璃宝，于百千岁处不净中，不为臭秽之所染著，性本净故。菩萨摩诃萨菩提心宝亦复如是，于百千劫住欲界中，不为欲界过患所染，犹如法界性清净故。

善男子！譬如有宝，名：净光明，悉能映蔽一切宝色。菩萨摩诃萨菩提心宝亦复如是，悉能映蔽一切凡夫二乘功德。

善男子！譬如有宝，名为：火焰，悉能除灭一切暗冥。菩萨摩诃萨菩提心宝亦复如是，能灭一切无知暗冥。

善男子！譬如海中有无价宝，商人采得，船载入城；诸余摩尼百千万种，光色、价直无与等者。菩提心宝亦复如是，住于生死大海之中，菩萨摩诃萨乘大愿船，深心相续，载之来入解脱城中，二乘功德无能及者。

善男子！如有宝珠，名：自在王，处阎浮洲，去日月轮四万由旬，日月宫中所有庄严，其珠影现悉皆具足。菩萨摩诃萨发菩提心净功德宝亦复如是，住生死中，照法界空，佛智日月一切功德悉于中现。

善男子！如有宝珠，名：自在王，日月光明所照之处，一切财宝、衣服等物，所有价直悉不能及。菩萨摩诃萨发菩提心自在王宝亦复如是，一切智光所照之处，三世所有天人、二乘漏无漏善一切功德皆不能及。

善男子！海中有宝，名曰：海藏，普现海中诸庄严事。菩萨摩诃萨菩提心宝亦复如是，普能显现一切智海诸庄严事。

善男子！譬如天上阎浮檀金，唯除心王大摩尼宝，余无及者。菩萨摩诃萨发菩提心阎浮檀金亦复如是，除一切智心王大宝，余无及者。

善男子！譬如有人，善调龙法，于诸龙中而得自在。菩萨摩诃萨亦复如是，得菩提心善调龙法，于诸一切烦恼龙中而得自在。

善男子！譬如勇士，被执铠仗，一切怨敌无能降伏。菩萨摩诃萨亦复如是，被执菩提大心铠仗，一切业惑诸恶怨敌无能屈伏。

善男子！譬如天上黑栴檀香，若烧一铢，其香普熏小千世界，三千世界满中珍宝所有价直皆不能及。菩萨摩诃萨菩提心香亦复如是，一念功德普熏法界，声闻、缘觉一切功德皆所不及。

善男子！如白栴檀，若以涂身，悉能除灭一切热恼，令其身心普得清凉；菩萨摩诃萨菩提心香亦复如是，能除一切虚妄、分别、贪、恚、痴等诸惑热恼，令其具足智慧清凉。

善男子！如须弥山，若有近者，即同其色。菩萨摩诃萨菩提心山亦复如是，若有近者，悉得同其一切智色。

善男子！譬如波利质多罗树，其皮香气，阎浮提中若婆师迦、若薝卜迦、若苏摩那，如是等华所有香气皆不能及。菩萨摩诃萨菩提心树亦复如是，所发大愿功德之香，一切二乘无漏戒定、智慧解脱、解脱知见诸功德香悉不能及。

善男子！譬如波利质多罗树，虽未开华，应知即是无量诸华出生之处。菩萨摩诃萨菩提心树亦复如是，虽未开发一切智华，应知即是无数天人众菩提华所生之处。

善男子！譬如波利质多罗华，一日熏衣，薝卜迦华、婆利师华、苏摩那华虽千岁熏亦不能及。菩萨摩诃萨菩提心华亦复如是，一生所熏诸功德香，普彻十方一切佛所，一切二乘无漏功德百千劫熏所不能及。

善男子！如海岛中生椰子树，根、茎、枝、叶及以华果，一切众生恒取受用无时暂歇。菩萨摩诃萨菩提心树亦复如是，始从发起悲愿之心，乃至成佛，正法住世，常时利益一切世间无有间歇。

善男子！如有药汁，名：诃宅迦，人或得之，以其一两变千两铜，悉成真金，非千两铜能变此药。菩萨摩诃萨亦复如是，以菩提心回向智药，普变一切业惑等法，悉使成于一切智相，非业惑等能变其心。

善男子！譬如小火，随所焚烧，其焰转炽。菩萨摩诃萨菩提心火亦复如是，随所攀缘，智焰增长。

善男子！譬如一灯，然百千灯，其本一灯无减无尽。菩萨摩诃萨菩提心灯亦复如是，普然三世诸佛智灯，而其心灯无减无尽。

善男子！譬如一灯，入于闇室，百千年闇悉能破尽。菩萨摩诃萨菩提心灯亦复如是，入于众生心室之内，百千万亿不可说劫诸业烦恼、种种闇障悉能除尽。

善男子！譬如灯炷，随其大小而发光明；若益膏油，明终不绝。菩萨摩诃萨菩提心灯亦复如是，大愿为炷，光照法界；益大悲油，教化众生，庄严国土，施作佛事，无有休息。

善男子！譬如他化自在天王，冠阎浮檀真金天冠，欲界天子诸庄严具皆不能及。菩萨摩诃萨亦复如是，冠菩提心大愿天冠，一切凡夫、二乘功德皆不能及。

善男子！如师子王哮吼之时，师子儿闻皆增勇健，余兽闻之即皆窜伏。佛师子王菩提心吼应知亦尔，诸菩萨闻增长功德，有所得者闻皆退散。

善男子！譬如有人，以师子筋而为乐弦；其音既奏，余弦悉绝。菩萨摩诃萨亦复如是，以如来师子波罗蜜身菩提心筋为法乐弦；其音既奏，一切五欲以及二乘诸功德弦悉皆断灭。

善男子！譬如有人，以牛羊等种种诸乳，假使积集盈于大海，以师子乳一滴投中，悉皆变坏，直过无碍。菩萨摩诃萨亦复如是，以如来师子菩提心乳，著无量劫业烦恼乳大海之中，悉令坏灭，直过无碍，终不住于二乘解脱。

善男子！譬如迦陵频伽鸟，在卵觳（注）中有大势力，一切诸鸟所不能及。菩萨摩诃萨亦复如是，于生死觳（注）发菩提心，所有大悲功德势力，声闻、缘觉无能及者。

善男子！如金翅鸟王子，初始生时，目则明利，飞则劲捷，一切诸鸟虽久成长无能及者。菩萨摩诃萨亦复如是，发菩提心，为佛王子，智慧清净，大悲勇猛，一切二乘虽百千劫久修道行所不能及。

善男子！如有壮夫，手执利矛，刺坚密甲，直过无碍。菩萨摩诃萨亦复如是，执菩提心铦利快矛，刺诸邪见随眠密甲，悉能穿彻无有障碍。

善男子！譬如摩诃那伽大力勇士，若奋威怒，于其额上必生疮疱；疮若未合，阎浮提中一切人民无能制伏。菩萨摩诃萨亦复如是，若起大悲，必定发于菩提之心；心未舍来，一切世间魔及魔民不能为害。

善男子！譬如射师有诸弟子，虽未惯习其师技艺，然其智慧、方便、善巧，余一切人所不能及。菩萨摩诃萨初始发心亦复如是，虽未惯习一切智行，然其所有愿、智、解、欲，一切世间凡夫、二乘悉不能及。

善男子！如人学射，先安其足，后习其法。菩萨摩诃萨亦复如是，欲学如来一切智道，先当安住菩提之心，然后修行一切佛法。

善男子！譬如幻师，将作幻事，先当起意忆持幻法，然后所作悉得成就。菩萨摩诃萨亦复如是，将起一切诸佛菩萨神通幻事，先当起意发菩提心，然后一切悉得成就。

善男子！譬如幻术，无色现色。菩萨摩诃萨菩提心相亦复如是，虽无有色，不可睹见，然能普于十方法界示现种种功德庄严。

善男子！譬如猫狸，才见于鼠，鼠即入穴不敢复出。菩萨摩诃萨发菩提心亦复如是，暂以慧眼观诸惑业，皆即窜匿不复出生。

善男子！譬如有人，著阎浮金庄严之具，映蔽一切皆如聚墨。菩萨摩诃萨亦复如是，著菩提心庄严之具，映蔽一切凡夫二乘功德庄严悉无光色。

善男子！如好磁石，少分之力，即能吸坏诸铁钩锁。菩萨摩诃萨发菩提心亦复如是，若起一念，悉能坏灭一切见欲无明钩锁。

善男子！如有磁石，铁若见之，即皆散去，无留住者。菩萨摩诃萨发菩提心亦复如是，诸业烦恼、二乘解脱，若暂见之，即皆散灭，亦无住者。

善男子！譬如有人，善入大海，一切水族无能为害；假使入于摩竭鱼口，亦不为彼之所吞噬。菩萨摩诃萨亦复如是，发菩提心入生死海，诸业烦恼不能为害；假使入于声闻、缘觉实际法中，亦不为其之所留难。

善男子！譬如有人，饮甘露浆，一切诸物不能为害。菩萨摩诃萨亦复如是，饮菩提心甘露法浆，不堕声闻、辟支佛地，以具广大悲愿力故。

善男子！譬如有人，得安缮那药以涂其目，虽行人间，人所不见。菩萨摩诃萨亦复如是，得菩提心安缮那药，能以方便入魔境界，一切众魔所不能见。

善男子！譬如有人，依附于王，不畏余人。菩萨摩诃萨亦复如是，依菩提心大势力王，不畏障、盖、恶道之难。

善男子！譬如有人，住于水中，不畏火焚。菩萨摩诃萨亦复如是，住菩提心善根水中，不畏二乘解脱智火。

善男子！譬如有人，依倚猛将，即不怖畏一切怨敌。菩萨摩诃萨亦复如是，依菩提心勇猛大将，不畏一切恶行怨敌。

善男子！如释天王，执金刚杵，摧伏一切阿修罗众。菩萨摩诃萨亦复如是，持菩提心金刚之杵，摧伏一切诸魔外道。

善男子！譬如有人，服延龄药，长得充健，不老不瘦。菩萨摩诃萨亦复如是，服菩提心延龄之药，于无数劫修菩萨行，心无疲厌亦无染著。

善男子！譬如有人，调和药汁，必当先取好清净水。菩萨摩诃萨亦复如是，欲修菩萨一切行愿，先当发起菩提之心。

善男子！如人护身，先护命根。菩萨摩诃萨亦复如是，护持佛法，亦当先护菩提之心。

善男子！譬如有人，命根若断，不能利益父母、宗亲。菩萨摩诃萨亦复如是，舍菩提心，不能利益一切众生，不能成就诸佛功德。

善男子！譬如大海，无能坏者。菩提心海亦复如是，诸业烦恼、二乘之心所不能坏。

善男子！譬如日光，星宿光明不能映蔽。菩提心日亦复如是，一切二乘无漏智光所不能蔽。

善男子！如王子初生，即为大臣之所尊重，以种性自在故。菩萨摩诃萨亦复如是，于佛法中发菩提心，即为耆宿久修梵行声闻、缘觉所共尊重，以大悲自在故。

善男子！譬如王子，年虽幼稚，一切大臣皆悉敬礼。菩萨摩诃萨亦复如是，虽初发心修菩萨行，二乘耆旧皆应敬礼。

善男子！譬如王子，虽于一切臣佐之中未得自在，已具王相，不与一切诸臣佐等，以生处尊胜故。菩萨摩诃萨亦复如是，虽于一切业烦恼中未得自在，然已具足菩提之相，不与一切二乘齐等，以种性第一故。

善男子！譬如清净摩尼妙宝，眼有翳故见为不净。菩萨摩诃萨菩提心宝亦复如是，无智不信谓为不净。

善男子！譬如有药，为咒所持，若有众生见、闻、同住，一切诸病皆得消灭。菩萨摩诃萨菩提心药亦复如是，一切善根、智慧、方便、菩萨愿智共所摄持，若有众生见、闻、同住、忆念之者，诸烦恼病悉得除灭。

善男子！譬如有人，常持甘露，其身毕竟不变不坏。菩萨摩诃萨亦复如是，若常忆持菩提心露，令愿智身毕竟不坏。

善男子！如机关木人，若无有楔，身即离散，不能运动。菩萨摩诃萨亦复如是，无菩提心，行即分散，不能成就一切佛法。

善男子！如转轮王，有沉香宝，名曰：象藏；若烧此香，王四种兵悉腾虚空。菩萨摩诃萨菩提心香亦复如是，若发此意，即令菩萨一切善根永出三界，行如来智无为空中。善男子！譬如金刚，唯从金刚处及金处生，非余宝处生。菩萨摩诃萨菩提心金刚亦复如是，唯从大悲救护众生金刚处、一切智智殊胜境界金处而生，非余众生善根处生。

善男子！譬如有树，名曰：无根，不从根生，而枝、叶、华、果悉皆繁茂。菩萨摩诃萨菩提心树亦复如是，无根可得，而能长养一切智智神通大愿；枝、叶、华、果，扶疏荫映，普覆世间。

善男子！譬如金刚，非劣恶器及以破器所能容持，唯除全具上妙之器。菩提心金刚亦复如是，非下劣众生悭、嫉、破戒、懈怠、妄念、无智器中所能容持，亦非退失殊胜志愿、散乱、恶觉众生器中所能容持，唯除菩萨深心宝器。

善男子！譬如金刚，能穿众宝。菩提心金刚亦复如是，悉能穿彻一切法宝。

善男子！譬如金刚，能坏众山。菩提心金刚亦复如是，悉能摧坏诸邪见山。

善男子！譬如金刚，虽破不全，一切众宝犹不能及。菩提心金刚亦复如是，虽复志劣，少有亏损，犹胜一切二乘功德。

善男子！譬如金刚，虽有损缺，犹能除灭一切贫穷。菩提心金刚亦复如是，虽有损缺，不进诸行，犹能舍离一切生死。

善男子！如小金刚，悉能破坏一切诸物。菩提心金刚亦复如是，入少境界，即破一切无知诸惑。

善男子！譬如金刚，非凡人所得。菩提心金刚亦复如是，非劣意众生之所能得。

善男子！譬如金刚，不识宝人不知其能、不得其用。菩提心金刚亦复如是，不知法人不了其能、不得其用。

善男子！譬如金刚，无能销灭。菩提心金刚亦复如是，一切诸法无能销灭。

善男子！如金刚杵，诸大力人皆不能持，唯除有大那罗延力。菩提之心亦复如是，一切二乘皆不能持，唯除菩萨广大因缘坚固善力。

善男子！譬如金刚，一切诸物无能坏者，而能普坏一切诸物，然其体性无所损减。菩提之心亦复如是，普于三世无数劫中，教化众生，修行苦行，声闻、缘觉所不能者咸能作之，然其毕竟无有疲厌亦无损坏。

善男子！譬如金刚，余不能持，唯金刚地之所能持。菩提之心亦复如是，声闻、缘觉皆不能持，唯除趣向萨婆若者。

善男子！如金刚器，无有瑕缺用盛于水，永不渗漏而入于地。菩提心金刚器亦复如是，盛善根水，永不渗漏，令入诸趣。

善男子！如金刚际，能持大地，不令坠没。菩提之心亦复如是，能持菩萨一切行愿，不令坠没入于三界。

善男子！譬如金刚，久处水中，不烂不湿。菩提之心亦复如是，于一切劫处，在生死业惑水中，无坏无变。

善男子！譬如金刚，一切诸火不能烧然、不能令热。菩提之心亦复如是，一切生死诸烦恼火不能烧然、不能令热。

善男子！譬如三千世界之中金刚座上，能持诸佛坐于道场、降伏诸魔、成等正觉，非是余座之所能持。菩提心座亦复如是，能持菩萨一切愿行、诸波罗蜜、诸忍、诸地、回向、受记、修集菩提助道之法、供养诸佛、闻法受行，一切余心所不能持。

善男子！菩提心者，成就如是无量无边乃至不可说不可说殊胜功德。若有众生发阿耨多罗三藐三菩提心，则获如是胜功德法。是故，善男子！汝获善利！汝发阿耨多罗三藐三菩提心，求菩萨行，已得如是大功德故。

善男子！如汝所问：菩萨云何学菩萨行、修菩萨道？善男子！汝可入此毗卢遮那庄严藏大楼阁中周遍观察，则能了知学菩萨行，学已成就无量功德。

注：此字音 ku 或 que，縠字左下边木字换成卵字即是

大方广佛华严经卷第七十九

入法界品第三十九之二十

尔时，善财童子恭敬右绕弥勒菩萨摩诃萨已，而白之言：唯愿大圣开楼阁门，令我得入！

时，弥勒菩萨前诣楼阁，弹指出声，其门即开，命善财入。善财心喜，入已还闭。

见其楼阁广博无量同于虚空，阿僧祇宝以为其地；阿僧祇宫殿、阿僧祇门闼、阿僧祇窗牖、阿僧祇阶陛、阿僧祇栏楯、阿僧祇道路，皆七宝成；阿僧祇幡、阿僧祇幢、阿僧祇盖，周回间列；阿僧祇众宝璎珞、阿僧祇真珠璎珞、阿僧祇赤真珠璎珞、阿僧祇师子珠璎珞，处处垂下；阿僧祇半月、阿僧祇缯带、阿僧祇宝网，以为严饰；阿僧祇宝铎风动成音，散阿僧祇天诸杂华，悬阿僧祇天宝鬘带，严阿僧祇众宝香炉，雨阿僧祇细末金屑，悬阿僧祇宝镜，然阿僧祇宝灯，布阿僧祇宝衣，列阿僧祇宝帐，设阿僧祇宝坐，阿僧祇宝缯以敷座上；阿僧祇阎浮檀金童女像、阿僧祇杂宝诸形像、阿僧祇妙宝菩萨像，处处充遍；阿僧祇众鸟出和雅音；阿僧祇宝优钵罗华、阿僧祇宝波头摩华、阿僧祇宝拘物头华、阿僧祇宝芬陀利华，以为庄严；阿僧祇宝树次第行列，阿僧祇摩尼宝放大光明。如是等无量阿僧祇诸庄严具，以为庄严。

又见其中，有无量百千诸妙楼阁，一一严饰悉如上说；广博严丽皆同虚空，不相障碍亦无杂乱。善财童子于一处中见一切处，一切诸处悉如是见。

尔时，善财童子见毗卢遮那庄严藏楼阁如是种种不可思议自在境

界,生大欢喜,踊跃无量,身心柔软,离一切想,除一切障,灭一切惑,所见不忘,所闻能忆,所思不乱,入于无碍解脱之门。普运其心,普见一切,普申敬礼,才始稽首,以弥勒菩萨威神之力,自见其身遍在一切诸楼阁中,具见种种不可思议自在境界。

所谓:或见弥勒菩萨初发无上菩提心时如是名字、如是种族、如是善友之所开悟,令其种植如是善根、住如是寿、在如是劫、值如是佛、处于如是庄严刹土、修如是行、发如是愿;彼诸如来如是众会、如是寿命,经尔许时亲近供养。——悉皆明见。

或见弥勒最初证得慈心三昧,从是已来,号为慈氏;或见弥勒修诸妙行,成满一切诸波罗蜜;或见得忍,或见住地,或见成就清净国土,或见护持如来正教,为大法师,得无生忍,某时、某处、某如来所受于无上菩提之记。

或见弥勒为转轮王,劝诸众生住十善道;或为护世,饶益众生;或为释天,呵责五欲;或为焰摩天王,赞不放逸;或为兜率天王,称叹一生菩萨功德;或为化乐天王,为诸天众现诸菩萨变化庄严;或为他化自在天王,为诸天众演说一切诸佛之法;或作魔王,说一切法皆悉无常;或为梵王,说诸禅定无量喜乐;或为阿修罗王,入大智海,了法如幻,为其众会常演说法,断除一切憍慢醉憍。

或复见其处阎罗界,放大光明,救地狱苦;或见在于饿鬼之处,施诸饮食,济彼饥渴;或见在于畜生之道,种种方便,调伏众生。

或复见为护世天王众会说法,或复见为忉利天王众会说法,或复见为焰摩天王众会说法,或复见为兜率天王众会说法,或复见为化乐天王众会说法,或复见为他化自在天王众会说法,或复见为大梵王众会说法,或复见为龙王众会说法,或复见为夜叉、罗刹王众会说法,或复见为乾闼婆、紧那罗王众会说法,或复见为阿修罗、陀那婆王众会说法,或复见为迦楼罗、摩睺罗伽王众会说法,或复见为其余一切人、非人等众会说法,或复见为声闻众会说法,或复见为缘觉众会说法,或复见为初发心乃至一生所系已灌顶者诸菩萨众而演说法。

或见赞说初地乃至十地所有功德,或见赞说满足一切诸波罗蜜,或见赞说入诸忍门,或见赞说诸大三昧门,或见赞说甚深解脱门,或见赞说诸禅三昧神通境界,或见赞说诸菩萨行,或见赞说诸大誓愿,或见与诸同行菩萨赞说世间资生工巧种种方便利众生事,或见与诸一生菩萨赞说一切佛灌顶门。

或见弥勒于百千年,经行、读诵、书写经卷,勤求观察,为众说法,或入诸禅四无量心,或入遍处及诸解脱,或入三昧以方便力现诸神变。

或见诸菩萨入变化三昧,各于其身一一毛孔,出于一切变化身云;或见出天众身云,或见出龙众身云,或见出夜叉、乾闼婆、紧那罗、阿修罗、迦楼罗、摩睺罗伽、释、梵、护世、转轮圣王、小王、王子、大臣、官属、长者、居士身云，或见出声闻、缘觉及诸菩萨、如来身云，或见出一切众生身云。

或见出妙音，赞诸菩萨种种法门。所谓：赞说菩提心功德门；赞说檀波罗蜜乃至智波罗蜜功德门；赞说诸摄、诸禅、诸无量心，及诸三昧、三摩钵底、诸通、诸明、总持、辩才、诸谛、诸智、止观、解脱、诸缘、诸依、诸说法门；赞说念、处、正勤、神足、根、力、七菩提分、八圣道分、诸声闻乘、诸独觉乘、诸菩萨乘、诸地、诸忍、诸行、诸愿，如是等一切诸功德门。

或复于中，见诸如来，大众围绕；亦见其佛生处、种姓、身形、寿命、刹劫、名号、说法利益、教住久近，乃至所有道场众会种种不同，悉皆明见。

又复于彼庄严藏内诸楼阁中，见一楼阁，高广严饰，最上无比；于中悉见三千世界百亿四天下、百亿兜率陀天，一一皆有弥勒菩萨降神诞生、释梵天王捧持顶戴、游行七步、观察十方、大师子吼、现为童子、居处宫殿、游戏园苑、为一切智出家苦行、示受乳糜、往诣道场、降伏诸魔、成等正觉、观菩提树、梵王劝请转正法轮、升天宫殿而演说法、劫数寿量、众会庄严、所净国土、所修行愿、教化成熟众生方便、分布舍利、住持教法，皆悉不同。

尔时，善财自见其身，在彼一切诸如来所；亦见于彼一切众会、一切佛事，忆持不忘，通达无碍。复闻一切诸楼阁内，宝网铃铎及诸乐器，皆悉演畅不可思议微妙法音，说种种法。所谓：或说菩萨发菩提心，或说修行波罗蜜行，或说诸愿，或说诸地，或说恭敬供养如来，或说庄严诸佛国土，或说诸佛说法差别。如上所说一切佛法，悉闻其音，敷畅辩了。

又闻某处，有某菩萨，闻某法门，某善知识之所劝导发菩提心，于某劫、某刹、某如来所、某大众中，闻于某佛如是功德，发如是心，起如是愿，种于如是广大善根；经若干劫修菩萨行，于尔许时当成正觉，如是名号，如是寿量，如是国土，具足庄严，满如是愿，化如是众，如是声闻、菩萨众会；般涅槃后，正法住世，经尔许劫，利益如是无量众生。

或闻某处，有某菩萨，布施、持戒、忍辱、精进、禅定、智慧，修习如是诸波罗蜜。或闻某处有某菩萨，为求法故，弃舍王位及诸珍宝、妻子、眷属、手、足、头、目，一切身分皆无所恪。或闻某处，有某菩萨，守护如来所说正法，为大法师，广行法施，建法幢，吹法螺，击法鼓，雨法雨，造佛塔庙，作佛形像，施诸众生一切乐具。或闻某处，有某如来，于某劫中，成等正觉，如是国土，如是众会，如是寿命，说如是法，满如是愿，教化如是无量众生。

善财童子闻如是等不可思议微妙法音，身心欢喜，柔软悦怿，即得无量诸总持门、诸辩才门、诸禅、诸忍、诸愿、诸度、诸通、诸明,及诸解脱、诸三昧门。

又见一切诸宝镜中种种形像。所谓：或见诸佛众会道场,或见菩萨众会道场,或见声闻众会道场,或见缘觉众会道场,或见净世界,或见不净世界,或见净不净世界,或见不净净世界,或见有佛世界,或见无佛世界,或见小世界,或见中世界,或见大世界,或见因陀罗网世界,或见覆世界,或见仰世界,或见平坦世界,或见地狱、畜生、饿鬼所住世界,或见天人充满世界。于如是等诸世界中,见有无数大菩萨众,或行或坐作诸事业,或起大悲怜愍众生,或造诸论利益世间,或受或持,或书或诵,或问或答,三时忏悔,回向发愿。

又见一切诸宝柱中,放摩尼王大光明网,或青、或黄、或赤、或白、或玻璃色、或水精色、或帝青色、或虹霓色、或阎浮檀金色,或作一切诸光明色。

又见彼阎浮檀金童女及众宝像,或以其手而执华云,或执衣云,或执幢幡,或执鬘盖,或持种种涂香、末香,或持上妙摩尼宝网,或垂金锁,或挂璎珞,或举其臂捧庄严具,或低其首垂摩尼冠,曲躬瞻仰,目不暂舍。

又见彼真珠璎珞,常出香水,具八功德；琉璃、璎珞,百千光明,同时照耀；幢、幡、网、盖,如是等物,一切皆以众宝庄严。

又复见彼优钵罗华、波头摩华、拘物头华、芬陀利华,各各生于无量诸华,或大一手,或长一肘,或复纵广犹如车轮,一一华中皆悉示现种种色像以为严饰。所谓：男色像、女色像、童男色像、童女色像、释、梵、护世、天、龙、夜叉、乾闼婆、阿修罗、迦楼罗、紧那罗、摩睺罗伽、声闻、缘觉及诸菩萨。如是一切众生色像,皆悉合掌,曲躬礼敬。

亦见如来结跏趺坐,三十二相庄严其身。

又复见彼净琉璃地,一一步间,现不思议种种色像。所谓：世界色像、菩萨色像、如来色像及诸楼阁庄严色像。

又于宝树枝、叶、华、果一一事中,悉见种种半身色像。所谓：佛半身色像、菩萨半身色像、天、龙、夜叉,乃至护世、转轮圣王、小王、王子、大臣、官长,及以四众半身色像。其诸色像,或执华鬘,或执璎珞,或持一切诸庄严具；或有曲躬合掌礼敬,一心瞻仰,目不暂舍；或有赞叹,或入三昧。其身悉以相好庄严,普放种种诸色光明,所谓：金色光明、银色光明、珊瑚色光明、兜沙罗色光明、帝青色光明、毗卢遮那宝色光明、一切众宝色光明、瞻波迦华色光明。

又见诸楼阁半月像中,出阿僧祇日月星宿种种光明普照十方。

又见诸楼阁周回四壁,一一步内,一切众宝以为庄严。一一宝中,皆现弥勒曩劫修行菩萨道时,或施头目,或施手足、唇舌、牙齿、耳鼻、血肉、皮肤、骨髓乃至爪发,如是一切,悉皆能舍；妻妾、男女、城邑、聚落、国土、王位,随其所须,尽皆施与。处牢狱者，令得出离；被系缚者，使其解脱；有疾病者，为其救疗；入邪径者，示其正道。或为船师，令度大海；或为马王，救护恶难；或为大仙，善说诸论；或为轮王，劝修十善；或为医王，善疗众病；或孝顺父母，或亲近善友，或作声闻，或作缘觉，或作菩萨，或作如来，教化调伏一切众生；或为法师，奉行佛教，受持读诵，如理思惟，立佛支提，作佛形像，若自供养，若劝于他，涂香散华，恭敬礼拜。如是等事，相续不绝。或见坐于师子之座，广演说法，劝诸众生安住十善，一心归向佛、法、僧宝，受持五戒及八斋戒，出家听法，受持读诵，如理修行。

乃至见于弥勒菩萨，百千亿那由他阿僧祇劫，修行诸度一切色像；又见弥勒曾所承事诸善知识，悉以一切功德庄严；亦见弥勒在彼一一善知识所，亲近供养，受行其教，乃至住于灌顶之地。

时，诸知识告善财言：善来童子！汝观此菩萨不思议事，莫生疲厌。

尔时，善财童子得不忘失忆念力故，得见十方清净眼故，得善观察无碍智故，得诸菩萨自在智故，得诸菩萨已入智地广大解故，于一切楼阁一一物中，悉见如是及余无量不可思议自在境界诸庄严事。

譬如有人，于睡梦中见种种物，所谓：城邑、聚落、宫殿、园苑、山林、河池、衣服、饮食乃至一切资生之具；或见自身父母兄弟、内外亲属；或见大海须弥山王，乃至一切诸天宫殿、阎浮提等四天下事；或见其身形量广大百千由旬，房舍、衣服悉皆相称，谓于昼日经无量时不眠不寝受诸安乐。从睡觉已，乃知是梦，而能明记所见之事。善财童子亦复如是，以弥勒菩萨力所持故，知三界法皆如梦故，灭诸众生狭劣想故，得无障碍广大解故，住诸菩萨胜境界故，入不思议方便智故，能见如是自在境界。譬如有人，将欲命终，见随其业所受报相：行恶业者，见于地狱、畜生、饿鬼所有一切众苦境界，或见狱卒手持兵仗或瞋或骂囚执将去，亦闻号叫、悲叹之声，或见灰河，或见镬汤，或见刀山，或见剑树，种种逼迫，受诸苦恼；作善业者，即见一切诸天宫殿无量天众、天诸采女，种种衣服具足庄严，宫殿、园林尽皆妙好。身虽未死，而由业力见如是事。善财童子亦复如是，以菩萨业不思议力，得见一切庄严境界。

譬如有人，为鬼所持，见种种事，随其所问，悉皆能答。善财童子亦复如是，菩萨智慧之所持故，见彼一切诸庄严事，若有问者，靡不能答。

譬如有人，为龙所持，自谓是龙，入于龙宫，于少时间，自谓已经日月年载。善财童子亦复如是，以住菩萨智慧想故，弥勒菩萨所加持故，于少时间谓无量劫。

譬如梵宫，名：庄严藏，于中悉见三千世界一切诸物不相杂乱。善财童子亦复如是，于楼观中，普见一切庄严境界种种差别不相杂乱。

譬如比丘，入遍处定，若行、若住、若坐、若卧，随所入定，境界现前。善财童子亦复如是，入于楼观，一切境界悉皆明了。

譬如有人，于虚空中见乾闼婆城具足庄严，悉分别知，无有障碍；譬如夜叉宫殿与人宫殿，同在一处而不相杂，各随其业，所见不同；譬如大海，于中悉见三千世界一切色像；譬如幻师，以幻力故，现诸幻事种种作业。善财童子亦复如是，以弥勒菩萨威神力故，及不思议幻智力故，能以幻智知诸法故，得诸菩萨自在力故，见楼阁中一切庄严自在境界。

尔时，弥勒菩萨摩诃萨即摄神力入楼阁中，弹指作声，告善财言：善男子起！法性如是，此是菩萨知诸法智因缘聚集所现之相。如是自性，如幻、如梦、如影、如像，悉不成就。尔时，善财闻弹指声，从三昧起。

弥勒告言：善男子！汝住菩萨不可思议自在解脱，受诸菩萨三昧喜乐，能见菩萨神力所持、助道所流、愿智所现种种上妙庄严宫殿；见菩萨行，闻菩萨法，知菩萨德，了如来愿。

善财白言：唯然！圣者！是善知识加被忆念威神之力。圣者！此解脱门，其名何等？

弥勒告言：善男子！此解脱门，名：入三世一切境界不忘念智庄严藏。善男子！此解脱门中，有不可说不可说解脱门，一生菩萨之所能得。

善财问言：此庄严事，何处去耶？

弥勒答言：于来处去。

曰：从何处来？

曰：从菩萨智慧神力中来，依菩萨智慧神力而住，无有去处，亦无住处，非集非常，远离一切。善男子！如龙王降雨，不从身出，不从心出，无有积集，而非不见；但以龙王心念力故，霈然洪霔，周遍天下，如是境界不可思议。善男子！彼庄严事亦复如是，不住于内，亦不住外，而非不见；但由菩萨威神之力、汝善根力，见如是事。善男子！譬如幻师作诸幻事，无所从来，无所至去；虽无来去，以幻力故，分明可见。彼庄严事亦复如是，无所从来，亦无所去；虽无来去，然以惯习不可思议幻智力故，及由往昔大愿力故，如是显现。

善财童子言：大圣从何处来？

弥勒言：

善男子！诸菩萨无来无去，如是而来；无行无住，如是而来；无处无著，不没不生，不住不迁，不动不起，无恋无著，无业无报，无起无灭，不断不常，如是而来。善男子！菩萨从大悲处来，为欲调伏诸众生故；从大慈处来，为欲救护诸众生故；从净戒处来，随其所乐而受生故；从大愿处来，往昔愿力之所持故；从神通处来，于一切处随乐现故;从无动摇处来,恒不舍离一切佛故;从无取舍处来,不役身心使往来故;从智慧方便处来,随顺一切诸众生故;从示现变化处来,犹如影像而化现故。

然,善男子!汝问于我从何处来者。善男子!我从生处摩罗提国而来于此。善男子!彼有聚落,名为:房舍;有长者子,名:瞿波罗。为化其人,令入佛法,而住于彼;又为生处一切人民随所应化而为说法,亦为父母及诸眷属、婆罗门等演说大乘,令其趣入故住于彼。而从彼来。

善财童子言:圣者!何者是菩萨生处?

答言:

善男子!菩萨有十种生处。何者为十?善男子!菩提心是菩萨生处,生菩萨家故;深心是菩萨生处,生善知识家故;诸地是菩萨生处,生波罗蜜家故;大愿是菩萨生处,生妙行家故;大悲是菩萨生处,生四摄家故;如理观察是菩萨生处,生般若波罗蜜家故;大乘是菩萨生处,生方便善巧家故;教化众生是菩萨生处,生佛家故;智慧方便是菩萨生处,生无生法忍家故;修行一切法是菩萨生处,生过、现、未来一切如来家故。

善男子!菩萨摩诃萨,以般若波罗蜜为母,方便善巧为父,檀波罗蜜为乳母,尸波罗蜜为养母,忍波罗蜜为庄严具,勤波罗蜜为养育者,禅波罗蜜为浣濯人,善知识为教授师,一切菩提分为伴侣,一切善法为眷属,一切菩萨为兄弟,菩提心为家,如理修行为家法,诸地为家处,诸忍为家族,大愿为家教,满足诸行为顺家法,劝发大乘为绍家业,法水灌顶一生所系菩萨为王太子,成就菩提为能净家族。

善男子!菩萨如是超凡夫地,入菩萨位,生如来家,住佛种性,能修诸行,不断三宝,善能守护菩萨种族,净菩萨种,生处尊胜,无诸过恶,一切世间天、人、魔、梵、沙门、婆罗门恭敬赞叹。

善男子!菩萨摩诃萨生于如是尊胜家已,知一切法如影像故,于诸世间无所恶贱;知一切法如变化故,于诸有趣无所染著;知一切法无有我故,教化众生心无疲厌;以大慈悲为体性故,摄受众生不觉劳苦;了达生死犹如梦故,经一切劫而无怖畏;了知诸蕴皆如幻故,示现受生而无疲厌;知诸界、处同法界故,于诸境界无所坏灭;知一切想如阳焰故,入于诸趣不生倒惑;达一切法皆如幻故,入魔境界不起染著;知法身故,一切烦恼不能欺诳;得自在故,于一切趣通达无碍。

善男子!我身普生一切法界,等一切众生差别色相,等一切众生殊异言音,等一切众生种种名号,等一切众生所乐威仪,随顺世间教化调伏;等一切清净众生示现受生,等一切凡夫众生所作事业,等一切众生想,等一切菩萨愿,而现其身充满法界。

善男子!我为化度与我往昔同修诸行,今时退失菩提心者;亦为教化父母、亲属；亦为教化诸婆罗门，令其离于种族憍慢，得生如来种性之中。——而生于此阎浮提界、摩罗提国、拘吒聚落、婆罗门家。善男子！我住于此大楼阁中，随诸众生心之所乐，种种方便教化调伏。善男子！我为随顺众生心故，我为成熟兜率天中同行天故，我为示现菩萨福智变化庄严；超过一切诸欲界故，令其舍离诸欲乐故，令知有为皆无常故，令知诸天盛必衰故，为欲示现将降生时大智法门；与一生菩萨共谈论故，为欲摄化诸同行故，为欲教化释迦如来所遣来者令如莲华悉开悟故，于此命终，生兜率天。善男子！我愿满足，成一切智，得菩提时，汝及文殊俱得见我。

善男子！汝当往诣文殊师利善知识所而问之言：菩萨云何学菩萨行？云何而入普贤行门？云何成就？云何广大？云何随顺？云何清净？云何圆满？善男子！彼当为汝分别演说。何以故？文殊师利所有大愿，非余无量百千亿那由他菩萨之所能有。

善男子！文殊师利童子，其行广大，其愿无边，出生一切菩萨功德无有休息。善男子！文殊师利常为无量百千亿那由他诸佛母，常为无量百千亿那由他菩萨师，教化成熟一切众生，名称普闻十方世界；常于一切诸佛众中为说法师，一切如来之所赞叹；住甚深智，能如实见一切诸法，通达一切解脱境界，究竟普贤所行诸行。

善男子！文殊师利童子是汝善知识，令汝得生如来家，长养一切诸善根，发起一切助道法，值遇真实善知识；令汝修一切功德，入一切愿网，住一切大愿；为汝说一切菩萨秘密法，现一切菩萨难思行；与汝往昔同生同行。

是故，善男子！汝应往诣文殊之所莫生疲厌，文殊师利当为汝说一切功德。何以故？汝先所见诸善知识闻菩萨行、入解脱门、满足大愿，皆是文殊威神之力，文殊师利于一切处咸得究竟。

时，善财童子顶礼其足，绕无量匝，殷勤瞻仰，辞退而去。

大方广佛华严经卷第八十

入法界品第三十九之二十一

尔时，善财童子依弥勒菩萨摩诃萨教，渐次而行，经由一百一十余城已，到普门国苏摩那城，住其门所，思惟文殊师利，随顺观察，周旋求觅，希欲奉觐。

是时，文殊师利遥伸右手，过一百一十由旬，按善财顶，作如是言：

善哉善哉！善男子！若离信根，心劣忧悔，功行不具，退失精勤，于一善根心生住著，于少功德便以为足，不能善巧发起行愿，不为善知识之所摄护，不为如来之所忆念，不能了知如是法性、如是理趣、如是法门、如是所行、如是境界；若周遍知、若种种知、若尽源底、若解了、若趣入、若解说、若分别、若证知、若获得，皆悉不能。

是时，文殊师利宣说此法，示教利喜，令善财童子成就阿僧祇法门，具足无量大智光明，令得菩萨无边际陀罗尼、无边际愿、无边际三昧、无边际神通、无边际智，令入普贤行道场，及置善财自所住处；文殊师利还摄不现。

于是，善财思惟观察，一心愿见文殊师利，及见三千大千世界微尘数诸善知识，悉皆亲近，恭敬承事，受行其教，无有违逆；增长趣求一切智慧，广大悲海，益大慈云，普观众生，生大欢喜，安住菩萨寂静法门；普缘一切广大境界，学一切佛广大功德，入一切佛决定知见，增一切智助道之法，善修一切菩萨深心，知三世佛出兴次第；入一切法海，转一切法轮，生一切世间，入于一切菩萨愿海，住一切劫修菩萨行，照明一切如来境界，长养一切菩萨诸根；获一切智清净光明，普照十方，除诸暗障，智周法界；于一切佛刹、一切诸有，普现其身，靡不周遍；摧一切障，入无碍法，住于法界平等之地；观察普贤解脱境界，即闻普贤菩萨摩诃萨名字、行愿、助道、正道、诸地地、方便地、入地、胜进地、住地、修习地、境界地、威力地，同住渴仰。

欲见普贤菩萨，即于此金刚藏菩提场，毗卢遮那如来师子座前，一切宝莲华藏座上，起等虚空界广大心、舍一切刹离一切著无碍心、普行一切无碍法无碍心、遍入一切十方海无碍心、普入一切智境界清净心、观道场庄严明了心、入一切佛法海广大心、化一切众生界周遍心、净一切国土无量心、住一切劫无尽心、趣如来十力究竟心。

善财童子起如是心时，由自善根力、一切如来所加被力、普贤菩萨同善根力故，见十种瑞相。何等为十？所谓：见一切佛刹清净，一切如来成正等觉；见一切佛刹清净，无诸恶道；见一切佛刹清净，众妙莲华以为严饰；见一切佛刹清净，一切众生身心清净；见一切佛刹清净，种种众宝之所庄严；见一切佛刹清净，一切众生诸相严身；见一切佛刹清净，诸庄严云以覆其上；见一切佛刹清净，一切众生互起慈心，递相利益，不为恼害；见一切佛刹清净，道场庄严；见一切佛刹清净，一切众生心常念佛。是为十。

又见十种光明相。何等为十？所谓：见一切世界所有微尘，一一尘中，出一切世界微尘数佛光明网云，周遍照耀；一一尘中，出一切世界微尘数佛光明轮云，种种色相周遍法界；一一尘中，出一切世界微尘数佛色像宝云，周遍法界；一一尘中，出一切世界微尘数佛光焰轮云，周遍法界；一一尘中，出一切世界微尘数众妙香云，周遍十方，称赞普贤一切行愿大功德海；一一尘中，出一切世界微尘数日月星宿云，皆放普贤菩萨光明，遍照法界；一一尘中，出一切世界微尘数一切众生身色像云，放佛光明，遍照法界；一一尘中，出一切世界微尘数一切佛色像摩尼云，周遍法界；一一尘中，出一切世界微尘数菩萨身色像云，充满法界，令一切众生皆得出离、所愿满足；一一尘中，出一切世界微尘数如来身色像云，说一切佛广大誓愿，周遍法界。是为十。

时，善财童子见此十种光明相已，即作是念：我今必见普贤菩萨，增益善根，见一切佛；于诸菩萨广大境界，生决定解，得一切智。

于时，善财普摄诸根，一心求见普贤菩萨，起大精进，心无退转。即以普眼观察十方一切诸佛、诸菩萨众所见境界，皆作得见普贤之想；以智慧眼观普贤道，其心广大犹如虚空，大悲坚固犹如金刚，愿尽未来常得随逐普贤菩萨，念念随顺，修普贤行，成就智慧，入如来境，住普贤地。

时，善财童子即见普贤菩萨，在如来前众会之中，坐宝莲华师子之座，诸菩萨众所共围绕，最为殊特，世无与等；智慧境界无量无边，难测难思，等三世佛，一切菩萨无能观察。见普贤身一一毛孔，出一切世界微尘数光明云，遍法界、虚空界、一切世界，除灭一切众生苦患，令诸菩萨生大欢喜；见一一毛孔，出一切佛刹微尘数种种色香焰云，遍法界、虚空界一切诸佛众会道场，而以普熏；见一一毛孔，出一切佛刹微尘数杂华云，遍法界、虚空界一切诸佛众会道场，雨众妙华；见一一毛孔，出一切佛刹微尘数香树云，遍法界、虚空界一切诸佛众会道场，雨众妙香；见一一毛孔，出一切佛刹微尘数妙衣云，遍法界、虚空界一切诸佛众会道场，雨众妙衣；见一一毛孔，出一切佛刹微尘数宝树云，遍法界、虚空界一切诸佛众会道场，雨摩尼宝；见一一毛孔，出一切佛刹微尘数色界天身云，充满法界，叹菩提心；见一一毛孔，出一切佛刹微尘数梵天身云，劝诸如来转妙法轮；见一一毛孔，出一切佛刹微尘数欲界天主身云，护持一切如来法轮；见一一毛孔，念念中出一切佛刹微尘数三世佛刹云，遍法界、虚空界，为诸众生，无归趣者为作归趣，无覆护者为作覆护，无依止者为作依止；见一一毛孔，念念中出一切佛刹微尘数清净佛刹云，遍法界、虚空界，一切诸佛于中出世，菩萨众会悉皆充满；见一一毛孔，念念中出一切佛刹微尘数净不净佛刹云，遍法界、虚空界，令杂染众生皆得清净；见一一毛孔，念念中出一切佛刹微尘数不净净佛刹云，遍法界、虚空界，令杂染众生皆得清净；见一一毛孔，念念中出一切佛刹微尘数不净佛刹云，遍法界、虚空界，令纯染众生皆得清净；见一一毛孔，念念中出一切佛刹微尘数众生身云，遍法界、虚空界，随其所应，教化众生，皆令发阿耨多罗三藐三菩提心；见一一毛孔，念念中出一切佛刹微尘数菩萨身云，遍法界、虚空界，称扬种种诸佛名号，令诸众生增长善根。见一一毛孔，念念中出一切佛刹微尘数菩萨身云，遍法界、虚空界一切佛刹，宣扬一切诸佛菩萨从初发意所生善根；见一一毛孔，念念中出一切佛刹微尘数菩萨身云，遍法界、虚空界，于一切佛刹一一刹中，宣扬一切菩萨愿海及普贤菩萨清净妙行；见一一毛孔，念念中出普贤菩萨行云，令一切众生心得满足，具足修习一切智道；见一一毛孔，出一切佛刹微尘数正觉身云，于一切佛刹，现成正觉，令诸菩萨增长大法、成一切智。

尔时，善财童子见普贤菩萨如是自在神通境界，身心遍喜，踊跃无量；重观普贤一一身分、一一毛孔，悉有三千大千世界。风轮、水轮、地轮、火轮，大海、江河及诸宝山、须弥、铁围、村营、城邑、宫殿、园苑，一切地狱、饿鬼、畜生、阎罗王界，天龙八部、人与非人，欲界、色界、无色界处，日月星宿、风云雷电，昼夜月时及以年劫、诸佛出世、菩萨众会、道场庄严；如是等事，悉皆明见。如见此世界，十方所有一切世界悉如是见；如见现在十方世界，前际、后际一切世界亦如是见，各各差别，不相杂乱。如于此毗卢遮那如来所，示现如是神通之力；于东方莲华德世界贤首佛所，现神通力亦复如是。如贤首佛所；如是东方一切世界。如东方；南、西、北方，四维、上、下，一切世界诸如来所，现神通力当知悉尔。如十方一切世界；如是十方一切佛刹，一一尘中皆有法界诸佛众会，一一佛所普贤菩萨坐宝莲华师子座上现神通力悉亦如是。彼一一普贤身中，皆现三世一切境界、一切佛刹、一切众生、一切佛出现、一切菩萨众，及闻一切众生言音、一切佛言音、一切如来所转法轮、一切菩萨所成诸行、一切如来游戏神通。

善财童子见普贤菩萨如是无量不可思议大神通力，即得十种智波罗蜜。何等为十？所谓：于念念中，悉能周遍一切佛刹智波罗蜜；于念念中，悉能往诣一切佛所智波罗蜜；于念念中，悉能供养一切如来智波罗蜜；于念念中，普于一切诸如来所闻法受持智波罗蜜；于念念中，思惟一切如来法轮智波罗蜜；于念念中，知一切佛不可思议大神通事智波罗蜜；于念念中，说一句法尽未来际辩才无尽智波罗蜜；于念念中，以深般若观一切法智波罗蜜；于念念中，入一切法界实相海智波罗蜜；于念念中，知一切众生心智波罗蜜；于念念中，普贤慧行皆现在前智波罗蜜。

善财童子既得是已，普贤菩萨即伸右手摩触其顶。既摩顶已，善财即得一切佛刹微尘数三昧门，各以一切佛刹微尘数三昧而为眷属；一一三昧，悉见昔所未见一切佛刹微尘数佛大海，集一切佛刹微尘数一切智助道具，生一切佛刹微尘数一切智上妙法，发一切佛刹微尘数一切智大誓愿，入一切佛刹微尘数大愿海，住一切佛刹微尘数一切智出要道，修一切佛刹微尘数诸菩萨所修行，起一切佛刹微尘数一切智大精进，得一切佛刹微尘数一切智净光明。如此娑婆世界毗卢遮那佛所，普贤菩萨摩善财顶；如是十方所有世界，及彼世界一一尘中一世界一切佛所，普贤菩萨悉亦如是摩善财顶，所得法门亦皆同等。

尔时，普贤菩萨摩诃萨告善财言：善男子！汝见我此神通力不？

唯然！已见。大圣！此不思议大神通事，唯是如来之所能知。

普贤告言：

善男子！我于过去不可说不可说佛刹微尘数劫，行菩萨行，求一切智；一一劫中，为欲清净菩提心故，承事不可说不可说佛刹微尘数佛；一一劫中，为集一切智福德具故，设不可说不可说佛刹微尘数广大施会，一切世间咸使闻知，凡有所求悉令满足；一一劫中，为求一切智法故，以不可说不可说佛刹微尘数财物布施；一一劫中，为求佛智故，以不可说不可说佛刹微尘数城邑、聚落、国土、王位、妻子、眷属、眼、耳、鼻、舌、身、肉、手、足乃至身命而为布施；一一劫中，为求一切智首故，以不可说不可说佛刹微尘数头而为布施；一一劫中，为求一切智故，于不可说不可说佛刹微尘数诸如来所，恭敬尊重，承事供养，衣服、卧具、饮食、汤药，一切所须悉皆奉施，于其法中出家学道，修行佛法，护持正教。

善男子！我于尔所劫海中，自忆未曾于一念间不顺佛教，于一念间生瞋害心、我我所心、自他差别心、远离菩提心、于生死中起疲厌心、懒惰心、障碍心、迷惑心，唯住无上不可沮坏集一切智助道之法大菩提心。

善男子！我庄严佛土，以大悲心，救护众生，教化成就，供养诸佛，事善知识；为求正法，弘宣护持，一切内外悉皆能舍，乃至身命亦无所吝。一切劫海说其因缘，劫海可尽，此无有尽。

善男子！我法海中，无有一文，无有一句，非是舍施转轮王位而求得者，非是舍施一切所有而求得者。善男子！我所求法，皆为救护一切众生，一心思惟：愿诸众生得闻是法，愿以智光普照世间，愿为开示出世间智，愿令众生悉得安乐，愿普称赞一切诸佛所有功德。我如是等往昔因缘，于不可说不可说佛刹微尘数劫海，说不可尽。

是故，善男子！我以如是助道法力、诸善根力、大志乐力、修功德力、如实思惟一切法力、智慧眼力、佛威神力、大慈悲力、净神通力、善知识力故，得此究竟三世平等清净法身，复得清净无上色身，超诸世间，随诸众生心之所乐而为现形，入一切刹，遍一切处，于诸世界广现神通，令其见者靡不欣乐。善男子！汝且观我如是色身；我此色身，无边劫海之所成就，无量千亿那由他劫难见难闻。

善男子！若有众生未种善根，及种少善根声闻、菩萨，犹尚不得闻我名字，况见我身！善男子！若有众生得闻我名，于阿耨多罗三藐三菩提不复退转；若见若触，若迎若送，若暂随逐，乃至梦中见闻我者，皆亦如是。或有众生，一日一夜忆念于我即得成熟；或七日七夜、半月一月、半年一年、百年千年、一劫百劫，乃至不可说不可说佛刹微尘数劫，忆念于我而成熟者；或一生、或百生，乃至不可说不可说佛刹微尘数生，忆念于我而成熟者；或见我放大光明，或见我震动佛刹，或生怖畏，或生欢喜，皆得成熟。善男子！我以如是等佛刹微尘数方便门，令诸众生于阿耨多罗三藐三菩提得不退转。

善男子！若有众生见闻于我清净刹者，必得生此清净刹中；若有众生见闻于我清净身者，必得生我清净身中。善男子！汝应观我此清净身。

尔时，善财童子观普贤菩萨身，相好肢节，一一毛孔中，皆有不可说不可说佛刹海；一一刹海，皆有诸佛出兴于世，大菩萨众所共围绕。又复见彼一切刹海，种种建立、种种形状、种种庄严、种种大山周匝围绕，种种色云弥覆虚空，种种佛兴演种种法；如是等事，各各不同。又见普贤于一一世界海中，出一切佛刹微尘数佛化身云，周遍十方一切世界，教化众生，令向阿耨多罗三藐三菩提。时，善财童子又见自身在普贤身内，十方一切诸世界中教化众生。

又，善财童子亲近佛刹微尘数诸善知识所得善根、智慧光明，比见普贤菩萨所得善根，百分不及一，千分不及一，百千分不及一，百千亿分乃至算数譬喻亦不能及是。善财童子从初发心，乃至得见普贤菩萨，于其中间所入一切诸佛刹海，今于普贤一毛孔中一念所入诸佛刹海，过前不可说不可说佛刹微尘数倍；如一毛孔，一切毛孔悉亦如是。

善财童子于普贤菩萨毛孔刹中，行一步，过不可说不可说佛刹微尘数世界；如是而行，尽未来劫，犹不能知一毛孔中刹海次第、刹海藏、刹海差别、刹海普入、刹海成、刹海坏、刹海庄严所有边际；亦不能知佛海次第、佛海藏、佛海差别、佛海普入、佛海生、佛海灭所有边际；亦不能知菩萨众海次第、菩萨众海藏、菩萨众海差别、菩萨众海普入、菩萨众海集、菩萨众海散所有边际；亦不能知入众生界、知众生根、教化调伏诸众生智、菩萨所住甚深自在、菩萨所入诸地诸道，如是等海所有边际。

善财童子于普贤菩萨毛孔刹中，或于一刹经于一劫如是而行，乃至或有经不可说不可说佛刹微尘数劫如是而行，亦不于此刹没、于彼刹现，念念周遍无边刹海，教化众生，令向阿耨多罗三藐三菩提。

当是之时，善财童子则次第得普贤菩萨诸行愿海，与普贤等，与诸佛等，一身充满一切世界，刹等、行等、正觉等、神通等、法轮等、辩才等、言辞等、音声等、力无畏等、佛所住等、大慈悲等、不可思议解脱自在悉皆同等。

尔时，普贤菩萨摩诃萨即说颂言：

汝等应除诸惑垢，一心不乱而谛听；我说如来具诸度，一切解脱真实道。出世调柔胜丈夫，其心清净如虚空，恒放智日大光明，普使群生灭痴暗。如来难可得见闻，无量亿劫今乃值，如优昙华时一现，是故应听佛功德。随顺世间诸所作，譬如幻士现众业，但为悦可众生心,未曾分别起想念。

尔时,诸菩萨闻此说已,一心渴仰,唯愿得闻如来世尊真实功德,咸作是念:普贤菩萨具修诸行,体性清净,所有言说皆悉不虚,一切如来共所称叹。作是念已,深生渴仰。

尔时,普贤菩萨功德智慧具足庄严,犹如莲华不著三界一切尘垢,告诸菩萨言:汝等谛听,我今欲说佛功德海一滴之相。即说颂言:

佛智广大同虚空,普遍一切众生心,悉了世间诸妄想,不起种种异分别。一念悉知三世法,亦了一切众生根,譬如善巧大幻师,念念示现无边事。随众生心种种行,往昔诸业誓愿力,令其所见各不同,而佛本来无动念。或有处处见佛坐,充满十方诸世界,或有其心不清净,无量劫中不见佛。或有信解离憍慢,发意即得见如来;或有谄诳不净心,亿劫寻求莫值遇。或一切处闻佛音,其音美妙令心悦;或有百千万亿劫,心不净故不闻者。或见清净大菩萨,充满三千大千界,皆已具足普贤行,如来于中俨然坐。或见此界妙无比,佛无量劫所严净;毗卢遮那最胜尊,于中觉悟成菩提。或见莲华胜妙刹,贤首如来住在中,无量菩萨众围绕,皆悉勤修普贤行。或有见佛无量寿,观自在等所围绕,悉已住于灌顶地,充满十方诸世界。或有见此三千界,种种庄严如妙喜,阿错注[1]如来住在中,及如香象诸菩萨。或见月觉大名称,与金刚幢菩萨等,住如圆镜妙庄严,普遍十方清净刹。或见日藏世所尊,住善光明清净土,及与灌顶诸菩萨,充遍十方而说法。或见金刚大焰佛,而与智幢菩萨俱,周行一切广大刹,说法除灭众生翳。一一毛端不可说,诸佛具相三十二,菩萨眷属共围绕,种种说法度众生。或有观见一毛孔,具足庄严广大刹,无量如来悉在中,清净佛子皆充满。或有见一微尘内,具有恒沙佛国土,无量菩萨悉充满,不可说劫修诸行。或有见一毛端处,无量尘沙诸刹海,种种业起各差别,毗卢遮那转法轮。或见世界不清净,或见清净宝所成,如来住寿无量时,乃至涅槃诸所现。普遍十方诸世界,种种示现不思议,随诸众生心智业,靡不化度令清净。如是无上大导师,充满十方诸国土,示现种种神通力,我说少分汝当听。或见释迦成佛道,已经不可思议劫;或见今始为菩萨,十方利益诸众生。或有见此释师子,供养诸佛修行道;或见人中最胜尊,现种种力神通事。或见布施或持戒,或忍或进或诸禅,般若方便愿力智,随众生心皆示现。或见究竟波罗蜜,或见安住于诸地,总持三昧神通智,如是悉现无不尽。或现修行无量劫,住于菩萨堪忍位;或现住于不退地,或现法水灌其顶。或现梵释护世身,或现刹利婆罗门,种种色相所庄严,犹如幻师现众像。或现兜率始降神,或见宫中受嫔御,或见弃舍诸荣乐,出家离俗行学道。或见始生或见灭,或见出家学异行,或见坐于菩提树,降伏魔军成正觉。或有见佛始涅槃,或见起塔遍世间,或见塔中立佛像,以知时故如是现。或见如来无量寿,与诸菩萨授尊记,而成无上大导师,次补住于安乐刹。或见无量亿千劫,作佛事已入涅槃;或见今始成菩提,或见正修诸妙行。或见如来清净月,在于梵世及魔宫,自在天宫化乐宫,示现种种诸神变。或见在于兜率宫,无量诸天共围绕,为彼说法令欢喜,悉共发心供养佛。或见住在夜摩天,忉利护世龙神处,如是一切诸宫殿,莫不于中现其像。于彼然灯世尊所,散华布发为供养,从是了知深妙法,恒以此道化群生。或有见佛久涅槃,或见初始成菩提;或见住于无量劫,或见须臾即灭度。身相光明与寿命,智慧菩提及涅槃,众会所化威仪声,如是一一皆无数。或现其身极广大,譬如须弥大宝山;或见跏趺不动摇,充满无边诸世界。或见圆光一寻量,或见千万亿由旬,或见照于无量土,或见充满一切刹。或见佛寿八十年,或寿百千万亿岁,或住不可思议劫,如是展转倍过此。佛智通达净无碍,一念普知三世法,皆从心识因缘起,生灭无常无自性。于一刹中成正觉,一切刹处悉亦成,一切入一一亦尔,随众生心皆示现。如来住于无上道,成就十力四无畏;具足智慧无所碍,转于十二行法轮。了知苦集及灭道,分别十二因缘法;法义乐说辞无碍,以是四辩广开演。诸法无我无有相,业性不起亦无失,一切远离如虚空,佛以方便而分别。如来如是转法轮,普震十方诸国土,宫殿山河悉摇动,不使众生有惊怖。如来普演广大音,随其根欲皆令解,悉使发心除惑垢,而佛未始生心念。或闻施戒忍精进,禅定般若方便智,或闻慈悲及喜舍,种种音辞各差别。或闻四念四正勤,神足根力及觉道,诸念神通止观等,无量方便诸法门。龙神八部人非人,梵释护世诸天众,佛以一音为说法,随其品类皆令解。若有贪欲瞋恚痴,忿覆悭嫉及憍谄,八万四千烦恼异,皆令闻说彼治法。若未具修白净法,令其闻说十戒行;已能布施调伏人,令闻寂灭涅槃音。若人志劣无慈愍,厌恶生死自求离;令其闻说三脱门,使得出苦涅槃乐。若有自性少诸欲,厌背三有求寂静;令其闻说诸缘起,依独觉乘而出离。若有清净广大心,具足施戒诸功德,亲近如来具慈愍,令其闻说大乘音。或有国土闻一乘,或二或三或四五,如是乃至无有量,悉是如来方便力。涅槃寂静未曾异,智行胜劣有差别;譬如虚空体性一,鸟飞远近各不同。佛体音声亦如是,普遍一切虚空界,随诸众生心智殊,所闻所见各差别。佛以过去修诸行,能随所乐演妙音,无心计念此与彼,我为谁说谁不说。如来面门放大光,具足八万四千数;所说法门亦如是,普照世界除烦恼。具足清净功德智,而常随顺三世间,譬如虚空无染著,为众生故而出现。示有生老病死苦,亦示住寿处于世;虽顺世间如是现,体性清净同虚空。一切国土无有边,众生根欲亦无量;如来智眼皆明见,随所应化示佛道。究竟虚空十方界,所有人天大众中,随其形相各不同,佛现其身亦如是。若在沙门大众会,剃除须发服袈裟,执持衣钵护诸根,令其欢喜息烦恼。若时亲近婆罗门,即为示现羸瘦

647

身，执杖持瓶恒洁净，具足智慧巧谈说。吐故纳新自充饱，吸风饮露无异食，若坐若立不动摇，现斯苦行摧异道。或持彼戒为世师，善达医方等诸论，书数天文地众相，及身休咎无不了。深入诸禅及解脱，三昧神通智慧行，言谈讽咏共嬉戏，方便皆令住佛道。或现上服以严身，首戴华冠荫高盖，四兵前后共围绕，警众宣威伏小王。或为听讼断狱官，善解世间诸法务，所有与夺皆明审，令其一切悉欣伏。或作大臣事弼辅，善用诸王治政法，十方利益皆周遍，一切众生莫了知。或为粟散诸小王，或作飞行转轮帝，令诸王子采女众，悉皆受化无能测。或作护世四天王，统领诸龙夜叉等，为其众会而说法，一切皆令大欣庆。或为忉利大天王，住善法堂欢喜园，首戴华冠说妙法，诸天觐仰莫能测。或住夜摩兜率天，化乐自在魔王所，居处摩尼宝宫殿，说真实行令调伏。或至梵天众会中，说四无量诸禅道，普令欢喜便舍去，而莫知其往来相。或至阿迦尼吒天，为说觉分诸宝华，及余无量圣功德，然后舍去无知者。如来无碍智所见，其中一切诸众生，悉以无边方便门，种种教化令成就。譬如幻师善幻术，现作种种诸幻事；佛化众生亦如是，为其示现种种身。譬如净月在虚空，令世众生见增减，一切河池现影像，所有星宿夺光色。如来智月出世间，亦以方便示增减，菩萨心水现其影，声闻星宿无光色。譬如大海宝充满，清净无浊无有量；四洲所有诸众生，一切于中现其像。佛身功德海亦尔，无垢无浊无边际；乃至法界诸众生，靡不于中现其影。譬如净日放千光，不动本处照十方；佛日光明亦如是，无去无来除世暗。譬如龙王降大雨，不从身出及心出，而能沾洽悉周遍，涤除炎热使清凉。如来法雨亦复然，不从于佛身心出，而能开悟一切众，普使灭除三毒火。如来清净妙法身，一切三界无伦匹；以出世间言语道，其性非有非无故。虽无所依无不住，虽无不至而不去；如空中画梦所见，当于佛体如是观。三界有无一切法，不能与佛为譬喻；譬如山林鸟兽等，无有依空而住者。大海摩尼无量色，佛身差别亦复然；如来非色非非色，随应而现无所住。虚空真如及实际，涅槃法性寂灭等；唯有如是真实法，可以显示于如来。刹尘心念可数知，大海中水可饮尽，虚空可量风可系，无能尽说佛功德。若有闻斯功德海，而生欢喜信解心，如所称扬悉当获，慎勿于此怀疑念。

注1：（閦，音chu）

大方广佛华严经入不思议解脱境界普贤行愿品

唐罽宾国三藏般若译

尔时普贤菩萨摩诃萨。称叹如来胜功德已。告诸菩萨及善财言。善男子。如来功德。假使十方一切诸佛经不可说不可说佛刹极微尘数劫。相续演说不可穷尽。若欲成就此功德门。应修十种广大行愿。何等为十？一者礼敬诸佛二者称赞如来三者广修供养四者忏悔业障五者随喜功德六者请转法轮七者请佛住世八者常随佛学九者恒顺众生十者普皆回向善财白言："大圣。云何礼敬乃至回向？"普贤菩萨。告善财言："善男子。言礼敬诸佛者。所有尽法界。虚空界。十方三世一切佛刹极微尘数诸佛世尊。我以普贤行愿力故。起深信解。如对目前。悉以清净身语意业。常修礼敬。一一佛所。皆现不可说不可说佛刹极微尘数身。一一身体遍礼不可说不可说佛刹极微尘数佛。虚空界尽。我礼乃尽。而虚空界不可尽故。我此礼敬无有穷尽。如是乃至众生界尽。众生业尽。众生烦恼尽。我礼乃尽。而众生界。乃至烦恼无有尽故。我此礼敬无有穷尽。念念相续。无有间断。身语意业无有疲厌。复次善男子。言称赞如来者。所有尽法界。虚空界。十方三世一切刹土。所有极微。一一尘中。皆有一切世界极微尘数佛。一一佛所。皆有菩萨海会围绕。我当悉以甚深胜解。现前知见。各以出过辩才天女微妙舌根。一一舌根。出无尽音声海。一一音声。出一切言辞海。称扬赞叹一切如来诸功德海。穷未来际。相续不断。尽于法界。无不周遍。如是虚空界尽。众生界尽。众生业尽。众生烦恼尽。我赞乃尽。而虚空界乃至烦恼。无有尽故。我此赞叹无有穷尽。念念相续。无有间断。身语意业无有疲厌。复次善男子。言广修供养者。所有尽法界。虚空界。十方三世一切佛刹极微尘中。一一各有一切世界极微尘数佛。一一佛所。种种菩萨海会围绕。我以普贤行愿力故。起深信解。现前知见。悉以上妙诸供养具。而为供养。所谓华云鬘云。天音乐云。天伞盖云。天衣服云。天种种香涂香烧香末香。如是等云。一一量如须弥山王。然种种灯。酥灯油灯诸香油灯。一一灯柱。如须弥山。一一灯油。如大海水。以如是等诸供养具。常为供养。善男子。诸供养中。法供养最。所谓如说修行供养。利益众生供养。摄受众生供养。代众生苦供养。勤修善根供养。不舍菩萨业供养。不离菩提心供养。善男子。如前供养无量功德。比法供养。一念功德。百分不及一。千分不及一。百千俱胝那由他分。迦罗分。算分。数分。谕分。优婆泥沙陀分。亦不及一。何以故。以诸如来尊重法故。以如说修行出生诸佛故。若诸菩萨。行法供养。则得成就供养如来。如是修行。是真供养故。此广大最胜供养。虚空界尽。众生界尽。众生业尽。众生烦恼尽。我供乃尽。而虚空界。乃至烦恼。不可尽故。我此供养。亦无有尽。念念相续无有间断。身语意业无有疲厌。复次善男子。言忏除业障者。菩萨自念。我于过去无始劫中。由贪镇疑。发身口意。作诸恶业。无量无边。若此恶业。有体相者。尽虚空界不能容受。我今悉以清净三业。遍于法界极微尘刹一切诸佛菩萨众前。诚心忏悔。后不复造。恒住净戒。一切功德。如是虚空界尽。众生界尽。众生业尽。众生烦恼尽。我忏乃尽。而虚空界。乃至众生烦恼。不可

649

尽故。我此忏悔无有穷尽。念念相续无有间断。身语意业无有疲厌。复次善男子。言随喜功德者。所有尽法界。虚空界。十方三世一切佛刹极微尘数诸佛如来。从初发心。为一切智。勤修福聚。不惜身命。经不可说不可说极微尘数劫。一一劫中。舍不可说不可说佛刹极微尘数头目手足。如是一切难行苦行。圆满种种波罗蜜门。证入种种菩萨智地。成就诸佛无上菩提。及般涅槃。分布舍利。所有善根。我皆随喜。及彼十方一切世界。六趣四生。一切种类。所有功德。乃至一尘。我皆随喜。十方三世一切声闻。及辟支佛。有学无学。所有功德。我皆随喜。一切菩萨所修无量难行苦行。志求无上正等菩提。广大功德。我皆随喜。如是虚空界尽。众生界尽。众生业尽。众生烦恼尽。我此随喜。无有穷尽。念念相续无有间断。身语意业无有疲厌。复次善男子。言请转法轮者。所有尽法界。虚空界。十方三世一切佛刹极微尘中。一一各有不可说不可说佛刹极微尘数广大佛刹。一一刹中。念念有不可说不可说。佛刹极微尘数一切诸佛成等正觉。一切菩萨海会围绕。而我悉以身口意业。种种方便。殷勤劝请。转妙法轮。如是虚空界尽。众生界尽。众生业尽。众生烦恼尽。我常劝请一切诸佛。转正法轮。无有穷尽。念念相续无有间断。身语意业无有疲厌。复次善男子。言请佛住世者。所有尽法界。虚空界。十方三世一切佛刹极微尘数诸佛如来。将欲示现般涅槃者。及诸菩萨。声闻缘觉。有学无学。乃至一切诸善知识。我悉劝请。莫入涅槃。经于一切佛刹极微尘数劫。为欲利乐一切众生。如是虚空界尽。众生界尽。众生业尽。众生烦恼尽。我此劝请无有穷尽。念念相续无有间断。身语意业无有疲厌。复次善男子。言常随佛学者。如此娑婆世界。毗卢遮那如来。从初发心。精进不退。以不可说不可说身命而为布施。剥皮为纸。折骨为笔。刺血为墨。书写经典。积如须弥。为重法故。不惜身命。何况王位。城邑聚落。宫殿园林。一切所有。及余种种难行苦行。乃至树下成大菩提。示种种神通。起种种变化。现种种佛身。处种种众会。或处一切诸大菩萨众会道场。或处声闻辟支佛众会道场。或处转轮圣王小王眷属众会道场。或处刹利及婆罗门长者居士众会道场。乃至或处天龙八部人非人等众会道场。处于如是种种众会。以圆满音。如大雷震。随其乐欲成熟众生。乃至示现入于涅槃。如是一切我皆随学。如今世尊毗卢遮那。如是尽法界。虚空界。十方三世一切佛刹所有尘中。一切如来亦皆如是。于念念中。我皆随学。复次善男子。言恒顺众生者。谓尽法界。虚空界。十方刹海。所有众生种种差别。所谓卵生。胎生。湿生。化生。或有依于地水火风而生住者。或有依空及诸卉木而生住者。种种生类。种种色身。种种形状。种种相貌。种种寿量。种种族类。种种名号。种种心性。种种知见。种种欲乐。种种意行。种种威仪。种种衣服。种种饮食。处于种种村营聚落城邑宫殿。乃至一切天龙八部人非人等。无足二足。四足多足。有色无色。有想无想。非有想。非无想。如是等类。我皆于彼。随顺而转。种种承事。种种供养。如敬父母。如奉师长。及阿罗汉。乃至如来。等无有异。于诸病苦。为作良医。于失道者。示其正路。于闇夜中。为作光明。于贫穷者。令得伏藏。菩萨如是平等饶益一切众生。何以故。若菩萨能随顺众生。则为随顺供养诸佛。若于众生。尊重承事。则为尊重承事如来。若令众生欢喜者。则令一切如来欢喜。何以故。诸佛如来。以大悲心而为体故。因于众生。而起大悲。因于大悲。生菩提心。因菩提心成等正觉。譬如旷野沙碛之中。有大树王。若根得水。枝叶华果悉皆繁茂。生死旷野菩提树王。亦复如是。一切众生而为树根。诸佛菩萨而为华果。以大悲水。饶益众生。则能成就诸佛菩萨智慧华果。何以故。若诸菩萨。以大悲水。饶益众生。则能成就阿耨多罗三藐三菩提故。是故菩提。属于众生。若无众生。一切菩萨。终不能成无上正觉。善男子。汝于此义。应如是解。以于众生心平等故。则能成就圆满大悲。以大悲心。随众生故。则能成就供养如来。菩萨如是随顺众生。虚空界尽。众生界尽。众生业尽。众生烦恼尽。我此随顺无有穷尽。念念相续无有间断。身语意业无有疲厌。复次善男子。言普皆回向者。从初礼拜。乃至随顺。所有功德。悉皆回向。尽法界。虚空界。一切众生。愿令众生常得安乐。无诸病苦。欲行恶法悉皆不成。所修善业。悉皆成就。关闭一切诸恶趣门。开示人涅槃正路。若诸众生。因其积集诸恶业故。所感一切极重苦果。我皆代受。令彼众生悉得解脱。究竟成就无上菩提。菩萨如是所修回向。虚空界尽。众生界尽。众生业尽。众生烦恼尽。我此回向无有穷尽。念念相续无有间断。身语意业无有疲厌。善男子。是为菩萨摩诃萨十种大愿具足圆满。若诸菩萨。于此大愿。随顺趣入。则能成熟一切众生。则能随顺阿耨多罗三藐三菩提。则能成满普贤菩萨诸行愿海。是故善男子。汝于此义。应如是知。若有善男子善女人。以满十方无量无边不可说不可说佛刹极微尘数一切世界。上妙七宝及诸人天最胜安乐。布施尔所一切世界所有众生。供养尔所一切世界诸佛菩萨。经尔所佛刹极微尘数劫。相续不断。所得功德。若复有人。闻此愿王。一经于耳。所有功德。比前功德。百分不及一。千分不及一。乃至优婆泥沙陀分。亦不及一。若复有人。以深信心。于此大愿。受持读诵。乃至书写一四句偈。速能除灭五无间业。所有世间身心等病。种种苦恼。乃至佛刹极微尘数一切恶业。皆得销除。一切魔军。夜叉罗刹。若鸠槃荼若毗舍阇。若部多等。饮血啖肉。诸恶鬼神。悉皆远离。或时发心。亲近守护。是故若人诵此愿者。行于世间。无有障碍。如空中月出于云翳。诸佛菩萨之所称赞。一切人天皆应礼敬。一切众生悉应供养。此善男子。善得人生。圆满普贤所有功德。不久当如普贤菩萨速得成就微妙色身。具三十二大丈夫相。若生人天。所在之处。常居胜族。悉能破坏一切恶趣。悉能远离一切恶友。悉能制伏一切外道。悉能解脱一切烦恼。如师子王摧伏群兽。堪受一切众生供养。又复是人。临命终时。最后刹那。一切诸根悉皆散坏。一切亲属悉皆远离。一切威势悉皆退失。辅相大臣。城宫内外象马车乘。珍宝伏藏。如是一切无复相随。唯此愿王不相舍离。于一切时。引导其前。一刹那中。即得往生极乐世界。到已即见阿弥陀佛。文殊师利菩萨。普贤菩萨。观自在菩萨。弥勒菩萨等。此诸菩萨色相端严。功德具足。所共围绕。其人自见。生莲华中。蒙佛授记。得授记已。经于无数百千万亿那由他劫。普于十方不可说不可说世界。以智慧力。随众生心。而为利益。不久当坐菩提道场。降服魔军。成等正觉。转妙法轮。能令佛刹极微尘数世界众生。发菩提心。随其根性。教化成熟。乃至尽于未来劫海。广能利益一切众生。善男子。彼诸众生。若闻若信此大愿王。受持读诵。广为人说。所有功德。除佛世尊余无知者。是故汝等。闻此愿王。莫生疑念。应当谛受。受已能读。读已能诵。诵已能持。乃至书写。广为人说。是诸人等。于一念中。所有行愿。皆得成就。所获福聚无量无边。能于烦恼大苦海中。拔济众生。令其出离。皆得往生阿弥陀佛极乐世界。尔时普贤菩萨摩诃萨。欲重宣此义。普观十方。而说偈言。所有十方世界中。三世一切人师子。我以清净身语意。一一遍礼尽无余。普贤行愿威神力。普现一切如来前。一身复现刹尘身。一一遍礼刹尘佛。于一尘中尘数佛。各处菩萨众会中。无尽法界尘亦然。深信诸佛皆充满。各以一切音声海。普出无尽妙言辞。尽于未来一切劫。赞佛甚深功德海。以诸最胜妙华鬘。伎乐涂香及伞盖。如是最胜庄严具，我以供养诸如来。最胜衣服最胜香。末香烧香与灯烛。一一皆如妙高聚。我悉供养诸如来。我以广大胜解心。深信三世一切佛。悉以普贤行愿力。普遍供养诸如来。我昔所造诸恶业。皆由无始贪恚疑。从身语意之所生。一切我今皆忏悔。十方一切诸众生。二乘有学及无学。一切如来与菩萨。所有功德皆随喜。十方所有世间灯。最初成就菩提者。我今一切皆劝请。转于无上妙法轮。诸佛若欲示涅槃。我悉至诚而劝请。为愿久住刹尘劫。利乐一切诸众生。所有礼赞供养福。请佛住世转法轮。随喜忏悔诸忏悔。回向众生及佛道。我随一切如来学。修行普贤圆满行。供养过去诸如来。及与现在十方佛。未来一切天人师。一切意乐皆圆满。我愿普随三世学。速得成就大菩提。所有十方一切刹。广大清净妙庄严。众会围绕诸如来。悉在菩提树王下。十方所有诸众生。愿离忧患常安乐。获得甚深正法利。灭除烦恼尽无余。我为菩提修行时。一切趣中成宿命。常得出家修净戒。无垢无破无穿漏。天龙夜叉鸠槃荼。乃至人与非人等。所又一切众生语。悉以诸音而所法。勤修清净波罗蜜。恒不忘失菩提心。灭除障垢无有余。一切妙行皆成就。于诸惑业及魔境。世间道中得解脱。犹如莲华不着水。亦如日月不住空。悉除一切恶道苦。等与一切群生乐。如是经于刹尘劫。十方利益恒无尽。我常随顺诸众生。尽于未来一切劫。恒修普贤广大行。圆满无上大菩提。所有与我同行者。于一切处同集会。身口意业皆同等。一切行愿同修学。所有益我善知识。为我显示普贤行。常愿与我同集会。于我常生欢喜心。愿常面见诸如来。及诸佛子众围绕。于彼皆兴广大供。尽未来劫无疲厌。愿持诸佛微妙法。光显一切菩提行。究竟清净普贤道。尽未来劫常修习。我于一切诸有中。所修福智恒无量。定慧方便及解脱。获诸无尽功德藏。一尘中有尘数刹。一一刹有难思佛。一一佛处众会中。我见恒演菩提行。普尽十方诸刹海。一一毛端三世海。佛海及与国土海。我遍修行经劫海。一切如来与清净。一言具众音声海。随诸众生意乐旨。一一流佛辩才海。三世一切诸如来。于彼无尽语言海。恒转理趣妙法轮。我深智力普能入。我能深入于未来。尽一切劫为一念。三世所有一切劫。为一念际我皆入。我于一念见三世。所有一切人师子。亦常如佛境界中。如幻解脱及威力。于一毛端极微中。出现三世庄严刹。十方尘刹诸毛端。我皆深入而严净。所有未来照世灯。成道转法悟群有。究竟佛事示涅槃。我皆往诣而亲近。速疾周遍神通力。普门遍入大乘力。智行普修功德力。威神普覆大慈力。遍净庄严胜福力。无着无依智慧力。定慧方便诸威力。普能积集菩提力。清净一切善业力。摧灭一切烦恼力。降伏一切诸魔力。圆满普贤诸行力。普能严净诸刹海。解脱一切众生海。善能分别诸法海。能甚深入智慧海。普能清净诸行海。圆满一切诸愿海。亲近供养诸佛海。修行无倦经劫海。三世一切诸如来。最胜菩提诸行愿。我皆供养圆满修。以普贤行悟菩提。一切如来有长子。彼名号曰普贤尊。我今回向诸善根。愿诸智行悉同彼。愿身口意恒清净。诸行刹土亦复然。如是智慧号普贤。愿我与彼皆同等。我为遍净普贤行。文殊师利诸大愿。满彼事业尽无余。未来际劫恒无倦。我所修行无有量。获得无量诸功德。安着无量诸行中。了达一切神通力。文殊师利勇猛智。普贤慧行亦复然。我今回向诸善根。随彼一切常修学。三世诸佛所称叹。如是最胜诸大愿。我今回向诸善根。为得普贤殊胜行。愿我临欲命终时。除尽一切诸障碍。面见彼佛阿弥陀。即得往生安乐刹。我既往生彼国已。现前成就此大愿。一切圆满尽无余。利乐一切众生界。彼佛众会咸清净。我时于胜莲华生。亲睹如来无量光。现前授我菩提记。蒙彼如来授记已。化身无数百俱胝。智力广大遍十方。普利一切众生界。乃至虚空世界尽。众生及业烦恼尽。如是一切无尽时。我愿究竟恒无尽。十方所有无边刹。庄严众宝供如来。最胜安乐施天人。经一切刹微尘劫。若人于此胜愿王。一经于耳能生信。求胜菩提心渴仰。获胜功德过于彼。即常远离恶知识。永离一切诸恶道。速见如来无量光。具此普贤最胜愿。此人善得胜寿命。此人善来人中生。此人不久当成就。如彼普贤菩萨行。往昔由无智慧力。所造极恶五无间。诵此普贤大愿王。一念速疾皆销灭。族姓种类及容色。相好智慧咸圆满。诸魔外道不能摧。堪为三界所应供。速诣菩提大树王。坐已降服诸魔众。成等正觉转法轮。普利一切诸含识。若人于此普贤愿。读诵受持及演说。果报唯佛能证知。决定获胜菩提道。若人诵此普贤愿。我说少分之善根。一念一切悉皆圆。成就众生清净愿。我此普贤殊胜行。无边胜福皆回向。普愿沈溺诸众生。速往无量光佛刹。尔时普贤菩萨摩诃萨。于如来前。说此普贤广大愿王清净偈已。善财童子。踊跃无量。一切菩萨皆大欢喜。如来赞言。善哉善哉。尔时世尊。与诸圣者菩萨摩诃萨。演说如是不可思议解脱境界胜法门时。文殊师利菩萨而为上首。诸大菩萨。及所成熟。六千比丘。弥勒菩萨为上首。贤劫一切诸大菩萨。无垢普贤菩萨而为上首。一生补处住灌顶位诸大菩萨。及余十方种种世界。普来集会。一切刹海极微尘数诸菩萨摩诃萨众。大智舍利弗。摩诃目犍连等。而为上首。诸大声闻。并诸人天一切世主。天龙。夜叉。乾闼婆。阿修罗。迦楼罗。紧那罗。摩睺罗伽。人。非人。等一切大众。闻佛所说。皆大欢喜。信受奉行。

谨以此书献给全球佛经阅读者，佛教研究者，佛学爱好者，以及佛教信仰者。

www.ingramcontent.com/pod-product-compliance
Lightning Source LLC
Chambersburg PA
CBHW070122080526
44586CB00015B/1526